Kulturgeschichte

WILL UND ARIEL DURANT

KULTURGESCHICHTE
DER MENSCHHEIT

BAND 1

ULLSTEIN

VORWORT DES AUTORS ZUR ERSTEN AUFLAGE

ICH habe in diesem Buch versucht, den ersten Teil eines Auftrags zu erfüllen, den ich mir selbst in etwas unbesonnener Weise vor ungefähr zwanzig Jahren erteilt habe: eine Geschichte der Kultur zu schreiben. Ich möchte so gut ich kann und so kurz wie möglich von dem Beitrag erzählen, den die körperlichen und geistigen Anstrengungen des Menschen für das kulturelle Erbe des menschlichen Geschlechts geleistet haben. Ich möchte den Fortschritt der Erfindungen, die verschiedenen Arten der wirtschaftlichen Organisation, den Wechsel der Regierungsformen, die Strömungen des religiösen Lebens, den Wandel von Sitte und Moral, die Meisterwerke der Literatur, die Entwicklung der Wissenschaft, die Weisheit der Philosophie und die großen Werke der bildenden Kunst in ihren Ursachen, ihrem Charakter und ihren Wirkungen aufzeichnen und betrachten. Ich weiß wohl, wie vermessen mein Unterfangen ist und wie unbescheiden schon die Absicht. In jahrelanger Arbeit ist erst ein Fünftel des Ganzen zustande gekommen, und es hat sich gezeigt, daß der Geist und die Lebensdauer eines einzelnen nicht ausreichen, um den Plan restlos zu verwirklichen. Dennoch und obgleich das Buch – wie in einem solchen Unternehmen nicht zu vermeiden – manchen Irrtum enthält, habe ich mir gedacht, mein Werk könnte denen von Nutzen sein, die nach Erkenntnis streben und versuchen, die Dinge als ein Ganzes zu sehen.

Seit langem schon scheint mir, unsere übliche Methode, Geschichte nach gesonderten Gebieten zu schreiben – politische Geschichte, Wirtschaftsgeschichte, Religionsgeschichte, Geschichte der Philosophie, der Literatur, der Wissenschaft, der Musik, der Kunst –, werde der Einheit des menschlichen Lebens nicht gerecht. Geschichte sollte sowohl als Nebeneinander wie als Miteinander betrachtet, synthetisch und analytisch geschrieben werden. Die ideale Historiographie müßte versuchen, in jedem Zeitraum den gesamten Komplex der Errungenschaften, Einrichtungen, Unternehmungen und Schicksale eines Volkes darzustellen. Aber die Anhäufung des Wissens hat die Geschichte, wie die anderen Wissenschaften, in tausend voneinander getrennte Spezialfächer aufgeteilt, und die Gelehrten vermeiden vorsichtigerweise den Blick auf das Ganze, sei es das materielle Universum oder die lebendige Vergangenheit des menschlichen Geschlechts. Denn die Wahrscheinlichkeit, einen Irrtum zu begehen, wächst mit der Größe eines Unternehmens, und jeder, der eine Synthese wagt, wird das tragische Opfer zahlloser Spottpfeile der Fachkritik. «Bedenke», sagte Ptahhotep vor fünftausend Jahren, «wie viele Einwände dir der Sachverständige machen kann. Es ist töricht, über jede Art Arbeit zu sprechen.» Eine Geschichte der Kultur ist, wie jedes andere philosophische Unternehmen, eine Anmaßung: Sie bietet das lächerliche Schauspiel eines Fragments, das alles enthalten sollte. Ein solches Wagnis ist im besten Falle eine mutige Torheit. Dennoch hoffe ich, der eine oder andere suchende Geist lasse sich gern in die unergründlichen Tiefen der Geschichte locken.

Unsere Geschichte beginnt im Osten, nicht nur weil Asien der Schauplatz der ältesten uns bekannten Kulturen ist, sondern weil jene Kulturen den Hintergrund und die

VORWORT

Basis der griechischen und römischen Kultur bildeten, die Sir Henry Maine irrtümlicherweise als einzige Quelle des modernen Geistes bezeichnet hat. Wir werden überrascht sein zu erfahren, wieviel von unseren unentbehrlichsten Erfindungen, unseren wirtschaftlichen und politischen Einrichtungen, unserer Wissenschaft und Literatur, Philosophie und Religion auf Ägypten und den Osten zurückgeht . . .

Aber wie kann ein abendländischer Geist jemals den Osten begreifen? Acht Jahre Studium und Reisen haben es nur noch deutlicher werden lassen, daß selbst ein ganzes Leben hingebender Forscherarbeit nicht ausreichen würde, um einen westlichen Geist in den subtilen Charakter und die geheime Überlieferung des Ostens einzuweihen. Jedes Kapitel, jeder Absatz in diesem Buche wird eine vaterlandsliebende oder esoterische Seele verletzen oder belustigen. Der orthodoxe Jude wird seine ganze ererbte Geduld brauchen, um die Seiten über Jahve zu verzeihen. Der metaphysische Inder wird die oberflächliche Behandlung der indischen Philosophie bedauern . . . Professor Harry Wolfson (Harvard) hat das Kapitel über Judäa korrigiert. Dr. Ananda Coomaraswamy vom Boston Institute of Fine Arts hat den Abschnitt Indiens aufs sorgfältigste geprüft, darf aber keinesfalls für die von mir gezogenen Schlüsse oder für die noch verbliebenen Fehler verantwortlich gemacht werden. Falls das Publikum nachsichtig sein sollte, eine neue Auflage dieses Buches zu verlangen, so werden bei dieser Gelegenheit die von der Kritik, den Fachwissenschaftlern und der Leserschaft vorgeschlagenen Berichtigungen berücksichtigt werden. Inzwischen darf ein müder Verfasser mit Tai T'ung, der im dreizehnten Jahrhundert seine *Geschichte der chinesischen Schrift* mit folgenden Worten begleitete, sagen: «Würde ich auf Vollendung harren, niemals würde mein Buch beendet werden.»

Nichts würde mich glücklicher machen, als von jeglicher anderen literarischen Tätigkeit unabhängig zu sein und mich restlos dieser Arbeit widmen zu können. Ich werde vorwärtsschreiten, so schnell Zeit und Umstände es mir erlauben, und ich will hoffen, daß es Zeitgenossen gibt, die gerne mit mir alt werden, wenn sie dabei etwas lernen; hoffen auch, dieses Werk werde unseren Kindern helfen, den unendlichen Reichtum ihres Erbes zu erkennen und sich an ihm zu freuen.

Will Durant

Vorwort

Eine «wirkliche Geschichte der Kultur, nicht eine Weltgeschichte von etwas größerem Umfang» nannte sehr zutreffend der Kritiker der «New York Herald Tribune» Durants einmaliges Werk. Der erste hier vorliegende Band zeigt, daß Durant bereits bei der Vorstellung der ältesten menschlichen Kulturkreise nicht einfach eine Geschichte der Menschheit vor uns aufblättert, sondern ein umfassendes Panorama des Denkens und Handelns in allen Erscheinungsformen und auf allen Gebieten. Nach einer ausführlichen Einleitung über die Anfänge menschlicher Kultur überhaupt, die im Bereich der Darstellung der vorgeschichtlichen Kulturen nach den letzten archäologischen Erkenntnissen über Alter und Beziehungen prähistorischer Menschenfunde auf den neuesten Stand gebracht wurde, rückt Durant acht Bausteine der Kultur in den Mittelpunkt des Konzepts seiner Übersicht über die Kulturen der Sumerer, Ägypter, Babylonier, Assyrer, der Hethiter, Skythen, Lyder, Phoiniker, Israeliten und Perser sowie der Inder. Er hat diese Bausteine wie folgt selbst so charakterisiert:

Der erste Baustein der Kultur ist die Arbeit – Ackerbau, Gewerbe, Handel und Verkehr. In Ägypten und Vorderasien stoßen wir auf die älteste bekannte Bodenkultur, die ältesten Bewässerungssysteme, die erste Herstellung aufmunternder Getränke, wie Bier, Wein und Tee. Das Handwerk und die Maschinenbaukunst waren in Ägypten vor Moses ebenso hoch entwickelt wie in Europa vor Voltaire; die Töpferscheibe und das Wagenrad erscheinen zum ersten Mal in Elam, Leinen und Glas in Ägypten. Sumer zeigt uns die ersten Geschäftsverträge, das erste Kreditsystem, den erstmaligen Gebrauch von Gold und Silber als Wertmaßstab.

Der zweite Baustein der Kultur ist die Staatsführung – die Regelung und der Schutz des Lebens und der Gesellschaft durch die Sippe und die Familie, durch Gesetze und den Staat. Die Dorfgemeinschaft erscheint in Indien und der Stadtstaat in Sumer und Assyrien. Ägypten unternimmt eine Volkszählung, erhebt eine Einkommensteuer und erhält sich viele Jahrhunderte lang mit einem Minimum an Gewaltanwendung den Frieden im Innern.

Der dritte Baustein der Kultur ist die Sittlichkeit – Sitten und Gebräuche, Gewissen und Nächstenliebe; ein mit der Seele verwachsenes Gesetz, das zumindest jenes Gefühl für Recht und Unrecht, jenen Ordnungssinn und jene Triebbeherrschung hervorbringt, ohne die eine Gesellschaft in Einzelwesen zerfällt und irgendeinem festgefügten Staatswesen zum Opfer fällt. So kam z. B. die Höflichkeit aus den alten Höfen Ägyptens, Mesopotamiens und Persiens, und das alte Israel sprach zum ersten Mal der Brüderlichkeit aller Menschen das Wort und schuf die erste Formulierung des Moralgewissens der Menschheit.

8   VORWORT

Der vierte Baustein der Kultur ist die Religion – der menschliche Glaube an das Übernatürliche, der die Herzen erhebt, das Gemeinschaftsgefühl und die soziale Ordnung stärkt und den Traurigen Trost spendet. Von Sumer, Babylon und dem alten Israel stammen die meistgeschätzten Mythen und Überlieferungen Europas; auf dem Boden des Orients wuchs die Schöpfungsgeschichte, die Sintflutsage, der Mythos vom Sündenfall und der Erlösung des Menschen.

Der fünfte Baustein der Kultur ist die Wissenschaft – klares Erkennen, genaues Festhalten, objektives Überprüfen und langsames Ansammeln eines Wissens, das objektiv genug ist, um Voraussagen und Beherrschung zu ermöglichen. Ägypten entwickelt die Arithmetik und die Geometrie und stellt den Kalender auf; Babylon studiert die Sterne und gibt uns die Einteilung des Monats sowie der Uhrzeit in Stunden, Minuten und Sekunden.

Der sechste Baustein der Kultur ist die Philosophie – der Versuch des Menschen, etwas von der Gesamtansicht zu erhaschen, von der er in Augenblicken der Bescheidenheit weiß, daß sie nur der Unendlichkeit zugänglich ist. Die mutige und aussichtslose Erforschung der letztlichen Bedeutung der Dinge erscheint schon im alten Orient, während Europa noch in der Barbarei verharrt. Indien ertränkt die Philosophie in der Religion, und Buddha trägt eine heute noch sehr moderne Psychologie vor.

Der siebte Baustein der Kultur ist die Literatur und die Geisteskultur – die Weitergabe der Sprache, die Jugendbildung, die Entwicklung der Schrift, die Erschaffung der Poesie und des Dramas, der Ansporn zur Romandichtung und die Aufzeichnung der Vergangenheit. So standen die ältesten uns bekannten Schulen in Ägypten und Mesopotamien; von Ägypten kommen das Alphabet, Papier und Tinte, und möglicherweise gingen die indischen Universitäten der Platonischen Akademie voraus.

Der achte Baustein in der Kultur schließlich ist die Kunst – die Verschönerung des Lebens mit gefälligen Farben, Rhythmen und Formen. Ihre einfachste Ausdrucksform, die Schmückung des Körpers, finden wir in Form eleganter Kleidung, erlesenen Schmuckes und skandalöser Schönheitsmittel bereits in der Frühzeit der ägyptischen, sumerischen und indischen Kultur.

Sicher könnte man noch mehr Beispiele im einzelnen für die Beweisführung dieser acht Bausteine der Kultur als Grundelemente in Durants Untersuchungen in diesem und den folgenden Bänden – und damit in der ganzen Kulturgeschichte der Menschheit – aufzählen. Mag der aufmerksame Leser in der Lektüre selbst solche Beziehungen erkennen und dabei sein Vergnügen haben!

München, im Winter 1976/1977   *Hans Dollinger*

Inhaltsverzeichnis

EINLEITUNG
DIE ENTSTEHUNG DER KULTUR

ERSTES KAPITEL: DIE BEDINGUNGEN DER KULTUR
19

ZWEITES KAPITEL: DIE WIRTSCHAFTLICHEN GRUNDLAGEN DER KULTUR
23

    I. Von der Jagd zum Feldbau 23
    II. Die Grundsteine des Gewerbes 28
    III. Die Wirtschaftsorganisation 32

DRITTES KAPITEL: DIE POLITISCHEN GRUNDLAGEN DER KULTUR
36

    I. Ursprünge der Regierung 36
    II. Der Staat 38
    III. Das Recht 39
    IV. Die Familie 43

VIERTES KAPITEL: DIE MORALISCHEN GRUNDLAGEN DER KULTUR
48

    I. Die Ehe 48
    II. Die geschlechtliche Moral 54
    III. Die soziale Moral 61
    IV. Die Religion 65

FÜNFTES KAPITEL: DIE GEISTIGEN GRUNDLAGEN DER KULTUR
78

    I. Sprache und Schrift 78
    II. Die Wissenschaft 83
    III. Die Kunst 86

SECHSTES KAPITEL: DIE PRÄHISTORISCHEN ANFÄNGE DER KULTUR
93

I. Die paläolithische Kultur *93*
II. Die neolithische Kultur *100*
III. Der Übergang zur Geschichte *104*

ERSTES BUCH
DER VORDERE ORIENT

ZEITTAFEL *112*

ERSTES KAPITEL: SUMER
115

    I. Elam *115*
    II. Die Sumerer *116*
       1. Der historische Hintergrund *116*
       2. Das wirtschaftliche Leben *121*
       3. Die Regierungsform *123*
       4. Religion und Moral *125*
       5. Literatur und Kunst *128*
    III. Der Übergang zu Ägypten *131*

ZWEITES KAPITEL: ÄGYPTEN
134

    I. Das Geschenk des Nils *134*
       1. Im Delta *134*
       2. Stromaufwärts *137*
    II. Die Baumeister *140*
       1. Die Entdeckung Ägyptens *140*
       2. Das prähistorische Ägypten *141*
       3. Das Alte Reich *142*
       4. Das Mittlere Reich *146*
       5. Das Neue Reich *147*
    III. Ägyptens Kultur *150*
       1. Die Landwirtschaft *150*
       2. Das Gewerbe *151*
       3. Die Regierung *154*
       4. Die Moral *157*
       5. Die Lebensart *159*
       6. Die Gelehrsamkeit *162*
       7. Die Literatur *165*
       8. Die Wissenschaft *169*
       9. Die Kunst *173*
       10. Die Philosophie *182*
       11. Die Religion *185*
    IV. Der Ketzerkönig *192*
    V. Niedergang und Zerfall *197*

DRITTES KAPITEL: BABYLONIEN
201

I. Von Hammurabi zu Nebukadnezar *201*
II. Mühsal und Arbeit *207*
III. Das Recht *211*
IV. Die Götter Babylons *214*
V. Die Moral Babyloniens *223*
VI. Schrift und Literatur *226*
VII. Die bildende Kunst *231*
VIII. Die babylonische Wissenschaft *232*
IX. Die Philosophen *235*
X. Schlußwort *238*

VIERTES KAPITEL: ASSYRIEN
240

I. Chroniken *240*
II. Die assyrische Regierung *244*
III. Das assyrische Leben *247*
IV. Die assyrische Kunst *250*
V. Assyriens Ende *254*

FÜNFTES KAPITEL: VERSCHIEDENE VÖLKER
256

I. Die indogermanischen Völker *256*
II. Die semitischen Völker *260*

SECHSTES KAPITEL: DAS ALTE ISRAEL
268

I. Das gelobte Land *268*
II. Der ruhmvolle Salomo *271*
III. Der Herr der Heerscharen *276*
IV. Die ersten Radikalen *281*
V. Untergang und Wiederauferstehung Jerusalems *286*
VI. Das Volk des Buches *292*
VII. Die Bibel als literarisches und philosophisches Werk *302*

SIEBENTES KAPITEL: PERSIEN

311

I. Aufstieg und Niedergang der Meder *311*
II. Die Großkönige *313*
III. Persisches Leben und Gewerbe *316*
IV. Ein Regierungsexperiment *318*
V. Zarathustra *323*
VI. Zarathustras Ethik *326*
VII. Lebensart und sittliches Verhalten der Perser *330*
VIII. Wissenschaft und Kunst *333*
IX. Der Verfall *337*

ZWEITES BUCH
INDIEN UND SEINE NACHBARN

ZEITTAFEL *342*

ERSTES KAPITEL: DIE GRUNDLAGEN INDIENS
345

I. Der Schauplatz des Dramas *345*
II. Die älteste Kultur? *347*
III. Die Indoarier *349*
IV. Die Indoarische Gesellschaft *352*
V. Die Religion der Veden *354*
VI. Die Veden als Literaturgattung *357*
VII. Die Philosophie der Upanischaden *361*

ZWEITES KAPITEL: BUDDHA
366

I. Die Ketzer *366*
II. Mahavira und die Jainas *369*
III. Die Buddhalegende *371*
IV. Die Lehre des Buddha *376*
V. Die letzten Tage Buddhas *382*

DRITTES KAPITEL: VON ALEXANDER BIS AURANGSEB
385

I. Tschandragupta *385*
II. Der Philosoph auf dem Thron *389*
III. Das goldene Zeitalter Indiens *393*
IV. Die Annalen von Radschputana *397*
V. Der Süden auf dem Höhepunkt *398*
VI. Die mohammedanische Eroberung *401*
VII. Akbar der Große *404*
VIII. Der Niedergang der Moguln *412*

VIERTES KAPITEL: DAS LEBEN DES VOLKES
417

I. Die Herkunft des Reichtums *417*
II. Die Organisation der Gesellschaft *421*
III. Moral und Ehe *426*
IV. Sitten und Gebräuche · Charakter *433*

INHALTSVERZEICHNIS

FÜNFTES KAPITEL: DAS PARADIES DER GÖTTER

439

I. Die spätere Geschichte des Buddhismus *439*
II. Die neuen Gottheiten *442*
III. Glaubensbekenntnisse *446*
IV. Sonderbarkeiten der Religion *452*
V. Heilige und Skeptiker *455*

SECHSTES KAPITEL: DAS GEISTESLEBEN

459

I. Die indische Wissenschaft *459*
II. Die sechs Systeme der brahmanischen Philosophie *464*
  1. Das Nyaya-System *466*
  2. Das Vaischeschika-System *466*
  3. Das Sankhya-System *467*
  4. Das Yoga-System *471*
  5. Das Purva Mimansa *475*
  6. Das Vedanta-System *475*
III. Die Schlußfolgerungen der indischen Philosophie *480*

SIEBENTES KAPITEL: DIE LITERATUR INDIENS

483

I. Die Sprachen Indiens *483*
II. Unterrichtswesen *484*
III. Die Epen *487*
IV. Das Drama *495*
V. Prosa und Poesie *500*

ACHTES KAPITEL: DIE INDISCHE KUNST

505

I. Das Kunsthandwerk *505*
II. Die Musik *506*
III. Die Malerei *509*
IV. Die Skulptur *512*
V. Die Architektur *514*
  1. Die Architektur der Hindus *514*
  2. Die «Kolonialarchitektur» *520*
  3. Die mohammedanische Architektur in Indien *523*
  4. Indische Architektur und Kultur *526*

Neuntes Kapitel: Ein christlicher Epilog
529

        I. Die frischfröhlichen Seeräuber 529
       II. Die Heiligen des ausgehenden neunzehnten Jahr-
           hunderts 531
      III. Tagore 534
      IV. Osten ist Westen 537
       V. Die nationalistische Bewegung 539
      VI. Mahatma Gandhi 540
     VII. Jawaharlal Nehru 546
    VIII. Indira Gandhi 547

Anhang
549

         Bibliographie 551
         Anmerkungen 554
         Personenverzeichnis 559

Einleitung

DIE ENTSTEHUNG DER KULTUR

Ich möchte die Schritte kennen, mit denen die
Menschheit von der Barbarei zur Kultur überging.

VOLTAIRE

ERSTES KAPITEL

Die Bedingungen der Kultur

Definition · Geologische, geographische, wirtschaftliche, rassische, psychologische Bedingungen
Ursachen des Verfalls der Kulturen

KULTUR ist soziale Ordnung, welche schöpferische Tätigkeit begünstigt. Vier Elemente setzen sie zusammen: wirtschaftliche Vorsorge, politische Organisation, moralische Traditionen und das Streben nach Wissen und Kunst. Sie beginnt, wo Chaos und Unsicherheit enden. Neugier und Erfindungsgeist werden frei, wenn die Angst besiegt ist, und der Mensch schreitet aus natürlichem Antrieb dem Verständnis und der Verschönerung des Lebens entgegen.

Gewisse Faktoren bedingen die Kultur und können sie fördern, andere sie behindern. Erstens geologische Bedingungen. Die Kultur ist ein Intermezzo zwischen den Eiszeiten: Der Strom der Vereisung kann jederzeit ansteigen, die Menschenwerke mit Eis und Stein bedecken und das Leben auf einen kleinen Abschnitt unserer Erde beschränken. Oder der Dämon des Erdbebens, mit dessen Erlaubnis wir unsere Städte bauen, kann seine Schultern schütteln und uns kaltblütig vernichten.

Zweitens geographische Bedingungen. Die Hitze der Tropen und die zahllosen Parasiten, die sie unsicher machen, sind der Kultur feindlich. Schlafsucht und Krankheit, frühe Reife und früher Verfall lenken die Kräfte von jenen unwägbaren Dingen des Lebens ab, die die Kultur ausmachen, und nehmen sie für Ernährung und Fortpflanzung in Anspruch; für das Spiel der Künste und die Abenteuer des Geistes bleibt nichts übrig. Regen ist notwendig; denn Wasser ist der Mittler des Lebens, wichtiger selbst als das Sonnenlicht. Die unbegreifliche Laune der Elemente kann Städte wie Ninive und Babylon, die einst machtvoll blühten, zur Dürre verdammen oder Gebieten, die scheinbar abseits der Hauptverkehrsstraßen liegen, schnell zu Macht und Reichtum verhelfen, wie der Fall Großbritanniens es beweist. Wenn der Boden fruchtbar oder mineralreich ist, wenn Flüsse bequeme Möglichkeiten zum Austausch von Waren bieten, wenn – was für den Handelsverkehr bedeutungsvoll ist – eine Küste viele natürliche Häfen besitzt und wenn dazu noch ein Volk wie die Athener oder Karthager, Florentiner oder Venezianer an der Hauptstraße des Welthandels sitzt – dann wird die geographische Beschaffenheit des Landes, auch wenn sie die Kultur nicht schaffen kann, ihr doch zulächeln und sie fördern.

Noch wichtiger sind die wirtschaftlichen Bedingungen. Die amerikanischen Indianer sind ein Beispiel dafür, daß ein Volk geordnete Einrichtungen, einen stolzen Moralkodex und sogar Sinn für die einfacheren Formen der Kunst besitzen und dennoch niemals wirklich von der Barbarei zur Kultur übergehen kann; es bleibt auf der Jagdstufe

EINLEITUNG · DIE ENTSTEHUNG DER KULTUR

stehen, weil seine Existenz von dem unsicheren Jagdglück abhängt. Es gibt Nomaden-
stämme – etwa die arabischen Beduinen –, die außerordentlich intelligent und kräftig
sind und hohe Charaktereigenschaften wie Mut, Freigebigkeit und Noblesse besitzen;
aber ohne die Conditio sine qua non der Kultur, nämlich die Nahrungskontinuität, müssen sie Mut und Klugheit auf die Gefahren der Jagd und die Listen des Handels ver-
schwenden, und für die Arabesken und Krausen, den Reiz und die Anmut, die Schönheiten und Genüsse der Kultur bleibt nichts übrig. Die erste Form der Kultur ist der
Ackerbau. Sobald der Mensch seßhaft wird, um den Boden zu bebauen und Vorräte für
eine unsichere Zukunft anzulegen, findet er auch Zeit und Möglichkeit, sich zu zivilisieren. Innerhalb des kleinen Kreises von Geborgenheit, wie ein zuverlässiger Vorrat
an Wasser und Nahrung ihn bietet, baut er seine Hütten, Tempel und Schulen. Er er-
findet nützliche Werkzeuge, er zähmt den Hund, den Esel, das Schwein und zuletzt
sich selbst, er gewöhnt sich an regelmäßige und geordnete Arbeit und überliefert seinen
Nachkommen vollständiger als zuvor das geistige und moralische Erbe seiner Rasse.

Das Wort Kultur weist auf den Ackerbau (agricultura) hin, das Wort Zivilisation dagegen auf die Stadt (civitas). In einem gewissen Sinne bedeutet Zivilisation die Ge-
wohnheit der «Zivilität», und diese meint die Verfeinerung der Sitten, wie sie die
Städter, die auch das Wort schufen, nur in der Civitas, der Stadt, für möglich hielten.
Denn in der Stadt sammeln sich, zu Recht oder zu Unrecht, die materiellen und geistigen Güter an, die das Land hervorgebracht hat. In der Stadt vermehren Fleiß und
Erfindungsgeist die Annehmlichkeiten des Daseins und die höheren Genüsse des Lebens.
Die Stadt ist der Treffpunkt der Händler; hier werden Güter und Ideen ausgetauscht,
und durch die wechselseitige Befruchtung der Geister an den Kreuzwegen des Handels
wird die Intelligenz zu schöpferischer Leistung angeregt. In der Stadt gibt es Männer,
die den materiellen Dingen fernstehen; sie erschaffen Wissenschaft und Philosophie,
Literatur und Kunst. Die Kultur beginnt in der Bauernhütte, aber sie blüht in den
Städten.

Die Kultur ist nicht rassegebunden. Sie kann auf jedem Erdteil und in jeder Farbe
erscheinen: in Peking oder Delhi, Memphis oder Babylon, Ravenna oder London, Peru
oder Yucatan. Nicht die große Rasse schafft die Kultur, sondern die große Kultur
schafft das Volk. Geographische und wirtschaftliche Umstände formen eine Kultur,
und diese formt einen Typus. Der Engländer macht nicht die britische Kultur, sie
macht ihn. Er nimmt sie überall mit und zieht sich sogar in Timbuktu zum Abendessen
um; er schafft damit seine Kultur dort nicht aufs neue, aber er erkennt selbst dort ihre
Herrschaft über seine Seele an. Unter den gleichen materiellen Bedingungen würde
eine andere Rasse zu den gleichen Ergebnissen gelangen. Mit Rasse hat Kultur nur insofern zu tun, als dieser in manchen Fällen die allmähliche Vermischung verschiedener
Stämme durch gegenseitige Heirat und deren stufenweise Assimilierung zu einem
relativ einheitlichen Volke vorausgeht.

Diese physischen und biologischen Bedingungen sind aber nur Voraussetzungen der
Kultur; sie begründen oder erzeugen sie nicht. Feinere Faktoren psychologischer Natur sind außerdem erforderlich. Es muß eine gewisse politische Ordnung vorhanden

DIE BEDINGUNGEN DER KULTUR

sein, selbst wenn sie, wie im Florenz oder Rom der Renaissance, das Chaos streift; die Menschen dürfen nicht das Gefühl haben, der Tod oder der Steuervogt lauere hinter jeder Straßenbiegung auf sie. Ferner braucht es eine gemeinsame Sprache als Mittel des geistigen Austausches. Weiterhin muß die Kirche, die Familie, die Schule oder sonst irgendeine Instanz einen allgemeinen Moralkodex, eine Reihe von Spielregeln aufstellen, die für das sittliche Leben richtunggebend sind und sogar von denen anerkannt werden, die sie verletzen. Vielleicht muß es auch irgendeinen gemeinsamen Glauben geben, der die Moral mit einem höheren Impuls erfüllt und dem menschlichen Leben trotz seiner Vergänglichkeit Größe und Sinn verleiht. Schließlich ist irgendeine Art von Erziehung, irgendeine, wenn auch noch so primitive Methode zur Überlieferung des kulturellen Bestandes notwendig. Der Vater oder die Mutter, die Lehrer oder die Priester müssen den Kindern auf irgendeine Weise, sei es durch ihr Beispiel, sei es durch Belehrung oder Einweihung die angesammelte Erfahrung, das kulturelle Erbe des Stammes – seine Sprache und seine Kenntnisse, seine Moral und Lebensart, Technik und Kunst – als das wahre Werkzeug ihrer Menschwerdung übermitteln.

Das Verschwinden dieser Bedingungen – manchmal auch nur einer einzigen – kann eine Kultur zugrunde richten. Eine geologische Katastrophe oder eine einschneidende klimatische Veränderung; eine grassierende Epidemie wie die, welche unter den Antoninen die Hälfte der Bevölkerung des römischen Kaiserreiches ausrottete, oder wie der Schwarze Tod, der dazu beigetragen hat, den Feudalismus zu beseitigen; die Erschöpfung des Bodens und der Ruin der Landwirtschaft infolge übermäßiger Beanspruchung durch die Städte, welche die Versorgung der Bevölkerung mit Nahrungsmitteln von den Lieferungen des Auslandes abhängig macht und sie dadurch gefährdet; das Versiegen von natürlichen Reichtümern, seien es Brennmaterialien oder Rohstoffe; eine Verlegung der Handelsrouten, die eine Nation von den Hauptstraßen des Welthandels auf eine Nebenstraße verweist; der geistige oder moralische Verfall, den das Stadtleben mit seinen Spannungen und Versuchungen, dem engen Aufeinander der Menschen, der Zerrüttung der herkömmlichen Ordnung nach sich zieht; die Schwächung der Volkskraft durch sexuelle Liederlichkeit oder durch eine epikureische, pessimistische oder quietistische Philosophie; der Verfall der Führerschicht infolge Unfruchtbarkeit der Tüchtigsten; die relativ kleine Zahl der Familien, die imstande sind, das kulturelle Erbe der Rasse in seiner Gesamtheit weiterzugeben; eine ungesunde, zu Klassenkämpfen führende Konzentration des Reichtums, verheerende Revolutionen, finanzielle Erschöpfung: diese und manche andere Ursachen können den Untergang einer Kultur herbeiführen. Denn Kultur ist nicht etwas Angeborenes oder Unvergängliches; sie muß von jeder Generation neu erobert werden, und jeder ernstliche Bruch der Kontinuität kann ihr Schicksal besiegeln. Der Mensch unterscheidet sich vom Tier nur durch die Erziehung, und diese ist im Grunde genommen die Technik der Überlieferung des kulturellen Erbes.

Die Kulturen sind die Generationen der Kollektivseele. Wie zuerst die Fürsorge für die Familie, später die Kunst des Schreibens die Generationen miteinander verband und eine Tradition schuf, so können in unserer Zeit die Druckerpresse, die Handelsbeziehungen und die internationalen Verkehrswege die heutigen Kulturen miteinander verbinden und künftigen Zeiten alles das, was die Gegenwart für sie Wertvolles enthält, bewahren. Wir wollen, ehe wir sterben, unser Erbe sammeln und es unseren Kindern darbringen.

ZWEITES KAPITEL

Die wirtschaftlichen Grundlagen der Kultur

AUCH der «Wilde» ist in einem gewissen Sinn zivilisiert, denn er übermittelt seinen Kindern sorgfältig das Erbe des Stammes, das heißt jenen Komplex wirtschaftlicher, politischer, geistiger und moralischer Gewohnheiten und Einrichtungen, den dieser in seinem Bemühen um die Erhaltung und Verschönerung des Lebens entfaltet hat. Wenn wir andere Lebewesen als «Wilde» oder «Barbaren» bezeichnen, ist das keine objektive Feststellung, sondern kann stolze Selbstüberwertung und furchtsame Scheu vor fremden Bräuchen sein. Zweifellos unterschätzen wir diese einfachen Völker, von deren Gastfreundschaft und Moral wir vieles lernen können. Wenn wir ein Verzeichnis der Grundsteine und Elemente der Kultur anlegen, werden wir feststellen, daß die nackten Völker über alle außer einem einzigen verfügten und wir nur die Verfeinerungen und die Schrift hinzubrachten. Vielleicht waren auch sie einst zivilisiert und verzichteten darauf, weil sie diesen Zustand als lästig betrachteten. Wir müssen Wörter wie «wild» und «barbarisch» in bezug auf unsere «zeitgenössischen Vorfahren» sparsam gebrauchen. Wir können alle jene Stämme, die wenig oder gar keinen Vorrat für unergiebige Tage aufsparen und wenig oder gar keinen Gebrauch von der Schrift machen, als «primitiv» bezeichnen. Im Unterschied zu ihnen kann der Zivilisierte als schriftkundiger Vorrätesammler bezeichnet werden.

I. VON DER JAGD ZUM FELDBAU

Primitive Unbedachtsamkeit · Anfänge von Vorsorge · Jagen und Fischen · Herdenhüten
Die Zähmung der Tiere · Ackerbau · Nahrung · Kochen · Kannibalismus

«Drei tägliche Mahlzeiten sind eine sehr fortgeschrittene Einrichtung. Die Wilden stopfen sich voll oder fasten.» Die wilderen Stämme unter den amerikanischen Indianern betrachteten es als charakterschwach und unschicklich, Nahrung für den nächsten Tag aufzubewahren. Die australischen Eingeborenen sind jeder nicht sofort entlöhnten Arbeit unfähig; jeder Hottentotte ist ein großer Herr des Müßigganges; und bei den Buschmännern Afrikas gibt es immer «entweder einen Schmaus oder eine Hungersnot». Es liegt eine stumme Weisheit in dieser Unbedachtsamkeit, wie in vielen «wilden» Gewohnheiten. In dem Augenblick, in dem der Mensch sich um das Morgen zu kümmern beginnt, tritt er aus dem Garten Eden in das Sorgental. Die blasse Sorge lastet auf ihm, die Habsucht wird stärker, das Eigentum beginnt und die gute Laune des «gedankenlosen» Eingeborenen verschwindet. «Woran denkst du?» fragte Peary einen seiner Eskimoführer. «Ich habe an nichts zu denken», war die Antwort, «ich habe

24   EINLEITUNG · DIE ENTSTEHUNG DER KULTUR

eine Menge Fleisch.» Nicht zu denken, wenn wir es nicht müssen – vieles spricht dafür, dies als der Weisheit letzten Schluß zu betrachten.

Trotzdem gab es viel Schwieriges in dieser Sorglosigkeit, und die ihr entwachsenen Organismen gelangten im Kampf um die Existenz in den Besitz eines ernsten Vorteils. Der Hund, der einen noch nicht glattgenagten Knochen vergräbt; das Eichhörnchen, das für spätere Feste Nüsse sammelt; die Honigscheiben füllenden Bienen; die Ameisen, die fürs Regenwetter Vorräte aufspeichern – sie alle gehören zu den ersten Schöpfern der Zivilisation. Sie lehrten unsere Vorfahren, aus der Überfülle des Heute für morgen zu sparen oder sich zu reicher Sommerszeit auf den Winter vorzubereiten.

Mit welcher Gewandtheit spürten unsere Vorfahren die für ihre einfachen Gesellschaften grundlegende Nahrung zu Land und Wasser auf! Sie gruben eßbare Dinge mit ihren bloßen Händen aus der Erde; sie gebrauchten die Klauen und Hauer der Tiere und bildeten Werkzeuge aus Elfenbein, Knochen oder Stein; sie machten Netze und Fallen und Schlingen aus Fasern oder Binsen und erfanden zahllose Listen, um ihre Beute zu jagen oder zu fischen.

Die Polynesier besaßen tausend Ellen lange Netze, zu denen hundert Männer nötig waren; solcherart ging die wirtschaftliche Vorsorge Hand in Hand mit der politischen Organisation, und die vereinte Nahrungssuche trug zur Staatsgründung bei. Der Tlingit-Fischer setzte eine dem Kopf des Seehundes ähnliche Mütze auf, verbarg sich in den Felssprüngen und ahmte das Geräusch eines Seehundes nach. Die Seehunde kamen auf ihn zu, und er durchbohrte sie mit seinem Speere, voll bewußt des primitiven Krieges, den er führte. Viele Stämme warfen Betäubungsmittel in die Ströme, um die Fische zu fangen; die Tahiti-Insulaner taten eine betäubende, aus der Huteonuß und der Horapflanze gewonnene Flüssigkeit ins Wasser; der Fisch betrank sich, schwamm träge auf der Oberfläche und wurde leicht gefangen. Die australischen Eingeborenen erhielten durch ein Bambusrohr die nötige Luftzufuhr beim Schwimmen unter Wasser, griffen nach den Füßen der Enten und hielten sie, bis sie still waren. Die Tarahumara betrieben den Vogelfang, indem sie viele auf zähe Fasern aufgereihte Kerne in der Erde vergruben; die Vögel fraßen diese Kerne, und die Tarahumara aßen die Vögel.

Heute ist Jagd den meisten ein Spiel, dessen Genuß auf einer im Blute lebenden, mystischen Erinnerung zu beruhen scheint. Einst bedeutete sie für Jäger und Wild einen Kampf auf Leben und Tod. Die Jagd war nicht allein Nahrungssuche, sie war auch ein Krieg um Herrschaft und Sicherheit, ein Krieg, demgegenüber die Kriege der geschriebenen Geschichte eine Kleinigkeit sind. In der Wildnis kämpft noch heute der Mensch um sein Leben; es gibt zwar kein Tier, das den Angriff beginnt, wenn es nicht aus Nahrungsmangel verzweifelt oder vom Jäger in die Enge getrieben ist. Doch es gibt nicht immer Nahrung für alle, und manchmal darf nur der Kämpfer oder der Erzeuger von Kämpfern essen. Wir sehen in unseren Museen die Reste jenes Krieges der Spezies in den Messern, Stöcken, Speeren, Pfeilen, Lassos, Fallen, Bumerangs und Schlingen, die dem primitiven Menschen dazu dienten, das Land zu erobern und das Geschenk der Sicherheit vor jeder Bestie – ausgenommen der menschlichen – für eine undankbare Nachwelt vorzubereiten. Heute noch, nach all diesen Vernichtungskrie-

DIE WIRTSCHAFTLICHEN GRUNDLAGEN DER KULTUR

gen, bewohnen so verschiedenartige Lebewesen die Erde! Manchmal ist es ein Wald-
spaziergang, der uns überraschend die endlose Verschiedenheit der Laute von Myriaden
Insekten, Reptilien, Vögeln und Säugetieren vor Augen führt und uns den Menschen
hier als Eindringling und Gegenstand allgemeiner Angst und Feindseligkeit empfinden
läßt. Vielleicht werden eines Tages diese schwatzhaften Vierfüßler, diese zierlichen
Tausendfüßler, diese unsichtbaren Bazillen den Menschen und all seine Werke verzehren und den Planeten von diesem plündernden Zweifüßler, diesen geheimnisvollen
und unnatürlichen Waffen, diesen achtlosen Füßen befreien.

Jagen und Fischen waren keine Stadien der wirtschaftlichen Entwicklung, sie waren
Tätigkeitsarten, die noch in den höchsten Kulturformen wirkten. Einst das Zentrum
des Lebens, sind sie heute noch seine verborgenen Grundsteine; hinter unserer Literatur und Philosophie, unserem Ritus und unserer Kunst steht die gedrungene Gestalt
des Neandertalers. Wir geben die Vollmacht zur Jagd, weil wir nicht den Mut zum
ehrlichen Morden auf offenem Felde haben; aber die Erinnerung an die Jagd lebt in der
frisch-frohen Verfolgung des Schwachen und Flüchtenden und in den Spielen unserer
Kinder wieder auf. Im letzten Grunde beruht Kultur auf dem Nahrungsvorrat. Die
Kathedrale und das Kapitol, das Museum und der Konzertsaal, die Bibliothek und die
Universität sind die Fassade; im Hintergrund steht das Schlachthaus.

Es war nicht befriedigend, vom Jagen zu leben; wenn der Mensch daran Genüge gefunden hätte, wäre er nur ein Fleischfresser mehr gewesen. Er wurde im wahren Sinne
Mensch, als er aus der unsicheren Jagd die größere Sicherheit und Kontinuität des Hir-
tenlebens entwickelte. Dieses trug ihm große Vorteile ein: die Zähmung der Tiere,
die Viehzucht und die Verwendung der Milch. Wir wissen nicht, wie die Zähmung
begann – vielleicht als die hilflosen Jungen der geschlachteten Tiere auf das Feld getrieben wurden, damit sie als Spielzeug der Kinder dienten. Das Tier wurde weiterhin
geschlachtet, aber nicht mehr so frühzeitig; es wurde Lasttier, lebte aber beinahe demokratisch in der Gesellschaft des Menschen. Es wurde sein Genosse und bildete mit
ihm eine Arbeits- und Wohngemeinschaft. Die Beherrschung des Zeugungswunders
verwandelte zwei Gefangene in eine Herde. Die Tiermilch befreite die Frau von allzu
langem Stillen, verminderte die Kindersterblichkeit und lieferte eine neue und sichere
Nahrung. Die Bevölkerung wuchs, das Leben wurde stabiler und geordneter, und die
Herrschaft jenes ängstlichen Parvenüs Mensch wurde auf Erden sicherer.

Inzwischen machte die Frau die größte wirtschaftliche Entdeckung – die Freigebigkeit des Bodens. Während der Mann jagte, grub sie in der Nähe des Zeltes oder der
Hütte nach allen möglichen ihrer Hand erreichbaren eßbaren Dingen. In Australien
grub die Frau in Abwesenheit ihres jagenden Kameraden nach Wurzeln, pflückte
Früchte und Nüsse von den Bäumen und sammelte Honig, Pilze, Samen und Körner.
Heute noch werden bei gewissen australischen Stämmen die spontan aus der Erde
wachsenden Feldfrüchte mit der Ernte eingebracht, ohne daß der Samen ausgeschieden und wieder gesät würde. Die Indianer im Tal des Sacramento kamen nie über dieses Stadium hinaus. Wir werden niemals entdecken, wann die Menschen zum ersten
Male die Funktion des Samens bemerkten, ihn sammelten und säten. Solche Anfänge

26   EINLEITUNG · DIE ENTSTEHUNG DER KULTUR

sind die Geheimnisse der Geschichte; wir dürfen glauben und raten, können aber nicht wissen. Es ist möglich, daß beim Sammeln des wild wachsenden Getreides manch ein Samen auf dem Weg zwischen Feld und Ansiedlung niederfiel und schließlich das große Geheimnis des Wachsens vermuten ließ. Die Juang warfen den Samen haufenweise in die Erde, die Eingeborenen auf Borneo legten ihn in Löcher, die sie im Gehen über das Feld mit einem spitzen Stock gebohrt hatten – die einfachste uns bekannte Feldbestellung. In Madagaskar konnte der Reisende noch vor 50 Jahren sehen, wie Frauen, mit Stöcken bewaffnet, Soldaten gleich in Reih und Glied standen und dann auf ein Zeichen hin ihre Stöcke in den Grund bohrten, den Boden aufwühlten, die Samen in die Erde schleuderten, diese flachstampften und bei der nächsten Furche den Vorgang wiederholten. Das zweite Stadium war die Haue: der Bohrstock erhielt einen Knochenansatz und ein Kreuzstück für den Druck des Fußes. Als die Konquistadoren nach Mexiko kamen, fanden sie, daß die Azteken kein anderes Feldgerät kannten als die Haue. Die Zähmung der Tiere und das Schmieden der Metalle erlaubte die Verwendung schwererer Geräte. Aus der Haue wurde ein Pflug, und das tiefere Aufwühlen des Bodens enthüllte eine Fruchtbarkeit der Erde, die die gesamte menschliche Laufbahn änderte. Wilde Pflanzen wurden dem Hausgebrauch zugeführt, neue Abarten entwickelt, alte verbessert.

Schließlich lehrte die Natur den Menschen die Kunst, Vorräte zu sammeln, die Tugend der Vorsicht, den Begriff der Zeit. Aus der Beobachtung des in den Bäumen Eicheln einlagernden Spechtes und der den Honig in Stöcken sammelnden Bienen wurde im Menschen – vielleicht nach Jahrtausenden unbekümmerter Wildheit – der Begriff der Vorratsschaffung für die Zukunft geboren. Der Mensch räucherte das Fleisch, pökelte es ein oder brachte es zum Gefrieren, um es frisch zu erhalten; er baute Kornkammern, um darin seine Nahrungsvorräte für die mageren Monate des Jahres aufzubewahren und sie vor Regen und Feuchtigkeit, Dieben und Ungeziefer zu bewahren. Langsam wurde offenbar, daß der Ackerbau einen besseren und beständigeren Proviant bot als die Jagd. Diese Erkenntnis veranlaßte den Menschen, einen der drei Schritte zu machen, die von der Tierexistenz zur Zivilisation führten, und die im Aneignen von Sprache, Ackerbau und Schrift bestehen.

Keinesfalls ging der Mensch plötzlich von der Jagd zum Feldbau über. Viele Stämme, wie die amerikanischen Indianer, blieben beständig im Übergangsstadium. Die Männer jagten, die Frauen bestellten das Feld. Wahrscheinlich erfolgte die Änderung nicht nur stufenweise, sie blieb auch immer unvollkommen. Der Mensch fügte einer alten Art, sich Nahrung zu verschaffen, eine neue hinzu. Er versuchte alle möglichen Feldprodukte, mengte immer mehr Früchte und Nüsse mit dem Fleisch und den Fischen, an die er gewöhnt war, sehnte sich aber immer noch nach der Jagdbeute. Die primitiven Völker haben eine heißhungrige Liebe nach Fleisch, selbst wenn sie sich hauptsächlich von Getreidefrüchten, Gemüse und Milch ernähren. Wenn sie den Kadaver eines vor kurzem verstorbenen Tieres finden, ist wilde Ausschweifung die Folge. Oft wird keine Zeit mit Kochen vergeudet; die Beute wird roh gegessen, und bald sind nur die Knochen übrig. Man weiß von Stämmen, die wochenlang von einem an das Ufer

DIE WIRTSCHAFTLICHEN GRUNDLAGEN DER KULTUR

geschleuderten Wal schmausten. Obwohl die Feuerländer kochen können, ziehen sie rohes Fleisch vor; den gefangenen Fisch töten sie durch Biß hinter die Kiemen und verzehren ihn mit Stumpf und Stiel. Die Unsicherheit des Nahrungsvorrats machte diese Naturvölker buchstäblich zu Allesessern: Schalentiere, Seeigel, Frösche, Kröten, Schnecken, Mäuse, Ratten, Spinnen, Erdwürmer, Skorpione, Motten, Tausendfüßler, Heuschrecken, Raupen, Eidechsen, Schlangen, Boas, Hunde, Pferde, Wurzeln, Läuse, Insekten, Larven, Reptilieneier und Vögel – all das waren Delikatessen oder sogar eine Hauptmahlzeit für den Naturmenschen. Manche Stämme sind tüchtige Ameisenjäger; andere trocknen Insekten an der Sonne und bewahren sie für einen Festschmaus auf; sie suchen einander die Läuse in den Haaren und verzehren sie mit Genuß; wenn die Läuse zahlreich genug sind, um einen Fleischtopf daraus zu machen, wird diese Mahlzeit unter Jubelschreien verschlungen, da sie den Feinden der menschlichen Rasse den Garaus macht. Das Menü der niedrigeren Jagdstämme ist von dem der höher entwikkelten Affen kaum zu unterscheiden.

Die Entdeckung des Feuers steckte dieser wahllosen Gefräßigkeit Grenzen und half gemeinsam mit dem Ackerbau zur Befreiung des Menschen von der Jagd. Das Kochen brach Zellulose und Zähigkeit von tausend in ihrem rohen Zustande unverdaulichen Pflanzen, und der Mensch ging immer mehr zu Getreidefrucht und Gemüse über. Zähe Nahrung wurde weich gekocht, das Kauen wurde unwichtiger, und es begann jener Zahnzerfall, der eines der Merkmale der Zivilisation ist.

Der von uns aufgezählten Speiseliste fügte der Mensch seine allergrößte Delikatesse hinzu – seinen Mitmenschen. In einer gewissen Periode war der Kannibalismus allgemein; nahezu alle primitiven Stämme kannten ihn und selbst noch spätere Völker, wie die Iren, die Iberer, die Pikten und die Dänen des elften Jahrhunderts. Das Menschenfleisch war für viele Stämme ein Handelsobjekt, und Leichenfeiern waren unbekannt. Im oberen Kongo wurden lebende Männer, Frauen und Kinder als Nahrungsartikel frei gekauft und verkauft; in Neuengland wurde Menschenfleisch in Geschäften verkauft wie bei uns die Würste in der Metzgerei. Auf den Salomon-Inseln wurden die menschlichen Opfer, vorzugsweise Frauen, wie Schweine für einen Schmaus gemästet. Auf Tahiti erklärte ein alter Polynesier dem Schriftsteller Pierre Loti seine Nahrung: «Der weiße Mann schmeckt wie eine reife Banane, wenn er gut gebraten ist.» Die Fidschi-Bewohner jedoch fanden das Fleisch der Weißen zu salzig und zähe und einen europäischen Matrosen kaum zum Essen gut; ein Polynesier schmeckte besser.

Was war der Ursprung dieses Brauches? Wir haben keine sicheren Anhaltspunkte dafür, daß er aus Nahrungsmangel entstand. Falls dem so war, so überdauerte jedenfalls die Vorliebe für Menschenfleisch den Mangel. Überall unter den Naturvölkern wird Blut als Köstlichkeit, niemals mit Grauen, empfunden; sogar die primitiven Vegetarier haben eine Schwäche dafür. Menschenblut wird regelmäßig von sonst freundlichen und freigebigen Stämmen getrunken. Es ist Heilmittel, besiegelt Ritus oder Vertrag; oft ist daran der Glaube gebunden, es werde dem Trinkenden die Lebenskraft des Opfers einbringen. Der primitive Mensch sah keinen moralischen Unterschied zwischen Tierfleischkost und Menschenfleischkost. In Melanesien stieg die Achtung eines Häuptlings, der seine Freunde zu einem Menschenbraten einladen konnte, ganz bedeutend. «Wenn ich einen Feind getötet habe», erläuterte ein brasilianischer Philosoph und Häuptling, «ist es bestimmt besser, ihn zu essen als ihn unbenutzt zu lassen ... Schlimm ist nicht, gegessen zu werden, sondern zu sterben; falls ich getötet werde, ist es für mich das gleiche, ob mein Stammesfeind mich ißt oder nicht. Aber ich könnte mir kein Wild vorstellen, das mir besser schmecken würde als er ... Ihr Weißen seid wirklich zu geziert.» Zweifelsohne hatte der Brauch gewisse soziale Vorteile. Er nahm Swifts Plan zur Verwendung überflüssiger Kinder vorweg und gab den Alten eine Gelegenheit, sich durch ihren Tod nützlich zu machen. Es gibt einen Gesichtspunkt, von dem aus Leichenfeiern als unnütze Extravaganz erscheinen. Montaigne hielt es für barbarischer, einen Menschen unter dem Mantel der Nächstenliebe zu Tode zu quälen, wie es zu seiner Zeit Mode war, als ihn zu braten und zu essen, nachdem er tot war. Wir müssen gegenseitig unsere Irrtümer achten.

II. DIE GRUNDSTEINE DES GEWERBES

Das Feuer · Primitive Werkzeuge · Weberei und Töpferei · Bau- und Transportwesen
Handel und Finanz

Der Mensch begann mit der Sprache, die Zivilisation mit dem Ackerbau und das Gewerbe mit dem Feuer. Der Mensch erfand es nicht; wahrscheinlich erschuf die Natur für ihn das Wunder durch die Reibung von Blättern oder Zweigen, durch Blitzschlag oder zufällige chemische Verbindung; der Mensch hatte nur den rettenden Einfall, die Natur nachzuahmen und sie zu verbessern. Er machte sich das Wunder auf tausend Arten zunutze. Zuerst diente es ihm vielleicht als Fackel, um seinen furchtbaren Feind, das Dunkel, zu besiegen; dann wurde Feuer Wärme und machte das Verlassen der Tropen und die weitausgedehnte Besiedelung der Erde möglich; sodann verwendete er es zum Erweichen und Härten der Metalle, bildete sie zu stärkeren und geschmeidigeren Formen um. So wohltätig und sonderbar war das Feuer, daß es dem primitiven Menschen immer ein Wunder blieb, göttlicher Verehrung würdig; unendliche Hingabe und Andacht hatte er dafür und machte es zum «Brennpunkt» seines Lebens und Heimes. Überall nahm er es auf seinen Wanderungen mit, und nur ungern ließ er es erlöschen. Noch die Römer bestraften die unachtsame vestalische Jungfrau, die das heilige Feuer sterben ließ, mit dem Tode.

Inmitten des Jagens, Herdenhütens und Feldbaus war der Erfindungsgeist emsig tätig, und das primitive Hirn quälte sich, mechanische Antworten auf die ökonomischen Rätsel des Lebens zu finden. Zu Beginn war der Mensch, wenigstens scheinbar, zufrieden, das, was die Natur ihm bot, anzunehmen; die Früchte der Erde als seine Nahrung, Häute und Pelze der Tiere als seine Kleidung, die Höhlen im Hügelgelände als seine Wohnung. Dann *vielleicht* (denn der Großteil der Vorgeschichte kann nur erraten werden) ahmte er Werkzeuge und Technik des Tieres nach: Er sah den auf seine Feinde Felsbrocken und Früchte schleudernden Affen, den Dämme bauenden Biber, die Nester

DIE WIRTSCHAFTLICHEN GRUNDLAGEN DER KULTUR

und Lauben der Vögel, die Hütten der Schimpansen. Er beneidete sie um die Kraft ihrer Klauen, ihrer Zähne, Hauer und Hörner, um die Festigkeit ihrer Verstecke; er machte sich an die Arbeit, Werkzeuge und Waffen zu formen, die diesen ähneln und mit ihnen wetteifern sollten. Der Mensch, sagte Franklin, ist ein Tier, das Werkzeuge gebraucht; aber auch diese Auszeichnung stellt – wie andere, mit denen wir uns schmücken – nur einen Stufenunterschied dar.

Viele Werkzeuge waren potentiell in der den Menschen umgebenden Pflanzenwelt vorhanden. Aus dem Bambusrohr machte er Schäfte, Messer, Nadeln und Flaschen; Schraubstöcke, Flach- und Beißzangen aus den Ästen; aus Rinde und Fasern webte er Seile und Kleidungsstücke von hundert Arten; vor allem machte er sich einen Stock. Es war eine bescheidene Erfindung, doch war seine Verwendung so mannigfaltig, daß ihn der Mensch zu jeder Zeit als Symbol der Macht und Autorität empfunden hat, von dem Feenstab und dem Hirtenstab zum Stabe Mose oder Aarons, dem Elfenbeinrohr des römischen Konsuls, dem Lituus des Auguren und dem Zepter der Beamten oder des Königs. Im Ackerbau wurde aus dem Stock die Haue; im Kriege wurde er zur Lanze oder zum Wurfspeer, zum Schwerte oder Bajonett. Der Mensch erschloß sich das Mineralreich und bildete ein Waffen- und Gerätemuseum aus Steinen: Hammer, Ambosse, Kessel, Kratzeisen, Pfeilspitzen, Sägen, Hobel, Keile, Stemmeisen, Äxte und Bohrer. Die Tierwelt lieferte ihm Schöpflöffel, Gabeln, Vasen, Flaschen, Teller, Rasiermesser und Angelhaken aus den Muscheln am Meeresufer und starke oder feine Geräte aus dem Horn oder Elfenbein, aus den Zähnen und Knochen, dem Haar und der Haut der Tiere. Die meisten Gegenstände hatten klug angebrachte Holzgriffe, die mit Fasern oder Tiersehnengeflecht befestigt und manchmal mit sonderbaren Blutmischungen angeleimt waren. Die Erfindungsgabe des primitiven Menschen war vielleicht größer als die des modernen Durchschnittsmenschen; wir unterscheiden uns von ihnen mehr durch die Anhäufung des Wissens, der Stoffe und Geräte als durch angeborene Überlegenheit der Intelligenz. Der Naturmensch fand besonderes Vergnügen daran, die Schwierigkeiten einer Situation mit erfinderischem Geiste zu meistern. Bei den Eskimos war es ein Lieblingsspiel, unwegsame und unbewohnte Orte aufzusuchen und miteinander im Erfinden von Mitteln und Wegen zu wetteifern, um den Anforderungen eines unausgerüsteten Lebens zu begegnen.

Diese primitive Geschicklichkeit tritt in der Kunst des Webens klar zutage. Auch hier wies das Tier dem Menschen den Weg. Das Netz der Spinne, das Nest des Vogels, das Faser- und Blättergewebe in der Naturstickerei der Wälder gaben ein so offensichtliches Beispiel, daß aller Wahrscheinlichkeit nach das Weben eine der frühesten Künste der Menschenrasse war. Rinden, Blätter und Grasfasern wurden manchmal so wunderbar zu Kleidern, Teppichen und Wandbehängen gewebt, daß unsere zeitgenössischen Maschinen mit ihnen nicht wetteifern können. Die Frauen auf den Aleuten brauchten ein Jahr, um ein Kleid zu weben. Die Decken und Gewänder der nordamerikanischen Indianer waren mit Fransen und Stickereien aus Haaren und Flechsenfäden, die mit Beerensaft leuchtend gefärbt waren, reich geschmückt; «so lebendige Farben», sagt Pater Théodut, «daß sie die unsrigen vollkommen in den Schatten stellen». Wiederum fing die Kunst an, wo die Natur aufhörte; die Knochen der Vögel und Fische und die schlanken Sprößlinge des Bambusbaumes wurden zu Nadeln geschliffen, die Tiersehnen zu Fäden von solcher

30   EINLEITUNG · DIE ENTSTEHUNG DER KULTUR

Feinheit gezogen, daß sie auch durch das winzigste Nadelöhr gegangen wären. Rinde wurde zu Matten und Kleidern geklopft, Häute wurden für Schuhwerk getrocknet, Fibern zu stärkstem Garn geknüpft, geschmeidige Äste und bunte Fäden zu Körben geflochten – viel reizvoller als die modernen Formen.

Mit dem Korbflechten verwandt, vielleicht sogar daraus entstanden, war die Kunst der Töpferei. Ein mit Lehm bedecktes Weidenwerk (um dieses vor Verbrennung zu schützen) erhärtete zu feuerfester Schale, die ihre Form auch nach Fortnahme des Weidenwerkes beibehielt: das kann der Anfang einer Entwicklung gewesen sein, die ihren Höhepunkt in den vollkommenen chinesischen Porzellanen erreichen sollte. Oder vielleicht verriet ein von der Sonne gebackener, erhärteter Lehmklumpen die keramische Kunst; es war nur ein Schritt, an die Stelle der Sonne das Feuer zu setzen und aus Erde zahllose Gefäße – für Küche, Vorrat und Transport und schließlich zu Schmuck und Zier – zu formen. Die Zeichnungen, die der Fingernagel oder das Werkzeug dem feuchten Lehm aufdrückten, waren eine der ersten Kunstformen und vielleicht einer der Ursprünge der Schrift. Aus dem sonnegebrannten Lehm machten die primitiven Stämme Backsteine und wohnten sozusagen in Steingut. Doch war dies eine späte Entwicklung der Baukunst, die die Lehmhütte des «Wilden» den glänzenden Fliesen von Ninive und Babylon anschließt. Manche Naturvölker, wie die Vedda auf Ceylon, hatten überhaupt keine Wohnungen und gaben sich mit Himmel und Erde zufrieden; die Tasmanier schliefen in Baumhöhlungen; die Eingeborenen von Neusüdwales lebten in Höhlen; andere, wie die Buschmänner, bauten hier und dort Windschutzräume aus Ästen oder stießen – zwar seltener – Pfähle in die Erde und bedeckten sie oben mit Moos und Zweigen. Wurden diese Windschutzräume seitlich vervollständigt, so entstand die Hütte, die wir bei den Eingeborenen in Australien in all ihren Stadien, von dem mit Gras und Erde bedeckten Häuschen, das kaum zwei bis drei Personen Obdach gewähren kann, bis zu den großen, auch dreißig und mehr Personen beherbergenden Hütten, finden können. Der Nomadenjäger oder Hirt zog ein Zelt vor, das er überall, wo die Jagd ihn hinführte, mitnehmen konnte. Der höhere Typus der Naturvölker, zum Beispiel die amerikanischen Indianer, baute aus Holz. Der Irokese errichtete aus den mit Rinden bedeckten Holzstämmen ausgedehnte, 150 Meter lange Behausungen, die vielen Familien als Obdach dienten. Schließlich bauten die Eingeborenen Ozeaniens richtige Häuser aus sorgfältig geschnittenen Brettern, und die Entwicklung der Holzwohnung war vollendet.

Drei weitere Entwicklungen waren notwendig, damit der primitive Mensch alles Hauptsächliche der wirtschaftlichen Zivilisation erschaffen konnte: das Transportwesen, die Handelseinrichtungen und das Tauschmittel. Ein Gepäckträger und ein Flugzeug, von dem er seine Last wegträgt, stellen die frühesten und spätesten Stadien der Transportgeschichte dar. Zu Beginn war der Mensch zweifelsohne sein eigenes Lasttier, zumindest wenn er nicht verheiratet war; noch heute ist in Süd- und Ostasien der Mensch Karren und Maultier und alles. Später erfand er Stricke und Hebel und Rollen; er zähmte das Tier und lud ihm Lasten auf. Sein Vieh zog ihm Äste, auf die er seine Waren geladen hatte, am Boden entlang. Das war der erste Schlitten; er legte Stämme unter den Schlitten; er schnitt den Stamm in Scheiben und machte die größte aller mechanischen Erfindungen, das Rad; er stellte Räder unter den Schlitten und machte einen Karren. Er band mehrere Stämme zu Flößen zusammen oder machte Boote aus ihnen, und die Ströme wurden seine bequemsten Verkehrsstraßen. Zu Lande ging er zuerst auf pfadlosen Feldern und Hügeln, dann auf Fährten, zuletzt auf Straßen. Er sah nach den Sternen und führte seine Karawanen durch Gebirge und Wüsten, indem er seine Route am Himmel zog. Mit Ruder und Segel kam er mutig von Insel zu Insel,

DIE WIRTSCHAFTLICHEN GRUNDLAGEN DER KULTUR

und schließlich umspannte er die Meere, um seine bescheidene Kultur von Erdteil zu Erdteil auszuweiten. Auch hier waren die Hauptprobleme gelöst, bevor die «Geschichte» begann.

Weil menschliche Fertigkeit und natürliche Begabung verschieden und ungleich verteilt sind, kann ein Volk, dank der Herausbildung spezifischer Talente oder der Nähe der notwendigen Materialien, in der Lage sein, gewisse Gegenstände billiger als seine Nachbarn herzustellen. Von diesen Artikeln verfertigt es mehr, als es verbraucht, und bietet andern Völkern den Überschuß zum Tausch für deren eigene Produkte an; das ist der Ursprung des Handels. Die Chibcha-Indianer in Kolumbien führten das in ihrem Territorium im Überfluß vorhandene Steinsalz aus und erhielten als Gegenleistung die Getreidefrüchte, die sie auf ihrem Wüstenboden nicht anbauen konnten. Gewisse amerikanische Indianerdörfer beschäftigten sich fast ausschließlich mit der Herstellung von Pfeilspitzen; manche Eingeborenensiedelungen in Neuguinea mit Töpferei; andere in Afrika mit Grobschmiedearbeit und Bootsbau. Solche Spezialistenstämme oder Dörfer nahmen manchmal den Namen ihres Handwerks an (Schmid, Fischer ...), und diese Namen gingen mit der Zeit auf die Spezialistenfamilien über. Der Handel mit Überschüssen war zuerst ein Geschenkeaustausch; noch in unserer berechnenden Zeit geht ein Geschenk (und sei es nur ein Essen) einem Geschäfte voraus oder besiegelt es. Krieg, Raub, Tribut, Bußen und Entschädigung erleichterten den Austausch und sorgten für Bewegung. Stufenweise bildete sich ein geordnetes Tauschsystem heraus, und Handelsplätze, Märkte und Basare wurden – zuerst gelegentlich, dann in bestimmten Zeitabständen und zuletzt dauernd – errichtet.

Der Handel war für lange Zeit solch ein Tausch, und es vergingen Jahrhunderte, bevor ein zirkulierendes Wertmittel zur Beschleunigung des Handels erfunden wurde. Man konnte einen Dayak tagelang mit einem Ballen Bienenwachs durch einen Basar wandern sehen, auf der Suche nach einem Kunden, der ihm irgend etwas, was ihm von größerem Nutzen sein konnte, zum Tausch bot. Die ersten Tauschmittel waren Artikel, für die allgemein Nachfrage bestand und die jeder in Zahlung angenommen hätte: Datteln, Salz, Häute, Pelze, Zierat, Geräte, Waffen; in einem solchen Handel kamen zwei Messer einem Paar Strümpfe, alle drei einer Decke, alle vier einem Gewehr, alle fünf einem Pferde gleich; zwei Elchzähne kamen einem Pony und acht Ponies einer Frau gleich. Es gibt kaum irgendein Ding, das nicht zu irgendeiner Zeit von irgendeinem Volke als Geld gebraucht worden ist: Bohnen, Angelhaken, Muscheln, Perlen, Kakao, Samen, Tee, Pfeffer, schließlich Schafe, Schweine, Kühe und Sklaven. Vieh war ein sehr bequemer Münzfuß und ein passendes Tauschmittel zwischen Jägern und Hirten; Viehzucht war gewinnreich und der Transport kein Problem, da das Vieh ihn selber besorgte. Noch zu Homers Zeiten wertete man Menschen und Dinge in Viehwährung; die Rüstung des Diomedes war neun Stück Vieh wert, ein geschickter Sklave deren vier. Die Römer hatten verwandte Wörter – *pecus* und *pecunia* – für Vieh und Geld und prägten einen Ochsenkopf auf ihre ersten Münzen. Mit dem Ausgraben der Erze traten diese als Wertmesser an Stelle der anderen Warengüter. Zuerst waren Kupfer, Bronze, Eisen in Gebrauch, schließlich aber wurden Gold und Silber vorgezogen, da sie schon in kleinen Mengen großen Wert besitzen und kein großes Gewicht aufweisen. Der Fortschritt von Wertzeichenwaren zu Metallwährung ist, allem Anschein nach, nicht vom primitiven Menschen gemacht worden; es blieb den historischen Kulturen vorbehalten, Münzprägung und Kreditwesen zu erfinden und durch weitere Erleichterungen für den Austausch der Überschüsse Reichtum und Annehmlichkeiten des Menschen zu steigern.

III. DIE WIRTSCHAFTSORGANISATION

Primitiver Kommunismus · Ursachen seines Verschwindens · Ursprünge des Privateigentums Sklaventum · Klassen

Der Handel war der große Störenfried der primitiven Welt; bevor er erschien und Begriffe wie Geld und Gewinn mit sich brachte, gab es kein Eigentum und deshalb auch kaum eine Form von Regierung. In den frühen Stadien der wirtschaftlichen Entwicklung war das Eigentum auf den Besitz persönlich gebrauchter Dinge beschränkt; der Eigentumssinn war für solche Gegenstände so stark ausgeprägt, daß sie (selbst die Frau) oft mit dem Eigentümer begraben wurden; er war hingegen für nichtpersönliche Gegenstände so schwach, daß fortgesetzte Einschärfung zur Ausbildung des Eigentumsbewußtseins notwendig war. Fast überall unter den Naturvölkern war der Boden Gemeinschaftsbesitz. Die nordamerikanischen Indianer, die Eingeborenen von Peru, die indischen Stämme im Bergland von Chittagong, die Borneo- und Südseeinsulaner haben anscheinend gemeinschaftlich den Boden besessen und bebaut und seine Produkte gemeinsam geteilt. «Das Land», sagten die Omaha-Indianer, «ist gleich Wasser und Wind, die unverkäuflich sind.» In Samoa war vor Ankunft des weißen Mannes der Begriff des Landverkaufs unbekannt. Professor Rivers fand Bodenkommunismus noch in Melanesien und Polynesien vor; noch vor vierzig Jahren konnte man ihn im Inneren Liberias beobachten.

Kaum weniger verbreitet war der Nahrungskommunismus. Es war für den «Wilden» eine Selbstverständlichkeit, seine Nahrungsmittel mit dem, der keine hatte, zu teilen; Reisende konnten in jedem Hause Nahrung und Obdach finden, und die von der Dürre heimgesuchten Gemeinschaften wurden von ihren Nachbaren erhalten. Wenn ein Mann seine Mahlzeit im Walde einnahm, rief er gewöhnlich nach jemandem, damit er komme und sie mit ihm teile, bevor er sie allein aß. Als Turner einem Samoaner von den Armen in London erzählte, fragte der «Wilde» verwundert: «Wie kommt das? Keine Nahrung? Keine Freunde? Kein Haus? Wo sind sie groß geworden? Gibt es dort keine Häuser, die ihren Freunden gehören?» Der hungrige Indianer erhielt Nahrung, sobald er sie verlangte; gleichgültig wie gering der Vorrat war, «es durfte niemandem an Nahrung mangeln, solange es irgendwo im Dorf Mais gab». Unter den Hottentotten bestand die Gewohnheit, die überschüssigen Nahrungsmittel mit den anderen zu teilen. Weiße Reisende bemerkten in Afrika vor dem Eindringen der Zivilisation, daß die einem «schwarzen Manne» gemachten Nahrungs- und anderen Ge-

DIE WIRTSCHAFTLICHEN GRUNDLAGEN DER KULTUR

schenke sofort verteilt wurden; von einer geschenkten Kleiderausstattung erhielt ein Freund die Hosen, ein anderer den Rock, und dem Empfänger blieb der Hut. Der Eskimojäger hatte kein persönliches Recht auf das erlegte Wild; es mußte unter die Dorfbewohner aufgeteilt werden, und Werkzeuge und Vorräte waren gemeinschaftliches Eigentum aller. Die nordamerikanischen Indianer wurden von Kapitän Carver als «bar jeden Eigentumsunterschieds, mit Ausnahme der Gegenstände des Hausgebrauchs» beschrieben. «Sie sind außerordentlich freigebig gegeneinander und befriedigen die Bedürfnisse ihrer Freunde mit allem, was sie entbehren können.» «Am überraschendsten zu beobachten», erzählt ein Missionar, «ist die Liebenswürdigkeit und die Achtung, mit der sie einander behandeln und die man schwerlich bei den zivilisierten Völkern findet. Dies ist zweifellos dem Umstand zuzuschreiben, daß die Wörter ‚mein' und ‚dein', von denen Chrysostomus sagt, sie löschten in unseren Herzen das Feuer der Nächstenliebe aus und entfachten jenes der Habsucht, diesen Wilden unbekannt sind.» «Ich habe sie erlegtes Wild untereinander teilen sehen», sagt ein anderer Beobachter, «und kann mich nicht eines einzigen daraus entstandenen Streites entsinnen. Sie würden eher mit leerem Magen schlafen gehen, als einem Bedürftigen nicht zu helfen ... Sie betrachten sich als eine einzige große Familie.»

Warum verschwand dieser primitive Kommunismus, als die Menschen zu dem, was wir parteiisch mit Zivilisation bezeichnen, aufstiegen? Sumner glaubte, daß der Kommunismus sich als unbiologisch und als ein Hindernis im Existenzkampf erwies; daß er den Erfindergeist, den Fleiß und die Sparsamkeit ungenügend ansporrnte und daß der Mangel, den Fähigeren zu belohnen und den weniger Fähigen zu bestrafen, die Gleichschaltung der Fähigkeiten zur Folge hatte, die dem Wachstum oder dem erfolgreichen Wetteifern mit anderen Gruppen ungünstig war. Loskiel erzählt von verschiedenen Indianerstämmen des Nordostens, sie seien «so faul, daß sie nichts selber pflanzen, in der Hoffnung, daß die anderen es nicht ablehnen werden, ihre Erzeugnisse mit ihnen zu teilen. Nachdem der Fleißige dergestalt die Früchte seiner Mühen nicht mehr genießt als der Müßige, bebaut er jedes Jahr seinen Boden weniger.» Darwin dachte, die vollkommene Gleichheit unter den Bewohnern Feuerlands sei aller Hoffnung auf Aufstieg zur Zivilisation im Wege; umgekehrt aber hätten die Feuerländer sagen können, die Zivilisation werde ihrer Gleichheit verderblich. Der Kommunismus brachte eine gewisse Sicherheit all jenen, welche die der Armut und Unkenntnis der primitiven Gesellschaft zuzuschreibenden Krankheiten und Unfälle überlebten; aber er hob sie nicht aus jener Armut. Der Individualismus brachte Reichtum, aber er brachte auch Unsicherheit und Sklaventum; er spornte die verschlossenen Kräfte der höheren Menschen an, aber er intensivierte auch den Lebenskampf und ließ die Menschen bitter eine Armut empfinden, die, als sie alles in gleicher Weise teilten, keinen zu bedrücken schien

Der Kommunismus konnte sich in Gemeinschaften, die beständig auf der Wanderung und in Gefahr und Mangel lebten, leichter behaupten. Die Jäger und Hirten brauchten kein privates Bodeneigentum; aber als der Ackerbau die Menschen seßhaft machte, war es bald klar, daß der Boden mehr eintrug, wenn die Löhne der Feldarbeiter in der Familie blieben, die den Anbau versah. Demzufolge – da es eine natürliche

34   EINLEITUNG · DIE ENTSTEHUNG DER KULTUR

Auswahl von Einrichtungen und Ideen ebenso gibt wie von Organismen und Gruppen –
brachte der Übergang von der Jagd zum Ackerbau den Wechsel von Stamm- zu Fa-
milieneigentum mit sich; die wirtschaftlichste Produktionseinheit wurde damit die Ei-
gentumseinheit. Mit der Patriarchalisierung der Familie und der zentralen Autorität
des Familienältesten wurde der Eigentumsbegriff immer individualistischer, und das
persönliche Vermächtnis trat auf. Oft kam es vor, daß ein unternehmungslustiges Individuum den Hafen der Familie verließ, sich über die traditionellen Stammesgrenzen
hinauswagte und in mühevollem Schaffen dem Wald, dem Dschungel oder dem Sumpfe
Boden abrang; mit eifersüchtiger Liebe hing es an solchem Boden, die Gesellschaft
mußte schließlich sein Recht anerkennen, und eine andere Form des Privateigentums
nahm ihren Anfang. Die Erfindung des Geldes erleichterte Anhäufung, Transport und
Überlieferung des Eigentums. Die alten Stammesrechte und Überlieferungen traten
noch im formellen Eigentum des Bodens seitens der Dorfgemeinschaft oder des Königs oder in der periodischen Wiederverteilung des Bodens hervor. Aber nach einiger
Zeit galt das Privateigentum endgültig als die grundlegende wirtschaftliche Einrichtung der geschichtlichen Gesellschaft.

Der Ackerbau erzeugte die Zivilisation, führte zum Privateigentum, aber auch zur
Sklaverei. Die ausschließlich Jagd betreibenden Gemeinschaften hatten die Sklaverei
nicht gekannt; die Frauen und Kinder des Jägers besorgten die niedrige Hausarbeit.
Die Männer wechselten zwischen der aufregenden Tätigkeit der Jagd oder des Krieges
und der erschöpften Trägheit der Sättigung oder des Friedens ab. Die charakteristische
Faulheit der Naturvölker hat ihren Ursprung wahrscheinlich in dieser Gewohnheit des
langsamen Sicherholens von den Mühen des Kampfes und der Jagd; es war mehr ein
Ausruhen als Faulheit. Zwei Dinge waren nötig, um aus dieser unausgeglichenen Tätigkeit reguläre Beschäftigung zu bilden: die Routine des Feldbaus und die Organisation der Arbeit.

Diese Organisation bleibt locker und freiwillig, wo die Menschen für sich selber
arbeiten; wo sie es für andere tun, hängt die Organisation der Arbeit im letzten Grund
von Gewaltanwendung ab. Der Aufstieg des Ackerbaus und die Ungleichheit der Menschen führte zur Verwendung des sozial Schwachen durch den sozial Starken; erst
jetzt begriff der Sieger im Kriege, daß nur ein lebender Gefangener ein wertvoller Gefangener war. Gemetzel und Kannibalismus wurden geringer, Sklaverei wuchs und
blühte. Es war ein bedeutender moralischer Fortschritt, als die Menschen einander zu
töten aufhörten und lediglich einander versklavten. Eine ähnliche Entwicklung, nur in
größerem Maße, können wir heute beobachten, wo die siegreichen Nationen den
Feind nicht länger vernichten, sondern ihm die Ketten der Kriegsentschädigungen um-
legen. Kaum war die Sklaverei errichtet und als einträglich erkannt worden, als sie
auch auf pflichtvergessene Schuldner und hartgesottene Verbrecher ausgedehnt wurde.
Sklavenfang wurde eifrig betrieben; der Krieg half Sklaven machen, und diese halfen
den Krieg durchführen.

Wahrscheinlich gaben die Jahrhunderte der Sklaverei unserer Rasse ihre Tradition
und Gewohnheit der harten Arbeit. Niemand würde schwere und andauernde Arbeit

DIE WIRTSCHAFTLICHEN GRUNDLAGEN DER KULTUR

leisten, wenn er ihr ohne physische, wirtschaftliche oder soziale Strafe aus dem Wege gehen könnte. Die Sklaverei wurde ein Teil jener Disziplin, die den Menschen auf die Industrie vorbereitete. Auf indirekte Weise half sie der Zivilisation, schuf Reichtum und – für eine Minderheit – Müßiggang. Nach einigen Jahrhunderten war die Sklaverei eine Selbstverständlichkeit; Aristoteles bezeichnete sie als natürlich und unerläßlich, und Paulus gab einer zu seiner Zeit scheinbar von Gott gewollten Einrichtung seinen Segen. So traten stufenweise an Stelle der relativen Gleichheit der natürlichen Gesellschaft Ungleichheit und Klassentrennung. «In der primitiven Volksgruppe finden wir nie Unterschiede zwischen Sklaven und Freien, keine Sklaverei, keine Kaste und fast keinen oder nur geringen Unterschied zwischen Häuptling und Untergebenen.» Die immer steigende Kompliziertheit des Handels und der Werkzeuge unterwarfen den Ungeschickten oder Schwachen dem Geschickten oder Starken; jede Erfindung war eine neue Waffe in der Hand der Starken und machte ihre Herrschaft über den Schwachen noch vollkommener. Erbschaft gab größerem Besitz noch größere günstige Gelegenheiten, und aus einst gleichartigen Gesellschaften wurde ein Irrgarten von Klassen und Kasten. Reich und arm wußten mit einem Male um Reichtum und Armut; wie ein roter Faden zieht sich der Klassenkampf von nun an durch die Geschichte; und der Staat erstand als unentbehrliches Instrument der Klassenregulierung, des Eigentumsschutzes und des Entscheids über Krieg und Frieden.

DRITTES KAPITEL

Die politischen Grundlagen der Kultur

I. URSPRÜNGE DER REGIERUNG

Der asoziale Instinkt · Primitive Anarchie · Die Sippe und der Stamm · Der König · Der Krieg

DER Mensch ist nicht gerne ein politisches Tier. Er schließt sich seinen Mitmenschen weniger aus Wunsch als aus Gewohnheit, Nachahmungstrieb oder Zwang der Umstände an; er liebt nicht so sehr Gesellschaft, als er Einsamkeit fürchtet. Er geht mit den anderen, weil Isolierung Gefahren birgt und weil es viele Dinge gibt, die man zusammen besser tut als allein; in seinem Herzen aber ist er einsam und stellt sich heldenhaft der Welt entgegen. Wenn es nach dem Durchschnittsmenschen gegangen wäre, hätte wahrscheinlich niemals ein Staatswesen existiert. Noch heute bedauert er es, spricht von Steuern und vom Sterben im gleichen Atemzug und sehnt sich nach jener Regierung, die am wenigsten regiert. Er verlangt nur nach vielen Gesetzen, weil er glaubt, sein Nachbar brauche sie; privat ist er ein unproblematischer Anarchist und hält Gesetze in seinem eigenen Fall für überflüssig.

In den einfachsten Gesellschaften gibt es kaum eine Regierung. Die primitiven Jäger nehmen eine Vorschrift nur an, wenn sie mit der jagenden Rotte zusammen sind. Die Buschmänner leben gewöhnlich in abgeschlossenen Familien; die Pygmäen in Afrika und die einfachsten Eingeborenen Australiens kennen nur vorübergehende politische Organisationen und kehren dann zu ihren Familien zurück; die Tasmanier hatten keine Häuptlinge, keine Gesetze und keine reguläre Regierungsform; die Vedda auf Ceylon bildeten kleine, mit der Familienverwandtschaft übereinstimmende Kreise, hatten aber keine Regierung; die Kubu in Sumatra leben ohne Männer der Gesetzesgewalt, und jede Familie regiert sich selber; die Tungu sind manchmal in Gruppen von zehn Zelten beisammen; die australische «Horde» zählt selten mehr als sechzig Seelen. In solchen Fällen verfolgen Vereinigung und Mitarbeit Zwecke, wie zum Beispiel das Jagen, entwickeln sich aber niemals zu dauernder politischer Ordnung.

Die früheste Form der dauerhaften sozialen Organisation war die Sippe – eine Gruppe verwandter Familien, die eine gemeinsame Landstrecke besetzt hielt, das gleiche Totem hatte und den gleichen Bräuchen oder Gesetzen unterstand. Wenn eine Sippengruppe sich unter demselben Häuptling zusammenschloß, bildete sie den Stamm, der der zweite Schritt auf dem Wege zum Staate wurde. Aber das war eine langsame Entwicklung; viele Gruppen hatten überhaupt keinen Häuptling, viele andere duldeten Häuptlinge nur in Kriegszeiten. Die einzige Autorität waren die Familienältesten der Sippe, und keine andere willkürliche Gewalt war erlaubt. Die Irokesen- und Delawaren-Indianer erkannten weder Gesetze noch Einschränkungen an, die nicht von der Sippe kamen, und ihre Häuptlinge besaßen nur bescheidene Macht, der jederzeit von den Familienältesten ein Ende gesetzt werden konnte. Die Omaha-Indianer hatten einen Siebe-

DIE POLITISCHEN GRUNDLAGEN DER KULTUR

ner-Rat, der seine Entschlüsse einstimmig fassen mußte; wenn wir den berühmten Irokesenbund dieser Einstimmigkeitsklausel hinzufügen, durch welche viele Stämme sich zur Aufrechterhaltung des Friedens verpflichteten – und ihr Gelöbnis hielten –, sehen wir keine große Kluft zwischen diesen «Wilden» und den modernen Staaten, die sich auf Widerruf in einem Völkerbund zur Aufrechterhaltung des Friedens verpflichten.

Der Krieg macht den Häuptling, den König und den Staat, und diese machen den Krieg. In Samoa hatte der Häuptling während des Krieges Macht, sonst scherte man sich kaum um ihn. Die Dayak kannten nur die Regierung durch jedes Familienoberhaupt; im Kriegsfall wählten sie ihren tapfersten Krieger zum Führer und gehorchten ihm blindlings; aber kaum war der Konflikt zu Ende, sandten sie ihn ohne Umschweife seiner Wege. In den Friedensintervallen hatte der Priester oder oberste Zauberer den größten Einfluß; und als sich schließlich bei den meisten Stämmen ein dauerndes Königtum zur üblichen Regierungsform entwickelte, umfaßte es die Ämter des Kriegers, des väterlichen Familienoberhaupts und des Priesters. Die politischen Gemeinschaften werden von zwei Mächten regiert: vom Worte im Frieden, vom Schwerte im Krieg; wenn Überredungskunst versagt, löst die Gewalt sie ab. Gesetz und Mythos sind Hand in Hand durch die Jahrhunderte gegangen, haben zusammen oder abwechslungsweise allein die Menschheit geführt; bis zu unseren Tagen wagte kein Staat sie zu trennen, und morgen vielleicht werden sie wieder vereint sein.

Wie führte der Krieg zum Staate? Die Menschen empfinden keine natürliche Neigung für den Krieg. Manche niedrige Naturvölker sind ausgesprochen friedlich, und die Eskimos konnten nicht verstehen, warum Europäer des gleichen friedlichen Glaubens einander wie Seehunde jagen und obendrein Land stehlen sollten. «Wie gut ist es» – so sprachen sie zu ihrem Boden –, «daß du eis- und schneebedeckt bist. Wie gut, daß deine Felsen, falls sie Gold und Silber enthalten, wonach die Christen begehren, schneebedeckt und unnahbar sind. Deine Unfruchtbarkeit macht uns glücklich und bewahrt uns vor Belästigungen.» Nichtsdestoweniger gab es Krieg genug im primitiven Leben. Die Jäger kämpften um reiche Jagdgründe, die Hirten um neue Weideplätze, die Feldarbeiter um jungfräulichen Boden; sie alle kämpften manchmal, um einen Mord zu rächen oder um ihre Jugend zu stählen und in Zucht zu halten, die Eintönigkeit des Lebens zu unterbrechen oder um zu plündern und zu rauben; sehr selten um die Religion. Es gab Einrichtungen und Bräuche zur Einschränkung des Gemetzels wie bei uns – gewisse Stunden, Tage, Wochen oder Monate, wo kein Wilder, der etwas auf sich hielt, mordete; gewisse Beamte waren unantastbar, bestimmte Straßen neutral; es gab Marktplätze und Zufluchtsorte, wo der Friede nicht gebrochen werden durfte, und der Irokesenbund hielt den «großen Frieden» dreihundert Jahre lang aufrecht. Doch meistenteils war der Krieg das Lieblingsinstrument der natürlichen Zuchtwahl.

Seine Folgen waren endlos. Er war ein rastloser Zerstörer der schwachen Völker und machte die Menschenrasse mutiger und gewalttätiger, grausamer und gewandter. Er spornte den Erfindungsgeist an, schmiedete Waffen, die sich in nützliche Werkzeuge wandelten (Eisenbahnen, Flugzeuge), und die Kunst des Krieges wurde die Kunst des

Friedens. Vor allem löste der Krieg den primitiven Kommunismus und die Anarchie auf, brachte Organisation und Zucht und führte zur Versklavung der Gefangenen, zur Unterordnung der Klassen und zur Stärkung der Regierungsgewalt. Das Eigentum war die Mutter des Staates, der Krieg war sein Vater.

II. DER STAAT

Als Organisation der Gewalt · Die Dorfgemeinschaft
Die psychologischen Hilfsmittel des Staates

«Irgendein Rudel blonder Raubtiere», sagte Nietzsche, «eine Eroberer- und Herren-Rasse, welche, kriegerisch organisiert und mit der Kraft, zu organisieren, unbedenklich ihre furchtbaren Tatzen auf eine der Zahl nach vielleicht ungeheuer überlegene, aber noch gestaltlose, noch schweifende Bevölkerung legt. Dergestalt beginnt ja der ,Staat' auf Erden.» «Der Staat, als von der Stammesorganisation verschieden», sagt Lester Ward, «beginnt mit der Eroberung einer Rasse durch eine andere.» «Überall», sagt Oppenheimer, «bricht ein kriegerischer Wildstamm über die Grenzen eines weniger kriegerischen Volkes, setzt sich als Adel fest und gründet seinen Staat.» «Die Gewalt», sagt Ratzenhofer, «hat den Staat gegründet.» «Der Staat», sagt Gumplowicz, «ist das Resultat der Eroberung, die Niederlassung der Sieger als herrschende Kaste über die Besiegten.» «Der Staat», sagt Sumner, «ist das Produkt der Gewalt und existiert durch die Gewalt.»

Diese gewaltsame Unterwerfung stößt gewöhnlich einer seßhaften Ackerbaugruppe durch einen Jäger- und Hirtenstamm zu. Denn der Ackerbau lehrt die Menschen ein friedliches Leben, gibt ihnen einen prosaischen Tageslauf und braucht sie in den Mühen auf. Der Jäger und der Hirt, an Gefahr gewöhnt und im Töten gewandt, betrachten den Krieg als eine andere Form der Jagd und als kaum gefährlicher; wenn die Wälder nicht mehr genug Wild bieten oder die Herden in magerem Weideland aussterben, schauen sie neiderfüllt auf die reifen Felder des Dorfes, mit modern anmutender Geschicklichkeit erfinden sie irgendeinen plausiblen Angriffsgrund, fallen ein, erobern, verknechten und herrschen*.

Der Staat ist eine Spätentwicklung und erscheint vermutlich nicht vor der Zeit der geschriebenen Geschichte. Denn er setzt eine Umstellung des Prinzipes der sozialen Organisation voraus – von Verwandtschaft zu Herrschaft; und in den frühen Gesellschaften ist das erstere die Regel. Die Herrschaft hat Erfolg, wo sie verschiedene Gruppen zu einer vorteilhaften Ordnungs- und Handelseinheit verbindet. Selbst solche Eroberung ist nur von langer Dauer, wo der Fort-

---

* Es ist ein Gesetz, das nur für primitive Gesellschaften gilt, da bei komplizierteren Bedingungen verschiedene andere Faktoren – größerer Reichtum, bessere Waffen, höhere Intelligenz – den Ausgang mitbestimmen. So zum Beispiel wurde Ägypten nicht nur von den Hyksos, Äthiopiern, Arabern und Türken – sie alle Nomaden – erobert, sondern auch von den seßhaften Kulturen Assyriens, Persiens, Griechenlands, Roms und Englands – aber eigentlich erst, als diese Völker Jäger und Nomaden auf einer imperialistischen Stufe geworden waren.

DIE POLITISCHEN GRUNDLAGEN DER KULTUR

schritt der Erfindung dem Starken neue Werkzeuge und Waffen in die Hand drückt und ihn so noch stärker macht. In der bleibenden Eroberung strebt das Herrschaftsprinzip ins Verborgene und beinahe Unbewußte; den Franzosen von 1789 rief erst Camille Desmoulins ins Gedächtnis zurück, daß die Aristokraten, die sie tausend Jahre beherrscht hatten, Germanen gewesen waren und sie mit Gewalt unterjocht hatten. Die Zeit heiligt alles; auch der gemeinste Diebstahl wird in den Händen der Enkelkinder des Diebes zu heiligem und unantastbarem Eigentum. Jeder Staat beginnt im Zwang; aber die Gewohnheiten des Gehorchens werden Bewußtseinsinhalt, und bald erschauert jeder Bürger aus Treue zu seiner Fahne.

Der Bürger hat recht; denn wie immer der Staat auch beginnt, wird er nach kurzer Zeit eine unentbehrliche Ordnungsstütze. Aus dem Sippen und Stämme verbindenden Handel brechen sich Beziehungen Bahn, die nicht auf Verwandtschaft, sondern auf Nachbarschaft beruhen und ein künstliches Regulierungsprinzip notwendig machen. Wir sehen es an der Dorfgemeinschaft; auf kleinen Flächen wurde eine fast demokratische Regierungsform mittels Versammlung der Familienältesten erzielt. Doch eine äußere Gewalt erwies sich als unumgänglich, um die Beziehungen solcher Gemeinschaften in ein größeres Wirtschaftsnetz zu verweben. Der Staat, obwohl ein Ungeheuer in seinem Ursprung, half diesem Mangel ab. Er wurde nicht allein organisierte Gewalt, sondern auch ein Werkzeug zur Wahrung der Interessen der eine weitläufige Gesellschaft bildenden Gruppe. Immer mächtiger wurde der Staat, und obgleich er auswärtigen Krieg zerstörender machte als zuvor, hielt er inneren Frieden aufrecht und erweiterte ihn sogar. Die Menschen sahen ein, daß es vernünftiger war, Steuern zu zahlen, als miteinander zu kämpfen; vernünftiger, einem einzigen mächtigen Räuber Tribut zu zahlen, als sie alle zu bestechen. Was ein Interregnum für eine an Regierungsgewalt gewöhnte Gesellschaft bedeutete, kann am Verhalten der Bagandamänner beurteilt werden, die beim Tode ihres Königs alle zu den Waffen griffen; denn der Gesetzlose streute Aufruhr, mordete und plünderte überall. «Ohne autokratische Herrschaft», sagt Spencer, «hätte die Entwicklung der Gesellschaft nicht beginnen können.»

Ein Staat, der lediglich der Gewalt vertrauen würde, zerfiele bald; denn sind zwar die Menschen von Natur leichtgläubig, so sind sie von Natur auch dickköpfig, und Macht – wie Steuern – sind am erfolgreichsten, wenn sie unsichtbar und indirekt wirken. Deshalb hat der Staat, um sich selbst zu erhalten, viele Werkzeuge der Unterweisung – die Familie, die Kirche, die Schule – verwendet und geschmiedet, um die Seele der Bürger zu vaterländischer Treue und Stolz zu erziehen. Das ersparte tausend Schutzleute und bereitete die öffentliche Meinung auf jene im Kriege so notwendige Solidarität vor. Vor allem suchte die herrschende Minderheit ihre gewaltsame Herrschaft in einen Gesetzeskörper zu verwandeln; dieser sollte einerseits ihre Stellung festigen, andererseits dem Volke eine willkommene Sicherheit und Ordnung geben und die Rechte des «Untertanen» in jenem Maße anerkennen, als es zur Erreichung seiner Genehmigung des Gesetzes und seiner Anhänglichkeit an den Staat notwendig war.

III. DAS RECHT

Die Gesetzlosigkeit · Gesetz und Sitte · Rache · Bußen · Gerichte · Das Gottesurteil
Das Duell · Die Bestrafung · Primitive Freiheit

Das Recht kommt mit dem Eigentum, mit der Ehe und der Regierung; die einfachsten Gesellschaften können ohne Gesetz auskommen. «Ich habe mit Gemeinschaften von Wilden in Südamerika und im Osten gelebt», sagt Alfred Russel Wallace, «die weder

Gesetze noch Gerichte, sondern allein die öffentliche frei ausgesprochene Meinung des Dorfes kennen. Jedermann beobachtete skrupellos die Rechte seiner Mitmenschen, und selten oder nie kommen Rechtsverletzungen vor. In solchen Gemeinschaften sind alle gleich.» Hermann Melville schreibt ähnlich von den Marquesas-Insulanern: «Zur Zeit meines Aufenthaltes unter den Taipi wohnte ich keinem einzigen Prozeß wegen Gewalttätigkeit bei. Alles ging im Tale so harmonisch und glatt vor sich, wie es schwerlich in den erlesensten und frömmsten Bruderschaften des Christentums der Fall sein kann.» Die altrussische Regierung errichtete Gerichtshöfe auf den Inseln der Aleuten, aber sie hatten in fünfzig Jahren keinerlei Beschäftigung. «Mord und Beleidigungen», erzählt Brinton, «waren unter dem sozialen System der Irokesen so selten, daß man kaum von der Existenz eines Strafkodexes sprechen kann.» Solcherart sind die idealen – oder die idealisierten – Lebensbedingungen, deren Rückkehr der Anarchist in Ewigkeit ersehnt.

Gewisse Modifikationen dieser Ausführungen sind notwendig. Die natürlichen Gesellschaften haben keine Gesetze. Erstens, weil sie von Sitten, die ebenso unerbittlich und unantastbar wie Gesetze sind, regiert werden, und zweitens, weil Blutverbrechen ursprünglich als Privatangelegenheiten angesehen wurden und der persönlichen Blutrache überlassen waren.

Die große Konstante in allem sozialen Leben ist die Sitte, die Beständigkeit und Ordnung noch im Mangel, in der Änderung und Unvollständigkeit des Gesetzes aufrechterhält. Dieser Brauch gibt der Gruppe jene Stabilität, die Vererbung und Instinkt der Gattung und die Gewohnheit dem Individuum verleihen. Die Routine ist es, die die Menschen geistig gesund bewahrt; denn wenn es keine Geleise gäbe, auf denen sich Denken und Handeln mit unbewußter Leichtigkeit fortbewegen könnten, würde der Mensch ewig zögern und bald in Wahnsinn verfallen. Ein ökonomisches Gesetz wohnt dem Instinkt und der Gewohnheit, dem Brauch und der Sitte inne: Die automatische Reaktion ist die beste auf wiederholte Reize und in wiederkehrenden Situationen. Das Denken und die Erneuerung sind Störenfriede der Regelmäßigkeit und werden nur geduldet, wo es unumgänglich notwendig ist oder wo eine Belohnung lockt.

Wenn zu diesem natürlichen Grundstock der Sitte eine übernatürliche Bestätigung seitens der Religion hinzutritt, Benehmen und Verfahren der Ahnen auch der Wille der Götter ist, dann wird die Sitte stärker als das Gesetz und macht die ursprüngliche Freiheit in ihrer Substanz ärmer. Das Gesetz verletzen, heißt die Bewunderung des Pöbels gewinnen, der im geheimen jeden beneidet, der diesem uralten Feind einen Streich spielt; die Sitte verletzen, heißt die allgemeine Feindseligkeit auf sich laden. Denn sie kommt aus dem Volke, das Gesetz hingegen wird ihm von oben aufgezwungen; das Gesetz ist gewöhnlich der Erlaß eines Herrn, die Sitte aber ist die natürliche Auswahl jener Handlungsweisen, welche die Erfahrung der Gruppe als am passendsten angenommen hat. Das Gesetz tritt teilweise an die Stelle der Sitte, sobald der Staat an die Stelle der natürlichen Ordnung der Familie, der Sippe, des Stammes und der Dorfgemeinschaft tritt; noch vollständiger wurde dieser Prozeß mit dem Erscheinen der Schrift und der Gesetzesniederlegung in geschriebenen Tafeln. Aber abgeschlossen ist er nie; in der Bestimmung und Beurteilung des menschlichen Verhaltens bleibt bis ans Ende die Sitte die Kraft hinter dem Gesetz, die Macht hinter dem Thron, die letzte «Behörde des Menschenlebens».

Das erste Stadium der Rechtsentwicklung ist persönliche Rache. «Die Rache ist mein», sagt das primitive Individuum; «ich will heimzahlen.» Unter den Indianerstämmen Kaliforniens war jeder sein eigener Richter und betrieb Rachejustiz so gut er konnte. In vielen frühen Gesellschaften führte diese persönliche Handhabung des Rechts zur Ausrottung ganzer Familien, und wir finden Beispiele hierfür heute noch in

DIE POLITISCHEN GRUNDLAGEN DER KULTUR 41

Süditalien, Sizilien oder in den USA. Durch die ganze Rechtsgeschichte zieht sich dieses Racheprinzip: Es findet sich in der *Lex talionis* (dem Vergeltungsgesetz; die Bezeichnung wird Cicero zugeschrieben) und im römischen Recht; es spielt eine hervorragende Rolle im Kodex des Hammurabi und in der «mosaischen» Vorschrift «Auge um Auge, Zahn um Zahn», und selbst die gesetzlichen Strafen unserer Zeit deuten es an.

Der zweite Schritt auf dem Wege des Rechts und der Kultur in der Behandlung der Blutsverbrechen ist Entschädigung statt Rache. Oft machte der Häuptling im Interesse eines harmonischen Zusammenlebens von seinem Einflusse oder seiner Macht Gebrauch, um die rachsüchtige Familie mit Gold oder Gütern statt Blut zu beschwichtigen. Es dauerte nicht lange, und ein regulärer Tarif nahm jeden Zweifel, welchen Preis man für ein Auge, einen Zahn, einen Arm oder für ein Menschenleben bezahlen mußte; Hammurabi behandelte ausführlich solche Fälle in seinem Gesetzbuch. Die Abessinier waren diesbezüglich so gewissenhaft, daß, wenn ein Junge von einem Baume auf seinen Kameraden fiel und diesen tötete, die Richter der leidtragenden Mutter auftrugen, einen anderen ihrer Söhne auf den Baum zu schicken, damit er auf den Angeklagten stürze. Die Strafen im Falle eines gütlichen Vergleichs waren nach Geschlecht, Alter und Rang des Beleidigers und seines Opfers verschieden; die Fidschi-Insulaner zum Beispiel beurteilten einen jämmerlichen, von einem gewöhnlichen Manne begangenen Diebstahl als ein abscheulicheres Verbrechen als einen von einem Häuptling ausgeführten Mord. Immer in der Geschichte des Rechts hat die Größe des Verbrechers die Größe des Verbrechens vermindert. Indem die Entscheide über die Vergehen und die Zusprechung der für den Verzicht auf Rache geforderten Summen die Bildung von Gerichtshöfen notwendig machten, wurde ein dritter Schritt zur Stärkung des Rechts getan. Der Häuptling oder die Familienältesten oder der Priester saßen zu Gericht, um die Zwistigkeiten ihres Volkes zu schlichten. Solche Instanzen waren nicht immer Gerichtssitze; oft waren sie Schlichtungsausschüsse, die friedlich den Streit beilegten. Während vieler Jahrhunderte und bei vielen Völkern blieb die gerichtliche Anklage freigestellt; und wenn die beleidigte Partei mit dem gesprochenen Urteil unzufrieden war, stand es ihr noch frei, persönliche Rache zu nehmen. In vielen Fällen schaffte ein öffentlicher Kampf der Parteien, der ein harmloser Boxmatch – wie unter den weisen Eskimos –, aber auch ein tödliches Duell sein konnte, den Streit aus der Welt. Häufig nahm der primitive Geist zu einem Gottesurteil Zuflucht, nicht so sehr in der mittelalterlichen Annahme, eine Gottheit werde den Schuldigen aufzeigen, als in der Hoffnung, ein Gottesurteil werde, wie ungerecht es auch sein sollte, eine Fehde beenden, die sonst den Stamm für die Dauer von Generationen zerrütten konnte. Manchmal wurden Beleidiger und Beleidigter angewiesen, zwischen zwei mit Nahrung angefüllten Näpfen, wovon einer vergiftet war, zu wählen; es konnte sein, daß das Gift an den Falschen kam, aber der Streit war zu Ende, da die Parteien an das Gottesurteil glaubten. Unter manchen Stämmen war es Brauch, daß der seine Schuld eingestehende Eingeborene sich von dem Geschädigten sein Bein mit einem Speere durchbohren ließ. Oder der Angeklagte ließ sich von seinen Anklägern mit Speeren bewerfen; wenn kei-

42   EINLEITUNG · DIE ENTSTEHUNG DER KULTUR

ner ihn traf, wurde er unschuldig erklärt, andernfalls schuldig befunden, selbst wenn nur ein einziger Speer ihn getroffen hatte; doch war die Sache damit erledigt. Aus diesen frühen Formen kommend, dauert das Gottesurteil in den Gesetzen Mose und Hammurabis und im Mittelalter weiter; das Duell, das eine bestimmte Form des Gottesurteils ist und das die Historiker als tot ansahen, ist in unseren Tagen wiederauferstanden. So kurz ist in mancher Hinsicht die Spanne zwischen dem modernen und dem primitiven Menschen; so kurz ist die Geschichte der Kultur.

Die vierte Stufe in der Ausbildung des Rechts bestand in der durch den Häuptling oder den Staat übernommenen Verpflichtung, Rechtsbrüchen vorzubeugen und sie zu bestrafen. Tatsächlich ist es nur ein Schritt von der Streitschlichtung und Bestrafung von Übeltaten zum Bestreben, sie zu verhindern. So wird der Häuptling nicht nur Richter, sondern auch Gesetzgeber; dem «gemeinen Recht», das aus den Bräuchen der Gruppe entsteht, wird das «positive Recht», welches aus den Regierungserlassen erwächst, hinzugefügt. Alle diese Gesetze tragen das Zeichen ihrer Ahnenschaft und dampfen von der Rachsucht, die sie haben ausmerzen wollen. Die primitiven Strafen sind grausam, weil die primitive Gesellschaft sich unsicher fühlt; mit der größeren Stabilität der sozialen Organisation werden auch die Strafen weniger streng.

Im allgemeinen hat das Individuum weniger «Rechte» in der Naturgesellschaft als in der Zivilisation. Überall wird der Mensch in Ketten geboren: den Ketten der Vererbung, des Milieus, des Brauches und des Gesetzes. Das primitive Individuum bewegt sich immer in einem drückenden und peinlich genauen Vorschriftennetz; tausend Tabus schränken seine Handlungsfreiheit ein, tausend Schrecken seinen Willen. Die Eingeborenen von Neuseeland waren anscheinend ohne Gesetze, aber in der Praxis regelte ein starrer Brauch jede ihrer Lebensäußerungen. Unveränderliche und unanzweifelbare Konventionen bestimmten Sitzen und Aufstehen, Gehen und Ruhen, Essen, Trinken und Schlafen der Eingeborenen von Bengalen. Das Individuum wurde kaum als selbständige Einheit in der natürlichen Gesellschaft empfunden; nur die Familie und die Sippe, der Stamm und die Dorfgemeinschaft existierten; sie waren es, die die Macht ausübten und den Boden besaßen. Erst mit dem Erscheinen des Privateigentums, das ihm wirtschaftliche Autorität verlieh, wie auch des Staates, der ihm einen gesetzlichen Status und bestimmte Rechte gab, begann der Mensch als eine deutliche Wirklichkeit zu gelten. Die Rechte kommen uns nicht von der Natur, die kein Recht kennt außer List und Kraft; die Gemeinschaft gibt dem Individuum diese Privilegien, weil sie der Allgemeinheit von Vorteil sind. Die Freiheit ist ein Luxus der Sicherheit; das freie Individuum ist ein Erzeugnis und ein Zeichen der Zivilisation.

IV. DIE FAMILIE

Ihre Funktion in der Kultur · Die Sippe und die Familie · Die Entstehung der elterlichen Fürsorge
Die untergeordnete Bedeutung des Vaters · Die Geschlechtertrennung · Das Mutterrecht
Die Stellung der Frau · Ihre Beschäftigungen · Ihre wirtschaftlichen Erfolge · Das Patriarchat
Die Unterwerfung der Frau

Da die Urtriebe des Menschen Hunger und Liebe sind, so bilden wirtschaftliche Vorsorge und biologische Erhaltung die Grundlagen der sozialen Organisation; ein Kinderstrom ist ebenso vital wie die Kontinuität der Nahrung. Den Einrichtungen, die materielles Wohlergehen und politische Ordnung suchen, fügt die Gesellschaft immer solche bei, welche die Rasse erhalten. Bis der Staat – im Morgendämmern der historischen Kulturen – die hauptsächliche und dauernde Quelle der sozialen Ordnung wird, ist es Aufgabe der Sippe, die Beziehungen zwischen den Geschlechtern und den Generationen zu regeln; und selbst nach der Errichtung des Staates bleibt die wichtigste politische Einheit der Menschheit jene zutiefst verwurzelte historische Institution, die Familie.

Es ist überaus unwahrscheinlich, daß die ersten Menschen, selbst auf der Stufe des Jägers, in abgeschlossenen Familien lebten; denn die Minderwertigkeit der physiologischen Verteidigungsorgane des Menschen hätte solche Familien zu Opfern reißender Tiere prädestiniert. In der Natur leben gewöhnlich die zur persönlichen Verteidigung schlecht ausgestatteten Organismen in Gruppen zusammen und finden im geeinten Handeln die Möglichkeit, sich einer Welt von Hauern, Klauen und undurchdringlichen Verstecken erfolgreich zu widersetzen. Wahrscheinlich war es auch so mit dem Menschen. Das Zusammenleben mit der Sippe und der Jagdrotte rettete ihn. Als die wirtschaftlichen Beziehungen und die politische Herrschaft an Stelle der Verwandtschaft traten, verlor die Sippe ihre gesellschaftliche Bedeutung. Die Regierung sorgte für Ordnung, während die Familie sich die Umorganisierung der Arbeit und die Fortpflanzung der Rasse zur Aufgabe machte.

Die niederen Tiere kennen keine Sorge um Nachkommenschaft; sie legen Eier in großer Zahl, aus manchen schlüpft neues Leben, die meisten werden gegessen oder vernichtet. Zahlreiche Fische legen eine Million Eier im Jahr, einige Fischarten sind bescheidener und begnügen sich mit fünfzig Eiern jährlich. Die Vögel sorgen besser für ihre Brut und legen zwischen fünf und zwölf Eiern jährlich; die Weibchen der Säugetiere bringen durchschnittlich drei Junge pro Jahr zur Welt. In der Tierwelt gehen Abnahme der Fruchtbarkeit und der Vernichtung Hand in Hand mit einer stärkeren Sorgsamkeit der elterlichen Tiere; in der Menschenwelt fallen, je mehr die Zivilisation sich entwickelt, Geburten- und Sterbeziffer. Bessere elterliche Fürsorge ermöglicht eine längere Jugend und diese eine vollere Ausbildung und Entwicklung; die kleinere Geburtenziffer macht die menschliche Energie für andere Tätigkeiten als Fortpflanzung frei.

Da es die Mutter ist, die den Großteil der elterlichen Funktionen erfüllt, war zuerst (soweit wir die Nebel der Geschichte durchdringen können) die Familie auf der Annahme organisiert, die Stellung des Mannes sei weniger bedeutend und zufällig, die der Frau dagegen wichtig und als Grundlage zu betrachten. Manche noch existierende Stämme und wahrscheinlich die ersten Menschengruppen scheinen die physiologische

44 EINLEITUNG · DIE ENTSTEHUNG DER KULTUR

Bedeutung des Mannes im Zeugungsprozeß überhaupt nicht bemerkt zu haben, wie
Tiere, die in seliger Unbewußtheit der Ursachen und Folgen brünsten, sich paaren und
zeugen. Die Trobriand-Insulaner schreiben Schwangerschaft nicht dem Geschlechtsverkehr, sondern dem Eintritt eines Baloma, oder Geistes, in die Frau zu. Gewöhnlich kommt der Geist im Bade; «ein Fisch hat mich gebissen», erzählt das Mädchen.
«Als ich», sagt Malinowski, «nach dem Vater eines unehelichen Kindes fragte, gab es
nur eine Antwort – daß kein Vater da war, weil das Mädchen unverheiratet war. Als
ich dann mit ungeschminkten Worten nach dem physiologischen Vater fragte, verstand
man mich nicht ... Die Antwort war: ,Ein Baloma gab ihr das Kind'.» Diese Inselbe-
wohner glaubten sonderbarerweise, der Baloma trete leichter in ein Mädchen, das
freie Beziehungen zu Männern unterhielt; nichtsdestoweniger zogen die Mädchen zum
Schutz gegen Schwangerschaft eher vor, nicht bei Flut zu baden, als Männerbeziehun-
gen zu vermeiden. Es ist eine köstliche Geschichte, die sich als sehr bequem bei den
peinlichen Folgen der Freigebigkeit hat erweisen müssen; sie wäre noch köstlicher,
wenn sie ebenso für Anthropologen wie für Ehegatten erfunden worden wäre.

In Melanesien erkannte man den Geschlechtsverkehr als Schwangerschaftsgrund an,
doch bestanden unverheiratete Mädchen darauf, gewissen Gerichten ihrer Nahrung die
Schuld zu geben. Selbst dort, wo man die Funktion des Mannes verstanden hatte, waren die Geschlechtsbeziehungen so irregulär, daß es nie eine einfache Sache war, den
Vater zu bestimmen. Demzufolge forschte die primitive Mutter selten nach der Vaterschaft ihres Kindes; es gehörte ihr, und sie gehörte nicht einem Gatten, sondern ihrem
Vater – oder ihrem Bruder – und der Sippe; hier blieb sie, und ihr Kind sollte keine
anderen männlichen Verwandten kennen. Die Bande der Zuneigung zwischen Bruder
und Schwester waren gewöhnlich stärker als zwischen Gatte und Frau. Oft blieb der
Gatte in der Familie und Sippe seiner Mutter und sah seine Frau nur auf geheimen Besuchen. Noch in der Antike war der Bruder teurer als der Ehegatte: Die Frau des Intaphernes rettete ihren Bruder und nicht ihren Gatten vor dem Zorn des Dareios; für
ihren Bruder und nicht für ihren Gatten brachte Antigone sich selbst zum Opfer. «Der
Begriff der Gattenliebe ist ein verhältnismäßig moderner Begriff und nur auf einen verhältnismäßig kleinen Teil der Menschenrasse anwendbar.»

Die Erziehung zwischen Vater und Kindern ist in der primitiven Gesellschaft so oberflächlich, daß in zahlreichen Stämmen die Geschlechter getrennt lebten. In Australien
und Britisch-Neuguinea, in Afrika und Mikronesien, in Assam und Burma, auf den
Aleuten, unter den Eskimos und Samojeden und sozusagen überall kann man noch
Stämme ohne jegliches sichtbare Familienleben finden; die Männer leben von den
Frauen getrennt und besuchen sie ab und zu; selbst die Mahlzeiten werden gesondert
eingenommen. In Nordpapua ist es für einen Mann unpassend, sich mit einer Frau
– und sei sie selbst die Mutter seiner Kinder – gesellschaftlich zu zeigen. In Tahiti «ist
das Familienleben unbekannt». Diese Absonderung der Geschlechter ist auch die Ent-
stehungsursache der geheimen Bruderschaften; alle primitiven Rassen kennen sie, und
meistens dienen sie als Zufluchtsort vor den Frauen. Unsere modernen Bruderschaften
haben mit ihnen nur das Prinzip der Hierarchie gemeinsam.

DIE POLITISCHEN GRUNDLAGEN DER KULTUR 45

Die einfachste Form der Familie war somit die mit ihren Kindern in der eigenen Sippe lebende Frau; solch eine Lösung war eine Weiterentwicklung der Tierfamilie – der Mutter und ihrer Brut – und eine Folge der biologischen Ignoranz des primitiven Menschen. Eine Wechsellösung bot die Einheirat des Mannes in die Sippe und Familie seiner Frau und die gemeinsame Arbeitsleistung im Dienste ihrer Eltern. In solchen Fällen galt die Abkunft mütterlicherseits, und die Erbschaft kam durch die Mutter; selbst die Verwandtschaftsbande erfuhren manchmal diese Bewertung. Dieses «Mutterrecht» war kein «Matriarchat» – es hatte nichts mit einer Herrschaft der Frauen über die Männer zu tun. Auch als das Eigentum durch die Mutter überliefert wurde, hatte sie wenig Gewalt darüber; man gebrauchte sie als Mittel, um die verwandtschaftlichen Beziehungen, die sonst der primitiven Laxheit und Freiheit wegen im Dunkeln geblieben wären, aufrechtzuerhalten. Es ist wahr, daß in jedem Gesellschaftssystem die Frau eine gewisse Autorität ausübt, die von ihrer Bedeutung im Familienheim, ihrer Hausarbeit und ihrer Macht, sich dem Begehren des Mannes zu entziehen, bedingt ist. Es ist wahr, daß es bei manchen südafrikanischen Stämmen gelegentlich weibliche Herrscher gegeben hat; daß auf den Palau-Inseln der Häuptling nichts Wichtiges ohne die Befragung eines Rates der älteren Frauen entschied, daß bei den Irokesen die Frauen das gleiche Wahl- und Mitspracherecht im Rate des Stammes hatten wie die Männer und daß es Frauen waren, die unter den Seneka-Indianern bedeutenden Einfluß selbst auf die Häuptlingswahl hatten. Aber das sind Ausnahmefälle. Im allgemeinen nahm die Frau in den frühen Gesellschaften eine Stellung ein, die beinahe derjenigen eines Sklaven gleichkam. Ihre regelmäßig wiederkehrende Indisposition, ihre Unvertrautheit mit Waffen, die biologische Absorption ihrer Kraft in der Schwangerschaft, in der Pflege und Betreuung der Kinder behinderten sie im Kampfe der Geschlechter und verurteilten sie zu einer untergeordneten Stellung in allen – mit Ausnahme der primitivsten und der höchstentwickelten – Gesellschaften. Ihre Stellung verbesserte sich auch nicht notwendigerweise mit der Entwicklung der Kultur; so war sie im Griechenland des Perikles niedriger als bei den nordamerikanischen Indianern; ihr Steigen und Fallen war eher abhängig von der strategischen Bedeutung der Frau als vom Stand der Kultur und der Moral.

Auf der Jägerstufe erlegte der Mann das Wild, das Weib verrichtete die übrige Arbeit. Der Mann ruhte den größten Teil des Jahres, um sich von den Mühen und Gefahren der Jagd zu erholen. Die Frau gebar Kinder, betreute sie, hielt die Hütte oder das Haus in Ordnung, sammelte Nahrung im Wald und auf dem Feld, kochte und putzte und machte Kleider und Schuhe. Denn die Männer mußten, wenn der Stamm auf Wanderung war, immer angriffsbereit sein und trugen nichts außer ihren Waffen; die Frauen trugen den Rest. Die Buschfrauen waren Mägde und Lasttiere; wenn sie nicht marschtüchtig waren und nicht Schritt halten konnten, überließ man sie ihrem Schicksal. Als die Eingeborenen des unteren Murray Packochsen sahen, dachten sie, dies seien die Frauen der Weißen. In jenen Tagen gab es kaum jene Unterschiede an Kraft, die heute die Geschlechter trennen und eher milieugebunden sind als angeboren: Die Frau, von ihren biologischen Unzulänglichkeiten abgesehen, war dem Manne

46 EINLEITUNG · DIE ENTSTEHUNG DER KULTUR

in Statur, Widerstandskraft, Findigkeit und Mut fast gleich; sie war noch nicht ein Schmuckstück, ein schönes Ding oder ein sexuelles Spielzeug; sie war ein robustes Tier, das stundenlang schwerste Arbeit leisten konnte und, wenn es nötig war, mit Todesverachtung für ihre Kinder und ihre Sippe kämpfen konnte. «Frauen», sagte ein Häuptling der Chippewas, «sind für die Arbeit geschaffen. Jede einzelne trägt oder zieht soviel wie zwei Männer. Sie stellen unsere Zelte auf, machen unsere Kleider, halten sie in Ordnung und geben uns des Nachts warm ... Wir können nicht ohne sie auf Reisen sein. Sie machen alles und kosten nur wenig; denn sie können sich, da sie immer am Kochen sind, in mageren Zeiten mit dem Lecken ihrer Finger zufrieden geben.»

Die meisten wirtschaftlichen Fortschritte wurden in der frühen Gesellschaft mehr von der Frau als vom Manne gemacht. Jahrhundertelang ging dieser seiner Tätigkeit des Jagens und Herdenhütens nach, während sie den Ackerbau und jene geschäftigen Heimarbeiten entwickelte, die die bedeutendsten Industrien der späteren Tage werden sollten. Von dem «Wolle tragenden Baum», wie die Griechen die Baumwollpflanze tauften, rollte die primitive Frau den Faden und machte Stoffe. Ihr danken wir die Entwicklung des Nähens, Webens, Korbflechtens, der Töpferei, der Holzarbeit und des Bauwesens; und oft war es die Frau, die dem Handel Schwung verlieh. Sie entwickelte das Heim und fügte unmerklich den Mann der Liste ihrer gezähmten Tiere hinzu, bildete in ihm jene sozialen Neigungen und anmutsvollen Zerstreuungen aus, welche die psychologische Grundlage und der Kitt der Zivilisation sind.

Aber als der Ackerbau komplizierter und einträglicher wurde, nahm ihn das starke Geschlecht immer mehr in seine eigenen Hände. Die Viehzucht brachte dem Menschen eine neue Quelle des Reichtums, der Stabilität und Macht; selbst der Ackerbau, der den wilden Jägern von ehemals so prosaisch vorgekommen sein muß, kam in die Gunst der Wandermenschen, und die wirtschaftliche Führung, die der Feldbau eine Zeitlang den Frauen zugesichert hatte, wurde ihnen von den Männern entrissen. Die Verwendung jener Tiere im Ackerbau, welche die Frau zuerst gezähmt hatte, führte zur Ausschaltung der Frau selbst; und der Fortschritt von der Haue zum Pflug sicherte der physischen Kraft den Vorrang und ermöglichte es dem Manne, seine Übermacht zu behaupten. Das übertragbare Eigentum in Vieh und Erdprodukten führte zur sexuellen Unterordnung der Frau, denn der Mann verlangte jetzt von ihr jene Treue, die ihm die Bürgschaft für die Vaterschaft seiner Kinder sein sollte, damit er ihnen seinen Wohlstand hinterlassen konnte. Stufenweise führte er alles durch: die Vaterschaft wurde anerkannt, und das Eigentum wurde durch den Vater übermittelt; das Mutterrecht wich dem Vaterrecht; und die patriarchalische Familie mit dem Familienältesten an der Spitze wurde die wirtschaftliche, gesetzliche, politische und moralische Gesellschaftseinheit. Die Götter, die meistens weiblich gewesen waren, wurden bärtige Patriarchen mit Harems, wie ehrgeizige Männer sie in ihrer Einsamkeit erträumten.

Dieser Übergang zur patriarchalischen, vom Vater beherrschten Familie war der Stellung der Frau verhängnisvoll. In allem Hauptsächlichen wurden sie und ihre Kinder zuerst das Eigentum ihres Vaters oder ältesten Bruders und später das ihres Man-

DIE POLITISCHEN GRUNDLAGEN DER KULTUR

nes. Die Frau wurde für die Ehe gekauft geradeso wie ein Sklave auf dem Markte. Sie wurde als Eigentumsstück hinterlassen, wenn ihr Gatte starb; und in manchen Gegenden (Neuguinea, Neu-Hebriden, Salomon- und Fidschi-Inseln, Indien usw.) wurde sie erwürgt und mit ihrem toten Gatten begraben, oder sie hatte Selbstmord zu begehen, um ihn in der anderen Welt zu betreuen. Der Vater hatte nun das Recht, seine Ehefrauen und Töchter nach seinem Gutdünken zu behandeln, sie zu verschenken, zu verkaufen und zu verleihen. Während sich der Mann das Recht vorbehielt, seine sexuelle Gunst auch außerhalb des Hauses zu verschenken, war die Frau – unter den patriarchalischen Institutionen – zur vollkommenen vorehelichen Keuschheit und zur vollkommenen ehelichen Treue verpflichtet. Die doppelte Moral war geboren.

Die allgemeine Unterwerfung der Frau wurde jetzt deutlicher und unbarmherziger als zuvor. Im alten Rußland schlug der Vater seine Tochter an ihrem Hochzeitstage leicht mit einer Peitsche und überreichte die Peitsche dem Bräutigam, zum Zeichen, daß ihr von nun an eine verjüngte Hand die Prügel verabreichen werde. Selbst die amerikanischen Indianer, unter denen das Mutterrecht sehr lange weiterlebte, behandelten ihre Frauen schlecht, überließen ihnen alle mühselige Arbeit und schimpften sie manchmal Hunde. Überall galt das Leben einer Frau weniger als das eines Mannes, und wenn Mädchen geboren wurden, gab es auch keine Festlichkeiten, wie sie bei der Geburt eines Knaben üblich waren. Oft vernichteten die Mütter ihre weiblichen Kinder, um sie vor Elend zu bewahren. Auf den Fidschi-Inseln konnte man leicht Frauen käuflich erwerben, und der gewöhnliche Preis war eine Flinte. In manchen Stämmen schliefen Mann und Frau nicht zusammen, aus Angst, der Atem der Frau könnte den Mann schwächen; auf den Fidschi-Inseln war es für einen Mann nicht schicklich, regelmäßig zu Hause zu schlafen; in Neukaledonien schlief die Frau in einem Schuppen und der Mann im Hause. Auf den Fidschi-Inseln durften die Hunde in einige Tempel eindringen, aber die Frauen in keinen einzigen eintreten; eine solche Ausschließung der Frauen vom Gottesdienst ist noch heute im Islam erhalten. Zweifelsohne hatte die Frau zu allen Zeiten jene Überlegenheit, die vieles Reden verleiht; die Männer konnten zurückgewiesen, beschworen oder auch abgekanzelt werden. Aber alles in allem war der Mann der Herr, die Frau war die Magd. Der Kaffer kaufte Frauen wie Sklaven, als eine Einkommenversicherung; wenn er eine genügende Anzahl Ehefrauen besaß, konnte er für den Rest seiner Lebtage ruhen; sie mußten alle Arbeit für ihn besorgen. Manche Stämme des alten Indien zählten die Frauen einer Familie zur Erbschaftsmasse gemeinsam mit den Haustieren; auch das letzte Gebot Mose ist in diesem Belange nicht sehr klar. In vielen Teilen Schwarz-Afrikas unterschieden sich die Frauen kaum von den Sklaven, nur erwartete man von ihnen ebenso sexuelle wie wirtschaftliche Befriedigung. Die Ehe begann als eine Form des Eigentumrechts, als ein Teil der Sklaveneinrichtung.

VIERTES KAPITEL

Die moralischen Grundlagen der Kultur

DA keine Gesellschaft ohne Ordnung existieren kann und keine Ordnung ohne Vorschrift, dürfen wir es als eine Regel der Geschichte ansehen, daß die Macht des Brauches in umgekehrtem Verhältnis zur Vielfalt der Gesetze steht, wie die Macht des Instinkts in umgekehrtem Verhältnis zur Vielfalt der Gedanken. Manche Regeln sind für das Abenteuer des Lebens notwendig; sie dürfen in verschiedenen Gruppen verschieden sein, aber innerhalb derselben Gruppe müssen sie gleich sein. Konventionen, Bräuche, Sitten oder Gesetze können diese Regeln bestimmen. Die Konventionen sind Verhaltensformen, die ein Volk als angemessen empfindet; die Bräuche stellen die von aufeinanderfolgenden Generationen genehmigten Konventionen dar, nachdem Erfahrung und Irrtum ihre natürliche Auswahl getroffen haben; die Sitten sind jene Bräuche, die die Gruppe für ihr Wohlergehen und ihre Entwicklung als lebensspendend erachtet. In den primitiven Gesellschaften, die kein geschriebenes Gesetz kennen, regeln diese vitalen Bräuche und Sitten jede Sphäre der menschlichen Existenz und verleihen der sozialen Ordnung Stabilität und Kontinuität. Die Zeit tut das ihre, um diese Bräuche zur zweiten Natur im Menschen zu machen; wenn er sie verletzt, erfüllt ihn Angst, Unbehagen oder Scham; darin liegt der Ursprung jenes Bewußtseins oder moralischen Empfindens, welches für Darwin als der eindrucksvollste Unterschied zwischen Mensch und Tier gilt. Auf höherer Entwicklungsstufe ist Bewußtsein soziale Bewußtheit – das Individuum empfindet, daß es zu einer Gruppe gehört und ihr Treue und Achtung schuldet. Die Moralität ist die Zusammenarbeit des Teiles mit einer übergeordneten Einheit und jeder Gruppe mit einer noch größeren Ganzheit. Ohne sie wäre Zivilisation unmöglich.

I. DIE EHE

Der Sinn der Ehe · Ihre biologischen Ursprünge · Sexueller Kommunismus · Probeehe Gruppenehe · Individuelle Ehe · Polygamie · Ihr eugenischer Wert · Exogamie · Ehe durch Dienst, durch Gefangenschaft, durch Kauf · Primitive Liebe · Die wirtschaftliche Funktion der Ehe

Die erste Aufgabe der den Moralkodex einer Gruppe bildenden Bräuche ist die Regelung der Geschlechtsbeziehungen; denn diese stellen eine ewige Quelle der Zwietracht, der Gewalttätigkeit und der Möglichkeit einer Entartung dar. Die grundlegende Form dieser Sexualregelung ist die Ehe, die als die Verbindung von Gefährten zur Pflege der Nachkommenschaft bezeichnet werden darf. Sie ist eine veränderliche Institution, die im Laufe der Geschichte alle nur erdenklichen Formen gekannt hat, von der primiti-

DIE MORALISCHEN GRUNDLAGEN DER KULTUR

ven Betreuung der Nachkommenschaft ohne die Verbindung der Gefährten bis zur modernen Verbindung der Gefährten ohne die Betreuung der Nachkommenschaft. Unsere tierischen Vorväter haben die Ehe erfunden. Manche Vögel leben als zeugende Gefährten in einer scheidungslosen Monogamie. Unter den Gorillas und Orang-Utans dauert die elterliche Verbindung bis zum Abschluß der Säugeperiode und weist viele menschliche Züge auf. Das lose Benehmen des Weibchens wird vom Männchen streng bestraft. Die Orang-Utans auf Borneo, sagt de Crespigny, «leben in Familien von einem Männchen, einem Weibchen und einem Jungen», und Savage erzählt von den Gorillas, «daß es nichts Ungewöhnliches ist, die ‚Alten‘ im freundlichen Geschwätz oder beim gemeinsamen Obstessen unter einem Baume zu beobachten, während ihre Jungen um sie herumspringen oder sich in stürmischer Fröhlichkeit von einem Ast zum anderen schwingen». Die Ehe ist älter als der Mensch.

Gesellschaften ohne Ehe sind selten, der Forscher vermag jedoch genug Material ausfindig zu machen, um den Übergang vom freien Zusammenleben der niederen Säugetiere zu den Eheschließungen der primitiven Menschen festzustellen. In Futuna und auf Hawaii heiratete die Mehrzahl des Volkes überhaupt nicht; die Lubu gesellten sich frei und unterschiedslos zueinander und kannten keinen Ehebegriff; gewisse Stämme auf Borneo lebten in eheloser Gemeinschaft, freier als die Vögel; und bei einigen Völkern des primitiven Rußland «gebrauchten die Männer die Frauen ohne allen Unterschied, so daß keine Frau ihren bestimmten Gatten hatte». Die Zwergvölker Afrikas haben keine Eheeinrichtungen und folgen ihren tierischen Instinkten voll und ganz. Diese primitive «Nationalisierung der Frauen», die dem primitiven Boden- und Nahrungskommunismus entspricht, verschwand bereits in so frühem Stadium, daß nur noch sehr wenige Spuren vorhanden sind. Doch blieb eine Erinnerung zurück; sie äußert sich in mannigfachen Formen: im Empfinden vieler Völker, daß die Monogamie unnatürlich und unmoralisch sei, in zügellosen Festen, die periodisch wiederkehren und die sexuellen Schranken zeitweilig lockern (so in abgeschwächter Gestalt im Karneval), in der Forderung, die Frau habe sich jedem Manne, der sie begehrt, hinzugeben, bevor sie die Eheerlaubnis erhalte, wie dies in ähnlicher Weise einst im Tempel der Mylitta zu Babylon gehalten wurde (vgl. unten Kap. 3/V); in dem Brauch vieler Völker, die Gastfreundschaft dahin auszudehnen, das Eheweib zu verleihen; und schließlich auch im *ius primae noctis*, dem Recht auf die erste Nacht, das im frühen feudalen Europa dem Grundherrn – vielleicht als dem Vertreter alter Stammesrechte – das Recht gab, die Braut zu entjungfern, bevor der Bräutigam die Ehe vollziehen durfte.

Verschiedene Arten der Probeehen sind Ausdruck dieses sexuell ungebundenen Lebens. Bei den Orang Sakai auf Malakka verkehrte ein Mädchen eine Zeitlang mit jedem Manne im Stamm, und wenn sie bei allen gewesen war, fing sie von vorne an. Die Yakuten in Sibirien, die Botokuden in Südafrika, die niederen Stämme im Tibet kannten lediglich die Probeehe, die jederzeit mit einseitigem Entschluß und ohne jegliche Angabe des Grundes aufgelöst werden konnte. Unter den Buschmännern «genügte jedwede Mißhelligkeit, um die Verbindung aufzulösen, und neue Beziehungen konnten augenblicklich angeknüpft werden». Unter den Damara wurde, nach Sir Francis Gal-

EINLEITUNG · DIE ENTSTEHUNG DER KULTUR

ton, «die Ehefrau wöchentlich ausgewechselt, und ich konnte selten erfahren, wer gegenwärtig Gatte der einzelnen Dame war». Bei den Baila «gehen die Frauen von einem Mann zum anderen, und kaum zwanzigjährige Mädchen haben schon vier oder fünf Ehemänner, von denen alle noch leben, gehabt». Die Eingeborenen auf Hawaii empfanden das Wort «Ehe» als Synonym für «Versuch». Auf Tahiti waren vor einem Jahrhundert die Ehen jederzeit auflösbar und frei, solange es keine Kinder gab; wenn ein Kind geboren wurde, stand es den Eltern frei, es zu töten, ohne daß ein Einspruch erhoben wurde, oder aber es zu betreuen und ihren Bund zu festigen. Der Mann versprach der Frau, ihr zur Seite zu stehen, und sie nahm die Last der Kinderpflege auf sich.

Marco Polo schreibt über einen zentralasiatischen Stamm, der im dreizehnten Jahrhundert in Peyn (jetzt Kerija, in Ostturkestan) wohnte: «Wenn ein Ehemann von seinem Hause zwanzig Tage abwesend bleibt, hat seine Frau, wenn sie danach verlangt, das Recht, einen anderen Gatten zu nehmen, und die Männer, in Anwendung des gleichen Prinzips, heiraten an jedwedem Ort, wo sie Aufenthalt genommen haben.» So alt sind die modernsten Neuerungen in Ehe und Moral.

Letourneau sagte von der Ehe: «Jedes nur denkbare Experiment ist in dieser Einrichtung von den verschiedensten Stämmen unternommen worden oder wird noch ausgeübt ohne die geringste Kenntnis der in Europa allgemein geltenden Moralideen.» In manchen Fällen finden wir auch die «Gruppenehe», mittels welcher eine Anzahl zu einer bestimmten Gruppe gehörender Männer eine Anzahl zu einer anderen Gruppe gehörender Frauen kollektiv heiratet. Im Tibet heiratete gewöhnlich eine Gruppe Brüder eine Gruppe Schwestern und betrieb mit ihr Sexualkommunismus, indem Männer und Frauen zusammenwohnten. Caesar berichtete von einem ähnlichen Brauch im ehemaligen Britannien. Spuren davon finden wir auch bei den frühen Juden und anderen alten Völkern, wo ein Mann verpflichtet war, die Witwe seines Bruders zu heiraten; das war die Vorschrift, die Onan so verärgerte.

Was brachte also die Menschen dazu, an die Stelle der Promiskuität der primitiven Gesellschaft die individuelle Ehe zu setzen? Da die Mehrzahl der Naturvölker wenige oder gar keine vorehelichen Einschränkungen kennt, ist es klar, daß die Einrichtung der Ehe nicht dem physischen Begehren zuzuschreiben ist. Denn die Ehe mit ihrer Einschränkung und den psychologischen Reizzuständen konnte schwerlich mit dem sexuellen Kommunismus in der Befriedigung der erotischen Neigungen des Mannes wetteifern, noch konnte der individuelle Haushalt zu Beginn die Mühen bei der Betreuung der Nachkommenschaft besser bewältigen als die Mutter, ihre Familie und die Sippe. Gewisse einschneidende wirtschaftliche Ursachen müssen die Entwicklung der Ehe gefördert haben. Aller Wahrscheinlichkeit nach sind diese Gründe in der Institution des Eigentums zu suchen.

Die individuelle Ehe entsprang dem Wunsche des Mannes, billige Sklaven zu besitzen und die Übertragung seines Eigentums an die Kinder anderer Männer zu verhindern. Die Polygamie oder die Ehe einer Person mit mehreren Gefährten erscheint hie und da in der Gestalt der Polyandrie – der Ehe einer Frau mit mehreren Männern – wie unter den Toda und manchen Stämmen des Tibets – und heute noch überall da, wo die Männer zahlreicher sind als die Frauen. Aber bald fällt dieser Brauch dem erobern-

DIE MORALISCHEN GRUNDLAGEN DER KULTUR

den Manne zum Opfer, und für uns hat Polygamie meistens die Bedeutung von Polygynie – des Besitzes mehrerer Ehefrauen durch einen einzigen Mann. Die mittelalterlichen Theologen dachten, Mohammed habe die Polygamie erfunden, aber sie war schon in der primitiven Welt sehr verbreitet. Vielerlei trug dazu bei, sie zu verallgemeinern. In der frühen Gesellschaft war das Leben der Männer brutaler und gefährlicher, tägliche Jagd und häufiges Abschlachten im Kriege hatten eine höhere Sterbeziffer für die Männer als für die Frauen zur Folge. Der daraus sich ergebende Frauenüberschuß stellt einer Minderheit von Frauen die Wahl zwischen Polygamie und unfruchtbarer Ehelosigkeit; aber ein solcher Zölibat ist ein unerträglicher Ausweg für Völker, die eine hohe Geburtenziffer brauchen, um eine hohe Sterbeziffer auszugleichen, und deswegen verachten sie die ledige und kinderlose Frau. Und dann lieben die Männer Mannigfaltigkeit; sie sind, wie die Neger von Angola sich ausdrückten, «nicht fähig, immer aus demselben Teller zu essen». Sie lieben auch Jugend, die Jugend in ihren Gefährtinnen, und die Frauen altern rasch in den primitiven Gesellschaften. Die Frauen selbst begünstigten oft die Polygamie, sie konnten so ihre Kinder länger stillen und damit der allzu großen Häufigkeit der Mutterschaft vorbeugen. Manchmal suchte die mit Arbeit überlastete Frau selbst nach einer zusätzlichen Frau für ihren Gatten, damit sie mit ihr die Mühen teile, andere Kinder zeuge und so die Macht und den Reichtum der Familie steigere. Kinder waren wirtschaftlich wichtig, und im patriarchalischen System waren sie und die Frauen Sklaven des Mannes; je mehr ein Mann ihrer besaß, desto reicher war er. Der arme Mann war monogam, doch er hielt das für einen beschämenden Lebensstandard, den er eines Tages zu überwinden gedachte, um zur geachteten Stellung eines polygamen Mannes aufzusteigen.

Zweifelsohne paßte die Polygamie sehr gut zu den Ehebedürfnissen einer primitiven Gesellschaft, in der die Frauen zahlreicher waren als die Männer. Sie hatte einen eugenischen Wert, der weit über unserer zeitgenössischen Monogamie steht; denn wie in der modernen Gesellschaft die fähigsten und vorsichtigsten Männer am seltensten heiraten und die geringste Kinderzahl haben, sicherten sich unter der Polygamie die fähigsten Männer wahrscheinlich die besten Gefährtinnen und zeugten die meisten Kinder. Daher lebt die Polygamie unter den meisten Naturvölkern praktisch weiter und desgleichen bei der Mehrzahl der zivilisierten Menschen; ihr Rückgang im Orient ist erst in unseren Tagen spürbar. Gewisse Bedingungen sprechen jedoch gegen sie. Die verminderten Gefahren und Gewalttätigkeiten beim seßhaften Ackerbauleben glichen die Geschlechter numerisch beinahe aus; und unter diesen Verhältnissen wurde die Polygamie selbst in den primitiven Gesellschaften das Privileg der reichen Minderheit. Auch traten die Eifersucht des Mannes und das Sehnen der Frau nach Ausschließlichkeit des Besitzes hinzu, um die Polygamie zu verpönen. Mit dem Anwachsen des Eigentums wurde es wünschenswert, das Vermögen nicht in Teile und Teilchen zu zerstückeln; daher begann man, die «Hauptfrau» von den Konkubinen zu unterscheiden, damit nur die Kinder der ersten untereinander die Erbschaft teilten; das war der Ehestatus in Asien bis zu unserer Generation. Stufenweise wurde aus der «Hauptfrau» die einzige Frau, die Konkubinen wurden die geheimen Geliebten oder verschwanden

EINLEITUNG · DIE ENTSTEHUNG DER KULTUR

ganz und gar, und als das Christentum sich ausbreitete, trat in Europa die Monogamie als die gesetzliche Form der geschlechtlichen Verbindung an die Stelle der Polygamie. Aber die Monogamie ist, wie die Schrift und der Staat, künstlich und gehört zur Geschichte, nicht aber zu den Ursprüngen der Kultur.

Welche Gestalt auch immer die Vereinigung nahm, so war doch die Ehe unter beinahe allen Naturvölkern obligatorisch. Der Junggeselle konnte in der Gemeinschaft nicht gut leben, oder er galt bloß als ein halber Mann. Auch die Exogamie war zwingend: das heißt, man verlangte von einem Manne, daß er sich seine Frau aus einer anderen Sippe als seiner eigenen holen würde.

Wir können nicht sagen, ob dieser Brauch aus Angst vor Inzucht entstand oder aus dem Wunsche, politische Allianzen zu schließen, um eine gegenseitige Wirtschaftsblüte zu begünstigen und die Kriegsgefahr zu vermindern, oder weil die Gefangennahme einer Frau aus einem anderen Stamme ein modisches Kennzeichen der männlichen Reife geworden war, oder gar weil die Nähe Illusionen vertreibt und die Dinge aus der Ferne verklärt erscheinen. Jedenfalls war dieser Brauch fast allgemein in der frühen Gesellschaft; und wenn auch die Pharaonen, die Ptolemäer und die Inkas ihn erfolgreich verletzten und die Geschwisterehen begünstigten, lebte er im römischen und im modernen Recht weiter und beeinflußt, bewußt oder unbewußt, noch heute unser Verhalten. Wie verschaffte sich der Mann seine Frau aus dem fremden Stamm? Wo die matriarchalische Organisation herrschte, wurde er in die Sippe des Mädchens aufgenommen. Mit der Entwicklung des patriarchalischen Systems durfte der Bewerber nach einer Dienstzeit beim Vater des Mädchens mit seiner Braut zu seiner Sippe fortziehen; so diente zum Beispiel Jakob dem Laban für Lea und Rahel. Manchmal machte der Freier kurzen Prozeß und raubte die Auserwählte. Es war ein Vorteil und eine Auszeichnung, eine Frau gestohlen zu haben; stellte sie doch nicht nur eine billige Sklavin dar, sondern erzeugte auch ihrerseits billige Sklaven, die ihr Schicksal noch inniger mit der Knechtschaft verketteten. Solche Ehen durch Raub kamen in der primitiven Welt ziemlich oft vor. Unter den nordamerikanischen Indianern wurden die Frauen im Kriege geraubt, und das geschah so häufig, daß in manchen Stämmen die Ehepaare gegenseitig unverständliche Sprachen redeten. Die Slawen Rußlands und Serbiens betrieben die Raubehe noch im vorigen Jahrhundert *. Spuren davon sind in dem bei bestimmten Hochzeitsfeiern üblichen Brauch des vorgetäuschten Brautraubes durch den Bräutigam erkennbar. Alles in allem war die Raubehe eine notwendige Folge der beinahe unaufhörlichen Kriege unter den Stämmen und ein Anfangspunkt jenes ewigen Krieges der Geschlechter, dessen Waffenstillstand nur ein kurzes Notturno und traumloser Schlaf ist.

Als der Reichtum wuchs, wurde es bequemer, dem Vater ein reiches Geschenk oder eine Geldsumme für seine Tochter anzubieten, als für sie in einer fremden Sippe zu fronen oder die Gewalttätigkeiten und Fehden auf sich zu nehmen, die eine Raubehe

---

* Briffault glaubt, die Raubehe stelle die Übergangsphase von matriarchalischer zu patriarchalischer Ehe dar: Der Mann lehnte den Eintritt in die Sippe seiner Frau ab und zwang sie, mit ihm zu kommen. Lippert dachte, die Exogamie sei als friedlicher Ersatz der Raubehe entstanden, wie sich aus Diebstahl langsam der Handel entwickelte.

DIE MORALISCHEN GRUNDLAGEN DER KULTUR 53

zur Folge hatte. Deshalb war die Ehe durch Kauf und elterliche Abmachung in den frühen Gesellschaften die Regel. Übergangsformen kommen häufig vor; die Melanesier stahlen manchmal ihre Frauen, legalisierten aber den Diebstahl durch eine spätere Zahlung an die Familie. Unter den Eingeborenen von Neuguinea floh der Mann mit dem Mädchen zu einem Versteck, und während sie verborgen waren, feilschten seine Freunde mit ihrem Vater um den Kaufpreis. Die Leichtigkeit, mit welcher in all diesen Angelegenheiten die moralische Indignation auf finanzielle Weise beschwichtigt werden konnte, ist erstaunlich. Eine Maorimutter klagte laut und fluchte dem mit ihrer Tochter entflohenen Jüngling, bis dieser ihr eine Bettdecke schenkte. «Das ist alles, was ich wollte», sagte sie, «ich wollte nur eine Decke haben, und deswegen machte ich all diesen Lärm.» Gewöhnlich kostete die Braut mehr als eine Bettdecke; unter den Hottentotten war ihr Preis ein Ochse oder eine Kuh; bei den Kru drei Kühe und ein Schaf; bei den Kaffern sechs bis dreißig Stück Vieh, je nach dem Rang der Familie des Mädchens, und bei den Togo sechzehn Dollar in bar und sechs Dollar in Waren.

Die Kaufehe finden wir überall im primitiven Afrika; sie blühte im alten Indien und in Judäa, in Zentralamerika und in Peru vor der Entdeckung durch die Weißen; Beispiele dafür kann heute noch Europa liefern. Sie ist eine natürliche Entwicklung der patriarchalischen Institutionen; der Vater ist Eigentümer der Tochter und darf über sie verfügen. Die Orinoco-Indianer sagten, der Bewerber schulde dem Vater Bezahlung, weil dieser das Mädchen für den Bewerber großgezogen hatte. Manchmal wurde das Mädchen allfälligen Bewerbern in einer Brautschau vorgeführt; so wurde unter den Somali die Braut, reich geschmückt, zu Pferde oder zu Fuß, in einer mit starken Wohlgerüchen erfüllten Atmosphäre gezeigt, um die Bewerber zu einem anständigen Preis zu bewegen. Die Frauen hatten nichts dagegen einzuwenden, Gegenstand dieses Kaufgeschäftes zu sein; sie waren sogar sehr stolz auf die für ihre Reize bezahlten Summen und verhöhnten die Frauen, die Ehen ohne Kaufpreis eingingen; in einer Liebesehe bekomme der Mann zu viel für nichts. Andererseits war es Sitte für den Vater, die Zahlung des Bräutigams durch ein Gegengeschenk, das im Laufe der Zeit immer mehr dem Kaufpreis entsprach, zu bestätigen. Reiche, um ihre Töchter besonders besorgte Väter vergrößerten diese Geschenke, und so entstand die Mitgift oder der Brautschatz; und der Kauf des Ehegatten durch den Vater ersetzte oder begleitete den Kauf des Eheweibes durch den Bewerber.

In all diesen Formen der Ehe ist kaum eine Spur romantischer Liebe zu finden. Wir finden ein paar Fälle von Liebesheirat unter den Papua auf Neuguinea. Auch bei anderen Naturvölkern treffen wir Beispiele von Liebe, doch haben solche Bindungen nichts mit Ehe zu tun. In den einfachen Tagen der Menschheit heirateten die Männer, um zu billigen Arbeitskräften, einträglicher Verwandtschaft und regelmäßigen Mahlzeiten zu kommen. «In Yariba», sagt Lander, «sind die Eingeborenen Ehefeiern gegenüber völlig gleichgültig. Eine Weizenähre schneiden oder eine Frau heiraten ist dasselbe, und Liebe kommt überhaupt nicht in Frage.» Da die vorehelichen Beziehungen in der primitiven Gesellschaft häufig sind, ist die Leidenschaft nicht durch Abweisung gehemmt und beeinflußt deshalb selten die Wahl einer Frau. Aus demselben Grunde – dem Mangel einer Verzögerung zwischen Wunsch und Erfüllung – fehlt es an Zeit, um jenes brütende Insichgekehrtsein der vereitelten oder enttäuschten und deshalb idealisierten Leidenschaft, die gewöhnlich die Quelle der jugendlichen romantischen Liebe ist, hervorzubringen. Solch eine Liebe ist den entfalteten Kulturen vorbehalten, wo die Moral dem Begehren Schranken errichtet und das Wachsen des Reichtums es ermöglicht hat, daß manche Männer sich die Üppigkeiten und Zartheiten der Romantik leisten und manche Frauen sie bieten können; die Naturvölker sind zu arm, um romantisch zu sein. Man findet selten Liebesdichtung unter ihren Liedern. Als die Missionare die Bibel in die Sprache der Algonkin übersetzten, konnten sie kein Wort für «Liebe» finden. Die Hottentotten waren, so heißt es, «kalt und gleichgültig zueinander». An der Goldküste «kann man auch nicht den Abglanz einer Gattenliebe feststellen»; und das gleiche gilt für die primitiven Australier. Als man einen solchen Eingeborenen fragte, warum er zu heiraten wünsche, gab er ehrlich zur Antwort, «daß er eine Frau brauche, damit sie ihn mit Nahrung, Wasser und Holz versorge und ihm die Habseligkeiten auf seinen Märschen schleppe». Die in der modernen Gesellschaft weit verbreitete Sitte des Küssens ist den primitiven Völkern unbekannt und, wo sie sie kennen, von ihnen verschmäht.

Im allgemeinen betrachtet der «Wilde» seinen Geschlechtstrieb als etwas Naturgegebenes; er wird ebensowenig wie das Tier von metaphysischen oder religiösen Befürchtungen geängstigt; er brütet nicht darüber nach und kennt keine Depressionen, sondern er bejaht ihn wie den Hungertrieb. Er schützt auch keine idealistischen Motive vor. Die Ehe ist bei ihm niemals ein Sakrament, und selten wird sie durch einen feierlichen und pomphaften Akt geschlossen, sie gilt vielmehr aufrichtig als eine geschäftliche Transaktion. Es fällt ihm nicht ein, über den Vorzug, den er den praktischen vor den emotionellen Belangen gibt, beschämt zu sein. Er würde viel eher über uns und unseren Brauch erstaunt sein, Mann und Frau für ein ganzes Leben miteinander zu vereinen, bloß weil das sexuelle Begehren sie für einen Augenblick mit seinem Blitzschlag aneinander gefesselt hat. Der Naturmensch verstand unter der Ehe nicht geschlechtliche Befriedigung, sondern wirtschaftliche Mitarbeit. Er erwartete von der Frau – wie diese von ihm – nicht so sehr Anmut und Schönheit (wenn er auch diese Eigenschaften an ihr schätzte) als Nützlichkeit und Fleiß; die Frau mußte einen Gewinn bringen; sonst hätte der praktische Wilde überhaupt nicht an die Ehe gedacht. Die Ehe war eine einträgliche Partnerschaft und nicht eine private Zuchtlosigkeit; sie war ein Mittel, zu zweit größeren Wohlstand zu erzielen, als wenn jeder für sich allein gelebt hätte. Wo immer in der Geschichte der Kultur die Frau aufhört, ein ökonomischer Aktivposten zu sein, ist die Ehe in Verfall geraten und mit ihr manchmal auch die Kultur.

II. DIE GESCHLECHTLICHE MORAL

Voreheliche Beziehungen · Prostitution · Keuschheit · Jungfräulichkeit · Die doppelte Moral Schamgefühl · Die Relativität der Moral · Die biologische Rolle des Schamgefühls Ehebruch · Scheidung · Abtreibung · Kindesmord · Kinder · Das Individuum

Die größte Aufgabe der Moral ist immer die Regelung des Geschlechtslebens; denn der Instinkt versetzt den Menschen inner- und außerhalb der Ehe in schwierige Lagen und bedroht stets durch seine Hartnäckigkeit und Stärke, durch seine Unbekümmert-

DIE MORALISCHEN GRUNDLAGEN DER KULTUR

heit vor den Gesetzen und durch seine Perversionen die soziale Ordnung. Die erste Schwierigkeit betrifft die Frage, ob die vorehelichen Beziehungen begrenzt oder frei sein sollen. Selbst unter den Tieren ist die Äußerung des Geschlechtstriebes nicht völlig schrankenlos, vielmehr weist das ablehnende Verhalten des Weibchens außer in den Zeiten der Brunst dem Geschlechtsverlangen in der Tierwelt einen bescheideneren Platz an, als dies bei den sexuell freien Menschen der Fall ist. Beaumarchais sagte: «Der Mensch unterscheidet sich vom Tier dadurch, daß er ißt, ohne hungrig zu sein, trinkt, ohne Durst zu haben, und zu allen Jahreszeiten liebt.» Unter den primitiven Völkern finden wir eine der Tierwelt ähnliche Beschränkung im Tabu der Frau während der Menstruation. Abgesehen von dieser Ausnahme wird den vorehelichen Beziehungen in den frühesten Gesellschaften freies Spiel gelassen. Bei den nordamerikanischen Indianern gesellten sich Männer und Frauen frei zueinander, und diese Beziehungen stellten kein Ehehindernis dar. Bei den Papua auf Neuguinea begann das Geschlechtsleben bereits in zartem Alter, und die sexuelle Ungebundenheit galt als selbstverständlich. Die gleiche voreheliche Freiheit herrschte auch unter den Sojoten in Sibirien, unter den Igoroten auf den Philippinen, bei den Eingeborenen in Burma, bei den Kaffern und Buschmännern Afrikas, bei den Stämmen am Niger und Ugandafluß, in Neugeorgien, auf den Murray-Inseln, auf den Andamanen, auf Tahiti, Polynesien, in Assam usw. Unter solchen Bedingungen werden wir die Prostitution in der primitiven Gesellschaft kaum stark verbreitet finden. Dieser scheinbar «älteste Beruf» ist verhältnismäßig jung; er entsteht erst mit der Zivilisation, mit dem Erscheinen des Eigentums und dem Verschwinden der vorehelichen Freiheit. Hie und da finden wir zwar auch bei den Naturvölkern Mädchen, die sich verkaufen, sei es, um ihre Ausstattung zu erwerben oder auf diese Art Gelder für den Tempelschatz einzubringen; aber das geschieht nur dort, wo der lokale Moralkodex es als frommes Opfer genehmigt, etwa um dem Wunsche geiziger Eltern zu entsprechen oder um hungrige Götter zufriedenzustellen.

Die Keuschheit ist demgemäß eine späte Entwicklung. Das primitive Mädchen fürchtete nicht so sehr den Verlust ihrer Jungfräulichkeit als vielmehr den Ruf der Unfruchtbarkeit, und die voreheliche Schwangerschaft war oft eher eine Hilfe als ein Hindernis bei der Suche nach einem Mann; sie zerstreute jeden Zweifel über die Unfruchtbarkeit und versprach dem Gatten einträglichen Kindersegen. Es scheint, daß die einfacheren Stämme vor dem Auftreten des Eigentums die Jungfräulichkeit als unbeliebt verpönten. Bei den Kamchadalen empfand der Bräutigam, der entdeckte, daß seine Braut eine Jungfrau war, Abscheu darüber und «machte der Mutter über die nachlässige Erziehung ihrer Tochter Vorwürfe». Vielerorts betrachtete man die Jungfräulichkeit auch als Ehehindernis, weil sie den Gatten zwang, das Tabu zu verletzen, das ihm verbot, das Blut eines Stammesmitgliedes zu vergießen. Es kam deshalb vor, daß sich die Mädchen einem Fremden antrugen, um dieses Ehetabu zu umgehen. In Tibet suchten die Mütter nach Männern, die ihre Töchter entjungferten, und an der Malabarküste erbaten sich die Mädchen die Dienste der Vorübergehenden zum gleichen Zweck, «denn solange sie Jungfrauen waren, konnten sie keinen Gatten finden». Bei manchen Stämmen war die Braut verpflichtet, sich ihren Hochzeitsgästen hinzugeben, bevor sie

56   EINLEITUNG · DIE ENTSTEHUNG DER KULTUR

sich zu ihrem Gatten legte; bei anderen mietete der Bräutigam einen Mann, der der Braut die Jungfräulichkeit nahm, und unter einigen philippinischen Stämmen gab es einen hochbezahlten besonderen Beamten, der diese Aufgabe für die zukünftigen Ehegatten erfüllte.

Wie kam es, daß die Jungfräulichkeit mit der Zeit nicht mehr als ein Mangel, sondern ganz im Gegenteil als eine Tugend empfunden und zu einem Grundstein im moralischen Verhalten der gesamten Zivilisation wurde? Zweifelsohne lag die Ursache in der Einrichtung des Eigentums. Der Mann dehnte nämlich im patriarchalischen System das für sein Weib empfundene Eigentumsgefühl auch auf die Töchter aus und veranlaßte dadurch das Entstehen der vorehelichen Keuschheit, die nun in der Kaufehe große Bedeutung erlangte. Jetzt gab die Jungfrau mit der bis zur Heirat ausgeübten Enthaltsamkeit gleichsam das Versprechen ehelicher Treue, die den Männern besonders deshalb so kostbar erschien, weil sie sonst befürchten mußten, einen Teil ihres Eigentums erschlichenen Kindern zu hinterlassen. Die Männer dachten natürlich nie daran, die gleichen Einschränkungen auch auf sich selbst auszudehnen, und es gibt keine Gesellschaft in der Geschichte, die jemals von ihnen eine voreheliche Keuschheit verlangte, noch kennt irgendeine Sprache einen Ausdruck zur Bezeichnung des «jungfräulichen» Mannes. Der Heiligenschein der Jungfräulichkeit wurde für die Töchter bestimmt und ihnen auf tausend Arten aufgedrängt. Die Tuareg bestraften die voreheliche Hingabe der Tochter oder der Schwester mit dem Tode, und in Nubien, Abessinien, Somaliland usw. erfanden die Neger zum Schutze ihrer Töchter die grausame Kunst der Verspangung, das heißt sie zogen einen Ring durch die weiblichen Genitalien oder hingen ein Schloß davor, um so jede verfrühte Vereinigung zu verhindern. Ein ähnlicher Brauch erhielt sich in Burma und Siam bis Anfang unseres Jahrhunderts. Alle möglichen Formen der Abgeschiedenheit entstanden so nach und nach bei den primitiven Völkern der Erde, wodurch die Mädchen den sexuellen Versuchungen ferngehalten wurden. Auf Neubritannien sperrten die reicheren Eltern sogar ihre Töchter in den Jahren der Pubertät in Hütten, deren Bewachung man tugendsamen alten Frauen übertrug. Die auf diese Weise Eingeschlossenen durften den unfreiwilligen Aufenthaltsort während fünf Jahren nicht verlassen und höchstens die Besuche ihrer Verwandten empfangen; bei manchen Stämmen auf Borneo lebten die unverheirateten Mädchen in strenger Abgeschlossenheit. Von diesen hartherzigen Bräuchen bis zum *purdah* der Mohammedaner und Hindu ist nur ein Schritt, und dies beweist wiederum, wie eng sich «Zivilisation» und «Wildheit» berühren.

Das Schamgefühl entstand mit der Jungfräulichkeit und dem Patriarchat. Es gibt heute noch viele Stämme, die keine Scham über den nackten Körper empfinden und im Gegenteil der Auffassung sind, mit der Kleidung gegen die geheiligte Sitte zu verstoßen. Die Neger schüttelten sich vor Lachen, als Livingstone seine schwarzen Gastgeber bat, sich vor Ankunft seiner Frau mit dem Nötigsten zu bedecken. Die Königin der Balunda war vollkommen nackt, als sie für Livingstone Hof hielt. Eine kleine Anzahl Stämme übte ohne jede Scham öffentlich den Geschlechtsverkehr aus. In den Anfangsstadien menschlichen Zusammenlebens äußerte sich die Sittsamkeit im Empfinden der

DIE MORALISCHEN GRUNDLAGEN DER KULTUR

Frau darin, daß sie während der Menstruation unberührbar, Tabu, blieb. Als mit der Zeit die Kaufehe üblich wurde und die Enthaltsamkeit der Tochter dem Vater Vorteile brachte, da entwickelten künstliche Abgeschlossenheit und der gesellschaftliche Zwang zur Jungfräulichkeit beim Mädchen den Sinn, die Keuschheit als Pflicht anzusehen. Auf dieser zweiten Stufe bestand die Sittsamkeit im weiblichen Empfinden in der Auffassung, dem Gatten gegenüber eine finanzielle Verpflichtung einzugehen, die ihr nahelegte, auf anderweitige, ihm keinerlei Eintrag bringende Geschlechtsbeziehungen zu verzichten. Zu diesem Zeitpunkt tritt die Kleidung auch da auf, wo der Wunsch nach Schutz oder Schmuck sie noch nicht erzeugt hat; dies zeigte sich darin, daß bei vielen Stämmen die Frauen erst nach der Eheschließung Kleider anlegen, gleichsam als ein Zeichen dafür, daß sie jetzt einem einzigen Ehegatten angehören und der Galanterie entsagt haben. Die Keuschheit jedoch hat keine Beziehung zur Kleidung; manche Reisende erzählen, die Moral stehe in Afrika in umgekehrtem Verhältnis zum Kleiderreichtum. Es ist klar, daß das Schamgefühl gänzlich von den örtlichen Tabus und Sitten der Gruppe abhängt. Bis vor kurzem schämte sich eine Chinesin, ihre Füße, eine Araberin, ihr Gesicht, eine Tuaregfrau, ihren Mund zu zeigen; aber die Frauen des alten Ägypten, die Indiens im 19. Jahrhundert und die des zeitgenössischen Bali (bevor lüsterne Touristen kamen) schämten sich nicht, ihre Brüste zu zeigen.

Wir dürfen daraus nicht schließen, die Moral sei wertlos, weil sie sich in Zeit und Ort so verschieden äußert, und es wäre weise, aus unserem historischen Wissen den Schluß zu ziehen, man täte besser, auf moralische Einrichtungen zu verzichten. Eine oberflächliche Kenntnis der menschlichen Wesensart ist stets eine gefährliche Sache. Es ist zutiefst wahr, daß – wie Anatole France einmal ironisch sagte – «die Moral die Gesamtheit der Vorurteile einer Gemeinschaft ist» und daß, wie Anacharsis von den Griechen berichtete, «wenn man alle von irgendeiner Gruppe als heilig erachteten Bräuche zusammenbrächte und dann alle von irgendeiner Gruppe als unmoralisch betrachteten davon fortnähme, nichts übrigbleiben würde». Aber das beweist die Wertlosigkeit der Moral noch nicht; es zeigt nur, auf welch vielfältige Weise die soziale Ordnung bewahrt worden ist. Diese Ordnung ist notwendig; denn das Leben muß seine Spielregeln haben, und die Menschen müssen wissen, was sie unter den gewöhnlichen Daseinsbedingungen voneinander erwarten dürfen. Daher ist die Einstimmigkeit, mit der die Mitglieder einer Gemeinschaft ihren Moralkodex anwenden, ebenso wichtig wie sein Inhalt. Als Halbwüchsige entdecken wir, daß Sitte und Moral unserer Umgebung relativ sind, verwerfen sie deshalb und verraten damit unsere Unreife; zehn Jahre später beginnen wir einzusehen, daß hinter dem gesellschaftlichen Moralkodex, der die Erfahrung von Generationen unseres Volkes darstellt, mehr steckt, als unsere Weisheit sich träumen ließ. Früher oder später reift in uns die schwerwiegende Erkenntnis, daß selbst das, was wir nicht verstehen, wahr sein kann. Die Einrichtungen, Konventionen, Bräuche und Gesetze, die die Struktur einer Gesellschaft bilden, sind das Werk von vielen Jahrhunderten und einer unzähligen Menge von Geistern, von denen kein einziger glauben darf, er könne all das in seinem kurzen Dasein verstehen. Die Moral ist relativ, aber sie ist unerläßlich.

EINLEITUNG · DIE ENTSTEHUNG DER KULTUR

Das Schamgefühl war ein strategischer Rückzug, der es dem Mädchen ermöglichte, seinen Gefährten mit mehr Überlegung auszuwählen oder ihn zu zwingen, edlere Eigenschaften zu zeigen, bevor es sich ihm hingab. Die Hindernisse, die das Schamgefühl dem Begehren entgegenstellte, erzeugten jene Gefühle romantischer Liebe, die den Wert der Frau in den Augen des Mannes erhöhen. Die Einschärfung der Jungfräulichkeit vernichtete die Natürlichkeit und Annehmlichkeit des primitiven Geschlechtslebens; jedoch verminderte die Unterbindung der frühen Geschlechtsentfaltung und vorzeitigen Mutterschaft die Kluft zwischen ökonomischer und sexueller Reife. Wahrscheinlich trug sie zur körperlichen und geistigen Kräftigung des Individuums bei, bildete ein längeres Jünglingsalter aus und hob das Niveau der Rasse.

Mit der Entwicklung der Eigentumsinstitution wurde der Ehebruch aus einem verzeihlichen Fehltritt zu einer Todsünde. Die Hälfte der uns bekannten Naturvölker mißt ihm zwar keine große Bedeutung bei. Sobald aber die materiellen Güter des einzelnen zunahmen, verlangte der Mann nicht nur vollkommene Treue von der Frau, sondern er übertrug auch seinen Eigentumsbegriff auf sie, und selbst wenn er sie einem Gaste lieh, tat er es nur, weil er über ihren Körper und ihre Seele verfügte. Die Auffassung der Zugehörigkeit der Frau zum Manne gipfelte in der im früheren Indien üblichen Witwenverbrennung, der Suttee (Satî), wonach die Gattin ihrem Herrn gemeinsam mit seinen anderen Habseligkeiten in das Grab folgte. Unter dem Patriarchat war der Ehebruch dem Diebstahl gleichgestellt. Er war sozusagen eine Patentverletzung. Seine Bestrafung wies alle Schattierungen der Strenge auf, von der Unbekümmertheit der einfacheren Stämme bis zur Verbannung der Ehebrecherin bei den Indianern Kaliforniens. Nachdem jedes Übertreten der neu errichteten Schranke während mehrerer Jahrhunderte streng bestraft worden war, hatte sich allmählich die Tugend der weiblichen Treue fest ausgebildet und ein entsprechendes Bewußtsein im weiblichen Herzen entwickelt. Viele Indianerstämme überraschten ihre Eroberer durch die unnahbare Tugend ihrer Squaws, und männliche Reisende wünschten, die europäischen und amerikanischen Frauen möchten die eheliche Treue der Zulu- und Papuaweiber zum Vorbilde nehmen.

Diese Treue war für die Papua leichter, weil sie, wie die meisten Naturvölker, fast gar keine Schwierigkeiten der Scheidung kannten. Bei den amerikanischen Indianern dauerten die Ehen selten länger als einige Jahre. «Viele Männer haben in den besten Jahren mehrere Frauen gehabt», berichtet Schoolcraft, «und ihre überall in der Gegend verstreuten Kinder bleiben ihnen unbekannt.» Sie «lachen über die Europäer, die eine einzige Frau besitzen und noch dazu auf Lebenszeit, und denken, der gute Geist habe sie selbst zum Glücklichsein geformt und wolle nicht, daß sie ein Zusammenleben fortsetzten, wenn Temperament und Veranlagung sich verschieden entwickelten». Die Cherokee wechselten ihre Frauen drei- bis viermal im Jahr; die konservativen Samoaner behielten die gleichen Frauen drei Jahre lang. Als das Ackerbauleben die Menschen seßhaft machte, wurden die Ehen dauerhafter. Unter dem patriarchalischen System fand ein Mann es unökonomisch, sich von seiner Frau zu scheiden; denn das bedeutete in Wirklichkeit den Verlust einer Arbeitskraft. Als die Familie zu

DIE MORALISCHEN GRUNDLAGEN DER KULTUR 59

einer produktiven Einheit heranwuchs, wurde es notwendig, daß die Verbindung der Gefährten bis zur Betreuung des letzten Kindes dauerte. Kam dieser Zeitpunkt heran, so blieb keine Energie für einen neuen Liebesfrühling mehr übrig, und die Leben der Eltern waren im gemeinsamen Mühen und Schaffen zu einem einzigen verschmolzen. Erst mit der Entwicklung der städtischen Industrie und der durch sie veranlaßten Verkleinerung der Familien wurde die Scheidung wieder verbreiteter.

Im allgemeinen haben die Männer überall in der Geschichte eine reiche Kinderzahl gutgeheißen und deshalb die Mutterschaft geheiligt, während die Frauen, die mehr über das Geheimnis der Zeugung wissen, sich gegen diese schwere Pflicht gesträubt und endlose Mittel angewandt haben, um die Last der Mutterschaft zu erleichtern. Die Naturmenschen kümmern sich gewöhnlich nicht um die Verhinderung des Bevölkerungszuwachses; denn unter normalen Bedingungen sind Kinder von Vorteil und besonders Söhne wünschenswert. Der Frau kommt es zu, Abtreibung und Kindesmord auszuüben und Mittel zur Verhinderung der Empfängnis zu erfinden. Es ist überraschend, wie ähnlich bei der «wilden» und «zivilisierten» Frau die Gründe sind, die sie zur Verhütung des Nachwuchses bewegen: beide wollen sich der Last der Kindesbetreuung entziehen, um ihre jugendliche Gestalt zu bewahren, um das Unglück einer außerehelichen Mutterschaft abzuwenden oder der Todesgefahr aus dem Wege zu gehen usw. Das einfachste Mittel, die Mutterschaft einzuschränken, war das Sichentziehen der Frau während der Zeit des Stillens, die auf Jahre hinaus verlängert werden konnte. Manchmal pflegten, wie bei den Cheyenne-Indianern, die Mütter erst dann zum zweiten Male zu gebären, wenn ihr erster Sohn das Alter von zehn Jahren erreicht hatte. In Neuengland besaßen die Frauen während der ersten zwei oder vier Jahre der Ehe keine Kinder. Die Guaikuru in Brasilien starben allmählich aus, weil das weibliche Geschlecht es ablehnte, vor dem Erreichen des dreißigsten Altersjahres Kinder zur Welt zu bringen. Unter den Papua kam die Abtreibung häufig vor; «Kinder sind lästig», sagten ihre Frauen, «und wir sind ihrer müde; wir sterben an ihnen». Manche Maori-Stämme gebrauchten Pflanzen oder erwirkten eine künstliche Lageveränderung des Uterus, um die Empfängnis zu verhindern.

Wenn eine Abtreibung mißlang, blieb noch der Kindesmord übrig. Die meisten Naturvölker gestatteten die Ausrottung eines Neugeborenen dann, wenn es mißgestaltet, krank oder unehelich geboren war oder wenn die Mutter an der Entbindung starb. Viele Stämme töteten die Kinder, von denen sie glaubten, sie seien unter unglücklichen Umständen zur Welt gekommen; so erwürgten die Eingeborenen in Bondei alle Kinder, die in Kopflage das Licht der Welt erblickten, während die Kamchadalen die bei Sturmwetter Geborenen töteten. Stämme auf Madagaskar setzten die in den Monaten März und April geborenen Kinder aus, ertränkten sie auch etwa oder begruben sie lebendig. Das gleiche Schicksal wartete auch allen an einem Mittwoch, Freitag oder in der letzten Woche des Monates Geborenen. Wenn eine Frau Zwillingen das Leben schenkte, hielt man das bei manchen Stämmen für einen Beweis des Ehebruchs, da nach weitverbreiteter Anschauung kein Mann zu gleicher Zeit Vater zweier Kinder sein konnte, und deswegen erlitt eines der Kinder den Tod. Der Kindesmord war bei

60 EINLEITUNG · DIE ENTSTEHUNG DER KULTUR

den Nomadenstämmen, für die die Kinder auf ihren langen Märschen ein Hindernis
bedeuteten, besonders üblich. Der Bangerang-Stamm in Victoria tötete die Hälfte der
Kinder bei der Geburt. Die Lengua aus dem paraguayanischen Chaco ließen es nicht
zu, daß ihre Familien mehr als ein Kind in sieben Jahren zeugten, und die Abiponer
pflegten das französische Zweikindersystem und töteten die überzähligen Neugeborenen. Nahte eine Hungersnot, die Opfer forderte, so erwürgten die meisten Stämme
ihre Säuglinge, und manche verzehrten sie. Gewöhnlich bedrohte der Kindesmord die
Mädchen, die gelegentlich zuvor zu Tode gequält wurden, um die Seele zur Wiederverkörperung in Gestalt eines Jungen zu bewegen. Der Kindesmord wurde ohne grausame Absicht, jedoch ohne Skrupel ausgeübt; denn in den ersten Augenblicken nach
der Entbindung empfand die Mutter anscheinend keine instinktive Liebe für das Kind.

Sobald aber das Kind einige Tage gelebt hatte, war es gegen den Kindesmord gefeit;
die Elternliebe wurde wach, und in den meisten Fällen erfuhr es eine liebevollere Behandlung als das Durchschnittskind der höheren Rassen. Aus Mangel an Tiermilch und
wegen der Unmöglichkeit, passende Nahrung zu erhalten, stillte die Mutter das Kind
zwei bis vier, manchmal sogar zwölf Jahre. Ein Reisender erzählt von einem Jungen,
der vor seiner Entwöhnung bereits das Rauchen erlernt hatte; und oft mußte ein Knabe
Spiel oder Arbeit unterbrechen, um zu seiner Mutter zu gehen und gestillt zu werden.
Die Negermutter trug ihr Kind während der Arbeit auf dem Rücken und nährte es, indem sie von Zeit zu Zeit ihre Brüste über die Schulter gleiten ließ. Die primitive Zucht
war nachsichtig, aber nicht verderblich; in zartem Alter wurde das Kind schon sich
selber überlassen, mußte die Folgen seiner Dummheit, Frechheit oder Kampflust tragen und lernte auf diese Weise das Leben meistern. Sohnes- wie Elternliebe waren in
der natürlichen Gesellschaft hoch entwickelt.

Die primitive Kindheit war voller Gefahren und Krankheiten und die Sterblichkeit
groß. Die Jugend dauerte bloß kurze Zeit; denn früh begann die eheliche und kriegerische Verantwortlichkeit, die das Individuum vor die schweren Aufgaben der Erhaltung und Verteidigung der Gruppe stellte. Die Frauen verzehrten sich in den Sorgen
um ihre Kinder, die Männer im Kampf um das Herbeischaffen der Nahrung. Nach der
Betreuung des jüngsten Kindes waren die Eltern meist müde und abgelebt; für eine
persönliche Lebensgestaltung blieb gegen Ende des Daseins ebensowenig Zeit übrig
wie am Anfang. Der Individualismus ist wie die Freiheit eine Begleiterscheinung der
Zivilisation. Erst im Morgendämmern der Geschichte wurde eine Anzahl Männer und
Frauen von den Lasten des Hungers, der Zeugung und des Krieges befreit, um die vom
persönlichen Bedürfnis unabhängigen Werte der Muße, der Kultur und der Kunst zu
erschaffen.

III. DIE SOZIALE MORAL

Tugend und Laster · Habsucht · Unehrlichkeit · Gewalttätigkeit · Menschenmord · Selbstmord
Die Vergesellschaftlichung des Individuums · Altruismus · Gastfreundschaft · Lebensart
Stammesgebundene Grenzen der Moral · Primitive und moderne Moral · Religion und Moral

Ein Teil der elterlichen Aufgabe besteht in der Übermittlung eines Moralkodexes; denn das noch unentwickelte Kind gleicht mehr dem Tier als dem Menschen und eignet sich erst durch die Übernahme des moralischen und geistigen Erbes seines Volkes die höheren Lebensformen an. Vom biologischen Standpunkt aus ist es für die Zivilisation schlecht ausgestattet, da seine Instinkte nur ein Zurechtfinden in bekannten und einfachen Situationen erlauben und Antriebe enthalten, die eher in den Urwald passen als in die Stadt. Jedes Laster war einst eine im Lebenskampf notwendige Tugend, die sich erst in ein Laster verwandelte, als die Bedingungen, die sie unerläßlich gemacht hatten, verschwanden. Das Laster ist daher nicht etwas, was neu in der Geschichte in Erscheinung getreten ist, sondern eher ein Atavismus, ein Rückschlag der Eigenschaften entfernter Ahnen auf die spätere Generation. Eine der Aufgaben eines Moralkodexes ist es, die unveränderlichen oder sich langsam verändernden Antriebe der menschlichen Natur den veränderlichen Bedürfnissen und Verhältnissen des gesellschaftlichen Lebens anzupassen.

Gier, Habsucht, Unehrlichkeit, Grausamkeit und Gewalttätigkeit waren während so vieler Generationen den Menschen und Tieren so nützlich, daß alle unsere Gesetze, unsere Moral und Religion sie nicht gänzlich auslöschen konnten. Manche dieser Eigenschaften sind heute noch sehr geschätzt. Das Tier füllt sich zum Platzen voll, weil es nicht weiß, wann es wieder Nahrung finden wird; diese Unsicherheit ist der Ursprung der Gier. Man weiß von den Yakuten, daß sie imstande waren, vierzig Pfund Fleisch an einem einzigen Tage zu verschlingen; ähnliche, wenn auch etwas weniger «heroische» Dinge erzählt man von den Eskimos und den australischen Eingeborenen. Die ökonomische Sicherheit ist eine zu moderne Errungenschaft der Zivilisation, als daß sie diese natürliche Gier hätte ausmerzen können; man begegnet ihr noch in der unersättlichen Habsucht, womit der reizbare moderne Mensch Gold oder andere Güter anhäuft, die sich im Notfalle in Nahrung umwandeln lassen. Das Bedürfnis des Trinkens äußert sich nicht so heftig wie das Verlangen nach fester Nahrung, haben sich doch die meisten menschlichen Gemeinschaften von vornherein in der Nähe eines Wasservorrates angesiedelt. Wenn wir trotzdem auf beinahe der ganzen Erde einen starken Konsum alkoholischer Getränke feststellen, so rührt dies nicht so sehr davon her, daß die Menschen gierig sind, als vielmehr davon, daß es ein großer Teil kalt hat und sich nach Wärme sehnt, daß manche sich unglücklich fühlen und ihr Los zu vergessen streben oder auch daß das ihnen zur Verfügung stehende Wasser nicht trinkbar ist. Die Unehrlichkeit ist nicht so alt wie die Gier; denn der Hunger ist älter als das Eigentum. Die am wenigsten mit der modernen Zivilisation in Berührung gekommenen «Wilden» scheinen die ehrlichsten zu sein. «Ihr Wort ist heilig», sagte Kolben von den Hottentotten; denn sie wüßten «nichts von Bestechlichkeit und von den treulosen in Europa geübten Listen». Diese unschuldsvolle Ehrlichkeit verschwand mit der Förderung der internationalen Verkehrsverbindungen. Europa hat die Hottentotten die glatte List gelehrt. Im allgemeinen entsteht die Unehrlichkeit mit der Zivilisation, weil der Mensch mehr auf Umwegen sein Ziel zu erreichen sucht, weil es mehr zu stehlen gibt und die Erziehung die Menschen schlau macht. Immer wenn das Eigentum unter den Naturvölkern Eingang findet, leistet es der Lüge und dem Diebstahl Vorschub.

Die Verbrechen der Gewalttätigkeit sind so alt wie die Gier; der Kampf um Nahrung, um Boden und Gefährten hat zu jeder Zeit die Erde mit Blut getränkt und dem wechselvollen Licht der Zivilisation einen schwarzen Hintergrund verliehen. Der primitive Mensch war grausam, weil er es sein mußte; das Leben lehrte ihn, den Arm stets schlagbereit zu halten und das Herz für das «natürliche Töten» zu stählen. Die schwärzeste Seite in der Völkerkunde sind die primitive Tortur und der Genuß, den jene Männer und Frauen anscheinend an der Peinigung ihrer Opfer fanden. Die meisten dieser Grausamkeiten wurden allerdings durch die kriegerischen Zustände der Völker untereinander verursacht; innerhalb eines Stammes waren die Umgangsformen – selbst den Sklaven gegenüber – freundlich und zuvorkommend. Aber weil die Menschen im Kriege tatkräftig töten mußten, lernten sie es auch in Friedenszeit tun; dies zeigt sich darin, daß für den Geist des Naturmenschen ein Zwist nicht aus der Welt geschafft ist, solange nicht einer der Streitenden von der Hand des Gegners fällt. Unter vielen Stämmen erweckte der Mord eines Sippenmitgliedes nicht jenes Grauen, das er in uns hervorruft. Die Kaffern hielten einen Mörder für unsauber und verlangten von ihm, daß er sein Antlitz mit Holzkohle schwärze; nach einer geraumen Zeit aber durfte sich der Angeschuldigte waschen; er spülte den Mund, bestrich sich mit brauner Farbe und wurde wieder in die Gesellschaft aufgenommen. Den Wilden von Futuna galt – wie allgemein den moralisch wenig entwickelten Menschen – ein Mörder geradezu als Held. Bei einzelnen Stämmen wollte keine Frau einen Mann heiraten, der nicht irgend jemanden, sei es auf erlaubte oder unerlaubte Art, umgebracht hatte; dieser Brauch trug zur Verbreitung des Kopfjägertums bei, das noch heute auf den Philippinen geübt wird. Der Dayak, der die meisten Köpfe von einer Menschenjagd zurückbrachte, konnte uneingeschränkt unter den Mädchen des Dorfes seine Wahl treffen, da alle sich eifrig um seine Gunst bemühten, im Glauben, durch ihn die Mütter mutiger und einst mächtiger Männer zu werden.

Wo die Nahrung teuer ist, sinkt der Wert des Menschenlebens. Die Eskimosöhne töteten früher ihre Eltern, wenn diese ein Alter erreichten, das sie nutzlos und entbehrlich machte. Die Hinrichtung zu unterlassen, wurde in solchen Fällen als Verletzung der Sohnespflicht ausgelegt. Auch das eigene Leben steht beim Naturmenschen nicht hoch im Wert, denn er ist von einer Bereitschaft zum Selbstmord, wie wir sie nur noch beim Japaner finden. Wenn eine beleidigte Person Selbstmord begeht oder sich verstümmelt, muß der Beleidiger es ihr nachtun oder ein Paria werden; so tief ist das Harakiri in der Volksseele verwurzelt. Jeder Grund ist gut genug, um Selbstmord zu

DIE MORALISCHEN GRUNDLAGEN DER KULTUR

begehen: Nordamerikanische Indianerfrauen töteten sich, weil ihre Männer sich erlaubten, sie auszuschelten, und ein junger Trobriand-Insulaner beging Selbstmord, als ihm seine Frau den Tabak aufgeraucht hatte.

Die Verwandlung der Gier in Sparsamkeit, der Gewalttätigkeit in rechtmäßige Beweisführung, des Mordens in gesetzlichen Strafakt und des Selbstmordes in philosophischen Gleichmut ist ein Teil der Aufgabe der Zivilisation gewesen. Es war ein großer Fortschritt, als der Schwache gegen die Bedrängnis von seiten des Starken den Schutz eines ordnungsmäßigen Gerichtsverfahrens anrufen durfte. Ermutigt eine Gesellschaft ihre Mitglieder, sich fremden Gruppen gegenüber feindlich einzustellen, so kann sie doch nicht leben, sobald ihre eigenen Angehörigen sich untereinander bekämpfen. Die innere Zusammenarbeit ist das erste Gesetz für den Wettkampf gegen außen. Der Existenzkampf ist mit der gegenseitigen Hilfe nicht zu Ende, er ist der Gruppe einverleibt oder ihr übertragen. Daher prägt jede Gesellschaft ihren Mitgliedern einen Moralkodex ein und pflegt als geheime Helfer und Verbündete in ihren Herzen soziale Veranlagungen, die den natürlichen Kampf ums Dasein abschwächen. Sie ermutigt – indem sie sie als Tugenden bezeichnet – jene Eigenschaften oder Gewohnheiten im Individuum, die der Gruppe zum Vorteil gereichen, und entmutigt die entgegengesetzten, indem sie sie als Laster brandmarkt. Auf diese Weise wird das Individuum ein Glied der Gesellschaft, entwickelt sich aus dem Naturwesen ein Bürger.

Es war keine mühevollere Aufgabe, soziale Gefühle im «Wilden» zu erzeugen, als sie heutzutage im Herzen des modernen Menschen aufrechtzuerhalten. Der Kampf um das Leben kam dem Gemeinschaftsgeist zugute, der Kampf um das Eigentum dem Individualismus. Der primitive Mensch war vielleicht eher als der zeitgenössische bereit, mit seinen Mitmenschen zusammenzuarbeiten. Die Solidarität war für ihn selbstverständlicher, da weit mehr gemeinsame Gefahren und Interessen ihn an seine Gruppe banden, als persönlicher Besitz ihn von den anderen trennte. Der Naturmensch war gewalttätig und gierig; aber auch freundlich und freigebig, bereit, selbst Fremden tätig zu helfen und seine Gäste zu beschenken. Jeder weiß, daß in der primitiven Gastfreundschaft oft der Gastgeber dem Fremden seine Frau oder Tochter überließ. Ein solches Anerbieten abzulehnen war eine ernste Beleidigung sowohl des Einladenden als auch der angebotenen Frau, und vielfach wurde die spätere Behandlung des Gastes von der Art, wie er sich in diesen Dingen benommen hatte, bestimmt. Der unzivilisierte Mensch hütete zwar sein Eigentum, kannte aber keine Eifersucht in geschlechtlichen Dingen. Es störte ihn nicht, daß seine Frau vor der Ehe andere Männer gekannt hatte oder daß sie jetzt mit seinem Gaste schlief; doch als ihr Eigentümer, nicht als ihr Liebhaber, hätte er nie geduldet, daß sie ohne seine Einwilligung sich einem Fremden hingeben würde. Wenn bei den afrikanischen Naturvölkern ein Gatte seine Frau einem anderen Manne lieh, so geschah es aus Achtung vor diesem.

Die Regeln der Höflichkeit waren bei den Naturvölkern ebenso kompliziert wie bei den fortgeschrittenen. Jede Gruppe hatte ihre bestimmten Begrüßungs- und Abschiedsformeln. Wenn zwei Personen einander begegneten, rieben sie ihre Nasen, rochen aneinander oder bekundeten ihren Gruß durch leichte Bisse. Manche rohen Stämme wa-

64   EINLEITUNG · DIE ENTSTEHUNG DER KULTUR

ren höflicher als der moderne Durchschnittsmensch; die Dayak-Kopfjäger, so sagt
man, lebten «freundlich und friedlich» in ihrem Heim, und bei den Indianern Zen-
tralamerikas galt lautes Reden und brüskes Benehmen, wie es viele Weiße pflegten, als
ein Zeichen schlechter Erziehung und primitiver Kultur.

Beinahe jede Gruppe glaubt sich der anderen überlegen. Die amerikanischen Indianer
betrachteten sich als das erwählte Volk, vom großen Geiste zu erhabenem Beispiel der
Menschheit geschaffen. Ein Indianerstamm führte den Namen «die einzigen Männer»;
ein anderer «Männer der Männer»; die Karaiben sagten von sich: «Nur wir sind
Leute», und die Eskimos glaubten, die Europäer seien nach Grönland gekommen, um
gute Manieren und Tugenden zu lernen. Infolgedessen kam es dem Naturmenschen
selten in den Sinn, seine Moralvorschriften auf andere Stämme auszudehnen; er glaubte
vielmehr an die Kraft, die seiner eigenen Gruppe aus ihnen zufloß, und behielt daher
die Regeln für sich; anderen Menschen gegenüber, seine Gäste ausgenommen, fühlte er
sich durch keine Gesetze gebunden und höchstens durch die Stärke des Stammfremden
in seiner Handlungsweise gehemmt.

Der moralische Fortschritt in der Geschichte ist nicht so sehr in der Hebung des
Moralgesetzes zu suchen als vielmehr in der Ausdehnung seines Geltungsbereiches. Die
Moral des modernen Menschen ist nicht restlos der der Naturvölker überlegen; aber
die moderne Moral verpflichtet in normalen Zeiten – wenn auch mit abnehmender Intensität – eine größere Anzahl von Menschen, als dies in früheren Jahrhunderten der
Fall war. Als die Stämme sich zu jenen größeren, Staaten genannten Einheiten zusam-
menschlossen, sprengte die Moral die einengenden Stammesgrenzen, und als das Verkehrswesen oder eine gemeinsame Gefahr die Staaten verband und verschmolz, kannte
die Moral keine Landesgrenzen mehr, und viele Menschen begannen, ihre Vorschriften auf alle Europäer, auf alle Weißen und schließlich auf die Menschen überhaupt auszudehnen. Vielleicht hat es immer Idealisten gegeben, die alle Menschen wie ihre
Nachbarn zu lieben trachteten, und vielleicht sind sie zu jeder Zeit unbeachtete Stimmen gewesen, die die Wüste des Nationalismus und des Krieges verschlang. Aber wahrscheinlich ist die Zahl – selbst die relative Zahl – solcher Menschen größer geworden.
Die Diplomatie kennt keine Moral, *la politique n'a pas d'entrailles*; aber es gibt eine
Moral im internationalen Handel, schon deswegen, weil ein solcher Handel ohne ein
Mindestmaß von gegenseitigen Abmachungen und von Vertrauen nicht denkbar ist.
Der Handel beginnt im Piratentum; er gipfelt in der Moral.

Wenige Gesellschaften haben sich damit zufriedengegeben, ihre Moralgesetzbücher
auf eine so einfache Vernunftbasis aufzubauen, wie sie die ökonomische und politische
Utilität darstellen. Denn das Individuum ist von Natur aus nicht mit der Veranlagung
ausgestattet, seine persönlichen Interessen denen der Gruppe unterzuordnen oder ihm
lästige Vorschriften, für die es keine sichtbaren Zwangsmittel gibt, zu befolgen. Um
einen sozusagen unsichtbaren Wächter zu beschaffen, um die sozialen Impulse gegenüber den individualistischen durch mächtige Hoffnungen und Ängste zu stärken, haben
die Gesellschaften die Religion zwar nicht erfunden, aber doch ihren praktischen
Zwecken dienstbar gemacht. Strabon sagte vor neunzehnhundert Jahren:

DIE MORALISCHEN GRUNDLAGEN DER KULTUR

«Denn den Haufen der Weiber und der ganzen gemeinen Menge durch Vernunft zu leiten und zur Frömmigkeit, Heiligkeit und Redlichkeit hinzuführen ist dem Philosophen unmöglich; es bedarf dazu auch der Götterfurcht, die nicht ohne Fabeldichtung und Wundersage zu erregen ist. Denn Donnerkeil, Ägis, Feuerfackeln, Drachen, Thyrsoslanzen der Götter und die ganze alte Götterlehre sind Fabeln. Diese aber nahmen die Gründer der Staaten als Schreckbilder für die Einfältigen auf. Weil nun die Fabeldichtung eine derartige ist und erst in der gesellschaftlichen und bürgerlichen Form des Lebens und in der Kenntnis des Wirklichen ihren Endpunkt findet, so behielten die Alten jenen kindlichen Unterricht bis zum mannbaren Alter bei und glaubten, daß durch die Dichtkunst jedes Alter hinlänglich gewitzigt werde. In der späteren Zeit aber trat die Geschichtsschreibung und die heutige Philosophie auf. Diese nun ist nur für Wenige, die Dichtkunst aber dem Volke nützlicher und selbst Theater zu füllen im Stande, vorzüglich aber die des Homer.» [1]

So wurde die Moral früh mit religiösen Sanktionen ausgestattet, weil das Geheimnis und die Übernatürlichkeit ihr ein Gewicht verliehen, wie es die verstandesmäßig begriffenen Dinge niemals vermochten. Man beherrscht die Menschen leichter mit der Phantasie als mit der Wissenschaft. Aber war diese moralische Utilität Quelle oder Ursprung der Religion?

IV. DIE RELIGION

Primitiver Atheismus

Wenn wir die Religion als Verehrung übernatürlicher Kräfte definieren, müssen wir bemerken, daß zu Beginn manche Völker anscheinend überhaupt keine Religion kannten. Gewisse Pygmäenstämme Afrikas besaßen weder Kultus noch Ritus; sie hatten kein Totem, keine Fetische und keine Götter; sie begruben ihre Toten ohne Zeremoniell und scheinen sich in keiner Weise näher um sie gekümmert zu haben; sie waren, nach verschiedenen Reiseberichten zu schließen, auch gar nicht abergläubisch. Die Zwerge von Kamerun wußten nur um böswillige Gottheiten und taten nichts, um sie zu besänftigen unter dem Vorwand, ein solches Unternehmen sei von vornherein nutzlos. Die Vedda auf Ceylon glaubten an die Möglichkeit einer Existenz von Göttern und unsterblichen Seelen, doch brachten sie weder Opfer dar, noch kannten sie Gebete. Über Gott befragt, antworteten sie mit philosophischen Gegenfragen: «Ist er auf einem Felsen? Auf einem weißen Ameisenhügel? Auf einem Baume? Ich sah niemals einen Gott.» Ebenso glaubten die nordamerikanischen Indianer an Gott, verehrten ihn aber ebenfalls nicht; gleich Epikur dachten sie, er sei zu entfernt, um sich um ihre Angelegenheiten zu kümmern. Ein Abiponer wies einen metaphysischen Schnüffler mit einer an Konfuzius erinnernden Weisheit ab: «Unsere Großväter und unsere Urgroßväter waren es gewohnt, nur die Erde zu beschauen, und achteten lediglich der Ebene und ob sie Weidegras und Wasser für ihre Pferde bot. Sie fragten sich nie, was in den Himmeln vorging und wer der Schöpfer und Herrscher über den Sternen sei.»

Die über die Erschaffung von Himmel und Erde befragten Eskimos antworteten immer: «Wir wissen es nicht.» Man fragte einen Zuluneger: «Wenn du die Sonne auf- und untergehen und das Wachsen der Bäume siehst, weißt du, wer sie erschuf und wer sie regiert?» Er antwortete einfach: «Nein, wir sehen sie, aber wir kön-

66   EINLEITUNG · DIE ENTSTEHUNG DER KULTUR

nen nicht sagen, wie sie entstanden; wir nehmen an, daß sie aus sich selbst hervorgingen.»

Solche Fälle sind Ausnahmen, und der alte Glaube an die Universalität der Religion ist im wesentlichen richtig. Dem Philosophen ist das eine der bedeutendsten Tatsachen der Geschichte und der Psychologie; es wird ihn nicht so sehr berühren, daß alle Religionen viel Unsinn enthalten, als die Zeitlosigkeit und Beharrlichkeit des Glaubens ihn fesselt. Welche Quellen hat die unzerstörbare Frömmigkeit der Menschheit?

I. DIE QUELLEN DER RELIGION

Angst · Wunder · Träume · Die Seele · Animismus

Die Angst war, wie Lucrez sagte, die erste Mutter der Götter. Angst in erster Linie vor dem Tod. Das primitive Leben war von tausend Gefahren umgeben, und man starb selten eines natürlichen Todes; lange bevor man ein hohes Alter erreichte, setzten Gewalttätigkeit oder irgendeine unheimliche Krankheit dem Leben der meisten Menschen ein Ende; der Mensch schrieb das dem Wirken übernatürlicher Kräfte zu. Nach der Mythologie der Eingeborenen Neu-Englands befiel der Tod die Menschen durch einen Irrtum Gottes. Der gute Gott Kambinana sagte zu seinem törichten Bruder Korwouwa: «Geh zu den Menschen und sage ihnen, daß sie sich häuten sollen; so werden sie den Tod vermeiden. Aber sage den Schlangen, daß sie fortan sterben müssen.» Korwouwa vermengte die Botschaften; er teilte den Schlangen das Geheimnis der Unsterblichkeit mit und den Menschen das Todesurteil. Viele Stämme dachten, der Tod sei die Folge der Hautschrumpfung und der Mensch wäre unsterblich, wenn er sich mausern könnte.

Die Todesangst, das Erstaunen über die Ursachen zufälliger oder unverständlicher Ereignisse, die Hoffnung auf göttliche Hilfe und die Dankbarkeit für gutes Gedeihen, sie alle wirkten dahin, den religiösen Glauben zu erzeugen. Wunder und Geheimnis standen besonders mit Geschlecht und Träumen und dem enigmatischen Einfluß der Himmelskörper auf die Erde und den Menschen in Wechselbeziehung. Der primitive Mensch war zutiefst über die im Traume erscheinenden Geister verblüfft und schreckerfüllt, wenn er in seinen Träumen die Gestalten jener, die er tot wußte, wiedersah. Er begrub die Verstorbenen in der Erde, um ihre Rückkehr zu verhindern; er begrub Waren und Nahrungsmittel mit der Leiche aus Angst, sie könnte sonst zurückkommen und ihn verfluchen; manchmal überließ er dem Toten das Haus, worin dieser verschieden war, und suchte ein anderes Obdach auf; an manchen Orten trug der Lebendige den Toten nicht durch die Türe, sondern durch ein Loch in der Wand aus dem Hause, lief mit ihm mehrere Male um das Haus, damit der Geist den Eingang des Hauses vergesse und es nie wieder betrete.

Die Erfahrungen im Traume überzeugten den Naturmenschen, daß jedes Lebewesen eine Seele oder ein geheimes Leben besaß, welches vom Körper in Krankheit, Schlaf oder Tod geschieden werden konnte. «Wecket niemals einen Menschen auf jähe Weise», sagte ein Upanischad des alten Indien, «denn schwer kommt Heilung, wenn

die Seele ihren Weg zum Körper nicht findet.» Nicht nur der Mensch, alle Dinge besaßen eine Seele; die Außenwelt war nicht tot und gefühllos, sie galt als zutiefst lebendig. Wenn dem nicht so wäre, dachte die primitive Philosophie, wie wäre die Natur voll
unerklärlicher Geschehnisse, wie die Bewegung der Sonne, der tödliche Blitz oder das
Wispern der Blätter in den Bäumen? Die persönliche Art, Dinge und Ereignisse zu begreifen, ging der unpersönlichen und abstrakten Denkmethode voraus wie die Religion
der Philosophie. Dieser Animismus (Naturbeseeltheit) ist die Poesie der Religion
und die Religion der Poesie. Wir können sie in ihrer gewöhnlichsten Form in den
wunderstarren Augen eines Hundes erkennen, der, wie vor einem Rätsel stehend, dem
vom Winde aufgewehten Papierfetzen nachsieht und vielleicht glaubt, daß ein Geist
von innen her das Papier bewegt, und das gleiche Gefühl tritt uns in seiner höchsten
Form in der Sprache des Dichters entgegen. Dem primitiven Geiste sind wie dem Dichter aller Zeiten Berge, Flüsse, Felsen, Bäume, Sterne, Sonne, Mond und Himmel heilige Dinge, weil sie die äußeren und sichtbaren Zeichen innerer und unsichtbarer Seelen darstellen. Den frühen Griechen war der Himmel der Gott Uranos, der Mond Selene, die Erde Gaia, das Meer Poseidon, und überall in den Wäldern atmete Pan. Den
alten Germanen galt der jungfräuliche Wald als mit Genien, Elfen, Riesen, Zwergen
und Feen bevölkert. Diese Waldgeschöpfe leben noch in der Musik Wagners und in
den Dramen Ibsens weiter. Weisheit und Schönheit liegen diesem Animismus zugrunde, ist es doch erhebend, alle Dinge als belebt anzusehen. Dem empfindsamen
Geiste sagt der empfindsamste unter den zeitgenössischen Autoren:

«Die Natur zeigt sich zu Beginn als ein unermeßlicher Haufen getrennt lebender Einheiten,
manche sichtbar, manche unsichtbar, alle ausgestattet mit Geist und Stoff; und in allen ist dieser
Geist und Stoff vermischt in einem Grundgeheimnis des Seins ... Die Welt ist voll Götter.
Jeder Planet und jeder Stein strömt eine Gegenwart aus, die uns mit einem Sinn der Vielfalt
gottähnlicher Kräfte erregt, Kräfte, starke und schwache, große und kleine, die zwischen Himmel und Erde ihren geheimen Zwecken folgen.»[2]

2. DIE OBJEKTE RELIGIÖSER VEREHRUNG

Die Sonne · Die Sterne · Die Erde · Das Geschlecht · Tiere · Totemismus
Der Übergang zu menschlichen Göttern · Geisterverehrung · Ahnenkult

Weil alle Dinge eine Seele besitzen oder verborgene Götter enthalten, sind die Gegenstände der religiösen Anbetung ohne Zahl. Sie zerfallen in sechs Klassen: himmlische, irdische, sexuelle, tierische, menschliche und göttliche. Wir werden natürlich
nie wissen, welches aus dieser Vielheit der Objekte zuerst verehrt wurde. Eines der
ersten war wahrscheinlich der Mond. Genau wie unsere Volkskunde vom «Mann im
Mond» spricht, so stellte sich die primitive Legende den Mond als einen draufgängeri-
schen Mann vor, der die Frauen verführt und ihnen die Menstruation auferlegt hatte.
Er war ein Lieblingsgott der Frauen, die ihn als ihren Schutzherrn verehrten. Auch als
Zeitmesser galt er, und man nahm an, daß er die Wetterkontrolle innehabe und Schnee
und Regen bringe; sogar die Frösche, heißt es, würden zu ihm um Regen beten.

68 EINLEITUNG · DIE ENTSTEHUNG DER KULTUR

Wir wissen nicht, wann die Sonne in der primitiven Religion an die Stelle des Mondes als Herr des Himmels in Erscheinung trat. Vielleicht mit dem Übergang von der Jagd zum Feldbau, als der Stand der Sonne die Zeiten des Säens und Reifens bestimmte und man ihre Wärme als Ursache der Fruchtbarkeit des Bodens erkannte. Dann wurde die Erde eine Göttin, die heißen Strahlen befruchteten sie, und die Menschen verehrten den Sonnenball als den Vater aller lebendigen Dinge. Aus diesen einfachen Anfängen drang die Sonnenverehrung in die verschiedenen heidnischen Religionen des Altertums, und viele spätere Götter waren lediglich eine Personifikation der Sonne. Anaxagoras wurde von den Griechen verbannt, weil er behauptete, die Sonne sei kein Gott, sondern ein Feuerball, beiläufig so groß wie der Peloponnes. Das Mittelalter erhielt sich einen Überrest des Sonnenkults im Heiligenschein, und heute noch betrachtet das japanische Volk seinen Kaiser als eine Verkörperung des Sonnengottes. Es gibt kaum einen Aberglauben, und sei er noch so alt, der nicht irgendwo heute noch blüht. Die Kultur ist Mühe und Luxus einer Minderheit; die breiten Massen der Menschheit ändern sich kaum von Jahrtausend zu Jahrtausend.

Gleich dem Mond und der Sonne barg jeder Stern seinen Gott, und der ihm innewohnende Geist drückte der toten Masse seinen Willen auf. Im Christentum wurden diese Geister zu Schutzengeln, die man sich als Lenker der Sterne dachte und an die auch Kepler trotz seines wissenschaftlichen Denkens glaubte. Der Himmel selbst galt als ein großer Gott, Spender und Entzieher des Regens. Unter vielen Naturvölkern waren die Worte Gott und Himmel gleichbedeutend; bei den Lubari und den Dinka glaubte man das höchste Wesen im Regen verkörpert. Bei den Mongolen war der oberste Gott *Tengri* = der Himmel, in China *Ti* = der Himmel, im vedischen Indien war es *Dyaus pitar* = Vater Himmel, bei den Griechen *Zeus* = der Himmel, der «Wolkenbezwinger», bei den Persern *Ahura* = der «blaue Himmel», und wir selbst rufen oft den Himmel an, uns zu beschützen. Der zentrale Punkt der primitiven Mythologie ist die fruchtbare Paarung von Himmel und Erde.

Denn auch die Erde war ein Gott, und jeder Anblick, den sie bot, galt als von irgendeiner Gottheit verursacht. Die Bäume besaßen Seelen wie die Menschen, und es wurde als Mord betrachtet, sie zu fällen; so schrieben die nordamerikanischen Indianer manchmal ihre Vernichtung und ihren Verfall der von den weißen Männern durchgeführten Waldrodung zu, die sie des Schutzes ihrer Bäume beraubt hatte. Auf den Molukken sah man einen blühenden Baum als schwanger an und hütete sich, seinen Frieden zu stören, Lärm zu schlagen oder Feuer anzuzünden; denn leicht könnte er, so glaubte man, ähnlich einer erschreckten Frau, seine Früchte vorzeitig auf den Boden fallen lassen. In Amboyna durften auf dem blühenden Reisfeld keine Geräusche gemacht werden aus Angst, der Reis könnte sich in Stroh verwandeln. Die alten Gallier verehrten die Bäume bestimmter heiliger Wälder, und die Druidenpriester in England hielten die Mistel der Eiche für heilig. Die Anbetung von Bäumen, Quellen, Flüssen und Bergen ist die älteste in Asien nachweisbare Religion. Viele Berge galten als heilige Orte, als Wohnstätten donnernder Götter. In den Erdbeben glaubte man das Schulterschütteln verärgerter oder zorniger Gottheiten wahrzunehmen; die Fidschi-

DIE MORALISCHEN GRUNDLAGEN DER KULTUR

Insulaner schrieben das Beben dem Wenden des Erdgottes in seinem Schlafe zu, und die Samoaner benagten die bebende Erde und flehten zum Gotte Mafuie, doch Einhalt zu gebieten, damit die Erde nicht in Stücke breche. Fast überall war die Erde die große Mutter, und noch heute verrät unsere Sprache eine seltsame Verwandtschaft zwischen Materie *(materia)* und Mutter *(mater)*. Ischtar und Kybele, Demeter und Ceres, Aphrodite, Venus und Freya sind verhältnismäßig späte Formen der alten Erdgöttinnen, deren Fruchtbarkeit den Feldern die prangende Fülle schenkte; ihre Geburt und Heirat, ihr Tod und ihre triumphierende Wiederauferstehung galten als Ursache des Sprießens und Welkens und des Frühlingserwachens aller Natur. Diese Gottheiten offenbaren durch ihr Geschlecht die primitive Assoziation der Frau mit dem Ackerbau. Als dieser die vorherrschende Tätigkeit des Menschen wurde, herrschten die Göttinnen der Pflanzenwelt erhaben wie keine anderen. Die meisten der ursprünglichen Götter gehörten dem zarten Geschlecht an; erst als die patriarchalische Familie sich siegreich durchsetzte, erschienen männliche Gottheiten als ihr himmlischer Widerschein.

Wie die tiefe Poesie des primitiven Geistes eine geheime Gottheit im Wachsen eines Baumes zu entdecken glaubt, so sieht sie auch ein übernatürliches Wirken in der Empfängnis oder Geburt eines Kindes. Der «Wilde» weiß nichts von Ovum und Sperma; er sieht nur die äußeren mit diesen Vorgängen zusammenhängenden Organe und vergöttert sie, indem er ihnen einen Geist zuschreibt und sie als geheimnisvoll schöpferische Kräfte, die wunderbarsten von allen, verehrt. In ihnen zeigt sich mehr noch als im fruchttragenden Erdreich das Wunder der Fruchtbarkeit und des Wachstums, und deshalb verkörpern sie nach seiner Ansicht am unmittelbarsten die göttliche Macht. Fast alle alten Völker verehrten in irgendeiner Form das Geschlecht, und je höher ihre Kulturstufe war, um so vollkommener gestaltete sich der Ausdruck dieser Verehrung. Wir werden diese Anbetung in Ägypten und in Indien, in Babylonien und Assyrien, in Griechenland und Rom finden. Die sexuellen Funktionen der primitiven Gottheiten waren hochgeachtet, und keine Lüsternheit, sondern einzig und allein der Sinn der Fruchtbarkeit war damit verbunden. Besonders tief verehrt wurden Tiere wie der Stier und die Schlange, die nach Auffassung der Alten die göttliche Zeugungskraft stärker als andere Wesen darstellten. Die Schlange aus dem Garten Eden ist zweifelsohne ein phallisches Symbol, das den Sexus als Ursprung allen Übels aufzeigt, das sexuelle Erwachen als Beginn der Erkenntnis von Gut und Böse vermuten läßt und vielleicht eine gewisse sprichwörtliche Verbindung zwischen geistiger Unschuld und Seligkeit zu verstehen geben will (vgl. Kap. 6/VI).

Es gibt schwerlich ein Tier in der Natur, vom ägyptischen Skarabäus bis zum Elefanten des Hindu, das nicht irgendwo als Gott verehrt worden ist. Die Ojibwa-Indianer nannten ihr besonders geheiligtes Tier *Totem* und dehnten die Bezeichnung auf die dieses Tier anbetende Sippe und ihre einzelnen Mitglieder aus. Dieser wenig geklärte Ausdruck hat in die Ethnologie als *Totemismus* Eingang gefunden und bezeichnet unbestimmt jede Anbetung eines besonderen, einer Gruppe heiligen Objekts, gewöhnlich eines Tieres oder einer Pflanze. Totemismus ist überall auf der Welt; er findet sich in weit voneinander abliegenden Gegenden, von den nordamerikanischen Indianerstäm-

70 EINLEITUNG · DIE ENTSTEHUNG DER KULTUR

men bis zu den Eingeborenen Afrikas und von Indien bis nach Australien. Das Totem als religiöses Objekt unterstützte die Einheit des Stammes; die Stammesmitglieder schworen darauf oder betrachteten sich als von ihm abstammend.

Die Irokesen glaubten, sie seien die Frucht der uranfänglichen Paarung von Frauen mit Bären, Wölfen und Rehen. Das Totem – als Objekt oder als Symbol – wurde bei den primitiven Völkern ein Zeichen der Verwandtschaft und der Auserwähltheit und im Laufe der Verweltlichung eine Maskotte oder ein Wappen wie der Löwe oder der Adler der Nationen, der Elch oder das Elentier unserer Bruderschaften. Die Taube, der Fisch und das Lamm im Symbolismus des frühen Christentums waren Überreste totemistischer Anbetung; sogar das verachtete Schwein galt einst als ein Totem der prähistorischen Juden. In den meisten Fällen war das Totemtier tabu, das heißt verboten, unberührbar; unter gewissen Umständen durfte man davon essen, aber nur als religiöse Handlung, die in der rituellen Speise vom Körper des Gottes bestand *. Die abessinischen Galla aßen unter feierlichem Zeremoniell den von ihnen verehrten Fisch und sagten: «Wir fühlen, wie der Geist sich in uns bewegt, während wir essen.» Die guten Missionare, die den Galla die Bibel predigten, waren empört, bei diesen einfachen Menschen einen Ritus zu finden, der mit dem innersten Kern des Messezeremoniells eine so sonderbare Ähnlichkeit aufwies.

Wahrscheinlich hatte die Angst den Totemismus wie so manchen anderen Kult geboren; die Menschen beteten zu den Tieren, weil diese mächtig waren und besänftigt werden mußten. Als die Jagd die Wälder von den Tieren säuberte und die größere Sicherheit des Ackerbaulebens ermöglichte, trat die Tieranbetung zurück, obgleich sie niemals ganz verschwand. Die Grausamkeit der ersten Götter war möglicherweise eine Eigenschaft, die sie von den Tiergottheiten, an deren Stelle sie traten, geerbt hatten. Dieser Übergang ist in den Metamorphosen Ovids dargestellt, und ähnliche Werke finden wir bei den Dichtern jeder Sprache. Sie lehren uns, wie die Götter einst Tiere gewesen und wie sie geworden waren. Später blieben daher die Eigenschaften der Tiere hartnäckig an ihnen haften wie der Stallgeruch am ländlichen Casanova. Selbst für den komplexen Geist Homers hat Athene die Augen einer Eule und Hera die einer Kuh. Ägyptische und babylonische Gottheiten oder Ungeheuer mit Menschenantlitz und Tierkörper weisen auf den gleichen Übergang hin und liefern ebenfalls den Beweis, daß viele menschliche Götter einst Tiergottheiten waren.

Die meisten menschlichen Götter scheinen jedoch schon zu Beginn lediglich idealisierte Verstorbene gewesen zu sein. Das Erscheinen der Toten in den Träumen genügte, um die Totenverehrung einzuführen. Die Männer, welche zeit ihres Lebens mächtig und deshalb gefürchtet waren, stellten nach ihrem Tode die geeignetsten Objekte dieser Verehrung dar. Unter mehreren primitiven Völkern bedeutete das Wort Gott «einen toten Mann»; und noch heute sind im Begriffe «Geist» die Vorstellungen

---

* Freud glaubt, das Totem sei ein verwandtes Symbol des Vaters, seiner Allmacht wegen verehrt und gehaßt und von seinen aufrührerischen Söhnen gemordet und verspeist. Durkheim dachte, das Totem sei ein Symbol der Sippe, verehrt und gehaßt (daher als «geheiligt» und als «unrein» angesehen), weil das Individuum deren Allmacht und lästige Alleinherrschaft nicht litt, und die religiöse Einstellung sei ursprünglich nichts anderes gewesen als das Gefühl des Individuums gegenüber der autoritären Gruppe.

DIE MORALISCHEN GRUNDLAGEN DER KULTUR

von Gespenst und Seele nicht streng voneinander geschieden. Die Griechen riefen ihre Toten an, genau wie die Christen zu den Heiligen flehen. So stark war der traumgeborene Glaube an das Weiterleben der Dahingeschiedenen, daß die Naturmenschen diesen oft Botschaften im buchstäblichsten Sinne sandten: Der Häuptling irgendeines Stammes, der einen solchen Brief schickte, sprach ihn einem Sklaven mündlich vor, und dann schlug er ihm den Kopf ab, damit der Sklave die Botschaft übermittle; wenn der Häuptling etwas vergaß, sandte er einen anderen geköpften Sklaven als Nachschrift hinterher.

Stufenweise wurde aus dem Gespensterkult die Ahnenverehrung. Alle Toten wurden gefürchtet und mußten günstig gestimmt werden, damit sie die Lebendigen nicht verfluchten oder ihr Dasein mit einem Pesthauch vergifteten. Die Ahnenverehrung war daher gut geeignet, die soziale Autorität, den Konservativismus und die Ordnung zu stärken, so daß sie bald auf der ganzen Erde verbreitet wurde. Sie blühte in Ägypten, Griechenland und Rom und ist heute noch in China und Japan mächtig. Viele Völker verehren die Ahnen und keinen Gott*. Diese Einrichtung erwies sich auch als machtvolles Familienband und gab vielen primitiven Gesellschaften eine unsichtbare Struktur. Und wie aus dumpfer und zwangsweiser Unterordnung eine mehr bewußte Eingliederung sich vollzog, so entwickelte sich langsam aus der Angst die Liebe. Der Ritus der Ahnenverehrung, den wahrscheinlich der Schrecken geboren, erweckte später das Gefühl ehrfürchtiger Scheu und entfaltete schließlich Gesinnungen der Pietät und Hingabe. Es ist das Schicksal der Götter, als Ungeheuer zu beginnen und als liebende Väter zu enden. Aus dem Idol wird ein Ideal, wenn die wachsende Sicherheit, die Friedfertigkeit und das moralische Bewußtsein der Anbeter die Züge ihrer einst grausamen Gottheiten beschwichtigen und veredeln. Der allmähliche Fortschritt der Zivilisation ist in der mit der Zeit in Erscheinung getretenen Liebenswürdigkeit der Götter widergespiegelt.

Die Idee eines menschlichen Gottes entstand erst nach einer langen Entwicklung; ihre begriffliche Klärung und Festigung erwuchs aus einer unendlichen Vielzahl von Geistern und Gespenstern, die scheinbar alles bewohnten und umgaben. Von der Angst und Verehrung unklarer und formloser Geister scheinen die Menschen zuerst zur Anbetung himmlischer, vegetativer und sexueller Mächte übergegangen zu sein, um dann in der Tier- und Ahnenverehrung eine höhere Stufe zu erreichen. Der Begriff Gottes als des Vaters entstand wahrscheinlich aus eben dieser Ahnenverehrung. Er bedeutete ursprünglich, daß die Menschen von den Göttern physisch gezeugt worden waren. In der primitiven Theologie gibt es weder einen genauen noch einen allgemeinen Unterschied zwischen Göttern und Menschen; so waren zum Beispiel bei den frühen Griechen die Götter Ahnen und die Ahnen Götter. Eine weitere Entwicklung zeigte sich, als bestimmte Männer und Frauen aus der Ahnenreihe zu deutlicher Vergottung ausgeschieden wurden. So verehrt man etwa die mächtigeren Könige, manchmal bereits vor ihrem Tode, als Götter.

---

* Überreste der Ahnenverehrung sind auch in unserem Gräberkult, in unseren Totenmessen und Gebeten festzustellen.

3. DIE WEGE DER RELIGION

Magie · Die Vegetationsriten · Feste der Zügellosigkeit · Die Sagen vom wiederauferstandenen Gott · Magie und Aberglaube · Magie und Wissenschaft · Priester

Nachdem der primitive Mensch eine Welt der Geister ersonnen hatte, deren Wesen und Zweck ihm unbekannt war, versuchte er sie gnädig zu stimmen und in seine Dienste zu zwingen. Daher fügte man zum Animismus, der das Wesen der primitiven Religion ist, die Magie, die die Seele des primitiven Ritus darstellt, hinzu. Die Polynesier glaubten an ein riesiges Reservoir von magischen Kräften, das sie *mana* nannten; die Magier, dachten sie, brauchten lediglich diesen unendlichen Vorrat an Wunderfähigkeit zu benützen. Die Methoden, womit man die Geister und später die Götter für menschliche Zwecke gewann, beruhten größtenteils auf «sympathetischer Magie»: das heißt, man machte den Göttern eine gewünschte Handlung verständlich, indem man diese Handlung von Personen teilweise oder nachahmend darstellen ließ. Manche primitiven Magier flehten um Regen, indem sie Wasser, am liebsten von einem Baume, auf die Erde gossen. Die von der Dürre bedrohten Kaffern verlangten von einem Missionar, daß er mit einem geöffneten Regenschirm durch die Felder schreite. Auf Sumatra formte eine unfruchtbare Frau das Bildnis eines Kindes, hielt es auf ihrem Schoße und hoffte, auf diese Weise schwanger zu werden. Auf dem Babar-Archipel machte die werdende Mutter eine rote Baumwollpuppe, setzte sie an ihre Brust, als wollte sie sie säugen, und wiederholte dabei eine magische Formel; dann ließ sie im Dorfe wissen, sie sei schwanger, und ihre Freunde kamen, um ihr Glück zu wünschen. Unter den Dayak auf Borneo wand sich der Magier selbst unter den Schmerzen des Kreißens, um die Geburtswehen einer Frau zu lindern; dadurch glaubte er, auf magische Weise das Erscheinen des Kindes zu beschleunigen. Manchmal rollte der Magier auch einen Stein langsam über seinen Bauch und ließ ihn dann zu Boden fallen, in der Hoffnung, das «träge» Kind werde es ihm nachtun. Im Mittelalter warf man einen Zauber auf einen Feind, indem man Nadeln in ein aus Wachs hergestelltes Ebenbild stieß. Die Peruaner verbrannten den Gegner symbolisch und nannten das die Seele verbrennen. Selbst in unserer Zeit ist man solcher Magie nicht ganz abhold.

Diese Methoden der durch allerlei Winke und Beispiele bewirkten Eingebung wurden besonders für die Befruchtung des Bodens verwendet. Die Medizinmänner der Zulu brühten die Genitalien eines in voller Kraft verstorbenen Mannes, verrieben die Mixtur zu einem Pulver und streuten es über die Felder. Manche Völker wählten einen Maienkönig und eine Maienkönigin oder eine Pfingstbraut und einen Pfingstbräutigam und ließen sie in aller Öffentlichkeit die Ehe vollziehen, damit sich die Erde daran ein Beispiel nehme und Blüten treibe. Diese öffentliche Ehevollziehung sollte der Natur jede Ausrede, ihre Pflicht mißverstanden zu haben, endgültig verunmöglichen. Auf Java paarten sich die Bauern mit ihren Frauen auf den Reisfeldern, um deren Fruchtbarkeit sicherzustellen. Denn die Naturmenschen faßten das Wachsen und Werden der Natur nicht als einen Stickstoffprozeß auf; sie betrachteten es vielmehr – ohne etwas

DIE MORALISCHEN GRUNDLAGEN DER KULTUR 73

über die Befruchtung der Pflanzen zu wissen – als einen der menschlichen Zeugung und der weiblichen Schwangerschaft ähnlichen Vorgang.

Die zügellosen Feste, die gewöhnlich zur Zeit des Säens abgehalten wurden, waren eine Art Ferienzeit für die Moral und dienten teilweise zur Befruchtung der Frauen unfruchtbarer Männer, teilweise auch, um die Erde anzuregen, ihren Winterschlaf zu beenden, den ausgestreuten Samen anzunehmen und sich auf die Hergabe einer freigebigen Ernte vorzubereiten. Solche Feste sind von vielen Völkern gefeiert worden, besonders aber von den Kongonegern, den Kaffern, Hottentotten und Bantu. «Ihre Erntefeste», sagte Reverend H. Rowley über die Bantumänner,

«sind den Bakchosfesten verwandt ... Es ist unmöglich, ihnen zuzusehen, ohne beschämt zu sein ... Nicht allein ist volle sexuelle Zügellosigkeit den Novizen erlaubt und meistens ihnen zur Pflicht gemacht, sondern darüber hinaus wird auch jeder Festbesucher zur Teilnahme an der Ausschweifung aufgefordert. Prostitution ist frei und Ehebruch weder verrucht noch abscheulich. Kein Mann, der dem Feste beiwohnt, darf mit seiner Frau verkehren.»[3]

Ähnliche Feste treten auch in der Frühzeit der zivilisierten Völker auf; man denke an das Bakchosfest in Griechenland, an die *Saturnalien* in Rom, an die *«Fête des Fous»* im mittelalterlichen Frankreich, an das Maifest in England und den Karneval unserer Zeit.

Mancherorts, wie bei den Pawnee und den Indianern von Guayaquil, nahmen die Riten des Wachstums der Natur eine weniger anziehende Form an. Ein Mann – oder in späteren und sanfteren Tagen ein Tier – wurde zur Zeit des Säens der Erde geopfert, damit sein Blut sie fruchtbar mache. Kam dann die Ernte, so wurde sie als die Wiederauferstehung des toten Mannes ausgelegt; das Opfer war vor und nach dem Tode ein Gegenstand göttlicher Ehrung, und daraus entstand in tausend Formen die weitverbreitete Sage von einem für sein Volk sterbenden Gotte, der siegreich zu neuem Leben ersteht. Die Dichtung zierte die Magie mit Stickereien und verwandelte sie allmählich in Theologie. Sonnenlegenden mengten sich harmonisch mit Vegetationsriten, und der Mythos eines sterbenden und wiedergeborenen Gottes fand seine Anwendung nicht nur für den Winterschlaf und das Frühlingserwachen der Erde, sondern auch für die Äquinoktien von Frühling und Herbst, für das Kürzer- und Längerwerden der Tage. Denn das Kommen der Nacht war nur ein Teil dieses Dramas; täglich wurde der Sonnengott geboren, und täglich starb er, jeder Sonnenuntergang war eine Kreuzigung und jeder Aufgang eine Auferstehung.

Menschenopfer, von denen dieses nur ein Beispiel ist, wurden fast von allen Völkern zu irgendeiner Zeit dargebracht. Auf der Karolinen-Insel im Golfe von Mexiko ist eine große Metallstatue einer alten mexikanischen Gottheit aufgefunden worden, in deren Hohlraum noch die Überreste lebendig verbrannter und dem Gotte geopferter Menschenwesen lagen. Jedermann kennt den Moloch der Phoiniker, der Karthager und anderer semitischer Völker, dem Menschen geopfert wurden. Noch zu unserer Zeit wurde dieser Brauch in Rhodesien ausgeübt. Wahrscheinlich steht er mit dem Kannibalismus in Zusammenhang; die Menschen dachten, die Götter fänden, wie sie selbst, Menschenfleisch schmackhaft. Weil religiöse Überzeugungen sich langsamer verändern als jeder andere Glaube und die Riten wiederum langsamer als der Inhalt, den sie vor-

74 EINLEITUNG · DIE ENTSTEHUNG DER KULTUR

stellen, so lebte der göttliche Kannibalismus weiter, selbst als der menschliche verschwand. Mit der Entwicklung der Moral kam bedächtigen Schrittes auch die Änderung der Riten; die Götter nahmen die wachsende Freundlichkeit ihrer Anbeter an und gaben sich mit Tierfleisch an Stelle des Menschenfleisches zufrieden; so ersetzte eine Hirschkuh Iphigenie, ein Widder Abrahams Sohn. Eine Zeitlang erhielten die Götter auch keine Tieropfer; die Priester liebten selbst ein gutes Essen und behielten die Weichteile des Opfertiers für sich; die Eingeweide und Knochen aber brachten sie am Altar dem Gotte dar. Da der Naturmensch glaubte, die Kraft jedes von ihm verzehrten Organismus gehe auf ihn über, entstand in ihm die Vorstellung, den Gott zu essen; er verzehrte das Fleisch und trank das Blut desjenigen Menschen, den er vergottet und für die Opferung gemästet hatte. Als er mit dem Anwachsen des Nahrungsvorrates menschlicher wurde, setzte er Abbilder an Stelle des Opfers und aß diese. In Mexiko wurde ein aus Kernen, Samen und Gemüse zubereitetes Götzenbild mit dem Blut zu diesem Zweck geopferter Kinder geknetet und in einer feierlichen Zeremonie des Gottessens verspeist. Ähnliche Feiern finden wir bei vielen Naturstämmen. Gewöhnlich mußten die Teilnehmer zuvor fasten, und der Priester verwandelte durch die Zaubermacht magischer Formeln das Bildnis in den Gott.

Die Magie beginnt im Aberglauben und endet in der Wissenschaft. Eine Wildnis unheimlicher Glaubensvorstellungen erstand aus dem Animismus und gebar seltsame Formeln und Riten. Die Kuki-Männer flößten sich Mut für die Schlacht ein, in der Annahme, alle von ihnen getöteten Feinde würden im anderen Leben ihre Sklaven sein. Fast alle Naturvölker glaubten an den Fluch und an die zerstörende Wirkung des «bösen Blicks». Die australischen Eingeborenen waren sicher, daß der Fluch eines mächtigen Magiers sogar hundert Meilen fern töten könne. Der Glaube an die Zauberkraft begann sehr früh in der menschlichen Geschichte und ist nie vollends verschwunden. Der Fetischismus (aus dem Portugiesischen *feitico* = hergestellt oder nachgemacht) – die Verehrung von Götzen und anderen Gegenständen, die magische Kraft besitzen – ist noch älter und unzerstörbarer. Weil viele Amulette nur einen eingeschränkten Schutz versprechen, sind manche Völker mit entsetzlich vielen solcher Mittel des Abwehrzaubers beladen, damit sie für alles, was eintreten könnte, gewappnet seien. Die Reliquien sind ein späteres und zeitgenössisches Beispiel von magische Kraft enthaltenden Fetischen; die Hälfte der europäischen Bevölkerung trägt irgendein Anhängsel oder Amulett, das ihr übernatürliche Hilfe sichert. Bei jedem Schritt lehrt uns die Geschichte der Kultur, wie zart und oberflächlich diese gebaut ist und wie unsicher ihr Gleichgewicht auf der Spitze eines nie erloschenen Vulkans böser und unterdrückter Barbarei und Ignoranz ruht. Die Modernität ist eine über das Mittelalter gezogene Kappe, aber das Mittelalter bleibt.

Der Philosoph akzeptiert dieses menschliche Bedürfnis nach übernatürlicher Hilfe und tröstet sich mit der Feststellung, daß – so wie der Animismus die Dichtung erzeugt – die Magie das Drama und die Wissenschaft hervorbringt. Frazer hat uns gezeigt, wie die Ruhmestitel der Wissenschaft ihre Wurzeln in den Absurditäten der Magie haben. Denn da die Magie oft fehlschlug, wurde es für den Magier von Vorteil, natür-

DIE MORALISCHEN GRUNDLAGEN DER KULTUR   75

liche Vorgänge und Verfahren zu entdecken, um in dieser Weise auf die übernatürlichen Kräfte zur Hervorbringung des gewünschten Ereignisses einwirken zu können. Nach und nach wurden die natürlichen Mittel vorherrschend, obschon der Magier, um seine Stellung zu bewahren, sie verborgen hielt und seine Erfolge der übernatürlichen Magie zuschrieb. So gebar die Magie den Arzt, den Chemiker, den Geologen und den Astronomen.

Unmittelbar jedoch erzeugte die Magie den Priesterstand. Je vielfältiger und zahlreicher nämlich die religiösen Riten wurden, um so hilfloser waren die einfachen Menschen ihnen gegenüber, um so notwendiger benötigten sie besondere Kenntnisse und Erfahrungen. So entstand die Klasse der Priester, deren ausschließliche Aufgabe es war, die mannigfaltigen Zeremonien zu beherrschen. Der Priester als Magier besaß die Kraft, sich dem Willen und dem Geiste der Götter in seiner Trance, im Gebete oder in der Ekstase zu nähern, um sie in ihren Entscheidungen zu beeinflussen. Da diese Wissenschaft und Fähigkeit den Naturmenschen die kostbarste dünkte, und da übernatürliche Kräfte das Schicksal des Menschen jeden Augenblick zu bestimmen schienen, wuchs die Macht der Geistlichkeit gleich der des Staates; und jederzeit in der Geschichte haben Priester und Kriegsherr in der Herrschaft über die Menschen miteinander um die Wette gestritten oder einander abgelöst. Ägypten, Judäa und das mittelalterliche Europa mögen als Beispiele genügen.

Der Priester schuf die Religion nicht, er gebrauchte sie lediglich, wie ein Staatsmann die Antriebe und Bräuche der Menschheit zu seinen Zwecken benutzt. Religion ist keine Priestererfindung oder Schikane, sie wird und wächst aus Wunder, Angst, Unsicherheit, Hoffnungsfülle und Einsamkeit. Der Priester schadete zwar der Gemeinschaft durch das Dulden des Aberglaubens und weil er ein gewisses Wissen für sich allein beanspruchte; aber er setzte andererseits dem Aberglauben auch seine Grenzen, gab dem Volke die Anfänge der Erziehung und war der Bewahrer des wachsenden Kulturerbes der Rasse; er tröstete den Schwachen in seiner unvermeidlichen Ausbeutung durch den Starken, durch ihn pflegte die Religion die Kunst und stützte mit übernatürlicher Hilfe den unsicheren Bau der menschlichen Moral. Wenn der Priester nicht dagewesen wäre, hätte ihn das Volk erfunden.

4. DIE MORALISCHE AUFGABE DER RELIGION

Religion und Regierung · Tabu · Sexuelle Tabus · Die «Phasenverschiebung» der Religion Verweltlichung

Die Religion unterstützt die Moral hauptsächlich durch zwei Mittel: durch den Mythos und das Tabu. Der Mythos schafft den übernatürlichen Glauben an eine himmlische Vergeltung, und dieser Glaube ist es, der das Individuum bestimmt, sein Einverständnis zu den von seinen Herren oder von seiner Gruppe gewollten Einschränkungen zu geben. Der Mensch ist von Natur aus nicht folgsam, sanft oder keusch; neben jenem inneren Zwang, aus dem sich das Gewissen entwickelt, führt vor allem die Angst vor den Göttern sachte, aber sicher zu diesen nicht angeborenen Tugenden. Die Ein-

EINLEITUNG · DIE ENTSTEHUNG DER KULTUR

richtungen des Eigentums und der Ehe fußen in gewissem Maße auf religiösen Sanktionen und werden in Zeiten des Unglaubens schwächer. Selbst die Regierungsgewalt, die der unnatürlichste und notwendigste der sozialen Mechanismen ist, hat gewöhnlich die Hilfe der Pietät und des Priesters in Anspruch genommen, wie es schlaue Diktatoren wie Napoleon oder Mussolini bald herausfanden, und daher «ist allen Konstitutionen eine Neigung zur Theokratie eigen». Die Macht des primitiven Häuptlings vermehrte sich unter Zuhilfenahme der Magie und Zauberei.

Die Polynesier bezeichneten mit *tabu* die von der Religion sanktionierten Verbote. In den höher entwickelten primitiven Gesellschaften nahmen solche Tabus die Stelle von Gesetzen ein. Ihre Form war gewöhnlich negativ: Gewisse Handlungen und Gegenstände wurden als «heilig» oder «unrein» erklärt; Worte, die zugleich auf die Unberührbarkeit der mit ihnen bezeichneten Dinge hinwiesen. So war die Bundeslade tabu, und Usa fiel tot nieder, weil er sie, um sie vor Fall zu bewahren, berührte. Diodor möchte uns glauben machen, daß die alten Ägypter es vorzogen, einander während der Hungersnot aufzuessen, nur um das Tabu nicht zu verletzen, das die Verspeisung des Totemtiers eines Stammes verbot. In den meisten primitiven Gesellschaften waren zahllose Dinge tabu; bestimmte Wörter und Namen sollten nie ausgesprochen werden, und gewisse Tage und Jahreszeiten galten in dem Sinne als tabu, daß man zu solcher Zeit keinerlei Arbeit verrichten durfte. Alles Wissen und auch alle Unkenntnis der Naturmenschen über Nahrungsmittel bildeten diätetische Tabus; denn die Hygiene wurde mehr durch die Religion als durch die Wissenschaft oder die weltliche Medizin eingeschärft.

Das Lieblingsobjekt des primitiven Tabu war die Frau. Tausend Aberglauben machten sie von Zeit zu Zeit unberührbar, gefährlich und «unrein». Die Bildner der Sagen vom Ursprung der Welt waren enttäuschte Ehegatten, denn sie stimmten alle darin überein, die Frau als Wurzel allen Übels zu bezeichnen; dieser Standpunkt ist nicht nur der hebräischen und christlichen Überlieferung heilig, sondern auch hundert heidnischen Mythologien geläufig. Das strengste Tabu betraf die Frau während der Menstruation; ein Wesen oder Gegenstand, die mit ihr in dieser Zeit in Berührung kommen, verlieren Tugend und Nützlichkeit. Die Makusch in Britisch-Guyana verboten den Frauen, in diesem Zustand zu baden, aus Angst, sie könnten das Wasser vergiften; sie verboten ihnen auch, in den Wald zu gehen, damit nicht verliebte Schlangen sie beißen würden. Selbst die Entbindung galt als unrein, und langwierige religiöse Riten waren zur Reinigung erforderlich. Geschlechtsbeziehungen während der Periode und Schwangerschaft oder in der Zeit des Stillens waren bei den meisten Naturvölkern verboten. Wahrscheinlich sind diese Tabus der Frau selbst und ihrem gesunden Menschenverstand zuzuschreiben; aber man vergaß die Ursprünge schnell, und nach kurzer Zeit hielt sich die Frau für «unrein». Schließlich übernahm sie das Urteil des Mannes und empfand Scham in Menstruationszeit und Schwangerschaft. Aus solchen Tabus entstanden zum guten Teil die Sittlichkeit, die Idee der Sünde, die Betrachtung des Geschlechts als unrein, die Askese, der geistliche Zölibat und die Unterwerfung der Frau unter den Mann.

DIE MORALISCHEN GRUNDLAGEN DER KULTUR

Die Religion ist nicht die Grundlage der Moral, aber sie ist ihr Hilfe; die Moral könnte auch ohne die Religion existieren und hat oft trotz ihrer Gleichgültigkeit oder ihres hartnäckigen Widerstandes geblüht. In den frühesten Gesellschaften und manchmal auch später erscheint die Moral völlig unabhängig von der Religion. In der Regel sanktioniert die Religion nicht das absolut Gute (da es doch ein solches gar nicht gibt), sondern jene Betragensnormen, welche die wirtschaftlichen und sozialen Verhältnisse herausgebildet haben. Sie blickt wie das Gesetz in die Vergangenheit, um eine Sachlage zu beurteilen, und kann deshalb leicht zurückbleiben, wenn äußere Umstände und Moral sich wandeln. So lernten die Griechen die Blutschande verabscheuen, während ihre Sagen noch blutschänderische Götter ehrten; die Christen lebten monogam, obgleich die Bibel die Polygamie gesetzlich gestattete; sie verurteilten die Sklaverei, ungeachtet sich die Fremdherrschaften auf die unantastbare Bibelautorität stützten, und in unseren Tagen kämpft die Kirche heldenhaft um einen Moralkodex, den die industrielle Revolution offensichtlich verurteilt hat. Schließlich behalten irdische Kräfte die Oberhand. Die Moral paßt sich langsam den wirtschaftlichen Erfindungen an, und die Religion fügt sich widerwillig der veränderten Moral. Die moralische Funktion der Religion beruht eher darin, die festgesetzten Werte zu erhalten, als neue zu schaffen.

Daher kennzeichnet eine gewisse Spannung zwischen Religion und Gesellschaft die höheren Stadien jeder Kultur. Die Religion beginnt mit dem Angebot magischer Hilfe an geplagte und verlassene Menschen; sie erreicht ihren Gipfelpunkt mit dem Geschenke jener Einheit von Moral und Glauben an ein Volk, das der Politik und Kunst so förderlich scheint, und sie endet im selbstmörderischen Kampfe um die verlorene Sache der Vergangenheit. Das Wissen wird immer reicher oder immer anders und daher der Widerspruch zur Mythologie und Theologie, die sich mit geologischer Gemächlichkeit verändern, fortwährend stärker. Mehr und mehr wird die Kontrolle der Kunst und der Schrift durch die Priester als hassenswertes Hindernis empfunden, und die Geistesgeschichte verzeichnet einen «Konflikt zwischen Wissenschaft und Religion». Einrichtungen, die zuallererst in der Hand der Geistlichkeit lagen, wie Gesetz und Strafe, Erziehung und Moral, Ehe und Scheidung, suchen der kirchlichen Aufsicht zu entrinnen und werden weltlich, vielleicht heidnisch. Die intellektuelle Schicht verläßt die alte Theologie und – nach einigem Zögern – den mit ihr verschwisterten Moralkodex; die Literatur und die Philosophie werden antiklerikal. Die Befreiungsbewegung steigt zu einer üppig wuchernden Verehrung der Vernunft an und endet gewöhnlich in einer lähmenden Ernüchterung jedweder Idee. Das menschliche Leben geht, seiner religiösen Stützen beraubt, in die Fäulnis eines epikureischen Wohllebens über; es wird, jedes tröstenden Glaubens entblößt, zur Last, gleich bewußtem Elend oder müdem Reichtum. Am Ende streben Gesellschaft und Religion, wie Körper und Seele, nach gemeinsamem Fall und ersehnen ein harmonisches Sterben. Inzwischen steigt unter den Unterdrückten ein anderer Mythos auf, gibt neue Form der menschlichen Hoffnung, neuen Mut der menschlichen Mühe, und nach jahrhundertelanger Verworrenheit erbaut er eine neue, andersartige Kultur.

FÜNFTES KAPITEL

Die geistigen Grundlagen der Kultur

I. SPRACHE UND SCHRIFT

Die Sprache · Ihr tierischer Hintergrund · Ihre menschlichen Ursprünge · Ihre Entfaltung
Ihre Folgen · Erziehung · Einweihung · Schrift · Dichtung

AM Anfang war das Wort, denn durch das Wort wurde der Mensch zum Menschen. Das Denken war auf einzelne Gegenstände und auf sinnlich – meistens visuell – begriffene oder im Gedächtnis haften gebliebene Erfahrungen beschränkt; weder vermochte es einen Unterschied zwischen der Gattung und einzelnen Dingen zu machen, noch war es imstande, die Eigenschaften von ihren Objekten oder die Objekte von ihren Eigenschaften zu trennen. Aber ohne Wörter als Gattungsbegriffe konnte man nur an diesen oder jenen Menschen denken; man war außerstande, sich *den* Menschen als solchen vorzustellen, denn die Augen sehen immer nur Menschen, nie *den* Menschen, sie sehen keine Gattungen, sondern nur besondere Gegenstände. Die Menschheit begann, als irgendeine Mißgeburt, halb Tier, halb Mensch, in irgendeiner Höhle hokkend, ihrem Hirn die Erfindung des ersten Gattungsnamens abrang, des ersten Lautzeichens, das eine Gruppe gleicher Gegenstände umfaßte: Haus, Mensch, Licht, worunter man alle Häuser, alle Menschen und alles Licht, das jemals zu Land oder zu Wasser leuchtete, verstand. Von diesem Augenblick an eröffnete sich der geistigen Entwicklung der Rasse eine neue und endlose Straße. Denn die Wörter sind dem Denken, was die Geräte der Arbeit; das Produkt hängt hauptsächlich von der Verbesserung der Geräte ab.

Wir haben freies Spiel, uns die Anfänge der Sprache auszumalen, denn aller Ursprung ist ein Rätselraten; *de fontibus non est disputandum*. Vielleicht war die erste Sprachform – die wir als Zeichensprache definieren können – der Liebesruf der Tiere. In diesem Sinne sind Wildnis, Wald und Wiesenland sprachlich lebendig. Warnungsrufe, Schreckensschreie, der Ruf der Mutter nach ihrer Brut, das Glucken und Gakkern in der Zeugungsekstase und das Schwatzen von Baum zu Baum künden die geschäftigen Vorbereitungen des Tierreiches für die erhabene Sprache des Menschen an. Ein wildes Mädchen, das man in Gesellschaft von Tieren lebend bei Châlons in Frankreich fand, kannte keine andere Sprache als ein abstoßendes Quietschen und Heulen. Die lebenden Geräusche der Wälder scheinen unserem Ohr sinnlos; wir sind dem philosophischen Pudel Riquet ähnlich, der über Monsieur Bergeret sagt: «Alles, was meine Stimme ausspricht, bedeutet etwas; aber aus meines Herren Mund kommt viel Unsinn.» Whitman und Craig entdeckten eine seltsame Verbindung zwischen den Handlungsweisen und Ausrufen der Tauben. Dupont unterschied zwölf spezifische Laute der Hühner und Tauben, fünfzehn bei Hunden und zweiundzwanzig beim Horn-

DIE GEISTIGEN GRUNDLAGEN DER KULTUR 79

vieh; Garner stellte im endlosen Geschwätz der Affen zumindest zwanzig verschiedene Laute und überdies ein Gestenrepertoire fest. Von diesem bescheidenen Wortschatz führen uns wenige Schritte zu den dreihundert Wörtern, die so manchem anspruchslosen Menschen genügen.

In der frühesten Gedankenübermittlung ist das Zeichen zuerst, die Sprache nachher; und wenn die Sprache aussetzt, treten die Zeichen wieder ein. Unter den nordamerikanischen Indianern, die zahllose Dialekte besaßen, kamen die Ehegatten oft aus verschiedenen Stämmen her und verständigten sich meistens durch bloße Zeichen. Lewis Morgan kannte ein Ehepaar, das drei Jahre lang stumme Zeichen gebrauchte. Die Zeichen waren in manchen Indianersprachen so wichtig, daß die Arapaho, gleich manchen modernen Völkern, im Dunkel kaum miteinander sprechen konnten. Vielleicht waren die ersten Menschenwörter Ausrufe, Ausdrücke der Erregung wie bei den Tieren; dann mögen demonstrative Wörter entstanden sein, die Richtungszeichen begleiteten, und nachahmende Laute, die rechtzeitig kamen, um die Namen der Gegenstände und Handlungen darzustellen, die sie zu tun vorgaben. Selbst nach unbestimmbaren Jahrtausenden sprachlicher Veränderungen und Komplikationen enthält jede Sprache noch Hunderte nachahmender Wörter, wie brausen, murmeln, beben, summen usw. Der Tecuna-Stamm in Brasilien hatte ein vollkommenes Wort für niesen: *haitschu*. Aus solchen Anfängen kamen *vielleicht* die Wurzelwörter jeder Sprache. Renan reduzierte die Gesamtheit der hebräischen Wörter auf 500 Wurzeln, und Skeat fand, daß die europäischen Wörter ungefähr deren vierhundert besaßen*.

Die Sprachen der Naturvölker sind nicht unbedingt primitiv; viele darunter sind einfach in Wortschatz und Satzbau, aber manche sind ebenso vielgestaltig und wortreich wie unsere eigenen und oft auch noch durchgebildeter als das Chinesische. Fast alle primitiven Sprachen jedoch beschränken sich auf sinnliche und besondere Bezeichnungen und sind arm an Gattungsnamen und abstrakten Begriffen. So besaßen die australischen Eingeborenen eine Bezeichnung für den Hundeschwanz und eine andere für den Kuhschwanz, aber sie kannten kein Wort, das dem Gattungsbegriff «Schwanz» entsprach. Die Tasmanier verfügten über verschiedene Wörter zur Bezeichnung der einzelnen Baumarten, aber es fehlte ihnen ein Ausdruck, der «Baum» im allgemeinen bedeutete. Ähnlich bei den Schoktau-Indianern. Diese unterschieden sprachlich die schwarze Eiche von der roten und weißen, aber sie kannten weder den Allgemeinbegriff «Eiche» noch den für «Baum». Zweifelsohne vergingen viele Generationen, bevor der Eigenname zum Gattungsnamen wurde. Viele Stämme hatten keine Farbbezeichnungen zum Unterschiede vom farbigen Gegenstande und keine Worte für Abstraktionen wie Ton, Geschlecht, Gattung, Raum, Geist, Instinkt, Vernunft, Anzahl, Hoffnung, Angst, Stoff, Bewußtheit usw. Diese Bezeichnungen scheinen aus einer gegenseitigen Verbindung von Ursache und Wirkung zu erwachsen, mit der gedanklichen Entfaltung Schritt haltend; sie bilden die Werkzeuge der Subtilität und die Symbole der Zivilisation.

Weil die Wörter den Menschen so viele Gaben brachten, schienen sie ihnen eine göttliche Wohltat und geheiligte Sache; sie wurden als magische Formeln verwendet und noch im bodenlosen Unsinn hochgeachtet. Heilig sind sie heute noch in den Mysterien, wo das Wort zum Flei-

---

* Zum Beispiel Sanskrit-Wurzel *vid* = wissen, griechisch: *(w)oida*, lateinisch: *video*, französisch: *voir*, deutsch: *wissen*, englisch: *to wit*.

Sanskrit-Wurzel *ar* = pflügen, lateinisch: *arare*, russisch: *orati*, englisch: *to ear*; verwandt vielleicht auch das Wort *Arya* = Pflüger.

sche wird. Sie klärten das Denken und boten der sozialen Organisation eine Stütze, sie waren der geistige Kit der Generationen und schufen das geeignete Mittel für die Überlieferung des Wissens und der Künste; sie schmolzen das Volk zu einer einzigen Einheit zusammen. Dem Ideenaustausch eröffneten sie neue Wege, sie beschleunigten in ungeheurem Maße das Tempo menschlicher Daseinsweise und erweiterten Raum und Inhalt des Lebens. Ist jemals irgendeine andere Erfindung an Macht und Ruhm der des Begriffes gleichgekommen?

Nach der Verfeinerung des Denkens war vor allem die Erziehung das größte Geschenk der Sprache. Die Kultur ist eine Anhäufung, ein Schatzhaus der Künste und der Weisheit, der Lebensart und der Moral, aus dem das Individuum während seiner Entwicklung die Nahrung für sein geistiges Leben bezieht; ohne diese periodische Wiedereroberung des gemeinsamen Erbes durch jede Generation würde die Kultur eines plötzlichen Todes sterben. Sie verdankt ihre Existenz der Erziehung.

Erziehung war bei den primitiven Völkern eine einfache Angelegenheit; für sie wie für die Tiere bedeutete Erziehung hauptsächlich die Überlieferung der Kunstfertigkeiten und die Festigung des Charakters. Es war gut, daß es im Leben Lehrlinge und Meister gab. Die unmittelbare und praktische Bevormundung förderte ein rasches Wachsen im Naturkind. Bei den Omaha-Stämmen hatte der zehnjährige Junge bereits alle Fertigkeiten des Vaters gelernt, und seine Erziehung war beendet; bei den Eingeborenen auf den Aleuten machte sich der Zehnjährige schon selbständig und heiratete manchmal sogar; in Nigeria verließen sechs- bis achtjährige Kinder das Elternhaus, bauten eine Hütte und versorgten sich selbst mit Jagd und Fischfang. Gewöhnlich ging der Erziehungsprozeß mit Beginn des Geschlechtslebens zu Ende. Der frühen Reife folgte früher Verfall. Der Knabe war mit zwölf schon erwachsen und mit fünfundzwanzig bereits alt. Das will jedoch nicht heißen, daß der «Wilde» den Geist eines Kindes besaß; ihm fehlte der Vorteil jener langen und beschützten Jugend, die eine vollkommenere Übermittlung des Kulturerbes gestattet und eine größere Biegsamkeit und Anpassungsfähigkeit an eine künstliche und wechselvolle Umgebung möglich macht.

Die Umgebung des Naturmenschen war verhältnismäßig dauerhaft. Sie verlangte keine geistige Gewandtheit, aber Mut und Charakter. Der primitive Vater vertraute dem Charakter, wie die moderne Erziehung dem Intellekt vertraut; er wollte Männer und nicht Gelehrte. Daher sollten auch die Einweihungsriten, die unter den Naturvölkern die erreichte Mannesreife und Stammesmitgliedschaft kennzeichneten, mehr den Mut als das Wissen auf die Probe stellen; ihre Aufgabe war es, die jungen Männer auf die Härten des Krieges und die Verantwortungen der Ehe vorzubereiten, und gleichzeitig gaben sie den Alten die Gelegenheit, an der auferlegten Marter ihr Herz zu laben. Manche dieser Einweihungsprüfungen sind «zu schrecklich und zu empörend, um mit angesehen oder erzählt zu werden». Bei den Kaffern (um ein mildes Beispiel zu nehmen) mußten die Reifeprüfungskandidaten den ganzen Tag schwer arbeiten und durften nachts nicht eher schlafen, als bis sie vor Erschöpfung niederfielen, und um das Maß voll zu machen, wurden sie gegeißelt, «oft und unbarmherzig, bis Blut aus ihnen floß». Die Folge davon war, daß viele der Jungen starben; aber das scheint die Alten kalt gelassen zu haben; denn diese Reifeprüfungen waren ein Vorschuß auf die natürliche Zuchtwahl. Gewöhnlich beendeten diese Riten die Jugendzeit und bereiteten die Ehe vor, die nicht geschlossen wurde, bevor der Bräutigam seine Leidensfähigkeit der Braut bewiesen hatte. Bei vielen Kongostämmen galt die Beschneidung als der zentrale Faktor der Prüfungen; wenn der Knabe zusammenzuckte oder laut aufschrie, wurden seine Verwandten verprügelt, und seine Verlobte, die den zeremoniellen Vorgang aufmerksam beobachtet hatte, wies den Weichling verächtlich ab mit der Begründung, daß sie kein Mädchen zum Manne wolle.

Von der Schrift wurde in der primitiven Erziehung wenig oder gar kein Gebrauch gemacht. Nichts überrascht den Naturmenschen mehr als die Fähigkeit der Europäer,

DIE GEISTIGEN GRUNDLAGEN DER KULTUR

einander Mitteilungen aus großer Entfernung zukommen zu lassen, indem sie ein Stück Papier mit schwarzen Zeichen beschmieren. Viele Stämme haben das Schreiben zwar von ihren zivilisierten Ausbeutern gelernt; aber manche anderen kennen, trotz eines fünftausendjährigen Kontaktes mit schreibkundigen Nationen, die Schrift nicht. Es sind dies primitive Stämme, die abgeschieden lebten, um keine Geschichte wußten und die Schrift nicht nötig hatten. Sie überlieferten mündlich ihr Erbe; denn sie besaßen ein starkes Gedächtnis, das alles, was sie berührte, festhielt. Wahrscheinlich war die Übergabe solch mündlicher Traditionen und der Volkskunde an die Schrift der Beginn der Literatur. Zweifelsohne stieß die Erfindung der Schrift auf starke und heilige Opposition, wie etwas, was die Unterminierung von Moral und Rasse im Schilde führte. Eine ägyptische Legende erzählt, daß, als der Gott Thoth seine Entdeckung der Schrift dem König Thamos enthüllte, der gute König in ihr einen Feind der Kultur sah. «Kinder und junge Leute», sagte der Monarch, «die bis dahin zu großem Fleiß erzogen wurden, um alles, was man sie lehrte, auswendig zu wissen, werden nicht mehr fleißig sein und ihre Gedächtnisübungen vernachlässigen.» Wir können natürlich die Ursprünge dieses wundervollen Spielzeugs nur erraten. Vielleicht war es ein Nebenprodukt der Töpferei und zu Beginn ein «Handelszeichen» auf den Tongefäßen. Wahrscheinlich machte der wachsende Handel·unter den Stämmen ein Schriftzeichensystem notwendig, und seine ersten Formen waren grobe und konventionelle Bilder von Handelsgegenständen und Rechnungen. Als der Handel sprachlich verschiedene Stämme verband, wurde eine gegenseitig verständliche Rechnungs- und Verkehrsart wünschenswert. Es ist anzunehmen, daß die Zahlen zu den ersten Schriftsymbolen gehörten und die Form von parallelen, die Hand darstellenden Zeichen annahmen; Wörter wie *fünf*, englisch *five*, griechisch *pente*, gehen auf eine Wurzel zurück, die «Hand» bedeutet; ähnlich stellen auch die römischen Zahlzeichen die Finger dar, V weist auf eine offene Hand hin, und X ist ein doppeltes, an seinen Spitzen verbundenes V. Die Schrift war in ihren Anfängen – und sie ist es noch heute in China und Japan – eine Art Zeichnung, bildende Kunst. Wie die Menschen Zeichen gebrauchten, wenn sie Wörter nicht anwenden konnten, so malten sie Bilder, um ihre Gedanken zeit- und raumlos zu übermitteln. Jedes uns bekannte Wort und jeder Buchstabe war einst ein Bild, wie übrigens die Handelszeichen und der Tierkreis es heute noch sind. Die uranfänglichen chinesischen Bilder, die der Schrift vorangingen, hießen *ku-wan* = «Zeichenbilder». Die Totemstangen waren piktographische Schriftstücke; sie waren, wie Mason behauptet, die Unterschriften der Stammesmitglieder. Manche Stämme verwendeten gekerbte Stöcke, um dem Gedächtnis nachzuhelfen oder um eine Botschaft zu übersenden; andere, wie die Algonkin, machten nicht nur Kerben, sondern malten auch Bilder auf die Stöcke, so daß sie zu Miniatur-Totemstangen wurden. Die peruanischen Indianer besaßen vielgestaltige Eintragungen und Aufzeichnungen, sowohl von Zahlen als auch von Ideen, indem sie in verschiedenfarbige Schnüre Knoten und Schlingen zogen; vielleicht werden die Ursprünge der südamerikanischen Indianer für uns klarer werden, wenn wir in Betracht ziehen, daß ein ähnlicher Brauch bei den Eingeborenen des östlichen Archipels und Polynesiens existierte. Als Lao-tse die Chinesen zur Rück-

82   EINLEITUNG · DIE ENTSTEHUNG DER KULTUR

kehr zum einfachen Leben aufforderte, schlug er ihnen vor, den einst üblichen Gebrauch geknüpfter Schnüre wieder zu verwenden.

Höher entwickelte Schriftformen erscheinen bei den Naturmenschen sporadisch. Hieroglyphen sind auf der Osterinsel in der Südsee gefunden worden; und auf einer der Karolinen-Inseln im Stillen Ozean entdeckte man ein Schriftstück, das einundfünfzig Zahlen und Ideen darstellende Silbenzeichen enthält. Die Überlieferung erzählt, wie Priester und Häuptlinge der Osterinsel die Kenntnis der Schrift für sich zu behalten versuchten und wie das Volk sich alljährlich versammelte, um der Verlesung der Tafeln beizuwohnen; offenbar war die Schrift in ihren Anfangsstadien eine geheimnisvolle und heilige Sache, eine *Hieroglyphe*, eine geheiligte Schnitzerei. Es ist wohl möglich, daß diese polynesischen Schriftdenkmäler von irgendeiner vergangenen Kultur Rechnung ablegen. Im allgemeinen ist die Schrift ein Zeichen der Zivilisation, der sicherste Unterschied zwischen zivilisierten und primitiven Menschen.

Die Literatur besteht zuerst mehr aus Wörtern als aus Schriften; sie ist priesterlicher Vortrag religiöser Gesänge und magischer Zauberformeln, die mündlich von Gedächtnis zu Gedächtnis überliefert werden. *Carmina*, wie die Römer die Dichtung nannten, bedeutete Vers und Zauber(formel) gleichzeitig; *die Ode* der Griechen bedeutete ursprünglich einen magischen Zauber; das gleiche gilt für das englisch *rune* und *lay* und für das deutsche *Lied*. Rhythmus und Versmaß, die vielleicht der Rhythmus von Natur und Körperleben eingab, wurden von den Magiern oder *Schamanen* entwickelt, um die «magische Beschwörung ihres Verses» zu erhalten, zu übermitteln und zu erhöhen. Die Griechen schrieben ihre ersten Hexameter den delphischen Priestern zu, von denen man glaubte, sie hätten das Versmaß für ihre Orakelsprüche erfunden. Allmählich legten der Dichter, der Redner und der Historiker ihr ursprünglich priesterliches Gewand ab; der Redner, einst Anwalt der Gottheit, wurde zum amtlichen Lobpreiser des Königs, der Historiker verzeichnete dessen Taten, und Dichter und Musiker, die in früheren Jahrhunderten geheiligte Hymnen sangen, verkündeten jetzt in heroischen Legenden den Ruhm der Alten und verwandelten in Klänge, was der breiten Masse wie auch dem Ohr der Könige schmeichelhaft und lehrreich war. So besaßen die Männer auf den Fidschi-Inseln, auf Tahiti und Neukaledonien amtliche Redner und Sprecher, die bei zeremoniellen Gelegenheiten das Wort ergriffen, um die Krieger des Stammes mit den Berichten über die Großtaten ihrer Ahnen und über die glorreiche Vergangenheit der Nation zu entflammen. Wie wenig unterscheiden sich doch manche zeitgenössischen Historiker von diesen Lehrern der Naturvölker! Die Somali hatten Berufspoeten, die Lieder singend von Dorf zu Dorf zogen, ähnlich den Minnesängern und Troubadours, die ihre Kunst auf den Burgen im Land herum zum besten gaben. Nur ausnahmsweise waren diese Lieder Liebesdichtungen; gewöhnlich priesen sie das physische Heldentum, schilderten eine Schlacht oder erzählten gar von den Beziehungen zwischen Eltern und Kindern. Wir haben hier von den Tafeln der Osterinsel die Klage eines durch den Krieg von seiner Tochter getrennten Vaters:

> Das Segel meiner Tochter,
> Niemals brach es die Kraft fremder Sippen;
> Das Segel meiner Tochter,
> Honitis Verschwörung brach es nicht.
> Stets in all ihren Kämpfen siegreich;
> Vergeblich lockten zum Trunke vergiftete Wasser
> Im Feuerkieselglase.
> Wird mein Schmerz je besänftigt,
> Solange die mächtigen Meere uns trennen?
> O meine Tochter, o meine Tochter!
> Es ist eine unermeßliche Wasserstraße,
> Und ich schaue über sie dem Horizonte zu,
> Meine Tochter, o meine Tochter![1]

II. DIE WISSENSCHAFT

Ursprünge · Mathematik · Astronomie · Medizin · Chirurgie

Nach der Meinung Herbert Spencers begann die Wissenschaft wie die Schrift bei den Priestern, die astronomische Beobachtungen aufzeichneten und ihre Erkenntnisse als Tempelweisheit bewahrten, die von Generation zu Generation als Teil des geistlichen Erbes weitergegeben wurde. Wir können wiederum nur Hypothesen formulieren, weil wir kein Beweismaterial besitzen. Wahrscheinlich begann die Wissenschaft, wie die Kultur überhaupt, mit dem Ackerbau. Geometrie, und das ist uns schon im Namen angedeutet, bestand in der Ausmessung des Bodens; die Bestimmung der Ernten und Jahreszeiten, die die Beobachtung der Sterne und die Abfassung eines Kalenders erforderlich machte, dürfte wohl das Ergebnis astronomischer Berechnungen sein. Die Kenntnisse des Himmelsraumes wurden bald mächtig gefördert durch die Entwicklung der Schiffahrt, der Handel brachte die Mathematik hervor, und die Gewerbe legten die Grundsteine zu Physik und Chemie.

Das Zählen stellt möglicherweise eine der ersten Sprachformen dar und erleichtert noch heute manchen Naturvölkern Leben und Verkehr. Die Tasmanier zählten bis zwei. Ihr Einmaleins bestand aus «Parmery, calabawa, cardia», das heißt eins, zwei, Menge; die Guarani in Brasilien waren erfinderischer und sagten: «Eins, zwei, drei, vier, unzählig.» Die Neuholländer besaßen keine Worte für *drei* und *vier; drei* nannten sie «zwei-eins», *vier* hieß «zwei-zwei». Die Damara (Herero) wollten nicht *zwei* Schafe gegen *vier* Stöcke tauschen, waren aber gerne bereit, zweimal hintereinander *ein* Schaf gegen *zwei* Stöcke zu geben. Man zählte mit den Fingern; daher das Dezimalsystem. Als – wohl erst nach einiger Zeit – die Idee von «zwölf» erfaßt wurde, stellte die Zwölf eine Lieblingszahl dar, da sie sich angenehm teilen ließ, und jenes Duodezimalsystem kam zur Welt, das sich noch heute hartnäckig behauptet: Wie das Jahr zwölf Monate hat, so ergeben zwölf Einheiten ein Dutzend, zwölf Dutzend ein Gros und zwölf Zoll einen Fuß.

Dreizehn hingegen war unteilbar und galt als unglückbringend. Mit Hilfe der Finger und Zehen bildete man die Idee von «zwanzig». Der Gebrauch dieser Recheneinheit zeigt sich noch im französischen *quatre-vingt* (vier × zwanzig) für achtzig. Andere Körperteile dienten zur Festlegung von Maßen: so die Hand für eine «Spanne», der Daumen für einen «Zoll» (im Französischen bedeuten die beiden Wörter das gleiche), der Arm für eine «Elle» und der Fuß für einen «Fuß». Früh schon wurden bunte Kieselsteine zum Zählen zu Hilfe genommen; die Weiterexistenz des *abacus* und des kleinen Steines *(calculus)*, der sich im Worte *kalkulieren* verbirgt, zeigen uns aufs neue, wie eng die Kluft zwischen den einfachsten und modernsten Menschen ist. Thoreau sehnte sich nach dieser primitiven Einfachheit zurück und gab eine blendende Formulierung einer allgemein wiederkehrenden Stimmung: «Ein ehrlicher Mensch hat es kaum nötig, mehr als seine zehn Finger zu zählen oder in den schlimmsten Fällen seine Zehen hinzuzufügen und den Rest bleiben zu lassen. Ich sage, lasset unsere Geschäfte wie zwei

84 EINLEITUNG · DIE ENTSTEHUNG DER KULTUR

oder drei sein und nicht wie hundert oder tausend; anstatt einer Million, zähle ein halbes Dutzend und führe deine Rechnungen auf deinem Daumennagel.»

Die mit Hilfe der Bewegungen der Himmelskörper ausgeführte Zeitmessung bildete wahrscheinlich den Beginn der Astronomie; Wörter wie *Maß*, *Monat* (und vielleicht das Wort *Mann* = der Messer) gehen anscheinend auf eine Wurzel zurück, die Mond bedeutet. Der Mensch paßte seine Zeitmessung den Monden an, lange bevor er mit Jahren rechnete; die Sonne als Träger eines eindrücklichen Erlebnisinhaltes war wie der Vaterbegriff eine verhältnismäßig späte Erfindung; selbst heute wird das Osterfest durch die Mondphasen zeitlich bestimmt. Die Polynesier besaßen einen aus dreizehn Monaten bestehenden Mondkalender; wenn ihr Mondjahr zu offensichtlich von den Jahreszeiten abwich, ließen sie einen Monat ausfallen und stellten so das Gleichgewicht wieder her. Aber diese sinnvolle Beobachtung der Vorgänge am Himmel war eine Ausnahme; im allgemeinen ging die Astrologie der Astronomie voraus, wie sie sie vielleicht auch überdauern wird. Einfache Seelen lieben es eben mehr, die Zukunft auszusagen, als richtig die Zeit zu melden. Endloser Aberglaube erwuchs über den Einfluß der Sterne auf den menschlichen Charakter und sein Schicksal, und vieles davon blüht noch heute. Vielleicht dürfen wir aber darin gar keinen Aberglauben sehen, sondern haben es bloß mit einer anderen Art Irrtum zu tun, als die Wissenschaft es ist.

Der Naturmensch formuliert keine Medizin, er praktiziert sie nur. Er ist außerstande, die von einem Geschosse beschriebene Linie klar zu erkennen, aber er ist selbst ein trefflicher Schütze. Er kennt keine chemischen Symbole, aber er erkennt auf den ersten Blick, welche Pflanzen giftig und welche genießbar sind, und verwendet die zartesten und feinsten dazu, um die Krankheiten des Fleisches zu heilen. Vielleicht sollten wir hier eine Korrektur anbringen und nicht vom Manne, sondern von der Frau sprechen; denn wahrscheinlich waren die ersten Ärzte Frauen. Nicht allein, weil sie die natürlichen Pflegerinnen der Menschen sind, und auch nicht, weil sie eher Hebammendienste versehen hätten, als sich zu verkaufen, sondern deshalb, weil ihre innigere Verbindung mit dem Boden ihnen eine tiefere Kenntnis der Pflanzenwelt verschaffte und es ihnen möglich machte, die Kunst der Medizin aus der Vielfalt der priesterlichen Zaubereien herauszuheben. Von den frühesten Tagen der Menschheit bis zu einer in unserer Erinnerung noch lebendigen Zeit war es die Frau, welche heilte. Nur wenn die Frau sich nicht mehr zu helfen wußte, wandte sich der primitive Kranke an den Medizinmann und Schamanen.

. Es ist erstaunlich, wie viele Heilungen die primitiven Ärzte trotz ihrer unzulänglichen Krankheitstheorien erfolgreich durchführten. Diesen Naturmenschen schien die Krankheit eine Art Besessenheit des Körpers zu sein, durch fremde Macht oder durch einen Geist verursacht – eine Auffassung, die im wesentlichen kaum von der in unseren Tagen vorherrschenden Keimtheorie abweicht. Die populärste Heilmethode war die Beschwörung des bösen Geistes, damit er seine Härte mildere oder aus dem Körper fortziehe. Wie uralt und allgemein verbreitet diese Form der Therapie ist, lehrt am besten die Geschichte der Gadarener Schweine. Selbst heute noch wird die Epilepsie von vielen als Besessenheit aufgefaßt, und manche zeitgenössischen Religionen schrei-

DIE GEISTIGEN GRUNDLAGEN DER KULTUR

ben zur Krankheitsbannung Formen der Geisterbeschwörung vor. Auch im Gebet sehen die meisten lebenden Menschen ein Hilfsmittel ähnlich den Pillen und Drogen des Apothekers. Vielleicht beruhte die primitive Praxis im gleichen Maße wie die moderne auf der Heilkraft der Suggestion. Die Listen der frühen Ärzte verzeichnen Persönlichkeiten von stärkerem dramatischen Format, als es deren zivilisiertere Nachfolger waren: Sie versuchten, den Dämon zu erschrecken, indem sie schauerliche Masken aufsetzten, sich in Tierfelle hüllten, brüllten, rasten, in die Hände klatschten oder durch eine hohle Röhre den bösen Geist aufsaugten. Es scheint, als ob ein altes Sprichwort sich bewahrheite, das lautet: «Die Natur heilt die Krankheit, und die Arznei amüsiert den Kranken.» Die brasilianischen Borora verstiegen sich in der Wissenschaft dahin, daß sie den Vater anwiesen, die dem kranken Kinde verordnete Arznei selbst einzunehmen; fast immer, heißt es, sei das Kind gesund geworden.

In der unermeßlichen Pharmacopoea des Naturmenschen finden wir neben den Heilpflanzen auch eine Auswahl an Schlaf- und Betäubungsmitteln, die zur Schmerzlinderung und zur Erleichterung chirurgischer Eingriffe dienten. Gifte und Drogen wie Hanf, Opium und Eukalyptus sind älter als die geschriebene Geschichte; eines unserer meistgebrauchten Betäubungsmittel, die Koka, diente auch schon den Peruanern zu diesem Zwecke. Cartier erzählt, wie die Irokesen den Schorf mit Rinde und Blättern der Sprossentanne heilten. Die primitive Chirurgie kannte verschiedene Operationen und Instrumente. Die Entbindung wurde geschickt durchgeführt, selbst Knochenbrüche und Wunden wurden mit Erfolg behandelt und verbunden. Mit Kieselsteinmessern, spitzen Feuersteinen oder Fischzähnen ließ man zur Ader, reinigte Abszesse und schröpfte Gewebe. Die Schädeltrepanierung wurde von den Medizinmännern der Primitiven, von den alten peruanischen Indios wie auch von den modernen Melanesiern vorgenommen; die letzteren wiesen auf zehn Operationen neun Erfolge auf, während noch 1786 die gleiche Operation im Hôtel-Dieu in Paris ohne Ausnahme für den Patienten ungünstig verlief.

Wir lächeln über die Ignoranz der Naturvölker, während wir uns ängstlich den kostspieligen Heilmethoden unserer Tage unterziehen. Wie schrieb doch Dr. Oliver Wendell Holmes nach einem dem Ärzteberuf gewidmeten Dasein?

«Es gibt nichts, was die Menschen nicht tun werden, es gibt nichts, was sie nicht schon getan haben, um ihre Gesundheit zu erhalten und ihr Leben zu retten. Sie ließen es geschehen, daß man sie im Wasser halb ertränkte oder beinahe dem Gastod preisgab, daß man sie kinnhoch in den Kot steckte oder wie Galeerensklaven mit heißen Eisen versengte und wie Kabeljaue mit Messern aufzuschlitzen versuchte. Sie ließen es auch über sich ergehen, daß man ihnen Nadeln ins Fleisch stieß oder Freudenfeuer auf ihrer Haut anzündete; sie mußten alle möglichen Abscheulichkeiten verschlucken und gar noch dafür bezahlen, versengt oder verbrüht zu werden, als ob dies ein seltenes Privilegium, Blasen ein Segen und Blutegel ein Luxus wären.»[2]

III. DIE KUNST

Der Sinn der Schönheit und der Kunst · Der primitive Schönheitssinn · Das Bemalen des Körpers Kosmetik · Tätowieren · Schröpfen · Kleidung · Schmuck · Töpferei · Malerei · Bildhauerei Architektur · Der Tanz · Musik · Zusammenfassung der primitiven Vorbereitung der Zivilisation

Nach fünfzigtausend Jahren Kunst sind sich die Menschen noch immer nicht über ihre im Instinkt und in der Geschichte liegenden Quellen einig. Was ist Schönheit? – Warum bewundern wir sie? – Warum verlangt unser Wesen, sie zu schaffen? Der Platz für psychologische Erörterungen fehlt uns; wir sagen kurz und allgemein, Schönheit sei jedwede Eigenschaft, durch die ein Gegenstand oder eine Form das Gefallen eines Betrachters auslöst. Ursprünglich gefällt der Gegenstand dem Betrachter nicht, weil er schön ist, sondern er bezeichnet ihn umgekehrt als schön, weil er ihm gefällt. Jeder Gegenstand, der einen Wunsch befriedigt, wird irgendwie schön erscheinen: Für einen verhungernden Mann ist Essen schön – Thais ist nicht schön. Der gefällige Gegenstand kann auch der Betrachter selbst sein; in unserem geheimsten Herzen finden wir keine Form so schön wie die unsere, und die Kunst beginnt mit der Schmückung des eigenen köstlichen Körpers. Der gefällige Gegenstand kann aber auch die ersehnte Gefährtin sein, und dann übernimmt das Schönheitsgefühl die Intensität und schöpferische Kraft des Geschlechtstriebes und weitet den Heiligenschein der Schönheit auf alles aus, was mit der Geliebten in Berührung kommt – auf alle Formen, die der ihren ähneln, auf alle Farben, die ihr Anmut verleihen, ihr gefallen oder an sie erinnern, auf Schmuck und Kleidung, die sie zieren, und auf alle Körper, die ihre Grazie und ihr Ebenmaß widerspiegeln. Ist die gefällige Form der begehrte Mann, der mit seiner kraftvollen Erscheinung das schwächlichere Weib anzieht, so entsteht jener Sinn der Erhabenheit, der stets durch die Anwesenheit der Kraft ausgelöst wird, befriedigend wirkt und die hehrste aller Künste schafft. Schließlich können wir auch die Natur selbst als etwas Schönes und Erhabenes empfinden; nicht nur, weil sie weibliche Zärtlichkeit und männliche Kraft in sich birgt, sondern auch, weil wir unsere Gefühle und Stimmungen, unsere Sehnsucht und Liebe in sie hineinlegen, weil wir in ihr die Bilder unserer Jugend wiederfinden, uns vor den Stürmen des Daseins in ihre stille Einsamkeit flüchten, in ihr die Jahreszeiten des menschlichen Lebens – den Frühling der Jugend, die Glut des Sommers, die Fülle des Herbstes, das winterliche Absterben – finden und weil wir in ihr dunkel die Mutter erkennen, die uns das Leben gab und uns im Tode wieder empfangen wird.

Kunst ist die Schöpfung der Schönheit; sie ist der Ausdruck des Denkens oder Fühlens in einer schön oder erhaben scheinenden Form, und deshalb erweckt sie in uns irgendein Widerstrahlen jenes uranfänglichen Entzückens, das die Frau dem Manne oder der Mann der Frau gibt. Jedes Einfangen der Lebensbedeutung kann diesen Gedanken, jede Steigerung oder Befreiung der Lebensspannung kann dieses Gefühl ausmachen. Die Form kann uns durch den Rhythmus ansprechen, der angenehm mit unserem Atem, dem Pulsieren unseres Blutes und dem majestätischen Abrollen von Winter

DIE GEISTIGEN GRUNDLAGEN DER KULTUR

und Sommer, von Ebbe und Flut, von Nacht und Tag zusammenfällt; sie kann uns aber auch durch ihre Symmetrie gefallen, die, gleichsam ein ruhender Rhythmus, in Kraft ersteht und uns an die wohlgefügten Maße von Pflanze und Tier, von Mann und Frau erinnert; ferner können uns ihre Farben freuen, die den Geist erhellen und das Leben steigern, und schließlich ist es auch die Wahrhaftigkeit, die uns an der Form angenehm auffällt, ihre klare und durchsichtige Nachahmung der Natur oder Wirklichkeit, die etwas vom sterblichen Zauber der Pflanze oder des Tiers oder vom rastlos ziehenden Sinne des Augenblicks erhascht und es für unser Genießen und Verstehen in Stille taucht. Aus diesen mannigfachen Quellen fließen jene edlen Dinge, die das Leben verschönern, der Gesang und Tanz, die Musik und das Drama, Töpferei und Malkunst, Bildhauerei und Architektur, Literatur und Philosophie. Denn was ist Philosophie anders als eine Kunst – ein Versuch mehr, dem Gewirr der Erfahrung eine «bedeutsame Form» zu geben?

Wenn der Schönheitssinn in der primitiven Gesellschaft nicht hoch entwickelt ist, so liegt der Grund hiefür im Fehlen einer Verzögerung zwischen dem sexuellen Begehren und seiner Erfüllung, die keinen Raum für die phantasievolle Erhöhung des begehrten Gegenstandes übrigläßt und daher keine Möglichkeit bietet, um den Schönheitssinn zu befruchten. Der Naturmensch denkt selten daran, sich eine Frau ihrer Schönheit wegen auszuwählen; er denkt eher an ihre Nützlichkeit, und es fällt ihm nicht ein, ein muskulöses Mädchen seiner Häßlichkeit halber abzuweisen. Ein Indianerhäuptling, den man fragte, welche seiner Frauen die reizendste sei, entschuldigte sich, darüber nie nachgedacht zu haben. «Ihre Gesichter», sagte er mit der gereiften Weisheit eines Franklin, «mögen mehr oder weniger hübsch sein, aber in den übrigen Belangen sind alle Frauen gleich.» Wo wir einen Sinn für Schönheit im Naturmenschen finden, entgeht er uns, weil er vom unsrigen sehr verschieden ist. «Alle Negerrassen, die ich kenne», sagt Reichard, «sehen eine Frau als schön an, die in der Taille nicht eingeengt ist und deren Körper von den Armhöhlen bis zu den Hüften die gleiche Breite aufweist, so daß sie der Küstenneger einer Leiter vergleicht.» Elefantenohren und ein Hängebauch gelten bei vielen afrikanischen Männern als weibliche Vorzüge, und überall in Afrika gilt die dicke Frau als die reizvollste. «In Nigerien», sagt Mungo Park, «scheinen Korpulenz und Schönheit fast gleichbedeutende Wörter zu sein. Eine Frau von selbst bescheidenen Körperausmaßen muß so beschaffen sein, daß sie ohne die Stütze eines Sklaven unter jedem Arm nicht gehen kann; und eine vollendete Schönheit hat den Umfang einer Kamelladung.» – «Die meisten Wilden», sagt Briffault, «haben eine Schwäche für eine uns abstoßend anmutende Einzelheit der Frauengestalt, nämlich für lange Hängebrüste.» «Es ist wohl bekannt», sagt Darwin, «daß viele Hottentottenweiber ein wundervoll ausladendes Hinterteil besitzen ...», und Sir Andrew Smith ist überzeugt, daß diese Eigentümlichkeit von den Männern sehr bewundert wird. Er sah einst eine als Schönheit geltende Frau, deren Gesäßgegend so ungeheuer entwickelt war, daß sie, wenn sie auf dem flachen Boden saß, nicht aufstehen konnte, sondern sich zu einem Abhang heranschieben mußte. Nach Burton sollen die Somalimänner ihre Frauen wählen, indem sie sie in einer Reihe aufstellen und sich jene heraussuchen, «die

88 EINLEITUNG · DIE ENTSTEHUNG DER KULTUR

den größten Vorsprung *a tergo* besitzt. Nichts scheint dem Neger häßlicher zu sein als die entgegengesetzte Form.»

Tatsächlich verhält es sich wahrscheinlich so, daß der primitive Mann mehr über seine Schönheit als über die der Frau nachdenkt; die Kunst beginnt am eigenen Leibe. Die Naturmenschen waren ebenso eitel wie die modernen, obgleich dies den Frauen unglaublich scheinen wird. Unter den Naturvölkern, wie unter den Tieren, ist es mehr das Männchen als das Weibchen, das Schmuck anlegt und seinen Körper der Schönheit wegen verstümmelt. «In Australien», sagt Bonwick,«ist der Schmuck beinahe ausschließlich das Monopol der Männer»; so verhält es sich auch in Melanesien, Neuguinea, Neukaledonien, Neuengland, Neuhannover und bei den amerikanischen Indianern. Bei manchen Stämmen wird auf die Ausschmückung des Körpers mehr Zeit verschwendet als auf jede andere Tagesbeschäftigung. Als erste Kunstform darf die künstliche Körperbemalung gelten – sie sollte die Frauen anziehen und den Feinden Furcht einflößen. Der australische Eingeborene trug gleich der modernsten amerikanischen Schönheit immer einen Vorrat an weißer, roter und gelber Farbe bei sich, um seine Reize ab und zu aufzufrischen, und wenn dieser Vorrat zur Neige ging, unternahm er gefährliche und weite Reisen, um ihn zu erneuern. An gewöhnlichen Tagen gab er sich mit Farbflecken auf Wangen, Schultern und Brust zufrieden, aber bei Festlichkeiten empfand er schamvoll seine Nacktheit, falls nicht sein ganzer Körper bemalt war.

Bei manchen Stämmen behielten sich die Männer das Recht der Körperbemalung vor; bei anderen war es den verheirateten Frauen verboten, ihren Hals zu bemalen. Aber die Frauen hatten die älteste Kunst – die Kosmetik – ebenfalls bald erlernt. Als Kapitän Cook einige Zeit auf Neuseeland zubrachte, fiel es ihm auf, daß seine von den Landspaziergängen zurückkehrenden Matrosen künstlich gefärbte rote oder gelbe Nasen hatten; die Schminke der eingeborenen Schönen war an ihnen kleben geblieben. Die Frauen der Fellata in Zentralafrika verloren mehrere Stunden am Tage mit ihrer Toilette; sie färbten ihre Finger und Zehen purpurrot, indem sie sie während der Nacht in Hennablätter gewickelt hielten; sie bemalten abwechselnd ihre Zähne blau, gelb oder rot, färbten das Haar mit Indigo und bestrichen ihre Augenlider mit einer Schwefelverbindung von Antimon. Jede Bongo-Frau besaß in ihrem «Necessaire» Pinzetten zum Zupfen der Augenbrauen und Wimpern, lanzettenförmige Haarnadeln, Ringe und Glöckchen, Knöpfe und Klammern.

Die primitive Seele war über die Vergänglichkeit der Malstoffe verärgert und erfand deshalb die Tätowierung, die Schröpfung und die Bekleidung als dauerhafteren Schmuck. Die Frauen unterzogen sich bei vielen Stämmen ebensogut wie die Männer der färbenden Nadel und ertrugen, ohne mit der Wimper zu zucken, die Tätowierung ihrer Lippen. In Grönland tätowierte die Mutter ihre Töchter schon sehr früh, um sie schneller loszuwerden. Häufig jedoch wurde die Tätowierung als unzulängliche Verschönerung empfunden, und zahlreiche, auf allen Erdteilen verstreute Stämme schnitten sich tiefe Scharten ins Fleisch, um ihren Freunden anziehender, ihren Feinden aber furchtbarer zu erscheinen. Théophile Gautier sagte von diesen Menschen: «Da sie keine Kleider besaßen, um sie mit Stickereien zu verzieren, verzierten sie mit Stickereien ihre Haut.» Mit Feuersteinen und Meermuscheln schnitten sich die Eingeborenen ins Fleisch und steckten oft in die Scharte noch einen Klumpen Erde, um sie auf solche Weise zu erweitern. Die

DIE GEISTIGEN GRUNDLAGEN DER KULTUR

Einwohner der Torres-Meerengen trugen hohe epaulettenähnliche Scharten; die Abeokuta gaben ihren Narben oder Schrammen die Form von Eidechsen, Alligatoren oder Schildkröten. «Es gibt», sagt Georg, «keinen Körperteil, der nicht aus Eitelkeit oder Putzsucht dekoriert, entstellt, bemalt, gebleicht, tätowiert, ausgerenkt oder gequetscht worden wäre.» Die Botokuden verdanken ihren Namen einem Pflock *(botoque)*, den sie sich durch die Unterlippe stießen und auch als Ohrengehänge verwendeten. Dieses Schönheitszeichen trugen sie vom achten Lebensjahr an. Von Zeit zu Zeit ersetzten sie den Pflock und brachten einen größeren an, bis die dadurch entstandene Öffnung einen zehn Zentimeter breiten Durchmesser erhielt. Ohren- und Nasenringe waren das mindeste. Die Hottentottenweiber zwangen ihre *labia minora* zu enormer Länge, um schließlich die «Hottentottenschürze» hervorzubringen, die ihren Männern so ausnehmend gut gefiel. Die Eingeborenen von Gipsland glaubten, daß, wenn jemand ohne einen Nasenring sterbe, er im nächsten Leben grausame Qualen erdulden müsse. Das ist ja alles sehr barbarisch, sagt die moderne Dame, während sie ihre Ohrläppchen für ihren Schmuck durchbohrt, ihre Lippen und Wangen bemalt, die Augenbrauen auszupft und die Wimpern zurechtmacht, Gesicht, Hals und Arme pudert und ihre Füße in viel zu enge Schühchen hineinzwängt. Der tätowierte Seemann spricht mit Herablassung von den «Wilden», die er gekannt hat, und der europäische Student, der über die primitiven Verstümmelungen entsetzt ist, rühmt sich ganz selbstverständlich seiner Ehrenschmisse.

Die Kleidung war anscheinend in ihren Ursprüngen mehr eine Form der Ausschmükkung, ein sexuelles Abschreckungs-˙ oder Anziehungsmittel als ein Gebrauchsgegenstand gegen Kälte oder Scham. Die Kimbern hatten die Gewohnheit, nackt auf dem Schnee zu rodeln. Als Darwin aus Mitleid über die Nacktheit der Eingeborenen Feuerlands einem von ihnen ein rotes Kleidungsstück zum Schutz gegen die Kälte gab, riß es der Mann in Streifen, die er und seine Kameraden als Schmuck benutzten. In charakteristischer Weise hat Cook sie geschildert, indem er sagte, sie seien «zufrieden, nackt, aber ehrgeizig, schön zu sein». Auf die gleiche Weise schnitten die Weiber der im Gebiet des Orinoco gelegenen Stämme die ihnen von den Jesuitenpriestern gegebenen Kleiderstoffe zu Fetzen; die so hergestellten Bänder trugen sie um ihren Hals und erklärten nach wie vor, daß «sie sich schämen würden, Kleider zu tragen». Ein alter Autor berichtet, die brasilianischen Völker gingen gewöhnlich nackt, und fügt hinzu: «Allerdings tragen jetzt schon manche Kleider, aber sie schätzen sie gering und tun es mehr aus Mode als aus Sittsamkeit und auch, weil es ihnen befohlen ist ... man erkennt dies daran, daß sie sich mit ein paar Fetzen begnügen, die ihnen kaum den Nabel bedekken, und auf jede Art Unterkleider verzichten; andere tragen als einziges Kleidungsstück einen Hut auf dem Kopf.» Als die Körperbedeckung allgemeiner wurde, diente sie teilweise dazu, den Ehestand einer treuen Frau anzuzeigen, teilweise aber auch, um die weiblichen Formen und Reize hervorzuheben. Die primitive Frau verlangt also von den Kleidern genau das, was auch die moderne durch sie erreichen will – nämlich nicht so sehr, daß sie wirklich ihre Nacktheit verbergen, als vielmehr, daß ihre Vorzüge durch sie erhöht und alle möglichen Reize angedeutet werden. Alles ändert sich, nur nicht der Mensch.

Zu Beginn zogen beide Geschlechter den Schmuck der Kleidung vor. Selten sind die nach unserem Ermessen zum Leben notwendigen Dinge Gegenstand des primitiven Handels; dieser beschränkt sich im Gegenteil meistens auf Putz- und Spielwaren. Der

EINLEITUNG · DIE ENTSTEHUNG DER KULTUR

Schmuck ist eines der ältesten Elemente der Kultur; so fand man schon in Gräbern, die zwanzigtausend Jahre alt sind, zu Halsketten aufgereihte Muscheln und Zähne. Aus einfachen Anfängen entwickelte sich dieses künstlerische Beiwerk zu stets eindrucksvolleren Proportionen und spielte eine geradezu großartige Rolle im Leben der Völker. Die Weiber der Galla trugen sechs Pfund schwere Ringe, und manche Dinkafrauen schleppten fast fünfzig Kilo Zierat auf sich herum. Eine afrikanische Schöne – so wird erzählt – trug Kupferringe, die an der Sonne so heiß wurden, daß sie einen Pagen brauchte, der ihr Schatten spenden oder Kühle zufächeln mußte. Die Königin der Wabuna am Kongo trug eine zwanzig Pfund schwere Messingkette, so daß sie sich von Zeit zu Zeit hinlegen mußte, um auszuruhen. Die ärmeren Frauen, die sich mit kleinen, nur leichten Schmuckstücken begnügen mußten, ahmten sorgfältig die Gangart jener nach, die große Lasten der Ausstaffierung trugen.

Die erste Kunstquelle des Menschen ist somit der Schaustellung von Feder und Farbenschmuck des brünstigen männlichen Tieres verwandt; sie entspringt dem Wunsche, den Körper zu schmücken und zu verschönern. Und genau wie Eigen- und Gefährtenliebe ihren Liebesüberschuß in die Natur ergießen, so überträgt der Mensch den Verschönerungstrieb von der persönlichen Welt auf die Umgebung. Die Seele sucht ihr Gefühl objektiv auszudrücken durch Farbe und Form; die Kunst beginnt, sobald die Menschen es unternehmen, die Dinge zu verschönern. Vielleicht diente die Töpferei als erstes äußeres Mittel dazu. Die Töpferscheibe gehört, wie der Staat und die Schrift, zu den ersten Errungenschaften der historischen Kultur; aber auch ohne diese Scheibe erhoben die damaligen Männer – oder vielleicht eher die Frauen – dieses alte Gewerbe zu einer Kunst und brachten aus Lehm und Wasser mit ihren klobigen Fingern eine erstaunliche Symmetrie der Formen zustande. Als Beweis hiefür mögen die von den Baronga-Negern Südafrikas oder von den Pueblo-Indianern geschaffenen Tongefäße gelten.

Als der Töpfer Farbenzeichnungen auf das von ihm geformte Gefäß auftrug, erschuf er die Malkunst. Bei den primitiven Völkern ist die Malerei noch keine unabhängige Kunst; sie gehört vielmehr zur Töpferei und Bildhauerarbeit. Die Naturmenschen bereiteten die Farben aus Lehm, und die Andamaner erfanden Ölfarben, indem sie Ocker mit Ölen oder Fettstoffen mischten. Solche Farben dienten zur Verzierung der Waffen, Geräte, Vasen, Kleider und Wohnstätten. Viele Jagdstämme Afrikas und Ozeaniens malten auf die Wände ihrer Höhlen oder naher Felsen lebhafte Darstellungen der Tiere, denen sie auf der Jagd nachspürten.

Die Bildhauerei verdankt wie die Malerei ihr Dasein wahrscheinlich der Töpferarbeit: Der Töpfer fand heraus, daß er nicht nur Gebrauchsartikel bilden konnte, sondern auch Figuren, die als magische Amulette dienten, und alle möglichen anderen Dinge, deren Besitz man rein um ihrer Schönheit willen erstrebte. Die Eskimos schnitzten aus den Geweihen des Karibu und aus dem Walroßelfenbein Tier- und Menschenfiguren. Der primitive Mensch liebte es, mit irgendeinem Bild, zum Beispiel mit der Darstellung seiner Hütte, einer Totemstange oder eines Grabes, ein von ihm verehrtes Objekt oder auch eine ihm teure verstorbene Person zu bezeichnen. Mit der Zeit ging er dazu über, ein Antlitz, später einen Kopf und schließlich den ganzen Menschen zu schnitzen. Aus dieser wohl der Sohnesliebe zuzuschreibenden Gestaltung des Grabes entstand die Bildhauerei als Kunst. So setzten die ehemaligen Bewohner der Osterinsel enorme monolithische Statuen über die Grüfte ihrer Toten; Dutzende solcher Statuen, manche zwanzig Fuß hoch, sind dort gefunden worden; andere, die jetzt darniederliegen, scheinen sechzig Fuß betragen zu haben.

Wie begann die Architektur? Wir dürfen kaum einen so viele Elemente umfassenden Begriff auf die primitive Hüttenkonstruktion anwenden, denn die Architektur bedeutet nicht nur bauen, sondern schönes Bauen. Sie begann, als zum ersten Male ein Mann oder eine Frau an das schmucke

DIE GEISTIGEN GRUNDLAGEN DER KULTUR 91

Aussehen ihrer Wohnstätte ebenso dachte wie an deren praktische Einrichtung. Wahrscheinlich bemühte man sich vor der Ausgestaltung der Wohnhäuser, zuerst die Gräber schön und gediegen aufzurichten. Indem aus der Erinnerungssäule die herrlichsten bildhauerischen Werke hervorgingen, entwickelte sich aus dem Grab der Tempel. Dies alles weist uns darauf hin, daß dem primitiven Gedankengang die Abgeschiedenen mächtiger erscheinen als die Lebenden. Vielleicht errichtete man dem Toten eine feste Wohnstätte, weil man sich vorstellte, er könne den Ort, mit dem er verbunden gewesen, nicht verlassen, während die Lebenden nur allzu oft sich dauernd auf der Wanderschaft befanden und eine bequeme Behausung leicht entbehrten.

Selbst in früheren Tagen, lange bevor der Mensch an das Schnitzen von Gegenständen und an das Bauen von Gräbern dachte, freute er sich am Rhythmus und fing an, das Schreien und Schmettern mancher Vögel und das brüstende Zurschaustellen ihres Gefieders in Gesang und Tanz nachzuahmen. Vielleicht gab er einst, ähnlich den geflügelten Erdbewohnern, bevor er sprechen lernte, auf singende Art seine Empfindungen zu verstehen und tanzte dazu. Tatsächlich gibt es keine Kunst, die mit dem Naturmenschen inniger verbunden ist als der Tanz. Die großen Festlichkeiten der primitiven Stämme beging man immer mit gemeinsamen Tänzen oder mit Einzeldarbietungen. Große Kriege eröffneten die Naturvölker gern mit Gesängen und feierlichen Umzügen; auch religiöse Zeremonien stellten ein Gemisch von Tanz, Drama und Gesang dar. Was uns heute als Spielformen erscheint, war den Naturmenschen eine ernste Angelegenheit; sie tanzten nicht nur, um sich auszudrücken, sondern um Götter günstig zu stimmen; so zum Beispiel wurde das periodische Anrufen der Götter, daß sie den Menschen einen reichhaltigen Bodenertrag spenden möchten, durch die Hypnose des Tanzes veranschaulicht. Spencer führte den Tanz auf die Begrüßungszeremonie für den aus dem Kriege siegreich heimkehrenden Häuptling zurück; Freud auf den natürlichen Ausdruck des sexuellen Begehrens und die Gruppentechnik der erotischen Stimulierung. Als dritte Quelle für die Entstehung des Tanzes kommen Maskeraden und religiöse Riten in Betracht, und wenn wir nun alle drei Möglichkeiten miteinander verbinden, sind wir wohl nicht weit von der Wahrheit entfernt.

Der Tanz bildete den Boden, auf dem sich die instrumentale Musik und das Drama entwickelten. Diese Musik fließt aus dem Wunsche, den Rhythmus des Tanzes mit Geräuschen zu begleiten und mit schrillen oder rhythmischen Klängen die der Vaterlandsliebe oder dem Zeugungsakt notwendige Erregung zu steigern. Die Instrumente waren von großer Mannigfaltigkeit: Es gab Trompeten, Gongs, Tamtams, Klöppel, Klappern, Kastagnetten und Flöten und dazu eine Menge von Trommeln aus Horn, Häuten, Muscheln, Elfenbein, Messing, Kupfer, Bambus und Holz. Alle diese Klangkörper hatte man mit Schnitzereien oder Farben liebevoll verziert. Die straffgespannte Sehne des Bogens bildete den Ursprung zahlreicher Instrumente, von der primitiven Leier bis zur Stradivari-Geige und dem modernen Klavier. Berufssänger wie Berufstänzer kamen bei den Stämmen auf, und die Völker wurden allmählich mit den Anfängen der Tonleiter vertraut.

Mit Musik, Gesang und Tanz schuf der «Wilde» die Vorbedingungen für unser Drama und unsere Oper. Denn der primitive Tanz war oft ein Mimikry; er ahmte auf die einfachste Weise die Bewegungen der Tiere und Menschen nach und ging schließlich zur mimischen Darstellung von Handlungen und Ereignissen über. So führten australische Stämme einen sexuellen Tanz um einen von Gewächsen umgebenen Brunnen auf, in dem sie die Vulva darstellten und nach erotischen Zuckungen und Aufbäumen der Körper ihre Speere symbolisch in den Brunnen schleuderten. Die nordwestlichen Stämme der gleichen Insel spielten ein Drama von Tod und Auferstehung, das sich nur durch seine Einfachheit von den mittelalterlichen Mysterien und den modernen Passionsspielen unterschied Die Tänzer sanken langsam zu Boden, verbargen die Gesichter in den Ästen, die sie mit sich trugen, und täuschten so den Tod vor; dann standen sie auf ein Zeichen ihres Führers blitzschnell wieder auf und erhoben einen wilden, triumphierenden Gesang, der die Auferstehung der Seele verkündete. In gleicher Weise beschrieben die verschiedensten Pantomimen die bedeutsamsten Ereignisse der Stammesgeschichte oder stellten wichtige Hand-

92   EINLEITUNG · DIE ENTSTEHUNG DER KULTUR

lungen aus irgendeinem individuellen Lebensschicksal dar. Als das rhythmische Element in diesen Vorstellungen in den Hintergrund trat, da entwickelte sich aus dem Tanz das Drama, und eine der größten Kunstformen wurde geboren.

Auf alle diese Arten schufen die Menschen der Präzivilisation die Formen und Grundsteine der Zivilisation. Wenn wir auf unsere kurzen Ausführungen zurückblicken, finden wir in der primitiven Kultur jedes Element der Zivilisation außer der Schrift und dem Staat vorgebildet. Alle Arten des Wirtschaftslebens sind hier bereits keimhaft vorhanden: Jagen und Fischen, der Hirtenberuf und der Feldbau, Transport und Bauwesen, Gewerbe, Handel und Finanz. Die einfacheren Strukturen des politischen Lebens sind organisiert: so die Sippe, die Familie, die Dorfgemeinschaft und der Stamm. Freiheit und Ordnung – jene feindlichen Brennpunkte, um welche die Zivilisation sich dreht – werden hier zum ersten Male miteinander in Verbindung gebracht und versöhnt; Gesetz und Justiz beginnen. Die Grundlagen der Moral werden errichtet: die Erziehung der Kinder, die Beziehung der Geschlechter zueinander, die Festigung des Ehrbegriffs und der Sitte. Auch die grundlegenden religiösen Vorstellungen werden den Gemütern eingepflanzt und die daraus erwachsenen Hoffnungen und Schrecken zur Ermutigung der Moral und zur Kräftigung der Gruppe verwendet. Aus ersten stammelnden Lauten entwickeln sich komplexe Sprachen, Medizin und Chirurgie entstehen, in allen Wissenszweigen der Menschheit nehmen wir vielversprechende Ansätze wahr, und Literatur und Kunst beginnen ihre Wirkung auszuüben. Alles in allem ist es ein Bild erstaunlicher Schöpfung, einer aus dem Chaos steigenden Form, Straße um Straße eröffnet sich vom Tiere zum Weisen. Ohne diese «Wilden», ohne ihre hunderttausendjährige Erfahrung und ihr beinahe endloses Tasten im dunkeln hätte die Zivilisation nicht gedeihen können. Wir schulden ihnen fast alles – gleich einem vom Glücke begünstigten, aber möglicherweise entarteten Jüngling, der die Mittel zur Kultur, zur Sicherheit und Behaglichkeit der unsäglichen Mühe seiner ungelehrten Vorfahren verdankt.

SECHSTES KAPITEL

Die prähistorischen Anfänge der Kultur

I. DIE PALÄOLITHISCHE KULTUR

Der Zweck der Vorgeschichte · Die Wunder der Archäologie

WIR haben bisher einen Faktor unberücksichtigt gelassen: Diese primitiven Kulturen, deren Umrisse wir entworfen haben, um die Elemente der Zivilisation zu studieren, gingen nämlich nicht unbedingt unserer eigenen voraus; sie können auch die entarteten Überreste höherer Kulturen darstellen, die infolge des Eisrückganges aus den Tropen nach der nördlichen gemäßigten Zone übertragen wurden. Wir wollten untersuchen, wie die Kultur im allgemeinen entsteht und Form annimmt; jetzt müssen wir den prähistorischen* Ursprüngen unserer eigenen Kultur nachgehen. Prüfen wir also kurz – denn das ist nur ein Bruchteil unserer Aufgabe –, womit der vorgeschichtliche Mensch sich auf die geschichtlichen Kulturen vorbereitete, wie der Dschungel- oder Höhlenmensch ein ägyptischer Architekt, ein babylonischer Astronom, ein hebräischer Prophet, ein persischer Gouverneur, ein griechischer Dichter, ein römischer Ingenieur, ein Hindu-Heiliger, ein japanischer Künstler oder ein chinesischer Weiser wurde. Wir müssen von der Anthropologie durch die Archäologie zur Geschichte übergehen.

Überall auf unserem Planeten dringt der suchende Mensch ins Innere der Erde vor; manch einer gräbt nach Gold, mancher nach Silber, ein anderer nach Eisen und Kohle, viele nach Wissen. Welch sonderbare menschliche Betätigung ist es doch, paläolithische Geräte an den Ufern der Seine der schützenden Erdschicht zu entnehmen, die Deckenmalereien der prähistorischen Höhlen zu studieren, in Asien und Afrika nach alten Schädeln zu suchen und die begrabenen Städte von Mohenjo-Daro oder Yukatan in Schutt und Trümmern wiederaufzufinden; welch sonderbare Aufgabe auch, die Überreste aus den verwunschenen ägyptischen Grabstätten in Korbkarawanen fortzuschleppen, die Paläste des Minos und Priamos aus dem Staub zu heben, die Ruinen von Persepolis ans Licht zu zerren und den Boden Afrikas nach den Spuren des alten Karthago aufzuwühlen oder im Dschungel die majestätischen Tempel von Angkor zu entdecken! Im Jahre 1839 fand Jacques Boucher de Perthes in Abbeville in Frankreich die ersten Feuersteine aus der Steinzeit; aber neun Jahre lang lachte die Welt über ihn und erklärte ihn für einen Narren. 1872 gelang es Schliemann, mit eigenen Geldmitteln und beinahe auch mit eigenen Händen die jüngste der vielen troischen Städte auszugraben, und wiederum lächelte die Menge ungläubig. Selten war ein Jahrhundert so interes-

---

* Dieses Wort wird für alle den geschichtlichen Aufzeichnungen vorangehenden Zeitalter gebraucht.

94   EINLEITUNG · DIE ENTSTEHUNG DER KULTUR

siert an der Geschichte wie das, das die Reise Champollions mit dem jungen Napoleon
nach Ägypten verfolgte (1796); Napoleon kam mit leeren Händen zurück, aber Champollion brachte ganz Ägypten, das vergangene und für ihn zeitgenössische, mit sich.
Von diesem Zeitpunkt an hat jede Generation neue Kulturen entdeckt und die Grenzen des Wissens über die menschliche Entwicklung immer weiter hinausgerückt. Es
gibt wenige vornehmere Charakterzüge in unserem mörderischen Menschengeschlecht
als diese edle Neugier, diesen ruhe- und rastlosen Erkenntnisdrang.

I. DIE MENSCHEN DER ALTSTEINZEIT

Der geologische Hintergrund · Paläolithische Typen

Unzählige Bände sind über den primitiven Menschen geschrieben worden, um unser
Wissen zu vertiefen, zugleich aber auch unsere Unkenntnis zu verbergen. Wir überlassen es phantasievolleren Wissenschaften, die *Menschen* der alten und neuen Steinzeit
zu beschreiben; unsere Aufgabe besteht darin, den Beitrag dieser «paläolithischen»
und «neolithischen» Kulturen an unser zeitgenössisches Leben aufzuzeichnen.

Zum besseren Verständnis unserer Geschichte ist es nötig, uns ein anderes als das gewohnte
Bild von der Erde, die uns heute vorübergehend duldet, zu gestalten und uns zu erinnern, daß
diese Erde mehrere Eiszeiten kannte, die unsere jetzt temperierten Zonen für Tausende von
Jahren in eine Arktis verwandelten, und daß sie Felsmassen auftürmte wie das Himalayagebiet,
die Alpen und die Pyrenäen*. Wenn wir die unsicheren Theorien der zeitgenössischen Wissenschaft annehmen, so darf das Lebewesen, das durch Erlernung der Sprache sich zum Menschen
entwickelte, der anpassungsfähigen Art zugerechnet werden, die jene Eiszeiten überlebte. In
den Zwischenstadien, in denen das Eis zurückging (und, soweit unser Wissen reicht, schon lange
zuvor), entdeckte dieser seltsame Erdenbürger das Feuer, bildete Waffen und Geräte aus Stein
und Knochen und ebnete so den Weg zur Zivilisation. Nachdem der Australopithecus, der
direkte Primatenvorfahre des Menschen, etwa um 4 Millionen Jahre v. Chr. in Afrika heute
nachweisbar auftauchte und dann etwa 2 Millionen Jahre v. Chr. in Afrika das älteste bekannte Werkzeug von Menschen hergestellt worden ist, trat der erste aufrecht gehende
Mensch, der Homo erectus, als unmittelbarer Nachkomme des Australopithecus in Europa
etwa um 400 000 v. Chr. in Gruppen auf, die nach Gebrauch des Feuers (etwa um 700 000
v. Chr.) begannen, sich künstliche Heimstätten aus Zweigen und Fellen zu bauen.

Der Homo erectus unterschied sich deutlich von seinen affenähnlichen Vorfahren. Er stand
mit geradem Rücken und ging bereits mit federnden Schritten; er war ungefähr 1,60 m groß
und seine Statur und sein Gang waren bereits das Ergebnis einer längeren Entwicklungsperiode
in der Anatomie von Becken und Fuß. Sie waren im Unterschied zum Primatenvorfahren
Australopithecus schon so weit verändert, daß sein Skelett der Form des heutigen Homo
sapiens sapiens bereits recht nahe kam. Fossilien dieses ältesten Menschen fand der Franzose

---

* Die erst in jüngster Zeit neu erforschten Daten zur Entwicklung des Lebens auf der Erde setzen nach
Erschaffung der Erde vor etwa 4,5 Milliarden Jahren die geologischen Erdzeitalter vor dem Menschen von
diesem ältesten Zeitpunkt bis auf etwa 2 Millionen Jahre v. Chr. fest; danach folgen die archäologisch belegten Eiszeiten von der Ältesten Altsteinzeit (vor etwa 2 Millionen Jahren bis 200 000 v. Chr.) über die
Mittlere (von 100 000 bis 40 000 v. Chr.) und Jüngste Altsteinzeit (30 000 bis 15 000 v. Chr.), dann die
Mittelsteinzeit (10 000 bis 8000 v. Chr.) und schließlich die Jungsteinzeit (8000 bis 5000 v. Chr. mit Beginn
der Kupferzeit). Die genaue Entwicklung der Erde und Frühzeit des Menschen findet der Leser in der auf
der nächsten Doppelseite abgedruckten Tabelle.

DIE PRÄHISTORISCHEN ANFÄNGE DER KULTUR

Dubois 1892 erstmals auf Java. Von Ostasien und Afrika, wo der Homo erectus mit Beginn der Ältesten Altsteinzeit um etwa 1 Million Jahre v. Chr. zuerst erschien, wanderte er dann durch die Tropen der Alten Welt und bevölkerte schließlich um 800 000 v. Chr. die gemäßigteren Zonen, ehe er um 500 000 v. Chr. als erster Mensch in Europa auftauchte und schließlich dann vom Neandertaler abgelöst wurde.

Der Neandertaler wird heute in Europa etwa zwischen 100 000 und 30 000 v. Chr. angesiedelt. Fossilien von ihm wurden 1857 in Neandertal bei Düsseldorf entdeckt. Die Wohnstätten dieses frühgeschichtlichen Eiszeitmenschen sind heute nachweisbar in Belgien, Frankreich, Deutschland, Gibraltar, Italien, auf der Krim, in Usbekistan, Jugoslawien, Israel, im Irak sowie in China, auf Java und in Sambia. Als meisterlicher Jäger war der Neandertaler der erste Mensch, der über die Wohnregionen des Homo erectus hinaus in Gebiete vordrang, die häufig kälter und unfreundlicher waren, wie beispielsweise die damalige windgepeitschte Tundra Nordeuropas. In größeren Gruppen organisierte er noch viel zielstrebiger als sein Vorfahre die Jagd auf Großwild, so etwa auf das heute ausgestorbene Mammut, den Auerochsen und den gewaltigen Höhlenbären, die er alle mit primitiven Keulen und Speeren erlegte.

Diese ersten großen Jäger Europas scheinen vor etwa 30 000 Jahren von einer neuen, der sogenannten Cro-Magnon-Rasse (so genannt nach einer Grotte in der Dordogne, in Südfrankreich, wo ihre Überreste 1868 entdeckt wurden) verdrängt worden zu sein. Reichhaltige Funde des gleichen Typus und Alters sind an verschiedenen Orten Frankreichs, der Schweiz, Deutschlands und in Wales ausgegraben worden. Sie weisen auf ein Volk von prächtigem Wuchs und voller Kraft hin, das durchschnittlich die Größe von 1,60 m bis 1,80 m erreichte und ein Schädelvolumen von 1590 bis 1715 cm³ besaß. Wie die Neandertaler sind uns auch die Cro-Magnon-Menschen als Höhlenbewohner bekannt, denn ihre Reste wurden in Höhlen gefunden; aber wir haben keine Beweise dafür, daß dies ihre einzigen Wohnstätten waren; es ist möglich, daß uns die Zeit nur die Überreste der in den Höhlen lebenden Menschen bewahrt hat.

EINLEITUNG · DIE ENTSTEHUNG DER KULTUR

DIE FRÜHZEIT DES MENSCHEN VOM FRÜHESTEN ERDZEITALTER

Geologie	Archäologie	Milliarden Jahre zurück	
Präkambrium Frühestes Erdzeitalter		4,5 4 3 2 1	Erschaffung der Erde Bildung des Urmeers Erste Spuren von Leben, einzellige Algen und Bakterien, erscheinen im Wasser
		Millionen Jahre zurück	
		800	Erste sauerstoffatmende tierische Lebewesen erscheinen
Paläozoikum Erdaltzeit		600	Primitive Organismen entwickeln voneinander abhängige spezialisierte Zellen Panzertragende mehrzellige wirbellose Tiere
			Evolution der Panzerfische, der ersten Tiere mit Wirbelsäule
		400	Kleine Amphibien wagen sich aufs Land Reptilien und Insekten entstehen Theocondontier, Vorfahren der Dinosaurier, erscheinen
Mesozoikum Erdmittelalter		200	Das Zeitalter der Dinosaurier beginnt
			Vögel erscheinen Säugetiere leben im Schatten der Dinosaurier Das Zeitalter der Dinosaurier geht zu Ende
		80	
Känozoikum Erdneuzeit			Prosimier, die frühesten Primaten, entwickeln sich auf Bäumen
		60	
		40	Affen und Menschenaffen erscheinen
		20	
		10	Ramapithecus, der älteste bekannte Primat mit menschenähnlichen Zügen, entwickelt sich in Indien und Afrika
		8	
		6	
		4	Australopithecus, der unmittelbarste Primatenvorfahr des Menschen, erscheint in Afrika
Unteres Pleistozän Älteste Periode der Neuzeit	Unteres Paläolithikum Älteste Periode der Altsteinzeit	2	Das älteste bekannte Werkzeug wird in Afrika von Menschen hergestellt Der erste echte Mensch, Homo erectus, erscheint in Ostindien und Afrika
		1	Homo erectus wandert durch die Tropen der Alten Welt

DIE PRÄHISTORISCHEN ANFÄNGE DER KULTUR

BIS ZUM ENDE DER JUNGSTEINZEIT

Geologie	Archäologie	Jahrtausende zurück	
Mittleres Pleistozän Mittlere Periode der Neuzeit	Unteres Paläolithikum Älteste Periode der Altsteinzeit	800	Homo erectus bevölkert die gemäßigten Zonen
			Der Mensch lernt den Gebrauch des Feuers
		600	
			Große organisierte Elefantenjagden finden in Europa statt
		400	Der Mensch beginnt, künstliche Heimstätten aus Zweigen und Fellen zu bauen
		200	
Oberes Pleistozän Jüngste Periode der Neuzeit	Mittleres Paläolithikum Mittlere Periode der Altsteinzeit		Der Neandertaler erscheint in Europa
		80	
		60	Rituelle Begräbnisse in Europa und Vorderasien deuten auf den Glauben an ein Leben nach dem Tode hin Neandertaler jagen in Nordeuropa Wollmammute
		40	Der Höhlenbär wird Mittelpunkt kultischer Verehrung in Europa Der Cro-Magnon-Mensch erscheint in Europa
	Oberes Paläolithikum	30	
	Jüngste Periode der Altsteinzeit		Der Mensch erreicht Australien
			Die älteste bekannte schriftliche Aufzeichnung, ein Mondkalender auf Knochen, wird in Europa hergestellt Asiatische Jäger überqueren die Beringstraße und bevölkern Amerika Figurinen werden geschnitzt und bei der Naturverehrung verwendet Erste Künstler bemalen Höhlenwände und -decken in Frankreich und Spanien
		20	Die Erfindung der Nadel ermöglicht das Nähen Auf den Great Plains in Nordamerika beginnt die Bisonjagd
Holozän Jetztzeit	Mesolithikum Mittelsteinzeit	10	Erfindung von Pfeil und Bogen in Europa
			In Nordamerika wird der Hund domestiziert
		9	Die erste Stadt – Jericho – wird gebaut Im Vorderen Orient werden Schafe domestiziert
	Neolithikum Jungsteinzeit	8	Die ersten Töpferwaren entstehen in Japan In Persien werden Ziegen domestiziert Der Mensch baut das erste Getreide, Weizen und Gerste, im Vorderen Orient an
		7	Im Vorderen Orient entwickeln sich dörfliche Lebensformen Catal Huyuk in der heutigen Türkei wird das erste Handelszentrum Im Vorderen Orient wird der Webstuhl erfunden Der Ackerbau verdrängt in Europa langsam die Jagd
		6	Rindvieh wird im Vorderen Orient domestiziert Im Gebiet des Mittelmeers wird mit Kupfer gehandelt

Letzte Eiszeit

nach TIME-LIFE International „Die Frühzeit des Menschen", 1973

98 EINLEITUNG · DIE ENTSTEHUNG DER KULTUR

2. DIE KUNST DER ALTSTEINZEIT

Geräte · Feuer · Malerei · Skulptur

Wenn wir nun die vom paläolithischen Menschen geschaffenen Geräte aufzählen, werden wir von seinem Leben eine deutlichere Idee gewinnen, als wenn wir der Phantasie freies Spiel geben. Es war natürlich, daß der Faustkeil das erste Gerät darstellte und mehr, als ein Tier es vermochte, zum Lehrmeister des Menschen wurde. So benutzte der Mensch der Urzeit den Faustkeil, einen Stein, der an einem Ende scharf, am anderen aber rund und der Hand angepaßt war, als Hammer, Axt, Meißel, Kratzeisen, Messer und Säge. Selbst heute noch bedeutet das Wort *Hammer* etymologisch einen Stein. Stufenweise differenzierte der Handwerker die besonderen Geräte aus der zugrunde liegenden, homogenen Form: Er bohrte Löcher, um einen Griff anzubringen, schlug Zacken aus, um eine Säge herzustellen, und versah den Faustkeil mit Ästen, damit er ihm als Spitzhacke, Pfeil oder Speer diene. Aus dem muschelförmigen Stein wurde eine Schaufel oder eine Haue und aus dem rauhen eine Feile. Der Stein in der Schlinge dagegen diente als Kriegswaffe, die sogar das klassische Altertum überlebte. Als dem paläolithischen Menschen nicht mehr ausschließlich der Stein, sondern auch Knochen, Holz und Elfenbein zur Verfügung standen, wurde er in die Lage versetzt, eine reiche Auswahl an Geräten und Waffen zu verfertigen: darunter Werkzeuge zum Polieren, ferner Mörser, Äxte, Hobel, Kratzeisen, Bohrer, Lampen, Messer, Stemmeisen, Hackblöcke, Lanzen, Ambosse, Dolche, Fischangeln, Harpunen, Keile, Ahlen und Stifte. Jeden Tag stolperte er über neues Wissen, und manchmal besaß er Verstand genug, um seine zufälligen Entdeckungen zweckmäßig anzuwenden.

Aber seine größte Errungenschaft war das Feuer. Darwin meint, daß unter Umständen die heiße Lava der Vulkane die Menschen diese Kunst gelehrt hätte; nach Aischylos gelang es Prometheus, einen Narthexstengel in dem brennenden Krater eines Vulkans auf der Insel Lemnos anzuzünden. Unter den Überresten der Neandertaler finden wir Spuren von Holzkohle und verkohlten Knochen; so wäre denn das vom Menschen gefundene Feuer zumindest 100 000 Jahre alt. Der Angehörige der Cro-Magnon-Rasse wetzte Steinschalen, um den Talg, den er zur Beleuchtung verwendete, darin aufzubewahren. Vermutlich war es das Feuer, das den Menschen in die Lage versetzte, der Kältegefahr des heranrückenden Eises standzuhalten. Das Feuer erlaubte ihm nachts, ungeschützt am Boden zu schlafen, da die Tiere das Wunder im gleichen Maße fürchteten, als es der Mensch verehrte. Das Feuer eroberte das Dunkel und verminderte die Angst, ein Vorgang, der sich wie ein goldener Faden durch die so wenig glanzvolle Geschichte zieht. Dem Feuer verdankt der Mensch auch die alte und ehrenwerte Kunst des Kochens, derzufolge er seine Ernährung auf tausend zuvor uneßbare Nahrungsmittel auszudehnen vermochte, und schließlich benutzte er die geheimnisvolle Kraft des Feuers zum Schmelzen der Metalle, dem einzigen wirklichen Fortschritt in der Technik von der Cro-Magnon-Zeit bis zur industriellen Revolution.

Es ist sonderbar – und mutet wie eine Bestätigung der Zeilen Gautiers an, der in der Kunst eine Kaiser und Staaten überdauernde Erscheinung sah –, daß die besterhaltenen

DIE PRÄHISTORISCHEN ANFÄNGE DER KULTUR

Überreste der paläolithischen Kultur die Fragmente der Kunst sind. Vor siebzig Jahren entdeckte Señor Marcelino de Sautuola auf seiner Besitzung in Altamira, Nordspanien, eine große Höhle. Jahrtausendelang hatten gefallene Felsblöcke den Eingang hermetisch abgeschlossen. Nun machten bauliche Erweiterungen Sprengungen nötig, und so wurde zufällig der Eingang der Höhle aufgerissen. Drei Jahre später erforschte Sautuola die Höhle, und sonderbare Zeichen auf den Wänden fielen ihm auf. Da nahm er eines Tages seine kleine Tochter mit sich. Da diese sich beim Betreten der Höhle nicht wie ihr Vater bücken mußte, war sie imstande, hinaufzusehen und das Deckengewölbe zu betrachten. Da sah sie in dunklem Umriß einen großen Wisent prächtig gemalt und gezeichnet, und bei den darauf stattfindenden Untersuchungen wurden noch weitere Bilder auf Boden und Wänden entdeckt. Als Sautuola im Jahre 1880 seinen Bericht über diese Beobachtungen veröffentlichte, nahmen ihn die Archäologen mit humorvoller Skepsis auf. Einige taten ihm die Ehre an, die Zeichnungen zu prüfen, um sie hernach als Fälschungen eines Betrügers auszugeben. Dieser an und für sich erklärliche Unglaube dauerte dreißig Jahre. Dann bestätigte die Entdeckung ähnlicher Zeichnungen in anderen als prähistorisch erkannten Höhlen Sautuolas Urteil. Aber Sautuola war bereits gestorben. Nun kamen die Geologen nach Altamira und erklärten mit der Einstimmigkeit der Spätern, der Stalagmitenüberzug auf vielen Zeichnungen sei ein paläolithischer Niederschlag. Heute werden die Altamirazeichnungen und der Großteil der noch vorhandenen prähistorischen Kunst der Zeit um 30 000 v. Chr. zugerechnet. Spätere, aber noch immer der Altsteinzeit zugewiesene Malereien sind noch in anderen Höhlen Frankreichs und Spaniens gefunden worden.

Gegenstand dieser Malereien sind meistens Rentiere, Mammute, Pferde, Eber, Bären usw., deren Fleisch der Mensch der Urzeit wohl besonders liebte und auf die er daher eifrig Jagd machte. Manchmal erscheinen diese Tiere auf Darstellungen mit Pfeilen durchbohrt; nach Frazer und Reinach handelt es sich dabei um magische Bilder, die den Zweck verfolgten, das Tier in die Gewalt des Menschen zu bringen und ihm als Speise zu dienen. Aber es ist gut denkbar, daß diese ältesten Malereien ein Ausdruck reiner Kunst sind und der Freude am ästhetischen Schaffen ihre Entstehung verdanken. Für magische Zwecke genügten die rohesten Darstellungen, hier hingegen finden sich Zeichnungen von solcher Feinheit, Kraft und Gewandtheit, daß der Gedanke naheliegt, die Kunst habe, zumindest auf diesem Gebiet, im Laufe der Geschichte nicht sehr große Fortschritte zu verzeichnen. Hier werden in wenigen kühnen Strichen Leben, Handlung, Adel eindrucksvoll zur Geltung gebracht; hier schafft ein einziger Strich (oder sind nur die anderen verblichen?) ein lebensvolles, sprungbereites Tier. Werden Leonardos *Abendmahl* oder Grecos *Himmelfahrt* nach dreißigtausend Jahren auch so gut erhalten sein wie diese Cro-Magnon-Malereien?

Die Malerei ist eine verfeinerte Kunst, die viele Jahrhunderte geistiger und technischer Entfaltung voraussetzt. Der modernen Theorie zufolge entwickelte sie sich nämlich aus der Bildhauerarbeit, indem der Künstler von der Rundschnitzerei zum Basrelief und von diesem schließlich zum bloßen Umriß und zur Farbe überging, so daß man sagen kann, die Malerei sei Skulptur minus eine Dimension. In den Fundstellen prähistorischer Kultur findet man überall in den Mittel-

100 EINLEITUNG · DIE ENTSTEHUNG DER KULTUR

meerländern, in Ägypten, Kreta, Italien, Frankreich und Spanien, zahllose Figuren kleiner fett-
leibiger Frauen, auch zweigeschlechtlicher Menschendarstellungen, die entweder eine Mutter-
schaftsanbetung oder Fruchtbarkeitssymbole darstellen. Steinstatuen eines wilden Pferdes, eines
Rentiers und eines Mammuts sind in der Tschechoslowakei zusammen mit Überresten, die anscheinend aus der Zeit von 30 000 v. Chr. stammen, ausgegraben worden.

Die Auffassung der Geschichte als eines Fortschrittsprozesses gerät ins Wanken,
wenn wir in Erwägung ziehen, daß diese Statuen, Basreliefs und Malereien, wie zahlreich sie auch sein mögen, nur einen winzigen Bruchteil der Kunst darstellen, die das
Leben des ursprünglichen Menschen veredelte und ausschmückte. Was sich erhalten
hat, wurde in Höhlen gefunden, die dem Vernichtungskampf der Naturkräfte einen
Damm entgegensetzten; demnach läßt sich daraus nicht folgern, daß die vorgeschichtlichen Menschen nur als Höhlenbewohner künstlerisch tätig waren. Vielmehr können
sie ebenso eifrig und unermüdlich wie die Japaner geschnitzt und ebenso reichhaltig
wie die Griechen Statuen errichtet haben. Sie können nicht nur die Wände in ihren
Höhlen, sondern auch Stoffe, Holz, alles – sich selbst nicht ausgenommen – bemalt
haben. Vielleicht vollendeten sie Meisterwerke, die den von uns entdeckten Fragmenten überlegen waren. In einer Grotte wurde ein aus Rentierknochen hergestelltes Rohr
aufgefunden, das noch mit Farbstoff gefüllt war; in einer anderen fand man eine steinerne Palette, an der eine starke, rote Ockerfarbe klebte, die das Abrollen von zweihundert Jahrhunderten nicht hatte verflüchtigen können. Anscheinend waren die Künste
vor achtzehntausend Jahren hoch entwickelt und weit verbreitet. Vielleicht gab es bereits unter den paläolithischen Menschen die Kategorie Berufskünstler.

II. DIE NEOLITHISCHE KULTUR

Die Muschelhaufen · Die Pfahlbauer · Das Auftreten des Ackerbaus · Die Zähmung der Tiere
Technik · Neolithische Webekunst · Töpferei · Bau- und Transportwesen · Religion
Wissenschaft · Zusammenfassender Überblick über die prähistorische Vorbereitung der Zivilisation

Verschiedene Male in den letzten hundert Jahren sind große Schuttmassen, anscheinend prähistorischen Ursprungs, in Frankreich, Sardinien, Portugal, Brasilien, Japan und in der Mandschurei, hauptsächlich aber in Dänemark gefunden worden. Hier erhielten diese Schuttablage-
rungen den bezeichnenden und des Humors nicht entbehrenden Namen Kjökken-möddinger (=
Küchenmisthaufen). In Wirklichkeit bestehen sie größtenteils aus Muscheln, Austern und Ufer-
schnecken, ferner aus den Knochen verschiedener Land- und Wassertiere, aus allerhand Waffen
und Werkzeugen aus Horn, Knochen und unpoliertem Stein, aus Mineralresten wie Holzkohle
und Asche und aus Gefäßscherben. Diese nicht sehr ansprechenden Überreste sind offenbar die
Ableger einer um das achte Jahrtausend v. Chr. gebildeten Kultur, die jünger war als die paläolithische, aber noch nicht richtig als neolithisch bezeichnet werden darf, da die Verwendung des
polierten Steins bei ihr nicht üblich war. Wir wissen kaum etwas von den Menschen, die diese
Muschelhaufen hinterließen, außer daß sie einen für ihre Verhältnisse gut ausgebildeten Geschmack besaßen. Zugleich stellen diese Haufen eine «mesolithische» Übergangsperiode zwischen dem paläolithischen und dem neolithischen Zeitraum dar.*

---

* Mesolithikum = Mittelsteinzeit, Neolithikum = Jungsteinzeit.

DIE PRÄHISTORISCHEN ANFÄNGE DER KULTUR

Im Jahre 1854 war der Winter ungewöhnlich trocken, und das Niveau der Schweizer Seen sank und enthüllte eine bisher unbekannte Epoche der Vorgeschichte. An etwa zweihundert Orten wurden in diesen Seen Pfähle aufgefunden, die drei bis sieben Jahrtausende lang unter dem Wasser gestanden hatten. Die Anordnung der Pfähle machte es klar, daß sie einmal kleine Dörfer auf ihrem Rost getragen, die vielleicht zum Zwecke der Isolierung oder Verteidigung so gebaut worden waren. Jedes dieser Dörfer stand durch eine schmale Brücke mit dem Ufersaum in Verbindung, und in manchen Fällen gelang es, die Reste solcher Brücken an Ort und Stelle aufzufinden. Selbst das Gerüst der Häuser hatte sich vereinzelt erhalten *. Unter diesen Pfahlbauten entdeckte man auch Knochengeräte und Werkzeuge aus *poliertem* Stein, der für die Archäologen das Erkennungszeichen des Neolithikums wurde, dessen Blüte in Asien um 8000, in Europa um 6000 v. Chr. anzusetzen ist. Diesen Überresten sind die gigantischen Hügelgräber im Tal des Mississippi und seiner Nebenflüsse zeitlich verwandt. Es sind dies Bauten, die uns die sonderbare Rasse der sogenannten Hügelbauer hinterlassen hat, über die wir sonst nichts wissen. Diese Hügel weisen die Form von Altären oder geometrischen Figuren, manchmal auch von Totemtieren auf; in ihnen fand man Gegenstände aus Stein, Muscheln, Knochen oder geschmiedetem Metall, die darauf hinweisen, daß die Träger jener Kultur der neolithischen Periode angehörten.

Wenn wir uns aus all diesen Funden ein Bild der Neusteinzeit zu gestalten versuchen, entdecken wir sofort eine überraschende Neuerung: den Ackerbau. Im großen ganzen ist die gesamte menschliche Geschichte in zwei Revolutionen verankert: in dem sich im Neolithikum vollziehenden Übergang vom Jägertum zum Ackerbau und im modernen Übergang vom Ackerbau zur Industrie; keine Revolution war so umwälzend wie diese beiden. Die Funde zeigen, daß die Pfahlbauer Weizen, Hirse, Roggen, Gerste und Hafer kannten, außerdem hundertzwanzig Arten von Früchten und verschiedene Sorten von Nüssen. Pflüge wurden nicht gefunden, wahrscheinlich weil die ersten Pflugscharen aus Holz hergestellt waren und bloß aus einem mit einer Feuersteinschneide versehenen starken Baumstamm und Ast bestanden; aber eine neolithische Felszeichnung zeigt unverkennbar einen Bauern, der einen von zwei Ochsen gezogenen Pflug führt. Damit tritt eine der epochemachenden Erfindungen der Geschichte in Erscheinung. Vor dem Ackerbau hatte die Erde (nach der etwas willkürlichen Schätzung von Sir Arthur Keith) nur zwanzig Millionen Menschen ernähren können, deren Leben Jagd und Krieg bedeutend verkürzten; nun begann jene Vermehrung des Menschengeschlechts, die seine Herrschaft über den Planeten endgültig begründete.

Daneben errichteten die Träger der Neusteinzeitkultur noch einen anderen Grundstock der Zivilisation: die Zähmung und Zucht der Tiere. Zweifelsohne war dies ein langwieriges Verfahren, dessen Ansätze schon vor der neolithischen Periode lagen. Die natürliche Geselligkeit kann zur Vereinigung von Mensch und Tier beigetragen haben,

---

* Überreste ähnlicher Seewohnstätten sind in Deutschland, Frankreich, Italien, Schottland, der UdSSR, in Nordamerika, Indien und anderswo gefunden worden. Solche Dörfer existieren noch heute auf Borneo, Sumatra, Neuguinea usw. Venezuela verdankt seinen Namen (Kleines Venedig) dem Umstande, daß Alonso de Ojeda bei seiner Entdeckung (1499) die Eingeborenen in Pfahlbauten auf dem Marakaibosee antraf.

EINLEITUNG · DIE ENTSTEHUNG DER KULTUR

und noch heute finden primitive Völker am Zähmen wilder Tiere Vergnügen und teilen ihre Hütten mit Affen, Papageien und ähnlichen bepelzten und gefiederten Kameraden. Unter den neolithischen Funden gehören die ältesten Knochen (ca. 8000 v. Chr.) dem Hunde an, der offenbar der älteste und ehrenwerteste Kamerad des Menschen war. Ein wenig später wurden Ziege, Schaf, Schwein und Ochse in menschlichen Dienst gezwungen (ca. 6000 v. Chr.). Schließlich zähmte der neolithische Mensch das Pferd, das, nach den Höhlenzeichnungen zu schließen, in der Altsteinzeit lediglich ein Raubtier war. Er machte es zum geliebten Sklaven, der auf hundert Arten durch angestrengte Arbeit seine Annehmlichkeit, seinen Reichtum und seine Macht vermehrte. Der neue Herr der Erde begann nun, seinen Nahrungsvorrat durch Schlachtung von Vieh ebenso wie mit dem Jagdertrag aufzufüllen, und vielleicht lernte er bereits damals die Kuhmilch genießen.

Die neolithischen Erfinder verbesserten und bereicherten langsam die Werkzeuge und Waffen des Menschen. Unter den Überresten finden wir daher Flaschenzüge, Hebel, Kratzeisen, Ahlen, Kneifzangen, Äxte, Hacken, Leitern, Meißel, Spindeln, Webstühle, Sicheln, Sägen, Fischangeln, Schlittschuhe, Nadeln, Spangen und Stifte. Wir finden auch das Rad, womit eine andere grundlegende Schöpfung des Menschen, eine der bescheidenen, aber wichtigsten Einrichtungen der Kultur, geschaffen wurde. Schon in der Neusteinzeit gab es verschiedenartige Scheiben und Speichen. Alle möglichen Steine – selbst die der Formung widerstrebenden Diorite und Obsidiane – wurden gewetzt, gebohrt und poliert. Nach Feuersteinen grub man in großem Ausmaß. In den Trümmern eines neolithischen Bergwerks in Brandon (England) wurden acht abgenutzte Spitzhacken aus Hirschhorn gefunden, deren staubige Oberfläche noch die Fingerabdrücke der Arbeiter aufwiesen, die diese Geräte vor zehntausend Jahren aus ihren Händen gelegt hatten. In Belgien entdeckte man das Skelett eines solchen Bergmannes der Neusteinzeit, der von einem fallenden Felsblock zermalmt worden war und mit seinen Händen noch immer die Spitzhacke umklammert hielt. Trotz der vielen Jahrtausende, die dazwischen liegen, empfinden wir ihn als einen von uns und teilen, indem wir sein Schicksal nacherleben, sein Grauen und seine Todesangst. Durch wie viele mühsame Jahrtausende haben unsere Vorfahren dem Erdinnern die der Zivilisation notwendigen Mineralien entrissen!

Sobald die Menschen Nadeln und Stifte erfunden hatten, begannen sie zu weben; oder vielleicht spielte sich der Vorgang umgekehrt ab: Als sie zu weben begannen, dachten sie daran, Nadeln und Stifte herzustellen. Es genügte ihnen nicht mehr, Pelze und Felle der Tiere als Kleidung zu gebrauchen, vielmehr webten sie die Wolle ihrer Schafe und die Fasern der Pflanzen zu Gewändern; so kennen wir das Gewand des Hindu, die Toga der Griechen, den Rock der Ägypter und die ganze bezaubernde Fülle der menschlichen Trachten. Aus den Fruchtsäften oder aus Mineralien gewann der Arbeiter die nötigen Farben, deren Pracht die Herrscher schmückte. Es scheint, daß die Menschen ihre ersten Webstoffe geflochten haben, wie sie Stroh flochten; dann bohrten sie Löcher in die Felle und banden diese mit den durch die Löcher gezogenen groben Fasern zusammen. Allmählich entstand aus den Fibern der Faden, und nun wurde das Nähen eine der häuslichen Künste der Frau. Die Steinspindeln unter den neolithischen Überresten offenbaren daher den Ursprung eines wichtigen Zweiges des menschlichen Gewerbes. Selbst Spiegel sind gefunden worden; alles war für die Zivilisation bereit.

DIE PRÄHISTORISCHEN ANFÄNGE DER KULTUR   103

In den früheren paläolithischen Gräbern entdeckten wir keine Tongefäße. Der Ursprung der Kunst der Töpferei ist natürlich unbekannt. Vielleicht wurde jemand, der größere Beobachtungsgabe besaß, auf den Umstand aufmerksam, daß die vom Fuß im Lehm zurückgelassene Einsenkung das Wasser nicht durchließ. Jahrtausendelang bewahrte der Mensch Trank und Speise in so natürlichen Behältern wie Kürbisschalen, Kokosnüssen und Meermuscheln auf; dann verfertigte er Schalen und Löffel aus Holz oder Stein und Körbe aus Binsen oder Stroh; schließlich aber formte er dauerhafte Gefäße aus gebranntem Lehm und schuf auf diese Art ein neues großes Gewerbe. Soweit uns die Fundmassen orientieren, war dem neolithischen Menschen die Töpferscheibe unbekannt; aber mit seinen eigenen Händen bildete er aus Lehm nicht nur Gebrauchsgegenstände, sondern auch künstlerische, mit schlichten Zeichnungen verzierte Gefäße und gestaltete so eine neue Entdeckung gleichzeitig zu einem Handwerk und zu einer Kunst.

In dieser Epoche finden wir auch die ersten Anhaltspunkte für ein anderes Gewerbe: das Bauwesen. Die paläolithischen Menschen hinterließen keinerlei Spuren von Wohnstätten außer den Höhlen. Aber unter den neolithischen Überresten finden wir Bauvorrichtungen wie die Leiter, den Flaschenzug, den Hebel und das Scharnier. Die Pfahlbauer waren offenbar tüchtige Zimmerleute, sie befestigten Balken und Pfähle mit starken Holzpflöcken oder errichteten ein Kreuzgebälk, um den Bau widerstandsfähiger zu machen. Der Boden ihrer Behausungen bestand aus festgetretenem Lehm, die Wände aus einem Flechtwerk mit Lehmbewurf und das Dach aus Rinde, Stroh, Binsen oder Schilfrohr. Rad und Flaschenzug leisteten im Materialtransport dieser ersten Baumeister gute Dienste. Auch aus dem Transportwesen erwuchs nach und nach ein Gewerbe, Kähne wurden gebaut, und auf den friedlichen Seen entfaltete sich wohl bald ein buntes Leben. Der aufblühende Handel eilte über die Berge und zu fernen Erdteilen. Bernstein, Diorit, Jade und Obsidian wurden von weither nach Europa gebracht. Die Ähnlichkeit von Wörtern, Buchstaben, Legenden, Tongefäßen und Zeichnungen verraten eine kulturelle Fühlungnahme der verschiedenen prähistorischen Menschengruppen.

Abgesehen vom Steingut hat uns die Neusteinzeit keine andere Kunst hinterlassen, nichts, was sich mit Malerei und Bildhauerarbeit der paläolithischen Menschen vergleichen ließe. Da und dort finden wir an den Stätten neolithischen Lebens, von England bis nach China, kreisförmige Steinhaufen, sogenannte Dolmen, kerzengerade Monolithe, Menhire oder riesige Kromleche, Steinbauten, deren Zweck unbekannt ist, wie jene in Stonehenge oder in Morbihan. Wahrscheinlich werden uns Bedeutung und Funktion dieser Steinblöcke ewig verborgen bleiben. Immerhin ist es möglich, daß es sich um Altar- und Tempelüberreste handelt; denn der neolithische Mensch besaß sicherlich eine Religion und stellte wohl auch in seinen Sagen den täglichen Sieg und das Unterliegen der Sonne dar, das Welken und Erstehen der Natur und die seltsamen Einwirkungen des Mondes. Wir können die historischen Glaubensbekenntnisse nicht begreifen, wenn wir nicht solche prähistorische Ursprünge als einflußgebend voraussetzen. Vielleicht war auch die Anordnung der Steine von astronomischen Erwägungen bestimmt und läßt, wie Schneider glaubt, eine Kenntnis des Kalenders vermuten. Einige wissenschaftliche Kenntnisse waren jedenfalls vorhanden, denn gewisse neolithische Schädel weisen Spuren der Trepanierung auf, und mehrere Skelette zeigen gebrochene und wiedereingerenkte Gliedmaßen.

Wir können die Errungenschaften der prähistorischen Menschen nur schwer einschätzen; denn wir müssen uns davor hüten, bei der Vorstellung ihrer Lebensweise die Phantasie allzusehr walten zu lassen. Ferner hegen wir den Verdacht, daß die Zeit viele Kulturdenkmäler zerstört hat, die die Kluft zwischen dem uranfänglichen und dem modernen Menschen verengern könnten. Doch schon das, was sich aus dem Steinzeitalter erhalten hat, genügt, um in uns einen mächtigen Eindruck zu erwecken. Paläolithische Gerätschaften, Feuer und Kunst, später der Ackerbau des Neolithikums,

Tierzucht, Weberei und Töpferei, Bau- und Transportwesen und Medizin festigten alle die Herrschaft des Menschen über die Erde und dienten der Mehrung seines Geschlechts. Alle Grundsteine waren gelegt, alles war für die historischen Kulturen vorbereitet, außer *(vielleicht)* der Nutzung der Metalle, dem Gebrauch der Schrift und der Einrichtung des Staates. Man lasse die Menschen ein Mittel ausfindig machen, um ihre Gedanken und Leistungen aufzuzeichnen und den Generationen sicherer zu überliefern, und die Kultur beginnt.

III. DER ÜBERGANG ZUR GESCHICHTE

1. DAS AUFTRETEN DER METALLE

Kupfer · Bronze · Eisen

Wann und wie kam der Mensch auf den Gedanken, die Erze zu verwerten? Wir wissen es nicht, nehmen aber an, es sei zufällig geschehen, und folgern aus dem Fehlen früherer Spuren, daß diese Erfindung gegen Ende der neolithischen Ära verwirklicht wurde. Wenn wir nun diesen Zeitpunkt auf 4000 v. Chr. festsetzen, so ergibt sich daraus, daß die Erzverarbeitung, ähnlich wie die Schrift und die Kultur, sechstausend Jahre alt ist, wogegen die Steinzeit achtzigtausend und das Alter des Menschen zwei Millionen Jahre betragen. So jung ist das Geschehen, das den Gegenstand unserer Geschichte darstellt. Unserer Kenntnis nach war Kupfer das erste vom Menschen verwendete Metall. Wir finden es in einer Pfahlbausiedlung in Robenhausen (Schweiz) ca. 6000 v. Chr., im prähistorischen Mesopotamien ca. 4500 v. Chr., in den ägyptischen Gräbern von Badari 4000 v. Chr., in den Trümmern von Ur ca. 3100 v. Chr. und unter den Überresten der nordamerikanischen Hügelbauer (Mount Builders) um 3000 v. Chr. Das Zeitalter der Metalle begann nicht mit ihrer Entdeckung, sondern mit ihrer Umgestaltung zu menschlichen Zwecken durch Feuer und Arbeit. Die Kenner des Hüttenwesens glauben, daß das erstmalige Schmelzen des in Steinlagern vorkommenden Kupfers sich durch Zufall vollzog, und zwar etwa so, daß in irgendeiner menschlichen Feuerstätte Kupfer zwischen den die Flammen umschließenden Steinen lag und geschmolzen wurde. Solche Vorgänge werden auch in unseren Tagen bei Lagerfeuern der Primitiven beobachtet. Durch die Entwicklung dieses Schmelzverfahrens kam der Mensch möglicherweise vom spröden Steine ab und fand im schmiedbaren Metall einen zu Waffen und Werkzeugen leichter umzubildenden Stoff. Vermutlich gebrauchten unsere Vorfahren das Metall zuerst in dem Zustande, in dem sie es in der Natur vorfanden, häufig beinahe rein, meistens aber in Verbindungen mit anderem Material. Erst später – etwa um 5000 v. Chr. – entdeckten die Menschen in den Gebieten des östlichen Mittelmeers die Kunst des Schmelzens, und nun gelang es ihnen, die Metalle dem Steinerz abzugewinnen. Nach einem weiteren Zeitraum erfanden sie um ungefähr 3000 v. Chr. den Metallguß, den wir auf den Basreliefs des Grabmals von Rekh-mara in Ägypten (1500 v. Chr.) dargestellt finden. Sie taten jetzt das geschmolzene Kupfer in einen Sand- oder Lehmbehälter von bestimmter Form und ließen es er-

DIE PRÄHISTORISCHEN ANFÄNGE DER KULTUR 105

kalten. Auf diese Art erhielten sie den gewünschten Gegenstand, eine Speerspitze, eine Axt usw. Bald wendete der Mensch das neuentdeckte Verfahren auf verschiedene Metalle an und erhielt so die festen Grundstoffe, mit deren Hilfe er später große Industrien aufbauen und sich die Eroberung der Erde, des Meeres und der Luft sichern sollte. Vielleicht waren die östlichen Mittelmeerländer einst sehr kupferreich, so daß ab dem 6. Jahrtausend v. Chr. in Elam, Mesopotamien und Ägypten mächtige Kulturen entstehen konnten, die sich von dort nach allen Richtungen ausbreiteten und die Gestalt der Welt veränderten.

Das Kupfer war weich und für manche Zwecke wunderbar geschmeidig (was würde unsere elektrifizierte Industrie ohne Kupfer tun?), doch wo es galt, dauerhafte und starke Gebrauchsgegenstände und Waffen zu schmieden, da benötigte der Mensch zur Verhärtung des Metalls noch eine Legierung. Die Natur lieferte dem Menschen Zinn und Zink, die oft durch Zufall mit Kupfer vermischt zu Bronze und Messing verhärtet waren, doch dürften Jahrhunderte vergangen sein, bevor der erfinderische Geist sich zum nächsten Schritt entschloß und durch reifliches Überlegen die verschiedenen Metalle so schmolz, daß jeweils die seinem Bedürfnis entsprechenden Mischungen entstanden. Die Entdeckung des Schmelzverfahrens ist zumindest fünftausend Jahre alt; denn wir finden Bronze unter den kretischen und ägyptischen Überresten 3000 und 2800 v. Chr. und in der sogenannten «zweiten Stadt» von Troia 2000 v. Chr. Wir können nicht von einer einheitlichen «Bronzezeit» sprechen, denn das Metall kam in verschiedenen Epochen zu den einzelnen Völkern, und die Bezeichnung hätte daher keine chronologische Bedeutung; außerdem gab es Kulturen, wie die Finnlands, Nordrußlands, Polynesiens, Zentralafrikas, Südindiens, Nordamerikas, Australiens und Japans, die die Bronzezeit nicht kannten, sondern unmittelbar vom Steinzeitalter zur Kultur des Eisens übergingen. Bei den Völkern, die die Bronze verwendeten, scheint sie übrigens einen untergeordneten Platz eingenommen zu haben und ein Luxus der Priester, Aristokraten und Könige gewesen zu sein, während die Gemeinen mit Steinwerkzeug vorliebnehmen mußten. Selbst die Bezeichnungen «Altsteinzeit» und «Neusteinzeit» sind relativ und bestimmen eher Zustände als Zeitläufte; viele Primitivvölker (zum Beispiel Eskimos und Polynesier) verblieben bis zum heutigen Tage in der Steinzeitkultur und kennen das Eisen nur als einen wertvollen, ihnen von den Forschern gebrachten Gegenstand. Kapitän Cook kaufte 1778 bei seiner Landung in Neuseeland verschiedene Schweine für wenige Nägel. Ein anderer Reisender spricht von den Bewohnern der Hunde-Insel, sie seien «besonders gierig nach Eisen und trachteten danach, die Nägel aus dem Schiff zu ziehen».

Bronze ist stark und haltbar, aber Kupfer und Zinn, die zu ihrer Herstellung erforderlich sind, kommen nur an wenig Orten im Überfluß vor und lassen sich nicht immer auf bequeme Art abbauen. Früher oder später mußte daher das Eisen als neues Metall zu den bisher gefundenen hinzutreten. Es ist eine der Anomalien der Geschichte, daß es trotz seiner reichen Lager später als Kupfer und Bronze erschien. Es kann sein, daß die Menschen der Frühzeit zuerst das Eisen der Meteore für ihre Waffen verwendeten, wie es anscheinend die Hügelbauer getan haben und wie es heute noch manche Natur-

106   EINLEITUNG · DIE ENTSTEHUNG DER KULTUR

völker tun, bevor sie ins Erdinnere drangen, das Eisen den Steinlagern entnahmen, im Feuer schmolzen und zu Schmiedeeisen verarbeiteten. In prädynastischen ägyptischen Grabstätten fand man Bruchstücke anscheinend meteorischen Eisens, und babylonische Inschriften erwähnen, daß in der Hauptstadt Hammurabis um 2100 v. Chr. das Eisen als große Seltenheit galt. Eine wahrscheinlich viertausend Jahre alte Eisengießerei ist in Nord-Rhodesien entdeckt worden, woraus sich ergibt, daß der Bergbau in Südafrika keine moderne Erfindung ist. Das älteste uns bekannte *gegossene* Eisen fand man in Gerar (Palästina). Es sind verschiedene Messer, und Petrie datiert sie auf 1350 v. Chr. Ein Jahrhundert später, zur Zeit der Herrschaft des großen Ramses II., tritt das Metall in Ägypten auf, und nach weiteren hundert Jahren erscheint es an der ägäischen Küste. In Westeuropa findet es sich zum ersten Male in Hallstatt (Österreich) ca. 750 v. Chr. und in der La Tène-Kultur der Schweiz ab ca. 500 v. Chr. Alexander brachte es nach Indien, Kolumbus nach Amerika und Cook nach Ozeanien. In so gemächlichem Schritte hat das Eisen von Jahrhundert zu Jahrhundert seine rauhe Eroberung der Erde vollendet.

2. DIE SCHRIFT

Die Möglichkeit eines keramischen Ursprungs · Das «Mittelmeer-Signarium» · Hieroglyphen
Das Alphabet

Der weitaus bedeutendste Schritt im Übergang von der Primitivstufe zur Kultur war die Schrift. Die Tonscherben der neolithischen Fundmassen weisen zuweilen gemalte Linien auf, die verschiedene Gelehrte als Zeichen auslegten. Es ist zweifelhaft, aber doch möglich, daß die Schrift, die im weitesten Sinne einzelne Gedanken durch graphische Symbole veranschaulicht, aus Zeichen entstand, die der Nagel oder Finger in den noch weichen Lehm einritzte, um dadurch die Gefäße zu verzieren und die einzelnen Stücke voneinander zu unterscheiden. In den frühesten sumerischen Hieroglyphen stellen wir eine auffallende Ähnlichkeit des Bildzeichens für Vogel mit den Vogelverzierungen auf den ältesten Tonwaren von Susa fest. Das früheste Bildzeichen für Korn ist dem geometrischen Kornschmuck der Vasen von Sumer und Susa entnommen. Die sumerische Linienschrift ist in ihren Anfängen ca. 3600 v. Chr. anscheinend eine Abkürzungsform der im unteren Mesopotamien und in Elam auf primitive Tongefäße gemalten oder gepreßten Zeichen und Bilder. Die Schrift war also wie die Malerei und Skulptur möglicherweise ursprünglich eine keramische Kunst. Sie wurde eingeritzt oder aufgemalt, und die gleiche Erde, die dem Töpfer Vasen, dem Bildhauer Figuren und dem Baumeister Ziegel zur Verfügung stellte, lieferte dem Schriftgelehrten auch sein Schreibmaterial. Aus solchem Anfang entwickelte sich jedenfalls logisch und verständlich die Keilschrift Mesopotamiens.

Die nach der Forschung ältesten graphischen Symbole sind von Flinders Petrie (1853–1942) auf Vasen und Steinen in den prähistorischen Gräbern Ägyptens, Spaniens und des Vorderen Orients entdeckt worden. Petrie spricht ihnen mit der bei ihm gewohnten Großzügigkeit ein Alter von siebentausend Jahren zu. Dieses «Mittelmeer-Signarium» hatte ungefähr dreihundert

DIE PRÄHISTORISCHEN ANFÄNGE DER KULTUR   107

Zeichen: die meisten blieben sich an allen Orten gleich und liefern den Beweis für die bereits
5000 v. Chr. die entlegensten Mittelmeerregionen untereinander in Beziehung setzenden kommerziellen Verbindungen. Es handelt sich bei diesem Signarium nicht etwa um eine Bilderschrift, sondern um merkantile Symbole, um Eigentumszeichen, Mengenangaben oder andere
geschäftliche Anmerkungen; der moderne Kaufmann kann sich mit dem Gedanken trösten, daß
die Literatur aus Frachtbriefen entstand. Die geläufigen Zeichen stellten nicht einzelne Buchstaben dar, sondern deuteten ganze Wörter oder Ideen an; doch sahen allerdings viele den Buchstaben des «phoinikischen» Alphabets erstaunlich ähnlich. Petrie schließt daraus, daß «sich in
primitiven Zeiten nach und nach ein großes Zeichensystem entwickelt hatte und den verschiedensten Zwecken dienstbar gemacht worden war. Der Handel führte einen mannigfachen Zei-
chentausch herbei und verbreitete die graphischen Symbole in allen Ländern, bis dann
schließlich zwei Dutzend Zeichen den Sieg davontrugen und bei verschiedenen handeltreiben-
den Völkern zu alleiniger Geltung gelangten, während die örtlichen Überbleibsel anderer
Formen allmählich in einsamer Abgeschiedenheit erloschen.» Daß dieses Signarium der Ursprung des Alphabets war, ist eine interessante Theorie, und Professor Petrie besitzt den
Vorzug, ihr alleiniger Verfechter zu sein.

Was immer auch die Entwicklung dieser frühen Handelssymbole bedeutet haben
mag, daneben entstand eine andere Schriftform, die dem Zeichnen und Malen entlehnt
war und durch allerhand Bilder zusammenhängende Gedanken mitteilte. Die Felsen am
Oberen See (Lake Superior) weisen noch heute die Spuren der Bilder auf, mit deren
Hilfe die amerikanischen Indianer der Nachwelt und ihren Zeitgenossen die Geschichte
ihrer Seeüberquerung stolz erzählten. Eine ähnliche Entfaltung vom Zeichnen zur
Schrift scheint am Ende der neolithischen Periode in der Mittelmeerwelt ausgebildet
worden zu sein. Sicherlich hatten Elam, Sumer und Ägypten schon 3600 v. Chr. und
vielleicht auch früher ein System von Gedankenbildern entwickelt, die Hieroglyphen,
die ihren Namen dem Umstand verdankten, daß besonders die Priester in dieser Schrift
bewandert waren. Ein ähnliches System entstand ca. 2500 v. Chr. auf Kreta. Wir werden später sehen, wie diese den Gedanken verbildlichenden Hieroglyphen durch den
Gebrauch entartet und zu Syllabarien schematisiert wurden, das heißt zu einer Sammlung von bloßen Silbenzeichen, die schließlich nicht mehr die ganze Silbe, sondern nur
noch den Anfangslaut darstellten und somit zu Buchstaben wurden. Die ägyptische
Buchstabenschrift geht auf das Jahr 3000 v. Chr. zurück; die kretische bildete sich
etwa seit 1600 v. Chr. aus. Die Phoiniker schufen das Alphabet nicht selbst, sondern
benutzten es nur, um Geschäfte zu machen; sie entlehnten es anscheinend von Ägypten
und Kreta, brachten es Buchstabe für Buchstabe nach Tyrus, Sidon und Byblos und ex-
portierten es als eifrige Vermittler der Kultur nach jeder Stadt des Mittelmeergebietes.
Zur Zeit Homers übernahmen die Griechen dieses phoinikische oder das ihm verwandte
aramäische Alphabet und benannten es nach den zwei ersten semitischen Buchstaben.
(*Alpha*, *Beta*; hebräisch *Aleph*, *Beth*).

Die Schrift scheint ein Erzeugnis und ein bequemes Hilfsmittel des Handels zu sein;
daraus kann die Menschheit aufs neue ersehen, wieviel sie dem Handel verdankt. Als die
Priester ein Bildersystem ersannen, um damit ihre magischen, religiösen und medizinischen Formeln niederzuschreiben, gingen die gewöhnlich in Konflikt lebenden weltlichen und geistlichen Mächte für einen Augenblick ineinander auf, um die seit dem

Erscheinen der Sprache größte menschliche Erfindung Wirklichkeit werden zu lassen. Die Schriftentfaltung bildete einen wichtigen Baustein der Zivilisation, weil sie die Aufzeichnung und Überlieferung des Wissens, das Anwachsen der Wissenschaft und Literatur und die Ausdehnung von Frieden und Ordnung unter verschiedenen, aber unter sich in Verbindung stehenden Stämmen, die die gleiche Sprache zu einem einzigen Staate einte, ermöglichte. Die früheste Erscheinung der Schrift kennzeichnet den Ausgangspunkt der Geschichte, der immer weiter zurückversetzt wird.

3. VERSCHWUNDENE KULTUREN

Polynesien · «Atlantis»

Indem wir uns nun der Geschichte der zivilisierten Nationen nähern, müssen wir bemerken, daß wir bloß ein einzelnes Bruchstück jener Kultur für unser Studium auswählen und daß wir damit vielleicht nur eine Minderheit der auf der Erde vermutlich dagewesenen Kulturen erfassen. Wir dürfen die Sagen nicht völlig ausschalten, da sie die Geschichte immer begleitet haben und uns von ehemals großen und entwickelten Kulturen berichten, die eine Naturkatastrophe oder ein gewaltiger Krieg einst spurlos vernichtet hat; die vor noch gar nicht so langer Zeit ausgegrabenen Kulturdenkmäler von Kreta, Sumer und Yucatan legen Zeugnis ab, wie solchen Sagen oft wirkliche Vorgänge zugrunde liegen.

Der Pazifische Ozean enthält zumindest eine dieser verschwundenen Kulturen. Die gigantischen Skulpturen der Osterinsel, die polynesische Tradition von mächtigen Völkern und heldenhaften Kriegern, die einst Samoa und Tahiti weithin berühmt machten, und die künstlerische Begabung und das dichterische Empfinden ihrer gegenwärtigen Bewohner sind Zeichen vergangenen Ruhms, Merkmale eines Volkes, das nicht zur Zivilisation aufzusteigen vermochte und den einst hohen Stand seiner Kultur eingebüßt hat. Und im Atlantischen Ozean verleiht die von Island bis gegen den Südpol sich hinziehende Atlantische Schwelle* eine Stütze der uns durch Platon so bezaubernd schön überlieferten Sage von einer Kultur, die einst auf einer mächtigen, an Ausdehnung einem Erdteil nicht unähnlichen Insel blühte, die zwischen Europa und Asien lag und die das Meer infolge einer Erderschütterung unter seinen Fluten begrub. Schliemann, der Troia zu neuem Leben erstehen ließ, glaubte, Atlantis habe den vermittelnden Ring zwischen den Kulturen Europas und Yucatans dargestellt, und die ägyptische Kultur habe auf diesem unbekannten Kontinent ihren Anfang genommen. Vielleicht war Amerika mit Atlantis identisch und die Prämayakultur in neolithischen Zeiten mit Afrika und Europa in Berührung gewesen. Möglicherweise ist jede Entdeckung eine Wiederentdeckung.

Wir dürfen wohl mit Aristoteles annehmen, daß es zahlreiche Kulturen gegeben hat, die große Erfindungen machten und einen gewissen Luxus kannten, dann aber zugrunde

---

* Ein unterseeisches Hochgebirge durchzieht 2000 oder 3000 Meter unter der Meeresoberfläche den mittleren Atlantik von Norden nach Süden und ist zu beiden Seiten von 5000–6000 Meter messenden «Tiefen» umgeben.

DIE PRÄHISTORISCHEN ANFÄNGE DER KULTUR 109

gingen und aus dem Gedächtnis der Menschheit entschwanden. Die Geschichte, sagt Bacon, gleicht den Trümmern eines Schiffbruchs: von der Vergangenheit ist mehr verloren als gerettet. Wir finden Trost im Gedanken, daß, gleich wie das individuelle Gedächtnis den Großteil der Erfahrung vergessen muß, um geistig gesund zu bleiben, auch die Rasse in ihrem Erbe nur die lebenswichtigsten und eindrucksvollsten – oder sind es bloß die am besten aufgezeichneten? – ihrer kulturellen Errungenschaften bewahrt hat. Selbst wenn das rassische Erbe nur ein Zehntel seines Reichtums betragen würde, vermöchte doch niemand, es voll und ganz in sich aufzunehmen. Wir werden bereits die uns bekannte Geschichte reich genug an Geschehen finden.

4. WIEGEN DER KULTUR

Zentralasien · Anau · Zerstreuungslinien

Es ziemt sich, daß dieses Kapitel unlösbarer Probleme mit der ebenfalls unbeantwortbaren Frage endet: «Wo begann die Kultur?» Wenn wir den Geologen, welche die Nebel der Vorgeschichte zu durchdringen versuchen, glauben dürfen, besaßen die heute trockenen Regionen Zentralasiens vor Zeiten ein feuchtes und mildes Klima und wiesen große Seen und wasserreiche Ströme auf. Der Rückgang der letzten Vereisung trocknete allmählich diese Landfläche aus, und der Regenfall war ungenügend zur Erhaltung von Städten und Staaten. Die Menschen verließen daher ihre Wohnstätten und flohen in alle Richtungen auf der Suche nach Wasser. Halb vom Wüstensand begraben liegen jetzt zerstörte Städte wie Baktra, in deren fünfunddreißig Kilometer betragendem Umkreis eine sehr zahlreiche Bevölkerung gelebt haben muß. Noch im Jahre 1868 wurden etwa 80 000 Einwohner des westlichen Turkestan durch die Überschwemmung ihres Gebietes mit Triebsand zur Abwanderung gezwungen. Viele Forscher nehmen an, daß diese heute veröteten Gebiete einst die Entfaltung der ersten Kulturen sahen.

Im Jahre 1907 grub Pumpelly in Anau (Süd-Turkestan) Steingut und andere Überreste einer von ihm in die Zeit von 9000 v. Chr. versetzten Kultur aus, einer Kultur, die aber ebensogut viertausend Jahre jünger sein kann. Wir finden hier bereits den Anbau von Weizen, Gerste und Hirse, den Gebrauch des Kupfers, die Zähmung der Tiere und die Ornamentik auf den Tongefäßen. Diese gewerbliche Kunst verrät aber einen so konventionellen Stil, daß wir unwillkürlich an genau vorgeschriebene Regeln und an eine jahrhundertealte Tradition denken müssen. Anscheinend war die Kultur Turkestans bereits 5000 v. Chr. sehr alt. Vielleicht gab es schon damals Historiker, die in der Vergangenheit vergeblich nach den Ursprüngen der Kultur herumschnüffelten, und Philosophen, die beredt um die Entartung einer sterbenden Rasse trauerten.

Von diesem Mittelpunkt wanderte, wenn wir uns vorstellen, was wir nicht wissen, ein von einem regenlosen Himmel verjagtes und von einer verdorrten Erde betrogenes Volk nach drei Richtungen und brachte seine Kultur mit sich. Die Künste, vielleicht aber nicht mehr in jedem Falle die ursprüngliche Rasse, die sie ausgeübt hatte, erreichten ostwärts China, die Mandschurei und Nordamerika, südwärts Nordindien, westwärts Elam, Sumer und Ägypten, selbst Italien und Spanien. In Susa, im alten Elam (dem

EINLEITUNG · DIE ENTSTEHUNG DER KULTUR

heutigen Persien), sind Überreste entdeckt worden, die denen von Anau im Typus so ähnlich sehen, daß man annehmen darf, daß in der Morgenröte der Kultur, so etwa 4000 v. Chr., zwischen Susa und Anau kulturelle Beziehungen gepflegt worden sind. Eine ähnliche Verwandtschaft der archaischen Künste und gewerblichen Erzeugnisse läßt uns eine Verbindung zwischen dem prähistorischen Mesopotamien und Ägypten vermuten.

Wir können nicht mit Sicherheit sagen, welche dieser Kulturen sich als erste entfaltete, und das ist auch nicht sehr wichtig; sie gehören letzten Endes einer einzigen Familie und einem einzigen Typus an. Wenn wir eine ehrenwerte und allgemein übliche Reihenfolge in der Aufzählung verletzen und Elam und Sumer vor Ägypten besprechen, geschieht es nicht, um der Eitelkeit unkonventioneller Neuerung zu frönen, sondern eher aus dem Grunde, daß das Alter dieser asiatischen Kulturen, verglichen mit den Kulturvölkern Afrikas und Europas, in dem Maße zunimmt, als unser historisches Wissen sich vertieft. Als der Spaten des Archäologen nach einem Jahrhundert erfolgreicher Forschung am Nil über den Suezkanal nach Arabien, Palästina, Mesopotamien und Persien getragen wurde, machten es die Ereignisse der dortigen Ausgrabungen mit jedem Jahre deutlicher, daß es das reiche Delta der mesopotamischen Flüsse war, in dem sich die ersten bekannten Geschehnisse im geschichtlichen Drama der Kultur ereigneten.

Erstes Buch

DER VORDERE ORIENT

«Zu jener Zeit riefen Anu und Bel mich, Hammurabi, den gepriesenen Fürsten, den Verehrer der Götter, Gerechtigkeit im Lande walten zu lassen, den Ruchlosen und Bösen zu vernichten, die Unterdrückung des Schwachen durch den Starken zu verhindern ... das Land zu belehren und den Wohlstand des Volkes zu fördern. Hammurabi, der von Bel ernannte Statthalter, bin ich, der Überfluß und Reichtum schuf ... der seinem Volke half in Zeiten der Not ... der Statthalter des Volkes, der Diener, dessen Taten Anunit gefällig sind.»

AUS DEM PROLOG
VON HAMMURABIS GESETZBUCH

DER VORDERE ORIENT

CHRONOLOGISCHE ÜBERSICHT
DER GESCHICHTE DES VORDEREN ORIENTS*

In der deutschen Übersetzung wurden die Daten des Originals übernommen. Da der Leser vielleicht in anderen Darstellungen Zeitansätze findet, die der Datierung in dieser Zeittabelle widersprechen, muß darauf hingewiesen werden, daß in der Forschung noch erhebliche Schwankungen festzustellen sind. So neigen neuere Keilschriftforscher dazu, die Herrschaft Hammurabis 1792 bis 1750 v. Chr. anzusetzen; demnach würden sich die Daten der Kolonne «Westasien» im dritten und frühen zweiten Jahrtausend um etwas mehr als drei Jahrhunderte verschieben.

ÄGYPTEN	WESTASIEN
V. CHR.	V. CHR.
18000: Paläolithische Nilkultur	40000: Paläolithische Kultur in Palästina
10000: Neolithische Nilkultur	9000: Bronzekultur in Turkestan
5000: Bronzekultur am Nil	4500: Kultur in Susa und Kisch
4241: Der ägyptische Kalender entsteht (?)	3800: Kultur auf Kreta
	3638: III. Dynastie von Kisch
4000: Die Kultur von Badari	3600: Kultur in Sumer
3500–2631: A. Das Alte Reich	3200: Dynastie Akschaks in Sumer
3500–3100: I.–III. Dynastie	3100: Urnansche, der (erste?) König
3100–2965: IV. Dynastie: die Pyramiden	von Lagasch
	3089: IV. Dynastie von Kisch
3098–3075: Chufu («Cheops» bei Herodot)	2903: König Urukagina, der Reformer
3067–3011: Chafre («Chephren»)	von Lagasch
3011–2988: Menkaure («Mykerinos»)	2897: Lugalzaggisi erobert Lagasch
2965–2631: V.–VI. Dynastie	2872–2817: Sargon I. vereint Sumer und Akkad
2738–2644: Pepi II. (das längste bekannte Königreich)	2795–2739: Naram-sin, König von Sumer und Akkad
2630–2212: Das Zeitalter des Feudalismus	2600: Gudea, König von Lagasch
	2474–2398: Das Goldene Zeitalter von Ur; das erste Gesetzbuch
2375–1800: B. Das Mittlere Reich	2357: Die Elamiten plündern Ur
2212–2000: XII. Dynastie	2169–1926: I. Babylonische Dynastie
2212–2192: Amenemhet I.	2123–2081: Hammurabi, König von Babylon
2192–2157: Senusret («Sesostris») I.	2117–2094: Hammurabi erobert Sumer und
2099–2061: Senusret III.	Elam
2061–2013: Amenemhet III.	1926–1703: II. Babylonische Dynastie
1800–1600: Die Hyksos-Zeit	1900: Hethitische Kultur tritt auf
	1800: Kultur in Palästina
1580–1100: C. Das Neue Reich	1746–1169: Die Herrschaft der Kossäer in
1580–1322: XVIII. Dynastie	Babylon

---

* Alle Daten betreffen die vorchristliche Zeit; vor 663 v. Chr. müssen sie als annähernd bezeichnet werden. Für die Herrscher zeigen die angeführten Zahlen die Dauer ihres Königtums, nicht aber ihrer Lebenszeit an.

CHRONOLOGISCHE ÜBERSICHT

ÄGYPTEN

V. CHR.

1545–1514: Thutmosis I.

1514–1501: Thutmosis II.
1501–1479: Königin Hatschepsut

1479–1447: Thutmosis III.
1412–1376: Amenhotep («Amenophis») III.

1400–1360: Zeitalter von Tell-el-Amarna;
Aufstand Westasiens gegen Ägypten
1380–1362: Amenhotep IV. (Echnaton)
1360–1350: Tutanchamun
1346–1210: XIX. Dynastie

1346–1322: Haremhab
1321–1300: Seti I.
1300–1233: Ramses II.
1233–1223: Merneptah
1214–1210: Seti II.
1205–1100: XX. Dynastie: die Ramessiden
1204–1172: Ramses III.
1100– 947: XXI. Dynastie: die libyschen
Könige
947–720: XXII. Dynastie: die Könige von
Bubastis
947–925: Scheschonk («Schoschenk») I.

925–889: Osorkon I.
880–850: Osorkon II.
850–825: Scheschonk II.
821–769: Scheschonk III.
763–725: Scheschonk IV.
850–745: XXIII. Dynastie: die Könige
von Theben
725–663: XXIV. Dynastie: die Könige von
Memphis
745–663: XXV. Dynastie: die äthiopischen
Könige
689–663: Taharka
685: Neue Handelsblüte Ägyptens
674–650: Assyrische Besetzung Ägyptens
663–525: XXIV. Dynastie: die saitischen
Könige
663–609: Psammetich(«Psammetichos»)I.
663–525: Saitische Blüte der ägyptischen
Kunst

WESTASIEN

V. CHR.

1716: Der Aufstieg Assyriens unter
Schamsi-Adad II.
1650–1220: Die Juden Sklaven in Ägypten (?)
1600–1360: Ägyptische Herrschaft über Palästina und Syrien
1550: Die Kultur von Mitanni
1400: Burraburiasch I., König von Babylon

1325: Babylon besetzt Susa

1276: Salmanassar I. eint Assyrien
1200: Die Israeliten erobern Kanaan
1115–1102: Tiglatpileser I. vergrößert Assyrien
1025–1010: Saul, König in Israel
1010–974: David, König der Israeliten
1000–600: Goldenes Zeitalter Phoinikiens
und Syriens
974–937: Salomo, König der Israeliten
937: Spaltung der Juden: Juda und
Israel
884–859: Assurnasirpal II., König von Assyrien
859–824: Salmanassar III., König von Assyrien
811–808: Sammuramat («Semiramis»),
Königin von Assyrien
785–700: Das Goldene Zeitalter Armeniens
(«Urartu»)
745–727: Tiglatpileser III.
732–722: Assyrien besetzt Damaskus und
Samaria
722–705: Sargon II., König von Assyrien
709: Deiokes, König der Meder
705–681: Sanherib, König von Assyrien
702: Der erste Jesaja
689: Sanherib plündert Babylon
681–669: Asarhaddon, König von Assyrien
669–626: Assurbanipal («Sardanapal»),
König von Assyrien
660–583: Zarathuschtra («Zoroaster»)?
652: Gyges, König von Lydien

640–584: Kyaxares, König der Meder
639: Der Fall Susas; das Ende Elams
639: Josia, König in Juda
625: Nabopolassar stellt die Unabhängigkeit Babylons wieder her

DER VORDERE ORIENT

ÄGYPTEN	WESTASIEN
v. CHR.	v. CHR.

ÄGYPTEN — v. CHR.

615: Die Juden beginnen die Kolonisierung Ägyptens
609–593: Necho II.
605: Necho beginnt die Hellenisierung Ägyptens

593–588: Psammetich II.

569–526: Amasis II.
568–567: Nebukadrezzar überfällt Ägypten
560: Wachsender Einfluß Griechenlands in Ägypten

526–525: Psammetich III.
525: Persische Eroberung Ägyptens

485: Aufstand Ägyptens gegen Persien
484: Wiedereroberung Ägyptens durch Xerxes
482: Ägypten Persiens Verbündeter im Kriege gegen Griechenland
455: Der Mißerfolg des athenischen Feldzuges gegen Ägypten

332: Griechische Eroberung Ägyptens Gründung Alexandriens
283–30: Die ptolemäischen Könige
30: Ägypten Teil des Römischen Reiches

WESTASIEN — v. CHR.

621: Die Anfänge des Pentateuchs
612: Der Untergang von Ninive; das Ende Assyriens
610–561: Alyattes, König von Lydien
605–562: Nebukadrezzar II., König von Babylon
600: Jeremia in Jerusalem; Münzprägung in Lydien
597–586: Nebukadrezzar erobert Jerusalem
586–538: Jüdische Gefangenschaft in Babylon
580: Hesekiel in Babylon
560–546: Kroisos, König von Lydien
558–529: Kyros, König der Meder und Perser
546: Kyros erobert Sardes
540: Der zweite Jesaja
539: Kyros erobert Babylon und gründet das persische Reich
529–521: Kambyses, König von Persien
521–485: Dareios I., König von Persien
520: Bau des zweiten Tempels in Jerusalem
490: Die Schlacht bei Marathon
485–464: Xerxes I., König von Persien
480: Die Schlacht bei Salamis
464–423: Artaxerxes I., König von Persien
450: Das Buch Hiob (?)
444: Esra und Nehemia in Jerusalem
423–404: Dareios II., König von Persien
404–359: Artaxerxes II., König von Persien
401: Die Niederlage Kyros' des Jüngeren bei Kunaxa
359–338: Ochos, König von Persien
338–330: Dareios III., König von Persien
334: Granikosschlacht; Alexander zieht in Jerusalem ein
333: Die Schlacht bei Issos
331: Alexander nimmt Babylon
330: Schlacht bei Arbela; der Vordere Orient geht im Reiche Alexanders auf

ERSTES KAPITEL

Sumer

Orientierung · Der Beitrag des Vorderen Orients zur westlichen Kultur

DIE geschriebene Geschichte ist mindestens sechstausend Jahre alt. Während der Hälfte dieser Periode befand sich der Mittelpunkt des menschlichen Wirkens, soweit uns dieses bekannt ist, im Vorderen Orient. Unter dieser unbestimmten Bezeichnung verstehen wir ganz Südwestasien, ein Gebiet, das sich südlich von Rußland und dem Schwarzen Meere und westlich von Indien und Afghanistan erstreckt und dem wir in etwas freier Weise noch Ägypten zurechnen, da dieses einst mit den Völkern und Kulturen des Vorderen Orients in enger Verbindung stand. Auf diesem unbestimmt beschriebenen Schauplatz sich lebhaft bewegender Völkerschaften und in Streit liegender Kulturen wurden Ackerbau und Handel, das Pferd und der Wagen, die Münzprägung und der Kreditbrief, die Gewerbe und das Handwerk, Gesetz und Regierung, Mathematik und Medizin, die Darmeinspritzung und das Entwässerungssystem, Geometrie und Astronomie, der Kalender, die Uhr und der Tierkreis, das Alphabet und die Schrift, Papier und Tinte, die Bücher, Bibliotheken und Schulen, die Literatur und Musik, die Bildhauerei und Architektur, die glasierten Tonwaren und die feinen Möbel, der Monotheismus und die Monogamie, die Schönheitspflege und der Schmuck, Schach und Würfelspiel, die Einkommensteuer und das Ammenwesen erfunden. Von hier leiten sich in unausgesetzter Folge durch kretische, griechische und römische Vermittlung die europäische und amerikanische Kultur her. Die «Arier» errichteten die Kultur nicht selbst, sondern übernahmen sie von Babylon und Ägypten. So eigneten sich zum Beispiel die im Kriege siegreichen und vom Handelsglück begünstigten griechischen Städte in Kunst und Wissenschaft eine 3000jährige Tradition an, die sie im Orient vorgefunden hatten. Damit erhielt Griechenland mehr Kulturgüter von außen, als es je aus sich selbst heraus zu schöpfen vermochte. Indem wir den Vorderen Orient würdigen, anerkennen wir eine längst fällige Schuld gegenüber den wirklichen Gründern der europäischen und amerikanischen Kultur.

I. ELAM

Die Kultur von Susa · Die Töpferscheibe · Das Wagenrad

Im westlichen Persien liegt unweit vom Unterlauf des Tigris die moderne Stadt Schuschan, als Susa einst Mittelpunkt eines den Juden unter dem Namen Elam (griech. Elymais, altpers. Huzha, heute Chusistan) bekannten Gebietes. Auf diesem schmalen, im Westen von Sümpfen und im Osten von den Ausläufern des iranischen Hochgebirges

116 DER VORDERE ORIENT

geschützten Gebietsstreifen entwickelte ein Volk unbekannter Stammeszugehörigkeit eine der ersten geschichtlichen Kulturen. Hier nämlich fanden französische Archäologen vor einigen Jahrzehnten menschliche Überreste, die ein Alter von zwanzigtausend Jahren aufweisen, und Spuren einer fortgeschrittenen Kultur, die etwa ab 2500 v. Chr. geblüht hat.

Anscheinend hatten die Elamiten erst kurz vorher auf ein nomadenhaftes Fischer- und Jägerleben verzichtet; aber sie besaßen offenbar schon lange Kupfergeräte und Waffen, bauten Korn an und zähmten Tiere, liebten Spiegel und Schmuck und kannten die Hieroglyphen, mit deren Hilfe sie einen von Ägypten bis nach Indien reichenden Handel schriftlich fixierten. Mitten unter den aus dem Neolithikum stammenden Feuersteinen finden wir elegant gerundete und zart bemalte Vasen, die mit geometrischen Zeichnungen oder Pflanzen- und Tierbildern verziert sind. Einige dieser Tongefäße zählen zum Schönsten, was Menschenhand geschaffen. Hier finden wir in ältester Form nicht nur die Töpferscheibe, sondern auch das Wagenrad; diese bescheidene, aber lebensnotwendige Einrichtung der Zivilisation wurde erst später in Babylon und Ägypten verwendet. Aus diesen großartigen Anfängen stiegen die Elamiten zu umkämpfter Machtstellung auf; sie eroberten Sumer und Babylon, und diese Reiche wiederum stritten und siegten gegen den Angreifer. Während 6000 Jahren blühte Susa. Es erlebte die Glanzzeiten von Sumer, Babylon, Ägypten, Assyrien, Persien, Griechenland und Rom und gedieh noch im vierzehnten Jahrhundert n. Chr. unter dem Namen Schuschan. Verschiedene Male gelang es seiner Bürgerschaft, große Reichtümer zu erwerben, so daß Assurbanipals Geschichtsschreiber die reichhaltige Beute an Gold und Silber, die kostbaren Steine und königlichen Schmuckstücke, die herrlichen Gewänder und Möbel sowie die kosmetischen Seltenheiten und die Wagen ohne Übertreibung preisen konnte, die der Eroberer, nachdem er Susa eingenommen und geplündert hatte (646 v. Chr.), in seinem Gefolge nach Ninive brachte. So früh begannen in der Geschichte Kunst und Krieg ihr Wechselspiel.

II. DIE SUMERER

I. DER HISTORISCHE HINTERGRUND

Die Ausgrabung Sumers · Geographie · Rasse · Erscheinung · Die sumerische Flut · Die Könige Ein alter Reformator · Sargon von Akkad · Das Goldene Zeitalter von Ur

Wenn wir auf der persischen Landkarte von dem Orte, wo Tigris und Euphrat zusammenfließen, diesem flußaufwärts folgen, finden wir im beidseitigen Ufergebiet die begrabenen Städte des ehemaligen Sumer: Eridu (heute Abu Schahrein), Ur (heute Muqajjir), Uruk (das biblische Erech, heute Warka), Larsa (das biblische Ellasar, heute Senkereh), Lagasch (heute Telloh), Nippur (Niffer) und Isin. Ziehen wir der Wasserstraße entlang nordwestlich, so gelangen wir nach Babylon, der einst berühmtesten Stadt Mesopotamiens, des «Zweistromlandes». Östlich davon liegt Kisch, der Sitz der ältesten Kultur dieses Gebietes, und weiter im Norden befindet sich Agade, das in alten

SUMER 117

Tagen als Hauptstadt des Königreiches von Akkad blühte. Von einem bestimmten Gesichtspunkt aus läßt sich die frühe Geschichte Mesopotamiens als ein Kampf auffassen, ein Kampf der nichtsemitischen Völker Sumers zur Verteidigung ihrer Unabhängigkeit gegen die Ausbreitung und Überfälle der Semiten aus Kisch, Agade und anderen Gebieten des Nordens. Inmitten dieser Kämpfe arbeiteten die verschiedenen Stämme unbewußt und vielleicht auch unwillig an der Erzeugung der ersten geschichtlich bekannten Kultur, die sich weithin erstreckte und zugleich als eine der schöpferischsten und originellsten galt *.

Wir wissen nicht, welcher Rasse die Sumerer angehörten, noch auf welchem Wege sie nach Sumer kamen. Vielleicht stammten sie aus Zentralasien, aus dem Kaukasus oder aus Armenien und zogen den durch Nordmesopotamien fließenden und in den Persischen Golf mündenden Strömen entlang; denn in Assur sind Fundmassen ihrer frühesten Kultur entdeckt worden. Vielleicht auch kamen sie, wie es die Sage andeutet, vom Persischen Golfe her, aus Ägypten oder von anderswo und wanderten langsam stromaufwärts; oder ihre ursprüngliche Heimat war Susa, unter dessen Überresten sich ein Asphaltkopf vorfindet, der die Merkmale des sumerischen Typus aufweist. Auch die Möglichkeit mongolischen Ursprungs ist nicht ohne weiteres von der Hand zu weisen, denn es gibt vieles in der Sprache der Sumerer, das der mongolischen ähnlich sieht. Die Frage der Herkunft läßt sich also nicht eindeutig beantworten.

Die Überreste zeigen uns, daß dieses wenig bekannte Volk aus kleinen, untersetzten Menschen bestand, die sich durch eine hohe, gerade, nichtsemitische Nase, eine leicht fliehende Stirn und schrägstehende Augen auszeichneten. Viele der Männer trugen Bärte, manche aber waren auch glattrasiert, und meist wurde sogar auf der Oberlippe aller Haarwuchs entfernt. Die Kleidung der Sumerer bestand aus flockiger und feingewebter Wolle. Die Frauen legten ihre Gewänder in Falten, die von den Schultern fielen, die Männer hingegen ließen den Oberkörper frei und bedeckten nur die Lenden. Später, mit fortschreitender Kultur, vervollständigte man die Männertracht; sie hüllte nun den ganzen Körper bis zum Halse ein; die Mägde und Knechte aber gingen innerhalb des Hauses auch weiterhin mit freiem Oberkörper umher. Auf dem Kopfe trugen die

---

* Die Ausgrabung dieser vergessenen Kultur ist eine der großen Leistungen der Archäologie. Den Römern, Griechen und Juden, die wir mit einem bemitleidenswerten Sinn für die Unermeßlichkeit der Zeit als die «Alten» bezeichnen, war Sumer unbekannt. Herodot hatte anscheinend nie davon gehört, und wenn er auch etwas vernommen hatte, so wußte er doch nichts Genaues darüber. Berosus, ein babylonischer Historiker, der 250 v. Chr. seine Werke schrieb, kannte Sumer nur durch den Schleier der Sage. Er beschreibt eine Rasse von Ungeheuern, deren Führer ein gewisser Oannes war und die vom Persischen Golf herkam und die Künste des Ackerbaus, der Metallverarbeitung und der Schrift mit sich brachte; «alle jene Dinge, die das Leben schöner machen», erklärt er, «wurden den Menschen von Oannes gebracht, und seit jener Zeit hat man nichts Neues mehr erfunden». Erst 2000 Jahre nach Berosus wurde Sumer wiederentdeckt. Im Jahre 1850 erkannte Hincks, daß die Keilschrift – durch Aufdruck der Keilspitze eines Griffels auf weichen Lehm erzeugt und in den semitischen Sprachen des Vorderen Orients verwendet – einem noch früheren Volke eher nichtsemitischer Sprache entliehen worden war, und Oppert gab diesem hypothetischen Volke den Namen «Sumerer». Um die gleiche Zeit fanden Rawlinson und seine Assistenten unter den babylonischen Ruinen Tafeln, die die Vokabeln dieser alten Sprache samt ihrer Übersetzung ins Babylonische enthielten. Im Jahre 1854 entdeckten zwei Engländer die Lage von Ur, Eridu und Uruk; am Ende des 19. Jahrhunderts zogen französische Forscher die Reste von Lagasch ans Licht, worunter sich auch die Geschichtstafeln der sumerischen Könige befanden. In unserer Zeit haben Professor Woolley von der Universität Pennsylvanien und viele andere die uranfängliche Stadt Ur, wo die Sumerer eine Kultur schon 4500 v. Chr. erreicht zu haben scheinen, ausgegraben. So haben die Gelehrten vieler Nationen zusammengearbeitet, um jenes Geheimnis zu lüften, indem sie gleich Detektiven mit dem Spaten die historische Wahrheit zutage förderten. Trotzdem ist all dies nur ein Beginn der Erforschung Sumers. Man weiß nicht, welche Ausblicke sich der Kultur und der Geschichte eröffnen, wenn Boden- und Materialstudien zu Ende geführt sind, wie dies für Ägypten der Fall ist.

DER VORDERE ORIENT

Sumerer gewöhnlich eine Kappe und an den Füßen absatzlose Schuhe aus weichem Leder, die sie wie wir schnürten. Armbänder, Halsketten, Knöchelschmuck, Fingerringe und Ohrgehänge dienten den Frauen zum Schmuck und machten sie wie heutzutage zum Barometer für die geschäftliche Prosperität ihrer Männer.

Als die Kultur Sumers bereits alt war – gegen 2300 v. Chr. –, versuchten seine Dichter und Gelehrten, eine Geschichte der Frühzeit zu rekonstruieren. Die Dichter zeichneten Sagen auf über Schöpfung und Urparadies und über eine schreckliche Flut, die wegen der Sünde eines ehemaligen Königs alles verschlungen und zerstört hatte. Die Vorstellung einer solchen Flut wurde Gemeingut der babylonischen und hebräischen Tradition und schließlich ein Bestandteil des christlichen Glaubens. Im Jahre 1929 stieß Professor Woolley bei seinen Ausgrabungen in Ur in beträchtlicher Tiefe auf eine zweieinhalb Meter breite Schicht von Schlamm und Lehm; diese verdankt, wenn wir ihm Glauben schenken wollen, ihr Entstehen einer riesigen Überschwemmung des Euphrat, die im Gedächtnis der späteren Generationen als Sintflut weiterlebte. Unter dieser ersten Schicht fanden sich Spuren einer prädiluvialen Kultur, die die Dichter der darauffolgenden Epoche – sofern ihnen diese Überreste zu Gesicht gekommen wären – wohl als Ableger eines Goldenen Zeitalters betrachtet hätten.

Während die Dichter Sagen sammelten, gingen die priesterlichen Historiker daran, sich den Zeitraum der Vergangenheit so groß vorzustellen, daß er hinreichte, um ohne Mühe die Entwicklung all des Herrlichen und Wunderbaren der sumerischen Kultur in sich zu fassen. Sie fertigten Listen der alten Könige an, leiteten die Dynastien aus dem 432 000. Jahre vor der Flut her und erzählten besonders von zweien ihrer Herrscher, Tammuz und Gilgamesch, so eindrucksvolle Geschichten, daß dieser zum Helden der größten Dichtung der babylonischen Literatur erhoben wurde, während jener in das Pantheon Babylons einging und die Eigenschaften des späteren griechischen Adonis empfing. Wahrscheinlich übertrieben die Priester das Alter ihrer Kultur. Eine annähernde Bestimmung der Epoche der sumerischen Kultur bieten uns die Ruinen von Nippur, die man, wie die Überreste des Sargon von Akkad, in einer Tiefe fand, die ungefähr 22 Meter unter der obersten, zirka 1 n. Chr. anzusetzenden Schicht liegt; auf diese Weise kann das Alter von Nippur auf 5262 v. Chr. errechnet werden. Langdauernde Dynastien von Stadtkönigen scheinen in Kisch um 4500, in Ur um 3500 v. Chr. geblüht zu haben. Im Wetteifer dieser beiden uranfänglichen Menschenzentren finden wir die erste Form jener Gegnerschaft zwischen Semiten und Nichtsemiten, die ein durch Jahrtausende sich hinziehendes blutiges Thema der Geschichte des Vorderen Orients darstellt, angefangen bei der semitischen Herrschaft in Kisch und den Eroberungen der semitischen Könige, Sargons I. und Hammurabis, bis zur Einnahme Babylons durch die «arischen» Generäle Kyros und Alexander im sechsten und siebenten Jahrhundert v. Chr., bis zu den Zusammenstößen der Kreuzfahrer mit den Sarazenen im Kampf um das Heilige Grab und um größere Handelsgewinne und bis zu den Bestrebungen der britischen Regierung, die sich feindselig gegenüberstehenden Semiten im Vorderen Orient zu beherrschen und zu befrieden.

Vom Jahre 3000 v. Chr. an bieten uns die von den Priestern aufbewahrten und in den Ruinen von Ur aufgefundenen Tontafelaufzeichnungen einen hinreichend genauen, aber vielleicht von der Parteilichkeit der Geschichtsschreiber nicht ganz unbeeinflußten Bericht der Thronbesteigungen und Krönungsfeierlichkeiten, der ununterbrochenen Siege und gewichtigen Todesfälle jener unbedeutenden Könige, die die Stadtstaaten von Ur, Lagasch, Uruk usw. beherrschten. Ein einziger Fürst, Urukagina von Lagasch, war ein wahrhaft königlicher Reformator, ein aufgeklärter Despot, der Gesetze gegen die Ausbeutung der Armen durch die Reichen und gegen die Ausbeutung aller Schichten durch die Priester erließ. Der Hohepriester – sagt ein Erlaß – darf nicht mehr «den Garten einer armen Mutter aufsuchen und Holz dort nehmen, noch Steuern

SUMER   119

von den Früchten erheben». Die Begräbniskosten mußten auf ein Fünftel ihrer ursprünglichen Höhe herabgesetzt werden, und es war der Geistlichkeit und den hohen
Beamten untersagt, untereinander die Einkünfte und das den Göttern dargebrachte
Vieh zu teilen. Der König rühmte sich, «seinem Volke Freiheit verschafft zu haben»;
und sicherlich überliefern uns die Tafeln, die seine Erlasse verzeichnen, den ältesten,
am straffsten zusammengefaßten und gerechtesten Gesetzeskodex der Geschichte.

   Dieser glanzvollen Zeit bereitete ein gewisser Lugalzaggisi ein Ende, indem er in
Lagasch einfiel, Urukagina gefangennahm, die Stadt plünderte und ihren Wohlstand
der Vernichtung anheimgab. Die Tempel wurden zerstört, die Bürger in den Straßen
massakriert und die Statuen der Götter als Siegestrophäen fortgeschleppt. Eine der
frühesten, anscheinend vor 4800 Jahren auf einer Tontafel aufgezeichneten Dichtungen
stellt die Klage des sumerischen Dichters Dingiraddamu um die entführte Göttin von
Lagasch dar:

> Um die Stadt, o weh, um die Schätze seufzet meine Seele,
> Um meine Stadt Girsu (Lagasch), o weh, um die Schätze seufzet meine Seele.
> Im heiligen Girsu sind die Kinder bekümmert,
> In das Innere des leuchtenden Schreins drang er ein;
> Die erhabene Königin brachte er aus ihrem Tempel fort.
> O Herrin meiner Stadt, Verzweifelte, wann kehrst du zurück?[1]

   Neben Lugalzaggisi kennen wir noch die Namen anderer mächtiger sumerischer
Herrscher, nämlich: Lugal-schagengur, Lugal-kibub-nidudu, Ninigi-dubti, Lugal-an-
danulchunga … Inzwischen hatte ein Volk semitischer Rasse das Königtum von Akkad
errichtet und das gut 300 Kilometer nordwestlich der sumerischen Stadtstaaten gelegene Agade zu seiner Hauptstadt erkoren. Ein in Susa gefundener Monolith zeigt uns
das Bildnis seines Fürsten Sargon, dem ein majestätischer Bart und der Stolz langdau-
ernder Macht Würde und Ansehen verliehen. Der Ursprung dieses Herrschers war nicht
königlich, und die Geschichtsschreiber vermochten ihm keinen Vater ausfindig zu machen und keine andere Mutter als eine Tempeldirne. Die sumerische Sage erfand für
ihn eine an Moses erinnernde Lebensgeschichte: «Meine demütige Mutter empfing
mich; im geheimen brachte sie mich zur Welt. Sie legte mich in ein Korbboot aus
Binsen und bestrich dessen Öffnung mit Pech.» Darauf – so heißt es weiter – habe ein
Arbeiter den Säugling befreit, dieser sei Mundschenk des Königs geworden, in dessen
Gunst gestiegen und zu Einfluß gekommen, so daß er sich schließlich wider seinen
Herrn erhob, ihn absetzte und selbst den Thron von Agade bestieg. Er nannte sich nun
«König der weltweiten Herrschaft» und regierte einen Streifen Mesopotamiens. Die
Historiker nennen ihn «den Großen», denn er überfiel viele Städte, machte reiche
Beute und tötete eine Unzahl von Menschen. Unter seinen Opfern befand sich auch
Lugalzaggisi, der Lagasch in Schutt und Asche gelegt und dessen Göttin entehrt hatte;
Sargon besiegte ihn und brachte ihn in Ketten nach Nippur. Nach Osten und Westen,
nach Süden und Norden zog der mächtige Krieger; er eroberte Elam, wusch seine
Waffen in symbolischem Triumph im Persischen Golf, durchkreuzte Westasien, er-
reichte das Mittelmeer und errichtete das erste große Reich der Geschichte. Fünfund-

fünfzig Jahre hielt er die Macht aufrecht, und es entstanden zahllose Legenden, um ihn zu einem Gotte zu machen. Doch als seine Herrschaft zu Ende ging, befand sich das ganze Reich in Aufruhr.

Drei Söhne bestiegen nacheinander seinen Thron. Der dritte, Naram-sin, war ein mächtiger Bauherr, dessen Taten eine Erinnerungstafel erwähnt, auf der sein Sieg über einen unbekannten König verzeichnet ist. Dieses von de Morgan 1897 in Susa aufgefundene und jetzt den Louvre schmückende Relief zeigt den kräftig gebauten, mit Bogen und Pfeil bewaffneten Naram-sin, wie er mit königlicher Würde über die Körper seiner gefallenen Feinde hinwegschreitet und anscheinend im Begriffe steht, die um Gnade flehenden Besiegten rasch zu töten, während ein anderes Opfer unter ihnen mit von einem Pfeile durchbohrtem Halse sterbend niedersinkt. Hinter dieser Gruppe erheben sich die Zagros-Berge, und auf einem Hügel ist die Eintragung von Naram-sins Sieg in fein ausgeführter Keilschrift sichtbar. Auf diesem Denkmal zeigt sich die Kunst der Bildhauerei bereits auf entwickelter Stufe, und man spürt die aus der zugrunde liegenden Tradition gewonnene Festigkeit und Kraft.

Nicht immer darf die Zerstörung einer Stadt als dauerndes Unglück gewertet werden; sie kann ihr etwa vom Standpunkte der Architektur und der hygienischen Anlagen zum Vorteil gereichen. So finden wir Lagasch im 26. Jahrhundert v. Chr. wieder in Blüte, nun von einem anderen edel denkenden Monarchen, Gudea, dessen untersetzte Statuen die bedeutendsten Überreste der sumerischen Kultur darstellen, regiert. Die Dioritfigur im Louvre zeigt diesen König in einer frommen Haltung mit einem schweren, den Modellen im Kolosseum ähnlich sehenden Reifen um sein Haupt, die Hände im Schoß gefaltet, mit nackten Füßen und Schultern und mit kurzen, plumpen Beinen, die ein glockenähnlicher Rock, auf dem ein Band von Keilschriftzeichen angebracht ist, bedeckt. Die kräftigen, aber regelmäßigen Züge verraten uns einen gedankenvollen und gerechten Menschen, charakterfest und von feiner Sitte. Gudea wurde von seinem Volke nicht als Krieger, sondern als eine Art sumerischer Aurelius verehrt, der Religion, Literatur und gute Werke pflegte. Er baute Tempel, förderte die Wissenschaft, wirkte mäßigend auf die Starken ein und veranlaßte sie zum Mitleid mit den Schwachen. Eine der Inschriften belehrt uns über seine Führung der Politik, die nach seinem Tode seine Vergöttlichung durch das Volk zur Folge hatte. «Sieben Jahre lang standen sich die Magd und ihre Herrin gleich, der Sklave wandelte an der Seite seines Eigentümers, und in meiner Stadt legte sich der Schwache neben dem Starken zur Ruhe nieder.»

Inzwischen hatte das «Ur der Chaldäer», das von 3500 v. Chr. (dem vermutlichen Alter seiner frühesten Gräber) bis 700 v. Chr. als Stadt genannt wird, eine der mächtigsten Blüteperioden entfaltet. Sein größter König, Ur-engur, brachte ganz Westasien unter seine friedliche Herrschaft und verkündete Sumer den ersten, weitumfassenden Gesetzeskodex der Geschichte. «Mit den Gesetzen der Rechtschaffenheit (des Gottes Schamasch) habe ich für alle Zeit die Gerechtigkeit errichtet.» Als Ur durch den Handel, den der Euphrat ihm zutrug, reich wurde, verschönerte Ur-engur, wie Perikles, seine Stadt mit Tempeln und ließ in den unterworfenen Städten, wie Larsa, Uruk und

SUMER

Nippur, verschwenderische Paläste erbauen. Sein Sohn Dungi setzte das Werk während seiner achtundfünfzigjährigen Regierungsdauer fort und herrschte so weise, daß sein Volk ihn als den Gott verehrte, der ihm von neuem das verlorene Paradies geschenkt hatte.

Aber bald verging jener Ruhm. Von Osten drangen die kriegerischen Elamiten ein, und von Westen her kamen die aufsteigenden Amoriter wie ein Ungewitter über die Stadt. Die beiden Völker verheerten den Wohlstand und Frieden von Ur, führten den König in Gefangenschaft weg und plünderten den Ort mit primitiver Gründlichkeit. In Liedern klagten die sumerischen Dichter über den Raub der Statue der Ischtar, ihrer geliebten Mutter-Göttin, die von heidnischen Eindringlingen aus ihrem Schreine gezerrt worden war. Die Form dieser Gedichte ist entgegen aller Erwartung in der ersten Person gehalten, und der Stil gereicht dem festen Charakter zur Ehre. Trotz der viertausend Jahre, die uns von der Sängerin trennen, empfinden wir die Verzweiflung ihrer Stadt und ihres Volkes.

> Der Feind ist mit Schuhen an den Füßen in mein Gemach eingetreten,
> der Feind hat mich mit seinen ungewaschenen Händen angefaßt,
> hat mich angefaßt, hat sich nicht gefürchtet, ich habe mich gefürchtet,
> der Feind hat mich angefaßt, hat mich vor Furcht vergehen lassen ...
> der Feind hat mir mein Kleid abgenommen, sein Weib damit bekleidet,
> der Feind hat mir meine Edelsteine abgerissen, seine Kinder damit behängt ...
> in meinem Haus hat er mich gehetzt, in meinem Bau mich in Schrecken gesetzt,
> wie eine furchtsame Taube verbrachte ich die Zeit auf einem Dachbalken,
> wie eine (schnell)fliegende Fledermaus schlüpfte ich in die Mauerspalten.
> Wie einen Vogel hat man mich aus meinem Haus wegfliegen lassen,
> hat man mich, die Herrin, aus meiner Stadt wegfliegen lassen.[2]

So herrschten während zweier Jahrhunderte Elamiter und Amoriter über Sumer. Dann kam aus dem Norden der große Hammurabi, König von Babylon. Er entriß den Elamiten Uruk und Isin, fiel in den 23 Jahren seiner Herrschaft in Elam selbst ein und nahm dessen König gefangen. Über Mesopotamien und das ferne Assyrien errichtete er seine Herrschaft, begründete ein Reich von noch nie dagewesener Macht und hielt es durch ein einziges Gesetz in Zucht. In den nun folgenden Jahrhunderten regierten die Semiten im Zweistromland, bis schließlich die Perser im Vorderen Orient ihre Macht ausbreiteten. Die Spuren der Sumerer erloschen, ihr kurzes Kapitel im Buche der Geschichte ging zu Ende.

2. DAS WIRTSCHAFTLICHE LEBEN

Der Boden · Gewerbe und Handel · Die verschiedenen Klassen · Die Wissenschaft

Doch die sumerische Kultur blieb auch unter den neuen Verhältnissen bestehen. Sumer und Akkad brachten weiter Handwerker, Dichter, Künstler, Weise und Heilige hervor, und die Kultur der südlichen Städte dehnte sich nordwärts am Euphrat und Tigris bis nach Babylonien und Assyrien aus, die beide das Erbe der ursprünglichen mesopotamischen Kultur übernahmen.

Diese Kultur fußte auf einem durch die jährliche Überschwemmung der Flüsse fruchtbar gemachten Boden. Die Überschwemmung war ebenso gefährlich wie nützlich; die Sumerer lernten durch Errichten eines Kanalisationssystems dem ganzen Land das Wasser zuzuführen, so daß sie bald nur noch in Sagen der einstigen Überflutung gedachten und sich vorstellten, wie schließlich durch die Scheidung von Land und Wasser die Menschheit gerettet worden sei. Dieses aus dem Jahre 4000 v. Chr. stammende Bewässerungssystem war eine der großen Errungenschaften der sumerischen Zivilisation und wird überhaupt erst die Bedingung für deren Entfaltung dargeboten haben. Auf den regelmäßig bewässerten Feldern gediehen alljährlich überreiche Ernten an Korn, Gerste und Dinkel sowie auch an verschiedenen Gemüsesorten. Der Pflug trat früh auf. Er war mit einem röhrenförmigen Samenbohrer versehen, und man spannte ihm ein Ochsenpaar vor, wie es bis gestern noch bei uns der Brauch war. Die eingebrachte Ernte wurde gedroschen, indem man dazu große, mit Steinzähnen ausgestattete Holzschlitten verwendete, die das für die Tiere bestimmte Stroh vom Korn, dem Nahrungsmittel des Menschen, schieden.

Es war in vielem eine primitive Kultur. Die Sumerer gebrauchten Kupfer und Zinn, mengten es gelegentlich, um Bronze herzustellen, und machten zuweilen sogar Eisengeräte. Aber das Metall galt noch als ein Luxus und als eine Seltenheit. Die meisten sumerischen Werkzeuge waren aus Stein; einige, wie zum Beispiel die Sicheln, die man für den Gerstenschnitt verwendete, bestanden aus Ton, und feinere Gegenstände, wie Nadeln und Ahlen, formte der Mensch aus Elfenbein und Knochen. Weite Verbreitung fand die Webkunst, deren Erzeugnisse königliche Aufseher überwachten, ähnlich der Regierungskontrolle, die bei uns die Industrie erfährt. Die Häuser wurden aus Schilfrohr errichtet und erhielten gewöhnlich einen Putzbewurf aus Lehm und wassergetränktem, an der Sonne erhärtetem Stroh. Solche Wohnstätten trifft man noch heute dort an, wo einst die sumerische Kultur in Blüte stand. Die Hütten besaßen Holztüren auf Steinangeln, und die Fußböden bestanden aus glattgeklopfter Erde. Dächer kannte man zwei Arten. Entweder bildete man sie aus den beidseitig geneigten Schilfrohrspitzen, so daß eine bogenförmige Wölbung entstand, oder man errichtete ein Kreuzgebälk, legte mit Kot bedeckte Rohrstauden darüber und erzielte ein Flachdach. Kühe, Schafe, Ziegen und Schweine lebten im Hause in uranfänglicher Kameradschaft mit dem Menschen. Das Trinkwasser schöpfte man aus einem Brunnen.

Die Waren wurden hauptsächlich auf dem Wasserwege fortgeschafft. Da der Baustein in Sumer selten vorkam, führte man ihn vom Persischen Golf ein oder brachte ihn auf den großen Strömen und Kanälen aus dem Norden zu den Kais der Städte. Auch der Landtransport war in Entwicklung begriffen: In Kisch grub die Oxford-Field-Expedition einige der ältesten mit Rädern versehenen Fahrzeuge aus. Da und dort zwischen den Ruinen finden wir Handelssiegel, die auf Geschäftsverbindungen mit Ägypten und Indien hinweisen. Das Prägen der Münzen war den Sumerern noch unbekannt, und der Handel beruhte normalerweise auf Tausch, aber Gold und Silber wurden doch bereits als Wertstandard verwendet und oft gegen Güter hingegeben – manchmal in Barren oder Ringen von bestimmtem Wert, meist aber in genau abgewogenen, dem einzelnen Geschäftsfall entsprechenden Quantitäten. Viele der sumerischen Tontafeln stellen Handelsdokumente dar, die uns von einem geschäftigen Leben Zeugnis ablegen. Aber eines dieser Steindenkmäler spricht bereits – ähnlich der müden Kultur des Jahrhundertendes – von «der Stadt, wo das Getöse des Menschen ist». Die Verträge mußten schriftlich genehmigt und in Gegenwart von Zeugen abgeschlossen werden. Es gab auch ein Kreditsystem, wonach Waren, Gold und Silber entliehen werden konnten, nur sollten die Zinsen der Art des Darlehens entsprechen und ihr Satz zwischen 15 und 33 Prozent jährlich betragen.

Gold und Silber sind im Überfluß in den Gräbern gefunden worden, nicht nur als Schmuck, sondern auch in der Form von Gefäßen, Waffen, Zierat, ja selbst von Geräten. Reiche und Arme wurden in viele Klassen und Stufen gegliedert; die Sklaverei war hoch entwickelt, und das Eigentumsrecht galt bereits als heilig. Mit der Zeit bildete sich zwischen den Reichen und Armen ein Mittelstand heraus, dem die kleinen Händler, die Wissenschaftler, Ärzte und Priester angehörten. Die Medizin blühte, und ihre Vertreter verfügten über besondere Heilmittel für jede Krankheit. Noch aber standen sie in Abhängigkeit von der Theologie und glaubten, der böse Geist habe von jedem Kranken Besitz ergriffen, so daß dieser nie ohne die Austreibung des Dämons geheilt werden könne. Ein Kalender unbekannten Ursprungs und Alters teilte das Jahr in Mondmonate ein und fügte alle drei bis vier Jahre einen weiteren Monat hinzu, um den Kalender mit den Jahreszeiten und der Sonne in Einklang zu bringen. Jede Stadt gab den Monaten ihre eigenen Namen.

3. DIE REGIERUNGSFORM

Die Könige · Die Formen des Krieges · Der Lehensadel · Das Recht

Jede Stadt wachte, solange sie es vermochte, eifersüchtig über ihre Unabhängigkeit und erfreute sich eines eigenen Königs. Ein solcher Stadtherrscher hieß *patesi* oder Priesterkönig, ein Name, der die Verbundenheit von Regierungsgewalt und Religion an den Tag legt. Gegen 2800 v. Chr. verunmöglichte der Aufstieg des Handels einen solchen Stadtseparatismus und bereitete der Bildung eines Imperiums den Weg, indem von Zeit zu Zeit eine mächtige Persönlichkeit die Städte und ihre *patesi* unter ihre Herrschaft brachte und sie zu einer einzigen wirtschaftlichen und politischen Einheit verband. Der Despot lebte in einer mit Gewalttätigkeit und Angst geladenen Atmosphäre, welche an die mancher Renaissancefürsten erinnert; er konnte jederzeit mit den gleichen Methoden erledigt werden, die ihm zum Throne verholfen hatten. Er wohnte in einem unnahbaren Palast, dessen zwei Eingänge so schmal waren, daß man nur einzeln einzutreten vermochte; rechts und links der beiden Pförtchen befanden sich Mauervertiefungen, in denen geheime Wachen ungesehen die Besucher musterten und jederzeit bereit waren, über einen Verdächtigen herzufallen und ihn zu erdolchen. Selbst der Tempel des Königs war der Öffentlichkeit entzogen und irgendwo im Palaste verborgen, damit der Fürst seine religiösen Pflichten nicht zur Schau zu stellen brauchte; vielleicht auch, damit er sie unbemerkt vernachlässigen konnte.

Der König zog in einem Wagen in die Schlacht und führte einen buntgemischten Heerhaufen an, dessen Bewaffnung aus Speeren, Bogen und Pfeilen bestand. Ohne zarter besaiteten Menschen irgendwelche falschen Gründe vorzutäuschen, führte man Krieg um den Besitz der Handelsstraßen und Warengüter. König Manischtusu von Akkad erklärte ohne Hehl, er sei in Elam eingefallen, um dessen Silberbergwerke zu besitzen und sich für die Errichtung von Statuen im Dienste der eigenen Unsterblichkeit Dioritstein zu verschaffen – übrigens das einzig bekannte Beispiel eines um der Kunst willen geführten Krieges. Gewohnheitsgemäß wurden die Besiegten in die Sklaverei verkauft oder, falls sich der Verkauf nicht rentierte, auf dem Kampffeld abgeschlachtet. Manchmal wurde ein Zehntel der Gefangenen, nachdem man sie, ihrem Sträuben zum Trotz, in einem Netz zusammengebunden hatte, als lebende Opfer den gierigen Göttern dargebracht. Wie im Italien der Renaissance spornte der chauvinistische Separatismus der Städte Lebensenergie und Künste an, führte aber auch zu bürgerlicher Gewalttätigkeit und selbstmörderischen Kriegen, die den einzelnen Kleinstaat schwächten und schließlich Sumer zerstörten.

In den Großreichen wurde die soziale Ordnung mittels eines Feudalsystems aufrechterhalten. Nach einem erfolgreichen Krieg übertrug nämlich der Herrscher seinen mutigen Armeeführern Landstriche, von denen keine Steuer entrichtet werden mußte. Dafür sorgten die mit diesem Besitz ausgestatteten Männer als Gegenleistung in ihrem Gebiet für Ordnung und stellten dem König für seine militärischen Unternehmungen Soldaten und Vorräte zur Verfügung. Die Regierungsfinanzen bestanden aus Steuern in natura, die in den königlichen Lagerhäusern aufgeschichtet und an Stelle eines Gehalts an die Beamten und übrigen Staatsangestellten verteilt wurden.

Diesem System königlicher und feudaler Verwaltung lagen mannigfache Gesetzesbestimmungen zugrunde, die bereits in den Statuten des Ur-engur und Dungi für Ur ihre Vorgänger hatten und die die Quelle für Hammurabis berühmtes Gesetzbuch bildeten. Diese Vorschriften waren grausamer und einfacher im Aufbau als die spätere Gesetzgebung, aber sie waren zugleich weniger streng: So verlangte zum Beispiel der semitische Kodex den Tod einer des Ehebruchs schuldig erkannten Frau, während das sumerische Gesetz dem Gatten erlaubte, eine zweite Frau zu nehmen und der Ehebrecherin in seinem Hause eine untergeordnete Stellung anzuweisen. Das Gesetz regelte sowohl die Handels- wie die Geschlechtsbeziehungen, das Darlehenswesen und Vertragsrecht, den Kauf und Verkauf sowie die Annahme von Kindern und das Erbrecht. Die Gerichtshöfe tagten im Tempel, und als Richter fungierten meist Priester, wogegen bei einem höheren Gerichtshofe ein Berufsrichter den Vorsitz führte. Das Beste in diesem alten Kodex ist wohl die Bestimmung zur Verhinderung von Zwistigkeiten: Jeder Streitfall – so heißt es nämlich – solle zuerst einem öffentlichen Schiedsrichter vorgetragen werden, dessen Pflicht es sei, nichts unversucht zu lassen, um den Handel zu schlichten und ein freundschaftliches Übereinkommen ohne Zuhilfenahme des Gerichts zustande zu bringen.

SUMER

4. RELIGION UND MORAL

*Das sumerische Pantheon · Die Nahrung der Götter · Mythologie · Die Erziehung
Ein sumerisches Gebet · Tempeldirnen · Die Rechte der Frau · Sumerische Schönheitspflege*

König Ur-engur erließ sein Gesetzbuch im Namen des großen Gottes Schamasch, ein Beweis, daß die Herrscher schon früh den Nutzen erkannten, den die Verbindung von Politik und Religion ihnen eintrug. Sobald dieser Kunstgriff des Regierens allgemeine Verbreitung fand, mehrte sich die Zahl der Götter, und jede Stadt, jeder Staat und jede menschliche Tätigkeit erhielt irgendein anfeuerndes und ordnendes himmlisches Wesen. Der Sonnenkult, zweifelsohne schon lange in Ausübung, als die sumerische Kultur begann, fand seinen Ausdruck in der Verehrung Schamaschs, des «Lichtes der Götter», der die Nacht in den Tiefen des Nordens verbrachte, bis ihm die Morgenröte ihre Tore öffnete; dann stieg er am Himmel flammengleich empor, und sein Wagen raste über die Steilhänge des Firmaments, und was man von ihm sah, die Sonne, war lediglich ein Rad seines feurigen Fahrzeugs. Nippur errichtete dem Gotte Ellil und seiner Ehefrau Ninlil große Tempel, und Uruk pflegte besonders den Kult der jungfräulichen Erdgöttin Innini, die von den Semiten in Akkad später als Ischtar verehrt wurde und die Attribute der losen und unbeständigen Aphrodite-Demeter des Vorderen Orients auf sich vereinigte. Kisch und Lagasch kannten eine *mater dolorosa*, die traurige Mutter-Göttin Nincharsag, die, vom Unglück der Menschen gerührt, für sie bei den strengeren Gottheiten um Nachsicht bat. Ningirsu war der Gott der Bewässerung, der «Herr der Fluten»; Abu oder Tammuz der Schützer der Vegetation. Sin galt als ein Gott des Mondes, und er wurde als Mensch mit einer zarten Mondsichel um sein Haupt dargestellt, die wie eine Vorwegnahme der Gloriole der mittelalterlichen Heiligen erscheint. Den Luftraum dachte man sich von Geistern erfüllt. Unter ihnen gab es wohltätige Engel, von denen jeder der Schutzherr jedes einzelnen Sumerers war, sowie Dämonen und Teufel, welche die Schutzgottheiten zu verjagen suchten, um von Körper und Seele des Menschen Besitz zu ergreifen.

Die meisten Götter lebten in den Tempeln, wo die Gläubigen sie mit Einkünften, Nahrung und Frauen versahen. Die Tafeln des Königs Gudea zählen die von den Göttern bevorzugten Nahrungsmittel auf; es waren: Ochsen, Ziegen, Schafe, Tauben, Hühner, Enten, Fische, Datteln, Feigen, Kürbisse, Butter, Öl und Kuchen. Aus dieser Liste können wir uns einen Begriff über die verführerischen Tafelgenüsse der wohlhabenden Sumerer machen. Ursprünglich, scheint es, zogen die Götter Menschenfleisch vor; aber als sich die menschliche Moral allmählich höher entwickelte, mußten sie sich mit Tieropfern begnügen. Eine in den sumerischen Ruinen aufgefundene liturgische Tafel erklärt mit seltsamen theologischen Warnungen: «Das Lamm tritt an die Stelle des Menschen; er hat ein Lamm für sein Leben gegeben.» Diese Milderung der Sitten kam den Priestern zugute, die bald die reichste und mächtigste Klasse in den sumerischen Städten wurden. In den meisten Angelegenheiten galt ihr Entscheid als bindend, und es ist schwer zu bestimmen, wie sich die priesterlichen und königlichen Funktionen des *patesi* verteilten. Urukagina stand wie Luther gegen die Erpressung der Geistlichkeit auf, brandmarke ihre Gier, beschuldigte sie der Bestechlichkeit in ihrer Rechtsverwaltung und klagte sie wegen zu hoher Steueraushebungen an, die den Bauern und Fischer um den Ertrag ihrer Arbeit brachten. Er säuberte die Gerichtshöfe für eine Zeitlang von diesen unehrlichen Beamten und erließ gesetzliche Bestimmungen, die alle Steuern und Gebühren, die der Gläubige an den Tempel zu entrichten hatte, genau festlegten, den Hilflosen gegen die Ausbeutung durch die Priesterkaste beschützten und jede gewaltsame Veräußerung von Wertsachen und von unbeweglichem Eigentum untersagten. Die Welt war bereits alt, und die Generationen konnten sich auf eine lange Erfahrung berufen.

Es ist anzunehmen, daß die Priester nach dem Tode Urukaginas ihre Macht wiedergewannen, wie sie sie in Ägypten nach dem Tode Echnatons zurückerhalten sollten. Die Menschen bezahlten jeden Preis für ihre Religion. Bereits in diesem frühen Zeitalter entwickelten sich die großen Mythen. Da die Sumerer Nahrungsmittel und Werkzeuge in die Gräber der Verstorbenen legten, dürfen wir annehmen, daß sie an ein Leben nach dem Tode glaubten. Aber gleich den Griechen malten sie sich die andere Welt als eine nachtschwarze Behausung elender Schatten aus, in die alle Toten unterschiedslos hinabsteigen mußten. Es fehlte ihnen noch der Begriff von Himmel und Hölle, von Belohnung und Strafe. Sie brachten Opfer dar und sprachen Gebete, aber nicht um eines «ewigen Lebens» willen, sondern vielmehr, um sichtbarer Begünstigungen auf Erden teilhaftig zu werden. Eine spätere Sage erzählt, wie Adapa, ein Weiser aus Eridu, von Ea, dem Gotte der Weisheit, in alle Wissenschaften eingeweiht worden war und nur ein einziges Geheimnis nicht lüften durfte – das Wissen vom unsterblichen Leben. Eine andere Sage schildert, wie die Götter die Menschen glücklich erschaffen hatten, wie diese aber willentlich sündigten, so daß als Strafe die Flut über sie verhängt wurde und nur ein einziger der Sterblichen – Tagtug der Weber – übrigblieb. Aber auch dieser eine verwirkte langes Leben und Gesundheit, da er die Frucht eines verbotenen Baumes aß.

Die Priester übermittelten die Erziehung ebenso wie die Mythologie und suchten ohne Zweifel nicht nur zu herrschen, sondern auch zu belehren. Den meisten Tempeln waren Schulen angeschlossen, wo die Geistlichkeit Knaben und Mädchen im Schreiben und in der Arithmetik unterwies, ihre patriotischen und religiösen Gefühle pflegte und manche unter ihnen auf den hohen Beruf des Schriftgelehrten vorbereitete. Es sind Schultafeln erhalten, die mit Multiplikations- und Divisionstabellen bedeckt sind und die uns über Quadrat- und Kubikwurzeln und Probleme der angewandten Geometrie Auskunft geben. Daß der Unterricht nicht viel törichter war als der, den wir unseren Kindern erteilen lassen, geht klar aus einer Tafel hervor, die einen an Lucrez erinnernden Umriß der Anthropologie darstellt. «Als die Menschen geschaffen waren» – so heißt es dort –, «wußten sie nicht, daß man das Brot essen und die Gewänder tragen konnte. Sie gingen auf allen vieren, aßen das Gras gleich Schafen und tranken Sumpfwasser.»

Zu welch edler Vergeistigung und Ausdruckskraft diese erste der historischen Religionen sich zu erhöhen vermochte, leuchtet uns aus dem Gebete des Königs Gudea zur Göttin Bau, der Schutzgottheit von Lagasch, entgegen:

SUMER   127

> O meine Königin, du Mutter, die Lagasch errichtete,
> Das Volk, auf das du blickst, ist reich an Macht;
> Der Anbeter, auf den du blickst, sein Leben ist verlängert.
> Ich habe keine Mutter – du bist meine Mutter;
> Ich habe keinen Vater – du bist mein Vater ...
> Meine Göttin Bau, du kennst, was gut ist;
> Du hast mir den Atem des Lebens gegeben.
> Unter deinem Schutze, meine Mutter,
> In deinem Schatten will ich ehrfürchtig wohnen.[3]

Jedem Tempel waren Frauen als Mägde oder als Konkubinen der Götter und ihrer irdischen Stellvertreter zugeteilt. Dem Tempel auf diese Weise zu dienen, schien keinem sumerischen Mädchen eine Schande zu sein, und die Väter waren stolz, die Reize ihrer Töchter der Linderung der göttlichen Langeweile zu weihen, und feierten deren Aufnahme in den geheiligten Dienstkreis mit der zeremoniellen Darbringung eines Opfers und mit der Schenkung des Brautschatzes an den Tempel.

Die Ehe stellte bereits eine vielgestaltige, von mancherlei Gesetzen erläuterte Einrichtung dar. Die Braut behielt ihre väterliche Mitgift in ihrem Besitz, und obgleich sie ihr Vermögen gemeinsam mit ihrem Manne verwaltete, konnte doch nur sie allein als Vermächtnis darüber bestimmen. Die Frau übte ferner gleiche Rechte über die Kinder aus wie ihr Gatte, und in seiner und eines erwachsenen Sohnes Abwesenheit verwaltete sie ebenso das Anwesen wie den Haushalt. Unabhängig von ihrem Manne galt sie als eine Rechtsperson und durfte ein geschäftliches Übereinkommen abschließen und eigene Sklaven halten und über sie verfügen. Zuweilen konnte sie sogar, wie Schub-ad, Königin werden und in Pracht und Anmut ihre Stadt regieren. Aber bei allen wichtigen Entscheidungen galt das Wort des Mannes. Dieser durfte auch unter bestimmten Umständen seine Frau verkaufen oder sie zur Begleichung seiner Schulden als Sklavin dem Gläubiger überlassen. Die doppelte Moral war bereits als Folgeerscheinung des Eigentums und der Erbschaft in Kraft getreten; den Ehebruch des Mannes empfand man als eine verzeihliche Laune, während der Ehebrecherin der Tod bevorstand. Von der Frau erwarteten Gatte und Staat, daß sie viele Kinder zur Welt bringe; daher konnte man sich von ihr, wenn sie unfruchtbar war, ohne weiteres wieder scheiden lassen. Sträubte sie sich gegen fortwährende Mutterschaft, so wurde sie ertränkt. Die Kinder besaßen keine Rechte, und ihre Eltern konnten sogar durch eine öffentliche Enterbungserklärung ihre Verbannung aus der Stadt erwirken.

Nichtsdestoweniger hielten, wie in den meisten Kulturen, der Luxus und die Vorrechte der Frauen aus den höheren Ständen den Mühen und der Ohnmacht ihrer armen Schwestern beinahe die Waage. So spielen zum Beispiel die kosmetischen Artikel und der Schmuck in den sumerischen Gräbern eine hervorragende Rolle. Im Grabe der Königin Schub-ad fand Professor Woolley einen kleinen Tiegel aus blaugrünem Malachit, goldene Haarnadeln mit Lapislazuliköpfen und eine Schminkdose aus Goldfiligran. Diese Dose besaß die Größe eine kleinen Fingers und enthielt ein Löffelchen, womit wahrscheinlich dem Schminktiegel das Rouge entnommen wurde, ein metallenes Stäbchen, das wohl zur Hautpflege diente, und ein Paar Pinzetten, die wahrscheinlich für die Augenbrauen oder zur Entfernung unerwünschter Haare verwendet wurden. Die Ringe der Königin bestanden aus goldenem Draht, und einer davon war mit Lapislazulisplittern versehen. Auch eine Halskette besaß die hohe Dame, die eine Arbeit aus gerieftem Lapislazuli und Gold darstellte. Wir sehen, es gibt nichts Neues unter der Sonne, und der Unterschied zwischen der ersten und der letzten Frau der Welt könnte durch ein Nadelöhr gehen.

5. LITERATUR UND KUNST

*Die Schrift · Die Literatur · Tempel und Paläste · Bildhauerarbeit · Statuen
Keramik · Schmuck · Zusammenfassung der sumerischen Kultur*

Das überraschendste unter den erhalten gebliebenen sumerischen Kulturdenkmälern ist die Schrift. Diese wundervolle Kunst steht hier bereits auf hoher Stufe und scheint durchaus geeignet, sowohl dichterische und religiöse wie auch kaufmännische Texte wiederzugeben. Die ältesten Inschriften sind in Stein gegraben und reichen anscheinend auf das Jahr 3600 v. Chr. zurück. Ungefähr vierhundert Jahre später tritt die Tontafel auf, und seit jener Zeit haben die Sumerer allem Anschein nach an der neuen Erfindung Gefallen gefunden. Es gereicht uns zum Glück, daß die Menschen Mesopotamiens nicht auf zartem, vergänglichem Papier mit verblassender, erlöschender Tinte schrieben, sondern mit der keilförmigen Spitze eines Griffels (Keilschrift) ihre Schriftzeichen in den weichen Lehm eindrückten. Auf diesem weichen Material machte der Schreiber seine Aufzeichnungen, führte Verträge aus, entwarf amtliche Dokumente, vollzog Eigentumseintragungen, vermerkte Gerichtsentscheide und Verkäufe und schuf eine Kultur, in welcher der Griffel ebenso mächtig war wie das Schwert. Hatte der Schreibkundige den Text fertig eingeritzt, so brannte er die Tontafel im Feuer oder trocknete sie an der Sonne und stellte damit Manuskripte her, die viel haltbarer waren als Papier und die nur noch vom Stein übertroffen wurden. Die Entfaltung dieser Keilschrift stellt ·den hervorragendsten Beitrag Sumers zur Kultur der Menschheit dar.

Die sumerische Schrift geht von rechts nach links, während die Babylonier unseres Wissens die ersten waren, die von links nach rechts schrieben. Die Linienschrift war, wie wir gesehen haben, anscheinend eine stilisierte und konventionalisierte Form der auf den primitiven sumerischen Tongefäßen gemalten oder aufgepreßten Zeichen und Bilder. Es ist durchaus anzunehmen, daß Wiederholung und Eile im jahrhundertelangen Gebrauch die ursprünglichen Bilder allmählich zu Zeichen zusammenzog, die mit den von ihnen einst dargestellten Gegenständen so wenig Ähnlichkeit aufwiesen, daß sie sich mehr zu Laut- als zu Dingsymbolen entwickelten. Die Sumerer und Babylonier gelangten nie über die Darstellung der Silben hinaus zur Darstellung der bloßen Buchstaben – sie ließen die Vokale in den Silbenzeichen nicht fallen; so stellte etwa *b be* vor. Es blieb den Ägyptern vorbehalten, diesen einfachen, aber revolutionären Schritt zu tun.

Die Erhöhung der Schrift zum literarischen Ausdrucksmittel benötigte wahrscheinlich einen Zeitraum von vielen Jahrhunderten. Bis dahin bildete die Schrift ein Werkzeug des Handels, ein Mittel, um Verträge abzuschließen und Rechnungen auszuführen, Warenlieferungen zu vermerken und Eingänge zu bestätigen. Vielleicht war sie neben-

SUMER

bei auch ein Instrument der religiösen Aufzeichnung, mit dessen Hilfe magische Formeln, zeremonielle Vorgänge, geheiligte Legenden, Gebete und Gesänge vor Änderung und Verfall bewahrt blieben. Nichtsdestoweniger wurden bereits 2700 v.Chr. große Bibliotheken in Sumer gegründet. So entdeckte zum Beispiel de Sarzac in Telloh, dem alten Lagasch, in Ruinen aus der Zeit des Königs Gudea mehr als 30 000 Tafeln, die sauber und in logischer Anordnung übereinander aufgeschichtet waren. Schon 2000 v. Chr. begannen die sumerischen Historiker, die Vergangenheit zu rekonstruieren und die Geschichte der Gegenwart zur Erbauung der Zukunft aufzuzeichnen. Wir besitzen Bruchstücke ihrer Arbeiten, allerdings nicht in der Originalfassung, sondern als Zitate in späteren babylonischen Chroniken. Unter den authentischen Überresten müssen wir jedoch eine in Nippur aufgefundene Tafel erwähnen, die die sumerische Urform des Gilgameschepos enthält, das wir später in seiner babylonischen Version studieren wollen. Einige zerbrochene Tafeln vermitteln uns ferner den Text eindrucksvoller Klagelieder, deren literarische Form hervorzuheben ist. Wir finden in ihnen die Eigenart des Vorderen Orients, die Teile der Lieder zu wiederholen: So beginnt oft eine Zeile in der gleichen Weise wie die andere, und viele Sätze wiederholen oder veranschaulichen den Gedanken des vorhergehenden Satzes. Aus den uns erhalten gebliebenen Denkmälern erkennen wir den religiösen Ursprung der Literatur, die in den Liedern und Trauergesängen der Priester ihren Anfang nahm. Die ersten Dichtungen waren nicht Madrigale, sondern Gebete.

Hinter diesen scheinbaren Anfängen der Kultur liegen sowohl in Sumer als auch in anderen Ländern zweifelsohne viele Jahrhunderte der Entwicklung. Nichts ist unvermittelt erschaffen worden, alles ist nur gewachsen. Genau wie Sumer auf dem Gebiet der Schrift die Keilschrift erfunden zu haben *scheint*, scheint es auch in der Architektur mit einem Male die grundlegenden Formen des Hauses und des Tempels, der Säule, des Gewölbes und des Bogens erschaffen zu haben. Der sumerische Bauer errichtete sein Wohnhaus, indem er Rohrstauden quadratisch, viereckig oder kreisförmig aufsteckte, ihre Spitzen krümmte und sie bogenförmig, wie ein Gewölbe oder eine Kuppel, zusammenband. So traten nach unserer Annahme diese architektonischen Formen zuerst auf. Unter den Ruinen von Nippur gibt es einen bogenförmigen Entwässerungsgraben aus der Zeit von 5000 v.Chr., und bogenförmige Türen kannte man um 2000 v.Chr. allgemein auch in Ur. Die Konstruktion dieser Bogen darf als mustergültig angesprochen werden; man paßte jeden Stein so in die Wölbung ein, daß er gleich einem Keil nach der Innenseite des Bogens spitz zulief und fest an seiner Stelle saß.

Die reicheren Bürger bauten ihre Paläste auf Hügel, zuweilen zwölf Meter über der Ebene, und sorgten dafür, daß sie – mit Ausnahme eines einzigen Pfades – von außen unzugänglich waren, so daß das sumerische Haus einer Burg ähnlich sah. Da ein guter Baustein nur sehr spärlich vorhanden war, stellte man diese Paläste meist aus Ziegeln her. Die unschöne rote Maueroberfläche schmückten die Besitzer mit mancherlei Verzierungen aus Terrakotta, wie Spiralen, Zickzacklinien, Dreiecke, rautenförmige und geblümte Muster. Die inneren Wände wurden mit Mörtel verputzt und einfach bemalt. Das Haus war um einen zentralen Hof angelegt, der Schatten und Kühle gewährte und auf den hinaus die Eingänge der einzelnen Räume führten; denn die Außenseiten des Gebäudes blieben der Hitze und Sicherheit wegen beinahe hermetisch abge-

DER VORDERE ORIENT

schlossen. Fenster galten als ein Luxus, und man brauchte sie wahrscheinlich gar nicht. Die Zimmer waren einfach, aber geschmackvoll möbliert. Es gab Betten mit eingelegter Metall- oder Elfenbeinarbeit, und gelegentlich wiesen, wie in Ägypten, kunstvolle Armsessel Füße mit Löwentatzen auf.

Für den Tempelbau importierte man die nötigen Steine und brachte zur Ausschmückung Kupfergesimse und mit Halbedelsteinen eingelegte Friese an. Der Nannartempel in Ur brachte für ganz Mesopotamien die Mode der blaßblauen Emailziegel auf, während sein Inneres mit seltenen Hölzern, wie Zeder und Zypresse, getäfelt und mit Alabaster, Marmor, Onyx, Achat und Gold eingelegt war. Gewöhnlich befand sich der bedeutendste Tempel der Stadt nicht nur auf einer Anhöhe, sondern besaß auch eine Zikkurat, einen drei, vier oder sieben Stockwerke hohen, vorgeschobenen Turm, auf den eine außen angebrachte Wendeltreppe führte. Hier in den Höhen wohnte der hehrste der Stadtgötter, und hier fand die Regierung eine letzte geistige und materielle Festung gegen Überfall oder Aufstand*. Die Tempel wurden zuweilen mit Bildhauerarbeiten ausgestattet, die Tiere, Helden und Götter darstellten. Die Figuren waren plump und mächtig und besaßen keine künstlerische Anmut. Die noch vorhandenen Statuen König Gudeas zeugen von einem entschlossenen Kunstwillen, sind aber nur sehr roh in widerstandsfähigem Diorit ausgeführt. In den Ruinen von Tell-el-Ubaid bei Ur wurde eine kleinere, der frühen sumerischen Periode angehörende Kupferstatue eines Stiers gefunden, die während der Jahrhunderte arg gelitten hatte, aber noch immer lebensvolle Züge und den beim Rind häufig anzutreffenden Ausdruck stumpfer Selbstzufriedenheit aufweist. Ein Meisterwerk seiner Art ist auch der in Silber gearbeitete Kopf einer Kuh aus dem Grabe der Königin Schub-ad, der uns auf eine hochentwickelte Kunstübung schließen läßt, deren Schöpfungen leider großenteils durch die Zeit zerstört worden sind, so daß unsere Urteilsmöglichkeit zwangsläufig eingeschränkt wird. Am besten sehen wir dies an den uns erhaltenen Basreliefs. Die «Stele der Geier», die wir König Eannatum von Lagasch verdanken, der Porphyrzylinder des Ibnischar, die humorvollen Karikaturen des Urnansche und allen voran die «Stele des Sieges» des Naram-sin vereinigen alle die Roheit der sumerischen Skulptur mit einer frischfrohen Lebenskraft in Zeichnung und Handlung, die das Merkmal einer jungen und blühenden Kunst darstellt.

Über die Tongefäße dürfen wir nicht so mild urteilen. Es kann sein, daß die Zeit unser Urteil fälscht und daß uns nur mittelmäßige Stücke erhalten blieben; vielleicht gab es auch Gefäße, die ebenso gut gearbeitet waren wie die in Eridu entdeckten Alabastergegenstände, doch der größte Teil der sumerischen Töpferei besteht trotz des Behelfs der Töpferscheibe nur aus irdenem Material und läßt sich mit den Vasen von Elam nicht vergleichen. Bessere Sachen leisteten die Goldschmiede. So fand man zum Beispiel in den frühesten Gräbern von Ur geschmackvoll gezeichnete und delikat ausgeführte Goldgefäße, manche aus der Zeit von 4000 v. Chr. Die mit zahlreichen fein gravierten Tierfiguren geschmückte Silbervase des Entemena (jetzt im Louvre) ist ebenso untersetzt wie die Statuen Gudeas. Die schönsten Stücke sind die goldene Scheide und der Lapislazulidolch aus Ur. Bei ihnen grenzt die Form nahezu an Vollkommenheit, soweit Photographien (das Original ist im Museum von Bagdad) eine einwandfreie Beurteilung gestatten. In den Ruinen finden wir in großer Anzahl Siegelzylinder, die meistens aus kostbarem Metall oder Stein bestehen und auf einer Oberfläche von drei bis fünf Quadratzentimetern sorgfältig geschnitzte Reliefs besitzen. Sie scheinen den Sumerern als Unterschriften gedient zu haben und offenbaren uns eine Verfeinerung des Lebens und der Umgangsart, die uns in unserer einfältigen Vorstellung des Fortschritts als eines ununterbrochenen Aufsteigens des Menschen von den unglücklichen Kulturen der Vergangenheit zu dem einzig dastehenden Gipfelpunkt des Heute erschüttert.

---

* Solche Zikkurats haben es den amerikanischen Architekten ermöglicht, einer neuen Bauart Form zu geben, da sie doch mit ihren oberen Stockwerken den Nachbarn das Licht nicht fortnehmen durften. Die Geschichte läßt sich mit einem Blick übersehen, wenn wir gleichzeitig die 5000 Jahre alten Ziegelzikkurats Sumers und die Ziegelzikkurats des zeitgenössischen New York betrachten.

SUMER

Der Qualitätsunterschied zwischen den rohen Tongefäßen und den vollendeten Schmuckgegenständen darf wohl als Merkmal der sumerischen Kultur überhaupt betrachtet werden, da diese die Synthese zwischen unreifen Anfängen und gelegentlicher höchstgesteigerter Meisterschaft darstellt. Hier entstanden, soweit unser Wissen reicht, die ersten Staaten und Reiche, hier errichtete man die ersten Bewässerungsanlagen, verwendete zum ersten Male Gold und Silber als Wertmaßstab, schloß die ersten Handelsverträge, erfand ein Kreditsystem und ein Gesetzbuch, dehnte den Gebrauch der Schrift aus, dichtete Sagen von der Schöpfung und Sintflut, legte Bibliotheken und Schulen an, schuf die erste Literatur und Dichtung, die erste Kosmetik und Schmuckindustrie, die erste Skulptur und Basreliefkunst, baute die ersten Paläste und Tempel und vollendete die metallene Ornamentik und die dekorativen Arbeiten, den ersten Bogen, die Säule, das Gewölbe und die Kuppel. Hier treten auch, soweit wir unterrichtet sind, zum ersten Male in großem Ausmaß einige der Sünden der Zivilisation auf, so die Sklaverei, der Despotismus, die Priesterherrschaft und der Eroberungskrieg. Es war ein vielseitiges, reiches, verfeinertes Leben. Bereits erzeugte die natürliche Ungleichheit für die Starken eine neue Stufe des Komforts und des Luxus und für die Schwachen eine Routine harter und disziplinierter Arbeit. Das Thema war angeschlagen, das die Geschichte in unendlichen Variationen abwandeln sollte.

III. DER ÜBERGANG ZU ÄGYPTEN

Der sumerische Einfluß in Mesopotamien · Das alte Arabien
Der mesopotamische Einfluß in Ägypten

Wenn wir von Sumer sprechen, sind wir den Anfängen der geschriebenen Geschichte noch so nahe, daß es schwierig ist, die Priorität oder Posteriorität irgendeiner der behandelten Kulturen des alten Orients zu bestimmen. Die ältesten uns bekannten Aufzeichnungen sind sumerischen Ursprungs. Das kann ein Zufall sein und beweist noch nichts für die Priorität der sumerischen Zivilisation. Statuen und andere an Sumer erinnernde Überreste sind in Assur und Samarra aufgefunden worden, ohne daß wir wissen, ob diese frühe Kultur aus Sumer stammt oder ob sie dem Tigris entlang hereingekommen ist. Der Kodex des Hammurabi sieht dem des Ur-engur und Dungi ähnlich, aber wir können nicht sagen, ob er eine Fortentwicklung dieser Gesetzbücher darstellt oder ob sie vielleicht alle auf eine viel ältere Quelle zurückgehen. Es ist nur eine Annahme, keine feststehende Tatsache, daß die Kulturen von Babylon und Assyrien aus derjenigen Sumers und Akkads herzuleiten sind oder doch wenigstens von diesen befruchtet wurden. Die Götter und Sagen Babylons und Ninives sind in vielen Fällen Abwandlungen oder Weiterbildungen der sumerischen Theologie, und die Sprachen der beiden späteren Kulturen sind mit dem Sumerischen im gleichen Maße verwandt wie heute das Französische und Italienische mit Latein.

Schweinfurt hat die Aufmerksamkeit auf die interessante Erscheinung gelenkt, daß, obgleich die Kultur der Gerste, der Hirse und des Weizens sowie die Zähmung des

DER VORDERE ORIENT

Viehs, der Ziegen und Schafe ebenso in Ägypten wie auch in Mesopotamien auf unseren ältesten Aufzeichnungen nachzuweisen ist, die genannten Früchte und Tiere doch in ihrem wilden und natürlichen Zustand nicht in Ägypten, sondern nur in Westasien, besonders in Yemen oder Altarabien, vorkommen. Er schließt daraus, daß der Anbau der Zerealien und die Verwendung gezähmter Tiere in einer den Aufzeichnungen vorangehenden Periode zuerst in Arabien in Erscheinung traten und von dort aus sich in einer «triangulären Kultur» nach Mesopotamien (Sumer, Babylonien, Assyrien) und Ägypten verbreiteten. Unser Wissen über das ursprüngliche Arabien ist zu oberflächlich, um diese Hypothese geschichtliche Tatsache werden zu lassen.

Gewisse spezifische Elemente der ägyptischen Kultur weisen mit größter Bestimmtheit auf sumerischen und babylonischen Ursprung hin. Wir wissen, daß Mesopotamien und Ägypten Handelsbeziehungen unterhielten – sicherlich über die Landenge von Suez oder auf dem Wasserweg von den ehemaligen Mündungen der ägyptischen Flüsse im Roten Meer stromaufwärts. Ein Blick auf die Landkarte erklärt uns, weshalb Ägypten während der ganzen Dauer seiner Geschichte mehr mit Westasien als mit Afrika verbunden war. Handel und Kultur vermochten nämlich einzig aus Asien, dem Mittelmeer entlang, zum Nil zu gelangen, während die Nilfälle und die Wüste Ägypten auf der anderen Seite vom übrigen Afrika trennten. Es ist daher natürlich, vielen mesopotamischen Elementen in der primitiven ägyptischen Kultur zu begegnen.

Je weiter wir die ägyptische Sprache zurückverfolgen, um so verwandter erweist sie sich den semitischen Sprachen des Vorderen Orients. Die piktographische Schrift der prädynastischen Ägypter scheint von Sumer herzukommen. Der Siegelzylinder, der unzweifelhaft mesopotamischer Herkunft ist, tritt ebenfalls in der frühest nachweisbaren ägyptischen Geschichte auf und verschwindet dann wieder, so daß es den Anschein hat, als ob eine eingeborene Sitte einen fremdländischen Brauch verdrängt hätte. Die Töpferscheibe ist vor der vierten Dynastie in Ägypten unbekannt – zu einer Zeit, da sie in Sumer längst verwendet wurde. Es ist daher anzunehmen, daß sie aus dem Zweistromland gemeinsam mit Rad und Wagen nach dem Niltal kam. Frühe ägyptische und babylonische Amtsstäbe weisen eine vollkommen gleiche Form des Knaufes auf. Ein sehr schön gearbeitetes, unter prädynastischen ägyptischen Überresten in Gebel-el-Arak gefundenes Steinmesser zeigt Reliefs in mesopotamischem Stil. Das Kupfer wurde anscheinend in Westasien hergestellt und von dort nach Ägypten gebracht. Die frühe ägyptische Architektur kennt wie die des Zweistromlandes die Verwendung des Paneels zur Dekoration der Ziegelwände. Die prädynastischen Erdwaren, die Statuetten und dekorativen Motive sind in vielen Fällen mit den mesopotamischen Erzeugnissen identisch oder aufs innigste verbunden. Unter diesen frühen ägyptischen Überresten finden sich auch die kleinen Figuren einer Göttin, die offensichtlich asiatischen Ursprung verraten. Zu einer Zeit, da die ägyptische Kultur erst in den Anfängen steckte, schufen die Künstler von Ur bereits Statuen und Reliefs, deren Stil und Konvention das hohe Alter dieser Künste in Sumer beweisen*.

---

* Ein großer Gelehrter, Elliot Smith, hat versucht, diesen Betrachtungen zu widersprechen, indem er die Tatsache hervorhob, daß, obgleich Gerste, Hirse und Weizen in ihrem natürlichen Zustand in Ägypten un-

SUMER

Ägypten konnte es sich wohl leisten, Sumer den Vorrang abzutreten, denn was immer auch die Nilkultur von den Kulturen am Euphrat und Tigris übernommen haben mag, sie erblühte doch früh zu einer eigentümlichen und ausschließlich bodenständigen Kultur, zu einer der reichsten, größten, mächtigsten und zugleich auch anmutigsten der Geschichte, der gegenüber Sumer nur einen rohen Anfang darstellt und selbst Griechenland und Rom zurücktreten.

---

bekannt sind, wir doch dort selbst die ältesten Spuren ihrer Bebauung finden; er glaubt daher, Ackerbau und Kultur seien aus Ägypten nach Sumer gekommen. Der größte amerikanische Ägyptologe, Professor Breasted, ist gleichfalls gegenüber dem Vorrang Sumers skeptisch. Breasted glaubt, das Rad se in Ägypten mindestens so alt wie in Sumer, und verwirft die Hypothese Schweinfurts mit der Begründung, im abessinischen Hochland sei wild wachsendes Getreide gefunden worden.

ZWEITES KAPITEL

Ägypten

I. DAS GESCHENK DES NILS

1. IM DELTA

Alexandrien · Der Nil · Die Pyramiden · Die Sphinx

ALEXANDRIEN hat einen idealen Hafen. Außerhalb des langen Wellenbrechers stürzen die Fluten wild übereinander, und auf der Innenseite breitet sich das Meer wie ein Silberspiegel aus. Auf der dem Festland vorgelagerten kleinen Insel Pharos baute, als Ägypten schon alt war, Sostratos seinen Leuchtturm aus weißem Marmor, hundertfünfzig Meter hoch, allen alten Seefahrern des Mittelmeers ein Leitstern und eines der sieben Wunder der Welt. Die Zeit und die ewig nagenden Wasser haben ihn fortgespült, doch ein neuer Leuchtturm hat seinen Platz eingenommen und leuchtet dem einfahrenden Dampfer durch die Felsen zur Mole der Stadt. Hier hatte der die Welt in Staunen versetzende junge Staatsmann Alexander die hochentwickelte vielsprachige Metropole gegründet, die die Kultur Ägyptens, Palästinas und Griechenlands erben sollte. In diesem Hafen empfing Caesar das vom Rumpfe getrennte Haupt des Pompeius.

Wie der Zug durch die Stadt fährt, erhascht man die Ansicht ungepflasterter Straßen und Alleen, man spürt die aufsteigenden Hitzedämpfe in der Luft, sieht Arbeiter mit nacktem Oberkörper und schwarzgekleidete Frauen, die kräftig ihre Lasten tragen, weißgekleidete Mohammedaner im Turban, voll königlicher Würde, und in der Ferne große Plätze und leuchtende Paläste, vielleicht so schön wie jene, die die Ptolemäer erbaut haben, als Alexandrien der Treffpunkt der Welt war. Dann sind wir plötzlich in offener Landschaft, und die Stadt weicht in den Horizont des fruchtbaren Deltas zurück – jenes grünen Dreiecks, das auf der Landkarte den Blättern einer stolzen, vom schmalen Stengel des Nils getragenen Palmkrone ähnlich sieht.

Zweifellos war dieses Delta einmal eine Bucht; langsam füllte der breite Strom sie auf, zu langsam, als daß man es hätte merken können, und brachte Geröll aus einer Entfernung von tausend Meilen mit *. Auf diesem von vielen Flußarmen durchzogenen Schlammfleck pflanzen sechs Millionen Feldarbeiter genug Baumwolle, um jährlich für hundert Millionen Dollar auszuführen. Da fließt der berühmteste aller Ströme leuchtend und ruhig unter der glühenden Sonne, von schlanken Palmen und grasigen Ufern umsäumt. Wir können die so nahe dahinter liegende Wüste nicht sehen, auch nicht die großen leeren Wadi, die Betten seiner einstigen fruchtbaren Nebenflüsse; wir kön-

---

* Selbst die alten Geographen (z. B. Strabon) glaubten, Ägypten sei einst vom Mittelmeer bedeckt gewesen und seine Wüsten hätten den Meeresboden dargestellt.

ÄGYPTEN

nen noch nicht erkennen, was für ein mißlich schmales Ding dieses Ägypten ist, das alles seinem Flusse verdankt und das der feindliche, treibende Sand von beiden Seiten fortwährend bedroht.

Nun fährt der Zug durch die alluviale Ebene. Das Land ist halb vom Wasser bedeckt, und die Bewässerungskanäle durchkreuzen es nach allen Richtungen. In den Sümpfen und auf den Feldern arbeiten schwarze Fellachen (aus dem Arabischen *fellah* = Bauer und *felaha* = pflügen), nur mit einem Lendenschurz bekleidet. Der Fluß ist, wie dies alljährlich geschieht, über seine Ufer getreten. Die Überschwemmung beginnt um die Sommersonnenwende und dauert hundert Tage. Sie macht die Wüste fruchtbar, und Ägypten blüht nach dem Ausspruche Herodots als das «Geschenk des Nils». Es ist klar, weshalb die Kultur hier eine ihrer ersten Wohnstätten fand; denn an keinem anderen Ort gab es einen Strom, der im Bewässern so großzügig und im Ansteigen so leicht kontrollierbar war; nur Mesopotamien konnte mit ihm wetteifern. Während Tausender Jahre haben die Bauern mit ängstlichem Eifer das Steigen der Wasser beobachtet, und noch heute verkünden öffentliche Ausrufer jeden Morgen in den Straßen Kairos das Zunehmen des Nils. So fließt die Vergangenheit in der stillen Ewigkeit dieses Stromes in die Zukunft über und berührt auf ihrem Wege leicht die Gegenwart. Nur die Historiker machen Einteilungen; die Zeit macht keine.

Aber jedes Geschenk will bezahlt sein; und der Bauer wußte, obgleich er den Wert der wachsenden Wasser erkannte, daß diese ohne seine Aufsicht die Felder ebensogut zerstören wie bewässern konnten. So baute er zu einer Zeit, die älter ist als die geschriebene Geschichte, die vielen Dämme, die das Land durchkreuzen; er sammelte den Wasserüberschuß in Kanälen, und wenn der Strom sank, hob er das Wasser in an Stangen befestigten Eimern empor und sang bei seiner Arbeit die Lieder, die der Nil nun fünftausend Jahre lang gehört hat. Denn wie diese Bauern heute sind, finster und ohne ein Lachen, selbst wenn sie singen, so sind sie, aller Wahrscheinlichkeit nach, durch fünf Jahrtausende gewesen. Diese Vorrichtung des Wasserziehens ist so alt wie die Pyramiden, und eine Million von Fellachen spricht trotz der Eroberung durch die Araber noch immer die Sprache der alten Denkmäler.

Hier im Delta, fünfzig Meilen südöstlich von Alexandrien, liegt Naukratis, das einst von fleißigen, emsigen Griechen wimmelte; dreißig Meilen weiter ostwärts erhebt sich Sais, wo in den der persischen und griechischen Eroberung vorausgehenden Jahrhunderten die bodenständige Kultur Ägyptens ihre letzte Blüte erfahren hat. Hundertzwanzig Meilen südöstlich von Alexandrien befindet sich Kairo. Es ist eine schöne, aber nicht ägyptische Stadt, die 968 n. Chr. von den mohammedanischen Siegern gegründet und später, als der französische Geist die düsteren Araber blendete, in ein exotisches und unwirkliches Paris des Südens verwandelt wurde. Man muß im Auto oder in der gemächlichen Droschke diese Stadt durchqueren, um das alte Ägypten bei den Pyramiden zu treffen.

Wie klein erscheinen sie von der langen Straße aus, die zu ihnen führt. Kamen wir von so weit her, um etwas so Unbedeutendes zu sehen? Aber nun werden sie allmählich größer, als ob sie sich in die Luft erhöben. An der einen Straßenbiegung überrascht uns der Saum der Wüste; und dort stehen uns mit einem Male die Pyramiden gegenüber, nackt und einsam im Sande, gigantisch und mürrisch unter einem italienischen Himmel. Eine bunte Menschenmenge tummelt sich an ihrem Fuß, wohlbeleibte Kaufleute auf blinzelnden Eseln und noch beleibtere Damen, wohlgeborgen in Wagen; junge Männer, die auf Pferden einherstolzieren, und ebenso junge Frauen, die auf unbequemen Kamelrücken sitzen und deren seidige Knie in der Sonne glitzern, und zwischen ihnen allen habgierige und geschäftige Araber. Wir stehen da, wo einst Caesar und Napoleon standen, und denken daran, daß fünf Jahrtausende auf uns herabblicken; daß vierhundert Jahre vor Caesar Herodot, der Vater der Geschichte, hierher kam und den Erzählungen lauschte, die später Perikles aufrütteln sollten. Wir gewinnen eine neue Zeitperspektive, zwei Jahrtausende scheinen ihre Ferne zu verlieren; und Caesar, Herodot und wir selbst werden für die Dauer eines Augenblicks Zeitgenossen vor diesen riesigen Gräbern, die für die beiden Männer der Antike bereits älter waren, als es die Griechen für uns sind.

Nebenan preßt die Sphinx, halb Löwin und halb Philosophin, ihre Klauen grimmig in den Sand und starrt unbeweglich den kommenden und gehenden Besucher und die ewige Ebene an. Es ist ein Denkmal von wildem Aussehen, als wollte es Weichlinge erschrecken und Kinder aus seiner Nähe forttreiben. Der Löwenkörper endet in einen Menschenkopf mit mächtigen Kinnbacken und grausamen Augen. Die Kultur, die dieses Steinbild schuf (ca. 2900 v. Chr.), hatte die Barbarei noch nicht vergessen. Einst bedeckte es der Sand, und Herodot, der doch so viel sah, was heute nicht mehr vorhanden ist, spricht kein Wort darüber.

Welchen Reichtum, welche Kraft und welche Gewandtheit müssen diese alten Ägypter schon in den Anfängen ihrer Kultur besessen haben, um diese gewaltigen Steinmassen aus einer Entfernung von sechshundert Meilen herbeizuschaffen und manche davon, die viele Tonnen wiegen, zu einer Höhe von hundertfünfzig Metern aufzuschichten! Welche Organisation brauchte es, um die hunderttausend Sklaven, die sich an diesen Pyramiden während zwanzig Jahren abmühten, zu bezahlen oder zu ernähren! Herodot hat uns eine von ihm auf einer Pyramide entdeckte Inschrift überliefert, die uns vermeldet, wieviel Rettiche, Knoblauch und Zwiebeln die Bauarbeiter verzehrt haben, und die auf diese Art den genannten Nahrungsmitteln Unsterblichkeit verlieh*. Trotzdem gehen wir enttäuscht von diesen vertrauten Denkmälern fort; es liegt etwas primitiv Barbarisches in diesem Hunger nach Größe. Es sind die Erinnerung und die Vorstellungskraft des geschichtsbegeisterten Betrachters, die diese Denkmäler groß machen; an sich selbst sind sie wenig ansprechend: eitle Gräber, durch die der darin Begrabene unsterblichen Ruhm zu erlangen hoffte und die dem Zauber des Sonnenuntergangs von Gise weit nachstehen dürften.

---

* Diodoros Siculus, den man sehr skeptisch lesen muß, schreibt: «Auf der größeren (Pyramide) ist aufgeschrieben, was der Unterhalt der Arbeiter gekostet hat (was z. B. für Gemüse und Rettiche ausgegeben wurde). Nach dieser Angabe hätte der ganze Aufwand über 1600 Talente betragen.»[1]

ÄGYPTEN

2. STROMAUFWÄRTS

Memphis · Das Meisterwerk der Königin Hatschepsut · Die Kolosse des Memnon
Luxor und Karnak · Die Größe der ägyptischen Kultur

Von Kairo fährt ein kleines Dampfboot in einer behaglichen sechstägigen Reise nach Karnak und Luxor stromaufwärts. Nach dreißig Kilometern kommt es an Memphis, der ältesten der ägyptischen Hauptstädte, vorbei. Hier, wo einst die Herrscher der großen dritten und vierten Dynastie in einer Zweimillionenstadt lebten, sieht das Auge nur noch eine Reihe kleiner Pyramiden und einen Palmenhain; daneben breitet die unendliche Wüste sich aus, ein Teil jenes riesigen Sandmeeres, das sich von Marokko über Arabien, Turkestan, Tibet bis zur Mongolei erstreckt: Am Rande dieses zwei Erdteile durchquerenden Sandgürtels errichtete einst die Kultur ihre Sitze, Zentren der Kultur, die wieder verschwanden, als der befruchtende Regen versiegte und die Sonne den Boden versengte. An beiden Ufern des Nils zieht sich auf einer Strecke von zwanzig Kilometern ein Band fruchtbarer Erde hin, ein einziger schmaler Streifen, der vom Mittelmeer bis nach Nubien der Wüste entrissen wurde. Das ist der Faden, an dem das Leben Ägyptens hing. Und doch, wie kurz scheint die Lebensspanne Griechenlands und Roms verglichen mit der Kultur am Nil, von Menes, dem ersten bekannten König, bis zu Kleopatra, der letzten selbständigen Herrscherin.

Eine Woche später gelangt unser Boot nach Luxor. An diesem Ort, wo heute arabische Dörfer stehen oder Treibsand alles bedeckt, erhob sich einst die größte der ägyptischen Hauptstädte, die reichste Stadt der Alten Welt, den Griechen als Theben, dem eigenen Volk als Wesi und Ne bekannt. Am östlichen Abhang des Nils steht der berühmte Winterpalast von Luxor, von den Blumen in flammende Farben getaucht; jenseits des Stroms geht die Sonne über den Gräbern der Könige in einem Sandmeer unter, und der Himmel ist ein Farbenspiel aus Purpur und Gold. Fern im Westen leuchten die Pfeiler des erhabenen Tempels der Königin Hatschepsut und erscheinen aller Welt als eine klassische Säulenhalle.

Am Morgen bringen träge Segelboote den fremden Besucher über den jetzt ruhig fließenden Nil. Dann führt der Weg meilenweit durch die Wüste über staubige Bergpässe und an historischen Gräbern vorbei, bis das Meisterwerk der großen Königin ruhig und majestätisch aus der flimmernden Luft sich erhebt. Hier beschloß einst ein Künstler, die vorgefundene Natur in eine Schönheit umzuwandeln, die der ihren überlegen war: Er bildete Säulen im Granitfelsen, Säulen, so stattlich wie jene, die Iktinos für Perikles schuf. Wenn man sie sieht, kann man nicht mehr am ägyptischen Ursprung der griechischen Architektur zweifeln; vielleicht hat Kreta die Vermittlerrolle gespielt. An den Wänden erzählen ausgedehnte Flachreliefs voller Bewegung und Gedanken das Leben der ersten großen Frau in der Weltgeschichte, die zugleich eine der bedeutendsten Königinnen war.

Auf dem Rückweg begegnen wir zwei steinernen Riesen, die Amenhotep III., den luxuriösesten der ägyptischen Monarchen, darstellen, aber irrtümlicherweise von den griechischen Reiseführern als die «Kolosse des Memnon» bezeichnet werden. Jeder hat eine Höhe von dreiundzwanzig Metern, wiegt siebenhundert Tonnen und ist aus einem einzigen Felsblock gehauen. Auf den Grundsteinen sieht man noch die von griechischen Touristen vor zweitausend Jahren gemachten Eintragungen. Wieder weichen die Jahrhunderte zurück, und jene Griechen scheinen uns im Vergleich mit diesen alten Dingen seltsam zeitgenössisch und modern. Eine Meile weiter nördlich liegen die Steinreste Ramses' II., einer der bezauberndsten Gestalten der Geschichte, der gegenüber Alexander unbedeutend und unreif erscheint. Er lebte neunundneunzig Jahre, war siebenundsechzig Jahre Kaiser und Vater von hundertfünf Kindern. Hier erhob sich einst seine siebzehn Meter hohe Statue, die nun wie zum Spott im Sande ausgestreckt liegt. Die Gelehrten Napoleons maßen sie und stellten fest, daß ein Ohr einen Meter lang und ein Fuß anderthalb Meter breit war und daß ihr Gewicht tausend Tonnen betrug. Auf Ramses hätte Bonaparte seine spätere Begrüßung Goethes übertragen können: «Voilà un homme!»

Rundumher liegt am westlichen Ufer des Nils die Stadt der Toten. An jeder Ecke hat ein grabender Ägyptologe eine königliche Gruft entdeckt. Das Grab Tutanchamuns zwar bleibt verschlossen, selbst für die, die glaubten, Gold würde es öffnen; aber das Grab Setis II. ist dem Besucher zugänglich, und dort in der kühlen Erde darf man geschmückte Decken und Durchgänge betrachten und den Reichtum und die Fertigkeit jener Menschen bestaunen, die solche Sarkophage bauen und sie mit soviel Kunst zu zieren vermochten. In einem der Gräber entdeckten die Forscher die Fußspuren der Sklaven, die die Mumie vor dreitausend Jahren an ihren Platz gebracht hatten.

Aber die besten Überreste schmücken das östliche Ufer. Hier in Luxor legte der edle Amenhotep III. mit der Siegesbeute Thutmosis' III. den Grund zu seinem prächtigen Bauwerk. Der Tod überfiel ihn, noch während es im Werden war; dann blieb die Arbeit ein Jahrhundert lang vernachlässigt, und erst Ramses II. führte den Bau in königlichem Stil zu Ende. Hier tritt die ägyptische Architektur in all ihrer Großartigkeit in Erscheinung; hier finden wir nicht bloße Schönheit, sondern männliche Erhabenheit und eine kraftvolle Verwirklichung dessen, was der Erbauer beabsichtigte. Wir treten in einen großen, nun vom Sande zerstörten und mit weißem Marmor ausgelegten Hof; auf drei Seiten fassen ihn majestätische Säulenhallen ein, denen nur die in Karnak gleichkommen. Zur Linken und Rechten befinden sich in Stein gehauene Flachreliefs und königliche Statuen, die selbst in verwahrlostem Zustande noch den Stolz ihrer Urbilder verraten. Um sich die papyrusförmigen Säulen von Luxor vorzustellen, ist es am besten, man nimmt acht lange Stengel der Papyruspflanze, bindet sie unmittelbar unter der frischen, noch nicht offenen Blume mit fünf starken Bändern zusammen, so daß der Schönheit vermehrte Kraft verliehen wird, und denkt sich das Ganze in Stein gehauen. Man stelle sich weiter einen Hof solcher Säulen vor, die massive Gesimse tragen und schattenspendende Hallen bilden, und denke sich alles so, wie es war, bevor drei Jahrtausende der Verwüstung darüber hinweggingen, und dann beurteile man die Menschen, die solche Denkmäler ersinnen und ausführen konnten.

Durch Ruinen und Elend führt ein wilder Pfad zu den Tempeln von Karnak. An die fünfzig Pharaonen, von den letzten Dynastien des Alten Reiches bis zu den Tagen der

ÄGYPTEN

Ptolemäer, nahmen an diesen Bauten teil. So wuchsen von Generation zu Generation stets neue architektonische Schöpfungen aus dem Boden, bis 60 Morgen Land mit den schönsten Werken der Kunst, die je die Menschen den Göttern errichteten, bedeckt waren. Eine «Allee der Sphinxe» führt zum Orte, wo 1828 Champollion, der Begründer der Ägyptologie, stand und schrieb:

«Ich ging endlich zum Palaste oder eher zur Stadt der Denkmäler – nach Karnak. Dort erschien mir die ganze Pracht der Pharaonen, alles, was die Menschen ersannen und im größten Ausmaß vollbrachten ... Kein Volk, kein altes und kein modernes, hat die Kunst der Architektur in solch einem erhabenen und grandiosen Maßstabe begriffen wie die alten Ägypter. Sie begriffen wie Menschen, die dreißig Meter hoch sind.» [2]

Um dies zu verstehen, wären Karten und Pläne und das Wissen eines Architekten notwendig. Der Tempelbezirk von Karnak besteht aus einer geräumigen Anlage von vielen Höfen, die auf jeder Seite fünfhundert Meter mißt. 86 000 Statuen bevölkerten einst den heiligen Ort, und eine Gebäudegruppe, die ein Rechteck von dreihundert Metern Länge und hundert Metern Breite darstellt und den Tempel des Amun bildet, steht im Mittelpunkt des Ganzen. Große Pylone oder Tore verbinden die einzelnen Höfe. Unter den Pfeilern ragen die von Thutmosis III. hervor. Sie sind an der Spitze abgebrochen, bewahren aber eine feine Zeichnung und Bildhauerarbeit. Vom gleichen mächtigen Fürsten hat sich eine Festhalle erhalten, deren geriefelte Säulenschäfte die dorische Säule vorausempfinden lassen, während die anmutigen Pfeiler vom kleinen Tempel des Ptah mit den danebenstehenden Palmen wetteifern. Ebenfalls aus dieser Zeit stammt der mit nackten, schweren Kolonnaden ausgebaute Spazierweg, gleichsam ein Symbol des glorreichen Herrschers. Die Hypostylen-Halle überragt alles. Sie bildet einen wahren Wald von hundertvierzig gigantischen Säulen, die vor der glühenden Sonne Schutz gewähren und deren Kapitelle sich wie die Fächer der Palme ausbreiten und ein aus ungeheuren Granitplatten bestehendes Dach stützen. In der Nähe erheben sich, Lichtpfeilern gleich, zwei schlanke Obelisken, Monolithe von vollendetem Ebenmaß und seltener Anmut, und verkünden durch ihre Inschriften die stolze Botschaft der Königin Hatschepsut an die Welt. Diese Obelisken, so meldet der in Stein gehauene Text,

«sind aus hartem Granit aus den Steinbrüchen des Südens; ihre Scheitel sind aus feinem Golde, aus dem besten in allen fremden Ländern erwählt. Man kann sie am Flusse aus der Ferne sehen; der Glanz ihres Strahlens erfüllt die zwei Länder, und wenn die Sonnenscheibe zwischen ihnen erscheint, ist es wahrhaftig, als ob sie in den Gesichtskreis des Himmels stiege ... Ihr, die ihr nach langen Jahren diese Denkmäler sehen sollt, die ihr sprechen sollt von dem, was ich getan habe, ihr werdet sagen, ‚Wir wissen nicht, wir wissen nicht, wie sie einen ganzen Berg aus Gold haben machen können.‘ ... Um sie zu vergolden, habe ich Gold gegeben, das mit Scheffeln gemessen wurde, als ob es Säcke Korn wären ... denn ich wußte, daß Karnak der himmlische Horizont der Erde ist.» [3]

Welch eine Königin und was für Könige! Ist diese erste große Zivilisation vielleicht die schönste von allen, und stehen wir erst am Beginn der Entdeckung ihres Ruhmes? Nahe dem heiligen See von Karnak sind Arbeiter am Werk, um in Körben, die an

140 DER VORDERE ORIENT

Stangen befestigt sind, die Erde fortzuschaffen. Ein Ägyptologe neigt sich weltverges-
sen über die Hieroglyphen zweier gerade dem Sandboden entnommener Steine; er ist
einer unter tausend solchen Männern wie Carter und Breasted, Maspero und Petrie,
Capart und Weigall, Männern, die in Hitze und Staub leben und sich abplagen, um für
uns das Rätsel der Sphinx zu lösen und dem verschwiegenen Boden die Kunst und die
Literatur, die Geschichte und die Weisheit des alten Ägypten zu entreißen. Jeden Tag
müssen sie gegen Erdreich und Naturkräfte kämpfen; der Aberglaube verflucht sie und
hemmt ihre Arbeit; Feuchtigkeit und Verwitterung greifen die von ihnen ausgegrabenen Denkmäler an, und der gleiche Nil, der Ägypten nährt, fällt mit seinen über die
Ufer getretenen Fluten in die Ruinen von Karnak ein, lockert die Pfeiler, bringt sie
zum Sturz und läßt beim Zurückgehen eine Salpeterschicht liegen, die gleich einem
Geschwür an den Steinen frißt.

Betrachten wir noch einmal den Ruhm Ägyptens in seiner Geschichte und in seiner
Kultur, bevor seine letzten Denkmäler im Sande zerfallen!

II. DIE BAUMEISTER

1. DIE ENTDECKUNG ÄGYPTENS

Champollion und der Stein von Rosette

Die Wiederentdeckung Ägyptens ist eines der glänzendsten Kapitel der Archäologie. Das Mittelalter kannte Ägypten als eine römische Kolonie und als christliche Niederlassung. Die Renaissance nahm an, die Zivilisation habe in Griechenland begonnen; selbst die Aufklärung, die sich
verständnisvoll mit China und Indien befaßte, wußte nichts vom alten Ägypten außer der Kenntnis von seinen Pyramiden. Die Ägyptologie war ein Nebenprodukt des napoleonischen Imperialismus. Als der große Korse 1798 eine Expedition nach Ägypten durchführte, nahm er zahlreiche
Ingenieure und Zeichner mit sich, damit sie das Gebiet erforschten und die nötigen Landkarten
anlegten. Sogar einige Gelehrte zogen mit, die durch die Erforschung Ägyptens ihre geschichtlichen Kenntnisse vertiefen wollten. Dies waren die ersten Menschen, die der modernen Welt die
Tempel von Luxor und Karnak enthüllten, und die sorgfältige *Description de l'Egypte* (1809–1813),
die sie für die französische Akademie vorbereiteten, bildet den ersten Meilenstein auf dem Wege
der wissenschaftlichen Erforschung dieser lange Zeit vergessenen Kultur.

Viele Jahre jedoch war die Wissenschaft nicht imstande, die auf den Denkmälern sichtbaren
Inschriften zu lesen, bis es endlich dem ausgezeichneten Gelehrten Champollion nach langer
geduldiger Arbeit gelang, diese Hieroglyphen zu entziffern. Er fand nämlich einen Obelisken,
der mit solch einer «geheiligten Steinschrift» in ägyptischer Sprache bedeckt war und zudem
am Fuße eine griechische Inschrift aufwies. Diese orientierte den Leser, daß der Originaltext
von Ptolemaios und Kleopatra handelte. Champollion erkannte, daß zwei oft wiederholte und
mit einer königlichen Zierleiste versehene Hieroglyphen die Namen dieser Herrscher darstellten, und entdeckte durch versuchsweises Einsetzen von Buchstaben (1822) elf ägyptische Zeichen. Dies war der erste Beweis, daß das alte Kulturvolk am Nil ein Alphabet besessen hatte.
Bald darauf wandte der große Archäologe die neuen Schriftzeichen auf eine große schwarze
Steinplatte an, die die Truppen Napoleons zufällig an dem nahe von Rosette mündenden Nilarm

ÄGYPTEN 141

aufgefunden hatten. Dieser «Stein von Rosette» enthielt eine Inschrift in drei Sprachen: in Hieroglyphen, in «demotischer Schrift» – der volkstümlichen Schreibweise der alten Ägypter – und in Griechisch. Mit seinen Kenntnissen der griechischen Sprache und der auf dem Obelisken herausgefundenen elf Buchstaben entzifferte Champollion nach einer mehr als zwanzig Jahre dauernden Arbeit das ganze ägyptische Alphabet und bahnte der Wissenschaft den Weg zur Wiedererlangung einer verlorenen Welt. Es war einer der Gipfelpunkte in der Geschichte der Archäologie.

2. DAS PRÄHISTORISCHE ÄGYPTEN

Die Altsteinzeit · Die Neusteinzeit · Die Badarier · Die Zeit vor den Dynastien · Die Rasse

Da die Radikalen eines Zeitalters der nächsten Generation meist als reaktionär erscheinen, durfte man nicht erwarten, daß die gleichen Männer, die die Ägyptologie schufen, auch als erste die Überreste der ägyptischen Altsteinzeit als authentisch anerkennen würden. Als die ersten Steine im Niltal ausgegraben wurden, bezeichnete sie der sonst mit Zahlen nicht zögernde Sir Flinders Petrie als eine Arbeit der nachdynastischen Generationen, und Maspero, dessen hohe Gelehrsamkeit seinem formgewandten und eleganten Stil keinen Abbruch tat, schrieb die ägyptischen neolithischen Tongefäße dem Mittleren Reiche zu. Nichtsdestoweniger stellte de Morgan 1895 auf Grund der längs des Nillaufes ausgegrabenen Steinäxte, Harpunen, Pfeilspitzen und Hämmer eine beinahe fortlaufende Stufenfolge der paläolithischen Kulturen fest, die im wesentlichen der Reihenfolge in Europa entsprach. Unmerklich gingen die aus den Schichten von 10 000 bis 4000 v. Chr. stammenden paläolithischen Überreste in neolithische über. Die Steinwerkzeuge wurden feiner und erreichten tatsächlich eine mit keiner anderen neolithischen Kultur vergleichbare Schärfe, Ausführung und Präzision. Gegen das Ende der Periode traten Metallarbeiten in der Form von Vasen, Meißeln und Nadeln aus Kupfer und Schmuckgegenstände aus Silber und Gold hinzu.

Schließlich erscheint als Übergang zur Geschichte der Ackerbau. Im Jahre 1901 wurden nahe der kleinen Stadt Badari (auf halbem Wege zwischen Kairo und Karnak) unter Geräten, die ein Alter von annähernd vier Jahrtausenden v. Chr. aufwiesen, Menschenskelette ausgegraben. Im Darm dieser Skelette, welche die trockene Hitze des Sandes durch sechs Jahrtausende erhalten hat, wurden die Hülsen unverdauter Gerste aufgefunden. Da diese Getreideart in Ägypten nicht wild wächst, nimmt man an, daß die Badarier die Kultur der Feldfrüchte pflegten. In jener frühen Zeit begannen die Bewohner des Niltals mit den Bewässerungsarbeiten, säuberten Wildnis und Sümpfe, wagten sich trotz Krokodil und Nilpferd auf den Fluß und legten langsam die Grundsteine der Zivilisation.

Diese und andere Überreste ermöglichen uns, einige Züge aus dem ägyptischen Leben vor den ersten historischen Dynastien zu erkennen. Es handelt sich dabei um eine Kultur, die zwischen der Stufe des Jägers und dem Ackerbau die Mitte innehielt und die gerade im Begriffe stand, die Steinwerkzeuge durch Metallgeräte zu ersetzen. Das Volk baute Boote, mahlte Korn, wob Leinen und Teppiche, besaß Schmuck und Parfüms, Bartscherer und Haustiere und gefiel sich im Zeichnen von Bildern, die meistens eine beliebte Jagdbeute darstellten. Es malte auf seinen einfachen Tonwaren Gestalten trauernder Frauen, Darstellungen von Tieren und Menschen und geometrische Figuren und meißelte sich so hervorragende Werkzeuge wie das Messer von Gebelel-Arak. Auch die piktographische Schrift und einen dem sumerischen ähnlich sehenden Siegelzylinder besaßen die Träger jener Kultur.

Niemand weiß, woher diese frühen Ägypter kamen. Wissenschaftliche Untersuchungen lassen vermuten, daß sie eine Mischung von nubischen, äthiopischen und libyschen Eingeborenen einerseits und semitischer und armenoider Einwanderer andererseits darstellen; selbst in jener Zeit gab es keine reinen Rassen auf der Erde. Wahrscheinlich brachten die Eroberer oder Ein-

142   DER VORDERE ORIENT

wanderer aus Westasien eine höhere Kultur mit sich, und ihre Verbindung mit einer kräftigen autochthonen Bevölkerungsschicht bewirkte jene ethnische Mischung, die oft das Vorspiel einer neuen Kultur ist. Allmählich erwuchs aus diesen gemischten Gruppen zwischen 4000 bis 3000 v. Chr. ein Volk und erschuf das Ägypten der Geschichte.

3. DAS ALTE REICH

Die «Nomoi» · Die erste historische Persönlichkeit · «Cheops» · «Chephren»
Der Zweck der Pyramiden · Die Kunst der Gräber · Die Mumifizierung

Bereits 4000 v. Chr. hatten diese Völkerschaften eine Regierungsform geschaffen. Die dem Strom entlang wohnende Bevölkerung war in «Nomoi» (von den Griechen so benannt nach dem Worte *nomos*, Gesetz), Gaue, eingeteilt, in denen jeder Einwohner dem gleichen Stamme angehörte, das gleiche Totem anerkannte, dem gleichen Häuptling Gefolgschaft leistete und nach einem für alle geltenden Ritus die gleichen Götter verehrte. Durch die ganze Geschichte des alten Ägypten bestanden diese Gaue fort, und ihre Fürsten errangen eine größere oder geringere Macht und Selbständigkeit, je nach der Schwäche oder Stärke des herrschenden Oberkönigs oder Pharao. Da ja alle in Entwicklung begriffenen Gebilde nach einer wachsenden gegenseitigen Abhängigkeit der Teile streben, zwangen in diesem Falle der Aufschwung des Handels und die steigende Teuerung der Kriegsführung die Nomoi zu einer Umorganisation in zwei Königreiche, von denen eines im Süden, das andere im Norden lag, eine Einteilung; die wahrscheinlich den Konflikt zwischen afrikanischen Eingeborenen und asiatischen Einwanderern widerspiegelt. Dieses gefährliche Hervorheben geographischer und ethnischer Unterschiede verlor vorübergehend seine Schärfe, als Menes, eine halb sagenhafte Gestalt, die «beiden Länder» unter seine Macht brachte, einen ihm vom Gotte Thoth gegebenen Gesetzeskodex verkündete, die erste historische Dynastie errichtete, eine neue Hauptstadt erbaute und nach den Worten eines alten griechischen Historikers das «Volk lehrte», Tische und Betten zu gebrauchen und eine verschwenderische Lebensart einzuführen.

Die erste wirkliche Persönlichkeit der uns bekannten Geschichte ist kein Eroberer und kein König, sondern ein Künstler und Wissenschafter – Imhotep, ein Arzt, Architekt und erster Ratgeber des Königs Zoser (ca. 3100 v. Chr.). Er tat so viel für die ägyptische Medizin, daß spätere Generationen ihn als den Gott des Wissens, den Schöpfer aller Forschungstätigkeit und Künste, verehrten. Gleichzeitig scheint er die Schule der Architektur gegründet zu haben, die der nächstfolgenden Dynastie die ersten großen Baumeister schenkte. Die ägyptische Tradition besagt ferner, daß unter seiner Verwaltung das erste Steinhaus errichtet wurde, und daß er es war, der den Plan zum ältesten noch vorhandenen ägyptischen Bauwerk, zur Stufenpyramide von Sakkara, entwarf, einer Anlage von mehreren Steinterrassen, die für Jahrhunderte den Gräberstil festgelegt hat. Auch die Zeichnung von Zosers Grabtempel mit den wunderbaren Lotossäulen und getäfelten Kalksteinwänden schreibt man ihm zu. Unter diesen alten Überresten in Sakkara, die nahezu den Anfang der historischen Kunst Ägyptens darstellen, finden wir kannelierte Säulenschäfte, die ebenso schön sind wie die, die später die Griechen bauen

ÄGYPTEN 143

sollten. Weiterhin entdecken wir wirklichkeitsnahe und lebensfrohe Reliefs, grüne
Fayence, farbenreiche glasierte Tonwaren, die mit den Erzeugnissen des mittelalterlichen Italien wetteifern könnten, und eine mächtige Steinfigur von König Zoser selbst,
die die Zeit etwas mitgenommen hat, die aber noch immer ein erstaunlich kluges und
verfeinertes Antlitz zur Schau trägt.

Wir wissen nicht, welche Verkettung von Umständen die vierte Dynastie zur bedeutendsten der ägyptischen Geschichte vor der achtzehnten gemacht hat. Vielleicht trug
dazu das einträgliche Bergbauwesen bei, das sich während der letzten Könige der vorhergehenden Dynastie entwickelte, vielleicht ist es auch dem beherrschenden Einfluß
der ägyptischen Kaufherren im Mittelmeerhandel zuzuschreiben oder der brutalen
Energie Chufus (der «Cheops» des Herodot, r. 3098–3075 v. Chr.), des ersten Pharaos
der neuen Herrschaft. Herodot erzählt uns, was die ägyptischen Priester von diesem
Erbauer der ersten Pyramide von Gise berichten:

«Bis auf den König Rampsinit nun, sagten sie, wäre in Ägypten Recht und Gerechtigkeit gewesen, und das Land hätte sich in großem Wohlstande befunden; aber nach diesem wäre Cheops
König geworden, der es ganz schlecht getrieben habe. Denn zuerst hätte er alle Tempel geschlossen und sie vom Opfer abgehalten; sodann hätte er befohlen, daß alle Ägypter ihm Fron-
dienste leisteten. Und einige hätte er angestellt, daß sie aus den Steinbrüchen im arabischen Gebirge Steine bis an den Nil zögen, und wenn die Steine auf Fahrzeugen über den Fluß gesetzt waren, stellte er andere an, die sie von da bis an das Libysche Gebirge ziehen mußten. Und es arbeiteten je zehnmal zehntausend Mann drei Monate hindurch. Und es dauerte, da das Volk so
bedrückt war, zehn Jahre, daß sie den Weg bauten, auf dem sie die Steine zogen, ein nicht ge-
ringeres Stück Arbeit, meines Bedünkens, als die Pyramide selbst.»[4]

Von Chufus Nachfolger, Chafre (der «Chephren» des Herodot, r. 3067–3011 v. Chr.),
dem Erbauer der zweiten Pyramide, ist im Museum von Kairo ein Dioritporträt erhalten. Es zeigt uns diesen Pharao, der während sechsundfünfzig Jahren über Ägypten geherrscht hat, beinahe aus erster Hand, vielleicht nicht genau so, wie er aussah, aber
doch so, wie wir ihn uns vorstellen dürfen. Auf seinem Haupte thront der Falke, das
Symbol der königlichen Macht; aber selbst ohne dieses Zeichen wüßten wir, daß jeder
Zoll an ihm ein König war. Stolz, offen und furchtlos erscheint er, mit durchdringenden Augen und einer mächtigen Nase, und aus seinem Antlitz spricht eine verhaltene,
ruhige Kraft. Wir sehen, daß die Natur schon einen hochentwickelten Menschentypus
hervorbrachte, und daß die Kunst es verstand, ihn nachzubilden.

Warum bauten diese Männer Pyramiden? Ihr Zweck war nicht architektonisch, sondern religiös; denn diese mächtigen Bauwerke stellten Wohnstätten der Toten dar, die
sich unmittelbar aus dem primitivsten Grabhügel herleiten lassen. Anscheinend glaubte
der Pharao wie sein ganzes Volk, jedes Individuum besitze noch ein zweites Leben, Ka
genannt, der mit dem ausgehenden Atem nicht erlösche, sondern im Gegenteil um so
besser weiterlebe, je sicherer man das Fleisch des toten Körpers gegen Hunger, Gewalt
und Verfall schütze. Die Pyramide strebte durch Höhe*, Form und Lage nach möglichst
großer Festigkeit, die ihr Dauer verschaffen sollte. Abgesehen von ihrem quadratischen

---

* Das Wort *Pyramide* kommt anscheinend eher aus dem ägyptischen pi-re-mus = Höhe als aus dem
griechischen *pyr* = Feuer.

Grundriß besaß sie die natürliche Form, die jede gleichartige Stoffmasse annehmen würde, wenn sie ungehindert zu Boden fiele. Um ihr Festigkeit und Kraft zu verleihen, stellte man die Steine mit großer Geduld aufeinander, so daß es aussah, als ob sie am Straßenrande gewachsen und nicht aus Hunderte von Meilen entfernten Steinbrüchen herbeigeschleppt worden wären. Die Chufu-Pyramide besteht aus zweieinhalb Millionen Blöcken, von denen manche hundertfünfzig und alle im Durchschnitt zweieinhalb Tonnen wiegen. Sie bedecken eine Fläche von hundertfünfzig Quadratkilometern und erheben sich 146 Meter in die Höhe. Die ganze Masse ist sehr solid, und man ließ nur wenige Steine weg, um einen geheimen Durchgang für die Leiche des Königs zu erhalten. Ein Führer geleitet den zitternden Besucher auf allen vieren in das höhlenartige Mausoleum über hundert niedrige Stufen ins Innerste der Pyramide. Dort ruhten einst in Dunkel und Abgeschiedenheit die Gebeine Chufus und seiner Königin. Der Marmorsarkophag steht noch an seinem Platze, aber zerbrochen und leer. Selbst vor diesen Steinen und den an ihnen haftenden Flüchen der Götter schreckte die Raublust des Menschen nicht zurück.

Da der Ka als das Ebenbild des Körpers aufgefaßt wurde, mußte er nach dessen Tode ernährt, bekleidet und bedient werden. Daher richtete man in manchen königlichen Gräbern Waschräume ein, um der abgeschiedenen Seele alle Bequemlichkeit zu bieten, und ein Grabtext spricht die Befürchtung aus, der Ka müsse sich aus Mangel an Nahrung von seinen eigenen Exkrementen ernähren. Man vermutet, die ägyptische Art der Totenbestattung lasse sich auf den primitiven Brauch zurückführen, wonach der gefallene Krieger zusammen mit seinen Waffen begraben wird. Auch könnte irgendeine Verordnung zugrunde liegen, ähnlich der indischen Witwen- und Sklavenverbrennung, deren Zweck darin bestand, dem Verstorbenen dienende Wesen in seinem neuen Dasein zur Verfügung zu stellen. Da dieses Opfer sich mit der Zeit als unannehmbar erwies, beauftragte man die Maler und Bildhauer, Porträts, Flachreliefs und Statuen herzustellen, die den helfenden Geistern ähnlich sahen. Durch eine Zauberformel, die man gewöhnlich daraufschrieb, sollten die in Stein gehauenen oder gemalten Gegenstände sich ebenso wirksam erweisen wie ihre menschlichen Urbilder. Die Nachkommenschaft eines Dahingeschiedenen neigte zu Nachlässigkeit und Sparsamkeit, und selbst wenn der Verstorbene ein Vermächtnis zur Bestreitung der Kosten hinterlassen hatte, waren die Erben imstande, die der religiösen Vorschrift entsprechende Nahrungsfürsorge für den Toten zu mißachten. Daher war der in der Kunst bildlich dargestellte Ersatz bestimmt eine weise Vorsichtsmaßnahme: Nun konnte man den Ka des Verstorbenen zu stark ermäßigten Preisen mit fruchtbaren Feldern, fetten Ochsen, unzähligen Dienern und geschäftigen Handwerkern versehen. Hatte man einmal dieses Prinzip entdeckt, so vollbrachte der Künstler damit wahre Wunder. Ein Grabbild zeigt einen Acker, auf dem gepflügt wird; das nächste das Schneiden und Dreschen des Korns, ein weiteres das Backen des Brotes; wieder eines stellt die Paarung von Stier und Kuh dar, ein anderes die Geburt eines Kalbes, ein drittes das Schlachten des Viehs und ein viertes das Auftragen einer Platte dampfenden Fleisches. Ein feines Flachrelief aus Kalkstein in Prinz Rahoteps Grab gibt uns ein Porträt des Verstorbenen am gedeckten Tisch

ÄGYPTEN
145

und zeigt ihn, wie er sich die verschiedenartigsten Speisen schmecken läßt. Nie hat die Kunst seither soviel für die Menschen getan.

Schließlich sicherte man dem Ka sowohl durch das Unterbringen des Leichnams in einem Sarkophag aus dem härtesten Stein als auch durch die sorgfältigste Mumifizierung ein recht langes Überdauern. So gründlich wurde diese Arbeit besorgt, daß bis zum heutigen Tage noch Fleischstücke und Haarreste an den königlichen Skeletten kleben. Herodot beschreibt uns auf lebendige Weise die Kunst des ägyptischen Einbalsamierers:

«Erst ziehen sie das Gehirn mit einem krummen Eisen durch die Nasenlöcher heraus, aber nicht alles, sondern zum Teil auch dadurch, daß sie künstliche Mittel hineingießen. Sodann machen sie mit einem scharfen äthiopischen Stein einen Einschnitt in der Weiche und nehmen das ganze Eingeweide heraus. Und wenn sie dasselbe gereinigt und mit Palmwein begossen haben, streuen sie alsdann zerriebene Spezereien darauf. Sodann füllen sie den Bauch an mit reinen geriebenen Myrrhen, mit Kasia und sonstigem Räucherwerk, nicht mit Weihrauch, und dann nähen sie ihn wieder zu. Wenn das vorbei ist, legen sie ihn in Natron* und verwahren ihn siebzig Tage, länger aber dürfen sie ihn nicht einlegen. Und wenn die siebzig Tage um sind, waschen sie die Leiche und umwickeln den Leib ganz und gar mit feiner Byssosleinwand und überstreichen ihn mit Gummi. Dasselbe gebrauchen die Ägypter häufig statt des Leims. Sodann nehmen die Angehörigen die Leiche in Empfang und machen sich ein hölzernes Bild von Menschengestalt und tun die Leiche da hinein. Und wenn sie auf die Art eingeschlossen ist, bewahren sie dieselbe in einem Grabgemach auf und stellen sie aufrecht an die Wand. Das ist die kostbarste Art der Leichenbereitung.» [5]

«Die ganze Welt fürchtet die Zeit», sagt ein arabisches Sprichwort, «aber die Zeit fürchtet die Pyramiden.» Jedoch hat die Pyramide des Chufu bereits sechs Meter ihrer Höhe eingebüßt, und ihr ganzer Marmorüberzug ging verloren. Die Zeit arbeitet also auch an den Pyramiden – nur sehr gemächlich. Neben Chufus Grabmonument steht die Pyramide des Chafre. Sie ist ein wenig kleiner, trägt aber immer noch ihre Granitbekleidung. Etwas weiter weg erhebt sich bescheiden die Pyramide des Menkaure (der «Mykerinos» des Herodot, r. 3011–2988 v. Chr.), des Nachfolgers von Chafre. Sie ist bloß mit Ziegelsteinen bedeckt, als wollte sie anzeigen, daß zur Zeit ihrer Erbauung der Gipfelpunkt des Alten Reiches schon vorbei war. Die Statuen des Menkaure, die in unsern Besitz gelangt sind, zeigen uns einen verfeinerten, weniger kraftvollen Herrscher als Chafre. Die Kultur zerstört wie das Leben, was sie vollbracht hat. Es kann sein, daß der vermehrte Luxus und das Wohlleben, die Verfeinerung der Umgangsart und der Moral die Menschen bereits zu Freunden des Friedens und zu Feinden des Krieges gemacht hatten. Da trat plötzlich eine neue Gestalt auf, bemächtigte sich des Thrones und setzte der Dynastie der Pyramidenbauer ein Ende.

---

* Ein Natrium- und Aluminium-Silikat: $Na_2Al_2Si_3O_{10}2H_2O$.

146   DER VORDERE ORIENT

4. DAS MITTLERE REICH

Das feudale Zeitalter · Die zwölfte Dynastie · Die Herrschaft der Hyksos

Nie gab es Könige in so großer Zahl wie in Ägypten. Die Geschichte faßt die zu einer einzigen Reihe oder Familie gehörenden Monarchen in Dynastien zusammen; aber selbst so belasten sie das Gedächtnis auf unerträgliche Weise*. Einer dieser frühen Pharaonen, Pepi II., herrschte vierundneunzig Jahre über Ägypten (2738–2644 v. Chr.); dies ist die längste Herrschaft in der Geschichte. Nach seinem Tode gewannen Anarchie und Auflösung die Oberhand, die Pharaonen verloren alle Aufsicht, und Lehnsadlige herrschten unabhängig über die Nomoi. Dieses Wechselspiel zwischen zentralisierter und dezentralisierter Macht bildet einen der zyklischen Rhythmen der Geschichte, gleichsam darstellend, wie die Menschen abwechselnd der übermäßigen Freiheit und der übertriebenen Ordnung müde werden. Nach einem dunklen, vier chaotische Jahrhunderte andauernden Zeitalter erstand eine willensstarke, an Karl den Großen erinnernde Gestalt, die erbarmungslos die Ordnung wiederherstellte und die Hauptstadt von Memphis nach Theben verlegte. Es war Amenemhet I., der die zwölfte Dynastie eröffnete, während der alle Künste, außer vielleicht der Architektur, eine in Ägypten weder vor- noch nachher gesehene Blüte erreichten. Amenemhet spricht aus einer alten Inschrift zu uns:

«Ich war einer, der Gerste schuf und den der Korngott liebte; der Nil grüßte mich auf jedem ... Man hungerte nicht in meinen Jahren, und man dürstete nicht darin. Man saß (in Ruhe) durch das, was ich tat, und sprach von mir (?); alles, was ich befahl, war in Ordnung.»

Amenemhets Belohnung war eine Verschwörung zwischen den Talleyrands und Fouchés der damaligen Zeit, denen er hohe Ämter verliehen hatte. Er unterdrückte sie mit mächtiger Hand und hinterließ seinem Sohn, ähnlich wie Polonius, eine Liste bitterer Ratschläge – eine ausgezeichnete Formel zur Aufrechterhaltung der Tyrannei, allerdings gegen einen teuren Preis erkauft.

«Höre auf das, was ich dir sage, damit du König seiest über das Land, ... damit du Gutes tuest über (das Erwartete) hinaus. Nimm dich in acht vor den Untergebenen ...; nahe ihnen nicht und sei nicht allein; vertraue nicht einem Bruder, kenne nicht einen Freund; ... Schläfst du, so behüte du selbst dir dein Herz, denn am Tage des Unglücks hat ein Mann keinen Anhang.»[6]

Dieser strenge Herrscher, der uns über viertausend Jahre hinweg so menschlich anmutet, errichtete ein Verwaltungssystem, das ein halbes Jahrtausend in Kraft blieb. Der Reichtum und die Kunst nahmen wieder zu. Senusret I. baute einen großen Kanal vom Nil zum Roten Meer, warf die nubischen Eindringlinge zurück und errichtete

---

* Die Historiker haben es sich durch die Gruppierung der Dynastien in Perioden leichter gemacht: 1. Das Alte Reich, I.–VI. Dynastie (3500–2631 v. Chr.), dem chaotische Jahrhunderte folgen. 2. Das Mittlere Reich, XI.–XIV. Dynastie (2375–1800 v. Chr.), dem weitere chaotische Jahrhunderte folgen. 3. Das Neue Reich, XVIII.–XX. Dynastie (1580–1100 v. Chr.). Die Folgezeit stellt eine getrennte Herrschaft wetteifernder Hauptstädte dar. 4. Das Saitische Zeitalter, XXVI. Dynastie, 663–525. Alle diese Zahlen mit Ausnahme der letzten sind nur angenähert, und die Ägyptologen belustigen sich damit, die frühesten unter ihnen Jahrhunderte hinauf und hinab zu verschieben.

ÄGYPTEN 147

mächtige Tempel in Heliopolis, Abydos und Karnak. Zehn gewaltige sitzende Figuren dieses Königs haben der Zeit getrotzt und schmücken das Museum von Kairo. Ein anderer Senusret – der Dritte – begann die Unterwerfung Palästinas, jagte die wiederkehrenden Nubier davon und stellte eine Stele an der Südgrenze auf, «nicht aus dem Wunsche, daß ihr ihn (den Stein) verehren, aber daß ihr um ihn kämpfen sollet». Amenemhet III., ein großer Verwalter und Erbauer von Kanälen und Bewässerungsvorrichtungen, setzte der Macht der Barone ein vielleicht zu gründliches Ende und ernannte an ihrer Stelle königliche Beamte. Nach seinem Tode verheerte der durch die rivalisierenden Thronprätendenten entzündete Streit dreizehn Jahre lang das Land, und das Mittlere Reich endete mit zwei Jahrhunderten der Unruhe und des Aufruhrs. Dann überfielen die Hyksos, asiatische Nomaden, das uneinige Ägypten, steckten die Städte in Brand, machten die Tempel dem Erdboden gleich, zerstörten viele Kunstwerke, verschwendeten den angehäuften Reichtum und unterwarfen für zweihundert Jahre das Niltal der Herrschaft ihrer «Hirtenkönige». Die alten Kulturen bildeten kleine Inseln im Meere der Barbarei, blühende Niederlassungen, die von hungrigen, neidischen und kriegerischen Jägern und Hirten umgeben waren. Jederzeit konnte der Verteidigungswall niedergerissen werden. Auf diese Weise überfielen die Kossäer Babylonien, überfluteten die Germanen Italien und plünderten die Mongolen Peking.

Bald jedoch wurden die Eroberer ihrerseits fett und wohllebig und büßten ihre Herrschaft ein. Die Ägypter erhoben sich in einem Befreiungskrieg, vertrieben die Hyksos und errichteten die XVIII. Dynastie, die Ägypten zu größerer Macht und zu mächtigerem Reichtum und Ruhm erheben sollte als je zuvor.

5. DAS NEUE REICH

Die große Königin · Thutmosis III. · Der Höhepunkt der ägyptischen Geschichte

Vielleicht hatte die Invasion durch die mit ihr verbundene frische Blutzufuhr eine Verjüngung zur Folge; gleichzeitig aber bezeichnet das neue Zeitalter den Anfang eines tausendjährigen Kampfes zwischen Ägypten und Westasien. Thutmosis I. ließ es nicht dabei bewenden, die Macht des Neuen Reiches zu konsolidieren, sondern fiel mit der Begründung, Westasien unter seine Herrschaft zu bringen, um weitere Unterbrechungen der Königsherrschaft zu verhindern, in Syrien ein, unterwarf es von der Küste bis nach Karkemisch, machte es tributpflichtig und kehrte beute- und ruhmbeladen nach Theben zurück. Am Ende seiner vierunddreißigjährigen Herrschaft machte er seine Tochter Hatschepsut zur Mitregentin. Eine kurze Zeit herrschte ihr Gatte und Stiefbruder als Thutmosis II., und auf seinem Sterbebette bestimmte er den unehelichen Sohn seines Stiefvaters, Thutmosis III., zu seinem Nachfolger. Aber Hatschepsut schob dieses zu Großem auserwählte Kind beiseite, übernahm die königliche Macht allein und erwies sich in allem außer ihrem Geschlecht als ein König.

Da die geheiligte Tradition es verlangte, daß jeder ägyptische Herrscher ein Sohn des großen Gottes Amun war, so mußte Hatschepsut die Abweichung von der Regel irgendwie rechtfertigen. Eine Biographie wurde nun für sie erfunden. Danach kam Amun

148 DER VORDERE ORIENT

als eine Flut von Wohlgerüchen und Licht über ihre Mutter. Diese, Ahmasi genannt, nahm seine Werbung freudig an. Da verkündete ihr der Gott bei seinem Weggang, sie werde einer Tochter das Leben schenken, in welcher der ganze Mut und die Kraft Amuns auf Erden sichtbar in Erscheinung trete. Um den Vorurteilen ihres Volkes Rechnung zu tragen und vielleicht auch, um einen geheimen Wunsch ihres Herzens zu erfüllen, ließ sich die große Königin auf den Denkmälern als bärtigen Krieger mit einer Männerbrust darstellen. Obgleich die Inschriften auf sie das weibliche Fürwort anwendeten, redeten sie doch als vom «Sohn der Sonne», vom «Herrn der zwei Länder» von ihr. Wenn die Königin in der Öffentlichkeit erschien, trug sie männliche Kleidung und einen Bart.

Hatschepsut hatte ein Recht darauf, ihr Geschlecht selbst zu bestimmen, denn sie wurde einer der erfolgreichsten und wohltätigsten unter den vielen Herrschern Ägyptens. Sie hielt die innere Ordnung ohne unnütze Tyrannei und den äußeren Frieden ohne Verlust aufrecht. Auch organisierte sie eine große Expedition nach Punt (wahrscheinlich an der Ostküste Afrikas) und verschaffte so ihren Kaufleuten neue Absatzmärkte und ihrem Volk neue Leckereien. Sie trug dazu bei, Karnak zu verschönern, und errichtete dort zwei majestätische Obeliske. In Der-el-Bahri baute sie den stattlichen, von ihrem Vater entworfenen Tempel und setzte einige von den Hyksoskönigen beschädigte ältere Heiligtümer wieder instand. «Ich habe wiederhergestellt, was in Ruinen lag», sagt uns eine ihrer stolzen Inschriften. «Ich habe aufgerichtet, was unfertig war, seitdem die Asiaten inmitten des Nordlandes hausten und zu Boden warfen, was einst geschaffen wurde.» Schließlich errichtete sie für sich selbst ein geheimes und schön ausgeschmücktes Grab. Es lag zwischen den sandverwehten Bergen der Westseite des Nils im sogenannten «Tal der Königsgräber». Die Nachfolger Hatschepsuts taten es der großen Herrscherin nach, bis etwa sechzig königliche Grabstätten in die Hügel gehauen waren und die Stadt der Toten mit dem lebenden Theben an Größe zu wetteifern begann. Das «Westend» ägyptischer Städte war die Behausung der verstorbenen Aristokraten; hieß doch «nach Westen gehen» sterben.

Zweiundzwanzig Jahre lang herrschte Hatschepsut in Weisheit und Frieden. Thutmosis III. folgte ihr auf dem Throne, und seine Regierung war erfüllt von Kriegen. Zuerst mußte er nach Syrien ziehen; denn diese Provinz hatte einen Aufstand entfacht und wollte das Joch des jungen Königs abschütteln. In Märschen von täglich zwanzig Meilen schob er die ägyptische Armee über Kantara und Gaza vor und traf den Feind bei Har-Megiddo (d. h. Berg von Megiddo), einer kleinen Stadt, die zwischen den beiden gleichlaufenden Ketten von Libanon und Antilibanon lag und die von Ägypten zum Euphrat führende Straße strategisch beherrschte, so daß sie seit den frühen Tagen der Geschichte bis auf die Zeit von General Allenby den Schauplatz unzähliger Kämpfe bildete. Am gleichen Gebirgspaß, an dem 1918 die Briten die Türken besiegten, schlug Thutmosis III. 3397 Jahre früher die Syrer und ihre Verbündeten. Dann zog er siegreich durch Westasien, unterwarf die dortigen Völker, besteuerte sie und erhob Tribute und kehrte sechs Monate nach Antritt des Feldzuges im Triumph nach Theben zurück*.

---

* Allenby brauchte im Ersten Weltkrieg doppelt so lange, um einen ähnlichen Erfolg zu verbuchen. Napoleon versuchte es bei Akkon und verzeichnete einen Mißerfolg.

ÄGYPTEN 149

Das war der erste von fünfzehn Feldzügen, in denen der unwiderstehliche Thutmosis Ägypten zur Herrin der Mittelmeerwelt erhob. Er eroberte nicht nur fremde Länder, sondern organisierte sie auch und ließ überall ägyptische Garnisonen und fähige Gouverneure zurück. Er erkannte als erster in der geschriebenen Geschichte die Bedeutung der Seemacht und baute eine Flotte, die den Vorderen Orient wirksam in Schach hielt. die von ihm erkämpfte Beute wurde der Grundstein des ägyptischen Kunstschatzes in der Periode des Neuen Reiches, und der Tribut, den er aus Syrien zog, verschaffte seinem Volke ein epikureisches Wohlleben und schuf eine neue Klasse von Künstlern, die Ägypten mit kostbaren Werken versahen. Wir können den Reichtum der neuen Regierung ungefähr schätzen, wenn wir erfahren, daß bei einer Gelegenheit das Schatzamt in der Lage war, neuntausend Pfund Gold- und Silberlegierung abzumessen. Der Handel blühte in Theben wie nie zuvor; die Tempel faßten die vielen dargebrachten Opfer nicht, und in Karnak baute man zum Ruhme von Gott und König die vornehme Promenade und die Festhalle. Thutmosis zog sich schließlich von der Heerführung zurück. Er zeichnete köstliche Vasen und befaßte sich mit der inneren Verwaltung. Sein Wesir sagte von ihm, was einst die müden Sekretäre von Napoleon sagen sollten: «Seht, seine Majestät war einer, der wußte, was geschah; es gab nichts, was er nicht kannte; er war der Gott des Wissens in allen Dingen; es gab nichts, was er nicht in die Tat umsetzte.» Er verschied nach einer zweiunddreißig-, manche sagen vierundfünfzigjährigen Herrschaft.

Nach ihm unterwarf Amenhotep II. die freiheitsdurstigen Syrer aufs neue und kehrte mit sieben gefangenen Königen nach Theben zurück, die er alle mit dem Kopf nach unten vom Bug der kaiserlichen Galeere lebend herunterhängen ließ. Sechs von ihnen opferte er selbst dem Gotte Amun. Auf ihn folgte ein anderer Thutmosis, der in der Geschichte kaum hervortrat, und 1412 v. Chr. begann Amenhotep III. seine lange Herrschaft, in der der angesammelte Reichtum eines Jahrhunderts die Oberherrschaft Ägyptens im höchsten Glanz erstrahlen ließ. Eine schöne Büste im Britischen Museum zeigt uns den Herrscher als einen verfeinerten und zugleich kräftigen Mann, wohl fähig, das ihm anvertraute Reich zusammenzuhalten, und nicht verweichlicht durch die Eleganz und den Komfort, die ihn umgaben und um die ihn Petronius oder die Medici hätten beneiden dürfen. Erst die Ausgrabungen der Überreste Tutanchamuns machten uns die Berichte und Aufzeichnungen über die Reichtümer und den Luxus Amenhoteps III. glaubhaft. Zur Zeit seiner Herrschaft war Theben eine ebenso majestätische Stadt wie jede andere Metropole in der Geschichte. In ihren Straßen drängten sich die Kaufherren, ihre Marktplätze stellten die Güter der Welt zur Schau, ihre Gebäude «überragen an Pracht alle jene der alten oder modernen Hauptstädte». Ihre eindrucksvollen Paläste empfingen den Tribut einer endlosen Kette von Vasallenstaaten, während ihre massigen Tempel «ganz mit Gold ausgeschmückt» und durch jede Art von Kunst verschönert waren und samt den geräumigen Villen, kostbaren Schlössern, schattenspendenden Promenaden und künstlichen Seen den Schauplatz einer verschwenderischen Entfaltung der Mode bildeten und so den Luxus des kaiserlichen Rom vorwegnahmen. Das war die Hauptstadt Ägyptens in den Tagen ihres Ruhms, in der Zeit vor ihrem Fall.

III. ÄGYPTENS KULTUR

1. DIE LANDWIRTSCHAFT

Hinter den Königen und Königinnen standen die Bauern; hinter den Tempeln, Palästen und Pyramiden zeigten sich die Arbeiter der Städte und der Felder*. Herodot beschreibt sie optimistisch, so wie er sie etwa 450 v. Chr. vorfand:

> «Denn freilich jetzt ernten diese die Früchte ihres Landes mit weit geringerer Mühe und Arbeit als alle anderen Völker und selbst die übrigen Ägypter. Sie brauchen sich nicht zu quälen, Furchen mit dem Pfluge aufzubrechen, noch zu hacken, noch mit irgendeiner andern Arbeit, mit der andere Menschen sich auf dem Felde quälen, sondern der Fluß kommt von freien Stükken auf ihre Äcker und bewässert sie, und wenn er sie bewässert hat, verläßt er sie wieder, und dann besät ein jeder seinen Acker und treibt die Schweine darauf, und wenn die Schweine die Saat eingetreten haben, dann wartet er die Erntezeit ab und drischt das Korn aus durch die Schweine, und so bringt er es ein.»[7]

Wie man die Schweine dazu abrichtete, den Samen in die Erde zu stampfen, so zähmte man die Affen, damit sie die Früchte von den Bäumen pflückten. Der gleiche Nil, der die Felder bewässerte, überschwemmte sie zu anderer Zeit und lagerte in seichten Tümpeln Tausende von Fischen ab. Auch das Netz des Bauern erfüllte einen doppelten Zweck: tagsüber zum Fischen gebraucht, diente es in der Nacht als Schutz gegen die Moskitos. Vor allem dem Landmann gereichte die Freigebigkeit des Stromes zum Vorteil. Der Boden gehörte dem Pharao, die anderen Menschen durften ihn nur mit seiner gütigen Erlaubnis benutzen, und jeder Feldarbeiter mußte ihm dafür eine jährliche Steuer von zehn oder zwanzig Prozent des Ertrags in Naturprodukten entrichten. Große Landstriche waren Eigentum der Lehnsherren oder anderer reicher Männer; auf die Ausdehnung mancher dieser Besitztümer läßt sich schließen, wenn man vernimmt, daß einer dieser Grundbesitzer 1500 Kühe besaß. Getreide, Fische und Fleisch bildeten die hauptsächlichen Nahrungsmittel. Ein uns erhaltenes Schriftstück belehrt einen Schulknaben, was er essen darf; es zählt dreiunddreißig Fleischarten, achtundvierzig Arten Gebackenes und vierundzwanzig verschiedene Getränke auf. Die Reichen tranken bei ihren Mahlzeiten Wein, die Armen Gerstenbier.

Das Los des Bauern war hart. Der «freie» Landmann unterstand nur dem Makler und dem Steuereinheber, die mit ihm auf Grund der ältesten in Übung stehenden wirtschaftlichen Grundsätze verhandelten und ihm alles wegnahmen, was sie an Landesprodukten fortschaffen konnten. So sah der zeitgenössische Schreiber den ägyptischen Bauern:

> «Denkst du nicht, wie es dem Ackersmann geht, wenn man die Steuer von seiner Ernte fordert? Der Wurm hat die Hälfte des Kornes geholt, und das Nilpferd hat das andere gefressen, der Mäuse sind viel auf dem Felde, und die Heuschrecke ist eingefallen, das Vieh frißt, und die Sperlinge stehlen – wehe über die Bauern! Dem Überrest, der auf der Tenne liegt, dem machen die Diebe ein Ende. Das Gespann stirbt beim Dreschen und Pflügen. Der Schreiber landet am

---

* Die Bevölkerung Ägyptens im vierten Jahrhundert v. Chr. wird auf etwa 7 Millionen Seelen geschätzt.

ÄGYPTEN   151

Damm und will die Ernte aufschreiben, seine Wächter haben Stöcke und die Neger, die ihn begleiten, Palmruten. Sie sagen: ‚Gib Korn her!‘ ‚Es ist keines da!‘ Sie schlagen den Bauern lang ausgestreckt, er wird gebunden und in den Graben geworfen.»[8]

Es ist ein charakteristischer Ausschnitt literarischer Übertreibung; aber der Schreiber hätte hinzufügen können, daß der Bauer zu jeder Zeit der Fron unterworfen war, Zwangsarbeit für den König leisten mußte, indem er Kanäle ausbaggerte, Straßen baute, den königlichen Acker bestellte oder große Steine und Obelisken für die Pyramiden, Tempel und Paläste herbeischleppte. Wahrscheinlich war der Großteil der Feldarbeiter bescheiden und zufrieden und trug geduldig das Kreuz der Armut. Viele unter ihnen waren Sklaven, die im Krieg gefangengenommen oder in Schuldknechtschaft geraten waren. Manchmal wurden Streifzüge zum Sklavenfang organisiert und fremde Frauen und Kinder an den Meistbietenden verkauft. Ein altes Relief im Museum von Leiden stellt einen Umzug asiatischer Gefangener dar, die schwermütig das Land der Knechtschaft betreten. Wie lebendig sind die Gestalten auf dem Stein dargestellt! Die Hände haben sie hinter dem Rücken oder über den Köpfen zusammengebunden, und manche tragen rohgezimmerte Handschellen aus Holz. Ihre Gesichter sind leer und verraten jenen Ausdruck von Teilnahmslosigkeit, der die Frucht der Verzweiflung ist.

2. DAS GEWERBE

Bergarbeiter · Manufakturen · Arbeiter · Ingenieure · Transport- und Postwesen
Handel und Finanz · Die Schreiber

Allmählich schuf die Arbeit der Bauern einen wirtschaftlichen Überschuß, der es ermöglichte, Nahrungsvorräte für die Handels- und Industriearbeiter aufzuspeichern. Da Ägypten über keine Mineralien verfügte, suchte es sie in Arabien und Nubien. Die großen Entfernungen hemmten allerdings die Privatinitiative, und für viele Jahrhunderte blieb der Bergbau ein Regierungsmonopol. In kleineren Quantitäten baute man Kupfer ab, das Eisen führten die Hethiter ein, Gold fand man längs der Ostküste, in Nubien und in den Schatzhäusern aller Vasallenstaaten. Diodoros Siculus (56 v. Chr.) beschreibt die ägyptischen Bergwerkarbeiter, wie sie mit Lampe und Spitzhacke die Goldadern in der Erde verfolgen, wie Kinder die schweren Steinerze heraufschleppen und sie sodann in Steinmörsern zu Stücken zerstoßen. Der Arbeit im Bergwerk nebenher ging das Waschen des Goldschlammes, das alte Männer und Frauen besorgten. Wir vermögen nicht zu beurteilen, in welchem Ausmaße die nationalistische Übertreibung den Bericht des berühmten antiken Schriftstellers verzerrt:

«Die Könige von Ägypten schicken nämlich in die Goldbergwerke die verurteilten Verbrecher und die Kriegsgefangenen, auch Leute, die man auf falsche Anklagen hin verdammt oder in der Hitze der Leidenschaft verhaftet hat. Durch diese Strafe, die manchmal nicht bloß den Schuldigbefundenen selbst, sondern mit ihm seine sämtlichen Verwandten trifft, verschaffen sie sich also zugleich die zur Erhebung ihrer großen Schätze nötigen Arbeiter ... Man kann diese Unglücklichen, die nicht einmal ihren Körper reinlich halten, noch ihre Blöße decken können, nicht ansehen, ohne ihr jammervolles Schicksal zu beklagen. Denn da findet keine Nachsicht und keine Schonung statt für Kranke, für Gebrechliche, für Greise, für die weibliche Schwachheit.

152 **DER VORDERE ORIENT**

Alle müssen, durch Schläge gezwungen, fortarbeiten, bis der Tod ihren Qualen und ihrer Not ein Ende macht. In dem Übermaß ihres Jammers stellen sich die Sträflinge die Zukunft immer noch schrecklicher vor als die Gegenwart und harren auf den Tod, der ihnen erwünschter ist als das Leben.»[9]

Bereits während der frühesten Dynastien lernte Ägypten die Kunst, Kupfer und Zinn zu schmelzen und Bronze herzustellen: zuerst Bronzewaffen – Schwerter, Helme und Schilde; dann Bronzegeräte – Räder, Walzen, Hebel, Flaschenzüge, Haspeln, Keile, Drehbänke, Schrauben, Bohrer, die den härtesten Dioritstein durchbohrten, und Sägen, die die massiven Steinplatten der Sarkophage durchschnitten. Die ägyptischen Arbeiter verstanden ferner die Herstellung von Ziegeln, Zement und Stuck; sie glasierten Tongefäße, pflegten die Glasbläserkunst und schmückten die Schöpfungen ihres handwerklichen Könnens mit herrlichen Farben. Weiterhin waren sie Meister der Holzschnitzerei und stellten so ungefähr alles her, von den Booten und Wagen, Stühlen und Betten bis zu den reich bemalten Särgen, die die Menschen fast zum Sterben verlockten. Aus den Fellen der Tiere fertigten die Ägypter Kleidungsstücke, Köcher, Schilde und Sessel an, und wie aus Darstellungen auf Gräbern hervorgeht, kannten sie auch die Künste des Gerbers und benutzten jenes krumme Messer, das noch heute der Schuhflicker verwendet. Aus der Papyruspflanze stellten die Handwerker Seile, Matten, Sandalen und Papier her. Andere Gewerbetreibende entwickelten die Kunst des Emaillierens und Lackierens und verwendeten die Chemie für das Gewerbe, und wieder andere woben die zartesten, feinsten Gewebe, die jemals die Textilkunst hervorgebracht hat. Ägyptisches Weißzeug, das vor viertausend Jahren verfertigt wurde, zeigt noch heute trotz der Zerstörungskraft der Zeit «ein so feines Gewebe, daß ein Vergrößerungsglas erforderlich wäre, um es von der Seide zu unterscheiden; das beste Erzeugnis eines modernen Maschinenwebstuhls ist roh und gewöhnlich im Vergleich zu diesem Produkt des alten Handwebstuhls». «Wenn wir», sagt Peschel, «das technische Inventar der Ägypter mit unserem eigenen vergleichen, wird uns offenbar, daß wir sie bis zur Erfindung der Dampfmaschine kaum in irgend etwas übertrafen.»

Die Arbeiter waren meistens Freie, teilweise Sklaven. Im allgemeinen bildete, wie im modernen Indien, jedes Gewerbe eine Kaste, und man erwartete von den Söhnen, daß sie die Beschäftigung des Vaters erlernten*. Die großen Kriege brachten Tausende von Gefangenen ins Land und legten den Grund zur Entwicklung des Großgrundbesitzes und der Triumphe der Ingenieurkunst. Ramses III. schenkte den Tempeln während seiner Regierungszeit 113 000 Sklaven. Die freien Arbeiter wurden gewöhnlich in einem besonderen Unternehmen zusammengefaßt und einem Vorarbeiter oder Aufseher unterstellt, der sie in Gruppen einteilte und einzeln bezahlte. Eine im Britischen Museum aufbewahrte Kreidetafel enthält die Aufzeichnungen eines über dreiundvierzig Arbeiter gesetzten Hauptarbeiters, der ihre Absenzen und deren Gründe verzeichnete; da heißt es zum Beispiel «krank» oder «beim Gottesopfer» oder einfach «faul». Arbeiterstreiks kamen oft vor. Einmal, als der Lohn längst fällig war, belagerten und bedroh-

---

* «In Ägypten», fügt Diodor hinzu, «verfällt jeder Handwerker in schwere Strafen, wenn er sich in Staatsgeschäfte mischt.»[10]

ÄGYPTEN 153

ten die Arbeiter den Aufseher. «Hunger und Durst hat uns hierher gebracht», sagten sie zu ihm, «wir haben keine Kleider, wir haben kein Öl, wir haben kein Essen. Schreibe unserm Herrn, dem Pharao, darüber und schreibe dem Gouverneur (des Nomos), der über uns gesetzt ist, damit man uns etwas für unseren Unterhalt gebe.» Eine griechische Überlieferung berichtet von einem Aufstand in Ägypten, bei dem die Sklaven eine Provinz eroberten und sie so lange besetzt hielten, bis die Zeit, die alles sanktioniert, ihnen ein gesetzliches Eigentumsrecht darüber gab; aber von diesem Aufstand wird nichts in den Inschriften berichtet. Es überrascht, daß eine in der Ausbeutung der Arbeiter so unbarmherzige Kultur so wenig Revolutionen gekannt hat. Oder sind sie nicht verzeichnet worden?

Das ägyptische Ingenieurwesen war all dem, was die Griechen und Römer und die europäischen Völker vor der industriellen Revolution davon gekannt haben, überlegen; nur unsere Zeit hat es anscheinend übertroffen; aber vielleicht irren wir uns. Senusret III., zum Beispiel, ließ eine dreiundvierzig Kilometer lange Mauer errichten, um die Wasser des Fayumbeckens im Moerissee zu sammeln, machte dadurch 25 000 Morgen Sumpfland urbar und schuf ein unerschöpfliches Bewässerungsreservoir. Mit Hilfe des Senkkastens wurden große Kanäle gebaut, manche vom Nil bis zum Roten Meer. Tausend Tonnen schwere Obelisken transportierte man auf große Entfernungen. Wenn wir Herodot Glauben schenken oder uns nach späteren, auf Reliefs der achtzehnten Dynastie dargestellten Unternehmungen ähnlicher Art ein Urteil bilden, wurden diese ungeheuren Steine von Tausenden von Sklaven auf geschmierten Balken gezogen und auf schiefen Flächen zur gewünschten Höhe emporgehoben. Maschinen waren selten, schon deshalb, weil man die menschliche Muskelkraft billig bekam. Man beachte nur, wie auf einem Relief achthundert Ruderer in siebenundzwanzig Booten eine mit zwei Obelisken beladene Barke fortbewegen. Das ist das Paradies, zu dem unsere romantischen Maschinenzerstörer zurückkehren möchten! Dreißig Meter lange und fünfzehn Meter breite Schiffe befuhren regelmäßig den Nil und das Rote Meer und wagten sich schließlich auch auf das Mittelmeer hinaus. Zu Land wurden die Güter von Trägern transportiert, später auf dem Eselsrücken und auf Pferden, die wahrscheinlich die Hyksos nach Ägypten gebracht hatten; das Kamel trat erst in den Tagen der Ptolemäer auf. Der arme Mann ging zu Fuß oder ruderte sein kleines Boot; der Reiche saß in einer von Sklaven getragenen Sänfte, und später reiste er in einem plump gebauten Wagen, der das Gewicht gänzlich vor die Radachse verlagerte.

Es gab regelmäßige Postverbindungen. So sagt ein alter Papyrus: «Schreibe mir durch den Briefträger.» Der Verkehr war jedoch schwierig. Es gab nur wenige und schlechte Straßen, abgesehen etwa von der militärischen Route, die über Gaza zum Euphrat führte. Die eigentliche Lebensader Ägyptens war der Nil, der aber den Nachteil besaß, daß sich zufolge der vielen Serpentinen die Entfernung von einer Stadt zur anderen oft gerade verdoppelte. Der Handel war verhältnismäßig primitiv. Meistens bestand er aus den in den Dorfbasars abgewickelten Tauschgeschäften. Der Außenhandel entfaltete sich nur langsam, denn er war aufs härteste von den unserem modernen Zeitalter wieder so vertrauten Zollmauern eingeschränkt; die verschiedenen Königreiche des Vorderen Orients glaubten fest an den Vorteil des Protektionismus, der die Zollabgaben zu einer Haupteinkunft der königlichen Schatzämter werden ließ. Nichtsdestoweniger mehrte Ägypten durch den Import von Rohmaterialien und die Ausfuhr fertiggestellter Waren seinen Reichtum; Kaufherren aus Syrien, Kreta und Zypern besuchten häufig die Marktplätze am Nil, und phoinikische Galeeren löschten ihre Waren an den geschäftigen Landeplätzen der Stadt Theben.

Die Münzprägung war noch nicht üblich; Zahlungen, selbst die der höchsten Gehälter, wurden in Waren geleistet, in Korn, Brot, Hefe, Bier usw. Die Steuern erhob man in natura, und die Schatzhäuser der Pharaonen waren keine Goldgruben, sondern an tausend Feld- und Stadterzeugnissen reiche Lagerhäuser. Nach dem Zustrom an kostbaren Metallen, der den Eroberungen Thutmosis' III. folgte, begannen die Kaufleute, die Güter mit Goldringen oder -barren zu bezahlen; aber es kamen keine vom Staate garantierten Münzen von bestimmten Werten in Umlauf, die den Geschäftsverkehr erleichterten. Dagegen war das Kreditwesen hoch entwickelt; schriftliche Übertragungen ersetzten oft Tausch oder Bezahlung, und die Schreiber waren überall emsig tätig, um den Handel durch die Ausfertigung der gesetzlich vorgeschriebenen Geschäftsdokumente, Verrechnungen und Zahlungsleistungen zu vereinfachen und zu beleben.

Jeder Besucher des Louvre kennt die Statue des kauernden ägyptischen Schreibers, der fast vollständig nackt dahockt und als Ersatz für die Feder in seiner Hand noch eine zweite hinter dem Ohr befestigt hat. Er verzeichnet geleistete Arbeit und bezahlte Waren, Preise und Kosten, Gewinn und Verlust; er zählt das zur Schlachtbank geführte Vieh oder das im Verkauf ausgemessene Korn; er entwirft Verträge und Testamente und stellt die Einkommensteuer seines Herrn in Ziffern auf; wahrhaftig, wenn man ihn so anblickt, gewinnt man den Eindruck, als ob es überhaupt nichts Neues unter der Sonne gäbe. Dieser Schreiber ist von ausdauernder Aufmerksamkeit und mechanischem Fleiß; er hat gerade so viel Verstand, daß er nicht gefährlich wird. Sein Leben ist eintönig, aber vielleicht tröstet er sich mit der Abfassung von Abhandlungen über die Mühsale des Taglöhnerdaseins und ist sich der prinzlichen Würde derer bewußt, deren Nahrung Papier und deren Blut Tinte ist.

3. DIE REGIERUNG

Die Bürokraten · Das Gesetz · Der Wesir · Der Pharao

Mit diesen Schreibern als Bürokratie hielten der Pharao und die Gaufürsten Gesetz und Ordnung im Staate aufrecht. Alte Steinplatten zeigen uns solche Angestellten, wie sie die Volkszählung durchführen und die Belege der Einkommensteuern überprüfen. Sie maßen das Steigen des Flusses mit dem Nilometer; sie bestimmten den Umfang der Ernte voraus und schätzten die zukünftigen Einkünfte der Regierung; auch erteilten sie den Regierungsbezirken im voraus ihre Finanzbewilligungen, überwachten Handel und Industrie und führten auf diese Weise die erste vom Staate gelenkte Planwirtschaft in der Geschichte durch.

ÄGYPTEN

Die bürgerliche und die Strafgesetzgebung waren hoch entwickelt, und bereits in der fünften Dynastie erschien das Privateigentums- und Erbfolgerecht knifflig und differenziert. Wie in unseren Tagen herrschte absolute Gleichheit vor dem Gesetz – so oft wenigstens, als die streitenden Parteien über gleiche Mittel und gleichen Einfluß verfügten. Das älteste juristische Dokument stellt ein Aktenstück im Britischen Museum dar, worin dem Gericht ein komplizierter Erbschaftsfall auseinandergesetzt wird. Die Richter verlangten, daß die umstrittene Rechtssache verteidigt und angefochten und dann von neuem erörtert und widerlegt werden sollte, aber nicht mündlich, sondern schriftlich. Der Meineid wurde mit dem Tode bestraft. Es gab ordentliche Gerichte, von den lokalen Gerichtssitzen in den Nomoi bis zu den obersten Gerichtshöfen von Memphis, Theben oder Heliopolis. Gelegentlich wurde die Tortur als Geburtshelferin der Wahrheit verwendet. Eine häufige Strafe war die Rutenauspeitschung; auch griff man manchmal zur Verstümmelung durch das Abschneiden der Nase oder der Ohren, der Hand oder der Zunge, oder man schickte den Verurteilten zur Verbannung in die Bergwerke oder tötete ihn durch Erwürgen, Aufpfählung, Köpfen oder Verbrennung. Als strengste Bestrafung galt, lebendig einbalsamiert und auf diese Art langsam von einer unentrinnbaren Schicht ätzenden Natrons zerfressen zu werden. Hochgestellten Verbrechern wurde die Schande einer öffentlichen Urteilsvollstreckung erspart und ihnen, wie den Samurai Japans, gestattet, Selbstmord zu begehen. Wir finden keine Spuren einer Polizeiverwaltung; selbst die aktive Armee – zahlenmäßig immer unbedeutend wegen der geschützten, von Wüsten und Meeren umschlossenen Abgeschiedenheit Ägyptens – wurde selten zur Aufrechterhaltung der inneren Ordnung verwendet. Die Sicherheit des Lebens und des Eigentums und die Stetigkeit von Gesetz und Regierung waren fast gänzlich dem Ansehen des Pharaos anvertraut, der sich durch Schulung und religiöse Gewöhnung ergebene Bürger heranzog. Keine andere Nation außer China hat es je gewagt, sich in so hohem Maße auf die psychologische Disziplin zu verlassen.

Das ägyptische Regierungssystem war wohlorganisiert, und es dauerte länger als irgendein anderes in der Geschichte. An der Spitze der Verwaltung stand der Wesir, der gleichzeitig Ministerpräsident, Oberrichter und Schatzkanzler war. Er war die letzte Instanz, denn über ihm stand nur noch der Pharao. Ein Grabrelief zeigt uns einen solchen Wesir, der früh am Morgen sein Haus verläßt, um sich, wie die Inschrift meldet, «anzuhören, was das Volk mit seinen Bittschriften will, und sie alle zu behandeln, ohne einen Unterschied zwischen klein und groß zu machen». Eine bemerkenswerte Papyrusrolle, die aus den Tagen des Neuen Reiches stammt und in unserem Besitze ist, übermittelt uns, sofern es sich nicht einfach um eine literarische Erfindung handelt, die Form der Ansprache, mit der der Pharao den neuen Wesir in sein Amt einführte:

«Nimm dich des Wesir-Amts an; hab acht auf alles, was dieses Amt tut. Siehe, es ist die wohlerrichtete Stütze des ganzen Landes. Siehe, das Wesirat ist nicht süß; siehe, es ist bitter ... Das Wesirat soll Prinzen und Würdenträger nicht begünstigen; es soll niemanden sich zum Sklaven machen. Wenn ein Bittsteller kommt von Ober- oder Unterägypten ... dann sieh zu, daß alles gemäß dem Gesetz geschieht, alles nach Sitte und Brauch, (auf daß jedermann) sein Recht empfängt ... Gott verabscheut den, der Parteilichkeit zeigt ... Behandle den Unbekannten in gleicher

Weise wie den dir Bekannten, und den, der dem König nahesteht, in gleicher Weise wie den, der fern vom königlichen Hause lebt. Siehe, ein Fürst, der das beachtet, soll Dauer genießen in dieser Stellung ... Siehe, die Furcht vor dem Fürsten beruht darauf, daß er Gerechtigkeit übt ... (Nimm wahr die Vorschriften), die dir auferlegt werden.» [11]

Der Pharao bildete in seiner Person den höchsten Gerichtshof. Jeder Streitfall durfte ihm unter gewissen Umständen vorgetragen werden, wenn der Kläger die Kosten nicht scheute. Alte Skulpturen zeigen uns das «Große Haus», wo er regierte und wo die Regierungsämter ihren Sitz hatten. Von diesem auf ägyptisch *Pero* genannten großen Hause, das die Juden mit «Pharao» übersetzten, rührt der Titel des Kaisers her. Hier arbeitete er, zuweilen mit einer streng eingehaltenen und wohlvermerkten Tageseinteilung genau wie ein Chandragupta, Ludwig XIV. oder Napoleon. Zog er im Lande umher, so empfingen ihn die Edelleute an den Grenzen ihrer Lehen, gaben ihm das Geleit, sorgten für seine Zerstreuung und machten ihm reiche, ihren Einkünften angemessene Geschenke. Ein Edelmann, so berichtet stolz eine Inschrift, gab Amenhotep II. «Wagen aus Silber und Gold, Statuen aus Elfenbein und Ebenholz ... Schmuck, Waffen und künstlerische Arbeiten», 680 Schilde, 140 Bronzedolche und viele Vasen aus kostbarem Metall. Um sich erkenntlich zu zeigen, nahm der Pharao einen der Söhne des Lehnsmannes an seinem Hofe auf – eine feine Art, durch eine Geisel Treue zu erpressen. Die ältesten unter den Höflingen bildeten einen Rat der Älteren, *Saru* oder «die Großen» genannt, der dem König in seinen Entschlüssen zur Seite stand. In einem gewissen Sinne war ein solcher Ratskörper überflüssig, denn der Pharao maßte sich mit priesterlicher Hilfe göttliche Herkunft, Macht und Weisheit an. Diese Verbindung mit den Göttern war das Geheimnis seines Ansehens. Demzufolge wurde er immer auf die schmeichelhafteste, zuweilen auch erstaunlichste Weise angeredet, wie zum Beispiel in der *Geschichte des Sinuhe*, wo ein guter Bürger ihm zuruft: «O langlebender König, möge Hathor, die goldene Göttin, deiner Nase Odem geben.» [12]

Wie es sich für eine so gottähnliche Person gehörte, wurde der Pharao von den verschiedensten Helfern, wie Generälen, Wäschern, Bleichern, Wächtern der kaiserlichen Garderobe und anderen hochstehenden Persönlichkeiten bedient. Zwanzig Beamte vereinigten ihre Kräfte einzig dazu, um das Problem seiner Toilette zu lösen: da gab es Barbiere, denen nur das Haarschneiden und Rasieren überlassen war, Haarkünstler, die ihm die königliche Mütze und das Diadem aufsetzten, Maniküristen, deren Aufgabe es war, seine Fingernägel zu schneiden und zu polieren, und Parfümeure, die seinen Körper von Gerüchen befreiten, seine Augenbrauen nachzogen und auf seine Wangen und Lippen Rot auftrugen. Eine Grabinschrift bezeichnet den Begrabenen als «Aufseher der kosmetischen Schatulle, Aufseher des kosmetischen Stiftes, Sandalenträger des Königs, der in Sachen der Königssandalen in Erfüllung des Gesetzes handelte». So verzärtelt, neigte der Pharao zur Entartung und erheiterte manchmal seine Langeweile, indem er in der kaiserlichen Barke junge, nur in großmaschige Netze gehüllte Mädchen mit sich führte. Der Luxus Amenhoteps III. bereitete den Zusammenbruch in der Zeit Echnatons vor.

4. DIE MORAL

Königliche Blutschande · Der Harem · Die Ehe · Die Stellung der Frau
Das Matriarchat in Ägypten · Die Geschlechtsmoral

Sehr oft heiratete der Pharao seine eigene Schwester – gelegentlich die eigene Tochter –, um die Reinheit des königlichen Blutes zu erhalten. Es ist schwer, heute entscheiden zu wollen, ob dies den Stamm geschwächt hat. Sicher dachten die Ägypter selbst nach einer Erfahrung von mehreren tausend Jahren nicht so; die Einrichtung der Geschwisterehe fand im Volke weite Verbreitung, so daß noch im zweiten Jahrhundert n. Chr. festgestellt wurde, daß zwei Drittel der Bürger von Arsinoë diesen Brauch pflegten. Die Wörter *Bruder* und *Schwester* haben in der ägyptischen Dichtung die gleiche Bedeutung wie bei uns *Geliebter* und *Geliebte*. Als Beigabe zu seinen Schwestern besaß der Pharao einen reichhaltigen Harem, der aus gefangengenommenen Frauen und Töchtern der Edelleute und Geschenken fremder Potentaten bestand. So erhielt zum Beispiel Amenhotep III. von einem Fürsten in Naharina dessen älteste Tochter und dreihundert auserwählte Jungfrauen. Einige der großen Herren ahmten diese ermüdende Ausschweifung in kleinerem Stile nach und paßten die Moral ihren Mitteln an.

Der größte Teil des gewöhnlichen Volkes, wie überall Personen mit bescheidenem Einkommen, gab sich mit der Monogamie zufrieden. Das Familienleben war anscheinend ebenso wohlgeordnet und moralisch gesund wie in der höchstentwickelten Kultur unserer Zeit. Die Scheidung war selten, selbst unter den dekadenten Dynastien. Der Ehemann durfte die Frau ohne Entschädigung aus seinem Hause weisen, wenn er sie als Ehebrecherin entlarvte. Die Gattentreue – soweit wir solche Geheimnisse ermessen können – war ebenso eifrig wie in jeder späteren Kultur, und die Stellung der Frau war weiter fortgeschritten als in den meisten Ländern heute. «Kein antikes oder modernes Volk», sagt Max Müller, «hat den Frauen eine so hohe rechtmäßige Stellung gegeben wie die Niltalbewohner.» Die Denkmäler stellen sie uns dar, wie sie öffentlich essen und trinken, ihren Geschäften in den Straßen der Stadt unbegleitet und ungestört nachgehen und frei im Handel und im Gewerbe tätig sind. Griechische Reisende, gewohnt, ihre Xanthippen streng hinter Schloß und Riegel zu halten, waren über diese Freiheit der Frau verblüfft und spotteten über die ägyptischen Pantoffelhelden. Diodoros Siculus berichtete, vielleicht mit einem Augenzwinkern, am Nil sei der Gehorsam des Gatten eine Bedingung des Ehevertrags. Die Frauen besaßen und vermachten Eigentumsrechte in ihrem eigenen Namen, dies zeigt eines der ältesten Geschichtsdokumente, ein aus der dritten Dynastie stammendes Testament, wodurch die Edelfrau Neb-sent ihren Landbesitz ihren Kindern hinterläßt. Hatschepsut und Kleopatra stiegen zur Würde von Königinnen auf und herrschten und zerstörten wie Könige.

Zuweilen tritt eine zynische Note in der Literatur auf. So warnt etwa ein alter Moralist seine Leser:

«Hüte dich vor einer Frau von draußen, die in ihrer Stadt nicht bekannt ist. Blinzle (?) ihr nicht zu – und erkenne sie nicht leiblich (?). (Sie ist) ein tiefes, großes Wasser, und ihr Umwenden kennt man nicht. Eine Frau, die von ihrem Manne fern ist, ‚ich bin hübsch‘, sagt sie alle Tage zu dir, wenn sie keine Zeugen hat –. Das ist ein großes todeswürdiges Verbrechen, wenn man es hört und auch, wenn sie es draußen nicht erzählt.» [13]

Aber der charakteristischere ägyptische Ton klingt aus den Belehrungen Ptahhoteps an seinen Sohn:

«Wenn du in trefflicher Lage bist, so gründe dir einen Hausstand und liebe deine Frau in ihrer Häuslichkeit, wie es sich gehört. Fülle ihren Leib und bekleide ihren Rücken ... Erfreue ihr Herz, solange sie da ist; sie ist ein trefflicher Acker für ihren Herrn.» [14]

Und der Boulak-Papyrus ermahnt das Kind mit rührender Weisheit:

«Verdopple das Brot, das du deiner Mutter gibst, und trage sie, wie sie (dich) trug. Sie hatte viele Last mit dir und ließ sie mir nicht (?). Als du geboren wurdest nach deinen Monaten, trug sie dich wieder auf dem Nacken, und drei Jahre lang war ihre Brust in deinem Munde. Sie hatte nicht Ekel vor deinem Kot, sie ekelte sich nicht und sagte nicht: ‚was tue ich?‘ Sie setzte dich in die Schule, als dir das Schreiben gelehrt wurde, und täglich stand sie da ... mit Brot und Bier aus ihrem Hause.» [15]

Es ist wahrscheinlich, daß diese hohe Stellung der Frau die Folge des leicht matriarchalischen Charakters der ägyptischen Gesellschaft war. Die Frau war nicht nur vollständig die Herrin des Hauses, sondern es wurde auch das ganze Vermögen durch die weibliche Linie vererbt. «Selbst in späteren Zeiten», sagt Petrie, «verschrieb der Gatte all sein Eigentum und seine künftigen Einnahmen im Ehevertrag seiner Frau.» Die Männer heirateten ihre Schwestern, nicht weil die Vertrautheit der Geschwister eine Art Liebesromantik züchtete, sondern weil sie das Familienerbe, das von der Mutter auf die Tochter kam, zu genießen trachteten und keine Lust verspürten, mit diesem Reichtum irgendeinem Fremden ein Leben in Wohlstand und Annehmlichkeit zu verschaffen. Die Macht der Frau erfuhr im Laufe der Zeit eine allmähliche Verminderung, vielleicht infolge der Berührung mit den patriarchalischen Bräuchen der Hyksos, vielleicht auch durch den Übergang Ägyptens aus einem auf sich selbst gestellten, Ackerbau treibenden und friedfertigen Staat in eine kriegführende und imperialistische Nation, die fremde Einflüsse aufnahm. So war unter den Ptolemäern die Einwirkung der Griechen so stark, daß die in früheren Zeiten von der Frau beanspruchte Scheidungsfreiheit sich nun zum ausschließlichen Vorrecht des Gatten entwickelte. Selbst dann jedoch wurde die Änderung nur von den höheren Klassen übernommen, während das ägyptische Volk weiter bei den matriarchalischen Sitten verharrte. Diese Herrschaft der Frau in allem, was ihre Interessen betraf, war möglicherweise die Ursache des so selten vorkommenden Kindesmordes. Diodoros Siculus betrachtete es als eine Eigentümlichkeit der Ägypter, jedes geborene Kind aufzuziehen, und erzählt uns, daß die des Kindesmordes überführten Eltern zur Strafe das tote Kind drei Tage und drei Nächte auf ihren Armen halten mußten. Die Familien waren mit Kindern gesegnet, sowohl die armseligen Hüttenbewohner als auch die Wohlhabenden im Palaste, denen es schwerfallen mochte, ihre ganze Nachkommenschaft zu kennen.

Selbst im Werben ergriff gewöhnlich die Frau die Initiative. Die Liebesgedichte und Briefe, die in unserem Besitze sind, hat meistens die Frau an den Mann geschrieben;

ÄGYPTEN 159

sie bittet darin um Zusammenkünfte, sie drängt und schlägt formell die Heirat vor. «O mein schöner Freund», sagt ein Brief, «es ist mein Wunsch, als Dein Weib die Herrin all Deiner Besitztümer zu werden.» Daher war die Sittsamkeit, die nicht gleichbedeutend mit Treue ist, bei den Ägyptern nicht gerade hervorragend. Sie sprachen über sexuelle Dinge mit einer der späteren Moral wesensfremden Unmittelbarkeit, schmückten ihre Tempel mit Bildern und Flachreliefs von erschreckender anatomischer Deutlichkeit und versorgten ihre Toten mit obszöner Literatur, um sie im Grabe zu zerstreuen. Das Blut floß feurig am Nil; die Mädchen waren mit zehn Jahren schon heiratsfähig und die voreheliche Moral frei und bequem. In den Tagen der Ptolemäer soll eine Kurtisane mit ihren Ersparnissen eine Pyramide gebaut haben. Selbst Sodomie war im Schwange. Tanzmädchen hatten wie in Japan in der besten Herrengesellschaft Zutritt zur Bestreitung der Unterhaltung und zur physischen Erbauung; sie trugen durchsichtige Gewänder oder begnügten sich mit Knöchelschmuck, Armbändern und Ringen. Vorkommnisse religiöser Prostitution sind nur in kleinem Ausmaße nachweisbar; aber noch zur Zeit der römischen Besetzung wurde das schönste Mädchen unter den vornehmen Familien von Theben erwählt, um Amun geweiht zu werden. Wenn es ein Alter erreichte, das den Gott nicht mehr befriedigte, so erhielt es einen ehrenwerten Abschied, heiratete und verkehrte in den höchsten Kreisen. Ägypten besaß eine Kultur, deren Vorurteile von den unseren recht verschieden waren.

5. DIE LEBENSART

Der Charakter · Die Spiele · Die Erscheinung · Die Kosmetik · Die Tracht · Der Schmuck

Wenn wir uns im Geiste den ägyptischen Charakter vorzustellen versuchen, hält es schwierig, zwischen der in der Literatur vertretenen Ethik und den praktischen Lebensvorgängen zu unterscheiden. Sehr oft finden wir dort edle Gefühle geschildert, so etwa, wenn ein Dichter seinen Mitbürgern rät:

> Gib dem Brot, der kein Feld hat,
> Und schaffe für dich selbst einen guten Namen für immer.[16]

Manche unter den Älteren geben ihren Kindern sehr lobenswerte Ratschläge. Ein den Gelehrten als die «Weisheit Amenemopes» (950 v. Chr.) bekannter Papyrus, jetzt im Britischen Museum, bereitet einen Schüler mit Ermahnungen auf ein öffentliches Amt vor, die wahrscheinlich den oder die Verfasser der «Sprüche Salomos» beeinflußt haben.

«Sei nicht begierig nach einer Elle Acker und reiße die Grenze einer Witwe nicht um ... Pflüge auf den eignen Feldern, da findest du deinen Bedarf und du empfängst die Brote von deiner eignen Tenne. Besser ist ein Scheffel, den der Gott dir gibt, als fünftausend durch Unrecht erhaltene. Besser ist Armut von der Hand Gottes als Reichtum im Speicher, besser Brote mit frohem Herzen als Reichtum mit Kummer.»[17]

Solch fromme Literatur war den normalen Handlungen der menschlichen Habsucht kein Hindernis. Nach Platon, der vielleicht etwas zu patriotisch urteilte, dürsteten die Athener nach Wissen, die Ägypter nach Reichtum. Im allgemeinen dürfen wir die Bewohner des Nillandes als die Amerikaner des Altertums ansprechen, denn sie liebten wie diese das Kolossale, besaßen Neigung zu gigantischer Ingenieurkunst und zu majestätischen Bauten, waren fleißig und erwerbssüchtig und selbst praktisch inmitten mannigfachen Aberglaubens. Wir möchten sie die Erzkonservativen der Geschichte nennen, denn – so paradox es klingt – je mehr sie sich veränderten, desto mehr blieben sie dieselben, und ihre Künstler konnten während vier Jahrtausenden genau die gleichen herkömmlichen Bräuche kopieren. Sie erscheinen uns, aus ihren Denkmälern zu schließen, als ein praktisches Volk, das jeder Spekulation außer der theologischen abhold war. Sie empfanden auch keine gefühlvollen Rücksichten gegenüber dem menschlichen Leben, töteten mit klarem Naturbewußtsein und schnitten dem Feind die rechte Hand oder den Phallus ab und brachten ihn ihrem Schreiber, damit er in seinem Bericht ihrer Taten gedenke. In den späteren Dynastien verlor das nur an inneren Frieden und ferne Kriege gewöhnte Volk all seine militärischen Gewohnheiten und Eigenschaften, bis zuletzt wenige römische Soldaten genügten, um Ägypten zu unterjochen.

Der Umstand, daß wir die Ägypter hauptsächlich aus ihren Grabstätten oder Tempelinschriften kennen, hat uns zu einer Überbewertung ihrer Feierlichkeit verführt; wir ersehen aber aus einigen Skulpturen und Reliefs sowie aus ihren burlesken Göttergeschichten, daß sie auch Sinn für Humor hatten. Sie kannten viele öffentliche und private Spiele, liebten Schach und Würfel; sie gaben ihren Kindern Spielzeuge, die von den unseren nicht sehr verschieden waren, wie etwa Murmel, Bälle und Kreisel, und fanden auch Freude an Ring-, Box- und Stierkämpfen. Auf Festen und bei Belustigungen wurden sie von Dienern gesalbt, mit Blumen bekränzt, mit Wein bewirtet und mit Gaben beschenkt.

Nach ihren Bildern und Statuen stellen wir uns die Bewohner des Niltals als ein physisch kräftiges Volk vor, sehnig und breitschultrig, mit schmalen Hüften, vollen Lippen und – da sie immer unbeschuht gingen – mit Plattfüßen. Die höheren Klassen waren vornehm schlank, imponierend hochgewachsen, mit ovalem Gesicht, fliehender Stirne und regelmäßigen Zügen, einer langen geraden Nase und herrlichen Augen. Ihre Haut war bei der Geburt weiß (was eine mehr asiatische als afrikanische Herkunft verrät), bräunte sich aber schnell unter der ägyptischen Sonne. Ihre Künstler idealisierten sie, indem sie die Männer rot, die Frauen gelb malten; vielleicht waren diese Farben lediglich kosmetische Stile. Der Mann aus dem Volke jedoch wird als klein und vierschrötig dargestellt, wie der «Scheik-el-Beled», durch harte Arbeit und unausgeglichene Nahrungsmengen mißgestaltet, die Züge roh und die Nase stumpf und breit; er ist intelligent, aber ungeschliffen. Vielleicht waren wie in so vielen anderen Beispielen das Volk und seine Herrscher von verschiedener Rasse, die Herrscher asiatischen, das Volk afrikanischen Ursprungs. Das Haar des Ägypters war dunkel, zuweilen gekräuselt, aber nie wollig. Die Frauen schnitten ihre Haare kurz; die Männer rasierten Lippen und Kinn, schmückten sich aber mit prächtigen Perücken. Oft rasierten sie ihr Kopfhaar, um die künstliche Frisur bequemer zu tragen; selbst die Gemahlin des Pharao (z.B. Echnatons Mutter Teje) schnitt all ihr Haar ab, um königliche Perücke und Krone besser aufsetzen zu können. Es war eine Angelegenheit der steifsten Etikette, daß der König die größte Perücke haben mußte.

Soweit es möglich war, berichtigten die Ägypter die Arbeit der Natur mit subtiler Schönheitspflege. Die Gesichter wurden geschminkt, die Lippen bemalt, die Nägel gefärbt, Haar und Glieder mit Ölen gesalbt; selbst auf den Skulpturen haben die Frauen bemalte Augen. Jene, die es sich leisten konnten, ließen sich bei ihrem Tode sie-

ÄGYPTEN 161

ben Salben und zwei Arten Rouge in ihre Gräber legen. Unter den Überresten finden sich Necessaires, Spiegel, Rasiermesser, Haarkräusler, Haarnadeln, Kämme, Kosmetikschachteln, Schüsseln und Löffel, alles aus Holz, Elfenbein, Alabaster oder Bronze und in köstlichen und zweckmäßigen Formen ausgeführt. Auch Augenschminke ist noch in einigen Tuben erhalten. Der Stoff, den heutzutage die Frauen zur Färbung der Augenbrauen verwenden, läßt sich von dem Öl herleiten, das einst die alten Ägypter benutzten. Es ist durch arabische Vermittlung zu uns gekommen und hieß bei den morgenländischen Beduinen «al-kohl», ein Wort, das unserem Alkohol zugrunde liegt. Neben der Schminke liebten die Bewohner am Nil auch alle Arten Wohlgerüche für Körper und Kleidung und verbreiteten in ihren Gemächern den Duft von Weihrauch und Myrrhe.

Die ägyptische Tracht zeigt viele Abstufungen. Während ein Teil der Bevölkerung ganz nackt ging, hüllte sich der andere – namentlich in der Zeit des Neuen Reiches – in farbenfrohe Gewänder. Die Kinder trugen keine Kleidung, schmückten sich aber mit Ohrringen und Halsketten, und die Mädchen banden sich sittsam an einer Schnur aufgereihte Kügelchen um ihre Taille. Diener und Bauern beschränkten ihre alltägliche Kleidung auf einen Lendenschurz. Im Alten Reich gingen die freien Männer und Frauen mit unbedecktem Oberkörper umher und trugen bloß einen von der Hüfte bis zum Knie reichenden kurzen, engen Rock aus weißem Leinen. Da die Scham eher ein Kind der Sitte als der Natur ist, beruhigten diese einfachen Kleidungsstücke das Gewissen ebenso vollständig wie die Unterröcke und Korsetts des viktorianischen Zeitalters oder der Abendanzug des zeitgenössischen Amerikaners: «Unsere Tugenden richten sich nach den Anschauungen unserer Zeit.» Selbst die Priester trugen in den ersten Dynastien nichts als einen Lendenschurz, wie wir es an der Statue des Ranofer sehen. Mit dem Zunehmen des Reichtums nahm auch die Bekleidung zu; das Mittlere Reich fügte dem ersten Rock noch einen zweiten, größern hinzu, und das Neue Reich führte die Brustbedeckung und den hie und da getragenen Umhang ein. Wagenführer und Reitknechte trugen pompöse Kostüme und liefen in großer Livree durch die Straßen, um den Weg für den Wagen ihrer Herrschaften frei zu machen. Die Frauen vertauschten in den Dynastien, in denen der Wohlstand blühte, den engen Rock mit einem fließenden Gewande, das sie mit einer Schnalle unter der rechten Brust zusammenhielten. Falbeln, Stickereien und zahllose Krausen traten auf, die Mode schlich sich einer Schlange gleich ein, um das Paradies der primitiven Nacktheit zu zerstören.

Beide Geschlechter liebten Schmuck und bedeckten Hals, Brust, Arme, Gelenke und Knöchel mit Juwelen. Als die Nation sich an den asiatischen Tributen und am Mittelmeerhandel bereichert hatte, hörte der Schmuck auf, ein Vorrecht der Aristokratie zu sein, und wurde eine Leidenschaft aller Klassen. Jeder Schreiber und Händler erwarb sich nun sein Gold- oder Silbersiegel, jeder Mann kaufte sich einen Ring und jede Frau eine Schmuckkette. Diese Ketten, wie wir sie heute in den Museen sehen können, sind von großer Verschiedenheit: manche fünf bis sieben Zentimeter, andere anderthalb Meter lang; einige dick und schwer, andere «so zart und geschmeidig wie die feinsten venezianischen Spitzen». In der achtzehnten Dynastie gehörten die Ohrringe geradezu zum guten Ton; jeder mußte sich deshalb die Ohrläppchen durchbohren lassen, nicht nur Mädchen und Frauen, sondern auch Knaben und Männer. Sowohl Männer als Frauen schmückten sich mit Armbändern und Ringen, mit Anhängseln aller Art und Kügelchen aus kostbaren Steinen. Die Frauen des alten Ägyptens hätten in Sachen der Schönheitspflege und des Schmuckes von uns sehr wenig lernen können.

6. DIE GELEHRSAMKEIT

Die Erziehung · Regierungsschulen · Papier und Tinte
Stufen in der Entwicklung der Schrift · Formen der ägyptischen Schrift

Priester erteilten den Kindern aus wohlhabenden Familien den Anfangsunterricht in den den Tempeln angeschlossenen Schulen, wie es in den römisch-katholischen Pfarreien noch heute geschieht. Ein Hohepriester, der, um einen zeitgemäßen Ausdruck zu gebrauchen, das Amt eines Ministers für Volkserziehung versah, bezeichnete sich als «Haupt des Königlichen Unterrichtsstalles». In den Ruinen einer Schule, die anscheinend einen Teil des Ramesseums bildete, sind zahlreiche Muscheln gefunden worden, die noch die Aufgaben des alten Pädagogen trugen. Die Tätigkeit der Lehrer bestand in der Heranbildung von Schreibern für die schriftlichen Arbeiten des Staates. Um ihre Schüler anzuspornen, schrieben die Schulmeister beredte Aufsätze über die Vorteile der Erziehung. «Gib dein Herz der Gelehrsamkeit hin und liebe sie wie eine Mutter», so sagt ein erbaulicher Papyrus, «denn es gibt nichts, was so kostbar ist wie die Gelehrsamkeit». «Siehe,» so lehrt ein anderes Dokument, «es gibt keinen Beruf, der nicht regiert wird; nur der gelehrte Mann regiert sich selbst.» Es ist ein Unglück, ein Soldat zu sein, schreibt ein Bücherwurm; es ist mühselig, den Boden zu bebauen; die einzige Glückseligkeit ist, «das Herz während des Tages den Büchern zuzuwenden und während der Nacht zu lesen».

Wir besitzen aus den Tagen des Neuen Reiches eine Anzahl Hefte, die am Rande mit den Korrekturen der Lehrer versehen sind; die zahlreichen Fehler wären dem modernen Schuljungen ein Trost. Die hauptsächliche Unterrichtsmethode bestand im Diktieren oder Abschreiben der auf Scherben oder Kalksteinplatten geschriebenen Texte. Die Themen waren größtenteils kommerziell, denn die Ägypter waren die ersten und größten Utilitarier; aber der Hauptgegenstand des pädagogischen Vortrags blieb trotz allem die Tugend, und das Hauptproblem war wie immer die Disziplin. «Verliere deine Zeit nicht mit Wünschen, sonst wirst du zu einem bösen Ende kommen», lesen wir in einem der Hefte. «Laß deinen Mund das Buch in deiner Hand lesen; nimm Rat von denen, die mehr wissen als du» – wir sehen, auch die Ägypter kannten jene Binsenwahrheiten, die einem Volke wohl selten fehlen. Die Disziplin war hart und fußte auf den einfachsten Grundsätzen. «Der Knabe hat einen Rücken», sagt ein beschönigendes Manuskript, «und paßt auf, wenn er geschlagen wird ... denn die Ohren der Jungen befinden sich auf dem Rücken.» Ein Schüler schreibt seinem früheren Lehrer: «Du schlugst meinen Rücken, und Deine Belehrungen gingen in mein Ohr.» Daß diese Dressur nicht immer den gewünschten Erfolg hatte, ist aus ei-

ÄGYPTEN 163

nem Papyrus ersichtlich, in dem ein Lehrer sich darüber beklagt, daß seine ehemaligen Schüler die Bücher viel weniger lieben als das Bier.

Trotzdem rückten viele Tempelschüler zu den dem staatlichen Schatzamt angeschlossenen Hochschulen auf. In der an erster Stelle stehenden Regierungsschule erhielten die jungen Schreiber Verwaltungsunterricht. Nach dem Diplom wurden sie Lehrlinge der Beamten, die sie in der vielfältigen praktischen Arbeit unterwiesen. Vielleicht war es eine bessere Art, Staatsbeamte auszubilden, als unsere moderne Auswahl, die von der Volksgunst, der Unterwürfigkeit und dem Lärm der Wahlbühnen bestimmt wird. Auf diese Weise entwickelten Ägypten und Babylonien mehr oder weniger gleichzeitig die frühesten Schulsysteme in der Geschichte; erst im neunzehnten Jahrhundert unserer Zeitrechnung wurde die öffentliche Erziehung der Jugendlichen wieder so gut organisiert.

In den höheren Klassen durfte der Schüler auf Papier schreiben, das einen der Hauptartikel des ägyptischen Handels darstellte und eines der dauernden Geschenke Ägyptens an die Welt war. Der Stiel der Papyruspflanze wurde in schmale Streifen geschnitten, andere Streifen kreuzweise darübergelegt, das Blatt gepreßt, und das Papier, dieser die Kultur so gewaltig fördernde und zugleich gefährdende Stoff, war erzeugt. Wie dauerhaft es hergestellt worden war, zeigt die Tatsache, daß Manuskripte, die vor ungefähr 5000 Jahren geschrieben wurden, noch ganz und leserlich sind. Aus Blättern entstanden Bücher, indem man den rechten Saum eines Blattes an den linken Saum des nächsten anklebte und auf diese Art Rollen herstellte, die zuweilen 40 Meter lang waren, selten aber länger; denn es gab keine wortreichen Geschichtsschreiber in Ägypten. Die schwarze, unzerstörbare Tinte war das Produkt einer Mischung von Wasser mit Ruß und Pflanzengummi auf einer Holzpalette; die Feder war ein einfaches, an der Spitze zu einem dünnen Pinsel geformtes Schilfrohr.

Mit diesem modernen Schreibzeug schrieben die Ägypter die älteste der bekannten Literaturen. Ihre Sprache war wahrscheinlich aus Asien gekommen; die frühesten Zeugnisse weisen viele Ähnlichkeiten mit dem Semitischen auf. Anscheinend war die erste Schrift piktographisch – ein Gegenstand wurde dargestellt, indem man das betreffende Bild zeichnete, so stellte zum Beispiel das Wort für Haus (ägyptisch *per*) ein kleines Viereck mit einer Öffnung auf einer der Langseiten dar. Weil manche Ideen zu abstrakt waren, um gezeichnet zu werden, wurde aus der Piktographie die Ideographie, das heißt man verwendete bestimmte Bilder durch Brauch und Gewohnheit so, daß sie nicht die gemalten Gegenstände selbst darstellten, sondern die aus ihnen gewonnenen Ideen. So bedeutete zum Beispiel ein Löwenkopf Oberhoheit (wie bei der Sphinx), eine Wespe Königtum. Als eine Weiterentwicklung in dieser Richtung wurden nicht darstellbare abstrakte Ideen durch die Zeichnung von Gegenständen versinnbildlicht, deren Namen dem sprachlichen Ausdruck dieser Ideen zufällig ähnlich waren. So bedeutete das Bild einer Laute nicht nur die *Laute*, sondern auch *gut*, weil das ägyptische Wort für Laute – *nefer* – ähnlich tönte wie das Wort für gut – *nofer*. Wunderliche Rätselkombinationen waren die Folge dieser gleichlautenden, aber sinnverschiedenen Worte. Da das Hilfszeitwort *sein* in der gesprochenen Sprache dem

164 DER VORDERE ORIENT

Laute *chopiru* gleich war, spaltete der um ein Bild eines so unberührbaren Begriffes verlegene Schreiber das Wort in drei Teile, *cho-pi-ru*, und drückte es durch die Zeichenfolge eines Siebs (in der gesprochenen Sprache *[chau]*, einer Matte *[pi]* und eines Mundes *[ru]*) aus; Gebrauch und Gewohnheit, die so viele Verrücktheiten heiligen, brachten es fertig, mit dieser seltsamen Kombination den Gedanken «*sein*» im Schriftbild zu erfassen. Auf diese Weise gelangten die Ägypter zur Silbe, zum Silbenzeichen und dem Syllabarium, das heißt einer Sammlung von Silbenzeichen. Durch die Silbenteilung bei schwierigen Worten und durch das Ausfindigmachen gleicher Laute und das Aufzeichnen der von diesen Silbenlauten eingegebenen Begriffe wurden sie im Laufe der Zeit fähig, mit den Hieroglyphen nahezu jede Idee auszudrücken.

Ein einziger Schritt blieb noch übrig: die Buchstaben zu erfinden. Das für «Haus» (per) verwendete Zeichen bedeutete zuerst nichts anderes als diesen Gegenstand, dann stellte es den Laut *per* oder *p–r* und irgendeinen Vokal dazwischen dar und wurde zur Silbe in irgendeinem anderen Wort. Schließlich kürzte man das Bild und verwendete es zur Darstellung der Laute *po, pa, pu, pe* oder *pi* in irgendeinem beliebigen Worte, und da die Vokale niemals geschrieben wurden, bedeutete das Bild zugleich auch den Buchstaben *P*. Auf Grund einer ähnlichen Entwicklung verstand man unter dem Zeichen für Hand (ägyptisch *dot*) auch *do, da* usw. und schließlich *D*; das Zeichen für Mund (*ro* oder *ru*) bildete ein *R*; das Zeichen für Schlange (*zt*) ein *Z*; das Zeichen für See (*schi*) ein *Sch* ... Das Resultat all dieser Prozesse war ein Alphabet aus vierundzwanzig Konsonanten, das der ägyptische und phoinikische Handel in alle Teile des Mittelmeerraumes brachte und das uns später Griechenland und Rom als eine der Kostbarkeiten unseres östlichen Erbes übermittelten. Die Hieroglyphen sind so alt wie die frühesten Dynastien; die ersten Buchstabenzeichen erscheinen auf Inschriften, die von den Ägyptern in den Bergwerken der Sinai-Halbinsel zurückgelassen wurden und auf 2500 und 1500 v. Chr. zurückgehen.

Die Ägypter nahmen nie eine vollkommene Buchstabenschrift an; wie moderne Stenographen mengten sie bis an das Ende ihrer Zivilisation Bild-, Ideen- und Silbenzeichen mit ihren Buchstaben. Dies bereitete den Gelehrten so große Schwierigkeiten, ägyptisch zu lesen; aber es ist gut begreiflich, daß dieses Gemisch von Lang- und Kurzschrift die schriftlichen Arbeiten jener Ägypter erleichterte, die Zeit zum Lernen fanden. Da das Englisch keinen rühmlichen Führer zur englischen Rechtschreibung darstellt, ist es wahrscheinlich für einen heutigen Schuljungen ebenso schwer, die Irrlichter der englischen Orthographie zu meistern, als es für einen ägyptischen Schreiber war, durch den Gebrauch die fünfhundert Hieroglyphen, ihre sekundären Silbendeutungen und ihre tertiären alphabetischen Anwendungen auswendig zu wissen. Im Laufe der Zeit wurde eine schnellere und skizzenhaftere Schriftform für Manuskripte entwickelt, die von den sorgfältigen «geheiligten Ausmeißelungen» der Denkmäler abwich. Da die Priester und Tempelschreiber diese Entstellung der Hieroglyphen zuerst vollzogen, wurde sie von den Griechen als *hieratische* Schrift bezeichnet; aber sie ging bald in den allgemeinen Gebrauch der öffentlichen, kommerziellen und privaten Urkunden über. Eine noch stärker gekürzte und nachlässigere Schriftform wurde vom

ÄGYPTEN 165

einfachen Volke entwickelt und ist unter dem Namen *demotische* Schrift bekannt. Auf den Denkmälern jedoch behielten die Ägypter ihre vornehme und reizvolle Hieroglyphenschrift bei, die vielleicht die malerischste Schriftart ist, die je erfunden wurde.

7. DIE LITERATUR

Texte und Bibliotheken · Der ägyptische Sindbad · Die Sinuhegeschichte · Der Roman
Ein Liebesfragment · Liebesdichtungen · Die Geschichte · Eine literarische Revolution

Der größte Teil der uns verbliebenen altägyptischen Literatur ist in hieratischer Schrift verfaßt. Wir haben wenig und müssen unser Urteil auf die Fragmente stützen, die der Gesamtleistung nur die blinde Gerechtigkeit des Zufalls angedeihen lassen; vielleicht hat die Zeit die Spuren des ägyptischen Shakespeare zerstört und nur die der gekrönten Dichter erhalten. Ein hoher Beamter der vierten Dynastie wird auf seiner Grabstätte als «Schreiber des Hauses der Bücher» bezeichnet; wir können nicht wissen, ob diese frühe Bibliothek eine Ablage der Literatur oder nur ein staubiger Speicher öffentlicher Aufzeichnungen und Dokumente war. Die älteste vorhandene ägyptische Literatur bilden die «Pyramidentexte» – fromme, auf den Wänden von fünf Pyramiden der fünften und sechsten Dynastie eingravierte Texte*. Die Bibliotheken in unserem Besitz datieren aus der Zeit von 2000 v. Chr. – es sind in Krügen verstaute Papyrusrollen, mit Aufschriften versehen und auf Regale gereiht. In einem solchen Krug wurde die älteste Form der Geschichte Sindbads des Seefahrers oder, wie wir sie eher bezeichnen könnten, Robinson Crusoes gefunden. «Die Geschichte des Schiffbrüchigen» ist ein einfaches autobiographisches Fragment, voller Leben und Gefühl. «Wie freut man sich», sagt der alte Seefahrer in einem Satz, der uns an Dante erinnert, «wenn man erzählen kann, was man ausgekostet hat, wenn das Übel vorüber ist.»

«Ich will dir etwas Ähnliches erzählen, was mir selbst zugestoßen ist. Ich war zu einem Bergwerk des Königs gezogen und hatte mich auf das Meer begeben in einem Schiff von hundertzwanzig Ellen Länge und vierzig Ellen Breite. Hundertzwanzig Matrosen waren darin von den besten Ägyptens. Sie beobachteten den Himmel. Sie beobachteten die Erde. Ihr Herz war unerschrockener als ein Löwenherz.

Sie kündeten einen Sturm, ehe er ausbrach, ein Unwetter, ehe es aufkam. Ein Sturm brach aus, wir waren auf dem Meer, bevor wir landen konnten. Die Gewalt des Windes schuf einen Wirbel. Eine Welle war in ihm von acht Ellen Länge. Der Mastbaum zerschlug sie (vor) mir. Doch sank das Schiff. Von denen, die in ihm waren, blieb keiner übrig. Ich wurde von einer Meereswelle auf eine Insel geworfen. Ich verbrachte drei Tage allein mit meinem Herzen als Genossen. Ich lag unter einem Baumdach und suchte den Schatten. Dann erhob ich meine Füße, um herauszufinden, was ich in meinen Mund tun könnte.

Ich fand Feigen dort und Weintrauben und aller Art herrliches Gemüse. Es gab dort Sykomorenfrüchte und Gurken, als wären sie gepflanzt. Fische und Vögel waren dort. Es gab nichts,

---

* Eine spätere Gruppe von Grabschriften mit Tinte auf der Innenseite der zur Bestattung gewisser Adliger und Magnaten des Mittleren Reiches verwendeten Holzsärge sind von Breasted und anderen unter dem Namen «Sargtexte» gesammelt worden.

DER VORDERE ORIENT

was nicht auf ihr gewesen wäre. Ich sättigte mich und warf wieder fort, weil zuviel auf meinen Armen war. Ich nahm einen Feuerbohrer, machte Feuer und entzündete ein Brandopfer für die Götter.»[18]

Eine andere Geschichte erzählt die Abenteuer des Sinuhe, eines Staatsbeamten, der beim Tode Amenemhets I. aus Ägypten flieht und im Vorderen Orient von einem Lande zum anderen wandert, aber trotz Wohlstand und Ehren unerträglich an Heimweh leidet. Er verzichtet am Ende auf seine Reichtümer und kommt nach Erduldung unsäglicher Mühsale nach Ägypten zurück.

«O Gott, wer du auch seiest, der diese Flucht (einst) über mich verhängte, sei gnädig und setze mich wieder in die Residenz. Vielleicht wirst du mich den Ort wieder sehen lassen, in dem mein Herz weilt. Was gäbe es Größeres, als wenn meine Leiche bestattet würde in dem Lande, in dem ich geboren bin? Komme mir zu Hilfe (?), möge das Gute geschehen, möchte der Gott mir Gnade geben – – –»

In der Folge finden wir ihn wieder zu Hause, müde und staubig von vielen Meilen Wüstenreise und voller Angst, der Pharao werde ihm Vorwürfe machen, weil er so lange aus einem Lande fortgeblieben, das sich wie alle anderen als das einzig zivilisierte Reich der Welt ansah. Aber der Pharao vergibt ihm und erweist ihm jede Artigkeit, die zur Erfrischung und Pflege seines müden Körpers dient.

«Ich wurde in das Haus eines Königssohnes gesetzt, in welchem Herrliches war, und ein Bad war in ihm und ... Schätze vom Schatzhause waren in ihm, Kleider von Königsleinen, Myrrhen und feines Öl des Königs. Räte, die er liebte, waren in jeder Kammer, und jeder Koch war bei seinem Geschäft. Man ließ die Jahre an meinem Leibe vorbeigehen, ich wurde geschoren (?) und mein Haar gekämmt (?). Eine Ladung (von Schmutz) wurde der Wüste überlassen und die groben Kleider den Sanddurchwanderern; ich wurde in feinstes Leinen gekleidet und mit dem besten Öle des Landes gesalbt.»[19]

Zahlreich sind auch die Kurzgeschichten in den entdeckten Fragmenten der ägyptischen Literatur. Da finden sich alle möglichen Märchen von Geistern, Wundern und anderen bezaubernden Erfindungen, die ebenso glaubwürdig sind wie die Detektivromane, die die modernen Staatsmänner für ihre Sorgen entschädigen. Es gibt wunderbare Erzählungen von Prinzen und Prinzessinnen, Königen und Königinnen, und wir stoßen auf die älteste Form des Märchens vom Aschenbrödel und lesen von seinem köstlichen Füßchen, seinem wandernden Pantöffelchen und der Heirat mit dem Königssohn. Da gibt es ferner Tierfabeln, die die Schwächen und Leidenschaften der Menschen beleuchten und klug auf eine Moral hinweisen. Typisch für die ägyptische Mischung des Natürlichen mit dem Übernatürlichen ist die Erzählung von Anupu und Bitiu, einem älteren und einem jüngeren Bruder, die glücklich auf ihrem Anwesen zusammenleben, bis Anupus Frau sich in Bitiu verliebt, von ihm abgewiesen wird und ihn aus Rachedurst bei ihrem Manne verklagt, er habe ihr Gewalt antun wollen. Götter und Krokodile kommen Bitiu gegen Anupu zu Hilfe; aber der menschenüberdrüssige Bitiu verstümmelt sich, um seine Unschuld zu beweisen, zieht sich wie Timon in die Wälder zurück und legt sein Herz, unerreichbar hoch, auf die oberste Blüte eines Baumes. Die Götter erbarmen sich seiner Einsamkeit und erschaffen ihm ein Eheweib von solcher Schönheit, daß der Nil sich in sie verliebt und ihr eine Locke ihres Haares stiehlt. Stromabwärts treibt die Locke auf den Fluten, der Pharao findet sie, und von ihrem Duft berauscht, befiehlt er seinen Knappen, die Eigentümerin zu entdecken. Sie wird gefunden und ihm vorgeführt, und er heiratet sie. Aus Eifersucht auf Bitiu sendet er Männer aus, um den Baum zu fällen, auf dessen Krone Bitius Herz liegt. Der Baum wird gefällt, und im Augenblick, wo die Blume den Boden berührt, stirbt Bitiu. Wie wenig unterschied sich der Geschmack unserer Ahnen von unserem eigenen!

ÄGYPTEN 167

Die frühe ägyptische Literatur ist hauptsächlich religiösen Charakters: Die ältesten ägyptischen Dichtungen sind die Hymnen der Pyramidentexte. Ihre Form ist auch die älteste uns bekannte dichterische Form – jener «Parallelismus der Satzglieder» oder der Wiederholung des Gedankens mit andern Worten, die die hebräischen Dichter von den Ägyptern und Babyloniern übernahmen und in den Psalmen unsterblich machten. Mit dem Übergang vom Alten zum Mittleren Reich wird die Literatur eher weltlich und «heidnisch». So blieb uns aus dem Mittleren Reich ein Fragment erhalten, das der Liebesliteratur zugehört. Es fand sich auf einem Papyrus, den ein ägyptischer Schreiber nicht genug gereinigt hatte, und schildert in fünfundzwanzig Zeilen die Begegnung eines einfachen Hirten mit einer Göttin. «Diese Göttin», sagt die Geschichte, «begegnete ihm, als er zum Teiche ging, und sie hatte ihre Kleider abgelegt und ihr Haar aufgelöst.» Der Hirt berichtet die Angelegenheit vorsichtig:

«Seht, als ich zum Teich ging, der an diese Weide stößt, sah ich eine Frau darin. Sie war nicht von Menschenart. Meine Haare sträubten sich, als ich ihre Locken sah, und weil ihre Haut so glatt war. Niemals werde ich tun, was sie mir sagte. Scheu vor ihr steckt in meinem Leib.»[20]

Die Liebeslieder sind zahlreich und schön. Sie verherrlichen meistens die Liebe zwischen «Brüdern» und «Schwestern», und wir müssen uns an deren Stelle die Worte «Geliebter» und «Geliebte» denken. Eine Sammlung trägt den Titel: «Die schönen freudigen Lieder deiner Schwester, die dein Herz liebt, die auf den Feldern spaziert.» Ein Ostrakon oder eine Muschel aus der neunzehnten oder zwanzigsten Dynastie behandelt das alte, ewig junge Thema mit den folgenden Worten:

Die Liebe der Geliebten ist auf jener Seite.
Der Fluß ist zwischen (uns.)
(Ich will zu ihr).
Ein Krokodil liegt auf der Sandbank.

Ich steige in das Wasser
und wate durch die Wellen.
Mein Herz ist stark in der Flut.
Das Wasser ist wie Land für meine Füße.

Denn die Liebe zu ihr ließ mich gefeit sein,
als hätte sie mir Wasserzauber gesungen.

Nun sehe ich, die Geliebte ist gekommen.
Mein Herz jauchzt, meine Arme sind offen, sie zu umfangen.

Mein Herz frohlockt auf seinem Platz wie für immer.
Bleib nicht fern, komm zu mir, meine Gebieterin.

Wenn ich sie umarme,
und ihre Arme um mich gebreitet sind,
ist es wie in Punt.
Es ist wie (ein Salben mit) Öl.

Küsse ich sie
und sind ihre Lippen offen,
so frohlocke ich
auch ohne Bier.

168   DER VORDERE ORIENT

> Ach wäre ich ihre Negerin,
> die ihr als Fußwäscherin dient!
> Dann würde ich die Haut
> ihres ganzen Leibes erblicken.[21]

Wir können aus der äußeren Form des Originals nicht ersehen, ob es sich um Verse handelt. Die Ägypter wußten, daß Musik und Gefühl das innere Wesen der Dichtung ausmachen; wenn diese vorhanden waren, hatte die äußere Form keine Bedeutung. Oft jedoch wurde der Rhythmus durch den «Parallelismus der Satzglieder» erzielt. Zuweilen begann der Dichter jeden Satz oder jede Stanze mit dem gleichen Wort; zuweilen spielte er auch wie ein Wortverdreher mit den gleichen Lauten, die verschiedene oder gar nicht zueinander passende Dinge bedeuteten, und es wird aus den ägyptischen Texten klar, daß der Stabreim so alt ist wie die Pyramiden. Diese einfachen Formen genügten; der alte Dichter vermochte mit ihnen nahezu jede Nuance jener «romantischen» Liebe auszudrücken, von der Nietzsche annahm, sie sei eine Erfindung der Troubadours. Der Papyrus Harris zeigt, daß solche Gefühle ebensogut von einer Frau wie von einem Manne ausgesprochen werden konnten:

«Ich bin deine erste Schwester. Ich bin für dich wie der Garten, den ich bepflanzt habe mit Blumen und mit allerlei süßduftenden Kräutern. Schön ist der Kanal in ihm, den deine Hand gegraben hat, bei der Kühlung des Nordwinds. Der schöne Ort, wo ich mich ergehe, wenn deine Hand auf meiner liegt, und mein Herz wird satt vor Freude, weil wir zusammengehen. Schedehtrank ist es, daß ich deine Stimme höre, und ich lebe, weil ich sie höre. Wenn immer ich dich sehe, so ist mir das besser als Essen und Trinken.»[22]

Es ist überhaupt verblüffend, wie verschieden die Fragmente sind. Formelle Briefe, gesetzliche Urkunden, historische Erzählungen, magische Formeln, Hymnen, Bücher der Frömmigkeit, Liebes- und Kriegslieder, Novellen, moralische Ermahnungen, philosophische Abhandlungen: alles ist da, außer der Epik und dem Drama, und selbst von diesen ließen sich Beispiele finden, wenn man die Gattungen nicht zu streng abgrenzt. Die Geschichte der unerhörten Siege Ramses' II., die in Versen auf den Ziegeln des großen Turmes von Luxor aufgezeichnet ist, darf schon wegen ihrer Langatmigkeit als Epik angesprochen werden. In einer andern Inschrift rühmt sich Ramses IV., er habe in einem Schauspiel Osiris vor Set beschützt und ihn wieder zum Leben erweckt. Unser bescheidenes Wissen gestattet uns nicht, aus dieser Andeutung bestimmte Schlüsse zu ziehen.

Die Historiographie ist in Ägypten so alt wie die Geschichte; selbst die Könige der prädynastischen Periode sorgten stolz für historische Aufzeichnungen. Beamtete Geschichtsschreiber begleiteten die Pharaonen auf ihren Feldzügen. Sie sahen zwar niemals ihre Niederlagen, verzeichneten oder erfanden aber die Einzelheiten ihrer Siege; denn auch die Geschichtsschreibung diente zur Verschönerung des Lebens. Schon 2500 v. Chr. stellten die ägyptischen Gelehrten Listen ihrer Könige auf, benannten die Jahre nach deren Regierungszeit und verzeichneten die bedeutendsten Ereignisse unter jeder Herrschaft. Zur Zeit von Thutmosis III. entwickelten sich diese Annalen zu einer reich geschmückten und von Vaterlandsliebe durchtränkten Geschichte. Die ägyptischen Philosophen des Mittleren Reiches hielten sowohl den Menschen wie die Geschichte für alt und erschöpft und trauerten der rüstigen Jugendzeit ihres Volkes nach. Chacheperre-Sonbu, ein Gelehrter in der Regierungszeit Senusrets II., 2150 v. Chr., bedauerte, daß alle Dinge bereits vor langer Zeit gesagt worden seien und daß für die Literatur nichts übrigbleibe außer der Wiederholung. «Ach, hätte ich doch unbekannte Reden», rief er unglücklich aus, «Aussprüche und Sprüche in neuer Rede, die noch nicht vorbeigegangen ist und ohne schon wiederholt Gesagtes – keinen Spruch von Veraltetem, wie ihn schon die Vorfahren gesagt haben.»[23]

ÄGYPTEN 169

Die Entfernung verwischt die Mannigfaltigkeit und Veränderlichkeit der ägyptischen Literatur, wie sie die individuellen Unterschiede der fremden, uns unvertrauten
Nationen verwischt. Nichtsdestoweniger machte die ägyptische Sprache im Laufe
ihrer langen Entwicklung ebenso vielfältige Veränderungen durch wie die Geschichte
der europäischen Literatur. Wie in Europa, so wich auch in Ägypten die alltägliche
Sprache allmählich und schließlich beinahe vollständig von jener der Bücher des Alten
Reiches ab. Für eine lange Zeit behielten die Autoren die alte Sprache als Schriftsprache bei; die Studenten übersetzten die «Klassiker» unter Zuhilfenahme von
Grammatiken, Wörterbüchern und zuweilen von unerlaubten Schlüsseln. Im vierzehnten Jahrhundert v. Chr. lehnten sich die ägyptischen Schriftsteller gegen diese
sklavische Nachahmung der Tradition auf und wagten es, wie Dante und Chaucer, in
der Sprache des Volkes zu schreiben; Echnatons berühmter «Sonnenhymnus» ist in
der Volkssprache verfaßt. Die neue Literatur war wirklichkeitsnah, jugendlich und
voller Schwung; sie machte sich über die alte Schreibart lustig und beschrieb das neue
Leben. Mit der Zeit wurde aber auch diese Sprache literarisch und formell, raffiniert
und auf jeden Einzelfall genau zugeschnitten, starr und fehlerlos und erdachte sich Vorschriften für Wort und Satz; zum zweiten Male gingen Schriftsprache und das lebendig
gesprochene Wort verschiedene Wege, und die Scholastik blühte von neuem. Die
Schulen der saitischen Dynastien pflegten nun das Studium und die Übersetzung der
«Klassiker» aus den Tagen Echnatons. Ähnliche Verwandlungen der Sprache fanden
unter den Griechen, Römern und Arabern statt; eine andere geht heute vor sich.
Panta rhei – alles fließt; nur die Gelehrten ändern sich nie.

8. DIE WISSENSCHAFT

Die Ursprünge der ägyptischen Wissenschaft · Die Mathematik · Die Astronomie und der Kalender
Anatomie und Physiologie · Medizin, Chirurgie und Hygiene

Die ägyptischen Gelehrten waren meistens Priester, die fern vom Lärm des Lebens die
Behaglichkeit und Sicherheit der Tempel genossen. Diese Gottesdiener legten trotz
all ihres Aberglaubens die Grundsteine der ägyptischen Wissenschaft. Ihren eigenen
Legenden zufolge waren die Wissenschaften um etwa 18 000 v. Chr. von Thoth, dem
ägyptischen Gotte der Weisheit, während seiner dreitausendjährigen Herrschaft auf
Erden erfunden worden, und die ältesten Bücher in jeder Wissenschaft gehörten zu
den zwanzigtausend Bänden, die diese gelehrte Gottheit verfaßt hatte*. Unser Wissen
kann dieser Theorie über die Ursprünge der ägyptischen Wissenschaft auch heute noch
nichts Wesentliches hinzufügen.

Gleich zu Beginn der geschriebenen ägyptischen Geschichte finden wir die Mathematik hochentwickelt; Zeichnung und Bau der Pyramiden erforderten eine Genauigkeit der Messung, die

---

* So versichert uns Iamblichos (ca. 300 v. Chr.): Manetho, der ägyptische Historiker (ca. 300 v. Chr.),
glaube, diese Schätzung tue dem Gotte Unrecht; die wirkliche Zahl der Werke Thoths betrug nach seiner
Rechnung 36 000. Die Griechen priesen Thoth unter dem Namen Hermes Trismegistos – Hermes (Merkur),
der «dreimal Große».

DER VORDERE ORIENT

ohne bemerkenswerte mathematische Kenntnisse nicht möglich war. Die Abhängigkeit des ägyptischen Lebens von den Schwankungen des Nils zeitigte sorgfältige Aufzeichnungen und Berechnungen des Steigens und Fallens des Stromes; Geometer und Schreiber waren beständig am Werk, um den Boden neu zu vermessen, nachdem die Überschwemmungen die Grenzlinien unkenntlich gemacht hatten. Diese Berechnungen sind zweifelsohne der Ursprung der Geometrie. Fast alle alten Völker schrieben die Erfindung dieser Wissenschaft den Ägyptern zu. Josephus jedoch vertrat die Ansicht, Abraham habe die Arithmetik aus Chaldäa (d. h. Mesopotamien) nach Ägypten gebracht, und es ist nicht ausgeschlossen, daß diese und andere Künste aus dem «Ur der Chaldäer» oder aus einem anderen Zentrum Westasiens nach Ägypten gelangten.

Die verwendeten Zahlzeichen waren schwerfällig: man wählte einen Strich für 1, zwei Striche für 2, ... neun Striche für 9 und ein neues Zeichen für 10. Zwei 10-Zeichen standen für 20, drei 10-Zeichen für 30, ... neun für 90, und dann erfand man ein neues Zeichen für 100. Ebenso verhielt es sich in der Reihe der dreistelligen Zahlen: Zwei 100-Zeichen standen für 200, drei 100-Zeichen für 300, ... neun für 900, und nun setzte man wieder ein neues Zeichen für 1000. Eine Million wurde durch das Bild eines Mannes ausgedrückt, der seine Hände über dem Kopf zusammenschlägt, wahrscheinlich aufs tiefste betroffen, daß es eine so hohe Zahl geben könne. Die Ägypter wußten noch nichts vom Dezimalsystem; sie kannten die Null nicht und brachten es nie fertig, alle Zahlen mit den zehn Fingern auszudrücken; sie brauchten zum Beispiel siebenundzwanzig Zeichen, um 999 aufzuschreiben. Die Brüche waren ihnen zwar vertraut, aber immer mit 1 als Zähler; um $^3/_4$ auszudrücken, schrieben sie $^1/_2 + {}^1/_4$. Multiplikations- und Divisionstafeln sind so alt wie die Pyramiden. Die älteste mathematische Abhandlung ist der Papyrus Ahmes, der aus der Zeit von 2000–1700 v. Chr. stammt. Die darin behandelten Probleme werden auf fünfhundert Jahre ältere mathematische Schriften bezogen. Wir finden hier Beispiele für die Berechnung des Rauminhalts einer Scheune oder der Oberfläche eines Feldes und algebraische Gleichungen ersten Grades. Die ägyptische Geometrie nahm nicht nur die Flächenmessungen von Vierecken, Kreisen und Würfeln vor, sondern auch die Berechnung des Kubikinhalts von Zylindern und Sphären. Sie bestimmte für π den Wert von 3,16. Wir haben die Ehre, in viertausend Jahren den Fortschritt von 3,16 zu 3,1416 vollbracht zu haben.

Über ägyptische Physik und Chemie wissen wir nichts, über die Astronomie nur sehr wenig. Die Sterngucker der Tempel scheinen sich die Erde als eine rechteckige Schachtel vorgestellt zu haben, an deren Ecken mächtige Gebirge den Himmel tragen. Sie notierten die Verfinsterungen nicht und standen im allgemeinen hinter ihren mesopotamischen Zeitgenossen zurück. Sie wußten aber genug, um den Tag der Nilsteigung vorauszusagen und ihre Tempel gegen jenen Punkt am Horizont zu richten, wo die Sonne am Morgen der Sommersonnenwende erscheinen mußte. Vielleicht wußten sie mehr, als sie einem Volke anvertrauen wollten, dessen Aberglaube seinen Herrschern so wertvoll war. Die Priester hielten ihre astronomischen Studien für eine esoterische und geheimnisvolle Wissenschaft, die nicht für die gewöhnlichen Menschen bestimmt war. Sie verfolgten jahrhundertelang die Stellung und die Bewegungen der Planeten, und ihre Aufzeichnungen umfaßten die während Jahrtausenden gemachten Beobachtungen. Sie unterschieden zwischen Planeten und Fixsternen, vermerkten in ihren Katalogen Sterne fünfter Größe (dem freien Auge praktisch unsichtbar) und legten Karten an über die Beeinflussung des Menschenschicksals durch die Gestirne des Himmels. Die Beobachtung des Himmels führte sie zur Aufstellung eines Kalenders – ein neues Geschenk Ägyptens an die Menschheit.

Die Priester teilten das Jahr in drei Jahreszeiten von je vier Monaten ein: die erste umfaßte Steigen, Überschwemmung und Fallen des Nils, die zweite die Anbauperiode und die dritte die Erntezeit. Jeder Monat hatte dreißig Tage, weil diese Zeitspanne dem Mondmonat von neunundzwanzigeinhalb Tagen am besten entsprach. Das ägyptische Wort für Monat entstammte dem Zeichen für Mond, von dem auch wir sprachlich den Ausdruck herleiten*. Am Ende des zwölf-

---

* Die Klepsydra oder Wasseruhr war bei den Ägyptern so alt, daß sie die Erfindung ihrem gewandten Gotte aller Wissenschaften, Thoth, zuschrieben. Die älteste Uhr stammt aus der Zeit von Thutmosis III.

ÄGYPTEN

ten Monats fügten sie fünf Tage hinzu, um das Jahr mit dem Wasserstand des Flusses und dem Stand der Sonne in Einklang zu bringen. Als ersten Tag des Jahres wählten sie den Tag, an dem der Nil seine Höhe erreichte und gewöhnlich der große Stern Sirius (den sie Sothis nannten) gleichzeitig mit der Sonne aufging. Da ihr Kalender nur 365 statt 365 $^1/_4$ Tage im Jahre hatte, geschah dieser «heliakische Aufstieg» des Sirius (d. h. sein Erscheinen vor Sonnenaufgang nach einigen Tagen der Unsichtbarkeit) alle vier Jahre einen Tag später, und auf diese Weise wich der ägyptische Kalender mit sechs Stunden jährlich vom Himmelskalender ab. Die Ägypter korrigierten diesen Irrtum nie. Viele Jahre später (46 n. Chr.) verbesserten die griechischen Astronomen auf Anordnung Iulius Caesars diesen Kalender, indem sie alle Jahre einen besondern Tag hinzufügten; das war der «Julianische Kalender». Unter Papst Gregor XIII. wurde 1582 eine genauere Korrektur vorgenommen, indem man diesen Schalttag (29. Februar) in den durch 400 nicht teilbaren Jahren wegließ; das ist der «Gregorianische Kalender», den wir heute gebrauchen. Unser Kalender ist im wesentlichen die Schöpfung des Alten Orients*.

Trotz der Gelegenheiten, die das Einbalsamieren bot, machten die Ägypter verhältnismäßig unbedeutende Fortschritte im Studium des menschlichen Körpers. Sie dachten, die Blutgefäße leiteten Luft, Wasser und auszuscheidende Flüssigkeit, und glaubten, das Herz und die Eingeweide seien der Sitz des Geistes. Sie beschrieben die größeren Knochen und erkannten die Funktion des Herzens als die Stoßkraft des Organismus und das Zentrum des Zirkulationssystems: «Seine Gefäße», sagt der Papyrus Ebers, «führen zu allen Gliedern; sei es, daß der Arzt seinen Finger an die Stirne legt, an den Hinterkopf oder auf die Hände ... oder sei es an die Füße, überall begegnet er dem Herzen.» Davon war nur ein Schritt zu Leonardo und Harvey – ein Schritt, der allerdings dreitausend Jahre brauchte, um getan zu werden.

Den Ruhm der ägyptischen Wissenschaft schuf die Medizin. Wie fast alles im Kulturleben des Niltals, war sie zuerst ein Vorrecht der Priester, die ihren magischen Ursprung bewiesen. Unter dem Volke waren Amulette populärer als Pillen zur Heilung und Vorbeugung von Krankheiten; die Krankheit war für sie eine Besessenheit durch den Dämon und mußte mit Beschwörungen ausgetrieben werden. Eine Erkältung bannte man zum Beispiel mit folgenden magischen Worten: «Geh fort, Erkältung, Sohn einer Erkältung, die du die Knochen brichst, den Schädel zerstörst, die sieben Öffnungen des Kopfes krank machst! ... Geh fort auf den Estrich, stinke, stinke,

---

und war im Museum zu Berlin. Sie besteht aus einer in sechs Teile oder Stunden gegliederten Holzstange, worauf ein darübergelegtes Holzstück auf besondere Weise befestigt ist, so daß sein Schatten auf die Stange die Zeit am Morgen oder Nachmittag anzeigen kann.

* Da der mit der Sonne gleichzeitige Aufgang des Sirius alle vier Jahre einen Tag später geschah, als der ägyptische Kalender verlangte, betrug dieser Irrtum 365 Tage in 1460 Jahren; nach der Vollendung dieses «sothischen Zyklus» (wie die Ägypter ihn bezeichneten) stimmte der papierene Kalender mit dem himmlischen wieder überein. Da wir vom lateinischen Autor Censorinus wissen, daß der heliakische Aufstieg des Sirius im Jahre 139 v. Chr. mit dem Beginn des ägyptischen Kalenderjahres zusammenfiel, dürfen wir annehmen, eine ähnliche Koinzidenz sei alle 1460 Jahre vorher vorgekommen – das heißt 1321 v. Chr., 2781 v. Chr., 4241 v. Chr. usw. Da der ägyptische Kalender vermutlich in einem Jahre errichtet wurde, in dem der heliakische Aufstieg des Sirius auf den ersten Tag des ersten Monats fiel, so schließen wir daraus, daß der Kalender in einem Jahre in Kraft trat, das den sothischen Zyklus eröffnete. Die früheste Erwähnung des ägyptischen Kalenders steht in den religiösen Texten der Pyramiden der vierten Dynastie Da diese Dynastie zweifelsohne älter ist als 1321 v. Chr., muß der Kalender im Jahre 2781 v. Chr. oder 4241 v. Chr. oder noch früher errichtet worden sein. Das ältere Datum ist einmal als erstes definitives Geschichtsdatum bezeichnet, aber von Professor Scharff bestritten worden, und es ist möglich, daß wir 2781 v. Chr. als ungefähres Geburtsjahr des ägyptischen Kalenders anzunehmen haben. Das würde eine Herabsetzung der oben den frühen Dynastien und den großen Pyramiden zugeschriebenen Daten um drei- oder vierhundert Jahre zur Folge haben. Da die ganze Angelegenheit sehr umstritten ist, haben wir hier die Zeitberechnung der *Cambridge Ancient History* angewendet.

stinke!»[24] – eine wahrscheinlich ebenso wirkungsvolle Kur wie die zeitgenössischen Heilmittel dieser alten Krankheit. Aus solchen Tiefen des Aberglaubens steigen wir zu großen Ärzten, Chirurgen und Spezialisten in Ägypten auf, die einen ethischen Kodex anerkannten, der sich im berühmten Hippokratesschwur weiter erhielt. Manche waren Geburtshelfer oder Gynäkologen, andere behandelten nur Magen- und Darmleiden oder waren internationale Berühmtheiten als Augenspezialisten, so daß Kyros nach einem sandte, um ihn nach Persien einzuladen. Dem allgemein praktizierenden Arzt blieben die Brosamen und die Heilung der Armen; überdies erwartete man von ihm, daß er kosmetische Artikel, wie Mittel zum Haarfärben, zur Hautpflege und zum Vertreiben von Flöhen, besorge.

Es sind uns mehrere medizinische Papyrusrollen erhalten geblieben. Der wertvollste ist der nach seinem Entdecker Edwin Smith benannte Papyrus. Dieser besteht aus einer fünf Meter langen Rolle, die aus dem Jahre 1600 v. Chr. stammt, deren Inhalt aber auf viel ältere Quellen zurückgeht. Doch selbst in dieser nicht ganz ursprünglichen Form bildet der Text das älteste wissenschaftliche Dokument der Geschichte. Wir finden hier achtundvierzig Fälle klinischer Chirurgie, von Schädelbrüchen bis zu Rückenmarkverletzungen. Jeder Fall wird in logischer Ordnung behandelt unter den Titeln: Provisorische Diagnose, Untersuchung, Symptomslehre, Diagnose, Prognose, Behandlung und Anmerkungen zu diesen Begriffen. Der Autor schreibt mit einer Klarheit, die erst das achtzehnte Jahrhundert unserer Zeitrechnung wieder erreichen sollte, daß die Kontrolle der unteren Gliedmaßen im «Gehirn» lokalisiert sei, ein Wort, das hier zum ersten Male in der Literatur erwähnt wird.

Die Ägypter litten unter einer großen Vielfalt von Krankheiten, von denen viele den Tod zur Folge hatten, deren griechische Namen ihnen aber unbekannt blieben. Die Mumien und die Papyrusrollen erzählen von Rückenmarktuberkulose, Arterienverkalkung, Gallensteinen, Pocken, Kinderlähmung, Blutarmut, rheumatischer Arthritis, Epilepsie, Gicht, Mastoiditis, Blinddarmentzündung und so sonderbaren Krankheitszuständen wie Spondylitis deformans und Achondroplasia. Es gibt keine Anzeichen von Syphilis oder Krebs; aber Eiterzähne und Zahnfäule, die in den ältesten Mumien nicht feststellbar waren, kommen in den späteren häufig vor und zeigen den Fortschritt der Zivilisation. Die Verkümmerung der Knochen der kleinen Zehe, die oft dem modernen Schuh zugeschrieben wird, war in Ägypten, wo die Menschen jeden Alters und Ranges barfuß gingen, allgemein verbreitet.

Diesen Krankheiten traten die ägyptischen Ärzte mit einem reichhaltigen Arzneibuch entgegen. Der Papyrus Ebers zählt siebenhundert Heilmittel für alle möglichen Übel auf, vom Schlangenbiß bis zum Wochenbettfieber. Der Papyrus Kahun (ca. 1850 v. Chr.) verschreibt Zäpfchen, anscheinend als Mittel zur Verhinderung der Empfängnis. Die Grabstätte einer Königin der elften Dynastie enthielt eine Truhe, in der noch Gefäße, Löffel, trockene Drogen und Wurzeln vorgefunden wurden. Die Rezepte schwankten zwischen Medizin und Magie, und die Ärzte, die sie verabreichten, setzten ihre Hoffnung besonders auf die Widerlichkeit des Geschmacks dieser Drogen. Was für ein seltsames Gebräu und welch sonderbare Dinge dem Kranken doch zuge-

ÄGYPTEN 173

mutet wurden: Eidechsenblut, Schweinsohren und -zähne, faules Fleisch und ranziges Fett, ein Schildkrötenhirn, ein altes Buch in Öl gekocht, die Milch der Wöchnerin, das Wasser einer keuschen Frau, der Kot von Menschen, Eseln, Hunden, Löwen, Katzen und Läusen usw. Die Kahlköpfigkeit behandelte man durch Einreiben des Kopfes mit Tierfett. Einige dieser Heilmethoden vererbten sich von den Ägyptern auf die Griechen, von den Griechen zu den Römern und von diesen zu uns; vertrauensvoll schlucken wir die sonderbarsten Mixturen, wie sie vor viertausend Jahren an den Ufern des Nils gebraut wurden.

Die Ägypter versuchten die öffentliche Gesundheit durch hygienische Einrichtungen*, durch Beschneidung** und durch Belehrung des Volkes im Gebrauch der Klistierspritze zu fördern. Diodoros Siculus sagt uns:

«Ihre Heilmittel, wodurch sie den Krankheiten zuvorkommen, sind Klistiere, Fasten und Erbrechen; sie wenden dieselben zuweilen täglich an, zuweilen setzen sie auch drei oder vier Tage aus. Sie behaupten nämlich, von jeder Speise sei nach der Verdauung der größere Teil überflüssig und daraus gingen die Krankheiten hervor***.»[25]

Plinius glaubt, die Ägypter hätten das Verwenden des Klistiers dem Ibis abgeguckt; denn dieser Vogel hilft seinen Verstopfungserscheinungen ab, indem er seinen langen Schnabel als Klistierspritze benutzt. Herodot berichtet, die Ägypter hätten jeden Monat drei Tage hintereinander Abführmittel eingenommen und ihre Gesundheit durch Brechmittel und Magenspülungen zu bewahren gesucht; denn sie glaubten, alle Krankheiten, denen die Menschen ausgesetzt sind, hätten ihre Ursache in der von ihnen gebrauchten Nahrung. Mit Recht kann der große Historiker daher die Ägypter im Rang gleich nach den Libyern, dem «gesündesten Volk der Welt», einreihen.

9. DIE KUNST

Die Architektur · Die Skulptur des Alten, Mittlern und Neuen Reichs und der saitischen Periode Das Flachrelief · Die Malerei · Das Kunstgewerbe · Die Musik · Die Künstler

Die wichtigste Grundlage der ägyptischen Kultur war ihre Kunst. Schon an der Schwelle der Geschichte war sie mächtig und reif entfaltet, so daß ihren Werken nur noch die Schöpfungen der Griechen, nicht aber die der modernen Völker gleichzusetzen sind. Zuerst schufen Wohlstand und ungestörte Entwicklung im Alten, auf sich selbst gestellten und friedlichen Reich die Bedingungen der Kunst; dann, als Thutmosis III. und Ramses II. ihre großen Feldzüge unternahmen, lieferte die Beute der unterdrückten und bekämpften Völker den Ägyptern die Mittel zu einer massiven Architektur, zu ihrer kraftvollen Bildhauerei und zum reich entfalteten Kunsthandwerk, das so rasch zu höchster Vollendung aufstieg, daß der Fortschrittsglaube auch davor – wie überhaupt angesichts der ägyptischen Kunst – ins Wanken gerät.

---

* Ausgrabungen haben Vorrichtungen für die Sammlung des Regenwassers und des Kloakenwassers durch ein Kupferröhrensystem gezeigt.

** Selbst die frühesten Gräber liefern uns Beweise hiefür.

*** So alt ist das moderne Sprichwort, wonach wir von einem Viertel dessen, was wir essen, leben, und die Ärzte vom Rest.

174   DER VORDERE ORIENT

Die Architektur war die vornehmste der alten Künste; sie vereinigte in eindrucksvoller Weise Masse und Dauerhaftigkeit, Schönheit und Nützlichkeit. Sie begann bescheiden mit der Grabausschmückung und der äußeren Verzierung der Wohnhäuser. Die ägyptischen Heimstätten bestanden meist aus Schlamm, wiesen da und dort eine schöne Holzarbeit auf (ein japanisch anmutendes Gitterwerk, ein feingeschnitztes Portal) und besaßen ein mit den zähen und biegsamen Stämmen der Palme verstärktes Dach. Rund um das Haus lief gewöhnlich eine den Hof einschließende Mauer; vom Hofe führten Stufen auf das Dach und von da in die Wohnräume. Die Wohlhabenden besaßen sorgfältig gepflegte Privatgärten; in den Städten gab es öffentliche Anlagen für die Armen, und fast jedes Haus hatte seinen Blumenschmuck. Im Innern der Gebäude zierten bunte Geflechte die Wände, und sofern es sich der Hausherr leisten konnte, war der Boden mit kleinen Teppichen bedeckt. Die Leute saßen lieber auf diesen Teppichen als auf Stühlen; die Ägypter des Alten Reiches kauerten bei ihren Mahlzeiten an fünfzehn Zentimeter hohen Tischen nieder, wie es die Japaner heute noch tun. Sie aßen mit den Fingern wie Shakespeare. Im Neuen Reich, als Sklaven billig waren, saßen die höheren Klassen auf hochgepolsterten Stühlen und ließen sich von ihren Dienern die Speisen reichen.

Der Stein war für den Hausbau zu kostspielig; nur Königen und Priestern blieb dieser Luxus vorbehalten. Selbst die Adligen überließen trotz ihres Ehrgeizes den größten Reichtum und das beste Baumaterial den Tempeln; daher sanken die nahe am Strome errichteten Paläste in Vergessenheit, während die Wohnstätten der Götter und die Gräber der Verstorbenen erhalten blieben. Schon zur Zeit der zwölften Dynastie hatte die Pyramide aufgehört, das übliche Grabgebäude zu sein. Chnumhotep (ca. 2180 v. Chr.) zog in Beni-Hassan die bescheidenere Form eines in den Bergabhang gebauten Säulenganges vor, und als diese Art einmal aufgekommen war, erfuhr sie tausend Variationen an den Hängen der Hügel westlich des Nils. Von der Zeit der Pyramiden bis zum Tempel der Hathor in Denderah – das heißt für etwa dreitausend Jahre – erstand aus dem Sande Ägyptens eine solche Fülle architektonischer Errungenschaften, wie sie keine andere Kultur jemals überboten hat.

In Karnak und Luxor entfaltete sich ein schwelgerischer Reichtum der von Thutmosis I. und III., von Amenhotep III., Seti I., Ramses II. und anderen Monarchen von der zwölften bis zur zweiundzwanzigsten Dynastie errichteten Säulen; in Medinet-Habu erhob sich (ca. 1300 v. Chr.) ein großes, aber weniger bemerkenswertes Gebäude, auf dessen Säulen sich jahrhundertelang ein arabisches Dorf ausbreitete; in Abydos träumt der Tempel Setis II. dunkel und düster in seinen massiven Ruinen; in Elephantine bewundert der Fremde den kleinen Tempel des Chnum (ca. 1400 v. Chr.), der in seiner Präzision und Eleganz als ausgesprochen griechisch galt. In Der-el-Bahri ziehen die stattlichen Säulenhallen der Königin Hatschepsut das Auge auf sich; nahe dem Ramesseum errichteten die Architekten und Sklaven von Ramses II. einen anderen Wald kolossaler Statuen und Säulen; in Philae steht der reizvolle Isistempel (ca. 240 v. Chr.) verlassen da, seit die Nilstauung bei Assuan die Basen seiner vollendet schönen Säulen unter Wasser gesetzt hat. All das sind nur Beispiele der vielen das Niltal

ÄGYPTEN 175

noch heute schmückenden Denkmäler, deren Ruinen noch immer von der Kraft und dem Mut des Volkes, das sie schuf, ein lebendiges Zeugnis ablegen. Wir finden in Ägypten vielleicht ein Übermaß an Pfeilern, die Säulen drängen sich zu dicht, so daß es aussieht, als wollten sie sich gegen die Tyrannei der Sonne auflehnen. Die Architektur am Nil verrät eine morgenländische Abneigung für das Ebenmaß, einen Mangel an Einheit, eine barbarisch-moderne Anbetung der Masse und Größe. Aber sie kennt auch Hoheit, Erhabenheit, Majestät und Macht. Sie verwendet, wenn auch spärlich, den Bogen und das Gewölbe und gibt deren Baugesetze an Griechenland, Rom und das moderne Europa weiter. Sie hat dekorative Elemente hervorgebracht, die auch später nie übertroffen worden sind. Sie kennt papyrusförmige, lotosförmige, «proto-dorische» und karyatidische Säulen, Hathor-Kapitelle, Palmenkapitelle, Lichtgaden und großartige Architrave voll von jener Kraft und Dauerhaftigkeit, die die Seele des mächtigen Reizes der Architektur sind*. Die Ägypter waren die größten Baumeister in der Geschichte.

Manche möchten hinzufügen, sie seien auch die größten Bildhauer gewesen. Da müssen wir zuerst an die Sphinx denken, deren Symbolik die Löweneigenschaften irgendeines despotischen Pharaos, vielleicht des Chafre (Chephren), andeutet. Sie ist nicht nur riesenhaft, sie hat auch Charakter. Die Kanonenschüsse der Mameluken haben ihr die Nase abgebrochen und den Bart geschoren, aber trotzdem geben diese gigantischen Züge mit eindrucksvoller Kunstfertigkeit die Kraft und Würde, die ruhige und skeptische Reife eines natürlichen Königs wieder. Über diesen bewegungslosen Zügen schwebt seit fünftausend Jahren ein feines Lächeln, als ob der unbekannte Künstler oder der Monarch bereits alles herausgefunden hätte, was Menschen je aus Menschen herauslesen können. Die Sphinx ist eine Mona Lisa in Stein.

Es gibt nichts Schöneres in der Geschichte der Bildhauerkunst als die Dioritstatue Chafres im Museum zu Kairo; sie wurde in einer Zeit geschaffen, die von Praxiteles so weit entfernt war wie dieser von unserer Generation, und die fünf Jahrtausende, die verflossen sind, haben sie uns, vom Zahn der Zeit beinahe unbeschädigt, erhalten. In den widerstrebenden Stein gehauen, übermittelt sie uns vollständig die Kraft und Autorität, die Eigenwilligkeit und den Mut, das Feingefühl und die Intelligenz des (Künstlers oder des) Königs. In der Nähe sitzt schmollend der noch ältere Pharao Zoser, in Kalkstein gehauen. Etwas weiter weg offenbart uns die Streichholzflamme des Führers die Durchsichtigkeit einer Menkaurestatue in Alabaster.

Künstlerisch ebenso vollkommen wie diese königlichen Abbilder sind die Figuren des Scheik-el-Beled und des Schreibers. Wir haben verschiedene Statuen von Schreibern, alle unbestimmten Alters; die berühmteste ist der hockende Schreiber im Louvre zu Paris. Der Scheik-el-Beled ist kein wirklicher Scheik oder Stammeshäupt-

---

* Ein Lichtgaden ist jener Teil eines Baues, der, mit einer Reihe von Fensteröffnungen versehen, dem Gebäude Licht zuführt und höher liegt als die Dächer der den Zentralbau umgebenden Teile. Ein Architrav ist der auf den Säulen waagrecht aufliegende und den Oberbau tragende Balken.

ling, sondern ein Arbeitsaufseher, der wie zur Kontrolle oder Befehlserteilung mit seinem Stabe vortritt. Sein Name war anscheinend Kaapiru; aber die arabischen Arbeiter, die ihn aus seinem Grabe in Sakkara befreiten, waren über seine Ähnlichkeit mit dem Bürgermeister ihres Dorfes, dem Scheik-el-Beled, so in Erstaunen versetzt, daß sie der Statue diesen Namen gaben; und der Titel, den ihre gute Laune erfunden hatte, ist nun von seinem neuen Träger nicht mehr zu trennen und hat Berühmtheit erlangt. Dieser Scheik-el-Beled ist lediglich aus vergänglichem Holz geschnitzt, aber die Zeit hat ihn nicht ernstlich beschädigt; sein Bauch hat den Umfang des behäbigen Bürgers, wie er in jeder Kultur vorkommt, und das runde Gesicht strahlt zufrieden wie das eines Mannes, der seine Stellung kennt und darauf stolz ist. Der kahle Schädel und das sorglos gelockerte Gewand zeigen einen künstlerischen Realismus, der sich gegen jede Idealisierung auflehnt; aber zugleich verkörpert sich hier auch eine schöne Einfachheit und eine umfassende Menschlichkeit, die keine Bitternis, sondern die Leichtigkeit und Anmut einer geübten und auf sich selbst vertrauenden Hand verrät. «Wenn irgendeine Ausstellung der Meisterwerke der Welt eröffnet werden sollte», sagt Maspero, «würde ich dieses Werk auswählen, um die Ehre der ägyptischen Kunst hochzuhalten» – oder wäre diese Ehre auf dem Haupte Chafres sicherer gewahrt?

Das sind die Meisterwerke der Bildhauerkunst des Alten Reichs. Doch sind auch geringere Schöpfungen in großer Fülle vorhanden: so die sitzenden Gestalten Rahoteps und seiner Frau Nofrit, die mächtige Figur Ranofers, des Priesters, die kupfernen Statuen König Phiops' und seines Sohnes, der Kopf eines Falken aus Gold, die humorvollen Figuren des Bierbrauers und des Zwerges Chnemhotep. Alle bis auf eine sind im Museum von Kairo zu sehen und verraten Kraft und Charakter. Es ist richtig, daß die früheren Werke eine etwas unbeholfene und grobe Arbeit aufweisen und daß einem sonderbaren Brauche zufolge, der sich vom Alten bis auf das Neue Reich erhielt, die ägyptischen Künstler die Körper und Augen ihrer Gestalten en face, die Hände und Füße dagegen im Profil abbildeten *. Dem Rumpfe schenkte man in den meisten Fällen weniger Aufmerksamkeit, so daß er schablonenhaft und unwirklich erschien. Gewöhnlich stellte man den weiblichen Körper jung, den königlichen mächtig dar. Die Individualisierung beschränkte sich auf die Ausführung des Kopfes, trat aber hier in meisterhafter Weise hervor. Aber trotz aller Steifheit und Einförmigkeit, die die priesterliche Kontrolle der Bildhauerei, der Malerei und den Reliefs aufzwang, wurden sie durch die Macht und Tiefe der Auffassung, durch die Straffheit und Präzision in der Kunstübung, durch den Charakter, die Linie und die Vollendung des Werkes in den Hintergrund gedrängt. Niemals war die Skulptur lebendiger: Der Scheik-el-Beled strömt Autorität aus, die Korn mahlende Frau lebt mit jedem Gefühl und jedem Muskel für ihre Arbeit, der Schreiber ist im Begriff, die Feder anzusetzen. Und die tausend kleinen Puppen, die man den Toten ins Grab legte, damit sie ihnen die wichtigsten Arbeiten weiterhin verrichten konnten, waren mit gleicher Lebendigkeit geschaffen, so daß wir mit dem frommen Ägypter beinahe glauben, der Verstorbene habe

---

* Diese Regel hat bedeutende Ausnahmen, zum Beispiel den Scheik-el-Beled und den hockenden Schreiber; der Brauch war keinesfalls der Unfähigkeit oder Unkenntnis zuzuschreiben.

ÄGYPTEN 177

sich nicht unglücklich fühlen können, solange diese dienenden Wesen für ihn sorgten. Die ägyptische Bildhauerkunst blieb nicht allzu lange auf der Höhe der frühen Dynastien. Da die meisten Statuen für die Tempel oder Gräber hergestellt wurden, bestimmten die Priester zum großen Teil, welchen Formen der Künstler folgen sollte, und der natürliche Konservativismus der Religion schlich sich in die Kunst ein und förderte allmählich eine konventionelle, stilisierte Entartung. Unter den mächtigen Monarchen der zwölften Dynastie kam der weltliche Geist wieder stark zur Geltung, und die Kunst eroberte etwas von ihrer alten Kraft und mehr als ihre alte Fertigkeit zurück. Ein Kopf Amenemhets III. in schwarzem Diorit erweckt sofort den Eindruck der Wiederherstellung des Charaktervollen und der Gesundung der Kunst. Hier erkennt man die von Meisterhand geschaffene ruhige Festigkeit eines tüchtigen Königs. Eine Riesenstatue Senusrets III. ist von einem Kopfe und Antlitz gekrönt, deren Auffassung und Ausführung jedem hervorragenden Bildnis in der Geschichte der Bildhauerkunst gleichkommen. Der Torso Senusrets I. im Museum zu Kairo steht auf gleicher Stufe wie der Torso des Herkules im Vatikan. Tierfiguren treten in der ägyptischen Skulptur jedes Zeitalters überaus zahlreich auf und sind immer voll Humor und Leben: Da gibt es eine Maus, die eine Nuß zerbeißt, einen Affen, der fromm auf einer Harfe klimpert, ein Stachelschwein mit gesträubten Borsten. Auf diese Blüte folgen die Könige der Hyksos, und für dreihundert Jahre hörte die ägyptische Kunst beinahe zu existieren auf.

Im Zeitalter der Hatschepsut, der Thutmoses, der Amenoteps und der Ramses feierte die Kunst am Nil eine zweite Wiederauferstehung. Aus Syrien ergoß sich der Reichtum in das Land, floß in die Tempel und Paläste und förderte die Kunst. Die Kolosse Thutmosis' III. und Ramses' II. begannen den Himmel herauszufordern; Statuen füllten jeden Winkel der Tempel; Meisterwerke wurden in noch nie dagewesener Reichhaltigkeit von einer Rasse geschaffen, die im Vollgefühl ihrer Kraft die alte Welt beherrschte. Da finden sich die feine Granitbüste der großen Königin im Metropolitan Museum in New York, die Basaltstatue von Thutmosis III. im Museum zu Kairo, die Löwensphinx Amenhoteps III. im Britischen Museum, der Kalkstein des sitzenden Echnaton im Louvre, die Granitstatue von Ramses II. in Turin*, die vollendete kauernde Gestalt des gleichen außergewöhnlichen Monarchen bei der Opfergabe an die Götter, die sinnende Kuh von Der-el-Bahri, die Maspero als «den besten Leistungen Griechenlands und Roms in diesem Genre gleichwertig, wenn nicht überlegen» ansah, die zwei Löwen Amenhoteps III., die Ruskin als die beste bildliche Darstellung von Tieren während des Altertums bezeichnete, die bei Abu-Simbel von den Bildhauern Ramses' II. in die Felsen gehauenen Kolosse, die erstaunlichen Überreste, die man unter den Ruinen der Werkstätte des Künstlers Thutmosis in Tell-el-Amarna gefunden hat, ein Gipsmodell des Kopfes Echnatons, erfüllt von der Mystik und Poesie dieses tragischen Königs, die wundervolle Kalksteinbüste der Gemahlin Echnatons, Nofretete, und der noch reizvollere Sandsteinkopf der gleichen schönen Frau. Diese

---

* Ein Ausruf eines ägyptischen Staatsmannes nach seinem Besuch der europäischen Kunstgalerien sei hier verzeichnet: «Que vous avez volé mon pays!» = Wie habt ihr mein Land bestohlen!

DER VORDERE ORIENT

Beispiele mögen die Größe der Bildhauerkunst in der Zeit des Neuen Reiches veranschaulichen. Inmitten dieser erhabenen Meisterwerke findet stets der Humor seinen Platz; die ägyptischen Bildhauer haben ihre Freude an Karikaturen von Mensch und Tier, und selbst die Könige und Königinnen lächeln und unterhalten sich fröhlich in Echnatons bilderstürmendem Zeitalter.

Nach Ramses II. verging diese Herrlichkeit schnell, und viele Jahrhunderte begnügte sich die Kunst mit der Wiederholung traditioneller Arbeiten und Formen. Unter den saitischen Königen versuchte sie sich zu verjüngen, indem sie zur Schlichtheit der Meister des Alten Reiches zurückkehrte. Die Bildhauer griffen mutig die härtesten Steine an – Basalt, Brekzie, Serpentin, Diorit – und schufen daraus so realistische Porträts wie das Montumihaits und den grünen Basaltkopf eines kahlköpfigen Unbekannten, der sich im Berliner Staatsmuseum befand. In Bronze formten sie die anmutige Figur der Edeldame Tekoschet. Ferner vergnügten sie sich wieder an Karikaturen von Menschen und Tieren, gestalteten lächerliche Figuren wunderlicher Tiere, Sklaven und Götter und bildeten aus Bronze eine Katze und den Kopf einer Ziege, die sich ebenfalls unter den Berliner Schätzen befanden. Dann kamen die Perser und fielen über Ägypten her wie der Wolf über eine Herde, eroberten es, entweihten seine Tempel, brachen seinen Geist und setzten seiner Kunst ein Ende.

Architektur und Bildhauerei* sind die bedeutendsten ägyptischen Künste; aber wenn die Reichhaltigkeit maßgebend wäre, müßte das Flachrelief ihnen beigefügt werden. Kein anderes Volk grub so unermüdlich seine Geschichte und seine Legenden in seine Mauern ein. Zuerst sind wir empört über die langweilige Ähnlichkeit dieser in den Stein gehauenen Erzählungen, über ihre heillose Unordnung und den Mangel an Proportion und Perspektive oder über den linkischen Versuch, sie durch die Darstellung des Fernen über dem Nahen zu erringen. Wir sind überrascht, den Pharao so groß zu sehen und seine Feinde so klein; und wie in der Skulptur fällt es uns schwer, unsere gewohnte Bildbetrachtung den uns keck Trotz bietenden Augen und Brüsten sowie den Nasen, Kinnen und Füßen anzupassen, die sich kalt von uns wegwenden. Aber dann werden wir von der vollkommenen Linie und Anmut von Falke und Schlange gefangen, die auf dem Grabe König Wenephes' herausgemeißelt sind, wie auch von den Kalksteinreliefs König Zosers auf der Stufenpyramide in Sakkara, vom Holzrelief des am gleichen Orte befindlichen Grabes des Beamten Hesire und von dem auf einer Grabstätte der fünften Dynastie in Abusir dargestellten verwundeten Libyer – einer geduldigen Studie der im Schmerze straffgespannten Muskeln. Schließlich ertragen wir gleichmütig die Reliefs, die uns die Heldentaten Thutmosis' III. und Ramses' II. lang und breit erzählen. Wir erkennen, wie vollendet sich die fließende Linie in den für Seti I. in Abydos und Karnak ausgeführten Reliefs zeigt, und wir verfolgen gespannt die Geschichte der von der Königin Hatschepsut nach dem geheimnisvollen Lande Punt (Somaliland?) ausgesandten Expedition, wie sie uns die malerische Zei-

---

* Obgleich das Wort *Bildhauerei* alle gemeißelten Formen einschließt, gebrauchen wir es nur in seiner besonderen Bedeutung von Rundskulptur und behandeln die auf einem Hintergrund halb erhabenen gesondert unter den *Flachreliefs*.

ÄGYPTEN 179

chenkunst ihrer Bildhauer auf den Wänden von Der-el-Bahri erzählt. Wir sehen die langen Schiffe mit geblähten Segeln und dichtgedrängten Rudern auf den von See-polypen, Schalentieren und anderen Seebewohnern belebten Gewässern nach dem Süden ziehen; wir sehen die Ankunft der Flotte an den Gestaden von Punt, wo sie von einem staunenden Volk und König willkommen geheißen wird. Wir sehen, wie die Besatzung tausend Lasten köstlicher Dinge, die in jener Zone zu finden sind, an Bord schafft. Wir erraten den Scherz des Puntarbeiters: «Achtet auf eure Füße, ihr dort; paßt auf!» Dann begleiten wir die schwerbeladenen Schiffe nordwärts auf ihrem Heimweg; voll sind sie, so sagt die Inschrift, «von den Wundern des Landes von Punt, den wohl-riechenden Bäumen aus den Ländern der Götter, von Weihrauch, Ebenholz, Elfen-bein, Gold, verschiedenartigen Hölzern, Schönheitsmitteln für die Augen, von Affen, Hunden, Pantherfellen ... nie sind ähnliche Dinge für einen König zurückgebracht worden seit dem Beginne der Welt». Die Schiffe segeln auf dem Kanal, der das Rote Meer mit dem Nil verbindet; wir sehen die Landung der Expedition an den Lösch-plätzen von Theben, wo sie ihre bunte Fracht zu Füßen der Königin niederlegt. Und schließlich wird uns gezeigt, wie nach einem gewissen Zeitraum all diese einge-führten Güter Ägypten verschönert haben: überall Gold und Ebenholzschmuck, Par-füm- und Salbenschachteln, Elefantenstoßzähne und Tierfelle, während die aus Punt mitgebrachten Bäume so gut auf dem Boden Thebens gedeihen, daß unter ihren Ästen Ochsen den Schatten genießen. Es ist eines der hervorragendsten Reliefs in der Ge-schichte der Kunst.

Das Flachrelief ist ein Bindeglied zwischen Skulptur und Malerei. Mit Ausnahme der Ptolemäerzeit und der Periode des griechischen Einflusses erreichte die Malerei in Ägypten niemals die Stellung einer unabhängigen Kunst; sie blieb ein Zubehör der Architektur, der Skulptur und des Flachreliefs – der Maler füllte die vom Meißel ge-hauenen Umrisse aus. Aber wenn auch untergeordnet, war die Malerei doch allgegen-wärtig, denn die meisten Statuen waren bemalt, alle Flächen mit Farben geschmückt. Sie ist eine durch die Zeit gefährdete Kunst, die der Dauerhaftigkeit der Bildhauer-arbeit und der Architektur entbehrt. Sehr wenig ist uns daher von der Malerei des Al-ten Reiches erhalten geblieben, außer einem bemerkenswerten Bilde von sechs Gän-sen auf einem Grabe in Medum; aber dieses allein berechtigt uns zur Annahme, daß auch diese Kunst bereits in den frühen Dynastien der Vollendung nahegekommen war. Im Mittleren Reiche finden wir in den Gräbern Amenis' und Chnumhoteps in Beni-Hassan Temperamalerei* von entzückend dekorativer Wirkung und so blendende Beispiele der Kunst wie die «Gazellen und Bauern» und die «Katze, die ihre Beute beobachtet». Hier hat der Künstler wieder den Hauptpunkt erfaßt: daß seine Schöpfungen lebendig und bewegt sein müssen. Im Neuen Reiche wurden die Gräber überaus farbenfreudig bemalt. Der ägyptische Künstler hatte nun jede Farbe des Re-genbogens hervorgebracht und brannte darauf, seine Fertigkeit zu beweisen. Auf den Wänden und Zimmerdecken der Häuser, in den Tempeln und Palästen und auf den Gräbern versuchte er, das Leben zu gestalten, so wie es sich auf den sonnigen Feldern

---

* Eine Malerei, in der die Farbstoffe mit Eidotter, Kleister oder Eiweiß gemengt oder gemildert werden.

DER VORDERE ORIENT

abspielte – er malte die Vögel im Flug durch die Lüfte, die Fische im Meer, die Tiere des Dickichts in ihren Schlupfwinkeln. Die Fußböden verzierte er, um die Vorstellung von durchsichtigen Teichen hervorzurufen, und die sternbemalten Zimmerdecken wetteiferten mit dem Gefunkel des Himmels. Rund um diese Malereien wurden geometrische Figuren oder Blumenmuster ausgeführt, die sich von einer ruhigen Einfachheit bis zu bezaubernder Vielfalt entwickelten. Wie ist doch das «Tanzmädchen» so voller Originalität und Geist, wie herrlich die «Vogeljagd im Boot», die ockergelbe, schlanke, nackte Schönheit, die sich unter die anderen Musiker im Grabe Nakhts in Theben mischt. Dies sind zufällige Beispiele dessen, was die Gräber an Malereien bieten. Wie in den Flachreliefs ist auch hier die Linie gut und die Komposition unbedeutend; die Teilnehmer an der Handlung, die wir untereinander gemengt abbilden würden, sind gesondert und aufeinanderfolgend dargestellt. Wieder wird die Übereinanderlagerung der Perspektive vorgezogen; der steife Formalismus und die Konventionen der ägyptischen Skulptur sind an der Tagesordnung, und es fehlt jener belebende Humor und Realismus, der die spätere Bildhauerarbeit auszeichnet. Aber in diesen Bildern atmet eine solche Ideenfrische, sind Linie und Ausführung so fließend, die natürlichen Dinge so lebensnah und bewegungstreu und von so fröhlichem Überschwang der Farbe und des Ornaments, daß sie Auge und Geist entzücken. Trotz all ihrer Mängel sollte keine morgenländische Kultur die ägyptische Malerei überbieten, und erst die mittleren Dynastien Chinas dürfen solche Meisterschaft beanspruchen.

Das Kunstgewerbe war die am meisten verbreitete Kunst Ägyptens. Die gleiche Geschicklichkeit und Kraft, die Karnak und die Pyramiden erbaut und die Tempel mit einer steinernen Bevölkerung erfüllt hatte, widmete sich auch der Verschönerung des Heims, der Ausschmückung des Körpers und der Entfaltung aller Reize des Lebens. Die Weber stellten Teppiche, Tapeten und farbenreiche, unglaublich zart gewobene Kissen her; die von ihnen geschaffenen Muster kamen nach Syrien und werden dort bis zum heutigen Tage benutzt. Die Funde im Grabe Tutanchamuns enthüllten den Prachtaufwand der ägyptischen Möbel, die fabelhafte Ausführung jedes einzelnen Stücks, der mit Gold und Silber prunkhaft überzogenen Stühle, der verschwenderischen Kostbarkeit der Betten, der Schmuckschatullen und Parfümbehälter von sorgfältigster Künstlerhand und der Vasen, die nur China übertreffen sollte. Da fand man prächtiges Tafelgeschirr aus Gold, Silber und Bronze, kristallene Kelche und schimmernde Schalen aus Diorit, so fein geschliffen, daß das Licht durch die steinernen Wände leuchtete. Die Alabastergefäße Tutanchamuns und die vollkommenen Lotosbecher und Pokale, die unter den Ruinen der Villa Amenhoteps III. in Theben ausgegraben wurden, sind uns Beweis der hohen Stufe, die die keramische Kunst erreicht hatte. Schließlich erzeugten auch die Goldschmiede des Mittleren und Neuen Reiches eine Überfülle kostbarer, in Geschicklichkeit und Zeichnung selten übertroffener Schmuckstücke, wie Halsketten, Kronen, Ringe, Armbänder, Spiegel, Brustschilde, Ketten und Medaillons. Gold und Silber, Karneol und Feldspat, Lapislazuli und Amethyst – alles wurde von ihnen bearbeitet. Die reichen Ägypter fanden, wie die Japaner, das gleiche Vergnügen an der Schönheit der kleinen Dinge, die sie umgaben; das

ÄGYPTEN 181

Elfenbein auf ihren Schmuckschatullen mußte sorgfältig im Relief geschnitzt sein. Sie trugen einfache Kleidung, aber sie lebten auf vollkommene Weise. Und wenn ihr Tagewerk getan war, erfrischten sie sich an leiser, auf Lauten, Harfen, Sistrum, Flöten und Leiern gespielter Musik*. Die Tempel und Paläste besaßen Orchester und Chöre, und im Stabe des Pharaos war ein «Oberaufseher des Singens», um für den Zeitvertreib des Königs zu sorgen. Wir finden keine Spuren einer musikalischen Notenschrift in Ägypten, aber das kann ebensogut eine Lücke in den Fundmassen sein. Snefrunofr und Re'mery-Ptah waren die Caruso und Gigli ihrer Zeit, und durch die Jahrhunderte vernehmen wir ihre Prahlerei, sie hätten jeden Wunsch des Königs mit ihrem schönen Singen erfüllt.

Es ist eine Ausnahme, wenn die Namen der Künstler erhalten blieben, denn in den meisten Fällen hatten sie, deren Anstrengungen die Züge oder das Andenken der Fürsten, Priester und Könige erhielten, keine Möglichkeit, ihre Namen der Nachwelt zu übermitteln. Wir hören von Imhotep, dem beinahe sagenhaften Architekten der Regierung Zosers, von Ineni, der große Bauten wie Der-el-Bahri für Thutmosis I. entwarf, von Puymre, Hapuseneb und Senmut, die die architektonischen Wünsche der Königin Hatschepsut** in die Tat umsetzten, vom Künstler Thutmosis, in dessen Atelier so viele Meisterwerke entdeckt wurden, und von Bek, dem stolzen Bildhauer, der uns in Gautiers Dichtung erzählt, er habe Echnaton vor Vergessenheit bewahrt. Amenhotep III. hatte als Hauptarchitekten einen anderen Amenhotep, Sohn des Hapu; der Pharao stellte seinem Können nahezu grenzenlosen Reichtum zur Verfügung, und dieser Lieblingskünstler wurde so berühmt, daß Ägypten ihn später als einen Gott verehrte. Größtenteils jedoch arbeitete ein Künstler im Dunkel und Elend und stand in den Augen der ihm Arbeit zuweisenden Priester und Potentaten nicht höher als die anderen Handwerker oder Gewerbetreibenden.

Mit dem ägyptischen Reichtum wirkte die Religion zusammen, um die Künste anzufeuern und zu pflegen, half aber auch an deren Zerfall, als die ägyptische Weltherrschaft verlorenging. Die Religion gab der Kunst Motive, Ideen und die Begeisterung, bürdete ihr aber die überkommenen Bräuche und einschränkenden Vorschriften auf und fesselte sie auf diese Art so stark an ein äußerlich festgelegtes Kirchentum, daß die Künste, denen nun der fruchtbare Boden entzogen war, ebenfalls dahinschwanden, als die wahrhafte Religion unter den Künstlern erlosch. Das ist die Tragödie nahezu jeder Zivilisation, daß ihre Seele in ihrem Glauben liegt und selten die Philosophie überlebt.

---

* Die Laute wurde durch Aufspannen weniger Saiten auf einem schmalen Resonanzboden hergestellt; das Sistrum bestand aus einer Anzahl kleiner, auf Drähten anklingender Scheiben.

** Senmut wurde von seinen Herrschern so sehr geehrt, daß er von sich selber sagte: «Ich war der größte der Großen im ganzen Lande.» Das ist eine allgemein empfundene, aber selten so klar ausgesprochene Meinung.

10. DIE PHILOSOPHIE

Die «Lehren des Ptahhotep» · Die «Mahnsprüche des Ipuwer» · Der «Dialog eines Menschenfeindes»
Der ägyptische Prediger Salomo

Die Historiker der Philosophie waren immer gewohnt, deren Geschichte mit den Griechen zu beginnen. Die Hindu, die die Philosophie erfunden zu haben glauben, und die Chinesen, die meinen, sie vervollkommnet zu haben, lächeln über unsere Kurzsichtigkeit. Es kann sein, daß wir uns alle irren; denn unter den ältesten Fragmenten der Ägypter sind Schriften vorhanden, die, wenn auch nur lose und nicht im strengen Sinne, doch unter die Rubrik der Moralphilosophie gehören. Die Weisheit der Ägypter war bei den Griechen, die sich selbst wie Kinder neben dieser alten Rasse vorkamen, geradezu sprichwörtlich.

Das älteste uns bekannte philosophische Werk sind «Die Lehren des Ptahhotep», anscheinend um 2880 v. Chr. entstanden und somit 2300 Jahre älter als Konfuzius, Sokrates und Buddha. Ptahhotep war Gouverneur in Memphis und Ministerpräsident des Königs unter der fünften Dynastie. Als er in den Ruhestand trat, beschloß er, seinem Sohne ein Handbuch unvergänglicher Weisheit zu hinterlassen. Es wurde von einigen Gelehrten noch vor der achtzehnten Dynastie als das Werk eines «Klassikers der Antike» umgeschrieben. Der Wesir beginnt:

«Das Greisenalter ist eingetreten und das Alter herabgestiegen. Die Glieder werden leidend, und das Altsein tritt als Neues auf. Die Kraft ist dem Müden zugrunde gegangen. Der Mund schweigt und redet nicht. Die Augen sind kurzsichtig und die Ohren taub. – Das Herz ist vergeßlich und erinnert sich nicht mehr an gestern; der Knochen, der leidet am Alter, und die Nase ist verstopft und atmet nicht. Man mag stehen oder sitzen, man befindet sich übel. Das Gute ist zu Schlechtem geworden. Jeder Geschmack ist zugrunde gegangen. Was das Alter dem Menschen antut, ist, daß es ihm schlecht in allem geht.

So befehle man denn dem Diener da, sich einen Stab des Alters zu schaffen; mein Sohn werde an meine Stelle gesetzt, damit ich ihn unterweise im Reden der Hörenden und in den Gedanken der Vorgänger derer, die einst den Vorfahren gedient haben. Möge man dir das gleiche tun, daß der Streit aus dem Volk vertrieben werde und die beiden Nilufer dir dienen.»

Seine huldreiche Majestät gibt die Erlaubnis, rät jedoch «zu reden, ohne Langeweile zu verursachen» – ein heute noch nicht überflüssiger Rat für Philosophen. Darauf belehrt Ptahhotep seinen Sohn:

«Sei nicht stolz auf dein Wissen und vertraue nicht darauf, daß du ein Gelehrter seiest. Hole dir Rat bei dem Unwissenden so wie bei dem Wissenden, denn es gibt keine Grenze für die Kunst, und kein Künstler besitzt seine Vorzüglichkeit ganz. Eine gute Rede ist versteckter als der grüne Edelstein, und doch findet man sie bei den Sklavinnen über den Mühlsteinen. – Halte die Wahrheit fest und überschreite sie nicht ...

Wenn du angesehen bist und einen Hausstand hast und einen Sohn erzeugst, der den Gott erfreut – wenn er recht tut und sich zu deiner Art wendet und auf deine Unterweisung hört und seine Gedanken tun gut in deinem Hause und deine Habe besorgt er, wie es sein muß, so suche alles Gute für ihn. – Wenn er aber unrecht tut und gegen deine Gedanken fehlt und handelt nicht nach deiner Unterweisung und seine Gedanken sind elend in deinem Hause und er trotzt allem, was du sagst – so treibe ihn fort, denn er ist nicht dein Sohn und nicht ist er dir geboren.

ÄGYPTEN

Willst du die Freundschaft dauern lassen in einem Hause, in dem du Zutritt hast als Herr oder als Bruder oder als Freund, an welchem Orte du auch eintrittst, hüte dich, den Frauen zu nahen.»

Und Ptahhotep schließt mit dem Stolze eines Horaz:

«Jedes Wort davon wird immer als etwas Unvergängliches in diesem Lande gebraucht werden und wird den Ausspruch schön machen, mit (?) dem die Fürsten reden.

Das ist es, was einen Mann lehrt, zu der Nachwelt zu reden, daß sie es höre, und ein Künstler zu werden, einer, der gut gehört hat und nun seinerseits zu der Nachwelt redet, daß sie es höre.

Wenn ein gutes Wesen entsteht bei dem, der der Vorgesetzte ist, so wird er für immer trefflich sein und all seine Weisheit ewig dauern; des Gelehrten Seele freut sich, wenn er seine Schönheit ... auf Erden dauern läßt.» [26]

Dieser frohe Mut dauert in der ägyptischen Gedankenwelt nicht fort; das Alter fällt sie früh an und verbittert sie. Ein anderer Weiser, Ipuwer, beklagt die Unordnung, die Gewalttätigkeit, die Hungersnot und den Verfall, die das Vergehen des Alten Reiches begleiteten; er erzählt von Skeptikern, die «Opfer darbringen würden», wenn sie «wüßten, wo der Gott ist»; er bespricht die zunehmenden Selbstmorde und fügt wie ein zweiter Schopenhauer hinzu: «Ich wollte, das Ende der Menschheit wäre da, auf daß es keine Empfängnis mehr geben möge und keine Geburt mehr. Würde nur der Lärm im Lande aufhören und es keinen Streit mehr geben.» Es ist klar, daß Ipuwer müde und alt war. Am Ende träumt er von einem Philosophen-König, der die Menschen vom Chaos und von der Ungerechtigkeit erlösen wird:

«Er wird Kühlung auf die Hitze bringen. Man sagt: er ist der Hirte aller Menschen, in dessen Herz nichts Böses ist; seine Herde vermindert sich, und doch (?) hat er den Tag verbracht, sie zu besorgen. – Ach, erkennte er doch ihr Wesen in dem ersten Geschlechte, so würde er das Böse schlagen; er würde den Arm dagegen ausstrecken und den Samen davon und ihr Erbe zerstören. – Wo ist er denn heute? Schläft er denn? Seht, man sieht dessen Macht nicht.» [27]

Das ist bereits die Stimme der Propheten; die Zeilen haben eine Strophenform wie die prophetischen Schriften der Israeliten, und Breasted bezeichnet passend diese «Mahnsprüche» als das «früheste Auftauchen eines sozialen Idealismus, den wir bei den Juden als ‚Messianismus‘ kennen». Eine andere Papyrusrolle aus dem Mittleren Reich prangert die Entartung des Zeitalters mit Worten an, wie sie in ähnlicher Weise jede Generation hört:

> Zu wem spreche ich heute?
> die Brüder sind schlecht,
> die Freunde von heute kann (?) man nicht lieben.
>
> Zu wem spreche ich heute?
> man ist habgierig,
> ein jeder nimmt die Habe seines Nächsten fort.
>
> Zu wem spreche ich heute?
> die Sanftmut ist zugrunde gegangen,
> die Frechheit ist zu allen Leuten gekommen.
>
> Zu wem spreche ich heute?
> wer ein zufriedenes Gesicht hat, ist schlecht,
> vernachlässigt wird das Gute an allen Orten.

184 DER VORDERE ORIENT

Und dann preist dieser ägyptische Swinburne den Tod in wunderschönen Vergleichen:

Der Tod steht heute vor mir,
wie wenn ein Kranker gesund wird,
wie wenn man nach der Krankheit ausgeht.

Der Tod steht heute vor mir
wie der Geruch der Myrrhen,
wie wenn man am windigen Tage unter dem Segel sitzt.

Der Tod steht heute vor mir
wie der Geruch der Lotusblumen,
wie wenn man auf dem Ufer der Trunkenheit sitzt.

Der Tod steht heute vor mir
wie ein betretener (?) Weg,
wie wenn man von dem Kriegszuge zu seinem Hause kommt.

Der Tod steht heute vor mir
wie eine Himmelsentwölkung,
wie einer ... zu dem, was er nicht weiß.

Der Tod steht heute vor mir,
wie wenn jemand sein Haus wiederzusehen wünscht,
nachdem er viele Jahre in Gefangenschaft verbracht hat.[28]

Wohl das am tiefsten den Schmerz ausdrückende Gedicht gruben die Ägypter auf eine Platte, die auf die Zeit von 2200 v. Chr. zurückgeht und im Leidener Museum aufbewahrt wird. Carpe diem – ergreife den Tag, dies ist der Grundton des pessimistischen Dichters.

«Ich habe die Reden des Imhotep und des Hardedef gehört, mit deren Worten man überall redet – was sind (jetzt) ihre Stätten? Ihre Mauern sind zerstört, ihre Stätten sind nicht mehr, (sie sind) als wären sie nie gewesen.

Keiner kommt von dort, daß er sage, wie es um sie steht, daß er sage, was sie brauchen, daß er unser Herz beruhige (?), bis daß wir auch dahin kommen, wohin sie gegangen sind.

Sei fröhlich, daß du das Herz vergessen lassest, daß man dich (einst) verklären wird. Folge deinem Wunsche, solange du lebst. Lege Myrrhen auf dein Haupt, kleide dich in feines Leinen und salbe dich mit den echten Wundern der Gottesdinge.

Vermehre noch, was du Gutes hast, und laß dein Herz nicht ermatten. Folge deinem Wunsche, und tue dir Gutes an (?); mache, was du brauchst (?) auf Erden, und quäle dein Herz nicht, bis zu dir kommt jener Tag des Geschreies. Doch der mit ruhendem Herzen hört nicht auf ihr Geschrei, und die Klagen erretten niemand aus der Unterwelt.

Begehe den Tag fröhlich, und werde dessen nicht müde! Sieh, niemand kann (?) seine Habe mit sich nehmen. Sieh, niemand kommt wieder, der fortgegangen ist.»[29]

Dieser Pessimismus und Skeptizismus war vielleicht die Folge des gebrochenen Geistes einer von den eingedrungenen Hyksos gedemütigten und unterworfenen Nation; er steht in gleicher Beziehung zu Ägypten wie der Stoizismus und der Epikureismus zu einem besiegten und versklavten Griechenland*. Zum guten Teil stellt eine solche Literatur eines jener Zwischenspiele dar, gleich unserem eigenen moralischen

---

* «Bürgerkrieg», sagt Ipuwer, «zahlt keine Staatseinkünfte.»

ÄGYPTEN 185

Interregnum, in dem das Denken für einige Zeit den Glauben überwältigt hat und die Menschen nicht mehr wissen, wie und warum sie leben sollen. Solche Perioden dauern nicht an; bald trägt die Hoffnung über das Denken den Sieg davon; dem Intellekt wird wieder sein gewohnter dienender Platz angewiesen, und die Religion wird neu geboren und spornt das Erfindungsvermögen des Menschen an, was für Leben und Arbeit anscheinend unerläßlich ist. Wir haben keinen Grund, anzunehmen, daß solche pessimistische Dichtungen wie die vorige den Standpunkt einer großen Anzahl Ägypter widerspiegelten; ringsum und hinter der kleinen, aber vitalen Minderheit, die den Problemen des Lebens und Sterbens nachsann, standen Millionen einfacher Männer und Frauen, die den Göttern treu blieben, niemals am Triumph des Rechtes zweifelten und zutiefst überzeugt waren, daß alle Mühen und Leiden einst überreich in einem Hafen der Glückseligkeit und des Friedens wiedergutgemacht würden.

II. DIE RELIGION

Die Himmelsgötter · Der Sonnengott · Die Pflanzengötter · Die Tiergötter
Die Götter des Geschlechts · Menschliche Götter · Osiris · Isis und Horus · Die geringeren Gottheiten
Die Priester · Die Unsterblichkeit · Das «Totenbuch» · Die «negative Beichte»
Magie · Entartung

Unter und über allem stand in Ägypten die Religion. Wir finden sie da in jeder Form und auf jeder Stufe, vom Totemismus bis zur Theologie; wir sehen ihren Einfluß in der Literatur, auf die Regierung, in der Kunst, in allem außer der Moral. Und sie ist nicht nur vielfältig, sie ist von tropischem Reichtum; nur in Rom und Indien werden wir ein so übervolles Pantheon antreffen. Wir können den Ägypter – wie den Menschen überhaupt – nicht verstehen, solange wir nicht seine Götter studieren.

Am Anfang, sagten die Bewohner des Niltals, war der Himmel, und bis ans Ende blieben dieser und der Nil ihre Hauptgottheiten. Alle die wunderbaren Himmelskörper waren nicht nur Gestirne, sondern die äußeren Gestalten mächtiger Götter, deren Wollen und Wünsche – nicht immer untereinander in Übereinstimmung – ihre verschiedenartigen und verwickelten Bewegungen bestimmte. Der Himmel selbst stellte ein Gewölbe dar, in dessen unermeßlichem Raume eine große Kuh stand, die die Göttin Hathor war. Die Erde lag zu ihren Füßen, und ihr Bauch war mit der Schönheit von zehntausend Sternen bekleidet. Oder man stellte sich vor, da von Gau zu Gau Götter und Mythen verschieden waren, der Himmel sei der Gott Sibu, der zärtlich auf der Erde liege, die ihrerseits die Göttin Nut verkörpere. Aus der Vereinigung dieser riesenhaften Wesen gingen alle Dinge hervor. Wie der einzelne Stern, stellten auch die Sternbilder Götter dar. So sah man in Orion und Sirius Sahu und Sopdit verkörpert. Beides waren gar fürchterliche Wesen; Sahu aß dreimal täglich andere Götter zur Mahlzeit. Auch der Mond wurde von Zeit zu Zeit von solch einem himmlischen Ungeheuer verschluckt, mußte aber immer wieder – veranlaßt durch die Gebete der Menschen und durch den Zorn der anderen Gottheiten – herausgegeben werden. Auf diese Weise erklärte sich das ägyptische Volk die Mondfinsternis.

DER VORDERE ORIENT

Der Mond war vielleicht der älteste Gott, der im Nilland angebetet wurde, aber in der offiziellen Theologie galt die Sonne als der größte aller Götter. Manchmal verehrte man sie als die erhabene Gottheit Ra oder Re, als strahlenden Vater, der mit durchdringenden Licht- und Wärmestrahlen die Mutter Erde befruchtete; zuweilen stellte man sie sich als ein göttliches, in jeder Morgenröte neugeborenes Kalb vor, das in einem Boot geruhsam durch den Himmel segelte und jeden Abend im Westen herunterstieg wie ein alter, seinem Grabe zuwankender Mann. Oder die Sonne war der Gott Horus, der die anmutige Form eines Falken annahm, alle Tage majestätisch durch die Lüfte flog, als ob er sein Königreich beaufsichtige, und zu einem der wiederkehrenden Symbole der ägyptischen Religion und des Königtums wurde. Immer war Ra, oder die Sonne, der Schöpfer. Als sie bei ihrem ersten Aufgehen die Erde nackt und leer sah, da überflutete sie alles mit ihren kraftspendenden Strahlen, und die lebenden Wesen – Pflanzen, Tiere und Menschen – sprangen durcheinandergemengt aus ihren Augen und zerstreuten sich auf der ganzen Welt. In dieser frühesten Epoche waren Männer und Frauen als unmittelbare Kinder Ras vollkommen glücklich gewesen. Doch ihre Nachkommen ergaben sich allmählich dem Bösen und verwirkten auf diese Art die ehemalige Vollkommenheit und Glückseligkeit. Zur Strafe vernichtete darauf der gekränkte Gott einen Teil der Menschheit. Die gelehrten Ägypter zogen diesen Volksglauben in Zweifel und behaupteten dagegen (wie gewisse sumerische Wissenschaftler), die ersten Menschen seien tierisch gewesen, ohne verständliche Sprache und der Künste des Lebens unkundig. Alles in allem war es eine intelligente Mythologie, die auf fromme Weise der Erde und der Sonne die menschliche Dankbarkeit ausdrückte.

So üppig wucherte die Gottesfurcht, daß die Ägypter nicht nur die Quelle, sondern auch nahezu jede Form des Lebens verehrten. Viele Pflanzen und Orte der Natur waren ihnen heilig, so die schattenspendende Wüstenpalme, der Brunnen in der Oase, der Hain, der zu Zusammenkünften und zur Rast einlud, und die wunderbar im Sande blühende Sykomore. An all diesen Orten brachte der einfache Ägypter seine Opfer dar und legte seine Kürbisse, Reben und Feigen nieder. Selbst die gewöhnlichen Gemüsearten fanden ihre Anbeter, und Taine belustigte es köstlich, daß die Bossuet so verhaßte Zwiebel an den Ufern des Nils eine Gottheit gewesen war.

Volkstümlicher waren die Tiergötter; ihrer gab es so viele, daß sie das ägyptische Pantheon gleich einer schwatzenden Menagerie erfüllten. Je nach dem Gau und der Epoche verehrten die alten Ägypter bald den Stier, die Kuh, die Ziege, den Widder, den Hund und den Schakal, bald auch eine Gans, ein Huhn, eine Schwalbe oder die Katze, das Krokodil und die Schlange. Allen diesen geheiligten Wesen gestatteten sie, wie heute noch die Inder der heiligen Kuh, frei im Tempelbezirk herumzustreifen. Als dann später die Götter in menschlicher Gestalt gedacht wurden, behielten sie manche tierischen Züge und Symbole bei, die an ihre früheren Doppelgänger erinnern. So stellte man sich Amun als eine Gans oder einen Widder vor, Ra als eine Heuschrecke oder als einen Stier, Osiris ebenfalls als einen Stier oder auch als einen Widder, Sebek als ein Krokodil, Horus als einen Habicht oder einen Falken, Hathor als eine Kuh und Thot, den Gott der Weisheit, als einen Pavian. Zuweilen wurden diesen Tieren Frauen

ÄGYPTEN 187

als Geschlechtsgefährten dargebracht; der Stier war besonders als die Wiederverkörperung des Osiris Gegenstand dieser Ehrung; und in Mendes, so berichtet Plutarch, wurden die schönsten Frauen dem göttlichen Ziegenbock zu Begattungszwecken ausgeliefert. Vom Anfang bis zum Ende der ägyptischen Herrschaft blieb dieser Totemismus ein wesentliches und bodenständiges Element der Religion; die rein menschlichen Götter kamen erst viel später nach Ägypten und wahrscheinlich als ein Geschenk Westasiens.

Der Ziegenbock und der Stier waren den Ägyptern besonders heilig, da sie die geschlechtliche Schöpferkraft ausdrückten. Sie waren nicht bloß Symbole des Osiris, sondern stellten seine Verkörperungen dar. Oft wurde Osiris mit großen, vorragenden Geschlechtsorganen abgebildet, als Zeichen seiner höchsten Kraft, und derartige Nachbildungen von ihm mit einem dreifachen Phallus wurden von den Ägyptern bei ihren religiösen Umzügen umhergetragen. Bei bestimmten Gelegenheiten führten auch die Frauen solche phallischen Symbole mit sich und handhaben sie durch einen mit Schnüren versehenen Mechanismus. Zeichen von Geschlechtskult verraten nicht nur die vielen Tempelreliefs, auf denen steife Geschlechtsorgane abgebildet wurden, sondern auch das häufige Erscheinen der *crux ansata*, eines Kreuzes mit einem Henkel, das die sexuelle Vereinigung und das kraftvolle Leben versinnbildlicht. Schließlich wurden die Götter vermenschlicht – oder vielmehr: die Menschen wurden zu Göttern. Wie die höheren Wesen Griechenlands waren die persönlichen Götter Ägyptens lediglich vortrefflichere Männer und Frauen heldischen Charakters, die aber doch aus Fleisch und Blut, aus Knochen und Muskeln bestanden. Sie hungerten und aßen, dürsteten und tranken, liebten und paarten sich, haßten und töteten, alterten und starben. Da war zum Beispiel Osiris, der Gott des wohltätigen Nils, dessen Tod und Wiederauferstehung alljährlich als das Symbol des Steigens und Fallens des Stromes und vielleicht der Austrocknung und Erneuerung des Ackerlandes gefeiert wurde. Jeder Ägypter der späteren Dynastien kannte die Geschichte, wie Set (oder Sit), der boshafte Gott der Dürre, der mit seinem feurigen Atem die Ernten verkümmern ließ, auf Osiris (den Nil) zornig wurde, weil dieser (durch die Überschwemmung) die Fruchtbarkeit der Erde ausdehnte, so daß er ihn tötete und als dürre Majestät über Osiris' Königreich herrschte, ein Mythos, der dartut, daß irgendeinmal die befruchtende Überschwemmung des Nils ausgeblieben war. Da kam Horus, der mutige Sohn der Isis, besiegte Set und verbannte ihn, worauf der durch die Wärme von Isis' Liebe wieder ins Leben zurückgerufene Osiris seine wohltätige Herrschaft von neuem antrat, den Kannibalismus ausrottete, die Zivilisation errichtete und dann in den Himmel stieg, um dort ewig als ein Gott zu wirken. Es ist dies eine tiefsinnige Sage; denn die Geschichte wie die morgenländische Religion bewegen sich zwischen zwei Polen und bieten einen Bericht des ewigen Widerstreits zwischen Schöpfung und Vernichtung, zwischen Fruchtbarkeit und Trockenheit, Verjüngung und Erschlaffung, Gut und Böse, Leben und Tod.

Tiefsinnig war auch die Sage von Isis, der großen Mutter. Sie war nicht nur die pflichttreue Schwester und Gattin des Osiris, sondern in einem gewissen Sinne größer als ihr Gefährte, denn sie hatte – wie die Frau im allgemeinen – den Tod durch Liebe überwunden. Sie war nicht nur der schwarze Boden des Deltas, der durch die Berührung des Nil-Osiris befruchtet wurde und mit seiner Fruchtbarkeit ganz Ägypten reich machte, sondern vor allen Dingen das Symbol jener geheimnisvollen schöpferischen Kraft, die die Erde und alles Lebendige hervorgebracht hat. Auf ihr lag der Glanz jener mütterlichen Zärtlichkeit, die eben um jeden Preis das junge neue Leben bis zur Reife betreut. Sie versinnbildlichte in Ägypten – wie Kali, Ischtar und Kybele in Asien, Demeter in Griechenland und Ceres in Rom – den ursprünglichen Vorrang und die Unabhängigkeit des weiblichen Prinzips in der Schöpfung und in der Vererbung und das schöpferische Führertum der Frau im Feldbau; denn es war Isis (so sagt der Mythos), die den in Ägypten wild wachsenden Weizen und die Gerste entdeckt und ihre Entdeckung dem Osiris (dem Vertreter des männlichen Geschlechts) enthüllt hatte. Die Ägypter verehrten sie besonders liebevoll und ehrfürchtig und errichteten ihr als der Mutter Gottes juwelengeschmückte Bildwerke. Ihre mit Tonsuren versehenen Priester priesen sie in volltönenden Morgen- und Abendgebeten, und zur Wintersonnwende, gegen Ende Dezember, stellten die Tempel ihres göttlichen Sprößlings Horus (des Sonnengottes) sie in heiligem Bildnis zur Schau, wie sie in einem Stalle den von ihr auf wunderbare Weise empfangenen Säugling stillte. Diese poetisch-philosophischen Sagen und Symbole haben zutiefst den christlichen Ritus und die christliche Theologie beeinflußt. Die frühen Christen beteten zuweilen vor den Statuen, die die Göttin Isis darstellten, wie sie das Knäblein Horus säugt. Vermutlich sahen sie in diesem Bilde eine andere Form des alten und edlen Mythos, wonach das weibliche Prinzip alle Dinge erschaffen habe – jenes Prinzip, das von ihnen schließlich als Mutter Gottes verehrt wurde.

Ra (oder Amun, wie er im Süden genannt wurde), Osiris, Isis und Horus waren die obersten Götter Ägyptens. In späteren Tagen wurden Ra, Amun und ein anderer Gott, Ptah, als die drei Verkörperungen einer einzigen höchsten und dreieinigen Gottheit angesehen. Zahllos waren die geringeren Gottheiten: Anubis, der Schakal, Schu, Tefnut, Nephtys, Ket, Nut; ... aber wir wollen aus diesen Seiten kein Museum alter Götter machen. Selbst der Pharao galt als ein Gott, und zwar als Sohn des Amun-Ra, indem er nicht nur durch göttliches Recht, sondern auch durch göttliche Geburt herrschte und als eine Gottheit nur vorübergehend auf der Erde seinen Wohnsitz nahm. Auf seinem Haupte thronte der Falke, das Symbol des Horus und Totem des Stammes, und aus seiner Stirne stieg der *uraeus* oder die Schlange, das Sinnbild der Weisheit und des Lebens, das der Krone magische Tugenden verlieh. Der König war Oberpriester des Glaubens und führte die großen Prozessionen und Zeremonien an, womit die Festtage der Götter gefeiert wurden. Diese Anmaßung göttlichen Geschlechts und göttlicher Kräfte war es, die es ihm ermöglichte, so lange mit einer so geringen Schutztruppe zu herrschen.

Aus all dem geht hervor, daß die Priester die notwendigen Stützen des Thrones und die Geheimpolizei der sozialen Ordnung waren. Der Glaube hatte sich so verwickelt gestaltet, daß er eine in Ritus und Magie eingeweihte Klasse notwendig machte, durch die man sich allein den Göttern nähern durfte. Tatsächlich, obwohl nicht gesetzlich verbrieft, ging das Priesteramt vom Vater auf den Sohn über, und auf diese Weise wurde

ÄGYPTEN

ein Stand ins Leben gerufen, den die Frömmigkeit des Volkes und die politische Großzügigkeit der Könige mit der Zeit reicher und stärker machten als den Lehnsadel oder selbst die königliche Familie. Die den Göttern dargebrachten Opfer versahen die Priester mit Trank und Speise; die Tempelgebäude gaben ihnen geräumige Wohnungen; die Einkünfte des Tempelgrundbesitzes und die Gottesdienste verschafften ihnen ein reichliches Einkommen, und ihre Befreiung von Zwangsarbeit, Wehrpflicht und von der allgemeinen Besteuerung verlieh ihnen eine beneidenswerte Stellung, Prestige und Macht. Sie verdienten sehr wohl diese Macht; denn sie waren es, die Ägyptens Wissenschaft mehrten und behüteten, die Jugend erzogen und sich selbst mit Strenge und Eifer in Zucht hielten. Herodot beschreibt sie mit beinahe ehrfürchtiger Scheu:

«Gottesfürchtig sind sie über die Maßen, mehr als alle anderen Völker, und dabei haben sie folgende Sitten. Sie trinken aus ehernen Bechern, die sie alle Tage auswaschen, und nicht etwa der, und der wieder nicht, sondern allesamt. Sie tragen linnene Kleider, immer frisch gewaschen, darauf sehen sie am allermeisten. Die Schamglieder beschneiden sie sich der Reinlichkeit wegen, und wollen lieber reinlich sein als wohlanständig. Aber die Priester bescheren sich den ganzen Leib, immer den dritten Tag, damit weder eine Laus noch irgendein anderes Ungeziefer sich bei ihnen einfinde beim Dienst der Götter; auch tragen die Priester nur ein linnen Kleid und Schuhe von Byblos, und ein anderes Kleid dürfen sie nicht anlegen, auch keine anderen Schuhe. Sie baden sich zweimal des Tages in kaltem Wasser und zweimal des Nachts.»[30]

Was diese Religion vor allen Dingen und mehr als alles andere auszeichnete, war der Nachdruck, den sie auf die Unsterblichkeit legte. Wenn Osiris, der Nil und die ganze Pflanzenwelt wiederauferstehen konnten, so lag das wohl auch für den Menschen im Bereiche der Möglichkeit. Die mustergültige Erhaltung der Leiche im trockenen Boden Ägyptens förderte diesen Glauben, der das ägyptische Bekenntnis für Jahrtausende beherrschen und durch sein eigenes Wiederaufleben in das Christentum übergehen sollte. Der Körper, so glaubten die Ägypter, war von einem eigenen kleinen Ebenbild, Ka genannt, und von einer Seele bewohnt, die im Körper lebte wie ein zwischen den Bäumen hindurch huschender Vogel. Alle drei – der Körper, der Ka und die Seele – überlebten die Erscheinung des Todes und entrannen der Sterblichkeit so lange, als es gelang, das Fleisch vor Verfall zu bewahren. Traten sie schließlich aller Sünden bar vor Osiris, so wurde es ihnen gestattet, ewig auf dem «glücklichen Felde der Nahrung» zu leben – in jenen himmlischen Gärten, wo es für alle Zeit Überfluß und Sicherheit gab. Ein recht quälender Mangel sprach wohl aus diesem tröstenden Traum. Diese elysischen Felder konnten jedoch nur durch einen Fährmann erreicht werden, durch ein ägyptisches Vorbild Charons. Dieser alte Herr pflegte in sein Boot nur solche Männer und Frauen aufzunehmen, die in ihrem Leben nichts Böses getan hatten. Auch Osiris fragte den Verstorbenen aus und legte das Herz jedes Anwärters auf eine Waage, um dessen Wahrhaftigkeit zu überprüfen, während eine Feder in der anderen Schale lag. Wer dieses letzte Verhör nicht bestand, wurde verdammt, ewig in seinem Grab zu liegen, Hunger und Durst zu leiden, von scheußlichen Krokodilen gequält zu werden und nie herauszukommen, um die Sonne zu sehen.

Den Lehren der Priester zufolge gab es schlau erdachte Mittel, solchen Prüfungen zu entgehen, und sie waren bereit, diese Medikamente gegen Entgelt zu enthüllen. Man

190   DER VORDERE ORIENT

mußte das Grab mit Trank, Speise und Dienern ausstatten, damit sie den Toten nähren und ihm helfen konnten. Eine andere List bestand darin, das Grab mit verschiedenen, den Göttern gefälligen Talismanen zu versehen, etwa mit Fischen, Geiern, Schlangen und vor allem mit dem Skarabäus, einem Käfer, der die auferstandene Seele bildlich darstellte, weil er sich anscheinend durch Selbstbefruchtung fortpflanzte. Wenn diese Talismane den maßgebenden Priestersegen empfangen hatten, konnten sie jeden Angreifer abschrecken und alles Böse abwenden. Ein noch besseres Mittel war der Ankauf des «Totenbuchs»*, Papyrusrollen, die dicht mit von den Priestern geschriebenen Gebeten, Formeln und Zaubersprüchen bedeckt waren und den Zweck verfolgten, Osiris zu besänftigen und zu täuschen. Wenn nach hundert Erlebnissen und Gefahren die tote Seele endlich vor Osiris erschien, hatte sie sich etwa auf folgende Weise an den großen Richter zu wenden:

> O du, der du der Zeiten Flügel schneller schlagen machst,
> Du Bewohner aller Geheimnisse des Lebens,
> Du Wächter jedes Wortes, das ich sage –
> Siehe, du schämst dich meiner, deines Sohnes;
> Dein Herz ist voller Trauer, voller Scham
> Ob meiner schweren Sünden in der Welt,
> Ob meiner kühnen Bosheit und Vergehen.
> O schließe mit mir Frieden, schließe Frieden,
> Reiß ein die Schranken, die zwischen uns aufragen!
> Laß alle meine Sünden weggewaschen sein, auf daß vergessen
> Sie fallen zu deiner Rechten und zu deiner Linken.
> Ja, schaffe fort all meine Schlechtigkeit,
> Leg ab die Scham, die so dein Herz erfüllt,
> Daß du und ich fortan in Frieden seien.[31]

Oder die Seele mußte ihre Unschuld in einer «negativen Beichte» beteuern, die für uns einen der frühesten und edelsten Ausdrücke des moralischen Empfindens im Menschen darstellt:

«Ich habe nicht unrecht gegenüber Menschen gehandelt, habe mich nicht versündigt am Ort der Wahrheit, ich weiß nicht um Nichtswürdiges. Ich habe nichts Übles verschwiegen, habe nicht gelauscht, bin gegen ein wahres Wort nicht taub gewesen, habe nicht geschmäht, habe nicht gezankt, habe nicht gelogen, keinen Diener bei seinem Vorgesetzten angeschwärzt ... ich habe niemanden weinen gemacht. Ich habe keine betrügerischen Geschäfte abgeschlossen, habe mir nichts vom Tempelbesitz angeeignet ... die Gewichte der Handwaage nicht vergrößert ... Ich habe nicht gestohlen ... habe nicht hungern lassen ... Ich habe die Milch nicht vom Munde des Säuglings weggenommen ... Ich habe nicht Ehebruch begangen, noch Unzucht getrieben an heiliger Stätte, nicht Weib oder Mann vergewaltigt. Ich bin bei der Arbeit nicht verdrossen ge-

---

* Dieser moderne Titel ist von Lepsius etwa zweitausend Papyrusrollen gegeben worden, die man in verschiedenen Gräbern entdeckt hatte und welche Gebetsformeln mit Anweisungen für die Toten enthielten. Der ägyptische Titel lautet übersetzt *Herauskommen* (vom Tode) *bei Tage.* Die Rollen sind so alt wie die Pyramiden und einige unter ihnen noch älter. Die Ägypter glaubten, diese Texte seien vom Gotte der Weisheit, Thoth, verfaßt worden. Kapitel 64 verkündete, das Buch sei in Heliopolis gefunden worden und «in der wirklichen Handschrift des Gottes» geschrieben worden. Josia machte eine ähnliche Entdeckung unter den Juden.

ÄGYPTEN 191

wesen, habe aber als Aufseher niemals über das festgesetzte Maß arbeiten lassen ... Ich habe nicht getan, was der Gott verabscheut, sondern was die Menschen loben und womit die Götter zufrieden sind. Ich bin reinen Mundes und reiner Hände.»[32]

Meistenteils jedoch hatte die ägyptische Religion wenig über Moral zu sagen; die Priester waren vollauf damit beschäftigt, Zaubersprüche zu verkaufen, Beschwörungs- formeln zu murmeln und magische Riten zu vollziehen, und kümmerten sich herzlich wenig um das Einschärfen ethischer Vorschriften. Selbst das *Totenbuch* lehrt den Gläu- bigen, daß die von der Geistlichkeit gesegneten Zaubersprüche alle Hindernisse besie- gen werden, die die verstorbene Seele auf ihrem Wege zur Erreichung des Heils antref- fen könnte, und der Nachdruck wird mehr auf das Aufsagen der Gebete als auf die gute Lebensführung gelegt. Eine Rolle berichtet: «Falls der Tote das wissen kann, wird er bei Tage herauskommen» – das heißt zu ewigem Leben erstehen. Amulette und Be- schwörungsformeln wurden in richtigem Ablaßhandel vertrieben und hätten dem Teu- fel selbst den Eintritt in das Paradies zugesichert. Bei jedem Schritt hatte der fromme Ägypter seltsame Sprüche zu murmeln, um das Böse abzuwenden und das Gute anzu- ziehen. Man vernehme zum Beispiel eine besorgte Mutter, die aus ihrem Kinde «Dä- monen» zu vertreiben versucht:

«Fahre heraus, du, der du im Dunkel kommst, der du heimlich eintrittst ... Kommst du, um mein Kind zu küssen? Ich will es dich nicht küssen lassen ... Kommst du, um es fortzubringen? Ich will es dich nicht von mir wegnehmen lassen. Ich habe sein Schutzmittel gegen dich aus Efetgras gemacht, das Schmerzen verursacht; aus Zwiebeln, die dir schaden; aus Honig, der süß ist für die Lebenden und bitter für die Toten; aus den schlechten Teilen des Ebdufisches; aus dem Rückgrat des Flußbarsches.»[33]

Die Götter selbst benutzten gegeneinander Magie und Zauberkraft. Die Literatur Ägyptens ist voller Magier, Hexenmeister, die mit einem Worte die Seen in Flachland verwandeln, vom Leib getrennte Gliedmaßen wieder an Ort und Stelle zurückschnel- len lassen oder die Toten zu neuem Leben erwecken. Der König hatte Magier als Len- ker und Helfer; auch von ihm glaubte man, er besitze magische Kraft, könne Regen hervorbringen oder das Steigen des Stromes erzeugen. Das Leben war voller Talismane, voller Zauber und Weissagungen; jede Tür mußte ihren Gott haben, um den bösen Geistern Schrecken einzujagen und Unglück abzuwenden. Von den am dreiundzwan- zigsten des Monats Thoth geborenen Kindern glaubte man, sie stürben früh, von denen, die am zwanzigsten des Monates Choiakh das Licht der Welt erblickten, sie würden blind. Jeder Tag und Monat, sagt Herodot, ist einem besonderen Gotte zugeteilt; und entsprechend dem Tage, an dem jede Person geboren ist, bestimmen sie, was ihr ge- schehen und wie sie sterben wird und welchen Charakter sie besitzt. Am Ende ging die Verbindung zwischen Moral und Religion verloren; der Weg zur ewigen Seligkeit war nicht einem guten Leben vorbehalten, sondern Magie, Ritus und Freigebigkeit gegen- über den Priestern besorgten und ebneten ihn. Lassen wir einen großen Ägyptologen den Grundgedanken formulieren:

«Die Gefahren des künftigen Lebens waren nun bedeutend vermehrt, und für jede kritische Situation war der Priester in der Lage, den Toten mit einem wirkungsvollen Zauber zu versehen, der ihn unfehlbar heilen mußte. Außer den vielen Zaubersprüchen, die dem Toten ermöglichten, die Welt des Jenseits zu erreichen, gab es auch solche, die ihn davor bewahrten, seinen Mund, seinen Kopf oder sein Herz zu verlieren; andere, die ihn befähigten, sich seines Namens zu erinnern, zu atmen, zu essen und zu trinken; etliche, die ihn daran hinderten, den eigenen Schmutz zu sich zu nehmen, und wieder eine Gruppe, die darauf achtgab, daß niemand sein Trinkwasser in Feuer verwandelte, daß sich Licht an Stelle des Dunkels ausbreitete und Schlangen und feindliche Ungeheuer sich aus dem Staube machten ... Dermaßen wurde die früheste moralische Entwicklung, die wir im alten Orient nachweisen können, durch die verabscheuenswürdigen Pläne einer käuflichen, gewinnsüchtigen Priesterschaft mit einem Male aufgehalten oder zumindest gehemmt.»[34]

Das war der Zustand der Religion in Ägypten, als der Dichter und Ketzer Echnaton den Thron bestieg und die religiöse Revolution einleitete, die das ägyptische Reich zerstörte.

IV. DER KETZERKÖNIG

Echnatons Charakter · Die neue Religion · Ein Sonnenhymnus · Monotheismus · Das neue Dogma Die neue Kunst · Reaktion · Nofretete · Auflösung des Reichs · Echnatons Tod

Im Jahre 1380 v. Chr. starb Amenhotep III., der Thutmosis III. auf dem Thron gefolgt war, nach einem dem weltlichen Luxus und Prunk ergebenen Leben, und sein Sohn Amenhotep IV., der unter dem Namen Echnaton (Ech-en-Aton) bekannt werden sollte, übernahm die Herrschaft. Eine in Tell-el-Amarna entdeckte Büste von ihm enthüllt uns ein Profil von unglaublicher Feinheit, ein Antlitz, aus dem frauenhafte Sanftheit und dichterische Empfindsamkeit spricht. Große Augenlider wie bei einem Träumer, ein langer, etwas unförmiger Schädel und ein schlanker, schwacher Körperbau zeichnen ihn aus und gemahnen an die Gestalt eines Shelley.

Echnaton war kaum an die Macht gelangt, als er begann, von der Religion Amuns und den Gewohnheiten der Priester dieses Gottes abzufallen. Im großen Tempel in Karnak bestand damals ein ausgedehnter Harem, der als Aufenthaltsort der Konkubinen Amuns galt, in Wirklichkeit aber zum Vergnügen der Geistlichkeit diente. Der junge Kaiser, dessen Privatleben ein Muster der ehelichen Treue war, billigte dieses geheiligte Dirnenwesen nicht; das Blut des zu Ehren Amuns geschlachteten Widders stank zu ihm auf; und der priesterliche Handel mit Magie und Zauberei sowie die Verwendung des Orakels Amuns, um die religiöse Verdummung und die politische Verdorbenheit des Volkes zu stützen, verwandelten seinen Widerwillen in ungestümen Protest. «Ruchloser sind die Worte der Priester», sagte er, «als jene, die ich bis zum IV. Jahre (meiner Regierung) hörte.» – «Ruchloser sind sie als jene, die König Amenhotep III. hörte.» Sein jugendlicher Idealismus empörte sich gegen den Schmutzgeist, dem die Religion seines Volkes verfallen war; er verabscheute den ungebührlichen Reichtum und das verschwenderische Ritual der Tempel sowie den wachsenden Einfluß einer gewinnsüchtigen Priesterherrschaft auf das Leben der Nation. Mit der Kühnheit eines Foeten schlug er einen gütlichen Vergleich in alle Winde und verkündete mutig, alle diese Götter und Zeremonien seien gemeine Götzendienerei, es gebe nur einen einzigen Gott – Aton.

ÄGYPTEN

Wie Akbar dreißig Jahrhunderte später in Indien sah auch Echnaton die Göttlichkeit vor allem in der Sonne, in der Quelle allen irdischen Lebens und Lichtes verkörpert. Wir können nicht sagen, ob er seine Lehre von Syrien übernommen hat und ob Aton lediglich eine Form des Adonis war. Was immer auch sein Ursprung gewesen sein mag, der neue Gott erfüllte die Seele des Königs mit Entzücken; er legte daher seinen Namen Amenhotep ab, der den Namen des Gottes Amun enthielt, und schuf sich einen neuen, Echnaton, das heißt «Aton ist befriedigt»; und indem er alte Hymnen und gewisse monotheistische Dichtungen* zu Hilfe nahm, die unter der vorhergehenden Herrschaft verfaßt worden waren, schrieb er selbst leidenschaftliche Lieder, um Aton zu verherrlichen. Davon ist das längste und beste zugleich auch das schönste Werk der uns verbleibenden ägyptischen Literatur:

«Du erscheinst schön im Horizonte des Himmels, du lebende Sonne, die zuerst lebte. Du gehst auf im östlichen Horizonte und füllest jedes Land mit deiner Schönheit.

Du bist schön und groß und funkelst und bist hoch über jedem Lande. Deine Strahlen, die umarmen die Länder, so weit du nur etwas geschaffen hast. Du bist Re und du erreichst ihr Ende und bezwingst sie für seinen lieben Sohn. Du bist fern, doch deine Strahlen sind auf Erden. Du bist vor ihrem Antlitz – dein Gehen.

Gehst du unter im westlichen Horizonte, so liegt die Erde im Dunkel, als wäre sie tot. Sie schlafen im Gemache mit verhülltem Haupt, und kein Auge sieht das andere. Würden alle ihre Sachen genommen, die unter ihrem Kopfe liegen, sie merkten es nicht. Jeder Löwe kommt aus seiner Höhle heraus und alle Würmer, die beißen. Das Dunkel ist ..., die Erde schweigt, denn der dir sie geschaffen hat, ruht in seinem Horizonte.

Wenn es tagt und du aufgehst im Horizonte und leuchtest als Sonne am Tage, so vertreibst du das Dunkel und schenkst deine Strahlen. Die beiden Länder sind fröhlich und erwachen und stehen auf ihren Füßen, wenn du sie aufgerichtet hast. Sie waschen ihren Leib und nehmen ihre Kleider. Ihre Hände preisen deinen Aufgang. Das ganze Land, es tut seine Arbeit.

Alles Vieh ist zufrieden mit seinem Kraute, die Bäume und Kräuter grünen. Die Vögel fliegen aus ihren Nestern, und ihre Flügel preisen dein Ka. Alles Wild springt auf den Füßen; alles, was fliegt und was flattert, das lebt, wenn du für sie aufgehst.

Die Schiffe fahren herab und fahren wieder hinauf, und jeder Weg ist offen, weil du aufgehst. Die Fische im Strom springen vor deinem Antlitz; deine Strahlen sind innen im Meere. Der du die (Knaben?) in den Frauen erschaffst und den Samen in den Männern bereitest! Der du den Sohn im Leibe seiner Mutter ernährst und ihn beruhigst, so daß er nicht weint, du Amme im Leibe. Der Luft gibt, um alles, was er gemacht hat, am Leben zu erhalten. Kommt er aus dem Leibe zur Erde(?) am Tage, wo er geboren ist, so öffnest du seinen Mund, wenn er reden will(?), und machst das, was es bedarf.

Das Junge im Ei redet (schon) in der Schale; du gibst ihm Luft in ihr, um es am Leben zu erhalten. Du machst ihm im Ei seine Kraft(?), um es zu zerbrechen. Es kommt aus dem Ei heraus, um zu reden –; und es geht auf seinen Füßen fort, wenn es aus ihm herauskommt.

Wieviel gibt es (noch), was du machtest und was vor (mir) verborgen ist, du einziger Gott, dem keiner gleichkommt.

Du hast die Erde nach deinem Wunsche geschaffen, du allein, mit Menschen, Herden und allem Wild, alles, was auf Erden ist und auf den Füßen geht und alles, was oben schwebt und mit seinen Flügeln fliegt.

---

* Unter Amenhotep III. hatten die Baumeister Suti und Hor einen die Sonne verherrlichenden monotheistischen Hymnus auf eine jetzt im Britischen Museum aufbewahrte Stele geschrieben. Es war lange schon in Ägypten Brauch gewesen, den Sonnengott, Amun-Ra, als den größten Gott anzusprechen, aber nur als Gott Ägyptens.

194 DER VORDERE ORIENT

Die Länder von Syrien und Nubien und das Land Ägypten – einen jeden setzest du an seine Stelle, und du machst, was sie brauchen. Ein jeder hat seine Nahrung, und seine Lebenszeit wird berechnet. Ihre Zungen sind im Reden getrennt, und ebenso ist es ihre Gestalt; ihre Haut ist verschieden, (denn?) du unterschiedest die Völker.

Du machst den Nil in der Unterwelt und führst ihn, wohin du willst, um die Menschen zu ernähren, wie du sie gemacht hast. Du bist ihrer aller Herr, der sich an ihnen ermüdet (hat), der Herr jedes Landes, der für sie aufgeht, und die Sonne des Tages mit großer Kraft.

Alle fernen Völker, du machst das, wovon sie leben. Du hast den Nil (auch) an den Himmel gesetzt, daß er zu ihnen herabsteige und Wellen schlage auf den Bergen wie ein Meer, um ihre Äcker in ihren Ortschaften zu benetzen. Wie vortrefflich sind deine Gedanken gemacht, du Herr der Ewigkeit! Den Nil am Himmel, den übergibst du den Fremdvölkern und allem Wild der Wüste, das auf den Füßen geht, und der (rechte) Nil, der kommt aus der Unterwelt für Ägypten.

Deine Strahlen säugen jedes Feld, und gehst du auf, so leben sie und gedeihen dir. Du machst die Jahreszeiten, um alles zu erhalten, was du geschaffen hast, den Winter, um sie zu kühlen, und die Glut, daß sie von dir kosten (?).

Du hast den Himmel fern gemacht, um an ihm aufzugehen, daß du alles sehest, was du gemacht hast.

Du bist allein, (aber) du gehst auf in deinen Gestalten als lebende Sonne, erscheinend, leuchtend, sich entfernend, wiederkehrend (?). Du machst Millionen von Gestalten aus dir allein. Städte, Ortschaften, Felder, Weg und Strom – jedes Auge schaut dich ihm gegenüber als die Tagessonne über der Erde.

Du bist in meinem Herzen, (doch?) niemand anders ist, der dich kennte als dein Sohn «Neferchepru-re, der einzige des Re», den du deine Gedanken und deine Kraft begreifen ließest.

Der Erde ergeht es nach deinem Wink, denn du hast sie geschaffen; wenn du aufgehst, so leben sie, wenn du untergehst, so sterben sie. Du selbst bist die Lebenszeit, und man lebt durch dich. Die Augen schauen auf deine Schönheit, bis du untergehst; man legt alle Arbeit nieder, wenn du zur Rechten untergehst. Wenn du aufgehst, so läßt (du die) ... wachsen für den König – seit du die Erde gegründet hast. Du erhebst sie für deinen Sohn, der aus deinen Gliedern hervorgegangen ist, den König von Ober- und Unterägypten, der von Wahrheit lebt, den Herrn der beiden Länder «Nefer-chepru-re», den einzigen des Re, den Sohn des Re, der von Wahrheit lebt, den Herrn der Diademe «Ich-en-aton», mit langem Leben, und für die große königliche Gemahlin, die er liebt, die Herrin beider Länder «Nefer-nefru-re Nefret-itj», die da lebt und jung ist immer und ewiglich.»[35]

Das ist nicht nur eine der großen Dichtungen der Geschichte, es ist auch der erste hervorragende Ausdruck des Monotheismus – siebenhundert Jahre vor Jesaja*. Vielleicht war, wie Breasted sagt, dieser Begriff eines einzigen Gottes ein Widerschein der von Thutmosis III. bewirkten Vereinheitlichung der Mittelmeerwelt unter ägyptischer Führung. Echnaton faßt seinen Gott auf als einen, der allen Völkern in gleichem Maße gehörte, und nennt sogar Namen anderer Länder vor seinem Land, die im Schutze Atons stünden; das war ein ungewöhnlicher Fortschritt gegenüber den alten Stammesgottheiten. Man beachte auch die Auffassung einer verlebendigten Natur; man trifft Aton nicht auf Schlachtfeldern und im Siege an, sondern in Blumen und Bäumen, in allen Formen des Lebens und Wachsens. Aton ist die Freude, die die jungen Lämmer «auf ihren Beinen tanzen» und die Vögel «in ihren Sümpfen flattern» läßt. Dieser

---

* Die augenscheinliche Ähnlichkeit dieses Hymnus mit dem 104. Psalm behebt nahezu jeden Zweifel an den ägyptischen Einfluß auf den hebräischen Dichter.

ÄGYPTEN

Gott ist keine nur auf die menschliche Erscheinung begrenzte Person, er ist vielmehr die schöpferische und nährende *Glut* der Sonne. Die lodernde Pracht des auf- und untergehenden Himmelskörpers ist nur ein Wahrzeichen jener letzten Kraft. Nichtsdestoweniger wird die Sonne ob ihrer allgegenwärtigen, befruchtenden Wohltätigkeit für Echnaton auch der «Herr der Liebe», die zärtliche Amme, die «das Mann-Kind in der Frau erschafft» und «die zwei Länder Ägyptens mit Liebe erfüllt». So wird schließlich Aton durch Symbolik zu einem besorgten, liebe- und erbarmungsvollen Vater; nicht wie Jahve ein Gott der Heerscharen, sondern ein Gott der Freundlichkeit und des Friedens.

Es ist eine der Tragödien der Geschichte, daß Echnaton sich nach der Vollendung seiner erhebenden Schau einer universellen Einheit nicht damit zufrieden gab, daß das edle Wesen seiner neuen Religion die Herzen der Menschen langsam gewinnen sollte. Er war unfähig, mit relativen Begriffen an seine Wahrheit zu denken. Ihm drängte sich vielmehr der Gedanke auf, andere Glaubens- und Anbetungsformen seien gemein und unerträglich. Plötzlich gab er den Auftrag, die Namen aller Götter mit Ausnahme Atons in jeder öffentlichen Inschrift Ägyptens auszulöschen und herauszumeißeln; er verstümmelte seines Vaters Namen auf hundert Denkmälern, um daraus das Wort *Amun* wegzuschaffen; er erklärte alle Glaubensbekenntnisse mit Ausnahme seines eigenen als ungesetzlich und befahl die Sperre der alten Tempel. Er verließ Theben, weil ihm die Stadt als unrein galt, und erbaute für sich eine neue Hauptstadt Achetaton, die «Stadt des Gesichtskreises Atons».

Schnell verfiel Theben, als es ohne Ämter und Regierungseinkünfte blieb, und Achetaton wurde eine reiche Metropole, wo eine Renaissance der von der priesterlichen Traditionsknechtschaft befreiten Kunst stattliche Bauten schuf. Der freudige Geist der neuen Religion ging in sie ein. In Tell-el-Amarna, einem modernen, auf dem Gebiet Achetatons erbauten Dorfe, fand Sir William Flinders Petrie einen schönen, mit Vögeln, Fischen und andern Tieren voll zarter Anmut bemalten Fußsteig. Echnaton verbot den Künstlern, Bilder von Aton herzustellen, mit der hehren Begründung, der wahre Gott besitze keine Gestalt; alles andere überließ er den Künstlern und forderte seine Lieblingskünstler Bek, Auta und Nutmose lediglich auf, die Dinge so darzustellen, wie sie sie sahen, und den festgelegten Brauch der Priester zu vergessen. Sie nahmen ihn beim Wort und stellten ihn als einen Jüngling mit sanftem, fast furchtsamem Gesicht und einem sonderbaren, länglich geformten Kopfe dar. Von seiner die Natur verlebendigenden Gottesidee ausgehend, malten sie jede Form des Pflanzen- und Tierlebens mit liebevoller Ausführlichkeit und mit einer Vollkommenheit, die kaum an irgendeinem Orte oder zu irgendeiner Zeit übertroffen wurde. Eine Weile blühte nun die Kunst, die sonst in jedem Zeitalter die Not des Hungers und der Erniedrigung erfährt, in Überfluß und Glück.

Wäre Echnaton ein reifer Geist gewesen, hätte er bemerkt, daß der von ihm vorgeschlagene Wechsel von einem abergläubischen, in den Bedürfnissen und Gewohnheiten des Volkes tiefverwurzelten Polytheismus zu einem auf die Natur gegründeten Monotheismus, der die Phantasie der Intelligenz unterordnete, zu tiefgreifend war, als daß er sich in kurzer Zeit verwirklichen ließ. Er hätte deshalb seinen übermäßigen Eifer etwas mehr bändigen und den Übergang durch Zwischenmaßnahmen seiner Härten berauben sollen. Aber er war mehr Dichter als Philosoph, wie Shelley, der den Bischöfen von Oxford Jahves Ableben verkündete. So ging er auf das Absolute aus und riß das ganze Gebäude des ägyptischen Staates ein.

Mit einem Schlage hatte Echnaton eine reiche und mächtige Priesterschaft enteignet und ausgeschaltet und die Anbetung der durch Tradition und Glauben teuer gewordenen Gottheiten untersagt. Als er *Amun* aus seines Vaters Namen entfernte, schien dies dem Volke ein lästerlicher Mangel an kindlicher Ehrfurcht zu sein; denn nichts galt diesem als so lebenswichtig, wie die den toten Ahnen schuldige Ehrenbezeugung. Der Pharao hatte die Kraft und Standhaftigkeit der Priester unterschätzt und die Fähigkeit des Volkes, eine natürliche Religion zu begreifen, zu hoch bewertet. Hinter den Kulissen schmiedeten die Priester Pläne und machten sich zum Angriff gegen den unangenehmen Neuerer bereit, und in der Abgeschlossenheit seiner Wohnungen fuhr das Volk fort, seine alten und zahllosen Götter zu verehren. Hundert Gewerbetreibende, die von den Tempeln abhängig gewesen waren, murrten im geheimen gegen den Ketzer. Selbst in seinem Palast haßten ihn seine Minister und Generäle und beteten für seinen Tod; denn nach ihrer Ansicht verfiel unter seinen Händen das ganze Reich.

Währenddessen lebte der junge Dichterkönig schlicht und vertrauensvoll. Er besaß sieben Töchter, aber keinen Sohn; obgleich das Gesetz es ihm gestattete, mit einer seiner Nebenfrauen einen Erben zu zeugen, verzichtete er auf diesen Ausweg und zog es vor, Nofretete treu zu bleiben. Wir besitzen ein Schmuckstück, das ihn zeigt, wie er die Königin umarmt. Er duldete es, daß ihn die Künstler abbildeten, wie er auf einem Wagen durch die Straßen fuhr und mit Frau und Kindern scherzte. Bei zeremoniellen Gelegenheiten saß die Königin an seiner Seite und hielt seine Hand, während ihre Töchter zu Füßen des Thrones herumtollten. Er sprach von seiner Frau als «der Herrin seiner Glückseligkeit, deren Stimme das Herz des Königs erfreut», und als Schwur gebrauchte er die Wendung «wie mein Herz glücklich ist in der Königin und ihren Kindern». Echnatons Herrschaft bildete ein zärtliches Zwischenspiel im Epos der ägyptischen Geschichte.

In dieses traute Glück kamen beunruhigende Botschaften aus Syrien*. Die von Ägypten abhängigen Staaten des Vorderen Orients waren von den Hethitern und anderen Nachbarstämmen überfallen worden; die von Ägypten eingesetzten Gouverneure verlangten daher dringend sofortige Verstärkungen. Echnaton zögerte; er war nicht ganz sicher, ob er berechtigt sei, diese Staaten in der Abhängigkeit von Ägypten zu belassen, und er empfand einen Widerwillen, die Ägypter für eine so unsichere Sache auf so ferne Schlachtfelder in den Tod zu schicken. Als die schutzherrlichen Gebiete inne wurden, daß sie es mit einem Heiligen zu tun hatten, setzten sie ihre ägyptischen Gouverneure ab, stellten jede Tributzahlung ein und machten sich vollkommen frei.

---

* Unter den im Jahre 1893 von Sir William Flinders Petrie in Tell-el-Amarna entdeckten über 350 Brieftafeln in Keilschrift enthielten die meisten vom Osten an Echnaton gerichtete Bitten um Hilfe.

ÄGYPTEN 197

Fast augenblicklich hörte Ägypten auf, ein großes Reich zu bleiben, und schrumpfte zu einem kleinen Staat zusammen. Bald war das ägyptische Schatzamt, das ein Jahrhundert lang seine Haupteinkünfte aus dem ausländischen Tribut bezogen hatte, leer. Die Volksbesteuerung sank auf ein Minimum herab, und die Arbeit in den Goldbergwerken hörte auf. Die innere Verwaltung geriet in ein Chaos. Echnaton fand sich ohne Geld und ohne Freunde in einer Welt, die er als sein Eigentum betrachtet hatte. Alle Kolonien standen in Aufruhr, und alle Mächte in Ägypten stellten sich ihm entgegen und erwarteten seinen Fall.

Er war kaum dreißig Jahre alt, als er 1362 v. Chr. starb, von der Erkenntnis seines Mißerfolges als Herrscher und von der Unwürdigkeit seiner Untertanen gebrochen.

V. NIEDERGANG UND ZERFALL

Tutanchamun · Die Arbeiten Ramses' II. · Der Reichtum der Geistlichkeit · Die Armut des Volkes Die Eroberung Ägyptens · Zusammenfassung des ägyptischen Beitrags zur Kultur

Zwei Jahre nach seinem Tode bestieg sein Schwiegersohn, Tutanchamun, ein Günstling der Priester, den Thron. Er änderte den ihm von seinem Schwiegervater gegebenen Namen Tutenchaton, verlegte die Hauptstadt nach Theben zurück, schloß Frieden mit der kirchlichen Macht und verkündete dem jubelnden Volke die Wiedereinsetzung der alten Götter. Die Worte *Aton* und *Echnaton* wurden auf allen Denkmälern ausgelöscht, die Priester durften den Namen des abtrünnigen Königs nicht mehr aussprechen, und das Volk nannte ihn «den großen Verbrecher». Die durch Echnaton von den Statuen entfernten Namen wurden wieder in den Stein gehauen und die von ihm abgeschafften Festtage von neuem eingeführt. Alles war wie zuvor.

In allen anderen Dingen herrschte Tutanchamun ohne jede Bedeutung; die Welt hätte kaum jemals seinen Namen vernommen, wären nicht einzig dastehende Schätze in seinem Grabe gefunden worden. Nach ihm stellte ein tapferer General, Haremhab, die äußere Macht und den inneren Frieden Ägyptens wieder her. Seti I. erntete voller Weisheit die Früchte eines erneuten Reichtums und einer wiedergefundenen Ordnung, baute die Säulenhalle in Karnak, begann einen mächtigen Tempel in den Felsen von Abu-Simbel herauszumeißeln, verewigte seine Größe in wunderbaren Reliefs und besaß den Vorzug, tausend Jahre in einem der meistgeschmückten Gräber Ägyptens zu ruhen.

Zu diesem Zeitpunkt übernahm der romantische Ramses II., der letzte der großen Pharaonen, die Herrschaft. Selten hat die Geschichte einen so bezaubernden Monarchen gekannt. Schön und mutig, erhöhte er die Anziehungskraft, die von seiner Person ausging, noch durch das knabenhafte Wohlgefallen, das er an sich selbst hatte. Seinen Erfolgen im Kriege, die zu verzeichnen er nie müde wurde, kamen nur seine Leistungen in der Liebe gleich. Nachdem er einen Bruder, der berechtigte Thronansprüche erhoben, beseitigt hatte, sandte er eine Expedition nach Nubien, um die dort befindlichen Goldminen abzubauen und das ägyptische Schatzhaus wieder aufzufüllen. Mit den eingegangenen Mitteln unternahm er darauf die Wiedereroberung der asiati-

DER VORDERE ORIENT

schen Provinzen, die sich neuerdings erhoben hatten. Drei Jahre ließ er Palästina Zeit, sich zu erholen, dann stieß er vorwärts, traf bei Kadesch (1288 v. Chr.) auf eine große Armee der asiatischen Alliierten und verwandelte durch seinen Mut und seine Führerschaft die Niederlage in einen Sieg. Es kann sein, daß infolge dieses kriegerischen Unternehmens eine bemerkenswerte Anzahl Israeliten als Sklaven oder Einwanderer nach Ägypten kam, und einige glauben, Ramses II. sei der Pharao der Exodos gewesen. Er ließ seine Siege ohne übertriebene Unparteilichkeit auf fünfzig Mauern verewigen, beauftragte einen Dichter, ihn in einem epischen Gedicht zu lobpreisen, und belohnte sich selbst mit mehreren hundert Ehefrauen. Als er starb, hinterließ er hundert Söhne und fünfzig Töchter, um seine Fruchtbarkeit zu bezeugen. Mehrere dieser Töchter wählte er als seine Gattinnen aus, damit auch sie wieder so vollkommene Kinder erzeugen möchten, wie sie selbst waren. Seine Nachkommenschaft war daher so zahlreich, daß sie vierhundert Jahre lang eine besondere Klasse in Ägypten bildete, aus welcher für mehr als ein Jahrhundert die Herrscher erwählt wurden.

Ramses II. verdiente diese Tröstungen, denn er scheint Ägypten gut regiert zu haben. Er baute so verschwenderisch, daß die Hälfte der auf uns gekommenen Gebäude Ägyptens seiner Regierungszeit zugeschrieben werden. Er ergänzte den Tempel in Luxor, brachte die Haupthalle in Karnak zu Ende, errichtete das große Ramesseum auf der Westseite des Stromes, vollendete das mächtige Bergsanktuarium in Abu-Simbel und ließ überall im Lande Kolosse erstellen, die seine Person abbildeten. Der Handel blühte zu seiner Zeit, sowohl über die Landenge von Suez als auch auf dem Mittelmeer. Deshalb baute der Pharao einen zweiten Kanal vom Nil zum Roten Meer, der aber bald nach seinem Tode durch den Triebsand außer Gebrauch gesetzt wurde. 1225 v. Chr. hauchte Ramses im Alter von neunzig Jahren nach einer der bemerkenswertesten Regierungen der Geschichte seine Seele aus.

Nur eine einzige menschliche Macht in Ägypten war noch größer, und das war die Geistlichkeit. Hier wie überall in der Geschichte zeigte sich der endlose Kampf zwischen Kirche und Staat. In der gesamten Periode seiner Herrschaft und in der seiner Nachfolger ging die Beute jedes Krieges und der Löwenanteil der Besteuerung der eroberten Provinzen an die Tempel und an die Priester. Diese erreichten den Gipfelpunkt ihres Reichtums unter Ramses III. Sie besaßen zu jener Zeit 107 000 Sklaven – ein Dreißigstel der Bevölkerung Ägyptens – und verfügten über 750 000 Morgen Land – ein Siebentel der bebaubaren Fläche. Ferner hatten sie 500 000 Stück Vieh und erhielten die Einkünfte von 169 Städten in Ägypten und Syrien. All dieses Eigentum war steuerfrei. Der freigebige oder ängstliche Ramses III. überschüttete die Priester Amuns mit beispiellosen Geschenken, worunter sich allein 32 000 Kilogramm Gold und eine Million Kilo Silber befanden; jedes Jahr gab er ihnen 185 000 Sack Korn. Als die Zeit kam, die vom Staate angestellten Arbeiter zu bezahlen, fand er sein Schatzhaus leer. Immer mehr hungerte das Volk, damit die Götter essen konnten.

Bei dieser Politik war es nur eine Frage der Zeit, wann die Könige zu Sklaven der Priester erniedrigt werden sollten. Während der Herrschaft des letzten Ramessiden bemächtigte sich der Hohepriester Amuns des Thrones und herrschte über das Land;

ÄGYPTEN

das Reich verwandelte sich in eine ungesunde Theokratie, in der Architektur und Aberglaube blühten und jeder andere Faktor im nationalen Leben verfiel. Beobachtete Vorzeichen wurden schlau gehandhabt, um jeder Entscheidung der Geistlichkeit eine göttliche Bestätigung zu geben. Die Lebenskräfte Ägyptens wurden vom Durste der Götter in einem Augenblick trockengesogen, da fremde Eindringlinge sich auf den Einfall vorbereiteten, um sich auf all diesen aufgehäuften Reichtum zu stürzen.

Denn inzwischen wurde es an den Grenzen immer unruhiger. Das Gedeihen des Landes war teilweise eine Folge seiner strategischen Lage an der Hauptlinie des Mittelmeerhandels gewesen; seine Metalle und sein Reichtum hatten ihm die Oberhoheit über Libyen im Westen und über Phoinikien, Syrien und Palästina im Norden und Osten gesichert. Aber nun wuchsen am andern Ende dieser Handelsroute – in Assyrien, Babylon und Persien – neue Völker zur Reife und Macht heran. Der Unternehmungsgeist und die Erfindungen mehrten ihre Kraft, und sie wagten es, in Handel und Industrie mit den selbstzufriedenen und frommen Ägyptern zu wetteifern. Die Phoiniker hatten die dreirudrige Galeere vervollkommnet und waren nun daran, Ägypten die Seemacht zu entwinden. Die Dorer und Achaier hatten Kreta und das Ägäische Meer erobert (ca. 1400 v. Chr.) und begannen ein eigenes Handelsimperium zu errichten. Der Handel wickelte sich immer weniger in langsamen Karawanen über die schwierigen und von Räubern unsicher gemachten Gebirgs- und Wüstenpfade des Vorderen Orients ab; er bevorzugte vielmehr den weniger kostspieligen und weniger unsicheren Verkehr zur See, der vom Schwarzen durchs Ägäische Meer nach Troia, Kreta, Griechenland und schließlich nach Karthago, Italien und Spanien führte. Die Nationen längs der nördlichen Küsten des Mittelmeers reiften heran und blühten auf, und jene der südlichen schwanden dahin und verkamen. Ägypten verlor seinen Handel, sein Gold, seine Macht, seine Kunst, zuletzt selbst seinen Stolz; einer nach dem anderen fielen seine Rivalen in das Land ein, peinigten und eroberten es und überzogen es mit Verwüstung.

Im Jahre 945 v. Chr. kamen die Libyer über den westlichen Hügel herein und wüteten ohne Erbarmen in Ägypten; 772 betraten es die Äthiopier vom Süden her und nahmen Rache für ihre ehemaligen Sklavendienste; 674 fielen die Assyrer vom Norden her in das von den Priestern regierte Land und machten es tributpflichtig. Für einige Zeit warf zwar Psammetich, der Fürst von Sais, die Eindringlinge zurück und einte Ägypten aufs neue unter seiner Führung. Während seiner langen Herrschaft und der seiner Nachfolger feierte die ägyptische Kunst die letzte, die sogenannte «Sais-Renaissance». Die Architekten und Bildhauer, die Dichter und Wissenschaftler Ägyptens sammelten die technischen und ästhetischen Traditionen ihrer Schulen und waren bereit, sie den Griechen zu Füßen zu legen. Aber im Jahre 525 v. Chr. kamen die von Kambyses geführten Perser über die Enge von Suez und machten der kurzen Unabhängigkeit des saitischen Reiches ein Ende. 332 v. Chr. unternahm dann Alexander der Große einen Zug von Asien her und machte Ägypten zu einer Provinz Makedoniens*. Im Jahre 48 v. Chr. erschien Caesar, um Ägyptens neue Hauptstadt Alexandrien

---

* Die Geschichte der klassischen ägyptischen Kultur unter den Ptolemäern und den römischen Kaisern wird in einem späteren Band dargestellt.

200 DER VORDERE ORIENT

zu erbeuten und um Kleopatra den Sohn und Erben zu schenken. Doch die Ägypter hofften vergeblich, diesen großen Staatsmann als Monarchen zu krönen. Im Jahre 30 v. Chr. wurde aus Ägypten eine römische Provinz, und es verschwand aus der Geschichte.

Für einige Zeit blühte es wieder, als Heilige die Wüste bevölkerten und Kyrillos die Philosophin Hypatia steinigen ließ (415 n. Chr.), und dann noch einmal, als die Mohammedaner es eroberten, Kairo mit den Ruinen von Memphis erbauten und es mit leuchtenden Moscheekuppeln und Festungen erfüllten. Aber das waren fremde Kulturen, nicht auf ägyptischem Boden gewachsen, und sie vergingen so rasch, wie sie emporgeblüht. Vielleicht könnte die Größe am Nil wieder auferstehen, wenn Asien aufs neue reich werden und aus Ägypten einen wichtigen Transitplatz des Welthandels machen sollte. Aber niemand ist des Morgens sicher, singt Lorenzo, und heute ist der Verfall das einzige Gewisse. Auf allen Seiten gigantische Ruinen, Denkmäler und Gräber, Erinnerungssteine einer wilden und titanischen Kraft. Auf allen Seiten Elend und Verlassenheit und die Erschöpfung eines alten Blutes. Auf allen Seiten der feindliche, alles überschwemmende Sand, den die heißen Winde immerfort aufwirbeln und der grausam entschlossen ist, am Ende alles zu bedecken.

Trotzdem hat der Sand nur den Körper des alten Ägypten zerstört; sein Geist lebt im Wissen und in der Erinnerung unserer Rasse. Die Verbesserung des Ackerbaus, der Hüttenkunde, des Handwerks und des Ingenieurwesens; die wahrscheinliche Erfindung des Glases und des Leinens, des Papiers und der Tinte, des Kalenders und der Uhr, der Geometrie und des Alphabets; die Verfeinerung von Tracht und Schmuck, der Möbel und der Wohnungen, der Gesellschaft und des Lebens; die bemerkenswerte Entfaltung einer geordneten und friedlichen Regierung, der Volkszählung und des Postwesens sowie der Volks- und höheren Bildung, ja selbst der technischen Vorbereitung für Amt und Verwaltung; der Fortschritt der Schrift und der Literatur, der Naturforschung und der Medizin; die erste klare Formulierung eines individuellen und öffentlichen Gewissens, der erste Schrei nach sozialer Gerechtigkeit, die erste weitausgedehnte Monogamie, der erste Monotheismus, die ersten Aufsätze der Moralphilosophie; die hervorragende Leistung der Architektur, der Skulptur und des Kunstgewerbes, wie sie nie zuvor gesehen und selten nachher erreicht wurde: dieser Beitrag sollte nicht verlorengehen, selbst als die schönsten Musterstücke der ägyptischen Kultur unter der Wüste begraben oder von irgendeiner Erderschütterung vernichtet wurden*. Über die Phoiniker, Syrer und Juden kam die Kultur des Nillandes an die Kreter, Griechen, Römer und zu uns, um ein Teil des Kulturerbes der Menschheit zu werden. Die Wirkung oder die Erinnerung dessen, was Ägypten im Morgendämmern der Menschheit geleistet hat, übt ihren Einfluß auf jede Nation und auf jedes Zeitalter aus. «Es ist sogar möglich», wie Faure gesagt hat, «daß Ägypten durch das Zusammengehörigkeitsgefühl, die Einheit und die disziplinierte Vielfalt seiner künstlerischen Erzeugnisse, durch die enorme Dauer und die anhaltende Kraft seiner Bemühungen das Schauspiel der größten bis zum heutigen Tage auf der Erde erschienenen Kultur bietet.» Wir werden gut daran tun, ihr nachzustreben.

---

* Theben wurde im Jahre 27 v. Chr. durch ein Erdbeben zerstört.

DRITTES KAPITEL

Babylonien

I. VON HAMMURABI ZU NEBUKADNEZAR

Der Beitrag Babyloniens an die moderne Kultur · Das Zweistromland · Hammurabi
Seine Hauptstadt · Die Herrschaft der Kossäer · Die Amarnabriefe · Die assyrische Eroberung
Nebukadnezar · Babylon in den Tagen seines Ruhms

DIE Kultur ist wie das Leben ein ewiger Kampf mit dem Tod. Und wie das Leben sich nur dadurch erhält, daß es alte Formen verläßt und sich in jüngere und frischere umwandelt, so erringt auch die Kultur nur dadurch eine unsichere Weiterexistenz, daß sie Volk und Gebiet wechselt. So wanderte sie von Ur nach Babylon und Judäa, von Babylon nach Ninive, von hier nach Persepolis, Sardes und Milet und von diesen Kulturzentren sowie von Ägypten und Kreta nach Griechenland und Rom.

Niemand, der das Gebiet des einstigen Babylonien heute betrachtet, könnte vermuten, daß diese heißen und öden Wüsteneien, durch die der Euphrat fließt, einmal die Wiege einer reichen und mächtigen Kultur waren, die die Grundsteine zur Astronomie legte, viel zum Fortschritt der Medizin beitrug, die Sprachwissenschaft begründete, die ersten großen Gesetzbücher schuf, den Griechen die Anfangsgründe der Mathematik, Physik und Philosophie lehrte, die Juden mit ihren mythologischen Vorstellungen vertraut machte, die bald Allgemeingut der abendländischen Völker wurden, und den Arabern einen Teil jener wissenschaftlichen und architektonischen Kenntnisse vermittelte, die das dogmatisch gebundene Denken des mittelalterlichen Menschen weitete und ihm den Stoff für seine gewaltigen Systeme lieferte. Wenn man vor den still dahinfließenden Strömen Tigris und Euphrat steht, fällt es einem schwer, in ihnen die gleichen Flüsse zu erkennen, die Sumer und Akkad bewässerten und die hängenden Gärten von Babylon nährten.

Es scheint, als ob es nicht die gleichen Ströme seien, nicht nur, weil stets neue Wassermengen den Weg zum Meere suchen, sondern auch, weil sie längst das alte Bett verlassen haben und andere Ufer bespülen. Wie der Nil in Ägypten, so schufen Tigris und Euphrat in Mesopotamien für Tausende von Meilen eine Handelsstraße und überschwemmten im Frühling das Tiefland, so daß sich ein fruchtbarer Ackergrund bildete. Der Regen ist in Babylonien auf die Wintermonate beschränkt; von Mai bis November herrscht vollständige Trockenheit, so daß Südmesopotamien ebenso trocken wäre wie der Norden, würden nicht die beiden Flüsse zeitweilig über die Ufer treten. Die segenspendenden Ströme und die mühselige Arbeit vieler Generationen schufen aus Babylonien das Eden der semitischen Sage, den Garten und die Kornkammer Westasiens*.

---

* Nach der *Genesis* (2, 14) ist der Euphrat einer der vier Flüsse des Paradieses.

DER VORDERE ORIENT

Historisch und ethnisch ging das babylonische Volk aus einer Vereinigung der Akkader und Sumerer hervor, einer Vereinigung, in der der semitisch-akkadische Charakter vorherrschte. Dies deutet darauf hin, daß die kriegerische Auseinandersetzung zwischen Akkadern und Sumerern mit einem Triumph der erstgenannten endete, der zur Errichtung Babylons als Hauptstadt ganz Untermesopotamiens führte. Am Beginn des neuen Zeitabschnittes steht die großartige Gestalt Hammurabis (2123–2081 v. Chr.), der als Eroberer und Gesetzgeber während dreiundvierzig Jahren die Herrschaft innehatte. Alte Siegel und Inschriften stellen ihn als Jüngling voll Feuer und Geist dar, der wie ein Wirbelwind in den Schlachten tobt, Rebellen niedermetzelt, die Feinde in Stücke zerhaut, über unnahbare Gebirge zieht und nie eine Schlacht verliert. Er zwang die kleinen, ewig in Fehde lebenden Staaten des Südens durch sein auf unsere Zeiten gekommenes Gesetzbuch zu Einigkeit und Frieden.

Dieses Gesetzbuch wurde 1902 in Susa ausgegraben; es ist in einen Dioritzylinder eingeschnitten, der einst als Kriegstrophäe von Babylon nach Elam gebracht worden war (ca. 1100 v. Chr., jetzt im Louvre). Wie die mosaische so galt auch die babylonische Gesetzgebung als ein Geschenk des Himmels; wir sehen auf einer Seite des Zylinders den König, wie er von Schamasch, dem Sonnengotte, die Gesetze empfängt. Der Prolog spielt im Reiche der Götter:

«Als der hehre Anu, König der Anunnaki, und Bel, Herr des Himmels und der Erde, der das Schicksal der Länder bestimmt, Marduk die Herrschaft über die gesamte Menschheit übergab; ... als sie den erhabenen Namen Babylons aussprachen, ihn in allen Teilen der Welt ruhmvoll verkündeten und in der Mitte der Erde ein unvergängliches Königreich schufen, dessen Grundsteine so fest waren wie Himmel und Erde – zu jener Zeit riefen Anu und Bel mich, Hammurabi, den gepriesenen Fürsten, den Verehrer der Götter, Gerechtigkeit im Lande walten zu lassen, den Ruchlosen und Bösen zu vernichten, *die Unterdrückung des Schwachen durch den Starken zu verhindern ... das Land zu belehren und den Wohlstand des Volkes zu fördern.* Hammurabi, der von Bel ernannte Statthalter, bin ich, der Überfluß und Reichtum schuf; der alles (was nötig war) für Nippur und Durilu vollendete ... der der Stadt Uruk Leben gab und ihre Bewohner mit Wasser versorgte; ... der schön machte die Stadt Borsippa; ... der Vorräte an Korn aufspeicherte für den gewaltigen Urasch; ... der seinem Volke half in Zeiten der Not und sein Eigentum sicher verwahrte in Babylon; (gewiß) der Statthalter des Volkes (bin ich), *der Diener*, dessen Taten Anunit gefällig sind.»[1]

Die hier willkürlich hervorgehobenen Worte haben einen Anklang an moderne Gedankengänge. Man würde sie kaum einem orientalischen «Despoten» von 2100 v. Chr. zuschreiben, noch vermuten, daß den durch sie eingeleiteten Gesetzen etwa viertausend Jahre alte sumerische Urbilder zugrunde liegen. Dieser frühe Ursprung verlieh gemeinsam mit den babylonischen Kultureinflüssen dem Kodex einen zusammengeflickten und uneinheitlichen Charakter. Er beginnt mit liebenswürdigen Worten an die Götter, ohne aber bei der Entwicklung seiner von weltlichen Gesichtspunkten geleiteten Gesetzgebung ihrer weiter zu gedenken. Neben aufgeklärten Gesetzesverfügungen führt er barbarische Strafen an und setzt das primitive *ius talionis* und das Gottesurteil dem sorgfältigen Prozeßverfahren oder einem scharfsinnigen Versuch, die Ehetyrannei einzuschränken, an die Seite. Alles in allem bilden diese zweihundertfünfundachtzig nahezu wissenschaftlich unter den Titeln des beweglichen, persönlichen Eigentums, des

BABYLONIEN 203

Grundbesitzes, des Handels und der Geschäfte, der Familie, der Ehrverletzungen und der Arbeit geordneten Gesetze einen fortgeschritteneren und zivilisierteren Kodex als der mehr denn tausend Jahre jüngere assyrische Gesetzeskörper. In manchen Dingen darf das Werk Hammurabis sogar als ebensogut wie das eines modernen europäischen Staates gelten*. Es gibt wenige edlere Worte in der Geschichte des Rechts als die, mit denen der große Babylonier seine Gesetzgebung abschließt:

«Die gerechten Gesetze, die Hammurabi, der weise König, errichtete und (durch die) er dem Lande eine dauernde Stütze und reine Regierung gab ... Ich bin der Wächter-Statthalter ... In meiner Brust trug ich das Volk aus dem Lande von Sumer und Akkad ... In meiner Weisheit hielt ich sie zurück, damit die Starken die Schwachen nicht unterdrücken und damit sie der Waise und Witwe Gerechtigkeit widerfahren lassen ... Jeder unterdrückte Mann, der einen Grund zur Klage hat, soll vor mein Bildnis treten, bin ich doch ein König der Gerechtigkeit! Lasset ihn die Inschrift auf meinem Denkmale lesen! Lasset ihn meine schwerwiegenden Worte befolgen! Möge meine Bildsäule Licht bringen in seinen (verworrenen) Handel, möge er Recht finden und sein Herz beruhigen (indem er ausruft): ‚Hammurabi, wahrhaftig, er ist ein Herrscher, der wie ein wirklicher Vater zu seinem Volke ist ... Er hat für alle Zeit den Wohlstand seines Volkes begründet und seinem Lande eine weise Regierung gegeben‘ ... In den Tagen, die da noch kommen werden, für alle zukünftige Zeit, möge der König, der da im Lande herrscht, die Worte der Gerechtigkeit beobachten, die ich auf mein Denkmal geschrieben.»[2]

Diese Gesetzgebung war eine der vielen Leistungen Hammurabis. Auf den Befehl dieses Königs wurde auch ein großer Kanal zwischen Kisch und dem Persischen Golf gegraben, der eine ausgedehnte Bodenfläche bewässerte und die Städte des Südens vor den vernichtenden Fluten des Tigris schützte. In einer anderen Inschrift, die den Weg zu uns gefunden hat, erzählt der große Herrscher stolz, wie er vielen Stämmen das edle (von den heute lebenden Menschen aber gering geschätzte und selbstverständlich hingenommene) Wasser, das einst eine Kostbarkeit war, ferner die Sicherheit eines friedlichen Daseins und eine weise Regierung gab. Noch in den (nach orientalischer Sitte) prahlenden Worten vernehmen wir die Stimme echter Staatsmannskunst.

«Als Anu und Ellil (die Götter von Uruk und Nippur) mir die Herrschaft der Länder von Sumer und Akkad gaben und dieses Szepter mir anvertrauten, da grub ich den Kanal *Hammurabinuchusch-nischi* (Hammurabi-der-Überfluß-des-Volkes), der reichlich Wasser in das Land von Sumer und Akkad bringt. Seine beidseitigen Ufer verwandelte ich in bebauten Boden; ich schichtete Haufen von Korn auf und sorgte dafür, daß die Äcker stets Wasser erhielten ... Das zerstreute Volk sammelte ich; mit Weideland und Wasser versah ich es; ich weidete es mit Überfluß und verschaffte ihm friedliche Wohnstätten.»[3]

Trotz der weltlichen Natur seiner Gesetze war Hammurabi klug genug, seine Autorität mit dem Glanz göttlichen Einverständnisses zu umgeben und zu kräftigen. Er errichtete nicht nur Festungen, sondern baute auch Tempel und schmeichelte der Geistlichkeit durch die Stiftung eines in Babylon befindlichen gigantischen Heiligtums für Marduk und für seine Gemahlin (die zu den nationalen Gottheiten zählte) und durch das Anlegen einer gewaltigen Kornkammer, die die Nahrungsvorräte der Götter und

---

* Der «mosaische Kodex» entlehnt anscheinend daraus verschiedenes oder entspringt mit dem Hammurabis einer gemeinsamen Quelle. Die Gewohnheit, die gesetzlichen Verträge mit einem Amtssiegel zu versehen, geht auf Hammurabi zurück.

204 DER VORDERE ORIENT

Priester aufnahm. Diese und ähnliche wohltätige Unternehmungen erwiesen sich als eine kluge Kapitalanlage, deren Zinsen im ehrfürchtigen Gehorsam des Volkes bestanden. Durch dessen Steuern gewann der König die Mittel, um Gesetz und Ordnung aufrechtzuerhalten, und mit den übrigbleibenden Geldern verschönerte er die Hauptstadt. Überall erstanden Tempel und Paläste, eine Brücke verband die beiden Ufer des Euphrats, und die Stadt wuchs und blühte. Mit neunzig Ruderern bemannte Boote fuhren stromauf und stromab. 2100 v. Chr. war Babylon bereits eine der reichsten Städte, die die Geschichte kennt *.

Das Volk zeigte semitische Züge. Es besaß dunkles Haar und eine dunkle Gesichtsfarbe. Die Männer schmückte meist Bartwuchs, und manche trugen einen Zopf. Wie die Frauen liebten sie langes Haar, ließen die Locken vom Haupt herunterfallen und parfümierten sich. Die Kleidung bestand für beide Geschlechter aus einem weißen, bis zu den Füßen reichenden Leinenkittel, der bei den Frauen eine Schulter frei ließ; die Männer zogen noch einen Rock darüber an und warfen einen Mantel um. Mit dem Anwachsen des Reichtums entwickelte das Volk einen so starken Farbensinn, daß die Gewänder rot oder blau gefärbt und mit ebensolchen roten oder blauen Kreis-, Karo-, Tüpfel- und Streifmustern verziert wurden. Der nackte Fuß, wie er bei den Sumerern üblich war, schnallte sich nun gern wohlgeformte Sandalen um, und den Kopf der Männer schmückte zur Zeit Hammurabis ein Turban. Die Frauen trugen Halsketten, Armbänder, Amulette und Perlenschnüre im sorgfältig frisierten Haar, während ihre Gefährten aus dem stärkeren Geschlecht Spazierstöcke mit geschnitztem Knaufe liebten und am Gürtel die schön gezeichneten Siegel herunterhängen ließen, mit denen sie ihren Briefen und Verträgen Rechtskraft verliehen. Die Priester trugen hohe, kegelförmige Kopfbedeckungen, um ihr Menschsein zu verbergen.

Es scheint ein Gesetz der Geschichte zu sein, daß der gleiche Reichtum, der eine Kultur erzeugt, auch ihren Verfall ankündet. Denn der Reichtum führt, ebenso wie die Kunst, ein Nachlassen der Kräfte herbei, er verweichlicht das Volk im Wohlleben und im Frieden und fordert das Eindringen stärkerer Arme und hungrigerer Mäuler heraus. An der Ostgrenze des von Hammurabi geschaffenen Staates lebte ein rauher Gebirgsstamm. Es waren die Kossäer (Kassiten), die neidisch auf den Reichtum Babylons blickten. Acht Jahre nach dem Tode Hammurabis fielen sie in das Land ein, plünderten es, zogen sich zurück, fielen aufs neue ein und wiederholten schließlich ununterbrochen ihre Angriffe, bis sie zuletzt sich als Eroberer und Herrscher darin niederließen. Das ist der gewöhnliche Ursprung der Aristokratien. Die Kossäer waren nicht semitischer Abstammung, sondern vielleicht Nachkommen europäischer Einwanderer der Neusteinzeit. Ihr Sieg über das semitische Babylon ist Ausdruck des gewaltigen rassischen Ringens in Westasien. Während mehrerer Jahrhunderte lag Babylon in ethnischer und politischer Verwirrung darnieder, die jede Entwicklung von Wissenschaft und Kunst

---

* «In allem Wesentlichen hatte Babylon zur Zeit Hammurabis und selbst früher einen Höhepunkt materieller Kultur erreicht, der später niemals in Asien übertroffen worden ist.» – Christopher Dawson, *Enquiries into Religion and Culture*, New York, 1933, S. 107. Vielleicht müssen wir das Zeitalter Xerxes' I. in Persien, Ming Huangs in China und Akbars in Indien von diesem für sie negativ ausfallenden Urteil ausschließen.

BABYLONIEN 205

hemmte. Die «Amarna»-Briefe bieten uns gleichsam ein Kaleidoskop dieser unruhigen Zeiten. Sie erzählen uns von den Bittschriften der kleinen, Ägypten tributpflichtigen Könige Babyloniens und Syriens, die diese nach den Siegen Thutmosis' III. an dessen Nachfolger richteten, indem sie Hilfe gegen Aufständische und Eindringlinge erflehten, und sie zeigen uns auch ihr Gezänk um den Wert ihrer mit dem verächtlichen Amenhotep III. und dem grüblerischen und im Regieren schwachen Echnaton ausgetauschten Geschenke*.

Nach beinahe sechs Jahrhunderten stürzte die Herrschaft der Kossäer, einem gewaltigen Erdbeben vergleichbar, zusammen, ähnlich dem Ende der Hyksos in Ägypten. Nun folgten vierhundert Jahre der Wirren unter wenig kräftig in Erscheinung tretenden babylonischen Herrschern, deren nachlässiges Regiment Babylon den Königen von Ninive zubrachte. Als die Stadt sich dagegen auflehnte, zerstörte Sinacherib (Sanherib) sie beinahe vollends; aber die geniale Gewaltherrschaft Asarhaddons ließ den Ort zu neuem Wohlstand erblühen. Der Aufstieg der Meder schwächte Assyrien, und mit ihrer Hilfe befreite Nabopolassar Babylon, richtete wieder eine unabhängige Dynastie ein und hinterließ dieses neue babylonische Reich seinem Sohne Nebukadnezar II., der in dem von Rache triefenden und sagenreichen *Buche Daniel* als ein Bösewicht angeschwärzt wird. Nebukadnezars Einführungsrede an Marduk, den Hauptgott Babylons, gibt uns einen Begriff vom Wesen und den Zielen eines morgenländischen Monarchen:

«Wie mein kostbares Leben liebe ich deine erhabene Erscheinung! Außerhalb meiner Stadt Babylon habe ich unter allen Niederlassungen keine Wohnstätte erwählet ... Zu deinem Befehle, o erbarmungsvoller Marduk, möge das Haus, das ich erbaut habe, in Ewigkeit dauern, so daß ich gesättigt bin an seinem Glanze, hohes Alter darin erreiche mit zahlreicher Nachkommenschaft und darin sammle den Tribut der Könige aller Gebiete, der gesamten Menschheit.»[5]

Sein Leben erfüllte Nebukadnezar beinahe alle Hoffnungen; denn obgleich ungebildet und geistig kaum ganz zurechnungsfähig, wurde er einer der mächtigsten Herrscher seiner Zeit und der größte Krieger, Staatsmann und Bauherr aller babylonischen Könige seit Hammurabi. Als Ägypten sich mit Assyrien gegen die Unabhängigkeit Babyloniens aufs neue verschwor, trat er den ägyptischen Armeen bei Karkemisch (am Oberlauf des Euphrats) entgegen und vernichtete sie fast gänzlich. Palästina und Syrien fielen in der Folge leicht in seine Gewalt, und die babylonischen Kaufherren hatten den durch Westasien vom Persischen Golfe zum Mittelmeer ziehenden Handel in ihrer Hand.

Nebukadnezar verwendete die aus dem Handel fließenden Zolleinnahmen, die Tribute der Vasallen und die Steuern seines Volkes dazu, seine Hauptstadt zu verschönern und den Geldhunger der Priester zu stillen. «Ist das nicht das große Babylon, das ich

---

* Die «Amarna»-Briefe sind eine langweilige Lektüre voller Schmeicheleien und Zank, voller Flehen und Klagen. Man höre zum Beispiel Burraburiasch II., König von Karduniasch (dies ist der von den Kossäern eingeführte Name für Babylonien) in seinem Briefe an Amenhotep III. über den Austausch königlicher Geschenke, bei dem, wie es scheint, Burraburiasch übervorteilt worden war: «Seit mein Vater und Dein Vater freundliche Beziehungen zueinander unterhielten, tauschten sie stets wertvolle Geschenke aus, und ihre gegenseitigen Wünsche lehnten sie einander nie ab. Nun hat mein Bruder Amenhotep mir (nur) zwei *maneh* Gold als Geschenk gesandt; sende mir doch ebensoviel Gold wie Dein Vater, und wenn es weniger sein soll, dann sei es die Hälfte dessen, was Dein Vater senden würde. Warum sandtest Du mir nur zwei *maneh* Gold?»[4]

DER VORDERE ORIENT

erbaut?» pflegte er zu sagen. Er widerstand der Versuchung, lediglich ein Eroberer zu sein. Zog er einmal ins Feld, so tat er es, um seine Lehnsmänner die Tugenden des Gehorsams zu lehren, meistens aber blieb er daheim und baute Babylon zur unvergleichlichen Hauptstadt des Vorderen Orients aus, zur größten und großartigsten Metropole der Alten Welt. Nabopolassar hatte Pläne für den Wiederaufbau der Stadt entworfen, und Nebukadnezar verwendete die dreiundvierzig Jahre seiner Herrschaft, um sie Wirklichkeit werden zu lassen. Herodot, der Babylon hundertfünfzig Jahre später sah, beschrieb die Stadt als «in einer weiten Ebene liegend», von einer neunzig Kilometer langen Mauer umgeben, die breit genug war, daß ein Viergespann darauf gelenkt werden konnte, und die eine Fläche von dreihundert Quadratkilometern umschloß*. Durch die Stadtmitte floß, von einer schönen Brücke überspannt, der palmenumsäumte geschäftige Euphrat**. Die vornehmeren Baulichkeiten bestanden meist aus Ziegeln, denn einen guten Baustein fand man in Mesopotamien selten; dafür war aber die Außenseite der Häuser oft mit Emailplatten von glänzendem Blau, Gelb oder Weiß und mit Tier- und anderen Figuren in glasiertem Relief, die noch heute in ihrer Art unübertroffen sind, geschmückt. Fast alle in den Ruinen Babylons entdeckten Ziegel weisen die stolze Inschrift auf: «Ich bin Nebukadnezar, König von Babylon.»

Wenn der Reisende sich der Stadt näherte, sah er zuerst – auf der Spitze eines wahren Gebirges von Mauerwerk – einen mächtigen und hehren Tempelturm, der in sieben mit glitzerndem Email geschmückten Stockwerken zu einer Höhe von zweihundert Metern aufragte und ein Heiligtum verwahrte, das einen Tisch aus massivem Gold und ein geschmücktes Bett enthielt, auf dem jede Nacht eine Frau schlief, um den Gott und seine Lust zu erwarten. Dieser Bau, dessen Höhe nur noch die Pyramiden und die neuesten Wolkenkratzer überbieten, war vermutlich der «Turm von Babel» des hebräischen Mythos, der Ausdruck der Verwegenheit eines Volkes, das – wie die Bibel berichtet – Jahve nicht kannte und deshalb von ihm mit der Sprachenverwirrung bestraft wurde***. Südlich des Tempelturms stand der gewaltige Tempel des Marduk, des Stadtgottes von Babylon. Rund um den Tempelbau und auch unterhalb von ihm dehnte sich die Stadt in wenigen, blendenden und breiten Straßen aus, durchfurcht von einer Menge stark belebter Kanäle und durchkreuzt von schmalen Gäßchen, in denen die Gerüche orientalischer Basare sich aufstauten und ein geschäftiger Menschenschwarm seinem Tagwerk nachging. Ein geräumiges, mit Kalksteinfliesen und roter Brekzie geziertes Asphaltziegelpflaster verband als «geheiligter Weg» die Tempelbauten, um den Göttern als Straße zu dienen, auf der sie die Füße nicht beschmutzten. Dieser Tempelweg wurde von Mauern aus farbigen Ziegelsteinen flankiert, auf denen in Flachrelief hundertzwanzig schimmernde, emaillierte Löwen dargestellt waren, so daß es aussah, als ob diese mit ihrem Knurren die Gottlosen fernhalten wollten. Am einen Ende des

---

* Wahrscheinlich umschlossen die Wälle nicht die Stadt allein, sondern auch einen Teil des Ackerlandes, das im Falle einer Belagerung die Bevölkerung mit Nahrung versorgen konnte.

** Wenn wir Diodoros Siculus glauben dürfen, so verband ein fünf Meter breiter und vier Meter hoher Tunnel die beiden Ufer.

*** *Babel* (Babylon) bedeutet nicht Verwirrung oder Stammeln, wie die Legende meint, vielmehr heißt es «Tor der Götter».

BABYLONIEN   207

Weges stand das wunderbare Ischtar-Tor, ein massives Doppelportal aus leuchtenden
Ziegeln und mit emaillierten Blumen und Tierfiguren von bewunderungswürdiger Farbe, Lebendigkeit und Linie geschmückt.

Sechshundert Meter nördlich des «Turms von Babel» erhob sich eine Kasr genannte
Erderhöhung, auf der Nebukadnezar den imposantesten seiner Paläste erbaut hatte. In
dessen Mitte befand sich die Wohnung des Fürsten mit Mauern aus gelben Ziegeln und
Böden aus weißem, geadertem Sandstein. Blau glasierte Reliefs schmückten die Außenseite, und gigantische Basaltlöwen bewachten den Eingang. Nebenan lagen, getragen
von kreisförmigen Säulengängen, die berühmten hängenden Gärten, die die Griechen
zu den sieben Wundern der Welt zählten. Der ritterlicher Sitte huldigende Nebukadnezar ließ sie für eine seiner Ehefrauen errichten, nämlich für die Tochter des Kyaxares,
des Königs der Meder, damit ihr, die nicht an die heiße Sonne und an den Staub von
Babylon gewöhnt war, die grüne Frische der heimatlichen Hügel in Erinnerung blieb.
Die oberste Terrasse war mit einer fetten, viele Fuß tiefen Erdschicht bedeckt und
nährte nicht nur die verschiedensten Pflanzen und Blumen, sondern auch große und
wurzelreiche Bäume. Hydraulische Maschinen, die in den Säulen eingebaut waren und
von Sklaven bedient wurden, versorgten die höchsten Stockwerke der Gärten mit dem
Wasser des Euphrats. Hier, fünfundzwanzig Meter über dem Boden, lustwandelten im
kühlen Schatten hoher Bäume und umgeben von exotischem Strauchwerk und köstlichen Blumen die Frauen des königlichen Harems ohne Schleier, dem Auge der gewöhnlichen Sterblichen fern, während unten in den Ebenen und Gassen das Volk den
Pflug zog, webte, baute, Lasten schleppte und seine Art vermehrte.

II. MÜHSAL UND ARBEIT

*Die Jagd · Der Feldbau · Die Nahrung · Das Gewerbe · Das Transportwesen
Die Gefahren des Handels · Die Geldverleiher · Die Sklaven*

Ein Teil des Landes war noch wild und gefährlich; die Schlangen raschelten im hohen
Grase, und die Könige von Babylonien und Assyrien machten Jagd und Nahkampf mit
den in den Wäldern hausenden Löwen zu einem königlichen Sport. Diese ließen sich
gelassen von den Künstlern verewigen, flohen aber furchtsam, sobald die Menschen sich
ihnen näherten.

Der Boden wurde größtenteils von Pächtern oder Sklaven bebaut, zuweilen von
landbesitzenden Bauern. In den frühen Jahrhunderten furchte man wie im neolithischen Feldbau die Erde mit Steinhauen; ein aus dem Jahre 1400 v. Chr. datierendes Siegel bietet uns die erste Darstellung des Pfluges in Babylonien. Wahrscheinlich hatte dieses alte und ehrenwerte Gerät bereits eine lange Entwicklung im Zweistromland hinter
sich; denn es wurde, den Erfordernissen der Zeit angepaßt, von einem Ochsengespann
über das Feld gezogen, wie das bei unseren Vätern Sitte war. Eine am Pflug befestigte
Röhre streute die Samen in die Erde. Man ließ den über seine Ufer getretenen Fluß

nicht wie in Ägypten das Land überschwemmen, sondern schützte im Gegenteil jedes Gehöft durch die noch heute sichtbaren Erdgräben vor den Fluten. Die Wassermassen wurden in ein kompliziertes Kanalnetz abgeleitet oder in Reservoirs aufgespeichert. Aus diesen wurden je nach Bedarf die Felder berieselt, oft indem man mit Hilfe der Schadufs – auf Rädern befestigten Eimern – das Wasser verteilte. Nebukadnezar baute während seiner Regierung viele Kanäle und sammelte den durch die Überschwemmung verursachten Wasserüberschuß in einem Becken von zweihundertundfünfundzwanzig Kilometern Durchmesser, dessen Abflüsse riesige Bodenflächen nährten. Die Ruinen dieser Kanäle findet man noch heute in Mesopotamien, und der primitive Schaduf wird, gleichsam als ein Band zwischen Vergangenheit und Gegenwart, noch am Euphrat und im Loiretal benutzt.

Der mit Wasser versorgte Boden erzeugte die verschiedensten Getreide- und Hülsenfrüchte und ermöglichte das Entstehen großer Obstgärten sowie das Wachsen von Nußbäumen und vor allem von Dattelpalmen. Aus diesem Geschenk von Sonne und Erde bereiteten die Babylonier Brot, Honig, Kuchen und andere Lieblingsgerichte; sie mengten Datteln und Mehl untereinander und schufen sich so eine Kraftnahrung, und um die Dattelerzeugung zu vergrößern, bestäubten sie die Blüten der weiblichen Dattelpalmen mit den Pollen der männlichen. Aus Mesopotamien wurden Rebe und Olive nach Griechenland und Rom und von dort nach Westeuropa verpflanzt, aus dem nahen Persien kam der Pfirsich, und von der Küste des Schwarzen Meeres brachte Lucullus den Kirschbaum nach Rom. Die im Fernen Osten seltene Milch bildete in Babylonien ein Hauptnahrungsmittel. Fleisch war selten und teuer, aber die Fische der großen Flüsse fanden ihren Weg in die ärmsten Haushaltungen. Und wenn etwa den Bauern abends Gedanken über Leben und Tod beunruhigten, dann beschwichtigte er seine Ängste mit Palmwein oder aus Mais gebrautem Bier.

Inzwischen suchten andere in der Erde, spürten Ölquellen auf oder entnahmen den Schächten des Gebirges Kupfer, Blei, Eisen, Silber und Gold. Strabon erzählt, wie im Boden Mesopotamiens eine Substanz gefunden wurde, die er «Naphtha» oder «flüssigen Asphalt» nennt, und wie Alexander, als er von dieser Art brennenden Wassers erfuhr, die Wahrheit des Berichts prüfen wollte, einen Knaben mit der sonderbaren Flüssigkeit begoß und ihn mit einer Fackel anzündete. Die Geräte, die noch zur Zeit Hammurabis aus Stein gebildet waren, stellte man im letzten Jahrtausend v. Chr. aus Bronze und später aus Eisen her und erfand die Kunst des Metallgießens. Aus Baumwolle oder Wolle begann man Textilwaren zu weben; die Stoffe wurden gefärbt und bestickt, und die Kunstfertigkeit entwickelte sich zu einer Höhe, daß diese Gewebe bald die wertvollsten Exportartikel Babyloniens darstellten und von den griechischen und römischen Schriftstellern über alle Maßen gepriesen wurden. Der Webstuhl und die Töpferscheibe gehören zur ältesten mesopotamischen Geschichte und bildeten ursprünglich wohl fast die einzigen Maschinen. Die Bauten errichtete man meist aus den an der Sonne getrockneten Ziegelsteinen, die aus Lehm und Stroh gemischt waren, oder man legte die noch feuchten und weichen Ziegel zu einer Mauer übereinander und überließ der Sonne den Rest. Schließlich entdeckten die Menschen, daß die im Kamin befindlichen Ziegel här-

BABYLONIEN

ter und haltbarer wurden als die an der Sonne getrockneten, und so gingen sie daran, das Baumaterial in Brennöfen zu härten, eine Entwicklung, die nun in Babylon einen raschen Aufschwung nahm. Die Berufe mehrten sich, die Kunstfertigkeit nahm zu, und schon zu Hammurabis Zeit war die Industrie in Meister- und Lehrlingsgilden (Stämme benannt) gegliedert.

Zum Transport benutzte man Karren, die von geduldigen Eseln gezogen wurden. Das Pferd wird um 2000 v. Chr. zum erstenmal in babylonischen Aufzeichnungen als «Esel aus dem Osten» erwähnt; anscheinend stammte es aus den Hochebenen Zentralasiens, kam mit den Kossäern nach Babylonien und mit den Hyksos nach Ägypten. In den Dienst des Verkehrs gestellt, ermöglichte es den Außenhandel, so daß Babylonien reich wurde und zum kommerziellen Mittelpunkt des Vorderen Orients erblühte. Durch den Handel kamen die Nationen der alten Mittelmeerwelt miteinander in nähere menschliche Berührung. Nebukadnezar förderte ihn daher durch die Verbesserung der Straßen. «Ich habe unwegsame Pfade», so teilt eine Inschrift der Nachwelt mit, «in nützliche Straßen verwandelt.» Unzählige Karawanen brachten die Erzeugnisse der halben Welt in die Geschäfte und Basare Babylons. Aus Indien kamen sie über Kabul, Herat und Ekbatana; aus Ägypten über Pelusium und durch Palästina; aus Kleinasien nahmen sie den Weg über Tyrus, Sidon und Sardes nach Karkemisch und fuhren dann den Euphrat hinunter. Die Folge dieses regen wirtschaftlichen Lebens unter Nebukadnezar war die Verwandlung Babylons in einen geschäftigen und lärmerfüllten Marktplatz, vor dem der reiche Bürger Zuflucht in den Vororten der Hauptstadt suchte. Man vernehme den zeitgenössischen Ausruf eines solchen Vorstadtbewohners in seinem Briefe an den persischen König Kyros (ca. 539 v. Chr.): «Unser Anwesen schien mir das schönste in der Welt» – so heißt es dort – «denn es war so nahe bei Babylon, daß wir alle Vorteile der großen Stadt genossen und zu Hause doch von ihrem Gedränge und ihrer Plage befreit waren.»

Den Herrschern Mesopotamiens gelang es allerdings nie, eine so vorzügliche ökonomische Ordnung herzustellen, wie die der ägyptischen Pharaonen es war. Vielmehr blieb der Handel im Zweistromland dauernd von Gefahren bedroht und durch Zölle eingeschränkt, so daß der Kaufmann nicht wußte, was er mehr zu fürchten habe: die Räuber, deren Überfall er gewärtigen mußte, oder die Städte und Gaufürstentümer, die für das Begehen der Straßen ihm hohe Steuern auferlegten. Es war daher bequemer, den Euphrat, die nationale Wasserstraße, zu benutzen, die Nebukadnezar von Thapsakos bis zum Persischen Golf für den Schiffsverkehr ausgebaut hatte. Die Feldzüge dieses Herrschers in Arabien und seine Unterwerfung von Tyrus eröffneten dem babylonischen Handel den Indischen Ozean und das Mittelmeer, aber diese neuen Möglichkeiten wurden nur teilweise ausgenutzt; den Kaufmann umgaben zur See ebenso große Gefahren wie im Gebirge oder in der Wüste. Die Schiffe wurden zwar zuverlässig gebaut, aber es gab gefährliche Riffe, und die Nautik war noch nicht zur Wissenschaft erhoben. Auch lauerten jederzeit Seeräuber oder beutegierige Küstenbewohner dem seefahrenden Kaufmann auf, bemächtigten sich seiner Waren und töteten die Schiffsmannschaft oder verkauften sie in Sklaverei. Die Kaufleute hielten sich für solche Verluste schadlos, indem sie ihre Ehrlichkeit den Umständen der einzelnen Situation anpaßten.

Die Schwierigkeiten der geschäftlichen Unternehmungen wurden durch ein gut entwickeltes Finanzsystem etwas behoben. Die Babylonier kannten zwar die Münzprägung noch nicht, verwendeten aber bereits vor Hammurabi außer Gerste und Korn auch Gold- und Silberbarren als Wertstandard und Tauschmittel. Das Metall wurde für jedes Geschäft gewogen. Die kleinste Werteinheit bildete der Schekel – eine halbe Unze Silber; sechzig solcher Schekel ergaben eine Mine und sechzig Minen ein Talent. Darlehen wurden in Waren oder in bar verabfolgt, waren aber an einen hohen Zinsfuß gebunden, den der Staat mit zwanzig Prozent für Geld- und mit dreiunddreißig Prozent für Warendarlehen festsetzte. Geldverleiher, die sich schlaue, im Umgehen der Gesetze kundige Schreiber leisten konnten, setzten die Zinsfüße noch höher an. Es gab keine Banken, aber eine Anzahl mächtiger Familien betrieb das Geldverleihgeschäft von Generation zu Generation, spekulierte mit Grundstücken und finanzierte industrielle Unternehmen. Personen, die Depots bei solchen Firmen hatten, konnten ihren Verpflichtungen mit geschriebenen Tratten nachkommen. Auch die Priester gaben Darlehen, besonders, um die Ernten zu finanzieren. Gelegentlich nahm das Gesetz den Schuldner in Schutz: zum Beispiel wenn ein Bauer eine Hypothek auf seinen Hof aufnahm und nun Sturm oder Dürre oder ein anderes Ereignis höherer Gewalt (eine «Handlung Gottes») seine Mühen unbelohnt ließ. In diesem Falle durfte man von ihm während des Mißjahres keine Zinsen fordern. Aber meistens diente das Gesetz dem Schutze des Eigentums und der Vermeidung von Verlusten; es war ein Grundsatz des babylonischen Rechts, daß kein Mensch Geld borgen durfte, wenn er sich nicht verpflichtete, für dessen Rückzahlung voll und ganz verantwortlich zu sein. Dieser Bestimmung zufolge besaß der Gläubiger das Recht, den Sklaven oder den Sohn des Schuldners als Geisel für eine unbezahlte Schuld fortzuführen und ihn drei Jahre lang zu behalten. Die Plage des Wuchers war der Preis, den die babylonische Industrie, wie die unsere, für die den Wirtschaftskörper belebende Tätigkeit eines verwickelten Kreditsystems entrichtete.

Babyloniens Kultur beruhte vor allem auf dem Handel. Die meisten Urkunden, die uns erhalten sind, haben den Charakter von Handelspapieren; es sind Verkaufs- und Darlehensverträge, Abschlüsse über Teilhaberschaften, Kommissionen, Tauschgeschäfte, Legate und ähnliches. Wir erhalten aus diesen Schriftstücken den Beweis für den Reichtum des Landes und für eine eigenartig materialistische Geisteshaltung, der es, wie bei mancher späteren Kultur, gelang, Frömmigkeit und Geldgier miteinander in Einklang zu bringen. Wir finden in der Literatur viele Anzeichen für ein eifriges, tätiges und wohlgedeihendes Leben, aber wir stoßen auch jeden Augenblick auf Beweise für die Sklaverei, eine Einrichtung, die allen Kulturen zugrunde liegt. Die interessantesten Verkaufsverträge aus der Zeit Nebukadnezars betreffen Sklaven. Diese unterste soziale Schicht bildete sich aus gefangengenommenen Kriegern und aus Menschen, die die in fremden Ländern herumstreifenden Beduinen geraubt hatten. Infolge der überaus rege betriebenen Fortpflanzung sorgten diese Unfreien dann selbst für das Weiterbestehen ihres unglücklichen Standes. Beinahe alle physische Arbeit, die persönliche Bedienung inbegriffen, lastete in den Städten auf den Sklaven. Die weiblichen Angehörigen dieser Kaste waren vollkommen ihren Besitzern ausgeliefert und

BABYLONIEN 211

mußten Bett und Tafel zieren. Es lag auf der Hand, daß der Käufer einen reichen Kindersegen erzielen wollte, und Sklavinnen, die nicht zu diesem Dienst herangezogen wurden, fühlten sich vernachlässigt und entehrt. Der Sklave gehörte mit all seinen Habseligkeiten seinem Herrn: dieser durfte ihn verkaufen oder jemandem für eine Schuld als Pfand überlassen; ja er besaß sogar das Recht, ihn zu töten, falls er überzeugt war, daß er ihm tot mehr eintrug als lebend. Lief er ihm fort, so durfte niemand dem Entwichenen ein Obdach gewähren, und eine Belohnung wurde auf seine Gefangennahme gesetzt. Wie der freie Bauer mußte sich auch der Leibeigene der Aushebung unterziehen, und zwar ebenso für die Armee als auch für den zwangsweisen Arbeitsdienst an den öffentlichen Werken, wie Straßen- und Kanalbau. Andererseits bezahlte der Herr seinem Sklaven etwaige Arztkosten und sorgte in bescheidenem Maße für ihn, wenn er krank war und wenn er im Alter nicht mehr arbeiten konnte. Der Hörige durfte auch eine freie Frau heiraten, und die mit ihr gezeugten Kinder rückten in den Stand der Freien auf. Sein halbes Eigentum ging in solchen Fällen bei seinem Ableben auf seine Familie über. Es kam auch vor, daß ein Herr seinem Sklaven ein Geschäft errichtete und ihn – durch Überlassen eines Gewinnanteils – in die Lage setzte, seine Freiheit zu erkaufen. Ferner geschah es, daß ein Eigentümer dem Hörigen als Belohnung für einen außergewöhnlichen oder langen und treuen Dienst die Freiheit schenkte. Aber nur wenigen Sklaven war ein so glücklich Los beschieden. Die meisten trösteten sich mit einer hohen Geburtenziffer, die ihnen die Hoffnung beließ, in ferner Zukunft einmal den Stand der Freien zahlenmäßig zu überbieten. Vom öffentlichen Leben des babylonischen Staates ausgeschlossen, lebten sie dahin wie ein gefährlicher unterirdischer Strom, der mehr und mehr anschwoll.

III. DAS RECHT

Das Gesetzbuch Hammurabis · Die Macht des Königs · Prozeß durch Gottesurteil · «Lex talionis» Strafformen · Lohn- und Preisregulierung · Staatliche Wiedererstattung der gestohlenen Güter

Begreiflicherweise träumte eine solche Gesellschaft niemals von einer Demokratie, vielmehr förderte ihr wirtschaftlicher Charakter notwendig eine auf Handelsreichtum und Lehnsvorrechte gestützte und von einer einsichtsvollen Verteilung gesetzlicher Gewalt beschirmte Monarchie. Der von einer im Handel groß gewordenen Plutokratie allmählich verdrängte Landadel trug zur Aufrechterhaltung der sozialen Ordnung bei und diente als Vermittler zwischen Volk und König. Dieser übergab den Thron irgendeinem seiner Söhne, und das Resultat davon war, daß sich jeder Sohn als berechtigter Erbe ansah, eine Partei bildete, um mit aller Wahrscheinlichkeit, falls seine Hoffnungen ihn betrogen, einen Erbfolgekrieg zu entfachen. Innerhalb der Grenzen dieser willkürlichen Herrschaft wurde die Regierungsgewalt von lokalen, den Zentralismus stützenden Gaufürsten oder Verwaltern ausgeübt, die der König selbst ernannte. Diesen standen Provinz- oder Gemeindeversammlungen der Älteren oder der Stadthäupter zur Seite, denen es gelang, selbst unter assyrischer Herrschaft ein beachtenswertes Maß örtlicher Selbstverwaltung zu bewahren.

Jeder Beamte, und gewöhnlich auch der König selbst, erkannte die Gültigkeit und Autorität des von Hammurabi geschaffenen Gesetzeskörpers an, da sich dessen innerster Kern trotz der sich wandelnden Zeitumstände und trotz Abänderungen im einzelnen während fünfzehn Jahrhunderten erhalten hatte. Die seitdem eingetretene rechtliche Entwicklung ersetzte allmählich die übernatürlichen, göttlichen Vergeltungsmaßnahmen durch natürliche, innerweltliche Strafen, sie wandelte Strenge in Sanftmut um und löste die körperliche Züchtigung durch Geldbußen ab. Früher hatte man geglaubt, den Entscheid Gottes durch einen besonderen Prozeßakt erfahren zu können. Zu diesem Zwecke mußte ein der Zauberei beschuldigter Mann oder eine des Ehebruchs angeklagte Frau in den Euphrat springen; gelang es ihnen, sich schwimmend zu retten, so bedeutete dies, daß die Götter ihre Unschuld beschützten. Wenn der Angeklagte also wieder das Ufer betrat, wurde er freigesprochen, versank er aber in den Fluten, so verfiel sein Eigentum. Die ersten bekannten Richter waren Priester, und bis ans Ende der babylonischen Geschichte tagten die Gerichte meistens in einem Tempel; aber bereits in den Tagen Hammurabis gab es Tribunale der weltlichen Gerechtigkeit, die einzig der Regierung unterstanden und die früheren geistlichen Gerichtshöfe ersetzten.

Das Strafrecht begann mit der Wiedervergeltung, der *lex talionis*. Wenn ein Mann einem Patrizier ein Auge oder einen Zahn ausschlug oder ihm die Glieder brach, so mußte er die gleiche Handlung an seinem Körper geschehen lassen. Stürzte ein Haus ein und tötete es den Käufer, mußte der Architekt oder der Baumeister das Unglück mit seinem Leben bezahlen; tötete es aber den Sohn des Käufers, so mußte der Sohn des Architekten oder des Baumeisters sterben. Schlug ein Mann irgendein Mädchen, daß es verschied, so erlitt nicht er selbst, sondern seine Tochter die Todesstrafe. Allmählich kam man von diesen Körperstrafen ab und ersetzte sie durch eine Entschädigung. Zuerst blieb allerdings die körperliche Wiedervergeltung noch einige Zeit neben der Geldbuße bestehen, später verschwand sie. So bezahlte man für das Ausschlagen eines Auges einem Freigeborenen sechzig Schekel Silber, einem Sklaven dreißig. Daraus ersehen wir, daß nicht nur die Art der Beleidigung die Strafe änderte, sondern daß man auch auf Rang und Stand des Beleidigers Rücksicht nahm. Ein Angehöriger der Aristokratie war für ein gleiches Verbrechen strengeren Strafen unterworfen als ein Mann des Volkes, aber es kam auch teurer zu stehen, solch einen Aristokraten zu beleidigen. Ein Plebejer, der einen anderen Plebejer schlug, mußte zehn Schekel bezahlen; eine angesehene Persönlichkeit oder gar einen Eigentümer zu schlagen, kostete jedoch den sechsfachen Betrag. Neben diesen leichten gab es auch eine Reihe von barbarischen Strafen, die in Verstümmelung oder Tod bestanden; einem Manne, der seinen Vater schlug, wurden die Hände abgeschnitten; einem Arzte, dessen Patient starb oder infolge einer Operation ein Auge verlor, schnitt man die Finger ab; eine Amme, die wissentlich ein Kind mit einem anderen vertauschte, mußte ihre Brüste

BABYLONIEN

opfern. Auf verschiedenen Verbrechen stand Todesstrafe. Dazu gehörten Notzucht, Kindesentführung, Straßenräuberei, Diebstahl, Blutschande, Gattenmord, Eröffnen oder Betreten einer Weinhandlung durch eine Priesterin, Obdachgewährung an einen geflüchteten Sklaven, Feigheit vor dem Feinde, Amtsmißbrauch, unordentliches oder verschwenderisches Haushalten durch die Frau, betrügerische Machenschaften beim Bierverkauf. Diese drakonischen Maßnahmen führten in Tausenden von Jahren jene Traditionen der Ordnung und Selbstbeherrschung herbei, die mit zum Aufbau der Kultur gehören.

Innerhalb bestimmter Grenzen regulierte der Staat die Preise, Löhne und Honorare. So war gesetzlich festgelegt, was der Chirurg für eine Operation verlangen durfte, und der Kodex des Hammurabi bestimmte die Löhne der Baumeister, Ziegelbrenner, Schneider, Steinmetze, Tischler, Bootsleute, Herdenhüter und Taglöhner. Das Erbschaftsgesetz erklärte die Kinder des Mannes vor ihrer Mutter als seine natürlichen und unmittelbaren Erben; die Witwe erhielt bloß ihren Brautschatz und ihr Hochzeitsgeschenk zurück, blieb aber im übrigen Familienoberhaupt, solange sie lebte. Es gab kein Erstgeburtsrecht; die Söhne erbten zu gleichen Teilen, und auf diese Weise wurden bald die größten Besitzungen aufgeteilt und die Konzentration des Reichtums gesteuert. Bewegliches und unbewegliches Privateigentum erachtete der Kodex als selbstverständlich.

Wir haben keine Beweise über die Tätigkeit von Anwälten in Babylon, außer etwa den Notariatsdiensten der Priester und des Schreibers, der gegen Bezahlung vom Testament bis zum Madrigal alles, was man verlangte, zu schreiben bereit war. Der Kläger führte daher den Prozeß selbst, ohne sich mit unnötigen Fachausdrücken zu beschweren. Dem Überhandnehmen unbegründeter Rechtsstreitigkeiten wurden jedoch Schranken gesetzt; die erste Vorschrift des Gesetzbuches lautet mit beinahe unjuristischer Bündigkeit: «Gesetzt, ein Mann bringt eine Anklage gegen einen anderen Mann vor und beschuldigt ihn eines (schweren) Verbrechens, kann es aber nicht beweisen, so soll er, der Ankläger, den Tod erleiden.» Es gibt allerdings Anzeichen für Bestechung und Zeugenkauf. Ein aus den «Richtern des Königs» zusammengesetzter Appellationsgerichtshof, über dem als allerletzte Instanz der König selbst wachte, hatte seinen Sitz in Babylon. Es gab im Kodex keinerlei Verfügungen über die Rechte des Individuums gegenüber denen des Staates, diese Neuerung blieb den abendländischen Völkern vorbehalten. Aber die Artikel 22-24 sicherten dem einzelnen, wenn auch nicht politischen, so doch wenigstens wirtschaftlichen Schutz zu. «Wenn ein Mann Straßenräuberei treibt und gefangengenommen wird, soll er den Tod erleiden. Wird der Straßenräuber nicht gefangen, so soll der beraubte Mann in Gegenwart Gottes eine alle Einzelheiten erläuternde Erklärung seines Verlustes geben, und die Stadt und der Statthalter, innerhalb dessen Gau und Gerichtsbarkeit die Räuberei begangen wurde, sollen ihm all seinen Schaden ersetzen. Handelt es sich um den Verlust eines Menschenlebens, müssen Stadt und Statthalter den Erben eine Mine bezahlen.»

Welche moderne Stadt wird so gut verwaltet, daß sie es wagen dürfte, den Opfern ihrer Nachlässigkeit einen solchen Ersatz anzubieten? Hat das Recht seit Hammurabi Fortschritte gemacht, oder hat nur die Zahl der Gesetze zugenommen?

IV. DIE GÖTTER BABYLONS

Religion und Staat · Aufgaben und Macht der Geistlichkeit · Die kleineren Götter · Marduk
Ischtar · Die babylonischen Sagen von Schöpfung und Sintflut · Die Liebe der Ischtar und des
Tammuz · Der Abstieg der Ischtar in die Hölle · Der Tod und die Wiederauferstehung des
Tammuz · Ritual und Gebet · Bußpsalmen · Sünde · Magie · Aberglaube

Die Macht des Königs war nicht nur durch das Gesetz und die Aristokratie, sondern
auch durch die Geistlichkeit begrenzt. Seiner Funktion nach betrachtet, war der König lediglich eine Art Agent des Stadtgottes. Die Besteuerung geschah im Namen dieser Gottheit, und ihre Erträgnisse flossen früher oder später in die Schatzkammern der
Tempel. Der König galt in den Augen des Volkes nicht wirklich als König, solange er
noch nicht von den Priestern mit der Autorität des Herrschers ausgestattet worden
war, «die Hände Bels genommen» und das Bildnis Marduks in feierlichem Umzug
durch die Straßen geführt hatte. Während dieser Zeremonien war der König in Prie-
stergewänder gehüllt und versinnbildlichte dadurch die Vereinigung von Kirche und
Staat und vielleicht auch den priesterlichen Ursprung des Königtums. Der ganze Glanz
des Übernatürlichen strahlte vom Throne aus und stempelte jede Revolte zu einer
ungeheuren Pietätlosigkeit, die den Aufständischen nicht nur den Hals, sondern auch
die Seele kostete. Selbst der mächtige Hammurabi erhielt nach der Anschauung des
Volkes seine Gesetze aus der Hand des Gottes. Von den Patesi oder Priesterfürsten
Sumers bis zur religiösen Krönung Nebukadnezars blieb Babylon tatsächlich ein theo-
kratischer Staat, und die weltliche Macht befand sich «unter dem Daumen der Priester»

Der Reichtum der Tempel wuchs von Generation zu Generation, da die den Zorn
der Götter fürchtenden Begüterten ihre Schätze mit den Überirdischen teilten. Die
ein besonderes Verlangen nach göttlicher Vergebung empfindenden Könige versahen
die höheren Wesen mit Möbeln, Nahrung und Sklaven, schenkten ihnen große Land-
flächen und setzten ihnen ein jährliches Staatseinkommen aus. Gewann die Armee eine
Schlacht, so erhielten die Priester den ersten Teil an Gefangenen und Beute; und begegnete dem König irgendein besonders glückliches Ereignis, so spendete man den
Göttern außerordentliche Geschenke. Es gab Ländereien, die den Tempeln einen jährlichen Tribut an Datteln, Korn oder Früchten zahlen mußten. Kamen sie diesen Verpflichtungen nicht nach, so durften die Priester sie als verfallen erklären. Dies war die
übliche Art, wie das Tempelgut sich mehrte. Arm und reich vermachte den Gottes-
häusern einen Teil ihrer Gewinne, so daß sich Gold, Silber, Kupfer, Lapislazuli, Edelsteine und kostbare Hölzer in den geheiligten Schatzkammern anhäuften.

Da die Priester diesen Reichtum nicht unmittelbar benutzen oder verbrauchen
konnten, verwandelten sie ihn in produktive Kapitalanlagen. So wurden sie die größten Landwirte, Fabrikanten und Finanzleute der Nation. Sie besaßen nicht allein einen riesigen Grundbesitz, sondern hielten sich auch eine große Zahl von Sklaven und
kontrollierten Hunderte von Arbeitern, die sie für besondere Verrichtungen anderen
Arbeitgebern entliehen hatten oder die im Dienst der Tempel standen und vom Mu-

BABYLONIEN

siker bis zum Bierbrauer die verschiedensten Gewerbe ausübten. Die Priester galten auch als die größten Kaufherren und Kapitalisten in Babylon; sie brachten die Erzeugnisse der Tempelgeschäfte auf den Markt, und ein Großteil des Gesamthandels ging durch ihre Hand; sie besaßen den Ruf, kluge Anlagen zu machen, so daß ihnen viele Personen, eines bescheidenen, aber verläßlichen Zinsfußes gewiß, ihre Ersparnisse anvertrauten. Dazu kam, daß sie zu günstigeren Bedingungen als die privaten Geldverleiher Darlehen gaben und zuweilen sogar den Kranken ohne jede Verzinsung einen Betrag liehen. Schließlich erfüllten die Priester noch eine Reihe gesetzlicher Betätigungen, sie fungierten als Notare, bestätigten und signierten in dieser Eigenschaft Verträge und setzten Testamente auf; ferner entschieden sie Prozesse, führten amtliche Aufzeichnungen und brachten Geschäftsabschlüsse zu Protokoll.

Gelegentlich befahl der König den Priestern auch, in einer Notlage dem Staate mit einem Teil des Tempelschatzes helfend beizuspringen. Aber das war selten und ein gefährliches Unterfangen; die Priester hatten schreckliche Flüche auf alle gelegt, die unerlaubt auch nur den geringsten Gegenstand des kirchlichen Eigentums entwendeten. Dazu kam noch, daß ihr Einfluß im Volke stärker war als der des Königs, und wenn es hart auf hart ging, verfügten sie in den meisten Fällen über genügende Macht, um den Fürsten vom Thron zu stoßen. Dem Priester als dem Vertreter Gottes gereichte auch die Dauerhaftigkeit zum Vorteil; seine Stellung war vom Wahlglück unabhängig und gegen politische Morde und Kriegsunfälle geschützt, so daß sie eine geduldige Politik auf lange Sicht erlaubte, wie es noch heute bei den großen religiösen Organisationen der Fall ist. Die Vorherrschaft der Priester war unter solchen Umständen unvermeidlich. Es stand geschrieben, daß die Kaufherren Babylon groß machen und die Priester gut darin leben sollten.

Wer waren diese Götter, die die unsichtbaren Schutzmächte des Staates bildeten? Es gab ihrer viele; denn die volkstümliche Phantasie war grenzenlos und die Bedürfnisse zahlreich, deren Befriedigung man von irgendeiner Gottheit erwartete. Eine amtliche, im neunten Jahrhundert v. Chr. vorgenommene Götterzählung ergab ein Pantheon von 65 000 solch höherer Wesen. Jede Stadt besaß ihre Schutzgottheit; und wie in unserer Zeit verehrten die einzelnen Ortschaften und Dörfer auch damals mit besonderer Ergebenheit neben der äußerlichen Anerkennung eines höchsten Herrschers im All kleinere, nur lokal hervortretende Gottheiten. So baute man in Larsa einen Tempel zu Ehren des Sonnengottes, in Uruk errichtete man der Ischtar eine Kultstätte, und in Ur verehrte das Volk Nannar mit besonderer Hochachtung. Diese Namen zeigen uns, daß die sumerischen Götter den sumerischen Staat überlebten. Man stellte sich diese höheren Wesen nicht menschenfern vor, sondern dachte sie auf der Erde lebend und in ihren Tempeln Wohnung nehmend. Diese Götter besaßen einen wunderbaren Appetit, sie gesellten sich nächtlich frommen Frauen auf dem Lager bei und schenkten den emsig tätigen Bürgern Babylons unerwartete Kinder.

Die ältesten von allen waren die astronomischen Götter: Anu, das unbewegliche Firmament, Schamasch, die Sonne, Nannar, der Mond, und Bel, die Erde, in deren Schoß alle Babylonier nach ihrem Tode zurückkehrten. Jede Familie besaß ihre Herdgötter, zu denen sie jeden Morgen und jeden Abend betete und denen sie Trankopfer darbrachte. Auch hatte jedes Individuum seine Schutzgottheit (heute würden wir sagen Schutzengel), die es vor Freud und Leid bewahren sollte. Genien der Fruchtbarkeit schwebten wohltätig über den Feldern.

Bei den Babyloniern fehlen zwar die Anzeichen von Monotheismus, wie sie bei Echnaton und beim zweiten Jesaja auftreten, doch förderten zwei Kräfte diese Entwicklung im Glaubensleben mächtig: Zum einen brachte der durch Eroberung und Blüte vergrößerte Staat die örtlichen Gottheiten unter die Oberhoheit eines einzigen Gottes, zum anderen verliehen mehrere Städte in ihrem Lokalpatriotismus ihren Lieblingsgottheiten eine alles überschattende Macht. «Vertraue auf Nebo», sagt Nebo, «vertraue auf keinen anderen Gott»; das sieht dem ersten Gebote der Juden nicht unähnlich. Allmählich wurde die Zahl der Götter vermindert, indem man die kleineren Gottheiten als Formen und Attribute der größeren auffaßte. Daher wurde auch der Stadtgott von Babylon, Marduk, der ursprünglich ein Sonnengott gewesen war, Herrscher über alle babylonischen Gottheiten.

Ischtar (die Astarte der Griechen, die Aschtoret der Juden) interessiert uns nicht nur wegen ihrer Analogie mit der ägyptischen Isis und als Vorbild der griechischen Aphrodite und der römischen Venus, sondern auch als Nutznießerin eines der sonderbarsten babylonischen Bräuche. Sie war ebensogut Demeter wie Aphrodite – nicht lediglich die Göttin der Schönheit und Liebe, sondern auch die anmutige Gottheit der mütterlichen Fruchtbarkeit, die innere Triebkraft des blühenden Erdreichs und das allgemeine schöpferische Prinzip. Es ist von einem modernen Standpunkt aus gesehen unmöglich, in den Attributen und Funktionen Ischtars irgendwelche Übereinstimmung festzustellen: Diese Himmlische war ebensodie Göttin des Krieges wie der Liebe, des Dirnenwesens wie der Mutterschaft; sie nannte sich selbst «eine mitleidsvolle Kurtisane»; zuweilen wurde sie als bärtige bisexuelle Gottheit, manchmal auch als ein nacktes, seine Brüste zum Saugen anbietendes Weib dargestellt, und wenn ihre Anbeter sie als die «Jungfrau», die «heilige Jungfrau» und die «Jungfrau-Mutter» anriefen, so bedeutet dies nur, daß sie in ihren Liebschaften jede eheliche Bindung mied. Gilgamesch wies sie mit der Begründung ab, sie verdiene kein Vertrauen; denn sie hatte einst ihre Liebe einem Löwen geschenkt, ihn verführt und ihn zuletzt niedergemacht. Es ist klar, daß wir unseren eigenen Moralkodex beiseite legen müssen, wenn wir das alles verstehen wollen. Man beachte bloß, mit welcher Inbrunst die Babylonier ihre Loblieder zum Throne der Ischtar erhoben, Loblieder, die nur hinter denen zurückstehen, die später die Menschheit in inniger Ehrfurcht zum Preis der Mutter Gottes sang.

Ich flehe zu dir, Frau der Frauen, Göttin der Göttinnen, Ischtar, Königin aller Städte, Führerin aller Menschen.
Du bist das Licht der Welt, du bist das Licht des Himmels, mächtige Tochter Sins ...
Erhaben ist deine Macht, o Herrin, gepriesen bist du über alle Götter.
Du sprichst Urteil, und dein Entscheid ist gerecht.
Dir sind die Gesetze der Erde, die Gesetze des Himmels untertan, die Gesetze der Tempel und der Schreine, die Gesetze des Privathauses und des geheimen Raumes.
Wo ist der Ort, wo dein Name nicht ist, und wo ist die Stelle, wo deine Gebote unbekannt? Bei deinem Namen beben Erde und Himmel, und es zittern die Götter ...
Du schauest auf den Unterdrückten, und zu den Niedergetretenen bringst du die Gerechtigkeit an jedem Tage.

BABYLONIEN 217

Wie lange, Königin des Himmels und der Erde, wie lange,
Wie lange, Schäferin der blassen Menschen, wirst du säumen?
Wie lange, o Königin, deren Füße nicht müde sind und deren Knie in Eile?
Wie lange, Herrin der Heerscharen, Herrin der Schlachten?
Glorreiche, die alle Geister des Himmels fürchten, die du alle zornigen Götter unterwirfst;
    Mächtige über alle Herrscher, die du die Reiche der Könige hältst.
Öffnerin des Schoßes aller Frauen, groß ist dein Licht.
Leuchtendes Licht des Himmels, Licht der Welt, Erleuchter aller Orte, wo Menschen wohnen,
    die du sammelst die Scharen der Völker.
Göttin der Männer, Gottheit der Frauen, dein Rat übersteigt alles Begreifen.
Wo du hinblickst, ersteht der Tote zum Leben, und der Kranke erhebt sich und schreitet; der
    Geist des Erkrankten wird geheilt, wenn er in dein Antlitz schaut.
Wie lange, Herrin, wird mein Feind über mich frohlocken?
Befiehl, und auf deinen Befehl wird der zornige Gott zurückweichen.
Ischtar ist groß! Ischtar ist Königin! Meine Herrin sei gepriesen, meine Herrin ist Königin,
    Inini, die mächtige Tochter Sins.
Es gibt niemand, der ihr gleich ist. [6]

Diese Götter bildeten den Mittelpunkt babylonischer Sagen, die in großem Ausmaß von den Juden übernommen, ihrer religiösen Überlieferung einverleibt und als Bestandteil der Bibel der Gegenwart übermittelt wurden. Da war vor allem die Schöpfungssage. Am Anfang war das Chaos. «Zu der Zeit, als noch nichts oben war, das den Namen Himmel verdiente, noch etwas unten, das der Vorstellung der Erde entsprach, da mengten Apsu, der Ozean, der zuerst ihr Vater war, und Tiamat, das Chaos, die sie alle gebar, ihre Wasser zu einem einzigen.» Die Dinge begannen allmählich zu wachsen und eine Form anzunehmen; da versuchte plötzlich die Göttin Tiamat, alle anderen Götter zu zerstören, um sich selbst an die Spitze zu setzen. Eine mächtige Revolution entstand, die den Untergang jedweder Ordnung bedeutete. Da trat Marduk auf, schleuderte der furchtbaren Tiamat in dem Augenblick, da sie den Mund öffnete, um ihre Medizin einzunehmen, einen gewaltigen Windstoß in die Rachenhöhle und stieß ihr darauf seinen Speer in den vom Winde geschwollenen Bauch, daß sie platzte. Nach begangener Tat spaltete Marduk, so erzählt die Sage, den Leichnam der Göttin der Länge nach in zwei Hälften, wie man es bei Fischen tut, die zum Trocknen zubereitet werden. Dann hing er die eine Hälfte über sich in die Höhe, und aus ihr ging der Himmel hervor, und breitete die andere unter den Füßen aus, damit sie sich zur Erde forme. Das ist alles, was uns über die Entstehung der Welt mitgeteilt wird. Vielleicht wollte der orientalische Dichter uns den Gedanken eingeben, die einzige Schöpfung, von der wir überhaupt etwas wissen können, bestehe in der Überwindung des Chaos durch die Ordnung, der Grundbedingung für die Kultur. Freilich wollen wir nicht vergessen, daß die Vernichtung des Chaos nur eine Sage ist*.

Nachdem Marduk Himmel und Erde ihren Platz angewiesen, nahm er von der Erde, knetete sie mit seinem Blute und schuf so den Menschen für den Dienst der Götter. In der Schilderung dieses Vorgangs weichen die einzelnen mesopotamischen Sagen von-

---

* Die babylonische Schöpfungsgeschichte besteht aus sieben in den Ruinen der Bibliothek Assurbanipals in Kuyunjik (Ninive) im Jahre 1854 gefundenen Tafeln; sie sind eine Kopie einer von Sumer nach Babylon und Assyrien gelangten Sage.

einander ab, dagegen stimmen sie darin überein, daß der Mensch durch göttliche Kraft aus einem Lehmklumpen geformt worden sei. Die ersten Menschen dachte man sich nicht im Paradiese, sondern in tierischer Einfachheit und Unwissenheit lebend. Da erschien eines Tages ein sonderbares Ungeheuer unter ihnen. Es wurde Oannes genannt, war halb ein Fisch und halb ein Philosoph, lehrte die Menschheit die Künste und Wissenschaften, teilte ihnen die Regeln des Städtebaus und die Grundsätze des Rechtes mit und sprang darauf ins Meer, wo es ein Buch über die Geschichte der Kultur schrieb. Die Götter wurden jedoch mit den von ihnen geschaffenen Menschen unzufrieden und verhängten über sie eine große Flut, um ihr Geschlecht und alle ihre Werke zu vernichten. Nur der Gott der Weisheit, Ea, empfand Mitleid mit den armen Geschöpfen und beschloß, wenigstens ein Paar, Ut-napischtim und seine Frau, zu retten. Schon begann die Sintflut zu toben, und die Menschen «füllten das Meer wie die Brut der Fische». Da weinten mit einem Male die Götter, knirschten mit den Zähnen über ihren eigenen Wahnsinn und fragten sich: «Wer will uns nun die gewohnten Opfer bringen?» Aber Ut-napischtim hatte eine Arche gezimmert, mit der er die Flut überstand. Er ließ sich auf dem Berge Nisir nieder, sandte eine Taube auf Kundschaft aus und beschloß dann, den Göttern ein Opfer darzubringen. Diese nahmen seine Geschenke voller Überraschung und Dankbarkeit an, «atmeten den ausgezeichneten Geruch ein» und «sammelten sich gleich Fliegen um das Opfergeschenk».

Ansprechender als diese dunkle Erinnerung an irgendeine unheilvolle Überschwemmung ist der Vegetationsmythos von Ischtar und Tammuz. In der sumerischen Form der Erzählung ist Tammuz der junge Bruder der Ischtar; in der babylonischen Fassung ist er bald ihr Geliebter, bald ihr Sohn. Beide Überlieferungen scheinen in die Mythen der Venus und des Adonis, der Demeter und Persephone und in hundert ähnliche Sagen von Tod und Wiederauferstehung übergegangen zu sein. Tammuz, der Sohn des großen Gottes Ea, ist ein Schäfer. Er weidet seine Herde unter dem Baume Erida, der mit seinem Schatten die ganze Erde bedeckt. Da verliebt sich die ewig unersättliche Ischtar in ihn und erwählt ihn zum Gatten ihrer Jugend. Aber Tammuz, wie Adonis, wird von einem Wildschwein tödlich verwundet und steigt wie alle Toten in jenen dunklen Hades hinab, den die Babylonier Arallu nannten. Hier herrscht Ischtars eifersüchtige Schwester, Ereschkigal. Die in untröstliche Trauer verfallene Ischtar beschließt nun, in die Unterwelt zu ziehen, um Tammuz' Wunden in einem heilenden Brunnen zu baden und ihn so zu neuem Leben zu erwecken. Bald erscheint sie an den Toren des Hades in all ihrer gebieterischen Schönheit und heischt Eintritt. Die Tafeln erzählen die Geschichte mit großer Anschaulichkeit:

> Als Ereschkigal dies vernahm,
> (Zitterte sie) gleich der Tamariske, die einer fällt,
> (Bebte) wie das Schilfrohr, das einer schneidet.
> «Was hat ihr Herz gerührt, was hat ihre Leber so aufgeregt?
> Schau, will diese hier mit mir wohnen?
> Als Speise Lehm essen, Staub trinken als Wein?
> Ich weine um die Männer, die ihre Frauen verlassen haben;
> Ich weine um die Frauen, die der Umarmung ihrer Gatten entrissen.

BABYLONIEN

Für die Kleinen klage ich, die vor ihrer Zeit vom Leben abgeschieden,
Geh, Torhüter, öffne das Tor für sie,
Behandle sie nach dem alten Gesetz.»

Das alte Gesetz sieht vor, daß niemand Arallu anders betreten darf als nackt. Deshalb nimmt der Wächter Ischtar beim Betreten der verschiedenen aufeinanderfolgenden Tore irgendein Kleidungs- oder Schmuckstück ab: zuerst ihre Krone, dann ihre Ohrringe, dann die Halskette, dann den Schmuck auf ihrer Brust, schließlich den juwelenbesetzten Gürtel, die Spangen der Hand- und Fußgelenke und zuletzt den Lendenschurz. Ischtar wehrt sich voller Anmut, gibt aber schließlich nach:

Nun da Ischtar in das Land ohne Rückkehr hinabgestiegen war,
Sah Ereschkigal sie und war erzürnt ob ihrer Ankunft.
Ischtar aber warf sich ohne Überlegung vor sie hin.
Da öffnete Ereschkigal ihren Mund und sprach
Zu Namtar, ihrem Boten ...
«Geh, Namtar, schließe sie in meinem Palaste ein,
Sende ihr sechzig Krankheiten,
Augenkrankheit gegen ihre Augen,
Krankheit der Seite gegen ihre Seite,
Fußkrankheit gegen ihren Fuß,
Herzkrankheit gegen ihr Herz,
Kopfkrankheit gegen ihren Kopf,
Gegen ihr ganzes Wesen.»

Während Ischtar durch diese schwesterliche Aufmerksamkeit im Hades zurückgehalten wird, entbehrt die Erde ihrer inspirierenden Gegenwart, und alles Liebesleben hört auf. Keine Pflanze befruchtet mehr die andere, das Wachstum steht still, die Tiere und die Menschen paaren sich nicht mehr.

Nachdem die Herrin Ischtar in das Land ohne Rückkehr hinabgestiegen,
Trat der Stier nicht zur Kuh, näherte sich kein Esel der Eselin;
Dem Mädchen in der Gasse folgte kein Mann;
Es ruhte in der Wohnung, was männlichen Stammes,
Es schliefen die Frauen allein.

Die Bevölkerung vermindert sich, und die Götter gewahren mit Schrecken die Abnahme der ihnen von den Menschen dargebrachten Opfer. Bestürzt befehlen sie der Ereschkigal, Ischtar auf freien Fuß zu setzen. Es geschieht, doch Ischtar lehnt es ab, auf die Erde zurückzukehren, wenn sie Tammuz nicht mitnehmen darf. Dies wird ihr zugestanden, und frohlockend durchschreitet sie wieder die sieben Tore und erhält Lendenschurz, Spangen, Gürtel, Brustschild, Halskette, Ohrringe und endlich auch die Krone zurück. Kaum erscheint sie auf der Oberwelt, so beginnen die Pflanzen zu wachsen und zu blühen, stehen schwellend die Felder und folgen die Tiere dem Drang zur Fortpflanzung ihrer Art. Die Liebe, über den Tod triumphierend, nimmt ihren Platz als Meisterin der Götter und Menschen wieder ein. Dem modernen Menschen ist all dies nur eine herrliche Sage, die auf köstliche Art das alljährliche Vergehen und Auferstehen aller Natur und jene Allgewalt der Venus veranschaulicht, die Lucrez in seinen Versen besingt. Den Babyloniern hingegen war dies eine heilige Geschichte. Zutiefst wurde an

DER VORDERE ORIENT

sie geglaubt und alljährlich an einem bestimmten Tage des toten und wiederauferstandenen Tammuz mit Klage und darauf folgendem Jubel gedacht.

Trotzdem verschaffte dem Babylonier die Idee der persönlichen Unsterblichkeit keinerlei Befriedigung. Seine Religion war von praktischer Erdverbundenheit; wenn er betete, verlangte er nicht himmlische Belohnungen, sondern irdische Güter. Er wollte seinen Göttern nicht über das Grab hinaus trauen. Zwar spricht ein Text von Marduk als dem Gott, «der das Leben dem Toten zurückgibt», und die Sintflutsage schildert das gerettete Menschenpaar als des ewigen Lebens teilhaftig. Aber im allgemeinen war die babylonische Auffassung eines anderen Lebens der griechischen ähnlich: Die Toten – Heilige und Schurken, Genies und Idioten, alle ohne Unterschied – kamen in ein dunkles und schattiges Königreich im innersten Schoß der Erde, und keiner von ihnen sah je wieder das Licht. Es gab einen Himmel, aber der blieb den Göttern vorbehalten; der Arallu, wohin die Verstorbenen gelangten, war ein freudenloser Ort, an dem man oft Strafe erlitt. Dort lag der Tote mit gebundenen Händen und Füßen, zitterte vor Kälte und litt Hunger und Durst, wenn nicht seine Kinder von Zeit zu Zeit einige Nahrungsmittel auf sein Grab legten. Jene, die auf Erden ein besonders ruchloses Leben geführt, wurden grausigen Qualen unterworfen; Geschwüre fraßen an ihnen oder andere Krankheiten, die Nergal und Allat, der männliche und weibliche Würdenträger des Arallu, zu ihrer Sühnung vorgesehen hatten.

Die meisten Verschiedenen wurden in Grüften beigesetzt, und nur wenige verbrannte man und bewahrte ihre Asche in Urnen auf. Die Einbalsamierung der Körper kannte man nicht, dafür aber gab es Leichenbitter, die den Toten in Gewänder hüllten, seine Wangen bemalten, die Augenlider färbten, seine Finger mit Ringen schmückten und frische Wäsche bereitlegten. Den Frauen gab man Riechfläschchen, Kämme und Schminke mit ins Grab, damit sie in der Unterwelt ihren Duft und ihr Aussehen bewahrten. Es herrschte die Auffassung, daß der Verstorbene, wenn man ihn nicht anständig begrub, die Überlebenden quälen werde und daß die Seele einer unbestatteten Leiche Kloaken und Kanäle auf der Suche nach Nahrung durchstöbere und unter Umständen eine ganze Stadt mit der Pest heimsuche. Dies war ein sonderbares Ideengemisch, aber es genügte, um die Babylonier zur Nahrungsfürsorge für ihre Götter und Priester anzuhalten.

Das übliche Opfer bestand aus Speisen und Getränken, die den Vorzug hatten, daß sich dafür, wenn die Götter einen Rest übrig ließen, bald ein Liebhaber fand. Als bevorzugtes Opfertier galt das Lamm, und eine alte babylonische Formel, die gleichsam den Symbolismus der jüdischen und christlichen Religion vorwegnimmt, spricht vom «Lamm als einem Ersatz für den Menschen», vom Lamm, «das er für sein Leben gibt». Die Darbringung des Opfers vollzog sich nach einem komplizierten Ritual, dessen Beherrschung Sache des Priesters war. Jede Handlung, ja jedes Wort der Zeremonie war durch eine geheiligte Tradition festgelegt, und jeder Verstoß gegen sie konnte bewirken, daß die Götter das Opfertier zwar verzehrten, die mit der Gabe verbundene Bitte aber unerfüllt ließen. Im allgemeinen bestand bei den Babyloniern der Inhalt der Religion eher in einem peinlich genau befolgten Ritual als in einer sittlichen Lebensführung. Seine Pflichten gegenüber den Göttern erfüllen hieß im Tempel Opfer darbringen und die vorgeschriebenen Gebete sprechen. Im übrigen durfte man dem gefallenen Feinde die Augen herausschneiden, den Gefangenen Hände und Füße abhauen und ihre Körper lebendig im Ofen rösten, ohne dadurch den Himmel sonderlich zu beleidigen. Die Teilnahme an langen und feierlichen Umzügen wie die, bei denen die Priester das Bildnis Marduks von Heiligtum zu Heiligtum trugen und das heilige Drama von Tod und Auferstehung des Gottes darstellten, das Salben der Götterbilder mit süßriechenden Ölen*, das Verbrennen von Weihrauch vor den Idolen, deren Einkleidung in festliche Gewänder und deren Schmücken mit Juwelen, ferner die Preisgabe der Jungfräulichkeit der eigenen Töchter an den großen Festlichkeiten der Göttin Ischtar und die Freigebigkeit in allem, was den Priester betraf – das waren die wesentlichen Werke der frommen babylonischen Seele.

---

* Deshalb wurde Tammuz «der Gesalbte» genannt.

BABYLONIEN

Vielleicht beurteilen wir sie falsch, wie ohne Zweifel die Zukunft unsere eigene Zeit aus den zufällig vor Verwesung bewahrten Fragmenten falsch beurteilen wird. Zu den schönsten uns überlieferten literarischen Denkmälern der Babylonier gehören Gebete von tiefem und innigem Gefühl. Man vernehme, wie der stolze Nebukadnezar voller Demut zu Marduk betet:

> Ohne dich, Herr, was könnte es geben
> Für den König, den du liebst und dessen Namen du rufst?
> Segne seinen Rang nach deinem Willen,
> Gewähre ihm sichere Bahn.
> Ich, der Prinz, der dir gehorcht,
> Bin nichts als ein Geschöpf deiner Hände.
> Du allein, du bist mein Schöpfer,
> Über Menschenscharen vertraust du mir die Herrschaft.
> Deiner Gnade gemäß, Herr ...
> Verwandle in liebende Güte deine furchtbare Macht
> Und lasse in meinem Herzen
> Ehrfurcht für deine Göttlichkeit erstehen.
> Gib, wie du es für gut hältst.[7]

Die erhaltene Literatur ist überreich an Hymnen jener leidenschaftlichen Selbsterniedrigung, mit welcher der Semite seinen Hochmut in Zaum zu halten und zu verbergen sucht. Viele haben den Charakter von «Bußpsalmen» und bereiten uns auf die großartige Gefühls- und Bilderwelt der biblischen Hymnik vor; wer weiß, ob die Dichtungen der Juden nicht unter babylonischem Einfluß entstanden?

> Ich, dein Sklave, weine voller Seufzer zu dir.
> Du empfängst das inbrünstige Gebet des Sündenbeladenen.
> Du blickst auf einen Menschen, und dieser Mensch lebt ...
> Blicke auf mich mit Wohlgefallen und nimm an meine demütige Bitte ...

Und dann, des Geschlechts der Gottheit ungewiß:

Wie lange, mein Gott,
Wie lange, meine Göttin, dauert es, bis dein Antlitz mir zugewandt ist?
Wie lange, bekannter und unbekannter Gott, wird es gehen, bis sich der Zorn deines Herzens beschwichtigt hat?
Wie lange noch währt es, bekannte und unbekannte Göttin, bis dein unfreundliches Herz sich besänftigt?
Verderbt ist die Menschheit und hat keine Urteilskraft;
Wer unter den Lebenden weiß um etwas?
Nicht wissen sie, ob sie Gutes tun oder Böses..
O Herr, verstoße nicht deinen Knecht;
Er ist in die Pfütze geworfen; nimm seine Hand!
Wandle zu Gnade die Sünde, die ich begangen!
Heiße den Wind das Unrecht verjagen, das ich begangen.
Reiße gleich einem abgetragenen Kleide meine vielen Übertretungen von mir!
Mein Gott, meiner Sünden sind siebenmal sieben; vergib meine Sünden! ...
Vergib meine Sünden, und ich will mich demütigen vor dir.
Möge dein Herz freudig sein wie das Herz einer Mutter, die Kinder geboren;
Wie eine Mutter, die Kinder geboren, wie ein Vater, der gezeugt hat,
Möge es froh sein![8]

222 DER VORDERE ORIENT

Solche Psalmen und Hymnen wurden vom Priester und der religiösen Gemeinde einzeln oder im Wechselgesang gesungen. Vielleicht ist das sonderbarste an ihnen, daß sie – wie die gesamte religiöse Literatur Babylons – in der alten sumerischen Sprache verfaßt waren, in einer Sprache also, die einer früheren Kultur angehörte, vom babylonischen und assyrischen Priesterstand aber in ähnlicher Weise konserviert wurde wie vom römisch-katholischen Klerus das Latein. In manchen dieser Hymnen finden wir daher zur Erleichterung des Verständnisses zwischen den Zeilen die babylonische oder assyrische Übersetzung eingeschaltet. Wie nun die Form der Hymnen und Rituale zu den Psalmen der Juden und zu der Liturgie der römischen Kirche führte, so nahm ihr Inhalt die pessimistischen und von der Sünde gepeinigten Klagen der alten Israeliten, der ersten Christen und der modernen Puritaner vorweg. Obgleich das Bewußtsein der Sündhaftigkeit nie im babylonischen Menschen vorwaltete, lebte es doch in seinen religiösen Gesängen und drang von dort in die übrigen semitischen und von diesen hergeleiteten Liturgien ein. «Herr», so ruft ein Hymnendichter aus, «meiner Sünden sind viele, groß sind meine Missetaten! ... Ich versinke in der Trauer, ich kann mein Haupt nicht mehr erheben; so wende ich mich an meinen gnadenvollen Gott, um ihn anzurufen, und ich stöhne! ... Herr, stoße deinen Knecht nicht zurück!»

Dieses Seufzen verlieh der babylonischen Auffassung von der Sünde den Charakter der Ehrlichkeit; diese Sünde war kein theoretischer Seelenzustand, sondern glich einer Krankheit, in der ein Dämon den Körper unter seine Herrschaft brachte und lebensgefährdend von ihm Besitz ergriff. Überall, so glaubten die Babylonier, lauerten diese feindlichen Dämonen: Sie hielten sich in Rissen und Spalten verborgen, schlüpften durch Türen, ja selbst durch Riegel und Röhren und fielen in der Gestalt von Krankheit und Wahnsinn über die Menschen her, sobald diese wegen irgendeiner Sünde vorübergehend des wohltätigen Schutzes der Götter entbehrten. Riesen, Zwerge, Krüppel und vor allem Frauen verfügten manchmal über die Macht, selbst durch einen «bösen Blick» solch einen zerstörenden Geist in die Körper jener eingehen zu lassen, denen sie Übles zufügen wollten. Teilweise gewährten magische Amulette und Talismane Schutz gegen diese Dämonen. So glaubte man, die am Körper getragenen Gottesbilder genügten, um den Teufel fernzuhalten. Auf Fäden oder Ketten aufgereihte Steinchen galten als wirkungsvoller Halsschmuck, sobald man sie nach glückverheißenden Vorschriften ausgewählt hatte und je nach dem Schutze, den man bezweckte, einen schwarzen, roten oder weißen Faden verwendete. Dem von einer Jungfrau gesponnenen Faden schrieb man eine besonders starke Wirksamkeit zu. Der vorsichtige Mensch rückte dem Dämon auch durch leidenschaftliche Beschwörung und durch Rituale zu Leibe, so etwa, wenn er den Körper mit dem Wasser der heiligen Ströme, Tigris und Euphrat, besprengte. Es herrschte auch der Brauch, ein Bildnis des Dämons herzustellen, es auf ein Boot zu setzen, über den Fluß treiben zu lassen und das Ganze mit einer Zauberformel zu begleiten. Kenterte das ausgesandte Boot, so war dies ein sicheres Zeichen, daß der böse Geist jetzt seine Macht eingebüßt hatte. Man konnte den Dämon durch Zauberei auch dazu zwingen, den menschlichen Körper zu verlassen und in die Gestalt eines Tieres einzugehen; etwa in die eines Schweins, eines Lammes oder Vogels.

Die magischen Beschwörungsformeln zur Verjagung der Dämonen, zur Verhinderung des Bösen und zur Erforschung der Zukunft bilden den Hauptbestandteil der in der Bibliothek Assurbanipals gefundenen Schriften. Einige Tontafeln stellen Handbücher der Astrologie dar, andere enthalten Listen himmlischer und irdischer Omen und sind mit sachverständigen Anmerkungen versehen. Es gibt auch Abhandlungen über Traumdeutung, deren phantasiereiche Vorstellungen mit den fortgeschrittensten Erzeugnissen der modernen Psychologie konkurrieren könnten;

BABYLONIEN 223

und schließlich finden sich in der königlichen Bibliothek noch Anleitungen, wie man durch Eingeweideschau bei Tieren oder mittels Beobachtung eines in einen Wasserkrug fallenden Öltropfens die Zukunft zu lesen vermöge. Die Hepatoskopie oder Leberschau war eine Lieblingsmethode der Wahrsagung bei den babylonischen Priestern und pflanzte sich von ihnen auf das klassische Altertum fort. Bei dieser Zeremonie ging man von der Annahme aus, die Leber sei bei Tier und Mensch der Sitz des Geistes. Kein König unternahm einen Feldzug oder begann eine Schlacht, und kein Babylonier faßte einen wichtigen Entschluß, ohne vorher einen Priester oder Wahrsager auf die eine oder andere der geschilderten Arten um die Vorzeichen befragt zu haben.

Nie war eine Kultur reicher an Aberglauben. Jeder Zufall, von den Anomalien der Geburt bis zur Verschiedenheit der Todesfälle, erhielt eine volkstümliche, zuweilen auch eine amtliche und priesterliche Auslegung vom magischen Blickfeld aus. Jede Bewegung der Ströme, jede Konstellation des Gestirns, jeder Traum, jedes ungewöhnliche Geschehen von Mensch und Tier enthüllte dem in die religiösen Praktiken eingeweihten Babylonier die Zukunft. So brachte man zum Beispiel das Schicksal eines Königs durch die Beobachtung der Bewegungen eines Hundes in Erfahrung. Der babylonische Aberglaube erscheint uns lächerlich, weil er von dem unseren so sehr verschieden ist. Doch gibt es kaum einen Unsinn der Vergangenheit, der nicht heute noch irgendwo in Blüte stünde. So breitete und breitet sich unter aller Kultur, der alten und der modernen, ein Meer von Magie und Aberglaube aus, die vielleicht weiterdauern, auch wenn die Werke unserer Vernunft längst vergangen sind.

V. DIE MORAL BABYLONIENS

Religion von Moral geschieden · Geheiligte Prostitution · Freie Liebe · Ehe · Ehebruch
Die Stellung der Frau · Die Erschlaffung der Moral

Die babylonische Religion mit all ihren Fehlern half wahrscheinlich das Volk zu einem einigermaßen verständigen Betragen und zu bürgerlicher Fügsamkeit erziehen, was allein die Freigebigkeit der Könige gegenüber den Priestern erklärt. Anscheinend jedoch übte der überlieferte Glaube in den späteren Jahrhunderten keinen Einfluß mehr auf die Moral der höheren Klassen aus, denn in der Beurteilung ihrer Feinde war die «babylonische Hure» ein «Sündenpfuhl» und ein schändliches Beispiel von Unzucht und Schwelgerei für die ganze damalige Welt.

Dem fremden Beobachter mußte wohl der in den Geschichten des Herodot mitgeteilte Brauch besonders auffallen:

«Jedes Weib des Landes muß einmal in ihrem Leben bei dem Tempel der Aphrodite sich niedersetzen und von einem Fremden sich beschlafen lassen. Viele, die sich mit den anderen nicht gemein machen wollen, weil sie sich auf ihr Geld etwas einbilden, fahren nach dem Heiligtum in bedeckten Wagen und haben hinter sich eine zahlreiche Dienerschaft. Die meisten aber tun also: Sie sitzen in dem heiligen Hain der Aphrodite und haben einen Strick um den Kopf, eine Menge Weiber; denn die einen kommen und andere gehen. Und mitten zwischen den Weibern durch gehen schnurgerade Gassen nach allen Richtungen. Da gehen denn die Fremden und suchen sich eine aus. Und wenn ein Weib hier einmal sitzt, so darf sie nicht eher wieder nach Hause, als bis ein Fremder ihr Geld in den Schoß geworfen und sie außerhalb des Heiligtums beschlafen hat. Wenn er das Geld hinwirft, so muß er sprechen: ,Im Namen der Göttin

DER VORDERE ORIENT

Mylitta'. Mylitta heißt nämlich bei den Assyrern* Aphrodite. Das Geld mag nun so viel sein wie es will, sie darf es nicht verschmähen; das ist verboten, denn das ist geweihtes Geld. Und mit dem ersten besten, der ihr Geld hinwirft, mit dem muß sie gehen und darf keinen abweisen. Wenn sie sich nun hat beschlafen lassen und sich dadurch der Göttin geweiht hat, so geht sie wieder nach Hause, und fortan kann man ihr noch so viel bieten, sie tut es nicht wieder. Die nun hübsch aussehen und wohlgewachsen sind, die kommen bald wieder nach Hause; die häßlichen aber müssen lange Zeit dableiben und können das Gesetz nicht erfüllen, ja manche bleiben wohl drei bis vier Jahre.»[9]

Was war der Ursprung dieses sonderbaren Ritus? War es ein Rest von ehemaligem sexuellen Kommunismus, ein vom zukünftigen Bräutigam gemachtes Zugeständnis des *ius primae noctis*, des Rechtes auf die erste Nacht an die durch irgendeinen zufälligen und anonymen Bürger vertretene Gemeinschaft? Fürchtete sich der Bräutigam, gegen das Tabu des Blutvergießens zu verstoßen? Handelte es sich um eine körperliche Vorbereitung auf die Ehe, wie sie noch heute manche australische Stämme pflegen, oder schlechthin um ein Opfer an die Göttin, um eine Preisgabe der ersten Früchte? Wir wissen es nicht.

Solche Frauen waren natürlich keine Dirnen. Aber verschiedene Klassen von Prostituierten lebten innerhalb der Tempelumfriedung, betrieben dort ihr Gewerbe und häuften teils große Reichtümer an. Solche Tempeldirnen waren in Westasien allgemein: Wir finden sie in Israel, in Phrygien, Phoinikien, Syrien usw.; in Lydien und auf Zypern verdienten sich die Mädchen auf diese Weise sogar ihren Brautschatz. Die geheiligte Prostitution dauerte in Babylon bis zu ihrer Aufhebung durch Konstantin den Großen (ca. 325 n. Chr.). Nebenher blühte in den von Frauen geführten Weinläden das weltliche Hurengewerbe.

Im allgemeinen war den Babyloniern eine bemerkenswerte voreheliche Erfahrung gestattet. Sie durften «Probeehen» eingehen, die jederzeit wieder aufgelöst werden konnten, doch war die Frau verpflichtet, in solchen Fällen als Zeichen ihres Konkubinats eine Olive aus Stein oder aus Terrakotta zu tragen. Aus einigen Tontafeln ersehen wir, daß die Babylonier Liebeslieder dichteten und sangen; aber was sich bis auf unsere Zeit erhalten hat, sind nur wenige Zeilen, wie etwa «Meine Liebe ist ein Licht» oder «Mein Herz ist voller Froheit und Gesang». Einer der erhaltenen Liebesbriefe aus dem Jahr 2100 v. Chr. ist ganz im Stil der ersten Botschaften Napoleons an Josephine abgefaßt: «An Bibiya: ... Mögen Schamasch und Marduk Dir für immer Gesundheit geben ... Ich habe mich über Deine Gesundheit (erkundigt); lasse mich wissen, wie es Dir geht. Ich bin in Babylon angelangt und sehe Dich nicht; ich bin sehr traurig.»

Heiraten kamen durch elterliche Abmachungen zustande und wurden durch den Austausch von Geschenken bestätigt, ein Brauch, der offensichtlich aus der Kaufehe herrührte. Der Bewerber mußte nämlich dem Vater der Braut ein reiches Geschenk darbringen, erwartete aber dafür von der zukünftigen Gattin eine Mitgift, die an Wert seine Gaben überstieg, so daß es schwer zu entscheiden war, wer eigentlich gekauft wurde, die Frau oder der Mann. Manchmal war jedoch die Abmachung ein reiner Kauf; so erhielt zum

---

* Mit den «Assyrern» meinten die Griechen Assyrer und Babylonier. «Mylitta» war eine der Formen Ischtars.

BABYLONIEN 225

Beispiel Schamasch-nazir zehn Schekel als Preis für seine Tochter. Wenn wir Herodot
glauben dürfen, existierte bei den Babyloniern einst folgender Brauch:

«In jedem Dorf geschah ... alle Jahre folgendes. Wenn die Mädchen mannbar geworden sind,
so mußten sie alle zusammengebracht und alle auf einen Haufen geführt werden. Ringsumher
stand die Schar der Männer. Sodann hieß der Ausrufer eine nach der andern aufstehen und ver-
steigerte sie. Zuerst die Allerschönste; dann, sobald diese um viel Geld erstanden war, rief er
eine andere aus, welche nächst dieser die Schönste war, aber alle unter der Bedingung, daß sie
geehelicht würden. Was nun die Reichen unter den Babyloniern waren, die da heiraten wollten,
die überboten einander, um die Schönste zu bekommen; was aber gemeine Leute waren, denen
es nicht um Schönheit zu tun war, die bekamen die häßlichen Mädchen und noch Geld dazu.
Wenn dann der Ausrufer alle schönen Mädchen verkauft hatte, dann mußte die Häßlichste aufstehen, oder wenn ein Krüppel darunter war, und nun rief er diese aus, wer am wenigsten haben wollte, wenn er sie zur Frau nähme, bis sie dem Mindestfordernden zugeschlagen ward.
Das Geld aber kam ein von den schönen Mädchen, und auf die Art brachten die Schönen die
Häßlichen und Krüppel an den Mann.» [10]

Trotz dieser sonderbaren Gewohnheiten scheint die babylonische Ehe ebenso monogam und treu gewesen zu sein wie heute die Ehe im Christentum, so daß nach dem Gesetzbuch die Ehebrecherin und ihr Geliebter ertränkt wurden, wenn nicht der Ehemann Erbarmen hatte und es vorzog, sie beinahe nackt auf die Straße zu stellen. Hammurabi überbot Caesar in seiner Strenge: «Zeigt irgend jemand wegen eines fremden
Mannes mit dem Finger auf eine verheiratete Frau, ohne daß sie mit diesem geschlechtliche Gemeinschaft pflog, so soll sich die Beleidigte um der Ehre ihres Gatten willen in
den Fluß werfen». Vielleicht wollte das Gesetz auf diese Weise Tratsch und Geschwätz
unterbinden. Der Gatte konnte sich von seiner Ehegefährtin scheiden, indem er ihr den
Brautschatz zurückerstattete und ihr sagte: «Du bist nicht mehr meine Frau»; erklärte
aber umgekehrt die Gattin: «Du bist nicht mehr mein Mann», so befahl das Gesetz, sie
zu ertränken. Kinderlosigkeit, Ehebruch, Unverträglichkeit oder schlechte Führung
des Haushalts konnten gesetzliche Scheidungsgründe darstellen; denn es stand geschrieben: «Wenn sie keine sorgfältige Hausfrau gewesen, ihre Zeit vertan, ihr Heim vernachlässigt und ihre Kinder nicht zu achtbaren Menschen erzogen hat, so soll man sie
ins Wasser werfen». Dieser unglaublichen Strenge des Gesetzbuches stand die Praxis
gegenüber, wonach es der Frau freistand, ihren Mann, von dem sie sich nicht scheiden
durfte, zu verlassen, sobald sie seine Grausamkeit und ihre Treue beweisen konnte; in
solchen Fällen durfte sie zu ihren Eltern zurückkehren, ihre Mitgift und alles Eigentum, das sie in der Ehe erworben hatte, mit sich nehmen. (Die englischen Frauen genossen bis zum Ende des neunzehnten Jahrhunderts keine solchen Rechte.) Wenn ein
Mann, den Geschäfte oder Krieg lange von zu Hause fernhielten, während der Zeit der
Abwesenheit nicht für den Unterhalt seiner Frau sorgte und ihr keinerlei Mittel hinterließ, durfte sie mit einem anderen Mann zusammenwohnen, ohne daß dieser Umstand
der späteren Wiedervereinigung der Ehegatten Abbruch tat.

Im allgemeinen war die Stellung der Frau in Babylonien niedriger als in Ägypten oder
Rom, doch nicht schlechter als im klassischen Griechenland oder im mittelalterlichen
Europa. Um ihre vielen Aufgaben zu erfüllen – die Geburt und die Betreuung der Kin-

226 DER VORDERE ORIENT

der, das Wasserholen vom Strome oder vom öffentlichen Brunnen, das Mahlen des
Korns, das Kochen, Spinnen, Weben und das Sauberhalten der Wohnung –, mußte sie
sich in der Öffentlichkeit frei bewegen dürfen, genau wie der Mann. Sie konnte Eigentum erwerben, ihr Einkommen nach eigenem Gutdünken ausgeben, kaufen und verkaufen, erben und ihre Güter testamentarisch vermachen. Manche Frauen besaßen Geschäfte und waren im Handel tätig; andere besorgten Schreiberarbeiten und erbrachten
damit den Beweis, daß die Mädchen ebensogut eine Erziehung erhalten konnten wie die
Knaben. Aber die semitische Sitte, dem ältesten männlichen Sproß der Familie eine beinahe schrankenlose Macht einzuräumen, ließ keine matriarchalischen Einrichtungen,
wie sie im prähistorischen Mesopotamien vielleicht einmal herrschend waren, aufkommen. In den höheren Klassen waren – einem Brauch entsprechend, dem das *purdah* des
Islam und Indiens entsprang – die Frauen in einem Flügel des Hauses eingeschlossen;
wenn sie ausgingen, wurden sie von Eunuchen und Pagen begleitet. In den niederen
Klassen stellten sie Gebärmaschinen dar, und hatten sie keine Mitgift in die Ehe gebracht, so wurden sie kaum besser gehalten als Sklaven. Die Ischtarverehrung deutet
allerdings auf eine gewisse Ehrfurcht vor der Frau und vor der Mutterschaft hin, die der
Verehrung der Maria im Mittelalter nicht unähnlich war; aber aus Herodots Bericht
über die belagerten Babylonier, die ihre Frauen erwürgt haben sollen, um die Aufzehrung
ihrer Vorräte zu verhindern, läßt sich nicht gerade auf große Ritterlichkeit schließen.

Es ist daher gut begreiflich, daß die Ägypter auf die Babylonier als nicht wahrhaft
zivilisiert herabblickten. Wir vermissen hier die von der ägyptischen Literatur und
Kunst aufgezeigte Verfeinerung des Charakters und des Gefühls. Als die feine Sitte nach
Babylon kam, stellte sie bereits eine weibische Entartung dar: junge Männer färbten
nun ihr Haar, schminkten ihre Wangen rot und trugen Halsketten, Ohrringe und allen
möglichen Tand. Nach der persischen Eroberung setzte der Tod der Selbstachtung jeder Zurückhaltung ein Ende; die Lebensart der Kurtisane wurde jeder Klasse eigen;
Frauen aus guter Familie glaubten, es sei lediglich eine Pflicht der Höflichkeit, ihre
körperlichen Vorzüge unterschiedslos zur Freude einer möglichst großen Zahl zur
Schau zu tragen. Jeder arme Mann bot, falls wir Herodot Glauben schenken dürfen,
seine Töchter für Geld an. Quintius Curtius schrieb (42 n. Chr.), es gebe nichts Außer-
gewöhnlicheres als die Lebensart dieser Stadt, nirgends finde man leichter zu wollüstigen Vergnügungen Zugang. Die Moral erschlaffte, als der Wohlstand der Priester zu-
nahm, und die Bürger von Babylon trugen, der Lust vermählt, mit Gleichmut die Unterwerfung ihrer Stadt unter das Joch der Kossäer, Assyrer, Perser und Griechen.

VI. SCHRIFT UND LITERATUR

Die Keilschrift · Ihre Entzifferung · Die Sprache · Die Literatur · Das Gilgameschepos

Erfuhr dieses Leben der Wollust, Gottesfurcht und kommerziellen Betriebsamkeit
irgendeine Erhöhung in literarischer oder künstlerischer Form? Es ist möglich; denn
wir können eine Kultur nicht aus solchen Fragmenten beurteilen, wie sie uns von Ba-

BABYLONIEN   227

bylon überliefert sind. Diese Fragmente sind nämlich vorwiegend liturgischen, magischen und handelsmäßigen Charakters. Es ist also vielleicht ein Zufall, vielleicht auch
tatsächlich eine kulturelle Armut, daß Babylon, Assyrien und Persien uns im Vergleich mit Ägypten und Palästina nur ganz mittelmäßige Denkmäler ihres Schrifttums
hinterlassen haben; ihre Verdienste lagen auf dem Gebiete des Handels und der Gesetzgebung.

Dessenungeachtet waren die Schreiber im weltbürgerlichen Babylon ebenso zahlreich wie in Memphis oder Theben. Die Kunst der Schrift stand noch so hoch im Ansehen, daß sie dem, der sie meisterte, eine hohe Stellung in der Gesellschaft sicherte; sie
war gleichsam das «Sesam, öffne dich» zu allen Regierungs- und Priesterämtern. Nie
vergaß einer, der dieser Kunst kundig war, seine Würde hervorzuheben, wenn er seine
Leistungen aufzählte; gewöhnlich brachte er auch einen Vermerk auf seinem Siegelzylinder an, nicht anders als die Gelehrten in späteren Zeiten ihre akademischen Titel
auf ihren Visitenkarten aufdrucken ließen. Die Babylonier schrieben mit einem drei-
eckigen, prisma- oder keilförmigen Griffel in Keilschrift auf feuchte Tontafeln; wenn
diese Tafeln vollgeschrieben waren, wurden sie getrocknet und stellten nun seltsame,
aber dauerhafte Manuskripte dar. Enthielt die Tafel einen Brief, so streute man Puder
darauf und hüllte sie in einen mit dem Siegelzeichen des Absenders versehenen Um-
schlag aus Ton. In Krügen eingeteilte und auf Regalen geordnete Tafeln füllten zahlreiche Bibliotheken in den Tempeln und Palästen Babylons. Diese Bibliotheken sind
verlorengegangen; aber eine der größten unter ihnen, die von Borsippa, wurde in der
Bibliothek Assurbanipals, deren 30 000 Tafeln die Hauptquelle unserer Kenntnisse
über das babylonische Leben sind, kopiert und aufbewahrt.

Die Entzifferung der babylonischen Schrift verwirrte die Gelehrten während vieler Jahrhunderte. Der endlich eingetretene Erfolg bildet ein ehrenvolles Kapitel in der Geschichte der
Gelehrsamkeit. Im Jahre 1802 teilte nämlich Georg Grotefend, Professor für Griechisch an der
Universität Göttingen, dieser Akademie mit, er habe acht von zweiundvierzig in Keilschrift ausgeführten und auf verschiedenen altpersischen Inschriften gefundenen Zeichen identifiziert und
die Namen dreier Könige festgestellt. Bei diesem Ergebnis verharrte der Stand der Forschung
bis 1835. In diesem Jahre gelang es Henry Rawlinson, einem britischen, in Persien tätigen Diplomaten, ohne Grotefends Bemühungen zu kennen, ebenfalls die Namen des Hystaspes, Dareios
und Xerxes in einer altpersischen, von Babylon hergeleiteten Keilschrift zu enträtseln und
schließlich das Dokument, auf dem sich die Namen fanden, vollständig zu übersetzen. Es handelte sich dabei aber nicht um die babylonische Sprache, und Rawlinson mußte noch, ähnlich
wie Champollion den Stein von Rosette, irgendeine Inschrift ausfindig machen, die den gleichen
Text in Altpersisch und Babylonisch enthielt. Er fand sie auf einem beinahe unzugänglichen,
hundert Meter hohen Felsen in Behistun, in den Gebirgen Mediens, wo Dareios I. seine Stein-
schneider die Aufzeichnung seiner Kriege und Siege in drei Sprachen – Altpersisch, Assyrisch
und Babylonisch – hatte ausführen lassen. Tag um Tag wagte sich Rawlinson auf diesen Felsen, und
oft nur an einem Seile hängend, gelang es ihm, jeden Buchstaben sorgfältig zu kopieren und sogar
plastische Abdrücke aller gestochenen Oberflächen zu verfertigen. Nach *zwölfjähriger Arbeit* war
er so weit, daß er ebenso die babylonischen wie die assyrischen Texte übersetzen konnte (1847).
Um diese und andere Funde zu überprüfen, sandte die Königliche Asiatische Gesellschaft ein un-
veröffentlichtes Keilschrift-Dokument zu vier Assyrologen und forderte sie auf – in selbständiger
Arbeit und ohne jeden Kontakt untereinander –, je eine Übersetzung anzufertigen. Die vier Be-

228   DER VORDERE ORIENT

richte wiesen eine nahezu vollkommene Übereinstimmung auf. Durch diese in der Stille vor sich gegangenen Feldzüge der Gelehrsamkeit wurde die Geschichte um eine neue Kultur bereichert.

Das Babylonische war eine semitische Weiterbildung der alten Sprachen Sumers und Akkads. Es wurde mit ursprünglich sumerischen Buchstaben geschrieben, aber sein Vokabularium wich nach einiger Zeit so sehr von der Sprache ab, von der es ausgegangen war (wie etwa das Französische vom Latein), daß die Babylonier Wörterbücher und Grammatiken verfassen mußten, um die alte «klassische» und priesterliche Sprache Sumers den jungen Gelehrten und Priestern zu übermitteln. Beinahe ein Viertel der in der königlichen Bibliothek von Ninive gefundenen Tafeln besteht aus Wörterbüchern und Grammatiken der sumerischen, babylonischen und assyrischen Sprache. Die Geschichte lehrt uns, daß die Herstellung solcher Wörterbücher bis auf Sargon von Akkad zurückgeht. So alt ist die Gelehrsamkeit! Im Babylonischen wie im Sumerischen stellten die Zeichen nicht Buchstaben, sondern Silben dar; Babylon erreichte nie die Stufe eines eigenen Alphabets und gab sich mit einem «Syllabarium» von etwa 300 Zeichen zufrieden. Das Auswendiglernen dieser Silbensymbole bildete gemeinsam mit Mathematik und Religionsunterricht den Inhalt der Tempelschulen, in denen die priesterlichen Lehrmeister den Knaben das beibrachten, was ihnen als zweckdienlich erschien. Eine Ausgrabung förderte ein altes Klassenzimmer zutage, in dem noch die Tontafeln am Boden lagen, auf denen vor beinahe viertausend Jahren die Schüler ihre Sätze über Moral und Tugend aufgezeichnet hatten. Es scheint, als ob irgendeine Katastrophe der Lektion ein gewaltsames Ende bereitet habe.

Die Babylonier betrachteten wie die Phoiniker die Schrift als eine Vorrichtung zur Erleichterung des Handels; sie gaben nicht viel Ton für Literatur aus. Wir finden etwa Tierfabeln in Versen – eine einzige Generation einer endlosen Dynastie; Hymnen in strengem Versmaß und sorgfältig angeordneten Stanzen, Religionsrituale, die das Drama vorausahnen lassen, und tonnenweise historiographische Werke. Beamtete Chronisten verzeichneten die Gottesfurcht und die Eroberungen der Könige, die Geschehnisse in jedem einzelnen Tempel und die bedeutenden Ereignisse im Werdegang jeder Stadt. Berosus, der berühmteste babylonische Historiker (ca. 280 v. Chr.), erzählte vertrauensvoll die ausführlichsten Einzelheiten über die Schöpfung der Welt und die frühe Menschheitsgeschichte; der erste König von Babylon wurde, nach seinem Bericht, von einem Gott erwählt und regierte 36 000 Jahre. Vom Beginn der Welt bis zur großen Flut hat Berosus mit lobenswerter Genauigkeit 691 200 Jahre gezählt.

Zwölf zerbrochene Tafeln aus der Bibliothek Assurbanipals, die jetzt im Britischen Museum liegen, bilden die faszinierendsten Überreste der mesopotamischen Literatur – das *Gilgameschepos*. Wie die *Ilias* besteht es aus einer Sammlung lose zusammenhängender Geschichten, wovon manche auf die sumerische Kultur (3000 v. Chr.) zurückgehen, während ein anderer Teil die babylonische Sintflutsage behandelt. Gilgamesch war ein sagenhafter Herrscher in Uruk oder Erech, ein Nachkomme des Ut-napischtim, der die Flut überlebt hatte und nie gestorben war. Gilgamesch erscheint uns als eine Art Adonis-Samson – groß und fest, heldenhaft kräftig und beängstigend schön.

«Ein Drittel ist Mensch in Gilgamesch, zwei Drittel ist Gott. Voll Staunen und Furcht schauen die Bürger das Bild seines Leibes, nie seinesgleichen sah man an Schönheit und Fülle der Kraft ...

Er brachte geheime, verborgene Dinge ans Licht. Der Weisheit Abgrundtiefe ward ihm offenbar. Aus der Zeit vor der großen Sturmflut brachte er Kunde. Einen weiten Weg in die Ferne ging er. Leidensvoll war die lange Wanderung und beschwerlich die Fahrt.

In Keilen ließ schreiben der Dulder die ganze Mühsal. In harten Stein wurden Taten und Leiden gemeißelt.» [11]

Für den «Starken, Herrlichen, Weisheitskundigen» arbeiten «jung und alt, die Gewaltigen und die Geringen», denn «Uruks Pracht soll strahlen vor allen Städten der

BABYLONIEN 229

Länder»; um diesen Glanz zu erreichen, läßt Gilgamesch «nicht die Buhle zu ihrem Geliebten, nicht die Tochter eines Gewaltigen zu ihrem Helden», so daß ihr Wehklagen emporsteigt zu den «Göttern des Himmels». Da ruft Anu der Aruru, der großen, des Formens kundigen Göttin, und trägt ihr auf, ein Bild zu erschaffen, «das dem Gilgamesch gleich sei» und mit ihm kämpfen solle, so daß Uruk seinen Frieden erhalte. Da wusch Aruru die Hände, «kniff Lehm ab und feuchtete ihn mit muttergöttlichem Speichel». Sie formte Enkidu, einen Helden von der Kraft eines Wildschweins, bedeckt mit der Mähne eines Löwen und an Schnelligkeit einem Vogel gleich. Dieser kümmert sich nicht um die menschliche Gesellschaft, sondern ißt die Kräuter des Feldes zusammen mit den Gazellen, trinkt mit dem Vieh an der gemeinsamen Tränke und tummelt sich in der Flut mit dem «Gewimmel des Wassers». Da sucht ihn ein Jäger mit Netzen und Fallen zu fangen, als es ihm aber mißlingt, wendet er sich an Gilgamesch. Dieser gibt ihm ein blühendes Weib aus Ischtars heiligem Tempel. «Führe sie hin zu ihm», sagte er; «wenn er kommt mit den Tieren zur Tränke, werfe sie ab ihr Gewand ... Wird er sie sehen, so wird er ihr nahen. Also wird er entfremdet werden dem Vieh ...» Darauf zieht der Jäger mit dem blühenden Weib hinaus zur Tränke, und beide erwarten Enkidu.

«‚Da ist er, Weib! Löse das Tuch deines Busens, enthülle den Hügel der Freude, damit deine Fülle er nehme! Warte nicht länger, nimm wahr seine Lust! Wird er dich sehen, so wird er dir nahen. Begierde errege in ihm, lock ihn ins Fangwerk des Weibes! Fremd wird ihm werden sein Vieh, das mit ihm wuchs auf dem Felde. Seine Brust wird fest auf dir ruhen.'
Da löste das Weib das Tuch ihres Busens, enthüllte den Hügel der Freude, damit ihre Fülle er nehme. Sie zögerte nicht, nahm wahr seine Lust. Hin sank das Gewand, er sah sie und warf sie zu Boden. Begierde erregte sie ihm, das Fangwerk des Weibes. Fest ruht seine Brust auf der heiligen Dienerin Gottes.» [12]

Sechs Tage und sieben Nächte bleibt Enkidu mit dem Weibe zusammen. Dann erhebt er sich, von ihrer Schönheit Fülle gesättigt, und späht umher nach den Tieren. Diese aber scheuen vor ihm zurück und jagen im Sprung der Gazellen davon. Schmerz ergreift den Helden. Er wendet sich um zum Weibe, und dieses spricht zu ihm:

«‚Enkidu, schön bist du, wie ein Gott bist du! Warum willst du mit wildem Getier hinjagen über die Felder? Komm mit mir nach Uruk, in die umfriedete Stadt. Komm zum heiligen Tempel, der Wohnung Anus und Ischtars! Komm zu dem strahlenden Hause, wo Gilgamesch wohnt, der vollkommene Held. Wie ein Wildstier an Kraft waltet er mächtig; nicht seinesgleichen findest du unter dem Volk.'
Also sagt sie, und er freut sich, solches zu hören. Enkidu spricht zu ihr, der Dienerin Ischtars: ‚Auf, mein Weib! Führe mich hin zur heiligen Wohnung Anus und Ischtars, dahin, wo Gilgamesch weilt, der vollkommene Held, wo er waltet, ein Wildstier, gewaltig unter den Männern. Zum Kampfe will ich ihn fordern, mit lauter Stimme will ich den Starken rufen, ich werde verkünden mitten in Uruk: Ich selbst bin ein Starker! So trete ich hinein und ändre das Schicksal ...'»

Das Weib und Enkidu gehen nun zur Stadt, und Enkidu vertritt Gilgamesch den Weg zum Tempel und kämpft mit ihm. Aber Gilgamesch besiegt ihn, zuerst mit seiner Kraft, dann mit seiner Herzlichkeit, und beide werden hingebende Freunde und ziehen gemeinsam aus, um gegen Chumbaba zu streiten. Am Tage des Vollmonds kehrten sie als Sieger zurück in die Stadt. Da wusch Gilgamesch seine Waffen,

230 DER VORDERE ORIENT

«... warf ab seine schmutzigen Kleider und zog ein reines Gewand an. Er wirft den umsäumten Mantel sich um und umgürtet die Hüften. Seine Tiara setzt Gilgamesch sich auf. Fest band er den Gürtel. Schön war Gilgamesch. Da entbrannte die Göttin der Liebe in Lust. Ischtar selbst erhob ihr Auge zu Gilgamesch:

,Komm, Gilgamesch, sei mein Geliebter! Schenke mir deinen Samen, ach, schenke ihn mir! Du sei mein Mann, ich sei dein Weib! Anschirren lass' ich den Wagen, aus Lapislazuli und Gold ist der Wagen; seine Räder sind golden, mit Edelsteinen geziert seine Hörner. Als Gespann sollst du täglich haben die stärksten und schönsten Pferde. Unter dem Duft der Zeder tritt ein in mein Haus! Bist du in meinem erhabenen Hause, küssen dir alle, die auf Thronen sitzen, die Füße; es sinken in den Staub die Großen und die Könige der Erde. Von den Bergen und der Ebene sollen sie dir, was dein Herz begehrt, zum Tribute bringen ...'»

Gilgamesch weist die Göttin ab und ruft ihr das grausame Schicksal ins Gedächtnis zurück, das sie über ihre verschiedenen Liebhaber verhängt hat, über Tammuz, den Frühlingsgott, über den Hirtenknaben, den sie in einen Vogel verwandelte, über den Löwen und das Roß und über Ischullanu, den Gärtner des Himmelsvaters. «Nun begehrst du auch meine Liebe», sagt er, «und willst mich wie jene behandeln?» Als Ischtar dies hört, erfaßt sie gräßliche Wut. Sie steigt zum Himmel empor, tritt vor Anu und verlangt, daß er einen Wunderstier erschaffe, um Gilgamesch zu töten. Anu zögert, da droht Ischtar, im Universum jeden Impuls der Liebe einzustellen und alle Lebewesen zu vernichten. Nun erhört der Himmelsgott ihre Bitte. Vom Götterberge herab schickt er den furchtbaren Stier nach Uruk, der Stadt.

Dieser tobt über Saat und Felder daher, verwüstet das Land und fegt mit seinem feuerschnaubenden Atem hundert Männer hinweg. Da treten ihm Enkidu und Gilgamesch entgegen, packen ihn und schlagen ihn tot. Nun flucht Ischtar dem Helden, so daß Enkidu im Zorn vom Himmelsstier ein Glied losreißt und der Göttin ins Antlitz schleudert. Die Beleidigte aber bringt Gilgamesch an den Abgrund der Trauer, indem sie Enkidu eine tödliche Krankheit sendet.

Gilgamesch betrachtet leiderfüllt die Leiche seines Freundes, den er mehr als irgendeine Frau geliebt hat, und es verlangt ihn nach dem Wissen um das Geheimnis des Todes. Gibt es keine Rettung von diesem dunklen Schicksal? Der mächtige Ut-napischtim allein besitzt das Geheimnis der Unsterblichkeit. Zu ihm beschließt Gilgamesch zu ziehen, und gälte es, die ganze Welt zu durchwandern. Da kommt er in der Dämmerung des Morgens an ein Bergtor, das zwei Riesen bewachen. Nur ihre Brust ragt aus der Erde hervor, den Unterleib strecken sie tief hinab in die Unterwelt. Die Riesen lassen ihn durch das Tor, und nun durchschreitet Gilgamesch eine dunkle Schlucht, bis er das Ufer eines großen Meeres erreicht, an dem Siduri-Sabitu, die weise Frau vom Himmelsberge, ihren Thron aufgeschlagen hat. Gilgamesch erfleht ihre Hilfe beim Überqueren des Wassers, und Sabitu läßt ihn in vierzig Sturmtagen an die glückliche Insel gelangen, wo Ut-napischtim, der Besitzer des ewigen Lebens, haust. Gilgamesch erbittet von ihm das Geheimnis der Unsterblichkeit. Da erzählt ihm Ut-napischtim die Geschichte von der großen Sturmflut, die die Götter über Schurippak, die Stadt am Euphrat, verhängten, und wie sie ihn und seine Frau unsterblich gemacht, weil sie die Menschengattung erhalten wollten. Dann gibt er Gilgamesch eine Pflanze, deren Frucht

BABYLONIEN 231

dem, der sie verzehrt, erneute Jugend schenkt, und Gilgamesch unternimmt frohen Herzens die Heimreise. Unterwegs aber verweilt er, um ein Bad zu nehmen, und während er badet, stiehlt eine Schlange die Pflanze*.

Verzweifelt erreicht Gilgamesch Uruk. Er betet in allen Tempeln, damit Enkidu wieder ins Leben zurückkehre, und wäre es nur für einen Augenblick. Da erscheint Enkidu, und Gilgamesch befragt ihn über den Zustand der Toten. Enkidu antwortet: «Ich kann es dir nicht sagen; wenn ich vor dir die Erde öffnen müßte, dir sagen müßte, was ich gesehen habe, würde Schrecken dich umwerfen, du würdest ohnmächtig werden.» Gilgamesch aber, das Sinnbild des ewigen Suchers, besteht auf der Wahrheit, und so beschreibt ihm denn Enkidu den Jammer des irdischen Loses, und in diesem düsteren Ton schließt das fragmentarische Epos.

VII. DIE BILDENDE KUNST

Das Kunsthandwerk · Die Malerei · Die Skulptur · Das Flachrelief · Die Architektur

Das Gilgameschepos ist sozusagen das einzige Beispiel, nach dem wir die literarische Kunst Babylons beurteilen können. In den zufälligen Überresten des Kunsthandwerks erkennen wir einen scharfen ästhetischen Sinn, wenn auch nicht einen tiefen schöpferischen Geist. Sorgfältig glasierte Backsteine, glitzernde Steine, fein gearbeitetes Gold, Silber, Eisen und Bronze, zarte Stickereien, weiche Decken, farbenreiche Gewänder, luxuriöse Tapeten, Tische, Betten und Stühle mit geschnitzten Fußgestellen – all das trug zur Anmut des babylonischen Lebens bei. Der reichlich vorhandene Schmuck war künstlerisch nicht so vollendet wie in Ägypten, um so mehr aber wurde das Edelmetall verschwenderisch zur Schau gestellt, und ganze Statuen wurden aus Gold geschaffen. Es gab auch viele Musikinstrumente – Flöten, Psalter, Harfen, Sackpfeifen, Leiern, Trommeln, Rohrpfeifen, Trompeten, Zimbeln und Schellentrommeln. Ganze Orchester spielten, und Sänger sangen, einzeln oder im Chor, im Tempel und in den Palästen und auf den Festen der Wohlhabenden.

Die Malerei spielte eine nebensächliche Rolle; sie trat in Form von Wandschmuck oder als Dekoration von Bildhauerarbeiten auf, aber es fehlte jedes Streben, sie zu einer selbständigen Kunst zu erheben. Wir finden unter den babylonischen Ruinen keine Temperamalerei, wie sie die ägyptischen Gräber schmückte, und auch nicht solche Freskogemälde, wie die Paläste auf Kreta sie aufweisen. Die babylonische Skulptur blieb ebenfalls unentwickelt, und ihr früher Verfall ist den von den Sumerern übernommenen und von den Priestern noch verschärften streng vorgeschriebenen Regeln zuzuschreiben, wonach zum Beispiel alle Gesichter genau gleich aussehen mußten, alle Könige den gleichen wohlbeleibten und muskulösen Körperbau zeigten und alle Gefangenen nach einer bestimmten Schablone gearbeitet waren. Sehr wenige babylonische Skulpturen haben die Stürme der Zeit überlebt, eine Tatsache, die jedoch die eben dargelegte Charakterisierung nicht entkräftet. Die Basreliefs sind etwas besser, aber auch bei ihnen tritt das Rohe und Stereotype noch stark hervor, und ein tiefer Abgrund trennt sie von der beweglichen Kraft der von den Ägyptern tausend Jahre früher hergestellten Arbeiten. Die babylonischen Bildhauer verstanden es nur dann, im Betrachter ihrer Werke das Gefühl des Erha-

---

* Viele alte Völker verehrten die Schlange als ein Symbol der Unsterblichkeit, die dem Tode dank ihrer Eigenschaft, ihre Haut abzuwerfen, entging.

benen aufkommen zu lassen, wenn sie Tiergestalten in der schweigsamen Würde der Natur oder in einer durch die Grausamkeit des Menschen geweckten Raserei darstellten.

Von der babylonischen Architektur sind kaum mehr Überreste vorhanden, und unter den Fundmassen erhielt sich nirgends ein Relief oder eine gemalte Darstellung, die uns klar die Form und die Konstruktion der in den Sand gesunkenen Paläste und Tempel aufzeigen könnte. Die Wohnstätten wurden aus getrocknetem Lehm und bei den Wohlhabenden aus Ziegeln gebaut; sie besaßen selten Fenster, und die Öffnungen führten nicht auf die enge Gasse hinaus, sondern auf einen inneren, vor der Sonne geschützten Hof. Die Überlieferung lehrt uns, daß die besseren Gebäude drei oder vier Stockwerke besaßen. Den Tempel errichtete man auf einer Anhöhe. Gewöhnlich war es ein riesiger, wie die Privathäuser um einen Hof angelegter quadratischer Bau aus Backsteinen. Neben dem Tempel stand meistens eine Zikkurat, ein Turm aus übereinander gelagerten und sich nach oben verjüngenden würfelförmigen Stockwerken mit einem äußeren Treppenaufgang. Er diente teils als eine Art erhabenes Heiligtum zu religiösen und teils als Beobachtungsort zu astronomischen Zwecken. Von hier konnten die Priester die alles enthüllenden Sterne beschauen. Die große Zikkurat in Borsippa nannte man «die Stufen der sieben Sphären»; jedes einzelne Stockwerk war einem der sieben in Babylon bekannten Planeten geweiht und besaß eine symbolische Farbe. Das unterste war schwarz wie die Farbe des Saturn, das nächsthöhere weiß wie die der Venus, das dritte, dem Jupiter geweihte, purpurrot, das vierte blau, der Farbe des Merkur entsprechend, das fünfte, wie es Mars verlangte, scharlachrot, das sechste silbern für den Mond, das letzte golden wie das Gold der Sonne. Diese Sphären und Planeten bezeichneten, in der Reihenfolge von oben nach unten, die Tage der Woche.

Es herrschte, soweit wir es heute überschauen können, in dieser Architektur nicht sehr viel Kunst; sie zeigte massige, geradlinige Formen, die vor allem nach Größe strebten. Ab und zu finden wir in den Ruinen auch Bogen und Gewölbe – Formen sumerischen Ursprungs, die nur ganz nebenbei benutzt wurden und deren wesentliche Bestimmung noch unbekannt war. Die Außen- und Innendekoration bestand hauptsächlich in der Emaillierung der Ziegel mit leuchtenden Glasuren in Rot, Gelb, Weiß und Blau und in gelegentlichen Tier- und Pflanzenzeichnungen. Die Glasur wurde nicht nur zu Verschönerungszwecken verwendet, sondern auch zum Schutz des Mauerwerks vor Sonne und Regen. Sie geht mindestens auf Naram-sin zurück und erfuhr in Mesopotamien eine tiefgreifende Entwicklung, die noch in den Tagen der mohammedanischen Herrschaft andauerte. Auf diese Weise wurde die Keramik die charakteristischste Kunst des alten Orients. Trotz solchen Schmuckes blieb die babylonische Architektur schwerfällig und nüchtern und durch das von ihr benutzte Material zur Mittelmäßigkeit verdammt. Rasch verwandelten die arbeitenden Sklaven die Erde in Ziegelstein und Mörtel und errichteten monumentale Werke, deren Bau in Ägypten und im mittelalterlichen Europa jahrhundertelange Mühe und Ausdauer verlangte. Aber diese Tempel und Paläste verfielen ebenso schnell, wie sie entstanden waren, und nach fünfzig Jahren Verwahrlosung wurden sie wieder zu Staub, aus dem der Mensch sie einst gebildet hatte. Die Billigkeit des Ziegelsteins verdarb die babylonische Baukunst; man erzielte mit einem solchen Material leicht weite Dimensionen, ohne aber etwas künstlerisch Ansprechendes hervorzubringen. Der Ziegelstein eignet sich nicht dazu, in einem Bauwerk den Eindruck der Erhabenheit entstehen zu lassen, und dieser Eindruck ist es doch, der der Architektur eine Seele verleiht.

VIII. DIE BABYLONISCHE WISSENSCHAFT

Die Mathematik · Die Astronomie · Der Kalender · Die Geographie · Die Medizin

Die Babylonier, gute Kaufleute, errangen in den Wissenschaften mehr Erfolg als in der Kunst. Der Handel schuf die Mathematik und brachte in Verbindung mit der Religion auch die Astronomie hervor. In ihren so verschiedenartigen Obliegenheiten als Rich-

BABYLONIEN 233

ter, Verwalter, Großgrundbesitzer, Industriemagnaten, Eingeweideschauer und Sterndeuter legten die Priester unbewußt die Grundsteine all der Wissenschaften, die in den
profanen Händen der Griechen für einige Zeit der Religion die führende Rolle in der
Welt entreißen sollten.

Die babylonische Mathematik fußte auf der Einteilung des Kreises in 360 Grade und
des Jahres in 360 Tage; auf dieser Grundlage entwickelte sie ein Sexagesimalsystem, das
heißt eine Sechszählung, in der die Sechs Grundlage und Ausgang der Rechnung bildete und die dem spätern Duodezimalsystem, der Berechnung in Zwölfern, verwandt
war. Zahlzeichen waren nur drei im Gebrauch: ein Zeichen für 1, das man bis 9, und
eines für 10, das man bis 50 wiederholte; zu diesen trat noch eine Ziffer für 100. Re-
chentafeln, die nicht nur Multiplikation und Division, sondern auch Halbe, Viertel,
Drittel, ferner die Quadrat- und Kubikzahlen der Grundzahlen aufwiesen, erleichterten
die Berechnungen. Die Geometrie ermöglichte die Messung von komplizierten und un-
regelmäßigen Flächen. Die babylonische Zahl für π war 3 – für ein Volk von Astronomen eine nur oberflächliche Annäherung an die genaue Größe.

Die Astronomie war die Spezialwissenschaft der Babylonier, ihr dankten sie ihre Berühmtheit in der Alten Welt. Hier wie anderswo war die Magie die Mutter der Wissenschaft: die Babylonier studierten nämlich den Lauf der Sterne nicht so sehr, um den
Kurs der Schiffe und die Straßen der Karawanen aufzuzeichnen, als vielmehr, um daraus
das zukünftige Schicksal der Menschen zu bestimmen; sie waren zuerst Astrologen und
dann Astronomen. Jeder Planet galt als ein Gott, der an den Geschäften der Menschen
interessiert und für sie lebenswichtig war; so verkörperte Jupiter den Marduk, Merkur
den Nabu, Mars den Nergal, die Sonne Schamasch, der Mond Sin, Saturn Ninurta und
die Venus Ischtar. Jede Bewegung eines Sterns bewirkte oder verkündete irgendein
irdisches Ereignis. Stand zum Beispiel der Mond tief, so bedeutete dies, daß sich ein
fernes Volk einem König unterwarf; war die Mondsichel im Zunehmen begriffen, so
verhieß sie dem Herrscher den Sieg über seinen Feind. Solche Bemühungen, die Zukunft aus den Sternen zu lesen, wurden den Babyloniern zur Leidenschaft, und die in der
Astrologie bewanderten Priester heimsten große Belohnungen von Volk und König ein.
Manche unter ihnen waren ehrliche Wissenschaftler, die eifrig astrologische Werke studierten, deren Inhalt aus der Zeit Sargons von Akkad stammen sollte; sie beklagten sich
über die Schwindler, die ohne jedes Vorstudium Horoskope gegen Bezahlung stellten
oder das Wetter ein Jahr früher voraussagten, wie es noch heute moderne Almanache tun.

Die Astronomie entwickelte sich allmählich auf Grund dieser astrologischen Be-
trachtungsweise und der Anlegung von Sternenkarten. Bereits 2000 v. Chr. verfügten
die Babylonier über genaue Eintragungen des heliakischen Auf- und Untergehens der
Venus; sie hatten die Stellung verschiedener Sterne fixiert und waren auf dem besten
Wege, den Himmel auf Karten zu verzeichnen. Da unterbrach die kossäische Eroberung diese Entwicklung für tausend Jahre. Darauf wurde unter Nekubadnezar das Studium der Astronomie wieder aufgenommen; die gelehrten Priester legten Pläne der
Bahnen von Sonne und Mond an, vermerkten deren Konjunktionen und Finsternisse,
berechneten den Lauf der Planeten und unterschieden zum erstenmal zwischen einem

234 DER VORDERE ORIENT

Planeten und einem Fixstern*. Sie bestimmten auch die Daten der Winter- und Sommersonnenwende und die Äquinoktien im Frühling und Herbst und teilten, indem sie den sumerischen Gedankengang weiterführten, die Ekliptik, das heißt den Weg der Erde um die Sonne, in die zwölf Zeichen des Tierkreises ein. Nachdem sie den Kreis in 360 Grade eingeteilt hatten, unterteilten sie die einzelnen Grade in je sechzig Minuten und die Minute in sechzig Sekunden. Der Zeitmessung dienten die Klepsydra oder Wasseruhr und eine Sonnenuhr, und es scheint, daß sie diese Instrumente nicht nur entwikkelt, sondern sogar erfunden haben.

Die Babylonier teilten das Jahr in zwölf Mondmonate ein, wovon sechs dreißig und weitere sechs neunundzwanzig Tage hatten. Dies ergab eine Gesamtzahl von 354 Tagen im Jahr, so daß es nötig wurde, gelegentlich einen dreizehnten Monat einzuschalten, um den Kalender mit den Jahreszeiten in Einklang zu bringen. Der Monat hatte vier Wochen, gemäß den vier Phasen des Mondes. Es wurde auch ein Versuch unternommen, einen bequemeren Kalender herzustellen, indem man den Monat in sechs Wochen von je fünf Tagen einteilte. Doch die Mondphasen erwiesen sich gegenüber der Willkür menschlicher Systembildung als wirksamer. Der Tag wurde nicht von Mitternacht zu Mitternacht gerechnet, sondern von einem Aufgehen des Mondes zum anderen; er war in zwölf Stunden geteilt, und jede Stunde hatte dreißig Minuten, so daß die babylonische Minute viermal so lang war als die unsere. Die Einteilung unseres Monats in vier Wochen, unserer Uhr in zwölf anstatt vierundzwanzig Stunden, unserer Stunde in sechzig Minuten und unserer Minute in sechzig Sekunden geht auf babylonische Einrichtungen zurück**.

Die Abhängigkeit der babylonischen Wissenschaft von der Religion wirkte sich in der Medizin nachteiliger aus als in der Astronomie. Es war nicht so sehr der Obskurantismus der Priester als der Aberglaube des Volkes, der den Gang der Wissenschaft hemmte. Zur Zeit Hammurabis entzog sich allerdings die Heilkunst einigermaßen dem Bereich und der Herrschaft der Geistlichkeit, und ein regulärer Ärzteberuf mit gesetzlich bestimmten Honoraren und Strafen wurde ins Leben gerufen. Ein Patient, der einen Arzt kommen ließ, wußte im voraus, wieviel ihn die Behandlung oder die Operation koste, und falls er zu den ärmeren Klassen gehörte, wurde das Honorar reduziert. Wenn der Arzt die Kur verpfuschte, war er zur Zahlung einer Entschädigung an den Kranken verpflichtet; in äußersten Fällen wurden ihm, wie wir gesehen haben, die Finger abgeschnitten, so daß er sein schädliches Handwerk einstellen mußte.

---

* Die Babylonier unterschieden einen Fixstern von einem Planeten durch dessen sichtbare Bewegung, das «Wandern». In der modernen Astronomie ist ein Planet ein um die Sonne regelmäßig kreisender Himmelskörper.

** Von den astronomischen Aufzeichnungen gingen die Babylonier zur Anlegung von Landkarten über. Die ältesten Landkarten sind unseres Wissens jene, die die Priester von den Straßen und Städten des Reiches Nebukadnezars machten. Eine unter den Ruinen von Gasur gefundene und auf 1600 v. Chr. zurückgehende Tontafel enthält auf einem kaum drei Quadratzentimeter großen Raum eine Landkarte der Provinz Schat-Azalla; die Gebirge sind durch gerundete, das Wasser durch abwärts geneigte und die Flüsse durch parallele Linien dargestellt; die Namen der verschiedenen Städte sind eingezeichnet, und die Richtung von Nord und Süd wird am Rande angegeben.

BABYLONIEN 235

Aber diese von der Religion beinahe unabhängig gewordene Wissenschaft vermochte das Bedürfnis des Volkes nach übernatürlichen Diagnosen und magischen Heilmitteln nicht zu befriedigen. Die Zauberer und Schwarzkünstler waren daher volkstümlicher als die Ärzte und bestärkten durch ihren Einfluß auf den Pöbel die vernunftwidrigen Heilmethoden. Ihnen galt eine Krankheit als Besessenheit durch irgendeinen Dämon, und ihr Ursprung war die Sünde; deswegen mußte sie hauptsächlich mit Beschwörungsformeln, Magie und Gebeten behandelt werden. Benutzte man Drogen, so wollte man damit nicht so sehr den Kranken reinigen als vielmehr dem Dämon Schrecken einflößen und ihn vertreiben. Die Lieblingsarznei war eine absichtlich aus ekelerregenden Elementen zusammengesetzte Mixtur, anscheinend von der Annahme ausgehend, der Kranke besitze einen stärkeren Magen als der ihm innewohnende Dämon. Die üblichen Bestandteile dieses Heilmittels setzten sich zusammen aus rohem Fleisch, aus Schlangenfleisch und Holzspänen, gemischt mit Öl und Wein; oder es bestand aus faulem Fleisch, zermalmten Knochen, Fett und Schmutz und dem Urin oder den Exkrementen von Tieren oder Menschen. Gelegentlich wurde auf diese «Dreckapotheke» verzichtet und versucht, den Dämon mit Milch, Honig, Rahm und süßriechenden Kräutern zu besänftigen. Blieben alle diese Behandlungen erfolglos, so wurde der Kranke in manchen Fällen auf den Marktplatz getragen, wo ihm seine Nachbarn nach altüberlieferter Gewohnheit unfehlbare Heilmittel verschreiben durften.

Vielleicht tun die achthundert Tafeln, die uns von der babylonischen Arzneiwissenschaft erhalten blieben, dieser Unrecht. Die Rekonstruktion des Ganzen aus einem Bruchstück ist in der Geschichte immer ein etwas fragwürdiges Unternehmen, aber die Geschichtsschreibung ist auf solche Rekonstruktionen angewiesen. Es ist also auch gut möglich, daß diese magischen Arzneien nicht einfach primitiver Zauberei dienten, sondern bestimmt waren, auf die menschliche Suggestionskraft zu wirken und die Funktion von Brechmitteln zu übernehmen. Die Babylonier haben demnach mit der Theorie der in den Körper einfallenden Dämonen und mit der Auffassung von der Sünde des Patienten nichts Vernunftwidrigeres gemeint als wir mit der Lehre von den in den Körper einfallenden Bakterien, denen unsere Nachlässigkeit, Unreinlichkeit und Gier den Zugang bereiten. Wir dürfen demnach die Unwissenheit der Vorfahren nicht allzu hoch anschlagen.

IX. DIE PHILOSOPHEN

Religion und Philosophie · Der babylonische Hiob · Das babylonische Koheleth · Ein Antiklerikaler

Ein Volk wird stoisch geboren, und es stirbt epikureisch. An seiner Wiege steht (um ein tiefsinniges Sprichwort zu wiederholen) die Religion, und die Philosophie begleitet es zu seinem Grabe. Am Anfang aller Kulturen verbirgt und mildert ein starker religiöser Glaube die Natur der Dinge und verleiht den Menschen die Kraft, Leid und Qualen geduldig zu ertragen; die Götter begleiten jeden Schritt der irdischen Geschöpfe und schützen sie bis zum Tode, und selbst dieser wird göttlich erklärt als ein Racheakt der Himmlischen gegenüber den Sünden des Volkes. Wir sehen, das Böse vernichtet den

Glauben nicht, sondern stärkt ihn. Wenn der Sieg errungen ist und in Sicherheit und Frieden der Krieg vergessen wird, dann wächst der Reichtum; bei den herrschenden Klassen tritt die Befriedigung der rein körperlichen Bedürfnisse hinter dem Interesse für künstlerische und geistige Dinge zurück, Arbeit und Mühe weichen der Sorglosigkeit und dem Vergnügen; die Wissenschaft unterhöhlt den Glauben, die Beschäftigung mit den geistigen Dingen und das bequeme Leben schläfern die Mannhaftigkeit ein. Schließlich beginnen die Menschen an den Göttern zu zweifeln; sie trauern über die Tragödie des Wissens und nehmen Zuflucht zu jeder vergänglichen Lust. Achilleus steht am Anfang, Epikur am Ende. Nach David kommt Hiob und nach Hiob das Buch des Predigers.

Da wir das geistige Leben Babylons größtenteils nur aus der Überlieferung der späteren Reiche kennen, ist es nicht verwunderlich, darin die Spuren einer dekadenten Weisheit müder Philosophen zu finden. Auf einer Tafel beklagt sich Balta-atrua, daß er viel Mißgeschick erfahren, obgleich er wie kein anderer die Gebote der Götter streng befolgt habe; nun seien seine Verwandten und sein Vermögen verloren, und selbst das wenige, das ihm geblieben, hätten ihm Straßenräuber abgenommen. Seine Freunde antworten wie die Gefährten Hiobs, sein Unglück müsse die Strafe für irgendeine Sünde sein – vielleicht für jene Hybris, jenen vermessenen Hochmut des aufstrebenden Menschen, der immer wieder den Zorn der eifersüchtigen Götter erregt. Sie versichern ihm, das Böse sei nur das verkleidete Gute und stelle einen Teil des göttlichen Planes dar, der von den schwachen Geistern, die das Ganze nicht übersehen, verkannt werde. Wenn Balta-atrua Glauben und Mut bewahre, so werde er am Ende belohnt. Da ruft Balta-atrua die Götter um Hilfe an – und das Fragment bricht ab.

Ein anderes Gedicht aus der Sammlung Assurbanipals behandelt das gleiche Problem. Es wird jetzt noch bestimmter umrissen. Der Dulder ist, wie es scheint, einer der Herrscher von Nippur. Er beschreibt wie folgt seine Bedrängnis*:

> (Meine Augen verdunkelte er und verschloß sie wie mit) einer Locke;
> (Meine Ohren verschloß er) wie die eines tauben Wesens.
> Ein König, bin ich zu einem Sklaven erniedrigt worden;
> Wie einen Wahnsinnigen mißhandeln mich (meine) Genossen.
> Sende mir Hilfe aus der Grube, (für mich) gegraben! ...
> Bei Tage tiefe Seufzer, bei Nacht Tränen;
> Die Monate – Schreie; die Jahre – Trauer ...

Er sagt uns weiterhin, was für ein frommer Knabe er immer gewesen sei, dem wahrhaft zuletzt unter den Mitmenschen ein so grausames Schicksal hätte widerfahren dürfen:

> Als ob ich nicht immer das Teil für den Gott beiseite gelegt
> Und nicht die Göttin bei der Mahlzeit angerufen hätte,
> Nicht mein Haupt verneigt und meinen Tribut nicht gebracht hätte:
> Als ob ich einer wäre, in dessen Mund Flehen und Gebet nicht ständig gewesen! ...
> Ich lehrte mein Land, über den Namen des Gottes zu wachen;
> Den Namen der Göttin zu ehren, gab ich meinem Volke zum Brauche ...
> Ich dachte, daß solche Dinge einem Gotte gefällig wären.

---

* Die Worte in den Klammern stellen dem Inhalt entsprechende Ergänzungen dar.

BABYLONIEN   **237**

Trotz dieser Frömmigkeit grübelt er, von Krankheit heimgesucht, über die Unmöglichkeit, die Götter zu begreifen, und über die Unsicherheit der menschlichen Geschäfte.

> Wer kann den Willen der Götter im Himmel erfassen?
> Den Plan eines von Geheimnis erfüllten Gottes – wer kann ihn verstehen? ...
> Derjenige, der gestern lebte, ist heute tot;
> In einem Augenblick ist er in Schmerz gestürzt; plötzlich ist er zermalmt.
> Für einen Augenblick singt er und spielt;
> Ein Zucken mit den Wimpern, und er jammert wie ein Leidtragender ...
> Wie ein Netz haben mich die Qualen bedeckt.
> Meine Augen blicken umher, aber sie sehen nicht;
> Offen sind meine Ohren, aber sie hören nicht ...
> Samenerguß hat meine Genitalien befallen,
> Hat die Drüsen in meinen Eingeweiden angegriffen ...
> Mein ganzer Körper wird schwarz mit dem Tode ...
> Den ganzen Tag verfolgt mich der Verfolger;
> Für keinen Augenblick gibt er mir Atem zur Nacht ...
> Meine Glieder sind zerstückelt und arbeiten nicht zusammen,
> In meinem Dünger verbringe ich die Nacht wie ein Ochse;
> Wie ein Schaf lege ich mich zu meinem Auswurf ...

Dem Hiob ähnlich legt er schließlich vertrauensvoll ein Glaubensbekenntnis ab:

> Doch ich kenne den Tag des Aufhörens meiner Tränen,
> Einen Tag der Gnade der schützenden Geister; dann wird die Gottheit.
> Erbarmen haben.[13]

Am Ende ist alles gut. Ein Geist erscheint und heilt den Leidenden von all seinen Krankheiten, und zwar so, daß ein gewaltiger Sturm dem Körper alle Dämonen des Übels entreißt. Der auf solche Art Geheilte preist Marduk, bringt reiche Opfer dar und fordert alle auf, nie zu verzweifeln*.

Wie von all dem zum *Buche Hiob* nur ein Schritt ist, so finden wir in der späten babylonischen Literatur unverkennbare Anzeichen des Predigers. Im *Gilgameschepos* rät die Göttin Sabitu dem Helden, sein Sehnen nach einem Leben nach dem Tode aufzugeben und zu essen, zu trinken und auf der Erde froh zu sein.

«Gilgamesch, wohin läufst du? Das Leben, das du suchst, wirst du nicht finden. Als die Götter die Menschen schufen, bestimmten sie den Tod für die Menschen, das Leben behielten sie für sich selbst. Drum, Gilgamesch – iß und trink, fülle dir deinen Leib, Tag und Nacht freue dich nur! Mache doch jeden Tag dir ein Freudenfest! Freue dich Tag und Nacht bei Harfen, Flöten und Tanz! Ziehe reine Kleider dir an, wasche und salbe dein Haupt und bade den Leib in frischem Wasser! Sieh froh die Kinder an, die deine Hand erfassen! Freue dich in den Armen des Weibes! ...»**[14]

---

* Es ist möglich, daß dieses Gedicht, von dem man die Vorbilder in Sumer gefunden hat, den Autor des *Buches Hiob* beeinflußte.

** Vgl. Prediger 9, 7–9: «Gehe deinen Weg, iß dein Brot mit Freude und trinke deinen Wein mit einem frohen Herzen; denn Gott nimmt nun deine Arbeiten an. Deine Gewänder seien immer weiß; laß deinem Haupte keine Salbung fehlen. Lebe freudig mit dem Weibe, das du liebst alle Tage, die dir in deiner Vergänglichkeit beschieden sind.»

DER VORDERE ORIENT

Der Verfasser einer anderen Tafel schlägt einen bitteren Ton an und versteigt sich zu Atheismus und Gotteslästerung. Gubarru, ein babylonischer Alkibiades, befragt skeptisch einen Alten:

> O sehr Weiser, o du, der du die Fähigkeiten des Verstandes besitzest, lasse dein
> Herz stöhnen.
> Das Herz Gottes ist so fern wie die inneren Teile des Himmels.
> Die Weisheit ist hart, und die Menschen begreifen sie nicht.

Darauf antwortet der Alte im Stile Amos' und Jesaias:

> Sei aufmerksam, mein Freund, und verstehe meinen Gedanken.
> Die Menschen preisen die Arbeit des großen Mannes, der im Morden gewandt ist.
> Sie verunglimpfen den Armen, der keine Sünde begangen.
> Sie rechtfertigen den Ruchlosen, dessen Missetat schwer ist.
> Sie vertreiben den Gerechten, der den Willen Gottes sucht.
> Sie lassen den Starken die Nahrung des Armen nehmen;
> Sie machen gewaltiger den Mächtigen;
> Sie vernichten den Schwachen, der Reiche verjagt ihn.

Er gibt Gubarru den Rat, den Willen der Götter trotzdem zu erfüllen. Aber Gubarru will überhaupt nichts mit Göttern und Priestern zu tun haben, da diese immer den Mächtigen beschützen.

> Ohne Aufhören haben sie Lüge und Unwahrheit umhergetragen.
> Mit edlen Worten sagen sie das, was dem Ohr des Reichen schmeichelt.
> Ist denn sein Reichtum verringert? Sie kommen ihm zu Hilfe.
> Sie mißhandeln den Schwachen, gleich einem Diebe,
> Sie vernichten ihn mit einem Beben, sie löschen ihn aus, gleich einer Flamme.[15]

Wir dürfen die Häufigkeit solcher Stimmungen in Babylon nicht übertreiben; zweifellos lauschte das Volk ergeben seinen Priestern und füllte die Tempel, um der Götter Gunst zu erflehen. Das Eigenartige ist, daß der babylonische Mensch so lange einer Religion treu blieb, die ihm so wenig Trost bot. Nichts konnte man, so lehrten die Priester, ohne göttliche Offenbarung wissen; und diese Offenbarung vermittelten nur sie, die unmittelbaren Diener der höheren Wesen. Das letzte Kapitel der Offenbarung schildert, wie die tote Seele, sei sie gut oder böse, in den Arallu oder Hades hinabsteigt, um dort eine Ewigkeit in Dunkel und Qual zu verharren. Ist es da ein Wunder, daß Babylon sich einem Leben in Saus und Braus ergab, während Nebukadnezar, der alles besaß, nichts verstand und alles und jeden fürchtete, dem Irrsinn anheimfiel?

X. SCHLUSSWORT

Die Überlieferung und das *Buch Daniel*, die jedoch von keinem uns bekannten Dokument bestätigt werden, erzählen, wie Nebukadnezar nach einer langen Herrschaft ununterbrochener Siege und dauernden Wohlstandes, nachdem er seine Stadt mit Straßen und Palästen verschönert und fünfundfünfzig Tempel den Göttern errichtet hatte, in einen seltsamen Wahn verfiel, ein Tier zu sein glaubte, auf allen vieren ging und das Gras der Felder verzehrte. Für vier Jahre verschwindet sein Name aus der Geschichte

BABYLONIEN 239

und den Regierungsaufzeichnungen Babyloniens und erscheint dann noch einmal für einen kurzen Augenblick. 562 v. Chr. starb Nebukadnezar.

In den dreißig auf seinen Tod folgenden Jahren zerfiel sein Reich in Stücke. Nabonid, der siebzehn Jahre regierte, zog die Archäologie den Staatsgeschäften vor und widmete sich den Ausgrabungen der Altertümer Sumers, während sein eigenes Reich zugrunde ging. Die Armee geriet in Auflösung; die Kaufherren vergaßen die Vaterlandsliebe im fragwürdigen Internationalismus der Finanz, und das in Handel und Vergnügungen emsig tätige Volk verlernte die Künste des Krieges. Die Priester usurpierten immer mehr die königliche Macht und füllten ihre Schatzkammern mit Reichtümern, die die Nachbarn zu einer Invasion und Eroberung des Landes verlockten. Als Kyros und seine disziplinierten Perser vor den Toren standen, ließen es die Antiklerikalen Babylons stillschweigend geschehen, daß ihm die Tore geöffnet wurden, und hießen seine erlauchte Herrschaft willkommen. Während zweier Jahrhunderte herrschte Persien über Babylonien, das nun ein Bestandteil des größten in der Geschichte bekannten Reiches geworden war. Dann kam der von kühnen Plänen erfüllte Alexander, besetzte ohne jeden Widerstand die Hauptstadt, eroberte den ganzen Vorderen Orient und trank sich im Palaste Nebukadnezars zu Tode.

Die Kultur Babyloniens war für die Menschheit nicht so reich an Früchten wie die Ägyptens, nicht so vielgestaltig und tief wie die Indiens und nicht so feingeartet und reif wie die Chinas. Und doch war es Babylonien, das uns jene bezaubernden Sagen schenkte, die auf dem Weg über die Literatur der Juden zum Bestandteil der religiösen Überlieferung des Abendlandes geworden sind. Die vielgereisten Griechen brachten die Grundsteine der Mathematik, Astronomie, Medizin, Grammatik, Lexikographie, Archäologie, Geschichte und Philosophie eher aus Babylon als aus Ägypten nach ihren Stadtstaaten und von dort nach Rom und zu uns. Die griechischen Namen der Metalle und Konstellationen, der Gewichte und Maße, der Musikinstrumente und vieler Drogen sind Übersetzungen und manchmal nur Transkriptionen der babylonischen Bezeichnungen. Während die griechische Architektur ihre Formen und Inspirationen von Ägypten und Kreta herleitete, zieht sich von der babylonischen Zikkurat eine Einflußlinie bis zu den Türmen der mohammedanischen Moscheen, zu den Bauten der mittelalterlichen Kunst und zum «Setback»-Stil der zeitgenössischen amerikanischen Architektur. Die Gesetze Hammurabis bildeten ein Vermächtnis für alle alten Völker, ein Vermächtnis, das etwa dem Beitrag vergleichbar ist, den Rom auf dem Gebiete der Ordnung und Regierungskunst der modernen Welt schenkte. Durch die assyrische Eroberung Babylons und die Aneignung und Verbreitung seiner Kultur durch die neuen Machthaber, durch den großen Einfluß babylonischen Geistes auf die gefangenen Juden und durch die Eroberungen der Perser und Griechen, die mit noch nie dagewesener Fülle und Freiheit alle Verkehrs- und Handelsstraßen zwischen Babylon und den erstehenden Städten Ioniens, Kleinasiens und Griechenlands öffneten – durch alle diese Kanäle menschlicher Fühlungnahme gelangte die Kultur des Zweistromlandes in den Besitz der abendländischen Völker. Am Ende geht nichts verloren; im Guten oder im Bösen bringt jedes Geschehen ewige Wirkungen hervor.

VIERTES KAPITEL

Assyrien

I. CHRONIKEN

Die Anfänge · Die Städte · Die Rasse · Die Eroberer · Sanherib und Asarhaddon · «Sardanapal»

UNTERDESSEN erschien fünfhundert Kilometer nördlich von Babylon eine andere Kultur. Sie war durch die von allen Seiten drohenden Gebirgsstämme zu einem harten militärischen Leben gezwungen worden, hatte rechtzeitig ihre Angreifer besiegt, die nachbarlichen Städte in Elam, Sumer, Akkad und Babylonien erobert, Phoinikien und Ägypten unterworfen und für zwei Jahrhunderte den Vorderen Orient gewaltsam beherrscht. Sumer war für Babylonien und Babylonien für Assyrien, was Kreta für Griechenland und Griechenland für Rom war: das erste Volk schuf eine Kultur, das zweite entfaltete sie zu voller Blüte und das dritte erbte sie, fügte nur wenig hinzu, beschützte sie aber und überlieferte sie als ein sterbendes Geschenk den sie umzingelnden und siegreichen Barbaren. Denn die Barbarei ist immer rings um die Zivilisation und mitten darunter verbreitet, bereit, sie durch Krieg, Masseneinwanderung oder ungehemmte Fruchtbarkeit zu verschlingen. Die Barbarei ist wie der Urwald; nie gibt er sich besiegt, sondern wartet geduldig durch Jahrhunderte, um das von ihm verlorene Territorium wiederzugewinnen.

In vier vom Tigris oder seinen Nebenflüssen genährten Städten blühte der neue Staat, in Assur, heute Kala'at-Schergat, Arbela (Irbil), Kalach (Nimrud) und Ninive, heute Kuyunjik, gegenüber dem ölreichen Mosul auf dem anderen Ufer des Tigris. In Assur sind prähistorische Feuersteine und Messer aus Obsidian gefunden worden und schwarze Tonwaren mit geometrischen Zeichnungen, die einen zentralasiatischen Ursprung vermuten lassen. In Tepe Gawra neben Ninive stieß eine moderne Expedition auf die Spuren einer Stadt. Ungeachtet der vielen dort aufgefundenen Überreste von Tempeln und Gräbern, der schöngeschnittenen Siegelzylinder, Kämme, Schmuckstücke und Würfel (der ältesten der Geschichte), die man an jener Stelle im Sande fand, setzten die glücklichen Entdecker das Alter der Siedlung in die Zeit von 3700 v. Chr. Vor diesem Ninive gab es bereits eine andere Stadt. Sie lag weiter im Süden und hatte den Namen ihres Schutzgottes Assur angenommen, nach dem später das ganze Land benannt wurde. Dort residierten einst die ersten Könige der Nation, bis das heiße Klima und die Angriffe der benachbarten Babylonier sie veranlaßten, im kühleren Norden eine neue Hauptstadt zu bauen – eben das nach der assyrischen Ischtar, der Göttin Nina, getaufte Ninive. Hier lebten in der Blütezeit Assurbanipals 300 000 Menschen, und das ganze westliche Morgenland kam, um dem Weltherrscher Tribut zu zahlen.

ASSYRIEN

Die Bevölkerung bestand aus einem Gemisch von Semiten aus dem zivilisierten Süden (Babylon und Akkad) und nichtsemitischen Stämmen aus dem Westen (wahrscheinlich den Hethitern und vielleicht besonders dem Zweig der Mitanni verwandt) sowie kurdischen Gebirgsbewohnern aus dem Kaukasus. Sie übernahm ihre gemeinsame Sprache und ihre Künste von den Sumerern, glich sie aber mit der Zeit nahezu vollständig der Sprache und den Künsten von Babylonien an. Ihre Lage hinderte sie jedoch, sich die verweichlichte Lebensart der Nachfahren Hammurabis anzueignen. Vom Anfang bis zum Ende bildete sie eine Rasse von Kriegern voll kühnen Mutes, mit starken Bärten und von strengem Wesen, und schritt mit gewaltigem Grimm durch die östliche Mittelmeerwelt. Ihre Geschichte ist eine Geschichte von Königen und Sklaven, von Kriegen und Eroberungen, blutigen Siegen und plötzlicher Vernichtung. Die frühen Könige – einst *patesi*, die dem Süden tributpflichtig waren – benutzten die Gelegenheit der kossäischen Herrschaft über Babylon, um ihre Unabhängigkeit zu errichten; und bald darauf schmückte sich einer von ihnen mit jenem Titel, den nach ihm alle assyrischen Monarchen zur Schau tragen sollten: «König der universellen Herrschaft». Aus diesen glanzlosen Dynastien vergessener Potentaten heben sich gewisse Gestalten ab, deren Taten die Entwicklung ihres Landes beleuchten*.

Während Babylon noch im Dunkel der kossäischen Ära schlummerte, brachte Salmanassar I. die kleinen Stadtstaaten des Nordens unter seine Herrschaft und erwählte Kalach zur Hauptstadt. Aber der erste große Name in der assyrischen Geschichte ist Tiglatpilesar I. Er war ein großer Jäger vor dem Herrn: wenn es erlaubt ist, regierenden Monarchen Glauben zu schenken, tötete er 120 Löwen zu Fuß und 800 aus seinem Wagen. Eine seiner Inschriften – von einem noch königstreueren Schreiber als der König selbst verfaßt – erzählt, wie er die Völker ebensogut jagte wie die Tiere: «In meinem ungestümen Mute zog ich gegen das Volk von Qummuch, eroberte seine Städte, schleppte fort seine Beute, seine Götter und sein Eigentum, ohne es zu zählen, ließ in Flammen die Städte aufgehen – zerstörte und verwüstete sie ... Das Volk von Adansch verließ seine Berge und umarmte meine Füße. Ich legte ihnen Steuern auf.»[1] Nach jeder Richtung marschierte er mit seinen Armeen, besiegte die Hethiter, die Armenier und vierzig andere Völker, nahm die Babylonier gefangen und setzte Ägypten in Schrecken, das ihm ängstlich Geschenke sandte. (Er wurde besonders durch die Gabe eines Krokodils beschwichtigt.) Mit den Einkünften der Eroberungen baute er den assyrischen Göttern und Göttinnen, die keine Fragen über den Ursprung seines Reichtums stellten, alle möglichen Tempel. Bald darauf revoltierte Babylon, vernichtete seine Armeen, plünderte seine Heiligtümer und verschleppte seine Götter in die Gefangenschaft. Tiglatpilesar starb vor Scham.

Seine Regierung war ein Symbol und eine Zusammenfassung der ganzen assyrischen Geschichte: Tod und Steuern zuerst für die Nachbarn Assyriens und dann für Assyrien selbst. Assurnasirpal II. eroberte ein Dutzend unbedeutender Staaten, machte reiche Kriegsbeute, stach mit seinen eigenen Händen die Augen fürstlicher Gefangener aus, genoß seinen Harem und verschied hochgeachtet. Salmanassar III. dehnte die Eroberungen bis Damaskus aus, schlug große Schlachten und tötete 16 000 Syrer in einem Treffen; er baute auch Tempel, hob Tribute aus und wurde in einer gewalttätigen Revolution von seinem Sohne abgesetzt. Sammuramat herrschte drei Jahre lang als Königinmutter und lieferte das historisch schwer erfaßbare Urbild (denn das ist alles, was wir von ihr wissen) für die griechische Sage der Semiramis – halb Göttin und halb Königin, große Kriegsherrin, großer Ingenieur und großer Staatsmann zugleich –, über die Diodoros Siculus uns so anziehende Einzelheiten mitgeteilt hat. Tiglatpilesar III. sammelte neue Armeen, eroberte Armenien zum zweiten Male, unterwarf Syrien und Babylon, verwandelte Damaskus und Samaria in Vasallenstädte und dehnte die Herrschaft Assyriens vom Kaukasus bis gegen Ägypten hin aus; kriegsmüde, wurde er ein ausgezeichneter Verwalter, baute viele Tem-

---

* Eine erst in unserem Jahrhundert unter den Ruinen der Bibliothek Sargons II. in Chorsabad gefundene Tafel enthält eine ununterbrochene Liste der assyrischen Könige vom zweiundzwanzigsten Jahrhundert v. Chr. bis zu Assurnirari (753–746 v. Chr.).

242   DER VORDERE ORIENT

pel und Paläste, hielt sein Reich in einem eisernen Griff zusammen und starb in Frieden. Sargon II., ein Armeeoffizier, führte einen Staatsstreich durch wie später Napoleon und ließ sich zum König ausrufen; er befehligte seine Truppen persönlich in jeder Schlacht und nahm immer den gefährlichsten Posten ein. Er besiegte Elam und Ägypten, besetzte Babylon wieder, empfing die Huldigung der Juden, der Philister, ja selbst der Griechen auf Zypern; er galt auch als ein fähiger Reichsverwalter, ermutigte die Künste und die Literatur, die Gewerbe und den Handel und starb in einer siegreichen Schlacht, die Assyrien endgültig vor dem Eindringen der wilden kimmerischen Horden bewahrte.

Sanherib, der Sohn Sargons II., erstickte Aufstände in den fernen, mit dem Persischen Golf verbundenen Provinzen, griff Jerusalem und Ägypten erfolglos an*, plünderte 89 Städte und 820 Dörfer, nahm 7200 Pferde, 20 000 Esel, 80 000 Ochsen, 800 000 Schafe und 20 000 Menschen gefangen. Der amtliche Geschichtsschreiber schwört, diese Ziffern seien nicht zu niedrig geschätzt. Dann belagerte der König Babylon, dessen Bevölkerung ihn durch ihre Freiheitsliebe erbost hatte, nahm die Stadt ein und legte sie in Schutt und Asche; beinahe alle Einwohner, jung und alt, Männer und Frauen, wurden hingemordet, so daß die Straßen von den zu Bergen gehäuften Leichen blockiert waren. Die Tempel und Paläste raubte der Sieger bis auf den letzten Schekel aus, zerhackte die einst allmächtigen Götter Babylons oder führte sie nach Ninive. Marduk, der einst mächtige Stadtgott, wurde ein niederer Diener Assurs. Die wenigen überlebenden Babylonier glaubten – wie hundert Jahre später die gefangenen Juden –, ihr Gott habe sich geflissentlich zu seiner Niederlage herbeigelassen, um sein Volk zu bestrafen. Mit allem Raub seiner Siege stellte Sanherib Ninive wieder her, änderte den Lauf verschiedener Ströme, um es zu beschützen, machte mit der Kraft eines von Natur wenig verwöhnten Volkes Wüstengebiete urbar und wurde von seinen Söhnen, während er gottversunken seine Gebete murmelte, umgebracht.

Ein anderer Sohn, Asarhaddon, entriß seinen blutbefleckten Brüdern den Thron, fiel in Ägypten ein, bestrafte es für die den syrischen Aufständischen gewährte Unterstützung, machte es zur assyrischen Provinz und erfüllte Westasien mit seinem langen, beutereichen Triumphzug von Memphis bis nach Ninive. Er verhalf Assyrien zu noch nie dagewesenem Wohlstande und machte es zum Herrn des Vorderen Orients. Dann versetzte er Babylon durch die Befreiung und Ehrung seiner gefangenen Götter und durch den Wiederaufbau seiner zertrümmerten Hauptstadt in Entzücken; er söhnte Elam aus, indem er dessen von Hungersnot befallenes Volk in einem Akt internationaler, in der Alten Welt einzig dastehender Wohltätigkeit mit Nahrungsmitteln versah, und starb unerwartet auf dem Wege nach Ägypten, als er den dort ausgebrochenen Aufruhr ersticken wollte. Asarhaddon hatte seinem Reiche die gerechteste und menschlichste Herrschaft geschenkt, die in einer halb barbarischen Zeit überhaupt möglich war.

Sein Nachfolger, Assurbanipal (der «Sardanapal[l]os» der Griechen), erntete die Früchte, die Asarhaddon gesät hatte. Während seiner langen Regierungszeit erreichte Assyrien nämlich den Gipfelpunkt seines Reichtums und seiner Macht. Nach ihm ver-

---

* Die Ägypter schrieben die Rettung des Landes scharfsinnigen Feldmäusen zu, die die Köcher, Bogensehnen und Schildriemen der vor Pelusium lagernden Assyrer zerfraßen und es so den Ägyptern ermöglichten, die Eindringlinge am nächsten Tage zu besiegen.

ASSYRIEN

fiel der Staat, der während vierzig Jahren durch die fortdauernden Kriege geschwächt worden war, und schloß eine ruhmvolle Geschichte kaum ein Jahrzehnt nach Assurbanipals Tod. Ein Schreiber hat uns jährliche Aufzeichnungen dieser Herrschaft hinterlassen; es handelt sich um eine lange und blutige Aufzählung von Kriegen, Belagerungen, ausgehungerten Städten und gemarterten Gefangenen. Der Schreiber stellt Assurbanipal dar, wie er persönlich über die Zerstörung von Elam Bericht erstattet:

«Auf der Entfernung eines Marsches von einem Monat und fünfundzwanzig Tagen verwüstete ich die Bezirkskreise von Elam. Ich streute Salz und Dornbusch dort (um den Boden unfruchtbar zu machen). Söhne der Könige, Schwestern der Könige, Mitglieder der königlichen Familie von Elam, junge und alte, Präfekten, Statthalter, Ritter, Gewerbetreibende, Pferde, Maultiere, Esel und Herden – zahlreicher als ein Schwarm Heuschrecken – schleppte ich fort als Beute nach Assyrien. Den Staub von Susa, von Madaktu, von Haltemasch und ihrer anderen Städte schleppte ich fort nach Assyrien. In der Zeit von einem Monat unterwarf ich Elam in seiner ganzen Ausdehnung. Die Stimme des Menschen, die Schritte der Herden, die glücklichen Schreie der Lustigkeit – ich setzte ihnen auf seinen Feldern ein Ende, und ich überließ sie den Eseln, den Gazellen und aller Art wilder Tiere.»[2]

Das vom Rumpfe getrennte Haupt des elamitischen Königs wurde Assurbanipal überbracht, als er mit der Königin das Siegesfest im Garten des Palastes beging; er ließ das Haupt in der Mitte seiner Gäste auf einen Spieß stecken, und das königliche Fest nahm seinen Fortgang; später wurde die Trophäe über dem Tor von Ninive angeschlagen und ging langsam in Fäulnis über. Der elamitische General Dananu wurde bei lebendigem Leibe geschunden und blutete darauf wie ein Lamm aus; seinem Bruder schnitt man den Kopf ab und hackte seinen Körper in Stücke, die überall im Lande als Zeichen des Sieges verteilt wurden.

Es kam Assurbanipal nie in den Sinn, daß er und seine Männer brutal handelten; diese drakonischen Maßnahmen waren notwendig, um Aufstände im Keime zu ersticken und die Zucht unter den verschiedenartigen und ungestümen Völkerschaften, von Äthiopien bis nach Armenien und von Syrien bis nach Medien, aufrechtzuerhalten. Es war die Pflicht des Herrschers, sein Erbe intakt dem Nachfolger zu bewahren. Assurbanipal rühmte sich daher des Friedens, den er in seinem Reiche errichtet hatte, und der guten Ordnung, die in seinen Städten vorherrschend war. Diese Prahlerei entsprach den tatsächlichen Verhältnissen; der König war nicht nur ein vom Blute berauschter Eroberer, sondern er erwies sich auch als freigebiger Bauherr und Beschützer der Künste. Wie irgendein römischer Herrscher, der aus Griechenland Künstler zu sich einlud, rief er aus allen Teilen seines Reiches Bildhauer und Architekten, damit sie neue Tempel und Paläste entwarfen und ausschmückten; er trug zahllosen Schreibern auf, für ihn alle Klassiker der sumerischen und babylonischen Literatur ausfindig zu machen und zu kopieren, und sammelte diese Abschriften in seiner Bibliothek in Ninive, wo die moderne Wissenschaft sie nach fünfundzwanzig Jahrhunderten nahezu unbeschädigt vorfand. Wie Friedrich der Große war er ebenso eitel auf seine literarischen Fähigkeiten als auf seine Siege in den Kriegen und seine Leistungen auf der Jagd. Diodor beschreibt ihn als ausschweifend und bisexuell gleich Nero, aber in den zahlreichen Dokumenten, die erhalten sind, finden wir kaum eine Bestätigung für diese

Behauptung. Die Abfassung literarischer Tafeln unterbrach Assurbanipal, indem er mit königlichem Stolz – nur mit Messer und Wurfspieß bewaffnet – den Löwenkampf aufsuchte, und wenn wir dem Bericht seiner Zeitgenossen Glauben schenken dürfen, führte er den Angriff in höchsteigener Person und gab oft dem Raubtier mit der eigenen Hand den Todesstoß. Kein Wunder, daß Byron von seiner Persönlichkeit fasziniert war und um seine Gestalt ein Drama, halb Sage, halb Geschichte, wob, in dem er allen Reichtum und alle Macht Assyriens in ihrem Gipfelpunkt erglänzen ließ, um schließlich die vollkommene Vernichtung und königliche Verzweiflung zur Darstellung zu bringen.

II. DIE ASSYRISCHE REGIERUNG

Der Imperialismus · Der assyrische Krieg · Die ausgehobenen Götter · Das Recht · Das Strafrecht Die Verwaltung · Die Gewalttätigkeit der orientalischen Monarchen

Wenn wir den imperialen Grundsatz anerkennen wollten, es sei gut, im Interesse der Ausbreitung des Gesetzes, der Sicherheit, des Handels und des Friedens viele Staaten durch Überredung oder durch Gewalt unter die Autorität einer einzigen Regierung zu bringen, dann müßten wir Assyrien den Vorzug einräumen, daß es in Westasien in einem größeren Gebiet, als dies je zuvor geschah, ein höheres Maß von Ordnung und Wohlstand ausgebreitet hatte, als dieses Gebiet unseres Wissens früher besessen. Die Regierung Assurbanipals – die über Assyrien, Babylon, Armenien, Medien, Palästina, Syrien, Phoinikien, Sumer, Elam und Ägypten herrschte – war zweifelsohne die größte bis damals gesehene Verwaltungsorganisation in der Mittelmeerwelt; nur Hammurabi und Thutmosis III. waren ihr nahegekommen, und nur Persien sollte sie vor dem Auftreten Alexanders erreichen. In manchen Belangen war es ein liberales Imperium; seine größeren Städte behielten eine bemerkenswerte lokale Autonomie, und jeder Nation wurde ihre eigene Religion, ihr Gesetz und ihr Herrscher belassen, vorausgesetzt, daß sie pünktlich ihren Tribut entrichtete. In einer so lockeren Organisation brachte natürlicherweise jede Schwächung der zentralen Macht Aufstände oder zumindest eine gewisse Nachlässigkeit der Tributzahlungen hervor, so daß die unterworfenen Staaten dauernd wiedererobert werden mußten. Um diesen wiederkehrenden Rebellionen vorzubeugen, führte Tiglatpilesar III. die charakteristische assyrische Politik der Deportation eroberter Völker nach fremden Wohnorten ein, wo sie durch die Vermischung mit den Eingeborenen ihre Einheit und Wesensart verloren und weniger Gelegenheit zur Anstiftung von Aufruhr fanden. Trotzdem waren Empörungen an der Tagesordnung, und Assyrien mußte sich stets kriegsbereit halten.

Daher war die Armee der vitalste Teil der Regierung. Die assyrischen Machthaber gaben offen zu, die Regierung sei die Nationalisierung der Gewalt, und der hauptsächliche Beitrag dieses Staates an den Fortschritt der Menschheit bestand in der Kriegskunst. Wagen, Kavallerie, Infanterie und Schanzgräber waren in beweglichen Formationen organisiert, die Belagerungsmechanismen ebenso hochentwickelt wie bei den Römern, Strategie und Taktik wohlbekannt. Die zentrale taktische Idee war, ständig

ASSYRIEN

in Bewegung zu bleiben und in Wellen anzugreifen – so alt ist das Geheimnis Napoleons. Die Eisenbearbeitung hatte solche Fortschritte gemacht, daß die Krieger in Rüstungen steckten, deren Steifheit nur von denen der mittelalterlichen Ritter wettgemacht wurde; selbst die Bogenschützen und Pikenträger trugen kupferne oder eiserne Helme, einen wattierten Lendenschurz, einen ungeheuren Schild und ein mit Metallschuppen bedecktes Lederwams. Als Waffen besaßen die Assyrer Pfeile, Lanzen, kurze Säbel, Keulen, Knüttel, Streitäxte und Schleudern. Der Adel kämpfte auf Wagen in den vordersten Reihen, und der König führte in seinem Gefährt gewöhnlich selbst den Befehl; die Generäle hatten noch nicht gelernt, im Bett zu sterben. Assurnasirpal begann als erster die Kavallerie zur Unterstützung der Wagenkämpfer zu gebrauchen, und diese Neuerung erwies sich in vielen Schlachten als entscheidend. Die wichtigste Belagerungsmaschine war ein mit Eisen beschlagener Sturmbock; manchmal wurde er an Seilen von einem Gerüst mit voller Kraft gegen die Mauer geschwungen, manchmal auch auf Rädern herangerollt. Die Belagerten kämpften von den Mauern mit Wurfgeschossen, Fackeln, brennendem Pech und Ketten, die den Sturmbock behindern und verwickeln sollten, und versuchten, den Feind auch etwa mit einer Art gasförmiger «Gestankgefäße» (wie sie genannt wurden) zu verwirren. Eine eroberte Stadt wurde gewöhnlich geplündert und dem Erdboden gleichgemacht und absichtlich durch das Ausrotten ihrer Bäume bis zur Unkenntlichkeit verwüstet. Die Fahnentreue der Truppen stellte man durch die Aufteilung der Beute sicher. Der Mut der Kämpfenden beruhte auf dem allgemeinen Gesetz des Vorderen Orients, daß alle Kriegsgefangenen versklavt oder getötet werden durften. Die Soldaten erhielten für jedes vom Rumpfe getrennte Haupt eine Belohnung, so daß das Nachspiel eines Sieges in der Massenenthauptung der gefallenen Feinde bestand. Sehr oft wurden die Gefangenen, die in einem langen Feldzug viel Nahrungsmittel verbrauchten und im Hinterland eine Gefahr und eine Störung bedeuteten, nach der Schlacht getötet. Die Schreiber führten genaue Rechnung über die Zahl der Gefangenen und wieviel jeder Soldat niedermachte, um demgemäß die Beute aufzuteilen. Wenn die Zeit es gestattete, wohnte der König dem Gemetzel bei. Den Adeligen unter den Gefangenen wurde eine Sonderbehandlung vorbehalten: man schnitt ihnen nämlich Ohren, Nase, Hände und Füße ab, warf sie von hohen Türmen hinunter, enthauptete sie gemeinsam mit ihren Kindern, schindete sie lebendig oder röstete sie langsam zu Tode. Es scheint, daß man gar kein Bedauern über diese Verschwendung des menschlichen Lebens empfand, man war überzeugt, daß die Geburtenziffer diese Dinge früh genug wieder in Ordnung brachte und daß vorläufig der Bevölkerungsdruck auf die Verpflegung erleichtert wurde. Wahrscheinlich war es ihr Ruf der Barmherzigkeit mit den Kriegsgefangenen, der Alexander und Caesar bei der Eroberung der Mittelmeerwelt so sehr durch die Unterminierung der Moral des Feindes Vorschub leistete.

Neben der Armee schützte der Monarch hauptsächlich die Kirche und unterstützte die Priester auf verschwenderische Weise. Das formale Staatsoberhaupt war nach allgemeiner Auffassung der Gott Assur; alle Erklärungen geschahen in seinem Namen, alle Gesetze flossen aus seinem göttlichen Willen, alle Steuern sammelte man für seine Schatzkammer, und alle Feldzüge

246 DER VORDERE ORIENT

wurden geführt, um ihn (oder gelegentlich eine andere Gottheit) mit Beute und Ruhm auszustatten. Der König war ebenfalls ein göttliches Wesen, gewöhnlich eine Verkörperung des Sonnengottes Schamasch. Die Religion Assyriens war wie seine Sprache, seine Wissenschaft und seine Künste von Sumer und Babylon importiert und hatte nur die in einem Militärstaate notwendigen Änderungen erfahren.

Diese Änderung zeigte sich am deutlichsten im Recht, das sich durch kriegerische Unbarmherzigkeit auszeichnete. Die Strafe durchlief alle Stadien von der öffentlichen Anprangerung bis zur Zwangsarbeit, von den zwanzig oder hundert Peitschenhieben bis zum Abschneiden von Nase und Ohren, bis zur Kastrierung, zum Ausreißen der Zunge, zum Ausstechen der Augen und bis zur Aufpfählung und Enthauptung. Die Gesetze Sargons II. schreiben ferner den Giftbecher oder die lebendige Verbrennung des Sohnes oder der Tochter des Beleidigers auf dem Altar der Gottheit vor; allerdings fehlen uns die Beweise über die Anwendung dieser Strafbestimmungen im letzten Jahrtausend v. Chr. Ehebruch, Raub und manche Formen des Diebstahls wurden als besonders schwere Verbrechen angesehen. Auch das gerichtliche Verfahren durch Gottesurteil wendete man gelegentlich an. Der Angeklagte wurde in diesem Falle, manchmal sogar gefesselt, in den Fluß geworfen, und der Schiedsspruch des Wassers machte seine Schuld oder Unschuld klar. Im allgemeinen war das assyrische Recht weniger weltlich und zugleich primitiver als der Kodex des Hammurabi, der anscheinend früher geschaffen worden war*.

Die lokale Verwaltung lag ursprünglich in den Händen des Lehnsadels, ging aber im Laufe der Zeit auf Bezirkspräfekten oder Gouverneure über, die vom König ernannt wurden. Diese Form einer imperialen Regierungsgewalt wurde später von Persien übernommen und kam von dort nach Rom. Die Präfekten zogen die Steuern ein, organisierten den Frondienst für Arbeiten, die wie die Bewässerung nicht der Privatinitiative überlassen werden konnten, und hoben als wichtigstes Geschäft die Soldaten aus, um sie den königlichen Feldzügen zuzuführen. Während dieser Arbeit überwachten königliche Spione (oder, wie wir heute sagen würden, «Offiziere des Geheimdienstes») die Präfekten und ihre Hilfspersonen und berichteten dem König über die Lage des Volkes.

Alles in allem war die assyrische Regierung eine gewaltige Kriegsmaschinerie: der Krieg galt als einträglicher denn der Friede; er straffte die Zucht, steigerte den Patriotismus, stärkte die königliche Macht und brachte zudem noch große Beute und Sklaven ein für die allgemeine Bereicherung und als billige Arbeitskräfte im Dienste eines sich bildenden Kapitalismus. Daher ist die assyrische Geschichte meistens ein Bild von geplünderten Städten und verwüsteten Dörfern und Feldern. Als Assurbanipal den Aufstand seines Bruders Schamasch-schum-ukin niederschlug und Babylon nach einer langen und bitteren Belagerung einnahm,

«stellte die Stadt – wie es heißt – ein fürchterliches Schauspiel dar und entsetzte sogar die Assyrer ... Die meisten der zahlreichen Opfer der Pest und des Hungers lagen nämlich in den Straßen oder auf den öffentlichen Plätzen, eine Beute der Hunde und Schweine; diejenigen der Einwohner und Soldaten, die verhältnismäßig stark waren, hatten versucht, sich in die Umgebung zu flüchten, und nur die blieben zurück, die nicht genügend Kraft besaßen, um sich vor die Mauern zu schleppen. Assurbanipal verfolgte die Flüchtigen, und nachdem er fast alle gefangen genommen, ließ er den ganzen Zorn seiner Rache auf sie los. Er ließ den Soldaten die Zungen ausreißen und befahl darauf, sie totzuschlagen. Er metzelte das gewöhnliche Volk vor den großen geflügelten Stieren nieder, die einer ähnlichen Abschlachtung schon ein halbes Jahrhundert früher, unter seinem Großvater Sanherib, beigewohnt hatten. Die Leichen der Opfer blieben für lange Zeit unbestattet, Beute aller unreinen Tiere und Vögel.»[3]

---

* Die ältesten vorhandenen assyrischen Gesetze sind neunzig Artikel auf drei in Assur entdeckten und ça. 1300 v. Chr. datierten Tafeln.

ASSYRIEN 247

Die Schwäche der orientalischen Monarchen war mit dieser Selbstverknechtung an die Gewalt aufs engste verbunden. Nicht nur die unterworfenen Provinzen gerieten wiederholt in Aufruhr, sondern auch innerhalb des königlichen Palastes und der königlichen Familie versuchte die Gewalt immer wieder aufs neue das, was sie errichtet und erhalten hatte, zu stürzen. Gegen das Ende von nahezu jeder Herrschaft brachen Thronstreitigkeiten aus. Der alternde Monarch sah, wie sich rings um ihn Verschwörungen bildeten, und oft beruhigte erst seine Ermordung den Ehrgeiz und Zorn der Gegner. Die Völker des Vorderen Orients zogen gewalttätige Empörungen käuflichen Wahlen vor, und ihre Form der Abberufung war der Mord. Manche Kriege waren ohne Zweifel unvermeidlich; Barbaren streiften an jeder Grenze umher, und eine einzige schwache Herrschaft mußte genügen, um Skythen, Kimmerier und andere Horden anzulocken, die sich des Reichtums der assyrischen Städte versicherten. Vielleicht übertreiben wir allerdings auch die Häufigkeit von Krieg und Gewaltanwendung in diesen östlichen Staaten, da der Zufall es will, daß alte Denkmäler und moderne Geschichtsschreiber die dramatische Aufzeichnung der Schlachten aufbewahrt und die Siege des Friedens übersehen haben. Die Historiker richteten ihr Augenmerk mehr auf die äußeren Vorgänge wie den Krieg, da sie diese interessanter fanden oder glaubten, ihren Lesern damit mehr Genuß zu verschaffen, als dies bei der Darstellung der leisen Errungenschaften des Geistes möglich war. Wir halten den Krieg heute für weit weniger häufig, weil wir uns der lichten Augenblicke des Friedens bewußt sind, während es scheint, als ob die frühere Geschichtsschreibung sich mehr der Fieberkrisen des Krieges angenommen hat.

III. DAS ASSYRISCHE LEBEN

Industrie und Handel · Ehe und Moral · Religion und Wissenschaft · Schrifttum und Bibliotheken Das assyrische Ideal eines wohlerzogenen Mannes

Das wirtschaftliche Leben Assyriens war dem Babyloniens recht ähnlich; denn in vielen Beziehungen standen sich die beiden Länder nur wie der Süden und Norden eines großen Kulturgebietes gegenüber. Das südliche Königreich war kommerzieller, das nördliche beruhte mehr auf der Landwirtschaft; die reichen Babylonier betätigten sich gewöhnlich als Kaufherren, während die reichen Assyrer meistens als Adlige auf dem Lande lebten, den ausgedehnten Grundbesitz verwalteten und mit römischer Verachtung auf die Männer blickten, die ihren Lebensunterhalt mit billigem Einkauf und teurerem Verkauf bestritten. Trotzdem nährten die gleichen Ströme das Land, die gleichen Methoden der Wassergräben und Kanäle dienten zur Kontrolle der Überschwemmung, die gleichen Schadufs hoben das Wasser aus den tieferen Betten zu den mit Weizen und Gerste, Hirse und Sesam bepflanzten höher gelegenen Feldern*. Die gleichen Industrien auch belebten die Städte, und das gleiche System der Maße und Gewichte diente dem Handel. Obgleich Ninive und ihre Schwesterstädte zu nördlich lagen, um große Handelszentren zu bilden, erfüllte sie der von den assyrischen Herrschern zugeführte Reichtum mit emsiger Ge-

---

* Andere Erzeugnisse der assyrischen Landwirtschaft waren Oliven, Trauben, Knoblauch, Zwiebeln, Lattich, Kresse, Rüben, Rettich, Kürbisse und Lakritze. Fleischspeisen blieben ein Vorrecht der Aristokratie. Mit Ausnahme von Fischgerichten lebte dieses kriegerische Volk hauptsächlich vegetarisch.

schäftigkeit. Metalle wurden aus Bergwerken gewonnen oder in das Land gebracht, und das Eisen fand um 700 v. Chr. an Stelle der Bronze in der Industrie und in der Herstellung der Waffen Eingang. Das Metall wurde gegossen, das Glas geblasen, die Textilien wurden gefärbt* und die Tonwaren emailliert. Die Häuser waren in Ninive ebensogut ausgestattet wie in Europa vor der industriellen Revolution. Während der Herrschaft Sanheribs wurde eine Wasserleitung gebaut, die aus einer Entfernung von fünfzig Kilometern das Wasser nach Ninive brachte. Ihre in den dreißiger Jahren entdeckten Überreste stellen den ältesten uns bekannten Aquädukt dar. Industrie und Handel wurden teilweise von Privatbankiers, die für ihre Darlehen 25% Zins verlangten, finanziert. Blei, Kupfer, Silber und Gold dienten als Zahlungsmittel, und 700 v. Chr. münzte Sanherib Silber zu halben Schekeln – eines der frühesten Beispiele einer amtlichen Münzprägung.

Das Volk gliederte sich in fünf Klassen: Patrizier oder Adelige, selbständige Handwerker, die in Gilden organisiert waren, die ungelernten, aber freien Arbeiter und Bauern der Stadt und des Dorfes, die wie im mittelalterlichen Europa an die Scholle gebundenen Knechte und die im Kriege gefangenen oder zur Schuldbegleichung ausgelieferten Sklaven mit durchbohrten Ohren und glattrasiertem Kopf, den Zeichen ihres Standes. Auf einem Flachrelief Sanheribs sehen wir Aufseher mit Peitschen Sklaven bedrohen, die in langen, parallelen Linien eine steinerne Last auf einem Holzschlitten ziehen.

Wie alle militärischen Staaten förderte Assyrien durch seinen Moralkodex und seine Gesetze die hohe Geburtenziffer. Die Abtreibung galt als ein schweres Verbrechen. Eine Frau, die willkürlich eine Frühgeburt hervorrief, mußte, selbst wenn sie an einem solchen Versuche starb, aufgespießt werden. Obwohl die Frauen durch Heirat und Intrige zu bedeutender Macht gelangten, war ihre Stellung niederer als in Babylonien. Strenge Strafen wurden ihnen auferlegt, wenn sie ihre Gatten schlugen; sie durften sich nicht ohne Schleier in der Öffentlichkeit zeigen, und absolute Treue in der Ehe war ihnen als Pflicht auferlegt, ungeachtet daß ihre Männer sich soviel Konkubinen halten konnten, als ihre Mittel erlaubten. Die Prostitution wurde als unausweichlich geduldet und staatlicher Kontrolle unterworfen. Der König besaß einen bunten Harem, dessen Insassen zu einem abgeschiedenen Leben von Tanz, Gesang, Streit, Handarbeit und Verschwörung verurteilt waren. Ein zum Hahnrei gemachter Ehemann durfte seinen in flagranti ertappten Rivalen töten und beging damit eine Rechtshandlung; das ist ein Brauch, der viele Gesetzbücher überlebt hat. Sonst war das Ehegesetz ähnlich wie in Babylonien, nur daß die Ehen oft reine Kaufgeschäfte waren und in vielen Fällen die Frau im Hause ihres Vaters lebte, wo sie gelegentlich die Besuche ihres Gatten empfing.

Wir begegnen im assyrischen Staate ganz allgemein einer natürlichen Härte, wie sie einem in patriarchalischen Verhältnissen großgewordenen Volk entspricht, das von Eroberungen lebt und sich am Rande der Barbarei befindet. Genau wie die Römer nach ihren Siegen Tausende von Gefangenen in lebenslängliche Sklaverei fortführten oder in den Circus Maximus zerrten, damit die ausgehungerten wilden Tiere sie in Stücke rissen, so schienen die Assyrer an der Peinigung der Gefangenen Gefallen zu finden;

---

* Eine Tafel Sanheribs, ca. 700 v. Chr., enthält die älteste uns bekannte Erwähnung der Baumwolle: «Der Baum, der Wolle trug, wurde beschoren.» Sie wurde wahrscheinlich aus Indien importiert.

ASSYRIEN 249

sie blendeten die Kinder vor den Augen ihrer Eltern, schunden die Opfer bei lebendigem Leibe, rösteten sie in Öfen oder hielten sie in Käfigen zur Belustigung des Pöbels gefangen, um schließlich die Überlebenden unter unsagbaren Qualen hinzurichten. Assurnasirpal erzählt uns: «Alle Häuptlinge, die sich empört hatten, schund ich; mit ihrer Haut bedeckte ich die Säule, einige schlug ich an die Mauer, andere pfählte ich auf, und weitere ordnete ich auf Pfählen um die Säule an ... Den Hauptleuten und den königlichen Offizieren, die sich empört hatten, schnitt ich ihre Glieder ab.»[4] Assurbanipal rühmt sich: «Ich habe dreitausend Gefangene mit Feuer verbrannt, ich ließ keinen unter ihnen am Leben, um als Geisel zu dienen.»[5] Eine andere seiner Inschriften lautet: «Diese Krieger, die gegen Assur gesündigt und gegen mich Böses geplant hatten ... aus ihren feindlichen Mündern habe ich ihre Zungen gerissen und habe ihre Vernichtung bewerkstelligt. Die anderen, die am Leben blieben, brachte ich als Traueropfer dar; ... ihre zerfleischten Gliedmaßen habe ich unter die Hunde, Schweine und Wölfe geworfen ... Indem ich diese Taten vollbrachte, habe ich das Herz des großen Gottes froh gemacht.»[6] Ein anderer Monarch beauftragt seine Kunsthandwerker, folgende Worte zur Bewunderung der Nachwelt in die Backsteine zu meißeln: «Meine Kriegswagen zermalmen Männer und Tiere ... Die Denkmäler, die ich errichte, sind aus menschlichen Leichen aufgetürmt, von denen ich den Kopf und die Glieder abgeschnitten. Ich schnitt allen jenen, die mir lebendig zufielen, die Hände ab.»[7] Reliefs in Ninive stellen gepfählte oder geschundene Männer dar; auf einem sehen wir einen König, wie er mit einem Speer die Augen der Gefangenen aushöhlt, während er ihnen die Köpfe mit einem durch die Lippen gezogenen Strick festhält.

Die Religion tat anscheinend nichts, um diese Tendenz zur Brutalität und zur Gewalttätigkeit zu mildern. Sie hatte weniger Einfluß auf die Regierung als in Babylon und richtete sich nach den Bedürfnissen und den Wünschen der Könige. Assur, die nationale Gottheit, war ein Sonnengott, kriegerisch und erbarmungslos gegen seine Feinde; sein Volk glaubte, er empfinde eine göttliche Befriedigung, wenn man vor seinem Tempel Gefangene hinrichtete. Die hauptsächlichste Aufgabe der assyrischen Religion war die Erziehung des zukünftigen Bürgers zu patriotischer Fügsamkeit und seine Unterweisung in der Kunst, Begünstigungen von seinen Göttern durch Magie und Opfer zu erbitten. Die einzig vorhandenen religiösen Texte Assyriens erzählen von Austreibungen böser Geister und von Vorzeichen. Hiervon besitzen wir lange Listen, die alle die unausweichlichen Folgen verschiedenster Ereignisse anführen und die Methoden zur Verhinderung vorschreiben. Die Welt war voller Dämonen, und nur Zauber- und Beschwörungsformeln konnten sie fernhalten.

In einer solchen Atmosphäre stand nur eine Kunst in Blüte, die des Krieges. Die assyrische Medizin war lediglich die von den Babyloniern übernommene Arzneikunst, die assyrische Sterndeuterei bildete ebenfalls bloß eine Fortsetzung der babylonischen Astrologie – die Sterne wurden zur Weissagung studiert. Wir finden keine Beweise von philosophischen Spekulationen, keinen profanen Versuch, sich die Welt zu erklären. Die assyrischen Philologen machten Listen von Pflanzen, wahrscheinlich für medizinische Zwecke, und trugen so zur Errichtung der botanischen Wissenschaft bei; andere Schreiber legten Listen von allen möglichen Gegenständen an, die sie unter der Sonne gefunden hatten, und verschiedene assyrische Worte sind durch Vermittlung der Griechen in unsere Sprache aufgenommen worden, Worte wie *Hangar*, *Kamel*, *Rose*, *Jaspis*, *Laudanum*, *Naphtha*, *Sesam* und *Myrte*.

250 DER VORDERE ORIENT

Die mit den Aufzeichnungen der Königstaten versehenen Tafeln mit ihren blutrünstigen, langweiligen Geschichten zählen zu den ältesten vorhandenen Formen der Historiographie. Sie verzeichneten in früher Zeit meist nur die königlichen Siege, ohne die Niederlagen zuzugeben, später schmückten sie die wichtigsten Ereignisse der Herrscher literarisch aus. Das hauptsächlichste Anrecht auf einen Platz in einer Geschichte der Kultur hat Assyrien durch seine Bibliotheken erworben. Jene Assurbanipals enthielt 30 000 Tontafeln, alle klassifiziert und katalogisiert und mit Erkennungsmarken etikettiert. Viele tragen das königliche Exlibris: «Wer diese Tafel fortschaffen wird ... mögen Assur und Belit ihn im Zorn vernichten ... und seinen Namen und seine Nachkommen im Lande ausrotten.»[8] Eine große Anzahl Tafeln sind Kopien nicht datierter älterer Arbeiten, deren frühere Fassungen laufend entdeckt werden; der Zweck der Bibliothek Assurbanipals war die Erhaltung der Literatur Babyloniens. Aber nur eine geringe Anzahl von Tafeln würde heute den Ausdruck Literatur verdienen; die Mehrzahl enthält amtliche Aufzeichnungen, astrologische Beobachtungen, Orakel, ärztliche Vorschriften und Berichte, Dämonenaustreibungen, Hymnen, Gebete und Genealogien der Könige und der Götter. Unter den unterhaltsamsten Tafeln gibt es zwei, in denen Assurbanipal uns mit altmodischer Eindringlichkeit seine große Freude an Büchern und am Wissen berichtet:

«Ich, Assurbanipal, verstand die Weisheit des Nabu*, ich eignete mir das Verstehen aller Künste des Tafelschreibens an. Ich lernte den Bogen schießen, auf Pferden und Wagen reiten und die Zügel halten ... Marduk, der weise unter den Göttern, gab mir Kenntnisse und Begreifen zur Gabe ... Ninurta und Nergal machten mich mannhaft und stark, von unvergleichlicher Kraft. Ich verstand das Handwerk des weisen Adapa, die verborgenen Geheimnisse der Schreiberkunst; ich las über himmlische und irdische Bauten und erwog (sie); in den Versammlungen der Schreiberbeamten war ich anwesend; ich beobachtete die Vorzeichen, ich erklärte die Himmel mit den gelehrten Priestern, ich trug die komplizierten Multiplikationen und Divisionen, die nicht sofort augenscheinlich sind, vor. Für mich war es eine Freude, die schönen, aber dunklen Schriften des Sumerischen und die schwer zu entziffernden akkadischen Texte zu wiederholen ... Ich bestieg Füllen, ritt sie mit Vorsicht zu, so daß sie nicht wild waren; ich spannte den Bogen, sandte den Pfeil, das Zeichen des Kriegers. Die bebenden Wurfspieße schleuderte ich wie kurze Speere ... Ich hielt die Zügel wie ein Wagenlenker ... Wie ein Sachkundiger leitete ich das Flechten der Schilde aus Rohrstauden und der Brustpanzer. Ich hatte das Wissen, das alle Schreiberbeamten jeder Art besitzen, wenn ihre Reifezeit kommt. Zu gleicher Zeit lernte ich, was für das Herrentum passend ist, ich ging meine königlichen Wege.»[9]

IV. DIE ASSYRISCHE KUNST

Das Kunstgewerbe · Das Flachrelief · Die Bildhauerarbeit · Das Bauwesen
Eine Seite aus «Sardanapal»

Auf dem Gebiete der Kunst kam Assyrien mit der Zeit seinem babylonischen Lehrmeister gleich und übertraf ihn sogar in der Gestaltung des Flachreliefs. Der Zustrom des Reichtums nach Assur, Kalach und Ninive spornte die Künstler und Handwerker zum

---

* Der Gott der Weisheit, den Göttern Thoth, Hermes und Merkur entsprechend.

ASSYRIEN

251

Schaffen an – für die Adligen und ihre Damen, für Könige und Paläste, für Priester und Tempel. Da entstanden herrliche Schmucksachen, Arbeiten in Metallguß von fabelhafter Zeichnung und Ausführung, wie zum Beispiel die großen Tore in Balawat, ferner luxuriöse Inneneinrichtungen aus kostbaren, reichgeschnitzten und mit Gold, Silber, Bronze oder Edelsteinen eingelegten Hölzern. Dagegen entwickelte sich die Bearbeitung der Tonwaren nur spärlich. Die Musik wurde, wie vieles andere, aus Babylon eingeführt. Eine der charakteristischen Künste Assyriens war die Temperamalerei. Sie zeichnete sich durch leuchtende Farben unter einer zarten Glasur aus und kam von Mesopotamien nach Persien, wo sie ihre Vollendung erreichte. Die Malerei war, wie immer im alten Orient, eine sekundäre und abhängige Kunst.

In der Blütezeit Sargons II., Sanheribs, Asarhaddons und Assurbanipals schuf die Kunst des Flachreliefs, wahrscheinlich dank der verschwenderischen Unterstützung durch die Herrscher, neue Meisterwerke, die heute im Britischen Museum zu sehen sind. Eines der besten Beispiele jedoch stammt aus der Zeit Assurnasirpals II.; es stellt in feinem Alabaster den guten Gott Marduk dar, wie er über Tiamat, die böse Gottheit des Chaos, siegt. Die menschlichen Figuren in den assyrischen Reliefs sind steif und roh und eine gleich wie die andere, als ob irgendein vollkommenes Modell darauf bestanden hätte, überall reproduziert zu werden; sämtliche Männer besitzen die gleichen massiven Köpfe, die gleichen runden Bäuche, die gleichen kaum sichtbaren Nacken; selbst die Götter sind nichts anderes als oberflächlich verkleidete Assyrer. Nur hie und da atmen diese Gestalten Lebenskraft, wie etwa im Alabasterrelief, das die vor einem Palmenbaum in Anbetung abgebildeten Geister darstellt, und in der schönen, in Kalach gefundenen Kalksteinstele von Schamsi-Adad VII. Gewöhnlich entzücken uns die Tierreliefs eher; denn weder zuvor noch seither hat die Arbeit des Steinmetzen Tiere so erfolgreich nachgebildet. Die Felder wiederholen eintönig Szenen des Krieges und der Jagd; aber das Auge kann sich nie an der Kraft der Handlung, an der strömenden Bewegung und an der einfachen Unmittelbarkeit der Linie sattsehen. Es scheint, als ob es dem Künstler verboten gewesen sei, seine Herren realistisch oder individuell zu porträtieren, so daß er mit seinem ganzen Können und Wissen sich in die Tierdarstellung flüchtete. Da sehen wir in üppiger Buntheit Löwen, Pferde, Esel, Ziegen, Hunde, Hirsche, Vögel und Heuschrecken. Beinahe jede Stellung außer der Rast wurde vom Künstler zum Vorbild gewählt, und selbst wo ein Tier in Todesqual dargestellt wird, bleibt es Mittelpunkt und Leben des Ganzen. Die majestätischen Pferde Sargons II. auf den Reliefs in Chorsabad, die verwundete Löwin aus dem Palaste Sanheribs in Ninive, der sterbende Wüstenkönig in Alabaster aus dem Palaste Assurbanipals, die Löwenjagden Assurnasirpals II. und Assurbanipals, die ruhende Löwin und das aus einer Falle befreite Raubtier, das Fragment, in dem ein Löwe und sein Gefährte im Schatten der Bäume liegen – sie alle gehören zu ausgewähltesten Meisterstücken dieser Kunstform. Die Darstellung der übrigen Dinge in den Reliefs ist stilisiert und roh; die Formen sind schwerfällig, die Umrisse hart, und wo es sich um die Nachbildung von Muskeln handelt, werden sie übertrieben. Es gibt auch keinen andern Versuch einer perspektivischen Lösung als die Anordnung des Fernen in der oberen Hälfte des Bildes, wobei alles in der gleichen Größe dargestellt wird. Allmählich jedoch erlernte die Bildhauergilde unter Sanherib eine kühne, wirklichkeitsnahe Porträtierung und eignete sich einen technischen Schliff und vor allem eine so anschauliche Auffassung der Handlung an, wie sie selbst auf dem Gebiete der Tierskulptur niemals erreicht worden sind. Das Flachrelief war für die Assyrer, was für die Griechen die Skulptur oder für die Italiener der Renaissance die Malerei – eine Lieblingskunst, die auf eine einzigartige Weise das nationale Form- und Charakterideal ausdrückte.

Von der assyrischen Skulptur können wir nicht das gleiche sagen; es gibt unter den Fundmassen nur wenige Stücke und kaum etwas von hohem Rang. Die Tierfiguren verraten eine Macht und Majestät, als ob sie sich nicht nur einer physischen, sondern auch einer moralischen Überlegenheit gegenüber dem Menschen bewußt wären – man denke nur an die Stiere, die den Torgang in Chorsabad bewachen. Die menschlichen oder göttlichen Gestalten sind von primitiver Roheit und Schwere, schmuckbeladen und unbedeutend, aufrecht stehend, aber ohne Leben. Eine Ausnahme macht wohl nur die nun im Britischen Museum stehende Statue Assurnasirpals II.; trotz aller schwerfälliger Linienführung sieht man der Gestalt in jedem Zoll ihre königliche Würde an: fest hält die Hand das Keulenzepter, und entschlossen pressen sich die vollen Lippen aufeinander; wachsame und grausame Augen und ein stierähnlicher Nacken lassen vermuten, daß Feinden und untreuen Beamten nur eine kurze Gnadenfrist gewährt wurde, und die beiden gigantischen Füße halten sich in vollem Gleichgewicht auf dem Rücken der Welt.

Wir dürfen bei der Beurteilung dieser Skulptur nicht zu sehr mit heutigen Maßstäben messen; denn sehr wahrscheinlich vergötterten die Assyrer knotige Muskeln und kurze Nacken und würden wohl mit Verachtung auf unsere beinahe weibliche Schlankheit blicken oder gar auf die glatte und wollüstige Anmut des Hermes und des Apollon Belvedere von Praxiteles. Was die assyrische Architektur anbelangt, so müssen wir mangels Objekten auf ein endgültiges Urteil verzichten. Wie die babylonische und die neue amerikanische Architektur strebte auch die assyrische nicht nach Schönheit, sondern nach Größe. Der mesopotamischen Kunsttradition gemäß verwendeten die Assyrer als wichtigstes Baumaterial den Ziegelstein. Sie schmückten aber die Außenseiten ihrer Häuser viel verschwenderischer mit Steinen, als dies die Babylonier taten. Vom Süden erbten sie den Bogen und das Gewölbe, entwickelten diese Formen weiter und machten verschiedene Experimente in der Säulenkonstruktion, die den Weg zu den Karyatiden und zu den schneckenförmigen «ionischen» Kapitellen der Perser und Griechen ebneten. Die Paläste wurden auf ausgedehnten Flächenräumen errichtet, besaßen aber klugerweise nur zwei oder drei Stockwerke. Gewöhnlich setzten sie sich aus einer Flucht von Sälen und Zimmern zusammen, die einen ruhigen und schattigen Hof umschlossen. Die Portale der königlichen Residenzen bewachten ungeheure Steintiere, die Eingangshalle schmückten historische Reliefs und Bildhauerarbeiten, den Boden bedeckten Alabasterfliesen, und die Wände waren mit kostbaren Tapeten behängt oder mit Täfelungen aus seltenen Hölzern verkleidet. Feste, zuweilen mit Gold und Silberblättchen bedeckte Balken trugen das Dach, und die Decken wiesen oft malerische Darstellungen von Naturszenerien auf.

ASSYRIEN

Die sechs im Felde mächtigsten Herrscher Assyriens galten auch als seine größten Bauherren. Tiglatpilesar I. richtete die Tempel Assurs in Stein wieder auf und berichtete, daß er ihr Inneres leuchtend machte wie das Gewölbe des Himmels und daß er ihre Mauern ausschmückte wie die Pracht der aufgehenden Sterne, so daß alles herrlich erstrahlte in funkelndem Glanz. Die späteren Fürsten machten den Tempeln großzügige Geschenke, zogen aber gleich Salomo ihre Paläste vor. Assurnasirpal baute in Kalach aus Ziegeln, die mit Stein verkleidet waren, einen riesengroßen Palast und schmückte ihn mit Reliefs, die den Krieg verherrlichten und die Gottesfurcht priesen. Nahe dabei, in Balawat, fand Rassam die Ruinen eines anderen Gebäudes und rettete daraus zwei wunderbar gearbeitete Bronzetore. Sargon II. errichtete zu seinem Gedenken einen geräumigen Palast in Dur-Scharrukin (das heißt Festung Sargon; heute steht dort das moderne Chorsabad). Dieser besaß einen von geflügelten Stieren flankierten Torgang, die Mauern waren mit Reliefs versehen, und die Räume schmückten wunderbar geschnitzte Möbel und großartige Statuen. Von jedem seiner Siege brachte Sargon eine größere Zahl von Sklaven für die Palastarbeiten mit und immer größere Mengen von Marmor, Lapislazuli, Bronze, Silber und Gold, um das Wunderwerk zu verschönern. Er errichtete rings um das Gebäude eine Reihe Tempel, und im Hintergrund weihte er dem Gotte eine siebenstöckige Zikkurat, deren oberster Würfel mit Gold und Silber bedeckt war. Sanherib baute in Ninive eine königliche Wohnstätte, «die Unvergleichliche», deren Größe alle anderen Paläste des Altertums übertraf. Die Mauern und Böden glitzerten von kostbaren Metallen, Hölzern und Steinen, und die Ziegel wetteiferten in ihrem Glanze mit den Lichtern des Tages und der Nacht. Metallarbeiter gossen gigantische Löwen und Ochsen aus Kupfer für den Palast, und die Bildhauer schufen geflügelte Stiere aus Kalkstein und Alabaster und versahen die Wände mit Schäfersymphonien in Flachreliefs. Asarhaddon setzte den Wiederaufbau und die Vergrößerung Ninives fort und überbot seine Vorgänger noch in der Großartigkeit seiner Gebäude und im Luxus ihrer Ausstattung. Ein Dutzend Provinzen lieferten ihm das Material und die Menschen dazu, und sein Aufenthalt in Ägypten gab ihm neue Ideen für Säulen und dekorative Motive. Als schließlich seine Paläste und Tempel vollendet waren, verkörperten sie den gesamten künstlerischen Reichtum und Formenschatz des Vorderen Orients

Die geringe Dauerhaftigkeit der assyrischen Architektur zeigt sich darin, daß sechzig Jahre nach Asarhaddons Palastbau nur noch die Ruinen dieses Meisterwerkes übrig waren. Assurbanipal erzählt uns, wie er die königliche Residenz neu erbaute; beim Lesen seiner Worte teilen sich die Nebel der Jahrhunderte, und wir blicken in das Herz des Königs:

«Zu jener Zeit war der Harem, der Ruheplatz des Palastes ... den Sanherib, mein Großvater, als seine königliche Wohnstätte erbaut hatte, mit Freude und Fröhlichkeit alt geworden, und seine Mauern waren verfallen. Ich, Assurbanipal, der große König, der mächtige König, der König der Welt, der König von Assyrien ... weil ich in jenem Harem aufgewachsen bin und Assur, Sin, Schamasch, Adad, Bel, Nabu, Ischtar ... Ninurta, Nergal und Nusku mich darin als Kronprinzen bewahrt hatten und ihren guten Schutz und das Obdach des Gedeihens über mich ausgebreitet hatten ... und mir daher stets freudevolle Nachrichten von Siegen über meine Feinde gesandt hatten; und weil meine Träume auf meinem Bette zu Nacht erquicklich waren

DER VORDERE ORIENT

und am Morgen meine Gedanken strahlend ... riß ich nieder seine Ruinen; um seinen Flächen-raum zu vergrößern, riß ich sie ganz nieder. Ich richtete ein Gebäude auf, dessen Ausdehnung fünfzig Tibki betrug. Ich legte eine Terrasse an; aber ich war in Furcht vor den Tempeln der großen Götter, meiner Herren, und daher baute ich das Ganze nicht sehr hoch. In einem guten Monat, an einem günstigen Tage, setzte ich die Grundsteine auf jener Terrasse und begann die Ziegel zu legen. Ich leerte Sesamwein und Traubenwein über seinen Keller aus und goß ihn auch auf die irdene Mauer. Um jenen Harem zu bauen, schleppte das Volk meines Landes in Wagen die Ziegel aus Elam, die Ziegel nämlich, die ich fortgeführt hatte als Beute auf Befehl der Göt-ter. Ich ließ die Könige von Arabien, die ihren Vertrag mit mir verletzt hatten und die ich in der Schlacht mit meinen eigenen Händen lebend gefangen genommen, Körbe tragen und Arbei-terkappen, um jenen Harem zu bauen ... Sie verbrachten ihre Tage, um seine Ziegel zu formen, und leisteten Zwangsarbeit zu den Klängen der Musik. Mit Freude und Frohlocken baute ich den Harem von den Grundsteinen bis zu seinem Dache. Ich schuf mehr Raum, als früher darin war, und machte die Arbeit herrlich. Ich legte darauf lange Zedernbalken, die auf Sirara und am Liba-non wuchsen. Ich bedeckte mit Kupfer die angenehm riechenden Türen aus Liaru-Holz und hing sie in ihre Rahmen ... Ich pflanzte ringsum einen Hain mit allen möglichen Bäumen und ... mit Früchten jeder Art. Ich vollendete das Werk, brachte den Göttern, meinen Herren, herrliche Opfer dar, weihte mit Freude und Frohlocken den Bau und betrat ihn unter einem prächtigen Baldachin.» [10]

V. ASSYRIENS ENDE

Die letzten Tage eines Königs · Die Quellen des assyrischen Verfalls · Ninives Untergang

Seines Reichtums ungeachtet, beklagte sich der «große König, der mächtige König, der König der Welt, der König von Assyrien» in seinem hohen Alter über das Mißgeschick, das ihn betroffen hatte. Die letzte uns von seinem Griffel hinterlassene Tafel wirft wie-der die Fragen des Predigers und Hiobs auf:

«Ich tat Gutes dem Gotte und den Menschen, den Toten und den Lebenden. Warum haben Krankheit und Trübsal mich befallen? Ich kann dem Streit in meinem Lande und den Zwistig-keiten in meiner Familie kein Ende setzen; störende Ärgernisse bedrücken mich stets. Krank-heit des Fleisches und des Geistes brechen mich nieder; mit Wehgeschrei beschließe ich meine Tage. Am Tage des Stadtgottes, am Tage des Festes, bin ich unglücklich; der Tod faßt mich an und bringt mich darnieder. Mit Klage und Trauer jammere ich Tag und Nacht, ich stöhne: ,O Gott, gewähre einem Gottlosen, daß er dein Licht schauen dürfe.'»* [11]

Wir wissen nicht, wie Assurbanipal starb; die von Byron dramatisierte Geschichte – wonach er seinen eigenen Palast anzündete und in den Flammen umkam – fußt auf der Autorität des phantasievollen Ktesias und stellt möglicherweise bloß eine Sage dar.

---

* Diodor schildert – wir können nicht sagen mit wieviel Verläßlichkeit –, wie der König seine Jahre in weibischem Luxus und in bisexueller Unmoral verbringt, und schreibt ihm die Abfassung seiner verwege-nen Grabschrift zu:

Sterblich bist du; gedenke daran, und, des Lebens dich freuend,
stille des Herzens Gelüst; kein Wohlsein blühet dem Toten.
Staub nun bin ich, obwohl einst König der herrlichen Ninus.
Nur, was der Gaumen, mutwilliger Scherz und die Lieb' an Genüssen
mir gewährten, ist mein; sonst jegliche Güter verließ ich. [12]

Vielleicht besteht gar kein innerer Widerspruch zwischen dieser Stimmung und der im Text geschilder-ten; die eine dürfte das medizinische Vorspiel der anderen gewesen sein.

ASSYRIEN

Auf jeden Fall darf der Hingang dieses großen Königs als ein Symbol und verhängnisvolles Vorzeichen gelten; denn nicht viel später verfiel auch Assyrien, und zwar aus Ursachen, die zum Teil auf Assurbanipal selbst zurückgingen. Die wirtschaftliche Machtstellung Assyriens fußte zu sehr auf den Nachbarvölkern, hing zu sehr von gewinnbringenden Eroberungen ab, als daß sie nicht jederzeit durch eine entscheidende Niederlage im Feld erschüttert werden konnte. Nun geschah es tatsächlich, daß die Vorzüge an Körperkraft und Charakter, die zur Unbesiegbarkeit der assyrischen Armeen beigetragen hatten, durch die erfochtenen Siege geschwächt wurden; in jeder Schlacht kamen die Stärksten und Mutigsten um, während die Schwächeren am Leben blieben und ihre Gattung vermehrten. Dies war ein Degenerationsprozeß, der, wenn er auch vielleicht durch eine Dezimierung der brutaleren Individuen die Kultur förderte, doch die biologische Grundlage unterhöhlte, auf der Assyrien den Gipfel der Macht erstiegen hatte. Der Umfang seiner Eroberungen hatte Assyrien geschwächt. Die vielen Feldzüge hatten nicht nur seine Felder entvölkert, um den unersättlichen Mars zu füttern, sondern auch Millionen armer Fremder als Gefangene nach dem Zweistromlande gebracht, die mit der Fruchtbarkeit der Hoffnungslosen sich vermehrten, die gesamte Charakter- und Bluteinheit zerstörten und durch ihr stetiges Anwachsen zu einer feindlichen und zersetzenden Kraft in der Mitte ihrer Eroberer wurden. Immer mehr füllte sich die Armee mit diesen Menschen anderer Länder, während halb barbarische Mordbrenner die Grenzen des Reiches dauernd brandschatzten, so daß sich die Mittel des Landes in einer endlosen Verteidigung der unnatürlichen Grenzen erschöpften.

Assurbanipal starb 626 v. Chr. Vierzehn Jahre später verband sich eine babylonische Armee unter Nabopolassar mit einem medischen Heer unter Kyaxares und mit einer Horde Skythen aus dem Kaukasus und überwältigte mit erstaunlicher Leichtigkeit und Schnelle die Zitadellen des Nordens. Ninive wurde ebenso erbarmungslos und vollkommen verwüstet, wie einst seine Herrscher Babylon und Susa ausgeplündert hatten. Die Stadt wurde in Brand gesteckt, die Bevölkerung niedergemetzelt oder versklavt und der erst vor kurzem erbaute Königspalast dem Erdboden gleichgemacht. Mit einem einzigen Schlage verschwand Assyrien aus der Geschichte. Nichts blieb davon übrig als eine gewisse Kriegstaktik und einige Waffenarten, einige schneckenförmige Kapitelle halbionischer Säulen und einige Methoden der Provinzialverwaltung, die Persien, Makedonien und Rom übernahmen. Der Vordere Orient gedachte Assyriens eine Weile als einer gnadenlosen Großmacht, die ein Dutzend kleinerer Staaten vereinigt hatte, und die Juden schimpften Ninive rachsüchtig «die blutrünstige Stadt, voller Lügen und Diebstahl». Nach einer kurzen Zeit waren alle, sogar die mächtigsten der großen Könige, vergessen, und der Triebsand bedeckte die Ruinen ihrer stolzen Paläste. Zweihundert Jahre nach ihrem Untergang schritten Xenophons Zehntausend über die Hügel, wo einst Ninive gestanden, und nie kam ihnen in den Sinn, daß sie an der Stätte der alten Metropole, die die halbe Welt beherrscht hatte, vorüberzogen. Kein Stein blieb sichtbar von all den Tempeln, mit denen Assyriens fromme Krieger ihre größte Hauptstadt verschönert hatten. Selbst Assur, der unvergängliche Gott, war tot.

FÜNFTES KAPITEL

Verschiedene Völker

I. DIE INDOGERMANISCHEN VÖLKER

Die ethnische Bühne · Die Mitanni · Die Hethiter · Die Armenier · Die Skythen · Die Phryger
Die göttliche Mutter · Die Lyder · Kroisos · Münzprägung · Kroisos, Solon und Kyros

EINEM entfernten, aber scharfsichtigen Auge würde der Vordere Orient in den Tagen Nebukadnezars ein Ozean geschienen haben, in dem unermeßliche Schwärme von Menschenwesen sich hin und her bewegten, immer neue Gruppen bildeten, sich wieder auflösten, einander versklavten und ausrotteten. An den Grenzen der großen Imperien – Ägypten, Babylonien, Assyrien und Persien – blühte dieses bunte Gemisch wandernder und seßhafter Stämme wie die Kimmerier, Kilikier, Kappadokier, Bithynier, Askanier, Mysier, Maionier, Karer, Lykier, Pamphylier, Pisider, Philister, Amoriter, Kanaaniter, Edomiter, Ammoniter, Moabiter und hundert andere Völker, die alle eine Daseinsberechtigung empfanden und über das naive Vorurteil eines Historikers, sie in einem einzigen Paragraphen zu behandeln, aufs tiefste erstaunt gewesen wären. Durch die ganze Geschichte des Vorderen Orients zieht sich die von solchen Nomaden hervorgerufene Gefahr als eine dauernde Bedrohung der von ihnen fast gänzlich umschlossenen Königreiche der seßhafteren Stämme. Trat plötzlich eine Dürreperiode ein, so fielen diese unruhigen Nachbarn über die kultivierteren Gebiete her, so daß deren Bewohner gezwungen wurden, dauernd in Kriegsbereitschaft zu stehen. Gewöhnlich erwies sich die wandernde Horde als lebenskräftiger und zäher und überwältigte schließlich den Kulturstaat, den sie vorfand. Wie viele Gebiete kennt nicht unser Planet, wo einst eine hohe Kultur blühte, heute aber wieder Nomaden umherstreifen.

In diesem gärenden Völkermeer behauptete sich eine Anzahl kleinerer Staaten, die vorwiegend als eine Art Leitungskörper ihren Beitrag zum Erbe der menschlichen Gesellschaft leisteten. Unter ihnen interessieren uns die Mitanni nicht so sehr als die frühen Gegenspieler Ägyptens im Vorderen Orient als vielmehr, weil sie eines der ersten indogermanischen Völker sind, das uns in Asien entgegentritt, und weil sie Götter verehrten wie Mithra, Indra und Varuna, deren Weg nach Persien und Indien uns hilft, die Bewegungen der «arischen Rasse» zu verfolgen*.

Die Hethiter zählten zu den mächtigsten und zivilisiertesten der frühen indogermanischen Völker. Anscheinend waren sie durch den Bosporus, den Hellespont und das Ägäische Meer,

---

* Das Wort *Arier* erscheint zuerst bei den Harriern, einem der mitannischen Stämme. Im allgemeinen war es die selbstgegebene Benennung der an den Ufern des Kaspischen Meeres lebenden oder von dort weggezogenen Völkerschaften. Der Ausdruck wird heute meist nur für die Mitanni, Hethiter, Meder, Perser und für die vedischen Hindu – das heißt für den *östlichen* Zweig der indogermanischen Stämme (der westliche bevölkerte Europa) – passend verwendet.

VERSCHIEDENE VÖLKER 257

vielleicht aber auch über den Kaukasus gekommen und hatten sich auf jener gebirgigen, südlich vom Schwarzen Meer gelegenen Halbinsel, die wir als Kleinasien bezeichnen, niedergelassen, wo sie als militärische Kaste über die eingeborenen Ackerbauer herrschten. Wir finden sie 1800 v. Chr. nahe den Quellen des Tigris und Euphrat; von dort dehnten sie ihren Einfluß nach Syrien aus und bereiteten dem mächtigen Ägypten viele Sorgen. Wir haben gesehen, wie Ramses II. gezwungen war, mit ihnen Frieden zu schließen und den hethitischen König als seinesgleichen anzuerkennen. In Hattura, heute Boghazköy*, errichteten sie ihre Hauptstadt und machten sie zum Mittelpunkt ihrer Kultur. Sie gewannen Eisen aus den an Armenien grenzenden Bergen, besaßen einen von Hammurabis Gesetzgebung stark beeinflußten Kodex und bewiesen einen allerdings noch unreifen ästhetischen Sinn, indem sie riesige und linkische Figuren in Reliefs oder in Felsen eingruben. Ihre erst von Hrozny entzifferte Sprache, die Winckler in Boghazköy auf zehntausend Tontafeln entdeckte, weist eine enge Verwandtschaft mit den anderen indogermanischen Sprachen auf. In der Abwandlung der Haupt- und Zeitwörter sieht sie dem Lateinischen und Griechischen sehr ähnlich, und einige ihrer einfacheren Wörter sind offensichtlich dem Deutschen verwandt**. Die Hethiter kannten eine Bilderschrift, die sie auf originelle Weise ausführten; sie schrieben nämlich die eine Zeile von links nach rechts, die nächste von rechts nach links und wechselweise so fort. Sie übernahmen von den Babyloniern die Keilschrift, lehrten ihrerseits die Bewohner Kretas den Gebrauch der Tontafel und scheinen sich mit den alten Hebräern so sehr gemischt zu haben, daß sie ihnen die scharfgeschnittene Adlernase vererbten, ein streng «arisches» Merkmal, das nur die Unkenntnis geschichtlicher Vorgänge als Eigentümlichkeit der jüdischen Rasse erscheinen ließ. Einige der uns erhaltenen Tafeln sind Wörterbücher, die die sumerischen, babylonischen und hethitischen Äquivalente geben; andere sind verwaltungsrechtliche Verfügungen, die auf einen festorganisierten monarchischen Militärstaat hinweisen. Ferner sind zweihundert Fragmente eines Gesetzbuches auf uns gekommen, das die Preise der Waren anführt. Beinahe ebenso geheimnisvoll, wie sie erschienen waren, verschwanden die Hethiter wieder aus der Geschichte. Eine nach der anderen ihrer Hauptstädte geriet in Verfall – vielleicht weil das Eisen, dem sie ihren Aufschwung verdankten, ihren Konkurrenten in gleicher Weise zugänglich wurde. Die letzte dieser Hauptstädte, Karkemisch, wurde von den Assyrern 717 v. Chr. eingenommen.

Nördlich von Mesopotamien entwickelte sich eine verhältnismäßig stabile Nation, die den Assyrern als Urartu, den Hebräern als Ararat und späteren Generationen als Armenier bekannt war. Während vieler Jahrhunderte, gerechnet von der Zeit vor Beginn der geschriebenen Geschichte bis zur Errichtung der persischen Herrschaft über ganz Westasien, bewahrten die Armenier ihre unabhängige Regierung, ihre charakteristischen Bräuche und Künste. Unter ihrem größten König, Argiti II. (ca. 708 v. Chr.), bereicherten sie sich durch die Eisengewinnung und den Verkauf des kostbaren Metalls nach Asien und Griechenland. Sie erreichten ein hohes Niveau der Lebensart und Kultur, errichteten große Steinbauten und fertigten reizvolle Vasen und schöne Statuen an. Später aber verloren sie ihren Reichtum in kostspieligen Angriffs- und Verteidigungskriegen gegen Assyrien und gerieten in den Tagen des alles erobernden Kyros unter persische Herrschaft.

---

* Östlich vom Halysfluß. Ganz in der Nähe liegt Ankara, die Hauptstadt der Türkei und ein direkter Nachkomme von Ankyra, der alten Hauptstadt Phrygiens. Wir gewinnen eine kulturelle Perspektive, wenn wir uns daran erinnern, daß die Türken mit Stolz auf das Alter ihrer Metropole blicken und die von barbarischen Ungläubigen über Europa ausgeübte Herrschaft bedauern. Jeder Punkt ist der Mittelpunkt der Welt.

** Vgl.: *vadar* = Wasser; *ezza* = essen; *uga* = ich (lat. *ego*); *tug* = dich; *vesch* = wir; *mu* = mich; *kuisch* = wer (lat.: *quis*); *quit* = was (lat.: *quid*) usw.

258   DER VORDERE ORIENT

Noch weiter nördlich, den Ufern des Schwarzen Meeres entlang, wanderten die Skythen, eine Horde halb mongolischer, halb europäischer Krieger. Es waren wilde, bärtige Riesen, die in Wagen wohnten, ihre Frauen in der Abgeschiedenheit des *purdah* hielten, auf wilden Pferden ritten, kämpften, um zu leben, und lebten, um zu kämpfen. Sie schwächten Assyrien durch wiederholte Einfälle, rasten durch Westasien (ca. 630–610 v. Chr.), brandschatzten überall und ermordeten jeden, den sie auf ihrem Wege fanden. Schon standen sie vor den Städten des ägyptischen Deltas, da wurden sie plötzlich durch eine geheimnisvolle Krankheit dezimiert und erlagen bald darauf den Medern, die sie in ihre nördlichen Schlupfwinkel zurückjagten. So waren die barbarischen Völker beschaffen, die die alten Kulturstaaten bedrohten.

Gegen das Ende des neunten Jahrhunderts v. Chr. erstand in Kleinasien eine neue Macht, die Phryger, die die Überreste der hethitischen Kultur erbten und als Kulturbrücke zu Lydien und Griechenland dienten. Die Sage, mit der sie die Gründung ihres Königreichs neugierigen Historikern erklärten, war für den Aufstieg und Niedergang der Völker symbolisch. Ihr erster König nämlich, Gordios, war ein schlichter Bauer, dessen einziges Erbgut ein Paar Ochsen gewesen war*; der Nachfolger, sein Sohn Midas, galt als ein Verschwender, der den Staat durch sein habsüchtiges und ausschweifendes Wesen schwächte, so daß die Nachwelt die Sage erfand, er habe die Götter gebeten, sie möchten alles, was er berühre, in Gold verwandeln. Die Bitte wurde wortgetreu erfüllt, so daß alles, was Midas berührte, zu Gold wurde, selbst die Nahrung, die er zum Munde führte. Dadurch geriet er an den Rand der Verzweiflung, bis die Götter ihm erlaubten, sich durch ein Bad im Flusse Paktolos vom Fluche zu reinigen, so daß seit jenem Tage Goldkörner auf dem Wasser schwimmen.

Die Phryger kamen von Europa nach Asien, bauten eine Hauptstadt in Ankyra und machten eine Zeitlang Assyrien und Ägypten die Herrschaft über den Vorderen Orient streitig. Sie verehrten eine eingeborene Mutter-Göttin, tauften sie Kybele nach den Bergen (kybela), wo sie wohnte, und beteten zu ihr als dem großen Geist der unbebauten Erde, der Verkörperung aller schöpferischen Energien der Natur. Von den Ureinwohnern übernahmen sie den Brauch, der Göttin durch geheiligte Prostitution zu dienen, und sie bereicherten ihren Mythenschatz durch die Geschichte der Liebe Kybeles zum jungen Gotte Attis*. Dieser hatte sich zu Ehren der Göttin entmannt, und daher opferten die in den Dienst der Kybele, der großen Mutter, tretenden Priester die eigene Männlichkeit. Diese barbarische Legende fesselte die Phantasie der Griechen und wurde zu einem Bestandteil ihrer Mythologie und Literatur. Die Römer nahmen später die Kybele offiziell in ihr Pantheon auf, und manche der zügellosen Riten, die die römischen Karnevalsfeste auszeichneten, wurzelten im wilden Ritual, mit dem die Phryger alljährlich den Tod und die Wiederauferstehung des schönen Attis feierten.

---

* Das Orakel des Zeus hatte den Phrygern befohlen, als König den ersten Mann zu wählen, der in einem Wagen zum Tempel komme, daher fiel die Wahl auf Gordios. Der neue König weihte seinen Wagen dem Gotte, und eine neuer Orakelspruch weissagte, daß der Mann, dem es gelänge, den verschlungenen Knoten, der das Wagenjoch am Pfosten festhielt, zu lösen, über ganz Asien herrschen würde. Alexander, sagte die Legende, schnitt mit einem Schwerthieb den «Gordischen Knoten» entzwei.

VERSCHIEDENE VÖLKER

Dem Übergewicht der Phryger in Kleinasien bereitete der Aufstieg der Lyder ein Ende. König Gyges erwählte Sardes zur Hauptstadt des neuen Reiches, Alyattes machte es in einer neunundvierzigjährigen Herrschaft groß und mächtig, und Kroisos (560–546 v. Chr.) erbte und genoß es, erweiterte es durch Eroberung, so daß es beinahe ganz Kleinasien umfaßte, und überließ es dann den Persern. Seine großzügigen Bestechungen der lokalen Politiker ermöglichten Kroisos, einen nach dem anderen der unbedeutenden Nachbarstaaten dem lydischen Reiche zu unterwerfen, und die gottesfürchtigen und verschwenderisch gespendeten Hekatomben zu Ehren der einheimischen Gottheiten besänftigten die unterworfenen Völker und überzeugten sie davon, daß der Großkönig ein Liebling der Götter sei. Kroisos mehrte sein Ansehen weiter durch die Ausgabe von wunderbar gezeichneten Gold- und Silbermünzen, die vom Staate geprägt und im angegebenen Wert garantiert waren. Obgleich diese Münzen weder, wie lange Zeit angenommen, die ersten in der Geschichte in Umlauf gesetzten noch die frühesten staatlich geprägten darstellen **, wurden sie doch beispielgebend und dem Mittelmeerhandel äußerst nützlich. Die Menschen verwendeten viele Jahrhunderte hindurch verschiedene Metalle als Wert- und Tauschmittel, prüften sie aber, gleichgültig, ob es Kupfer, Bronze, Eisen, Silber oder Gold war, bei jedem Geschäftsabschluß und legten sie auf die Waage. Von diesen beschwerlichen Wertzeichen zu einer nationalen Valuta war ein großer Schritt; die Beschleunigung der Handelstransaktionen trug zum Reichtum der Welt bei und bereitete die merkantilen Kulturen Ioniens und Griechenlands vor, in denen die Einkünfte des Handels die Errungenschaften der Literatur und Kunst finanzieren sollten.

Von der lydischen Literatur blieb nichts erhalten; auch kam kein einziges Exemplar der so köstlich gearbeiteten Gold-, Silber- und Eisenvasen, die Kroisos den eroberten Göttern darbrachte, auf unsere Zeit. Die in den lydischen Gräbern gefundenen und heute den Louvre schmückenden Vasen zeigen uns, wie in den Tagen des Kroisos die Vorherrschaft Ägyptens und Babyloniens auf künstlerischem Gebiet dem wachsenden Einfluß Griechenlands unterlag; die Zartheit ihrer Ausführung wetteifert mit der treuen Wiedergabe der in der Natur dargebotenen Vorbilder. Als Herodot nach Lydien kam, fand er die Bräuche dieses Landes kaum von denen seiner griechischen Mitbürger verschieden. Das einzige, was sie trennte, sagt er uns, war die Art, auf welche die Mädchen aus dem Volke ihre Aussteuer verdienten – nämlich durch Prostitution.

Herodot erzählt uns auch die dramatische Geschichte von Kroisos' Fall. Er schildert, wie der Großkönig Solon seine Schätze zeigte und ihn fragte, wen er als den glücklichsten aller Menschen preise. Der Gefragte nannte drei Personen, die alle dahingeschieden waren, und lehnte es ab, Kroisos glücklich zu nennen, mit der Begründung, es sei unmöglich, das Mißgeschick, das ihn morgen ereilen könne, vorauszuwissen. Kroisos

---

* Attis, so wird uns mitgeteilt, wurde auf wunderbare Weise von einer jungfräulichen Göttin, Nana, zur Welt gebracht, die ihn empfing, indem sie einen Granatapfel zwischen ihre Brüste legte.

** Ältere Münzen sind in Mohenjo-Daro in Indien (2900 v. Chr.) gefunden worden. Auch Sanherib ließ Münzen prägen (siehe das Kapitel Assyrien).

entließ den großen Gesetzgeber als einen Toren, begann Pläne gegen Persien zu schmieden, und es dauerte nicht lange, so standen, statt daß seine Armeen in Feindesland marschierten, die des Kyros vor der lydischen Hauptstadt. Dem gleichen Historiker zufolge gewannen die Perser die Schlacht dank des Gestanks der Kamele, den die Pferde von Kroisos' Kavallerie nicht ertragen konnten. Die aufgescheuchten Tiere flohen, die Lyder wurden niedergemacht, und Sardes fiel. Kroisos bereitete nach der Tradition einen großen Scheiterhaufen, bestieg ihn mit seinen Frauen und Töchtern und mit den auserwähltesten adeligen jungen Männern und befahl seinen Eunuchen, ihn selbst und sie alle zu verbrennen. In den letzten Augenblicken entsann er sich der Worte Solons, betrauerte seine eigene Blindheit und machte den Göttern, die alle seine Hekatomben angenommen und ihm nun mit Vernichtung entgalten, Vorwürfe. Wenn wir Herodot folgen dürfen, erbarmte sich Kyros seiner, befahl, die Flammen zu löschen, nahm Kroisos nach Persien mit und machte ihn zu einem seiner vertrautesten Ratgeber.

II. DIE SEMITISCHEN VÖLKER

Das Alter der Araber · Die Phöniker · Ihr Welthandel · Ihre Umsegelung Afrikas
Ihre Kolonien · Tyrus und Sidon · Die phoinikischen Gottheiten · Die Verbreitung des Alphabets
Syrien · Astarte · Tod und Wiederauferstehung des Adonis · Das Kindesopfer

Wenn wir unter der biblischen Sprachenverwirrung die Unterscheidung der Völker des Vorderen Orients in eine nördliche, meist dem indogermanischen Stamme zuzurechnende, und in eine südliche, von Assyrien nach Arabien sich ausbreitende semitische* Gruppe verstehen, so müssen wir im Auge behalten, daß die Wirklichkeit nie so genau unterscheidet wie die Rubriken, die uns mit ihrer Gliederung zum besseren Verständnis verhelfen. Der Vordere Orient war durch Gebirgszüge und Wüstenflächen in geographisch klar voneinander geschiedene und daher in Sprache und Tradition natürlich abgegrenzte Gebiete getrennt. Mit dem längs der großen Ströme von Ninive und Karkemisch bis zum Persischen Golfe sich entwickelnden Handel begannen Sprachen, Sitten und Künste sich gegenseitig zu assimilieren. Diesen Vorgang unterstützten ferner die vielen Wanderungen und Zwangsansiedelungen riesiger Gemeinschaften, die die Stämme und Sprachen derartig untereinandermengten, daß eine weitgehende Gleichartigkeit der Kultur die Ungleichheit des Blutes begleitete. Wir werden daher unter «indogermanisch» Völker verstehen, bei denen das indogermanische Element *vorherrscht*, während wir als «semitisch» alle die Stämme bezeichnen, bei denen der semitische Typus *dominiert*. Kein Völkerstamm blieb ungemischt, keine Kultur von ihren Nachbarn oder von ihren Feinden unbeeinflußt. Wir empfinden diesen weiten Raum als eine bunte Völkerbühne, auf der bald die indogermanischen und bald

---

* Der Ausdruck «*Semit*» wird nach 1. Mose Kapitel 10 von Sem, einem legendären Sohne Noahs, abgeleitet, auf Grund der Auffassung, wonach Sem der Urahne aller semitischen Völker ist.

VERSCHIEDENE VÖLKER 261

die semitischen Stämme für eine Weile das Übergewicht erlangten, aber nicht, um die Errungenschaften des artfremden Stammes zu unterdrücken, sondern um den allgemeinen kulturellen Charakter des Ganzen zu übernehmen. Hammurabi und Dareios I. waren von verschiedenem Blut und von verschiedener Religion und nahezu ebenso viele Jahrhunderte voneinander getrennt als die, die uns von Christus scheiden; trotzdem gewahren wir, daß die beiden großen Könige im wesentlichen und tiefsten ähnliche Züge aufweisen.

Die Semiten stammten ursprünglich aus Arabien. Aus dieser trockenen Gegend, wo die «Menschenpflanze» so kräftig wächst und kaum ein Grashalm gedeiht, kamen in mehreren Wanderungen, Welle auf Welle, die stämmigen, tollkühnen «Stoiker der Wüste», die der Sand und die Oasen nicht länger ernähren konnten und die daher gezwungen waren, sich einen schattigen Platz für ihr Leben zu erobern. Die Zurückgebliebenen schufen die Kultur Arabiens und der Beduinen, die auf der patriarchalischen Familie beruhte, die strenge Moral des Gehorsams und den Fatalismus einer grausamen Umwelt anerkannte und den aller Vernunft baren Mut besaß, die eigenen Töchter den Göttern zu opfern. Nichtsdestoweniger machten sie sich bis zum Auftreten Mohammeds nicht sehr viel aus der Religion und vernachlässigten die Künste und die feinere Lebensgestaltung als verweichlichte Erfindungen für entartete Männer. Einige Zeit beherrschten sie den Handel mit dem entlegenen Osten, ihre Häfen in Kanneh und Aden waren vollgestopft mit den Reichtümern Indiens, und ihre geduldigen Karawanen brachten diese Schätze auf dem Landwege nach Babylon und Phoinikien. Im Innern ihrer breiten Halbinsel bauten sie Städte, Tempel und Paläste, ermutigten aber keinen Fremden, sie zu besuchen. Tausende von Jahren lebten sie ihr eigenes Leben, bewahrten ihre Bräuche und handelten nach eigenem Gutdünken. Sie blieben bis heute die gleichen Menschen wie zur Zeit von Cheops und Gudea; sie sahen hundert Reiche steigen und fallen, und noch verteidigen sie ihren Boden so eifersüchtig wie früher vor heidnischen Füßen und fremden Augen.

Wer nun waren jene Phoiniker, von denen bereits so oft auf diesen Seiten gesprochen worden ist, deren Schiffe auf allen Meeren segelten und deren Kaufherren in allen Häfen Geschäfte machten? Der Historiker kann die Frage nach ihrer Herkunft nicht beantworten; er muß gestehen, daß er fast nichts über die frühere und spätere Geschichte dieses allgegenwärtigen und doch vom Forscher nur schwer näher zu bestimmenden Volkes weiß. Wir können nicht sagen, woher und wann die Phoiniker in den Mittelmeerraum kamen, und wir sind nicht einmal ganz sicher, ob sie Semiten waren*. Auch sind wir nicht in der Lage, die Gelehrten von Tyrus zu widerlegen, die dem Herodot berichteten, ihre Voreltern seien vom Persischen Golfe gekommen und hätten den Staat zu einer Zeit, die nach unserer Rechnung dem achtundzwanzigsten Jahrhundert v. Chr. entsprechen würde, gegründet. Selbst der Name dieser Nation ist

---

* Heute wissen die Historiker, daß sie Semiten sind, wahrscheinlich mit der 2. Einwanderungswelle (um 2000 v. Chr.) als semit. Nomadenvolk in den Vorderen Orient gekommen. Schrift und Sprache sind mit denen der Kanaanäer verwandt.

262 DER VORDERE ORIENT

problematisch: der *phoinix*, von dem die Griechen das Wort herleiteten, kann die rote Farbe, die die Händler aus Tyrus verkauften, oder einen der phoinikischen Küste entlang blühenden Palmbaum bedeuten*. Jene Küste, ein schmaler, hundertfünfzig Kilometer langer und nur fünfzehn Kilometer tiefer Landstreifen, der sich zwischen Syrien und dem Meer ausbreitet, stellte nahezu das ganze Phoinikien dar. Das Volk dachte nie daran, sich auf den landeinwärts liegenden Hügeln des Libanon niederzulassen oder dieses Gebiet unter seine Oberhoheit zu bringen; es war zufrieden, daß diese natürliche Schutzwehr dem Eroberungsgeist der kriegerischen Nationen, deren Waren es nach allen Meeresstädten führte, Schranken setzte.

Diese Gebirge zwangen die Phoiniker, am Wasser zu leben. Seit der sechsten ägyptischen Dynastie waren sie die emsigsten Handelsherren der Alten Welt, und als sie das ägyptische Joch abschüttelten, wurden sie die alleinigen Gebieter des Mittelmeeres. Sie stellten selber verschiedene Glas- und Metallerzeugnisse her; sie emaillierten Vasen, verfertigten Waffen und Schmuckgegenstände und besaßen ein Monopol für Purpurfarbe, die sie aus den an ihren Gestaden so reichlich vorhandenen Purpurschnecken gewannen und die den Frauen von Tyrus ermöglichte, ihre Handarbeiten mit so prächtigen Farben zu schmücken, daß sie darob berühmt wurden. Diese Farbstoffe und der aus dem Handel mit Indien und dem Vorderen Orient erzielte Überschuß machten Phoinikien groß. Seine Seefahrer brachten Feldfrüchte, Weine, Textilien und Edelsteine nach allen Küstenstädten und kamen mit Blei, Gold und Eisen vom Südufer des Schwarzen Meeres, mit Kupfer, Zypressenholz und Korn von Zypern**, mit Elfenbein aus Afrika, mit Silber aus Spanien, mit Zinn aus Britannien und mit Sklaven von überallher zurück. Sie galten als schlaue Händler; so brachten sie zum Beispiel die spanischen Eingeborenen dazu, ihnen für eine Ölladung das gleiche Quantum Silber zu geben, so daß sie es kaum auf ihren Schiffen fortschaffen konnten und zu dem Mittel Zuflucht nahmen, das Eisen und die Steine ihrer Anker durch Silber zu ersetzen, worauf sie frischen Mutes davonsegelten. Sie gaben sich aber damit nicht zufrieden und machten die Eingeborenen zu Sklaven in den Bergwerken, wo sie für geringe Löhne harte Arbeit leisten mußten***. Wie alle frühen Reisenden und wie manche der alten Sprachen unterschieden sie wenig zwischen Geschäft und Betrug, zwischen Handel und Diebstahl; sie bestahlen die Schwachen, betrogen die Dummen und waren ehrlich, wenn sie nicht anders zum Ziele gelangten. Zuweilen kaperten sie Schiffe auf hoher See und beschlagnahmten die fremden Ladungen und Mannschaften; zuweilen auch verführten sie neugierige Eingeborene zu Besuchen auf ihren Galeeren und segelten dann mit ihnen weg, um sie als Sklaven zu verkaufen. Sie trugen viel dazu bei, den

---

* Der griechische Name «Phoinike» bedeutet «Land des roten Purpur» (entsprechend dem Kanaan des A. T.); sich selbst nannten sie nach den Namen ihrer Stadtstaaten, im Süden Sidonier oder Kanaanäer.

** Kupfer und Zypresse entlehnten ihre Namen vom Worte Zypern.

*** Vgl. Gibbon: «Spanien war durch ein ungewöhnliches Verhängnis das Peru und Mexiko der Alten Welt. Die Entdeckung des reichen westlichen Kontinents durch die Phoiniker und die Ausbeutung der einfachen Eingeborenen, die in ihren eigenen Bergwerken zum Vorteil der Fremden arbeiten mußten, stellen ein genaues Abbild der neueren Geschichte von Spanisch-Amerika dar.»[2]

VERSCHIEDENE VÖLKER 263

geschäftetreibenden Semiten des Altertums einen schlechten Ruf zu bereiten, besonders bei den frühen Griechen, die ebenfalls viel Handel trieben*.

Die niedrigen und schmalen Galeeren der Phoiniker, die etwa zwanzig Meter lang waren, begründeten einen neuen Baustil, denn sie verwarfen den nach innen geschweiften Bug des ägyptischen Fahrzeugs und kehrten ihn vielmehr zu einer scharfen Spitze nach außen, um Wind, Wasser und die feindlichen Schiffe zu spalten. Ein großes viereckiges Segel auf einem am Kiel befestigten Maste unterstützte die Rudersklaven, die die Galeere fortbewegten. Auf einem Deck über den Ruderern standen Soldaten Wache, bereit, Geschäfte zu machen oder zu kämpfen. Die leichtgebauten Schiffe, die ohne Kompaß auf dem Meere fuhren, hielten sich naturgemäß vorsichtig in der Nähe der Küste und wagten sich lange Zeit bei Nacht nicht auf die See hinaus. Allmählich jedoch entwickelten die phoinikischen Seefahrer die Kunst der Schiffahrt mehr und mehr. Sie benutzten den Nordstern (oder den «phoinikischen Stern», wie ihn die Griechen nannten) als Wegweiser, befuhren die Ozeane, umsegelten schließlich von der Ostküste her ganz Afrika und «entdeckten» etwa zweitausend Jahre vor Vasco da Gama das Kap der Guten Hoffnung. Als der Herbst kam, sagt Herodot, gingen sie an Land, säten und warteten auf die Ernte; dann, nachdem sie diese eingeholt hatten, stachen sie wieder in See. Als auf diese Art zwei Jahre vergangen waren, umschifften sie im dritten die «Säulen des Herkules» (Gibraltar) und erreichten Ägypten. Welch ein Abenteuer!

An den strategischen Punkten der Mittelmeerküste errichteten die Phoiniker Garnisonen, die zu dichtbevölkerten Kolonien und Städten anwuchsen, so in Cadiz, Karthago und Marseille, auf Malta, Sizilien, Sardinien und Korsika, ja selbst im fernen England. Sie besetzten Cypern, Melos und Rhodos, eigneten sich die Künste und Wissenschaften Ägyptens, Kretas und des Vorderen Orients an und verbreiteten sie in Griechenland, Afrika, Italien und Spanien. So banden sie den Osten und den Westen in einem kommerziellen und kulturellen Netz zusammen und begannen Europa aus der Barbarei zu erlösen.

Der Handel ernährte die Phoiniker, und ihre merkantile Aristokratie, die sie voller Klugheit regierte und deren diplomatische und finanzielle Verschlagenheit der Verschwendung ihrer Vermögen in Kriegen auszuweichen verstand, ermöglichte ihren Städten, einen Platz unter den reichsten und mächtigsten in der Welt einzunehmen. So glaubte Byblos, die älteste aller Metropolen zu sein. Der Gott El soll sie – so heißt es – am Anfang der Zeit gegründet haben, und bis an das Ende ihrer Geschichte blieb sie der religiöse Mittelpunkt des Seefahrervolkes. Da der Papyrus einer der Hauptartikel des phoinikischen Handels war, entlehnten die Griechen den Namen der Stadt Byblos, in der dieser Stoff bearbeitet wurde, als Ausdruck für Buch, *biblos*, von dem wiederum unsere Bibel den Namen herleitet.

Ebenfalls an der Küste, nur etwa achtzig Kilometer weiter südwärts, lag Sidon. Ursprünglich eine Festung, erblühte der Ort schnell zur erfolgreichen Handelsstadt, die die besten Schiffe für die Flotte des Xerxes lieferte. Als später die Perser diesen wichtigen Hafenort belagerten

---

* Die Griechen, die während eines halben Jahrtausends Räuber. und Piraten waren, bezeichneten mit dem Namen «Phoiniker» auch jeden Menschen, der unehrliche Geschäfte betrieb.

DER VORDERE ORIENT

und eroberten, steckten die stolzen Bürger die Stadt in Brand, und vierzigtausend Einwohner fielen den Flammen zum Opfer. Darauf wurde die Stadt wieder aufgebaut, und als Alexander erschien und manche ihrer unternehmungslustigen Handelsherren in der Hoffnung auf Geschäfte seiner Armee nach Indien folgten, stand es bereits in neuer Blüte da.

Die größte der phoinikischen Städte breitete sich auf einer mehrere Kilometer von der Küste entfernten Insel aus und hieß Tyrus, das heißt «der Felsen», die Felsenstadt. Auch sie wurde zuerst als eine Festung gegründet, aber ihr geeigneter Hafen und die gegen Angriffe gut geschützte Lage machten sie bald zur Metropole des Landes und zum kosmopolitischen Treffpunkt von Händlern und Sklaven aus dem ganzen Mittelmeer. Bereits im neunten Jahrhundert v. Chr. hatte Tyrus unter König Hiram, dem Freunde König Salomos, Zustrom erhalten; und zur Zeit des Propheten Sacharja (ca. 520 v. Chr.) sammelte die Stadt «Silber wie Sand und Gold wie Kot in der Gasse»[3]. Die Häuser besitzen, erzählt Strabon, mehrere Stockwerke und sind höher als diejenigen Roms. Der Reichtum und der Mut der Bürger erhielten die Stadt unabhängig bis zum Eintreffen Alexanders. Dieser fühlte sich durch das feste Bollwerk herausgefordert und in seiner Allmacht verletzt und baute daher zu dessen Bezwingung einen Damm, der die Insel in eine Halbinsel verwandelte, Tyrus den Feinden preisgab und seinen Ruin beschleunigte.

Wie jede Nation, die die ineinandergreifenden kosmischen Erscheinungen und die verschiedenen menschlichen Bedürfnisse lebhaft empfindet, stellten sich auch die Phoiniker einen Himmel voller Götter vor. Jede Stadt verehrte ihren Baal (d. h. Herrn) oder Stadtgott, der als Ahnherr der Könige galt und als Quell der Fruchtbarkeit des Bodens aufgefaßt wurde. Der Baal von Tyrus trug den Namen Melkart und war wie Herkules, mit dem ihn die Griechen identifizierten, ein Gott der Kraft, dessen Heldentaten denen eines Münchhausen in nichts nachstanden. Astarte war der griechische Name der phoinikischen Ischtar. Diese verehrte man an manchen Orten als die Göttin der kalten artemisischen Keuschheit, an anderen als eine nach Liebeslust verlangende Gottheit der physischen Leidenschaft, in welcher Form die Griechen sie mit Aphrodite verschmolzen. Wie in Babylon Ischtar-Mylitta die Jungfräulichkeit ihrer Anbeterinnen als Opfer erhielt, so ehrten die Frauen in Byblos die Göttin Astarte, indem sie ihr ihre langen Zöpfe darbrachten und sich dem ersten Fremden, der im Tempelbezirk ihre Liebe begehrte, preisgaben. Und wie die babylonische Ischtar den Tammuz geliebt hatte, so liebte Astarte den Adonis (d. h. Herr), dessen Tod durch die Hauer eines Wildschweins alljährlich in Byblos und Paphos (auf Cypern) mit Wehklagen und mit Schlägen auf die Brust betrauert wurde. Glücklicherweise erstand Adonis ebensooft vom Tode, wie er starb, und stieg in Anwesenheit seiner Anbeter zum Himmel auf. Es bleibt noch Moloch (d. h. der König) zu erwähnen, der schreckliche Gott, dem die Phoiniker lebende Kinder als Brandopfer darboten und dem in Karthago während einer Belagerung der Stadt (307 v. Chr.) zweihundert Knaben der besten Familien am Altar bei lebendigem Leibe verbrannt wurden.

Trotzdem gebührt Phoinikien ein wenn auch bescheidener Platz in der Halle der Kulturvölker; denn aller Wahrscheinlichkeit nach waren es seine Kaufleute, die das ägyptische Alphabet den Völkern des Altertums vermittelten. Nicht die Begeisterung für die Literatur, sondern vielmehr die Bedürfnisse des Handels schmiedeten die Einheit unter den Anwohnern des Mittelmeeres. Kein Beispiel vermag so gut wie das der Phoiniker die fruchtbringende Beziehung zwischen Handel und Kultur zu illustrieren. Wir wissen nicht recht, ob die Bürger von Sidon und Tyrus das Alphabet nach Griechenland brachten, ungeachtet die hellenische Tradition es einstimmig behauptet. Es ist ebensogut möglich, daß die Kreter den Phoinikern und Griechen ihr Zeichensystem schenkten oder daß die Phoiniker die Buchstaben bei dem Volk entlehnten, das ihnen auch den Papyrus gab. Schon 1100 v. Chr. importierten die Sidonier und

VERSCHIEDENE VÖLKER   265

ihre Nachbarn diese Pflanze aus Ägypten. Für ein kommerzielles Volk bedeutete der
neue Schreibstoff einen unschätzbaren Vorteil, verglichen mit den schweren Tontafeln Mesopotamiens. Dazu kam noch, daß das ägyptische Alphabet gegenüber den
unbehilflichen Syllabarien der babylonisch-assyrischen Kultur einen ungeheuren Fortschritt darstellte. König Hiram von Tyrus weihte 960 v. Chr. einem seiner Götter einen mit einer alphabetischen Inschrift versehenen Bronzebecher, und gegen 840 v. Chr.
verkündete König Mescha von Moab seinen Ruhm in einem von rechts nach links geschriebenen semitischen Dialekt, dessen Buchstaben denen des phoinikischen Alphabets entsprechen. Die Griechen kehrten dann das Schriftbild mancher Buchstaben
um, weil sie von links nach rechts schrieben; aber im wesentlichen bewahrte ihr
Alphabet doch die Züge des phoinikischen, und sie schenkten den europäischen
Völkern nur, was sie selbst einmal von einer fremden Nation empfangen hatten. Die
Symbole der Schrift sind das kostbarste Stück unseres Kulturerbes.

Die ältesten uns bekannten Beispiele alphabetischer Schrift weisen jedoch nicht nach Phoinikien, sondern nach dem Sinai. In Serabit-el-khadim fand Sir William Flinders Petrie Inschriften
in einer sonderbaren Sprache, die anscheinend auf die Zeit von 2500 v. Chr. zurückgingen. Obwohl niemand diese Inschriften entzifferte, ist es offenbar, daß sie weder in Hieroglyphen noch
in Silbenkeilschrift, sondern mit Hilfe eines Alphabets geschrieben wurden. In Ras-Schamra, in
Nordsyrien, fanden französische Archäologen eine ganze Bibliothek aus Tontafeln – manche in
Hieroglyphen und manche in einem semitischen Alphabet verfaßt. Da die unter dem Hügel von
Ras-Schamra begrabene Stadt allem Anschein nach 1200 v. Chr. endgültig zerstört worden ist,
gehen diese Tafeln wahrscheinlich auf das dreizehnte Jahrhundert v. Chr. zurück und beweisen
uns wie vieles andere, in welch hohes Alter die Kultur zurückreicht, die schon in einer Zeit voll
entfaltet war, der unsere Unwissenheit gern den Ursprung zuschreibt.

Syrien lag östlich von Phoinikien im Schoße des Libanongebirges und hielt seine
Stämme lose unter der Herrschaft jener Hauptstadt zusammen, die sich noch heute
rühmt, die älteste aller Städte zu sein, und die heute wie vor Jahrhunderten freiheits-
hungrige Syrer beherbergt. Während einiger Zeit herrschten die Könige von Damaskus über ein Dutzend unbedeutender Nachbarvölker und widersetzten sich erfolgreich
den Anstrengungen des Assyrerreiches, aus Syrien einen Vasallenstaat zu machen. Die
Stadtbewohner bestanden aus semitischen Handelsherren, die aus dem durch die syrischen Gebirge und Ebenen ziehenden Karawanenhandel reiche Gewinne erzielten,
und aus Handwerkern und Sklaven, die in bescheidenen Verhältnissen für jene arbeiten mußten. Wir hören von großen Versammlungen der Maurer, und Inschriften erzählen uns von einem Bäckerstreik in Magnesia. Durch die Jahrhunderte lösen Zwistigkeit und Geschäftigkeit einander ab. Die Kunsthandwerker waren in der Herstellung reizvoller Tonwaren, in der Holz- und Elfenbeinschnitzerei, im Polieren kostbarer Steine und im Weben von farbenfrohen, das schönere Geschlecht schmückenden
Stoffen besonders geübt.

Mode, Lebensart und Moral sahen in Damaskus denen von Babylon, das das Paris
und der *arbiter elegantiarum* des alten Ostens war, sehr ähnlich. Die religiöse Prostitution blühte, denn in Syrien wie überall in Westasien wurde die Bodenfruchtbarkeit

DER VORDERE ORIENT

durch eine Göttin, die «Große Mutter», versinnbildlicht, deren Geschlechtsverkehr mit ihrem Geliebten die Schöpferkraft der Natur anspornte. Die Preisgabe der Jungfräulichkeit in den Tempeln bildete nicht allein ein Opfer für Astarte, sondern kam auch den Menschen zugute, da man annahm, die weibliche Hingabe vermöge günstig auf alles Wachstum der Erde einzuwirken. Um die Zeit der Frühlings-Tag-und-Nachtgleiche wurde in Hierapolis das Fest der syrischen Astarte wie das der Kybele in Phrygien mit einer an Wahnsinn grenzenden Hingabe gefeiert. Der Lärm der Trommeln und Flöten mengte sich mit dem Wehklagen der um Astartes toten Herrn, Adonis, jammernden Frauen; Eunuchenpriester führten wilde Tänze auf, verwundeten sich mit Messern, und viele Männer, die dem Feste als Zuschauer beiwohnten, wurden von der sie umgebenden Raserei angesteckt, rissen sich ihre Kleider vom Leibe und entmannten sich selbst zum Pfande eines lebenslänglichen Dienstes der Göttin. Dann, im Dunkel der Nacht, beleuchteten die Priester auf mystische Weise den Schauplatz, öffneten das Grab des jungen Gottes und verkündeten triumphierend, Adonis, der Herr, sei vom Tode auferstanden. Und indem sie die Lippen der Anbetenden mit Balsam berührten, raunten sie ihnen zu, der Tag komme, an dem auch sie vom Grabe auferstehen würden.

Die anderen Götter Syriens waren nicht minder blutdürstig als Astarte. Die Priester anerkannten zwar eine allgemeine Gottheit, die alle übrigen höheren Wesen umfaßte und – ähnlich wie die «Elohim» der Juden – El oder Ilu genannt wurde; aber diese äußerlich nicht in Erscheinung tretende Abstraktion bemerkte das Volk, das seine Verehrung lieber dem Gotte Baal schenkte, nicht. Meistens identifizierte es diesen Baal, der zugleich ein Stadtgott war, mit der Sonne, wie die Astarte mit dem Mond. Bei besonders festlichen Anlässen brachten ihm die Eltern ihre eigenen Kinder zum Opfer dar – ein Brauch, der auch in Phoinikien zu Hause war. Die Eltern kamen festlich gekleidet zur Zeremonie, und die Schreie der im Schoße des Gottes verbrennenden Kinder wurden durch Trompetengeschmetter und Flötenmusik übertönt. Im allgemeinen aber genügte ein milderes Opfer. So peitschten etwa die Priester ihren Körper, bis das Blut den Altar färbte, oder man bot dem Gotte die Vorhaut des Knaben als einen Ersatz für dessen Leben; die Priester waren bereit, eine Geldsumme in Empfang zu nehmen, die dem Gott an Stelle des Opfers dargeboten wurde. Irgendwie aber mußte der Gott beschwichtigt und zufriedengestellt werden; denn seine Anbeter hatten ihn nach ihrem Eben- und Traumbild geformt, und daher kannte er keine allzu große Rücksicht auf das menschliche Leben und die Tränen der Weiber.

Ähnliche, nur im Namen und in den Einzelheiten verschiedene Bräuche wurden von den vielen semitischen Stämmen im Süden Syriens ausgeübt. Den Juden war es verboten, «ihre Kinder durch das Feuer gehen zu lassen», aber gelegentlich taten sie es trotzdem. Abraham, der im Begriffe war, Isaak zu opfern, und Agamemnon, der Iphigenie den Göttern darbrachte, versuchten beide nichts anderes, als durch einen alten Ritus die himmlischen Wesen zufriedenzustellen. Mescha, der König von Moab, opferte seinen ältesten Sohn, um eine Belagerung aufzuheben, und nachdem sein Gebet erhört und sein Sohnesopfer angenommen worden war, schlachtete er aus Dankbar-

VERSCHIEDENE VÖLKER

keit siebentausend Juden. Von den Tagen Sumers, da die Amoriter durch die Ebenen von Amurru streiften (ca. 2800 v. Chr.), bis zu der Zeit, da die Juden mit göttlichem Ingrimm über die Kanaaniter herfielen, Sargon von Assyrien Samaria bezwang und Nebukadnezar Jerusalem eroberte (597 v. Chr.), wurde das Jordantal immer wieder von brudermörderischem Blute durchtränkt, während die Stammesgötter sich am Sieg der Ihren freuten. Diese Völker – es waren Moabiter, Amoriter, Edomiter, Philister, Kanaaniter und Aramäer – hinterließen kaum Spuren einer höheren Kultur. Einzig die fruchtbaren und überall sich ausbreitenden Aramäer verstanden es, ihre Sprache zur *lingua franca*, zur Umgangssprache des Vorderen Orients, zu erheben und von den Ägyptern oder Phoinikern das Alphabet zu übernehmen, das sie an Stelle der Keilschrift und der mesopotamischen Syllabarien zuerst als ein merkantiles, später aber auch als ein literarisches Hilfsmittel gebrauchten, in dem die Worte Christi aufgezeichnet sind und das die Araber als Vorbild für ihr Alphabet verwendeten. Die Zeit hat die Namen all dieser kleinen Völker bewahrt, nicht so sehr ihrer eigenen Leistungen wegen als vielmehr, weil sie durch ihr Auftreten in Palästina in das dort sich vollziehende Geschehen verflochten worden sind. Im Mittelpunkt dieses Geschehens standen die zahlenmäßig geringen und geographisch an unbedeutender Stelle siedelnden Juden, die der Welt eine ihrer größten Literaturen, zwei ihrer einflußreichsten Religionen und eine Reihe der tiefsinnigsten Menschen schenkten. Diesem Volke wollen wir uns im nächsten Abschnitt zuwenden.

SECHSTES KAPITEL

Das alte Israel

I. DAS GELOBTE LAND

Palästina · Sein Klima · Seine Vorgeschichte · Das Volk Abrahams · Die Israeliten in Ägypten Die Exodos · Die Eroberung Kanaans

GELEHRTE wie Buckle oder Montesquieu, die den Einfluß der geographischen Faktoren auf die Geschichte zu sehr betonen, hätten sich am Beispiel Palästinas eines Besseren belehren lassen können. Vom Stamme Dan im Norden bis nach Beerseba im Süden sind es zweihundertvierzig Kilometer, von den Philistern im Westen bis zu den Ammonitern, Moabitern und Edomitern im Osten vierzig bis hundertdreißig – wer vermutete, daß ein so schmaler Landstrich den Schauplatz eines geschichtlichen Geschehens bildete, das an Einfluß Babylonien, Assyrien und Persien, vielleicht sogar Ägypten und Griechenland in den Schatten stellen sollte? Es war das Glück und Unglück Palästinas, daß es auf halbem Wege zwischen den Hauptstädten des Nils und denen des Tigris und Euphrats lag. Dieser Umstand brachte den Handel und damit verbunden manche kriegerische Verwicklung nach Judäa, so daß die dauernd gequälten Hebräer sich gezwungen sahen, im Kampfe der Imperien Partei zu ergreifen, Tribut zu zahlen oder überrannt zu werden. Aus all den klagenden Rufen der Psalmisten und Propheten, die für ihr Volk die Hilfe des Himmels erflehten, spürt man die Angst der Juden, zwischen den beiden Mühlsteinen Mesopotamien und Ägypten zermalmt zu werden.

Die klimatische Geschichte des Landes erzählt uns immer wieder, was für ein unsicheres Ding doch die Kultur sei und wie ihre größten Feinde – die Barbarei und die Dürre – dauernd darauf warteten, sie zu vernichten. Einst war Palästina «ein Land, darin Milch und Honig fließt», wie es uns mehr als eine Stelle im Pentateuch berichtet (2. Mose 3, 8). Josephus spricht noch im ersten Jahrhundert n. Chr. davon als von einem Gebiet, das feucht genug für den Ackerbau und sehr schön sei. Es gediehen, so sagt er, dort viele Bäume, die, gleichgültig ob in wildem oder gepflegtem Zustande, reiche Früchte trügen. Das Gebiet werde zwar nicht von mächtigen Strömen bewässert, erhalte aber die nötige Feuchtigkeit vom Regen. In alten Tagen wurden die das Land nährenden Frühlingsregen in Zisternen gesammelt oder mit Hilfe eines Brunnensystems wieder an die Oberfläche befördert und durch ein Kanalnetz über das ganze Land verteilt; das war die physikalische Grundlage der israelitischen Kultur. Der auf diese Weise genährte Boden brachte Gerste, Weizen und Korn hervor, der Wein gedieh darauf, und die Bäume trugen an allen Hängen Oliven, Feigen, Datteln oder andere Früchte. Wenn ein Krieg ausbrach und diese künstlich fruchtbar gemachten Fel-

DAS ALTE ISRAEL 269

der verheerte, oder wenn irgendein Eroberer die Bauern, die den Acker bestellt hatten, nach einer fernen Gegend verbannte, dann zerstörte die Wüste gierig das Menschenwerk, und wenige Jahre vernichteten die Arbeit von Generationen. Wir dürfen die Fruchtbarkeit des alten Palästina nicht nach den Einöden und kümmerlichen Oasen beurteilen, die die zähen, nach achtzehn Jahrhunderten der Verbannung, der Zerstörung und des Leides in ihre Heimat zurückkehrenden Juden vorfanden.

Die Geschichte Palästinas ist älter, als man lange Zeit annahm; man fand in der Nähe des Galiläischen Meeres die Überreste des Neandertaler Menschen und entdeckte in einer Höhle bei Haifa fünf Skelette, die ebenfalls dieser Urrasse angehören. Es scheint daher glaubhaft, daß die paläolithische Neandertalkultur, die in Europa während 40 000 Jahren blühte, sich bis nach Palästina erstreckt hat. In Jericho grub man neolithische Fußböden und Feuerherde aus, die die Geschichte dieser Gegend bis auf die mittlere Bronzezeit (2200–1600 v. Chr.) zurückführen, eine Zeit, in der die Städte Palästinas und Syriens solche Reichtümer angehäuft hatten, daß die Ägypter zur Eroberung des Landes verlockt wurden. Im fünfzehnten Jahrhundert v. Chr. bildete Jericho eine von mächtigen Wällen umgebene Stadt, deren Könige die ägyptische Oberhoheit anerkannten. Die von der Expedition Garstang aufgedeckten Gräber dieser Stadtfürsten enthielten Hunderte von Vasen und andere Gegenstände aus der Zeit, da die Hyksos und nach ihnen die Königin Hatschepsut und Thutmosis III. regierten. Die äußeren Zustände dieser Epoche ließen offenbar ein seßhaftes Leben und die Entfaltung der Kultur zu. Immer deutlicher zeigt sich, wie wenig wir bisher über die wahren Anfänge der Geschichte der einzelnen Völker wußten. Die Briefe von Tell-el-Amarna schildern das palästinensische und syrische Leben beinahe bis zur Niederlassung der Israeliten im Niltal. Es ist möglich, wenn auch nicht erwiesen, daß die in diesen Briefen erwähnten «Charibu» die alten Hebräer waren*.

Die Israeliten glaubten, daß das Volk Abrahams aus Ur in Sumer (1.Mose 11,31) gekommen sei und sich etwa tausend Jahre vor dem Auftreten Mose oder noch früher (nach unserer Berechnung etwa 2200 v. Chr.) in Palästina niedergelassen habe. Den Sieg, den sie über die Kanaaniter erfochten, betrachteten sie als von ihrem Gotte gewollt, der ihnen ja den Einzug in das gelobte Land verheißen hatte. Der als König von Sinear in der Genesis 14,1 erwähnte Amraphel war wahrscheinlich jener Amarpal, der als der Vater Hammurabis vor diesem den Thron von Babylon innehatte. Es gibt in den modernen Quellen keine ausdrücklichen Hinweise auf die Auswanderung der Juden aus Ägypten und die Eroberung Kanaans, und die einzige Anspielung finden wir in der Inschrift auf einer vom Pharao Merneptah (1225–1215 v. Chr.) errichteten Stele, wo es unter anderem heißt:

> Die Könige sind niedergeworfen, sie sagen «Salam!» ...
> Verwüstet ist Tehenu,
> Das Land der Hethiter ist befriedet,
> Geplündert ist Kanaan, mit jeder Ruchlosigkeit ...
> Tief betrübt ist Israel, sein Name ist nicht mehr;

---

* Die hier zusammengefaßten Entdeckungen haben den Sagen über den Ursprung und das Werden des israelitischen Volkes wieder bemerkenswerte Glaubwürdigkeit verliehen. In ihren Umrissen und mit Ausschluß der übernatürlichen Vorfälle hat die Geschichte der Israeliten, so wie sie im Alten Testament dargestellt wird, der Kritik und der Archäologie standgehalten; immer wieder bekräftigen dies neue Dokumente, Denkmäler und Ausgrabungen. So trugen zum Beispiel die im Jahre 1935 in Tel Ad-Duweir gefundenen Scherben hebräische Inschriften, die einen Teil der Berichte aus dem Buche der Könige bestätigten. Wir müssen den biblischen Bericht anerkennen, solange wir ihn nicht widerlegen können.

DER VORDERE ORIENT

Palästina ist eine Witwe für Ägypten geworden,
Alle Länder sind geeint, sie sind befriedet,
Jeder, der stört, wird von König Merneptah bestraft. [1]

Das beweist allerdings noch nicht, daß Merneptah zur Zeit der Exodos lebte, sondern deutet bloß an, daß die Armeen Ägyptens wieder einmal Palästina verwüstet hatten. Wir können daher nicht sagen, wann die Israeliten nach dem Niltal zogen und ob sie es als Freie oder als Sklaven betraten *. Doch dürfen wir annehmen, daß die Zahl der Einwanderer vorerst recht bescheiden war und daß die vielen zur Zeit Mose in Ägypten lebenden Juden die Folge der hohen Geburtenziffer dieses Volkes darstellten, heißt es doch: «Je mehr sie das Volk unterdrückten, je mehr es sich mehrte und ausbreitete.» (2. Mose 1, 12) Die Geschichte der «Sklaverei» im Lande der Pharaonen, die Verwendung der Israeliten zu Frondiensten bei den riesigen Bauunternehmungen, die Rebellion und Flucht der Geknechteten oder ihre Auswanderung nach Asien weist neben all den übernatürlichen, allen Schriften des alten Orients eigenen Zügen des Wunderbaren und Geheimnisvollen auch viele Anzeichen innerer Wahrheit auf. Sogar die Erzählung vom Leben Mose braucht man nicht rundweg abzulehnen; immerhin aber ist es auffallend, daß weder Amos noch Jesaja, deren Predigten der Abfassung des Pentateuchs um ein Jahrhundert vorangehen, dieses großen Mannes gedenken **.

Als Moses die Israeliten zum Berge Sinai führte, folgte er lediglich der Route, die die ägyptischen Expeditionen auf der Suche nach Türkisen tausend Jahre früher bereits zurückgelegt hatten. Der Bericht der vierzigjährigen Wanderung durch die Wüste, den man einst für erfunden hielt, scheint heute durchaus glaubhaft, wenn man sich die Lebensweise eines Nomadenvolkes vor Augen führt, und die Eroberung Kanaans ist nur ein weiteres Beispiel dafür, wie eine hungrige Nomadenhorde über eine seßhafte Gemeinschaft herfällt. Die Eroberer töteten so viele der Einheimischen, als sie vermochten, und vermischten sich mit den Übriggebliebenen. Gar oft kannte das Gemetzel keine Schranken und wurde, wie die Urkunden besagen, als göttlicher Auftrag empfunden und mit Genuß vollzogen. Gideon, dem zwei Städte erlagen, ließ 120 000 Menschen niedermachen, und nur in den Annalen der Assyrer begegnen wir noch solch gewaltigen Morden oder solch leichtfertigem Zählen. Gelegentlich, so wird uns berichtet, ruhte das Land vom Kriege. Moses galt als ein umsichtiger Staatsmann, aber Josua soll

---

* Vielleicht folgten sie dem Zuge der Hyksos, deren Herrschaft über Ägypten ihnen wahrscheinlich bis zu einem gewissen Grade Schutz bot. Petrie übernimmt die in der Bibel erwähnte Zeitdauer eines 430jährigen Aufenthaltes der Juden in Ägypten und setzt ihre Ankunft auf 1650 v. Chr. fest.

** Für die Sage von Moses, der angeblich einen Aufseher voller Empörung und Wut niedergeschlagen und getötet haben soll, spricht aber die Tatsache, daß seine heimliche Geburt durchaus entsprechend der Legende denkbar ist. Der Pharao Seti I. (1313–1301 v. Chr.) hatte als besonders ausgeprägter Semitenhasser tatsächlich den königlichen Erlaß herausgegeben, wonach allen hebräischen Hebammen befohlen wurde, männliche Säuglinge der hebräischen Fronarbeiter und Sklaven zu töten. Und Moses' Auszug aus Ägypten datieren heute die Historiker in die Regierungszeit des Pharaos Ramses II. (um 1301–1234 v. Chr.), der nach dem Alten Testament bekanntlich die Hebräer mit dem Seufzer losschickte: «Macht euch auf und ziehet fort!», nachdem sein Volk den Hebräern die Schuld an Seuchen und Naturkatastrophen in die Schuhe geschoben hatte.

DAS ALTE ISRAEL   271

nur ein einfacher, derber Krieger gewesen sein; jener regierte ohne Blutvergießen, indem er – wie es heißt – Unterredungen mit seinem Gotte pflog, dieser aber herrschte dank des erbarmungslosen Naturgesetzes, wonach der überlegene Schlächter am Leben bleibt. Auf diese realistische und unsentimentale Art nahmen die Juden von ihrem Gelobten Lande Besitz.

II. DER RUHMVOLLE SALOMO

Die Rasse · Die äußere Erscheinung · Die Sprache · Die Organisation · Richter und Könige · Saul David · Salomo · Sein Reichtum · Der Tempel · Das Entstehen der sozialen Frage in Israel

Über den rassischen Ursprung der Israeliten vermögen wir nur unbestimmt zu sagen, daß sie Semiten waren und sich in der äußeren Erscheinung nicht allzusehr von den übrigen Angehörigen dieser Völkergruppe unterschieden. Während aber ihre Nachbarn große Reiche bildeten und ihrer Zeit ein bestimmtes Gepräge verliehen, so ließen sich die Nachkommen Abrahams eher durch die sie berührenden geschichtlichen Ereignisse formen und bilden. Schon bei ihrem ersten nachweisbaren Auftreten in der Morgenröte menschlichen Geschehens stellten sie keine «reine» Rasse mehr dar, sondern hatten sich entsprechend den vielen ethnischen Strömungen des Vorderen Orients mit mehreren Stämmen gemischt. Trotzdem bewahrten sie wegen ihres Widerwillens, mit Angehörigen fremder Völker Ehen einzugehen, ihren Typus mit erstaunlicher Zähigkeit und erhielten sich reiner als die anderen Morgenländer. Man betrachte nur die Ähnlichkeit der hebräischen Gefangenen auf den ägyptischen und assyrischen Reliefs mit den Juden unserer Zeit. Da finden wir trotz der Vorurteile der Künstler die lange, gebogene Hethiternase, die vorstehenden Backenknochen und das krause Kopf- und Barthaar. Natürlich erkennt man auf diesen Karikaturen die zähe Ausdauer des Körpers und den unbeugsamen und subtilen Geist nicht, der die Semiten von den steifnackigen Jüngern Mose bis zu den verschlossenen Beduinen und Handelsherren von heute kennzeichnet. In den frühen Jahren ihrer Unterjochung trugen die Israeliten schlichte Kittel, turbanähnliche Kappen und bequeme Sandalen. Als dann der Reichtum anwuchs, bedeckten sie ihre Füße mit Lederschuhen und warfen mit Fransen besetzte Kaftane über ihre Kittel. Ihre Frauen, die zu den schönsten des Altertums * zählten, schminkten Wangen und Augen, trugen allen Schmuck, den sie besaßen, und paßten sich, so gut sie konnten, den neuesten Moden aus Babylon, Ninive, Damaskus oder Tyrus an.

Das Hebräische zählte zu den klangvollsten unter den Sprachen der Erde. Trotz der vielen Kehllaute war es voll männlicher Musik, «ein Beben von Pfeilen, ein Schmettern der Posaune durch die Luft», wie Renan einmal sagte. Es unterschied sich nicht sonderlich von der Sprache der Moabiter und Phoiniker, wie auch das hebräische Alphabet den Schriftzeichen des kühnen Seefahrervolkes verwandt war, so daß manche

---

* Vgl. die Geschichte Esthers und die Beschreibungen von Rebekka, Bathseba usw.

Gelehrte meinten, es sei die älteste Sprache der Welt, die wir kennen. Die Israeliten verloren keine Zeit mit dem Aufschreiben der Vokale, sondern überließen es dem Leser, den richtigen Sinn herauszufinden. Selbst heute werden die Vokale bloß als Punkte den Konsonanten beigefügt.

Das in Palästina eingewanderte Volk bildete nie eine geeinte Nation, sondern lebte lange Zeit in zwölf mehr oder weniger unabhängige Stämme geteilt, deren Organisation und Herrschaft nicht auf staatlichen Prinzipien, sondern auf der patriarchalischen Familie fußten. Die Sippenvorsteher bildeten einen Rat der Älteren, der die letzte Gerichtsinstanz darstellte und mit den Führern der anderen Stämme unterhandelte, wenn eine gemeinsame Gefahr es nötig machte. Die Familie war die vorteilhafteste wirtschaftliche Einheit für den Ackerbau und für die Viehzucht; in ihr ruhte die Quelle aller Volkskraft, Autorität und politischen Macht. Ein gewisses Maß von Familienkommunismus milderte die Härten der väterlichen Disziplin und schuf Erinnerungen, deren Fährten die Propheten in Tagen, in denen der Individualismus bereits weitgehende Fortschritte erzielt hatte, sehnsüchtig zurückverfolgten. Als unter Salomo die Industrie in den Städten aufkam, entwickelte sich das Individuum zur neuen wirtschaftlichen Produktionseinheit, die Familienautorität schwand zusehends, und die zugrunde liegende Ordnung des jüdischen Lebens verfiel.

Die «Richter», denen gelegentlich alle Stämme gehorchten, waren keine Verwaltungsbeamte, sondern – ungeachtet ihres Priesterstandes – Hauptleute und Führer im Krieg. «Zu der Zeit war kein König in Israel, und ein jeglicher tat, was ihn recht deuchte.» (Richter 17,6) Als dann mit der Zeit eine Oberherrschaft der Philister drohte, überzeugten sich die Israeliten, daß nur ein mit dauernder Autorität ausgestatteter König das Unheil abzuwenden vermochte. Es ging nicht ohne inneren Kampf; der Prophet Samuel machte auf die Nachteile der Herrschaft eines einzelnen Mannes aufmerksam:

«Und Samuel ... sprach: Das wird des Königs Recht sein, der über euch herrschen wird: Eure Söhne wird er nehmen zu seinem Wagen und zu Reitern, und daß sie vor seinem Wagen her laufen, und zu Hauptleuten über tausend und über fünfzig und zu Ackerleuten, die ihm seinen Acker bauen, und zu Schnittern in seiner Ernte, und daß sie seine Kriegswaffen und was zu seinen Wagen gehört, machen. Eure Töchter aber wird er nehmen, daß sie Salbenbereiterinnen, Köchinnen und Bäckerinnen seien. Eure besten Äcker und Weinberge und Ölgärten wird er nehmen und seinen Knechten geben. Dazu von eurer Saat und euren Weinbergen wird er den Zehnten nehmen und seinen Kämmerern und Knechten geben. Und eure Knechte und Mägde und eure schönsten Jünglinge und eure Esel wird er nehmen und seine Geschäfte damit ausrichten. Von euren Herden wird er den Zehnten nehmen, und ihr müßt seine Knechte sein. Wenn ihr dann schreien werdet zu der Zeit über euren König, den ihr euch erwählt habt, so wird euch der Herr zu derselben Zeit nicht erhören. Aber das Volk weigerte sich, zu gehorchen der Stimme Samuels, und sprach: Mitnichten, sondern es soll ein König über uns sein, daß wir auch seien wie alle Heiden, daß uns unser König richte und vor uns her ausziehe und unsere Kriege führe.» (1. Sam. 8, 10–20; vgl. 5.Mose 17, 14–20).

Ihr erster König gab ihnen auf lehrreiche Weise Gutes und Böses. Er führte sie mutig in die Schlacht, lebte schlicht auf seiner Besitzung in Gibea, stellte David mit mörderi-

Als Fruchtbarkeitssymbol gedachte Statuette einer gebärenden Göttin (ca. 5750 v. Chr., Terrakotta, restauriert).

Hethitische Elfenbeinstatuette aus Alaca Höyük (17./16. Jh. v. Chr.; Archäologisches Museum, Ankara).

Relief aus dem Ramesseum in Theben, dem Totentempel König Ramses' II. (19. Dynastie).

Aufblick im Quergang des Hypostylos der Könige Sethos I. und Ramses II. im Tempel des Reichsgottes Amun zu Karnak (19. Dynastie).

Wandmalerei auf einem Pfeiler des Grabes Sennufer (Bürgermeister von Theben unter König Amenophis II.): Sennufer am Speisetisch, zu seinen Füßen seine Frau Mereti (18. Dynastie).

Wandmalerei von der Ostwand des Grabes Sen-Nedjems in Deir-el-Medine bei Theben: Sen-Nedjem und seine Frau im Gefilde der Seligen bei Feldarbeiten und im Gebet vor 5 Gottheiten. Im oberen Halbrund: Re-Harachte in der Sonnenbarke, von zwei Pavianen angebetet (20. Dynastie).

Relief mit Darstellung einer Löwin, die einen Negerknaben im Papyrusdickicht überfällt (phoinikisch, Elfenbein, 8. Jh. v. Chr.; Palast von Kalden).

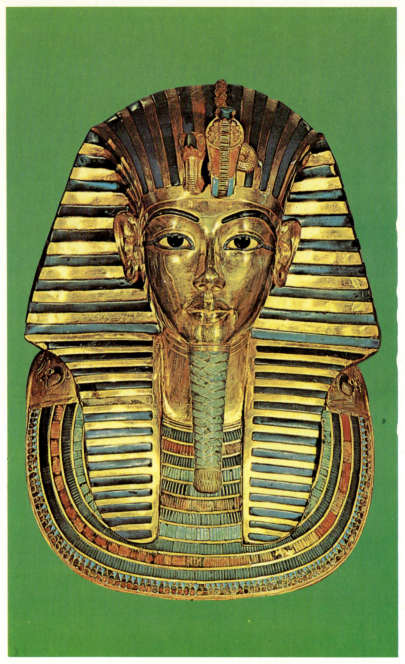

Goldmaske des Königs Tutanchamun mit Einlegarbeiten aus Steinen und Glasfuß aus seinem Grab im Tal der Königsgräber zu Theben (18. Dynastie; Museum, Kairo).

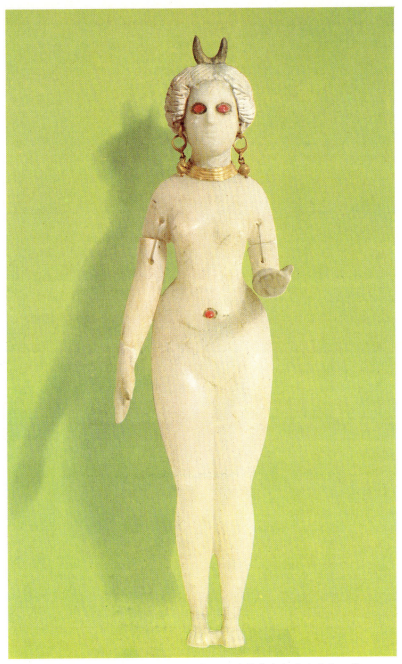

Statuette der Göttin Ischtar, Mutter-Göttin der Sumerer in Ur (babylonisch, 4. Jh. v. Chr., Alabaster mit Rubinen; Louvre, Paris).

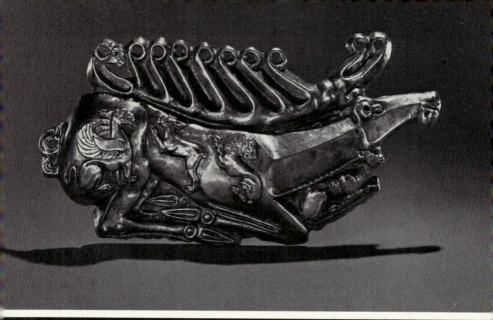

Oben: Goldhirsch, vermutlich Zierbuckel eines skythischen Rundschildes (aus Kostromskaja, 7./6. Jh. v. Chr.; Eremitage, Leningrad).
Unten: Skythischer Freundschaftsbecher aus einem Grab bei Gaimonow mit der Darstellung zweier Skythenkrieger (Gesicht und Hände in Silber, Gestalten in Gold gehämmert, 4. Jh. v. Chr.; Historisches Museum, Kiew).

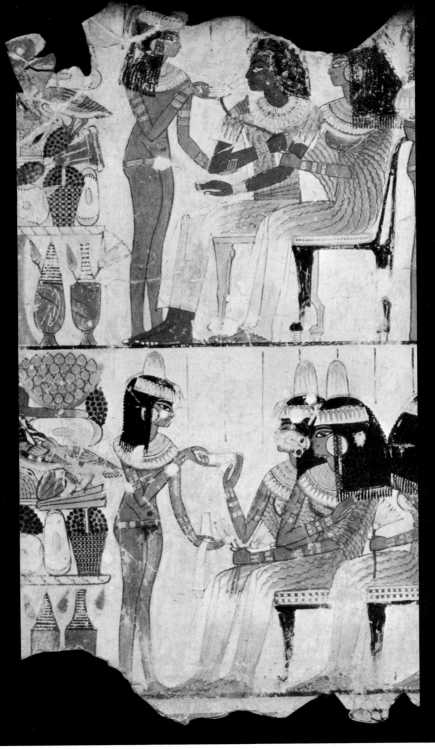

Wandmalerei aus einem unbekannten Grab in Theben zur Zeit König Amenophis' III. (Ausschnitt; British Museum, London).

Goldschmuckplatte von einem skythischen Rhyton (Trinkhorn) aus dem Königsgrab von Maikop im Kuban-Becken (450 v. Chr.; Antikenmuseum, Berlin).

Bodhisattwa Maitreya aus Mathurâ (Sandstein, 2. Jh. n. Chr.; Archäologisches Museum, Mathurâ).

Stehender Buddha aus der Gupta-Zeit (Sandstein, 5. Jh. n. Chr.; Indian Museum, Kalkutta).

Kandâriya-Mahâdeva-Tempel in Khadschurâho (spätes Mittelalter, 10. Jh. n. Chr.).

DAS ALTE ISRAEL 273

schen Höflichkeitsbezeugungen nach und wurde auf der Flucht von den Philistern enthauptet. Die Israeliten sollten nun bald erfahren, daß Nachfolgekriege zum Leibgeding der Monarchie gehören. Das kleine Epos von Saul ausgenommen, sind die Geschichten von Jonathan und David lediglich ein Meisterwerk literarischer Erfindung*, denn außerhalb der Bibel werden diese Persönlichkeiten von keiner zeitgenössischen Quelle erwähnt. Auf Saul, den ersten König, folgte David, der heldenmütige Bezwinger des Riesen Goliath. Er galt als ein Verehrer Jonathans, als zärtlicher Liebhaber mancher Jungfrau. Halbnackt führte er wilde Tänze auf (2. Sam. 6, 14), spielte verführerisch die Harfe, sang wunderbare Lieder und soll nahezu vierzig Jahre erfolgreich über die Israeliten geherrscht haben. In David hat uns die Literatur einen kräftig gezeichneten Charakter geschenkt, wirklichkeitsnahe und behaftet mit den widersprechenden Leidenschaften einer lebenden Seele. Dieser König war erbarmungslos wie sein Volk und sein Gott und doch wie Caesar und Christus bereit, dem Feinde zu vergeben. Den assyrischen Monarchen nicht unähnlich, schickte er die Gefangenen massenhaft in den Tod, und seinem Sohne Salomo trug er auf, das graue Haupt des alten Simei, der ihm viele Jahre zuvor geflucht hatte, «mit Blut in die Grube» zu bringen (1. Kön. 2, 9). Er nahm das Weib des Uria in seinen Harem auf und schickte dessen Gatten an die Front, um seiner los zu werden (2. Sam. 11). Die Vorwürfe Nathans hörte er demütig an, aber trotzdem entließ er die reizvolle Bathseba nicht. Siebzigmal siebenmal vergab er Saul und nahm nur dessen Schild, da doch des Feindes Leben in seine Hand gegeben war. Mephiboseth, den er als Thronbewerber fürchten mußte, schonte er und lieh ihm Unterstützung, und seinem undankbaren Sohne Absalom, der eine Empörung entfacht hatte, vergab er und beweinte seinen Tod, als der Unglückliche in hochverräterischer Schlacht das Leben aushauchte. «Mein Sohn Absalom!» rief er aus, «mein Sohn, mein Sohn Absalom! Wollte Gott, ich wäre für dich gestorben! O Absalom, mein Sohn, mein Sohn!» (2. Sam. 19, 1). Alle diese Züge zeigen uns einen Menschen, wie er in der Fülle und Vielfalt seines Wesens in Wirklichkeit vor uns hintritt, einen Menschen, der die Spuren der Barbarei und zugleich die Keime fruchtbarer Zivilisation in sich trägt.

Bei seiner Thronbesteigung ließ Salomo um des Friedens seines Herzens willen alle Rivalen der königlichen Macht beseitigen. Dies schien offenbar den Stammesgott der Israeliten, Jahve, nicht heftig zu berühren; denn er versprach dem jungen Herrscher, den er liebte, Weisheit, die ihn vor allen Menschen auszeichnen sollte (1. Kön. 3, 12). Vielleicht besteht der Ruf Salomos zu Recht; denn dieser König verstand den epikureischen Lebensgenuß mit der stoischen Erfüllung aller amtlichen Pflichten zu verbinden**. Er lehrte sein Volk den Wert von Gesetz und Ordnung kennen und führte es aus Zwietracht und Krieg zu Gewerbe und friedlichem Dasein. Seinem Namen machte er alle Ehre***, denn während seiner langdauernden Regierung nahm Jerusalem, das

---

* Dies gilt auch von der Geschichte Simsons, der die Ernten der Philister vernichtete, indem er dreihundert Füchse, an deren Schwänze brennende Fackeln gebunden waren, auf ihre Felder trieb, und der, wie manche Redner, tausend Mann mit einem Eselskinnbacken erschlug (Richter 13–16; 15, 15).
** «Und er redete dreitausend Sprüche, und seiner Lieder waren tausendundfünf.» (1. Kön. 4, 32).
*** Der Name Salomo ist hergeleitet von *Schalom* = Friede.

DER VORDERE ORIENT

David zur Hauptstadt erkoren hatte, den Vorteil wahr, der ihm aus der ungewohnten Ruhezeit erwuchs, und vermehrte den eigenen Reichtum. Ursprünglich hatte man die Stadt* rund um einen Brunnen angelegt; dann wurde sie wegen ihrer die Ebene überschauenden Lage in eine Festung verwandelt, und nun entwickelte sie sich zu einem der regsten Marktorte des Vorderen Orients, obschon sie an keinem der wichtigen Handelswege lag. Salomo hielt die von David mit König Hiram von Tyrus angeknüpften Beziehungen aufrecht und vertiefte sie noch, indem er die phoinikischen Kaufherren ermutigte, mit ihren Karawanen durch Palästina zu ziehen, um gegen die Manufakturwaren von Tyrus und Sidon die Bodenerzeugnisse Israels einzutauschen. Er baute ferner eine Flotte von Handelsschiffen auf dem Roten Meer und veranlaßte Hiram, an Stelle der ägyptischen Route diese neue Wasserstraße zu benutzen, wenn er mit Arabien und Afrika Handel trieb (1. Kön. 5, 16–23). Wahrscheinlich lag jenes geheimnisvolle «Ophir», wo Salomo Gold und Edelsteine fand, auf arabischem Boden, und möglicherweise stammte auch die Königin von «Saba», die die Freundschaft und vielleicht auch die Unterstützung des mächtigen Fürsten suchte, aus diesem Wüstengebiet (1. Kön. 10). Die Überlieferung weiß zu melden, daß das Gewicht des Goldes, das Salomo in einem Jahre erhielt, sechshundertsechsundsechzig Talente** betrug, und obwohl dies den Einkünften von Babylon, Ninive und Tyrus nicht entsprach, so machte es doch den König der Israeliten zu einem der reichsten Potentaten seiner Zeit.

Einen Teil seines Reichtums benutzte Salomo für sein Privatvergnügen. Er war stolz, einen Harem zu besitzen, der «siebenhundert Ehefrauen und dreihundert Konkubinen» umfaßte Zahlen, die die Historiker bescheiden auf sechzig und achtzig reduzierten. Manche seiner Eheschließungen dienten wohl der Festigung politischer Freundschaften, so etwa mit Ägypten und Phoinikien. Vielleicht glaubte er sich auch wie Ramses II. dank seiner hohen Fähigkeiten zur Veredlung seiner Rasse berufen. Der Großteil der königlichen Einkünfte diente der Stärkung der Regierung und der Verschönerung Jerusalems. So erneuerte Salomo die alte Zitadelle, um die einst die Stadt erbaut worden war. Er errichtete Festungswerke und beließ Garnisonen an allen strategischen Punkten des Reiches, um Invasion wie Aufruhr zu verhindern. Er teilte sein Königreich für Verwaltungszwecke in zwölf absichtlich die Stammesgrenzen kreuzende Bezirke ein, um dadurch den Separatismus der Stämme zu verringern und sie zu einem einzigen Volke zu verschmelzen. Der Plan mißlang, und an diesem Mißerfolg ging später Judäa zugrunde. Um seiner Regierung die nötigen Existenzmittel zu verschaffen, organisierte Salomo Expeditionen zur Gewinnung von Edelmetallen wie auch zur Einführung von Luxusgegenständen aller Art. So gelangten Affen, Pfauen und das kostbare Elfenbein

---

* In den Tafeln von Tell-el-Amarna als Ursalimmu oder Urusalim erwähnt.

** Der Wert unterlag zeitlichen Veränderungen; aber wir übertreiben nicht, wenn wir dem Talent in den Tagen Salomos eine Kaufkraft beimessen, die rund 18 000 Dollar (nach gegenwärtigem Währungskurs) entspricht. Wahrscheinlich übertrieb der hebräische Schriftsteller, und wir müssen seine Ziffern nicht zu genau nehmen. Über die Schwankungen der jüdischen Währung vgl. *Jewish Encyclopedia*, die Artikel «Numismatik» und «Schekel». Die Münzprägung, die von Silber- und Goldringen ´oder -barren verschieden war, erscheint in Palästina nicht früher als 650 v. Chr.

DAS ALTE ISRAEL

(2. Chron. 9, 21) nach Palästina und wurden der aufsteigenden Bourgeoisie zu hohen Preisen verkauft. Von allen durch das Land ziehenden Karawanen erhob Salomo einen Zoll. Er bestimmte seinen Völkern ein Kopfgeld, zog von jedem Bezirk außer seinem eigenen Steuerbeiträge ein und behielt dem Staat das Monopol für den Handel mit Garn, Pferden und Streitwagen vor. Josephus versichert uns, unter Salomo sei in Jerusalem Silber so reichlich vorhanden gewesen wie Steine auf den Straßen. Als Krönung seines Wirkens beschloß er, Jahve einen neuen Tempel zu errichten und sich selbst einen Palast zu erbauen.

Anscheinend gab es vor dieser Zeit weder in Judäa noch zu Jerusalem einen Tempel. In örtlichen Heiligtümern betete das Volk zu Jahve oder opferte ihm auf rohgezimmerten Altären, die sich auf den Höhen befanden (1. Kön. 3, 2). Nun berief Salomo die reichen Bürger zu sich, breitete ihnen seine Pläne für den Tempelbau aus, spendete große Mengen von Gold, Silber, Messing, Eisen, Holz und kostbaren Steinen und spornte die Bürger an, ebenfalls das große Werk zu fördern. Wenn wir dem Chronisten Glauben schenken dürfen, stellten sie ihm fünftausend Talente in Gold, zehntausend in Silber und so viel Eisen und Messing, als nötig war, zur Verfügung, «und bei welchem Steine gefunden wurden, die gaben sie zum Schatz des Hauses des Herrn» (1. Chron. 29, 2–8). Die gewählte Stätte lag auf einem Hügel; die Mauern des Tempels erstanden, wie beim Parthenon, scheinbar ohne Unterbrechung aus den Felsen. Der Entwurf entsprach dem von den Phoinikern übernommenen ägyptischen Stile mit dekorativen Ideen aus Assyrien und Babylon. Der Tempel bildete keine Kirche in unserem Sinne, sondern eine viereckige, mehrere Bauten umschließende Anlage. Der Hauptbau wies bescheidene Dimensionen auf, er betrug etwa sechsunddreißig Meter in der Länge, sechzehn in der Breite und zweiundfünfzig in der Höhe und war also halb so lang wie der Parthenon und ein Viertel so lang wie die Kathedrale von Chartres. Die aus allen Teilen des Reichs zum Tempel wallfahrenden Israeliten, die sämtlich zu seiner Ausschmückung beigesteuert hatten, betrachteten ihn naturgemäß als eines der Wunder der Welt, sie kannten die viel mächtigeren Heiligtümer Thebens, Babylons und Ninives nicht. Vor dem Hauptbau des salomonischen Werkes erhob sich eine fünfundfünfzig Meter hohe und mit Gold bedeckte Vorhalle. Gold war, wenn wir dem einzigen Gewährsmann glauben dürfen, überhaupt reichlich verwendet worden. So glänzte es an Deckenbalken und Pfosten, an Türen und Wandflächen, an Kandelabern, Lampen und Lichtscheren wie auch an den Löffeln, Weihrauchfäßchen und Becken. Da und dort waren Edelsteine eingelassen, und zwei vergoldete Cherubim bewachten die Bundeslade. Die Mauern bestanden aus großen Quadersteinen; Decke, Pfosten und Türen waren aus geschnitztem Zedern- und Olivenholz. Der größte Teil des Baumaterials stammte aus Phoinikien, und die meisten Kunstarbeiten verfertigten besondere, aus Sidon und Tyrus berufene Handwerker. Die übrigen Arbeiten führten, der damaligen Sitte entsprechend, 150 000 Menschen in schonungslosem Frondienst aus.

So entstand in sieben Jahren ein Tempel, der während vier Jahrhunderten Jahve als Wohnung dienen sollte. Dreizehn weitere Jahre beschäftigte darauf Salomo Volk und Handwerker mit der Errichtung eines noch größeren Baues, der ihm und seinem Harem als Wohnung dienen sollte. Ein einziger Flügel dieses Palastes, «das Haus vom Walde Libanon», übertraf den gesamten Tempel bereits um das Vierfache. Die Mauern des Hauptgebäudes bestanden aus riesigen, fünf Meter langen Steinblöcken und waren mit Bildhauerarbeiten, Reliefs und Malereien in assyrischem Stil geschmückt. Der mächtige Bau enthielt Empfangssäle für die vornehmen Besucher, ferner die Privatgemächer des Königs, gesonderte Räume für die bedeutenderen Ehefrauen und den letzten Schluß jeder Regierungsweisheit: ein Waffenarsenal. Kein Stein dieses gigantischen Wunderwerks ist unverrückt an seinem Platze geblieben, und die Stätte, wo sich der Palast erhob, ist unbekannt.

Als Salomo sein Reich errichtet hatte, gab er sich nach Art der orientalischen Fürsten einem Wohlleben hin, achtete, wie der Chronist sagt, immer weniger auf die Religion und besuchte den Harem fleißiger als den Tempel. Bitter werfen ihm die Verfasser der biblischen Bücher vor, daß er in seiner Ergebenheit gegenüber dem schönen Geschlecht so weit gegangen sei, den fremden Frauen Altäre der von ihnen verehrten exotischen Gottheiten zu errichten. Überhaupt tadeln sie des Königs philosophische – und vielleicht politisch wohlerwogene – Toleranz in Sachen der Religion. Das Volk bewunderte zwar seine Weisheit, sah aber in ihr das Werkzeug, den Vorteil der eigenen Person zu beschönigen und zu sichern. Bau und Unterhalt von Tempel und Königspalast kosteten viel Geld und Blut und immer neue Steuern – so waren diese Werke nicht populärer als die Pyramiden in Ägypten, denn nur selten gelang es einer Regierung, durch die Erhebung von Steuern ihr Ansehen beim Volke zu erhöhen. Als Salomo starb, war Israel erschöpft. Unter seinen Bürgern war ein unzufriedenes Proletariat erwachsen, das keine dauernde Beschäftigung fand und dessen Leiden den kriegerischen Kult Jahves in die Religion der Propheten verwandelte, die sozialistische Bestrebungen förderte.

III. DER HERR DER HEERSCHAREN

Der Polytheismus · Jahve · Der Henotheismus · Der Charakter der israelitischen Religion
Die Idee der Sünde · Das Opfer · Die Beschneidung · Die Priesterschaft · Seltsame Götter

Nächst der Verkündung des «Gesetzbuches» war der Bau des Tempels das wichtigste Ereignis im Leben der Israeliten. Er bildete nicht nur eine Wohnstätte Jahves, sondern wurde auch zum geistigen Mittelpunkt des Landes, machte Jerusalem zur Hauptstadt der Israeliten und schuf eine Tradition und ein Wahrzeichen, das einer Feuersäule gleich die Juden auf ihrer jahrhundertelangen Wanderschaft begleitete. Dieses neue Nationalheiligtum trug dazu bei, die hebräische Religion ihres polytheistischen Charakters zu entkleiden und ein zwar unduldsames, aber nichtsdestoweniger eines der tiefstempfundenen und schöpferischsten Glaubensbekenntnisse der Menschheit zu schaffen.

Als die Israeliten in der Geschichte auftraten, waren sie Nomaden, die sich vor den Geistern der Luft fürchteten, Lämmer, Schafe und Stiere anbeteten und an unheildräuende Höhlenwesen und Berggötter glaubten. Moses konnte seine Jünger nie vollständig von der Anbetung des Goldenen Kalbes abbringen; denn die ägyptische Verehrung des Stieres lebte noch frisch in ihren Erinnerungen, so daß sie Jahve lange Zeit in dieser

DAS ALTE ISRAEL

Form versinnbildlichten. Im Buche Exodos (32, 25–28) lesen wir, wie nackte Juden Tänze um das Goldene Kalb aufführten und wie Moses und die Leviten (die Priesterklasse) dreitausend unter ihnen töteten, um das Volk wegen des Götzendienstes zu bestrafen *. Wir finden zahllose Spuren des Schlangenkults in der frühen Geschichte der Juden, von den in den ältesten Ruinen gefundenen Schlangenbildnissen bis zu der durch Mose Wort geschaffenen ehernen Schlange, die bis zu Hiskias Zeit im Tempel Verehrung genoß (ca. 720 v. Chr.; vgl. 2. Mose 21, 8–9 u. 2. Kön. 18, 4). Den Israeliten schien wie so vielen Völkern die Schlange heilig, teils, weil sie ein phallisches Symbol der Manneskraft darstellte, teils, weil sie als ein Vorbild der Weisheit und List galt und ihre Fähigkeit, die beiden Enden zu einem Ring zu schließen, die Vorstellung der Ewigkeit erweckte. Der in kegelförmigen, aufrechten Steinen symbolisierte und dem Linga der Hindu verwandte Baal galt manchen Hebräern als das männliche Prinzip der Zeugungskraft, das alljährlich die Erde befruchtete. Wie der primitive Polytheismus in der Engel- und Heiligenverehrung und in den Teraphim oder tragbaren Götzen, die man als Herdgötter verehrte, weiterlebte, so behaupteten sich die magischen Auffassungen aus der Frühzeit des Kultus häufig bis auf spätere Zeiten, wie dies der Protest der Propheten und Priester beweist. Das Volk sah in seinen Führern Moses und Aaron zwei Magier (2. Mose 7) und förderte überhaupt die beruflichen Wahrsager und Zauberer. Um sich des Willens der Götter zu vergewissern, griff man – wie in vielen Kreisen auch heute noch – zum Mittel der Weissagung, indem man Würfel *(Urim* und *Thummim)* aus einer Schachtel *(Ephod)* schüttelte. Die Priester setzten sich verdienstvoll diesem Aberglauben entgegen und predigten dem Volke, einzig der Magie des Opfers, des Gebetes und der Beiträge an den Tempeln zu vertrauen.

Langsam nahm der Begriff Jahves als der einzigen nationalen Gottheit Gestalt an und gab dem jüdischen Glauben eine Einheit und Einfachheit, der ihn über die chaotische Vielfalt des mesopotamischen Pantheons hinaushob. Vermutlich übernahmen die eroberndern Israeliten einen der Götter Kanaans, Yahu**, und bildeten ihn in ihren eigenen Vorstellungen zu einer gestrengen, kriegerischen, ja sogar «halsstarrigen» Gottheit um, indem sie alle möglichen ihnen unpassend scheinenden Züge ausschalteten. So erhebt dieser neue Gott keinen Anspruch auf Allwissenheit; er verlangt von den Israeliten, daß sie ihre Wohnungen durch das Besprengen mit dem Blute des Opferlamms erkennbar machen sollen, damit er nicht aus Unachtsamkeit ihre Kinder zusammen mit den Erstgeborenen der Ägypter vernichte (2. Mose 12, 7–13). Er kann sehr wohl Fehler begehen, und sein schlimmster Fehler war, den Menschen erschaffen zu haben. Zu spät bedauert er, daß er Adam den Lebensodem einhauchte und daß er es zuließ, daß Saul König wurde. Ab und zu ist er gefräßig, jähzornig, blutdürstig, launisch und eigensinnig. Er billigt die Arglist Jakobs, um Rache an Laban zu nehmen (1. Mose 31, 11–12),

---

* Andere Spuren des Tierkults unter den alten Hebräern finden wir im Buche der Könige 12, 28, und bei Hesekiel 8, 10. Ahab, König von Israel, verehrte Färsen (junge Kühe) im Jahrhundert nach Salomo.

** Unter verschiedenen der Bronzezeit (3000 v. Chr.) zugeschriebenen Überresten, die in Kanaan entdeckt wurden, waren auch Tonscherben, die den Namen einer kanaanitischen Gottheit, Yah oder Yahu, trugen.

sein Gewissen ist so biegsam wie das eines politisch tätigen Bischofs. Er ist gesprächig und liebt es, lange Reden zu halten, aber er ist scheu und gestattet nicht, daß die Menschen sein Antlitz zu sehen bekommen (2. Mose 33, 23). Nie zuvor gab es einen so völlig vermenschlichten Gott.

Ursprünglich scheint er ein in den Hügeln hausender Donnerherr gewesen zu sein, und wie der junge Gorki zum Gläubigen wurde, wenn es donnerte, so verehrten die alten Hebräer in ihm die gleiche unheimliche Naturkraft. Aus diesem im Gewitter sich ankündenden Himmelsherrn bildeten die Verfasser des Pentateuchs, denen die Religion ein Werkzeug der Staatskunst war, einen Kriegsgott, einen Herrn der Heerscharen, der imperialistisch nach Raum strebte und für sein Volk ebenso grimmig kämpfte wie die Götter der *Ilias* für ihre Lieblingshelden. «Der Herr ist der rechte Kriegsmann», sagt Moses (2. Mose 15, 3), und David wiederholt: «Er lehrt meine Hände streiten.» (2. Sam. 22, 35) Jahve verspricht, alle Völker, zu denen die Israeliten kommen werden, zu vernichten und die Hewiter, die Kanaaniter und Hethiter nach und nach zu vertreiben (2. Mose 23, 27–30). Er will nichts von Pazifismus wissen, und er erhebt Eigentumsansprüche auf das gesamte von den Juden eroberte Territorium (3. Mose 25, 23). Er weiß, daß selbst ein gelobtes Land nur durch das Schwert gewonnen und erhalten werden kann; er ist ein Gott des Krieges, weil ihn die Umstände dazu zwingen. Jahrhunderte militärischer Niederlagen, politischer Unterwerfung und moralischer Entwicklung waren notwendig, um ihn in den sanften, liebenden Vater Hillels und Christi zu wandeln. In den Büchern Mose aber erscheint er noch so eitel wie ein Soldat; er trinkt Lobreden mit großem Appetit, und er ist darauf bedacht, seine Tapferkeit durch die Ertränkung der Ägypter hervorzukehren: «Die Ägypter sollen innewerden, daß ich der Herr bin, wenn ich Ehre eingelegt habe an Pharao.» (2. Mose 14, 18) Um Erfolge für sein Volk zu erringen, begeht oder befiehlt er unmenschliche Dinge, die unserem Empfinden ebenso widerstreben, wie sie der Moral der Zeit annehmbar schienen. Er schlachtet ganze Völker mit dem naiven Vergnügen eines für Liliput kämpfenden Gulliver. Da die Israeliten mit den Töchtern Moabs Hurerei begingen, befiehlt er Mose: «Nimm alle Obersten des Volkes und hänge sie dem Herrn auf an der Sonne.» (4. Mose 25, 4) Er verkörpert die Moral Assurbanipals und Assurs. Er macht Miene, huldvoll zu sein mit denen, die ihn lieben und die seine Gebote befolgen, aber mit zäher Ausdauer bestraft er die Kinder für die Sünden ihrer Väter, ihrer Großväter, sogar ihrer Ururgroßväter (2. Mose 20, 5–6). Er ist so grimmig, daß er daran denkt, alle Juden wegen der Verehrung des Goldenen Kalbes auszurotten, und Moses muß ihn zu überreden suchen, damit er sich besänftigt. «Kehre dich vom Grimm deines Zorns», so sagt er ihm, «und lasse dich des Übels über dein Volk gereuen.» Und «also gereute den Herrn das Übel, das er droht seinem Volke zu tun» (2. Mose 32, 11–14). Doch bald beabsichtigt Jahve, die Israeliten ein zweites Mal wegen ihrer Auflehnung mit Stumpf und Stiel zu vertilgen, und Moses muß sich von neuem an das bessere Wesen seines Gottes wenden und ihn daran erinnern, was wohl die Menschen sagen würden, wenn sie von solch einem Entschluß Kenntnis erhielten (4. Mose 14, 13–18). Grausam stellt dieser Gott auch Abraham auf die Probe, indem er ihm ein Opfer bitterster Art vorschreibt. Wie Moses lehrt Abra-

DAS ALTE ISRAEL   279

ham nun Jahve die Grundsätze der Moral und überredet ihn, Sodom und Gomorrha
nicht zu zerstören, falls in jenen Städten fünfzig, vierzig, dreißig, zehn gute Menschen
gefunden würden (1. Mose 18); Schritt für Schritt bringt er seinen Gott der Schicklich-
keit' näher und veranschaulicht den Weg, auf dem die moralische Entwicklung des
Menschen zeitweilig seine Gottheiten neu schafft. Die Flüche, mit denen Jahve seinem
erwählten Volke im Falle der Gehorsamsverweigerung droht, sind Musterbeispiele der
Schmähung und inspirierten jene, die die Ketzer in der Inquisition verbrannten und
Spinoza exkommunizierten:

«Verflucht wirst du sein in der Stadt, verflucht auf dem Acker ... Verflucht wird sein die
Frucht deines Leibes, die Frucht deines Landes ... Verflucht wirst du sein, wenn du eingehst,
verflucht, wenn du ausgehst ... Der Herr wird dich schlagen mit Darre, Fieber, Hitze, Brand ...
Der Herr wird dich schlagen mit Drüsen Ägyptens, mit Feigwarzen, mit Grind und Krätze, daß du
nicht kannst heil werden. Der Herr wird dich schlagen mit Wahnsinn, Blindheit und Rasen des
Herzens ... Dazu alle Krankheiten und alle Plagen, die nicht geschrieben sind in dem Buche dieses
Gesetzes, wird der Herr über dich kommen lassen, bis du vertilgt werdest.» (5. Mose 28, 16–28)

Jahve war nicht der einzige Gott, dessen Existenz von den Israeliten oder von ihm selbst anerkannt war; denn er verlangte im ersten Gebot, daß er über alle anderen Götter gestellt werde.
«Ich, der Herr, dein Gott, bin ein eifriger Gott», gesteht er und befiehlt seinen Anhängern, seine
Rivalen zu stürzen und deren Bilder zu zerstören (2. Mose 20, 5; 34, 14; 23, 24). Vor dem Auftreten des Jesaja dachten die Israeliten selten an Jahve als den Gott aller Stämme und aller Hebräer. So verehrten die Moabiter zum Beispiel einen Gott Kamos, dem, wie Naemi dachte, Ruth
treu bleiben sollte (Ruth 1, 15; Richter 11, 24). Baalsebub würde in Ekron angebetet, und Milkom war der Gott von Ammon. Der wirtschaftliche und politische Separatismus der Völker ging
also Hand in Hand mit der Unabhängigkeit in Glaubenssachen. Zwar singt Mose in seinem
berühmten Liede: «Wer ist dir gleich, o Herr, unter den Göttern?» (2. Mose 15, 11; 18, 11),
und Salomo verkündete: «Groß ist unser Gott über alle Götter!» (2. Chron. 2, 5) Aber das
änderte nichts an der Tatsache, daß das ganze Volk mit Ausnahme der gebildeten Schichten den
wilden Tammuz verehrte. Noch Hesekiel beklagt sich darüber, daß das Wehklagen über den
Tod des Tammuz im Tempel Jahves gehört werde (Hes. 8, 14). So abgesondert und autonom
lebten die israelitischen Stämme, daß auch zu Lebzeiten des Jeremia viele ihre eigenen Götter
besaßen, so daß der düstere Prophet ruft: «So manche Stadt, so manchen Gott hast du, Juda!»
und Einspruch erhebt gegen die Anbetung von Baal und Moloch (Jer. 2, 28; 32, 35). Mit dem
Wachsen der politischen Einheit unter David und Salomo und mit der Erbauung des Tempels
von Jerusalem als religiösen Mittelpunkts wurde Jahve der einzige Gott, ein sinnvoller, Theologie und Politik miteinander in Beziehung setzender Vorgang. Außer diesem «Henotheismus»*
machten die Israeliten' bis zum Auftreten der Propheten keine weiteren Fortschritte auf dem
Wege zum Monotheismus. Doch kam die hebräische Religion selbst auf der Stufe des Jahve-
kults dem Monotheismus näher als irgendein anderer vorprophetischer Glaube mit Ausnahme
des kurzlebigen Sonnendienstes von Echnaton. Dem Gefühlsgehalt und der dichterischen Kraft
des babylonischen und griechischen Polytheismus zumindest gleich, stand der Judaismus wegen
seiner Majestät und Macht wie auch wegen der philosophischen Einheit und Gewalt, des moralischen Eifers und Einflusses hoch über den andern Religionen der Zeit.

Dieser tiefe und düstere Glaube kannte weder das geschmückte Ritual noch die festfrohen
Zeremonien, die den ägyptischen und babylonischen Götterkult auszeichneten. Das Gefühl

_____

* Ein unbeholfenes, aber nützliches Wort, das Max Müller prägte, um die Verehrung eines allerhöchsten
Gottes, die mit der ausdrücklichen (wie in Indien) oder stillschweigenden (wie in Judäa) Anerkennung anderer Götter verbunden ist, zu kennzeichnen.

menschlicher Ohnmacht vor einer willkürlichen Gottheit verdunkelte die gesamte altjüdische Gedankenwelt. Trotz der Bemühungen Salomos, den Jahvekult mit Farben und Klängen zu verschönern, blieb die Verehrung dieser schrecklichen Gottheit für Jahrhunderte eher eine Religion der Furcht als der Liebe. Man fragt sich, wenn man auf diese Glaubensbekenntnisse zurückblickt, ob der Trost, den sie der Menschheit spendeten, die ihnen anhaftenden Züge des Grauens aufwog. Die Religionen der Hoffnung und der Liebe sind das Ergebnis einer in Ordnung und Sicherheit lebenden Gesellschaft. Wo aber, wie auf der Primitivstufe der Menschheit, den Untertanen oder einem aufständischen Volke Furcht eingeflößt werden sollte, da erfand man geheimnisvolle und grauenerregende Kulte. Die die heiligen Gesetzesrollen enthaltende Bundeslade versinnbildlichte mit ihrer Unantastbarkeit den Charakter des jüdischen Glaubens. Als der fromme Usa sie einen Augenblick mit den Händen umfaßte, um sie vor dem Fallen zu bewahren, da ergrimmte der Zorn des Herrn über ihn, und Gott schlug ihn um seines Frevels willen bei der Lade, daß er starb (2. Sam. 6, 7; 1. Chron. 13, 10).

Die zentrale Idee der jüdischen Theologie war die der Sünde. Niemals hat ein anderes Volk so sehr die Tugend geliebt – es seien denn etwa die Puritaner, die wie die Gesetzestreuen des Alten Testaments ungeachtet des katholischen Druckes ihren Vorschriften nachlebten. Da aber das Fleisch schwach, dagegen die religiösen Gebote der Israeliten recht verwickelt waren, so hatte man rasch einen Fehltritt begangen. Der jüdische Geist hing daher unablässig dem Gedanken der Sünde nach, und das Ausbleiben des Regens wie der Untergang des Volkes schienen ihm nur die gerechte Vergeltung eines unvollkommenen Lebens zu sein. In diesem Glauben kannte man keine Hölle im Sinne eines besonderen Strafortes, aber beinahe ebenso grauenerregend war die Scheol, das «Land des Dunkels». Es lag unter der Erde, und die Toten zogen dorthin, die guten wie die bösen. Verschont blieben nur wenige göttliche Günstlinge wie Moses, Henoch und Elia. Nur mit Zurückhaltung sprachen die Israeliten von einem Leben nach dem Tode. Ihr Glaube verhieß ihnen keine persönliche Unsterblichkeit und beschränkte seine Belohnungen und Strafen auf das Dasein auf dieser Erde. Erst als die Israeliten alle Hoffnung auf einen irdischen Triumph verloren hatten, übernahmen sie, wahrscheinlich von den Persern und vielleicht auch von den Ägyptern, den Begriff der persönlichen Auferstehung. In dieser geistigen Entwicklung wurzelt das Christentum.

Drohung und Folge der Sünde konnten mit Gebet und Opfer abgewendet werden. Das semitische wie das «arische» Opfer waren zuerst Menschenopfer, später folgten Tieropfer, «die Erstlinge der Herden», sowie Erzeugnisse der Felder; schließlich schloß man einen Kompromiß und feierte den Gott mit Lobeshymnen. In den frühesten Zeiten durfte man kein Tier, das nicht der Priester geschlachtet und gesegnet und einen Augenblick dem Gotte dargeboten hatte, essen. Die Beschneidung trug den Charakter einer Opferdarbringung und darf wohl als ein Ersatz für das Menschenopfer gelten: der Gott nahm einen Teil fürs Ganze. Der Monatsfluß und die Niederkunft machten die Weiber unrein, und rituelle Reinigung durch Priesteropfer und Gebet waren Vorschrift. An jeder Ecke schränkten Tabus die Handlungsfreiheit der Gläubigen ein, und die Sünde lag als Möglichkeit in nahezu jedem Begehren. Diese Sünde aber konnte in den meisten Fällen nur durch eines abgebüßt werden: durch Schenkungen.

Einzig die Priester konnten auf passende Weise die Opfer darbringen oder das Ritual und die Mysterien richtig erläutern. Sie bildeten eine geschlossene Kaste, der allein die Nachkommen Levis (eines der Söhne Jakobs) angehören durften. Sie konnten kein Eigentum erben (4. Mose 18, 23), aber dafür waren sie jeder Steuer- oder Tributzahlung enthoben (Esra 7, 24); das Zehntel des Wurfes der Herden gehörte ihnen, und alle Opfer, die der Gott nicht benutzte, waren ihrem Gebrauche überlassen (4. Mose 9, 10). Nach dem Exil wuchs der Reichtum der Geistlichkeit mit dem der wiedererstehenden Gemeinschaft; und da dieser Reichtum wohl verwaltet, vermehrt

DAS ALTE ISRAEL 281

und erhalten wurde, machte er schließlich die Priester des zweiten Tempels in Jerusalem, ähnlich ihren Vorgängern von Theben und Babylon, mächtiger als den König.

Trotzdem genügte das Wachsen der geistlichen Macht und der religiösen Erziehung nicht, um die Hebräer dem Aberglauben und der Götzenanbetung völlig zu entziehen. Die Hügel und Haine beherbergten weiter fremde Götter und sahen die Abhaltung fremder Riten; ein bedeutender Teil des Volkes warf sich vor den heiligen Steinen nieder, verehrte Baal und Astarte, trieb Weissagung nach babylonischer Art, kniete vor der ehernen Schlange und vor dem Goldenen Kalbe, erfüllte den Tempel mit dem Lärm heidnischer Feste (Jes. 28, 7; Richter 8, 33; 9, 27; 2. Kön. 17, 9–12, 16–17; 23, 10–13; Klagel. 2, 7) oder befahl den eigenen Kindern, als Opfer «durch das Feuer zu gehen» (Hesek. 16, 21; 22, 37; Jes. 57, 5). Selbst manche Könige, wie Salomo und Ahab, trieben – wie es heißt – mit fremden Göttern «Hurerei». Heilige Männer, ein Elia und Elisa, erstanden, die, ohne Priester zu werden, gegen diese Unsitte protestierten und versuchten, durch ein vorbildliches Leben ihr Volk zur Rechtschaffenheit zu führen. Aus diesen Bedingungen und Anfängen und aus dem Erstehen der Armut und der Ausbeutung in Israel erwuchsen die allerhöchsten Gestalten der jüdischen Religion – jene leidenschaftlichen Propheten, die den Glauben der Israeliten läuterten und emporhoben und ihn auf eine Eroberung des Abendlandes vorbereiteten, wie sie sich später in der Vertiefung durch das Christentum vollzog.

IV. DIE ERSTEN RADIKALEN

Der Klassenkampf · Der Ursprung der Propheten · Amos in Jerusalem · Jesaja
Seine Angriffe auf die Reichen · Seine Lehre vom Messias · Der Einfluß der Propheten

Da die Armut durch den Reichtum geschaffen wird und sich ihrer nicht bewußt ist, bis dieser ihr ins Antlitz starrt, brauchte es das märchenhafte Vermögen Salomos, um in Israel den Klassenkampf hervorzurufen. Salomo versuchte, wie nach ihm Peter der Große und Lenin, etwas zu rasch, den landwirtschaftlich aufgebauten Staat in einen industriellen umzuwandeln. Die vielen Mühsale und der hohe Steuerdruck, die von den gewaltigen Unternehmungen des baulustigen Königs herrührten, legten dem Volke nicht nur schwere Lasten auf, sondern schufen auch – als nach zwanzig Jahren die Arbeiten abgeschlossen waren – in Jerusalem ein Proletariat, das, sobald es ohne Beschäftigung war, Palästina beunruhigte wie später der römische «Plebs» Italien. Elendsquartiere entstanden schrittweise mit dem Anwachsen des privaten Reichtums und dem immer größer werdenden Luxus am Hofe. Die Großgrundbesitzer und Handelsherren und die um den Tempel sich scharenden Geldverleiher handhaben den Wucher und die Ausbeutung als selbstverständliche Mittel, um einen Vorteil zu erzielen. Die Bodeneigentümer von Ephraim, sagt Amos, verkauften die Gerechten um Geld und die Armen um ein Paar Schuhe (Amos 2, 6).

282   DER VORDERE ORIENT

Diese gähnende Kluft zwischen dem Bedürftigen und dem Wohlhabenden und die Zuspitzung jenes Konfliktes zwischen Stadt und Land, der immer eine industrielle Zivilisation begleitet, war nicht ohne Anteil an der nach dem Tode Salomos eingetretenen Spaltung Palästinas in zwei feindliche Blöcke, in das nördliche Königreich Ephraim * mit der Hauptstadt Samaria und in das Südreich Juda mit Jerusalem. Von jener Zeit an schwächten Bruderhaß und Streit die Israeliten und führten gelegentlich bittere Kriege herbei. Kurz nach dem Tode Salomos wurde Jerusalem vom ägyptischen Pharao Scheschonk erobert, dem das Volk, um ihn zu besänftigen, beinahe den gesamten Goldschatz übergab, den der verstorbene Fürst in vielen Jahren der Besteuerung aus den Händen der Bürger empfangen hatte.

In dieser Atmosphäre von politischer Zerrissenheit, Wirtschaftskrieg und religiöser Entartung erschienen die Propheten. Die Männer, auf die das Wort (hebräisch Nabi **) zuerst angewendet wurde, hatten nicht jenen Charakter, den unsere Ehrfurcht mit Amos und Jesaja in Verbindung bringt. Manche waren Wahrsager, die die Geheimnisse des Herzens und der Vergangenheit zu lesen verstanden und je nach der Höhe des Entgelts die Zukunft voraussagten. Manche offenbarten sich auch als Fanatiker, die durch Trunkenheit, unheimliche Musik und derwischähnliche Tanzwut in Ekstase gerieten und in der Verzückung Worte sprachen, die ihre Zuhörer als Inspiration irgendeines von ihnen verschiedenen Geistes betrachteten. Jeremia spricht mit beruflicher Verachtung von diesen wahnwitzigen Weissagern (Jer. 29, 26). Es gab auch finstere Einsiedler unter den Propheten, wie Elia einer war; eine Großzahl lebte in Schulen oder Bethäusern nahe den Tempeln, und die meisten unter ihnen besaßen Ehefrauen und privaten Besitz. Aus dieser buntscheckigen Menge von Fakiren erwuchsen die Propheten zu verantwortlichen und erfolgreichen Kritikern ihrer Zeit und ihres Volkes. Es waren prächtige Straßenpolitiker, antiklerikale Draufgänger und unnachgiebige Antisemiten, eine Mischung von Wahrsagern und Sozialisten. Doch sehe man in ihnen keine Künder der Zukunft; vielmehr verkündigten sie die Hoffnungen des Volkes, drohten, brachten fromme Ermahnungen (wie Jes. 40–46) an oder wiesen auf die Folgen begangener Taten hin. Die Propheten behaupteten nicht, die Zukunft zu entschleiern, sondern sie bestanden darauf, ihre Meinung sagen zu dürfen. Sie waren beredte Mitglieder der Opposition. Während einer bestimmten Zeitspanne gebärdeten sie sich als Tolstoianer, indem sie gegen die industrielle Ausbeutung und gegen die geistliche Rechtsverdrehung eiferten; sie stammten aus dem schlichten Dorfe und schleuderten die Verdammnis auf den verderbten Reichtum der Städte.

Amos charakterisiert sich selbst nicht als Propheten, sondern als einfachen Dorfhirten. Er hatte seine Herden verlassen, um Bethel zu sehen, und war entsetzt über die unnatürliche Entfaltung des Lebens, die er hier vorfand, über die Ungleichheit des Besitzes, über die Erbitterung im Kampf ums tägliche Brot und über die Schonungs-

---

\ * Dieses Königreich nannte sich selbst oft «Israel»; aber dieses Wort wird auf diesen Seiten für die allgemeine Bezeichnung aller Juden verwendet.

** Von den Griechen mit pro-phe-tes, Verkünder, übersetzt.

DAS ALTE ISRAEL   283

losigkeit der Ausbeutung. So stand er im Tore und geißelte die gewissenlosen Reichen
und ihre Üppigkeit:

«Darum, weil ihr die Armen unterdrückt und nehmt das Korn mit großen Lasten von ihnen,
so sollt ihr in den Häusern nicht wohnen, die ihr von Werkstücken gebaut habt, und den Wein
nicht trinken, den ihr in den feinen Weinbergen gepflanzt habt ... Weh den Stolzen zu Zion ...
Und schlaft auf elfenbeinernen Lagern und pranget auf euren Ruhebetten; ihr esset die Lämmer
aus der Herde und die gemästeten Kälber, und spielet auf dem Psalter und erdichtet euch Lieder
wie David, und trinket Wein aus den Schalen und salbet euch mit Balsam ... Ich bin euren Feier-
tagen gram (sprach der Herr), ... und ob ihr mir gleich Brandopfer und Speiseopfer darbringt, so
habe ich kein Gefallen daran ... Tue nur weg von mir das Geplärr deiner Lieder, denn ich mag
dein Psalterspiel nicht hören. Es soll aber das Recht offenbart werden wie Wasser und die Gerechtigkeit wie ein starker Strom.» (Amos 5–6)

Das ist ein neuer Ton in der Weltliteratur. Amos stumpft allerdings die Schärfe seines Idealismus ab, indem er aus dem Munde seines Gottes einen übermächtigen Strom
von Drohungen fließen läßt, deren Strenge und Anhäufung den Leser für einen Augenblick in einen Zustand versetzt, der dem des übersättigten Weingenießers oder Musik-
hörers wohl sehr ähnlich sieht. Aber in diesem Propheten nimmt das soziale Gewissen
zum ersten Male in der Literatur Asiens eine bestimmte Form an, zum ersten Male
auch strömt hier ein Inhalt in die Religion, der sie aus einer bloßen Zeremonie und
Schöntuerei zum Zuchtmeister der Moral und zu einer Aufforderung zu edelmütigem
Handeln emporhebt. In Amos steckt ein Keim der Persönlichkeit Jesu.

Es scheint, als ob eine der bittersten Voraussagungen von Amos noch zu dessen Le-
benszeit in Erfüllung gegangen sei. «So spricht der Herr: Gleichwie ein Hirte dem
Löwen zwei Knie oder ein Ohrläpplein aus dem Maul reißt, also sollen die Kinder
Israel herausgerissen werden, die zu Samaria sitzen in der Ecke des Ruhebettes und auf
dem Lager von Damast ... und die elfenbeinernen Häuser sollen untergehen und viele
Häuser verderbt werden.» * (Amos 3, 12. 15) Um die gleiche Zeit drohte ein anderer
Prophet Samaria mit Zerstörung: «Das Kalb Samarias», sagte Hosea, «soll zerpulvert
werden. Denn sie säen Wind und werden Ungewitter einernten.» (Hosea 8, 6–7) Im
Jahre 733 v. Chr. rief das von Ephraim und den mit diesem verbündeten Syrern bedrohte Königreich Juda Assyrien zu Hilfe. Die um Unterstützung angegangene Macht
erschien, nahm Damaskus ein und unterwarf Syrien, Tyrus und Palästina und machte
diese Länder tributpflichtig. Nun wandten sich die Juden an Ägypten, um von diesem
Hilfe zu erlangen, aber die Assyrer erfuhren es und fielen zum zweiten Male in das
israelitische Gebiet ein, besetzten Samaria, tauschten Noten mit dem König von Juda
aus (2. Kön. 18, 27; Jes. 35, 12), suchten – allerdings vergeblich – Jerusalem zu bezwingen und zogen sich darauf beutebeladen nach Ninive zurück, 200 000 jüdische
Gefangene in die assyrische Sklaverei verschleppend.

---

* Der Hinweis gilt wahrscheinlich dem Raume aus Elfenbein im Palaste von Samaria, wo König Ahab
mit seiner «bemalten Königin», Isebel, lebte (ca. 875–850 v. Chr.).

284   DER VORDERE ORIENT

Es war während dieser Belagerung Jerusalems, als im Propheten Jesaja eine der größten Gestalten der hebräischen Geschichte erstand*. Weniger kleinstädtisch als Amos, besaß er die Sprache bleibender Staatskunst. Aus der Überzeugung, daß das kleine Juda dem assyrischen Weltreiche nicht widerstehen könne, selbst nicht mit der Hilfe des fernen Ägypten, verwendete er sich bei König Ahas und dann bei König Hiskia für die Neutralität Judas im Kriege zwischen Assyrien und Ephraim. Wie Amos und Hosea sah er den Fall Samarias (Jes. 7, 8) und das Ende des nördlichen Königreichs voraus. Als jedoch die Assyrer Jerusalem belagerten, riet Jesaja dem Hiskia, auszuharren. Der plötzliche Rückzug der Heere Sanheribs schien seinen Rat zu bestätigen, und eine Zeitlang stand Jesaja bei Volk und König in hohem Ansehen. Stets mahnte der Prophet seine Glaubensgenossen, gerecht zu handeln und den Ausgang des Tuns Jahve zu überlassen. Dieser, so meinte er, werde Assyrien eine Weile als wirkende Kraft benutzen, um es schließlich zu vernichten. Diese Überzeugung schöpfte Jesaja aus dem Glauben, es sei das Schicksal aller Nationen, Jahve zu erliegen. Und so weihte er denn (Kapitel 16–23) Moab, Syrien, Äthiopien, Ägypten, Babylonien und Tyrus dem Verderben, so daß – wie er sagte – jeder einzelne heulen wird (Jes. 16, 7). Diese Zerstörungswut, diese Litanei der Flüche beeinträchtigt das Buch Jesaja wie überhaupt die ganze prophetische Literatur der Bibel.

Dennoch zielt der Tadel Jesajas auf die schlimmsten Gebrechen der Menschheit, auf die wirtschaftliche Ausbeutung und die Habsucht. Hier erklimmt die Beredsamkeit dieses großen Mannes die höchsten Gipfel, die im Alten Testament erreicht wurden, Gipfel, die zugleich zu den Spitzenleistungen der Weltprosa gehören:

«Und der Herr geht ins Gericht mit den Ältesten seines Volks und mit seinen Fürsten: Denn ihr habt den Weinberg verderbt, und der Raub von den Armen ist in eurem Hause. Warum zertretet ihr mein Volk und zerschlaget die Person der Elenden? ... Weh denen, die ein Haus an das andere ziehen und einen Acker zum andern bringen, bis daß kein Raum mehr da sei, daß sie allein das Land besitzen! ... Weh den Schriftgelehrten, die unrechte Gesetze machen und die unrechtes Urteil schreiben, auf daß sie die Sache der Armen beugen und Gewalt üben am Rechte der Elenden unter meinem Volk, daß die Witwen ihr Raub und die Waisen ihre Beute sein müssen! Was wollt ihr tun am Tage der Heimsuchung und des Unglücks, das von fern kommt? Zu wem wollt ihr fliehen um Hilfe? Und wo wollt ihr eure Ehre lassen?» (Jes. 3, 14–15; 5, 8; 10, 1–3)

Verachtung erfüllt ihn für jene, die der Welt ein ehrfürchtiges Antlitz zukehren, während sie die Armen ausbeuten.

«Was soll mir diè Menge eurer Opfer? spricht der Herr. Ich bin satt der Brandopfer von Widdern und des Fettes von Gemästeten ... Meine Seele ist feind euren Neumonden und Jahresfesten; ich bin ihrer überdrüssig, ich bin's müde zu leiden. Und wenn ihr schon eure Hände ausbreitet, verberge ich doch meine Augen vor euch; und ob ihr schon viel betet, höre ich euch doch nicht, denn eure Hände sind voll Blut. Waschet, reiniget euch, tut euer böses Wesen von meinen Augen, laßt ab vom Bösen. Lernet Gutes tun, trachtet nach Recht, helfet dem Unterdrückten, schaffet dem Waisen Recht, führet der Witwe Sache.» (Jes. 1, 11–17)

---

* Das Buch, das seinen Namen trägt, ist eine Sammlung von «Prophezeiungen» (d.h. Reden), die man zwei oder mehreren Autoren zwischen 740–300 v.Chr. verdankt. Die Kapitel 1–29 werden gewöhnlich dem «ersten Jesaja», der hier besprochen wird, zugeschrieben.

DAS ALTE ISRAEL 285

Jesaja ist verbittert, aber er verzweifelt doch nicht ganz an seinem Volke. Beendete vor ihm Amos seine Prophezeiungen damit, daß er auf die einstige Rückkehr der Juden in ihre Heimat hinwies (Amos 9, 14–15), eine Voraussagung, die heute eigenartig zutrifft, so schloß Jesaja seine Reden, indem er der Hoffnung auf den Messias Ausdruck verlieh. Damit kam er einem allgemeinen Bedürfnis entgegen; denn die Juden glaubten, ein Erlöser werde ihre politischen Spaltungen beenden, Unterwerfung und Elend aufheben und eine Zeit der Weltverbrüderung und des Weltfriedens erstehen lassen:

«Siehe, eine Jungfrau ist schwanger und wird einen Sohn gebären, den wird sie heißen Immanuel ... Denn uns ist ein Kind geboren, ein Sohn ist uns gegeben, und die Herrschaft ist auf seiner Schulter; und er heißt Wunderbar, Rat, Kraft, Held, Ewig-Vater, Friedefürst ... Und es wird eine Rute aufgehen von dem Stamm Isais ... auf welchem wird ruhen der Geist des Herrn, der Geist der Weisheit und des Verstandes, der Geist des Rates und der Stärke, der Geist der Erkenntnis und der Furcht des Herrn ... Sondern wird mit Gerechtigkeit richten die Armen und rechtes Urteil sprechen den Elenden im Lande und wird mit dem Stabe seines Mundes die Erde schlagen und mit dem Odem seiner Lippen den Gottlosen töten. Gerechtigkeit wird der Gurt seiner Lenden sein und der Glaube der Gurt seiner Hüften. Die Wölfe werden bei den Lämmern wohnen und die Parder bei den Böcken liegen. Ein kleiner Knabe wird Kälber und junge Löwen und Mastvieh miteinander treiben ... Da werden sie ihre Schwerter zu Pflugscharen und ihre Spieße zu Sicheln machen. Denn es wird kein Volk wider das andere ein Schwert aufheben, und werden hinfort nicht mehr kriegen lernen.» (Jes. 7, 14; 9, 6; 11, 1–6; 2, 4)

Es war eine wunderbare Sehnsucht, aber noch darf sie während der nächsten Jahrhunderte nicht als Allgemeingut der jüdischen Seele gewertet werden. Zwar lauschten die Priester mit wohlbeherrschter Sympathie diesem mächtigen Aufruf zur Gottesfurcht, einige Sekten griffen auf die göttlichen Eingebungen der Propheten zurück, und diese, gleich Vertretern eines wüstengeborenen Puritanismus, vertieften ihre Gedanken um so mehr, je üppiger die sinnliche Lust im Lande Blüten trieb. Aber trotz alledem ging in Palast und Zelt, auf Markt und Feld das alte Leben weiter. Jede Generation wurde mit Krieg überzogen, die Sklaverei blieb nach wie vor das Los des Fremden, und der Händler fälschte die Gewichte und versuchte durch Opfer und Gebet Buße zu tun.

Erst im nachexilischen Judentum und später in der Diaspora und im Christentum hinterließen die Propheten die tiefsten Spuren. In Amos und Jesaja finden wir gleichsam die Keime christlichen Gedankengutes und die Anfänge des Sozialismus. Hier liegt der Quell verborgen, dem zahllose Utopien entsprangen, Utopien, die eine Verbrüderung der Menschen erhofften, in der Krieg und Elend ausgeschaltet würden. In diesen prophetischen Stimmen wurzelt ferner die Auffassung eines Messias, der eines Tages die Regierungsgewalt übernehmen, die weltliche Macht der Juden wieder aufrichten und den Enterbten zu ihrem Recht verhelfen würde. Jesaja und Amos begannen in einem militärischen Zeitalter die Lobpreisung jener Tugenden der Schlichtheit und Herzlichkeit, der Zusammenarbeit und der Hilfsbereitschaft, die später Jesus zu einem wesentlichen Grundpfeiler seines Glaubens machte. Sie waren die ersten, die sich die schwere Aufgabe aufbürdeten, den Gott der Heerscharen in einen Gott der Liebe zu verwandeln; sie stellten Jahve in den Dienst der allgemeinen Wohlfahrt, wie die Radikalen des neunzehnten Jahrhunderts Christus zum Apostel des Sozialismus machten.

Sie waren es auch, die, als im Abendland die Bibel gedruckt wurde, den deutschen Geist mit einem verjüngten Christentum beseelten, sie entzündeten die Fackel der Reformation, und ihre leidenschaftliche und unduldsame Tugend gebar auch den Puritanismus. Ihre Moralphilosophie verdiente ein besseres Los, als ihr beschieden ward; denn sie fußt auf der Lehre, daß der gerechte Mann gedeihen möge, während der Böse vernichtet werden soll. Aber selbst wenn dies eine Illusion bedeutet, bleibt es doch der Irrtum eines edlen Geistes. Die Propheten hatten keinen Begriff der Freiheit, aber sie liebten die Gerechtigkeit und verlangten die Abschaffung der moralischen Stammesgrenzen. Sie brachten den Unglücklichen dieser Erde das Traumbild einer Bruderschaft, das das kostbare und unvergeßliche Erbe vieler Generationen wurde.

V. UNTERGANG UND WIEDERAUFERSTEHUNG JERUSALEMS

Die Entstehung der Bibel · Die Zerstörung Jerusalems · Die Babylonische Gefangenschaft · Jeremia Hesekiel · Der zweite Jesaja · Die Befreiung der Juden · Der zweite Tempel

Der stärkste Einfluß der Propheten auf ihre Zeit offenbarte sich in der Abfassung der Bibel. Als nämlich das Volk immer mehr der Abgötterei verfiel und der Verehrung Jahves entsagte, erwogen die Priester Maßnahmen, um der Zersetzung des nationalen Glaubens zu steuern. Nach dem Vorbild der Propheten, die ihrem Gotte die glühenden Überzeugungen ihrer eigenen Seele zugeschrieben hatten, beschlossen sie, einen Anruf Gottes an das Volk zu erlassen. Es sollte dies ein Gesetzeskodex sein, der das sittliche Leben der Nation neu kräftigte. Zu diesem Unternehmen hofften sie die Unterstützung der Propheten zu erhalten, indem sie deren Ideen, soweit sie gemäßigt waren, in ihr Werk einbezogen. Sie gewannen den König Josia für ihren Plan, und im achtzehnten Jahre seiner Herrschaft meldete der Priester Hilkia dem König, er habe in den Geheimarchiven des Tempels eine Rolle «gefunden», worin Moses in höchsteigener Person unter dem direkten Diktat Jahves ein für allemal jene Probleme der Geschichte und der Lebensgestaltung entschieden habe, die von den Propheten und Priestern so heiß umstritten wurden. Die Entdeckung machte großes Aufsehen. Josia berief die Ältesten von Juda in den Tempel und las ihnen in Gegenwart von Tausenden aus dem Volke das «Gesetzbuch» vor. Dann schwor er feierlich, daß er von nun an die Gesetze dieses Buches befolgen werde, und «ließ in den Bund treten alle, die zu Jerusalem und in Benjamin vorhanden waren» (2. Kön. 22, 8; 23, 2; 2. Chron. 34, 15. 31–32).

Wir kennen den Inhalt dieses Gesetzbuches nicht näher; aber möglicherweise handelt es sich um die Kapitel 20–22 des Buches Exodos oder um das fünfte Buch Mose. Natürlich bildete es keine neue Erfindung, sondern stellte vielmehr eine Sammlung von Erlassen, Aufforderungen und Ermahnungen dar, die seit Jahrhunderten von den Propheten und vom Tempel verkündet wurden. Trotzdem waren die, die der Verlesung beiwohnten, und sogar die, die nur davon erfuhren, zutiefst von dem Werke be-

DAS ALTE ISRAEL 287

eindruckt. Josia nutzte diese Stimmung aus, um über die Altäre der Rivalen Jahves in Juda herzufallen. «Sie sollten», so verlangte er, «aus dem Tempel des Herrn tun alle Geräte, die dem Baal und der ... Aschera gemacht waren.» Er setzte die den Götzen dienenden Priester ab und «auch die Räucherer des Baal und der Sonne und des Mondes und der Planeten und alles Heeres am Himmel»; er «verunreinigte auch das Thopheth, ... daß niemand seinen Sohn oder seine Tochter dem Moloch durchs Feuer ließe gehen», und er zerschmetterte die Altäre, die Salomo für Kamos, Milkom und Astarte gebaut hatte (2. Kön. 23, 2. 4–5. 10. 13).

Diese Reformen schienen Jahve nicht günstig zu stimmen und ihn auch nicht zur Hilfe für sein Volk zu bewegen. Zwar fiel Ninive, wie die Propheten vorausgesagt hatten, aber nur, damit das kleine Juda zuerst an Ägypten und dann an Babylon ausgeliefert werde. Als der Pharao Necho auf dem Wege nach Syrien durch Palästina ziehen wollte, widersetzte sich ihm auf dem alten Schlachtfeld von Megiddo der auf Jahve vertrauende Josia, wurde aber besiegt und getötet. Wenige Jahre später überwältigte Nebukadnezar Necho in Karkemisch am Euphrat und machte Juda zu einem babylonischen Vasallenstaat. Josias Nachfolger suchten durch die Geheimdiplomatie Hilfe bei Ägypten, um sich aus dem ehernen Griff Babylons zu befreien. Aber der feurige Nebukadnezar entdeckte ihr Spiel, rückte in Palästina ein, eroberte Jerusalem und nahm den König Jojachin gefangen. Darauf setzte er Zedekia auf den Thron von Juda und führte 10 000 Juden in die Sklaverei fort. Aber auch Zedekia liebte die Freiheit und die Macht und erhob sich gegen Babylon. Da kehrte Nebukadnezar zurück, entschlossen, wie er glaubte, das jüdische Problem ein für allemal zu lösen. Er eroberte Jerusalem von neuem, legte es in Schutt und Asche, zerstörte den Tempel Salomos, ließ die Söhne Zedekias vor dessen Augen hinrichten, blendete den König und verschleppte die Bevölkerung der Stadt in die Babylonische Gefangenschaft (587 v. Chr., 2. Kön. 25, 7). Später sang ein jüdischer Dichter eines der größten Lieder der Welt über jene unglückliche Karawane:

> An den Wassern zu Babel saßen wir und weinten, wenn wir an Zion gedachten.
> Unsere Harfen hingen wir an die Weiden, die daselbst sind.
> Denn dort hießen uns singen, die uns gefangen hielten,
> Und in unserm Heulen fröhlich sein: «Singet uns ein Lied von Zion!»
> Wie sollten wir des Herrn Lied singen in fremden Landen?
> Vergesse ich dein, Jerusalem, so werde meiner Rechten vergessen.
> Meine Zunge soll an meinem Gaumen kleben, wo ich dein nicht gedenke,
> Wo ich nicht lasse Jerusalem meine höchste Freude sein. (87. Psalm)

In dieser ganzen Krise verteidigte der bitterste und beredteste der Propheten, Jeremia, Babylon als die Geißel in den Händen Gottes. Er bezeichnete die Herrscher von Juda als halsstarrige Narren und riet mit solcher Leidenschaftlichkeit zur bedingungslosen Kapitulation vor Nebukadnezar, daß der heutige Leser sich des Gedankens nicht erwehren kann, ob der gewaltige Mann Gottes nicht vielleicht ein bezahlter babylonischer Agent gewesen sei. «Ich habe die Erde geschaffen, den Mann und das Tier auf dem Boden», sagt Jeremias Gott, «und nun habe ich alle jene Länder in die Hand Nebukadnezars gegeben, dem Könige zu Babel, meinem Knecht ... und alle Völker sol-

288 DER VORDERE ORIENT

len ihm dienen. Und es soll geschehen, daß das Volk und das Reich, die demselben Nebukadnezar nicht dienen werden und die ihren Nacken unter dem Joche des Königs von Babel nicht beugen werden, jenes Volk will ich bestrafen, spricht der Herr, durch das Schwert, durch die Hungersnot und die Pestilenz, bis ich sie durch seine Hand vertilgt habe.» (Jer. 7, 6–8)

Er kann ein Verräter gewesen sein, aber das Buch seiner Prophezeiungen, von dem man annimmt, sein Schüler Baruch habe es niedergeschrieben, ist nicht nur eine der leidenschaftlichsten und beredtesten Schriften aller Literaturen, ebenso reich an lebendiger Kraft der Bilder wie an schonungsloser Beschimpfung, sondern es ist auch der Ausdruck einer sich immer verstärkenden Selbstbefragung, die mißtrauisch und mit ehrlichen Zweifeln den Lauf des eigenen und fremden menschlichen Lebens prüft. «Ach, meine Mutter, daß du mich geboren hast, wider den jedermann hadert und zankt im ganzen Lande. Habe ich doch weder auf Wucher geliehen noch genommen; doch flucht mir jedermann… Verflucht sei der Tag, an dem ich geboren wurde.» (Jer. 15, 10; 20, 14) Die Flammen der Entrüstung verzehrten ihn beim Anblick der moralischen Verderbtheit und der politischen Tollheit des Volkes und seiner Führer; er fühlte einen innern Zwang, sich in das Tor zu stellen und Israel zur Buße aufzufordern. Dieser ganze nationale Verfall, die Schwächung des Staates und die augenfällig bevorstehende Unterwerfung Judas unter Babylon waren, so schien es Jeremia, die Hand Jahves, die zur Bestrafung der Sünden schwer auf den Juden lastete. «Rennet ihr durch die Straßen Jerusalems und sehet nun und wisset und suchet auf seinen breiten Plätzen, ob ihr einen Mann finden könnet, der da das Urteil ausführet, der da die Wahrheit suchet; und ich will der Stadt vergeben.» (Jer. 5, 1) Überall herrschte die gleiche Sittenverderbnis und die Zügellosigkeit der Lust; die Männer waren «wie gefütterte Pferde am Morgen; jedermann wieherte nach dem Weibe seines Nachbars» (Jer. 5, 8). Als die Babylonier Jerusalem belagerten, setzten die reichen Stadtbürger ihre jüdischen Sklaven in Freiheit, um Jahve günstig zu stimmen; aber als die Belagerung für eine Weile aufgehoben wurde und die Gefahr vorüber schien, da ergriffen die Reichen ihre Sklaven wieder und zwangen sie, die alte Arbeit zu verrichten. In all dem spiegelte sich der verderbte Zustand des Menschen, den Jeremia nicht stillschweigend ertragen konnte (Jer. 34, 8 ff.). Gleich den anderen Propheten stellte er jene Heuchler an den Pranger, die mit gottesfürchtigem Gesicht dem Tempel ein Teilchen ihrer durch die Ausbeutung der Armen angehäuften Gewinne darbrachten. Der Herr, so erinnerte er sie in jener ewigen Warnung jeder höheren Religion, verlangt kein Opfer, sondern Gerechtigkeit (Jer. 7, 22–23). Die Propheten und die Priester, denkt er, sind beinahe ebenso falsch und entartet wie die Händler; auch sie, wie das Volk, müssen sittlich wiedergeboren, in ihrem Geiste wie im Fleische «beschnitten» werden, und so ruft er ihnen die vielsagenden Worte zu: «Beschneidet euch dem Herrn und tut weg die Vorhaut eures Herzens.» (Jer. 22, 11; 5, 31; 4, 4; 9, 26)

Gegen die Mißbräuche predigte Jeremia mit einer nur von den strengen Glaubensstreitern in Genf, Schottland und England erreichten Wucht. Er fluchte den Juden mit rasender Heftigkeit und fand Genuß darin, die Vernichtung all derer, die ihm nicht

DAS ALTE ISRAEL

Folge leisteten, auszumalen (Jer. 18, 23). Mehrmals sagte er die Zerstörung Jerusalems und die Gefangenschaft in Babylonien voraus und weinte über die verurteilte Stadt, die «Tochter Zions», in vielen den Geist Christi vorwegnehmenden Wendungen: «Ach, daß ich Wasser genug hätte in meinem Haupte und meine Augen Tränenquellen wären, daß ich Tag und Nacht beweinen möchte die Erschlagenen in meinem Volk!» (Jer. 4, 20–31; 5, 19; 9, 1)

Die Vornehmen am Hofe Zedekias sahen in diesem Gebaren Verrat und fürchteten, daß in so naher Stunde des Krieges Zwietracht in die Seelen und Beratungen der Juden gestreut würde. Jeremia peinigte sie nämlich, indem er ein Holzjoch um seinen Nacken trug und erklärte, daß ganz Juda sich – je friedlicher, desto besser – dem Joche Babyloniens unterwerfen müsse, und als Hanania dieses Joch wegriß, schrie Jeremia laut, Jahve werde für alle Juden Joche aus Eisen machen. Die Priester versuchten, ihm Einhalt zu gebieten, indem sie seinen Kopf in den Stock legten; aber selbst in dieser Stellung fuhr der Prophet fort, sie anzuprangern. Da klagten ihn die Großen im Tempel an und wollten ihn töten, aber er entwich dank der Hilfe eines Freundes, den er unter den Priestern besaß. Doch bald darauf gelang es den Führern des Staates, ihn zu ergreifen. Sie ließen ihn an Seilen in ein mit Schlamm gefülltes Verließ hinab; aber Zedekia befahl, ihn heraufzuholen, und gab ihm eine mildere Gefangenschaft im Hofe des Palastes. Dort fanden ihn die Babylonier, als Jerusalem fiel. Auf Nebukadnezars Befehl wurde er gut behandelt und von der allgemeinen Verbannungsverfügung ausgeschlossen. In hohem Alter soll er, wie die orthodoxe Tradition berichtet, seine «Klagelieder», das beredteste unter den Büchern des Alten Testaments, geschrieben haben. Er betrauerte nun die Vollständigkeit seines Triumphes und die Verlassenheit Jerusalems und richtete an den Himmel die unbeantwortbaren Fragen Hiobs:

«Wie liegt die Stadt so wüst, die voll Volkes war! Sie ist wie eine Witwe, die Fürstin unter den Heiden; und die eine Königin in den Ländern war, muß nun dienen ... Euch sage ich allen, die ihr vorübergehet: Schauet doch und sehet, ob irgendein Schmerz sei wie mein Schmerz ... Herr, wenn ich gleich mit dir rechten wollte, so behältst du doch recht; dennoch muß ich vom Recht mit dir reden. Warum geht's doch den Gottlosen so wohl, und die Verächter haben alles die Fülle?» (Klagel. 1, 1. 12; Jer. 12, 1)

Unterdessen erwuchs Babylonien ein anderer Prediger und Seher. Es war Hesekiel. Er gehörte einer Priesterfamilie an, die mit dem ersten Völkerschub aus Jerusalem nach Mesopotamien gekommen war. Auch er begann, wie der erste Jesaja und Jeremia, seine Predigten mit der heftigsten Anprangerung der Abgötterei und der Verderbtheit in Jerusalem. Er verglich die Stadt mit einer Hure, weil sie ihre Gunst fremden Göttern verkaufte (Hes. 16, 23), und sah in ihr und Samaria Zwillingsschwestern der Buhlerei. Er legte große Sündenregister Jerusalems an und verurteilte es zur Eroberung und Zerstörung. Wie Jesaja weihte er unparteiisch die Nationen dem Untergang und verkündete die Sünden und den Fall von Moab, Tyrus, Ägypten, Assyrien, selbst des geheimnisvollen Königreichs von Magog (Hes. 22; 38, 2). Aber er war nicht so bitter wie Jeremia, und später wurde er sogar milder, erklärte, der Herr werde einen Rest

290 DER VORDERE ORIENT

der Juden retten, und weissagte die Wiederauferstehung der Stadt (Hes. 36). Dann
schilderte er seine Vision des neuen Tempels und verhieß ein Reich, in dem die Priester herrschen würden und Jahve für immer in der Mitte des Volkes wohnen sollte.

Hesekiel hoffte, den Geist der Verbannten mit diesem glücklichen Ausblick in die
Zukunft zu stärken und ihre Assimilierung mit der einheimischen Bevölkerung aufzuhalten. Damals wie heute schien es, daß dieser Prozeß der Verschmelzung die Einheit
und Wesensart der Juden vernichten könnte; sie gediehen auf Mesopotamiens reichem
Boden, erfreuten sich einer bemerkenswerten Religionsfreiheit und gelangten in der
ungewohnten Ruhe und Harmonie, die ihnen die Unterwerfung gebracht hatte, zu
Wohlstand. Unausgesetzt stieg die Zahl derer, die die Götter Babylons zu ihren eigenen
machten und die epikureischen Sitten der alten Metropole annahmen. Als die zweite
Generation der Verbannten heranwuchs, war Jerusalem beinahe vergessen.

Es war die Aufgabe des unbekannten Verfassers, der das Buch des Jesaja vollendete,
die Religion Israels für diese abtrünnige Generation festzuhalten, und es gebührt ihm
der Ruhm, sie durch diese Tat zu den höchsten Höhen emporgeführt zu haben, die jemals eine Religion unter den Glaubensbekenntnissen des Vorderen Orients erreicht
hat *. Während Buddha in Indien die Abtötung aller Begierden predigte und in China
Konfuzius die Weisheit für sein Volk formulierte, verkündete dieser «zweite Jesaja» in
majestätischer und glänzender Poesie den verbannten Juden die erste klare Offenbarung
des Monotheismus und verhieß ihnen einen neuen Gott, unendlich viel reicher an «liebender Herzlichkeit» und zärtlichem Erbarmen als der bittere Jahve des ersten Jesaja.
In Worten, von denen später ein Evangelium sagte, sie hätten Christus angefeuert, gab
dieser größte der Propheten seine Sendung bekannt, die darin bestand, nicht länger
dem Volke ob seiner Sünden zu fluchen, sondern allen Hoffnung in ihrer Sklaverei zu
bringen. «Der Geist des Herrn ist über mir: darum, daß mich der Herr gesalbt hat. Er
hat mich gesandt, den Elenden zu predigen und die zerbrochenen Herzen zu verbinden,
Freiheit zu verkünden den Gefangenen, den Gebundenen, daß ihnen geöffnet werde.»
(Jes. 41, 1) Dies aber vermochte er auszusprechen, weil er entdeckte, daß Jahve kein
Gott der Rache, sondern ein liebender Vater war, eine Entdeckung, die ihn mit Seligkeit erfüllte und ihn befähigte, in der Ekstase herrliche Lieder zu dichten. Er weissagt
das Erscheinen des neuen Gottes, der da kommt zur Befreiung seines Volkes:

> «Es ist eine Stimme eines Predigers in der Wüste: Bereitet dem Herrn den Weg, macht auf
> dem Gefilde eine ebene Bahn unserm Gott. Alle Täler sollen erhöht werden, und alle Berge und
> Hügel sollen erniedrigt werden, und was ungleich ist, soll eben, und was höckericht ist, soll
> schlicht werden *; ... Denn siehe, der Herr kommt gewaltig, und sein Arm wird herrschen ...
> Er wird seine Herde weiden wie ein Hirte; er wird die Lämmer in seine Arme sammeln und in
> seinem Busen tragen und die Schafmütter führen.»

---

* Wir wissen nichts von diesem Verfasser, der, einem Brauche seiner Zeit folgend, den Namen Jesaja
annahm. Wir mutmaßen, er habe kurz vor oder nach der Befreiung der Juden durch Kyros geschrieben. Die
alttestamentliche Wissenschaft schreibt ihm die Kapitel 40 bis 55 und anderen unbekannten Verfassern die
Kapitel 56–66 zu.

DAS ALTE ISRAEL

Der Prophet erhebt dann die messianische Hoffnung zu einer leitenden Idee seines Volkes und beschreibt den «Knecht», dessen stellvertretendes Leiden Israel erlösen wird:

«Er war der Allerverachtetste und Unwerteste voller Schmerzen und Krankheit. – Er war so verachtet, daß man das Angesicht vor ihm verbarg; darum haben wir ihn nichts geachtet. Fürwahr, er trug unsere Krankheit und lud auf sich unsere Schmerzen. Wir aber hielten ihn für den, der geplagt und von Gott geschlagen und gemartert wäre. Aber er ist um unserer Missetat willen verwundet und um unsrer Sünde willen zerschlagen. Die Strafe liegt auf ihm, auf daß wir Frieden hätten; und durch seine Wunden sind wir geheilt ... Aber der Herr warf unser aller Sünde auf ihn.» (Jes. 40, 3–4; 10–11; 53, 3–6)

Persien, predigt der zweite Jesaja, wird das Werkzeug dieser Befreiung sein. Kyros ist unbesiegbar; er wird Babylon erobern und die Juden aus ihrer Gefangenschaft befreien. Diese werden dann nach Jerusalem zurückkehren und einen neuen Tempel, eine neue Stadt, ein wahres Paradies erbauen: «Wolf und Lamm sollen weiden zugleich, der Löwe wird Stroh essen wie ein Rind, und die Schlange soll Erde essen. Sie werden nicht schaden noch verderben auf meinem ganzen heiligen Berge, spricht der Herr.» (Jes. 65, 25) Der Aufstieg Persiens und seine wachsende Macht, die alle Staaten des Vorderen Orients zu einer Reichseinheit zusammenschweißte, wie sie größer und besser regiert bisher nicht gesehen worden war, veranlaßte möglicherweise den Propheten, den Begriff einer universellen Gottheit zu schaffen. Dieser Gott sagt nicht mehr wie der, den Moses verkündete: «Ich bin der Herr, dein Gott; ... du sollst keine fremden Götter haben vor mir.» Nein, nun steht geschrieben: «Ich bin der Herr, und sonst keiner mehr; kein Gott ist außer mir.» (Jes. 45, 5) Der Dichter und Prophet beschreibt diese universelle Gottheit in einer der großartigsten Stellen der Bibel:

«Wer mißt die Wasser mit der hohlen Hand und faßt den Himmel mit der Spanne und begreift den Staub der Erde mit einem Dreiling und wägt die Berge mit einem Gewicht und die Hügel mit einer Waage? ... Siehe, die Heiden sind geachtet wie ein Tropfen, so im Eimer bleibt, und wie ein Scherflein, so in der Waage bleibt. Siehe, die Inseln sind wie ein Stäublein... Alle Heiden sind vor ihm nichts und wie ein Nichtiges und Eitles geachtet. Wem wollt ihr denn Gott nachbilden oder was für ein Gleichnis wollt ihr ihm zurichten? ... Er sitzt über dem Kreis der Erde – und die darauf wohnen, sind wie Heuschrecken – der den Himmel ausdehnt wie ein dünnes Fell und breitet ihn aus wie eine Hütte, darin man wohnt ... Hebet eure Augen in die Höhe und sehet! Wer hat solche Dinge geschaffen?» (Jes. 40, 12. 15. 17. 18. 22. 26)

Es war eine dramatische Stunde in der Geschichte Israels, als schließlich Kyros in Babylon als Welteroberer einzog und den Juden volle Freiheit gab, nach Jerusalem zurückzukehren (539 v. Chr.). Er enttäuschte manche Propheten, als er seine Kultur durch die Verschonung Babylons und seiner Bevölkerung und durch seinen skeptischen Gehorsam gegen seine Götter bewies. Er schenkte den Juden all das von Nebukadnezar aus dem Tempel geraubte Gold und Silber, das noch im Schatzhaus zu Babylon vorhanden war, und befahl den Gemeinden, in denen die Verbannten lebten, sie mit Geldvorräten für ihre lange Heimreise zu versehen. Die jüngere Generation der Juden war über diese Befreiung nur wenig entzückt; viele hatten in Babylonien feste Wurzeln gefaßt

---

* Bezieht sich wahrscheinlich auf die Straße von Babylon nach Jerusalem.

und zögerten nun, ihr fruchtbaren Felder und ihren blühenden Handel zu verlassen, um die einsamen Ruinen der Heiligen Stadt aufzusuchen. Erst zwei Jahre nach Kyros' Auftreten brach die erste Abteilung von Eiferern auf und wanderte in einer drei Monate langen Reise nach dem Lande, das ihre Väter ein halbes Jahrhundert zuvor verlassen hatten.

Sie waren, damals wie heute, in ihrer ehemaligen Heimat nicht sehr willkommen; denn inzwischen hatten sich hier andere Semiten angesiedelt und sich den Boden durch Besitznahme und Bebauung zu eigen gemacht. Diese Stämme blickten haßerfüllt auf die scheinbaren Eindringlinge. Die Rückkehrer hätten daher kaum bleiben können, hätte sie nicht das mächtige und ihnen wohlgesinnte Perserreich unterstützt. Serubbabel erhielt vom König Dareios I. die Erlaubnis, den Tempel wieder zu erbauen, und obgleich die Einwanderer zahlenmäßig und auch wirtschaftlich eine unbedeutende Minderheit darstellten und die Arbeit auf Schritt und Tritt durch die Angriffe und Verschwörungen einer feindseligen Bevölkerung behindert wurde, führte man das gewaltige Werk doch etwa zweiundzwanzig Jahre nach der Rückkehr zu Ende. Langsam verwandelte sich Jerusalem wieder in eine jüdische Stadt, und im Tempel erklangen die Psalmen einer befreiten und zur Wiederherstellung der Größe des alten Israel entschlossenen Gemeinschaft. Es war ein großer Triumph, den nur der, den wir in unserer eigenen historischen Zeit mitangesehen haben, übertroffen hat.

VI. DAS VOLK DES BUCHES

Das «Gesetzbuch» · Die Abfassung des Pentateuchs · Die Mythen der Genesis · Der Mosaische Kodex
Die Zehn Gebote · Die Idee Gottes · Der Sabbat · Die jüdische Familie
Würdigung der Mosaischen Gesetzgebung

Es war unmöglich, einen militärischen Staat zu errichten, denn das alte Israel besaß weder die Bevölkerungszahl noch die materiellen Mittel zu einem solchen Unternehmen. Zur Begründung einer natürlichen Disziplin und der nationalen Einheit war irgendein von Persien anerkanntes System der Ordnung unumgänglich. Daher unternahm die Geistlichkeit die Schaffung einer theokratischen Herrschaft, welcher sie alle möglichen priesterlichen Traditionen und Gesetze, die als göttliche Gebote verkündet wurden, zugrunde legte. Im Jahre 444 v. Chr. berief Esra, ein gelehrter Priester, die Juden zu einer feierlichen Versammlung und gab ihnen vom Morgen bis zum Mittag den Inhalt aus dem «Buche des Gesetzes Mose» bekannt. Während sieben Tagen lasen er und die anderen Leviten aus diesen Rollen vor, und am Ende verpflichteten sie sich, und mit ihnen das gesamte Volk, diese Gesetzgebung als ihre Verfassung und ihr Gewissen anzuerkennen und sie für alle Zeiten zu befolgen (Neh. 10, 29). Von jenen unruhigen Tagen bis zu den unsrigen hat dieses Gesetz den Mittelpunkt im Leben der Juden gebildet, und die Treue, die sie ihm auf all ihren Wanderungen und in all ihren Leiden hielten, ist eine der eindrucksvollen Erscheinungen der Geschichte.

DAS ALTE ISRAEL 293

Worin bestand nun dieses «Buch des Gesetzes Mose»? Vor allem darf es nicht mit dem «Buch des Bundes» verwechselt werden, das Josia kannte und von dem man sagte, daß es zweimal an einem Tage gelesen wurde. Das «Buch des Gesetzes Mose» beanspruchte mehr Zeit zum Vortrag (2. Kön. 22, 10; 23, 2; Neh. 8, 18). Wir können nur vermuten, daß die größere Pergamentrolle einen bedeutenden Teil jener ersten fünf Bücher des Alten Testaments enthielt, die die Juden die Torah oder das Gesetz, andere dagegen den Pentateuch nennen*. Wie, wann und wo sind diese Bücher geschrieben worden? Das ist eine unschuldige Frage, derenthalben die Menschen viele tausend Bände verfaßten und die hier unbeantwortet bleiben muß.

Diese wundersamen Geschichten der Schöpfung, der Versuchung und der Sintflut gehen auf die etwa 3000 v. Chr. entstandenen mesopotamischen Sagen zurück. Wir haben bereits einige ihrer frühen Formen kennengelernt. Es ist möglich, daß sich die Juden während ihrer babylonischen Gefangenschaft verschiedene dieser Mythen zu eigen machten; noch wahrscheinlicher aber ist, daß sie diese bereits viel früher aus den allen Völkern des Vorderen Orients gemeinsamen semitischen und sumerischen Quellen geschöpft haben. Nach der persischen und talmudischen Schöpfungssage schuf Gott zuerst ein zweigeschlechtiges Wesen, das zugleich Mann und Weib war. Später aber gestaltete er aus irgendeinem Grunde sein Werk um und trennte das Doppelwesen in zwei Hälften. Unwillkürlich erinnert man sich beim Lesen dieser Mythen an eine Stelle in der Genesis (5, 2), wo es heißt: «Und (Gott) schuf sie – einen Mann und ein Weib – und segnete sie und hieß ihren Namen Mensch.»**

Die Erzählung vom Paradies tritt nahezu bei jedem Volke auf – in Ägypten, Indien, Tibet, Babylon, Persien, Griechenland***, Polynesien, Mexiko usw. In den meisten dieser himmlischen Gärten wuchsen verbotene Bäume, und es hausten Schlangen oder Drachen an diesen Orten, die dem Menschen die Unsterblichkeit stahlen oder auf irgendeine Weise das Paradies vergifteten. Die Schlange wie die Feige dürfen als phallische Symbole angesprochen werden, und dem Mythos liegt der Gedanke zugrunde, daß Geschlecht und Erkenntnis Unschuld und Seligkeit vernichten und die Wurzel des Bösen sind. Den gleichen Gedanken wie am Anfang des Alten Testaments werden wir auch im Prediger an dessen Ende finden. In der Mehrzahl dieser Geschichten vom Abfall des Menschen von Gott war die Frau das reizvoll-böse Werkzeug der Schlange oder des Teufels, sei es als Eva, als Pandora oder als die Poo See der chinesischen Legende. «Alle Dinge», steht im Shi-Ching, «waren zuerst dem Manne unterworfen, aber eine Frau brachte uns in die Sklaverei. Unser Elend kam nicht vom Himmel, sondern von der Frau; sie ward der menschlichen Rasse zum Verhängnis. O unglückliche Poo See! Du entfachtest das Feuer, das uns verzehrt und das jeden Tag stärker wird ... Die Welt ist verloren. Das Laster überschwemmt alle Dinge.»

Noch universeller war die Geschichte von der Sintflut. Es gibt kaum ein altes Volk, das sie nicht kannte, und fast alle Gebirge Asiens dienten irgendeinem Geretteten als Landungsplatz. Gewöhnlich stellten diese Legenden die volkstümliche Allegorie einer philosophischen Beurteilung des Lebens oder einer moralischen Haltung des Menschen dar, eine Allegorie, die die

---

* *Torah* bedeutet im Hebräischen Führung, Leitung; *Pentateuch* ist die griechische Bezeichnung für «fünf Rollen».

** Vgl. Platons *Symposion.*

*** Vgl. den griechischen Dichter Hesiod (ca. 750 v. Chr.) in *Werke und Tage:*
     Früher lebten ja doch die Stämme der Menschen auf Erden
     Allem Elend fern und ohne beschwerliche Mühsal,

kollektive Erfahrung zusammenfaßte, daß Geschlecht und Erkenntnis mehr Schmerz als Freude bringen und daß das menschliche Leben zeitweilig von großen Naturkatastrophen bedroht wird und die gleichen Ströme, die die erste Kultur ermöglichten, sie auch zerstören konnten.

Es wäre eine überflüssige Mühe, das «tatsächliche Geschehen» dieser Geschichten erforschen zu wollen; ihr Gehalt liegt nicht in den Ereignissen, die sie berichten, sondern in den Auffassungen, die sie verraten. Es wäre auch unklug, die Schlichtheit und Lebensfreude der Erzählung aus solchen Erwägungen heraus nicht zu genießen.

Die Bücher, die Josia und Esra dem Volke vorlesen ließen, bildeten jenen «Mosaischen Kodex», auf dem das ganze spätere jüdische Leben aufgebaut wurde. Von dieser Gesetzgebung schreibt der vorsichtige Sarton: «Ihre Bedeutung in der Geschichte der Institutionen und des Rechts kann nicht hoch genug geschätzt werden.» Es war der vollkommenste Versuch, die Religion als eine Grundlage der Staatskunst und als Regulator jeder einzelnen Handlung im Leben zu benutzen. Das Gesetz, sagt Renan, ist das engste Gewand, mit dem das Leben jemals umschnürt wurde. Diät* und Medizin, persönliche, menstruelle und Geburtenhygiene, ferner öffentliche Gesundheit und sexuelle Perversität (2. Mose 21; 22) – all dies galt als Gegenstand göttlicher Verordnung und Führung, und wir gewahren, wie sich allmählich der Arzt vom Priester schied und zu dessen größtem Gegner heranwuchs. Der Leviticus (13–15) gibt genaue Vorschriften für die Behandlung der Geschlechtskrankheiten, verfügt die Absonderung des Patienten und die Desinfektion, Räucherung und, falls notwendig, das vollständige Ausbrennen seines Hauses**. Die alten Hebräer waren die Gründer der Prophylaxe, aber sie scheinen außer der Beschneidung keine Chirurgie gekannt zu haben. Dieser bei den alten Ägyptern und bei den modernen Semiten übliche Brauch bedeutet nicht nur ein Opfer an Gott und einen Zwang, der Rasse treu zu bleiben***, sondern auch eine hygienische Vorsichtsmaßnahme gegen geschlechtliche Unreinlichkeit. Vielleicht war es dieser Kodex, der zur Erhaltung der Juden in ihrer langen Odyssee der Zerstreuung und Drangsal beitrug.

Ohne Krankheit und Schmerzen, die jetzt die Männer vernichten ...
Und sie lebten dahin wie Götter ohne Betrübnis ...
Frucht bescherte die nahrungsspendende Erde ...
Hundert Jahre wuchs das Kind bei der sorglichen Mutter
Fröhlich, betreut empor, unmündig im eigenen Hause. [1]

* Vgl. Deut. 14. Reinach, Robertson Smith und Sir James Frazer haben das Meiden des Schweins nicht hygienischen Kenntnissen und Vorsichtsmaßregeln, sondern der Totemverehrung dieses Tieres oder seines wildlebenden Verwandten durch die Vorfahren der Juden zugeschrieben. Die «Verehrung» des Wildschweins kann lediglich ein priesterliches Mittel gewesen sein, um es im Sinne von «unrein» tabu zu machen. Die so zahlreichen hygienischen Vorschriften im Mosaischen Kodex raten zu einer demütigen Skepsis gegenüber der Auslegung Reinachs.

** Die vom Leviticus empfohlene Prozedur in Fällen von Aussatz wurde in Europa bis zum Ende des Mittelalters angewendet.

*** Indem die Rassenzugehörigkeit so nicht verheimlicht werden konnte. «Der jüdische Ritus», sagt Briffault, «nahm seine gegenwärtige Form erst zur Zeit der Makkabäer (167 v. Chr.) an. Zuvor wurde er auf eine Weise durchgeführt, die dem Spotte der heidnischen Frauen aus dem Wege ging, da die Operation kaum erkennbare Spuren hinterließ. Die nationalistische Priesterschaft verlangte deswegen die vollständige Entfernung der Vorhaut.»

DAS ALTE ISRAEL

Im Mittelpunkt des Gesetzbuches standen die Zehn Gebote (Exodos 20, 1–17), die auf dem halben Erdenrund den Inhalt der Gebete bilden sollten*. Das erste Gebot legte den Grundstein zur neuen theokratischen Gemeinschaft, die nicht auf dem Zivilrecht, sondern auf der Idee Gottes beruhte. Jahve galt als der unsichtbare König, der jedes Gesetz diktierte und jede Strafe verfügte; und sein Volk sollte den Namen *Israel*, das heißt «der, für den Gott streitet», tragen. Der hebräische Staat war tot, aber der Tempel blieb, und die Priester Israels versuchten immer wieder, gleich den römischen Päpsten, das aufzurichten, was die Könige nicht hatten retten können. Daraus versteht sich der Nachdruck, mit dem man das erste Gebot betonte, und die Strenge, mit der man Ketzertum und Gotteslästerung bestrafte; ein Abtrünniger büßte sein Vergehen mit dem Tode, selbst wenn es ein naher Verwandter des Priesters sein sollte (3. Mose 24, 11–16; 5. Mose 7; 13; 17, 2–5). Die priesterlichen Schöpfer des Gesetzbuches g!aubten, ähnlich den frommen Inquisitoren, daß die religiöse Einheit eine unerläßliche Bedingung der sozialen Organisation und der Solidarität sei. Diese Unduldsamkeit, verbunden mit dem jüdischen Rassenstolze, bewahrte das Volk Israel vor seinem Untergange.

Das zweite Gebot erhöhte den nationalen Begriff Gottes auf Kosten der Kunst, durften doch von Jahve keine Bildnisse hergestellt werden. Dadurch unterband das Priestertum Aberglaube und Anthropomorphismus und versuchte, trotz der allzu menschlichen Eigenschaften, die man Gott im Pentateuch zuschrieb, Jahve als jenseits von Form und Bild zu erfassen. Wissenschaft und Kunst fanden daher in der jüdischen Gesellschaft keinen Nährboden – die Ehrfurcht der Hebräer galt einzig und allein der Religion. Aus Furcht, daß das Ansehen der Sterndeuter zunehmen könnte und die vielen Himmelskörper göttlich verehrt würden, vernachlässigte man auch die Astronomie. Der Tempel Salomos hatte einen geradezu heidnischen Überfluß an Bildnissen besessen; im neuen Tempel gab es keine. Die alten Bilder waren nach Babylon verschleppt und anscheinend wie die Gold- und Silbergeräte zurückbehalten worden (Esra 1, 7–11). Wir finden daher aus der Zeit nach der Gefangenschaft keine Skulpturen, Malereien und Flachreliefs, aber auch aus früheren Jahrhunderten ist, wenn man von der salomonischen Ära absieht, nur sehr wenig erhalten. Architektur und Musik waren die einzigen von den Priestern gestatteten Künste. Der Gesang und das Tempelritual bewahrten das Leben des Volkes vor Schwermut. Da klangen in mächtigem Orchester die Stimmen zusammen, als wäre es «*einer*, der da drommetete», und ein großer Chor pries mit Psalmen Jahve und seinen Tempel (2. Chron. 15, 13). David und das ganze Haus Israel spielten «vor dem Herrn her mit allerlei Saitenspiel von Tannenholz, mit Harfen und Psaltern und Pauken und Schellen und Zimbeln.» (2. Sam. 6, 5)

Das dritte Gebot brachte die tiefe Gottesfurcht der Juden zum Ausdruck. Sie sollten nicht nur «den Namen des Herrn nicht mißbrauchen», sondern ihn auch nie aussprechen. Selbst im Gebet sollte der Gläubige den Namen Jahves** stets durch *Adonai* – Herr – ersetzen. Nur die Hindu kamen an Gottesfurcht den alten Hebräern gleich.

---

* Allgemein nahmen die alten Völker für ihre Gesetzbücher göttlichen Ursprung an. So glaubten, wie oben gesagt, die alten Ägypter, der Gott Thoth sei der Schöpfer des Rechtswesens. Der Kodex Hammurabis galt als ein Geschenk des Sonnengottes Schamasch. Auf ähnliche Weise erhielt König Minos von Kreta auf dem Berge Dikte die Gesetze der Insel aus der Hand einer Gottheit, und die Griechen bildeten Dionysos, den sie auch etwa den «Gesetzgeber» nannten, mit zwei Gesetzestafeln ab. Auch Zoroaster erfand die Vorschriften für sein Volk nicht selbst. Einmal nämlich, als er auf einem hohen Berge betete, erschien im Blitz und rollenden Donner Ahura Mazda und übergab ihm das «Buch der Gesetze». Die Völker hätten dies getan, sagt Diodor, «sei es nun, daß sie einen für die menschliche Gesellschaft heilsamen Rat für wunderbare und wahrhaft göttliche Eingebung hielten, oder daß sie nur das Volk durch die Hinweisung auf die Macht und Hoheit der vorgeblichen Urheber ihrer Gesetze zum Gehorsam williger zu machen dachten» [3].

** Im Hebräischen wird *Jahve Jhvh* geschrieben; das wurde irrtümlicherweise mit *Jehova* übersetzt, weil im Original die Vokale *a-o-a* über *Jhvh* gesetzt worden sind, um anzuzeigen, daß man *Adonai* statt *Jahve* aussprechen habe; die Theologen der Renaissance und der Reformation nahmen fälschlicherweise an, diese Vokale seien zwischen den Konsonanten von *Jhvh* einzusetzen.

DER VORDERE ORIENT

Das vierte Gebot heiligte den wöchentlichen Ruhetag als einen Sabbat und brachte diese wohltuende Einrichtung beim größten Teil der Menschheit in Geltung. Der Name – und vielleicht auch der Brauch – stammten aus Babylon; mit *schabattu* bezeichneten die Babylonier nämlich die Tage der Enthaltsamkeit und der Versöhnung.' Außer diesem allwöchentlichen Feiertag gab es in Palästina eine Reihe großer Feste, die in den alten kanaanitischen Vegetationsriten wurzelten. So feierten die Israeliten einst Aussaat und Ernte, Mond- und Sonnenbahnen. *Mazzoth* kündete die Zeit an, da man die Gerste schnitt, und *Shabuoth*, später Pfingsten genannt, vereinigte die Bauern, nachdem der Weizen eingebracht war. *Sukkoth* rief dem Winzer die Weinlese ins Gedächtnis, *Pesach*, Passah, bildete das Osterfest, an dem die Erstlinge der Herde geschlachtet wurden, und *Rosch-ha-schana* eröffnete das neue Jahr. Später wandelte man diese mit dem Leben der Natur in Beziehung stehenden Feiern zu nationalen Gedächtnistagen um und bezog sie auf die wichtigsten Ereignisse aus der hebräischen Geschichte. Als Beispiel, um diesen Vorgang zu veranschaulichen, diene das Osterfest. Da einst das Lamm als Totem* irgendeiner kanaanitischen Sippe verehrt worden war, opferte man in späteren Jahrhunderten am ersten Tag des Passah der (ursprünglich lokalen) Gottheit ein Lamm (oder auch ein Zicklein), verspeiste das Fleisch und besprengte mit dem Blut die Türen, damit Gott auch sein Teil erhalte. Mit der Zeit verbanden nun die Priester diesen Brauch mit der Geschichte der von Jahve vorgenommenen Tötung der Erstgeborenen in Ägypten. Wenn wir die Geschichte der Errichtung des Osterfestes lesen (Exod. 11) und heute die Juden unentwegt den gleichen Ritus begehen sehen, empfinden wir aufs neue das verehrungswürdige Alter ihrer Bräuche sowie die Kraft und Zähigkeit ihrer Rasse.

Das fünfte Gebot heiligte die Familie, die in der Struktur der jüdischen Gesellschaft gleich an zweiter Stelle nach dem Tempel kommt. Die Ideale, die dieser Institution damals aufgedrückt wurden, kennzeichneten sie noch im mittelalterlichen und modernen Europa bis zu unserer eigenen zersetzenden industriellen Revolution. Die hebräische patriarchalische Familie war eine riesige wirtschaftliche und politische Organisation. An ihrer Spitze stand der älteste verheiratete männliche Sippengenosse. Unter seinem Schutz und Befehl befanden sich seine Frauen, ferner die unverehelichten Kinder sowie die verheirateten Söhne mit ihren Familien und vielleicht noch einige Sklaven.

Die ökonomische Grundlage der Institution war ihre Einträglichkeit bei der Bodenbebauung; ihr politischer Wert lag in der Lebenskraft, die sie der sozialen Ordnung verschaffte und die den Staat – außer im Kriegsfall – beinahe überflüssig machte. Die Autorität des Vaters war praktisch unbeschränkt; ihm gehörte der Boden, und seine Kinder konnten nur weiterbestehen, wenn sie ihm Gehorsam leisteten. Er war der Staat. Wenn er arm war, konnte er seine Tochter vor ihrer Pubertät als Sklavin verkaufen, und obgleich er sie gelegentlich nach ihrem Willen fragte, besaß er doch das volle Recht, über sie zu verfügen und sie in die Ehe zu geben, wem er wollte (1. Mose 24, 58; Richter 1, 12). Man stellte sich vor, daß die Knaben der rechten, die Mädchen der linken Hode entstammten, und nahm an, diese sei kleiner und schwächer als jene. Doch diese Minderbewertung des Weiblichen war nicht immer üblich gewesen; in den frü-

---

* Später wurde dieses sanfte und alte Totem das Osterlamm des Christentums, das man mit dem toter Christus identifizierte.

DAS ALTE ISRAEL

hesten Zeiten wies die Ehe einen matrilokalen Charakter auf, das heißt, bei der Verehelichung tauschte der Mann seine Sippe gegen diejenige der Frau aus, er mußte «Vater und Mutter verlassen und an seinem Weibe hangen» (1. Mose 2, 24). Dieser Brauch verschwand mit der Errichtung der Monarchie, und Jahve sprach jetzt zum Weibe: «Dein Begehren soll deinem Manne gelten, und er soll über dich herrschen.» Obschon die Frau zufolge der patriarchalischen Organisation dem Manne untertan geworden war, besaß sie doch öfters hohes Ansehen und Würde; man denke nur an die leuchtenden Namen einer Sara, Rahel, Mirjam, Ruth und Esther. Debora war bekannt als Richterin Israels (Richter 4, 4), und an die Seherin Hulda wandte sich einst Josia und fragte sie um Rat über das Buch, das die Priester im Tempel gefunden hatten (2. Kön. 22, 14). Die Mutter vieler Kinder war der Ehre und Achtung sicher; denn die kleine Nation wollte sich vermehren und vervielfachen, da sie, ähnlich wie noch heute ihre Nachkommen in Palästina, fühlte, daß die zahlenmäßige Überlegenheit der sie umgebenden Völker ihr gefährlich werden konnte. Daher priesen die Israeliten die Mutterschaft und brandmarkten die Ehelosigkeit als eine Sünde und ein Verbrechen. Sie legten sogar den Priestern nach Erfüllung des zwanzigsten Altersjahres den Ehezwang auf, verabscheuten die heiratsfähigen Jungfrauen und die kinderlosen Gattinnen und hielten Abtreibung, Kindesmord und andere Mittel zur Geburtenkontrolle für heidnische Greuel, die zum «Himmel stanken». «Da Rahel sah, daß sie dem Jakob kein Kind gebar, beneidete sie ihre Schwester und sprach zu Jakob: Schaffe mir Kinder: wo nicht, so sterbe ich.» (1. Mose 30, 1) Die vollkommene Ehefrau war die, die ständig in und außer Haus tätig war und an nichts anderes dachte als an ihren Mann und ihre Kinder. Das letzte Kapitel der Sprüche stellt das männliche Ideal einer Frau vollendet dar:

«Wem ein tugendsam Weib beschert ist, die ist viel edler denn die köstlichsten Perlen. Ihres Mannes Herz darf sich auf sie verlassen, und Nahrung wird ihm nicht mangeln. Sie tut ihm Liebes und kein Leides ihr Leben lang. Sie geht mit Wolle und Flachs um und arbeitet gern mit ihren Händen. Sie ist wie ein Kaufmannsschiff, das seine Nahrung von ferne bringt. Sie steht vor Tage auf und gibt Speise ihrem Hause und Essen ihren Dirnen. Sie denkt nach einem Acker und kauft ihn und pflanzt einen Weinberg von den Früchten ihrer Hände. Sie gürtet ihre Lenden mit Kraft und stärkt ihre Arme. Sie merkt, wie ihr Handel Frommen bringt; ihre Leuchte verlischt des Nachts nicht. Sie streckt ihre Hand nach dem Rocken und ihre Finger fassen die Spindel. Sie breitet ihre Hände aus zu dem Armen und reicht ihre Hand dem Dürftigen... Sie macht sich selbst Decken; feine Leinwand und Purpur ist ihr Kleid. Ihr Mann ist bekannt in den Toren, wenn er sitzt bei den Ältesten des Landes. Sie macht einen Rock und verkauft ihn; einen Gürtel gibt sie dem Krämer. Kraft und Schöne sind ihr Gewand, und sie lacht des kommenden Tages. Sie tut ihren Mund auf mit Weisheit, und auf ihrer Zunge ist holdselige Lehre. Sie schaut, wie es in ihrem Hause zugeht, und ißt ihr Brot nicht mit Faulheit. Ihre Söhne stehen auf und preisen sie selig, ihr Mann lobt sie ... Sie wird gerühmt werden von den Früchten ihrer Hände, und ihre Werke werden sie loben in den Toren.»*

---

* Das war natürlich das Ideal des Mannes; wenn wir Jesaja glauben dürfen (3, 16–23), waren die Frauen Jerusalems sehr von dieser Welt, liebten schöne Kleider und Schmuck und ließen sich gerne den Hof machen. «Darum, daß die Töchter Zions stolz sind und gehen mit aufgerichtetem Halse, mit geschminkten Angesichtern, treten einher und schwänzen und haben köstliche Schuhe an ihren Füßen» usw. Vielleicht haben uns die Historiker immer über die Frauen hinters Licht geführt?

DER VORDERE ORIENT

Das sechste Gebot war ein Rat, der kaum zu befolgen war; es gab, wie ein Blick in die Bibel vermuten läßt, kaum irgendwo so viele Morde wie bei den Israeliten zur Zeit des Alten Testaments. Die von den Chronisten gebotenen Schilderungen sind angefüllt mit Abschlachtungen der Menschen und ausgleichender Fruchtbarkeit. Die Zwietracht der Stämme, innere Parteistreitigkeiten und die erbliche Blutrache unterbrachen den Gleichtakt der zeitweiligen Friedensepochen. Trotz der Verherrlichung von Pflugschar und Gartensichel waren die Propheten keine Pazifisten, und auch die Priester, wenn wir uns ein Urteil aus den Reden bilden wollen, die sie Jahve in den Mund legten, liebten beinahe ebensosehr den Krieg wie das Predigtamt. Unter neunzehn Königen Israels sind acht ermordet worden. Die eroberten Städte zerstörte man meistens, metzelte die männliche Bevölkerung nieder und richtete – der Sitte der Zeit entsprechend – den Boden vorsätzlich zugrunde (vgl. 2. Kön. 3, 18–19; Josua 6, 21. 24). Vielleicht sind die angegebenen Zahlen zu hoch gegriffen; denn es will beinahe unglaublich scheinen, daß die Kinder Israels ohne moderne Erfindungen hunderttausend Syrer an einem Tage erschlugen (1. Kön. 20, 29). Der Glaube, das erwählte Volk zu sein (5. Mose 7, 6; 14, 2; 2. Sam. 7, 23 usw.), steigerte die Energien der Nation und machte sie stolz auf ihre höheren Fähigkeiten, förderte aber auch ihren Hang nach gesellschaftlicher und geistiger Abschließung gegenüber den anderen Völkern. Dadurch beraubten sich die Israeliten jener wertvollen internationalen Perspektive und jenes Kontaktes, den ihre Nachkommen in so hohem Maße erreichen sollten. Dafür besaßen sie ausgesprochen die Tugenden ihrer Eigenschaften. Ihre Gewalttätigkeit entsprang ihrer unbeugsamen Vitalität, ihr Separatismus wurzelte in ihrer Gottesfurcht, ihre Streitsucht und ihr stetes Klagen entstammten einer leidenschaftlichen Empfindsamkeit, die die größte Literatur des Vorderen Orients hervorbrachte; ihr Rassenstolz war die unerläßliche Stütze ihres Mutes durch Jahrhunderte des Leidens. Die Menschen verkörpern das, was ihnen als Anlage in die Wiege gelegt wurde.

Das siebente Gebot anerkannte die Ehe als Grundlage der Familie, wie das fünfte die Familie als die Basis der Gesellschaft anerkannt hatte, und bot der Ehe die volle Unterstützung der Religion an. Es sagte nichts über die vorehelichen Geschlechtsbeziehungen, aber andere Vorschriften legten der Braut die Pflicht auf, unter Androhung der Todesstrafe am Tage ihrer Ehe ihre Jungfräulichkeit zu beweisen. Dennoch war die Prostitution eine übliche Erscheinung, und die Homosexualität überlebte ebenfalls den Untergang von Sodom und Gomorrha. Da das Gesetz Beziehungen mit fremden Huren nicht zu verbieten schien, betrieben syrische, moabitische, midianitische und andere «fremde Frauen» ihr Gewerbe den Landstraßen entlang in Buden und Zelten und verbanden Hausierertum mit Prostitution. Salomo, der keine heftigen Vorurteile in diesen Dingen kannte, milderte die Gesetze, die solche Frauen aus Jerusalem fernhielten. Dadurch sammelten sich aber ihrer so viele an, daß in den Tagen der Makkabäer ein entrüsteter Reformator schrieb, der Tempel selbst sei voller Unzucht und Hurerei.

Liebesgeschichten kamen wahrscheinlich vor, denn es gab sehr viel Zärtlichkeit zwischen den Geschlechtern; Jakob diente sieben Jahre um Rahel, «und sie deuchten ihn,

DAS ALTE ISRAEL

als wären's einzelne Tage, so lieb hatte er sie» (1. Mose 29, 20). Aber die Liebe spielte in der Gefährtenauswahl nur eine sehr untergeordnete Rolle. Vor dem Exil war die Ehe vollkommen weltlich, und die Eltern der Brautleute oder der Bräutigam mit den Eltern der Braut trafen die nötigen Abmachungen. Spuren der Raubehe finden sich im Alten Testament ebenfalls; Jahve billigt sie im Kriege (5. Mose 21, 10–14), und die Ältesten geboten im Falle von Frauenmangel «den Kindern Benjamin und sprachen: Gehet hin und lauert in den Weinbergen. Wenn ihr dann seht, daß die Töchter Silos heraus mit Reigen zum Tanz gehen, so fahret hervor aus den Weinbergen und nehme ein jeglicher sich ein Weib von den Töchtern Silos und gehet hin ins Land Benjamin.» (Richter 21, 20–21) Ein solches Verfahren wendete man nur in einzelnen Fällen an, denn im allgemeinen war die Ehe ein Kauf; Jakob kaufte Lea und Rahel durch seine Arbeit, die sanfte Ruth wurde von Boas gekauft (1. Mose 31, 15; Ruth 4, 10). Das hebräische Wort für Eheweib bedeutete «zu eigen». Der Vater der Braut revanchierte sich nun allerdings, indem er seiner Tochter eine Mitgift gab – eine angemessene Einrichtung, um die soziale Kluft zwischen der sexuellen und wirtschaftlichen Reife der Kinder in einer städtischen Kultur zu vermindern.

Wenn der Mann wohlhabend war, durfte er Polygamie betreiben; erwies sich die Frau als unfruchtbar, so konnte sie wie Sara den Gatten dazu ermutigen, eine Konkubine ins Haus zu nehmen. Eine solche Abmachung verfolgte den Zweck, die Fortpflanzung zu sichern. Aus diesem Grunde boten Rahel und Lea, nachdem sie alle Kinder, die sie empfangen konnten, zur Welt gebracht hatten, dem Jakob auch noch ihre Mägde zur Zeugung an (1. Mose 30). Es war einer Frau nicht gestattet, in Zeugungsangelegenheiten untätig zu bleiben. Deshalb war, wenn ein Ehemann starb, sein Bruder, wieviel Frauen auch immer er hatte, zur Ehe mit der Schwägerin verpflichtet, besaß der Verstorbene keinen Bruder, so ging diese Verpflichtung auf den nächsten männlichen Verwandten über (5. Mose 25, 5). Da das Privateigentum der Kern der jüdischen Volkswirtschaft war, überwog die doppelte Moral: der Mann durfte viele Frauen besitzen, aber die Frau gehörte nur einem einzigen Manne. Der Ehebruch, das heißt die Unterhaltung von Beziehungen zu einer Frau, die von einem anderen Mann gekauft und bezahlt worden war, galt als eine Verletzung des Eigentumsrechtes, und beiden Teilen wartete die Todesstrafe (3. Mose 20, 10; 5. Mose 22, 22). Sexuelle Ausschweifungen waren den Frauen verboten, wurden aber beim Manne als ein verzeihliches Vergehen gewertet. Die Scheidung stand dem männlichen Partner frei, gestaltete sich aber für die Gattin bis in die Tage des Talmuds als maßlos schwierig. Der Ehemann scheint allerdings von seinen Vorrechten keinen übertriebenen Gebrauch gemacht zu haben; er wird uns alles in allem als seiner Frau und seinen Kindern eifrig ergeben geschildert. Und obwohl die Liebe keine Ehen begründete, erblühte sie oft in ihnen. Isaak «nahm die Rebekka, und sie ward sein Weib, und er gewann sie lieb. Also ward Isaak getröstet über seine Mutter.» (1. Mose 24, 67) Wahrscheinlich erreichte das Familienleben mit Ausnahme etwa des Fernen Ostens bei keinem anderen Volke ein so hohes Niveau wie bei den Juden.

DER VORDERE ORIENT

Das achte Gebot heiligte das Privateigentum* und bildete mit der hohen Bedeutung von Religion und Familie den Grundstein der hebräischen Gesellschaft. Das Eigentum bestand beinahe vollständig aus Grundbesitz; es gab bis zu den Tagen Salomos außer der Töpferei und den Schmiedearbeiten nur wenig Industrie. Sogar der Ackerbau befand sich auf niederer Stufe, da sich der Großteil der Bevölkerung aus Schaf- und Viehhirten zusammensetzte oder Wein-, Oliven- und Feigengärten besaß. Die Menschen lebten mehr in Zelten als in Häusern, wohl um leichter nach frischen Weideplätzen ziehen zu können. Aus dem wachsenden wirtschaftlichen Überschuß erblühte allmählich der Handel, und schon bald galten die jüdischen Kaufleute in Damaskus, Sidon, Tyrus und selbst im Bereiche des Tempels dank ihrer Zähigkeit und Geschicklichkeit als recht erfolgreich. Da man bis zur Babylonischen Gefangenschaft keine Münzprägung kannte, dienten Gold und Silber nach dem Gewicht als Tauschmittel. Eine große Zahl von Bankiers finanzierte den Handel und die industriellen Unternehmungen. Wenn diese «Geldverleiher» zu ihrem Geschäft die Höfe des Tempels benutzten, so darf dies nicht erstaunen; denn diese Sitte war im Orient weit verbreitet und findet sich noch heute an vielen Orten. Jahve schützte die immer größer werdende Macht der jüdischen Finanzmänner: «So wirst du vielen Völkern leihen, und du wirst von niemand borgen» (5. Mose 15, 6; 28, 12) – eine großzügige Philosophie, die riesige Vermögen entstehen ließ, in unserem Jahrhundert allerdings kaum den Eindruck erweckt, göttlich inspiriert zu sein.

Wie in andern Ländern des Vorderen Orients verwendeten auch die Israeliten die Kriegs- und Strafgefangenen als Sklaven und beschäftigten sie als Holzfäller oder als Knechte, die in harter Fron das Material für die öffentlichen Arbeiten, wie den Tempel und Palast Salomos, herbeischaffen mußten. Es besaß aber kein Herr eines Sklaven das Recht auf dessen Leben, vielmehr durfte der Sklave selbst Eigentum erwerben und sogar die Freiheit erkaufen. Es kam auch vor, daß jemand für unbezahlte Schulden als Leibeigener verschachert wurde oder an seiner Statt die Kinder hergeben mußte. Diese Zustände dauerten bis zu den Tagen Christi an (2. Kön. 4, 1; Matth. 18, 25). Diese typischen Institutionen des Vorderen Orients wurden durch eine freigebige Mildtätigkeit und einen entschlossenen Feldzug der Priester und Propheten gegen die Ausbeutung abgeschwächt. Hoffnungsvoll verkündete der Kodex: «So übervorteile nun keiner seinen Nächsten» (3. Mose 25, 17), und forderte, daß die Juden ihre Leibeigenen alle sieben Jahre freiließen und daß sie die Schulden unter ihresgleichen strichen (2. Mose 21, 2; 5. Mose 15, 12). Da nun manche Eigentümer von Sklaven diese Postulate zu wenig den praktischen Bedürfnissen angepaßt fanden, verkündete das Gesetz mit noch größerem Nachdruck die Institution des Jubeljahres, wodurch alle fünfzig Jahre die sämtlichen Sklaven und Schuldner befreit werden sollten. «Und ihr sollt das fünfzigste Jahr heiligen und sollt ein Freijahr ausrufen im Lande allen, die darin wohnen; denn es ist euer Halljahr. Da soll ein jeglicher bei euch wieder zu seiner Habe und zu seinem Geschlecht kommen.» (3. Mose 25, 10)

Wir haben keine Beweise dafür, daß dieses schöne Edikt befolgt wurde, aber wir müssen zugeben, daß die Priester keine Gelegenheit vorübergehen ließen, bei der sie nicht die Mildtätigkeit dringend empfahlen. «Wenn deiner Brüder irgend einer arm ist», so predigten sie, «... so sollst du dein Herz nicht verhärten noch deine Hand zuhalten gegen deinen armen Bruder, sondern sollst sie ihm auftun und ihm leihen, nach dem er Mangel hat.» Und weiter forderten sie: «Und sollst nicht Zinsen von ihm nehmen noch Wucher.» (5. Mose 15, 7–8; 3. Mose 25, 36) Auch die Sabbatruhe wirkte sich wohltuend aus und wurde auf Hausangestellte und sogar auf Tiere ausgedehnt. Ferner ließ man auf dem Acker vereinzelte Garben stehen und sammelte im Garten nicht ganz alles Obst ein, damit den Armen die Nachlese bleibe (2. Mose 20, 10; 5. Mose 24, 19–20). Und obgleich diese milden Gaben hauptsächlich für jüdische Mitbürger bestimmt waren, sollte auch «der Fremde in den Toren» mit Entgegenkommen behandelt werden, Ob-

---

* Theoretisch gehörte das Land Jahve (3. Mose 25, 23).

DAS ALTE ISRAEL

dach und Nahrung erhalten und ehrenvolle Aufnahme finden. Zu jeder Zeit wurde den Juden ins Gedächtnis gerufen, daß auch sie einst heimatlos, sogar Leibeigene in fremdem Land gewesen waren.

Das neunte Gebot verlangte absolute Ehrlichkeit der Zeugenaussage und half, da jeder Schwur eine religiöse Handlung darstellte, die glaubensmäßige Fundierung des jüdischen Staates stützen Die Zeremonie der Eidleistung vollzog sich derart, daß der Schwörende nach altem Brauch seine Hand auf die Genitalien des Betreffenden, dem er schwor, halten (1. Mose 24, 2–3) und Gott zum Zeugen und Richter anrufen mußte. Wer falsch aussagte, der sollte dem Gesetzbuch entsprechend die gleichen Strafen erleiden, die er seinen Opfern zugedacht hatte. Das religiöse Gesetz stellte das einzige Recht Israels dar, und Priester und Tempel bildeten die einzigen Richter und Gerichtshöfe. Wer es ablehnte, den Entscheid der Diener Jahves anzuerkennen, der wurde zum Tode verurteilt (5. Mose 17, 8–12). In Fällen zweifelhafter Schuld rief man durch das Trinken von vergiftetem Wasser ein Gottesurteil herbei (4. Mose 5, 27–29). Es gab nur den religiösen Mechanismus, um das Gesetz zu handhaben, so daß die Befolgung der Gebote dem persönlichen Gewissen und der öffentlichen Meinung anheimgestellt wurde. Kleinere Vergehen löste man durch Beichte und eine Geldbuße ab (4. Mose 5, 6–8). Gemäß den Weisungen Jahves stand auf Mord, Kinderraub, Abgötterei, Ehebruch, Schlagen und Verfluchen der Eltern, Sklavendiebstahl und «Liegen bei einem Tiere» die Todesstrafe. Nicht so streng wurde die Tötung der Leibeigenen geahndet (2. Mose 21, 15–21; 22, 18). Dagegen hatten Zauberinnen im israelitischen Staat ihr Leben verwirkt (2. Mose 21, 17). Der Gott der Hebräer begnügte sich damit, daß der Geschädigte im Falle eines Mordes selbst das Gesetz vollstreckte: «Der Rächer des Bluts soll den Totschläger zum Tode bringen; wo er ihm begegnet, soll er ihn töten.» (4. Mose 35, 19) Es gab jedoch Städte, die dem flüchtigen Mörder in ihren Mauern Schutz gewährten und ihn dem Strafvollzug des Rächers entzogen (5. Mose 19). Im allgemeinen beruhte das Strafprinzip auf der *lex talionis:* «Seele um Seele, Auge um Auge, Zahn um Zahn, Hand um Hand, Fuß um Fuß, Brand um Brand, Wunde um Wunde, Beule um Beule» (2. Mose 21, 23–25); doch darf man annehmen, es sei nie strikte durchgeführt worden. Der Mosaische Kodex weist, obwohl er mindestens fünfzehnhundert Jahre später als Hammurabis Gesetzbuch *niedergeschrieben* wurde, dennoch strafrechtlich keine Fortschritte auf. Als Rechtsordnung bedeutet er eher noch einen Schritt zur primitiven geistlichen Herrschaft zurück.

Das zehnte Gebot zeigt uns, mit welcher Selbstverständlichkeit die Frau als Eigentum betrachtet wurde. «Laß dich nicht gelüsten deines Nächsten Hauses. Laß dich nicht gelüsten deines Nächsten Weibes, noch seines Knechtes, noch seiner Magd, noch seines Ochsen, noch seines Esels, noch alles, was dein Nächster hat.» (2. Mose 20, 17) Ist dies nicht eine wunderbare Vorschrift, die, wenn sie befolgt würde, einen großen Teil der Angst und Nervosität des Lebens zu beseitigen vermöchte? Sonderbar genug, das größte aller Gebote findet sich unter den zehn nicht aufgezählt, obgleich es einen Teil des «Gesetzes» darstellt. Wie verloren steht es im Leviticus 19, 18, unter einer «Wiederholung verschiedener Gesetze». Es lautet sehr einfach: «Du sollst deinen Nächsten lieben wie dich selbst.»

Im allgemeinen bildeten die Leitsätze Mose ein ehrfurchtgebietendes Werk. Doch wiesen sie im einzelnen die Unzulänglichkeiten ihrer Zeit auf und bekannten sich zu Tugenden, die in den damaligen Verhältnissen verwurzelt lagen. Wir dürfen nicht vergessen, daß das Ganze ein richtunggebendes Idealbild einer menschlichen Gemeinschaft, eine Art «priesterliche Utopie» darstellte, die sich weit über das wirkliche Leben erhob. Gleich anderen Gesetzbüchern stieg auch der Mosaische Kodex im Ansehen, je mehr er übertreten wurde. Doch sein Einfluß auf das Verhalten des Volkes erwies sich als ebenso kräftig wie die meisten ähnlichen Werke, und als die Juden ihr Vaterland ver-

302 DER VORDERE ORIENT

lassen mußten und ihre nunmehr zweitausendjährige Wanderung antraten, da wurden die vielen Vorschriften und Anweisungen zu einem reinen Leben zum unverlierbaren geistigen Besitz der Nation, zu einem «verlegbaren Vaterland», wie Heine sich ausdrückte. Das Gesetz hielt die Gläubigen zusammen, auch wenn sie in alle Lande zerstreut waren, es bewahrte ihren Stolz trotz aller Demütigungen und ließ sie zu einem anscheinend unzerstörbaren Volke heranwachsen.

VII. DIE BIBEL
ALS LITERARISCHES UND PHILOSOPHISCHES WERK

Die Geschichte · Der Roman · Die Dichtung · Die Psalmen · Das Hohelied · Die Sprüche · Hiob
Die Idee der Unsterblichkeit · Der Pessimismus des Predigers Salomo · Das Erscheinen Alexanders

Das Alte Testament stellt nicht nur ein Gesetzbuch dar, es bildet vielmehr auch einen Niederschlag von Geschichte, Dichtung und Philosophie höchsten Ranges. Auch wenn wir alle legendenhaften Züge und den frommen Priesterbetrug weglassen und zugeben, daß die historischen Bücher nicht so wahrheitsgetreu sind und kein so hohes Alter besitzen, wie unsere Voreltern annahmen, so erkennen wir nichtsdestoweniger in dem Werk einige der ältesten und besten uns bekannten geschichtlichen Aufzeichnungen. Die Bücher der Richter, Samuels und der Könige mögen, wie manche Gelehrte vermuten, in aller Hast während oder kurz nach der Verbannung zusammengestellt worden sein, um die nationalen Traditionen eines zerstreuten und gedemütigten Volkes zu sammeln und zu bewahren; doch dessenungeachtet sind die Geschichten von Saul, David und Salomo in Struktur und Stil unvergleichlich viel feiner als die anderen historischen Schriften des Vorderen Orients. Selbst die Genesis offenbart sich, wenn wir sie mit dem nötigen Verständnis für die Mythen lesen und von den Genealogien absehen, als eine wunderbare, ohne jede Verbrämung oder Ausschmückung erzählte Geschichte, voller Schlichtheit, Kraft und Lebensfreude. Und in einem gewissen Sinne haben wir es hier nicht mit Geschichte, sondern mit Geschichtsphilosophie zu tun; es handelt sich um die erste bekannte Bemühung des Menschen, die Vielfalt vergangener Ereignisse zu einer Einheit zusammenzufassen, ihr einen alles durchdringenden Zweck zugrunde zu legen, einen Sinn ausfindig zu machen und ein Gesetz von Ursache und Wirkung zu erkennen, das späteren Generationen behilflich sein konnte. Die von den Propheten und den Priesterautoren des Pentateuchs verkündete Geschichtsauffassung überlebte Griechenland und Rom um mehr als tausend Jahre, um später in der Weltanschauung europäischer Denker von Boethius (um 480–524) bis zu Bossuet (1627–1704) neu in Erscheinung zu treten.

In jenem Vorfeld der Phantasie, wo Geschichte und Poesie sich berühren, finden wir die zauberhaft schönen Erzählungen der Bibel. Es gibt im Reiche der Prosa kaum etwas Vollkommeneres als das Buch Ruth. Und wie entzücken die Geschichten von Isaak und Rebekka, von Jakob und Rahel, von Joseph und Benjamin oder die ansprechenden Le-

DAS ALTE ISRAEL 303

bensbeschreibungen von Simson und Delila, von Esther, Judith und Daniel. Mit dem Lobgesang Mose (Exodos 15) und dem herrlichen Deboralied (Richter 5) begann die poetische Literatur der Hebräer, um schließlich die gewaltige Höhe der Psalmen* zu erreichen. Die Bußhymnen der Babylonier hatten diese Loblieder vorbereitet und ihnen vielleicht nicht nur die Form, sondern auch den Stoff geliefert. Auch scheint es, daß Echnatons Sonnengesang Psalm 104 zum Vorbild gedient hat. Die Mehrzahl der unter Davids Namen bekannten Preis- und Bußlieder sind wohl kaum die Schöpfung ein und desselben Geistes, sondern vielmehr die Erzeugnisse verschiedener Dichter, die lange nach dem Exil, wahrscheinlich im dritten Jahrhundert v. Chr., verfaßt wurden. Aber das alles ist ebenso gleichgültig wie der Name oder die Quellen Shakespeares, wesentlich ist einzig der Inhalt, der zu den Spitzenleistungen der lyrischen Dichtung der ganzen Welt gezählt werden muß. Man darf die Psalmen nicht ohne Unterbrechung lesen oder gar mit dem Geiste des Kritikers an sie herantreten. Die höchste Vollendung erreichen sie dort, wo sie Augenblicke gottesfürchtiger Ekstase und anfeuernden Glaubens darstellen. Das Störende bilden für uns die bitteren Verwünschungen, die ermüdenden «Seufzer» und Klagen und die endlosen Lobpreisungen Jahves, der mit all seiner «liebenden Herzlichkeit» mit seiner «Langmut» und «Barmherzigkeit» «Dampf von seinen Nasenlöchern und verzehrend Feuer von seinem Munde» strömen läßt (18), «den Gottlosen umzubringen» (9). Die Psalmen sind voll kriegerischen Eifers, den man kaum christlich nennen kann. Manche der Lieder sind aber auch Perlen der Zärtlichkeit und Edelsteine der Demut. «Siehe, meine Tage sind eine Hand breit bei dir ... Ein Mensch ist in seinem Leben wie Gras, er blüht wie eine Blume auf dem Felde; wenn der Wind darüber geht, so ist sie nimmer da, und ihre Stätte kennet sie nicht mehr.» (29, 103) In diesen Hymnen fühlen wir den antistrophischen Rhythmus der alten orientalischen Poesie und vernehmen beinahe die Stimmen majestätischer Chöre in wechselseitigem Gesang. Kein Dichter hat jemals die Großartigkeit der Metaphern und die lebendige Bildkraft der Psalmen übertroffen; nie ist das religiöse Empfinden tiefer oder brennender ausgedrückt worden. Diese Dichtungen berühren uns mächtiger als irgendeine Liebeslyrik; sie rühren auch die skeptische Seele, denn sie verleihen der endgültigen Sehnsucht des entfalteten Geistes eine leidenschaftliche Form – der Sehnsucht nach irgendeiner Vollendung, der das eigene Streben geweiht ist. Viele Wendungen haben auch in die Alltagssprache Eingang gefunden, so zum Beispiel «Behüte mich wie einen Augapfel im Auge» (17), «Verlasset euch nicht auf Fürsten» (146). Überall im Original finden wir Vergleiche, die niemals übertroffen wurden; denken wir nur an die köstlichen Worte: «Die Sonne geht heraus wie ein Bräutigam aus seiner Kammer und freut sich wie ein Held zu laufen den Weg.» (19) Wir können uns leider kaum vorstellen, welche Majestät und Schönheit diesen Liedern in der klangvollen Sprache ihres Ursprungs eigen gewesen war.

Wenn wir diesen Psalmen das «Hohelied Salomos» entgegenstellen, so entfaltet sich für einen Augenblick jenes sinnliche und irdische Element im jüdischen Leben, das die

---

* Psalm ist ein griechischer Ausdruck und bedeutet «Loblied».

fast ausschließlich von Propheten und Priestern verfaßten Bücher des Alten Testaments vermutlich vorsichtig vor dem Leser verbargen – ähnlich wie der «Prediger» einen Skeptizismus enthüllt, der sonst kaum in der sorgfältig ausgewählten Literatur der alten Juden erkennbar ist. Diese seltsame Liebesdichtung läßt der Phantasie freien Spielraum für alle möglichen Vermutungen. Handelt es sich hier etwa um eine Liedersammlung babylonischen Ursprungs, die die Liebe Ischtars zu Tammuz besingt? Aber wir finden darin dem Griechischen entliehene Worte. Ist also das Werk vielleicht das Produkt mehrerer anakreontischer Sänger der Juden, die der von Alexander ins alte Israel gebrachte hellenistische Geist beeinflußt hat? Achten wir aber auf die Formen der Anrede, so sehen wir, daß sich die Liebenden mit Bruder und Schwester betiteln, so daß wir an ägyptische Verhältnisse denken müssen. Darf demgemäß das Lied als ein Produkt des alexandrinischen Judentums aufgefaßt werden, ist es eine Blume, die irgendein kühner Dichter oder Sänger an den Ufern des Nils gepflückt hat? Wir wissen es nicht, und sein Vorkommen in der Bibel bleibt nach wie vor ein entzückendes Geheimnis, ebenso wie seine beinahe ironisch anmutende Eingliederung zwischen die Texte des Jesaia und des Predigers.

Mein Freund ist mir ein Büschel Myrrhen, das zwischen meinen Brüsten hanget.
Mein Freund ist mir eine Traube von Zyperblumen in den Weingärten zu Engedi.
Siehe meine Freundin, du bist schön; schön bist du, deine Augen sind wie Taubenaugen.
Siehe mein Freund, du bist schön und lieblich. Unser Bett grünt ...
Ich bin eine Blume zu Saron und eine Rose im Tal ...
Er erquickt mich mit Blumen und labt mich mit Äpfeln, denn ich bin krank vor Liebe ...
Ich beschwöre euch, ihr Töchter Jerusalems, bei den Rehen oder bei den Hinden auf dem Felde,
    daß ihr meine Freundin nicht aufweckt, noch regt, bis es ihr selbst gefällt ...
Mein Freund ist mein, und ich bin sein, der unter den Rosen weidet.
Bis der Tag kühl wird und die Schatten weichen, kehre um; werde wie ein Reh, mein Freund,
    oder wie ein junger Hirsch auf den Scheidebergen ...
Komm, mein Freund, laß uns aufs Feld hinausgehen und auf den Dörfern bleiben,
Daß wir früh aufstehen zu den Weinbergen, daß wir sehen, ob der Weinstock sprosse und seine
    Blüten aufgehen, ob die Granatbäume blühen; da will ich dir meine Liebe geben. (Hohel. 1,
    13–16; 2, 1. 5. 7. 16. 17; 7, 11. 12.)

Mit ihrem Leben und ihrer Liebe möchten die Menschen alles erfassen, das Schicksal aber teilt ihnen etwas weniger zu, als sie erträumten, und so bilden sie sich schließlich ein, daß sie nichts bekommen haben. Dies sind die drei Stadien des Pessimisten. So warnt der legendäre Salomo* die Jugend vor dem bösen Weibe und sagt: «... sie hat viele verwundet und gefällt und sind allerlei Mächtige von ihr erwürgt ... Aber wer mit einem Weibe die Ehe bricht, der ist ein Narr ... Drei (Dinge) sind mir zu wunderbar, und das vierte verstehe ich nicht: des Adlers Weg am Himmel, der Schlange Weg auf einem Felsen, des Schiffes Weg mitten im Meer und eines Mannes Weg an einer Jung-

---

* Die Sprüche sind natürlich nicht das Werk Salomos, obgleich verschiedene von ihm verfaßt sein dürften; sie schulden manches der ägyptischen Literatur und der griechischen Philosophie und sind wahrscheinlich eine im dritten oder zweiten Jahrhundert v. Chr. vorgenommene Zusammenstellung eines hellenisierten alexandrinischen Juden.

DAS ALTE ISRAEL

frau.» (Spr. 7, 26; 6, 32; 30, 18–19) Er stimmt mit Paulus überein, daß es besser ist, zu heiraten als zu entbrennen. «Freue dich des Weibes deiner Jugend. Sie ist lieblich wie eine Hinde und holdselig wie ein Reh. Laß dich ihre Liebe alle Zeit sättigen und ergötze dich allewege in ihrer Liebe .:. Es ist besser ein Gericht Kraut mit Liebe denn ein gemästeter Ochse mit Haß.» (Spr. 6, 18–19; 15, 17) Sind dies wirklich die Worte eines Ehegatten von siebenhundert Frauen?

Nach der Unzucht ist die Faulheit der größte Feind der Weisheit: «Gehe hin zur Ameise, du Fauler ... Wie lange willst du liegen, du Fauler?» «Siehst du einen Mann, der behend in seinem Geschäft, und er wird vor den Königen stehen.» (Spr. 6, 6. 9; 22, 29) Doch will der Philosoph keinen krassen Ehrgeiz dulden. So sagt er: «Wer aber eilt, reich zu werden, wird nicht unschuldig bleiben.» (Spr. 28, 20) Arbeit ist Weisheit, Worte sind eitel Torheit. «Wo man arbeitet, da ist genug; wo man aber mit Worten umgeht, da ist Mangel ... Ein Narr, wenn er schwiege, würde auch für weise gerechnet, und verständig, wenn er das Maul hielte.» (Spr. 14, 23; 17, 28) Die Lehre, die der Weise zu wiederholen nie müde wird, ist die nahezu sokratische Identifizierung von Tugend und Weisheit, die die Erkenntnis jener Schulen Alexandriens ausspricht, in denen die hebräische Theologie sich mit der griechischen Philosophie verschwisterte, um den europäischen Geist zu formen. «Klugheit ist ein Brunnen des Lebens dem, der sie hat; aber die Zucht der Narren ist Narrheit ... Wohl dem Menschen, der Weisheit findet, und dem Menschen, der Verstand bekommt! Denn es ist besser, sie zu erwerben als Silber; und ihr Ertrag ist besser als Gold. Sie ist edler denn Perlen; und alles, was du wünschen magst, ist mit ihr nicht zu vergleichen. Langes Leben ist zu ihrer rechten Hand; zu ihrer linken ist Reichtum und Ehre. Ihre Wege sind liebliche Wege, und alle ihre Steige sind Friede.» (Spr. 16, 22; 3, 13–17)

Hiob ist älter als die Sprüche; vielleicht ist das Buch im Exil verfaßt worden und beschrieb auf allegorische Weise die Gefangenen zu Babylon*. «Ich bezeichne es», sagt Carlyle, «als etwas vom Größten, was jemals mit der Feder geschrieben wurde... Ein edles Buch; aller Menschen Buch! Es ist unsere erste, älteste Auseinandersetzung mit dem uferlosen Problem – des Menschen Schicksal und Gottes Wege mit ihm hier auf dieser Erde ... Ich glaube, es gibt nichts, weder in der Bibel noch außerhalb, von gleichem literarischem Wert.» Das Problem wurzelte in der tiefen Verbundenheit der Juden mit dieser Welt. Da es in der alten jüdischen Theologie keinen Himmel gab, mußte die Tugend hier oder nie vergolten werden. Aber oft schien es, als ob nur der Bösewicht gediehen und dem Rechtschaffenen die ausgesuchtesten Leiden vorbehalten gewesen wären. «Warum», klagt der Psalmist, «gedieh der Böse in der Welt?» Warum verbarg sich Gott, anstatt den Bösen zu bestrafen und den Guten zu belohnen? (Psalm 43, 73; 74; 89, 105) Der Autor des Buches Hiob legte sich die gleichen Fragen, nur noch entschiedener, vor. Er sah in seinem Helden möglicherweise das Sinnbild des ganzen Volkes, denn wie Hiob ergeben seinem Gotte diente und doch nur Ungemach da-

---

* Die Gelehrten schreiben es versuchsweise dem fünften Jahrhundert v. Chr. zu. Sein Text ist in noch größerem Ausmaß entstellt, als dies bei den anderen Büchern der Bibel der Fall ist.

DER VORDERE ORIENT

vontrug, so hatte auch Israel in der Gefangenschaft Jahve verehrt und hatte doch den Staub gekehrt und war in Sack und Asche gegangen, während Babylon, dessen Bewohner den Herrn der Heerscharen nicht fürchteten, sondern seinen Namen schmähten, blühte. Was konnte man von einem solchen Gotte erwarten?

In einem Vorspiel im Himmel, das ein schlauer Schreiber eingefügt haben dürfte, um das Buch der Schmach zu entkleiden, gibt der Satan Jahve den Gedanken ein, Hiob stehe nur deshalb sittlich «vollkommen aufrecht» da, weil er vom Glück gesegnet sei. Würde er aber seine Gottesfurcht auch im Unglück bewahren? Jahve erlaubt dem Satan, vielfältiges Leid auf das Haupt Hiobs zu häufen. Während einiger Zeit trägt der Geprüfte sein Mißgeschick wie ein Held; aber schließlich bricht seine Seelenstärke zusammen, er erwägt, ob er Selbstmord begehen wolle, und macht seinem Gotte bittere Vorwürfe, da er ihn allem Leide preisgegeben habe. Zophar, der gekommen ist, um sich am Elend seines Freundes zu laben, besteht darauf, Gott gut zu nennen, und ist sicher, daß er den guten Menschen doch noch und sogar auf Erden belohnen wird. Doch Hiob bringt ihn mit scharfer Antwort zum Schweigen:

«Ja, ihr seid die Leute, mit euch wird die Weisheit sterben! Ich habe sowohl ein Herz als ihr ... und wer ist, der solches nicht wisse? ... Der Verstörer Hütten haben die Fülle, und Ruhe haben, die wider Gott toben, die ihren Gott in der Faust führen ... Siehe, das hat alles mein Auge gesehen und mein Ohr gehört, und ich habe es verstanden ... Aber ihr deutet's fälschlich und seid alle unnütze Ärzte. Wollte Gott, ihr schwieget, so wäret ihr weise.» (Hiob 12, 2–3.6; 13, 1.4–5)

Er denkt über die Kürze des Lebens und die Dauer des Todes nach:

«Der Mensch, vom Weibe geboren, lebt kurze Zeit und ist voll Unruhe, geht auf wie eine Blume und fällt ab, flieht wie ein Schatten und bleibt nicht ... Ein Baum hat Hoffnung, wenn er schon abgehauen ist, daß er sich wieder erneue, und seine Schößlinge hören nicht auf ... Aber der Mensch stirbt und ist dahin; er verscheidet, und wo ist er? Wie ein Wasser ausläuft aus dem See, und wie ein Strom versiegt und vertrocknet, so ist ein Mensch, wenn er sich legt, und wird nicht aufstehen ... Wird ein toter Mensch wieder leben?» (Hiob 14, 1–2.7.10.11.12.14)

Die Auseinandersetzung geht weiter, Hiob wird immer skeptischer und nennt Gott sogar seinen Widersacher. Die den Schluß dieses Kapitels bildende Erklärung – «Die Worte Hiobs haben ein Ende» – läßt vermuten, daß das ganze Buch einmal nichts anderes darstellte als ein Gespräch, wie es sich in Kreisen einer ketzerischen Minderheit unter den Juden zugetragen hatte und dem auch der Prediger Ausdruck verlieh*. Doch nun tritt ein neuer Philosoph auf. Es ist Elihu. Er verkündet in hundertfünfundsechzig Versen die Gerechtigkeit der Wege Gottes gegenüber den Menschen, und nachdem er gesprochen, redet der Herr aus dem Gewitter zu Hiob, und es hebt eine der erhabensten Stellen der Bibel an:

---

* «Der Skeptiker», schrieb jener fruchtbare Skeptiker Renan, «schreibt wenig, und seine Schriften gehen oft verloren. Das Schicksal des jüdischen Volkes ist ausschließlich religiös gewesen, und der weltliche Teil seiner Literatur mußte geopfert werden.» Die Wiederholung des «Die Toren sprechen in ihrem Herzen: Es ist kein Gott» in den Psalmen (14, 1; 53, 1) beweist, daß solche Toren eher zahlreich waren und in Israel Unruhen stifteten. Ein Hinweis auf diese Minderheit findet sich anscheinend auch im Zephanja 1, 12.

DAS ALTE ISRAEL

«Wer ist der, der den Ratschluß verdunkelt mit Worten ohne Verstand? Gürte deine Lenden wie ein Mann; ich will dich fragen, lehre mich! Wo warest du, da ich die Erde gründete? Sage an, bist du so klug! Weißt du, wer ihr das Maß gesetzt hat, oder wer über sie eine Richtschnur gezogen hat? Worauf stehen ihre Füße versenkt, oder wer hat ihr einen Eckstein gelegt, da mich die Morgensterne miteinander lobten und jauchzten alle Kinder Gottes? Wer hat das Meer mit Türen verschlossen, da es herausbrach wie aus dem Mutterleib, da ich's mit Wolken kleidete und in Dunkel einwickelte wie in Windeln, da ich ihm den Lauf brach mit meinem Damm und setzte ihm Riegel und Türen und sprach: Bis hierher sollst du kommen und nicht weiter; hier sollen sich legen deine stolzen Wellen! Hast du bei deiner Zeit dem Morgen geboten und der Morgenröte ihren Ort gezeigt? ... Bist du in den Grund des Meeres gekommen und in den Fußstapfen der Tiefe gewandelt? Haben sich dir des Todes Tore je aufgetan, oder hast du gesehen die Tore der Finsternis? Hast du vernommen, wie breit die Erde sei? Sage an, weißt du solches alles! ... Bist du gewesen, da der Schnee herkommt, oder hast du gesehen, wo der Hagel herkommt? ... Kannst du die Bande der Sieben Sterne zusammenbinden oder das Band des Orion auflösen? ... Weißt du des Himmels Ordnungen, oder bestimmst du seine Herrschaft über die Erde? ... Wer gibt die Weisheit in das Verborgene? Wer gibt verständige Gedanken? ... Will mit dem Allmächtigen rechten der Haderer? Wer Gott tadelt, soll's der nicht verantworten?» (Hiob 38; 40, 2)

Hiob befällt Grauen vor dieser Erscheinung, und Demut tritt in sein Herz. Jahve ist besänftigt und verzeiht ihm, nimmt sein Opfer in Empfang, tadelt Hiobs Freunde wegen ihrer schwachen Reden (Hiob 42, 7–8) und gibt ihm selbst vierzehntausend Schafe, sechstausend Kamele, tausend Joch Ochsen, tausend Eselinnen, sieben Söhne, drei Töchter und hundertvierzig Lebensjahre. Es ist ein unbefriedigendes, aber ein glückliches Ende: Hiob erhält alles außer einer Antwort auf seine Fragen. Das Problem blieb bestehen; und es sollte tiefe Wirkungen auf die spätere jüdische Gedankenwelt ausüben. In den Tagen Daniels (ca. 167 v. Chr.) ließ man es als unlösbar beiseite – unlösbar wenigstens im Sinne einer rein diesseitigen Welt; denn – so würden Daniel, Henoch und nach ihnen auch Kant gesagt haben – man kann keine Antwort finden, wenn man nicht an irgendein anderes Leben glaubt, an ein Leben, das jenseits des Grabes liegt, in dem alles Unrecht getilgt, der Ruchlose bestraft und der Gerechte unendlichen Lohn erben wird. Dies war eine der mannigfachen Strömungen, die in das Christentum einmündeten und es zum Siege führten.

Im Prediger* erhält das Problem eine pessimistische Antwort: Wohlstand und Unglück haben nichts mit Tugend und Laster zu tun.

«Allerlei habe ich gesehen in den Tagen meiner Eitelkeit. Da ist ein Gerechter, und geht unter in seiner Gerechtigkeit; und ist ein Gottloser, der lange lebt in seiner Bosheit ... Ich wandte mich und sah an alles Unrecht, das geschah unter der Sonne; und siehe, da waren Tränen derer, so Unrecht litten, und hatten keinen Tröster; und die ihnen Unrecht taten, waren zu mächtig ... Siehst du dem Armen Unrecht tun und Recht und Gerechtigkeit im Lande wegreißen, wundere dich des Vornehmen nicht; ... und sind noch Höhere über die beiden.» (Pred. 7, 15; 4, 1; 5, 7)

---

* Autor und Datum sind vollkommen unbekannt. Sarton schreibt das Buch des Predigers der Periode zwischen 250 und 168 v. Chr. zu. Der Autor nennt sich selbst sowohl «Koheleth» als auch den «Sohn Davids, Königs in Jerusalem» – das heißt Salomo (Pred. 1, 1).

Es sind nicht Tugend und Laster, die das Schicksal eines Menschen bestimmen, sondern es ist der blinde und erbarmungslose Zufall. «Ich wandte mich und sah, wie es unter der Sonne zugeht, daß zum Laufen nicht hilft schnell sein, zum Streit hilft nicht stark sein, zur Nahrung hilft nicht geschickt sein, zum Reichtum hilft nicht klug sein; daß einer angenehm sei, dazu hilft nicht, daß er ein Ding wohl kann; sondern alles liegt an Zeit und Glück.»[2] (Pred. 9, 11) Selbst Reichtum ist unsicher und macht nicht glückselig. «Wer Geld liebt, wird Geldes nimmer satt; und wer Reichtum liebt, wird keinen Nutzen davon haben. Das ist auch eitel ... Wer arbeitet, dem ist der Schlaf süß, er habe wenig oder viel gegessen; aber die Fülle des Reichen läßt ihn nicht schlafen.» (Pred. 5, 9. 11) Im Gedanken an seine Verwandten faßt er Malthus in einer Zeile zusammen: «Denn wo viel Guts ist, da sind viele, die es essen.» (Pred. 5, 10) Keine Legende einer goldenen Vergangenheit oder eines zukünftigen bessern Daseins kann ihn weicher stimmen: die Dinge sind immer so gewesen, wie sie jetzt sind, und werden immer so sein. «Sprich nicht ‚Was ist's, daß die vorigen Tage besser waren als diese?', denn du fragst solches nicht weislich.» (Pred. 7, 10) Und weiter: «Was ist's, das geschehen ist? Eben das hernach geschehen wird. Was ist's, das man getan hat? Eben das man hernach wieder tun wird ... geschieht auch etwas, davon man sagen möchte: Siehe, das ist neu? Es ist zuvor auch geschehen in den langen Zeiten, die vor uns gewesen sind.» (Pred. 1, 9–10) Fortschritt, denkt er, ist ein Wahn; die Zivilisationen sind in Vergessenheit geraten und werden immer wieder vergessen werden (Pred. 1, 11).

Im allgemeinen fühlt er, daß das Leben eine traurige Angelegenheit ist und man es sehr wohl entbehren könnte; es ist eine ziellose und weitschweifige Bewegung ohne dauerndes Ergebnis, die endet, wo sie angefangen hat, es ist ein unnützer Kampf, in dem nichts sicher ist außer der Niederlage.

«Es ist alles ganz eitel, sprach der Prediger, es ist alles ganz eitel. Was hat der Mensch für Gewinn von all seiner Mühe, die er hat unter der Sonne? Ein Geschlecht vergeht, das andere kommt; die Erde bleibt aber ewiglich. Die Sonne geht auf und geht unter und läuft an ihren Ort, daß sie wieder daselbst aufgehe. Der Wind geht gen Mittag und kommt herum zur Mitternacht und wieder herum an den Ort, da er anfing. Alle Wasser laufen ins Meer, doch wird das Meer nicht voller; an den Ort, da sie herfließen, fließen sie wieder hin ... Da lobte ich die Toten, die schon gestorben waren, mehr denn die Lebendigen, die noch das Leben hatten; und besser denn alle beide ist, der noch nicht ist und des Bösen nicht inne wird, das unter der Sonne geschieht ... Ein guter Ruf ist besser denn gute Salbe, und der Tag des Todes denn der Tag der Geburt.» (Pred. 1, 2–7; 4, 2–3; 7, 1)

Für einige Zeit sucht er die Antwort auf das Rätsel des Lebens in der Hingabe an die Lust. «Darum lobte ich die Freude, daß der Mensch nichts Besseres hat unter der Sonne denn Essen und Trinken und Fröhlichsein.» Aber, fährt er bald fort, «siehe, das war auch eitel» (Pred. 8, 15; 2, 1). Die große Schwierigkeit beim Genießen fleischlicher Lust ist das Weib, von dem der Prediger einen unvergeßlichen Stachel erhalten zu haben scheint. «Unter tausend habe ich *einen* Mann gefunden; aber ein Weib habe ich unter den allen nicht gefunden ... Und fand, daß bitterer sei denn der Tod ein solches Weib, dessen Herz Netz und Strick ist und deren Hände Bande sind. Wer Gott gefällt, der wird ihr entrinnen.» (Pred. 7, 28. 26) Er schließt seine Abschweifung in dieses dun-

DAS ALTE ISRAEL

309

kelste Reich der Philosophie, indem er zum Ratschlag Salomos und Voltaires (der ihn selbst aber nicht befolgte) zurückkehrt: «Brauche das Leben mit deinem Weibe, das du liebhast, solange du das eitle Leben hast, das dir Gott unter der Sonne gegeben hat.» (Pred. 9, 9)

Selbst die Weisheit ist eine fragwürdige Angelegenheit. Der Prediger spendet ihr zwar freigebig Lob, aber trotzdem hegt er den Verdacht, daß etwas mehr als ein bißchen Wissen eine gefährliche Sache bedeutet. «Denn viel Büchermachens», so schreibt er, gleichsam von einer unheimlichen Ahnung gepackt, «ist kein Ende, und viel studieren macht den Leib müde.» (Pred. 12, 12) Es dürfte weise sein, nach Weisheit zu suchen, hätte Gott ihr ein höheres Einkommen gegeben; «Weisheit ist gut mit einem Erbgut»; sonst ist sie nicht mehr als ein Fallstrick und vernichtet die, die nach ihr begehren (Pred. 7, 11. 16). Die Wahrheit ist so beschaffen wie Jahve, der zu Moses sagte: «Mein Antlitz kannst du nicht sehen; denn kein Mensch wird leben, der mich sieht.» (2. Mose 33, 20) Am Ende stirbt der Weise ebenso wie der Tor, und beide kommen an den gleichen Ort.

«Und richtete mein Herz, zu suchen und zu forschen weislich alles, was man unter dem Himmel tut. Solche unselige Mühe hat Gott den Menschenkindern gegeben, daß sie sich darin müssen quälen. Ich sah an alles Tun, das unter der Sonne geschieht; und siehe, es war alles eitel und Haschen nach Wind ... Ich sprach in meinem Herzen: Siehe, ich bin herrlich geworden und habe mehr Weisheit denn alle, die vor mir gewesen sind zu Jerusalem, und mein Herz hat viel gelernt und erfahren. Und richtete auch mein Herz darauf, daß ich erkenne Weisheit und erkenne Tollheit und Torheit. Ich ward aber gewahr, daß solches auch Mühe um Wind ist. Denn wo viel Weisheit ist, da ist viel Grämens; und wer viel lernt, der muß viel leiden.» (Pred. 1, 13–18)

All diese Pfeile schmählichen Mißgeschicks könnten mit Hoffnung und Mut ertragen werden, dürfte sich der Gerechte wenigstens auf eine Glückseligkeit jenseits des Grabes freuen. Aber auch dies, so fühlt der Prediger, ist ein Märchen; der Mensch ist ein Tier und stirbt gleich diesem.

«Denn es geht dem Menschen wie dem Vieh: wie dies stirbt, so stirbt er auch, und haben alle einerlei Odem ... denn es ist alles eitel. Es fährt alles an einen Ort; es ist alles von Staub gemacht und wird wieder zu Staub ... So sah ich denn, daß nichts Besseres ist, als daß ein Mensch fröhlich sei in seiner Arbeit; denn das ist sein Teil. Denn wer will ihn dahin bringen, daß er sehe, was nach ihm geschehen wird? ... Alles, was dir vor Handen kommt zu tun, das tue frisch; denn bei den Toten, dahin du fährst, ist weder Werk, Kunst, Vernunft noch Weisheit.» (Pred. 3, 19. 22; 9, 10)

Welch ein Kommentar für die in den Sprüchen so gepriesene Weisheit! Hier war die Kultur für einige Zeit am Ende ihres Lateins angelangt. Die Lebenskraft der Jugend Israels hatte sich in den Kämpfen mit den sie umschließenden Großmächten erschöpft. Jahve, auf den sie so sehr vertraut hatte, war ihr nicht zu Hilfe gekommen, und in ihrer Betrübnis und Zersplitterung erhob sie zum Himmel die bitterste aller Stimmen in der Literatur und drückte die tiefsten Zweifel aus, die je die menschliche Seele heimgesucht haben.

DER VORDERE ORIENT

Jerusalem war wieder erbaut worden, aber nicht als die Burg eines unbesiegbaren Gottes, sondern als eine unfreie Stadt, die bald von Persien und bald von Griechenland regiert wurde. Im Jahre 334 v. Chr. stand der junge Alexander vor ihren Toren und verlangte die Übergabe. Der Hohepriester lehnte das Ansinnen zuerst ab; aber am nächsten Morgen stimmte er unter dem Einfluß eines bedeutsamen Traumes zu. Er befahl der Geistlichkeit, ihre eindrucksvollsten Gewänder anzulegen, und dem Volke, sich in makelloses Weiß zu kleiden; dann führte er die Bevölkerung ruhig durch die Tore, um Frieden zu erbitten. Alexander verneigte sich vor dem Hohepriester, drückte seine Bewunderung für das Volk und seinen Gott aus und nahm die Kapitulation von Jerusalem entgegen.

Noch war das Ende des alten Israel nicht gekommen, sondern nur der erste Akt gespielt worden – der erste Akt eines Dramas, dessen Geschehnisse vier Jahrtausende umspannen. Das Auftreten Christi sollte den zweiten und die Mühsale des Ahasver den dritten darstellen. – Heute wird wieder ein Akt dieses nationalen Dramas im neuen Staat Israel gespielt, und nochmals dürfte es nicht der letzte sein. Zweimal zerstört und zweimal wiederaufgebaut, erstand Jerusalem im neuen Israel aufs neue, gleichsam als ein Symbol der Lebenskraft und der Standhaftigkeit einer heldenmütigen Rasse.* Das jüdische Volk ist so alt wie die Geschichte, und es kann sich ebensogut so lange behaupten wie die Kultur dieser Menschheit.

---

* Nach dem arabisch-jüdischen Krieg von 1948/49, der mit der Zweiteilung der Stadt Jerusalem endete, eroberte das neue Israel 1967 die jordanisch besetzte Altstadt von Jerusalem zurück.

SIEBENTES KAPITEL

Persien

I. AUFSTIEG UND NIEDERGANG DER MEDER

Ihr Ursprung · Ihre Herrscher · Der Blutvertrag von Sardes · Entartung

WER waren denn die Meder, die eine so wichtige Rolle bei der Zerstörung Assyriens spielten? Ihr Ursprung entzieht sich natürlich unserer Kenntnis. Die Geschichte ist ein Buch, das man in der Mitte aufschlagen muß. Wir finden die Meder zum erstenmal auf einer Tontafel erwähnt, die die Expedition Salmanassars III. in ein Land namens *Parsua* in den Gebirgen Kurdistans verzeichnet (837 v. Chr.). Dort, scheint es, herrschten siebenundzwanzig Häuptlingskönige über siebenundzwanzig spärlich bevölkerte Staaten eines Amadai, Madai, Meder benannten Volkes. Als Indogermanen waren sie wahrscheinlich tausend Jahre vor Christi Geburt von den Ufern des Kaspischen Meeres nach Westasien gekommen. Das *Zend-Avesta* (heilige Schrift der Perser) idealisiert dieses ehemalige Heimatland in der Erinnerung und beschreibt es als ein Paradies; die Stätten unserer Jugend sind, wie die Vergangenheit überhaupt, immer schön, wenn wir nicht wieder in ihnen leben müssen. Die Meder durchwanderten wohl die Gegend von Buchara und Samarkand und zogen immer weiter nach Süden, bis sie schließlich Persien erreichten. Sie fanden Kupfer, Eisen, Blei, Gold und Silber, Marmor und kostbare Steine in den Bergen, wo sie ihr neues Heim errichteten; und da sie ein einfaches und kräftiges Volk waren, entwickelten sie eine blühende Landwirtschaft in den Ebenen und auf den Hängen der Hügel.

In Ekbatana – das heißt «Treffplatz vieler Wege», wahrscheinlich das heutige Hamadan –, in einem malerischen, von den Schmelzwassern des Hochgebirges fruchtbar gemachten Tal, gründete ihr erster König Deiokes Ende des 8. Jahrhunderts v. Chr. ihre erste Hauptstadt und schmückte sie mit einem königlichen Palast, der eine Fläche von einem Quadratkilometer einnahm. Einer unbestätigten Herodotstelle zufolge gelangte Deiokes zu Ansehen, indem er sich einen Ruf der Gerechtigkeit schuf. Als ihm dies gelungen war, wurde er ein Despot. Er erließ Vorschriften, «daß niemand zum König Zutritt haben solle, aber jeder ihn durch Boten um Rat zu fragen hatte, daß es ferner als Unschicklichkeit zu erachten sei, wenn jemand vor ihm lache oder spucke. Er errichtete dieses Zeremoniell um seine Person, ... damit er als Wesen anderer Art denen erscheinen möge, die ihn nicht sahen.» Unter seiner Herrschaft entwickelten sich die durch ihr natürliches und einfaches Leben gekräftigten und durch Brauch und Umwelt für die Kriegsnotwendigkeiten gehärteten Meder zu einer Gefahr für die Macht Assyriens – das wiederholte Male in Medien einfiel, es als endgültig besiegt ansah und dann entdecken mußte, daß es nie müde wurde, um seine Freiheit zu kämpfen. Der

DER VORDERE ORIENT

größte der medischen Könige, Kyaxares, entschied die Angelegenheit durch die Zerstörung Ninives (612 v. Chr.). Nach diesem Sieg stürmte sein Heer durch Westasien bis vor die Tore von Sardes, wo eine Sonnenfinsternis es zur Rückkehr bewog. Die beiden Widersacher, über diese scheinbare Warnung des Himmels entsetzt, schlossen einen Friedensvertrag und besiegelten ihn, indem sie voneinander Blut tranken. Im nächsten Jahr starb Kyaxares, nachdem er im Verlaufe seiner Herrschaft aus seinem Land, einer unterworfenen Provinz, ein mächtiges, Assyrien, Medien und Persien umfassendes Reich gemacht hatte, das aber innerhalb einer Generation nach seinem Tode wieder unterging.

Es war von zu kurzer Dauer, um einen wesentlichen Beitrag zur Kultur leisten zu können. Es ebnete nur der Kultur Persiens den Boden. Den Persern gaben die Meder ihre arische Sprache, ihr Alphabet aus sechsunddreißig Buchstaben, ihre die Tontafeln ersetzenden Pergamentrollen und die Feder als Schreibzeug, die ausgiebige Verwendung der Säule in der Architektur, ihren Moralkodex pflichteifrigen Ackerbaus im Frieden und grenzenlosen Mutes im Kriege, ihren zoroastrischen Glauben an Ahura Mazda und Ahriman, ihre patriarchalische Familie und polygame Ehe und einen Gesetzeskörper, der jenem des späteren Reiches ähnlich genug war, daß man nach dem bekannten Ausspruch Daniels vom «Rechte der Meder und Perser, welches niemand aufheben darf»[1] sprechen durfte. Von ihrer Literatur und Kunst ist kein Buchstabe und kein Stein erhalten.

Der Niedergang der Meder erfolgte sogar noch rascher als ihr Aufstieg. Astyages, der seinem Vater Kyaxares auf dem Thron folgte, bewies aufs neue, daß die Monarchie ein Glücksspiel ist, in dessen Wechselfällen Genie und Wahnsinn eng beieinanderliegen. Er erbte das Reich mit Gleichmut und machte sich daran, es in aller Ruhe zu genießen. Sein Beispiel ließ die Nation ihre strenge Moral und ihre stoische Lebensart vergessen. Der Reichtum war zu plötzlich gekommen, um weise benutzt zu werden. Die höheren Klassen wurden Sklaven der Mode und des Luxus, die Männer trugen mit Stickereien verzierte Hosen, die Frauen bedeckten sich mit Schmuck, oft wurden sogar die Pferde mit Gold ausstaffiert. Dieses einst so schlichte Hirtenvolk, das mit rohgezimmerten Karren glücklich gewesen war, fuhr jetzt in kostbaren Wagen von Fest zu Fest. Die frühen Könige waren auf ihre Gerechtigkeit stolz gewesen. Der über Harpagos ungehaltene Astyages setzte ihm den geköpften und zerstückelten Leichnam des Sohnes vor und zwang ihn, davon zu essen. Harpagos aß und sagte, was immer auch der König tue, sei ihm angenehm. Er nahm aber Rache, indem er Kyros half, Astyages abzusetzen. Als Kyros, der glanzvolle junge Fürst des medischen Vasallenstaates Anschan, in Persien sich gegen den verweichlichten Tyrannen von Ekbatana empörte, begrüßten die Meder Kyros' Sieg und anerkannten ihn beinahe ohne Protest als König. Nach einem einzigen Gefecht hörte Medien auf, Oberherr Persiens zu sein. Persien errang die Oberherrschaft über Medien und schickte sich an, seine Macht über den Vorderen Orient anzutreten.

PERSIEN

II. DIE GROSSKÖNIGE

Der romantische Kyros · Seine aufgeklärte Politik · Kambyses
Dareios der Große · Die Invasion Griechenlands

Kyros war einer jener Herrscher von Geburt, bei deren Krönung sich, wie Emerson sagt, alle Menschen freuen. Königlich in Geist und Handeln, ebenso befähigt zu weiser Verwaltung wie zu drastischer Eroberung, edelmütig gegenüber den Besiegten und von jenen geliebt, die seine Feinde gewesen waren – kein Wunder, daß die Griechen ihn zum Gegenstand zahlloser Geschichten machten und in ihm den größten Helden vor Alexander sahen. Zu unserem Leidwesen geben weder Herodot noch Xenophon eine verläßliche Beschreibung seiner Person. Herodot schmückte seine Geschichten mit vielen Märchenzügen aus, während Xenophon aus seiner *Kyru paideia* eine Abhandlung über die Kriegskunst mit gelegentlichen Aufsätzen über Erziehung und Philosophie gemacht hat. Zuweilen vermengt Herodot die Charakterzüge von Kyros und Sokrates. Sieht man von seinen köstlichen Geschichten ab, so bleibt von Kyros nur noch ein Schemen übrig. Wir können nur sagen, daß er schön war – da die Perser ihn bis an das Ende ihrer alten Kunst zum Vorbild für Körperschönheit nahmen. Weiter wissen wir, daß er die Dynastie der Achaimeniden, der «Großkönige», die Persien in der berühmtesten Periode seiner Geschichte regierten, begründete, daß er das medische und das persische Kriegsvolk zu einer unbesiegbaren Armee zusammenschmiedete, Sardes und Babylon eroberte, die Herrschaft der Semiten über Westasien auf tausend Jahre brach und die Reiche Assyriens, Babylons, Lydiens und Kleinasiens in das persische Weltreich einfügte, das die größte politische Organisation des vorrömischen Altertums und eines der bestregierten Reiche der Geschichte überhaupt war.

Soweit wir Kyros durch den Nebel der Sage erfassen können, war er der liebenswürdigste aller Eroberer und gründete sein Reich auf Großmut. Seine Feinde wußten, daß er milde war, und kämpften gegen ihn nicht mit jenem Mute der Verzweiflung, den Menschen zeigen, die nur zwischen Töten und Getötetwerden die Wahl haben. Wir haben gesehen, wie er (nach Herodot) Kroisos vom Scheiterhaufen in Sardes befreite und ihn zu einem seiner geachtetsten Ratgeber machte; und wir hörten auch, wie großmütig er die Juden behandelte. Der erste Grundsatz seiner Politik war, den verschiedenen Völkern seines Reiches volle Glaubens- und Religionsfreiheit zu gewähren; denn er begriff den ersten Grundsatz der Staatskunst vollkommen: daß die Religion stärker ist als der Staat. Statt die Städte zu plündern und die Tempel einzuäschern, zeigte er eine liebenswürdige Achtung vor den Gottheiten der von ihm Besiegten und trug zur Erhaltung ihrer Tempel bei. Selbst die Babylonier, die ihm so lange widerstanden hatten, erwärmten sich für ihn, als sie gewahrten, wie er ihre Heiligtümer achtete und ihr Pantheon ehrte. Wo immer er auch hinkam, brachte er den örtlichen Gottheiten fromme Opfer dar. Wie Napoleon waren ihm alle Religionen recht und suchte er – wenn auch mit viel größerem Anstand – allen Göttern zu Gefallen zu sein. Wie Napoleon brachte auch ihm übermäßiger Ehrgeiz den Tod. Nach-

DER VORDERE ORIENT

dem er den ganzen Vorderen Orient unter seine Macht gebracht hatte, begann er eine Reihe von Feldzügen, um Medien und Persien vor den Einfällen der zentralasiatischen Barbaren zu befreien. Er scheint diese Streifzüge bis zum Iaxartes im Norden und bis nach Indien im Osten vorgetragen zu haben. Plötzlich, auf der Höhe seines Ruhmes, fiel er im Kampf gegen die Massageten, einen unbekannten Stamm, der die südlichen Ufer des Kaspischen Meeres bewohnte. Wie Alexander eroberte er ein Weltreich, aber er lebte nicht lange genug, um es zu organisieren.

Ein großer Mangel haftete seinem Charakter an – eine gelegentlich auftretende unberechenbare Grausamkeit. Diese Grausamkeit, aber nicht die Großmut, erbte sein halb wahnsinniger Sohn. Kambyses begann mit der Hinrichtung seines Bruders und Rivalen Smerdis. Dann lockte ihn der angehäufte Reichtum Ägyptens, und er zog aus, das Persische Reich bis zum Nil auszudehnen. Es gelang ihm, aber anscheinend auf Kosten seiner geistigen Gesundheit. Memphis fiel leicht in seine Hand, aber eine zur Besetzung der Oase von Ammon ausgesandte Perserarmee von fünfzigtausend Mann kam in der Wüste um, und eine Expedition nach Karthago endete mit einem Mißerfolg, weil die phoinikischen Mannschaften der persischen Schiffe sich weigerten, eine phoinikische Kolonie anzugreifen. Kambyses verlor den Kopf und wich von dem väterlichen Wege der Schonung und Duldsamkeit ab. Er verspottete öffentlich die ägyptische Religion und stieß seinen Dolch höhnisch in den von den Ägyptern als Gott Apis verehrten Stier. Er grub Mumien aus und plünderte königliche Gräber, ohne der alten Flüche zu achten. Er entweihte Tempel und gab Auftrag, ihre Götzen zu verbrennen. Er dachte, die Ägypter auf solche Weise von ihrem Aberglauben zu heilen. Als ihn aber die Krankheit befiel – anscheinend epileptische Krämpfe –, waren die Ägypter überzeugt, daß ihre Götter ihn bestraft hätten und daß ihre Götterlehre eine alle Diskussionen überflüssig machende Bestätigung erfahren habe. Wie um neuerdings die Nachteile der Monarchie zu veranschaulichen, tötete er seine Schwester und Ehefrau Roxana mit einem napoleonischen Fußtritt in den Magen und seinen Sohn Prexaspes durch einen Bogenschuß; auch ließ er zwölf Adlige lebendig begraben, verurteilte Kroisos zum Tode, bereute es, erfuhr voller Freude, daß das Urteil nicht vollstreckt worden war, und bestrafte die Beamten, die die Exekution verzögert hatten. Auf dem Heimweg nach Persien erreichte ihn die Meldung von der Thronbesteigung eines Usurpators und von einer Revolution, die diesen unterstützte. Von diesem Augenblicke an verschwindet er aus der Geschichte. Die Überlieferung behauptet, er sei freiwillig in den Tod gegangen.

Der Usurpator gab sich als Smerdis aus und behauptete, auf wunderbare Weise der brudermörderischen Eifersucht des Kambyses entgangen zu sein. In Wirklichkeit war er ein religiöser Fanatiker, Jünger des früheren Magierglaubens, der die Vernichtung der Lehre Zarathustras, der persischen Staatsreligion, anstrebte. Eine zweite Revolution stürzte ihn nach kurzer Zeit wieder. Die sieben Adligen, die sie angezettelt hatten, hoben einen von ihnen, Dareios, Sohn des Hystaspes, auf den Thron. Auf diese blutige Weise begann die Herrschaft des größten Königs von Persien.

PERSIEN 315

Die Thronfolge in den orientalischen Monarchien war nicht nur durch Palastrevolutionen, sondern auch durch Aufstände in den unterworfenen Kolonien gekennzeichnet. Diese benutzten die günstige Gelegenheit des Durcheinanders oder die Unerfahrenheit des Herrschers dazu, ihre Freiheit wiederzuerlangen. Die Usurpation und die Ermordung des «Smerdis» bot den persischen Vasallenstaaten eine ausgezeichnete Chance: die Statthalter Ägyptens und Lydiens verweigerten die Untertänigkeit, und die Provinzen Susiana, Babylon, Medien, Assyrien, Armenien, Sakien und andere erhoben sich gleichzeitig. Dareios bezwang sie mit schonungsloser Härte. Als er Babylon nach langer Belagerung eingenommen hatte, ließ er dreitausend führende Bürger kreuzigen, um so die anderen zum Gehorsam zu bewegen. In einer Reihe schneller Feldzüge «befriedete» er einen nach dem anderen der rebellierenden Staaten. Als er dann gewahr wurde, wie leicht das riesige Reich bei jeder Krise zerfallen konnte, zog er die Kriegsrüstung aus und wurde einer der einsichtsvollsten Reichsverwalter der Geschichte. Er organisierte sein Land auf eine Weise, die bis zum Fall Roms für den Staatsaufbau großer Reiche beispielgebend war. Seine Herrschaft gab Westasien ein Menschenalter der Ordnung und des Gedeihens, wie sie jenes streitsüchtige Gebiet nie zuvor gekannt hatte. Er hatte gehofft, in Frieden regieren zu können, aber es ist das Verhängnis der Weltreiche, immer wieder Kriege zu erzeugen. Denn das Eroberte muß von Zeit zu Zeit aufs neue erobert werden, und die Eroberer müssen die Künste und Gewohnheiten des Kriegslagers und des Schlachtfeldes bewahren. Jederzeit kann das Kaleidoskop des Wechsels ein neues Weltreich auf den Plan bringen, das das alte herausfordert. In solchen Situationen muß man Kriege erfinden, wenn sie nicht von selbst entstehen. Man muß jede Generation gegen die Rauheit der Feldzüge abhärten und ihr beibringen, es sei süß, fürs Vaterland zu sterben.

Vielleicht war es teilweise aus diesem Grunde, daß Dareios seine Armeen nach Südrußland, über den Bosporus und die Donau zur Wolga führte, um die marodierenden Skythen zu züchtigen, und ein andermal über Afghanistan und über hundert Gebirgszüge in das Industal, wodurch er ausgedehnte Gebiete und Millionen Menschenseelen und Rupien seinem Reiche hinzufügte. Tiefere Gründe müssen ihn hingegen zur griechischen Expedition bewegt haben. Herodot möchte uns glauben machen, Dareios habe diesen historischen Fehler begangen, weil eine seiner Frauen, Atossa, ihn im Bette durch ihre Neckereien dazu gebracht habe. Es ist aber würdevoller, anzunehmen, daß der König in den griechischen Stadtstaaten und in ihren Kolonien ein potentielles Weltreich oder eine tatsächliche, der persischen Oberhoheit in Westasien gefährliche Konföderation erkannte. Als Ionien sich erhob und von Sparta und Athen Hilfe erhielt, entschloß sich Dareios widerwillig zum Kriege. Die ganze Welt kennt die Geschichte seiner Überquerung des Ägäischen Meeres, die Niederlage seiner Armee bei Marathon und seine düstere Rückkehr nach Persien. Da, inmitten weitgespannter Vorbereitungen für einen zweiten Versuch zur Niederringung Griechenlands, wurde er plötzlich von einer Schwäche überfallen und starb.

III. PERSISCHES LEBEN UND GEWERBE

Das Reich · Das Volk · Die Sprache · Die Bauern · Die Reichsstraßen · Handel und Finanzen

Zur Zeit seiner größten Ausdehnung unter Dareios umfaßte das Persische Reich zwanzig Provinzen oder «Satrapien», die Ägypten, Palästina, Syrien, Phoinikien, Lydien, Phrygien, Ionien, Kappadokien, Kilikien, Armenien, Assyrien, den Kaukasus, Babylon, Medien, Persien, das heutige Afghanistan und Beludschistan, das westlich des Indus gelegene Indien, Sogdien, Baktrien und die Gebiete der Massageten und anderer zentralasiatischer Stämme umfaßten. Nie zuvor hatte die Geschichte ein so großes Gebiet in einer Hand vereinigt gesehen.

Persien selbst, das diese vierzig Millionen Seelen zweihundert Jahre lang beherrschen sollte, war damals nicht das uns heute als *Persien* (und seinen Bewohnern als *Iran*) bekannte Land. Es war ein kleiner Landstrich östlich des Persischen Golfes, den alten Persern als *Pars* und den heutigen als *Fars* oder *Farsistan* bekannt. Gebirge und Wüsten durchziehen dieses flußarme Land nach allen Richtungen, und strenge Winter und heiße, trockene Sommer* konnten seinen zwei Millionen Bewohnern keinen anderen Lebensunterhalt bieten als jenen, den Handel und Eroberung mit sich bringen. Diese Bergbewohner waren wie die Meder indogermanischen Ursprungs und kamen vielleicht aus Südrußland. Die Sprache und die Frühstufe der Religion bezeugen ihre enge Verwandtschaft mit den Ariern, die Afghanistan durchquerten, um die herrschende Kaste Nordindiens zu werden. Dareios I. nennt sich in einer Inschrift in Naksch-i-rustam selbst: «Ein Perser, Sohn eines Persers, ein Arier arischer Herkunft.» Die Zoroastrianer nannten ihr Ursprungsland *Airyana-vaejo* – «das arische Heim»**. Strabon wandte den Namen *Ariana* auf das Gebiet an, das heute mit *Iran* bezeichnet wird, was ja im wesentlichen dasselbe Wort ist.

Die Perser waren anscheinend das schönste Volk des alten Vorderen Orients. Die Denkmäler stellen sie uns aufrecht und kräftig dar, ihre Berge haben sie gehärtet, doch ihr Reichtum hat sie verfeinert. Alle weisen ein gefälliges Ebenmaß der Züge auf, eine beinahe griechische Nase und einen gewissen Adel in Haltung und Gang. Sie übernahmen größtenteils die medische Tracht und später die medische Ornamentik. Sie hielten es für unschicklich, mehr als ihr Antlitz zu zeigen; die Kleidung bedeckte sie vom Turban oder der Kappe bis zu den Sandalen oder Lederschuhen. Dreifache Unterhosen, ein weißes Unterkleid aus Leinen, ein doppelter Kittel mit langen, die Hände verbergenden Ärmeln und einem Gürtel schützten die Bevölkerung im Winter vor Kälte und ließen sie im Sommer schwitzen. Der König trug gestickte karminrote Hosen und safrangelbe Schuhe als Zeichen seiner Würde. Die Frauenkleidung unterschied sich von der der Männer nur durch einen Schlitz an der Brust. Die Männer trugen lange Bärte und ließen ihr Haar in Locken wallen oder bedeckten es später mit einer Perücke. Während der Blüte des Reichs machten Männer und Frauen viel Gebrauch von kosmetischen Artikeln; Salben wurden zur Gesichtspflege verwendet und Farbstoff auf die Augenlider aufgetragen, um Größe und Glanz der Augen zu steigern. Ein besonderer Stand der «Schmücker», von den Griechen *kosmetai* genannt, kam auf und lieferte der Aristokratie Schönheitssachverständige. Die Perser waren große Kenner der Wohlgerüche, und die Alten schrieben ihnen die Erfindung vieler kosmetischer Salben zu. Der König zog nie ohne ein Köfferchen teurer Salben und Fläschchen in den Krieg, um in Sieg oder Niederlage des Wohlgeruches sicher zu sein.

---

* In Susa, sagt Strabon, war die Sommerhitze so gewaltig, daß Schlangen und Eidechsen die Straße nicht schnell genug überqueren konnten, um dem Verbrennungstode durch die Sonnenglut zu entrinnen.

** Allgemein mit dem Distrikt Arran am Araxes identifiziert.

PERSIEN 317

Viele Sprachen wurden in der langen Geschichte Persiens gesprochen. Die Sprache des Hofes und des Adels war in den Tagen Dareios' I. das Altpersische, eine Sprache, die dem Sanskrit so nahe verwandt ist, daß es sich offenbar um zwei Dialekte einer älteren Sprache handelt, die zur gleichen Sprachfamilie gehören wie die unsere*. Das Altpersische entwickelte sich einerseits zum Zend – der Sprache des *Zend-Avesta* – und anderseits zum Pahlavi, einer Hindusprache, von der das heutige Persisch abstammt. Als die Perser zu schreiben begannen, übernahmen sie die babylonische Keilschrift für ihre Inschriften und die aramäische Buchstabenschrift für ihre Dokumente. Sie vereinfachten das schwerfällige Alphabet der Babylonier von dreihundert auf sechsunddreißig Zeichen, die allmählich zu Buchstaben (statt Silben) wurden und ein Keilschriftalphabet bildeten. Das Schreiben erschien jedoch den Persern als ein weibisches Vergnügen, für das Liebe, Krieg und Jagd nur wenig Zeit übrigließen. Literatur hervorzubringen, reizte sie nicht.

Das Volk war des Lesens und Schreibens unkundig und widmete sich ganz der Bodenkultur. Das Zend-Avesta pries den Ackerbau als die grundlegende und als die edelste Beschäftigung der Menschheit, die vor allen anderen Tätigkeiten Ahura Mazda, dem allerhöchsten Gott, wohlgefällig war. Ein Teil des Bodens war bäuerlicher Besitz, und gelegentlich schlossen sich mehrere Familien zu landwirtschaftlichen Genossenschaften zusammen, um große Bodenflächen gemeinsam zu bebauen. Ein anderer Teil gehörte dem Lehnsadel und wurde von Pächtern gegen die Ablieferung eines Teiles der Ernte bewirtschaftet. Einen dritten Teil bebauten fremde (niemals persische) Sklaven. Ochsen zogen einen mit einer Metallspitze versehenen Holzpflug. Künstliche Kanalisierungsanlagen leiteten die Gebirgswasser auf die Felder. Gerste und Weizen waren die Hauptfrüchte der Ernte und die Hauptnahrung, doch wurde auch viel Fleisch gegessen und viel Wein getrunken. Kyros gab seinen Soldaten Wein, und persische Ratsversammlungen unternahmen keine ernsten politischen Beratungen, wenn sie nüchtern waren** – allerdings unterzogen sie jeweils ihre Entscheidungen am nächsten Morgen einer Revision. Ein berauschendes Getränk, der Haoma, wurde den Göttern als erquickendes Opfer dargebracht. Man nahm an, er erzeuge nicht Erregung und Zorn, sondern Gerechtigkeit und Gottesfurcht.

Das Gewerbe war in Persien spärlich entwickelt. Das Reich gab sich damit zufrieden, daß die anderen Nationen des Vorderen Orients die Gewerbe ausübten, und kaufte deren Erzeugnisse mit den imperialen Tributen. Mehr Originalität bewies es in der Verbesserung des Verkehrs- und Transportwesens. Ingenieure bauten nach den Angaben Dareios' I. große, die verschiedenen Hauptstädte verbindende Straßen. Eine dieser Heerstraßen, die von Susa nach Sardes, war zweitausendvierhundert Kilometer lang. Die Straßen wurden genau nach Parasangs (5,5 km) ausgemessen. Nach jedem vierten Parasang, so sagt Herodot, «sind königliche Rasten und die schönsten Herbergen, und der ganze Weg geht durch bewohntes und sicheres Land»[3]. An jeder Station standen frische Pferde bereit, um den Postverkehr zu beschleunigen, so daß der gewöhnliche Reisende zwar neunzig Tage brauchte, um von Susa nach Sardes zu kommen, die königliche Post aber die gleiche Strecke ebenso schnell durchmaß wie heute ein Auto, also in etwas weniger als einer Woche. Für die größeren Flüsse wurden Fähren verwendet, aber die Ingenieure konnten, wenn sie es wünschten, über den Euphrat, ja sogar über den Hellespont, wi-

---

* Einige Beispiele der sprachlichen Übereinstimmung:

Altpersisch	Sanskrit	Griechisch	Latein	Deutsch	Englisch
pitar	pitar	pater	pater	Vater	father
nama	nama	onoma	nomen	Name	name
napat (Enkel)	napat	anepsios	nepos	Neffe	nephew
bar	bhar	pherein	ferre	ahd. beran (tragen)	bear
matar	matar	meter	mater	Mutter	mother
bratar	bhratar	phrater	frater	Bruder	brother
çta	stha	histemi	sto	stehe	stand

** Strabon berichtet: «Beim Weine beraten sie über die wichtigsten Gegenstände und fassen festere Beschlüsse als in nüchternem Zustande.»[2]

318 DER VORDERE ORIENT

derstandsfähige Brücken schlagen, über die Hunderte skeptischer Elefanten in aller Sicherheit getrieben werden konnten. Andere Straßen führten über die afghanischen Pässe nach Indien und machten aus Susa eine Zwischenstation auf dem Wege zu den bereits märchenhaften Reichtümern des Ostens. Diese Straßen waren zuerst zu militärischen und politischen Zwecken gebaut worden, nämlich um die zentrale Kontrolle und Verwaltung zu erleichtern. Sie kamen aber auch der Erweiterung des Handels, dem Austausch der Sitten und Ideen und der Verbreitung des Aberglaubens, der der Menschheit ja so unentbehrlich ist, zugute. Auf diesen Straßen kamen zum Beispiel die Engel und der Teufel aus der persischen in die jüdische und christliche Mythologie.

Die Schiffahrt war nicht so stark fortgeschritten wie der Verkehr zu Lande. Die Perser hatten keine eigene Flotte und heuerten oder verpflichteten sich die Schiffe der Phoiniker und Griechen. Dareios baute einen großen Kanal, der Persien durch das Rote Meer und den Nil mit dem Mittelmeer verband. Aber die Nachlässigkeit der Nachfolger lieferte diese technische Errungenschaft sehr bald dem Triebsand aus. Als Xerxes einem Teile seiner Flotte den königlichen Befehl erteilte, Afrika zu umsegeln, kehrte er kurz nach der Durchfahrt der Säulen des Herkules schmachvoll um. Der Handel war größtenteils in den Händen von Fremden – Babyloniern, Phoinikern und Juden. Die Perser verachteten den Handel und hielten einen Marktplatz für eine Brutstätte der Lüge. Die Reichen sahen ihren Stolz darin, ihren Bedarf unmittelbar aus den Erzeugnissen ihrer Felder und Werkstätten zu decken, ohne sich die Finger mit Kauf und Verkauf zu beschmutzen. Zahlungen, Darlehen und Zinsleistungen erfolgten zuerst in Waren, besonders in Vieh und Korn; die Münzprägung wurde später aus Lydien übernommen. Dareios ließ Gold- und Silber«dareiken» prägen, die sein Bildnis* trugen. Das Wechselverhältnis zwischen Gold- und Silbermünzen war 13,5 : 1. Hierin liegt der Ursprung der modernen bimetallistischen Währungssysteme.

IV. EIN REGIERUNGSEXPERIMENT

Der König · Die Adligen · Das Heer · Das Recht · Eine grausame Strafe · Die Hauptstädte
Die Satrapien · Eine Errungenschaft der Verwaltung

Das Leben Persiens war eher politisch und militärisch als wirtschaftlich bedeutsam. Der Reichtum des Landes fußte nicht auf Gewerbefleiß, sondern auf Macht. Der Perser lebte und regierte recht unsicher auf einer kleinen Insel in einem ungeheuren Meer unnatürlich unterworfener Völker. Die Reichsorganisation, die dieses Kunsterzeugnis erhielt, war eine der besten und leistungsfähigsten der Geschichte. An ihrer Spitze stand der König oder *Khschathra*, das heißt «Krieger»**. Der Titel weist auf den militärischen Ursprung und Charakter der persischen Monarchie hin. Da er geringere Könige zu Vasallen hatte, bezeichnete sich der persische Herrscher als «König der Könige», und die Alte Welt legte gegen diesen Anspruch keinen Protest ein. Die Griechen nannten ihn einfach *basileus*, «König». Seine Macht war theoretisch unbegrenzt. Er konnte mit einem Worte töten ohne Gerichtsverfahren, ohne Angabe eines Grundes, nach der Art moderner diktatorischer Systeme. Und gelegentlich übertrug er dieses Vorrecht mutwilliger Abschlachtung auf seine Mutter oder seine Hauptfrau. Selbst

---

* Das Wort *dareikos* hat keine Beziehung zum Namen Dareios; es kommt von dem persischen *zariq* «Goldstück». Dreitausend Golddareiken waren ein persisches Talent.

** Das Wort lebt im heutigen Titel des persischen Königs – *Schah* – weiter. Der Wortstamm erscheint auch in *Satrap* (Provinzbeamter Persiens) und in *Kschatriya* (Kriegerkaste Indiens).

PERSIEN   319

von den hohen Aristokraten wagten nur wenige, Kritik zu üben, und die öffentliche
Meinung war ohnmächtig. Der Vater, dessen unschuldiger Sohn vor seinen Augen vom
Pfeile des Königs durchbohrt worden war, beglückwünschte den Monarchen zu seiner
vortrefflichen Meisterschaft im Bogenschießen. Die auf königlichen Befehl der Prügelstrafe unterworfenen Missetäter dankten Seiner Majestät für das gütige Erinnern. Der
König konnte ebensogut herrschen wie auch regieren, wenn er, wie Kyros und Dareios I., Lust hatte, sich anzustrengen. Die späteren Monarchen aber übertrugen die
meisten Regierungsgeschäfte adligen Untergebenen oder kaiserlichen Eunuchen und
verbrachten ihre Zeit mit Liebesfesten, beim Würfelspiel und auf der Jagd. Der Hof
wimmelte von Eunuchen*, die ihre vorteilhafte Stellung als Haremswächter und als
Prinzenerzieher unter jeder Herrschaft dazu ausnutzten, ein giftiges Gebräu der Intrige zu brauen. Der König hatte das Recht, seinen Nachfolger unter seinen Söhnen
auszusuchen, gewöhnlich blieb aber die Thronfolge dem Mord oder der Revolution
überlassen.

Die königliche Macht war praktisch durch den Einfluß des Adels begrenzt, der als
Mittler zwischen Volk und Thron fungierte. Es war ein Brauch, daß die Familien der
sechs Männer, die mit Dareios I. die Gefahren des Aufstandes gegen den falschen
Smerdis geteilt hatten, außergewöhnliche Vorrechte genossen und in allen Angelegenheiten von vitalem Interesse um Rat gefragt wurden. Viele Adlige lebten am Hof und
bildeten einen Kronrat, auf dessen Meinung der König gewöhnlich die größte Rücksicht nahm. Die meisten Mitglieder der Aristokratie waren dem Thron verpflichtet,
da sie ihren Grundbesitz vom König erhielten. Als Gegendienst belieferten sie ihn mit
Soldaten und Material, wenn er in den Krieg zog. Innerhalb ihrer Lehen hatten sie beinahe unbeschränkte Autorität – sie hatten das Recht, Steuern zu erheben, Gesetze zu
erlassen, Urteile zu vollstrecken und eigene Streitkräfte zu unterhalten.

Die wirkliche Grundlage der königlichen Macht und der Reichsregierung war die Armee.
Ein Weltreich besteht nur so lange, als es seine überlegene Fähigkeit zu töten beibehält. Im
Kriegsfalle waren alle tauglichen Männer von fünfzehn bis fünfzig Jahren wehrpflichtig. Als ein
Vater dreier Söhne an Dareios die Bitte stellte, einer von ihnen möchte vom Kriegsdienst be-
freit werden, wurden alle drei hingerichtet; und als ein anderer Vater, der vier Söhne auf dem
Schlachtfeld hatte, Xerxes bat, den fünften zu Hause zu belassen, damit er den Familienacker
bestellen könne, wurde der Körper dieses fünften Sohnes auf Befehl des Königs in zwei Teile
zerschnitten und zu beiden Seiten der von den Truppen benutzten Straße niedergelegt. Schmet-
ternde Militärmusik begleitete die Soldaten, und der laute Beifall der nicht dienstpflichtigen
Bürger begrüßte sie.

An der Spitze der Armee stand die königliche Garde – zweitausend Reiter und zweitausend
Männer zu Fuß, lauter Adlige –, deren Aufgabe es war, den König zu schützen. Das aktive Heer
setzte sich ausschließlich aus Persern und Medern zusammen und stellte die meisten der als
Druckmittel an den strategischen Punkten des Reiches errichteten Garnisonen. Das Gesamtheer
bestand aus ausgehobenen Truppen jeder unterworfenen Nation, jede Gruppe mit ihrer eigenen
Sprache und mit ihren eigenen Waffen und Kriegsgewohnheiten. Ihre Ausrüstung und ihr Gefolge
waren ebenso verschiedenartig wie ihre Herkunft: Bogen und Pfeile, Türkensäbel, Wurfspieße,

---

* Fünfhundert kastrierte Knaben kamen jährlich aus Babylon, um als «Wächter der Frauen» in den persischen Harems zu wirken.

320 DER VORDERE ORIENT

Dolche, Piken, Schleudern, Messer, Schilde, Helme, lederne Brustharnische, Panzerhemden, Pferde, Elefanten, Herolde, Schreiber, Eunuchen, Troßdirnen, Konkubinen und Wagen, deren Radnaben mit großen Stahlsensen versehen waren. Diese ganze Menschenmasse, die bei der Expedition des Xerxes 1 800 000 Mann stark war, erreichte nie eine Einheitlichkeit und verwandelte sich beim Anzeichen einer Niederlage in einen ungeordneten Pöbelhaufen. Der Sieg war das Ergebnis einer nur zahlenmäßigen Kraft und der elastischen Fähigkeit, die Verluste auszugleichen. Es war das Schicksal dieser Masse, zu unterliegen, sobald sie einem wohlorganisierten Heer, das nur eine Sprache sprach und nur einer Disziplin unterstand, begegnete. Darin bestand das Geheimnis von Marathon und Plataiai.

In einem solchen Staate war das einzige Recht der Wille des Königs und die Macht der Armee. Keines Mannes Rechte waren geheiligt wider diese, und kein Präzedenzfall außer einem früheren Erlaß des Königs konnte Gültigkeit haben. Denn Persien rechnete es sich besonders hoch an, daß seine Gesetze sich nie änderten und daß ein königliches Versprechen oder Dekret unwiderruflich war. In seinen Verordnungen und Entscheiden galt der König als vom Gotte Ahura Mazda selbst inspiriert. Deshalb war das Reichsrecht der göttliche Wille, und jede Rechtsverletzung war eine Gotteslästerung. Der König war der oberste Richter, doch war es seine Gewohnheit, mit dieser Funktion die gelehrten älteren Männer aus seinem Gefolge zu betrauen. Unter ihm wirkte ein Hoher Gerichtshof aus sieben Mitgliedern, und unter diesem standen die über das ganze Reich verstreuten Obergerichte. Die Priester formulierten das Gesetz, und lange Zeit waren sie auch Richter. Später hatten Laien, Männer und Frauen, das Richteramt inne. Man konnte gegen Bürgschaft freigelassen werden, außer bei besonders wichtigen Fällen, und ein reguläres Gerichtsverfahren wurde befolgt. Das Gericht legte manchmal ebenso Belohnungen wie Strafen fest und zog in der Beurteilung eines Verbrechens die Unbescholtenheit und die Verdienste des Angeklagten in Betracht. Gegen Verzögerungen in der Rechtsprechung wurde durch Bestimmung einer Zeitgrenze für jeden Rechtsfall und den Vorschlag für die Wahl eines Schiedsrichters zur friedlichen Schlichtung der Zwistigkeit angekämpft. Als das Recht verwickelter wurde und sich die Präzedenzfälle mehrten, kamen die «Sprecher des Rechts» auf, die sich den Streitgegnern zur Führung ihrer Prozesse und zur Auslegung des Gesetzes anboten. Beeidigungen wurden vorgenommen, und gelegentlich griff man auf das Gottesurteil zurück. Bestechung galt für Geber und Nehmer als schweres Verbrechen. Kambyses erhöhte die Redlichkeit der Gerichte, indem er einem ungerechten Richter bei lebendigem Leibe die Haut abziehen ließ und sie zur Polsterung der Richterbank – auf die er den Sohn des Verurteilten als Richter setzte – verwandte.

Eine kleinere Strafe war die Stäupung – fünf bis zweihundert Hiebe, mit einer Reitpeitsche verabreicht. Die Vergiftung eines Schäferhundes trug zweihundert Hiebe ein, Menschenmord neunzig. Die Spesen der Rechtsverwaltung wurden teilweise durch die Verwandlung von Prügelstrafen in Geldbußen (nach dem Tarif von sechs Rupien für jeden Schlag) bestritten. Auf schwereren Verbrechen stand Kennzeichnung mit einem Brandmal, Verkrüppelung, Verstümmelung, Blendung, Gefängnis oder Tod. Der Buchstabe des Gesetzes verbot einem jeden, sogar dem König, gegen einen Mann wegen eines einfachen Verbrechens ein Todesurteil zu fällen, doch konnte die Todes-

PERSIEN

strafe auf Verbrechen wie Verrat, Raub, Sodomie, Mord, «Selbstbefleckung», Toten-
verbrennung oder -bestattung, Eindringen in die Privatgemächer des Königs, Annäherung an eine seiner Beischläferinnen, zufälliges Sitzen auf seinem Throne oder auf jedwede das Mißfallen des Herrscherhauses erregende Handlung verhängt werden. In solchen Fällen wurde der Tod durch Vergiften, Pfählen, Kreuzigen, Erhängen (gewöhnlich mit dem Kopf nach unten), Steinigen, Zermalmen des Kopfes zwischen riesigen
Steinen, Schmoren des Opfers in glühender Asche oder durch einen unglaublich grausamen Ritus, «die Boote»* genannt, herbeigeführt. Einige dieser barbarischen Strafen
wurden den einbrechenden Türken einer späteren Zeit vermacht und gingen in das Erbe
der Menschheit über.

Mit diesen Gesetzen und dieser Armee suchte der König, seine zwanzig Satrapien
von seinen vielen Hauptstädten aus – ursprünglich Pasargadae, gelegentlich Persepolis,
im Sommer Ekbatana, gewöhnlich Susa – zu regieren. In Susa, der früheren Hauptstadt
Elams, beschreibt die Geschichte des alten Vorderen Orients einen vollen Kreis, den
Anfang und das Ende verbindend. Die Stadt bot den Vorteil der Unzugänglichkeit und
die Nachteile der weiten Entfernung. Alexander mußte dreitausendsechshundert Kilometer zurücklegen, um sie einzunehmen, aber sie mußte ihre Truppen zweitausendvierhundert Kilometer weit aussenden, um Aufstände in Lydien oder Ägypten zu unterdrücken. Letzten Endes ebneten die großen Heerstraßen lediglich den Weg für die
physische Eroberung Westasiens durch Griechenland und Rom und die theologische
Eroberung Griechenlands und Roms durch Westasien.

Das Reich war zur Erleichterung der Verwaltung und Besteuerung in Provinzen oder
Satrapien gegliedert. Jede Provinz wurde im Namen des Königs der Könige zuweilen
von einem Vasallenfürsten, gewöhnlich aber von einem Satrapen (Herrscher) regiert,
dessen Herrschaftsperiode von der Dauer seiner Gunst bei Hofe abhing. Um diese Satrapen in der Hand zu halten, sandte Dareios in jede Provinz einen General, um ihre
Streitkräfte unabhängig vom Regierenden zu beaufsichtigen. Und um seiner Sache dreifach sicher zu sein, ernannte er in jeder Provinz einen Sekretär, der sowohl vom Satrapen wie auch vom General unabhängig war und dem König Bericht über deren Verhal-

---

* Weil der Soldat Mithridates beim Bechern unbesonnenerweise mit der Tatsache herausplatzte, daß er
und nicht der König es gewesen war, der Kyros den Jüngeren in der Schlacht von Kunaxa getötet hatte, befahl Artaxerxes II., so erzählt Plutarch, «daß Mithridates den Tod in den Booten erleiden sollte, was auf folgende Weise geschieht: Man nimmt zwei ganz gleich geformte und aufeinander vollkommen passende Boote
und legt in eines von ihnen den Übeltäter auf den Rücken. Dann deckt man es mit dem anderen Boote zu,
wohl achtend, daß Kopf, Hände und Füße des Verurteilten außerhalb des Bootes bleiben, während der Rest
des Körpers im Boote verschlossen bleibt. Man bietet sie ihm Nahrung, und wenn er sich weigert, zu essen,
zwingen sie ihn dazu, indem sie in seine Augen stechen. Wenn er dann gegessen hat, überschütten sie ihn
mit einer Mischung aus Milch und Honig, die sie ihm in den Mund und über das ganze Gesicht gießen. Dann
halten sie sein Gesicht dauernd der Sonne zugekehrt; es ist von zahllosen Fliegen, die sich darauf niederlas-
sen, verdeckt und verborgen. Und da er innerhalb der Boote das tut, was alle jene, die essen und trinken,
tun müssen, quellen aus der Fäulnis der Exkremente allerlei Kriechtiere und Würmer hervor, die in seine
Eingeweide eindringen und seinen Körper verzehren. Wenn der Mann offensichtlich tot ist, nehmen sie das
zu oberst gelegene Boot fort und sehen, daß sein Fleisch aufgefressen ist und daß die Schwärme widerlicher
Kriechtiere immer tiefer in seine Eingeweide dringen. Auf solche Weise verschied Mithridates endlich nach
einer siebzehntägigen Qual.»[4]

ten zu erstatten hatte. Als weitere Vorsichtsmaßregel konnte jederzeit ein als «des Königs Augen und Ohren» bekannter Geheimdienst zur Überprüfung der Verwaltungsgeschäfte, der Akten und der Finanzen der Provinz erscheinen. Zuweilen wurde der Satrap ohne Gerichtsverhandlung abgesetzt, zuweilen auf Befehl des Königs von seinen Sklaven in aller Stille vergiftet. Im Dienste der Satrapen und des Sekretärs stand eine Beamtenhorde, die all jene Regierungstätigkeiten besorgte, die nicht unmittelbare Gewaltanwendung erforderlich machten. Dieser Beamtenkörper behielt seine Stellung von einer Verwaltung, ja sogar von einer Herrschaft zur anderen bei. Der König stirbt, aber die Bürokratie ist unsterblich.

Die Gehälter dieser Provinzbeamten wurden nicht vom König, sondern von dem von ihnen regierten Volke bezahlt. Die Vergütung reichte aus, um die Satrapen mit Palästen, Harems und ausgedehnten Jagdgründen, denen die Perser den historischen Namen *Paradies* gaben, auszustatten. Außerdem mußte jede Satrapie dem König jährlich einen bestimmten Betrag an Geld und Waren als Steuern erstatten. Indien sandte 4680 Talente, Assyrien und Babylon 1000, Ägypten 700, die vier Satrapien Kleinasiens je 1760 usw., was einen Gesamtbetrag von 14 560 Talenten ausmachte. Nach verschiedenen Berechnungen entspricht das einem Betrag von etwa 160 bis 218 Millionen Dollar (Kurs von 1935: 1 Dollar = RM 2,49) im Jahr. Überdies mußte jede Provinz zur Deckung des königlichen Bedarfs an Gütern und Vorräten beitragen: Ägypten hatte jährlich Korn für 120 000 Mann zu liefern; die Meder sandten 100 000 Schafe, die Armenier 30 000 Füllen, die Babylonier 500 junge Eunuchen. Andere Quellen des Reichtums vergrößerten diese Einkünfte so sehr, daß Alexander, als er die persischen Hauptstädte nach hundertfünfzigjähriger persischer Verschwendung, nach hundert kostspieligen Aufständen und Kriegen und nachdem Dareios III. auf seiner Flucht 8000 Talente mitgenommen hatte, eroberte, in den königlichen Schatzämtern immer noch 180 000 Talente vorfand – etwa 2 700 000 000 Dollar.

Trotz dieser hohen Steuerlasten für seine Dienste war das persische Weltreich das erfolgreichste Experiment einer imperialen Regierungsform, das die Mittelmeerwelt vor dem Erscheinen Roms gekannt haben dürfte. Rom konnte vom politischen Aufbau und der Verwaltungsform dieses früheren Reiches erben. Die Grausamkeit und die Ausschweifung der späteren Monarchen, die gelegentliche Barbarei der Gesetze wurden durch die Ordnung und den Frieden wettgemacht, welche die Provinzen trotz der gewaltigen Besteuerung reich machten, und durch eine Freiheit, wie sie nur die aufgeklärtesten Weltreiche den unterworfenen Staaten zubilligten. Jedes Gebiet behielt seine eigene Sprache, die eigenen Gesetze, Sitten und Gebräuche, die eigene Religion sowie das eigene Münzwesen bei und zuweilen auch die eingeborene Dynastie. Viele der tributpflichtigen Nationen, wie Babylon, Phoinikien und Palästina, waren mit ihrer Lage sehr zufrieden und hielten es für wahrscheinlich, daß ihre eigenen Generäle und Steuerbeamten sie noch viel grausamer gerupft hätten. Unter Dareios I. war das persische Weltreich eine Spitzenleistung der politischen Organisation. Nur Trajan, Hadrian und die Antonine sollten sie wieder erreichen.

PERSIEN

V. ZARATHUSTRA

Das Erscheinen des Propheten · Die persische Religion vor Zarathustra · Die Bibel Persiens
Ahura Mazda · Die guten und die bösen Geister · Ihr Kampf um den Besitz der Welt

Die persische Legende erzählt, daß viele Jahrhunderte vor Christi Geburt ein großer Seher in *Airyana-vaejo*, der alten «Heimstätte der Arier», erschien. Sein Volk
nannte ihn Zarathustra. Die Griechen, die mit der Orthographie der «Barbaren»
wenig nachsichtig umsprangen, nannten ihn Zoroastres. Er war göttlich empfangen
worden: sein Schutzengel war in eine Haomapflanze eingegangen und mit deren Saft in
den Körper eines Priesters gelangt, als dieser gerade mit der Darbringung göttlicher
Opfer beschäftigt war. Gleichzeitig war ein Strahl des himmlischen Glanzes in den Busen einer adligen Jungfrau eingedrungen. Der Priester und das Mädchen feierten ihre
Vermählung, der gefangene Engel vermengte sich mit dem gefangenen Strahl, und Zarathustra begann zu sein. Bereits am Tage seiner Geburt lachte er laut, und die bösen
Geister, die sich um jedes Leben scharen, flohen ihn voller Tumult und Entsetzen.
Seine große Liebe zu Weisheit und Rechtschaffenheit veranlaßte ihn, sich aus der
menschlichen Gesellschaft zurückzuziehen und in einer Gebirgseinöde von Käse und
Erdfrüchten zu leben. Der Teufel versuchte ihn, aber vergebens. Seine Brust ward von
einem Schwerte durchbohrt, seine Eingeweide wurden mit flüssigem Blei gefüllt. Er
klagte nicht, er blieb seinem Glauben an Ahura Mazda, den Herrn des Lichts, dem
allerhöchsten Gotte treu. Ahura Mazda erschien ihm und händigte ihm das *Avesta*, das
Buch des Wissens und der Weisheit, aus und befahl ihm, es der Menschheit zu predigen.
Lange Zeit verlachte und verfolgte ihn die ganze Welt, aber endlich lauschte ein hoher
iranischer Fürst – Wischtaspa oder Hystaspes – freudevoll seinen Worten und versprach, für die Verbreitung des neuen Glaubens unter seinem Volke Sorge zu tragen.
So ward die Religion Zarathustras geboren. Er selbst erreichte ein sehr hohes Alter,
wurde von einem Blitzstrahl verzehrt und stieg zum Himmel empor.

Wir vermögen nicht zu sagen, wieviel an Zarathustras Lebensgeschichte wahr ist.
Vielleicht entdeckte ihn ein Josia. Die Griechen akzeptierten ihn als historisch und
rückten sein Geburtsdatum in die graue Vorzeit von 5000 Jahren vor ihrer Zeitrechnung. Berosus setzte seine Lebenszeit auf das Jahr 2000 v. Chr. fest. Die modernen Historiker weisen ihn, sofern sie überhaupt an seine Existenz glauben, der Zeit zwischen
dem zehnten und dem sechsten Jahrhundert v. Chr.* zu, jeder in ein anderes. Als er
bei den Vorfahren der Meder und Perser erschien, fand er sein Volk dem Tier-, Ah-
nen-, Erden- und Sonnenkult ergeben, im Dienste einer Religion, die viele Elemente
und Gottheiten mit der Religion der vedischen Inder gemeinsam hatte. Die Hauptgottheiten dieses Glaubens waren Mithra, der Sonnengott, Anaita, die Göttin der Fruchtbarkeit und der Erde, und Haoma, der Stiergott, der sterbend wiedererstand und der
Menschheit sein Blut als einen Unsterblichkeitstrank schenkte. Ihn verehrten die frü-

---

* Falls sein Förderer Wischtaspa der Vater Dareios' I. war, dürfte das letzte dieser Daten die größte
Wahrscheinlichkeit beanspruchen.

DER VORDERE ORIENT

hen Iranier, indem sie den berauschenden Saft des auf ihren Berghängen wachsenden Haomakrautes tranken. Zarathustra war über diese primitiven Gottheiten und über dieses dionysische Ritual empört. Er wandte sich gegen die «Magier», die Priester, die zu ihnen beteten und ihnen Opfer darbrachten. Mit all dem Mute seiner Zeitgenossen Amos und Jesaja verkündete er der Welt den einzigen Gott, Ahura Mazda, den Gott des Lichtes und des Himmels, von dem alle anderen Götter nur Erscheinungsformen und Attribute waren. Vielleicht sah Dareios I., der die neue Lehre annahm, in ihr einen Glauben, der sein Volk inspirieren und auch seine Regierung stärken würde. Von dem Augenblick seiner Thronbesteigung an erklärte er den alten Kulten und der Magierpriesterschaft den Krieg und erhob den Zoroastrianismus zur Staatsreligion.

Die Bibel des neuen Glaubens war eine Sammlung von Büchern, in denen die Jünger des Meisters dessen Aussprüche und Gebete aufgezeichnet hatten. Spätere Anhänger nannten diese Bücher *Avesta*; durch den Irrtum eines modernen Gelehrten sind sie der abendländischen Welt als *Zend-Avesta* bekannt*. Der heutige nichtpersische Leser erschrickt ob der Entdeckung, daß die erhaltenen umfangreichen Bände, obgleich kürzer als unsere Bibel, doch nur einen kleinen Bruchteil der dem Zarathustra von seinem Gotte gemachten Enthüllungen darstellen**. Das Verbliebene erscheint dem fremden und uneingeweihten Beobachter nur als eine konfuse Masse von Gebeten, Liedern, Sagen, Vorschriften, rituellen und moralischen Regeln, die hie und da durch edle Sprache, inbrünstige Ergebenheit, ethische Hoheit oder lyrische Ehrfurcht belebt wird. Wie bei unserem Alten Testament haben wir es mit einer aus verschiedenen Quellen gespeisten Komposition zu tun. Der Wissenschaftler entdeckt die Götter, die Gedanken, zuweilen sogar die Worte und Redewendungen des *Rigveda*, und zwar in einem solchen Ausmaße, daß manche indischen Gelehrten die Inspirierung des *Avesta* nicht dem Ahura Mazda, sondern den Veden zuschreiben; anderswo stößt man auf Stellen altbabylonischer Herkunft, wie die Er-

---

* Anquetil-Duperron (ca. 1771) führte das Präfix *Zend* ein, das die Perser nur zur Bezeichnung einer Übersetzung und Erläuterung des *Avesta* gebraucht hatten. Dieses ist ein Wort unbekannten Ursprungs, das wahrscheinlich wie *Veda* von der arischen Wurzel *vid* «wissen» herrührt.

** Die persische Überlieferung spricht von einem größeren *Avesta* mit 21 Büchern, die *Nasks* genannt werden. Diese sollen ihrerseits nur einen Teil der Originalfassung darstellen. Eines dieser *Nasks* ist uns vollkommen erhalten geblieben – das *Vendidad*. Der Rest ist nur fragmentarisch, in späteren Abhandlungen wie dem *Denkard* und dem *Bundahischen*, erhalten. Arabische Historiker behaupten, der Originaltext habe 12 000 Kuhhäute bedeckt. Einer geheiligten Überlieferung zufolge wurden zwei Kopien dieses Textes von Wischtaspa verfertigt; eine davon wurde vernichtet, als Alexander den königlichen Palast in Persepolis niederbrennen ließ, die andere wurde von den siegreichen Griechen mitgenommen und lieferte diesen (nach den persischen Autoritäten) in Übersetzung all ihre wissenschaftlichen Erkenntnisse. Während des dritten Jahrhunderts der christlichen Ära befahl Vologeses V., ein parthischer König der Arsakidendynastie, alle, sei es in der Erinnerung der Gläubigen, sei es in Schriften noch bestehenden Fragmente zu sammeln. Diese Sammlung wurde in ihrer gegenwärtigen Form im vierten Jahrhundert als der Kanon Zarathustras zusammengestellt und der offiziellen Religion des persischen Staates zugrunde gelegt. Diese solcherart entstandene Sammlung erlitt während der mohammedanischen Invasion Persiens im 7. Jahrhundert weitere Schäden. Die vorhandenen Bruchstücke lassen sich in fünf Teile gliedern:

(1) Das *Yasna*, 45 Kapitel der von Zoroasterpriestern rezitierten Lithurgie und 27 *Gathas* genannte Kapitel (28–54), die, anscheinend in Versform, die Reden und Offenbarungen des Propheten enthalten.

(2) Das *Vispered*, weitere 24 Kapitel Lithurgie.

(3) Das *Vendidad*, 72 Kapitel oder *Fargards*, die die Theologie und Moralgesetzgebung der Zoroasteranhänger auslegen und heute den Priesterkodex der Parsen bilden.

(4) Die *Yaschts*, das heißt «Loblieder», 21 Psalmen an die Engel, von legendären Historien und einer Prophezeiung des Weltunterganges durchsetzt.

(5) Das *Khordah Avesta* oder Kleine *Avesta*, Gebete für verschiedene Gelegenheiten des Alltagslebens.

PERSIEN · 325

schaffung der Welt in sechs Zeiträumen (Himmel, Gewässer, Erde, Pflanzen, Tiere, Mensch), die Abstammung aller Menschen von einem Urelternpaar, die Errichtung eines irdischen Paradieses, die Unzufriedenheit des Schöpfers mit seiner Schöpfung und sein Entschluß, sie mit Ausnahme eines kleinen Restes durch eine Sintflut vollkommen zu zerstören. Aber die spezifisch iranischen Elemente sind zur Charakterisierung des Ganzen ausreichend: die Welt wird im dualistischen Sinne aufgefaßt, als der Schauplatz eines seit zwölftausend Jahren anhaltenden Kampfes zwischen dem Gott Ahura Mazda und dem Teufel Ahriman; Reinheit und Ehrlichkeit sind die größten aller Tugenden und werden zum ewigen Leben führen; der Tote darf nicht begraben oder verbrannt werden wie bei den unzüchtigen Griechen oder den Hindus, er muß den Hunden und Raubvögeln zum Fraße vorgeworfen werden.

Der Gott Zarathustras war vor allem «der ganze Himmelskreis». Ahura Mazda «trägt als Gewand das feste Gewölbe des Firmaments; ... sein Körper ist das Licht und der höchste Glanz; die Sonne und der Mond sind seine Augen». In späteren Tagen, als die Religion von den Propheten auf die Politiker überging, wurde die große Gottheit als ein gigantischer König von eindrucksvoller Majestät dargestellt. Als dem Schöpfer und Herrscher der Welt stand ihm eine Legion kleinerer Gottheiten, dienender Genien, zur Seite, die ursprünglich als Formen und Kräfte der Natur – Feuer und Wasser, Sonne und Mond, Wind und Regen – gedacht waren; doch war es Zarathustra, der seinen Gott als über alle Dinge erhaben schaute und in so edlen Worten darstellte, wie wir sie im Buche Hiob finden:

«Das frage ich Dich, sage mir wahrhaftig, o Ahura Mazda: Wer bestimmte die Wege der Sonnen und der Sterne, wer ist es, der den Mond anschwellen und abnehmen läßt? ... Wer stützte von unten her die Erde und das Himmelsgewölbe und bewahrte sie vor dem Einsturz, wer erhielt die Gewässer und Pflanzen, wer gab Schnelligkeit den Winden und Wolken, wer, Ahura Mazda, erschuf den Guten Geist?»[5]

Dieser «Gute Geist» war kein menschlicher Geist, sondern eine göttliche Weisheit, ähnlich dem *Logos**, von Ahura Mazda als vermittelnde Wirkkraft der Schöpfung verwendet. Zarathustra hatte Ahura Mazda sieben Aspekte oder Eigenschaften zugeschrieben: Licht, Guten Geist, Recht, Herrschaft, Ehrfurcht, Wohlergehen und Unsterblichkeit. Seine an den Polytheismus gewohnten Jünger interpretierten diese Attribute als Personen (von ihnen *Amescha spenta*, «Unsterbliche Heilige» genannt), die, unter der Führung von Ahura Mazda, die Welt erschufen und verwalteten; auf diese Weise wurde aus dem majestätischen Monotheismus des Gründers – wie im Falle des Christentums – der Polytheismus des Volkes. Außer diesen heiligen Geistern gab es noch Schutzengel, mit denen die persische Theologie jeden Mann, jede Frau und jedes Kind versah. Aber genau wie diese Engel und die unsterblichen Heiligen den Menschen zur Tugend verhalfen, so schwebten, nach der Meinung der frommen Perser (anscheinend von der babylonischen Dämonologie beeinflußt) sieben *Daevas* oder böse Geister in der Luft, stets zu Sünde und Verbrechen verlockend und in ewigem Kampfe mit Ahura Mazda und jeder Form der Rechtschaffenheit liegend. Der Führer dieser Teufel war Angro-mainjusch oder Ahriman, Fürst des Dunkels und Herrscher der Unterwelt,

---

* Darmesteter glaubt, der «Gute Geist» sei eine halbgnostische Umgestaltung von Philons *logos theios*, dem «Göttlichen Wort», und datiert das *Yasna* auf das erste Jahrhundert v. Chr.

das Vorbild jenes geschäftigen Satans, den die Juden von den Persern übernommen und dem Christentum vermacht haben. Ahriman war es, der zum Beispiel Schlangen, Gewürm, Heuschrecken, Ameisen, Winter, Dunkelheit, Verbrechen, Sünde, Sodomie, Monatsfluß und die anderen Heimsuchungen des Lebens erschaffen hatte; und diese Erfindungen des Teufels waren es, die das Paradies, das Ahura Mazda den Ureltern der Menschheit als Wohnort zugewiesen hatte, vernichteten. Zarathustra scheint diese bösen Geister als falsche Gottheiten, volkstümliche und abergläubische Verkörperungen der abstrakten, dem menschlichen Fortschritt widerstrebenden Kräfte angesehen zu haben. Seine Jünger fanden es jedoch leichter, sie sich als lebendige Wesen zu denken, und schufen eine solche Fülle von Personifikationen, daß in späterer Zeit die Teufel der persischen Theologie nach Millionen zählten.

In der Form, den dieser Glaube bei Zarathustra hatte, grenzte er an Monotheismus. Selbst mit dem Eindringen Ahrimans und der bösen Geister blieb er, ähnlich dem Christentum mit Satan, Teufeln und Engeln, noch vorwiegend monotheistisch gerichtet; in der Tat hören wir in der frühen christlichen Theologie ebenso das Echo des persischen Dualismus wie des hebräischen Puritanertums oder der griechischen Philosophie. Der Gottesbegriff Zarathustras hätte einen so kritischen Geist wie Matthew Arnold befriedigen können: Ahura Mazda war die Gesamtheit all jener Kräfte in der Welt, die für die Rechtschaffenheit einstehen; und die Ethik lag in der Zusammenarbeit mit diesen Kräften. Überdies wurde dieser dem Monotheismus eingebaute Dualismus der Widersprüchlichkeit der Dinge so weit gerecht, wie es der reine Monotheismus niemals tun konnte; und obgleich die zoroastrischen Theologen nach der Art der Hindumystiker und der scholastischen Philosophen zuweilen behaupteten, das Böse sei unwirklich, boten sie tatsächlich eine sehr passende Theologie, um für den Durchschnittsgeist die moralischen Probleme des Lebens zu dramatisieren. Der letzte Akt des Stückes, so versprachen sie, werde – für den Gerechten – ein glückliches Ende bringen: nach vier Zeitaltern von je dreitausendjähriger Dauer, in denen abwechselnd Ahura Mazda und Ahriman vorherrschen, sollten schließlich die Kräfte des Bösen vernichtet werden, überall das Recht triumphieren und das Böse für immer zu sein aufhören. Dann sei der Zeitpunkt gekommen, da alle guten Menschen sich Ahura Mazda im Paradiese zugesellen und die Verruchten in einen Abgrund tiefster Dunkelheit stürzen, wo sie sich ewiglich von Gift nähren müssen.

VI. ZARATHUSTRAS ETHIK

Der Mensch als Schlachtfeld · Das unsterbliche Feuer · Hölle, Fegefeuer und Paradies Der Mithrakult · Die Magier · Die Parsen

Mit ihrer Schilderung der Welt als eines Kampfplatzes zwischen Gut und Böse erweckten die Zoroasteranhänger in der Vorstellungskraft des Volkes einen mächtigen, übernatürlichen Antrieb und schufen eine Grundlage für die Ethik. Die Seele des Menschen war, wie das Universum, eine Kampfstätte wohltätiger und unheilvoller Geister; jeder Mensch war, ob er es wollte oder nicht, ein Mitstreiter in der Armee Gottes oder in

PERSIEN   327

der des Teufels; jede Handlung oder Unterlassung brachte die Sache Ahura Mazdas
oder Ahrimans einen Schritt weiter. Es war eine Ethik, die sogar die Theologie übertraf – wenn die Menschen schon übernatürliche Stützen für ihre Gesittung brauchen;
sie gab dem Alltagsleben eine Würde und eine Bedeutung, größer als jedwede, die aus
einer Weltanschauung kommen konnte, welche den Menschen (in mittelalterlicher
Ausdrucksweise) als einen hilflosen Wurm oder (in moderner Ausdrucksweise) als eine
mechanische Gliederpuppe ansah. Die Menschenwesen waren nach Zarathustras Auffassung in diesem kosmischen Krieg nicht lediglich Marionetten; sie hatten einen freien
Willen, da Ahura Mazda wünschte, daß sie Persönlichkeiten aus eigenem Rechte sein
sollten; sie konnten frei wählen, ob sie dem Licht oder der Lüge folgen wollten. Denn
Ahriman war die Lebendige Lüge und jeder Lügner sein Knecht.

Aus dieser allgemeinen Auffassung ging ein ins einzelne gehender, aber einfacher
Moralkodex hervor, der sich um die goldene Regel drehte: «Jenes Wesen allein ist
gut, das nichts einem anderen antut, was für es selbst nicht gut wäre.»[6] * Die Pflicht des
Menschen, sagt das *Avesta*, ist dreifach: «Den Feind zum Freunde zu machen, den Bösen
gerecht und den Unwissenden gebildet.»[7] Die größte Tugend ist die Gottesfurcht; erst
an zweiter Stelle stehen Ehre und Rechtschaffenheit in Wort und Tat. Zinsen durften
Persern nicht aufgerechnet werden, doch waren Darlehen fast als heilig anzusehen. Die
schwerste Sünde (im Avesta wie im mosaischen Kodex) ist der Unglaube. Wir können
aus den strengen Strafen, die die Ungläubigen trafen, auf die Existenz des Skeptizismus
bei den Persern schließen; der Abtrünnige erlitt unverzüglich den Tod. Die vom Meister anbefohlene Großmut und Herzlichkeit fand praktisch keine Anwendung auf Un-
gläubige – das heißt Fremde; diese waren minderwertige Menschenarten, denen Ahura
Mazda nur deswegen die Heimatliebe eingegeben hatte, damit sie nicht in Persien eindringen sollten. Die Perser, sagt Herodot, «sind ihrer Meinung nach in allen Stücken
bei weitem die vorzüglichsten von allen Menschen»; sie glauben, daß die anderen Nationen der Vortrefflichkeit im Maße ihrer geographischen Nähe zu Persien teilhaftig
werden, «die am entferntesten von ihnen wohnen, sind die schlechtesten»[8]. Die Worte
haben einen zeitgenössischen Klang und eine universelle Bedeutung.

Da nun die Gottesfurcht die größte Tugend war, war die Verehrung Gottes durch
Reinigung, Opfer und Gebet die erste Lebenspflicht. Das Persien Zarathustras duldete weder Tempel noch Götzen; die Altäre wurden auf Hügeln, in Palästen oder im
Zentrum der Stadt errichtet und Feuer zu Ehren Ahura Mazdas oder einer kleineren
Gottheit unterhalten. Das Feuer wurde auch als Gott, Atar, «Sohn des Herrn des
Lichts», verehrt. Die Familie scharte sich um den Herd; es gehörte zum Glaubens-
ritual, das Feuer im Hause nie erlöschen zu lassen. Und das unsterbliche Feuer der Himmel, die Sonne, wurde als die höchste und ausdrucksvollste Verkörperung Ahura Mazdas oder Mithras verehrt, genau wie Echnaton sie in Ägypten angebetet hatte. «Der
Morgensonne», sagen die Schriften, «ist bis Mittag Ehrfurcht zu erweisen, der Mittags-
sonne bis zum Nachmittag und der Nachmittagssonne bis zum Abend ... Wenn die

---

* Aber im *Yasna* xlvi, 6 heißt es: «Böse ist, wer gut zum Bösen ist.» Inspirierte Worte sind selten folge-
richtig.

DER VORDERE ORIENT

Menschen der Sonne nicht Ehrfurcht erweisen, gehören die guten Werke, die sie an jenem Tage tun, nicht ihnen zu eigen.»[9] Der Sonne, dem Feuer, dem Ahura Mazda wurden Blumen, Brot, Früchte, Wohlgerüche, Ochsen, Schafe, Kamele, Pferde, Esel und Hirsche als Opfer dargebracht; ehemals, wie anderswo, waren auch Menschenopfer üblich gewesen. Die Götter nahmen nur den Geruch zu sich; die eßbaren Teile verblieben den Priestern und den Anbetern, denn – so erklärten die Magier – die Götter wollten nur die Seele des Opfers. Obgleich der Meister es verabscheute und im *Avesta* nichts darüber gesagt wird, erhielt sich das alte arische Opfer des berauschenden Haomasaftes an die Götter noch lange in zoroastrischer Zeit; der Priester trank einen Teil der heiligen Flüssigkeit und teilte den Rest in heiliger Kommunion unter die Gläubigen aus. Wenn die Leute zu arm waren, solche schmackhafte Opfer darzubringen, sprachen sie schmeichlerische Gebete. Ahura Mazda liebte es, wie Jahve, sein Lob zu schlürfen, und legte für den Frommen ein eindrucksvolles Verzeichnis seiner Fertigkeiten an, das eine Lieblingslitanei der Perser wurde.

Hatte der Perser ein Leben der Gottesfurcht und der Wahrheit gelebt, dann durfte er dem Tode unerschrocken in das Antlitz schauen: das ist ja letzten Endes einer der geheimen Zwecke der Religion. Astivihad, der Gott des Todes, findet einen jeden, wo er auch sein mag; er ist der sichere Sucher,

«den kein Sterblicher fliehen kann. Auch der nicht, der in die Tiefe geht, wie Afrasyab der Türke, der sich einen ehernen Palast unter der Erde erbaute, tausendmal so groß wie ein Mensch, mit hundert Säulen; in jenem Palaste ließ er die Sterne, den Mond und die Sonne kreisen und schuf sich Tageslicht; in jenem Palaste tat er alles nach seinem Gefallen und lebte das glücklichste Leben: mit all seiner Kraft und Zaubermacht konnte er Astivihad nicht entrinnen ... Auch nicht jener, der diese weite runde Erde, deren Saum so fern ist, durchwühlte wie Dahak, der von Osten nach Westen zog, die Unsterblichkeit zu suchen, und sie nicht fand: mit all seiner Stärke und Macht konnte er Astivihad nicht entrinnen ... Zu jedem kommt der unsichtbare, trügerische Astivihad, der weder Artigkeiten noch Bestechungen annimmt, der handelt ohne Ansehen der Person und schonungslos die Menschen dahinrafft.»[10]

Und doch – denn es liegt ebenso im Wesen der Religion, zu drohen und zu entsetzen wie zu trösten – konnte der Perser nicht furchtlos in das Antlitz des Todes blicken, wenn er nicht ein treuer Streiter Ahura Mazdas gewesen war. Jenseits dieses schrecklichsten aller Geheimnisse lagen auch eine Hölle und ein Fegefeuer und nicht nur ein Paradies. Die Seelen der Toten müssen dereinst über eine Brücke des Gerichtes schreiten: die gute Seele gelangt hinüber zur «Wohnstätte des Gesanges». Dort heißt eine «Jungfrau, strahlend und stark, mit wohlentwickelter Brust» sie willkommen, und dort lebt sie bis an das Ende der Zeit mit Ahura Mazda in Glückseligkeit, während die ruchlose Seele die Brücke nicht überqueren kann, sondern so tief in die Hölle stürzt, wie es ihrer Sündhaftigkeit entspricht. Diese Hölle war kein Hades, zu dem, wie in den früheren Religionen, alle Toten unterschiedslos hinunterstiegen; sie war ein Abgrund des Dunkels und des Schreckens, in dem die verurteilten Seelen bis an das Ende der Welt Qualen erduldeten. Wenn die Tugenden eines Menschen seine Sünden überwogen, konnte er die Reinigung einer vorübergehenden Strafe über sich ergehen lassen; hatte er viel gesündigt, aber auch gute Werke getan, so hatte er zwölftausend Jahre zu

PERSIEN 329

leiden und kam dann in den Himmel. Bereits, so sagen die guten Zoroastrianer, ist das göttliche Ende der Geschichte nahe: die Geburt Zarathustras leitete das letzte dreitausendjährige Weltzeitalter ein. Nachdem drei Propheten seiner Schule in Zeitabständen seine Lehre über die ganze Welt verbreitet haben werden, wird das Letzte Gericht stattfinden, das Reich Ahura Mazdas wird kommen, und Ahriman und alle Kräfte des Bösen werden endgültig vernichtet werden. Dann werden alle guten Seelen in einer Welt ohne Bosheit, Dunkel oder Leid ein neues Leben beginnen. «Die Toten werden aufstehen, das Leben wird in die Körper zurückkehren, und sie werden wieder atmen; die ganze physische Welt wird frei werden von Alter und Tod, von Fäulnis und Verfall, für immer und ewig.»[11]

Hier wie im ägyptischen *Totenbuch* hören wir wieder die Drohung jenes schrecklichen Letzten Gerichts, das in den Tagen der persischen Oberhoheit in Palästina aus der persischen in die jüdische Eschatologie gekommen zu sein scheint. Es war ein wunderbarer Kinderschreck, und da eine Aufgabe der Religion zweifellos darin besteht, die schwierige und notwendige Aufgabe der Alten, die Jungen zu Zucht und Ordnung anzuhalten, zu unterstützen, müssen wir zugeben, daß die Priester Zarathustras beim Brauen ihrer Theologie ein ausgezeichnetes berufliches Geschick an den Tag legten. Alles in allem war es eine prächtige Religion, weniger kriegerisch und blutrünstig, weniger götzendienerisch und abergläubisch als die anderen Religionen ihrer Zeit; und sie verdiente es nicht, so früh zu sterben.

Unter Dareios I. wurde sie eine Zeitlang zum geistigen Ausdruck einer Nation auf ihrer Höhe. Aber die Menschheit liebt die Poesie mehr als die Logik, und ohne Mythos schwindet die Kraft des Volkes. Neben der Verehrung Ahura Mazdas fand daher der Kult des Mithra und der Anaita – des Sonnengottes und der Göttin der Vegetation und Fruchtbarkeit, der Zeugung und des Geschlechts – immer neue Anhänger; und in den Tagen Artaxerxes' II. tauchen ihre Namen sogar in den königlichen Inschriften auf. Nunmehr nahm die Beliebtheit Mithras gewaltig zu, und Ahura Mazda welkte dahin, bis Mithra in den ersten Jahrhunderten unserer Zeitrechnung in der Gestalt eines göttlichen Jünglings – mit einem strahlenden Heiligenschein um das Haupt, als Sinnbild seiner ehemaligen Wesenseinheit mit der Sonne – überall im Römischen Reiche kultisch verehrt wurde und sein Kult daran teilhatte, dem Christentum das Weihnachtsfest zu geben*. Wäre Zarathustra unsterblich gewesen, er hätte an der Errichtung von Statuen Anaitas, der persischen Aphrodite, in vielen Städten des Reiches bereits wenige Jahrhunderte nach seinem Tode zutiefst Anstoß genommen. Und sicherlich hätte es sein Mißfallen erregt, daß so viele Stellen seiner Offenbarung als magische Formel zu Heilung, Weissagung und Zauberei verwendet wurden. Nach seinem Tode bemächtigte sich nämlich die alte Priesterschaft der «Weisen Männer» oder Magi seines Gedankengutes – wie Priesterschaften am Ende jeden tatkräftigen Rebellen oder Ketzer besiegen –, indem sie ihn in ihre Theologie aufnahm, ihn aufsaugte, zu den ihren zählte

---

* Weihnachten war ursprünglich ein Sonnenfest, um an der Wintersonnenwende, 22. Dezember, das Längerwerden des Tages und den Sieg der Sonne über ihre Feinde zu feiern. Aus dem Mithra-Festtag wurde schließlich ein christlicher Feiertag.

und ihn vergaß. Durch ihre strenge und monogame Lebensweise, durch tausend Vorschriften eines heiligen Rituals und einer feierlichen Reinlichkeit, durch die Enthaltsamkeit von Fleischspeisen und durch eine einfache und bescheidene Kleidung erwarben die Magi sich selbst bei den Griechen einen hohen Ruf der Weisheit und bei ihrem eigenen Volk einen nahezu grenzenlosen Einfluß. Die persischen Könige wurden ihre Schüler und trafen keine wichtige Entscheidung, ohne sie um Rat zu fragen. Die höheren Priester waren Weise, die einfachen waren Weissager und Zauberer, Stern- und Traumdeuter; das Wort *Magie* hat ihren Namen zum Ursprung. Immer schwächer wurden die zoroastrischen Elemente in der persischen Religion; eine Zeitlang lebten sie unter der Sassaniden-Dynastie (226–651 n. Chr.) wieder auf, wurden aber schließlich durch die Invasion der Mohammedaner und der Tataren ganz ausgeschaltet. Die Religion Zarathustras besteht heute nur noch bei kleinen Gemeinschaften in der Provinz Fars und bei den neunzigtausend Parsen in Indien. Diese bewahren und studieren voller Ehrfurcht die alten Schriften, verehren das Feuer, die Erde, das Wasser und die Luft als heilig und setzen ihre Toten in den «Türmen des Schweigens» aus, den Raubvögeln zum Fraße, damit die Verbrennung oder Bestattung die heiligen Elemente nicht beschmutze. Die Parsen sind ein Volk von ausgezeichneter Moral und edlem Charakter, ein lebendiger Beweis der kulturellen Wirkung der Lehre Zarathustras auf die Menschheit.

VII. LEBENSART UND SITTLICHES VERHALTEN DER PERSER

Gewalttätigkeit und Ehre · Reinlichkeitsvorschriften · Sünden des Fleisches · Ehelosigkeit · Die Ehe Die Frauen · Die Kinder · Persische Ideen über die Erziehung

Nichtsdestotrotz ist es überraschend, wieviel Brutalität trotz ihrer Religion in den Medern und Persern blieb. Dareios I., ihr größter König, erklärt in der Behistun-Inschrift: «Fravartisch wurde gefangengenommen und vor mich gebracht. Ich schnitt ihm Nase und Ohren ab, riß ihm die Zunge heraus und stach ihm die Augen aus. An meinem Hofe wurde er in Ketten gehalten; alles Volk sah ihn; später kreuzigte ich ihn in Ekbatana ... Ahura Mazda war meine große Stütze; unter dem Schutz von Ahura Mazda zerschlug meine Armee das Heer der Aufständischen und nahm Citrankakhara gefangen und brachte ihn vor mich. Dann schnitt ich ihm Nase und Ohren ab und stach seine Augen aus. Er wurde am Hofe in Ketten gehalten; alles Volk sah ihn. Nachher kreuzigte ich ihn.»[12] Die in Plutarchs Leben Artaxerxes' II. umständlich geschilderten Mordtaten geben eine blutrünstige Probe von der Ethik der späteren Höfe. Mit Verrätern kannte man kein Erbarmen. Sie und ihre Helfer wurden gekreuzigt, ihre Anhänger als Sklaven verkauft, ihre Städte geplündert, ihre Söhne kastriert, ihre Töchter in Harems verkauft. Aber es wäre unbillig, das Volk nach seinen Königen zu beurteilen; die Tugend ist keine Sensation, und tugendhafte Menschen haben, wie glückliche Nationen, keine Geschichte. Selbst die Könige zeigten gelegentlich edlen Großmut und waren bei den unzuverlässigen Griechen wegen ihrer Redlichkeit bekannt; ein mit ihnen abgeschlossener Vertrag war absolut zuverlässig, und es war ihr Ruhmestitel, daß sie nie ihr Wort brachen. Es spricht für den Charakter der Perser, daß man zwar Griechen zum Kampfe gegen Griechen mieten konnte, es aber außerordentlich selten war, daß ein Perser sich zum Kampfe gegen Perser anwerben ließ*.

---

* Als die Perser am Granikos gegen Alexander kämpften, bildeten griechische Söldner ihre Infanterie. In der Schlacht von Issos setzte sich das Zentrum der persischen Linie aus 30 000 griechischen Söldnern zusammen.

PERSIEN   331

Die Lebensart war sanfter, als das Blut und Eisen der Geschichte vermuten ließ. Die Perser führten eine freie und aufrichtige Sprache, waren großzügig, warmherzig und gastfreundlich. Die Etikette wurde bei ihnen fast ebenso peinlich genau beobachtet wie bei den Chinesen. Wenn Gleichgestellte einander trafen, umarmten sie sich und küßten einander auf den Mund; vor Personen höheren Ranges machten sie eine tiefe Ehrenbezeugung; denen niedereren Ranges boten sie ihre Wangen zum Kusse; den Gemeinen nickten sie zu. Sie hielten es für unschicklich, auf der Straße zu trinken oder zu essen, öffentlich zu spucken oder sich die Nase zu schneuzen. Bis zur Herrschaft des Xerxes war das Volk enthaltsam in Speise und Trank. Es aß nur eine Mahlzeit täglich und trank ausschließlich Wasser. Reinlichkeit kam in der Wertschätzung gleich nach dem Leben selbst. Die mit schmutzigen Händen verrichteten guten Werke waren wertlos; «denn solange einer nicht vollkommen die Fäulnis (Keime?) vernichtet, werden die Engel keinesfalls zu seinem Körper kommen»[13]. Strenge Strafen trafen jene, die sich der Verbreitung ansteckender Krankheiten schuldig machten. Bei festlichen Gelegenheiten versammelte sich das Volk in weiße Gewänder gekleidet. Der Avestakodex sieht, wie der brahmanische und der mosaische, ungemein viele zeremonielle Vorsichtsmaßregeln und Waschungen vor; die zoroastrischen Schriften sind voll von ermüdenden Vorschriften für die Reinigung des Körpers und der Seele. Abgeschnittene Haare und Nägel und Atemausdünstungen waren unreine Dinge, denen der weise Perser aus dem Wege zu gehen pflegte, wenn sie nicht gereinigt worden waren.

Auch gegen die Sünden des Fleisches war das Gesetzbuch von mosaischer Strenge. Auf Onanie stand die Prügelstrafe; und die der Unzucht oder Prostitution überführten Männer und Frauen «sollten getötet werden, mehr noch als kriechende Schlangen und heulende Wölfe»[14]. Daß die Praxis ihre übliche Distanz zur Theorie bewahrte, geht aus einer Stelle bei Herodot hervor: «Die Perser halten die gewaltsame Entführung einer Frau für eine Handlung böser Menschen; aber sich Sorgen über die Vergeltung machen, wenn sie auf solche Weise entführt worden ist, ist eine Handlung törichter Menschen; und sich nicht um sie kümmern, wenn sie entführt wurde, ist die Handlung weiser Menschen; denn es ist klar, daß sie nicht hätte entführt werden können, wenn sie nicht willig gewesen wäre.»[15] Herodot fügt an anderer Stelle hinzu: «So haben sie auch von den Hellenen die Knabenliebe gelernt»[16], und obgleich wir diesem erstklassigen Berichterstatter nicht immer glauben können, spüren wir doch eine Bestätigung dieser Behauptung aus der Heftigkeit, mit der das *Avesta* die Sodomie verurteilt; für diese Tat, so sagt es immer wieder, gibt es keine Vergebung; «nichts kann sie wegwaschen»[17].

Der Zölibat wurde vom Gesetzbuch nicht gefördert, Polygamie und Konkubinat waren dagegen gestattet; eine militärische Gesellschaft braucht viele Kinder. «Der Mann, der ein Eheweib hat», sagt das *Avesta*, «steht hoch über dem, der in Keuschheit lebt; wer ein Haus hält, steht hoch über dem, der keines hat; wer Kinder hat, steht hoch über dem, der keine hat; wer Reichtum besitzt, steht hoch über dem, der keinen hat.»[18] Diese sozialen Kriterien sind ja wohl bei allen Nationen in Geltung. Die Familie steht im höchsten Ansehen, sie ist die heiligste aller Einrichtungen. «O Erschaffer der stofflichen Welt», fragt Zarathustra Ahura Mazda, «Du Heiliger, welches ist der Zweite Ort, wo die Erde sich am glücklichsten fühlt?» Und Ahura Mazda antwortet ihm: «Es ist der Ort, wo ein Gläubiger einen Hof gründet, mit einem Priester darin, mit Vieh, mit einer Frau, mit Kindern und guten Herden darin; und wo sodann das Vieh gedeiht, die Frau gedeiht, das Kind gedeiht, das Feuer gedeiht und aller Segen des Lebens gedeiht.»[19] Das Tier – vor allem der Hund – war ein integrierender Bestandteil der Familie, wie im letzten Gebot, das der Herr Moses gab. Jeder Familie wurde eingeschärft, ein heimatloses trächtiges Tier, das sich in ihrer Nähe aufhielt, bei sich aufzunehmen und zu pflegen. Strenge Strafen trafen jene, die den Hunden ungeeignete oder zu heiße Nahrung vorsetzten; und vierzehnhundert Hiebe erhielt, wer «eine Hündin, die von drei Hunden gedeckt worden war, schlug»[20]. Der Stier wurde wegen seiner Zeugungskraft verehrt, und der Kuh wurden Gebete und Opfer dargebracht. Die Ehen wurden von den Eltern verabredet, wenn ihre Kinder das Pubertätsalter erreichten. Auswahl war reichlich vorhanden; wir hören von Ehen zwischen Bru-

332 DER VORDERE ORIENT

der und Schwester, Vater und Tochter, Mutter und Sohn. Konkubinen waren größtenteils ein
den Reichen vorbehaltener Luxus; die Aristokraten zogen nie in den Krieg ohne sie. In den späteren Tagen des Weltreichs enthielt der königliche Harem 329–360 Konkubinen, denn es war
Brauch geworden, daß keine Frau das königliche Ruhelager zweimal teilen durfte, es sei denn,
daß sie von außerordentlicher Schönheit gewesen wäre.

Zur Zeit des Propheten war die Stellung der Frau in Persien hoch: sie bewegte sich frei in
der Öffentlichkeit und trug keinen Schleier; sie besaß und verwaltete eigenes Vermögen und
konnte, wie die meisten modernen Frauen, die Geschäfte ihres Mannes in dessen Namen führen.
Nach Dareios geriet ihre soziale und rechtliche Lage, besonders bei den Reichen, in Verfall. Die
ärmeren Frauen behielten ihre Bewegungsfreiheit, weil sie arbeiten mußten; aber den anderen
wurde die während der Menstruation aufgezwungene Abgeschiedenheit auf das ganze gesellschaftliche Leben ausgedehnt und bildete den Grundstein der mohammedanischen Einrichtung
des *purdah*. Die Frauen der höheren Stände wagten sich nicht auf die Straße, außer in verhängten
Sänften, und durften nicht öffentlich in Gesellschaft von Männern verkehren; den verheirateten
Frauen war es verboten, selbst ihre nächsten Verwandten, wie den Vater oder die Brüder, zu
sehen. Die Frauen werden in den öffentlichen Inschriften Altpersiens nie erwähnt und nie auf
Denkmälern dargestellt. Größere Freiheit genossen die Konkubinen, da sie zur Unterhaltung
der Gäste ihrer Herren verwendet wurden. Selbst unter den späteren Monarchen waren die
Frauen am Hofe mächtig und wetteiferten mit den Eunuchen im Ränkeschmieden und mit den
Königen in der Raffiniertheit ihrer Grausamkeit*.

Kinder waren wie der Ehestand unerläßliche Voraussetzungen der Achtbarkeit. Söhne wurden
als wirtschaftliche Aktivpunkte für die Eltern und als militärische für den König hoch bewertet;
Mädchen waren nicht gerne gesehen, denn man mußte sie nur für eines anderen Mannes Haus
und Vorteil aufziehen. «Die Männer beten nicht um Töchter», sagten die Perser, «und die Engel zählen sie nicht zu den Gaben an die Menschheit.» [21] Der König sandte alljährlich jedem Vater vieler Söhne Geschenke, wie um deren Blut im voraus zu bezahlen. Unzucht, selbst Ehebruch konnten vergeben werden, wenn keine Abtreibung vorgenommen wurde. Die Abtreibung war das allerschwerste Verbrechen und wurde mit dem Tode bestraft. Einer der alten
Kommentare zum *Bundahischen* führt Mittel zur Empfängnisverhütung an, warnt aber das Volk
vor ihrem Gebrauch: «Über die Empfängnis wird in der Offenbarung gesagt, daß eine Frau während zehn Tagen und Nächten nach der Menstruation leicht schwanger wird, wenn man ihr bei-
schläft.» [22]

Das Kind blieb bis zum Alter von fünf Jahren in der Obhut seiner Mutter, von fünf bis sieben
in der seines Vaters. Mit sieben ging es zur Schule. Bildung blieb meistenteils den Söhnen der
Wohlhabenden vorbehalten und wurde gewöhnlich von Priestern vermittelt. Der Unterricht
fand im Tempel oder in der Wohnung des Priesters statt; es war ein Grundsatz, niemals den
Unterricht in der Nähe eines Marktplatzes abzuhalten, damit die Atmosphäre des Lügens, Flu-
chens und Betrügens, die die Bazare erfüllte, die Jungen nicht verderbe. Lehrbücher waren das
Avesta und dessen Kommentare; die Lehrgegenstände waren Religion, Heilkunde oder Recht;
die Unterrichtsmethode beschränkte sich auf Auswendiglernen und mechanisches Hersagen langer Textstellen. Die Knaben der unteren Klassen wurden nicht mit übermäßiger Gelehrsamkeit
verdorben. Nur drei Dinge wurden ihnen beigebracht: Reiten, Bogenschießen und die Wahrheit sprechen. Der höhere Unterricht dauerte bis zum zwanzigsten oder vierundzwanzigsten
Lebensjahre und war Vorrecht der adligen Sprößlinge; manche erhielten eine Sondervorberei-

---

* Statira war dem Artaxerxes eine Musterkönigin; aber seine Mutter, Parysatis, vergiftete sie aus Eifersucht und ermutigte den König, seine eigene Tochter, Atossa, zu heiraten, spielte Würfel mit ihm um das
Leben eines Eunuchen, gewann und ließ diesen bei lebendigem Leibe schinden. Als Artaxerxes die Hinrichtung eines karischen Soldaten anordnete, «verbesserte» sie seine Anweisungen, indem sie den Mann zehn
Tage lang auf der Streckfolter hielt, ihm die Augen ausstechen und geschmolzenes Blei in die Ohren gießen ließ, bis er dann endlich starb.

PERSIEN 333

tung für die öffentlichen Ämter oder für die Provinzverwaltung; alle wurden in der Kriegskunst unterrichtet. Das Leben der höheren Schulen war hart: die Schüler standen früh auf, legten große Strecken im Laufschritt zurück, ritten schwierige Pferde in scharfer Gangart, schwammen, jagten, verfolgten Diebe, bestellten den Acker, pflanzten Bäume, machten Märsche bei glühender Hitze und bitterer Kälte und lernten, jedes Klima zu ertragen, sich von einfacher Kost zu ernähren und Flüsse in voller Kriegsausstattung zu überqueren, ohne Kleidung und Rüstung zu benetzen. Es war eine Schulung, die das Herz Friedrich Nietzsches erfreut hätte – in jenen Augenblicken, da er die strahlende und vielfältige Kultur Griechenlands vergessen konnte.

VIII. WISSENSCHAFT UND KUNST

Die Heilkunst · Das Kunstgewerbe · Die Gräber des Kyros und Dareios · Die Paläste von Persepolis Der Fries der Bogenschützen · Würdigung der persischen Kunst

Die Perser scheinen die Unterweisung ihrer Kinder in jeder anderen Kunst als der des Lebens mit voller Absicht vernachlässigt zu haben. Literatur war eine Leckerei, für die sie wenig Verwendung hatten; Wissenschaft war ein Handelsartikel, den sie aus Babylon einführen konnten. Sie hatten eine gewisse Vorliebe für die Poesie und die romantische Erzählung, aber sie überließen diese Künste Mietlingen und Untergebenen und zogen die Unterhaltung durch geistreiche Konversation den stillen und einsamen Genüssen des Lesens und Studierens vor. Poesie wurde mehr gesungen als gelesen und starb mit den Sängern.

Die Heilkunde war zuerst ein Amt der Priester, das diese nach dem Grundsatz ausübten, der Teufel habe 99 999 Krankheiten erschaffen, die mit einem Gemisch von Magie und Hygiene behandelt werden müßten. Sie machten öfter von Zauberformeln als von der Medizin Gebrauch, weil die Zaubersprüche zwar die Krankheit vielleicht nicht heilen, den Patienten aber sicher nicht töten würden, was man von den Drogen nicht immer behaupten konnte. Dessenungeachtet entwickelte sich die Laienmedizin mit dem wachsenden Reichtum Persiens, und zur Zeit Artaxerxes' II. gab es eine wohlorganisierte Zunft der Ärzte und Chirurgen, deren Honorare – wie etwa im Gesetzbuch Hammurabis – je nach der gesellschaftlichen Stellung des Kranken gesetzlich festgelegt waren. Die Perser erwarteten von dem jungen Arzt, daß er seine Kunst zunächst auf die Behandlung von Ungläubigen und Fremden beschränke. Der Herr des Lichts hatte es sogar vorgeschrieben:

«O Erschaffer der stofflichen Welt, Du Heiliger, wenn ein Verehrer Gottes die Kunst des Heilens auszuüben wünscht, an wem soll er zuerst seine Fertigkeit beweisen – an den Verehrern von Ahura Mazda oder an den Verehrern der Daevas (der bösen Geister)? Ahura Mazda antwortete und sprach: An den Verehrern der Daevas soll er sich üben und nicht an den Verehrern Gottes. Wenn er mit dem Messer einen Verehrer der Daevas behandelt und dieser stirbt; wenn er einen zweiten Verehrer der Daevas mit dem Messer behandelt und dieser stirbt; wenn er einen dritten Verehrer der Daevas mit dem Messer behandelt und dieser stirbt, ist er für immer und ewig ungeeignet; lasset ihn nie einen Verehrer Gottes behandeln ... Wenn er einen Verehrer der Daevas mit dem Messer behandelt und dieser wird gesund; wenn er einen zweiten Verehrer

DER VORDERE ORIENT

der Daevas mit dem Messer behandelt und dieser wird gesund; wenn er einen dritten Verehrer der Daevas behandelt und dieser wird gesund; dann ist er für immer und ewig geeignet; er darf nach seinem Gutdünken die Verehrer Gottes behandeln und sie mit dem Messer heilen.»[23]

Da sie sich dem imperialen Gedanken verschrieben hatten, mußten die Perser ihre ganze Zeit und Kraft der Kriegführung zuwenden und waren hinsichtlich der Kunst wie die Römer weitgehend auf Import angewiesen. Sie hatten Sinn für schöne Dinge, aber sie überließen es fremden Künstlern, sie zu schaffen. Sie hatten prächtige Wohnstätten und üppige Gärten, die sie zuweilen zu Jagdparks oder zoologischen Sammlungen ausgestalteten; sie besaßen kostbare Möbel – mit Silber oder Gold überzogene oder ausgelegte Tische, mit exotischen Decken geschmückte Ruhelager, wunderbar gewirkte, farbenprächtige Teppiche; sie tranken aus goldenen Pokalen und zierten ihre Tafel mit köstlichen Vasen, die Erzeugnisse fremder Hände waren; sie liebten Tanz und Musik und das Spiel der Harfe, der Flöte und des Tamburins. Sie trugen überreichen Schmuck, von der Tiara und den Ohrringen bis zur goldenen Fußspange und den goldenen Schuhen; sogar die Männer trugen Schmuck um den Hals, an den Ohren und am Arm. Perlen, Rubine, Smaragde und Lapislazuli kamen aus dem Ausland, aber Türkise wurden aus persischen Bergwerken gewonnen und lieferten das gebräuchliche Material für die Siegelringe der Aristokraten. Edelsteine grotesker Form stellten die Züge von Lieblingsteufeln dar. Der König saß auf einem goldenen Thron unter einem von goldenen Säulen getragenen Baldachin.

Nur in der Architektur erreichten die Perser einen eigenen Stil. Unter Kyros, Dareios und Xerxes I. errichteten sie Grabstätten und Paläste, die erst zu einem sehr geringen Teil ausgegraben worden sind.* In Pasargadae verschonte Alexander mit der für ihn kennzeichnenden Großmut das Grab Kyros' I. Die Karawanenstraße zieht jetzt über das nackte Plateau, das einst die Paläste des Kyros und seines wahnsinnigen Sohnes trug; nichts ist von alldem geblieben als einige geborstene Säulen da und dort oder ein Türpfosten, der im Basrelief die Züge des Kyros trägt. Ganz in der Nähe, in der Ebene, ist das Grab, dem man das Alter von vierundzwanzig Jahrhunderten wohl ansieht: eine einfache, etwa zehn Meter hohe steinerne Kapelle von nahezu griechischer Gestalt und Formenstrenge. Einstmals war es wohl ein stolzeres Denkmal mit einem passenden Unterbau. Der heutige Grabbau sieht kahl und verloren aus und läßt die frühere Schönheit nur noch ahnen; die zerbrochenen und zerspaltenen Steine predigen uns mit der Beständigkeit der unbelebten Natur Demut. Weiter im Süden, in Naksch-i-Rustam, nahe bei Persepolis, liegt die Grabstätte Dareios' I., ähnlich einer Hindu-Kapelle, in den Felsen gehauen. Der Eingang ist so gemeißelt, daß er eine Palastfassade mit vier schlanken Säulen um ein bescheidenes Portal vortäuscht; darüber, wie auf einem Dach, tragen mehrere die unterworfenen Völker Persiens darstellende Figuren einen Thronsitz, auf dem der König in Andacht vor Ahura Mazda und dem Mond gezeigt wird. Auffassung und Ausführung sind von aristokratischer Feinheit und Einfachheit.

---

* Eine Expedition des Orientalischen Instituts der Universität Chicago hat Persepolis zwischen 1930 und 1940 freigelegt und dabei die großartigen Reliefs, Säulen und Reste des Dareios-Palastes zutage gefördert, die heute im Staatl. Museum in Teheran teilweise zu sehen sind.

PERSIEN   335

Was sonst noch von der persischen Architektur die Kriege, Invasionen, Diebstähle und Witterungsunbilden zweier Jahrtausende überstanden hat, besteht aus Palastruinen. In Ekbatana erbauten sich die frühen Könige eine Residenz aus mit Metall belegtem Zedern- und Zypressenholz, die noch in den Tagen des Polybios stand (ca. 150 v. Chr.) und nun spurlos verschwunden ist. Die eindrucksvollsten Überreste des alten Persien, die Tag um Tag der verschlingenden und wieder aussondernden Erde entrissen werden, sind die Steintreppen, die Terrasse und die Säulen in Persepolis; denn dort baute sich seit Dareios jeder Monarch einen Palast, damit sein Name nicht so schnell in Vergessenheit gerate. Die großen Freitreppen, die von der Ebene zur Anhöhe führten, auf der die Bauten standen, haben in der gesamten Architektur nicht ihresgleichen; wahrscheinlich den Treppenfluchten, die die mesopotamischen Zikkurat umgaben, nachgebildet, hatten sie indessen einen nur ihnen eigentümlichen Charakter – sie waren langsam ansteigend und so breit, daß zehn Reiter sie Seite an Seite erklimmen konnten *. Sie müssen einen prächtigen Zugang zu der riesigen, sechs bis fünfzehn Meter hohen, vierhundertfünfzig Meter langen und dreihundert Meter breiten Terrasse, die die königlichen Paläste trug, gebildet haben **. Wo die beiden Treppenfluchten von beiden Seiten kommend an ihrem höchsten Punkte zusammentrafen, stand ein großes Tor, zu dessen beiden Seiten geflügelte und mit Menschenköpfen versehene Stiere im ärgsten assyrischen Stil standen. Rechts stand das Meisterstück der persischen Architektur – das Chehil Minar, die Audienzhalle Xerxes' I., die mit ihren geräumigen Vorzimmern eine Fläche von über dreißigtausend Quadratmetern deckte –; sie war, den Umfang gerechnet, größer als das riesige Karnak oder als irgendeine europäische Kathedrale, mit Ausnahme des Mailänder Doms. Eine weitere Treppenflucht führte zur Audienzhalle; die Stiegen waren von Ziergeländern flankiert, und ihre Stützmauern waren mit den schönsten Basreliefs geschmückt, die man bisher in Persien gefunden hat. Dreizehn der einst zweiundsiebzig Säulen des Palastes von Xerxes I. stehen zwischen den Ruinen wie Palmenbäume in einer einsamen Oase; und diese Marmorsäulen, obgleich verstümmelt, zählen zu den nahezu vollkommensten Werken des Menschen. Sie sind schlanker als alle Säulen Ägyptens oder Griechenlands und steigen zur ungewöhnlichen Höhe von achtzehn Metern empor. Ihre Schäfte sind mit achtundvierzig kleinen Hohlkehlen gerieft; ihre Sockel sind glockenförmig und mit verkehrt gesetzten Blättern belegt, ihre Kapitelle haben meistenteils Blütenform, fast wie «ionische» Voluten, und sind von den Vorderteilen zweier Stiere oder Einhörner gekrönt, auf deren Nacken der Querbalken oder Architrav ruhte. Dieser war sicherlich aus Holz, denn so gebrechliche und so weit auseinanderliegende Säulen hätten schwerlich ein steinernes Hauptgesims tragen können. Die Türpfosten und die Fensterrahmen waren aus geschmücktem schwarzen Stein, der wie Ebenholz leuchtete; die Wände waren aus Backstein, doch mit glasierten Ziegeln bedeckt, deren Felder strahlende Blumen-

---

* Fergusson definierte sie als «das edelste Beispiel einer Treppenflucht, das auf der ganzen Welt zu finden ist».
** Unterhalb der Plattform lief ein kompliziertes System von Abzugskanälen, zwei Meter im Durchmesser, oft durch den festen Felsen gebohrt.

und Tierzeichnungen zierten. Die Säulen, Wandpfeiler und Treppen waren aus feinem weißen Kalkstein oder hartem blauen Marmor. Hinter diesem Chehil Minar erhob sich die «Halle der hundert Säulen»; außer einem einzigen Pfeiler und den Umrissen des allgemeinen Lageplans ist von ihr jedoch nichts erhalten geblieben. Möglicherweise waren diese Paläste die schönsten, die jemals in der Alten oder Neuen Welt erbaut worden sind.

In Susa bauten Artaxerxes I. und II. Paläste, von denen heute nur noch die Grundmauern stehen. Sie waren Backsteinbauten, von den schönsten glasierten Ziegeln, die wir kennen, geschmückt; aus Susa kommt der berühmte «Fries der Bogenschützen» – wahrscheinlich die getreuen «Unsterblichen», die über den König wachten. Die stattlichen Schützen scheinen eher für einen Empfang bei Hofe gekleidet als für den Krieg; ihre Tunika ist in leuchtenden Farben gehalten, ihr Kopf- und Barthaar ist wundervoll gekräuselt, die Hände umfassen stolz und straff die Waffen. In Susa wie auch in den anderen Hauptstädten waren Malerei und Skulptur abhängige, der Architektur dienende Künste, und die Bildhauerei war größtenteils das Werk fremder Künstler, die aus Assyrien, Babylon und Griechenland herbeigeholt wurden.

Man könnte von der persischen wie fast von jeder Kunst sagen, alle ihre Elemente seien entlehnt gewesen. Die Grabstätte des Kyros nahm ihre Form aus Lydien, die schlanken Steinsäulen waren eine verbesserte Auflage der ähnlichen Säulen Assyriens, die Kolonnaden und die Basreliefs verleugneten die ägyptische Beeinflussung nicht, die Tierkapitelle stammten aus Ninive und Babylon. Es war der Gesamteindruck, der die persische Architektur individuell und einzigartig machte – ein aristokratischer Geschmack, der die überwältigenden Säulen Ägyptens und die schweren Massen Mesopotamiens verfeinerte, bis sie sich in die Pracht und die Anmut, in das Ebenmaß und die Harmonie von Persepolis einfügten. Die Griechen vernahmen voller Erstaunen und Bewunderung von diesen Hallen und Palästen, ihre geschäftigen Reisenden und achtsamen Diplomaten brachten aufregende Berichte über die Kunst und den Luxus Persiens heim. Bald wandelten sie die doppelten Voluten und die steifnackigen Tiere dieser anmutigen Pfeiler in die glatten Lappen der ionischen Kapitelle und kürzten und verstärkten sie die Schäfte, damit diese jedes Quergebälk, sei es aus Holz oder Stein, tragen konnten. Vom Standpunkt der Architektur war von Persepolis nach Athen nur ein einziger Schritt. Der ganze Vordere Orient, im Begriffe, für tausend Jahre zu sterben, schickte sich an, sein Erbe Griechenland zu Füßen zu legen.

PERSIEN 337

IX. DER VERFALL

Wie es zum Tod einer Nation kommen kann · Xerxes · Ein Abschnitt voller Mordtaten
Artaxerxes II. · Kyros der Jüngere · Dareios der Kleine · Gründe des Verfalls:
politische, militärische, moralische · Alexander erobert Persien und rückt auf Indien vor

Das Reich des Dareios dauerte kaum ein Jahrhundert. Das moralische und nicht nur das physische Rückgrat Persiens wurde bei Marathon, Salamis und Plataiai gebrochen; die Herrscher tauschten Mars gegen Venus ein, und die Nation verfiel der Entartung und der Apathie. Der Untergang Persiens nahm bis in Einzelheiten den Untergang Roms vorweg: Unmoral und Verderbtheit beim Volke waren eine Begleiterscheinung der Gewalttätigkeit und Nachlässigkeit von seiten der Krone. Die Perser gingen, wie vor ihnen die Meder, innerhalb weniger Generationen vom Stoizismus zum Epikureismus über. Das Essen wurde die Hauptbeschäftigung der Aristokratie: diese Menschen, die sich einst zur Regel gemacht hatten, nicht mehr als eine einzige Mahlzeit am Tage einzunehmen, legten nun diese Vorschrift in dem Sinne aus, daß sie sich weiter nur eine einzige Mahlzeit gestatteten, diese aber von Mittag bis Abend ausdehnten; sie speicherten in ihren Speisekammern tausend Leckereien auf und servierten ihren Gästen oft ganze Tiere; sie füllten sich zum Platzen voll mit seltenen Fleischspeisen und verwandten ihr Genie auf das Studium neuer Saucen und Süßspeisen. Zahllose korrupte und korrumpierende Bediente scharwenzelten in den Häusern der Reichen umher, und Trunkenheit wurde das allgemeine Laster jeder Gesellschaftsschicht. Kyros und Dareios schufen Persien, Xerxes erbte es, und seine Nachfolger stürzten es in den Abgrund.

Xerxes I. war jeder Zoll ein König – äußerlich; groß und kräftig, war er mit königlicher Zustimmung der schönste Mann seines Reiches. Aber es gab noch nie einen schönen Mann, der nicht auch eitel gewesen wäre, und keinen auf seine Schönheit eitlen Mann, den nicht eine Frau an der Nase herumgeführt hätte. Xerxes gehörte einigen seiner Beischläferinnen zu gleichen Teilen und wurde für sein Volk ein Beispiel der Sinnlichkeit. Seine Niederlage bei Salamis lag in der Natur der Dinge; denn er war nur in seiner Liebe zu Pomp und Prunk groß, nicht aber in der Fähigkeit, Krisen zu begegnen und sich in Zeiten der Not in Tat und Wahrheit als König zu erweisen. Nach zwanzig Jahren Liebeshändeln und administrativer Trägheit wurde er von einem Höfling, Artabanos, ermordet und mit königlichem Pomp und allgemeiner Genugtuung bestattet.

Nur die Geschichte Roms nach Tiberius könnte in Blutrünstigkeit mit den königlichen Annalen Persiens wetteifern. Xerxes' Mörder wurde von Artaxerxes I. ermordet, dem nach einer langen Herrschaft Xerxes II. auf dem Thron folgte; wenige Wochen später erlag er seinem Halbbruder Sogdianos, den sechs Monate später Dareios II. ermordete. Dieser erstickte den Aufstand des Terituchmes, ließ ihn umbringen, seine Frau in Stücke schneiden und seine Mutter und Geschwister bei lebendigem Leibe verbrennen. Sein Sohn Artaxerxes II. mußte in der Schlacht von Kunaxa mit seinem eigenen Bruder, dem jüngeren Kyros, auf Tod und Leben kämpfen, denn dieser hatte gewaltsam die Macht an sich zu reißen versucht. Artaxerxes II. herrschte lange, tötete seinen Sohn Dareios, der sich gegen ihn verschworen hatte, und starb an gebrochenem Herzen, als er entdeckte, daß ein anderer Sohn, Ochos, seine Ermordung plante. Ochos herrschte zwanzig Jahre und wurde von seinem Feldherrn Bagoas vergiftet. Bagoas setzte Arses, den Sohn des Ochos, auf den Thron, brachte des Arses Brüder um, um dessen Stellung zu festigen, ermordete dann Arses selbst und dessen Kinder und gab das Zepter dem Kodomannos, einem zuverlässig verweichlichten Freund. Dieser regierte unter dem Namen Dareios III. acht Jahre und fiel in der Schlacht von Arbela, wo er gegen Alexander unterlag und den endgültigen Untergang seines Landes besiegelte.

Es liegt in der Natur eines Weltreiches, früh zu zerfallen; denn die Energie, die es geschaffen hat, schwindet in jenen, die es erben, gerade zu einer Zeit, da die unterworfenen Völker Kräfte sammeln, um ihre verlorene Freiheit wiederzugewinnen. Ebenso unnatürlich ist es, daß Völker, die in Sprache, Religion, Sitten und Gebräuchen verschieden sind, lange zusammenbleiben; in einer solchen Union ist nichts Organisches, und oft hält sie nur der Zwang aufrecht. In den zweihundert Jahren seiner Herrschaft tat Persien nichts, um diese Ungleichartigkeit, diese zentrifugalen Kräfte, zu vermindern; es gab sich mit der Oberhoheit über diese Völkerhaufen zufrieden und dachte nie daran, aus ihnen einen einheitlichen Staat zu bilden. Jahr um Jahr wurde es schwieriger, diese Union aufrechtzuerhalten. So wie die Tatkraft der Könige nachließ, wuchsen die Keckheit und der Ehrgeiz der Satrapen; sie bestachen die Generäle und Sekretäre, die ihre Macht teilen und einschränken sollten, oder sie schüchterten sie ein; sie vergrößerten willkürlich ihre Armeen und Einkünfte und beteiligten sich wiederholt an Anschlägen gegen den König. Die Häufigkeit der Aufstände und Kriege erschöpfte die Lebenskraft des kleinen Persien; die Kühnen starben in den Schlachten, und nur die Vorsichtigen blieben am Leben; und als man diese zum Kampfe gegen Alexander aushob und dem Feinde entgegenstellte, zeigte es sich, daß es lauter Feiglinge waren. Ausbildung und Ausrüstung der Truppen und die Taktik der Heerführer hatten keine Fortschritte erzielt; die Generäle machten im Kriege gegen Alexander kindische Schnitzer, während ihre unordentlichen, meistens mit Wurfspießen bewaffneten Mannschaften den langen Speeren und geschlossenen Reihen der Makedonen lediglich als Zielscheibe dienten. Alexander war von ausgelassener Fröhlichkeit, aber erst, als die Schlacht geschlagen war; die persischen Heerführer brachten ihre Konkubinen mit und waren ohne jeden kriegerischen Ehrgeiz. Die einzigen guten Soldaten in der persischen Armee waren die Griechen.

Von dem Tage an, da Xerxes besiegt von Salamis zurückgekehrt war, wurde es offenbar, daß Griechenland das Reich eines Tages zum Kampf herausfordern würde. Persien beherrschte das eine Ende der großen, Westasien mit dem Mittelmeer verbindenden Handelsroute, Griechenland beherrschte das andere; und die alte Gier und der Ehrgeiz der Menschen sah im Kriege den einzigen Ausweg aus dieser Situation. Sobald Griechenland einen Meister fand, der ihm die Einheit geben konnte, sollte es angreifen.

PERSIEN 339

Alexander überquerte, ohne auf Widerstand zu stoßen, den Hellespont mit einem Heer von 30 000 Fußsoldaten und 5000 Berittenen*, einer für Asien ganz unbedeutenden Streitmacht. Eine persische Armee von 40 000 Mann stellte sich ihm am Granikos entgegen; die Griechen verloren 115 Mann, die Perser 20 000. Alexander marschierte nach Süden und Osten und verbrachte ein Jahr damit, Städte zu besetzen und Kapitulationen entgegenzunehmen. Inzwischen sammelte Dareios III. eine Horde von 600 000 Soldaten und Abenteurern; fünf Tage waren nötig, um sie eine über den Euphrat geschlagene Schiffsbrücke überqueren zu lassen; sechshundert Maultiere und dreihundert Kamele waren nötig, um den königlichen Schatz zu tragen. Als die zwei Armeen bei Issos zusammentrafen, hatte Alexander nicht mehr als 30 000 Mann; aber Dareios hatte in seinem grenzenlosen Leichtsinn ein Schlachtfeld gewählt, auf dem nur ein kleiner Teil seiner Menschenmassen gleichzeitig kämpfen konnte. Als das Gemetzel vorüber war, hatten die Makedonen etwa 450 Mann verloren, die Perser 110 000, von denen die meisten auf wilder Flucht erschlagen worden waren; Alexander überquerte in rastloser Verfolgung einen Strom auf einer aus persischen Leichen gebildeten Brücke. Dareios floh schmählich und überließ seine Mutter, eine Ehefrau, zwei Töchter, seinen Wagen und sein luxuriöses Zelt dem Sieger. Alexander behandelte die persischen Damen mit einer Ritterlichkeit, die die griechischen Geschichtsschreiber überraschte, und begnügte sich damit, eine der Töchter zu heiraten. Wenn wir Quintus Curtius glauben dürfen, gewann des Dareios Mutter Alexander so lieb, daß sie nach seinem Tode ihrem Leben durch freiwilliges Verhungern ein Ende setzte.

Der junge Eroberer nahm sich nun mit anscheinend tollkühner Muße die Zeit, seine Herrschaft über ganz Westasien zu festigen; er wollte nicht weiterziehen, ohne seine Eroberungen organisiert und sichere Verkehrslinien gebaut zu haben. Die Bürger Babylons und Jerusalems gingen ihm scharenweise entgegen, ihn willkommen zu heißen, und boten ihm ihre Stadt und ihr Gold an; er nahm sie gnädig an und setzte die Tempel instand, die der törichte Xerxes zerstört hatte. Dareios sandte ihm einen Friedensvorschlag und erklärte sich bereit, Alexander zehntausend Talente (wahrscheinlich 60 000 000 Dollar; nach dem Kurs von 1935: 1 Dollar = RM 2,49) für die freie Rückkehr seiner Mutter, seiner Ehefrau und seiner Kinder zu zahlen, ihm seine Tochter zum Weibe zu geben und seine Oberhoheit über das westlich vom Euphrat gelegene Asien anzuerkennen, wenn nur Alexander den Krieg beenden und sein Freund werden wolle. Parmenion, der stellvertretende Oberbefehlshaber der Griechen, sagte, er wäre glücklich, so ausgezeichnete Bedingungen anzunehmen und der Möglichkeit einer vernichtenden Niederlage ehrenvoll auszuweichen, wenn er Alexander wäre. Alexander bemerkte, er würde dasselbe tun – wenn er Parmenion wäre. Da er aber Alexander war, teilte er Dareios mit, sein Angebot sei sinnlos, da er, Alexander, bereits im Besitze jenes Teiles von Asien sei, den Dareios ihm überlassen wolle, und die Tochter des Kaisers heiraten könne, wann immer es ihm beliebe. Dareios, der einsah, daß er es mit

---

* «Alle jene, die in Asien waren», sagt Josephus, «waren überzeugt, daß die Makedonen einer Schlacht mit den Persern, ihrer großen Anzahl wegen, aus dem Wege gehen würden.» [24]

340 DER VORDERE ORIENT

einem rücksichtslosen Logiker zu tun hatte, wandte sich unwillig der Aufgabe zu, ein noch größeres Heer zu sammeln.

Indessen hatte Alexander Tyrus eingenommen und Ägypten annektiert; nun zog er quer durch das große Reich nach dessen fernen Hauptstädten. In zwanzig Tagen erreichte er, von Babylon kommend, Susa und nahm es ohne Widerstand; dann wandte er sich in Eilmärschen nach Persepolis und traf so schnell dort ein, daß die Wächter der königlichen Schatzkammer nicht die Zeit fanden, die Geldvorräte zu verbergen. Hier beging Alexander eine der unwürdigsten Handlungen seiner unglaublichen Karriere: gegen den Rat des Parmenion und (so heißt es) der Kurtisane Thais* zuliebe ließ er die Paläste von Persepolis in Flammen aufgehen und erlaubte seinen Truppen, die Stadt zu plündern. Nachdem er sodann die Stimmung seiner Armee mit Geschenken und Beutegütern gehoben hatte, zog er nordwärts, um dem König zum letzten Male entgegenzutreten.

Dareios hatte, hauptsächlich aus seinen östlichen Provinzen, eine neue Armee von einer Million Mann – Perser, Meder, Babylonier, Syrier, Armenier, Kappadokier, Baktrier, Sogdier, Arachosier, Saker und Hindus – gesammelt und sie nicht mehr mit Bogen und Pfeilen, sondern mit Wurfspießen, Speeren, Schilden, Pferden und Elefanten ausgerüstet und mit sensenschwingenden Wagen, die den Feind wie Halme niedermähen sollten, versehen; mit dieser riesigen Streitmacht wollte das alte Asien nochmals eine Anstrengung machen, um sich vor dem jugendlichen Europa zu bewahren. Alexander traf mit 7000 Reitern und 40 000 Fußsoldaten bei Gaugamela** auf den zusammengewürfelten Haufen und zerschlug ihn dank seinen besseren Waffen, seiner überlegenen Feldherrenkunst und seinem Mute in einem Tage. Dareios wollte wieder Fersengeld geben, doch ermordeten ihn seine über diese zweite Flucht angewiderten Feldherren in seinem Zelt. Alexander ließ alle Mörder, deren er habhaft werden konnte, hinrichten, sandte Dareios' Leichnam in vollem Gepränge nach Persepolis und ordnete die Beisetzung nach dem Brauche der achaimenidischen Könige an. Das persische Volk scharte sich bereitwillig um die Standarte des Eroberers und war von seiner Großmut und seiner Jugend entzückt. Alexander organisierte Persien als eine Provinz des makedonischen Weltreiches, ließ zu seiner Bewachung eine starke Garnison zurück und marschierte weiter nach Indien.

---

* Plutarch, Quintus Curtius und Diodor stimmen hier überein. Die Episode wäre dem stürmischen Charakter Alexanders wohl zuzumuten; dennoch ist eine gewisse Skepsis angebracht.

** Eine Stadt, sechzig Meilen von Arbela, das der Schlacht den Namen gab.

Zweites Buch

INDIEN UND SEINE NACHBARN

«Dies ist die höchste Wahrheit: Gott ist in allen Wesen
gegenwärtig. Sie sind seine mannigfaltige Gestalt. Es ist kein
anderer Gott zu suchen ... Wir brauchen eine männermachende Religion ... Verzichte auf diese schwächezeugen-
den Mystizismen und sei stark ... Für die nächsten fünfzig
Jahre ... lasset alle anderen Götter aus unserm Geiste verschwinden. Dies ist der einzige Gott, der wach ist: unsere
eigene Rasse, überall seine Hände, überall seine Füße, überall seine Ohren; er umfaßt alles ... Die erste aller Vereh-
rungen ist die Verehrung all jener, die um uns sind ...
Nur der dient Gott, der allen anderen Wesen dient.»

VIVEKANANDA

CHRONOLOGISCHE ÜBERSICHT
DER INDISCHEN GESCHICHTE*

V. CHR.

4000: Neusteinzeitliche Kultur in Mysore
2900: Die Kultur von Mohenjo-Daro
1600: Einbruch der Arier in Indien
1000–500: Abfassung der Veden
800–500: Die Upanischaden
599–527: Mahavira, der Gründer des Jainismus
563–483: Buddha
500: Der Arzt Suschutra
500: Kapila und die Sankhya-Philosophie
500: Die frühesten Puranas
329: Einbruch der Griechen in Indien
325: Alexander verläßt Indien
322–185: Die Maurya-Dynastie
322–298: Tschandragupta Maurya
302–298: Megasthenes in Pataliputra
273–232: Aschoka

N. CHR.

120: Kanischka, Kuschana-König
120: Der Arzt Charaka
320–530: Die Gupta-Dynastie
320–330: Tschandragupta I.
330–380: Samudragupta
380–413: Vikramaditya
399–414: Fa-Hien in Indien
100–700: Tempel und Fresken von Ajanta
400: Kalidasa, Dichter und Dramatiker
455–500: Invasion der Hunnen in Indien
499: Der Mathematiker Aryabhata
505–587: Der Astronom Varahamihira
598–660: Der Astronom Brahmagupta
606–648: König Harschavardhana
608–642: Pulakeschin II., König der Chalu-
kyas
629–645: Yuan Chwang in Indien
629–650: Srong-tsan Gampo, König von
Tibet
630–800: Goldenes Zeitalter von Tibet

N. CHR.

639: Srong-tsan Gampo gründet Lhasa
712: Die Araber erobern Sind
750: Aufstieg des Pallava-Königrei-
ches
750–780: Bau des Tempels von Borobudur
auf Java
760: Der Kailasa-Tempel
788–820: Schankara, Philosoph des Vedanta
800–1300: Goldenes Zeitalter von Kambodscha
800–1400: Goldenes Zeitalter von
Radschputana
900: Aufstieg des Chola-Königreiches
973–1048: Der arabische Gelehrte Alberuni
993: Gründung Delhis
997–1030: Sultan Mahmud von Ghasni
1008: Mahmud bricht in Indien ein
1076–1126: Vikramaditya Chalukya
1114: Der Mathematiker Bhaskara
1150: Bau des Tempels von Angkor
Wat
1186: Einbruch der Türken in Indien
1206–1526: Das Sultanat von Delhi
1206–1210: Sultan Kutbu-d Din Aibak
1288–1293: Marco Polo in Indien
1296–1315: Sultan Alau-d-din
1303: Alau-d-din nimmt Chitor ein
1325–1351: Sultan Muhammad ibn Tughlak
1336: Gründung Vijayanagars
1336–1405: Timur (Tamerlan)
1351–1388: Sultan Firoz Schah Tughlak
1398: Timur bricht in Indien ein
1440–1518: Der Dichter Kabir
1469–1538: Baba Nanak, Gründer der Sikhs
1483–1530: Babur gründet die Mogul-Dyna-
stie
1483–1573: Der Dichter Sur Das
1498: Vasco da Gama erreicht Indien
1509–1529: Krischnadevaraya, Herrscher
über Vijayanagar
1510: Portugiesen besetzen Goa

---

* Bis 1600 v. Chr. sind die Daten ungewiß, bis 329 v. Chr. mutmaßlich.

CHRONOLOGISCHE ÜBERSICHT

N. CHR.

1530–1542: Humayun
1532–1624: Der Dichter Tulsi Das
1542–1545: Scher Schah
1555–1556: Restauration und Tod Humayuns
1560–1605: Akbar
    1565: Untergang Vijayanagars bei Talikota
    1600: Gründung der Ostindischen Gesellschaft
1605–1627: Jahangir
1628–1658: Schah Jahan
    1631: Tod der Mumtaz Mahal
1632–1653: Bau des Taj Mahal
1658–1707: Aurangseb
    1674: Die Franzosen gründen Pondicherry
1674–1680: Raja Schivaji
    1690: Die Engländer gründen Kalkutta
1756–1763: Französisch-Englischer Krieg in Indien
    1757: Schlacht von Plassey
1765–1767: Robert Clive Gouverneur von Bengalen
1772–1774: Warren Hastings Gouverneur von Bengalen
1788–1795: Warren Hastings' Prozeß
1786–1793: Lord Cornwallis Gouverneur von Bengalen
1798–1805: Marquess Wellesley Gouverneur von Bengalen
1828–1835: Lord William Cavendish Bentinck Generalgouverneur von Indien
    1828: Ram Mohun Roy gründet die Brahma-Samaj
    1829: Verbot der Witwenverbrennung
1836–1886: Ramakrischna
    1857: Der Sepoy-Aufstand
    1858: Indien der britischen Krone unterstellt
    1861: Rabindranath Tagore geboren
1863–1902: Vivekananda(NarendranathDutt)
    1869: Mohandas Karamchand Gandhi geboren
    1875: Dayananda gründet die Arya-Samaj
1880–1884: Marquess of Ripon Vizekönig
    1885: Gründung des Indischen Nationalkongresses

N. CHR.

    1889: Jawaharlal Nehru geboren
1889–1905: Lord Curzon Vizekönig
1916–1921: Baron Chelmsford Vizekönig
    1919: Amritsar
1921–1926: Earl of Reading Vizekönig
1926–1931: Lord Irving Vizekönig
    1930: Indische Unabhängigkeitserklärung
1931–1936: Lord Willingdon Vizekönig
    1935: Englische Indienakte sieht allindische Föderation vor
    1947: England gewährt Indien die Unabhängigkeit. Trennung zwischen Indien und Pakistan
    1948: Gandhi ermordet
    1950: Indien selbständige Republik und freies Dominion
    1954: Militärischer Beistandspakt zwischen den USA und Pakistan
    1955: Pakistan selbständige Republik und freies Dominion
    1957: Angliederung eines Teils von Kaschmir an Indien unter Mißachtung der Resolution des UN-Sicherheitsrates
    1958: Grenzkonflikt Indiens mit China
    1961: Indien annektiert Goa, Damao und Diu
1962/63: Nach Kämpfen an der indisch-chinesischen Grenze Rückzug der Chinesen aus den im Nordosten Indiens besetzten Gebieten. Neue Verfassung für Pakistan durch Ayub Khan
    1964: Tod Nehrus. Nachfolger wird Lal B. Shastri
    1965: Indisch-pakistanischer Grenzkonflikt
    1966: Tod Shastris. Nachfolger wird Indira Gandhi, Nehrus Tochter
1967–1969: Beginnender Machtkampf in der indischen Kongreßpartei. Verstaatlichung der 14 großen Privatbanken in Indien
    1970: Flutkatastrophe in Ostpakistan
    1971: Hoher Wahlsieg Indira Gandhis. Proklamation der Republik Bangladesch (Ostpakistan). Indisch-pakistanischer Krieg

N. CHR.

1972: Freundschaftspakt Indiens mit
Bangladesch. Einigung zwischen
Indien und Pakistan

1974: Indien wird 6. Atommacht (nach
USA, UdSSR, Großbritannien,
Frankreich und China).

1975: Nach der Verurteilung Indira
Gandhis wegen Korrpution bei
den Wahlen 1971 durch das

N. CHR.

oberste Gericht von Allahabad
erklärt I. Gandhi in Indien den
Ausnahmezustand, verhängt
Pressezensur und läßt politische
Gegner verhaften. Nach Ermor-
dung Mudschibur Rahmans
Militärdiktatur in Bangladesch

1976: Diktatorisches Regime Indira
Gandhis in Indien

ERSTES KAPITEL

Die Grundlagen Indiens

I. DER SCHAUPLATZ DES DRAMAS

Die Wiederentdeckung Indiens · Ein Blick auf die Landkarte · Klimatische Einflüsse

NICHTS sollte den modernen Gelehrten mehr beschämen als die Kürze und Unzulänglichkeit seiner Bekanntschaft mit Indien. Eine riesige Halbinsel mit einer Fläche von drei Millionen Quadratkilometern, nur um ein Drittel kleiner als die Vereinigten Staaten und zwanzigmal so groß wie Großbritannien, das Land ihrer jahrhundertelangen Beherrscher; eine Bevölkerung von 570 Millionen Seelen, mehr als Süd- und Nordamerika zusammen haben, ein Fünftel der Erdbevölkerung; eine eindrucksvolle Stetigkeit der Entwicklung und der Kultur von Mohenjo-Daro (2900 v. Chr. oder noch früher) bis Gandhi, Raman und Tagore; Glaubensbekenntnisse, die jede Stufe vom barbarischen Götzenkult bis zum subtilsten und vergeistigtesten Pantheismus umfassen; Philosophen, die tausend Variationen eines monistischen Themas spielen, von den *Upanischaden*, acht Jahrhunderte v. Chr., bis Schankara, acht Jahrhunderte n. Chr.; Wissenschaftler, die vor dreitausend Jahren Astronomie trieben und in unserer Zeit Nobelpreise gewinnen; eine demokratische Konstitution von unerforschlichem Alter in den Dörfern und weise, wohltätige Herrscher wie Aschoka und Akbar in den Hauptstädten; fahrende Sänger, die große Dichtungen, nahezu so alt wie jene Homers, vortrugen, und Dichter von Weltruf heute; Künstler, die von Tibet bis Ceylon und von Kambodscha bis Java gigantische Tempel für Hindugötter errichteten oder dutzendweise vollendet schöne Paläste für die Mogulkönige und -königinnen gestalteten – das ist das Indien, das eine geduldige Gelehrsamkeit dem westlichen Geist erschließt, der noch bis gestern die Kultur als ein exklusiv europäisches Gut betrachtete*.

---

* Von der Zeit des Megasthenes, der den Griechen ca. 302 v. Chr. Indien beschrieb, bis zum achtzehnten Jahrhundert war Indien ein Wunder und ein Geheimnis für Europa. Marco Polo (1254–1323 n. Chr.) beschrieb ungenau seine Westküste, Kolumbus stolperte bei dem Versuche, es zu erreichen, über Amerika, Vasco da Gama umsegelte Afrika, um es wieder zu entdecken, und die Kaufherren sprachen voll räuberischer Gier vom «Reichtum Indiens». Nur die Gelehrten ließen diese Fundgrube ungenutzt. Ein holländischer Missionar in Indien, Abraham Roger, machte mit seinem Buche *Opene Dewre tot het verborgen Heidendom* (Offene Tür zum verborgenen Heidentum) (1651) einen Anfang; Dryden bewies seine geistige Aufgeschlossenheit mit dem Stück *Aurangzeb* (1675); und ein österreichischer Mönch, Fra Paolino da S. Bartolomeo, brachte die Forschung mit der Abfassung zweier Sanskritgrammatiken und einer Abhandlung über das *Systema Brahmanicum* einen Schritt weiter (1792). Im Jahre 1789 begann Sir William Jones seine Karriere als einer der größten Indologen mit der Übersetzung der *Shakuntala* von Kalidasa; diese Übersetzung, die 1791 ins Deutsche übertragen wurde, beeindruckte zutiefst Herder und Goethe und – durch die Brüder Schlegel – die ganze romantische Bewegung, die im Osten die Mystik und das Geheimnis zu finden hoffte, welche beim

346 INDIEN UND SEINE NACHBARN

Der Schauplatz der Geschichte ist ein großes Dreieck, das vom ewigen Schnee des Himalaja-gebirges ausgeht und seine Spitze in der ewigen Hitze Ceylons hat. Am linken Winkel liegt Persien, dem vedischen Indien in Sprache, Volkstum und Religion nahe verwandt. Der Nordgrenze ostwärts folgend, stoßen wir auf Afghanistan; hier liegt Kandahar, das alte Gandhara, wo griechische und indische* Skulptur für eine Weile miteinander verschmolzen und sich dann trennten, um einander nie wieder zu begegnen; nördlich davon ist Kabul, von wo aus die Muselmanen und die Mogule jene blutigen Einfälle unternahmen, die ihnen eine tausendjährige Herrschaft über Indien brachten. Diesseits der indischen Grenze, einen kurzen Tagesritt von Kabul entfernt, liegt Peschawar, wo die alte Sitte des Nordens, nach Süden vorzudringen, andauert. Es ist bemerkenswert, wie nah Indien am Pamir und an den Gebirgspässen des Hindukusch an Rußland herankommt. Dieser Umstand wird die Politik noch sehr beschäftigen. Unmittelbar an der Nordspitze Indiens liegt die Provinz Kaschmir, deren Name genügt, um uns an den alten Ruhm der indischen Webkunst zu erinnern. Südlich davon ist der Pandschab – das «Land der fünf Ströme» – mit der großen Stadt Lahore und Simla, der Sommerresidenz am Fuße des Himalaja («Stätte des Schnees»). Durch den westlichen Pandschab fließ der Indus, fünfzehnhundert Kilometer lang; sein Name kommt von der Bezeichnung der Eingeborenen für «Fluß», *sindhu*, die die Perser zu *Hindu* umänderten und in ihrem Worte *Hindustan* – das heißt «Land der Ströme» – auf ganz Nordindien anwandten. Aus diesem persischen Worte *Hindu* bildeten die Griechen für uns das Wort *India*.

Vom Pandschab aus fließen die Jumna und der Ganges gemächlich gegen Südosten; die Jumna bewässert die neue Hauptstadt Delhi und spiegelt den Tadsch Mahal in Agra wider; der Ganges wächst bis zu der heiligen Stadt Benares breit an, wäscht zehn Millionen Fromme täglich und macht mit seinem Dutzend Mündungen die Provinz Bengalen und die alte britische Hauptstadt, Kalkutta, fruchtbar. Noch weiter östlich liegt Burma mit den goldenen Pagoden von Rangoon und der sonnenbeschienenen Straße nach Mandalay. Die Flugstrecke von Mandalay quer durch Indien zum westlichen Flughafen in Karatschi ist beinahe ebenso lang wie die von New York nach Los Angeles. Südlich vom Indus würde eine solche Flugreise über Radschputana führen, über das Land der heroischen Radschputen mit den berühmten Städten Gwalior und Chitor, Jaipur, Ajmer und Udaipur. Südlich und westlich davon liegt die «Präsidentschaft», die Provinz Bombay, mit den dichtbevölkerten Städten Surat, Achmedabad, Bombay und Poona. Östlich und südlich liegen die fortschrittlichen Eingeborenenstaaten Haidarabad und Mysore mit den gleichnamigen malerischen Haupt-

---

Aufkommen der Wissenschaft und Aufklärung im Westen gestorben zu sein schienen. Jones verblüffte die Gelehrtenwelt mit seiner Behauptung, das Sanskrit sei mit allen europäischen Sprachen verwandt und liefere somit einen Beweis unserer Rassenverwandtschaft mit den vedischen Hindu; diese Mitteilung schuf geradezu die moderne Philologie und Ethnologie. Im Jahre 1805 offenbarte Colebrookes Essay *On the Vedas* Europa das älteste Erzeugnis der indischen Literatur; und um die gleiche Zeit vermittelte die Übersetzung einer persischen Übertragung der *Upanischaden* von Anquetil-Duperron den deutschen Denkern Schelling und Schopenhauer die Bekanntschaft mit einem Werke, das dieser als die tiefste Philosophie, die er jemals gelesen habe, bezeichnete. Der Buddhismus war als Gedankensystem praktisch unbekannt, bis Burnoufs *Essai sur le Pali* (1826) – das heißt über die Sprache der buddhistischen Dokumente – erschien. Burnouf in Frankreich und sein Schüler Max Müller in England warben bei Gelehrten und Philanthropen, um die Übersetzung aller «Heiligen Bücher des Ostens» möglich zu machen; und Rhys Davids widmete sein ganzes Leben der Darstellung der buddhistischen Literatur. Trotz all dieser Arbeiten ist es offenbar, daß wir erst am Anfang unserer Kenntnisse über Indien stehen; unsere Bekanntschaft mit seiner Literatur ist so beschränkt, wie die Kenntnis der griechischen und römischen Literatur es zur Zeit Karls des Großen in Europa war.

* Das Wort *Inder* wird in diesem Buche auf Indien im allgemeinen angewendet werden; das Wort *Hindu* wird gelegentlich, abwechslungshalber, im gleichen Sinne gebraucht werden, wie es auch der Brauch der Perser und Griechen war; aber wo daraus Verwirrung entstehen könnte, wird das Wort *Hindu* in seinem späteren und genaueren Sinn der Bezeichnung jener Einwohner Indiens, die (zum Unterschied von den mohammedanischen Indern) einem der eingeborenen Glaubensbekenntnisse angehören, gebraucht.

DIE GRUNDLAGEN INDIENS 347

städten. An der Westküste ist Goa und an der Ostküste Pondicherry, wo die erobernden Briten den Portugiesen und Franzosen wenige Quadratkilometer territorialen Trostes belassen hatten. Längs der Bucht von Bengalen erstreckt sich der Bezirk Madras mit der gut verwalteten Stadt Madras als Mittelpunkt und den erhabenen und düsteren Tempeln von Tanjore, Trichinopoly, Madura und Rameschwaram, die seine Südgrenze schmücken. Und dann geleitet uns die «Adamsbrücke» – ein Riff gesunkener Inseln – über die Meerenge nach Ceylon, das vor sechzehnhundert Jahren eine blühende Kultur erlebte.

Wir dürfen Indien also nicht als eine Nation, wie Ägypten, Babylon oder England, auffassen, sondern wir müssen es als einen Erdteil, ebenso dicht bevölkert und vielsprachig wie Europa und nahezu ebenso mannigfaltig in Klima und Rasse, in Literatur, Philosophie und Kunst, betrachten. Die kalten Sturmwinde des Himalajagebirges und die durch die Begegnung dieser Windstöße mit der südlichen Sonne gebildeten Nebel quälen den Norden. Im Pandschab haben die Flüsse große Alluvialebenen von unübertroffener Fruchtbarkeit geschaffen; aber südlich der Flußtäler herrscht die Sonne als hemmungsloser Despot, trocken und wüst sind die Ebenen, und fruchtbringender Anbau erfordert nicht normale Feldarbeit, sondern eine geradezu erschreckende Sklavenarbeit. Die Engländer blieben nicht länger als fünf Jahre hintereinander in Indien; und wenn hunderttausend Engländer eine dreitausendmal größere Zahl Hindu regierten, so nur deswegen, weil sie sich nicht allzulange dort aufhielten.

Hier und da, ein Fünftel des Landes bildend, ist noch der ursprüngliche Dschungel erhalten, der Lebensraum für Tiger, Leoparden, Wölfe und Schlangen. Im südlichen Drittel, dem Dekhan *, ist die Hitze trockener oder von Meeresbrisen gemäßigt. Aber von Delhi nach Ceylon ist der alles beherrschende Faktor in Indien die Hitze: eine Hitze, die den Körper schwächt, die Jugend verkürzt und die quietistische Religion und Philosophie der Einwohner verursacht. Nur das Stillsitzen, das Nichtstun, das Nichtswünschen können diese Hitze erträglich machen; oder aber der Monsunwind bringt in den Sommermonaten kühlende Feuchtigkeit und befruchtenden Regen vom Meere. Wenn der Monsun ausbleibt, dann hungert Indien und träumt vom Nirwana.

II. DIE ÄLTESTE KULTUR?

Das vorgeschichtliche Indien · Mohenjo-Daro · Dessen Alter

In den Tagen, da die Historiker annahmen, die Geschichte beginne mit Griechenland, glaubte Europa, Indien sei ein Mistbeet der Barbarei gewesen, bis die «arischen» Vettern der europäischen Völker von den Ufern des Kaspischen Meeres wegwanderten, um einer wilden und umnachteten Halbinsel die Künste und Wissenschaften zu bringen. Neue Forschungsergebnisse haben dieses gemütliche Bild verwischt – wie zukünftige Forschungen die Perspektive dieser Seiten ändern werden. In Indien liegen die Anfänge der Kultur wie überall in der Erde vergraben, und alle Spaten der Archäologie werden sie kaum jemals zur Gänze ans Tageslicht bringen. Paläolithische Funde füllen

---

* Von *dakshina*, «rechte Hand» (lat.: *dexter*); als Nebenbedeutung bezeichnet es «Süden», da Südindien zur rechten Hand eines zur Sonne blickenden Anbeters bleibt.

348 INDIEN UND SEINE NACHBARN

viele Kästen in den Museen von Kalkutta, Madras und Bombay; und neolithische Gegenstände sind beinahe in jedem Staat gefunden worden. Es handelt sich hierbei aber um technische Errungenschaften, noch nicht um Kultur.

Im Jahre 1924 wurde die Gelehrtenwelt durch bedeutsame Nachrichten aus Indien aufgerüttelt: Sir John Marshall teilte mit, seine indischen Assistenten und besonders R. D. Banerji hätten in Mohenjo-Daro, am westlichen Ufer des unteren Indus, Reste einer Kultur gefunden, die offenbar älter war als alle den Historikern bisher bekannten. Dort und in Harappa, einige hundert Kilometer weiter nördlich, grub man vier oder fünf übereinander gelagerte Städte mit Hunderten von fest gebauten, oft mehrere Stockwerke hohen Ziegelhäusern und Geschäften aus, die breiten Straßen entlang aufgereiht waren. Wollen wir Sir John die Schätzung des Alters dieser Überreste überlassen:

«Diese Entdeckungen beweisen die Existenz eines hochentwickelten Städtelebens im Sind (der nördlichsten Provinz des Bezirks Bombay) und im Pandschab im vierten und dritten Jahrtausend v. Chr.; und das Vorhandensein von Brunnen und Baderäumen in vielen Häusern wie auch von sorgfältig angelegten Entwässerungsanlagen deuten auf eine soziale Stellung der Bürger, die zumindest der in Sumer vorgefundenen gleichkommt und der im zeitgenössischen Babylon und Ägypten herrschenden überlegen ist ... Selbst in Ur sind die Häuser hinsichtlich der Bauweise keinesfalls jenen in Mohenjo-Daro gleichzustellen.» [1]

An diesen Fundstätten fanden sich Haushaltungsgegenstände und Toiletteausstattungen; bemalte und schmucklose Tonwaren, mit der Hand und auf der Töpferscheibe geformt; Terrakottaerzeugnisse, Würfel und Schachfiguren; Münzen, älter als alle zuvor bekannten; mehr als eintausend Siegel, die meisten graviert und mit Inschriften in einer piktographischen Schrift versehen; Fayencearbeiten von ausgezeichneter Qualität; Holzschnitzereien, die denen der Sumerer überlegen sind; Kupferwaffen und Geräte und ein Kupfermodell eines zweirädrigen Wagens (eines unserer ältesten Belegstücke eines mit Rädern versehenen Fahrzeuges); Gold- und Silberspangen, Ohrringe, Halsketten und anderer Schmuck, «so gut ausgeführt und so fein poliert», sagt Marshall, «daß sie aus einem Juwelierladen der Bond Street von heute zu stammen scheinen und nicht aus einem 5000 Jahre alten prähistorischen Hause».

Sonderbar genug, die untersten Schichten dieser Überreste weisen eine höher entwickelte Kunst auf als die oberen – als ob die ältesten Lager von einer bereits hunderte, vielleicht tausende Jahre alten Kultur herrührten. Manche Geräte waren aus Stein, manche aus Kupfer, andere aus Bronze, so daß der Gedanke nahelag, diese Induskultur sei in einer Kupfersteinzeit – das heißt einer Übergangszeit von Stein zu Bronze als Werkzeugmaterial – entstanden. Die Anzeichen sprechen dafür, daß Mohenjo-Daro am Höhepunkt seiner Entwicklung stand, als Cheops die erste große Pyramide baute; daß es kommerzielle, religiöse und künstlerische Beziehungen zu Sumer und Babylon unterhielt *; und daß es dreitausend Jahre lang bis zum dritten Jahrhundert v. Chr. bestehen

---

* Diese Beziehungen werden auf Grund der in Mohenjo-Daro und in Sumer (besonders in Kisch) gefundenen ähnlichen Siegel und des Auftretens der Kobra oder Brillenschlange auf den frühen mesopotamischen Siegeln vermutet. Henri Frankfort grub in den Ruinen eines babylonisch-elamitischen Dorfes im modernen Tell-Asmar (bei Bagdad) Tonsiegel und Halsketten aus, die nach Marshalls Urteil ca. 2000 v. Chr. aus Mohenjo-Daro importiert wurden.

DIE GRUNDLAGEN INDIENS

blieb*. Wir können nicht sagen, ob, wie Marshall glaubt, Mohenjo-Daro die älteste aller bekannten Kulturen darstellt. Aber die Ausgrabung des vorgeschichtlichen Indien hat erst begonnen; erst in unserer Zeit hat sich die Archäologie von Ägypten über Mesopotamien Indien zugewandt. Wenn der indische Boden so durchwühlt ist wie jener Ägyptens, werden wir dort wahrscheinlich eine Kultur finden, die älter ist als jene, die aus dem Nilschlamm erblühte.

III. DIE INDOARIER

Die Eingeborenen · Die Invasoren · Die Dorfgemeinschaft · Kasten · Krieger
Priester · Kaufleute · Arbeiter · Verstoßene

Trotz der fortdauernden Funde im Sind und in Mysore spüren wir deutlich, daß zwischen der Blütezeit von Mohenjo-Daro und der Ankunft der Arier eine große Kluft in unserem Wissen gähnt; oder vielmehr, daß unsere Kenntnis der Vergangenheit eine gelegentliche Kluft in unserer Ignoranz ist. Unter den Indusüberresten findet sich ein eigentümliches, aus zwei Schlangenköpfen gebildetes Siegel, das das charakteristische Sinnbild des ältesten historischen Volkes Indiens darstellt – der schlangenverehrenden Nagas, die die einfallenden Arier im Besitze der Nordprovinzen fanden und deren Nachkommen heute noch in den entlegeneren Hügeln zu finden sind. Weiter südlich war das Land von einem dunkelhäutigen, breitnasigen Volke besetzt, das wir, ohne den Ursprung des Wortes zu kennen, Draviden nennen. Die Draviden waren bereits ein zivilisiertes Volk, als die Arier über sie herfielen; ihre wagemutigen Kaufleute kamen auf dem Seeweg sogar bis nach Sumer und Babylon, und ihre Städte kannten viel Verfeinerung und Prunk. Von ihnen übernahmen die Arier offenbar ihre Dorfgemeinschaft und ihr Pacht- und Steuersystem. Noch heute ist der Dekhan hinsichtlich des Volkstums, der Bräuche, der Sprache, der Literatur und der Künste hauptsächlich dravidisch.

---

* Macdonell glaubt, diese erstaunliche Kultur sei sumerischer Herkunft; Hall glaubt, daß die Sumerer ihre Kultur von Indien nahmen; Woolley leitet die Sumerer und die frühen Inder von einem gemeinsamen verwandten Stamm mit gemeinsamer Kultur in oder nahe von Belutschistan ab. Die Forscher haben festgestellt, daß Siegel, die ebenso in Babylon wie in Indien gefunden worden sind, zur frühesten («präsumerischen») Phase der mesopotamischen Kultur, aber zur *spätesten* Phase der Induskultur gehören, was die Priorität Indiens vermuten läßt. Childe neigt zu dieser Folgerung: «Gegen Ende des vierten Jahrhunderts v. Chr. würde die *materielle* Kultur von Abydos, Ur oder Mohenjo-Daro den Vergleich mit jener Athens zur Zeit des Perikles oder jedweder mittelalterlichen Stadt aushalten ... Nach der Hausarchitektur, dem Siegelschnitt und der Anmut der Tonwaren zu schließen, war die Induskultur der babylonischen am Beginne des dritten Jahrtausends v. Chr. (ca. 3000 v. Chr.) überlegen. Aber das war eine späte Phase der indischen Kultur; sie könnte auch schon früher führend gewesen sein. Waren dann die Neuerungen und Entdeckungen, welche die proto-sumerische Kultur kennzeichneten, nicht einheimische Entwicklungen auf babylonischem Boden, sondern das Ergebnis indischer Beeinflussung? Wenn dem so ist, waren die Sumerer selbst vom Indus oder zumindest von Gegenden gekommen, die seiner Einflußsphäre unmittelbar unterstanden?»[2] Diese fesselnden Probleme lassen sich noch nicht lösen; aber sie dienen uns als Memento, daß eine Kulturgeschichte – schuld daran ist unser Unwissen – erst an einem wahrscheinlich späten Zeitpunkt der Kulturentwicklung einsetzt.

INDIEN UND SEINE NACHBARN

Die Unterwerfung dieser blühenden Stämme seitens der Arier war ein Teil jenes uralten Vorgangs, daß der Norden immer wieder mit Gewalt über den seßhaften und befriedeten Süden herfällt; er stellt eine der Hauptströmungen der Geschichte dar, die Aufstieg und Verfall der Kulturen in epochalen Wellenbewegungen bestimmt. Die Arier ergossen sich über die Draviden wie die Achaier und Dorer über die Kreter und Ägäer, die Germanen über die Römer, die Langobarden über die Italiener, die Engländer über die ganze Welt. Immer bringt der Norden Herrscher und Krieger, der Süden Künstler und Heilige hervor und kommen die Sanften in das Himmelreich.

Wer waren diese brandschatzenden Arier? Sie selbst gebrauchten die Bezeichnung im Sinne von Edelmann (Sanskrit *arya*, «edel»), aber vielleicht ist diese patriotische Ableitung einer jener nachträglichen Einfälle, die der Philologie einen unangebrachten humorvollen Schimmer verleihen*. Sehr wahrscheinlich kamen sie aus jenem kaspischen Gebiet, das ihre persischen Vettern *Airyana-vaejo* – «das arische Heim» nannten**. Um die gleiche Zeit, da die arischen Kossäer Babylon bezwangen, begannen die vedischen Arier ihren Vorstoß nach Indien.

Wie die in Italien einfallenden Germanen waren diese Arier eher Einwanderer als Eroberer. Aber sie brachten einen starken Körperbau, einen gesunden Appetit für Speisen wie für Getränke, eine primitive Brutalität und eine Fertigkeit und einen Mut im Kriege mit, der ihnen bald die Herrschaft über Nordindien einbrachte. Sie kämpften mit Pfeil und Bogen und wurden von geharnischten, Streitäxte schwingenden und Speere werfenden Wagenkämpfern geführt. Sie waren zu primitiv, um Heuchler zu sein: sie unterjochten Indien, ohne vorzugeben, sie wollten es emporheben. Sie brauchten Land und Weideplätze für ihr Vieh; ihr Wort für Krieg hatte nichts mit nationaler Ehre zu tun, sondern bedeutete einfach «Wunsch nach mehr Kühen». Langsam zogen sie längs des Indus und des Ganges nach Osten, bis das ganze Hindustan*** unter ihrer Herrschaft war.

Als sie von bewaffneter Kriegführung zu seßhaftem Feldbau übergingen, verbanden sich ihre Stämme allmählich zu kleinen Staatsgebilden. Jeder Staat wurde von einem König, dem ein Rat der Krieger zur Seite stand, regiert; jeder Stamm wurde von einem *Radscha* oder Häuptling, dessen Macht von einem Stammesrat begrenzt war, geführt; jeder Stamm setzte sich aus verhältnismäßig unabhängigen Dorfgemeinschaften, die von

---

* Monier-Williams leitet *Arya* von der Sanskritwurzel *ri-ar*, pflügen, ab; vgl. Lateinisch *aratrum*, «Pflug», und *area* «offener Raum». Nach dieser Theorie bedeutete das Wort *Arya* nicht Edelmann, sondern Bauer.

** Wir finden typisch vedische Gottheiten wie Indra, Mithra und Varuna in einem von den arischen Hethitern und den Mitanni zu Beginn des vierzehnten Jahrhunderts v. Chr. abgeschlossenen Vertrage; und ein so charakteristisches vedisches Ritual wie das Trinken des heiligen Somasaftes ist in der persischen Zeremonie des Haomatrinkens wiederholt. (Das *s* im Sanskrit entspricht regelmäßig dem persischen oder avestischen *h*: *soma* wird *haoma*, wie *sindhu Hindu*). Wir schließen daraus, daß die Mitanni, die Hethiter, die Kossäer, die Sogdier, die Baktrier, die Meder, die Perser und die arischen Eindringlinge Indiens Abkömmlinge eines bereits ungleichartigen «indogermanischen» Stammes waren, der sich von den Ufern des Kaspischen Meeres ausbreitete.

*** Ein von den alten Persern für die Bezeichnung des nördlich vom Narbadafluß gelegenen Indien verwendetes Wort.

DIE GRUNDLAGEN INDIENS

den Versammlungen der Familienoberhäupter verwaltet wurden, zusammen. «Hast du vernommen, Ananda», fragt Buddha nach der Überlieferung seinen heiligen Johannes, «daß die Vajjinas sich oft versammeln und öffentliche Versammlungen ihrer Sippen besuchen? ... Solange, Ananda, die Vajjinas sich so häufig versammeln und die öffentlichen Versammlungen ihrer Sippe besuchen, so lange darf man annehmen, daß sie nicht untergehen, sondern gedeihen werden.»[3]

Wie alle Völker hatten auch die Arier Gesetze der Endogamie und Exogamie, die ein Verbot für Eheschließungen außerhalb der rassischen Gruppe oder zwischen nahen Verwandten festlegten. Von diesen Vorschriften rührt die charakteristischste der Hinduinstitutionen her. Die dem unterworfenen Volke zahlenmäßig unterlegenen Arier sahen voraus, daß sie ihre rassische Wesenseinheit verlieren würden, wenn sie die Heiraten mit den von ihnen als minderwertig betrachteten Eingeborenen nicht einschränkten; in einem oder zwei Jahrhunderten mußten sie assimiliert und aufgesogen sein. Die erste Kasteneinteilung war deshalb nicht von der sozialen Stellung, sondern von der Farbe bestimmt*; sie trennte lange Nasen von breiten Nasen, Arier von Nagas und Draviden; sie war nur eine Ehevorschrift einer endogamen Gruppe. Zur vedischen Zeit existierte das Kastensystem schwerlich bereits in seiner späteren Überfülle hereditärer, rassischer und beruflicher Sonderungen. Unter den Ariern selbst war die Heirat (mit Ausnahme nahverwandter Personen) frei und die soziale Stellung nicht von Geburt aus festgelegt.

Als das vedische Indien (2000–1000 v. Chr.) in das «heroische» Zeitalter (1000–500 v. Chr.) überging – das heißt, als Indien von den in den *Veden* geschilderten Verhältnissen zu den im *Mahabharata* und *Ramayana* beschriebenen herüberwechselte –, wurden die Berufe genauer gegliedert und erblich, und die Kasteneinteilungen wurden strenger definiert. An der Spitze standen die Kschatriyas, die «Kämpfer», die es für eine Sünde hielten, im Bette zu sterben. Sogar die religiösen Zeremonien wurden in den frühen Tagen von Häuptlingen oder Königen abgehalten, nach der Art des den Pontifex spielenden Caesar; die Brahmanen oder Priester waren damals lediglich Assistenten des Opferzeremoniells. Im Ramayana protestiert ein Kschatriya leidenschaftlich gegen die Heirat einer «stolzen und unvergleichlichen Braut» aus der Kriegerkaste mit «einem schwatzhaften Priester und Brahmanen»; die Jainabücher nehmen die Führerschaft der Kschatriyas als selbstverständlich hin, und die buddhistische Literatur geht so weit, die Brahmanen als «niedrig geboren» zu bezeichnen. Selbst in Indien ändern sich die Dinge.

Da aber der Friede nach und nach den Krieg ablöste und da angesichts der unberechenbaren Natur die Religion damit hauptsächlich zu einem Hilfsmittel des Ackerbaus wurde und an sozialer Bedeutung und ritueller Kompliziertheit gewann und auf solche Weise sachverständige Mittler zwischen Menschen und Göttern erforderlich machte, wuchsen die Zahl, der Reichtum und die Macht der Brahmanen. Als Erzieher der Ju-

---

* Das altindische Wort für Kaste ist *varna*, Farbe. Das wurde von den Portugiesen mit *casta*, vom lateinischen *castus*, rein, übersetzt.

gend und als mündliche Überlieferer der Geschichte, der Literatur und der Gesetze des Volkes waren sie imstande, die Vergangenheit aufzufrischen und die Zukunft nach ihrem Ebenbild zu formen, jede Generation zu noch größerer Ehrfurcht vor der Priesterschaft zu erziehen und für ihre Kaste ein Prestige zu schaffen, das ihnen in den späteren Jahrhunderten den allerhöchsten Platz in der indischen Gesellschaft eintragen sollte. Bereits in den Tagen Buddhas hatten sie begonnen, den Kschatriyas den Vorrang streitig zu machen; sie bezeichneten die Krieger als minderwertig, genau wie die Kschatriyas die Priester als minderwertig bezeichneten; und Buddha fühlte, daß viel über beide Standpunkte zu sagen war. Selbst zur Zeit Buddhas gestanden die Kschatriyas den Brahmanen die geistige Führerschaft jedoch nicht zu. Die buddhistische Bewegung selbst, deren Gründer ein Kschatriya-Edelmann gewesen war, machte den Brahmanen ein Jahrtausend lang die religiöse Führerschaft Indiens streitig.

Unter diesen herrschenden Minderheiten standen die Vaischyas, Kaufleute und Freie, vor Buddha kaum als Kaste unterschieden, dann die Schûdras oder Arbeiter, die den Großteil der eingeborenen Bevölkerung bildeten, und schließlich die Verstoßenen oder Parias – unbekehrte Eingeborenenstämme wie die Chandalas, Kriegsgefangene und auf Grund von Strafen zur Sklaverei verurteilte Männer. Aus dieser ursprünglich kleinen Gruppe kastenloser Menschen erwuchsen die 40 Millionen* «Unberührbaren» des heutigen Indien.

IV. DIE INDOARISCHE GESELLSCHAFT

Hirten · Bauern · Handwerker · Händler · Münzprägung und Kreditwesen · Die Moral Die Ehe · Die Frau

Wie lebten diese Indoarier? Zuerst von Krieg und Plünderung; dann von Viehzucht, Ackerbau und Gewerbe in einer ländlichen, dem mittelalterlichen Europa nicht unähnlichen Lebensweise; denn von der Neusteinzeit bis zur industriellen Revolution, in der wir leben, blieb das elementare wirtschaftliche und politische Leben des Menschen im wesentlichen das gleiche. Die Indoarier trieben Viehzucht und benutzten die Kuh, ohne sie für heilig zu halten, und aßen Fleisch, sooft sie es sich leisten konnten, nicht ohne vorher den Priestern oder Göttern einen Bissen darzubringen; Buddha scheint, nachdem er in seiner asketischen Jugend nahezu verhungert war, an einer tüchtigen Mahlzeit von Schweinefleisch gestorben zu sein. Sie bauten Gerste an, wußten aber in vedischen Zeiten offenbar nichts von Reis. Die Felder wurden von jeder Dorfgemeinschaft unter die betreffenden Familien aufgeteilt, aber gemeinsam bewässert; der Boden durfte nicht an einen Außenstehenden verkauft und nur den Familienerben in direkter männlicher Linie vermacht werden. Die meisten waren Freibauern und Eigentümer ihres Bodens; die Arier hielten es für schändlich, sich für die Arbeit zu verdingen. Es gab, so versichert man uns, keine Großgrundbesitzer und keine Armen, keine Millionäre und keine Elendsquartiere.

---

* Angabe aus den dreißiger Jahren.

DIE GRUNDLAGEN INDIENS

In den Städten blühte das Handwerk. Es war bereits ein halbes Jahrtausend v. Chr. in den mächtigen Zünften der Metall-, Holz-, Stein-, Leder- und Elfenbeinarbeiter, der Korbflechter, Hausmaler, Dekorateure, Töpfer, Färber, Fischer, Seeleute, Jäger, Pelzjäger, Metzger, Zuckerbäcker, Barbiere, Haarwäscher, Blumenhändler und Köche organisiert. Diese Aufzählung zeigt uns am besten die Fülle und Mannigfaltigkeit des indoarischen Lebens. Die Zünfte schlichteten die Streitfälle ihrer Mitglieder und wirkten sogar als Schiedsrichter bei Schwierigkeiten zwischen Mitgliedern und ihren Frauen. Die Preise wurden wie bei uns nicht von Angebot und Nachfrage, sondern von der Leichtgläubigkeit der Käufer bestimmt; im Palaste des Königs war jedoch ein amtlicher Schätzer, der wie unsere Preiskontrolle die Verkaufsgüter überprüfte und den Produzenten die Bedingungen vorschrieb.

Handel und Verkehr verfügten über Pferde und zweirädrige Wagen. Trotzdem war der Austausch mittelalterlich schwierig; die Karawanen mußten an der Grenze jedes Kleinstaates Zoll zahlen und den Straßenräubern wahrscheinlich an jeder Straßenbiegung. Der Fluß- und Seeverkehr war besser entwickelt; um 860 v. Chr. brachten Schiffe mit bescheidenen Segeln und Hunderten von Rudern indische Produkte wie Duftstoffe und Gewürze, Baumwolle und Seide, Schals und Musseline, Perlen und Rubine, Ebenholz und Edelsteine sowie Silber- und Goldbrokat nach Mesopotamien, Arabien und Ägypten. Der Handel war durch unbeholfene Methoden behindert: zuerst tauschte man beliebig Gut gegen Gut, dann galt das Vieh als Währungseinheit, die Bräute wurden gleich Homers «ochseneintragenden Jungfrauen» mit Kühen gekauft. Später wurde eine schwere Kupfermünze ausgegeben, doch war sie nur von Privatpersonen garantiert. Es gab keine Banken; gehortetes Geld wurde in den Häusern versteckt oder im Boden vergraben oder bei einem Freunde deponiert. Daraus wurde zur Zeit Buddhas ein Kreditsystem: die Kaufleute in den verschiedenen Städten erleichterten die Handelsbeziehungen durch die Ausgabe von Kreditbriefen; Darlehen konnten bei solchen Rothschilds gegen achtzehn Prozent Zinsen aufgenommen werden, und wir hören viel von Schuldscheinen. Das Münzwesen war nicht unbequem genug, um das Glücksspiel zu hemmen; die Würfel gehörten bereits als etwas Wesentliches zur Zivilisation. In vielen Fällen errichtete der König Spielhäuser für seine Bürger, in der Art, wenn auch nicht im Stile von Monaco; und ein Teil der Einnahmen gehörte der königlichen Schatzkammer. Uns erscheint diese Einrichtung anstößig; denn wir sind es nicht gewohnt, daß die Spielsäle auf so unmittelbare Weise zur Besoldung der Beamtenschaft beitragen.

Die Handelsmoral stand auf großer Höhe. Freilich waren die Könige des vedischen Indien wie des homerischen Griechenland nicht darüber erhaben, das Vieh ihrer Nachbarn zu stehlen, doch schreibt Strabon: «Die größte Enthaltsamkeit aber zeigt sich in bezug auf Diebereien ... Sie kennen nicht einmal die Buchstabenschrift und verhandeln alles aus dem Gedächtnisse ... Auch in den Gesetzen und dem Geschäftsverkehr zeigt sich ihre Einfachheit dadurch, daß sie wenige Prozesse führen.»[4] Der Rigveda spricht von Blutschande, Verführung, Prostitution, Abtreibung und Ehebruch, und es gibt auch verschiedene Anzeichen von Homosexualität; aber das allgemeine Bild, das wir

354 INDIEN UND SEINE NACHBARN

aus den Veden und den Epen gewinnen, ist das eines hohen Niveaus in den Geschlechtsbeziehungen und im Familienleben.

Die Ehen wurden durch gewaltsame Entführung, durch Kauf oder durch gemein-
sames Einverständnis geschlossen. Doch war die durch Übereinkunft geschlossene Ehe
ein wenig ehrwidrig; die Frauen hielten es für ehrenvoller, gekauft und bezahlt, und
für sehr schmeichelhaft, gestohlen zu werden. Polygamie war erlaubt und wurde von
den Großen sehr gepflegt; es war ein Verdienst, mehrere Frauen zu erhalten und seine
Fähigkeiten fortzupflanzen. Die Geschichte von Draupadi, die fünf Brüder auf einmal
heiratete, beweist für die epische Zeit das gelegentliche Vorkommen der seltsamen
Polyandrie – der Ehe einer Frau mit mehreren Männern, gewöhnlich Brüdern –, die in
Ceylon bis 1859 bestand. Aber die Polygamie war gewöhnlich das Vorrecht des
Mannes, der den arischen Haushalt mit patriarchalischer Allmacht beherrschte. Er
besaß das Eigentumsrecht über seine Frauen und Kinder und durfte sie in gewissen
Fällen verkaufen oder verstoßen.

Dessenungeachtet genoß die Frau in der vedischen Zeit viel größere Freiheit als im
späteren Indien. Sie hatte bei der Wahl ihres Gefährten mehr mitzureden, als die Ehe-
formen es vermuten ließen. Sie erschien frei auf Festen und Tanzveranstaltungen und
brachte gemeinsam mit dem Manne religiöse Opfer dar. Sie durfte studieren und wie
Gargi philosophische Disputationen führen. Wenn sie Witwe wurde, waren ihr
keine Einschränkungen für die Wiederverheiratung auferlegt. In der epischen Zeit
scheint die Frau etwas von dieser Freiheit verloren zu haben. Ihre geistige Betätigung
wurde jetzt unter der Begründung, «das Vedenstudium der Frau bedeutet Verwirrung
im Königreich», gehemmt, und die Wiederverehelichung der Witwen galt als ein ungewöhnliches Vorkommnis; *purdah* – die Abgeschiedenheit der Frauen – begann; und die
zu den vedischen Zeiten beinahe unbekannte Einrichtung der Witwenverbrennung erfuhr immer größere Ausdehnung. Die ideale Frau wurde nun in der Heldin des Ramayana typisiert – in jener treuen Sita, die demütig ihrem Manne folgt und gehorcht und
bis zum Tode in allem mit Treue und Mut zu ihm steht.

V. DIE RELIGION DER VEDEN

*Vorvedische Religion · Vedische Götter · Moralische Götter · Die vedische Schöpfungsgeschichte
Unsterblichkeit · Das Pferdeopfer*

Die älteste Religion Indiens, die die einfallenden Arier bei den Nagas vorfanden und
die in den ethnischen Spalten und Winkeln der großen Halbinsel noch fortbesteht,
war anscheinend die animistische und totemistische Verehrung zahlreicher in Steinen
und Tieren, in Bäumen und Strömen, in Bergen und Sternen hausender Geister.
Schlangen waren Gottheiten – Götzen und Ideale männlicher Zeugungskraft; und der
heilige Bodhi-Baum der Zeit Buddhas war ein Überrest der mystischen, aber heilsamen Ehrfurcht vor der ruhigen Majestät der Bäume. Naga, der Drachengott, Hanuman, der Affengott, Nandi, der göttliche Stier, und die Yakshas, die Baumgötter, gin-

DIE GRUNDLAGEN INDIENS

gen in die historische Religion Indiens ein. Da manche dieser Geister gut und andere
böse waren, konnte nur große Gewandtheit in magischen Dingen davor bewahren,
von den zahllosen die Luft erfüllenden Dämonen mit Krankheit oder Wahnsinn geschlagen oder gepeinigt zu werden. Daher das Gemisch von Beschwörungen im *Atharvaveda*, dem *Buch des magischen Wissens*; man muß Zauberformeln aufsagen, um Kinder zu
bekommen, um Fehlgeburten zu verhindern, das Leben zu verlängern, das Böse zu
vertreiben, Schlaf zu erlangen und Feinde zu vernichten oder zu quälen*.

Die frühesten Götter der Veden waren die Kräfte und Elemente der Natur – Himmel, Sonne, Erde, Feuer, Licht, Wind, Wasser und Geschlechtskraft. Dyaus (der griechische Zeus, der römische Jupiter) war zuerst der Himmel selbst; und das Sanskritwort *deva*, das später «göttlich» bedeuten sollte, bedeutete ursprünglich nur «leuchtend». Durch die dichterische Freiheit, die so viele Gottheiten schafft, wurden diese
Naturobjekte personifiziert; der Himmel zum Beispiel wurde ein Vater, Varuna; die
Erde wurde eine Mutter, Prithivi; und die Vegetation war die Frucht ihrer Vereinigung durch den Regen. Der Regen war der Gott Parjanya, das Feuer war Agni, der
Wind war Vayu, der Pestwind Rudra, der Sturm Indra, die Morgenröte Uscha, die
Ackerfurche Sita, die Sonne Surya, Mithra oder Wischnu; und die heilige Somapflanze,
deren Saft heilsam und berauschend für Götter und Menschen war, war auch ein Gott,
ein indischer Dionysos, der durch seine erheiternde Kraft die Menschen zu Wohltätigkeit, Freude und Klarheit inspirierte und ihnen sogar ewiges Leben verlieh. Ein
Volk beginnt wie ein Einzelwesen mit der Poesie und endet mit der Prosa. Und wie
die Dinge zu Personen wurden, so wurden Eigenschaften zu Dingen, Eigenschaftswör-
ter zu Hauptwörtern, Epitheta zu Gottheiten. Die lebenschenkende Sonne wurde ein
neuer Sonnengott, Savitar, «Lebensspender», die leuchtende Sonne wurde Vivasvat,
«Leuchtende Sonne», und die lebenerzeugende Sonne stellte den großen Gott Prajapati, den «Herrn aller lebendigen Dinge», dar**.

Eine Zeitlang war der wichtigste der vedischen Götter Agni – das Feuer; er war die
heilige Flamme, die das Opfer zum Himmel emporhob, er war der Blitzstrahl, der
durch den Himmel fuhr, er war das feurige Leben und der Geist der Welt. Aber die
volkstümlichste Figur in der Götterhalle war Indra, der Machthaber über Donner und
Blitz. Denn Indra brachte den Indoariern jenen kostbaren Regen, der ihnen noch le-
bensnotwendiger schien als die Sonne; deshalb machten sie ihn zum größten der Götter, riefen die Hilfe seines Donnergrollens in ihren Schlachten an, malten sich ihn als
gewaltigen Heros aus, der bei Festen Hunderte von Stieren verzehrte und Seen voll
Wein ausschlürfte. Sein bevorzugter Gegner war Krischna, der in den Veden nur der
örtliche Gott des Krischnastammes war. Auch Wischnu, der Sonnengott, der mit lan-

---

* Vgl. *Atharvaveda* VI. Buch, Absatz 138, und VII. Buch, Absatz 35, 90, wo Frauen «haßstarrende Beschwörungsformeln» benutzten und «eine Sprache zügelloser Wildheit» führen, um ihre Rivalinnen zu vertreiben oder um sie unfruchtbar zu machen. In der *Brihadaranyaka Upanischad* (6–12) werden Formeln gegeben, um eine Frau durch Beschwörung zu entführen und «um zu sündigen, ohne zu empfangen».

** Prajapati genoß eine nahezu monotheistische Verehrung, bis er in der späteren Theologie von der alles verzehrenden Gestalt Brahmas zurückgedrängt wurde.

gen Schritten die Erde maß, war nur ein untergeordneter Gott, ohne um seine wie um Krischnas, seiner Inkarnation, große Zukunft zu wissen. Das ist einer der Vorteile der Veden, daß wir durch sie die Religion in ihrem Werden verfolgen und Geburt, Wachstum und Tod der Götter und Religionen vom Animismus bis zum philosophischen Pantheismus und vom Aberglauben des Atharvaveda bis zum erhabenen Monismus der Upanischaden beobachten können.

Diese Götter sind menschlich in der Gestalt, im Wollen, ja beinahe in der Unwissenheit. Einer von ihnen, von Gebeten belagert, überlegt, was er seinem Anbeter geben soll: «Das will ich ihm geben – nein, nicht das; ich will ihm eine Kuh geben – oder soll es ein Pferd sein? Habe ich eigentlich Soma von ihm bekommen?» Manche von ihnen erreichten jedoch in spätvedischer Zeit eine erhabene sittliche Bedeutung. Varuna, der als umfassendes Himmelsgewölbe begann, dessen Atem der Sturm war und dessen Gewand der Himmel, wurde gemäß dem Entwicklungsgang seiner Verehrer zur ethischsten und vergeistigtesten Gottheit der Veden – die die Welt mit ihrem großen Auge, der Sonne, überwachte, das Böse bestrafte, das Gute belohnte und jenen, die ihn darum baten, die Sünden vergab. In dieser Beziehung war Varuna der Wächter und Vollstrecker eines ewigen Gesetzes, Rita benannt; das war zuerst das die Bahn der Gestirne festsetzende und bewahrende Gesetz; allmählich wurde es auch die Rechtsnorm, der kosmische und sittliche Rhythmus, den jeder Mensch befolgen mußte, wenn er nicht vom rechten Wege abirren und vernichtet werden wollte. Als die Zahl der Götter immer größer wurde, stellte sich die Frage, welcher von ihnen die Welt erschaffen hatte. Diese Hauptrolle wurde bald Indra, bald Agni oder gar Soma oder Prajapati zugeschrieben. Eine Upanischad sah die Erschaffung der Welt als das Werk eines unwiderstehlichen Erzeugers an:

«Aber er hatte auch keine Freude; darum hat er keine Freude, wenn er allein ist. Da begehrte er nach einem zweiten. Nämlicher war so groß wie ein Weib und ein Mann, wenn sie sich umschlungen halten. Dieses sein Selbst zerfällt er (apâtayat) in zwei Teile; daraus entstanden Gatte (pati) und Gattin (patnî). Darum ist dieser Leib an dem Selbste gleichsam eine Halbscheid ... Darum wird dieser leere Raum hier durch das Weib ausgefüllt. – Mit ihr begattete er sich; daraus entstanden die Menschen. Sie aber erwog: ‚Wie mag er sich mit mir begatten, nachdem er mich aus sich selbst erzeugt hat? Wohlan! Ich will mich verbergen!‘ – Da ward sie zu einer Kuh; er aber ward zu einem Stier und begattete sich mit derselben. Daraus entstand das Rindvieh. – Da ward sie zu einer Stute; er aber ward zu einem Hengste; sie ward zu einer Eselin, er zu einem Esel und begattete sich mit derselben. Daraus entstanden die Einhufer. – Sie ward zu einer Ziege, er zu einem Bocke; sie zu einem Schafe, er zu einem Widder und begattete sich mit derselben; daraus entstanden die Ziegen und Schafe. – Also geschah es, daß er alles, was sich paart, bis hinab zu den Ameisen, dieses alles erschuf. Da erkannte er: ‚Wahrlich, ich selbst bin die Schöpfung; denn ich habe diese ganze Welt erschaffen.‘ – So entstand der Name Schöpfung.»

In dieser einzigartigen Stelle haben wir den Keim zum Pantheismus und zu der Lehre von der Seelenwanderung: Der Schöpfer ist eins mit seiner Schöpfung, und alle Dinge, alle Lebensformen sind eins; jede Form war einst eine andere Form und unterscheidet sich von dieser nur in der Voreingenommenheit der geistigen Wahrnehmung und der oberflächlichen zeitlichen Absonderung. Dieser Standpunkt, obgleich in den *Upanischaden* formuliert, war in der vedischen Zeit noch nicht Teil des volkstümlichen

DIE GRUNDLAGEN INDIENS 357

Glaubens; anstatt an die Seelenwanderung glaubten die Indoarier, wie die Arier Persiens, einfach an die persönliche Unsterblichkeit. Nach dem Tode erwartete die Seele ewige Strafe oder Glückseligkeit; sie wurde von Varuna in einen dunklen Abgrund, halb Hades und halb Hölle, geschleudert oder von Yama zu einem Himmel, wo alle irdischen Freuden endlos und vollkommen waren, emporgehoben. «Wie Korn vergeht der Sterbliche», sagt die *Katha Upanischad*, «wie Korn wird er wiedergeboren.»

In der frühvedischen Religion gab es, soweit wir Belege besitzen, weder Tempel noch Bilder; Altäre wurden wie im zoroastrischen Persien für jedes Opfer neu errichtet, und heiliges Feuer hob die Darbringung zum Himmel. Wir finden hier wie am Beginne nahezu jeder Zivilisation Andeutungen von Menschenopfern, aber es sind wenige und ungewisse. Ebenfalls wie in Persien wurden zuweilen Pferde als Opfer an die Götter verbrannt. Das sonderbarste Ritual war das Aschvamedha oder Pferdeopfer, in dem die Königin des Stammes sich mit dem heiligen Pferde nach dessen Tötung gepaart zu haben scheint. Das übliche Opfer bestand darin, daß man Soma trank und flüssige Butter in das Feuer goß. Das Opfer bestand größtenteils aus magischen Handlungen. Wenn es richtig ausgeführt wurde, mußte es ungeachtet der sittlichen Mängel der Opferer die Belohnung eintragen. Die Priester verlangten von den Ehrfürchtigen immer mehr für ihre Beihilfe bei der Durchführung des immer komplizierteren Opferrituals: wenn das Honorar nicht bereitlag, lehnte der Priester es ab, die notwendigen Formeln zu rezitieren; seine Bezahlung mußte der des Gottes vorausgehen. Von der Geistlichkeit festgelegte Vorschriften sahen die Höhe der Vergütungen für jeden Dienst vor – wieviel Kühe oder Pferde oder wieviel Gold zu zahlen war; Gold war besonders wirksam, um den Priester oder den Gott in Gang zu bringen. Die von den Brahmanen verfaßten *Brahmanas* belehrten den Priester, wie er das Gebet oder das Opfer im geheimen zum Schaden jener kehren sollte, die seine Bemühungen unzulänglich entlohnt hatten. Andere Vorschriften legten Zeremoniell und Brauch für nahezu jede Gelegenheit des Lebens fest, die gewöhnlich Priesterhilfe erforderlich machte. Langsam wurden die Brahmanen eine privilegierte hereditäre Kaste, die das geistige und geistliche Leben Indiens unter einer Herrschaft hielt, die jedes Denken und jede Veränderung zu ersticken drohte.

VI. DIE VEDEN ALS LITERATURGATTUNG

Sanskrit und Deutsch · Die Schrift · Die vier «Veden» · Der «Rigveda» · Ein Schöpfungshymnus

Die Sprache der Indoarier sollte für uns von besonderem Interesse sein, denn das Sanskrit ist eine der ältesten Sprachen jener «indogermanischen» Sprachengruppe, der unsere eigene Sprache angehört. Für einen Augenblick haben wir ein sonderbares Empfinden der kulturellen Kontinuität über große Zeit- und Raumspannen, wenn wir die Ähnlichkeit der Zahlwörter, der Familienbezeichnungen und der Hilfszeitwörter im Sanskrit, im Griechischen, Lateinischen, Englischen und Deutschen betrachten*. Es ist sehr unwahrscheinlich, daß diese alte Sprache, von der Sir William Jones behauptete, sie sei «vollkommener als Griechisch, reichhaltiger als Latein und von köstlicherer Verfeinerung als sonst eine Sprache», die von den arischen Eindringlingen gesprochene Sprache gewesen sein soll. Wie deren Sprache aussah, wissen wir nicht; wir können nur annehmen, daß sie mit dem altpersischen Dialekt, in dem das *Avesta* verfaßt ist, nahe verwandt war. Das Sanskrit der *Veden* und der Epen hat bereits die Kennzeichen einer klassischen und literarischen, nur von Wissenschaftlern und Priestern benutzten Sprache. Das Wort *Sanskrit* bedeutet «vorbereitet, rein, vollkommen, heilig».

Die *Veden* geben uns keinen Aufschluß darüber, ob ihre Verfasser die Schrift kannten. Erst im achten oder neunten Jahrhundert v. Chr. brachten indische – wahrscheinlich dravidische – Kaufleute aus Westasien eine semitische, der phoinikischen verwandte Schrift mit. Von dieser «Brahmaschrift», wie sie dann benannt wurde, gingen alle späteren Alphabete Indiens aus. Für Jahrhunderte scheint die Schrift nur zu Handels- und Verwaltungszwecken gedient zu haben; «Kaufleute, nicht Priester, entwickelten diese grundlegende Kunst». Selbst der buddhistische Kanon scheint erst im dritten Jahrhundert v. Chr. niedergeschrieben worden zu sein. Die ältesten vorhandenen Inschriften in Indien sind jene Aschokas. Wir, die wir in Jahrhunderten durch Schrift und Druck Augenmenschen geworden sind, können es kaum verstehen, mit welcher Zufriedenheit Indien noch lange nach der Erlernung der Schrift an der alten Art, Geschichte und Literatur durch Rezitation und Auswendiglernen zu überliefern, festhielt. Die *Veden* und die Epen waren Gesänge, die mit den Generationen jener, die

---

* Vgl. Deutsch eins, zwei, drei, vier, fünf, Englisch *one, two, three, four, five* mit Sanskrit *eka, dva, tri, tschatna, pañtscha;* Lateinisch *unus, duo, tres, quattuor, quinque;* Griechisch *heis, dyo, treis, tettares, pente.* Oder vgl. Deutsch bin, bist, ist, Englisch *am, are, is* mit Sanskrit *asmi, asi, asti;* Lateinisch *sum, es, est;* Griechisch *eimi, ei, esti.* Grimms Gesetz der Konsonantenverschiebungen eines Wortes nach den verschiedenen Sprechgewohnheiten der einzelnen Völker hat uns noch deutlicher die überraschende Verwandtschaft des Sanskrit mit unserer Sprache offenbart. Das Gesetz kann ungefähr (es gibt viele Ausnahmen) wie folgt zusammengefaßt werden:

1. Sanskrit *k* (wie in *kratu* «Macht») entspricht dem griechischen *k* (*kratos* «Kraft»), dem lateinischen *c* oder *qu* (*cornu* «Horn»), dem deutschen h, g, k («hart»), dem englischen *h, g* oder *f* («hard»);

2. Skt. *g* oder *j* (wie in *jan* «zeugen») entspricht dem griech. *g* (*genos* «Geschlecht»), lat. *g* (genus), deutsch ch oder k (Kind), engl. *k* (kin);

3. Skt. *gh* oder *h* (wie in *hyas* «gestern») entspricht dem griech. *ch* (chthes), lat. *h, f, g,* oder *v* (heri), deutsch k oder g (gestern), engl. *g* oder *y* (yesterday);

4. Skt. *t* (wie in *tar* «überqueren») entspricht dem griech. *t* (terma «Ende»), lat. *t* (ter-minus), deutsch d (durch), engl. *th* oder *d* (through);

5. Skt. *d* (wie in *dasha* «zehn») entspricht dem griech. *d* (deka), lat. *d* (decem), deutsch z (zehn), engl. *t* (ten);

6. Skt. *dh* oder *h* (wie in *dha* «legen, stellen») entspricht dem griech. *th* (ti-the-mi «ich lege»), lat. *f, d* oder *b* (fa-cere «tun»), deutsch t (tun), engl. *d* (do, deed);

7. Skt. *p* (wie in *patana* «Feder») entspricht dem griech. *p* (pteros «Schwinge»), lat. *p* (penna «Feder»), deutsch *f* oder *v* (Feder), engl. *f* oder *b* (feather);

8. Skt. *bh* (wie in *bhri* «tragen») entspricht dem griech. *ph* (pherein), lat. *f* oder *b* (fero), deutsch *p, f* oder *ph* (fahren), engl. *b* oder *p* (bear, birth, brother).

DIE GRUNDLAGEN INDIENS 359

sie sangen, wuchsen; sie waren nicht für das Auge, sondern für das Ohr geschaffen. Von dieser Gleichgültigkeit gegenüber der Schrift rührt unser so mangelhaftes Wissen über das frühe Indien her.

Was waren denn nun diese *Veden*, von denen alle unsere Kenntnisse des primitiven Indien herrühren? Das Wort *Veda* bedeutet «Wissen» *; ein Veda ist buchstäblich ein Buch des Wissens. Die Inder gebrauchen dieses Wort für die gesamte heilige Überlieferung ihrer Frühzeit; wie unsere «Bibel» bezeichnet es eher eine Literatur als ein Buch. Nichts könnte verwirrter sein als die Anordnung und Einteilung dieser Sammlung. Von den vielen Veden, die es einst gab, sind nur vier erhalten:

    I. der *Rigveda*, «Das Wissen von den Lobeshymnen»;
    II. der *Samaveda*, «Das Wissen von den Gesängen»;
    III. der *Yajurveda*, «Das Wissen von den Opferformeln»; und
    IV. der *Atharvaveda*, «Das Wissen von den magischen Formeln».

Jeder dieser vier *Veden* ist in vier Abschnitte gegliedert:

1. die *Mantras* oder Hymnen;
2. die *Brahmanas* oder Handbücher des Rituals, der Gebete und Beschwörungen für die Priester;
3. die *Aranyakas*, «Waldtexte» für Waldeinsiedler; und
4. die *Upanischaden*, Geheimlehren für Philosophen**.

Nur einer der *Veden* gehört mehr zur Literatur als zur Religion, Philosophie oder Magie. Der Rigveda ist eine Art religiöser Anthologie, die 1028 Hymnen oder Preislieder an die mannigfaltigen Gegenstände indoarischer Verehrung – Sonne, Mond, Himmel, Sterne, Wind, Regen, Feuer, Morgenröte, Erde usw. *** – enthält. Die meisten Hymnen sind praktische Bittgesuche um Herden, Ernten und langes Leben; nur wenige von ihnen haben literarischen Wert; und einige wenige erheben sich zur Beredtheit und Schönheit der Psalmen. Manche sind schlichte und natürliche Dichtwerke, ungekünstelt wie die Verwunderung eines Kindes. Ein Hymnus ist voller Erstaunen über die weiße Milch einer roten Kuh; ein anderer kann nicht begreifen, warum die Sonne, wenn sie ihren Abstieg beginnt, nicht jählings zu Boden stürzt; ein

---

* Griechisch *(w)oida*, lat. *video*, deutsch *weise*, engl. *wit* und *wisdom*.

** Das ist eine der möglichen Einteilungen des Materials. Außer den in den *Brahmanas* und *Upanischaden* enthaltenen «inspirierten» Kommentaren schließen die Hindugelehrten gewöhnlich auch mehrere Sammlungen kürzerer Kommentare in aphoristischer Form, *sutra* genannt, in die *Veden* ein. Diese, obgleich nicht unmittelbar vom Himmel inspiriert, haben die hohe Autorität einer alten Tradition. Manche sind knapp und kurz und nahezu unverständlich; sie waren bequeme Verdichtungen der Doktrin, mnemotechnische Behelfe für die Schüler, die mehr ihrem Gedächtnis als der Schrift vertrauten.

Niemand weiß, wer diese Unmenge Poesie, Mythos, Magie, Ritual und Philosophie verfaßte, noch wann sie verfaßt wurde. Fromme Hindus halten jedes Wort davon für göttliche Inspiration und sagen uns, der große Brahma habe sie eigenhändig auf Blätter aus Gold geschrieben; das ist ein Standpunkt, der sich nicht so leicht widerlegen läßt. Gemäß der Glut ihrer Vaterlandsliebe schreiben verschiedene eingeborene Autoritäten den ältesten Hymnen ein Alter zwischen 6000 bis 1000 v. Chr. zu. Das Material wurde wahrscheinlich zwischen 1000 und 500 v. Chr. gesammelt und gesichtet.

*** Sie sind gewöhnlich in vierzeiligen Strophen verfaßt. Die Verse haben 5, 8, 11 oder 12 Silben, und im allgemeinen bestehen die letzten vier Silben aus zwei Trochäen oder aus einem Trochäus und einem Spondeus.

anderer fragt, wieso «die leuchtenden Gewässer aller Ströme in einen Ozean fließen, ohne ihn je voll zu machen». Eine Hymne ist ein Klagelied, im Stile der *Thanatopsis*, über den Leichnam eines in der Schlacht gefallenen Kameraden:

Den Bogen aus der Hand des Toten nehmend,
uns zur Herrschaft, zum Ansehen, zur Macht –
dort bist du, wir sind hier, reich an Mannen;
möchten wir alle Anfechtung und Arglist überwinden.
Gehe ein hier zur Mutter Erde,
zu der weit sich erstreckenden, gütigen Erde:
einer wollenzarten jungen Frau gleich für den, der reichlich gespendet hat,
möge sie dich schützen vor dem Schoße der Nirrti (der Vernichtung).
Tue dich auf, Erde, nicht bedrücke ihn;
biete ihm guten Zugang und gute Unterkunft.
Wie eine Mutter ihren Sohn mit dem Gewand,
umhülle du ihn, Erde. [5]

Eine andere Dichtung (Rv.x, 10) ist ein freimütiges Zwiegespräch zwischen den Ureltern der Menschheit, dem Zwillingspaar Yama und Yami. Yami will ihren Bruder dazu verleiten, ihr trotz des göttlichen Inzestverbotes beizuwohnen, und behauptet, ihr einziger Wunsch sei die Erhaltung der Rasse. Yama widersteht ihr unter Angabe hochsittlicher Gründe. Sie versucht alle Lockmittel und nennt ihn schließlich einen Schwächling. Die Erzählung ist unvollendet; wir können ihren Ausgang nur aus den Indizien rekonstruieren. Das erhabenste Gedicht ist ein verblüffender Schöpfungshymnus, in dem ein subtiler Pantheismus, ja selbst ein ehrfürchtiger Skeptizismus in diesem ältesten Buch des religiösesten aller Völker erscheint:

«Nicht war Sein, nicht Nichtsein damals. Nicht war der Luftraum, nicht der Himmel, der darüber ist. Was regte sich? Wo? In wessen Obhut? Bestand aus Wasser der tiefe Abgrund?

Nicht gab es damals Tod, nicht Unsterblichkeit; keinen Unterschied zwischen Tag und Nacht. Es atmete, windlos, von selbst nur das Das; es gab nichts anderes als dies.

Dunkel war vom Dunkel am Anfang umhüllt; unterschiedsloses Wasser war dies alles. Von dem leeren (Dunkel) war diese Kraft umhüllt, die durch die Macht der Buße als Einziges sich fortzeugte.

Das Verlangen regte sich da zuerst; dieser erste Same des Geistes, den es gab; den Verwandten des Seienden fanden im Nichtseienden die Weisen, als sie im Herzen mit Nachdenken forschten.

Quer war die Schnur gespannt. Gab es ein Unten, gab es ein Oben? Es gab befruchtende Kräfte, es gab Mächte. Wille war unten, Gewähren oben.

Wer weiß es, wer wird es hier verkünden, woher entstanden, woher diese Schöpfung. Die Götter sind diesseits durch seine Schöpfung. Aber wer weiß, woher er entstand?

Woher diese Schöpfung entstand: sei es, daß er sie schuf oder nicht; der über sie wacht im höchsten Himmel, der gewiß weiß es, oder weiß auch er es nicht?» [6]

Es blieb den Schöpfern der Upanischaden vorbehalten, diese Probleme wieder aufzugreifen und diese Anregungen im typischsten und vielleicht größten Erzeugnis des indischen Geistes auszuarbeiten.

VII. DIE PHILOSOPHIE DER UPANISCHADEN

Die Verfasser · Ihr Thema · Intellekt gegen Intuition · Atman · Brahman · Deren Wesenseinheit
Eine Beschreibung Gottes · Erlösung · Der Einfluß der Upanischaden · Emerson über Brahma

Auf der ganzen Welt, sagt Schopenhauer, gebe es kein so wohltätiges und so erhebendes Studium wie das der Upanischaden. Es sei der Trost seines Lebens gewesen – es werde der Trost seiner Todesstunde sein. Wenn man von den moralischen Fragmenten Ptahhoteps absieht, haben wir hier die älteste vorhandene Philosophie und Psychologie der Menschheit, die überraschend subtile und geduldige Bemühung des Menschen, den Geist und die Welt und deren Beziehung zueinander zu begreifen. Die Upanischaden sind so alt wie Homer und so modern wie Kant.

Das Wort setzt sich aus *upa*, nahe, und *sad*, sitzen, zusammen. Vom «Nahesitzen» des Lehrers kam in das Wort die Bedeutung der geheimen oder esoterischen Lehre, die der Meister seinen besten Lieblingsschülern anvertraute. Es gibt hundertacht dieser von verschiedenen Heiligen und Weisen zwischen 800 und 500 v. Chr. verfaßten Unterweisungen. Sie stellen keine zusammenhängende philosophische Systematik, sondern die Ansichten, Gedanken und Lehren vieler Männer dar, für die Philosophie und Religion noch eins waren, Versuche, die einfache und wesenhafte Wirklichkeit, die der oberflächlichen Vielfalt der Dinge zugrunde liegt, zu begreifen und sich ihr ehrfürchtig zu verbinden. Sie sind voll Absurditäten und Widersprüche, und gelegentlich nehmen sie den ganzen Wortschwall Hegels vorweg; zuweilen bringen sie Formeln vor, die so unheimlich anmuten wie jene Tom Sawyers bei der Warzenbehandlung; zuweilen beeindrucken sie uns als das tiefgründigste Denken in der Geschichte der Philosophie.

Wir kennen die Namen vieler Autoren, doch wissen wir nichts von ihrem Leben, mit Ausnahme dessen, was sich gelegentlich ihren Lehren entnehmen läßt. Die lebendigsten Figuren unter ihnen sind Yajnavalkya, der Mann, und Gargi, die Frau, die den Vorzug hat, zu den frühesten Philosophen zu zählen. Von den beiden hat Yajnavalkya die schärfere Zunge. Die anderen Lehrer betrachten ihn als einen gefährlichen Neuerer; die Nachwelt machte seine Lehre zum Eckstein unanfechtbarer Orthodoxie. Er berichtet uns, wie er seine beiden Ehefrauen verlassen wollte, um ein weiser Einsiedler zu werden; das dringende Verlangen seiner Frau Maitreyi, er möge sie doch mitnehmen, läßt uns die Intensität spüren, mit der Indien seit Jahrtausenden Religion und Philosophie betreibt.

«Und damals war Yajnavalkya im Begriffe, ein anderes Leben zu beginnen.
‚Maitreyi!' sagt Yajnavalkya, ‚siehe, ich bin im Begriffe, von diesem Staate fortzuwandern. Ich will nun für Dich und für Katyayani eine endgültige Regelung treffen.'
Da sprach Maitreyi: ‚Wenn nun, mein Herr, diese ganze Erde mit allen ihren Reichtümern mein wäre, würde ich dadurch unsterblich sein?'
‚Nein, nein!' sagte Yajnavalkya, ‚es gibt keine Hoffnung auf Unsterblichkeit durch Reichtum.'
Da sprach Maitreyi: ‚Was sollte ich tun mit dem, das mich nicht unsterblich machen kann? Was Du weißt, Herr – das erkläre mir.'»[7]

INDIEN UND SEINE NACHBARN

Die Upanischaden haben das ganze Geheimnis dieser nicht verstehbaren Welt zum Thema. «Woher stammen wir, wo leben wir und wohin gehen wir? O ihr, die ihr *Brahman* kennet, saget uns, auf wessen Befehl wir hier verweilen... Soll man die Zeit oder die Natur oder die Notwendigkeit oder den Zufall oder die Elemente als Grund und Ursache betrachten oder jenen, der da *Purusha* genannt wird», den allerhöchsten Geist? Indien hat mehr als seinen Anteil an jenen Männern gehabt, die nicht «Millionen wollten, sondern Antwort auf ihre Fragen». In der *Maitri Upanischad* lesen wir von einem König, der sein Reich verließ und in die Wälder zog, um sich zu kasteien, seinen Geist für die Erkenntnis zu klären und das Rätsel des Universums zu lösen. Nach tausendtägiger Buße kam ein Weiser zum König, ein «Wissender der Seele». «Du bist einer, der ihr wahres Wesen kennt», sagt der König; «berichte!» «Nenne mir andere Wünsche», warnt der Weise. Aber der König besteht auf seinem Verlangen; und in einer Stelle, die Schopenhauer schopenhauerisch vorgekommen sein muß, verleiht der Weise jener Abneigung gegen das Leben, jener Angst vor der Wiedergeburt, die dunkel durch die ganze indische Gedankenwelt zieht, Ausdruck:

«Oh, Ehrwürdiger! In diesem aus Knochen, Haut, Sehnen, Mark, Fleisch, Same, Blut, Schleim, Tränen, Augenbutter, Kot, Harn, Galle und Phlegma zusammengeschütteten, übelriechenden, kernlosen Leibe – wie mag man nur Freude genießen!

In diesem mit Leidenschaft, Zorn, Begierde, Wahn, Furcht, Verzagtheit, Neid, Trennung von Liebendem, Bindung an Unliebes, Hunger, Durst, Alter, Tod, Krankheit, Kummer und dergleichen behafteten Leibe – wie mag man nur Freude genießen!

Auch sehen wir, daß diese ganze Welt vergänglich ist so wie diese Bremsen, Stechfliegen und dergleichen, diese Kräuter und Bäume, welche entstehen und wieder verfallen ...

Gibt es doch noch andere Dinge – Vertrocknung großer Meere, Einstürzen der Berge, Wanken des Polarsterns, Reißen der Windseile, Versinken der Erde, ... in einem Weltlaufe, wo derartiges vorkommt, wie mag man da nur Freude genießen! Zumal auch, wer ihrer satt ist, doch immer wieder und wieder zurückkehren muß!»[8]

Die erste Unterweisung, die die Weisen der Upanischaden ihren auserwählten Schülern geben, handelt von der Unzulänglichkeit des Verstandes. Wie kann dieses schwache Hirn, das schon mit einer kleinen Berechnung Schwierigkeiten hat, hoffen, jemals die vielfaltige Unermeßlichkeit zu erfassen, von der es nur ein vergängliches Fragment ist? Nicht daß der Verstand nutzlos sei; er hat seinen bescheidenen Platz und erfüllt gute Dienste, wenn es sich um die Erkenntnis von Beziehungen und Dingen handelt. Wie wankt er aber vor dem Ewigen, dem Unendlichen, dem Urwirklichen! Angesichts jener stummen Wirklichkeit, die allen Erscheinungen zugrunde liegt und in jedem Bewußtseinszustand emporquillt, brauchen wir ein anderes Wahrnehmungs- und Erkenntnisorgan als unsere Sinne und unsere Vernunft. «Nicht durch Studium kommt man zum *Atman* (der Weltseele), auch nicht durch Genie und viel Bücherwissen... Der Brahmane soll auf das Lernen verzichten und wie ein Kind werden... Er soll nicht nach vielen Worten suchen, denn das ermüdet nur die Zunge.»[9] Das höchste Erkennen liegt, wie Spinoza dereinst sagen sollte, in der unmittelbaren Wahrnehmung, in der unmittelbaren Einsicht; es ist, wie Bergson sagen würde, eine Intuition, die innere Schau des Geistes, der die Tore der äußeren Sinne, soweit er es vermag, vor-

DIE GRUNDLAGEN INDIENS

sätzlich geschlossen hält. «Brahman bohrte die Sinnesöffnungen, so daß die Sinne sich nach außen wendeten; deshalb schaut der Mensch nach außen und nicht nach innen, in sich selbst; einige Weise aber sahen mit geschlossenen Augen in ihrem Wunsche nach Unsterblichkeit das Selbst dahinter.» [10]

Wenn ein Mensch überhaupt nichts vorfindet, wenn er in sich selbst blickt, kann das lediglich die Genauigkeit seiner Selbstbeobachtung beweisen; denn niemand soll erwarten, das Ewige in sich selbst vorzufinden, wenn er im Vergänglichen und Individuellen verloren ist. Bevor man diese innere Wirklichkeit empfinden kann, muß man alles böse Tun und Denken, alle Unruhe des Körpers und der Seele aus sich fortschaffen. Fünfzehn Tage lang muß man fasten und nur Wasser trinken; dann hat sich der Geist sozusagen zu Ruhe und Schweigen gehungert, die Sinne sind gereinigt und beruhigt, der Geist erreicht den nötigen Frieden, um sich selbst und den großen Seelenozean, dessen Teil er ist, zu empfinden. Zuletzt hört das Individuelle auf zu sein, und die Einheit und Wirklichkeit treten in Erscheinung. Denn es ist nicht das individuelle Selbst, dessen der Seher bei dieser Innenschau gewahr wird; das individuelle Selbst ist nichts als eine Abfolge geistiger, vom Gehirn bestimmter Zustände, es ist lediglich der von innen gesehene Körper. Was der Sucher sucht, ist *Atman* *, das Selbst aller Selbste, die Seele aller Seelen, das stoff- und formlose Absolute, in dem wir uns baden, wenn wir unser vergessen.

Das ist also der erste Schritt der Geheimlehre: daß die Substanz unseres eigenen Selbstes nicht der Körper, nicht der Geist oder das individuelle Ich ist, sondern der stumme und gehaltlose Seinsgrund in uns, das Atman. Der zweite Schritt ist *Brahman* **, die eine alldurchdringende, geschlechtslose ***, allumfassende, allem zugrunde liegende, unberührbare Wesenheit der Welt, das «Wirkliche des Wirklichen», die «ungeborene Seele, unvergänglich, unsterblich» [11], die Seele aller Dinge, wie Atman die Seele aller Seelen ist; die eine Kraft, die hinter, unter und über allen Kräften und Göttern steht.

«Dann fragte ihn Vidagda Schakayal: ‚Wie viele Götter gibt es, Yajnavalkya?‘
Er antwortete … ‚So viele, wie da erwähnt sind im Hymnus an alle Götter, das heißt dreihundertunddrei und dreitausendunddrei.‘
‚Ja, aber wieviel Götter gibt es denn eigentlich, Yajnavalkya?‘
‚Dreiunddreißig.‘
‚Ja, aber wie viele Götter gibt es denn eigentlich, Yajnavalkya?‘
‚Sechs.‘

---

* Die Ableitung dieses Wortes ist ungewiß. Offenbar (wie in Rig. X. Buch, Absatz 16) bedeutete es ursprünglich Atem, wie das lateinische *spiritus;* dann Lebensgrund, dann Seele.

** *Brahman*, wie hier im Sinne der unpersönlichen Weltseele gebraucht, ist vom persönlicher gedachten *Brahma*, dem Mitglied der hinduistischen Göttertriade (Brahma, Wischnu, Schiwa), zu unterscheiden, ebenso von *Brahmane*, Mitglied der Priesterkaste. Der Unterschied wird aber nicht streng beobachtet, und *Brahma* wird zuweilen im Sinne von *Brahman* gebraucht. Hingegen wird *Brahma* von Brahmane durch Kursivdruck unterschieden werden.

*** Die indischen Denker sind die am wenigsten anthropomorphisierenden aller religiösen Philosophen. Selbst in den späteren Hymnen des *Rigveda* wird das höchste Wesen unterschiedlos mit *er* oder *es* bezeichnet, wie um zu zeigen, daß es über das Geschlecht erhaben ist.

‚Ja, aber wie viele Götter gibt es denn eigentlich, Yajnavalkya?'
‚Zwei.'
‚Ja, aber wie viele Götter gibt es denn eigentlich, Yajnavalkya?'
‚Einundeinhalb.'
‚Ja, aber wie viele Götter gibt es denn eigentlich, Yajnavalkya?'
‚Einen.'»[12]

Der dritte Schritt ist der bedeutsamste: *Atman* und *Brahman* sind eines. Die (nicht-individuelle) Seele oder Kraft in uns selbst ist mit der unpersönlichen Seele der Welt identisch. Die Upanischaden brennen diese Lehre mit unermüdlicher und ermüdender Wiederholung in die Seele des Schülers ein. Hinter allen Formen und Schleiern ist das Subjektive und das Objektive eines; wir in unserer entindividualisierten Wirklichkeit und Gott als die innere Wesenheit aller Dinge sind eines. Ein Lehrer drückt das in einem berühmten Gleichnis aus:

«Hole mir von dort eine Feige!»
«Hier ist sie, Erhabener!»
«Spalte sie!»
«Sie ist gespalten, Erhabener!»
«Was erblickst Du darin?»
«Ganz feine Körner, Erhabener!»
«Spalte eines von diesen!»
«Es ist gespalten, Erhabener!»
«Was erblickst Du darin?»
«Gar nichts, Erhabener!»
«Mein Lieber, gerade aus dieser feinsten Substanz, die Du nicht wahrnimmst, gerade aus dieser feinsten Substanz erwächst dieser Baum. Glaube mir, mein Lieber, was die feinste Substanz ist – diese ganze Welt hat es als Seele. Es ist das Selbst. Es ist *Atman. Tat tvam asi* – das bist Du, Schwetaketu.»
«Der Erhabene verkünde mir noch mehr.»
«So sei es, mein Lieber.»[13]

Diese an Hegel erinnernde Dialektik von *Atman, Brahman* und ihrer Synthese ist das Wesentliche an den *Upanischaden*. Es werden noch viele andere Unterweisungen gegeben, doch sind sie untergeordnet. Wir finden in diesen Gesprächen bereits den Glauben an die Seelenwanderung* und die Sehnsucht nach Befreiung *(mokscha)* von dieser schweren Kette der Wiederverkörperungen. Janaka, König der Videhas, bittet Yajnavalkya, ihm zu sagen, wie man die Wiedergeburt vermeiden könne. Yajnavalkya antwortet ihm mit Erklärungen über das *Yoga*: durch die asketische Ausschaltung aller persönlichen Begierden kann man aufhören, ein individuelles Teilstück zu sein, sich in höchster Seligkeit der Weltseele verbinden und so der Wiedergeburt entrinnen. Worauf der König in metaphysischer Ekstase sagt: «Ich will Dir, edler Herr, die Videhas und mich selbst auch zu Sklaven geben.»[14] Es ist aber ein schwer verständlicher Himmel, den Yajnavalkya dem Ehrfürchtigen verspricht, denn es gibt dort kein indivi-

---

* Er kommt zuerst in der *Smatapatha Upanischad* vor, wo wiederholte Geburt und wiederholter Tod als eine von den Göttern für bösen Lebenswandel verhängte Strafe dargestellt werden. Viele primitive Stämme glauben, die Menschenseele könne in ein Tier eingehen und umgekehrt. Wahrscheinlich wurde diese Idee bei den präarischen Einwohnern Indiens zur Grundlage des Glaubens an die Seelenwanderung.

DIE GRUNDLAGEN INDIENS

duelles Bewußtsein, nur das Aufgehen in das Sein, die Vereinigung des zeitweilig Geteilten mit dem Ganzen. «Wie fließende Ströme im Meere verschwinden, ihren Namen und ihre Form verlieren, so schreitet ein weiser Mensch, von Name und Gestalt befreit, in die göttliche Wesenheit ein, die über allem steht.»[15]

Eine solche Theorie von Leben und Tod wird dem westlichen Menschen, dessen Religion ebenso vom Individualismus durchdrungen ist wie seine politischen und wirtschaftlichen Einrichtungen, nicht gefallen. Aber sie hat den philosophischen Geist der Hindu mit erstaunlicher Beständigkeit befriedigt. Wir werden diese Philosophie der Upanischaden – diese monistische Theologie, diese mystische und unpersönliche Unsterblichkeit in der indischen Gedankenwelt von Buddha bis Gandhi, von Yajnavalkya bis Tagore vorherrschend finden. Bis zum heutigen Tage bedeuten die *Upanischaden* Indien, was das *Neue Testament* dem Christentum bedeutet – ein edler, gelegentlich geübter und allgemein verehrter Glaube. Selbst in Europa und in Amerika hat diese gedankenvolle Theosophie Millionen Anhänger gewonnen, einsame Frauen und müde Männer, aber auch Schopenhauer und Emerson. Wer hätte je geglaubt, daß der große amerikanische Philosoph des Individualismus der indischen Überzeugung, daß Individualität eine Täuschung ist, vollkommenen Ausdruck verleihen würde?

Brahma
Und wenn der rote Mörder glaubt, er mordet,
Und der Ermordete, er wird gemordet,
Sie kennen nicht die feinen Wege
Ich bleibe, gehe, kehre wieder.

Fern und vergessen ist mir nah;
Schatten und Sonne mir das Gleiche;
Verschwundene Götter erscheinen mir;
Und eines ist mir Schmach und Ruhm.

Die rechnen schlecht, die mich vergessen;
Ich bin die Schwinge, wenn sie fliehen;
Ich bin der Zweifler und der Zweifel,
Ich bin der Hymnus des Brahmanen.

ZWEITES KAPITEL

Buddha

I. DIE KETZER

Skeptiker · Nihilisten · Sophisten · Atheisten · Materialisten · Religionen ohne Gott

DASS es selbst zur Zeit der *Upanischaden* Skeptiker gab, geht aus den *Upanischaden* selbst hervor. Zuweilen verspotteten die Weisen die Priester, wie etwa die *Chandogya Upanischad*, die die strenggläubige Geistlichkeit ihrer Zeit mit einer Prozession von Hunden vergleicht, von denen jeder den Schwanz seines Vorgängers hält und fromm spricht: «Om, lasset uns essen, Om, lasset uns trinken.»[1] Die *Svasamveda Upanischad* verkündet, es gebe keinen Gott, keinen Himmel, keine Hölle, keine Wiedergeburt, keine Welt; die *Veden* und die *Upanischaden* seien das Werk eingebildeter Narren; Gedanken seien bloß Illusionen und alle Worte unwahr; das von blumigen Reden verführte Volk klammere sich an Götter, Tempel und «heilige Männer», obgleich zwischen Wischnu und einem Hunde gar kein Unterschied sei. Und die Geschichte von Virocana wird erzählt, der zweiunddreißig Jahre lang bei dem großen Gotte Prajapati persönlich als Schüler weilte, reiche Belehrung über das Selbst empfing, das «frei ist von allem Bösen, von Alter, Tod, Trauer, Hunger und Durst, das nach dem Wirklichen strebt», und der dann plötzlich zur Erde zurückkehrte und die höchst anstößige Lehre predigte: «Das eigene Selbst soll hier auf Erden glücklich gemacht werden. Das eigene Selbst muß gepflegt werden. Wer sich auf Erden glücklich macht, wer sich pflegt, erlangt beide Welten, diese und die nächste.»[2] Vielleicht haben die guten Brahmanen, die die Geschichte ihres Landes überlieferten, uns ein wenig über die Einmütigkeit der indischen Mystik und Frömmigkeit getäuscht.

In der Tat, da die Wissenschaft einige der weniger achtbaren Figuren der vorbuddhistischen indischen Philosophie ausgräbt, nimmt ein Bild Gestalt an, das neben den über Brahma nachsinnenden Heiligen vielerlei Personen aufweist, welche alle Priester verachteten, alle Götter anzweifelten und ohne Beben den Namen *Nâstikas*, Neinsager, Nihilisten, trugen. Sangaya, der Agnostiker, wollte ein Leben nach dem Tode weder anerkennen noch verneinen; er focht die Erkenntnismöglichkeit an und beschränkte die Philosophie auf das Streben nach Frieden. Purana Kaschyapa weigerte sich, sittliche Unterschiede zu akzeptieren, und lehrte, die Seele sei ein duldender Sklave des Zufalls. Makkhali Gosala vertrat die Ansicht, daß das Schicksal alles bestimme, ohne der Verdienste der Menschen zu achten. Ajita Kasakambalin sah im Menschen nur ein Gemisch von Erde, Wasser, Feuer und Wind und sagte: «Toren und Weise werden alle bei der Auflösung des Körpers dahingerafft und vernichtet; nach dem Tode sind sie nicht

BUDDHA 367

mehr.»[3] Der Verfasser des *Ramayana* zeichnet einen vorbildlichen Skeptiker in Jabali, der Rama verspottet, weil er um eines Gelübdes willen ein Königreich verschmäht:

> Jabali, ein gelehrter Brahmane und wortgewandter Sophist
> (nichts war ihm Glaube und Pflicht), sprach also zum Fürsten Ayodhyas:
> «Warum lässest, oh Rama, du müß'ge Gebote dein Herz so bedrängen?
> Sind's doch Gebote, die Dummen und Blöden zu täuschen!
> Mich jammern die irrenden Menschen, die vermeintliche Pflichten befolgen:
> Sie opfern den süßen Genuß, bis ihr unfruchtbar Leben versickert.
> Vergeblich bringen sie noch den Göttern und Vätern ihr Opfer.
> Vergeudetes Mahl! Kein Gott und kein Vater nimmt jemals geopferte Speise.
> Wenn einer sich mästet, was frommt es den anderen?
> Dem Brahmanen gespendete Speise, was hilft sie den Vätern?
> Listige Priester erfanden Gebote und sagen mit eigensüchtigem Sinnen:
> ,Gib deine Gabe, tu Buße und bete, laß fahren die irdische Habe!'
> Nicht gibt es ein Jenseits, oh Rama, vergeblich ist Hoffen und Glauben;
> genieße dein Leben allhier, verachte das ärmliche Blendwerk!»[4]

Als Buddha zum Manne erwuchs, fand er die Säle, die Straßen, ja sogar die Wälder Nordindiens von philosophischen Disputationen, meistens atheistischer und materialistischer Tendenz, widerhallend. Die späteren Upanischaden und die frühesten buddhistischen Schriften sind voller Hinweise auf diese Ketzer. Eine große Anzahl reisender Sophisten – die *Paribbajakas*, «Wanderer» – verbrachten den größten Teil des Jahres damit, daß sie von einer Ortschaft zur anderen wanderten und Schüler oder Widersacher für ihre Philosophie suchten. Mancher von ihnen lehrte Logik als die Kunst, alles zu beweisen, und gewann sich den Titel eines «Haarspalters» und «glatten Aals»; andere bewiesen die Nichtexistenz Gottes und die Unzweckmäßigkeit der Tugend. Viele Zuhörer folgten diesen Vorlesungen und Debatten; man baute große Hallen, um die Zuhörerschaft unterzubringen. Und zuweilen schrieben Fürsten für jene, die aus diesen geistigen Turnieren siegreich hervorgingen, Belohnungen aus. Es war ein Zeitalter erstaunlicher Gedankenfreiheit und reichlichen philosophischen Experimentierens.

Es ist uns nicht viel von diesen Skeptikern erhalten geblieben, und ihr Wirken kommt fast ausschließlich in den Schmähschriften ihrer Feinde zum Ausdruck. Der älteste bekannte Name ist Brihaspati, aber seine nihilistischen *sutras* sind verschollen, einzig ein Gedicht ist erhalten, in dem er die Priester in einer von aller metaphysischen Dunkelheit freien Sprache anprangert:

> Es gibt keinen Himmel, keine endgültige Befreiung,
> Keine Seele, keine andere Welt, keine Kastenriten ...
> Der dreifache *Veda*, die dreifache Selbstbeherrschung,
> Und aller Staub und alle Asche der Reue –
> Die geben Auskommen jenen Menschen,
> Die bar allen Verstandes, aller Mannhaftigkeit ...
> Wie kann der Körper, so zu Staub gewandelt,
> Auf Erden wieder erscheinen? Und wenn ein Gespenst
> Zu anderen Welten reiset, warum bringt ihn nicht starke
> Zuneigung für jene, die er hinterläßt, zurück?
> Die teueren Riten jenen, welche sterben, auferlegt,

368 INDIEN UND SEINE NACHBARN

Sind nur ein Unterhalt, von priesterlicher
List geschaffen – weiter nichts …
Solange Leben dauert, sei es leicht
Und froh gelebet; ein Mann soll Geld
Von allen seinen Freunden leih'n und Feste feiern. [5]

Aus den Aphorismen Brihaspatis ging eine ganze materialistische Schulrichtung hervor. Diese Materialisten wurden nach einem von ihnen Charvakas genannt. Sie verlachten die Meinung, die *Veden* stellten eine göttlich offenbarte Wahrheit dar; die Wahrheit, sagten sie, lasse sich nie erkennen, es sei denn durch die Sinne. Selbst der Vernunft sei nicht zu trauen, denn die Gültigkeit jedes Schlusses hänge nicht nur von genauer Beobachtung und von tadelloser Beweisführung, sondern auch von der Annahme ab, daß die Zukunft sich genau so wie die Vergangenheit verhalten werde, und dafür gebe es, wie Hume dereinst sagen sollte, keine Gewähr. Was nicht von den Sinnen wahrgenommen wird, sagten die Charvakas, existiere nicht; deshalb sei die Seele eine Täuschung und *Atman* Unsinn. Wir beobachteten weder selbst noch in der Geschichte ein Eingreifen übernatürlicher Kräfte in der Welt. Alle Phänomene seien natürlich; nur Einfaltspinsel schrieben sie Dämonen oder Göttern zu. Die Materie sei die einzige Wirklichkeit; der Körper sei eine Verbindung von Atomen; der Geist sei lediglich denkende Materie; der Körper und nicht die Seele fühle, sehe, höre, denke. «Wer hat die Seele in einer vom Körper getrennten Existenz gesehen?» Es gebe keine Unsterblichkeit, keine Wiedergeburt. Religion sei eine Geistesverwirrung, eine Krankheit oder eine Schikane; mit der Annahme eines Gottes könne man die Welt weder erklären noch begreifen. Die Menschen hielten die Religion nur deswegen für notwendig, weil sie an sie gewöhnt seien und ein Gefühl des Mangels und einer trostlosen Leere erführen, sobald das Wachsen des Wissens diesen Glauben zerstöre. Auch die Moral sei natürlich; sie sei der gesellschaftlichen Übereinkunft und Angemessenheit zu verdanken und nicht einem göttlichen Befehl. Die Natur verhalte sich gegenüber Gut und Böse, Laster und Tugend gleichgültig und lasse die Sonne auf Schurken und Heilige gleichermaßen scheinen; wenn die Natur eine ethische Eigenschaft besitze, so sei es jene der transzendenten Unmoral. Es sei nicht nötig, den Instinkt und die Leidenschaft zu überwachen, denn das seien Verhaltungsmaßregeln der Natur für alle Menschen. Tugend sei ein Irrtum; Zweck des Lebens sei zu leben, und die einzige Weisheit sei die Glückseligkeit.

Diese revolutionäre Philosophie der *Charvakas* setzte dem Zeitalter der *Veden* und *Upanischaden* ein Ende. Sie schwächte den Einfluß der Brahmanen auf den Geist Indiens und hinterließ in der indischen Gesellschaft eine Leere, die nahezu das Wachsen einer neuen Religion erzwang. Aber die Materialisten hatten ihre Arbeit so vollständig getan, daß beide zum Ersatz des alten vedischen Glaubens neu erstehenden Religionen, so sonderbar es auch klingen mag, atheistische Religionen waren, Frömmigkeiten ohne Gott. Beide gehörten der nihilistischen Nâstika-Bewegung an; beide wurden nicht von Brahmapriestern, sondern von Mitgliedern der Kriegerkaste der Kschatriyas als Reaktion gegen das übertriebene geistliche Zeremoniell und die Theologie gegründet. Mit dem Auftreten des Jainismus und Buddhismus beginnt eine neue Epoche in der Geschichte Indiens.

II. MAHAVIRA UND DIE JAINAS

Der große Held · Das Glaubensbekenntnis der Jainas · Atheistischer Polytheismus
Askese · Erlösung durch Selbstmord · Spätere Geschichte der Jainas

Um die Mitte des sechsten Jahrhunderts v. Chr. wurde einem reichen Edelmann aus dem Licchavi-Stamm in einem Vorort der Stadt Vaischali in der heutigen Provinz Bihar ein Knabe geboren*. Seine Eltern, obzwar reich, gehörten einer Sekte an, die die Wiedergeburt für einen Fluch und den Selbstmord für ein gesegnetes Vorrecht hielt. Als ihr Sohn einunddreißig Jahre alt war, machten sie ihrem Leben durch freiwilliges Verhungern ein Ende. Der bis in die Tiefen seiner Seele erschütterte junge Mensch verzichtete auf die Welt und ihre Freuden, entblößte sich all seiner Gewänder und wanderte auf der Suche nach Läuterung und Erkenntnis als Asket durch Westbengalen. Nach dreizehn Jahren solcher Selbstverleugnung wurde er von einer Gruppe Jünger als *Jina* («Eroberer») gefeiert, das heißt als einer der großen Lehrer, die das Schicksal nach ihrer Meinung dazu bestimmt, in regelmäßigen Zeitabständen das Volk Indiens zu erleuchten. Sie gaben ihrem Führer den Namen *Mahavira*, «Großer Held», und nannten sich selbst nach ihrem charakteristischsten Glauben *Jainas*. Mahavira organisierte eine ehelose Geistlichkeit und einen Nonnenorden. Als er zweiundsiebzigjährig starb, hinterließ er vierzehntausend Anhänger.

Allmählich entwickelte diese Sekte eines der sonderbarsten Lehrsysteme der ganzen Religionsgeschichte. Sie begann mit einer realistischen Logik, die das Wissen als auf das Relative und Zeitliche beschränkt darstellte. Alles ist nur von einem bestimmten Standpunkt aus wahr, so lehrten sie; von einem anderen Standpunkte aus wäre es wahrscheinlich falsch. Sie liebten es, die Geschichte der sechs blinden Männer zu erzählen, die die Hände auf verschiedene Körperteile eines Elefanten legten; jener, der das Ohr hielt, meinte, der Elefant sei eine große Getreideschwinge; jener, der das Bein hielt, glaubte, das Tier sei ein großer runder Pfeiler. Alle Urteilsschlüsse sind darum begrenzt und bedingt; die absolute Wahrheit kommt nur zu den periodischen Erlösern, den *Jinas*. Auch die *Veden* können nicht helfen; sie sind nicht göttlich inspiriert, und sei es nur darum, daß es gar keinen Gott gibt. Es ist nicht notwendig, so sagten die Jainas, einen Schöpfer oder eine erste Ursache anzunehmen, jedes Kind kann diese Annahme widerlegen, indem es darauf hinweist, daß ein ungeschaffener Schöpfer oder eine ursachenlose Ursache ebenso schwer verständlich wäre wie eine unverursachte oder ungeschaffene Welt. Es ist logischer, zu glauben, daß die Welt seit aller Ewigkeit besteht und daß ihre unaufhörlichen Wechsel und Wandlungen den ihr innewohnenden Naturkräften und nicht dem Eingriff einer Gottheit zuzuschreiben sind.

Aber das Klima Indiens verträgt keinen bleibend naturalistischen Glauben. Nachdem die Jainas Gott aus dem Himmel verbannt hatten, bevölkerten sie diesen bald wieder mit den vergotteten Heiligen der Jainageschichte und -legende. Diese Heiligen verehr-

---

* Die Tradition setzt die Daten Mahaviras auf 599–527 v. Chr. fest; Jacobi glaubt, 549–477 v. Chr. sei richtiger.

ten sie voller Ehrfurcht und Zeremoniell, betrachteten aber auch sie als der Seelenwanderung und dem Verfall unterworfen und keinesfalls als Schöpfer oder Beherrscher der Welt. Materialisten waren die Jainas auch nicht; sie sahen überall einen dualistischen Unterschied zwischen Geist und Materie; alle Dinge, selbst Steine und Metalle, waren beseelt. Jede Seele, die einen untadelhaften Lebenswandel geführt hatte, wurde ein *Paramâtman*, eine höchste Seele; die Wiedergeburt blieb ihr für eine Weile erspart; wenn die Belohnung aber dem Verdienst gleichgekommen war, wurde sie wieder fleischgeboren. Nur die höchsten und vollkommensten Geister konnten vollständige «Befreiung» erlangen; das waren die *Arhats*, die höchsten Herren, die gleich den Gottheiten Epikurs in einem fernen und schattigen Reiche lebten, unfähig, die Geschichte der Menschen zu beeinflussen, jedoch vor allen Zufällen einer Wiedergeburt sicher.

Der Weg zur Befreiung, sagten die Jainas, führt über asketische Bußübungen und vollständiges *ahimsa* – Enthaltung von jeglicher Gewaltanwendung gegenüber Lebewesen. Jeder Jaina-Asket muß fünf Gelübde ablegen: nichts zu töten, nicht zu lügen, nicht zu nehmen, was nicht gegeben, die Keuschheit zu bewahren und auf die Lust in allen weltlichen Dingen zu verzichten. Die Sinnenlust, dachten sie, ist immer eine Sünde; das Ideal ist Gleichgültigkeit gegenüber Lust und Unlust und Unabhängigkeit von allen äußeren Objekten. Ackerbau ist den Jainas verboten, weil beim Aufreißen der Erde Insekten oder Würmer getötet werden. Der gute Jaina weist Honig als lebendige Substanz der Biene zurück, filtriert das Wasser, damit sein Trinken die darin lebenden Geschöpfe nicht vernichte, trägt einen Schleier um seinen Mund, um nicht die Luftorganismen einzuatmen und zu töten, verhüllt seine Lampe, um die Insekten vor der Flamme zu beschützen, und kehrt den Boden, auf dem er schreitet, damit sein nackter Fuß nicht irgendein Leben zertrample. Der Jaina darf nie ein Tier schlachten oder opfern; und wenn er ein richtiggehender Jaina ist, so errichtet er Spitäler oder Asyle für alte oder verletzte Tiere. Das einzige Leben, das er töten darf, ist sein eigenes. Die Lehre billigt den Selbstmord in hohem Maße, besonders durch langsames Verhungern; denn das ist der größte Sieg des Geistes über den blinden Lebenswillen. Viele Jainas sind auf solche Weise gestorben; und die Führer der Sekte sollen noch heute durch Verhungern aus der Welt scheiden.

Eine auf einem so tiefen Skeptizismus und auf einer solchen Lebensverneinung beruhende Religion hätte in einem Lande, wo das Leben immer schwer war, leicht volkstümlich werden können; doch selbst in Indien setzte die übertriebene Askese ihrer Anziehungskraft Grenzen. Von Anfang an waren die Jainas eine auserwählte Minderheit; und obgleich Yuan Chwang sie im siebenten Jahrhundert zahlreich und mächtig fand, war das doch ein vorübergehender Höhepunkt einer sonst ruhigen Laufbahn. Um 79 v. Chr. führte das Problem der Nacktheit zu einem großen Schisma. Seit dieser Zeit gehören die Jainas entweder den *Schwetambaras* – weißgekleidete Sekte – oder den *Digambaras* – Himmelsgewandete, Nackte – an. Heute tragen beide Sekten die Kleidung ihres Ortes und ihrer Zeit; nur ihre Heiligen gehen nackt durch die Straßen. Diese Sekten zerfallen in weitere Sekten; die Digambaras haben deren vier, die Schwetamba-

BUDDHA 371

ras vierundachtzig; alle zusammen bilden eine Anhängerschaft von 1 300 000 Menschen bei einer Gesamtbevölkerung von 320 Millionen. Gandhi war von der Jainasekte stark beeinflußt, machte das *ahimsa* zur Grundlage seiner Politik und seines Lebens und gab sich mit einem Lendenschurz zufrieden.

III. DIE BUDDHALEGENDE

Der Hintergrund des Buddhismus · Die wunderbare Geburt · Jugend · Die Leiden des Lebens
Flucht · Asketische Jahre · Erleuchtung · Eine Vision vom «Nirwana»

Es ist schwer, über 2500 Jahre hinweg die wirtschaftlichen, politischen und moralischen Umstände, die so asketische und pessimistische Religionen wie den Jainismus und Buddhismus hervorriefen, zu erkennen. Zweifelsohne waren seit der Errichtung der arischen Herrschaft viele materielle Fortschritte in Indien gemacht worden; große Städte wie Pataliputra und Vaischali waren erstanden, Handel und Gewerbe hatten Reichtum geschaffen, Reichtum hatte Muße erzeugt und Muße zu Wissen und Kultur geführt. Wahrscheinlich war es der Reichtum Indiens, der das Epikureertum und den Materialismus des siebenten und sechsten Jahrhunderts v. Chr. schuf. Religion gedeiht nicht im Wohlstand; die Sinne befreien sich von frommen Beschränkungen und formulieren Philosophien, die diese Befreiung begründen sollen. Wie im China des Konfuzius und im Griechenland des Protagoras – von unserer eigenen Zeit gar nicht zu sprechen – führte im Indien Buddhas der geistige Verfall der alten Religion zu ethischem Skeptizismus und sittlicher Anarchie. Jainismus und Buddhismus, obzwar mit dem melancholischen Atheismus eines enttäuschten Zeitalters durchtränkt, waren religiöse Reaktionen gegen die hedonistischen Glaubensbekenntnisse einer «emanzipierten» und weltfreudigen Klasse von Müßiggängern*.

Nach der indischen Überlieferung war Buddhas Vater, Schuddhodhana, ein Weltmann, Glied der Gautamasippe aus dem stolzen Schakyastamm und Fürst oder König von Kapilavastu, einem Lande am Fuße des Himalajagebirges. Wir wissen jedoch nichts Bestimmtes über Buddha; und wenn wir hier die Geschichten wiedergeben, die sich um seinen Namen gebildet haben, so geschieht das nicht, weil sie historisch sind, sondern weil sie einen wesentlichen Teil der indischen Literatur und der asiatischen Religion ausmachen. Die Gelehrten setzen seine Geburt um 563 v. Chr. an. Mehr können sie nicht sagen; die Legende nimmt sich der Geschichte an und offenbart uns, auf welch sonderbare Weise die Empfängnis des Menschen vor sich gehen kann. Um jene Zeit, berichtet ein *Jataka***,

---

* Es ist oft bemerkt worden, daß diese Periode von einem Sternenregen in der Geschichte der Genies gekennzeichnet war: Mahavira und Buddha in Indien, Lao-tse und Konfuzius in China, Jeremia und Jesaja im alten Israel, die vorsokratischen Philosophen in Griechenland und vielleicht Zarathustra in Persien. Eine solche Gleichzeitigkeit großer Geister läßt einen größeren wechselseitigen Einfluß und Beziehungsreichtum zwischen diesen alten Kulturen vermuten, als heute nachzuweisen möglich ist.

** Jatakas sind «Geschichten um Buddhas Geburt», im fünften Jahrhundert n. Chr. verfaßt. Eine weitere Legendensammlung ist das *Lalitavistara*.

INDIEN UND SEINE NACHBARN

«war in der Stadt Kapilavastu das Vollmondfest angesagt worden ... Königin Maya feierte von dem siebten Tage vor dem Vollmond an das Fest ohne berauschende Getränke und mit viel Blumen und Wohlgerüchen. Am siebenten Tage badete sie in duftendem Wasser und verteilte eine große Gabe von vierhunderttausend Münzen als Almosen. In vollem Schmucke aß sie erlesene Speisen, legte die *Uposatha*-Gelübde ab*, betrat ihr geschmücktes königliches Schlafzimmer, legte sich auf ihr Lager, schlief ein und träumte diesen Traum:

Vier große Könige, so schien es, hoben sie mit dem Lager empor, führten sie zum Himalaja und ließen sie dort auf die Hochebene Manosila nieder ... Dann kamen die Königinnen und führten sie zum Anotattasee, badeten sie, um menschliche Unsauberkeit zu entfernen, legten ihr himmlische Gewänder an, salbten sie mit Wohlgerüchen und bedeckten sie mit göttlichen Blumen. Nicht weit weg ist ein Silberberg und darauf ein goldener Palast. Dort bereiteten sie ein göttliches Lager, das nach Osten gerichtet war, und legten sie darauf. Nun wurde der Bodhisattwa** ein weißer Elefant. Nicht weit von dem Orte ist ein goldener Berg; und da ging er hin, und er stieg hinab und ließ sich auf dem Silberberg nieder, vom Norden herantretend. In seinem Rüssel, der gleich einer Silberschnur war, hielt er eine weiße Lotos(blume). Dann betrat er, trompetend, den goldenen Palast, machte dreimal einen Kreis um das Bett seiner Mutter, schlug ihre rechte Seite und trat in ihren Schoß. So erhielt er ... eine neue Existenz.

Am nächsten Tage erwachte die Königin und erzählte dem König ihren Traum. Der König berief vierundsechzig berühmte Brahmanen, erwies ihnen Ehre und befriedigte sie mit ausgezeichneter Nahrung und anderen Geschenken. Nachdem sie also mit diesen Genüssen befriedigt worden waren, ließ er den Traum erzählen und fragte, was geschehen würde. Die Brahmanen sagten: Habe keine Furcht, o König; die Königin hat einen Knaben empfangen und nicht ein Mädchen, und du wirst einen Sohn haben; und wenn er in einem Hause verbleiben wird, wird er ein König, ein Herr über die ganze Welt werden; wenn er sein Haus verläßt und der Welt den Rücken kehrt, wird er ein Buddha werden, der auf der Erde den Schleier (der Unwissenheit) fortziehen wird ...

Die Königin Maya trug den *Bodhisattwa* zehn Monate lang wie Öl in einer Schale, und als ihre Zeit gekommen war, wünschte sie, zu ihren Verwandten zu gehen, und sprach zu König Schuddhodhana: «Ich wünsche, o König, nach Devadaha, der Stadt meiner Familie, zu gehen.» Der König war einverstanden und ließ die Straße von Kapilavastu nach Devadaha mit Pflanzen und Fahnen und Bannern schmücken; und setzte sie in einen goldenen Tragsessel, den tausend Höflinge trugen, und sandte sie mit großem Gefolge. Zwischen den beiden Städten, den Bewohnern von beiden gehörend, liegt ein Lusthain von Sal-Bäumen, Lumbini-Hain genannt. Zu jener Zeit waren die Bäume von den Wurzeln bis zu den Astspitzen mit Blumen übersät ... Als die Königin das sah, erstand in ihr der Wunsch, sich im Haine zu ergehen ... Sie ging zu einem großen Sal-Baum und wollte einen Ast ergreifen. Der Ast neigte sich wie die Spitze eines biegsamen Bambusrohres und kam in Reichweite ihrer Hand. Sie streckte die Hand aus und nahm den Ast. Da ward sie von Geburtswehen geschüttelt. So richtete die Menge einen Vorhang für sie her und zog sich zurück. Den Ast in den Händen und noch im Stehen gebar sie ... Und während andere Wesen bei der Geburt mit unreiner Materie behaftet sind, war dem nicht so bei dem *Bodhisattwa*. Der *Bodhisattwa* trat vielmehr aus seiner Mutter wie ein Prediger der Lehre, der vom Lehrstuhl hinabsteigt, wie ein Mann, der Treppen hinabsteigt, mit ausgestreckten Händen und Füßen und unbefleckt von jeglicher Unreinheit, leuchtend wie ein Juwel auf einem Gewebe von Benares.»[6]

---

* Das heißt Gelübde, die für die *Uposatha*, die vier heiligen Tage des Monats, passen, für den Vollmond, den Neumond und für den zunehmenden und den abnehmenden Halbmond.

** Das heißt: einer, der bestimmt ist, ein Buddha zu werden; hier *der* Buddha selbst. Buddha, «der Erleuchtete», gehört zu den vielen dem Meister verliehenen Titeln; sein Eigenname war Siddharta und sein Sippenname Gautama. Er wurde auch *Schakyamuni*, «der Weise der Schakyas», und *Tathâgata*, «Einer, der die Wahrheit gewonnen hat», genannt. Buddha verwendete unseres Wissens keinen dieser Titel, um sich selbst zu bezeichnen.

BUDDHA

Weiterhin muß noch gesagt werden, daß bei der Geburt Buddhas ein großes Licht am Himmel erschien, die Tauben zu hören, die Stummen zu sprechen, die Lahmen zu gehen begannen, Götter sich aus den Wolken neigten, ihm zur Seite zu stehen, und Könige aus der Ferne zu ihm reisten, ihn zu begrüßen. Die Legende gibt uns ein farbenreiches Bild von der Pracht und dem Luxus, der ihn in seiner Jugend umgab. Er wohnte als glücklicher Prinz in drei Palästen, «gleich einem Gotte» von seinem liebevollen Vater vor aller Berührung mit der Pein und dem Leid des menschlichen Lebens bewahrt. Vierzigtausend Tänzerinnen ergötzten ihn, und als er großjährig wurde, wurden ihm fünfhundert Edeldamen vorgestellt, damit er sich eine von ihnen zur Ehefrau erwähle. Als Mitglied der Kschatriya-Kaste erhielt er eine gründliche Ausbildung in den militärischen Künsten; doch saß er auch zu Füßen der Weisen und war mit allen philosophischen Lehren seiner Zeit vertraut. Er heiratete, wurde ein glücklicher Vater und lebte in Reichtum, Frieden und gutem Ruf.

Eines Tages, berichtet die fromme Überlieferung, ging er aus seinem Palaste fort und in die Gassen unter das Volk. Da sah er einen Alten; und an einem anderen Tage ging er fort und sah einen Kranken; und an einem dritten Tage ging er fort und sah einen Toten. Er selbst erzählt nach den heiligen Schriften seiner Jünger die Geschichte auf folgende rührende Weise:

«Mit solchem Reichtum, ihr Jünger, war ich begabt, in solch übergroßer Herrlichkeit lebte ich. Da erwachte in mir dieser Gedanke: ‚Ein unwissender Alltagsmensch, ob er gleich selbst dem Altern unterworfen und von des Alters Macht nicht frei ist, fühlt Abscheu, Widerwillen und Ekel, wenn er einen anderen im Alter sieht: der Abscheu, den er da fühlt, kehrt sich gegen ihn selbst. Auch ich bin dem Altern unterworfen und von des Alters Macht nicht frei. Sollte auch ich, der ich dem Altern unterworfen und von des Alters Macht nicht frei bin, Abscheu, Widerwillen und Ekel fühlen, wenn ich einen anderen im Alter sehe? Das käme mir ni .ht zu.‘ Indem ich, ihr Jünger, also bei mir dachte, ging mir aller Jugendmut, der der Jugend innewohnt, unter. So, o Mönche, forschte ich vor meiner Erleuchtung, da ich selbst der Geburt unterworfen bin, nach dem Wesen der Geburt; da ich dem Altern unterworfen bin, nach dem Wesen des Alterns, der Krankheit, des Leides, der Unreinheit. Da dachte ich: ‚Was, wenn ich, da ich der Geburt unterworfen, das Wesen der Geburt erforschte ... und da ich das verderbliche Wesen der Geburt erkannt habe, den geburtlosen, den allerhöchsten Frieden des Nirwana aufsuchte?‘ »[7]

Der Tod ist der Ausgangspunkt aller Religionen, und wenn es keinen Tod gäbe, hätte es vielleicht auch keine Götter gegeben. Für Buddha waren diese Erlebnisse der Beginn der «Erleuchtung». Wie ein «Bekehrter» beschloß er plötzlich, seinen Vater zu verlassen (seine Mutter war bei seiner Geburt gestorben), von seinem Weibe und seinem neugeborenen Sohne fortzuziehen und ein Asket in der Wüste zu werden. Zur Nachtzeit stahl er sich in das Zimmer seines Eheweibes und blickte zum letzten Male auf seinen Sohn, Rahula. Gerade damals, sagen die buddhistischen Schriften, in einer allen Anhängern Gautamas heiligen Stelle,

«brannte eine Lampe wohlriechenden Öls. Auf dem mit Jasminblüten und anderen Blumen bestreuten Bette schlief die Mutter Rahulas, die Hand auf ihres Sohnes Haupte. Der *Bodhisattwa* stand mit dem Fuße auf der Schwelle, schaute und dachte, ‚wenn ich die Hand der Königin fortschiebe und meinen Sohn nehme, wird die Königin erwachen, und das wird ein Hindernis für

374 INDIEN UND SEINE NACHBARN

mein Fortgehen sein. Wenn ich ein Buddha geworden bin, will ich wiederkehren und ihn sehen.‹ Und er schritt aus dem Palast.»[8]

Im Morgengrauen verließ er auf seinem Pferde Kanthaka die Stadt. Sein Wagenlenker Chauna klammerte sich verzweifelt an dessen Schwanz. Dann erschien ihm Mara, der Fürst des Bösen, und versuchte ihn, indem er ihm mächtige Reiche versprach. Aber Buddha lehnte ab, ritt weiter und überquerte mit einem einzigen mächtigen Satze einen großen Strom. Die Lust wandelte ihn an, noch einmal auf seine Heimatstadt zurückzuschauen, doch er kehrte nicht um. Dann drehte sich die große Erde, damit er nicht zurückblicken müßte.

Er hielt an einem Orte, Uruvela genannt. «Hier», sagt er, «dachte ich mir: wahrhaftig, das ist ein erquickender Ort und ein schöner Wald. Klar fließt der Fluß, und angenehm sind die Badestellen; ringsum sind Wiesen und Dörfer.» Hier ergab er sich den strengsten Formen der Askese; sechs Jahre lang übte er sich in den Künsten der Yogis, die in Indien bereits verbreitet waren. Er lebte von Samen und Gras und nährte sich eine Zeitlang von Dünger. Allmählich beschränkte er seine Nahrung auf ein Reiskorn täglich. Nur sein Körperhaar war ihm Kleid und Bedeckung, und er riß sich das Kopf- und Barthaar aus, um sich zu quälen, und stand oder lag viele Stunden auf Dornen. Er ließ Staub und Schmutz seinen Körper bedecken, bis er wie ein alter Baum aussah. Er besuchte einen Ort, wo Menschenleichen den Vögeln und Tieren zum Fraße ausgesetzt wurden, und er schlief zwischen verwesten Kadavern. Und wieder sagt er uns:

«Ich dachte: ,Was, wenn ich nun die Zähne zusammenpresse, die Zunge an den Gaumen drücke und die Gedanken mit Gewalt festhalte, festpresse, festquäle?‘ Ich tat es. Und Schweiß floß aus meinen Achselhöhlen ... Dann dachte ich: ,Was, wenn ich nun Scheintod übe, den Atem anhalte?‘ So verhielt ich meinen Atem aus Mund und Nase. Und als ich das tat, ging ein gewaltiger Klang von Winden aus meinen Ohren ... Genau wie wenn ein starker Mann mit der Spitze eines Schwertes nach einem Kopfe stechen sollte, so störten mächtige Winde meinen Kopf ... Dann dachte ich: ,Was, wenn ich nur wenig Nahrung zu mir nähme, gerade so viel, wie meine hohle Hand faßt; Bohnensaft, Platterbsen oder Hülsenfrüchte?‘ ... Mein Körper wurde außergewöhnlich mager. Die Spur meines Sitzes war wie der Fußabdruck eines Kamels; das kam vom wenigen Essen. Wenn ich mich neigte und wieder aufrichtete, waren die Knochen meiner Wirbelsäule wie eine Reihe Spindeln; das kam vom wenigen Essen. Und wie man in einem tiefen Brunnen ganz tief unten das Leuchten des Wassers sieht, so sah man in meinen Augenhöhlen ganz tief unten das Leuchten meiner Augen; das kam vom wenigen Essen. Und wie ein roher Kürbis von Regen und Sonne auswittert, so schrumpfte meine Kopfhaut vom wenigen Essen ein. Wenn ich die Haut meines Bauches anfassen wollte, erfaßte ich gleich die Wirbelsäule ... Wenn ich mich erleichtern wollte, fiel ich mit dem Gesicht zur Erde; das kam vom wenigen Essen. Um dem Körper zu helfen, schlug ich meine Glieder mit der Hand, und da ich so tat, fielen die brüchigen Haare von meinem Körper; das kam vom wenigen Essen.»[9]

Doch eines Tages kam Buddha der Gedanke, Selbsterniedrigung sei nicht der rechte Weg. Vielleicht war er an jenem Tage ungewöhnlich hungrig oder flammte in ihm Erinnerung an Köstliches auf. Er wurde gewahr, daß ihm von all diesen Kasteiungen keine neue Erleuchtung widerfahren war. «Durch diese Strenge erreichte ich keine übermenschliche – wahrhaft edle – Erkenntnis und Einsicht.» Im Gegenteil, ein gewisser Stolz auf seine Selbstkasteiung hatte alle Heiligkeit, die daraus hätte erwachsen können,

BUDDHA 375

verfälscht. Er gab die Askese auf, ließ sich unter einem schattigen Baume nieder* und blieb da unentwegt und bewegungslos entschlossen, diesen Sitz nicht zu verlassen, bis ihm die Erleuchtung kommen würde. Was, so fragte er sich, ist die Quelle des menschlichen Elends, des Leides, der Krankheit, des Alterns und Sterbens? Plötzlich überkam ihn eine Vision der endlosen Folge von Tod und Wiedergeburt. Er sah jedes Dahinscheiden durch erneute Geburt vereitelt, jeden Frieden und jede Freude durch neues Begehren und neue Unzufriedenheit, neue Enttäuschung, neues Leid und neue Pein getrübt. «So, mit konzentriertem, gereinigtem Geiste ... richtete ich meinen Sinn auf das Vergehen und die Wiedergeburt aller Wesen. In göttlichem, übermenschlichem Traumbild sah ich die Wesen vergehen und wiederkehren, hoch und niedrig, gut und schlecht, in glücklichen oder erbärmlichen Existenzen, gemäß ihrem *karma*» – gemäß jenem universellen Gesetz, wonach jede gute oder böse Handlung in diesem Leben oder in einer späteren Verkörperung der Seele belohnt oder bestraft werden wird.

Es war die Vision dieser offensichtlich erbärmlichen Aufeinanderfolge von Sterben und Wiedergeburt, die Buddha zur Verachtung des menschlichen Lebens führte. Die Geburt, sagte er zu sich selbst, ist der Ursprung alles Bösen. Und doch setzt sich die Geburt endlos fort, füllt ewiglich den Strom des menschlichen Leides wieder auf. Wenn der Geburt Einhalt geboten werden könnte ... Warum wird der Geburt nicht Einhalt geboten?** Weil das Gesetz des Karma neue Verkörperungen verlangt, in denen die Seele für die in den vergangenen Existenzen begangenen Missetaten Buße tut. Wenn jedoch ein Mensch ein Leben vollkommener Gerechtigkeit, unwandelbarer Geduld und Herzlichkeit gegenüber allen Wesen leben könnte, wenn er seine Gedanken den ewigen Dingen weihen könnte und sein Herz nicht an jene Dinge hinge, die vergehen werden – dann würde ihm die Wiedergeburt vielleicht erspart bleiben, und der Brunnen des Bösen würde für ihn versiegen. Wenn einer alle Wünsche unterdrücken könnte und nach dem Guten streben würde, dann könnte die Individualität, jene erste und bitterste Täuschung der Menschheit, besiegt werden, und die Seele würde schließlich in unbewußte Unendlichkeit tauchen. Welch ein Frieden würde in dem Herzen wohnen, das sich von jedem persönlichen Begehren gereinigt hatte! – Und welches Herz, das sich nicht solchermaßen gereinigt, könnte jemals Frieden finden? Die Glückseligkeit ist weder hier möglich, wie das Heidentum meint, noch jenseits, wie viele Religionen denken. Nur Friede ist möglich, nur die kühle Stille beendeter Sehnsucht, nur das *Nirwana*.

Und so, nach siebenjährigem Nachsinnen, da der Erleuchtete die Ursache des menschlichen Leides erkannt hatte, zog er fort, zur heiligen Stadt Benares. Dort, im Tiergarten von Sarnath, predigte er den Menschen das *Nirwana*.

---

* Der Bodhi-Baum der späteren Buddha-Verehrung, der den Touristen noch immer in Bodh-gaya gezeigt wird.
** Die Philosophie Schopenhauers geht von diesem Punkt aus.

IV. DIE LEHRE DES BUDDHA*

Das Bild des Meisters · Seine Methoden · Die vier heiligen Wahrheiten · Der achtteilige Pfad
Die fünf Sittengesetze · Buddha und Christus · Buddhas Agnostizismus und Antiklerikalismus
Sein Atheismus · Seine seelenlose Psychologie · Die Bedeutung von «Nirwana»

Gleich den anderen Lehrern seiner Zeit lehrte Buddha durch Gespräche, Vorträge und Gleichnisse. Da es ihm wie auch Sokrates oder Christus nie einfiel, seine Lehre schriftlich niederzulegen, faßte er sie in *sutras* («Leitfäden») zusammen, die das Gedächtnis stützen sollten. So wie diese Gespräche in der Erinnerung seiner Anhänger für uns erhalten sind, porträtieren sie unbewußt den ersten klargezeichneten Charakter in der Geschichte Indiens, einen Mann von starkem Willen, gebieterisch und stolz, aber von freundlicher Art und Rede und von unendlichem Wohlwollen. Er behauptete von sich, er sei «erleuchtet», aber nie, er sei inspiriert. Er gab nie vor, ein Gott spreche aus ihm. In der Diskussion war er geduldiger und rücksichtsvoller als alle anderen großen Lehrer der Menschheit. Seine Schüler stellten ihn als voll und ganz *ahimsa* übend dar, wobei sie ihn vielleicht idealisierten: «Indem er das Töten lebendiger Dinge von sich tut, hält sich Gautama, der Abgeschiedene, von der Vernichtung des Lebens frei. Er (einst ein Kschatriya-Krieger) hat die Keule und das Schwert beiseite gelegt und schämt sich der Härte; er ist voller Erbarmen, mitleidig und freundlich zu allen Geschöpfen, die Leben haben... Indem er sich von Lästerung fernhält, hält sich Gautama frei von Verleumdung... So lebt er als ein Verbinder der Getrennten, ein Ermutiger der Freunde, ein Friedensschließer, ein Freund des Friedens, voller Leidenschaft für den Frieden, ein Sprecher von Worten, die Frieden schaffen.»[11] Gleich Lao-tse und Christus wollte er Böses mit Gutem, Haß mit Liebe vergelten; gegenüber Mißverstehen oder Beschimpfung verhielt er sich schweigend. «Wenn mir ein Mensch törichterweise Unrecht tut, so will ich ihm den Schutz meiner bereitwilligen Liebe angedeihen lassen; je mehr Böses von ihm kommt, desto mehr Gutes soll von mir kommen.» Wenn ein Einfaltspinsel ihn beschimpfte, hörte ihm Buddha still zu; sobald der Mann aber geendet hatte, fragte ihn Buddha: «Sohn, wenn ein Mensch die Annahme eines ihm angebotenen Geschenkes verweigert, wem gehört es dann?» Der Mann antwortete: «Jenem, der es anbot.» «Mein Sohn», sagte Buddha, «ich verweigere die Annahme Deiner Beschimpfung und verlange von Dir, daß Du sie für Dich behältst.»[12] Ungleich den meisten Heiligen hatte Buddha einen Sinn für Humor und wußte, daß Metaphysik ohne Lachen ein Unding ist.

---

* Die ältesten vorhandenen Dokumente, die als die Lehre Buddhas gelten, sind die *Pitakas*, «Körbe des Gesetzes», die, für das buddhistische Konzil 241 v. Chr. verfaßt, als authentisch anerkannt und nach dem Tode Buddhas vier Jahrhunderte lang mündlich überliefert und schließlich um 80 v. Chr. in der Palisprache niedergeschrieben wurden. Diese *Pitakas* sind in drei Gruppen gegliedert: die *Suttas*, Legenden; das *Vinaya*, die Ordensregel, und das *Abhidhamma*, die Lehre. Das *Sutta-pitaka* enthält die Dialoge Buddhas, die Rhys Davids denen Platons gleichstellt. Genau genommen übermitteln uns diese Schriften nicht notwendigerweise die Lehren Buddhas selbst, sondern nur die der buddhistischen Schule. «Obzwar diese Erzählungen», sagt Sir Charles Eliot, «Kompilationen sind, die während mehrerer Jahrhunderte zahlreiche Zusätze erhielten, sind die ältesten Schichten zweifellos als die Erinnerungen jener, die den Meister selbst hörten, anzusehen.»[10]

BUDDHA 377

Seine Lehrmethode war einzigartig, wenn sie schon einiges den Wanderern oder reisenden Sophisten seiner Zeit verdankte. Er ging von Stadt zu Stadt, von seinen Lieblingsschülern begleitet und von nahezu zwölfhundert Verehrern gefolgt. Er sorgte sich nicht um das Morgen und war zufrieden, bei einem Bewunderer im Orte zu essen; einst entsetzte er seine Anhänger, indem er im Haus einer Kurtisane speiste. Er ließ sich in der nächsten Umgebung eines Dorfes nieder und schlug sein Lager in einem Garten oder Hain oder am Ufer eines Flusses auf. Der Nachmittag galt der Meditation, der Abend der Belehrung. Seine Gespräche nahmen die Form sokratischer Fragen an, moralischer Gleichnisse, höflicher Polemik oder bündiger Formeln, mit denen er seine Lehren in eine angemessene Kürze und Ordnung zu zwingen suchte. Sein Lieblings*sutra* war «Die vier heiligen Wahrheiten». Er legte darin seinen Standpunkt dar, daß das Leben Leiden sei, daß das Leiden von den Begierden komme und daß die Weisheit darin liege, daß man alle Begierden zum Schweigen bringe.

«1. Dies, ihr Mönche, ist die heilige Wahrheit vom Leiden: Geburt ist Leiden, Alter ist Leiden, Krankheit ist Leiden, Tod, mit Unliebem vereint sein, von Liebem getrennt sein, nicht erlangen, was man begehrt ... sind Leiden.

2. Dies, ihr Mönche, ist die heilige Wahrheit von der Entstehung des Leidens: es ist der Durst (nach Sein), der von Wiedergeburt zu Wiedergeburt führt, samt Lust und Begier, der hier und dort seine Lust findet: der Durst nach Lüsten, der Durst nach Werden, der Durst nach Macht.

3. Dies, ihr Mönche, ist die heilige Wahrheit von der Aufhebung des Leidens: die Aufhebung dieses Durstes durch gänzliche Vernichtung des Begehrens, ihn fahren lassen, sich seiner entäußern, sich von ihm lösen, ihm keine Stätte gewähren.

4. Dies, ihr Mönche, ist die heilige Wahrheit von dem Wege zur Aufhebung des Leidens: es ist dieser heilige achtteilige Pfad, der da heißt: rechtes Glauben, rechtes Entschließen, rechtes Wort, rechte Tat, rechtes Leben, rechtes Streben, rechtes Gedenken, rechtes Sichversenken.»[13]

Buddha war überzeugt, daß das Leiden so sehr die Wonnen des menschlichen Lebens überwiege, daß es besser wäre, nie geboren zu sein. Mehr Tränen sind geflossen, sagt er uns, als Wasser in den vier großen Ozeanen vorhanden ist. Jede Lust schien ihm durch ihre Kürze vergiftet. «Ist das, was nicht dauernd ist, Leid oder Lust?» fragt er einen seiner Schüler; und die Antwort ist «Leid, Herr.» Das grundlegend Böse ist also *tanha*, nicht alles Begehren, sondern die selbstische Begierde, eine Begierde, die auf den Vorteil des Teiles und nicht auf das Wohl des Ganzen gerichtet ist; allem voran die Geschlechtslust, denn diese führt zur Fortpflanzung, die die Kette des Lebens ziellos in neues Leid ausdehnt. Einer seiner Schüler schloß daraus, daß Buddha den Selbstmord gutheißen würde, doch Buddha tadelte ihn; Selbstmord wäre nutzlos, da die Seele, ungereinigt, in anderen Verkörperungen wiedergeboren würde, bis sie zur vollständigen Vergessenheit des Selbstes gelangen würde.

Als seine Schüler ihn baten, seine Auffassung vom gerechten Leben klarer zu definieren, formulierte er die «Fünf Sittengesetze» – einfache und kurze Gebote, die aber «vielleicht umfassender und schwieriger zu halten sind als die zehn Gebote»[14].

1. Töte kein Lebewesen.
2. Nimm nicht, was dir nicht gegeben.
3. Sprich nicht die Unwahrheit.

378   INDIEN UND SEINE NACHBARN

4. Trinke keine berauschenden Getränke.
5. Sei nicht unkeusch. [15]

Anderswo führte Buddha Elemente in seine Lehre ein, die seltsam den Geist Christi vorwegnehmen. «Überwinde den Zorn durch Herzlichkeit, Böses durch Gutes... Sieg erzeugt Haß, denn der Besiegte ist unglücklich... Niemals in der Welt hört Haß durch Haß auf; Haß hört durch Liebe auf.» [16] Wie Jesus fühlte er sich in der Gegenwart von Frauen unbehaglich, und er zögerte lange, bevor er sie in den buddhistischen Orden aufnahm. Sein Lieblingsschüler fragte ihn einst:

«Wie sollen wir uns zum weiblichen Geschlecht verhalten, Erhabener?»
«Als ob ihr sie nicht sehen würdet, Ananda.»
«Wenn wir sie aber doch sehen, was sollen wir dann tun?»
«Nicht sprechen, Ananda.»
«Aber wenn sie zu uns sprechen, Erhabener, was sollen wir tun?»
«Hell wach bleiben, Ananda.» [17]

Sein Religionsbegriff war ein rein ethischer; er kümmerte sich ausschließlich um das Verhalten und überhaupt nicht um Ritual oder Kult, um Metaphysik oder Theologie. Als ein Brahmane den Vorschlag machte, sich durch ein Bad bei Gaya von seinen Sünden zu reinigen, sagte ihm Buddha: «Bade hier, gerade hier, o Brahmane. Sei freundlich zu allen Wesen. Wenn du nicht die Unwahrheit sprichst, kein Leben tötest, nicht nimmst, was dir nicht gegeben, sicher bist in der Selbstentsagung – was würdest du gewinnen, wenn du nach Gaya gingest? Jedes Wasser ist dir Gaya.» [18] Es gibt in der Religionsgeschichte nichts Seltsameres als den Anblick Buddhas, der eine Weltreligion gründet und sich weigert, in eine Diskussion über Ewigkeit, Unsterblichkeit oder Gott einzutreten. Das Unendliche ist ein Mythos, sagt er, eine Erfindung der Philosophen, die nicht genug Bescheidenheit besitzen, zu gestehen, daß ein Atom niemals den Kosmos verstehen kann. Er belächelt die Debatten über die Endlichkeit oder Unendlichkeit des Universums, gerade als ob er die sinnlose Astromythologie der Physiker und Mathematiker, die heute über dieselbe Frage diskutieren, voraussähe. Er lehnt es ab, sich zur Frage zu äußern, ob die Welt einen Anfang hatte oder ein Ende haben werde; ob die Seele das gleiche sei wie der Körper oder von ihm unterschieden; ob auch für den größten Heiligen irgendeine Belohnung in irgendeinem Himmel zu erwarten sei. Er nennt solche Fragen «die Dschungel, die Wüste, das Puppentheater, die Verzerrung und Verwirrung der Spekulation» [19] und will nichts damit zu tun haben; sie führen nur zu fiebrigen Disputationen, zu persönlichen Verstimmungen und zum Leid; sie führen nie zu Weisheit und Frieden. Frömmigkeit und Zufriedenheit liegen nicht im Wissen über das Universum und über Gott, sondern einfach im selbstlosen, wohltätigen Leben. Und dann bringt er mit geradezu anstößigem Humor den Gedanken vor, daß selbst die Götter, wenn es sie überhaupt gebe, diese Fragen nicht beantworten könnten.

«Einst, Kevaddha, hatte ein gewisser Bruder dieser Bruderschaft einen Zweifel über den folgenden Punkt: ‚Wohin vergehen denn diese vier großen Elemente – Erde, Wasser, Feuer und Wind –, ohne eine Spur zu hinterlassen?‘ So brachte sich denn jener Bruder in einen solchen Zustand der Ekstase, daß der Weg, der zu der Welt der Götter führt, klar in seiner ekstatischen Vision erstand. Da ging jener Bruder in das Reich der Vier Großen Könige und sagte dortselbst

BUDDHA 379

zu den Göttern: ‚Wohin, meine Freunde, vergehen die vier großen Elemente – Erde, Wasser, Feuer und Wind –, ohne eine Spur zu hinterlassen?‘

Und als er so geredet hatte, sagten ihm die Götter im Himmel der Vier Großen Könige: ‚Wir, Bruder, wissen das nicht. Aber dort sind die Vier Großen Könige, mächtiger und ruhmvoller als wir. Sie werden es wissen.‘

Da ging jener Bruder, Kevaddha, zu den Vier Großen Königen und stellte dieselbe Frage und wurde mit einer ähnlichen Antwort zu den Dreiunddreißig geschickt; sie schickten ihn zu ihrem Könige Sakka, der schickte ihn zu den Yama-Göttern, die schickten ihn zu ihrem König Suyama, der schickte ihn zu den Tusita-Göttern, die schickten ihn zu ihrem König Santusita, der schickte ihn zu den Nimmana-rati-Göttern, die schickten ihn zu ihrem König Sunimmita, der schickte ihn zu den Para-nimmita-Vasavatti-Göttern, die schickten ihn zu ihrem König Vasavatti, und der schickte ihn zu den Göttern der Brahma-Welt.

Da versenkte sich jener Bruder, Kevaddha, durch Konzentration so sehr, daß der Weg zur Brahma-Welt klar in seinem befriedeten Geiste erstand. Und er näherte sich den Göttern im Gefolge Brahmas und sagte: ‚Wohin, meine Freunde, vergehen die vier großen Elemente – Erde, Wasser, Feuer und Wind –, ohne eine Spur zu hinterlassen?‘

Und als er so geredet hatte, antworteten die Götter im Gefolge Brahmas: ‚Wir, Bruder, wissen das nicht. Aber da ist Brahma, der große Brahma, der Allerhöchste, der Mächtige, der Allsehende, der Herrscher, der Herr aller, der Überwacher, der Schöpfer, das Oberhaupt aller, ... der Uralte, der Vater aller, die da sind und sein werden! Er ist mächtiger und ruhmvoller als wir. Er wird es wissen.‘

‚Wo ist er denn, dieser große Brahma?‘

‚Wir, Bruder, wissen nicht, wo Brahma ist, noch warum Brahma ist, noch woher er kommt. Doch, Bruder, wenn die Zeichen seines Nahens erscheinen, wenn das Licht aufgeht und der Glanz erstrahlt, dann wird er sichtbar. Denn das ist das Zeichen der Sichtbarwerdung Brahmas, daß das Licht aufgeht und der Glanz erstrahlt.‘

Und nach kurzer Zeit, Kevaddha, wurde der große Brahma sichtbar. Und jener Bruder näherte sich ihm und sagte: ‚Wohin, mein Freund, vergehen die vier großen Elemente – Erde, Wasser, Feuer und Wind –, ohne eine Spur zu hinterlassen?‘

Und als er so geredet hatte, sagte ihm der große Brahma: ‚Ich, Bruder, bin der große Brahma, der Allerhöchste, der Mächtige, der Allsehende, der Herrscher, der Herr aller, der Überwacher, der Schöpfer, das Oberhaupt aller, der jedem seinen Platz zuweist, der Uralte, der Vater aller, die da sind und sein werden.‘

Dann antwortete jener Bruder Brahma und sprach: «Ich fragte Dich nicht, Freund, ob Du wahrhaftig all das bist, was Du nun sagst. Doch frage ich Dich, wohin die vier großen Elemente – Erde, Wasser, Feuer und Wind – vergehen, ohne eine Spur zu hinterlassen?‘

Da gab, Kevaddha, Brahma wieder die gleiche Antwort. Und jener Bruder stellte Brahma ein drittes Mal seine Frage wie zuvor.

Da, Kevaddha, führte Brahma jenen Bruder zur Seite und sagte ihm: ‚Diese Götter, das Gefolge Brahmas, glauben, Bruder, daß es nichts gibt, was ich nicht sehen kann, nichts, was ich nicht weiß, nichts, was ich nicht geschaffen habe. Darum gab ich keine Antwort in ihrer Gegenwart. Ich weiß es nicht, Bruder, wohin die vier großen Elemente – Erde, Wasser, Feuer und Wind – vergehen, ohne eine Spur zu hinterlassen.‘» [20]

Wenn Schüler ihn daran erinnern, die Brahmanen behaupteten, die Lösung dieser Probleme zu kennen, lacht er sie aus: «Es gibt, Brüder, manche Klausner und Brahmanen, die sich wie Aale winden; und wenn ihnen über dies oder jenes eine Frage vorgelegt wird, dann nehmen sie zur Zweideutigkeit oder zur Wortverdrehung Zuflucht.» [21]

Seine Schärfe gilt besonders den Priestern seiner Zeit; er lacht über ihre Meinung, die Veden seien göttlich inspiriert, die kastenstolzen Brahmanen sind empört, weil er An-

380 INDIEN UND SEINE NACHBARN

gehörige jeder Kaste in seinen Orden aufnimmt. Er verurteilt nicht ausdrücklich das Kastensystem, doch sagt er klar genug zu seinen Schülern: «Gehet in alle Länder und predigt diese Lehre. Saget ihnen, daß die Armen und die Niedrigen, die Reichen und die Hohen alle eines sind und daß alle Kasten sich in dieser Religion vereinen wie die Flüsse im Meere.»²² Er prangert die Gottesopfer an und blickt mit Entsetzen auf die Abschlachtung von Tieren für diese Riten; er verwirft jeden Kult und jede kultische Verehrung übernatürlicher Wesen, alle *mantras* und Beschwörungen, jede Askese und alle Gebete. Ruhig und ohne Polemik bietet er eine von Dogma und Priesterherrschaft vollkommen freie Religion und verkündet einen Weg der Erlösung, der Ungläubigen und Gläubigen in gleichem Maße zugänglich ist.

Zeitweilig geht dieser berühmteste der indischen Heiligen vom Agnostizismus zum offenen Atheismus über *. Er weicht nicht von seinem Pfade ab, um die Gottheit zu leugnen, und gelegentlich spricht er, als ob Brahma eine Wirklichkeit und nicht ein Ideal wäre; auch verbietet er den volkstümlichen Götterkult nicht. Aber er lächelt über die Idee, Gebete zum Unerforschlichen hinaufzusenden. «Es ist töricht», sagt er, «anzunehmen, daß ein anderer uns Glückseligkeit oder Elend verschaffen könne»²⁴ – diese sind immer das Ergebnis unseres eigenen Verhaltens und unserer eigenen Wünsche. Er lehnt es ab, seinen Sittenkodex auf das Übernatürliche zu gründen; er bietet keinen Himmel, kein Fegefeuer und keine Hölle. Er empfindet das Leiden und Morden des Lebensvorganges viel zu tief, als daß er annehmen könnte, eine persönliche Gottheit habe das bewußt gewollt; diese kosmischen Mißgriffe sind stärker als die Beweise einer planmäßigen Absicht. Auf diesem Schauplatz der Ordnung und Verwirrung, des Guten und Bösen, findet Buddha kein Prinzip der Beständigkeit, keinen Mittelpunkt einer ewiggültigen Wirklichkeit, nur einen Wirbel und eine Flut hartnäckigen Lebens, in dem allein die Veränderung der letzte metaphysische Grund ist.

Wie er eine Theologie ohne eine Gottheit vorbringt, so bietet er eine Psychologie ohne Seele; er verwirft den Animismus in jeder Form, selbst im Falle des Menschen. Er stimmt mit Heraklit und Bergson hinsichtlich der Welt und mit Hume hinsichtlich der Seele überein. Wir kennen nur unsere Sinnesempfindungen; darum ist, soweit wir sehen können, aller Stoff Kraft, alle Substanz Bewegung. Leben ist Veränderung, ein neutraler Strom des Werdens und Vergehens; die «Seele» ist ein Mythos, den wir un- gerechtfertigterweise zur Bequemlichkeit unserer schwachen Hirne hinter dem Fluß der bewußten Zustände postulieren. Diese «transzendentale Einheit der bewußten Wahrnehmung», diese «Seele», die die Sinnesempfindungen und Wahrnehmungen zu Gedanken verwebt, ist ein Gespenst; nur die Sinnesempfindungen und -wahrnehmun- gen selbst sind Wirklichkeit; sie reihen sich selbsttätig in Erinnerungen und Ideen ein. Selbst das kostbare «Ich» ist keine von diesen Seelenzuständen gesonderte Einheit; es ist lediglich die Fortsetzung dieser Zustände, die Erinnerung späterer Zustände an frühere, gemeinsam mit den geistigen und sittlichen Gewohnheiten, den Veranlagungen

---

* «Bei Buddha», sagt Sir Charles Eliot, «wird die Welt nicht als das Werk einer göttlichen Persönlich- keit und das Sittengesetz nicht als deren Wille aufgefaßt. Die Tatsache, daß es ohne diese Ideen Religion ge- ben kann, ist von größter Bedeutung.»²³

BUDDHA   381

und Neigungen des Organismus. Die Aufeinanderfolge dieser Zustände wird nicht von einem mythischen «Willen» verursacht, der noch dazu kommt, sondern von Vererbung, Gewohnheit, Umwelt und Umständen bestimmt. Dieser körperlose Geist, der nur aus geistigen Zuständen besteht, diese Seele oder dieses Ich, das nur ein von hilfloser Vererbung und vergänglicher Erfahrung geformter Charakter, ein Vorurteil ist, kann nicht unsterblich sein, soweit damit das Fortbestehen des individuellen Wesens gemeint ist. Selbst die Heiligen, sogar Buddha selbst, werden als individuelle Persönlichkeiten den Tod nicht überleben.

Wenn dem aber so ist, wie kann es dann Wiedergeburt geben? Wenn es keine Seele gibt, wie kann sie in andere Existenzen übergehen, um für die Sünden dieser Verkörperung bestraft zu werden? Das ist der schwächste Punkt in Buddhas Philosophie; er bietet diesem Widerspruch zwischen seiner rationalistischen Weltanschauung und dem kritiklosen Glauben an die Wiedergeburt niemals so richtig die Stirn. Dieser Glaube ist in Indien so verbreitet, daß nahezu jeder Inder ihn als ein Axiom oder ein Postulat ansieht und sich kaum die Mühe nimmt, ihn zu beweisen; die Kürze und Vielzahl der Generationen führen hier unwiderstehlich auf den Gedanken der Wanderung der Lebenskraft oder, um theologisch zu sprechen, der Seelenwanderung. Buddha nahm diesen Begriff mit der Luft, die er atmete, in sich auf; es ist der einzige Gedanke, bei dem Buddha nie Zweifel gehegt zu haben scheint. Er nahm das Rad der Wiedergeburten und das Gesetz des *Karma* als selbstverständlich an; sein ganzes Denken war darauf gerichtet, wie man jenem Rade entrinnen, wie man das Nirwana hier und vollkommene Auflösung hernach erlangen könne.

Aber was ist das Nirwana? Es ist schwierig, auf diese Frage eine Antwort zu finden, die nicht irgendwie zutrifft; denn der Meister ließ diesen Punkt im dunkeln, und seine Anhänger gaben dem Worte jede erdenkliche Bedeutung. Im allgemeinen Sanskritgebrauch bedeutete es «erloschen» – wie eine Lampe oder ein Feuer. Die buddhistischen Schriften gebrauchen es in folgenden Bedeutungen: 1. ein Zustand der Glückseligkeit, der in diesem Leben mittels vollkommener Ausschaltung selbstischer Begierden erreichbar ist; 2. die Befreiung des Individuums von der Wiedergeburt; 3. die Auslöschung des individuellen Bewußtseins; 4. die Vereinigung des Einzelmenschen mit Gott; 5. ein Himmel der Glückseligkeit nach dem Tode. In der Lehre Buddhas scheint es den Sinn des Erlöschens allen individuellen Begehrens und der Belohnung solcher Selbstlosigkeit – des Entrinnens von der Wiedergeburt – zu haben. In der buddhistischen Literatur hat das Wort oft einen irdischen Sinn, denn vom *Arhat*, dem Heiligen, wird wiederholt gesagt, daß er in diesem Leben zum Nirwana gelangt, indem er sich in den Besitz von dessen sieben Grundbestandteilen setzt, als da sind: Selbstbeherrschung, Eindringen in die Wahrheit, Kraft, Ruhe, Heiterkeit, Sammlung und Großmut. Diese bilden seinen Inhalt, aber kaum seine schöpferische Ursache: die Ursache und Quelle des *Nirwana* ist das Erlöschen des selbstischen Begehrens; in den meisten frühen Texten hat das Nirwana die Bedeutung des leidlosen Friedens, der das moralische Erlöschen des Selbstes belohnt. Dies, sagt Buddha, «ist die heilige Wahrheit von der Aufhebung des Leidens: die Aufhebung dieses Durstes durch gänzliche Vernichtung des Begehrens, ihn fahren lassen, sich seiner entäußern, sich von ihm lösen, ihm keine Stätte gewähren»[25]. In der Lehre des Meisters ist Nirwana immer gleichbedeutend mit «Segen», mit der ruhigen Zufriedenheit der Seele, die sich nicht mehr mit sich selber abquält. Das vollkommene *Nirwana* schließt aber die vollkommene Auflösung in sich ein: Lohn der höchsten Frömmigkeit ist es, nie mehr wiedergeboren zu werden.

Letzten Endes, sagt Buddha, werden wir der Absurdität des sittlichen und psychologischen Individualismus gewahr. Unser sich abquälendes Selbst ist nicht eine Wesenheit oder eine Kraft für sich, sondern eine vorübergehende kleine Welle auf dem Strome des Lebens, ein winziger Knoten, der sich im winddurchwehten Netze des Schicksals bildet und wieder entwirrt. Wenn wir uns als Teil eines Ganzen sehen, wenn wir unser Selbst und unser Begehren im Sinne des Ganzen umgestalten, dann berühren uns unsere persönlichen Mißgeschicke und Niederlagen, unser vielfältiges Leid und der unausweichliche Tod nicht mehr so schmerzvoll wie zuvor; sie gehen in der Weite der Unendlichkeit verloren. Wenn wir nicht unser besonderes Leben, sondern alle Menschen, alle Lebewesen zu lieben gelernt haben, dann werden wir endlich Frieden finden.

V. DIE LETZTEN TAGE BUDDHAS

Seine Wundertaten · Er besucht das Haus seines Vaters · Die buddhistischen Mönche · Sein Tod

Nach dieser hohen Philosophie wenden wir uns jetzt den schlichten Legenden zu, die alles sind, was wir über Buddhas späteres Leben und über seinen Tod wissen. Trotz seiner Verachtung für Wundertaten brauten seine Jünger tausend Geschichten über die von ihm vollbrachten Wunder zusammen. Er wehte sich in einem Augenblick magisch über den Ganges hinüber; der Zahnstocher, den er fallen ließ, sproß zum Baume; am Ende seiner Predigten «erzitterte das tausendjährige Weltensystem»[26]. Als sein Feind Devadatta einen grimmigen Elefanten gegen ihn losließ, «durchdrang Buddha ihn mit Liebe», und er ward vollkommen bezwungen. Senart und andere schlossen aus solchen Scherzen, daß die Buddhalegende sich auf Grund alter Sonnenmythen gebildet habe. Das ist unwichtig; Buddha heißt für uns: die Gedanken, die Buddha in der buddhistischen Literatur zugeschrieben werden; und dieser Buddha existiert.

Die buddhistischen Schriften geben uns ein gefälliges Bild von ihm. Viele Schüler sammelten sich um ihn, und sein Ruf als Weiser breitete sich über alle Städte Nordindiens aus. Als sein Vater hörte, daß Buddha sich bei Kapilavastu aufhielt, sandte er einen Boten zu ihm und lud ihn ein, einige Tage im Hause seiner Kindheit zu verweilen. Er kam, und sein Vater, der den Verlust eines Prinzen bedauert hatte, freute sich für kurze Zeit über die Rückkehr eines Heiligen. Buddhas Ehefrau, die ihm während seiner Abwesenheit die Treue gehalten hatte, fiel vor ihm nieder, umklammerte seine Knöchel, stellte seine Füße auf ihr Haupt und verehrte ihn wie einen Gott. Dann erzählte König Schuddhodhana Buddha von ihrer großen Liebe: «Herr, als meine Schwiegertochter vernahm, daß Du gelbe Gewänder (als Mönch) trugest, legte auch sie gelbe Gewänder an; als sie vernahm, daß Du nur eine Mahlzeit am Tage aßest,

BUDDHA

nahm auch sie nur eine Mahlzeit ein; als sie erfuhr, daß Du Dein breites Bett aufgegeben hattest, schlief auch sie auf einem schmalen Ruhelager; und als sie erfuhr, daß Du Blumengewinde und Wohlgerüche aufgegeben hast, verzichtete auch sie darauf.» Buddha segnete sie und ging seines Weges.

Doch nun kam sein Sohn Rahula zu ihm und umkoste ihn. «Angenehm ist Dein Schatten, Asket», sagte er. Obwohl Rahulas Mutter gehofft hatte, der Jüngling werde König werden, nahm der Meister ihn in den buddhistischen Orden auf. Ein anderer Prinz, Nanda, wurde zum Thronfolger bestimmt; aber Nanda verließ wie in Verzükkung die noch nicht beendete Zeremonie, gab ein Königreich auf, ging zu Buddha und verlangte, daß auch ihm die Erlaubnis gegeben werde, dem Orden beizutreten. Als König Schuddhodhana davon hörte, betrübte ihn das, und er erbat eine Gefälligkeit von Buddha: «Als Du der Welt den Rücken kehrtest», sagte er, «war mein Schmerz nicht gering; und so auch, als Nanda fortging; und mehr noch bei Rahula. Die Sohnesliebe schneidet durch die Haut, durch das Fleisch, die Sehnen und das Mark. Gewähre, Herr, daß Deine Edlen keine Einkleidung eines Sohnes ohne die Erlaubnis seines Vaters und seiner Mutter vornehmen.» Buddha gab seine Zustimmung und machte diese Erlaubnis zur Vorbedingung der Aufnahme in seinen Orden.

Diese Religion dürfte, auch ohne Pfaffenpolitik, einen Orden von Mönchen entwickelt haben, die den Hindupriestern gefährlich ähnlich sahen. Schon kurze Zeit nach dem Tode Buddhas umgaben die Mönche sich mit dem gleichen Drum und Dran wie die Brahmanen. In der Tat kamen die ersten Bekehrten aus den Reihen der Brahmanen und der reichen Jugend von Benares und den Nachbarstädten. Diese *Bhikkhus* (Mönche) lebten in Buddhas Tagen nach seinen einfachen Vorschriften. Sie begrüßten einander und alle, mit denen sie sprachen, mit dem herrlichen Satz: «Friede allen Wesen.»* Sie durften kein Lebewesen töten; sie durften nie etwas nehmen, was ihnen nicht gegeben wurde; sie mußten der Falschheit und Verleumdung aus dem Wege gehen; sie mußten Zwiste schlichten und die Eintracht ermutigen; sie mußten stets Erbarmen zu allen Tieren und zu allen Menschen zeigen; sie mußten aller Sinnen- oder Fleischeslust entsagen, alle Musik, alle *nautch*-Tänze, Belustigungen, Spiele, alle Genußmittel, alle müßigen Gespräche, jeden Streit und jede Wahrsagerei meiden; sie durften nichts mit Handel zu tun haben oder mit irgendeiner Form von Kauf und Verkauf; vor allem mußten sie der Unmäßigkeit entsagen und fern von den Frauen in vollkommener Keuschheit leben. Vielem sanften Flehen nachgebend, gestattete Buddha den Frauen, dem Orden als Nonnen beizutreten, doch fand er sich nie ganz mit diesem Schritt ab. «Wenn, Ananda», sagte er, «die Frauen die Erlaubnis, dem Orden beizutreten, nicht erhalten hätten, wäre die reine Religion von langer Dauer, würde das gute Gesetz eintausend Jahre gelten. Da sie aber die Erlaubnis erhalten haben, wird es nur fünfhundert Jahre gelten.»[27] Er hatte recht. Der große Orden, die *Sangha*, besteht noch heute; aber schon seit langem haben sie die Lehre des Meisters durch Magie, Polytheismus und mannigfachen Aberglauben entstellt.

---

* Vgl. die schöne Grußform der Juden: Schalom aleichem – «Friede sei mit euch». Letzten Endes erstreben die Menschen nicht Glückseligkeit, sondern nur Frieden.

384 INDIEN UND SEINE NACHBARN

Gegen das Ende seines langen Lebens begannen seine Anhänger bereits, ihn zu vergotten, obgleich er sie dazu anhielt, an ihm zu zweifeln und für sich selbst zu denken. In einem der letzten Dialoge heißt es:

«Da kam der ehrwürdige Sariputta an den Ort, wo der Erhabene sich befand, und nachdem er ihn begrüßt hatte, nahm er seinen Sitz achtungsvoll an seiner Seite ein und sprach: ‚Herr, solchen Glauben habe ich in den Erhabenen, daß mir dünkt, nie hat es einen gegeben, noch wird es einen geben, noch gibt es jetzt einen anderen, sei er Wandermönch oder Brahmane, der größer und weiser ist als der Erhabene ... was die höhere Weisheit betrifft.'

‚Groß und kühn sind die Worte Deines Mundes, Sariputta' (antwortete der Meister), ‚wahrhaftig, Du bist in ein Lied der Verzückung ausgebrochen! Hast du denn alle Erhabenen der Vergangenheit gekannt ... hast Du ihren Geist in Deinem aufgehen lassen und bist gewahr worden, was ihr Verhalten, was ihre Weisheit war, ... und was die Befreiung war, die sie erreichten?'

‚Nein, o Herr!'

‚Hast Du denn alle Erhabenen der Zukunft wahrgenommen, ... ihren Geist zur Gänze in Deinem aufgehen lassen?'

‚Nein, o Herr!'

‚Aber zumindest dann, o Sariputta, kennst Du mich ... und hast meinen Geist durchdrungen?...'

‚Nicht einmal das, o Herr.'

‚Du siehst also, Sariputta, daß Du nicht kennest die Herzen der Fähigen, der Erwachten der Vergangenheit und der Zukunft. Warum sind dann Deine Worte so groß und so kühn? Warum brichst Du aus in solch ein Lied der Verzückung?'»[28]

Und Ananda lehrte er seine größte und edelste Weisheit:

«Und wer auch immer, Ananda, jetzt oder nach meinem Tode sich selbst Richtschnur sein wird, sich selbst Zuflucht sein wird, keine äußere Zuflucht suchen wird, sondern zur Wahrheit stehen wird als zu seiner Richtschnur ... und zu niemandem Zuflucht suchen wird außer zu sich selbst – er ist es ... der die allerhöchste Höhe erreichen wird! Doch muß er eifrig bestrebt sein zu lernen!»[29]

Der Erhabene starb im Jahre 483 v. Chr. im Alter von achtzig Jahren. «Wohlan, ihr Jünger, ich rede zu euch; vergänglich ist alles, was da geworden ist; ringet ohne Unterlaß!» Dies waren seine letzten Worte.

DRITTES KAPITEL

Von Alexander bis Aurangseb

I. TSCHANDRAGUPTA

*Alexander in Indien · Tschandragupta der Befreier · Das Volk
Die Universität von Taxila · Der königliche Palast · Ein Tag aus dem Leben eines Königs
Ein älterer Machiavelli · Verwaltung · Recht · Staatliche Gesundheitspflege
Transport- und Straßenwesen · Gemeindeverwaltung*

IM Jahre 327 v. Chr. kam Alexander der Große auf seinem Vormarsch von Persien
über den Hindukusch nach Indien. Ein Jahr lang führte er in den nordwestlichen
Staaten, die eine der reichsten Provinzen des Persischen Reichs gewesen waren, Krieg
und erhob Abgaben in Waren und Gold für seine Truppen und seine Schatzkammer. Zu
Beginn des Jahres 326 v. Chr. überquerte er den Indus, erkämpfte sich durch Taxila
und Rawalpindi langsam seinen Weg nach Süden und Osten, stieß auf das Heer des Poros und besiegte dessen 30 000 Mann Infanterie, 4000 Mann Kavallerie, 300 Wagen und
200 Elefanten und tötete dabei 12 000 Mann. Als Poros, der unentwegt gekämpft hatte,
schließlich die Waffen streckte, fragte ihn Alexander, der seinen Mut, seine Gestalt
und seine Schönheit bewunderte, wie er behandelt werden wolle. «Behandle mich
königlich, Alexander», antwortete Poros. «Um meinetwillen», sagte Alexander,
«sollst Du so behandelt werden; um Deinetwillen verlange, was Dir gefällt.» Doch
Poros entgegnete, in seiner Bitte sei alles inbegriffen. Alexander gefiel diese Antwort
sehr; er machte das ganze eroberte Indien zu einem makedonischen Vasallenstaat und
setzte Poros als König darüber ein. Er fand in ihm einen treuen und tatkräftigen Verbündeten. Alexander wollte noch bis an das östliche Meer vordringen, aber seine Soldaten sträubten sich dagegen. Nach vielem Reden und Schmollen gab er nach und
führte sie – durch das Gebiet patriotisch feindseliger Stämme, die seine müden Truppen buchstäblich auf Schritt und Tritt zu Gefechten zwangen – den Hydaspes hinab zur
Küste und durch Gedrosien nach dem Westen. Als er zwanzig Monate nach Abschluß
der indischen Eroberungen in Susa eintraf, war sein Heer nur ein jämmerlicher Rest
jener Armee, die drei Jahre zuvor mit ihm nach Indien gezogen war.

Sieben Jahre später war bereits jede Spur der makedonischen Oberherrschaft aus
Indien verschwunden. Am eifrigsten an ihrer Beseitigung wirkte eine der romantisch-
sten Figuren der indischen Geschichte, ein geringerer Feldherr, aber ein größerer
Herrscher als Alexander: Tschandragupta. Dieser war ein Kschatriya-Edelmann, der von
der mit ihm verwandten Nanda-Familie, die dort regierte, aus Magadha verbannt worden war. Mit Hilfe eines raffinierten machiavellistischen Ratgebers, Kautilya Chanakya, stellte der Jüngling ein kleines Heer auf, bezwang die makedonischen Garnisonen

und erklärte Indien für frei. Dann marschierte er auf Pataliputra (das heutige Patna), Hauptstadt des Königreiches von Magadha, schürte eine Revolution, bemächtigte sich des Thrones und gründete die Mauryadynastie, die einhundertsiebenunddreißig Jahre lang Hindustan und Afghanistan regieren sollte. Tschandragupta stellte seinen Mut in den Dienst von Kautilyas skrupelloser Weisheit und machte seine Herrschaft zur mächtigsten der damaligen Welt. Als Megasthenes als Gesandter von Seleukos Nikator, dem König von Syrien, nach Pataliputra kam, war er erstaunt, dort eine Kultur vorzufinden, die er den ungläubigen Griechen – die noch nahe ihrem Gipfelpunkt waren – als der ihren völlig gleichwertig beschrieb.

Der Grieche gab einen liebenswürdigen, vielleicht allzu nachsichtigen Bericht über das Leben der Inder seiner Zeit. Es fiel ihm als vorteilhaft zu seinem eigenen Lande kontrastierend auf, daß es in Indien keine Sklaverei gab* und daß die Bevölkerung zwar nach ihrer Beschäftigung in Kasten eingeteilt war, diese Einteilung aber als natürlich und erträglich empfand. «Sie leben recht glücklich», berichtete der Gesandte,

«da sie von einfachem Wesen und genügsam sind. Sie trinken nie Wein, außer beim Opfer ... Die Einfachheit ihrer Gesetze und Verträge geht aus dem Umstand hervor, daß sie selten zu Gericht gehen. Sie kennen keine Prozesse über Pfänder und Einlagen, noch benötigen sie Siegel und Zeugen, sie machen ganz einfach ihre Einlagen und vertrauen einander ... Wahrheit und Tugend schätzen sie gleich hoch ... Der Großteil des Bodens ist bewässert und bringt demzufolge zwei Ernten im Jahre hervor ... Entsprechend wird behauptet, daß Indien niemals von Hungersnot heimgesucht wird und es nie eine allgemeine Knappheit an Nahrungsmitteln gibt.»[2]

Die älteste der zweitausend Städte Nordindiens zur Zeit Tschandraguptas war Taxila, zweiunddreißig Kilometer nordwestlich von Rawalpindi. Arrian beschreibt es als «eine große und blühende Stadt»; Strabon sagt: «Sie ist groß und hat ausgezeichnete Gesetze.»[3] Es war sowohl eine Garnisons- als auch eine Universitätsstadt, lag strategisch an der Hauptstraße nach Westasien und besaß die berühmteste der verschiedenen Universitäten des damaligen Indien. Die Studenten strömten nach Taxila, wie sie im Mittelalter nach Paris strömten; alle Künste und Wissenschaften konnten dort bei berühmten Professoren studiert werden, und besonders die medizinische Fakultät genoß in der ganzen östlichen Welt großen Ruf**.

Nach des Megasthenes Beschreibung war Tschandraguptas Hauptstadt, Pataliputra, fünfzehn Kilometer lang und drei Kilometer breit. Der Palast des Königs war ein Holzbau, übertraf aber nach Ansicht des griechischen Gesandten die königlichen Residenzen von Susa und Ekbatana und war nur jenen in Persepolis unterlegen. Seine Pfeiler waren mit Gold überzogen und mit Tier- und Blätterzeichnungen geschmückt; sein Inneres war verschwenderisch eingerichtet und mit kostbaren Metallen und Steinen verziert.

---

* «Auch folgendes sei etwas Großes in Indien», sagt Arrian, «daß nämlich sämtliche Inder frei wären, daß es also bei ihnen überhaupt keine Sklaven gäbe.»[1]

** Die Ausgrabungen von Sir John Marshall auf der Stätte von Taxila haben feingeschnitzte Steine, hochpolierte Bildhauerarbeiten, Münzen (600 v. Chr.) und Glaswaren von ausgezeichneter, im späteren Indien nie feiner hergestellter Qualität ans Licht gefördert. «Es ist offenbar», sagt Vincent Smith, «daß eine hohe Stufe materieller Kultur erreicht worden war und daß alle dem Leben einer reichen, kultivierten Stadt eigenen Künste und Handwerke bekannt waren.»[4]

An dieser Kultur war eine gewisse orientalische Prahlsucht, etwa wenn sie Goldgefäße verwendete, die einen Durchmesser von zwei Metern hatten; aber ein englischer Historiker kommt bei der Prüfung des literarischen, bildlichen und materiellen Nachlasses jener Zeit zu folgendem Schluß: «Im vierten und dritten Jahrhundert vor Christus verfügten die Monarchen der Mauryadynastie über Luxusartikel aller Art und über ein handwerkliches Kunstgewerbe, das jenem der achtzehn Jahrhunderte später lebenden Mogulkaiser keineswegs unterlegen war.» [5]

In diesem Palast lebte Tschandragupta, der den Thron mit Gewalt erobert hatte, vierundzwanzig Jahre lang wie in einem goldenen Käfig. Gelegentlich erschien er in feines, mit Gold und Purpur besticktes Musselin gekleidet auf einem goldenen Tragsessel oder auf einem prunkhaft geschmückten Elefanten in der Öffentlichkeit. Nur die Jagd und andere Kurzweil erlöste ihn von den vielen Staatsgeschäften seines wachsenden Königreiches. Seine Tage waren in sechzehn Perioden von je neunzig Minuten eingeteilt. In der ersten stand er auf und bereitete sich durch Nachsinnen auf sein Tagewerk vor; in der zweiten studierte er die Berichte seiner Agenten und erteilte geheime Instruktionen; die dritte verbrachte er mit seinen Ratgebern in der Halle der Privataudienzen; in der vierten beschäftigte er sich mit den Staatsfinanzen und der Landesverteidigung; in der fünften lauschte er den Bittgesuchen und Klagen seiner Untertanen; in der sechsten badete und speiste er und las religiöse Literatur; in der siebten nahm er Steuern und Tribute entgegen und erließ Verordnungen; in der achten hatte er wieder Sitzung mit seinem Rate und hörte die Berichte seiner Spione, einschließlich der Kurtisanen, die er für diese Zwecke verwendete, an; die neunte war der Rast und dem Gebete vorbehalten, die zehnte und elfte den militärischen Angelegenheiten, die zwölfte wieder den Geheimberichten, die dreizehnte dem Abendbad und dem Nachtmahl, die vierzehnte, fünfzehnte und sechzehnte dem Schlaf. Wahrscheinlich berichtet uns der Geschichtschreiber, was Tschandragupta hätte sein können oder wie nach Kautilyas Wunsch das Volk sich seinen König vorstellen sollte, und nicht das, was er wirklich war. Die Wahrheit entschlüpft den Palästen nicht oft.

Die tatsächliche Staatsführung lag in den Händen des listigen Wesirs Kautilya. Er war ein Brahmane, der den politischen Wert der Religion kannte, sich aber durch ihr sittliches Gesetz nicht gebunden fühlte; wie unsere modernen Diktatoren glaubte auch er, alle Mittel seien gut, wenn sie nur dem Staatsinteresse dienten. Er war skrupellos und verräterisch, doch nie seinem König gegenüber; er diente Tschandragupta in Zeiten der Verbannung, der Niederlage, des Abenteuers, des Mordes und des Sieges und machte mit seiner verschmitzten Weisheit das Reich seines Herrn zum größten, das Indien je gekannt hatte. Gleich dem Verfasser des *Fürsten* hielt Kautilya es für richtig, seine Rezepte für Kriegführung und Diplomatie schriftlich niederzulegen; die Tradition schreibt ihm das *Arthaschastra*, das älteste Buch der vorhandenen Sanskritliteratur, zu. Als Beispiel seines zartfühlenden Realismus sei sein Verzeichnis der Mittel und Wege zur Eroberung eines Festungswerkes angeführt: «Ränkespiel, Spionage, Beeinflussung des feindlichen Volkes, Belagerung und Erstürmung» [6] – welch weise Ökonomie der physischen Anstrengung!

INDIEN UND SEINE NACHBARN

Die Regierung gab nicht vor, demokratisch zu sein, und war wahrscheinlich die leistungsfähigste, die Indien je hatte. Akbar, der größte der Mogule, «hatte nichts Ähnliches, und man darf bezweifeln, daß eine der altgriechischen Städte besser organisiert war»[7]. Die Regierungsgewalt beruhte offen auf militärischer Macht. Wenn wir Megasthenes (dem man mit dem gleichen Mißtrauen begegnen sollte wie jedem Auslandskorrespondenten) trauen dürfen, verfügte Tschandragupta über eine Armee von 600 000 Mann, über 30 000 Pferde, 9000 Elefanten und unzählige Wagen. Die Bauernschaft und die Brahmanen waren vom Militärdienst befreit; und Strabon schildert uns, wie die Bauern mitten im Krieg ihren Feldarbeiten in Frieden und Sicherheit nachgingen. Die Macht des Königs war theoretisch unbegrenzt; praktisch schränkte sie jedoch ein Rat ein, der – zuweilen mit dem König, zuweilen in dessen Abwesenheit – Gesetze erließ, die Staatsfinanzen und auswärtigen Angelegenheiten in Ordnung hielt und alle bedeutenderen Staatsbeamten ernannte. Megasthenes spricht vom «hohen Charakter und der Weisheit» der Räte Tschandraguptas und von ihrer wirksamen Macht.

Die Regierung war in Abteilungen aufgegliedert, die genau definierte Pflichten und eine sorgfältig abgestufte Beamtenhierarchie besaßen. Es gab eigene Abteilungen zur Behandlung der Einkommen, Zölle, Grenzen, Paßpapiere, Verkehrswege, Warensteuern und Bergwerke, des Akkerbaus, der Viehzucht, des Handels, der Lagerhäuser, der Schiffahrt, der Wälder, der öffentlichen Spiele, der Prostitution und des Münzwesens. Der Abteilungsleiter für die Warensteuer kontrollierte den Verkauf von Drogen und Spirituosen und schränkte die Zahl der Wirtshäuser und die Quantität der von ihnen verkauften Getränke ein. Der Leiter der Bergwerksabteilung verpachtete Erzfelder an Privatpersonen, die außer einer bestimmten Pachtsumme auch einen Teil der Einkünfte an die Regierung abführten; das gleiche System wurde auch beim Ackerbau angewendet, denn der gesamte Boden war Staatseigentum. Der Abteilungsleiter für öffentliche Spiele beaufsichtigte die Spielhäuser, gab die Würfel aus und zog einen Kostenbetrag für ihren Gebrauch und fünf Prozent des von der «Bank» eingenommenen Geldes für das Schatzamt ein. Der Abteilungsleiter für Prostitution kontrollierte die öffentlichen Frauen, ihre Honorare und ihren Aufwand, führte zwei ihrer Tagesverdienste im Monat der Staatskasse zu und hielt zwei Frauen im königlichen Palast zu Unterhaltungs- und Spionagezwecken. Jeder Beruf, jede Beschäftigung und jedes Gewerbe war steuerpflichtig; überdies wurden reiche Männer von Zeit zu Zeit dazu überredet, dem König «Wohltaten» zu erweisen. Die Regierung regulierte die Preise und eichte in regelmäßigen Zeitabständen die Maße und Gewichte; sie schuf auch gewisse Erzeugnisse in Staatsfabriken, betrieb den Verkauf von Gemüse und hatte das Monopol auf Bergwerkserzeugnissen, Salz, Bauholz, feinem Gewebe, Pferde und Elefanten.

Recht gesprochen wurde in den Dörfern vom örtlichen Oberhaupt oder vom *Panchayat*, einem aus fünf Männern zusammengesetzten Dorfrat, in den Städten, Bezirken und Provinzen von Unter- und Obergerichten; in der Hauptstadt von einem königlichen Rat als Oberstem Gerichtshof und vom König als letzter Instanz. Die Strafen waren streng und sahen auch Verstümmelung, Marter und Tod vor, gewöhnlich nach dem Grundsatz der *lex talionis*, der Wiedervergeltung. Die Regierung war aber nicht ein bloßes Organ der Unterdrückung; sie traf Maßnahmen zum Schutze der öffentlichen Gesundheit, schuf Spitäler und Armenhäuser, verteilte in Jahren der Hungersnot die in den staatlichen Lagerhäusern für solche Notfälle aufgestapelten Nahrungsmittel, zwang die Reichen, zum Unterhalt der Armen Beiträge zu leisten, und organisierte große öffentliche Arbeiten, um in Krisenjahren den Arbeitslosen tatkräftig beizustehen.

Die Abteilung für Schiffahrt regelte den Wasserverkehr und beschützte die Reisenden auf Flüssen und Meeren; sie hielt Brücken und Häfen instand und erstellte neben den privaten staatliche Fähren, eine wunderbare Einrichtung: Auf diese Art vermochte die Staatskonkurrenz die Gewinnsucht der privaten Wirtschaft zu hemmen, und diese konnte der staatlichen Anmaßung Einhalt gebieten. Die Abteilung für Verkehrswesen baute und unterhielt im ganzen Reich Straßen, von den schmalen Karrenwegen der Dörfer bis zu zehn Meter breiten Handelsstraßen und zwanzig Meter breiten Heerstraßen. Eine dieser Reichsstraßen war zweitausend Kilometer lang

VON ALEXANDER BIS AURANGSEB 389

und führte von Pataliputra bis zur Nordwestgrenze – eine Länge, die der Hälfte der transkontinentalen Breite der Vereinigten Staaten gleichkommt. Bei nahezu jeder Meile waren diese Straßen, nach Megasthenes, mit Wegweisern versehen, die Richtung und Entfernung zu verschiedenen Ortschaften anzeigten. Der Straße entlang gab es in regelmäßigen Abständen schattenspendende Bäume, Brunnen, Polizeistationen und Gasthäuser. Dem Transport dienten Wagen, Sänften, Tragsessel, Pferde, Kamele, Elefanten, Esel und Menschen. Elefanten waren gewöhnlich ein dem König und der hohen Beamtenschaft vorbehaltener Luxus. Ihr Wert wurde so hoch veranschlagt, daß die Tugend einer Frau ein mäßiger Preis für einen Elefanten schien*.

Dieselbe Methode der Aufgliederung in Abteilungen wurde auch bei der Verwaltung der Städte befolgt. Pataliputra wurde von einer Kommission von dreißig Männern verwaltet, die in sechs Gruppen unterteilt war. Eine Gruppe kontrollierte das Gewerbe; die zweite die Fremden, stellte ihnen Wohngelegenheiten und Diener zur Verfügung und überwachte ihre Bewegungen; die dritte führte das Verzeichnis der Geburten und Todesfälle; die vierte erteilte den Händlern ihre Bewilligungen, regelte den Verkauf der Produkte und prüfte die Maße und Gewichte; die fünfte beaufsichtigte den Verkauf der Manufakturwaren; die sechste erhob von jedem Verkauf eine Steuer von zehn Prozent. «Kurz», sagt Havell, «Pataliputra scheint im vierten Jahrhundert v. Chr. eine nach den besten Grundsätzen der Soziologie durchorganisierte und verwaltete Stadt gewesen zu sein.»[8] «Die Vollkommenheit der hier aufgeführten Einrichtungen», sagt Vincent Smith, «ist selbst in groben Umrissen schon erstaunlich. Die Prüfung der Einzelheiten steigert unsere Verwunderung noch, daß solch eine Organisation schon im Jahre 300 v. Chr. geplant und wirksam durchgeführt werden konnte.»[9]

Der einzige Fehler dieser Regierungsform war die Autokratie und die daraus resultierende fortwährende Abhängigkeit von Gewaltanwendung und Spionage. Wie jeder Autokrat war Tschandragupta seiner Macht nicht sicher und schwebte in ständiger Angst vor Aufständen und Mordanschlägen. Jede Nacht benutzte er ein anderes Schlafzimmer, und immer war er von Wächtern umgeben. Die von den europäischen Geschichtsschreibern übernommene indische Überlieferung berichtet, daß Tschandragupta, als eine lange Hungersnot sein Königreich heimsuchte, aus Verzweiflung über seine Ohnmacht auf den Thron verzichtete, zwölf Jahre als Jaina-Asket lebte und seinem Leben durch Verhungern ein Ende machte. «Alles in allem», sagt Voltaire, «ist das Leben eines Gondoliere dem eines Dogen vorzuziehen; aber ich glaube, der Unterschied ist so gering, daß es nicht der Mühe wert ist, sich darüber den Kopf zu zerbrechen.»[10]

II. DER PHILOSOPH AUF DEM THRON

Aschoka · Das Toleranzedikt · Aschokas Missionare · Sein Mißerfolg · Sein Erfolg

Tschandraguptas Nachfolger, Bindusara, war anscheinend ein Mann von geistigen Neigungen. Er soll Antiochos, den König von Syrien, gebeten haben, ihm einen griechischen Philosophen zum Geschenk zu machen; für einen richtigen griechischen Philosophen, schrieb Bindusara, würde er einen hohen Preis zahlen. Der Vorschlag konnte

---

* «Die Frauen, soweit sie streng sittlicher Natur sind, würden um keinen Lohn einen Fehltritt begehen; eine Frau aber, die einen Elefanten geschenkt bekommt, gibt sich dem Schenker hin. Solche Hingebung um eines Elefanten willen halten die Inder nicht für schimpflich, ja es scheint den Frauen sogar etwas Großartiges, daß ihre Schönheit so hoch wie ein Elefant gewertet wird.» Arrian, *Alexanders des Großen Siegeszug durch Asien*, S. 426.

INDIEN UND SEINE NACHBARN

nicht in die Tat umgesetzt werden, da Antiochos keinen Philosophen verkaufsbereit vorfand; doch das Schicksal leistete Ersatz und gab Bindusara einen Philosophen zum Sohn.

Aschoka Vardhana bestieg den Thron im Jahre 273 v. Chr. als Herrscher über ein größeres Reich, als irgendein indischer Monarch zuvor besessen hatte: Es umfaßte Afghanistan, Beludschistan und das ganze heutige Indien mit Ausnahme des äußersten Südens – des *Tamilakam*, des «Tamillandes». Eine Zeitlang herrschte er im Geiste seines Großvaters, Tschandragupta, grausam, aber gut. Yuan Chwang, ein chinesischer Reisender, der im siebenten Jahrhundert n. Chr. viele Jahre in Indien zubrachte, berichtet, daß das im Norden der Hauptstadt gelegene Gefängnis Aschokas in der hinduistischen Tradition noch immer als «Aschokas Hölle» weiterlebte. Dort, sagten seine Gewährsmänner, ließ man die Verbrecher alle Höllenqualen erdulden, die sich ein orthodoxes Hirn nur ausmalen konnte; dazu kam noch ein Edikt des Königs, wonach niemand, der den Kerker betrat, ihn je wieder lebend verlassen durfte. Doch eines Tages wurde ein grundlos dort eingesperrter buddhistischer Heiliger in einen Kessel heißen Wassers geworfen, ohne aber Schaden zu leiden. Der Gefängniswärter ließ das Aschoka wissen. Aschoka kam, sah und staunte. Als er im Begriffe war, fortzugehen, machte ihn der Wärter darauf aufmerksam, daß er gemäß seinem eigenen Edikt das Gefängnis nicht lebend verlassen dürfe. Der König sah die Richtigkeit dieser Bemerkung vollkommen ein und ließ den Wärter in den Kessel werfen.

Auf der Rückkehr zu seinem Palaste soll Aschoka eine tiefe Wandlung durchgemacht haben. Er gab Weisung, das Gefängnis zu zerstören und die Strafgesetze zu mildern. Gleichzeitig erfuhr er, daß seine Truppen einen großen Sieg über den rebellischen Kalingastamm erfochten, Tausende Aufrührer abgeschlachtet und viele Gefangene gemacht hatten. Aschoka empfand im Gedanken an all diese «Gewalttätigkeit, Metzelei und Trennung» der Gefangenen «von jenen, die sie lieben», Gewissensbisse. Er befahl, die Gefangenen auf freien Fuß zu setzen, erstattete den Kalingas ihr Land zurück und sandte ihnen eine Entschuldigungsbotschaft, wie sie noch nie dagewesen war und nur wenig Nachahmung fand. Dann trat er dem buddhistischen Orden bei, trug eine Zeitlang Mönchstracht, gab die Jagd und den Genuß von Fleisch auf und betrat den heiligen achtfachen Pfad.

Es ist heute unmöglich zu sagen, wieviel daran Legende und wieviel Geschichte ist; ebensowenig ist es uns aus dieser Entfernung möglich, die Beweggründe des Königs zu erkennen. Vielleicht sah er das Wachsen des Buddhismus und dachte sich, daß sein Volk durch dessen Lehre des Großmuts und Friedens bequem gelenkt werden könnte und zahllose Polizisten ersparen würde. Im elften Jahr seiner Regierung begann er mit der Herausgabe der bemerkenswertesten Edikte der Geschichte des Regierungswesens. Er ließ sie auf Felsen und Säulen in einfachen Sätzen der örtlichen Mundarten einritzen, damit sie jeder des Schreibens und Lesens kundige Inder verstehen könne. Die Felsedikte sind nahezu in jedem Teile Indiens gefunden worden; von den Säulen stehen zehn noch an ihrem Platz, und von zwanzig weiteren hat man den Standort bestimmt. In diesen Edikten bekennt sich der Kaiser vollkommen zum buddhistischen Glauben

VON ALEXANDER BIS AURANGSEB 391

und wendet ihn auf eine Sphäre der menschlichen Angelegenheiten an, wo wir es am wenigsten vermutet hätten, nämlich auf die – Staatskunst. Es ist, als ob ein modernes Weltreich plötzlich verkündete, daß es von nun an die christliche Religion in die Tat umsetzen würde.

Obgleich diese Edikte buddhistisch sind, werden sie uns nicht völlig religiös erscheinen. Sie setzen ein zukünftiges Leben voraus und zeigen damit, wie schnell der Skeptizismus Buddhas von dem Glauben seiner Anhänger verdrängt worden war. Einen persönlichen Gott oder den Glauben an ihn erwähnen sie jedoch nicht. Auch wird Buddha mit keinem Wort genannt. Die Edikte kümmern sich wenig um die Theologie: Das Sarnath-Edikt verlangt Eintracht in der Kirche und sieht Strafen für diejenigen vor, die sie durch Sektenwesen beeinträchtigen; aber andere Edikte machen wiederholt die religiöse Toleranz zur Pflicht. Man soll den Brahmanen genauso Almosen geben wie den buddhistischen Priestern; man darf von den Glaubensbekenntnissen anderer Menschen nicht schlecht sprechen. Der König verkündet, alle seine Untertanen seien seine geliebten Kinder und er werde keinerlei Glaubensunterschiede machen. Das Felsedikt XII könnte fast in der heutigen Zeit entstanden sein:

«Der göttergeliebte, freundlich blickende Herrscher ehrt (die Gläubigen) alle(r) Bekenntnisse, seien sie aus der Welt gegangen oder Haushalter, mit Geschenken und mancherlei Ehren. Nicht indes solche Geschenke oder Ehren meint der Götterliebling so, wie was?, daß Wachstum des Wesentlichen aller Bekenntnisse eintrete.

,Wachstum des Wesentlichen ist nicht verschiedenartig.' Dessen Wurzel aber ist dies, nämlich ,Redebezähmung.'

Wieso das? Ehrung der eigenen Glaubensgenossenschaft oder Bekrittelung einer fremden Glaubensgenossenschaft geschehe nicht ohne triftigen Grund oder maßvoll bei diesem oder jenem triftigen Grund. Ehre aber gebührt einer fremden Glaubensgenossenschaft auf diese und jene Weise. So handelnd, fördert man ebenso das Wachsen des eigenen Bekenntnisses sehr, wie man auch dem fremden Bekenntnis wohltut. Anders als so handelnd, verletzt man ebenso das eigene Bekenntnis, wie man dem fremden übeltut. Denn wenn einer das eigene Bekenntnis ehrt, der ein fremdes Bekenntnis schmäht, alles aus Eigensektenliebe, – warum denn? ,Möchten wir die eigene Sekte verherrlichen!' – und doch, so handelnd, schädigt er gewiß die eigene Sekte schwer. Zusammenkommen aber (ist) heiligend. Wieso? ,Möchten sie voneinander den Dharma hören und auch auf ihn hören, so sei es.' Dies ja wünscht der Götterliebling. Was wohl? ,(Die Gläubigen) alle(r) Bekenntnisse möchten sowohl im Lernen groß wie im Gutestun ersprießlich werden, so sei es.'

Diejenigen fürwahr, die diesem oder jenem Bekenntnis anhängen, denen sei gesagt: ,Der Götterliebling meint Geschenke und Ehren nicht so, wie was? daß Wachstum des Wesentlichen aller Bekenntnisse eintrete.'

Und viele kümmern sich um diese Sache, die Dharma-Pfleger, die hohen Frauenaufseher, die Vögte der Weideplätze und andere Körperschaften. Und dies ist die Frucht hievon, nämlich, daß sowohl des eigenen Bekenntnisses Wachstum geschieht wie des Dharmas Verherrlichung.»[11]

Der «innere Gehalt» wird im II. Säulenedikt deutlicher erklärt. «Das Gesetz der Ehrfurcht ist ausgezeichnet. Aber worin besteht das Gesetz der Ehrfurcht? Aus folgendem: wenig Pietätlosigkeit, vielen guten Taten, Mitleid, Freigebigkeit, Wahrhaftigkeit, Reinheit.» Um ein Beispiel zu statuieren, befahl Aschoka seinen Beamten, überall im Reiche alle Glieder seines Volkes als seine Kinder anzusehen, sie ohne Ungeduld

INDIEN UND SEINE NACHBARN

und Rauheit zu behandeln, nie zu quälen und sie nie ohne guten Grund ins Gefängnis zu sperren; und er befahl ihnen, diese Vorschriften in regelmäßigen Zeitabständen dem Volke zu verlesen.

Riefen diese sittlichen Edikte im Verhalten des Volkes eine Besserung hervor? Vielleicht sind sie an der Verbreitung des *ahimsa*-Gedankens und der Enthaltsamkeit von Fleisch und geistigen Getränken unter den höheren Schichten Indiens beteiligt. Aschoka selbst vertraute auf die Wirksamkeit seiner steinernen Predigten mit dem Vertrauen eines Reformators: Im Felsedikt IV verkündet er, bereits seien wunderbare Ergebnisse erzielt worden; sein Überblick gibt uns einen klareren Begriff von seiner Lehre.

«So wie es vordem seit vielen Jahrhunderten nicht geschehen, so wuchs jetzt durch des göttergeliebten, freundlich blickenden Herrschers Dharma-Unterweisung Tiere-Nichtschlachten und Lebewesen-Nichtverletzen, Geziemendheit gegen Nahestehende, Geziemendheit gegen Brahmanen und Asketen, Hören auf Mutter und Vater. In dieser und manch anderer Weise ist die Dharma-Betätigung gewachsen. Zu weiterem Wachsen wird wahrlich der göttergeliebte, freundlich blickende Herrscher diese Dharma-Betätigung bringen. Und auch die Söhne, Enkel und Urenkel des göttergeliebten, freundlich blickenden Herrschers werden fürwahr diese Dharma-Betätigung zum Gedeihen bringen bis ans Ende der Zeit.» [12]

Der gute König überschätzte die fromme Gesinnung der Menschen und die Treue seiner Söhne. Er selbst arbeitete hingebungsvoll für die neue Religion; er ernannte sich selbst zum Oberhaupt der buddhistischen Kirche, machte ihr verschwenderische Geschenke, baute 84 000 Klöster und errichtete in ihrem Namen im ganzen Reich Spitäler für Menschen und Tiere. Er sandte buddhistische Missionare nach allen Teilen Indiens und Ceylons, sogar nach Syrien, Ägypten und Griechenland, wo sie vielleicht den Boden für die Ethik Christi vorbereiten halfen; kurz nach seinem Tode verließen Missionare Indien, um die Lehre Buddhas in Tibet, China, in der Mongolei und in Japan zu predigen. Neben dieser Tätigkeit auf religiösem Gebiete widmete sich Aschoka eifrig der weltlichen Verwaltung seines Reiches; sein Arbeitstag war lang, und er hielt sich seinen Ratgebern zu jeder Stunde für Staatsgeschäfte zur Verfügung.

Sein großer Fehler war seine Überheblichkeit; es ist schwer, zugleich bescheiden und ein Reformator zu sein. Seine Selbstliebe leuchtet aus jedem Edikt hervor und macht ihn zum Bruder des Marc Aurel. Er gewahrte den Haß der Brahmanen nicht, sah nicht, daß sie nur der Stunde harrten, wo sie ihn vernichten konnten, wie die Priester von Theben tausend Jahre zuvor Echnaton vernichtet hatten. Nicht nur die Brahmanen, die für sich und ihre Götter Tieropfer dargebracht hatten, sondern auch viele Tausende von Jägern und Fischern waren über die Edikte verärgert, die das Töten von Tieren so strengen Einschränkungen unterwarfen; sogar die Bauern grollten über den Befehl, «die Spreu nicht gemeinsam mit den darauf befindlichen lebenden Dingen zu verbrennen». Das halbe Reich wartete sehnsüchtig auf Aschokas Tod.

Yuan Chwang berichtet, nach der buddhistischen Überlieferung sei Aschoka in seinen letzten Jahren von seinem Enkel mit Hilfe der Hofbeamten abgesetzt worden. Dem alten König wurde allmählich seine ganze Macht abgenommen, und seine Geschenke an die buddhistische Kirche nahmen ein Ende. Aschokas persönliches Einkommen, ja

VON ALEXANDER BIS AURANGSEB 393

sogar seine Nahrung wurden gekürzt, bis eines Tages seine Mahlzeit aus einer halben Amalaka-Frucht bestand. Der König blickte traurig auf sie und sandte sie dann den buddhistischen Mönchen als das einzige, was er noch zu geben habe. In Wahrheit wissen wir aber nichts von seinen späteren Jahren, nicht einmal das Jahr seines Todes. Innerhalb einer Generation nach seinem Ableben zerfiel sein Reich wie das Echnatons. Da es offenbar wurde, daß die Oberherrschaft des Königreiches von Magadha nur mehr der Trägheit der Tradition und nicht mehr der Organisation der Gewalt zuzuschreiben war, verzichtete ein Staat nach dem anderen auf die Unterwerfung unter den Großkönig in Pataliputra. Nachkommen Aschokas herrschten über Magadha bis zum siebenten Jahrhundert nach Christus; aber die Mauryadynastie, die Tschandragupta gegründet hatte, fand mit der Ermordung des Königs Brihadratha ein jähes Ende. Staaten gründen sich nicht auf die Ideale des Menschen, sondern auf seine wahre Natur.

Im politischen Sinne hatte Aschoka einen Mißerfolg zu verzeichnen; in einem anderen Sinne hatte er eine der größten Aufgaben der Geschichte erfüllt. Innerhalb zweihundert Jahren nach seinem Tode fand der Buddhismus weite Verbreitung in ganz Indien und war im Begriffe, die unblutige Eroberung Asiens zu beginnen. Wenn bis zum heutigen Tage das sanfte Antlitz Gautamas von Kandia auf Ceylon bis Kamakura in Japan die Menschen heißt, freundlich zueinander zu sein und den Frieden zu lieben, so kommt das teilweise daher, daß ein Träumer, vielleicht ein Heiliger, einst Kaiser von Indien war.

III. DAS GOLDENE ZEITALTER INDIENS

Eine Epoche der Invasionen · Die Kuschana-Könige · Das Gupta-Reich · Fa-Hiens Reisen
Das Wiederaufleben der Künste und Wissenschaften · Die Hunnen in Indien
Harscha der Freigebige · Die Reisen Yuan Chwangs

Vom Tode Aschokas bis zum Reiche der Guptas – das heißt nahezu sechshundert Jahre lang – besitzen wir so wenige indische Inschriften und Dokumente, daß die Geschichte dieses Zeitraums im Dunkel verloren ist. Es war nicht unbedingt ein dunkles Zeitalter; große Universitäten, wie jene in Taxila, setzten ihre Tätigkeit fort, und im nordwestlichen Teile Indiens erzeugte der Einfluß der persischen Architektur und der griechischen Plastik im Kielwasser der Invasion Alexanders eine blühende Kultur. Im ersten und zweiten Jahrhundert vor Christus ergossen sich Syrer, Griechen und Skythen in den Panjab, eroberten ihn und errichteten hier für etwa dreihundert Jahre eine griechisch-baktrische Kultur. Im ersten Jahrhundert der christlichen Ära nahmen die Kuschanas, ein zentralasiatischer, mit den Türken verwandter Stamm, Kabul ein und dehnten von dieser Stadt als Zentrum ihre Macht über ganz Nordwestindien und den Großteil Zentralasiens aus. Während der Herrschaft ihres größten Königs, Kanischka, blühten Künste und Wissenschaften: Die griechisch-buddhistische Skulptur erschuf einige ihrer schönsten Meisterwerke, prächtige Bauten erstanden in Peschawar, Taxila und Mathura; Charaka machte große Fortschritte in der Medizin, und Nagarjuna und Aschvaghoscha legten den Grundstein zum *Mahayana*-Buddhismus, dem Buddhismus

INDIEN UND SEINE NACHBARN

des «Großen Fahrzeugs», der Gautama dazu verhelfen sollte, China und Japan zu gewinnen. Kanischka duldete viele Religionen und machte mit vielen Göttern Experimente; schließlich entschied er sich für den neuen mythologischen Buddhismus, der Buddha zu einer Gottheit gewandelt und den Himmel mit *Bodhisattwas* und *Arhats* vollgestopft hatte; er berief ein großes Konzil buddhistischer Theologen ein, um dieses Glaubensbekenntnis für sein Reich festzulegen; beinahe wurde er in der.Verbreitung des buddhistischen Bekenntnisses ein zweiter Aschoka. Das Konzil verfaßte 300 000 *sutras*, stutzte Buddhas Philosophie für die emotionellen Bedürfnisse der gewöhnlichen Seele zurecht und erhob ihn selbst zur Gottheit.

Indessen hatte Tschandragupta I. (trotz Namen und Zahl von Tschandragupta I. aus der Mauryadynastie völlig verschieden) in Magadha die Guptadynastie der einheimischen Könige begründet. Sein Nachfolger, Samudragupta, wurde in seiner fünfzigjährigen Regierung einer der bedeutendsten Monarchen der langen Geschichte Indiens. Er verlegte seine Hauptstadt von Pataliputra nach Ayodhya, dem ehemaligen Heim des legendären Rama; er sandte seine siegreichen Heere und seine Steuereintreiber nach Bengalen, Assam, Nepal und Südindien; und die Schätze, die ihm aus den Vasallenstaaten zuflossen, gab er zur Förderung von Literatur, Wissenschaft, Religion und Kunst aus. Er selbst betätigte sich in Kriegspausen als Dichter und Musiker. Sein Sohn, Vikramaditya («Sonne der Kraft»), erweiterte diese Eroberungen der Waffen und des Geistes, förderte den großen Dramatiker Kalidasa und umgab sich in seiner Hauptstadt Ujjain mit einem blendenden Kreis von Dichtern, Philosophen, Künstlern, Wissenschaftlern und Gelehrten. Unter diesen zwei Königen erreichte Indien eine Höhe der Entwicklung, wie sie seit Buddha nicht mehr überboten worden war, und eine politische Einheit, wie wir sie nur zur Zeit Aschokas und Akbars kennen.

Wir erkennen die Umrisse der Gupta-Zivilisation in dem Bericht, den Fa-Hien zu Beginn des fünften Jahrhunderts unserer Zeitrechnung von seiner Indienreise hinterließ. Er war einer der vielen Buddhisten, die in diesem Goldenen Zeitalter aus China nach Indien pilgerten; noch zahlreicher als diese Pilger waren wahrscheinlich die Kaufleute und Gesandten, die trotz der Gebirgsschranken nun von Osten und Westen, sogar aus dem fernen Rom nach dem befriedeten Indien kamen und einen anregenden Kontakt mit fremden Bräuchen und Gedanken vermittelten. Fa-Hien, der auf der Reise durch Westchina beinahe das Leben verloren hatte, fühlte sich in Indien vollkommen sicher und bereiste das ganze Land, ohne je belästigt oder bestohlen zu werden. In seinem Tagebuch berichtet er, wie er sechs Jahre für die Hinreise brauchte, sechs Jahre in Indien blieb, und seine Rückkehr über Ceylon und Java nach der chinesischen Heimat weitere drei Jahre in Anspruch nahm. Er beschreibt voller Bewunderung den Reichtum und Wohlstand, die Tugend und Glückseligkeit des indischen Volkes und die soziale und religiöse Freiheit, deren es sich erfreute. Er staunte über die Zahl, Größe und Bevölkerungsdichte der großen Städte, über die freien Spitäler und die anderen wohltätigen Einrichtungen, die über das ganze Land verstreut waren*, über die

---

* Diese Spitäler sind dreihundert Jahre älter als das erste in Europa gebaute Krankenhaus, das *Hôtel-Dieu* in Paris aus dem 7. Jahrhundert n. Chr.

VON ALEXANDER BIS AURANGSEB 395

Zahl der Studenten in Klöstern und auf Universitäten und über die imposanten Ausmaße und die Pracht der kaiserlichen Paläste. Seine Beschreibung mutet, abgesehen von der Sache mit den rechten Händen, wie eine Utopie an:

«Das Volk ist zahlreich und glücklich; es braucht die Haushalte nicht eintragen zu lassen und sich keinen Beamten und ihren Gesetzen zu fügen; nur diejenigen, die die Felder des Königs bebauen, müssen einen Teil ihres Einkommens abliefern. Wer gehen will, der geht; wer bleiben will, der bleibt. Der König regiert ohne Enthauptungen oder körperliche Strafen. Verbrecher werden einfach mit Geldbußen bestraft; ... selbst in Fällen wiederholter Versuche ruchloser Rebellion werden ihnen nur die rechten Hände abgehauen ... Im ganzen Lande tötet niemand ein lebendiges Geschöpf und ißt niemand Zwiebeln oder Knoblauch. Die einzige Ausnahme machen die Chandalas ... In Indien hält man keine Schweine und kein Geflügel und verkauft man kein lebendes Vieh; auf den Märkten gibt es keine Fleischerläden und keine Spirituosenhändler.»[13]

Fa-Hien bemerkte kaum, daß die Brahmanen, die seit Aschoka der Mauryadynastie voller Ungunst begegnet waren, unter der toleranten Herrschaft der Guptakönige wieder zu Reichtum und Macht gelangt waren. Sie hatten die religiösen und literarischen Traditionen der vorbuddhistischen Zeit wieder aufleben lassen und das Sanskrit zum Gelehrtenesperanto für ganz Indien zu entwickeln begonnen. Ihrem Einfluß und der Gönnerschaft des Hofes verdanken wir die Niederschrift der großen indischen Epen *Mahabharata* und *Ramayana* in ihrer gegenwärtigen Form. Unter dieser Dynastie erreichte auch die buddhistische Kunst in den Fresken der Höhlen von Ajanta ihren Gipfelpunkt. Nach dem Urteil eines zeitgenössischen indischen Gelehrten «genügen allein die Namen Kalidasa und Varahamihira, Gunavarman und Vasubandhu, Aryabhata und Brahmagupta, um diese Epoche als einen Höhepunkt der indischen Kultur zu kennzeichnen»[14]. «Ein unparteiischer Historiker», sagt Havell, «könnte wahrlich in Betracht ziehen, daß es der größte Triumph der britischen Verwaltung wäre, Indien all das wiederzugeben, was es im fünften Jahrhundert nach Christus besaß.»[15]

Diese Blütezeit der bodenständigen Kultur wurde von einer jener Hunneninvasionen fortgespült, die nun über Asien und Europa hereinbrachen und für eine Zeit ebenso Indien wie Rom zerstörten. Während Attila Europa überfiel, eroberte Toramana Malva, und der schreckliche Mihiragula stürzte die Guptaherrscher vom Throne. Für ein Jahrhundert fiel Indien in Sklaverei und Chaos zurück. Dann eroberte ein Sprößling der Guptalinie, Harscha-Vardhana, Nordindien, baute die Hauptstadt Kanauj und gab einem weiten Reiche, in dem noch einmal einheimische Künste und Wissenschaften blühten, zweiundvierzig Jahre Frieden und Sicherheit. Wir können die Größe, die Pracht und den Wohlstand von Kanauj aus der schier unglaublichen Tatsache ersehen, daß die Mohammedaner 10000 Tempel zerstörten, als sie 1018 n. Chr. die Stadt verwüsteten. Die schönen Volksgärten und freien Badeanlagen waren nur ein geringer Teil der Wohltätigkeit der neuen Dynastie. Harscha war einer jener seltenen Könige, die die Monarchie – eine Zeitlang – als die wunderbarste aller Regierungsformen erscheinen lassen. Er war ein Mann von einnehmendem Wesen und reichen Gaben, der Dramen und Gedichte schrieb, die bis zum heutigen Tage in Indien gelesen werden; aber diese Lieblingsbeschäftigungen hielten ihn keinesfalls davon ab, ein befähigter

INDIEN UND SEINE NACHBARN

Verwalter seines Reiches zu sein. «Er war unermüdlich», sagt Yuan Chwang, «und der Tag war zu kurz für ihn; er vergaß den Schlaf über seinem Bestreben, gute Werke zu vollbringen.» [16] Er war zuerst ein Verehrer Schivas, bekehrte sich später zum Buddhismus und wurde in seiner frommen Wohltätigkeit ein zweiter Aschoka. Er verbot den Genuß von Fleisch, errichtete im ganzen Lande Pilgerherbergen und stellte Tausende buddhistische Heiligtümer (Stupas) an den Ufern des Ganges auf.

Yuan Chwang, der berühmteste der chinesischen Buddhisten, die Indien besuchten, berichtet, daß Harscha alle fünf Jahre ein großes Wohltätigkeitsfest abhielt, zu dem er die Priester aller Religionen und alle Armen und Bedürftigen des Reiches einlud. Auf diesem Fest pflegte er den ganzen Überschuß, der seit dem letzten Fünfjahresfest in den Staatsschatz geflossen war, als Armengelder öffentlich zu verteilen. Yuan war überrascht, eine große Masse Gold, Silber, Münzen, Schmuck, Kunstarbeiten und Brokate auf einem offenen Platz aufgeschichtet zu sehen und ringsum hundert Pavillons, von denen jeder tausend Personen beherbergte. Drei Tage waren religiösen Übungen gewidmet; am vierten begann (wenn wir dem Bericht des unglaubwürdigen Pilgers glauben dürfen) die Verteilung. Zehntausend Buddhistenmönche wurden gespeist, und jeder erhielt eine Perle, Gewänder, Blumen, Wohlgerüche und hundert Goldstücke. Dann wurden den Brahmanen nahezu ebenso reiche Gaben beschert; dann den Jainas; dann anderen Bekenntnissen; dann den Armen und Waisen, die aus allen Teilen des Reiches gekommen waren. Zuweilen dauerte die Verteilung drei oder vier Monate. Am Ende fügte Harscha noch die kostbaren Kleider und Juwelen, die er am Leibe trug, hinzu.

Die Erinnerungen Yuan Chwangs zeigen eine gewisse religiöse Heiterkeit als den geistigen Zustand seiner Zeit. Es ist ein erquickliches Bild und bezeichnend für Indiens Ruf zu sehen, wie dieser chinesische Adlige, der sein angenehmes Leben und seine verwandtschaftlichen Beziehungen in Ch'ang-an im Stiche läßt, durch China, über Taschkent, Samarkand (damals eine blühende Stadt) und über das Himalayagebirge nach Indien zieht und dann drei Jahre lang eifrig an der Kloster-Universität in Nalanda studiert. Sein Ruhm als Gelehrter und als Mann von Rang brachte ihm viele Einladungen von den Fürsten Indiens ein. Als Harscha hörte, daß Yuan am Hofe Kumaras, des Königs von Assam, weilte, forderte er Kumara auf, mit Yuan nach Kanauj zu kommen. Kumara lehnte ab, indem er sagte, daß Harscha seinen Kopf, aber nicht seinen Gast haben könne. Harscha antwortete: «Ich bemühe Dich Deines Kopfes wegen», und Kumara kam. Harscha war von dem Wissen und den feinen Umgangsformen Yuans bezaubert und berief eine Versammlung von buddhistischen Würdenträgern ein, um Yuan die Mahayana-Lehre darlegen zu hören. Yuan nagelte seine Thesen an den Torgang des Pavillons, in dem er seinen Vortrag halten sollte, und fügte eine Nachschrift im Stile der Zeit hinzu: «Wenn irgend jemand hier einen einzigen falschen Beweis finden kann und ihn widerlegt, werde ich ihn meinen Kopf abhauen lassen.» Die Diskussion dauerte achtzehn Tage, aber Yuan beantwortete (so berichtet er selbst) alle Einwände und widerlegte die Gegner. (Einem anderen Bericht zufolge sollen seine Widersacher der Konferenz ein Ende gesetzt haben, indem sie den Pavillon in Brand steck-

VON ALEXANDER BIS AURANGSEB 397

ten.) Nach vielen Abenteuern fand Yuan seinen Weg nach Ch'ang-an zurück, wo ein erleuchteter Kaiser die buddhistischen Reliquien, die er ehrfürchtig mitgebracht hatte, in einem reichen Tempel als Heiligtum aufbewahren ließ. Er stellte ihm auch eine Schar von Gelehrten zur Verfügung, die ihm bei der Übertragung der Manuskripte, welche er in Indien gekauft hatte, behilflich sein sollte.

Aller Glanz der Herrschaft Harschas war jedoch künstlich und vergänglich, denn er hing von der Gewandtheit und Großzügigkeit eines sterblichen Königs ab. Als er starb, bemächtigte sich ein Usurpator des Thrones und veranschaulichte die Kehrseite der Monarchie. Chaotische Zustände folgten und dauerten nahezu tausend Jahre an. Indien machte nun wie Europa sein Mittelalter durch, wurde von Barbaren überwältigt, erobert, aufgeteilt und geplündert. Erst unter dem großen Akbar sollte es wieder Frieden und Einheit kennenlernen.

IV. DIE ANNALEN VON RADSCHPUTANA

Die Samurai Indiens · Das Zeitalter des Rittertums · Der Fall von Chitor

Dieses dunkle Zeitalter wurde für einen Augenblick vom Heldenepos von Radschputana mit Licht überstrahlt. Hier, in den Staaten Mewar, Marwar, Amber, Bikaner und vielen anderen melodischen Namens, hatte ein seinem Ursprung nach halb einheimisches, halb von den einfallenden Skythen und Hunnen abstammendes Volk unter der Herrschaft von kriegerischen Radschas, die sich mehr um die Kunst des Lebens als um das Leben der Kunst kümmerten, eine feudale Kultur begründet. Zuerst hatten sie die Oberhoheit der Mauryas und Guptas anerkannt; später verteidigten sie ihre Unabhängigkeit und ganz Indien vor den Einfällen der mohammedanischen Horden. Ihre Sippen zeichneten sich durch einen militärischen Eifer und Mut aus, wie er sonst in Indien nicht eben häufig zu finden ist[*]. Wenn wir ihrem bewundernden Historiker, Tod, Glauben schenken dürfen, war jeder einzelne Mann ein unerschrockener Kschatriya und jede Frau eine Heldin. Ihr Name selbst, Radschputen, bedeutete «Königssöhne»; und wenn sie zuweilen ihr Land *Radschasthan* nannten, sollte das «das Heim des Königtums» bezeichnen.

All das Romantische und Zauberhafte – der Mut, die Treue, die Schönheit, die Fehden, die Gifte, die Morde, die Kriege und die Frauenverehrung –, das in unserer Vorstellung mit dem Zeitalter der Ritter verknüpft ist, läßt sich in den Annalen dieser tapferen Staaten finden. «Die Radschputen-Häuptlinge», sagt Tod, «waren mit allen geistesverwandten Tugenden der abendländischen Ritter durchtränkt und diesen in geistiger Hinsicht weit überlegen.»[18] Sie hatten reizvolle Frauen, für die sie nicht zögerten, ihr Leben hinzugeben, und die es für schicklich hielten, ihren Gatten gemäß dem Brauch der Witwenverbrennung in das Grab zu folgen. Manche dieser Frauen besaßen alle Vorzüge der Erziehung und feinen Gesittung; manche Radschas waren Dichter oder

---

[*] Aber vgl. Arrian über die Inder: «Sie sind ... im Kriege bei weitem die tapfersten, wenigstens von den damaligen Bewohnern Asiens.»[17]

Wissenschaftler; und für eine Weile blühte unter ihnen eine zarte Malerei in Wasserfarben im mittelalterlich-persischen Stil. Vier Jahrhunderte lang wuchs ihr Reichtum an, bis sie die kaum vorstellbaren hohen Summen für die Krönung des Königs von Mewar ausgeben konnten.

Es war ihr Stolz und ihr unglückliches Schicksal, daß sie den Krieg als die höchste Kunst schätzten und in ihm das einzig passende Handwerk für einen edlen Radschputen erblickten. Dieser kriegerische Geist befähigte sie, sich mit historischem Mut* gegen die Muselmanen zu verteidigen, hielt aber ihre kleinen Staaten so sehr in einem Zustand dauernder Fehden, daß all ihre Beherztheit sie am Ende nicht retten konnte. Tods Bericht über den Fall von Chitor, einer der Radschputen-Hauptstädte, ist so romantisch wie die Sage von Artus oder Karl dem Großen; und in der Tat (da sie nur auf einheimischen Historikern beruht, die ihrem Vaterland zu ergeben waren, um es mit der Wahrheit ganz genau zu nehmen) dürften diese *Annalen von Radschastan* so legendär sein wie die Artussage oder das Rolandslied. Nach ihrer Darstellung begehrte der mohammedanische Angreifer Alau-d-din nicht Chitor, sondern die Prinzessin Pudmini – «ein Titel, der nur der Allerschönsten zukommt». Der mohammedanische Häuptling schlug dem Regenten von Chitor die Aufhebung der Belagerung vor, wenn dieser ihm die Prinzessin übergebe. Auf die Ablehnung hin wollte Alau-d-din sich zurückziehen, wenn es ihm gestattet würde, Pudminis Antlitz zu *schauen*. Schließlich war er zum Wegzug bereit, wenn er Pudmini wenigstens in einem Spiegel sehen dürfte; aber auch das wurde ihm verweigert. Im Gegenteil, die Frauen von Chitor beteiligten sich an der Verteidigung der Stadt; und als die Radschputen ihre Ehefrauen und Töchter an ihrer Seite sterben sahen, kämpften sie, bis jeder einzelne von ihnen tot war. Als Alau-d-din in die Stadt eindrang, fand er kein Zeichen menschlichen Lebens mehr vor; alle Männer waren im Kampfe gefallen, und ihre Frauen hatten in dem als *Johur* bekannten grausigen Brauch selbst Feuer an sich gelegt und sich verbrannt.

V. DER SÜDEN AUF DEM HÖHEPUNKT

Die Königreiche des Dekhan · Vijayanagar · Krischnadevaraya · Eine mittelalterliche Metropole Gesetze · Künste · Religion · Tragischer Ausgang

Je tiefer die Mohammedaner in Indien eindrangen, desto mehr wich die eingeborene Kultur in den Süden zurück; und gegen Ende dieses Mittelalters waren die edelsten Errungenschaften der indischen Kultur im Dekhan zu finden. Eine Zeitlang bewahrte der Chalukyastamm ein unabhängiges Königreich, das bis nach Zentralindien reichte, und erwarb unter Pulakeschin II. genügend Macht und Ruhm, um Harscha zu besiegen, Yuan Chwangs Interesse zu erwecken und eine achtungsvolle Abordnung des persischen Königs Chosru II. zu empfangen. Unter Pulakeschins Herrschaft und auf seinem Territorium wurden die größten indischen Malereien – die Fresken von Ajanta –

---

* «Vielleicht keine Stätte der Welt», sagt Graf Keyserling über Chitor, «ist der Schauplatz eines gleichen Heldenmuts, eines gleichen Rittersinns, einer gleich adeligen Todesbereitschaft gewesen.»[19]

VON ALEXANDER BIS AURANGSEB   399

fertiggestellt. Pulakeschin wurde vom König der Pallavas verjagt, die für eine kurze
Periode die höchste Gewalt in Zentralindien innehatten. Im äußersten Süden gründeten
bereits im ersten Jahrhundert nach Christus die Pandyas ein aus Madura, Tinnevelly
und Teilen von Travancore gebildetes Königreich; sie machten aus Madura eine der
schönsten indischen Städte des Mittelalters und schmückten es mit einem gigantischen Tempel und tausend kleineren Arbeiten der architektonischen Kunst. Dann
kam an sie die Reihe, zuerst von den Cholas, nachher von den Mohammedanern überrannt zu werden. Die Cholas beherrschten das Gebiet zwischen Madura und Madras.
Sie waren ein altes Volk und finden sich bereits in den Edikten Aschokas erwähnt;
aber wir wissen bis zum neunten Jahrhundert nichts von ihnen. Da begannen sie eine
lange Reihe von Eroberungszügen, die ihnen ganz Südindien und sogar Ceylon tributpflichtig machten. Dann schwand ihre Macht wieder, und sie gerieten unter die Herrschaft des größten der Südstaaten, Vijayanagar*.

Vijayanagar – der Name des Reiches und zugleich seiner Hauptstadt – ist ein melan-
cholisches Beispiel vergessenen Glanzes. In den Jahren seiner Größe umfaßte es alle
gegenwärtigen Eingeborenenstaaten der unteren Halbinsel sowie Mysore und die ganze
Präsidentschaft Madras. Wir können seine Macht und seinen Reichtum ermessen, wenn
wir in Betracht ziehen, daß König Krischnadevaraya 703 000 Mann, 32 600 Pferde, 551
Elefanten und einige hunderttausend Händler, Troßdirnen und anderes Volk, das gewöhnlich dem Heere auf seinen Feldzügen folgte, in die Schlacht von Talikota führte.
Die Autokratie des Königtums wurde von einer gewissen Dorfautonomie und dem gelegentlichen Erscheinen eines aufgeklärten und menschlichen Monarchen gemildert.
Krischnadevaraya, der zur Zeit Heinrichs VIII. über Vijayanagar herrschte, sticht vorteilhaft gegen jenen unbeständigen Liebhaber ab. Er führte ein Leben der Gerechtigkeit
und des Anstandes, teilte reiche Almosen aus, duldete alle indischen Glaubensbekenntnisse, freute sich an Literatur und Kunst und förderte sie, verzieh den geschlagenen
Feinden und verschonte ihre Städte und widmete sich voller Emsigkeit der Reichsverwaltung. Ein portugiesischer Missionar, Domingo Paes (1522), schildert ihn als

«den gefürchtetsten und vollkommensten König, den es überhaupt geben kann, von heiterer
Veranlagung und sehr lustig; er ist einer, der bestrebt ist, die Fremden zu ehren und sie herzlich
aufzunehmen ... Er ist ein großer Herrscher und ein Mann von großer Gerechtigkeit, aber plötzlichen Wutanfällen unterworfen ... Er ist seinem Range gemäß ein größerer Herr als die anderen, gemessen an den Heeren und Ländern, die er besitzt; es scheint aber, daß er in Wirklichkeit nichts besitzt, so man es mit dem vergleicht, was ein Mann wie er besitzen sollte; so tapfer
und vollendet ist er in allen Dingen.»** [20]

---

* In diesem Gemisch von nun nahezu vergessenen Königreichen gab es Perioden literarischer, künstlerischer und – vor allem – architektonischer Schöpferkraft; es gab reiche Städte, luxuriöse Paläste und mächtige Potentaten; doch so ungeheuer groß ist Indien, so lang ist seine Geschichte, daß wir in diesem zusammengedrängten Abschnitt Männer, die zu ihrer Zeit glaubten, die Erde zu beherrschen, mit wenigen Wörtern abtun müssen. Zum Beispiel Vikramaditya, der ein halbes Jahrhundert über das Chalukyareich herrschte
(1076–1126) und so erfolgreich in seinen Kriegen war, daß er (wie Nietzsche) die Gründung einer neuen
Zeitrechnung vorschlug und die gesamte Geschichte in die Zeit vor ihm und die Zeit nach ihm einteilen
wollte. Heute bekommt er gerade noch eine Fußnote.

** Zu diesen bescheidenen Besitztümern gehörten zwölftausend Ehefrauen.

Die 1336 gegründete Hauptstadt war wahrscheinlich die reichste Stadt, die Indien bisher gekannt hatte. Niccolo Conti, der sie 1420 besuchte, schätzte ihren Umfang auf hundert Kilometer; Paes schildert sie als «von der Größe Roms und von sehr schönem Anblick». Es gab dort, fügt er hinzu, «viele Haine mit Bäumen und viele Wasserleitungen»; denn die Techniker hatten im Tungabadra einen riesigen Damm gebaut und einen Stausee geschaffen, aus dem mittels eines zwanzig Kilometer langen Aquädukts die Stadt mit Wasser beliefert wurde. Abdu-r Razzak, der die Stadt 1443 besuchte, schreibt: «Unter allen Orten der Erde sieht das Auge nicht ihresgleichen, noch hört das Ohr von ihresgleichen.» Paes hält sie für «die bestversorgte Stadt der Welt... denn alles ist hier im Überfluß vorhanden». Nach seinem Bericht gab es mehr als einhunderttausend Häuser – was auf eine Bevölkerung von einer halben Million schließen läßt. Er staunt über einen Palast, in dem ein Raum ganz aus Elfenbein erbaut ist; «er ist so reich und schön, daß man kaum irgendwo seinesgleichen finden könnte» [21]. Als Firoz Schah, der Sultan von Delhi, die Tochter des Königs von Vijayanagar in dessen Hauptstadt heiratete, wurde die Straße auf einer Strecke von zehn Kilometern mit Samt, Satin, goldenen Decken und anderen kostbaren Stoffen belegt.

Unter dieser reichen Oberschicht lebte eine Sklaven- und Arbeiterbevölkerung in Armut und Aberglauben; sie war einem Gesetzeskodex unterworfen, der durch barbarische Strenge eine gewisse Moral aufrechterhielt. Zur Strafe verstümmelte man die Übeltäter an Händen und Füßen, warf sie Elefanten vor, enthauptete sie, pfählte sie (indem man sie durch den Bauch aufspießte) oder hing sie an einem Haken am Kinn auf; Raub und große Diebstähle wurden auf diese letztgenannte Art bestraft. Prostitution war erlaubt, vom Staate reguliert und erhöhte die königlichen Einkünfte. «Gegenüber der Münzstätte», sagt Abdu-r Razzak, «befindet sich das Amt des Stadtpräfekten, dem zwölftausend Polizisten unterstellt sein sollen; ihre Gehälter ... werden mit den Erträgnissen der Bordelle bezahlt. Die Pracht dieser Häuser, die hinreißende Schönheit der Frauen, ihre Schmeicheleien und verliebten Blicke sind unbeschreiblich.» [22] Die Frauen nahmen eine niedrige Stellung ein, und man erwartete von ihnen, daß sie beim Ableben ihrer Ehegatten ihrem Leben ein Ende setzten, zuweilen, indem sie sich lebendig begraben ließen.

Unter den Radschas oder Königen von Vijayanagar blühte die Literatur sowohl im klassischen Sanskrit als auch im Telugu-Dialekt des Südens. Krischnadevaraya war selbst ein Poet und freigebiger Gönner der schönen Künste. Sein gekrönter Dichter, Alasani-Peddana, zählt zu den größten indischen Sängern. Malerei und Architektur blühten; gigantische Tempel wurden gebaut, deren Außenwände überreich mit Bildhauerarbeiten oder Flachreliefs bedeckt wurden. Der Buddhismus hatte seinen Einfluß verloren, und eine Form von Brahmanismus, die besonders Wischnu verehrte, war die Volksreligion geworden. Die Kuh war heilig und wurde nie getötet; aber viele Arten Vieh und Geflügel wurden den Göttern geopfert und vom Volke gegessen. Die Religion war brutal, die Umgangsformen waren sehr verfeinert.

An einem Tage ging all diese Macht und Pracht zugrunde. Langsam hatten die eroberenden Mohammedaner sich nach Süden vorgearbeitet; nun vereinigten sich die Sultane von Bija-

VON ALEXANDER BIS AURANGSEB   401

pur, Ahmadnagar, Golkonda und Bidar ihre Streitkräfte, um diese letzte Feste der eingeborenen Hindukönige zu bezwingen. Ihre vereinten Armeen stießen mit dem eine halbe
Million starken Heer Sadaschivarayas bei Talikota zusammen; die Übermacht der Angreifer trug den Sieg davon; Sadaschivaraya wurde vor den Augen seiner Anhänger enthauptet,
und diese ergriffen entsetzt die Flucht. Nahezu hunderttausend wurden beim Rückzug
niedergemacht, bis alle Ströme sich von ihrem Blute färbten. Die siegreichen Truppen
plünderten die reiche Hauptstadt und fanden die Beute so groß, «daß jeder Soldat reich
an Gold, Juwelen, Kleidungsstücken, Zelten, Waffen, Pferden und Sklaven wurde»[23].
Fünf Monate dauerte die Plünderung: Die Sieger schlachteten die hilflose Bevölkerung
ab, raubten Lagerhäuser und Geschäfte aus, zerstörten Tempel und Paläste und taten
alles mögliche, um die Kunstschätze der Stadt zu vernichten; dann zogen sie mit flam-
menden Fackeln durch die Straßen und steckten alles in Brand. Als sie schließlich fort-
gingen, war Vijayanagar so vollkommen dem Erdboden gleichgemacht, als ob ein Erdbeben es heimgesucht und keinen Stein auf dem anderen gelassen hätte. Es war eine
wilde und restlose Vernichtung, ein typisches Beispiel für die mohammedanische Eroberung Indiens, die tausend Jahre zuvor begonnen hatte und nun vollständig war.

VI. DIE MOHAMMEDANISCHE EROBERUNG

Die Schwächung Indiens · Mahmud von Ghasni · Das Sultanat von Delhi
Seine kulturellen Nebenleistungen · Seine brutale Politik · Was die indische Geschichte uns lehrt

Die mohammedanische Eroberung Indiens ist wahrscheinlich die blutigste Seite der ganzen Geschichte. Es ist ein entmutigender Bericht, denn aus ihm geht deutlich hervor,
daß die Kultur eine unsichere Sache ist, deren empfindliche Verflechtung von Ordnung und Freiheit, Kultur und Frieden jederzeit den von außen einfallenden oder sich
im Inneren vermehrenden Barbaren zum Opfer fallen kann. Die Inder hatten ihre Kraft
in inneren Zwistigkeiten und Kriegen vergeudet; sie hatten Religionen angenommen,
die wie der Buddhismus oder der Jainismus den Lebensnerv abtöteten. Die Organisie-
rung ihrer Kräfte zum Schutze ihrer Grenzen und Hauptstädte, ihres Reichtums und
ihrer Freiheit vor den Horden der Skythen, Hunnen, Afghanen und Türken, die am
Saume Indiens nur auf die nationale Schwächung warteten, um über das Land herzufallen, war ihnen nicht gelungen. Vierhundert Jahre (600–1000 n. Chr.) forderte Indien sozusagen eine Eroberung heraus; und schließlich kam sie.

Der erste mohammedanische Angriff war ein vorübergehender Überfall auf Multan
im westlichen Pandschab (664 n. Chr.). Ähnliche Überfälle ereigneten sich in den
nächsten drei Jahrhunderten, sooft es den Eindringlingen bequem schien, und ihr Ergebnis war, daß die Muselmanen sich etwa um die gleiche Zeit im Industal festsetzten,
als ihre arabischen Glaubensbrüder im Abendland die Schlacht von Tours (732 n. Chr.)
um die Herrschaft über Europa schlugen. Aber die eigentliche mohammedanische
Eroberung Indiens erfolgte erst beim Abschluß des ersten Jahrtausends nach Christus.

402   INDIEN UND SEINE NACHBARN

Im Jahre 997 wurde ein türkischer Häuptling namens Mahmud Sultan des kleinen
Staates Ghasni im östlichen Afghanistan. Mahmud wußte, daß sein Thron jung und arm
war und sah, daß Indien, jenseits der Grenze, alt und reich war; die Folgerung war
selbstverständlich. Er täuschte religiösen Eifer gegen die indische Götzendienerei vor
und fegte mit einer von frommer Beutegier inspirierten Streitmacht über die Grenze.
Er traf die unvorbereiteten Inder bei Bhimnagar, metzelte sie nieder, plünderte ihre
Städte, zerstörte ihre Tempel und führte die in Jahrhunderten angehäuften Schätze mit
sich fort. Als er nach Ghasni zurückkehrte, setzte er die ausländischen Gesandten in
mächtiges Erstaunen, als er «Juwelen, Perlen und Rubine, die wie Funken strahlten
oder wie eisgekühlter Wein, Smaragde gleich jungen Myrtenzweigen und Diamanten
gleich Granatäpfeln in Größe und Gewicht zur Schau stellte»[24]. Jeden Winter fiel nun
Mahmud in Indien ein, füllte seine Truhen mit Schätzen und gab seinem Heer volle
Freiheit zu Raub und Mord; jeden Frühling kehrte er in seine Hauptstadt zurück,
reicher als zuvor. In Mathura (am Jumna) holte er aus dem Tempel die mit Edelsteinen
eingelegten Goldstatuen und trug ungeheure Mengen Gold, Silber und Juwelen mit
sich fort; er gab seiner Bewunderung für die Architektur des großen Heiligtums Ausdruck, meinte, daß ein Duplikat hundert Millionen *dinar* und die mühselige Arbeit
zweier Jahrhunderte beanspruchen würde und erteilte dann den Auftrag, es mit Naphtha
zu übergießen und niederzubrennen. Sechs Jahre später plünderte er eine andere
reiche Stadt Nordindiens, Somnath, tötete deren fünfzigtausend Einwohner und
schleppte ihren Reichtum nach Ghasni. Schließlich wurde er vielleicht der reichste
König, den die Geschichte je kannte. Zuweilen verschonte er die Bevölkerung der verwüsteten Städte und nahm sie mit, um sie als Sklaven zu verkaufen; doch war die Zahl
solcher Gefangener so groß, daß man nach einigen Jahren kaum mehr als ein paar
Schillinge für einen Sklaven bezahlt erhielt. Vor jeder bedeutenden Schlacht kniete
Mahmud betend nieder und bat Gott, seine Waffen zu segnen. Er regierte dreiunddreißig Jahre; und als er starb, an Ehren und an Jahren reich, bezeichneten ihn die
mohammedanischen Historiker als den größten Monarchen seiner Zeit und als einen
der größten Herrscher aller Zeiten.

Als andere mohammedanische Herrscher die Heiligsprechung sahen, die der Erfolg
diesem großartigen Dieb eingetragen hatte, nahmen sie sich ein Beispiel an ihm, doch
gelang es keinem, ihn zu übertreffen. Im Jahre 1186 drangen die Ghuri, ein türkischer
Stamm aus Afghanistan, in Indien ein, eroberten die Stadt Delhi, zerstörten ihre Tempel, raubten ihren Reichtum und ließen sich in ihren Palästen nieder, um das Sultanat
von Delhi zu begründen – eine despotische Fremdherrschaft, die für drei Jahrhunderte
Nordindien in eiserner Faust hielt und der nur Mord und Aufruhr ein Ende setzten.
Der erste dieser blutrünstigen Sultane, Kutbu-d Din Aibak, war ein gewöhnliches
Exemplar seiner Art – fanatisch, grausam und erbarmungslos. Die Zahl seiner Geschenke ging, wie uns der mohammedanische Geschichtsschreiber berichtet, «in die Hunderttausende, und die Zahl seiner Metzeleien ging gleichfalls in die Hunderttausende».
Bei einem einzigen Siege dieses Kriegers (der dereinst als Sklave gekauft worden war)
«gerieten fünfzigtausend Mann unter das Joch der Sklaverei, und die gefangenen Hindus

VON ALEXANDER BIS AURANGSEB   403

machten die Ebene so schwarz wie Pech»[25]. Ein anderer Sultan, Balban, bestrafte Rebellen und Räuber, indem er sie von Elefanten zertrampeln oder ihnen die Haut abziehen, diese mit Stroh füllen und an den Toren Delhis aufhängen ließ. Als einige mongolische Einwohner, die sich in Delhi niedergelassen hatten und zur Religion des Islam übergetreten waren, einen Aufstand versuchten, ließ Sultan Alau-d-din (der Eroberer von Chitor) an einem Tage sämtliche männlichen Einwohner – fünfzehn- bis dreißigtausend – abschlachten. Sultan Muhammad ibn Tughlak kam auf den Thron, indem er seinen Vater umbrachte, wurde ein großer Gelehrter und eleganter Schriftsteller, stümperte in der Mathematik, in der Physik und in der griechischen Philosophie herum, übertraf seine Vorgänger im Blutvergießen und in der Brutalität, setzte das Fleisch eines aufrührerischen Neffen dessen Frau und Kindern zum Essen vor, ruinierte das Land mit einer rücksichtslosen Inflation und verwüstete es mit Raub und Mord, bis alle Einwohner in die Dschungel flohen. Er ließ so viele Inder töten, daß, nach den Worten eines mohammedanischen Historikers, «vor dem königlichen Pavillon und vor seinem Zivilgericht ständig ein Leichenhaufen lag, während die Feger und Henker ihrer Arbeit, die Opfer hinzuzerren und sie massenweise zu töten, müde wurden»[26]. Um eine neue Hauptstadt in Daulatabad zu gründen, schleppte er alle Einwohner Delhis fort und ließ die Stadt in wüstengleicher Einsamkeit; und als er vernahm, daß ein Blinder in Delhi zurückgeblieben war, befahl er, ihn von der alten zur neuen Hauptstadt auf dem Boden zu schleifen, so daß nur ein Bein von dem Unglücklichen übrig war, als seine letzte Reise ein Ende fand. Der Sultan beklagte sich, daß das Volk ihn nicht liebte und seine unbeirrbare Gerechtigkeit nicht anerkannte. Er herrschte ein Vierteljahrhundert über Indien und verstarb im Bett. Sein Nachfolger, Firoz Schah, fiel in Bengalen ein, setzte eine Belohnung auf jeden Kopf eines Hindu aus, bezahlte ihrer 180000, überfiel die Dörfer, um Sklaven zu jagen, und starb im reifen Alter von achtzig Jahren. Sultan Ahmad Schah gab dreitägige Feste, sooft die Zahl der in seinen Ländern an einem Tage niedergemachten wehrlosen Hindus zwanzigtausend erreichte.

Diese Herrscher waren oft tüchtige Männer, und ihre Anhänger besaßen grimmigen Mut und Rührigkeit; nur so können wir verstehen, wie es ihnen gelang, ihre Herrschaft über ein ihnen zahlenmäßig weitaus überlegenes und feindlich gesinntes Volk zu bewahren. Sie alle waren mit einer Religion bewaffnet, die in ihrer Handhabung militaristisch war, aber in ihrem stoischen Monotheismus alle volkstümlichen Kulte Indiens weit übertraf; sie verdeckten aber deren Anziehungskraft, indem sie die öffentliche Ausübung der Hindureligionen für ungesetzlich erklärten und diese Religionen damit nur um so tiefer in die Seele der Hindus einprägten. Manche dieser blutdürstigen Despoten hatten neben der Geschicklichkeit auch Kultur; sie förderten die Künste und nahmen Künstler und Handwerker – gewöhnlich Inder – in ihre Dienste, um sie prächtige Moscheen und Grabstätten erbauen zu lassen; manche waren Gelehrte und hatten an langen Disputen mit Historikern, Poeten und Wissenschaftlern Freude. Einer der größten Gelehrten Asiens begleitete Mahmud von Ghasni nach Indien und schrieb eine wissenschaftliche Abhandlung über Indien, die der *Naturgeschichte* des Plinius oder Humboldts *Kosmos* vergleichbar ist. Die mohammedanischen Geschichtsschreiber waren

INDIEN UND SEINE NACHBARN

fast ebenso zahlreich wie die Feldherren und standen ihnen in der Freude am Blutvergießen und am Krieg nicht nach. Die Sultane preßten jede durch die alte Kunst der
Steuereintreibung oder durch offenen Diebstahl erlangbare Rupie als Tribut aus dem
Volk; aber sie blieben in Indien, gaben das Geld in Indien aus und führten es somit dem
wirtschaftlichen Kreislauf Indiens wieder zu. Dessenungeachtet erhöhten ihr Terroris-
mus und die Ausbeutung noch jene physische und moralische Schwächung der Inder,
auf die das erschöpfende Klima, die unzulängliche Kost, politische Zwietracht und
lebensverneinende Religionen bereits hinwirkten.

Die allgemein angewandte Politik der Sultane wurde von Alau-d-din klar umrissen,
als er seinen Ratgebern auftrug, «Gesetze und Vorschriften vorzubereiten, um die
Hindus zu zermalmen und sie jenes Reichtums und Besitzes zu berauben, der die Feindseligkeit und Empörung fördert». Die Hälfte des Rohertrags des Bodens ging an die
Regierung; die einheimischen Herrscher hatten nur ein Sechstel genommen. «Kein
Hindu», sagt ein mohammedanischer Historiker, «wagte es, den Kopf aufzurichten;
in ihren Häusern war keine Spur von Gold oder Silber... oder von Überflüssigem zu
finden... Man prügelte die Leute, spannte sie in den Stock, steckte sie ins Gefängnis
und schlug sie in Ketten, um die Zahlung zu erzwingen.» Als einer seiner Ratgeber
gegen diese Politik Einspruch erhob, gab ihm Alau-d-din zur Antwort: «O Doktor,
du bist ein gelehrter Mann, aber du hast keine Erfahrung; ich bin ein ungebildeter
Mann, aber ich habe Erfahrung die Menge. Sei sicher, daß die Hindus nie gefügig und
gehorsam werden, wenn sie nicht arm gehalten werden. Ich habe darum Befehl erteilt,
ihnen von Jahr zu Jahr das Nötige an Korn, Milch und Quark zu belassen, aber ihnen
nicht zu gestatten, Vorräte zu hamstern und Eigentum aufzuhäufen.»[27]

Das ist das Geheimnis der politischen Geschichte des modernen Indien. Durch
Spaltungen zerrissen, erlag es den Angreifern; durch die Angreifer geschwächt, verlor es alle Widerstandskraft und nahm seine Zuflucht zu überirdischen Tröstungen; es
nahm an, Herrentum wie Sklaverei seien nur Illusionen, die den Kern nicht berührten,
und schloß daraus, es sei in einem so kurzen Leben kaum der Mühe wert, die persönliche oder nationale Freiheit zu verteidigen. Die bittere Lehre, die aus dieser Tragödie
zu ziehen ist, besagt, daß die Kultur mit ewiger Wachsamkeit bezahlt werden muß.
Ein Volk muß den Frieden lieben, aber sein Schießpulver trocken halten.

VII. AKBAR DER GROSSE

*Tamerlan · Babur · Humayun · Akbar · Seine Regierung · Sein Charakter · Förderer der Künste
Seine Leidenschaft für die Philosophie · Seine Achtung vor Hinduismus und Christentum
Seine neue Religion · Die letzten Tage Akbars*

Es liegt in der Natur aller Regierungsformen auszuarten; denn die Macht vergiftet,
wie Shelley sagt, die Hand, die sie berührt. Die Sultane von Delhi brachten sich mit
ihren Exzessen nicht nur um die willige Unterstützung der Hindubevölkerung, sondern
auch um die ihres mohammedanischen Anhangs. Als neue Invasionen von Norden her

VON ALEXANDER BIS AURANGSEB 405

erfolgten, wurden diese Sultane mit der gleichen Leichtigkeit geschlagen, wie sie selbst einst Indien erobert hatten.

Der erste Eroberer war Tamerlan – richtiger Timur-i-lang («der Lahme») – ein geborener Türke, der die Religion des Islams als eine Waffe angenommen und sich einen bis auf Dschingis Khan zurückgehenden Stammbaum zugelegt hatte, um sich die Ergebenheit seiner Mongolenhorde zu sichern. Als er den Thron von Samarkand bestiegen hatte und ein Bedürfnis nach mehr Gold empfand, kam ihm die Idee, daß Indien noch voller Ungläubiger war. Seine Feldherren zauderten eingedenk der mohammedanischen Tapferkeit und machten den Einwand, daß die von Samarkand aus erreichbaren Ungläubigen sich bereits unter mohammedanischer Herrschaft befänden. Die im *Koran* bewanderten *Mullahs* entschieden die Angelegenheit mit dem Zitat eines inspirierten Verses: «O Prophet, führe Krieg gegen die Ungläubigen und behandle sie mit Strenge» [28], worauf Timur den Indus überquerte (1398), alle Einwohner, die nicht vor ihm geflohen waren, niedermachte oder versklavte, die Streitkräfte des Sultans Mahmud Tughlak zerschlug, Delhi besetzte, kalten Blutes hunderttausend Gefangene tötete und aus der Stadt allen Reichtum, den die afghanische Dynastie darin angesammelt hatte, gemeinsam mit zahllosen Frauen und Sklaven nach Samarkand fortführte und Anarchie, Hungersnot und Pest zurückließ.

Darauf bestiegen die Sultane von Delhi den Thron aufs neue und erhoben in Indien für ein weiteres Jahrhundert Steuern, bevor der wahre Eroberer kam. Es war Babur, der Gründer der Moguldynastie*, eine so kühne und faszinierende Persönlichkeit wie Alexander. Er war ein Nachkomme von Timur und Dschingis Khan und hatte alle Fähigkeiten dieser Geißeln Asiens geerbt, nur nicht deren Brutalität; er litt an einem körperlichen und geistigen Kräfteüberschuß; er war unersättlich im Kämpfen, Jagen und Reiten; es war nichts für ihn, in fünf Minuten fünf Feinde mit einer Hand zu töten. In zwei Tagen legte er 250 Kilometer zu Pferde zurück und überquerte dabei zweimal schwimmend den Ganges; und in seinen letzten Jahren erzählte er, er habe seit seinem elften Lebensjahre den Fastenmonat Ramadan nie zweimal am gleichen Ort verbracht.

«In meinem zwölften Lebensjahre», beginnt er seine *Erinnerungen*, «wurde ich Herrscher im Lande Farghana.» [29] Mit fünfzehn belagerte er Samarkand und eroberte es, verlor es wieder, als er seine Truppen nicht bezahlen konnte, erlag beinahe einer Krankheit, hielt sich eine Zeitlang in den Bergen verborgen und nahm die Stadt mit zweihundertvierzig Mann wieder ein, verlor sie durch Verrat abermals, lebte zwei Jahre in finsterem Elend verborgen und wollte sich als Bauer nach China zurückziehen, stellte eine andere Streitmacht auf und eroberte Kabul in seinem zweiundzwanzigsten Lebensjahre, überwältigte mit nur zwölftausend Mann hunderttausend Soldaten des Sultans Ibrahim bei Panipat, ließ die Gefangenen zu Tausenden umbringen, eroberte

---

* *Mogul* ist eine andere Form von *Mongole*. Die Mogule waren in Wirklichkeit Türken; aber die Hindus nannten – und nennen noch immer – Mogule alle nördlichen Mohammedaner (mit Ausnahme der Afghanen). «Babur» war ein mongolischer Spitzname, der Löwe bedeutet; der wahre Name des ersten Mogulkaisers von Indien war Zahiru-d-din Muhammad.

Delhi, gründete dort die größte und wohltätigste der fremden Dynastien, die Indien je beherrschten, genoß vier Jahre Frieden, verfaßte ausgezeichnete Gedichte und Memoiren und starb siebenundvierzigjährig, nach einer Wirksamkeit und Erfahrung, die dem doppelten Alter entsprach.

Sein Sohn Humayun war zu schwach und schwankend und zu sehr dem Opiumgenuß ergeben, um Baburs Arbeit weiterführen zu können. Scher Schah, ein afghanischer Häuptling, besiegte ihn in zwei blutigen Schlachten und stellte für einige Zeit die afghanische Herrschaft in Indien wieder her. Scher Schah war zwar der Abschlachtungen im besten islamitischen Stil fähig, baute aber Delhi im feinsten architektonischen Geschmack wieder auf und führte Regierungsreformen ein, die die aufgeklärte Herrschaft Akbars vorbereiteten. Zwei unbedeutende Schahs hielten darauf ein Jahrzehnt lang die Macht in Händen; dann organisierte Humayun nach zwölfjährigen Nöten und Wanderungen in Persien ein Heer, kehrte nach Indien zurück und nahm vom Throne wieder Besitz. Acht Monate später fiel er von der Terrasse seiner Bibliothek und starb.

Während seiner Verbannung und Armut hatte sein Weib ihm einen Sohn geboren, dem er fromm den Namen Muhammad gegeben hatte, den die Inder aber Akbar – das heißt «der überaus Große» – nennen sollten. Keine Mühe wurde gespart, ihn groß zu machen; sogar seine Ahnen hatten alle möglichen Vorkehrungen getroffen: In seinen Adern rann das Blut Baburs, Timurs und Dschingis Khans. Lehrer standen ihm in Überfülle zur Verfügung, aber er wies sie ab und weigerte sich, lesen zu lernen. Statt dessen bereitete er sich durch unaufhörlichen und gefährlichen Sport zum Königtum vor; er wurde ein vollendeter Reiter, spielte meisterhaft Polo und lernte mit den wildesten Elefanten umzugehen; er war stets bereit, auf die Löwen- oder Tigerjagd zu gehen, jede mühselige Anstrengung auf sich zu laden und allen Gefahren in eigener Person entgegenzutreten. Als Türke empfand er keinen weibischen Ekel vor Menschenblut; als er als Vierzehnjähriger aufgefordert wurde, sich durch die Tötung eines Hindugefangenen den Titel eines *Ghazi* – Töter der Ungläubigen – zu erwerben, schlug er den Kopf des Mannes mit einem einzigen Streich seines Türkensäbels ab. Das waren die barbarischen Anfänge eines Menschen, dessen Schicksal es war, einer der weisesten, humansten und gesittetsten Könige der Geschichte zu werden*.

Im Alter von achtzehn Jahren übernahm er aus der Hand des Regenten die volle Führung der Staatsgeschäfte. Seine Herrschaft erstreckte sich damals über ein Achtel Indiens, das heißt über einen etwa fünfhundert Kilometer breiten Landgürtel, der von Multan an der Nordwestgrenze nach Benares im Osten lief. Mit dem Eifer und der Gier seines Großvaters ging er daran, diese Grenzen zu erweitern; und mit einer Reihe schonungsloser Kriege machte er sich zum Herrscher über ganz Hindustan mit Ausnahme des kleinen Radschputen-Königreiches von Mewar. Nach seiner Rückkehr zog er die Kriegsrüstung aus und widmete sich der Neugestaltung der Reichsverwaltung.

---

* Später erkannte er den Wert der Bücher und hörte – da er noch immer nicht lesen konnte – stundenlang anderen zu, die ihm aus oft verworrenen und schweren Büchern vorlasen. Schließlich wurde er auch ohne Schreiben und Lesen ein Gelehrter, der die Künste und Wissenschaften liebte und sie mit königlicher Freigebigkeit förderte.

VON ALEXANDER BIS AURANGSEB 407

Seine Macht war absolut, und die wichtigen Ämter wurden selbst in fernen Provinzen durch königliche Ernennung besetzt. Es gab vier wichtigste Helfer, nämlich einen Ministerpräsidenten oder *Vakir*, einen Finanzminister, manchmal *Vasir* (Wesir) und manchmal *Diwan* genannt; einen Hofmeister oder *Bachschi* und einen Primas oder *Sadr*, der das Haupt der mohammedanischen Religion in Indien war. Je mehr Tradition und Prestige Akbars Herrschaft erlangte, desto weniger hing sie von militärischer Gewalt ab, so daß ein ständiges Heer von etwa fünfundzwanzigtausend Mann zum Regieren genügte. In Kriegszeiten wurde diese bescheidene Streitkraft durch Truppen verstärkt, die von den Militärgouverneuren der Provinzen ausgehoben worden waren – eine unsichere Einrichtung, die zum Sturz des Mogulreiches unter Aurangseb beitrug*. Diese Gouverneure und ihre Untergebenen lebten von Bestechungen und Unterschlagungen, so daß Akbar viel Zeit verlor, um der Korruption Einhalt zu gebieten. Er setzte mit strenger Sparsamkeit die Ausgaben seines Hofes und Haushaltes fest, bestimmte die Preise der für diesen eingekauften Nahrungsmittel und Materialien und die Löhne der vom Staate beschäftigten Arbeitskräfte. Als er starb, hinterließ er kaum vorstellbare Reichtümer, und sein Reich war das mächtigste auf Erden.

Gesetz und Besteuerung waren streng, jedoch viel weniger als zuvor: Die Bauern zum Beispiel entrichteten bis zu einem Drittel ihres Rohertrages. Der Kaiser war die gesetzgebende, vollziehende und richterliche Gewalt; in seiner Eigenschaft als oberster Richter gewährte er viele Stunden täglich bedeutenden Prozeßgegnern Audienz. Sein Gesetz verbot die Kinderehe und die erzwungene Witwenverbrennung, gestattete die Wiederverehelichung der Witwe, schuf die Sklaverei der Gefangenen ab, verbot das Schlachten von Opfertieren, gewährte allen Religionen völlige Freiheit, ermöglichte jeder Begabung ohne Unterschied von Rasse und Glauben eine Laufbahn und hob die Kopfsteuer auf, die die afghanischen Herrscher allen nicht zum Islam übergetretenen Hindus auferlegt hatten. Zu Beginn seiner Herrschaft sah das Gesetz Strafen wie die Verstümmelung vor; am Ende war es wahrscheinlich der aufgeklärteste Gesetzeskörper einer Regierung des sechzehnten Jahrhunderts. Jeder Staat beginnt mit Gewaltanwendung und reift (wenn er sich festigt) zur Freiheit heran.

Aber die Kraft eines Herrschers bedeutet oft Schwäche seiner Regierung. Das System hing so sehr von Akbars überlegenen Geistes- und Charaktereigenschaften ab, daß es bei seinem Tode naturgemäß zu zerfallen drohte. Natürlich besaß der Herrscher die meisten Tugenden, schon weil er die meisten Historiker anstellte; er war der beste Athlet, der beste Reiter und der schönste Mann im Reiche. In Wirklichkeit hatte er lange Arme, krumme Beine, mongoloide Schlitzaugen, einen schiefen Kopf und eine Warze auf der Nase. Er wurde erst durch seine Sauberkeit, seine Würde und Gelassenheit und seine strahlenden Augen ansehnlich, die nach der Aussage eines Zeitgenossen

---

* Die Armee war mit der besten Artillerie, die Indien bis damals gekannt hatte, ausgestattet, doch war diese der in Europa gebrauchten unterlegen. Akbars Bemühungen, sich bessere Waffen zu verschaffen, waren ohne Erfolg; und diese Minderwertigkeit der Mordwerkzeuge erleichterte später, gemeinsam mit der Entartung seiner Nachkommen, die Eroberung Indiens durch die Europäer.

wie «das Meer im Sonnenschein» leuchten oder auf eine Weise aufflammen konnten, die den Übeltäter vor Schrecken erbeben ließen wie Vandamme vor Napoleon. Er trug einfache Kleidung, eine Brokatkappe, Bluse und Hose, Juwelen und ging barfüßig. Er aß wenig Fleisch, in den letzten Jahren gar keines; er sagte, es sei «nicht richtig, daß ein Mann aus seinem Magen einen Tierfriedhof mache». Dessenungeachtet war er von starkem Körper und Willen, zeichnete sich in vielen Sportarten aus und konnte mit Leichtigkeit einen 55-Kilometer-Marsch an einem Tage bewältigen. Er liebte Polo über alle Maßen und erfand einen leuchtenden Ball, um auch nachts spielen zu können. Er erbte die gewalttätige Impulsivität seiner Familie und war in seiner Jugend (wie auch seine christlichen Zeitgenossen) durchaus imstande, Probleme durch Totschlag zu lösen. Allmählich lernte er, um eine Wendung Woodrow Wilsons zu gebrauchen, «auf seinem eigenen Vulkane sitzen»; und er überragte seine Zeit hoch in jenem Geiste des *fair play*, der für orientalische Herrscher nicht immer kennzeichnend ist. «Seine Milde», sagt Firishta, «kannte keine Grenzen; in dieser Tugend überschritt er oft die Linie der Vorsicht.» [30] Er war freigebig und gab riesige Summen für Almosen aus; er war allen gegenüber entgegenkommend, besonders aber gegenüber den Niedrigen; «ihre geringen Darbringungen», sagt ein Jesuitenpater, «nahm er stets mit so gefälligem Blicke auf, nahm sie so freundlich in die Hände und steckte sie zu sich, wie er es selbst mit den verschwenderischsten Geschenken der Adligen nie tat.» Einer seiner Zeitgenossen beschreibt ihn als einen Epileptiker; viele sagten, er sei in einem krankhaften Grade melancholisch gewesen. Vielleicht trank er Alkohol und nahm in mäßigen Quantitäten Opium ein, um sich ein strahlenderes Aussehen zu geben; sein Vater und seine Kinder hatten ähnliche Gewohnheiten ohne eine ähnliche Selbstbeherrschung*. Er hatte einen der Größe seines Reiches angepaßten Harem; der Klatsch überliefert uns, daß «der König, wie man glaubhaft berichtet, in Agra und Fathpur-Sikri tausend Elefanten, dreißig Pferde, vierzehnhundert zahme Hirsche und achthundert Konkubinen» unterhielt. Aber er scheint keinen sinnlichen Ehrgeiz gekannt zu haben. Er heiratete viel, doch aus politischen Gründen; er gewann die Radschputen-Fürsten, indem er ihre Töchter heiratete und sie auf diese Weise verpflichtete, seinen Thron zu unterstützen; und von jener Zeit an galt die Moguldynastie beinahe als eingeboren. Ein Radschpute wurde sein führender Feldherr, und ein Radscha kam als sein größter Minister zu hohen Ehren. Sein Traum war ein geeintes Indien.

Er war nicht ganz so realistisch und von so kalter Exaktheit wie Caesar oder Napoleon; er hatte eine Leidenschaft für das Metaphysische und wäre wahrscheinlich ein mystischer Einsiedler geworden, wenn er des Thrones verlustig gegangen wäre. Er war beständig von Gedanken erfüllt und stets mit Erfindungen oder mit Verbesserungen beschäftigt. Wie Harun ar-Raschid machte er in Verkleidung nächtliche Wanderungen durch die Stadt und kehrte voller Reformpläne heim. Inmitten seiner vielseitigen Tätigkeit fand er Zeit, eine große Bibliothek zu sammeln; sie bestand größtenteils aus Manuskripten, die von kunstfertigen Schönschreibern wunderbar ausgestattet waren. Er ver-

---

* Zwei seiner Kinder starben in zartem Alter an chronischem Alkoholismus.

VON ALEXANDER BIS AURANGSEB 409

achtete den Druck als eine mechanische und unpersönliche Sache, ließ sich aber doch von den Jesuiten die auserwähltesten Erzeugnisse der europäischen Buchdruckerkunst beschaffen. Seine Bibliothek zählte nur vierundzwanzigtausend Bände, wurde aber von Leuten, die meinten, solche geistigen Vorräte ließen sich materiell einschätzen, als ausgesprochen wertvoll bezeichnet. Er unterstützte die Dichter, ohne zu knausern, und liebte einen von ihnen – den Hindu Birbal – so sehr, daß er ihn zu einem Günstling an seinem Hofe und schließlich zum General machte; worauf Birbal einen jämmerlichen Feldzug führte und auf einer durchaus unlyrischen Flucht erschlagen wurde*. Akbar ließ die Meisterwerke der indischen Literatur, Geschichte und Wissenschaft von seinen Hofliteraten ins Persische – seine Hofsprache – übertragen und überwachte in höchsteigener Person die Übersetzung des endlosen *Mahabharata*. Alle Künste blühten unter seiner Schutzherrschaft. Die indische Musik und Poesie hatten nun eine ihrer glanzvollsten Perioden; und die persische wie die indische Malerei erreichten dank seiner Förderung ihren zweiten Gipfelpunkt. In Agra leitete er den Bau der berühmten Festung und ließ durch einen Stellvertreter fünfhundert Bauten errichten, die die Zeitgenossen zu den schönsten der Welt zählten. Der wilde Schah Jahan ließ sie niederreißen; heute vermitteln uns nur noch die Überreste der Architektur Akbars einen Begriff von dieser Leistung, wie die Grabstätte Humayuns in Delhi und die Bauten in Fathpur-Sikri, wo das Mausoleum des asketischen Scheichs Salim Chisti, des geliebten Freundes Akbars, steht, eines der schönsten Bauwerke Indiens.

Tiefer als diese Interessen ging seine Neigung zur Grübelei. Dieser nahezu allmächtige Kaiser hatte die geheime Sehnsucht, ein Philosoph zu sein – genau so, wie die Philosophen sich danach sehnen, Kaiser zu sein, und die Blödheit der Vorsehung nicht verstehen können, die ihnen ihre rechtmäßigen Throne vorenthält. Als er die Welt erobert hatte, war Akbar unglücklich, weil er sie nicht begreifen konnte. «Ich bin der Herr eines so gewaltigen Reiches», sagte er, «und die ganze Regierungsmacht liegt in meiner Hand. Und doch ist meine Seele in dieser Vielfalt der Sekten und Glauben nicht froh, da ja wahre Größe im Vollzug des Willens Gottes besteht; und wenn ich von diesem äußeren Pomp und Staat absehe, welche Befriedigung gewährt mir in dieser Verzagtheit die Herrschaft über dieses Reich? Ich erwarte die Ankunft eines Mannes von edlen Grundsätzen, der die Probleme meines Gewissens lösen wird ... Die Gespräche der Philosophie haben für mich einen solchen Zauber, daß sie mich von allem anderen ablenken, und ich unterdrücke gewaltsam das Begehren, ihnen zu lauschen, um nicht die Pflichten, die die Stunde gebietet, zu vernachlässigen.»[32] «Zahlreiche gelehrte Männer aus allen Nationen», sagt Badaoni, «und die Weisen der verschiedenen Religionen und Sekten kamen an seinen Hof und wurden mit Privatgesprächen geehrt. Nach ihren Untersuchungen und Forschungen, die Tag und Nacht ihre einzige Beschäftigung gewesen waren, erwartete er von ihnen Gespräche über tiefe Dinge der Wissenschaft, über die Subtilitäten der Offenbarung, die Sonderbarkeiten der Ge-

---

* Die Mohammedaner haßten Birbal und freuten sich über seinen Tod. Einer unter ihnen, der Historiker Badaoni, verzeichnete das Geschehnis mit großer Befriedigung: «Birbal, der aus Angst vor seinem Leben geflohen war, wurde getötet und kam zu den Hunden in die Hölle.»[31]

schichte und die Wunder der Natur.»³³ «Die Überlegenheit des Menschen», sagte Akbar, «beruht auf dem Juwel der Vernunft.»³⁴

Wie es sich für einen Philosophen gehört, bezeigte er größtes Interesse an der Religion. Die sorgfältige Lektüre des *Mahabharata* und seine Vertrautheit mit den Dichtern und Weisen der Hindu brachten ihn dazu, die indischen Glaubenslehren zu studieren. Zumindest eine Zeitlang folgte er der Theorie der Seelenwanderung und empörte seinen mohammedanischen Anhang, indem er sich öffentlich mit religiösen Hinduzeichen auf der Stirne zeigte. Er hatte eine besondere Gabe, sich allen Glaubensbekenntnissen gefällig zu erweisen: den Zarathustra-Anhängern zuliebe trug er unter seiner Kleidung ihr heiliges Hemd und ihren Gürtel, und von den Jainas ließ er sich dazu verleiten, das Jagen aufzugeben und das Schlachten von Tieren an gewissen Tagen zu verbieten. Als er von der neuen Religion, dem Christentum, erfuhr, das mit der portugiesischen Besetzung von Goa nach Indien gekommen war, forderte er die dort lebenden paulinischen Missionare durch eine Botschaft auf, zwei ihrer Männer zu ihm zu schicken. Später kamen einige Jesuiten nach Delhi, und die Lehre Christi erweckte solch tiefes Interesse in ihm, daß er seinen Schreibern die Übersetzung des Neuen Testaments befahl. Er erteilte den Jesuiten volle Freiheit, Menschen zu bekehren, und gestattete ihnen, einen seiner Söhne zu erziehen. Während die Katholiken in Frankreich die Protestanten hinmordeten und in England unter Elisabeth die Protestanten mit den Katholiken ebenso verfuhren, die Inquisition in Spanien die Juden tötete und ausraubte und Bruno in Italien auf dem Scheiterhaufen verbrannt wurde, lud Akbar die Vertreter aller Religionen seines Reiches zu einer Konferenz ein, verpflichtete sie, Frieden zu halten, erließ Toleranzedikte für jeden Kultus und jedes Glaubensbekenntnis und ging zum Zeichen seiner eigenen Neutralität Ehen mit Frauen brahmanischen, buddhistischen und mohammedanischen Glaubens ein.

Als die Feuer der Jugend erkaltet waren, war sein größtes Vergnügen die freie Diskussion der religiösen Glaubenssätze. Er wandte sich von den Dogmen des Islam ab, und zwar so vollständig, daß seine mohammedanischen Untertanen unter seiner unparteiischen Herrschaft kein leichteres Leben hatten als die anderen. «Dieser König», berichtet mit einiger Übertreibung St-François Xavier, «hat die falsche Sekte Mohammeds vernichtet und gänzlich in Verruf gebracht. In dieser Stadt gibt es weder eine Moschee noch einen *Koran* – das Buch ihres Gesetzes; und aus den Moscheen, die es dort gab, hat man Pferdeställe und Warenspeicher gemacht.» Der König gab nichts auf Offenbarungen und wollte nichts von Dingen wissen, die nicht wissenschaftlich und philosophisch überprüfbar waren. Es war für ihn nichts Ungewöhnliches, Freunde und Geistliche verschiedener Bekenntnisse um sich zu versammeln und mit ihnen von Donnerstag abend bis Freitag mittag über Religion zu diskutieren. Wenn die mohammedanischen *Mullahs* und die christlichen Priester miteinander stritten, wies er beide Teile zurecht und sagte, man solle Gott mit Hilfe des Verstandes verehren und nicht auf Grund blinder Hingabe an angebliche Offenbarungen. «Jede Person», sagte er im Geiste – und vielleicht unter dem Einfluß – der Upanischaden und Kabirs, «gibt dem Höchsten Wesen gemäß dem eigenen Wesen einen Namen; in Wirklichkeit ist es je-

VON ALEXANDER BIS AURANGSEB 411

doch eitle Mühe, dem Nicht-Erkennbaren einen Namen zu geben.» Gewisse Mohammedaner rieten zu einem Gottesurteil: Das Christentum sollte sich im Feuer gegenüber
dem Islam behaupten. Ein *Mullah* mit dem *Koran* und ein Priester mit der Bibel sollten
durch das Feuer treten, und derjenige, welcher unversehrt hervorkommen würde,
sollte den Titel eines Verkünders der Wahrheit erhalten. Akbar, der dem für dieses
Experiment vorgeschlagenen *Mullah* nicht wohlgesinnt war, unterstützte den Vorschlag
mit Wärme, aber der Jesuit wies ihn als gotteslästerlich und schändlich, wenn nicht
gar gefährlich, zurück. Allmählich mieden die gegnerischen Theologengruppen diese
Zusammenkünfte und überließen sie Akbar und seinen rationalistischen Vertrauten.

Die unausgesetzten Sorgen, die ihm die religiöse Zwietracht in seinem Reiche bereitete, und der Gedanke, daß sie das Reich nach seinem Tode sprengen könnte, be-
wogen Akbar schließlich dazu, eine neue Religion zu verkünden, die in einfacher Form
das Wesentliche der sich befehdenden Religionen enthielt. Der Jesuit Bartoli verzeichnet die Sache folgendermaßen:

«Er berief ein allgemeines Konzil und lud dazu alle Männer der Wissenschaft und die militärischen Befehlshaber der umliegenden Städte; nur Pater Ridolfo schloß er aus, von dem man
nichts anderes annehmen konnte, als daß er solch frevelhaftem Beginnen feindselig gegenüberstehen würde. Als sie alle vor ihm versammelt waren, sprach er im Geiste einer verschlagenen
und schurkischen Politik und sagte:

,Für ein von einem Kopfe regiertes Reich war es eine böse Sache, uneinige und miteinander
hadernde ... Glieder zu haben; daher kam es ja auch, daß es ebenso viele Parteien wie Religionen
gibt. Wir sollten sie darum alle in eine einzige zusammenfassen, aber so, daß sie ,eine' wie ,alle'
zugleich sind; das hätte den großen Vorteil, daß das Gute in jeder Religion erhalten bliebe und
das Bessere an den anderen Religionen noch dazukäme. Solcherart würde Gott Ehre zuteil, dem
Volke Frieden und dem Reiche Sicherheit.'»[35]

Das Konzil mußte notgedrungen zustimmen, und Akbar erließ ein Dekret, in dem
er sich zum unfehlbaren Oberhaupt der Kirche ernannte; das war der bedeutendste
Beitrag des Christentums an die neue Religion. Der Glaube war ein pantheistischer
Monotheismus nach der besten Hindutradition, mit einem Funken der Sonnen- und
Feueranbetung der Zoroastrianer und einer halbjainitischen Empfehlung, kein Fleisch
zu essen. Das Schlachten von Kühen wurde als schweres Verbrechen behandelt: Nichts
hätte den Hindus mehr und den Mohammedanern weniger gefallen können. Ein späteres
Edikt verpflichtete die gesamte Bevölkerung, mindestens hundert Tage im Jahr fleisch-
los zu essen; den Traditionen des Landes wurde mit dem Verbot von Zwiebel und
Knoblauch noch weiter Rechnung getragen. Der Bau von Moscheen, das Ramadan-
fasten, die Wallfahrt nach Mekka und andere mohammedanische Bräuche wurden verboten. Viele Mohammedaner, die sich den Bestimmungen der Edikte widersetzten,
wurden verbannt. Im Zentrum des Friedenshofes in Fathpur-Sikri wurde ein Tempel
der Einheitsreligion erbaut (und steht noch dort) als ein Symbol der vom Kaiser geheg-
ten Hoffnung, daß nun alle Bewohner Indiens in der Verehrung des gleichen Gottes
Brüder sein möchten.

Als eine Religion hatte der *Din Ilahi* niemals Erfolg; Akbar mußte feststellen, daß
die Tradition zu stark für seine Unfehlbarkeit war. Einige Tausend nahmen den neuen

412   INDIEN UND SEINE NACHBARN

Kult an, hauptsächlich als ein Mittel, zu amtlicher Gunst zu gelangen; die große Mehrheit blieb den überkommenen Göttern treu. Politisch zeigte der Einfall gewisse günstige Ergebnisse. Die Aufhebung der Kopf- und Pilgerfahrtsteuer der Hindus, die allen Religionen zugestandene Freiheit*, die Verminderung des rassischen und religiösen Fanatismus und Dogmatismus und der Zwietracht überwogen bei weitem die Selbstverherrlichung und die Übertreibungen der neuen Offenbarung Akbars. Und sie brachte ihm sogar die Treue derjenigen Inder ein, die seinen Glauben nicht annahmen, so daß sein erster Zweck – politische Einheit – vollauf erreicht war.

Für seine mohammedanischen Glaubensgenossen war jedoch der *Din Ilahi* eine Quelle bitteren Grolls, die einmal zu offenem Aufstand führte und den Prinzen Jahangir zu verräterischen Machenschaften gegen seinen Vater verleitete. Der Prinz beklagte sich darüber, daß Akbar vierzig Jahre regiert hatte und seine starke Konstitution keine Aussicht auf einen frühen Tod beließ. Jahangir organisierte eine Armee von dreißigtausend Reitern, tötete Abu-l Fazl, des Königs Hofhistoriker und besten Freund, und ließ sich zum Kaiser ausrufen. Akbar überredete den Jüngling, sich zu ergeben, und verzieh ihm nach einem Tag; aber die Untreue seines Sohnes und noch dazu der Tod seiner Mutter und seines Freundes brachen sein Herz und machten ihn seinen Feinden zur leichten Beute. Als seine letzten Tage gekommen waren, kümmerten sich seine Kinder nicht um ihn, sondern stritten um die Thronfolge. Nur wenige Vertraute umgaben ihn bei seinem Tod – er starb angeblich an der Ruhr, vielleicht an Jahangirs Gift. *Mullahs* kamen an sein Sterbebett, um ihn wieder zum Islam zu bekehren, doch vergebens; der König «verschied ohne die Wohltat der Gebete einer Kirche oder eines Glaubens»[36]. An dem schlichten Begräbnis nahm eine große Menge teil; und die Söhne und Höflinge, die für die Zeremonie Trauerkleider angelegt hatten, zogen diese am gleichen Abend wieder aus und frohlockten über das fette Erbe. Es war ein bitterer Tod für den gerechtesten und weisesten Herrscher, den Asien jemals gekannt hat.

VIII. DER NIEDERGANG DER MOGULN

Die Kinder großer Männer · Jahangir · Schah Jahan · Seine Prachtliebe · Sein Fall
Aurangseb · Sein Fanatismus · Sein Tod · Das Erscheinen der Briten

Die Söhne, die so ungeduldig auf seinen Tod gewartet hatten, fanden es schwierig, das von seinem Genie geschaffene Reich zusammenzuhalten. Wie kommt es, daß große Männer so oft unbedeutende Nachkommen haben? Kommt es daher, daß das Spiel der Gene, das sie hervorbrachte – das Vermengen angestammter Charakterzüge und biologischer Möglichkeiten – nur ein Zufall ist, dessen Wiederkehr nicht zu erwarten steht? Oder kommt es daher, daß das Genie im Geist und in der Tatkraft das erschöpft, was es an die Nachkommenschaft hätte übergeben können, und seinen Erben nur verdünntes Blut hinterläßt? Oder kommt es daher, daß Kinder in einem leichten Leben verkommen und das frühe Glück sie des Antriebs zu Ruhm und Größe beraubt?

---

* Mit Ausnahme einer vorübergehenden Verfolgung des Islam (1582–85).

VON ALEXANDER BIS AURANGSEB

Jahangir war nicht so sehr mittelmäßig als ein verkommenes Talent. Sohn eines türkischen Vaters und einer indischen Prinzessin, nutzte er alle Möglichkeiten, die einem Thronfolger gegeben sind, ergab sich dem Alkohol und der Wollust und ließ jener sadistischen Freude an der Grausamkeit freien Lauf, die bei Babur, Humayun und Akbar rezessiv gewesen war, aber immer im tatarischen Blut gelauert hatte. Er war gerne dabei, wenn man Menschen bei lebendigem Leibe schund, aufspießte oder in Stücke riß. In seinen Memoiren erzählt er, wie das unaufmerksame Erscheinen eines Kammerjunkers und seiner Diener bei einer Jagd das Wild verscheuchte und er deshalb den Junker töten und die Diener durch Zerschneiden der Kniesehnen zu lebenslänglichen Krüppeln machen ließ; er sah dem zu und, so schreibt er, «setzte die Jagd fort».[37] Als sein Sohn Khosrau sich gegen ihn verschwor, ließ er siebenhundert Helfershelfer des Rebellen entlang den Straßen von Lahore pfählen; und er stellt mit Vergnügen fest, daß diese Männer sehr lange brauchten, um zu sterben. Seinem Geschlechtsleben diente ein Harem von sechstausend Frauen; reizvoll wurde es durch seine spätere Liebe zu seiner Lieblingsfrau, Nur Jahan*, die er durch die Ermordung ihres Gatten erworben hatte. Seine Rechtsprechung war unparteiisch und streng, aber die Extravaganzen seines Aufwandes legten einer durch die weise Führung Akbars und viele Jahre Friedens blühenden Nation schwere Lasten auf. Gegen das Ende seiner Herrschaft ergab sich Jahangir immer mehr der Trunksucht und vernachlässigte die Regierungspflichten. Verschwörungen wurden angezettelt, um ihn aus dem Wege zu räumen; bereits 1622 hatte sein Sohn Schah Jahan einen Versuch unternommen, sich in den Besitz des Thrones zu setzen. Als Jahangir starb, kam er in aller Eile aus dem Dekhan, wo er sich verborgen gehalten hatte, rief sich zum Kaiser aus und ließ alle seine Brüder ermorden, um seines Seelenfriedens sicher zu sein. Von seinem Vater erbte er die Verschwendungssucht, die Unmäßigkeit und die Grausamkeit. Die Hofhaltung Schah Jahans und die hohen Gehälter seiner zahllosen Beamten verschlangen immer mehr von den reichen Einkünften aus dem blühenden Handel und Gewerbe des Volkes. Auf die religiöse Toleranz Akbars und die Gleichgültigkeit Jahangirs folgten die Rückkehr zum mohammedanischen Glauben, die Verfolgung der Christen und die Massenzerstörung der Hindutempel.

Schah Jahan kaufte sich in einem gewissen Maße durch seine Freigebigkeit gegenüber seinen Freunden und den Armen, seinen künstlerischen Geschmack und seine Leidenschaft, Indien mit den schönsten Bauwerken zu versehen, die es je gesehen hatte, frei; ein anderer Aktivpunkt war seine hingebungsvolle Liebe zu seiner Ehefrau Mumtaz Mahal – «Schmuckstück des Palastes». Er hatte sie in seinem einundzwanzigsten Lebensjahre geheiratet, als er bereits zwei Kinder von einer früheren Gattin hatte. Mumtaz schenkte ihrem unermüdlichen Lebensgefährten in achtzehn Jahren vierzehn Kinder und starb, neununddreißigjährig, bei der Geburt des letzten. Schah Jahan baute den herrlichen Tadsch Mahal zur Erinnerung an diese Frau und an ihre Hingebung und verfiel darauf wieder der übelsten Ausschweifung. Die schönste aller Grabstätten der

---

* Das heißt «Licht der Welt»; auch Nur Mahal genannt – «Licht des Palastes». *Jahangir* bedeutet «Eroberer der Welt»; *Schah Jahan* «König der Welt».

INDIEN UND SEINE NACHBARN

Welt war nur eines der hundert Meisterwerke, die er besonders in Agra und im neuen nach seinen Plänen erstandenen Delhi schuf. Die Kostbarkeit der Paläste, der Luxus des Hofes, der verschwenderische Schmuck des Pfauenthrones * würden auf eine vernichtende Steuerpolitik schließen lassen. Dessenungeachtet und obgleich eine der schlimmsten Hungersnöte der indischen Geschichte während Schah Jahans Herrschaft das Land verheerte, kennzeichnen die dreißig Jahre seiner Regierung den Gipfelpunkt des Wohlstandes und des Ansehens von Indien. Der glanzvolle Schah war ein tüchtiger Herrscher, und obgleich er viele Menschenleben in auswärtigen Kriegen vergeudete, gab er seinem eigenen Lande eine volle Generation Frieden. Mountstuart Elphinstone, ein großer britischer Verwalter von Bombay, schreibt:

> «Wer Indien in seinem gegenwärtigen Zustand betrachtet, möchte den eingeborenen Schrift-
> stellern vorwerfen, sie übertrieben seinen früheren Wohlstand; aber die verlassenen Städte, die
> zerstörten Paläste und die verstopften Wasserleitungen, die wir noch sehen, mit den großen
> Wasserreservoirs und den Eindämmungen im Herzen des Dschungels, und die verkommenen
> Dämme, Brunnen und Karawansereien der Heerstraßen stimmen mit dem Zeugnis zeitgenössi-
> scher Reisender überein und überzeugen uns, daß diese Historiker gute Gründe für ihr Lob hat-
> ten.» [38]

Schah Jahan hatte seine Herrschaft mit der Ermordung seiner Brüder begonnen; aber er hatte vergessen, seine Söhne zu ermorden, deren einer dazu bestimmt war, ihn zu stürzen. Dies war Aurangseb, der fähigste von ihnen. Er stand 1657 an der Spitze eines Aufstandes im Dekhan. Der Schah gab wie David seinen Feldherren Auftrag, die Rebellenarmee zu vernichten, doch womöglich das Leben seines Sohnes zu verschonen. Aurangseb besiegte das ihm entgegengesandte Heer, nahm seinen Vater gefangen und sperrte ihn in die Festung von Agra. Neun bittere Jahre lebte hier der abgesetzte König, nie von seinem Sohne besucht, nur von seiner ergebenen Tochter Jahanara betreut, und verbrachte seine Tage damit, aus dem Jasminturm seines Gefängnisses über die Jumna nach dem Orte zu schauen, wo seine einst so sehr geliebte Mumtaz in ihrem juwelengeschmückten Grabe lag.

Der Sohn, der ihn so erbarmungslos abgesetzt hatte, war einer der größten Heiligen des Islam und vielleicht der außerordentlichste der Mogulkaiser. Die *Mullahs*, die ihn erzogen hatten, hatten ihn so vollkommen mit Religion durchtränkt, daß der junge Prinz eine Zeitlang erwogen hatte, auf das Reich und die Welt Verzicht zu leisten und ein Einsiedlerleben zu führen. Sein ganzes Leben lang blieb er trotz seines Despotentums, seiner subtilen Diplomatie und einer Moralauffassung, die nur sein eigenes Glaubensbekenntnis zum Gegenstand hatte, ein frommer Mohammedaner, der lange Gebete las, den ganzen Koran auswendig wußte und gegen die Ungläubigen Krieg führte.

---

* Dieser Thron, dessen Fertigstellung sieben Jahre in Anspruch nahm, bestand ganz aus Juwelen, Edelmetallen und Edelsteinen. Vier Beine aus Gold trugen den Sitz; zwölf Pfeiler aus Smaragden stützten den Thronhimmel; jeder Pfeiler trug zwei mit Edelsteinen besetzte Pfauen, und zwischen jedem Pfauenpaar erwuchs ein mit Diamanten, Smaragden, Rubinen und Perlen bedeckter Baum. Der Thron wurde von Nadir Schah (1739) nach Persien gebracht und nach und nach in Stücke gebrochen, um die Ausgaben des persischen Königshofes zu decken.

VON ALEXANDER BIS AURANGSEB 415

Er brachte Stunden mit Andachtsübungen und Tage mit Fasten zu. Er übte die Religion mit dem gleichen Ernst aus, mit dem er sich zu ihr bekannte. Es ist wahr, daß er in der Politik kalt und berechnend war, zu schlauem Lügen für sein Land und seinen Gott fähig. Aber er war der am wenigsten grausame der Moguln und der mildeste; es gab während seiner Herrschaft kein Gemetzel, und er wandte bei Verbrechen kaum Strafen an. Er war stets demütig in seiner Haltung, geduldig, wenn man ihn herausforderte, und gleichmütig im Unglück. Er enthielt sich aller von seiner Religion verbotener Speisen und Getränke und jedes Wohllebens und gab, obgleich kunstfertig und gewandt, das Musizieren auf, weil es ein sinnliches Vergnügen war; anscheinend führte er seinen Entschluß, nichts für sich selbst auszugeben, was er nicht mit seiner Hände Arbeit erworben hatte, auch durch. Er war ein heiliger Augustin auf dem Throne.

Schah Jahan hatte die Hälfte seiner Einkünfte zur Förderung der Architektur und der anderen Künste verwendet; Aurangseb hatte keinen Sinn für die Kunst, zerstörte aus Glaubenseifer die «heidnischen» Monumente und kämpfte während einer fünfzigjährigen Herrschaft darum, in Indien alle Religionen außer der eigenen auszurotten. Er erteilte den Provinzstatthaltern und seinen anderen Untergebenen den Auftrag, die Tempel der Hindus und der Christen dem Boden gleichzumachen, jeden Götzen zu zerschlagen und jede Hinduschule zu schließen. In einem Jahre (1679/80) wurden allein in Amber sechsundsechzig Tempel zerstört, dreiundsechzig in Chitor, einhundertdreiunddreißig in Udaipur; und auf der Stätte eines den Hindus besonders heiligen Tempels in Benares erbaute er eine mohammedanische Moschee. Er verbot jede öffentliche Ausübung der Hindukulte und belegte jeden unbekehrten Hindu mit einer schweren Kopfsteuer. Als Ergebnis seines Fanatismus wurden Tausende von Tempeln, die ein Jahrtausend lang die Kunst Indiens dargestellt oder beherbergt hatten, zerstört. Wenn wir Indien heute betrachten, können wir nicht ahnen, welche Größe und Schönheit es einst besaß.

Aurangseb bekehrte eine Handvoll verängstigter Hindus zum Islam, aber er führte seine Dynastie und sein Land in den Abgrund. Einige wenige Mohammedaner verehrten ihn als einen Heiligen, doch die stummen und terrorisierten Millionen Indiens sahen auf ihn wie auf ein Ungeheuer, flohen vor seinen Steuereintreibern und beteten für seinen Tod. Während seiner Herrschaft erreichte das Reich der Moguln seine größte Ausdehnung und erstreckte sich bis in den Dekhan; aber es war eine Macht, die keinen Rückhalt in der Liebe des Volkes hatte und bei der ersten tatkräftigen feindseligen Berührung dem Untergang geweiht war. Der Kaiser wurde in seinen letzten Jahren selbst gewahr, daß die Engstirnigkeit seiner Gottesfurcht das Erbe seiner Väter zerstört hatte. Die Briefe, die er auf dem Sterbebett diktierte, sind mitleiderregende Dokumente:

«Ich weiß nicht, wer ich bin, wohin ich gehen werde oder was mit diesem Sünder voller Sünden geschehen wird ... Meine Jahre sind ohne Gewinn verflossen. Gott ist in meinem Herzen gewesen, doch meine verdunkelten Augen haben sein Licht nicht erkannt ... Es gibt für mich keine Hoffnung auf die Zukunft. Das Fieber ist verschwunden, doch nur die Haut ist geblieben ... Ich habe sehr gesündigt, und ich weiß nicht, welche Qualen meiner harren ... Möge der Friede Gottes mit euch sein.» [39]

INDIEN UND SEINE NACHBARN

Er hinterließ Anweisungen, sein Begräbnis solle von asketischer Einfachheit sein und kein Geld dürfe für ein Leichentuch verausgabt werden außer den vier Rupien, die er sich durch Kappennähen verdient hatte. Sein Sarg war mit einem gewöhnlichen Stück Leinwand zu bedecken. Den Armen vermachte er dreihundert Rupien, die er durch die Kopierung des *Korans* erworben hatte. Er starb im Alter von neunundachtzig Jahren, längst nicht mehr geliebt auf Erden.

Innerhalb von siebzehn Jahren nach seinem Tode zerfiel sein Reich. Die von Akbar so weise gewonnene Zuneigung des Volkes war von der Grausamkeit Jahangirs, dem Verschwendertum Schah Jahans und der Unduldsamkeit Aurangsebs verscherzt worden. Die mohammedanische Minderheit, von der indischen Hitze bereits entnervt, hatte ihr militärisches Feuer und die physische Tatkraft ihrer Jugendfrische eingebüßt, und es kamen keine neuen Rekruten aus dem Norden, um ihre sinkende Macht zu stützen. Inzwischen hatte weit fort im Abendland eine kleine Insel ihre Händler ausgesandt, um die Reichtümer Indiens zu pflücken. Bald sollte sie ihre Geschütze senden und dieses unermeßliche Reich, in dem Hindus und Mohammedaner gemeinsam eine der großen Kulturen der Geschichte geschaffen hatten, in ihren Besitz nehmen.

VIERTES KAPITEL

Das Leben des Volkes*

I. DIE HERKUNFT DES REICHTUMS

Der Dschungelhintergrund · Der Ackerbau · Der Bergbau · Das Gewerbe · Der Handel
Das-Geldwesen · Die Steuern · Hungersnöte · Armut und Reichtum

DER Boden Indiens hatte sich der Zivilisation nicht willig ergeben. Zum großen
Teil war er Dschungel, das eifersüchtig bewachte Heim von Löwen, Tigern, Elefanten, Schlangen und anderen Individualisten voll rousseauscher Verachtung für die
Kultur. Der biologische Kampf um die Befreiung des Landes von diesen Feinden ging
unterhalb der sichtbaren Dramen der wirtschaftlichen und politischen Auseinandersetzungen weiter. Akbar jagte Tiger bei Mathura und fing wilde Elefanten an vielen
Orten, wo es heute keine mehr gibt. In vedischer Zeit war der Löwe überall in Nord-
west- und Mittelindien anzutreffen; nun ist er fast auf der ganzen Halbinsel ausgestor-
ben. Die Schlangen und Insekten führen jedoch den Krieg weiter.

Allmählich wurden die Raubtiere verdrängt, und man bebaute den Boden mit Reis, Hülsen-
früchten, Hirse, Gemüse und Obst. Den größeren Teil der geschichtlichen Zeit lebte die Mehrheit des Volkes von diesen Naturerzeugnissen und überließ Fleisch, Fisch und Geflügel den Parias und den Reichen**. Um ihre Ernährung anregender zu gestalten und vielleicht auch, um
Aphrodite nachzuhelfen, ziehen und genießen die Inder in ungewöhnlicher Menge Curry, Ing-
wer, Nelken, Zimt und andere Gewürze. Die Europäer maßen diesen Gewürzen so hohen Wert
bei, daß sie auf der Suche-nach ihnen über einen Kontinent stolperten; oder ob Amerika vielleicht doch um seiner selbst willen entdeckt wurde? In vedischen Zeiten hatte der Boden dem
Volke gehört, doch in den Tagen Tschandragupta Mauryas wurde es Brauch, daß der König das
Besitzrecht über den ganzen Boden für sich beanspruchte und ihn den Bauern gegen Bezahlung
einer jährlichen Pachtsumme und Steuer überließ. Die Bewässerung war gewöhnlich ein staat-
liches Unternehmen. Einer der von Tschandragupta errichteten Dämme war bis 150 n. Chr. in
Gebrauch; Überreste der alten Kanäle sind noch heute überall zu sehen, und es finden sich noch
Spuren des Stausees, den Radsch Sing, Radschput Rana von Mewar, als Bewässerungsreservoir
erbaute (1661) und mit einer zwanzig Kilometer langen Marmormauer umschloß.

Die Inder scheinen das erste Volk gewesen zu sein, das Gold aus Bergwerken gewann. Herodot und Megasthenes erzählen von großen «Ameisen, kleiner als Hunde, aber größer als Füchse»[1],
die den Bergarbeitern auf der Suche nach dem Metall behilflich waren, indem sie es mit dem
Sand aufwühlten. Ein großer Teil des im fünften Jahrhundert vor Christus im persischen Weltreiche benutzten Goldes kam aus Indien. Auch Silber, Kupfer, Blei, Zinn, Zink und Eisen wurden gewonnen – Eisen schon 1500 v. Chr. Die Kunst des Eisengießens und Härtens entwickelte

---

* Die folgende Untersuchung bezieht sich größtenteils auf das nachvedische und vorbritische Indien.
** Vijayanagar war eine Ausnahme; sein Volk aß Geflügel und Fleisch (Rindfleisch ausgenommen) sowie
Eidechsen, Ratten und Katzen.

418   INDIEN UND SEINE NACHBARN

sich in Indien früher als in Europa; Vikramaditya stellte zum Beispiel in Delhi (ca. 380 n. Chr.)
einen Eisenpfeiler auf, der noch heute, nach fünfzehn Jahrhunderten, fleckenlos dasteht; und
die Qualität des Eisens beziehungsweise das angewandte Verfahren, das es vor Rost und Verfall
bewahrt, ist für die moderne Hüttenkunde immer noch ein Geheimnis. Vor der europäischen
Invasion war das Eisenschmelzen in kleinen Holzkohleöfen eine der bedeutendsten Industrien
Indiens. Die industrielle Revolution lehrte Europa, diese Prozesse billiger und in größerem Stile
durchzuführen, und die indische Industrie erlag dieser Konkurrenz. Erst in unserer Zeit wird
der Erzreichtum Indiens wieder erforscht und ausgebeutet.

Der Baumwollanbau tritt in Indien früher auf als anderswo; offenbar benutzte man in Mohenjo-Daro Baumwolle zur Bekleidung. In unserem ältesten klassischen Hinweis auf die Baumwolle
sagt Herodot in erheiternder Unkenntnis: «Außerdem tragen daselbst wilde Bäume statt der
Früchte eine Wolle, die an Schönheit und Güte die Schafwolle übertrifft, und die Inder tragen
Kleider von dieser Baumwolle.»[2] Die Kriege im Vorderen Orient vermittelten den Römern die
Bekanntschaft mit dieser auf Bäumen wachsenden «Wolle». Arabische Reisende berichteten
im neunten Jahrhundert: «Sie verfertigen in diesem Lande Gewänder von so außergewöhnlicher Vollkommenheit, wie man sie sonst nirgendwo findet – so fein genäht und gewebt, daß
man sie durch einen Ring von bescheidener Größe ziehen kann.»[3] Die Araber des Mittelalters
übernahmen die Kunst aus Indien, und ihr Wort *quttan* lieferte das englische Wort *cotton*. Das
Wort *Musseline* bezeichnete ursprünglich feine, in Mosul nach indischen Modellen erzeugte
Baumwollgewebe; Kaliko wurde so genannt, weil es (das erste Mal 1631) aus der Stadt Calicut,
an der Südwestküste Indiens, kam. 1293 berichtet Marco Polo von Gujarat: «Es gibt hier feinere
Stickereien als sonst an irgendeinem Ort der Welt.»[4] Die Schals von Kaschmir und die indischen Wolldecken legen noch heute Zeugnis von den in Muster und Gewebe hervorragenden
Produkten der indischen Webekunst ab. Aber die Weberei war nur einer der vielen Hand-
werkszweige Indiens, und die Weber waren nur eine der vielen Handwerker- und Kaufmanns-
gilden, die das indische Gewerbe organisierten und regelten. Europa betrachtete die Inder als
Sachverständige nahezu jeder Handarbeit, sei es Holz-, Elfenbein- und Metallarbeit oder Blei-
chen, Färben, Gerben, Seifensieden, Glasblasen, Herstellen von Schießpulver, Feuerwerk, Zement usw. China importierte 1260 n. Chr. Augengläser aus Indien. Bernier, der Indien im siebzehnten Jahrhundert besuchte, beschrieb es als äußerst betriebsam in jedem Gewerbe. Fitch sah
1585 eine Flotte von hundertachtzig Booten, die die mannigfaltigsten Waren die Jumna hinab-
führte.

Der Binnenhandel blühte; jeder Straßenrand war – und ist – ein Basar. Der Außenhandel Indiens ist so alt wie seine Geschichte. In Sumer und Ägypten gefundene Gegenstände sind Beweis
für einen bereits 3000 v. Chr. zwischen diesen Ländern und Indien bestehenden Handelsverkehr.
Der Handel zwischen Indien und Babylon über den Persischen Golf gedieh von 700 bis 480 v.
Chr.; und vielleicht kamen das «Elfenbein, die Affen und die Pfauen» Salomos auf demselben
Wege aus derselben Quelle. Indiens Schiffe befuhren in den Tagen Tschandraguptas die Meere
bis Burma und China, und griechische, von den Indern *Yavana* (Ionier) genannte Kaufleute überschwemmten in den Jahrhunderten vor und nach der Geburt Christi die Märkte des dravidischen Indien. Rom hing in den Tagen seines Epikureertums hinsichtlich Gewürzen, Wohlgerüchen und Salben von Indien ab und zahlte hohe Preise für indische Seiden und Brokatstoffe,
für Gewänder aus Musseline und Gold; Plinius verurteilte die Verschwendung, die alljährlich
hohe Summen für solche Luxusausgaben von Rom nach Indien fließen ließ. Indische Leoparden, Tiger und Elefanten nahmen an den Gladiatorenspielen und den Opferriten des Colos-
seums teil. Die parthischen Kriege wurden von Rom hauptsächlich geführt, um den Handelsweg
nach Indien offenzuhalten. Im siebenten Jahrhundert besetzten die Araber Persien und Ägypten und bemächtigten sich des Handels zwischen Europa und Asien. Dies war der Grund zur
Entstehung der Kreuzzüge und der Fahrten des Kolumbus. Unter den Moguln lebte der Außenhandel wieder auf; der Reichtum Venedigs, Genuas und anderer italienischer Städte wuchs dank

DAS LEBEN DES VOLKES

419

ihrer Dienstleistungen als Häfen für den europäischen Handel mit dem Osten; die Renaissance verdankte dem Reichtum aus diesem Handelsverkehr mehr als den von den Griechen nach Italien gebrachten Handschriften. Akbar verfügte über ein Schiffahrtsministerium, das den Schiffsbau und den Ozeanverkehr beaufsichtigte; die Werften von Bengalen und Sindh waren wegen ihres Schiffsbaus berühmt und leisteten so gute Arbeit, daß der Sultan von Konstantinopel es billiger fand, seine Schiffe dort bauen zu lassen als in Alexandrien; selbst die ostindische Handelsgesellschaft ließ viele ihrer Schiffe in den Werften von Bengalen bauen.

Die Entwicklung des Münzwesens zur Erleichterung dieses Handelsverkehrs nahm viele Jahrhunderte in Anspruch. Zur Zeit Buddhas gaben verschiedene wirtschaftliche und politische Behörden primitive rechteckige Münzen aus, aber erst im vierten Jahrhundert vor Christus kam es in Indien unter dem Einfluß Persiens und Griechenlands zu einem staatlich geregelten Münzwesen. Scher Schah setzte gut geprägte Kupfer-, Silber- und Goldmünzen in Umlauf und machte die Rupie zur grundlegenden Münzeinheit des Reiches. Unter Akbar und Jahangir war die Münzprägung Indiens hinsichtlich der künstlerischen Ausführung und der Metallreinheit derjenigen aller modernen europäischen Staaten überlegen. Wie im mittelalterlichen Europa wurde auch im mittelalterlichen Indien das Wachstum von Handel und Industrie durch die religiös begründete Abneigung gegen das Zinsnehmen gehemmt. «Die Inder», sagt Megasthenes, «geben weder Geld auf Wucher- oder sonstige Zinsen, noch verstehen sie Geld aufzunehmen. Es ist für einen Inder gegen den festgelegten Brauch, Unrecht zu tun oder zu erleiden; und darum schließen sie weder Verträge ab, noch beanspruchen sie Sicherstellungen.»[5] Wenn der Inder seine Ersparnisse nicht in seinen eigenen Unternehmungen investieren konnte, zog er es vor, sie zu verstekken oder Juwelen zu kaufen. Vielleicht half diese Unfähigkeit der Inder, sich ein gangbares Kreditsystem aufzubauen, der industriellen Revolution, die Herrschaft Europas über Asien zu errichten. Trotz des Widerstandes der Brahmanen nahm der Geldverleih jedoch langsam zu. Der Zinsfuß richtete sich nach der Kaste des Darlehensnehmers, konnte zwölf bis sechzig Prozent ausmachen und betrug gewöhnlich zwanzig. Bankrott war kein Ausweg für die Liquidierung von Schulden; wenn ein Schuldner starb und insolvent war, waren seine Nachkommen bis zur sechsten Generation für seine Verpflichtungen haftbar.

Ackerbau und Handel waren beide stark besteuert, um die Kosten der Regierungstätigkeit zu bestreiten. Der Bauer mußte von einem Sechstel bis zur Hälfte seiner Ernte abliefern; und wie im mittelalterlichen und heutigen Europa lasteten viele Abgaben und Zölle auf dem Warenaustausch und -verkehr. Akbar erhöhte die Bodensteuer auf ein Drittel, hob aber alle anderen Abgaben auf. Die Bodensteuer war eine bittere Last, hatte aber den Vorteil, daß sie mit dem Wohlstand stieg und mit der Notlage fiel; und in Jahren der Hungersnot durfte der Arme wenigstens steuerfrei sterben. Denn Hungersnöte kamen selbst in den großen Tagen Akbars vor (1595 bis 1598); die Hungersnot des Jahres 1556 scheint zu Kannibalismus und Verödung geführt zu haben. Die Straßen waren schlecht, der Transport langsam, und der Überschuß eines Gebietes konnte nur schwer zur Linderung der Dürre in einem anderen verwendet werden.

Wie überall gab es auch hier Extreme der Armut und des Reichtums, aber kaum so große wie in Indien oder Amerika von heute. Auf der untersten Stufe stand eine kleine Sklavenminderheit; darüber die Schudras, die nicht so sehr Sklaven als Mietlinge waren, obgleich ihr Stand, wie der fast aller Inder, erblich war. Die von Père Dubois beschriebene Armut (1820) war das Ergebnis eines fünfzig Jahre andauernden politischen Chaos; unter den Mogul war die Lage des Volkes relativ günstig gewesen. Die Löhne waren bescheiden, die Preise dementsprechend niedrig. Im Jahre 1600 kaufte man mit einer Rupie 88 kg Weizen oder 126 kg Gerste; 1901 nur 13 kg Weizen oder 20 kg Gerste. Ein in Indien wohnhafter Engländer schrieb 1616, er habe in der ganzen Monarchie Überfluß an allen Gütern gefunden, und fügte hinzu: «Jedermann darf dort reichlich Brot essen.» Ein anderer Engländer, der Indien im siebzehnten Jahrhundert bereiste, stellte fest, daß seine Ausgaben vier Cents im Tag betrugen.

420 INDIEN UND SEINE NACHBARN

Der Reichtum des Landes erreichte seine zwei Höhepunkte unter Tschandragupta Maurya und Schah Jahan. Die Reichtümer Indiens unter den Guptakönigen waren in der ganzen Welt sprichwörtlich. Nach Yuan Chwangs Schilderung waren die indischen Städte von Gärten und Teichen verschönt und mit Instituten für Kunst und Wissenschaft versehen; «die Einwohner waren wohlhabend, und es gab sehr reiche Familien; Blumen und Früchte waren überreich vorhanden ... Das Volk hatte verfeinerte Lebensformen und trug prächtige Seidengewänder; alle Menschen waren ... klar und anregend im Gespräch; sie waren gleichermaßen orthodox wie heterodox.»[6] «Die von den Mohammedanern gestürzten indischen Königreiche», sagt Elphinstone, «waren so reich, daß die Historiker müde werden, von der ungeheuren Beute an Juwelen und Münzen zu berichten, die den Eindringlingen in die Hände fiel.»[7] Nach Niccolo Contis Beschreibung reihte sich an den Ufern des Ganges (ca. 1420) eine blühende Stadt an die andere, jede sorgfältig angelegt, reich an Blumen- und Obstgärten, an Silber und Gold, Handel und Industrie. Schah Jahans Finanzen standen so günstig, daß er zwei unterirdische Gewölbe einrichtete, von denen jedes 50 000 Kubikmeter faßte und mit Silber und Gold gefüllt war. «Zeitgenössische Zeugnisse», sagte Vincent Smith, «stellen es außer Zweifel, daß die Bevölkerung der bedeutenderen Städte wohlhabend war.»[8] Nach Beschreibungen von Reisenden waren Agra und Fathpur-Sikri größer und reicher als London. Anquetil-Duperron, der 1760 die Mahratta-Bezirke bereiste, «fand sich inmitten der Einfachheit und Glückseligkeit des Goldenen Zeitalters ... Das Volk war froh, stark und sehr gesund.»[9] Clive, der 1759 Murschidabad besuchte, war der Ansicht, daß die alte Hauptstadt Bengalens an Ausdehnung, Volkszahl und Reichtum dem London seiner Zeit gleichkam, daß es größere Paläste als Europa besaß und reichere Männer als London. Indien, sagt Clive, war «ein Land von unerschöpflichem Reichtum». Vor dem Parlament, das über ihn zu Gericht saß, weil er sich dieses Reichtums etwas zu schnell bedient hatte, verteidigte sich Clive mit viel Geschick: Er beschrieb die Schätze, die er in Indien gesehen hatte – reiche Städte, bereit, ihm jedes Geschenk zu machen, um wahlloser Plünderung zu entgehen, Bankiers, die seinem Zugriff unterirdische, mit Juwelen und Gold gefüllte Gewölbe überließen; und er schloß: «Noch in diesem Augenblick bin ich über meine eigene Mäßigkeit erstaunt.»

II. DIE ORGANISATION DER GESELLSCHAFT

Die Monarchie · Die Rechtsprechung · Das Gesetzbuch des «Manu»
Die Entwicklung des Kastensystems · Der Aufstieg der Brahmanen · Ihre Vorrechte und Macht
Ihre Pflichten · Zur Rechtfertigung des Kastensystems

Weil die Straßen schlecht waren und der Verkehr schwierig, war es leichter, Indien zu erobern, als es zu regieren. Seine Bodengestalt bestimmte, daß dieser Halbkontinent bis zum Aufkommen der Eisenbahnen ein buntes Gemisch gesonderter Staatsgebilde bleiben sollte. Unter diesen Umständen konnte eine Regierung ihre Sicherheit nur auf eine starke Armee gründen; und da die Armee bei sich oft wiederholenden Krisen einen diktatorischen, gegen politische Überredungskunst gefeiten Führer brauchte, war die in Indien sich entwickelnde Regierungsform natürlicherweise die Monarchie. Das Volk erfreute sich unter den heimischen Dynastien einer bemerkenswerten Freiheit, teils durch die autonomen Dorfgemeinschaften und die Handelsgilden in den Städten, teils durch die Einschränkungen, die der Brahmanenadel der königlichen Gewalt auferlegte. Die Gesetze Manus brachten, obgleich sie eher moralischer als praktischer Natur waren, die zentrale Vorstellung Indiens von der Monarchie zum Ausdruck: daß sie von unparteiischer Strenge und von väterlicher Besorgnis um das öffentliche Gut sein sollte. Die mohammedanischen Herrscher kümmerten sich weniger als ihre Hinduvorgänger um diese Ideale und Einschränkungen; sie waren eine erobernde Minderheit und gründeten ihre Herrschaft offen auf die Überlegenheit ihrer Geschütze. «Die Armee», sagt ein muselmanischer Geschichtsschreiber mit bezaubernder Offenheit, «ist die Quelle und das Mittel der Regierung.»[10] Akbar war eine Ausnahme, denn er vertraute hauptsächlich auf den guten Willen eines unter seinem milden und wohltätigen Despotismus gedeihenden Volkes. Vielleicht war unter den obwaltenden Umständen seine Willkürherrschaft die bestmögliche Regierung. Ihr Hauptfehler lag, wie wir gesehen haben, in ihrer Abhängigkeit von dem Charakter des Königs; die zentralisierte oberste Autorität, die sich als günstig unter Akbar erwies, erwies sich als verhängnisvoll unter Aurangseb. Da sie durch Gewalt zur Macht gelangten, konnten die afghanischen und die Mogulherrscher auch jederzeit durch Mord wieder gestürzt werden; und Nachfolgekriege waren fast ebenso kostspielig – wenn auch für das Wirtschaftsleben nicht so störend – wie eine moderne Wahl*.

Unter den Mohammedanern war das Recht lediglich der Willensausdruck des Kaisers oder des Sultans; unter den Hindukönigen war es ein konfuses Gemisch von kö-

---

* Die Geschichte, wie Nasiru-d-din seinen Vater Ghiyasu-d-din, Sultan von Delhi (1501), vergiftete, veranschaulicht die mohammedanische Auffassung friedlicher Thronfolge. Jahangir, der sein Bestes tat, um seinen Vater Akbar abzusetzen, erzählt die Geschichte folgendermaßen:

«Nachher ging ich zu dem Gebäude, in dem die Gräber der Khalij-Herrscher sind. Das Grab Nasiru-d-dins, dessen Antlitz für alle Zeiten geschwärzt ist, war auch dort. Es ist wohlbekannt, daß dieser Wicht durch die Ermordung seines Vaters den Thron erlangte. Zweimal gab er ihm Gift, und zweimal rettete sich der Vater durch ein schützendes Amulett, das er auf dem Arm trug. Das dritte Mal mischte der Sohn Gift in einem Becher Sorbet und gab es seinem Vater mit eigener Hand ... Da sein Vater begriff, welche Anstrengungen sein Sohn in dieser Sache machte, nahm er sein Amulett vom Arm und warf es vor ihn; und

INDIEN UND SEINE NACHBARN

niglichen Befehlen, Dorfüberlieferungen und Kastenvorschriften. Urteil wurde vom Familienoberhaupt, vom Dorfoberhaupt, von dem Kastenvorsteher, dem Zunftgericht, dem Provinzstatthalter, dem königlichen Minister oder dem König selbst gesprochen. Der Prozeß war kurz, und der Urteilsspruch erfolgte schnell; erst die Briten brachten die Anwälte. Die Marter wurde von jeder Dynastie angewandt, bis Firoz Schah sie aufhob. Die Todesstrafe stand auf viele Verbrechen, wie zum Beispiel auf Einbruch, Beschädigung königlichen Eigentums oder auf so geringe Diebstähle, daß sie heutzutage den Täter zu einer Stütze der Gesellschaft machen würden. Die Strafen waren grausam und sahen unter anderem folgendes vor: das Abhacken der Hände, der Füße, der Nase oder der Ohren, das Ausreißen der Augen, das Eingießen von geschmolzenem Blei in den Hals, das Zermalmen der Hand- und Fußknochen mit einem hölzernen Hammer, das Verbrennen, das Einschlagen von Nägeln in Hände, Füße und Brust, das Durchschneiden der Sehnen, das Zersägen, das Zerreißen, das Aufspießen, das Rösten bei lebendigem Leibe, das Zerstampfen durch Elefanten oder das Vorwerfen vor wilde und hungrige Hunde*.

Es gab kein für ganz Indien geltendes Gesetzbuch. In den gewöhnlichen Angelegenheiten des Lebens nahmen die *dharma-schastras* – in Versen abgefaßte Lehrbücher der Kastenvorschriften und -pflichten – den Platz des Gesetzes ein. Die Verfasser waren Brahmanen, und die Vorschriften trugen in allen Dingen den Stempel der brahmanischen Begriffswelt. Das älteste dieser Bücher ist das sogenannte «Gesetzbuch des Manu». Manu war der mythische Urahne des brahmanischen Manavastammes (oder der Manavaschule) bei Delhi; er wurde als Sohn eines Gottes dargestellt, der die Gesetze von Brahma selbst erhielt. Dieser Kodex von 2685 Versen, der einst dem Jahre 1200 v. Chr. zugeschrieben wurde, wird nun in die ersten Jahrhunderte unserer Ära datiert. Ursprünglich war es ein Handbuch oder Führer für das richtige Betragen dieser Manava-Brahmanen als Kaste und wurde erst nach und nach von der ganzen Hindugemeinschaft als ein Kodex des schicklichen Benehmens angenommen; und obgleich die mohammedanischen Könige ihn nie anerkannten, erwarb er innerhalb des Kastensystems volle Gesetzeskraft. Sein Charakter wird im Laufe der folgenden Darstellung des Gesellschaftslebens und der Sitten der Hindus in einem gewissen Maße hervortreten. Seine Kennzeichen waren im allgemeinen die abergläubische Behandlung eines Rechtsfalles durch Gottesurteil**, die strenge Anwendung der *lex talionis* und die unermüdliche Ein-

---

dann wandte er sein Antlitz demütig und flehentlich dem Throne des Schöpfers zu und sagte: ,O Herr, ich bin achtzig Jahre alt und habe diese Zeit in Gedeihen und Glückseligkeit, wie sie sonst keinem König beschieden waren, zugebracht. Nun, da das meine letzte Stunde ist, hoffe ich, daß Du Nasir nicht wegen meiner Ermordung ergreifen wirst und daß Du meinen Tod als beschlossene Sache ansiehst, ihn nicht rächest.' Nachdem er diese Worte gesprochen hatte, trank er in einem Zug den Giftbecher aus und übergab seine Seele dem Schöpfer.»

«Als ich zu Nasirs Grabstätte ging», fügt der tugendhafte Jahangir hinzu, «gab ich ihr mehrere Fußtritte.»[11]

* Weitere sadistische Raffinements der Straflehre finden wir bei Dubois, S. 659.

** Pater Dubois, der zuverlässig, wenn auch Indien nicht gewogen ist, gibt uns ein Bild der in seiner Zeit benutzten Gottesurteile (1820): «Es gibt verschiedene andere Arten von Gottesurteilen, zum Beispiel des siedenden Öles, das mit Kuhdünger vermengt wird und in das der Angeklagte seinen Arm bis zum Ellenbogen tauchen muß; und das der Schlange, das darin besteht, daß man eine sehr giftige Schlange in einen Korb

DAS LEBEN DES VOLKES

schärfung der Tugenden, Rechte und Befugnisse der Brahmanenkaste. In seiner Auswirkung steigerte er den Einfluß des Kastensystems auf die indische Gesellschaft gewaltig.

Dieses System war seit der vedischen Periode steifer und komplizierter geworden; nicht nur, weil es in der Natur aller Einrichtungen liegt, mit dem Alter starrer zu werden, sondern auch weil die Unstabilität der politischen Ordnung und die Invasion fremder Völker und Kulte die Kaste als Schranke gegen die Blutvermischung zwischen Mohammedanern und Hindus verstärkt hatte. Zur vedischen Zeit war die Kaste *varna*, «Farbe»; im mittelalterlichen Indien wurde sie *jati*, «Geburt». Zwei Dinge waren wesentlich an ihr: die Erblichkeit des Standes und das Einfügen in das *dharma* – das heißt in die traditionellen Pflichten und Beschäftigungen der eigenen Kaste.

Die Hauptpfründner dieses Systems waren die acht Millionen Männer der Brahmanenkaste. Für eine Weile schwächte sie der Aufstieg des Buddhismus unter Aschoka, doch mit jener geduldigen Zähigkeit, die die Priesterschaft kennzeichnet, hatten die Brahmanen auf ihre Stunde gewartet und die Macht und Führung unter den Gupta-Königen zurückerobert. Wir finden Aufzeichnungen aus dem zweiten Jahrhundert n. Chr. von großen Geschenken, gewöhnlich Landbesitz, an die Brahmanenkaste*. Diese Gaben waren wie alles Eigentum der Brahmanen steuerfrei, bis die Briten kamen. Das Gesetzbuch des Manu warnt den König vor der Besteuerung eines Brahmanen, selbst wenn alle Einnahmequellen versiegt sein sollten; denn ein zornerregter Brahmane kann augenblicklich den König und sein Heer durch das Aufsagen mystischer Texte und Flüche vernichten. Es war nicht die Gewohnheit der Inder, Testamente aufzusetzen, da ihre Traditionen den Gemeinschaftsbesitz des Familieneigentums und den automatischen Übergang des Vermögens vom sterbenden auf die überlebenden Männer der Familie vorsahen**; als aber unter dem Einfluß des europäischen Individualismus Testamente in Gebrauch kamen, erfuhren sie die größte Unterstützung der Brahmanen, als Gelegenheit, Vermögen geistlichen Zwecken zu übereignen. Der wichtigste Bestandteil jedes Opfers an die Götter war das dem ausführenden Priester bezahlte Honorar; der höchste Gipfel der Frömmigkeit war die Freigebigkeit bei solchen Honoraren. Mirakel und tausend Aberglauben bildeten eine andere einträgliche Quelle des geistlichen Reichtums. Gegen Entgelt konnte ein Brahmane eine unfruchtbare Frau fruchtbar machen; die Orakel wurden zu finanziellen Zwecken gebraucht; Männer wurden in Dienst genommen, um Wahnsinn zu simulieren und zu «gestehen», ihr Schicksal sei die Strafe für ihren Geiz gegenüber den Priestern. Bei jeder Krankheit, jedem Prozeß, bei bösen Vorzeichen und unangenehmen Träumen oder neuen Unternehmungen war der Rat eines Brahmanen erwünscht und der Ratgeber seines Honorars wert.

Die Macht der Brahmanen beruhte auf einem Monopol des Wissens. Sie waren die Wächter und Wiedererwecker der Tradition, die Erzieher der Kinder, die Verfasser

---

sperrt, in den man einen Ring oder ein Geldstück gelegt hat, und der Angeklagte das Geldstück mit verbundenen Augen herausholen muß; wenn er im ersten Fall nicht verbrüht und im zweiten nicht gebissen wird, ist seine Unschuld voll erwiesen.» [12]

* Tod glaubt, manche dieser Urkunden seien frommer Schwindel gewesen.

** Bei den Draviden ging das Erbe jedoch auf die weibliche Linie über.

oder Herausgeber der Literatur, die Sachverständigen für die inspirierten und unfehlbaren *Veden*. Wenn ein Schudra dem Verlesen der Heiligen Schriften zuhörte, sollten (gemäß den brahmanischen Rechtsbüchern) seine Ohren mit geschmolzenem Blei gefüllt werden; wenn er sie zitierte, sollte seine Zunge gespalten werden; wenn er sie im Gedächtnis behielt, sollte er in zwei Stücke geschnitten werden; das waren die selten wahr gemachten Drohungen, mit denen die Priester ihre Weisheit bewachten. Der Brahmanismus wurde so ein exklusiver Kultus, der sich sorgfältig aller vulgären Teilnahme entzog. Nach dem Gesetzbuch des Manu war ein Brahmane durch göttliches Recht an die Spitze aller Geschöpfe gestellt; er hatte jedoch nicht an allen Vorrechten und Befugnissen des Ordens teil, solange er nicht nach mehrjähriger Vorbereitung mittels der feierlichen Investitur mit dem dreifachen Gürtel als «zwiegeboren» oder wiedergeboren erklärt wurde. Von jenem Augenblick an war er ein geheiligtes Wesen; seine Person und sein Eigentum waren unantastbar; ja dem Gesetzbuch des Manu zufolge «ist alles, was in diesem Universum existiert, Eigentum des Brahmanen». Der Lebensunterhalt des Brahmanen sollte aus öffentlichen und privaten Geschenken bestritten werden – und dies nicht aus Nächstenliebe, sondern aus heiliger Verpflichtung. Einem Brahmanen Gastfreundschaft zu gewähren war eine der höchsten Religionspflichten, und ein nicht gut aufgenommener Brahmane konnte mit allen aufgehäuften Verdiensten der guten Taten des Gastgebers fortziehen*. Selbst wenn ein Brahmane ein Verbrechen beging, durfte er nicht getötet werden; der König konnte ihn verbannen, mußte ihm aber sein Eigentum belassen. Wer einen Brahmanen zu schlagen versuchte, mußte hundert Jahre in der Hölle leiden; wer einen Brahmanen tatsächlich schlug, mußte tausend Jahre in der Hölle leiden. Wenn ein Schudra die Frau eines Brahmanen verführte, sollten sein Vermögen konfisziert und ihm die Geschlechtsorgane abgeschnitten werden. Ein Schudra, der einen Schudra tötete, konnte durch die Übergabe von zehn Kühen an die Brahmanen für sein Verbrechen Buße tun; wenn er einen Vaischya tötete, mußte er den Brahmanen hundert Kühe geben; wenn er einen Kschatriya tötete, mußte er den Brahmanen tausend Kühe geben; wenn er einen Brahmanen tötete, mußte er sterben; nur der Mord an einem Brahmanen war wirklich Mord.

Die Funktionen und Obliegenheiten, die diesen Privilegien entsprachen, waren zahlreich und beschwerlich. Der Brahmane fungierte nicht nur als Priester, sondern bildete sich auch in den geistlichen, pädagogischen und literarischen Berufen aus. Er mußte die Rechte studieren und die *Veden* erlernen; jede andere Pflicht war dieser untergeordnet; die bloße Wiederholung der *Veden* gab einem Brahmanen bereits Anrecht auf die Seligkeit, ohne daß er Riten und Werke zu vollbringen hatte; und wenn er den Rigveda auswendig wußte, durfte er die Welt zerstören, ohne dadurch eine

---

* Einigen Brahmanengruppen scheinen gewisse sexuelle Vorrechte gehört zu haben. Die Nambudri-Brahmanen übten das *ius primae noctis* über alle Bräute ihres Territoriums aus; und die Puschtimargiya-Priester in Bombay hatten dieses Privilegium bis vor kurzer Zeit inne. Wenn wir Père Dubois glauben dürfen, erboten sich die Priester des Tempels von Tirupati (in Südostindien), alle Frauen, die eine Nacht im Tempel zubringen würden, von Unfruchtbarkeit zu heilen.

DAS LEBEN DES VOLKES   425

Schuld auf sich zu laden. Er durfte nicht außerhalb seiner Kaste heiraten; wenn er eine Schudra heiratete, wurden seine Kinder Parias*; «denn», sagt Manu, «der Mann, der von Geburt gut ist, wird schlecht, wenn er niedrige Verbindungen eingeht, aber der Mann, der von Geburt niedrig ist, kann nicht durch edle Verbindung edel werden»[13]. Der Brahmane mußte jeden Tag baden und außerdem auch, wenn er von einem Barbier niederer Kaste rasiert worden war; er mußte den Ort, wo er zu schlafen beabsichtigte, mit Kuhmist reinigen; und er mußte bei der Erfüllung der natürlichen Bedürfnisse ein strenges Ritual einhalten. Alle tierischen Produkte, Eier eingeschlossen, ferner Zwiebel, Knoblauch, Pilze und Lauch waren ihm versagt. Er durfte nur Wasser trinken, und es mußte von einem Brahmanen geschöpft und gebracht sein. Er durfte keine Salben und keine Wohlgerüche benutzen, mußte sich aller sinnlichen Vergnügungen enthalten und durfte keine Gier und keinen Zorn zeigen. Wenn er etwas Unreines oder einen Fremden berührte (und sei es der Generalgouverneur von Indien), mußte er sich durch zeremonielle Waschungen reinigen. Wenn er ein Verbrechen beging, mußte er eine schwerere Strafe auf sich nehmen als ein Mitglied der niedereren Kasten. Wenn zum Beispiel ein Schudra stahl, mußte er die achtfache Summe oder den achtfachen Wert seines Diebstahls ersetzen; wenn ein Vaischya stahl, mußte er das Sechzehnfache ersetzen; ein Kschatriya das Zweiunddreißigfache; ein Brahmane das Vierundsechzigfache. Der Brahmane durfte keinem Lebewesen etwas zuleide tun.

Solange diese Vorschriften einigermaßen eingehalten wurden und das Volk zu sehr mit Feldarbeit überlastet und darum den anscheinend persönlichen Launen der Naturkräfte zu sehr ausgeliefert war, um vom Aberglauben zur Bildung aufsteigen zu können, wuchs die Macht der Priester von Generation zu Generation an und machte sie zur dauerndsten Aristokratie der Geschichte. Nirgendwo sonst läßt sich dieses erstaunliche Phänomen – es ist kennzeichnend für die Langsamkeit der Veränderungen in Indien – einer Oberschicht beobachten, die ihren Einfluß und ihre Vorrechte über alle Eroberungen, Dynastien und Regierungsformen hinweg 2500 Jahre lang aufrechterhält. Nur die verstoßenen Chandalas nehmen es mit ihnen in der Dauerhaftigkeit des Fortbestandes auf. Die alten Kschatriyas, die zur Zeit Buddhas geistig wie politisch dominiert hatten, verschwanden nach dem Guptazeitalter; und obgleich die Brahmanen die Radschputenkrieger als die spätere Entsprechung der alten Kriegerkaste anerkannten, erloschen die Kschatriyas doch sehr bald nach dem Fall von Radschputana. Schließlich verblieben nur zwei große Volksgruppen: die Brahmanen als die sozialen und geistigen Gebieter Indiens und unter ihnen dreitausend Kasten, die in Wirklichkeit Gewerbezünfte waren.

Vieles läßt sich zur Rechtfertigung des Kastensystems, das nach der Monogamie die geschmähteste aller sozialen Einrichtungen sein muß, anführen. Es hatte den eugenischen Wert, das Blut der feineren Menschenarten vor Verwässerung und Verderbnis durch wahllose Vermischung zu bewahren; es legte gewisse Gewohnheiten der Diät

---

* Dieses Wort stammt aus dem tamilischen *paraiyan* = «einer aus einer niederen Kaste».

und Reinlichkeit als ein Gebot der Ehre, das alle befolgen und dem alle nacheifern konnten, fest; es brachte in die chaotischen Ungleichheiten und Unterschiedlichkeiten der Menschen Ordnung und ersparte der Seele das moderne Fieber nach Aufstieg und Gewinn; es gab jedem Leben eine Regel, indem es jedem Menschen ein *dharma*, das heißt Verhaltungsmaßregeln für seine Kaste, vorschrieb; es gab jedem Handwerk und jedem Beruf eine Ordnung und erhob jede Beschäftigung zu einer nicht leicht auszutauschenden Berufung, und indem es aus jedem Gewerbe eine Kaste machte, versah es deren Mitglieder mit der Möglichkeit des gemeinsamen Vorgehens gegen Ausbeutung und Unterdrückung. Das Kastensystem bot ein Mittel, der Plutokratie oder der Militärdiktatur, die anscheinend die einzigen Alternativen der Aristokratie sind, zu entgehen; es gab einem der politischen Stabilität durch hundert Invasionen und Revolutionen beraubten Lande eine soziale, sittliche und kulturelle Ordnung und Kontinuität, die nur noch von den Chinesen erreicht wurde. Inmitten hundert anarchischer Änderungen der Staatsform hielten die Brahmanen dank des Kastensystems eine stabile Gesellschaftsordnung aufrecht und bewahrten, vergrößerten und überlieferten die Kultur. Die Nation ertrug die Brahmanenschaft geduldig, sogar mit Stolz, weil jeder wußte, daß sie letzten Endes die einzige unentbehrliche Regierung Indiens stellte.

III. MORAL UND EHE

«Dharma» · Kinder · Die Kinderehe · Die Liebeskunst · Die Prostitution
Romantische Liebe · Die Ehe · Die Familie · Die Frau · Ihr geistiges Leben · Ihre Rechte
«Purdah» · Die Witwenverbrennung · Die Witwe

Wenn das Kastensystem untergeht, wird das sittliche Leben Indiens eine lange Übergangszeit der Verwirrung durchmachen müssen, denn der Moralkodex ist dort nahezu unzertrennlich mit der Kaste verbunden. Die Moral war *dharma* – die Lebensvorschrift jedes Menschen, so wie sie von seiner Kaste bestimmt war. Hindu sein bedeutete nicht so sehr einem Glauben anhängen, als einen Platz im Kastensystem einnehmen und das *dharma* oder die mit jenem Platze durch Tradition und Verordnung verbundenen Pflichten zu übernehmen. Jeder Platz hatte seine Verpflichtungen, seine Einschränkungen und seine Rechte; innerhalb dieser Rechte und Pflichten pflegte der fromme Hindu sein Leben zu leben, in ihnen die Zufriedenheit zu finden, die aus der Gewohnheit kommt, und nie an einen Übertritt in eine andere Kaste zu denken. «Besser ist es, die eigene Arbeit, wenn auch fehlerhaft, zu leisten», sagt die *Bhagavad-Gita*[14], «als die Arbeit anderer, selbst auf ausgezeichnete Weise, zu tun.» *Dharma* ist für das Individuum, was die normale Entfaltung für einen Samen ist – die geordnete Erfüllung einer innewohnenden Natur und Bestimmung. So alt ist dieser Moralbegriff, daß es noch heute für alle Hindu schwierig und für die meisten unmöglich ist, sich selbst anders als in der Eigenschaft eines Mitglieds einer spezifischen Kaste, das von ihrer Regel geführt wird und an sie gebunden ist, zu denken. «Ohne Kaste», sagt ein englischer Historiker, «ist die Hindugesellschaft unvorstellbar.»[15]

DAS LEBEN DES VOLKES

Außer dem *dharma* jeder Kaste erkannte der Hindu ein allgemeines *dharma*, eine alle Kasten betreffende Verpflichtung an, die hauptsächlich in der Ehrfurcht vor den Brahmanen und der Verehrung der Kühe bestand. Nach diesen Pflichten kam die Pflicht, Kinder zu zeugen. «Dann nur ist ein Mann ein vollkommener Mann», sagt das Gesetzbuch des Manu[16], «wenn er selbdritt ist – er selbst, sein Weib und sein Sohn.» Die Kinder waren ja nicht nur wirtschaftlich ein Gewinn für die Eltern, die sie selbstverständlich im hohen Alter erhielten, sie führten auch den Ahnenkult des Hauses weiter und brachten den Vorfahren periodisch jene Nahrung dar, ohne welche diese Geister verhungern mußten. Demzufolge gab es in Indien keine Geburtenkontrolle, und die Abtreibung wurde als ein dem Brahmanenmord gleichkommendes Verbrechen gebrandmarkt. Kindesmord kam vor, war aber Ausnahme; der Vater war zufrieden, Kinder zu haben, und stolz, viele zu besitzen. Die Kinderliebe ist eine der schönsten Seiten der indischen Kultur.

Kaum war das Kind zur Welt gekommen, begannen seine Eltern auch schon an seine Verheiratung zu denken. Denn die Ehe war im Hindusystem obligatorisch; ein unverheirateter Mann war ein Ausgestoßener, ohne soziale Stellung und Achtung, und eine übermäßig lange andauernde Jungfräulichkeit war ein Unglück. Zudem durfte die Ehe nicht der Launenhaftigkeit persönlicher Wahl oder romantischer Liebe überlassen werden; es ging um eine für Gesellschaft und Rasse lebenswichtige Angelegenheit, die nicht der Kurzsichtigkeit der Leidenschaft oder den Zufällen des mangelnden Weitblicks ausgeliefert werden durfte; die Ehe mußte von den Eltern beschlossen werden, bevor das Fieber des Geschlechts Zeit fand, die jungen Leute in eine Verbindung zu stürzen, die nach Ansicht der Hindus zu Enttäuschung und Bitterkeit führen mußte. Manu gab den Neigungsehen den Namen *Gandharva*-Ehen und brandmarkte sie als aus Leidenschaft geboren; sie waren zulässig, jedoch kaum achtbar.

Die frühe Reife der Hindus, die ein zwölfjähriges Mädchen so alt wie ein vierzehn- oder fünfzehnjähriges in Europa oder Amerika macht, gab der sittlichen und gesellschaftlichen Ordnung ein schwieriges Problem auf*. Soll die Eheschließung mit der Geschlechtsreife erfolgen, oder soll man, wie bei uns, zuwarten, bis der Mann die wirtschaftliche Reife erreicht? Die erste Lösung schwächt offenbar die nationale Widerstandskraft, beschleunigt in übertriebenem Maße den Bevölkerungszuwachs und opfert die Frau beinahe ausschließlich den Pflichten der Fortpflanzung; die zweite Lösung läßt die Probleme der unnatürlichen Verzögerung, des ungestillten Geschlechtstriebes, der Prostitution und der Geschlechtskrankheiten ungelöst. Die Hindus wählten die Kinderehe als das kleinere Übel und versuchten ihre Gefahren dadurch herabzusetzen, daß sie zwischen der Eheschließung und dem Inkrafttreten der Ehe einen Zeitraum festlegten; die Braut blieb bis zur Pubertät im Hause ihrer Eltern. Die Institution war uralt und darum heilig; sie war im Wunsche verwurzelt gewesen, Verbindungen

---

* Es sei hinzugefügt, daß Gandhi dieser Frühreife jedwede physische Basis absprach. «Ich verabscheue die Kinderheiraten», schrieb er, «ich erschaudere, wenn ich ein Kind sehe, das schon verwitwet ist. Ich habe noch nie einen größeren Aberglauben gehört! Ich wage die Behauptung, das Klima habe mit der Pubertät nicht das mindeste zu tun; die geistige und sittliche Atmosphäre unseres Familienlebens ist es, die eine vorzeitige Geschlechtsreife erzeugt.»[17]

428   INDIEN UND SEINE NACHBARN

zwischen Mitgliedern verschiedener Kasten infolge zufälliger sexueller Neigungen zu verhindern; später wurde sie durch den Umstand bestärkt, daß die erobernden und sonst schonungslosen Mohammedaner aus religiösen Gründen keine *verheirateten* Frauen als Sklavinnen fortführen durften; und schließlich wurde sie in der Entschlossenheit der Eltern, das Mädchen vor den erotischen Empfindungen der Männer zu schützen, zu einer starren Einrichtung.

Daß die Männer eine gesunde Erotik besaßen und daß die unschuldigste Herausforderung genügte, um sie zu veranlassen, ihren biologischen Funktionen nachzukommen, geht aus der indischen Liebesliteratur hervor. Das *Kamasutra*, das «Lehrbuch der Liebeskunst», ist das berühmteste einer Reihe von Werken, die uns eine Beschäftigung mit und ein Interesse an der physischen und seelischen Sexualtechnik enthüllen. Es wurde, versichert uns der Autor, «nach den Regeln der Heiligen Bücher zum Nutzen der Welt von Vatsyayana verfaßt, als er das Leben eines Theologiestudenten in Benares führte und gänzlich von der Betrachtung der Gottheit in Anspruch genommen war»[18]. «Wer ein Mädchen vernachlässigt, weil er denkt, es sei zu schüchtern», sagt dieser Klausner, «wird von ihm als ein Tier verachtet, das die Vorgänge der weiblichen Seele nicht kennt.» Vatsyayana gibt ein köstliches Bild eines verliebten jungen Mädchens, doch verschwendet er seine Weisheit hauptsächlich auf die Kunst der Eltern, sie durch Heirat loszuwerden, und die Kunst des Ehegatten, sie physisch zu befriedigen.

Wir dürfen nicht glauben, die geschlechtliche Sensibilität des Inders habe zur Zügellosigkeit geführt. Die Kinderehe erhob eine Schutzwehr gegen voreheliche Beziehungen, und die schweren, zur Einschärfung der weiblichen Treue aufgestellten religiösen Sanktionen machten den Ehebruch zu einer viel selteneren Erscheinung als in Europa und Amerika. Die Prostitution blieb zum Großteil auf die Tempel beschränkt. Im Süden wurden die Bedürfnisse des Mannes von der fürsorglichen Einrichtung der *devadasis* – wörtlich «Mägde Gottes», in Wirklichkeit Dirnen – gestillt. Jeder Tamil-Tempel hatte eine Schar «heiliger Frauen», die zunächst die Verpflichtung hatten, vor den Götzen zu tanzen und zu singen und vielleicht auch die Brahmanen zu erbauen. Manche unter ihnen scheinen ein Leben klösterlicher Abgeschiedenheit gelebt zu haben; anderen war gestattet, ihre Dienste allen Zahlungsfähigen zuzuwenden, unter der Bedingung, daß ein Teil ihrer Einkünfte der Geistlichkeit zugute käme. Viele dieser Tempelkurtisanen oder *nautch**-Mädchen stellten sich für Tanz- und Gesangsaufführungen bei öffentlichen Zeremonien oder privaten Festlichkeiten zur Verfügung, im Stile der japanischen *Geishas*; manche lernten lesen und brachten wie die *hetairai* Griechenlands kultivierte Konversation in Heime, in denen die verheirateten Frauen weder zum Lesen angehalten wurden, noch sich zu den Gästen gesellen durften. Im Jahre 1004 n. Chr. hatte, wie aus einer heiligen Inschrift hervorgeht, der Tempel des Chola-Königs Rajaraja in Tanjore vierhundert *devadasis*. Der Brauch erhielt die Weihe der Zeit, und niemand scheint ihn als unmoralisch angesehen zu haben; ehrbare Frauen weihten zuweilen eine Tochter dem Berufe der Tempeldirne im gleichen Geiste, mit dem man einen Sohn dem Priesterberufe weihen könnte. Nach Dubois waren zu Beginn des neunzehnten

---

* Von *nâch*, einem Hinduwort, das Tänzer bedeutet.

DAS LEBEN DES VOLKES

Jahrhunderts die Tempel des Südens manchmal «reine Freudenhäuser»; die *devadasis* wurden, was immer auch ihre ursprünglichen Aufgaben gewesen sein mochten, vom Volke offen Huren genannt und betätigten sich auch als solche. Wenn wir dem alten Abbé, der keine Ursache hatte, zugunsten Indiens voreingenommen zu sein, glauben dürfen,

«bestehen ihre amtlichen Pflichten darin, zweimal am Tage im Tempel … sowie bei allen öffentlichen Zeremonien zu tanzen und zu singen. Das Tanzen führen sie recht anmutig aus, obzwar ihr Gebaren lüstern und ihre Bewegungen unanständig sind. Ihr Singen beschränkt sich fast immer auf schlüpfrige Verse, die irgendeine unzüchtige Episode aus der Geschichte ihrer Götter beschreiben.» [19]

Unter diesen Verhältnissen der Tempelprostitution und der Kinderehe blieb wenig Gelegenheit für das, was wir «romantische Liebe» nennen, übrig. Diese idealistische Hingabe eines Geschlechts an das andere findet sich wohl in der indischen Literatur – zum Beispiel in den Gedichten von Chandi Das und Jayadeva –, aber gewöhnlich als Sinnbild der sich Gott ergebenden Seele, während sie im wirklichen Leben meistens die Form einer vollkommenen Hingabe der Frau an den Geliebten annahm. Die Liebesdichtung ist zuweilen von jener ätherischen Art, wie sie die Tennysons und Longfellows unserer puritanischen Tradition vorhielten; zuweilen gibt sie die vollkörperliche sinnliche Leidenschaft des elisabethanischen Zeitalters wieder. Ein Dichter verbindet Religion und Liebe und erkennt in den Ekstasen der beiden ein Zeichen ihrer Wesenseinheit; ein anderer verzeichnet die dreihundertundsechzig verschiedenen Erregungen, die das Herz des Liebenden erfüllen, und zählt die Muster, die dessen Zähne in das Fleisch der Geliebten gezeichnet haben, oder beschreibt ihn, wie er ihre Brüste mit Blumen bemalt; und der Dichter der Episode von Nala und Damayanti im *Mahabharata* beschreibt die melancholischen Seufzer und die blasse Schwermut der Liebhaber im besten Stile der französischen Troubadours.

Solchen launenhaften Leidenschaften wurde selten gestattet, die Ehe zu bestimmen. Manu erlaubte acht verschiedene Formen der Ehe, unter denen die Raubehe und die «Liebesehe» die untersten Stufen der moralischen Skala einnahmen und die Kaufehe als der vernünftige Weg, eine Vereinigung zustande zu bringen, dargestellt wurde; der Gesetzgeber war offenbar der Ansicht, daß Ehen, die auf einer ökonomischen Grundlage fußen, die sichersten sind. In den Tagen Dubois' waren «heiraten» und «ein Eheweib kaufen» sinnverwandte Wörter in Indien*. Als die weiseste Ehe galt diejenige, welche von den Eltern unter voller Berücksichtigung der Vorschriften der Endogamie und Exogamie abgemacht wurde: Der Jüngling mußte innerhalb seiner Kaste und außerhalb seiner *gotra* oder Sippe heiraten. Er durfte mehrere Frauen haben, aber nur eine einzige aus seiner Kaste – die den Vorrang haben sollte; am besten, sagt Manu,

---

* Strabon berichtet (ca. 20 n. Chr.) von Aristobulos: «Von den Gebräuchen zu Taxila erzählt er einige und ungewöhnliche; zuerst daß diejenigen, welche ihre Töchter wegen Armut nicht ausstatten können, sie, wenn das Volk durch Blasemuscheln und Paukenschall, wodurch auch das Zeichen zum Kampfe gegeben wird, zusammengerufen ist, in der Blüte der Jugend auf den Markt führen, daß dann dem Hinzutretenden zuerst die hinteren Teile (des Mädchens) bis zu den Schultern entblößt werden, hernach aber die vorderen, und daß es, wenn es ihm gefällt und er mit dem gebotenen Preise einverstanden ist, seine Frau wird.» [20]

INDIEN UND SEINE NACHBARN

sei er monogam*. Die Frau sollte ihren Mann mit geduldiger Ergebenheit lieben; der Gatte sollte seiner Frau nicht romantische Liebe, sondern sorgfältigen Schutz geben.

Die indische Familie hatte typisch patriarchalischen Charakter, und der Vater war der Herr seines Weibes, seiner Kinder und seiner Sklaven. Die Frau galt als ein liebliches, jedoch minderwertiges Wesen. Am Anfang, sagt die indische Legende, als Twaschtri, der göttliche Schöpfer, an die Erschaffung der Frau ging, fand er, daß er seine Stoffe bei der Formung des Mannes verbraucht hatte und ihm keine festen Elemente mehr zur Verfügung standen. In diesem Dilemma mischte er die Frau aus allerlei Resten der Schöpfung zusammen:

«Er nahm die Rundung des Mondes und die Krümmungen der Schlinggewächse und das Verklammern der zarten Ranken und das Zittern des Grases und die Schlankheit des Bambusrohres und die Blüte der Blumen und die Leichtigkeit der Blätter und das spitze Zulaufen des Elefantenrüssels und die Blicke der Rehe und das Schwärmen der Bienen und die freudige Heiterkeit der Sonnenstrahlen und das Weinen der Wolken und den Wankelmut der Winde und die Furchtsamkeit des Hasen und die Eitelkeit des Pfaues und die Weichheit der Papageienbrust und die Härte des Diamanten und die Süße des Honigs und die Grausamkeit des Tigers und das warme Glühen des Feuers und die Kälte des Schnees und das Schwatzen der Eichelhäher und das Girren des *Kokila* und die Heuchelei des Kranichs und die Treue des *chakravaka*; und indem er all das zusammenmengte, erschuf er das Weib und gab es dem Manne.» [21]

Trotz dieser Ausstattung erging es den Frauen aber herzlich schlecht in Indien. Ihre hohe Stellung in vedischer Zeit ging unter dem Einfluß der Priester und des mohammedanischen Beispiels verloren. Das Gesetzbuch des Manu schlug einen Ton gegen sie an, der an das frühe Stadium der christlichen Theologie erinnert: «Der Unehre Ursache ist das Weib, der Feindschaft Ursache ist das Weib, des weltlichen Daseins Ursache ist das Weib; darum soll man meiden das Weib.» [22] «Ein Weib», sagt eine andere Stelle, «ist imstand, nicht nur einen Toren vom rechten Pfade in diesem Leben abzubringen, sondern auch einen Weisen; sie vermag in ihm das Begehren und den Zorn zu erwecken.» [23] Das Gesetz sah vor, daß die Frau während ihrer ganzen Existenz unter Vormundschaft stehen sollte, zuerst unter der Vormundschaft ihres Vaters, dann ihres Gatten und schließlich ihrer Söhne. Die Ehefrau redete ihren Gatten mit «Meister», «Herr», ja sogar mit «mein Gott» an; in der Öffentlichkeit ging sie in einiger Entfernung hinter ihm her, und er richtete selten das Wort an sie. Sie mußte ihre Hingabe durch einen peinlich genau erfüllten Dienst beweisen, die Mahlzeiten vorbereiten (wenn Gatte und Söhne sie beendet hatten, durfte sie die Speisereste essen); zur Schlafenszeit mußte sie die Füße ihres Mannes umarmen. «Ein treues Weib», sagt Manu, «muß ihren Herrn bedienen... als ob er ein Gott wäre; niemals darf sie etwas tun, was ihn leiden macht, was immer auch seine Stellung sei, selbst wenn er jeder Tugend bar wäre.» [24] Eine Frau, die ihrem Manne ungehorsam war, würde in ihrer nächsten Verkörperung ein Schakal werden.

Wie ihre europäischen und amerikanischen Schwestern vor unserer Zeit erhielten die Frauen Indiens nur dann eine geistige Bildung, wenn sie Damen höchsten Ranges

---

* Bei den Radschputen war es nach Tod Brauch des Fürsten, für jeden Tag der Woche eine andere Frau zu haben.

DAS LEBEN DES VOLKES
431

oder Tempeldirnen waren. Die Kunst des Lesens galt bei einer Frau als unschicklich; sie konnte damit ihre Macht über Männer nicht vergrößern und verlor nur an Anziehungskraft. In Tagores Stück sagt Chitra: «Wenn eine Frau nur Frau ist – wenn sie sich mit ihren Lächeln und Seufzern und Diensten und liebkosenden Zärtlichkeiten um die Männerherzen schlingt – dann ist sie glücklich. Wofür sind ihr Bildung und große Leistungen zunutze?»[25] Die Kenntnis der *Veden* war ihr versagt; «das Vedenstudium der Frau», sagt das *Mahabharata*, «ist ein Zeichen der Verwirrung im Reiche»[*26]. Megasthenes berichtet von der Zeit Tschandraguptas: «Die Brahmanen halten ihre Frauen – und sie haben viele Frauen – von aller Philosophie fern; denn wenn die Frauen es erlernten, Wonne und Qual, Leben und Tod philosophisch zu betrachten, würden sie moralisch verderbt werden oder aber sich nicht mehr dem Manne unterwerfen.»[27]

Nach dem Gesetzbuch des Manu durften drei Personen keine Eigentumsrechte besitzen: ein Eheweib, ein Sohn und ein Sklave; was immer sie auch verdienten, gehörte ihrem Herrn. Ein Eheweib durfte jedoch die Mitgift und die Heiratsgeschenke behalten; und die Mutter eines Fürsten durfte während seiner Minderjährigkeit die Staatsgeschäfte führen. Der Ehemann konnte seine Frau wegen Unkeuschheit auf Scheidung einklagen; die Frau konnte aus gar keinem Grunde die Scheidung verlangen. Eine Ehefrau, die Alkohol trank oder krank, aufrührerisch, verschwenderisch oder streitsüchtig war, konnte jederzeit (zwar nicht geschieden, aber) durch eine andere Frau ersetzt werden. Einige Stellen des Gesetzbuches machen eine edle Liebenswürdigkeit gegenüber Frauen zur Pflicht: man soll sie nicht schlagen, «selbst nicht mit einer Blume»; man soll sie nicht zu strenge überwachen, denn dann wird ihr Scharfsinn einen Weg finden, Unheil zu stiften; und wenn sie schöne Kleider haben wollen, ist es weise, ihren Wünschen zu willfahren, denn «wenn die Frau nicht fein gekleidet ist, wird sie ihren Gatten nicht erheitern», so aber «eine Frau farbenprächtig geschmückt ist, ist das ganze Haus verschönt»[28]. Die Frau hatte wie Greise und Priester den Vortritt; und «schwangere Frauen, Bräute und Edelfräulein sollten vor den anderen Gästen die Speisen erhalten»[29]. Obwohl die Frau als Eheweib nicht befehlen durfte, konnte sie es als Mutter tun; die größte Zärtlichkeit und Achtung umgab die Mutter vieler Kinder; und sogar das patriarchalische Gesetzbuch des Manu sagt: «Die Mutter übertrifft tausend Väter im Rechte auf Ehrerbietung.»[30]

Zweifellos hatte der Einfluß der islamitischen Gedankenwelt mit dem Niedergang der sozialen Lage der Frau in den späteren Tagen Indiens etwas zu tun. Der Brauch des *purdah* (des «Vorhangs») – die Abgeschiedenheit der verheirateten Frauen – kam mit den Persern und Mohammedanern nach Indien und ist darum im Norden stärker als im Süden. Die Hindus entwickelten, teilweise um ihre Ehefrauen vor den Mohammedanern zu beschützen, ein so starres System des *purdah*, daß eine achtbare Frau sich nur ihrem Gatten und ihren Söhnen zeigen durfte, in der Öffentlichkeit dicht verschleiert

---

* Wir dürfen diese Haltung nicht mit unserer heutigen europäischen und amerikanischen Auffassung vergleichen, sondern mit dem Widerstreben der mittelalterlichen Geistlichkeit gegen die allgemeine Lektüre der Bibel oder die geistige Erziehung der Frau.

sein mußte und selbst dem behandelnden Arzt ihren Puls nur durch einen Vorhang reichen durfte. In gewissen Kreisen war es ein Taktfehler, sich nach dem Befinden der Frau zu erkundigen oder als Gast zu den Damen des Hauses zu sprechen.

Der Brauch der Witwenverbrennung auf dem Scheiterhaufen des Ehegatten war auch ein nach Indien importierter Brauch. Herodot schildert die Sitten der alten Skythen und Thraker; nach seinem Bericht kämpften die Frauen eines Thrakers um das Vorrecht, auf seinem Grabe sterben zu dürfen. Wahrscheinlich rührt der Ritus von der weitverbreiteten primitiven Sitte her, einem Fürsten oder Reichen eine oder mehrere Ehefrauen oder Konkubinen sowie Sklaven und andere Dinge ins Grab mitzugeben, die im Jenseits für ihn zu sorgen hatten. Der *Atharvaveda* erwähnt diesen Brauch als alt; der *Rigveda* gibt jedoch an, daß in vedischer Zeit der Brauch so weit gemildert war, daß die Witwe sich nur für einen Augenblick vor der Verbrennung des Gatten auf den Scheiterhaufen legen mußte. Das *Mahabharata* zeigt die Einrichtung erneut in voller Blüte; es gibt mehrere Beispiele der Witwenverbrennung (Sati, engl. suttee genannt, nach Sanskrit *sati* = «ergebene Ehefrau») und stellt als Regel auf, daß die keusche Witwe ihren Gatten nicht zu überleben wünscht und stolz in das Feuer tritt. Das Opfer wurde so vollzogen, daß die Witwe in einer Grube verbrannt oder, bei den Telugu im Süden, lebendig begraben wurde. Strabon berichtet, daß die Witwenverbrennung zur Zeit Alexanders in Indien sehr häufig vorkam und daß die Katha, ein Pandschabstamm, die Witwenverbrennung gesetzlich vorschrieben, um die Ehefrauen an der Vergiftung ihrer Gatten zu hindern. Manu erwähnt diesen Brauch nicht. Die Brahmanen waren zuerst gegen ihn, dann nahmen sie ihn an und gaben ihm schließlich eine religiöse Sanktion, indem sie ihn als Ewigkeitselement der Ehe auslegten: die Frau würde so ihrem Mann auf ewig angehören und mit ihm auch in allen späteren Leben verbunden bleiben. In Radschastan führte das absolute Besitzrecht des Gatten über seine Frau zum *johur*, in dem ein Radschpute angesichts einer sicheren Niederlage seine Frauen opferte, bevor er seinem Tode in der Schlacht entgegenging. Der Brauch war unter den Moguln trotz des Abscheus der Mohammedaner weit verbreitet; selbst der mächtige Akbar vermochte ihn nicht auszurotten. Bei einer Gelegenheit versuchte Akbar eine Hindubraut, die auf dem Scheiterhaufen ihres inniggeliebten Verlobten zu sterben wünschte, von ihrem Vorhaben abzubringen; aber obgleich die Brahmanen ihre Bitten denen des Königs anschlossen, bestand sie auf dem Opfer; als die Flammen sie erreichten und Akbars Sohn Daniyal noch immer auf sie einsprach, sagte sie: «Störe mich nicht, störe mich nicht.» Eine andere Witwe, die ähnliche Bitten zurückwies, hielt einen Finger in die Flamme einer Lampe, bis er vollkommen verbrannt war; sie gab kein Zeichen des Schmerzes von sich und zeigte so, wie sehr sie alle verachtete, die ihr von der Zeremonie abrieten. In Vijayanagar erfolgte die Witwenverbrennung zuweilen in großem Maßstabe: Nicht eine oder einige wenige, sondern alle Frauen eines Fürsten oder Hauptmanns folgten ihm in den Tod. Conti berichtet, daß der Radscha oder König dreitausend von seinen zwölftausend Ehefrauen zu Bevorzugten erwählte, «unter der Bedingung, daß sie sich nach seinem Tode freiwillig mit ihm verbrennen lassen würden, was eine große Ehre für sie ist». Es ist schwer zu sagen, wie weit sich die mittelalter-

DAS LEBEN DES VOLKES

433

liche Hinduwitwe durch religiöse Beeinflussung und Glaubenskraft und in der Hoffnung auf die Wiedervereinigung mit ihrem Gatten in einem anderen Leben mit der Verbrennung abfand.

Die Witwenverbrennung verlor immer mehr ihre Volkstümlichkeit, als Indien in enge Beziehungen zu Europa trat; aber die Hinduwitwe hatte weiter unter ihrer Rechtlosigkeit zu leiden. Da die Ehe eine Frau für ewige Zeiten an ihren Gatten band, war ihre Wiederverheiratung nach seinem Tode eine tödliche Beleidigung und mußte notwendigerweise in seinen späteren Daseinsformen heillose Verwirrung stiften. Deshalb schrieb ihr das Gesetz der Brahmanen den dauernden Witwenstand vor; überdies mußte sie den Kopf rasieren und ihr Leben (wenn sie nicht die Verbrennung vorzog) der Sorge um ihre Kinder und der privaten Wohltätigkeit weihen. Sie wurde nicht in Armut belassen; sie hatte im Gegenteil als erste das Rückbehaltungsrecht über das Vermögen ihres Gatten, um ihren Lebensunterhalt sicherzustellen. Diese Vorschriften wurden nur von den strenggläubigen Frauen der Oberschicht und des Mittelstandes – das heißt von etwa dreißig Prozent der Bevölkerung – beachtet; die Mohammedaner, die Sikhs und die niedereren Kasten befolgten sie nicht. Die Hindu verglichen diese zweite Jungfrauenschaft der Witwe mit der Ehelosigkeit der Nonnen im Christentum; in beiden Fällen verzichteten die Frauen auf die Ehe und lebten ein zurückgezogenes Leben im Dienste der Wohltätigkeit*.

IV. SITTEN UND GEBRÄUCHE · CHARAKTER

Die sexuelle Moral · Die Hygiene · Die Kleidung · Das Äußere
Die Kunst der Sanftmut bei den Indern · Fehler und Tugenden · Spiele · Festlichkeiten · Der Tod

Dem durchschnittlichen Geiste wird es unglaublich erscheinen, daß das gleiche Volk, das solche Einrichtungen wie die Kinderehe, die Tempelprostitution und die Witwenverbrennung duldete, auch von hervorragender Güte, Anständigkeit und Höflichkeit war. Die paar *devadasis* ausgenommen, waren Dirnen in Indien selten und das sexuelle Eigentumsgefühl außergewöhnlich hoch. «Man muß zugeben», sagt selbst Dubois, «daß die Regeln der Etikette und der gesellschaftlichen Höflichkeit von allen, selbst den niedersten Klassen der Hindus viel klarer dargelegt und viel besser beobachtet werden als von Menschen des gleichen sozialen Ranges in Europa.»[32] Die wichtige Stellung, die die Sexualität im Sprechen und Denken des Westens einnimmt, war der Lebensart der Hindus fremd, denn diese verbot jede öffentliche Intimität zwischen Mann und Frau und betrachtete die physische Berührung der Geschlechter beim Tanzen als unsauber und obszön. Eine Hindufrau kann ohne Angst vor Belästigung oder Beleidigung überall hingehen; das Risiko war, so wie der Orientale die Sache sah, eher

---

* Wenn wir uns mit fremden Bräuchen befassen, müssen wir uns stets vor Augen halten, daß wir fremde Gewohnheiten nach unserem eigenen Moralkodex nicht gerecht beurteilen können. «Der oberflächliche Beobachter, der seinen eigenen Maßstab an die Bräuche aller Völker anlegt», sagt Tod, «beklagt mit affektierter Menschenfreundlichkeit die entehrende Stellung der Hindufrau. Er wird aber feststellen müssen, daß sie dieses Gefühl keinesfalls teilt.»[31]

434 INDIEN UND SEINE NACHBARN

auf der anderen Seite. Manu warnt die Männer: «Die Frau ist von Natur aus stets geneigt, den Mann zu verführen; daher sollte ein Mann selbst mit seinen nächsten weiblichen Verwandten nicht an einem abgeschiedenen Orte sitzen»; und er darf nie höher als bis zu den Knöcheln eines vorübergehenden Mädchens schauen.

Die Reinlichkeit kam in Indien buchstäblich unmittelbar nach der Gottesfurcht; die Hygiene war nicht, wie Anatole France meinte, *la seule morale*, aber sie bildete immerhin einen wesentlichen Bestandteil der Frömmigkeit. Manu stellte vor vielen Jahrhunderten recht anstrengende Regeln für die Körperpflege auf. «Frühmorgens», lautet eine Belehrung, «soll (der Brahmane) baden, seinen Körper schmücken, seine Zähne putzen, die Augen mit Kollyrium behandeln und die Götter verehren.» In den Eingeborenenschulen waren gute Umgangsformen und persönliche Sauberkeit die ersten Unterrichtsfächer. Der Kastenhindu pflegte seinen Körper täglich zu baden und das schlichte Gewand, das er zu tragen beabsichtigte, zu waschen; es schien ihm verabscheuungswürdig, das gleiche Kleidungsstück ungewaschen länger als einen Tag zu tragen. «Die Hindus», sagt Sir William Huber, «sind unter den asiatischen Rassen, ja unter den Rassen der Welt, beispielhaft für körperliche Sauberkeit. Die Waschungen der Hindus sind sprichwörtlich geworden.» *[33]

Yuan Chwang beschrieb vor dreizehnhundert Jahren die Tischmanieren der Inder folgendermaßen:

«Sie sind von selber und nicht aus Zwang reinlich. Vor jeder Mahlzeit müssen sie sich waschen; Überreste werden nicht noch einmal aufgetragen; das Speisegeschirr wird nicht weitergegeben; soweit sie aus Ton oder Holz sind, werden sie nach Gebrauch fortgeworfen; soweit sie aus Gold, Silber, Kupfer oder Eisen sind, werden sie wieder gesäubert. Sobald eine Mahlzeit beendet ist, benutzen sie Zahnstocher und waschen sie sich. Bevor sie ihre Waschungen beendet haben, kommen sie miteinander nicht in Berührung.» [35]

Der Brahmane wusch gewöhnlich Hände, Füße und Zähne vor und nach jeder Mahlzeit; er aß mit den Fingern, seine Nahrung legte er auf ein Blatt, und er hielt es für unreinlich, einen Teller, eine Gabel oder ein Messer zweimal zu benutzen; wenn er fertig war, spülte er siebenmal den Mund. Die Zahnbürste war immer neu – ein von einem Baume frisch gebrochenes Zweiglein; ein Hindu hielt es für schimpflich, seine Zähne mit den Haaren eines Tieres zu putzen oder zweimal dieselbe Bürste zu verwenden; so viele Arten, einander zu verachten, erfinden die Menschen. Der Hindu kaute fast unaufhörlich das Blatt der Betelpflanze, die die Zähne auf eine den Europäern unerquickliche, ihm selbst aber angenehme Weise schwärzt. Das und der gelegentliche Gebrauch des Opiums trösteten ihn über seine Enthaltsamkeit von Tabak und berauschenden Getränken hinweg.

Die Gesetzbücher der Hindus sehen genaue Vorschriften für die Hygiene der Menstruation und für die Verrichtung der natürlichen Bedürfnisse vor. Nichts könnte komplizierter und feierlicher sein als das Ritual der Darmentleerung für einen Brahmanen. Er durfte bei diesem Ritus

---

* Ein großer Hindu, Lajpat Rai, erinnert Europa daran, daß die Inder, «lange bevor die europäischen Nationen etwas von Hygiene wußten und lange bevor sie die Nützlichkeit einer Zahnbürste und eines täglichen Bades erkannten, beides gebrauchten. Vor kaum fünfzig Jahren hatten die Wohnungen in London keine Badewannen, und die Zahnbürste war ein Luxus.»[34]

DAS LEBEN DES VOLKES

nur seine linke Hand benutzen und mußte die Körperteile mit Wasser reinigen; und er betrachtete sein Haus als besudelt, wenn sich Europäer, die sich mit Papier begnügten, darin aufhielten. Die Parias und viele Schudras nahmen es jedoch mit diesen Dingen nicht so genau und waren wohl imstande, jede Straßenecke zu diesem Zwecke zu benutzen. In den von diesen Klassen bewohnten Quartieren war das öffentliche Gesundheitswesen auf einen offenen Abzugskanal in der Straßenmitte beschränkt.

In einem so warmen Klima war Kleidung überflüssig, und Bettler und Heilige verzichteten darauf. Eine südliche Kaste drohte, wie die kanadischen Doukhobors, auszuwandern, falls ihre Mitglieder zum Tragen von Kleidung gezwungen würden. Bis gegen das Ende des achtzehnten Jahrhunderts war es wahrscheinlich in Südindien für beide Geschlechter Brauch, den Oberkörper nackt zu tragen. Die Bekleidung der Kinder bestand zumeist nur in Halsketten und Ringen. Die meisten gingen barfuß; wenn der rechtgläubige Hindu Schuhe trug, mußten sie aus Stoff sein, denn er trug unter keinen Umständen Lederschuhe. Viele Männer begnügten sich mit einem Lendenschurz; wenn sie mehr Kleidung brauchten, knoteten sie ein Tuch über die Brust und warfen das lose Ende über die linke Schulter. Die Radschputen trugen Hosen in jeder Farbe und Form, einen Kittel mit Gürtel, ein Halstuch, Sandalen oder Schuhe an den Füßen und einen Turban auf dem Kopf. Der Turban war mit den Mohammedanern nach Indien gekommen, die Hindu hatten ihn übernommen und wickelten ihn auf verschiedenartige und jeder Kaste eigentümliche Weise sorgfältig um den Kopf, aber immer mit der Großzügigkeit eines Magiers, der einen endlosen Seidenstoff auseinanderbreitet; zuweilen erreichte ein aufgerollter Turban eine Länge von zwanzig Metern. Die Frauen trugen fließende Gewänder – aus farbenprächtiger Seide *(Sari)* oder hausgewebtem *khaddar* –, die über beide Schultern bis zu den Füßen fielen und an der Brust straff zusammengehalten wurden; oft blieben wenige Zoll bronzefarbenen Fleisches sichtbar. Gegen die austrocknenden Strahlen der Sonne ölte man das Haar ein; die Männer teilten ihr Haar in der Mitte und zogen es in einem Schopf hinter dem linken Ohr zusammen; die Frauen rollten einen Teil zu Locken und ließen den Rest frei herunterhängen, steckten Blumen hinein oder bedeckten es mit einem Tuche. Die Männer waren stattlich, die jungen Frauen schön, und alle hatten eine prachtvolle Haltung; ein gewöhnlicher, nur mit einem Lendenschurz bekleideter Hindu hatte oft mehr Würde als ein europäischer Diplomat in vollem Ornat. Nach Pierre Lotis Ansicht «erreicht die Schönheit der arischen Rasse ihre höchste Vollkommenheit und Verfeinerung bei den oberen Klassen Indiens». Beide Geschlechter waren sachverständig in der Schönheitspflege, und die Frauen fühlten sich ohne Schmuck nackt. Ein Ring im linken Nasenloch war das Zeichen des Ehestandes. Auf der Stirne war in den meisten Fällen ein religiöses Glaubenssymbol aufgemalt.

Es ist schwer, diese Oberfläche zu durchdringen und den Charakter der Hindu zu beschreiben; denn jedes Volk beherbergt alle Tugenden und alle Laster, und die Zeugen wählen vorzugsweise jene Eigenschaften aus, die ihre Erzählung ausschmücken und ihre moralische Einstellung unterstreichen. «Meines Erachtens ist ihr größtes Laster», sagt Père Dubois, «die Unzuverlässigkeit, Hinterlist und Doppelzüngigkeit ... die allen Indern gemein ist ... Es ist sicher, daß es keine andere Nation in der Welt gibt, die sich so wenig aus einem Schwur oder einem Meineid macht.»[36] «Lügen», sagt Westermarck, «nennt man das indische Nationallaster.»[37] «Die Inder sind ränkevoll und falsch», sagt Macaulay[38]. Nach den Gesetzen Manus und den Sitten der Welt ist eine aus guten Gründen gesagte Lüge verzeihlich; wenn zum Beispiel die Wahrheit den Tod eines Priesters zur Folge hätte, wäre eine Lüge entschuldbar. Yuan Chwang berichtet aber: «Sie kennen keine List und keinen Trug, und sie erfüllen ihre unter Eid aufgenommenen Verpflichtungen stets ... Sie werden nichts nehmen, was ihnen nicht gehört, und sie gestehen mehr zu, als billig ist.»[39] Abu-l Fazl, der gewiß keine Schwäche für Indien hatte, berichtete, die Inder des sechzehnten Jahrhunderts seien «religiös, liebenswürdig, munter, gerechtigkeitsliebend, zurückgezogen, geschäftstüchtig, wahrheitsliebend, dankbar und von grenzenloser Treue»[40]. «Ihre Ehrlichkeit», sagt der vertrauenswürdige Keir Hardie, «ist sprichwörtlich. Sie borgen und ver-

INDIEN UND SEINE NACHBARN

leihen auf ihr Ehrenwort, und die Nichtanerkennung einer Schuld ist beinahe unbekannt.»⁴¹ «Mir sind», sagt ein britischer Richter in Indien, «Hunderte von Fällen bekannt, in denen das Eigentum, die Freiheit und das Leben eines Mannes von einer Lüge dieses Mannes abhingen; er lehnte es ab, sie zu sagen.»⁴² Wie sollen wir nun diese widersprechenden Zeugenaussagen in Einklang bringen? Vielleicht ist es sehr einfach: Manche Inder sind ehrlich und manche nicht. Die Hindu sind sehr grausam und sehr sanft. Im achtzehnten und neunzehnten Jahrhundert beging die seltsame, nahezu eine Kaste bildende Geheimgesellschaft der *Thugs* Tausende der schauderhaftesten Mordtaten, um (wie sie sagten) der Göttin Kali Opfer darzubringen. Vincent Smith schreibt über diese Thugs (wörtlich «Betrüger») manches, das auch auf unsere Zeit ganz gut passen würde:

«Die Banden hatten wenig zu fürchten und erfreuten sich einer fast vollständigen Immunität; ... sie hatten immer mächtige Beschützer. Das sittliche Gefühl des Volkes war so tief gesunken, daß es keine Zeichen einer allgemeinen Ablehnung dieser kaltblütigen Verbrechen der Thugs gab. Man nahm sie als Teil der überkommenen Ordnung der Dinge hin; und bevor die Geheimnisse der Organisation verraten wurden ... war es gewöhnlich unmöglich, selbst gegen die berüchtigtsten Thugs Beweise zu erbringen.»

Nichtsdestoweniger kommen in Indien verhältnismäßig wenig Verbrechen und Gewalttätigkeiten vor. Nach allgemeinem Urteil sind die Hindus fast bis zur Furchtsamkeit sanftmütig; sie sind zu gutherzig und zu fromm und waren zu lange Zeit auf das Rad der Eroberung und der fremden Gewaltherrschaft geflochten, als daß sie gute Kämpfer sein könnten, es sei denn in dem Sinne, daß sie Schmerz mit unvergleichlichem Mut zu ertragen vermögen. Ihre größten Fehler sind wahrscheinlich Apathie und Faulheit; aber bei den Indern sind das keine Fehler, sondern klimatische Notwendigkeiten wie das *dolce far niente* der Lateinvölker und das Wirtschaftsfieber der Amerikaner. Die Inder sind empfindsam, leicht erregbar, temperamentvoll und phantasiereich; deswegen sind sie bessere Künstler und Poeten als Herrscher oder Staatsmänner. Sie können ihre Mitmenschen mit demselben Eifer, der den Unternehmer überall kennzeichnet, ausbeuten; doch sind sie unendlich wohltätig und die gastfreundlichsten Hausherren. Sogar ihre Feinde geben ihre Höflichkeit zu, und ein großmütiger Engländer faßt seine lange Erfahrung zusammen, indem er den oberen Klassen in Kalkutta «feine Umgangsformen, Klarheit und Weite des Verstehens, Großmut und eine Unbefangenheit, die sie in jedem Lande der Welt zu Gentlemen gestempelt hätten», zuspricht.

Der indische Charakter erscheint dem Außenstehenden finster; ohne Zweifel haben die Hindu nicht viel Grund zum Lachen. Die Dialoge Buddhas erwähnen vielerlei Spiele, darunter eines, das dem Schachspiel sonderbar ähnlich sieht*; aber keines weist die Lebhaftigkeit und Fröhlichkeit der Spiele des Abendlandes auf. Akbar führte im sechzehnten Jahrhundert das Polospiel in Indien

---

* Das Schach ist so alt, daß viele Nationen des Altertums auf seinen Geburtsort Anspruch erheben. Die Archäologen sind der Ansicht, daß das Spiel in Indien entstand; gewiß ist, daß wir dort sein unbestritten ältestes Vorkommen finden (ca. 750 n. Chr.). Das Wort *Schach* kommt vom Persischen *schah*, König, und *Schachmatt* ist ursprünglich *schah-mat* = «König tot». Die Perser nannten es *schatranj* und übernahmen Wort und Spiel durch die Araber aus Indien, wo es als *chaturanga*, «vier Winkel», bekannt war, ein Ausdruck, der sich auf die Stellung der Läufer, Springer, Türme und Bauern bezog. Die Araber nennen noch heute den Läufer *al-fil* = das heißt Elefant (von *aleph-hind*, dem arabischen Wort für «Ochs Indiens»).

Die Hindus erzählen eine köstliche Entstehungsgeschichte des Spieles. Zu Beginn des fünften Jahrhunderts unserer Ära (so lautet die Geschichte) beleidigte ein indischer Monarch seine brahmanischen und Kschatriya-Bewunderer durch die Nichtbeachtung ihrer Ratschläge und indem er vergaß, daß die Liebe des Volkes die sicherste Stütze des Thrones ist. Ein Brahmane, Sissa, unternahm es, dem jungen König die Augen zu öffnen, indem er ein Spiel erfand, worin die den König darstellende Figur, obgleich an Würde und Wert die höchste (wie in der orientalischen Kriegsführung), allein beinahe hilflos war; daher kam das Schachspiel. Der Herrscher liebte das Spiel so sehr, daß er Sissa aufforderte, seine Belohnung selbst zu nennen. Sissa verlangte bescheiden einige Reiskörner, deren Quantität dadurch zu bestimmen war, daß ein Korn auf das erste der vierundsechzig Felder des Schachbretts gelegt und die Anzahl der Körner auf jedem der nachfolgenden Felder

DAS LEBEN DES VOLKES   437

ein*, das offenbar aus Persien gekommen war und über Tibet nach China und Japan wanderte; und er liebte es, mit schönen Sklavenmädchen *pachisi* (das heutige «parchesi») zu spielen, indem er sie als lebende Figuren in die Felder treten ließ, die er zu diesem Zwecke in das Pflaster des viereckigen Palasthofes in Agra eingehauen hatte.

Häufige religiöse Festlichkeiten verliehen dem öffentlichen Leben Farbe. Das größte Fest war das *Durga-Puja* zu Ehren der großen Göttin-Mutter Kali. Bereits Wochen vorher schmausten und sangen die Hindus; den Höhepunkt aber bildete ein Umzug, bei dem jede Familie ein Bild der Göttin an den Ganges trug, es in den Fluß warf und dann heimwärts zog. Das *Holi*fest zu Ehren der Göttin Vasanti hatte saturnalischen Charakter: Die Gläubigen trugen phallische Embleme in der Prozession und ahmten damit die Bewegungen des Beischlafs nach. In Chota Nagpur war die Ernte das Zeichen zu allgemeiner Ausschweifung: «Die Männer ließen alle Konventionen beiseite, die Frauen alle Sittsamkeit, und den Mädchen wurde vollkommene Freiheit gegeben.» Die Parganait, eine Bauernkaste in den Radschmahal-Hügeln, hielten ein jährliches Landfest ab, an dem die Unverheirateten sich in hemmungslosen Geschlechtsbeziehungen austoben durften. Zweifellos haben wir es auch hier mit Überresten der Vegetationsriten zu tun, die die Fruchtbarkeit der Erde und der Familie fördern sollten. Viel sittsamer ging es auf den Hochzeitsfesten zu, die das große Ereignis im Leben eines jeden Inders darstellten; viele Väter brachten sich an den Bettelstab, nur um die Eheschließung ihrer Tochter oder ihres Sohnes großartig feiern zu können.

Am 'anderen Ende des Lebens stand die abschließende Zeremonie – die Verbrennung. Zur Zeit Buddhas pflegte man nach Art der Zoroastrier die Leiche den Raubvögeln zum Fraße auszusetzen; aber Personen von Rang wurden nach ihrem Tode auf einem Scheiterhaufen verbrannt; ihre Asche wurde unter einem *stupa* – das heißt einem Grabmal – beigesetzt. In späteren Tagen wurde die Einäscherung zum Privileg jedes Mannes; allnächtlich konnte man das Aufschichten der Reisigbündel für die Feuerbestattung beobachten. In Yuan Chwangs Zeit war es für hochbetagte Greise nicht ungewöhnlich, dem Tode zuvorzukommen, indem sie sich von ihren Kindern auf den Ganges hinausrudern ließen und sich in den erlösenden Strom warfen. Selbstmord fand unter gewissen Bedingungen schon immer im Osten mehr Zustimmung als im Westen; die Gesetze Akbars gestatteten ihn bei Greisen, unheilbar Kranken und jenen, die sich selbst den Göttern zum Opfer bringen wollten. Tausende von Indern haben schon ihr letztes Opfer gebracht, indem sie sich zu Tode hungerten, sich im Schnee begruben, sich mit getrocknetem Kuhdünger bedeckten und Feuer an sich legten oder sich den Krokodilen an den Mündungen des Ganges zum Fraße vorwarfen. Bei den Brahmanen kam eine Form des Harakiri auf, mit dessen Hilfe eine Beleidigung gerächt oder ein erlittenes Unrecht aufgezeigt werden sollte. Als nämlich ein Radschputenkönig eine Steuer von der Priesterkaste erhob, erdolchten sich mehrere der reichsten Brahmanen

---

verdoppelt werden sollte. Der König stimmte sofort zu, mußte aber bald zu seiner Überraschung feststellen, daß er sein Königreich versprochen hatte. Sissa ergriff die Gelegenheit, um seinem Herrn zu zeigen, wie leicht ein Monarch verführt werden kann, wenn er seine Ratgeber verachtet. *Credat qui vult.*

* Vom tibetanischen Wort *pulu*, im indischen Balti-Dialekt *polo*, «Ball»; vgl. Latein *pila*.

in seiner Gegenwart, wobei sie ihn mit dem angeblich fürchterlichsten und wirksamsten aller Flüche – dem eines sterbenden Priesters – belegten. Nach den Bestimmungen der brahmanischen Gesetzbücher mußte jeder, der durch eigene Hand zu sterben beschlossen hatte, drei Tage lang fasten; und jeder, dem es bei seinem Selbstmordversuch nicht gelang, zu sterben, hatte die strengste Buße zu leisten. Das Leben ist eine Bühne mit einem einzigen Eingang, aber vielen Ausgängen.

FÜNFTES KAPITEL

Das Paradies der Götter

I n keinem anderen Lande ist die Religion so mächtig oder so wichtig wie in Indien. Wenn die Inder immer wieder fremde Regierungen duldeten, ist das teilweise dem Umstand zuzuschreiben, daß sie sich nicht sonderlich darum scherten, wer sie eigentlich beherrschte oder ausbeutete – Eingeborene oder Fremde; die Hauptsache war die Religion und nicht die Politik; die Seele und nicht der Körper; unendlich viele spätere Leben und nicht dieses vergängliche. Wenn Aschoka ein Heiliger wurde und Akbar beinahe zum Hinduismus übertrat, so zeigt sich darin die Macht der Religion selbst über die stärksten Männer. In unserem Jahrhundert ist es ein Heiliger und nicht ein Staatsmann, der zum ersten Male in der Geschichte ganz Indien geeint hat.

I. DIE SPÄTERE GESCHICHTE DES BUDDHISMUS

Der Buddhismus auf dem Höhepunkt · Die zwei Fahrzeuge
«Mahayana»-Buddhismus, Stoizismus und Christentum · Der Verfall des Buddhismus
Seine Wanderungen: Ceylon, Birma, Turkestan, Tibet, Kambodscha, China, Japan

Zweihundert Jahre nach Aschokas Tod erreichte der Buddhismus in Indien seinen Höhepunkt. Die Blütezeit des Buddhismus von Aschoka bis Harscha stellte in mancher Hinsicht den Gipfelpunkt der indischen Religion, Wissenschaft und Kunst dar. Aber der Buddhismus, der diese Vormachtstellung errang, war nicht mehr derjenige Buddhas; wir könnten ihn besser als die Schöpfung seines rebellischen Schülers Subhadda bezeichnen, der, als er vom Tode des Meisters hörte, zu den Mönchen sagte: «Genug, ihr Herren! Weinet nicht und klaget nicht! Wir sind den großen *Samana* los. Wir hatten schon lange genug von seinem ewigen ‚das ziemet Dir, das ziemet Dir nicht‘. Doch nun werden wir tun dürfen, was uns gefällt; und was uns nicht gefällt, das werden wir nicht tun müssen!»[1]

Das erste, was sie mit ihrer Freiheit taten, war, sich in Sekten aufzuspalten. Zwei Jahrhunderte nach des Meisters Tod hatten achtzehn Abarten der buddhistischen Lehre sein Erbe untereinander aufgeteilt. Die Buddhisten Südindiens und Ceylons hielten eine Zeitlang am einfacheren und reineren Glauben des Gründers, der später *Hinayana* oder das «Kleine Fahrzeug» genannt wurde, fest: Sie verehrten Buddha als großen Lehrer, aber nicht als Gott, und ihre Schriften waren die Pali-Texte des älteren Glaubens. Doch in Nordindien, Tibet, in der Mongolei, in China und Japan gewann das *Mahayana* oder das «Große Fahrzeug» die Oberhand, und diese Richtung definierte und propagierte das Konzil Kanischkas; die dort anwesenden Theologen verkündeten die Gött-

440   INDIEN UND SEINE NACHBARN

lichkeit Buddhas, umgaben ihn mit Engeln und Heiligen, nahmen die *Yoga*-Askese Patañjalis an und gaben eine neue Fassung der Heiligen Schriften in Sanskrit heraus, die
zwar metaphysischen und scholastischen Raffinements weiten Spielraum ließ, aber doch
eine volkstümlichere Religion darstellte als der strenge Pessimismus Schakyamunis.

Das *Mahayana* war ein mittels brahmanischer Gottheiten, Praktiken und Mythen ge-
milderter und den Bedürfnissen der Kuschantataren und der tibetanischen Mongolen,
auf die Kanischka seine Herrschaft ausgedehnt hatte, angepaßter Buddhismus. Ein Himmel wurde erdacht, in dem es viele Buddhas gab, von denen aber Amida Buddha, der
Erlöser, mehr als alle anderen die Gunst des Volkes gewann; dieser Himmel und eine
dementsprechende Hölle sollten der Lohn oder die Strafe des auf der Erde begangenen
Guten oder Bösen sein. Die größten Heiligen waren in dieser neuen Götterlehre die
Bodhisattwas oder zukünftigen Buddhas, die freiwillig von dem Erreichen des Nirwana
(hier Freiheit von Wiedergeburt) Abstand nahmen, um ewig wiedergeboren zu werden
und so anderen behilflich zu sein, den richtigen Weg zu finden*. Wie im Christentum
des Mittelmeerkreises wurden diese Heiligen dermaßen volkstümlich, daß sie beinahe
den Gott in den Schatten stellten. Die Reliquienverehrung, der Gebrauch von Weihwas-
ser, Kerzen und Weihrauch, der Rosenkranz, die geistlichen Gewänder, eine liturgische tote Sprache, Mönche und Nonnen, die Klostertonsur und der Zölibat, die Beichte, die Fasttage, die Heiligsprechung, das Fegefeuer und die Totenmessen blühten im
Buddhismus wie im mittelalterlichen Christentum und dürften in jenem sogar zuerst
aufgetreten sein**. Das Verhältnis des *Mahayana* zum *Hinayana* oder dem ursprünglichen Buddhismus glich dem des Katholizismus zum Stoizismus und zum Urchristen-
tum. Buddha hatte wie Luther irrtümlich geglaubt, das Schauspiel des religiösen Rituals ließe sich durch Predigten und Morallehren ersetzen; und der Sieg eines an Mythen, Mirakeln, Zeremonien und heiligen Zwischenträgern reichen Buddhismus entspricht dem alten und heutigen Triumph eines farbenreichen und dramatischen Katholizismus über die herbe Schlichtheit des frühen Christentums und des modernen Pro-
testantismus.

Die gleiche volkstümliche Vorliebe für Polytheismus, Wunder und Mythen, die den
Buddhismus Buddhas zerstörte, vernichtete schließlich den Buddhismus des Großen
Fahrzeugs in Indien selbst. Denn – um mit der nachträglichen Weisheit des Historikers
zu sprechen – wenn der Buddhismus so viel vom Hinduismus übernahm, so viele seiner
Legenden, Riten und Götter, so konnte bald nicht mehr viel übrigbleiben, was die
zwei Religionen unterschieden hätte; und diejenige mit den tieferen Wurzeln, der
volkstümlicheren Anziehungskraft, den reicheren Wirtschaftsquellen und der größe-

---

    * In einer der *Puranas* finden wir eine typische Legende von dem König, der zwar einen Platz im Himmel
verdient hat, aber in der Hölle bleibt, um die Gequälten zu stärken, und sie nicht verlassen will, solange die
Verdammten nicht entlassen werden.

    ** «Die Buddhisten», sagt Fergusson, «sind in der Erfindung und Abhaltung der den beiden Religionen
eigentümlichen Zeremonien der Römischen Kirche um fünf Jahrhunderte voraus.»[2] Edmunds hat den erstaunlichen Parallelismus zwischen der buddhistischen und der christlichen Lehre ausführlich gezeigt. Unsere
Kenntnisse über die Anfänge dieser Bräuche und Glaubenssätze sind jedoch zu ungenau, um positive Schlüsse
hinsichtlich der Priorität zuzulassen.

/

DAS PARADIES DER GÖTTER

ren politischen Unterstützung mußte nach und nach die andere aufsaugen. Schnell ergoß sich der Aberglaube, der das eigentliche Lebensblut der Menschheit zu sein scheint, aus dem älteren in den jüngeren Glauben, bis sogar die phallischen Bräuche der *Schakti*-Sekten im Ritual des Buddhismus Platz fanden. Langsam eroberten die geduldigen und zähen Brahmanen den Einfluß und die kaiserliche Gönnerschaft zurück; und der Erfolg des jugendlichen Philosophen Schankara bei der Wiederherstellung der Autorität der *Veden* als Grundlage der indischen Gedankenwelt setzte der geistigen Führerschaft der Buddhisten in Indien ein Ende.

Der letzte Schlag kam von außen und war in einem gewissen Sinne vom Buddhismus selbst herbeigeführt worden. Das Prestige des *Sangha*, des Buddhistenordens, hatte nach Aschoka das edelste Blut von Magadha einer ehelosen und pazifistischen Geistlichkeit zugeführt; schon zu Buddhas Zeit hatten sich Patrioten beklagt: «Der Mönch Gautama veranlaßt die Väter, keine Söhne zu zeugen, und bringt die Familien zum Aussterben.»[3] Das Wachsen von Buddhismus und Mönchstum zeitigte einen zahlenmäßigen Rückgang des männlichen Geschlechts und wirkte gemeinsam mit der politischen Zwietracht darauf hin, daß Indien den Eroberern als leichte Beute in die Hände fiel. Als die Araber kamen und der Verbreitung ihres einfachen und stoischen Monotheismus dienen wollten, sahen sie mit Verachtung auf die faulen, käuflichen buddhistischen Mönche und Wunderkrämer herab; sie zertrümmerten die Klöster, töteten Tausende von Mönchen und machten das Mönchstum bei den Vorsichtigen unpopulär. Die Überlebenden wurden vom Hinduismus, der sie geboren hatte, von neuem angezogen; die Orthodoxie nahm die reumütigen Ketzer wieder auf, und «der Brahmanismus tötete den Buddhismus mit einer brüderlichen Umarmung». Die alte Religion war stets duldsam gewesen; in der gesamten Geschichte des Aufstiegs und Niedergangs des Buddhismus und hundert anderer Glaubensbekenntnisse finden wir viel Disputieren, aber kein Beispiel der Verfolgung. Im Gegenteil, der Brahmanismus erleichterte die Rückkehr des verlorenen Sohnes, indem er Buddha (als eine Fleischwerdung Vischnus) zum Gott ausrief, auf das Tieropfer Verzicht leistete und die buddhistische Lehre von der Heiligkeit allen Tierlebens in seine orthodoxe Religionspraxis übernahm. Leise und friedlich verschwand der Buddhismus aus Indien nach einem halben Jahrtausend allmählichen Verfalls*.

Indessen hatte er die Eroberung nahezu der gesamten übrigen asiatischen Welt begonnen. Seine Ideen, seine Literatur und Kunst kamen nach Ceylon und der malayischen Halbinsel im Süden, nach Tibet und Turkestan im Norden und nach Birma, Siam, Kambodscha, China, Korea und Japan im Osten. Auf diese Weise erhielten alle diese Regionen (mit Ausnahme des Fernen Ostens) so viel Kultur, als sie nur vertragen konnten, genau so, wie Westeuropa und Rußland im Mittelalter die Kultur von römischen und byzantinischen Mönchen erhielten. Die kulturelle Blüte der meisten dieser Völker verdankte ihr Werden dem Ansporn des Buddhismus. Von der Zeit Aschokas bis zu ihrem Verfall im neunten Jahrhundert war Anuradhapura auf Ceylon eine der größten Städte der östlichen Welt; der Bo-Baum wird dort seit zweitausend Jahren verehrt, und der Tempel auf den Höhen von Kandy ist einer der Wallfahrtsorte der 150 Millionen Bud-

---

* Heute gibt es in Indien nur vier Millionen Buddhisten – 0,7 Prozent der Bevölkerung (Einwohner insgesamt: 586 Millionen).

dhisten*. Der Buddhismus Birmas ist wahrscheinlich der reinste, den es heute gibt, und seine Mönche kommen dem Ideale Buddhas am nächsten; unter ihrer Betreuung haben die 13 Millionen Einwohner des Gebietes einen bedeutend höheren Lebensstandard erreicht als die Indiens. Ausgrabungen Sven Hedins, Aurel Steins und Pelliots förderten aus dem Sande Turkestans zahlreiche buddhistische Manuskripte und andere Beweise einer Kultur zutage, die dort von der Zeit Kanischkas bis zum dreizehnten Jahrhundert n. Chr. geblüht hatte. Im siebenten Jahrhundert unserer Zeitrechnung errichtete der aufgeklärte Krieger Srong-tsan Gampo eine fähige Regierung in Tibet, annektierte Nepal, baute Lhasa als Hauptstadt und förderte es als Zwischenstation des chinesisch-indischen Handels. Er lud buddhistische Mönche aus Indien ein, ihre Religion und Kultur unter seinem Volke zu verbreiten, zog sich für vier Jahre von den Regierungsgeschäften zurück, um lesen und schreiben zu lernen, und leitete das Goldene Zeitalter Tibets ein. Tausende von Klöstern wurden in den Bergen und auf der Hochebene gebaut; und ein voluminöser Kanon der buddhistischen Bücher wurde in dreihundertunddreißig Bänden herausgegeben, die viele Werke, deren indische Originale seit langem verlorengegangen sind, der Wissenschaft erhielten. Hier in den weltfernen Einsiedeleien entwickelte sich der Buddhismus zu einem Labyrinth von Aberglauben, Mönchswesen und Theologie, dem nur noch das frühmittelalterliche Europa gleichkam; und der Dalai Lama (der «allumarmende Priester»), der verborgen in dem die Stadt Lhasa überschauenden Potalakloster lebt, wird noch heute vom guten tibetanischen Volke als die lebendige Verkörperung des *Bodhisattwa* Avalokiteschvara angesehen. In Kambodscha vereinigten sich Buddhismus und Hinduismus, um den religiösen Rahmen für eines der reichsten Zeitalter der Geschichte der orientalischen Kunst zu schaffen. Der Buddhismus feierte wie das Christentum seine größten Siege außerhalb seines Geburtslandes; und er feierte sie, ohne einen Tropfen Blut zu vergießen.

II. DIE NEUEN GOTTHEITEN

Der Hinduismus · Brahma, Wischnu, Schiwa · Krischna · Kali · Tiergötter
Die heilige Kuh · Polytheismus und Monotheismus

Der «Hinduismus», der nun den Buddhismus ersetzte, war nicht eine einheitliche Religion und auch nicht ausschließlich Religion; er war ein Gemisch von Glaubensbekenntnissen und Kulten, deren Anhänger nur vier Eigenschaften gemeinsam hatten: Sie anerkannten das Kastensystem und die Führung der Brahmanen, verehrten die Kuh als besondere Verkörperung des Göttlichen, bekannten sich zu dem Gesetz des *Karma* und der Seelenwanderung und ersetzten die Gottheiten der *Veden* durch neue Götter. Diese Glaubensbekenntnisse waren teilweise der vedischen Naturanbetung vorangegangen und hatten sie überlebt; teilweise erwuchsen sie aus der Rücksicht der Brahmanen gegenüber Riten, Gottheiten und Glaubenssätzen, die den Schriften unbekannt und dem Geiste der Veden sogar entgegengesetzt waren; sie brodelten im Kessel der religiösen Gedankenwelt Indiens auch dann, als der Buddhismus vorübergehend die geistige Vormachtstellung innehatte.

---

* Der Tempel in Kandy enthält den berühmten «Augenzahn Buddhas» – fünf Zentimeter lang und zweieinhalb Zentimeter breit. Er ist in einem juwelenbesetzten Kästchen verschlossen, vor den Augen des Volkes sorgfältig bewacht und wird periodisch in einem feierlichen Umzug, zu dem Buddhisten aus allen Ländern des Morgenlandes strömen, herumgeführt. Auf den Wänden des Tempels stellen Fresken den sanften Buddha als Töter von Sündern in der Hölle dar. Jedes Leben eines großen Mannes erinnert uns daran, wie hilflos er nach dem Tode einer völligen Umwandlung ausgesetzt ist.

DAS PARADIES DER GÖTTER 443

Die Götter des Hinduismus zeichneten sich durch eine Art anatomischen Reichtums aus, der andeutungsweise außergewöhnliches Wissen, Handeln und Können versinnbildlichte. Der neue Brahma hatte vier Gesichter, Kartikeya deren sechs; Schiwa besaß drei Augen, Indra tausend; und nahezu jede Gottheit verfügte über vier Arme. An der Spitze des neubearbeiteten Pantheons stand als anerkannter Herr der Götter Brahma, ritterlich neutral; was aber die tatsächliche Verehrung betrifft, trat er kaum mehr hervor als ein konstitutioneller Monarch im heutigen Europa. Mit ihm und Schiwa in einer Dreiheit – nicht Dreieinigkeit – dominierender Gottheiten verbunden war Wischnu, ein Liebesgott, der wiederholt zum Heile der Menschen deren Gestalt annahm. Seine größte Verkörperung war Krischna; als solcher war er in einem Gefängnis zur Welt gekommen, hatte viele Wunder des Heldentums und viele Liebesabenteuer vollbracht, die Tauben und die Blinden geheilt, den Aussätzigen geholfen, die Armen verteidigt und Menschen aus dem Grabe auferstehen lassen. Er hatte einen Lieblingsschüler, Arjuna, vor dessen Augen er verklärt wurde. Er starb, sagen manche, von einem Pfeile getroffen; andere glauben, daß er auf einen Baum gekreuzigt wurde. Er fuhr zur Hölle nieder, stieg in den Himmel auf und wird am letzten Tage zurückkehren, zu richten die Lebendigen und die Toten.

Für die Hindus gibt es drei Hauptvorgänge im Leben und im Universum: Schöpfung, Erhaltung und Vernichtung. Daher nimmt die Gottheit für sie drei Hauptformen an: Brahma, der Schöpfer, Wischnu, der Erhalter, und Schiwa, der Vernichter; das ist die *Trimurti* oder «Dreigestalt», die alle Hindus mit Ausnahme der Jainas anbeten*. Wischnuismus, die Religion Wischnus, und Schiwaismus, die Religion Schiwas, teilen sich in die Frömmigkeit des Volkes. Die zwei Kulte sind friedliche Nachbarn und halten zuweilen die Opferdarbietungen im gleichen Tempel ab; und die weisen Brahmanen, denen es die Mehrzahl des Volkes gleichtut, erweisen beiden Göttern gleiche Ehre. Fromme Wischnuisten malen sich jeden Morgen mit rotem Ton das Dreizackzeichen Wischnus auf die Stirne; fromme Schiwaiten ziehen über ihre Brauen mit Kuhdüngerasche horizontale Linien oder tragen den *linga* – das Symbol des männlichen Geschlechtsorgans – entweder um den Arm oder um den Hals gebunden.

Die Schiwaverehrung ist eines der ältesten, tiefsten und schrecklichsten Elemente des Hinduismus. Sir John Marshall berichtet von «unverkennbaren Beweisen» des Schiwakults in Mohenjo-Daro, teils in der Form eines dreiköpfigen Schiwas, teils in der Form kleiner Steinsäulen, die er ebenso als phallische Symbole ansieht wir ihre modernen Gegenstücke. Der «Schiwaismus», schließt er, «ist deshalb der älteste noch lebende Glaube der Welt»**. Der Name des Gottes ist ein Euphemismus; er bedeutet «günstig (gestimmt); während Schiwa besonders als Gott der Grausamkeit und Vernichtung betrachtet wird, als die Personifizierung jener kosmischen Kraft, die alle Formen,

---

* In der Volkszählung im Jahre 1971 teilten die Religionen Indiens die Bevölkerung folgendermaßen auf: Hinduismus 486 Millionen; Sikhs 11 Millionen; Jainas 2,3 Millionen; Buddhisten 4 Millionen; Zoroastrier (Parsen) 200 000; Mohammedaner 65,6 Millionen; Juden 16 000; Christen 15,2 Millionen (davon mehr als die Hälfte Katholiken).

** Nichtsdestoweniger ist der Name Schiwas gleich jenem *Brahmas* im Rigveda nicht zu finden. Der Grammatiker Pantañjali erwähnt ca. 150 v. Chr. Schiwabilder und -anhänger.

die die Wirklichkeit annimmt – alle Zellen, Organismen, Arten, Ideen, Arbeiten, Planeten und Dinge –, eine nach der anderen zerstört. Noch nie hat ein Volk es gewagt, der Vergänglichkeit der Gestalten und der Unparteilichkeit der Natur so offen ins Antlitz zu blicken oder so klar anzuerkennen, daß das Böse dem Guten die Waage hält, daß die Vernichtung mit der Schöpfung Schritt hält und daß alle Geburt ein mit dem Tode zu bestrafendes Verbrechen ist. Der von tausendfachen Leiden und Nöten gequälte Hindu sieht in ihnen das Werk einer lebendigen Kraft, der es offensichtlich Freude macht, alles zu zerstören, was Brahma – die schöpferische Macht der Natur – erzeugt. Schiwa tanzt nach der Melodie einer sich ewiglich bildenden, auflösenden und wieder neubildenden Welt.

Genauso wie der Tod die Strafe für die Geburt ist, so ist die Geburt die Vereitelung des Todes; und derselbe Gott, der die Vernichtung symbolisiert, stellt für den Geist des Hindu auch jene Leidenschaft und Wiedererzeugungsflut dar. die den Tod des Individuums durch die Kontinuität der Rasse unerheblich macht. In manchen Gegenden Indiens, besonders in Bengalen, wird diese schöpferische oder erzeugende Kraft (Schakti) Schiwas oder der Natur in der Gestalt von Schiwas Ehefrau, Kali (Parvati, Uma, Durga), verkörpert und in einem der vielen *Schakti*-Kulte angebetet. Bis zum vergangenen Jahrhundert war diese Verehrung ein blutiges Ritual, das oft Menschenopfer erforderte, und erst in letzter Zeit begnügte sich die Göttin mit Ziegenblut. Die Göttin wird für den Pöbel durch eine schwarze Figur mit aufgerissenem Munde und heraushängender Zunge dargestellt, die schlangengeschmückt auf einer Leiche tanzt; ihre Ohrringe sind tote Menschen, ihre Halskette besteht aus Schädeln, ihr Antlitz und ihre Brüste sind mit Blut beschmiert. Zwei ihrer Hände tragen ein Schwert und ein abgeschlagenes Haupt; die anderen zwei sind zu Segen und Schutz ausgebreitet. Denn Kali-Parvati ist ebenso die Göttin der Mutterschaft wie die Braut der Vernichtung und des Todes; sie kann ebenso zärtlich sein wie grausam und kann lächeln wie töten; vielleicht. war sie einst eine sumerische Mutter-Göttin und wurde nach Indien importiert, bevor sie so fürchterliche Züge annahm. Zweifellos hat man sie und ihren Gatten so schrecklich wie nur möglich ausgemalt, um furchtsame Anbeter zu Anstand und vielleicht zur Freigebigkeit gegenüber den Priestern zu veranlassen *.

Das sind die größeren Götter des Hinduismus; doch es sind lediglich fünf, und das Pantheon der Hindus zählt ihrer dreißig Millionen; allein ihre Katalogisierung würde hundert Bände füllen. Manche unter ihnen sind eigentlich nur Engel, manche sind Teufel, andere sind Himmelskörper wie die Sonne, wieder andere sind Glücksbringer wie Lakschmi (Göttin des Glücks), und viele sind Tiere des Feldes oder Federvieh. Für den Geist des Hindu gab es keine Kluft zwischen Menschen und Tieren; die Tiere hatten Seelen wie die Menschen, und die Seelen gingen ewiglich von Menschen in Tiere und von Tieren in Menschen über; all diese Gattungen waren in einem unendlichen Netz des *Karma* und der Wiedergeburt verwoben. Der Elefant zum Beispiel wurde zum Gott Ganescha und wurde als Sohn Schiwas erkannt; er versinnbildlichte die animalische Na-

---

* Die Priester des Schiwaismus sind jedoch selten Brahmanen, und die Mehrzahl der Brahmanen blicken mit Verachtung und Widerwillen auf den *Schakti*-Kult.

DAS PARADIES DER GÖTTER

tur des Menschen; gleichzeitig diente sein Bild als ein Zaubermittel gegen das Unglück. Affen und Schlangen waren schrecklich und darum göttlich. Die Kobra oder *naga*, deren Biß fast augenblicklich den Tod verursacht, war Gegenstand besonderer Anbetung. Alljährlich feierte das Volk in vielen Teilen Indiens ein religiöses Fest zu Ehren der Schlangen und brachte den Kobras an den Eingängen ihrer Schlupflöcher Milch dar. Tempel sind zu Ehren der Schlangen errichtet worden, so im östlichen Mysore; eine große Anzahl Reptilien lassen sich in diesen Gebäuden häuslich nieder und werden von den Priestern genährt und gepflegt. Krokodile, Tiger, Pfauen, Papageien, sogar Ratten erhalten ihren Anteil an religiöser Verehrung.

Das heiligste aller Tiere ist für den Hindu die Kuh. Stierdarstellungen aus jedem Material und in jeder Größe finden sich in Tempeln und Häusern und auf Stadtplätzen; die Kuh selbst ist in Indien das volkstümlichste Lebewesen. Sie genießt auf den Straßen volle Bewegungsfreiheit; ihr Mist wird als Heizmaterial oder als heilige Salbe benutzt, und ihr Urin gilt als ein Heilmittel gegen äußere und innere Unreinheit. In keinem Fall darf man diese Tiere essen oder aus ihrer Haut Kleidungsstücke – Kopfputz oder Handschuhe oder Stiefel – herstellen; und wenn sie sterben, muß man sie mit dem Pomp religiösen Rituals bestatten. Vielleicht erließ einst eine weise Staatskunst dieses Tabu, um der wachsenden Bevölkerung Indiens die dem Ackerbau notwendigen Zugtiere zu erhalten; heute kommt jedoch ihre Zahl einem Viertel der Bevölkerung gleich. Der Inder steht auf dem Standpunkt, daß es nicht unvernünftiger sei, eine tiefe Neigung für Kühe und einen tiefen Widerwillen gegen den Genuß ihres Fleisches zu empfinden, als solche Gefühle auf Katzen und Hunde zu übertragen; der Zyniker wird dazu bemerken, die Brahmanen glaubten, daß man keine Kühe schlachten und keine Insekten verletzen dürfe und die Witwen lebendig verbrennen müsse. Die Wahrheit ist, daß der Tierkult in der Geschichte eines jeden Volkes vorkommt und daß, wenn man schon ein Tier vergotten will, die ruhige und sanfte Kuh auf ihr Maß Ehrfurcht Anspruch erheben darf. Wir dürfen keineswegs an den Tiergöttern der Hindus zu hochmütig Anstoß nehmen; auch wir haben unseren Schlangenteufel im Paradies, unser Goldenes Kalb im Alten Testament, unseren heiligen Fisch in den Katakomben und unser sanftes Lamm Gottes.

Das Geheimnis des Polytheismus liegt in der Unfähigkeit des einfachen Geistes, unpersönlich zu denken; er kann sich Personen leichter als Kräfte, Willensregungen leichter als Gesetze vorstellen. Der Hindu hegt den Verdacht, daß unsere menschlichen Sinne nur die Außenseite der Ereignisse, die sie wiedergeben, wahrnehmen; hinter dem Schleier dieser Erscheinungen, meint er, gibt es zahllose unkörperliche Wesen, die wir uns, nach dem Satz Kants, nur vorstellen, die wir aber nicht wahrnehmen können. Eine gewisse philosophische Toleranz der Brahmanen hat das wimmelnde Pantheon Indiens noch weiterhin bereichert; örtliche oder Stammesgötter wurden in das Paradies der Hindus aufgenommen, gewöhnlich, indem man sie als Aspekte oder Fleischwerdungen der anerkannten Gottheiten interpretierte. Jeder Glaube konnte seine Empfehlungsschreiben erhalten, wenn er seine Gebühren entrichtete. Am Ende wurde nahezu jeder Gott eine Phase, ein Attribut oder eine Verkörperung eines an-

446 INDIEN UND SEINE NACHBARN

deren Gottes, bis alle diese Gottheiten den reiferen Geistern unter den Hindus zu einer einzigen zusammenflossen; der Polytheismus entwickelte sich zum Pantheismus, beinahe sogar zum Monotheismus. Wie ein Christ zur Madonna oder zu einem der tausend Heiligen beten und doch im Sinne der Anerkennung eines einzigen Gottes als allerhöchstes Wesen Monotheist sein kann, so betet der Hindu zu Kali oder Rama oder Krischna oder Ganescha, ohne auch nur einen Augenblick lang anzunehmen, daß sie allerhöchste Gottheiten seien. Manche Hindus halten Wischnu für erhaben und nennen Schiwa nur eine untergeordnete Gottheit; manche halten Schiwa für erhaben und machen aus Wischnu einen Engel; wenn nur wenige Brahma verehren, so ist das seiner Unpersönlichkeit, Unberührbarkeit und Unnahbarkeit zuzuschreiben und geschieht aus demselben Grunde, dem zufolge die Christenheit die meisten Kirchen zu Ehren Mariä oder eines Heiligen errichtete, während das Christentum auf Voltaire wartete, um Gott eine Kapelle zu erbauen.

III. GLAUBENSBEKENNTNISSE

Die «Puranas» · Die Wiederverkörperungen des Universums · Die Seelenwanderungen · «Karma»
Dessen philosophische Aspekte · Das Leben als Übel · Die Erlösung

Mit dieser komplexen Theologie ist eine komplexe, zugleich abergläubische und tiefsinnige Mythologie verbunden. Da die *Veden* mit der Sprache, in der sie verfaßt wurden, dahingegangen waren und die Metaphysik der brahmanischen Schulen die Begriffskraft des Volkes überstieg, schrieben Vyasa und andere, in einem Zeitraum von tausend Jahren (500 v. Chr. bis 500 n. Chr.), achtzehn *Puranas* – «alte Geschichten» – in 400 000 Doppelversen, die dem Laienstand die genaue Wahrheit über die Erschaffung der Welt, ihr wechselweises Werden und Vergehen, die Genealogie der Götter und die Geschichte des heroischen Zeitalters vortrugen. Diese Bücher erhoben keinen Anspruch auf literarische Form, logische Ordnung oder Mäßigkeit in Zahlen; so sagten sie zum Beispiel aus, das Liebespaar Urvaschi und Pururavas habe 61 000 Jahre in Lust und Wonne verbracht. Durch die Verständlichkeit ihrer Sprache, den Reiz ihrer Gleichnisse und die Strenggläubigkeit ihrer Lehre wurden die *Puranas* die zweite Bibel des Hinduismus, der Niederschlag seines Aberglaubens, seiner Mythen, ja seiner Philosophie. Wir geben eine Probe aus dem *Wischnupurana*, das das älteste, immer wiederkehrende Thema des indischen Denkens behandelt – daß nämlich die individuelle Abgeschiedenheit Täuschung und alles Leben eines ist:

«Nach tausend Jahren aber kam Ribhu*
Zu Nidāgha's Stadt, um ihm die Erkenntnis zu schenken.

---

* Ribhu ist der Guru des Nidāgha. Er hatte ihn tausend Jahre lang allein gelassen. Nidāgha erkennt ihn darum zuerst nicht.

DAS PARADIES DER GÖTTER

Er erblickte ihn aber draußen vor der Stadt,
Während grade der König mit großer Begleitung in die Stadt einziehen wollte,

Ferne stehend und sich vom Volksgedränge entfernt haltend,
Den Hals ausgedörrt von Fasten, eben aus dem Walde mit Brennholz und Gras zurückkommend.

Als Ribhu ihn erblickt hatte, ging er zu ihm und grüßte ihn
Und sprach: Warum, o Brahmane, stehst du hier einsam?

Nidãgha sprach: Siehe doch dieses Volksgedränge um den König,
Der eben in die schöne Stadt einziehen will. Darum stehe ich hier einsam.

Ribhu sprach: Wer von diesen ist denn der König? Und wer andererseits sind die andern?
Das sage mir doch. Denn du scheinst mir kundig.

Nidãgha sprach: Der, der auf dem feurigen, wie Bergesgipfel ragenden Ilfen
Reitet, das ist der König. Die andern sind seine Leute.

Ribhu sprach: Diese beiden, der König und der Ilfe werden mir von dir zugleich gewiesen,
Ohne durch ein Unterscheidungsmerkmal *gesondert* bezeichnet zu sein.

Dieses Unterscheidungsmerkmal gib mir doch noch an.
Ich möchte wissen: wer ist hier der Ilfe, und wer der König.

Nidãgha sprach: Der Ilfe ist der, der unten ist. Der König der, der auf ihm ist.
Wer kennte denn wohl nicht das Verhältnis von Getragenem und Tragendem!

Ribhu sprach: Damit ich das auch kenne, so lehre mich.
Was ist das, was mit dem Worte ‚unten‘ bezeichnet wird. Und was heißt man ‚oben‘?

Flugs sprang Nidãgha auf den Guru und sprach zu ihm:
So höre. Ich will dir sagen, wonach du mich fragst:

Ich bin oben, wie der König. Und du bist unten, wie der Ilf.
Zu deiner Belehrung gebe ich dir dieses Beispiel.

Ribhu sprach: Wenn du denn in der Lage des Königs bist und ich in der des Ilfen,
So sag mir doch eben dieses noch: Wer von uns ist denn *du*, wer ist *ich*?

Da ergriff Nidãgha eilends seine Füße:
Wahrlich, du bist Ribhu, mein Meister.

Denn keines andern Geist ist so geweiht mit der Weihe der *Unzweitheit*,
Wie der meines Meisters. Daran erkenne ich, daß du, mein Guru, Ribhu, gekommen bist.

Ribhu sprach: Ja, um dir Unterweisung zu schenken, wegen deiner früher mir erwiesenen
    Dienstwilligkeit,
Bin ich, Ribhu mit Namen, zu dir gekommen.

Was ich dich aber soeben in Kürze gelehrt habe –
Höchster Wahrheit Kern – das ist die völlige *Unzweitheit* (advaitam).

Und als er so zu Nidãgha gesprochen, da ging der Guru Ribhu wieder von dannen.
Nidãgha aber, durch seine anschauliche Unterweisung belehrt, richtete sich ganz auf die Unzweitheit.

Alle Wesen schaute er fortan *unverschieden von sich* selbst.
Und so schaute er *Brahma*. Und daher erlangte er die höchste Erlösung.

So verhalte auch du, o Gesetzeskundiger, dich gleich zu dir, zu Feind und Freund,
In Erkenntnis des durch *alle gleich* sich erstreckenden Selbst.

Denn wie der Himmel, der doch einer ist, mit den Unterschieden von weiß und blau erscheint,
So auch, durch Irrwahn, das Selbst, obschon eines, in Gesondertheit.

INDIEN UND SEINE NACHBARN

Alles, was nur immer hier ist, das ist der Eine, Acyuta*. Von ihm gibt es kein anderes, verschiedenes.

Er ist ich, er auch du, er alles dieses ātman-wesende. Drum laß fahren den *Vielheitswahn*.

So von ihm unterwiesen, gewann der König die Schau der höchsten Wirklichkeit, und ließ die Vielheit fahren.»[4]

In diesen *Puranas* und in den verwandten Schriften des mittelalterlichen Indien stoßen wir auf eine sehr moderne Theorie des Universums. Es gibt keine Schöpfung im Sinne der Genesis; die Welt ist im dauernden Werden und Vergehen, im ewigen Wachsen und Verfallen in zyklischen Vorgängen wie jede Pflanze und jeder Organismus. Brahma – oder Prajapati, wie der Schöpfer in dieser Literatur sehr oft genannt wird – ist die geistige Kraft, die diesen endlosen Prozeß erhält. Wir wissen nicht, wie das Weltall entstand, wenn es überhaupt einen Anfang gab; vielleicht, sagen die *Puranas*, legte es Brahma als ein Ei und brütete es aus, indem er darauf saß; vielleicht ist es nur ein vorübergehender Irrtum des Schöpfers oder ein Scherz. Jeder Zyklus oder *Kalpa* in der Geschichte des Universums ist in tausend *mahayugas* oder große Zeitalter gegliedert, von denen jedes eine Dauer von 4 320 000 Jahren hat; und jedes *mahayuga* enthält vier *yugas* oder Alter, in denen die Menschenrasse eine allmähliche Entartung erfährt. Von dem gegenwärtigen *mahayuga* sind bereits drei Alter von zusammen 3 888 888 Jahren abgelaufen; wir leben im vierten Alter, dem *Kaliyuga* oder Alter des Elends; 5035 Jahre dieser bittern Ära sind bereits dahingezogen, aber es bleiben immer noch 426 965 Jahre. Dann wird die Welt einen ihrer periodischen Tode erleiden, und Brahma wird einen anderen «Brahmatag», das heißt ein neues *mahayuga* von 4 320 000 Jahren, beginnen. In jedem *Kalpa*zyklus entfaltet sich das Universum auf Grund natürlicher Mittel und Vorgänge, und auf Grund natürlicher Mittel und Vorgänge verfällt es wieder; die Vernichtung der ganzen Welt ist ebensosicher wie der Tod einer Maus und für den Philosophen auch gar nicht wichtiger. Es gibt keinen Endzweck in der Schöpfung; es gibt keinen Fortschritt, es gibt nur endlose Wiederholung.

In all diesen Jahrtausenden und großen Zeitaltern haben sich Billionen Seelen von Art zu Art, von Körper zu Körper, von Leben zu Leben in müder Wanderung fortbewegt. Ein Individuum ist in Wirklichkeit kein Individuum, es ist ein Ring in der Kette des Lebens, eine Seite im Jahrbuch der Seele; eine Spezies ist in Wirklichkeit keine gesonderte Spezies, denn die Seelen dieser Blumen oder Flöhe können gestern Menschenseelen gewesen sein oder können es morgen werden; alles Leben ist eines. Ein Mensch ist nur teilweise ein Mensch; er ist gleichzeitig auch ein Tier; Überreste und Erinnerungen vergangener niedrigerer Existenzen verweilen noch in ihm und lassen ihn dem Tiere näher verwandt sein als dem Weisen. Der Mensch ist nur ein Teil der Natur und nicht ihr Mittelpunkt oder Meister; ein Einzelleben ist nur ein Teil des Lebenslaufes einer Seele und nicht der ganze Lebenslauf; jede Form ist vergänglich, jede Wirklichkeit ist aber beständig und ganzheitlich. Die vielen Wiedergeburten einer Seele sind wie Jahre oder Tage in einem einzigen Leben und lassen die Seele bald wachsen, bald verfallen. Wie kann das individuelle, in der tropischen Sturzflut der Generationen so kurze Leben die ganze Geschichte einer Seele enthalten oder sie für ihr Gutes oder Böses nach Gebühr belohnen und bestrafen? Und wenn die Seele unsterblich ist, wie könnte ein kurzes Leben ihr Schicksal auf ewige Zeit bestimmen?**

---

* Der Name Gottes.

** Wenn man den Hindu fragt, warum wir keine Erinnerung an unsere vergangenen Verkörperungen haben, gibt er zur Antwort, daß wir gleichfalls keine Erinnerung an unsere Kindheit haben; und wie wir an-

DAS PARADIES DER GÖTTER

Das Leben, sagen die Hindu, läßt sich nur unter der Voraussetzung begreifen, daß jede Existenz die Strafe des Lasters oder die Frucht der Tugend eines vorherigen Lebens darstellt. Keine Tat, sei sie groß oder gering, gut oder schlecht, kann ohne Wirkung sein; alles kommt an den Tag. Das ist das Gesetz des *Karma* – das Gesetz der Tat, das Kausalitätsgesetz des Geistigen; es ist das höchste und schrecklichste aller Gesetze. Wenn ein Mensch gerecht und freundlich und ohne Sünde ist, kann er die Belohnung dafür nicht in der Zeitspanne eines einzigen sterblichen Lebens erhalten; sie erstreckt sich auf andere Leben, in denen er, falls die Tugendhaftigkeit anhält, an höherer Stelle und zu größerer Glückseligkeit wiedergeboren wird; wenn er dagegen ruchlos lebt, wird er als Verstoßener, als Wiesel oder als Hund wiedergeboren werden*. Dieses Gesetz des *Karma* steht wie die *Moira*, das Schicksal der Griechen, über Göttern und Menschen; sogar die Götter können sein absolutes Wirken nicht ändern; oder, wie die Theologen es formulieren, das *Karma* und der Wille der Götter sind eines. Aber *Karma* ist nicht Schicksal; das Schicksal setzt die Hilflosigkeit des Menschen bei der Bestimmung seines Loses voraus; das *Karma* macht ihn (indem es alle seine Leben als ein Ganzes nimmt) zum Schöpfer seines eigenen Schicksals. Auch beenden Himmel und Hölle das Werk des Karma oder die Kette der Geburten und Tode nicht; die Seele kann nach dem Tode des Körpers zur besonderen Bestrafung in die Hölle kommen oder zur schnellen und besonderen Belohnung in den Himmel; doch keine Seele bleibt ewig in der Hölle, und wenige Seelen bleiben ewig im Himmel; fast jede Seele muß früher oder später auf die Erde zurückkehren und ihr *Karma* in neuen Verkörperungen ausleben**.

Vom biologischen Standpunkt aus gesehen, ist viel Wahres an dieser Lehre. Wir *sind* die Wiedergeburten unserer Ahnen und werden in unseren Kindern wiedergeboren; und die Fehler der Väter sind in gewissem Maße jene der Kinder, sogar auf viele Generationen hin. Das *Karma* war ein ausgezeichneter Mythos, um die Bestie Mensch von Mord, Diebstahl, Saumseligkeit oder Opfergeiz abzuhalten; außerdem dehnte es den Sinn der moralischen Einheit und der sittlichen Verpflichtungen auf das ganze Leben

---

nehmen, daß unsere Kindheit unser Reifealter erklärt, so nimmt er an, daß die vergangenen Existenzen unser Schicksal in unserem gegenwärtigen Leben erklären.

* Ein Mönch erklärte seinen Appetit mit der Begründung, daß er in einer vorhergehenden Existenz ein Elefant gewesen sei und daß das *Karma* vergessen hätte, mit seinem Körper auch den Appetit zu ändern. Von einer Frau, von der ein starker Geruch ausging, nahm man an, sie sei früher ein Fisch gewesen.

** Die Hindus glauben an sieben Himmel, einer davon auf Erden, die anderen stufenweise über diesem aufsteigend; es gibt einundzwanzig Höllen, die in sieben Abteilungen gegliedert sind. Die Strafen sind nicht ewig, aber abwechslungsreich. Die Beschreibung der hinduistischen Hölle von Dubois wetteifert mit Dantes Bericht über das Inferno und veranschaulicht wie dieses die vielen Ängste und die sadistische Einbildungskraft der Menschheit. «Feuer, Stahl, Schlangen, giftige Insekten, wilde Tiere, Raubvögel, Galle, Gift, üble Gerüche; in einem Wort, alles wird angewendet, um die Verdammten zu quälen. Manche haben eine durch ihre Nasenlöcher gezogene Schnur und werden ewiglich über Flächen geschleift, die mit scharfen Messern gespickt sind; andere sind verurteilt, durch ein Nadelöhr zu kriechen; andere liegen zwischen flachen Felsen, die aufeinanderstoßen und sie doch nicht töten; anderen hacken hungrige Geier unaufhörlich die Augen aus; und Millionen Sünder schwimmen und paddeln in einem mit dem Urin von Hunden oder menschlichem Nasenschleim gefüllten Tümpel.»[5] Es war wahrscheinlich das Privilegium der niedersten Hindus und der unerbittlichsten Theologen, solche Dinge zu glauben. Wir werden ihnen leichter vergeben, wenn wir daran denken, daß unsere Hölle im Gegensatz zur indischen nicht nur abwechslungsreich, sondern sogar ewigwährend ist.

aus und gab dem Moralkodex einen Wirkungsbereich, der viel größer und logischer war als bei jeder anderen Kultur. Gute Hindus töten keine Insekten, wenn sie es vermeiden können; «sogar jene, deren Streben nach Tugend bescheiden ist, behandeln Tiere eher als demütige Brüder denn als niedere Wesen, über die sie durch göttlichen Befehl Macht besitzen»[7]. In philosophischer Hinsicht erklärte das *Karma* den Indern viele Dinge, deren Bedeutung ihnen sonst dunkel oder ungerecht erschienen wäre. All jene ewigen Ungleichheiten unter den Menschen, die so sehr die ewigen Forderungen auf Gleichheit und Gerechtigkeit vereiteln; all die verschiedenen Formen der Bosheit, die die Erde schwärzen und den Strom der Geschichte röten; all das Leid, das mit der Geburt in das menschliche Leben eintritt und es bis zum Tode begleitet, schien den Hindus, die sich zur *Karma*lehre bekannten, verständlich; diese Bosheiten und Ungerechtigkeiten, diese Variationen zwischen Idiotie und Genie, Reichtum und Armut waren das Ergebnis vergangener Existenzen, das unausweichliche Wirken eines Gesetzes, das vielleicht für ein Leben oder für einen Augenblick ungerecht, aber am Ende doch von vollkommener Gerechtigkeit war*. Das *Karma* ist eine jener Erfindungen, mittels derer die Menschen versuchen, das Böse mit Geduld zu ertragen und dem Leben mit Hoffnung entgegenzutreten. Das Böse zu erklären und für die Menschen irgendein System zu finden, nach dem sie es hinnehmen können, wenn auch nicht freudig, so doch mit Seelenruhe – das ist die Aufgabe, die die meisten Religionen zu erfüllen versuchen. Da das wahre Problem des Lebens nicht Leid schlechthin, sondern unverdientes Leid ist, mildert die Religion Indiens die menschliche Tragödie, indem sie dem Leid und dem Schmerz Sinn und Wert verleiht. Die Seele hat in der hinduistischen Theologie zumindest den Trost, daß sie nur die Folgen der eigenen Handlungen zu tragen hat; wenn sie nicht die ganze Existenz in Zweifel zieht, kann sie das Schlimme als eine vorübergehende Strafe hinnehmen und auf die sichtbare Belohnung ihrer Tugend warten.

Aber in Wirklichkeit ziehen die Hindus die ganze Existenz in Zweifel. Die aus der entnervenden Umgebung, der nationalen Unterwerfung und wirtschaftlichen Ausbeutung erwachsende Unterdrückung hat sie zur Überzeugung gebracht, das Leben sei eher eine bittere Strafe als eine günstige Gelegenheit oder eine Belohnung. Die *Veden*, deren Verfasser einer von Norden gekommenen harten Rasse angehörten, waren nahezu so optimistisch wie Whitman; Buddha, der dasselbe Geschlecht fünfhundert Jahre später repräsentierte, verneinte bereits den Wert des Lebens; die *Puranas*, weitere fünf Jahrhunderte später, stellten einen Standpunkt dar, dessen Pessimismus im Westen, mit Ausnahme vereinzelter Augenblicke philosophischen Zweifels, durchaus unbekannt ist**. Der Osten konnte, bevor er von der industriellen Revolution erfaßt wurde,

---

* Der Glaube an Karma und Seelenwanderung ist das größte theoretische Hindernis für die Abschaffung des Kastensystems in Indien; denn der strenggläubige Hindu nimmt an, daß die Kastenunterschiede von der Aufführung der Seele in den vergangenen Existenzen bestimmt werden und Teile eines göttlichen Planes sind und daß es frevelhaft wäre, da einzugreifen.

** Schopenhauer ballte wie Buddha alles Leid im Lebens- und Zeugungswillen zusammen und plädierte für den Rassenselbstmord durch freiwillige Unfruchtbarkeit. Heine konnte kaum einen Vers schreiben, ohne in der Stimmung der Hindus vom Tode zu sprechen:

DAS PARADIES DER GÖTTER

den Lebenseifer des Abendlandes nicht verstehen; er sah in unserem schonungslosen Geschäftemachen, unserem rastlosen Ehrgeiz, unseren nervenzerreißenden Erfindungen, unserem Fortschritt und unserer Schnelligkeit nur Oberflächlichkeit und Kindlichkeit; er konnte dieses gründliche Aufgehen in der Oberfläche der Dinge, dieses listige Sichweigern, dem Wissen um die letzten Wahrheiten in das Antlitz zu schauen, nicht besser verstehen als der Westen die stille Trägheit, die «Schlaffheit» und «Hoffnungslosigkeit» des traditionsschweren Ostens. Hitze kann Kälte nicht begreifen.

«Was ist das wunderbarste Ding in der Welt?» fragt Yama Yudhischtira; und Yudhischtira antwortet: «Mensch nach Mensch stirbt; obgleich sie das sehen, tun die Menschen noch immer so, als ob sie unsterblich wären.»[9] «Die Welt ist vom Tode heimgesucht», sagt das *Mahabharata*, «das Alter hält sie in Schranken, und die Nächte sind die Unfehlbaren, die ewig kommen und gehen. Wenn ich weiß, daß der Tod nicht haltmachen kann, was kann ich von meinem Wandel im Schutze des Wissens erwarten?»[10] Und im *Ramayana* verlangt Sita als Belohnung für ihre Treue, die jeder Verlockung widerstanden hat, nur den Tod:

> Wenn ich wahrhaftig mich als treues Weib dem Gatten hab erwiesen,
> So nimm von deiner Sita, Mutter Erde, diese Last des Lebens![11]

So ist das letzte Wort des religiösen Denkens der Inder *mokscha*, «Erlösung» – zuerst vom Begehren, dann vom Leben. *Nirwana* kann die eine oder die andere Erlösung sein; aber sie ist es am vollständigsten in beidem. Der weise Bhartrihari spricht von der ersten Form der Erlösung:

«Alles auf Erden verursacht Angst, und die Erlösung von der Angst wird nur im Verzicht auf alles Begehren gefunden ... Einst schienen mir die Tage lang, da mein Herz schmerzvoll verwundet war ob meines Bittens um die Gunst der Reichen; und doch schienen mir wieder die Tage zu kurz, da ich nach der Erfüllung all meiner weltlichen Begehren und Absichten trachtete. Aber nun sitze ich als Philosoph auf einem harten Stein in einer Berghöhle, und zuweilen lache ich, wenn ich an mein früheres Leben denke.»[12]

Gandhi drückt die zweite Form der Erlösung aus: «Ich will nicht wiedergeboren werden», sagt er. Das höchste und endgültige Streben der Hindus ist, der Wiedergeburt zu entrinnen, jenes mit jeder individuellen Verkörperung und mit jeder Geburt wiederauflebende Fieber des Ichs zu verlieren. Die Erlösung kommt nicht vom Glauben und auch nicht von den Werken; sie kommt von solch einer ununterbrochenen Selbstentsagung, solch einer selbstlosen Intuition des teilverschlingenden Ganzen, daß schließlich das Selbst tot ist und nichts mehr da ist, was wiedergeboren werden könnte. Die Hölle der Individualität geht in den Hafen und den Himmel der Einheit, in die restlose und unpersönliche Versunkenheit, in das *Brahman*, die Weltseele oder Weltkraft, über.

Gut ist der Schlaf, der Tod ist besser – freilich
Das Beste wäre, nie geboren sein.[7]

Kant, der Leibniz' Optimismus verachtete, fragte: «Würde ein Mann von gesundem Verstande, der lange genug gelebt hat und über den Wert des Lebens nachgedacht hat, Lust haben, das Spiel des Lebens noch einmal durchzuspielen, ich will nicht sagen auf derselben, sondern auf jede andre ihm beliebige Bedingung?»[8]

IV. SONDERBARKEITEN DER RELIGION

*Der Aberglaube · Die Astrologie · Der Phalluskult · Das Ritual · Das Opfer
Die Reinigung · Die heiligen Wasser*

Inmitten all dieser Theologie der Angst und des Leids blühte der Aberglaube – die erste Hilfe des Übernatürlichen gegen die kleineren Übel des Lebens – in üppiger Fruchtbarkeit. Opfergaben, Zaubermittel, Teufelsaustreibungen, Astrologie, Orakelsprüche, Beschwörungen, Gelübde, Chiromantie, Wahrsagerei, ungezählte Priester, Millionen von Wahrsagern, Schlangenbeschwörern, Fakiren, Yogis und anderen heiligen Männern – das ist ein Teil des indischen Geschichtsbildes. Seit zwölfhundert Jahren haben die Hindus eine große Anzahl *Tantras* (Handbücher) verfaßt, die Mystizismus, Zauberei, Weissagung und Magie lehren und die heiligen *mantras* (Zaubersprüche) – durch die nahezu alle Wünsche magisch erfüllt werden können – formulieren. Die Brahmanen blickten mit stillschweigender Verachtung auf diese Religion der Magie; sie duldeten sie, teils weil sie erwogen, daß der Aberglaube des Volkes für ihre eigene Machtstellung wesentlich sein könnte, teils weil sie dachten, daß er unzerstörbar sei und in einer Form nur erlösche, um in der anderen wiedergeboren zu werden. Kein vernünftiger Mensch, das empfanden sie, würde einer so vielfachen Wiedergeburt den Kampf ansagen.

Der einfache Hindu glaubte wie so mancher kultivierte Europäer an die Astrologie und sah es für erwiesen an, daß jeder Stern einen spezifischen Einfluß auf die unter seiner Aszendenz geborenen Wesen ausübt. Menstruierende Frauen mußten sich wie Ophelia der Sonne fernhalten, denn sonst konnten sie schwanger werden. Das Geheimnis des materiellen Gedeihens, behauptet die Kauschitaki Upanischad, liegt in der regelmäßigen Anbetung des Neumondes. Zauberer, Schwarzkünstler und Wahrsager sagten um eine Kleinigkeit Vergangenheit und Zukunft aus der Hand, aus dem Kot, aus den Träumen und Himmelszeichen oder aus den von Mäusen in Kleidungsstücken ausgefressenen Löchern. Mit ihren Zaubersprüchen, deren Rezitation ihr Geheimnis war, schläferten sie Schlangen ein, hypnotisierten sie Vögel und zwangen sie die Götter, dem Zahlenden zu Hilfe zu kommen. Gegen eine Gebühr bewirkten die Magier das Eintreten des Dämons in den Feind oder vertrieben ihn aus dem Spender selbst; sie verursachten den plötzlichen Tod eines Todfeindes oder seine unheilbare Erkrankung. Sogar ein Brahmane schnappte seine Finger nach rechts und links, wenn er gähnte, um so den bösen Geistern den Eintritt in seinen offenen Mund zu verwehren*. Jederzeit war der Hindu, wie viele europäische Bauern, auf der Hut gegen den bösen Blick; jederzeit konnten seine Feinde ihm Unglück oder gar den Tod anzaubern. Vor allen Dingen konnte der Magier die sexuelle Lebenskraft wiedergeben oder jedermann zu jeder gewünschten Person Liebe einflößen oder unfruchtbaren Frauen Kinder schenken.

---

* So begleiten manche Europäer jedes Niesen mit einem Segensspruch, der ursprünglich gegen das Aushauchen der Seele durch die Kraft des Ausatmens Schutz gewähren sollte.

DAS PARADIES DER GÖTTER 453

Es gab nichts, was sich der Hindu sehnlicher wünschte als Kinder, selbst das Nirwana bedeutete ihm nicht so viel. Daher rührt auch teilweise seine Sehnsucht nach sexueller Potenz und seine rituelle Verehrung der Zeugungs- und Fruchtbarkeitssymbole. Die Phallusverehrung, die bei den meisten Völkern gelegentlich vorkam, hat sich in Indien bis heute erhalten. Schiwa war ihre Gottheit, der Phallus war ihr Heiligenbild, die *Tantras* waren ihr *Talmud*. Die *Schakti* oder kräftigende Energie Schiwas wurde zuweilen als seine Gattin Kali, zuweilen als ein weibliches Element in Schiwas Natur, die ebenso männliche wie weibliche Kräfte enthielt, aufgefaßt; und diese zwei Kräfte wurden in *linga* oder *yoni* benannten Idolen, die die Form der männlichen und weiblichen Geschlechtsorgane hatten, versinnbildlicht. Überall in Indien sehen wir die Zeichen dieser Verehrung: in den phallischen Figuren des nepalischen und anderer Tempel in Benares; in den gigantischen *lingas*, die die Schiwatempel des Südens schmücken oder umgeben; in phallischen Prozessionen und Zeremonien und in den am Arm oder um den Hals getragenen Phallusbildern. *Linga*steine sind auf den Landstraßen zu sehen; die Hindus knacken die Kokosnüsse, die zur Opfergabe bestimmt sind, auf diesen Steinen auf. Im Rameschvaram-Tempel wird der *Linga*stein täglich mit Gangeswasser gewaschen, das nachher den Frommen verkauft wird, wie man in Europa heiliges oder mesmerisiertes Wasser verkauft. Gewöhnlich ist das phallische Ritual schlicht und schicklich; es besteht in der Salbung des Steines mit geweihtem Wasser oder Öl und in der Ausschmückung mit Blättern.

Zweifellos haben die niedereren Stände Indiens ein heidnisches Vergnügen an den phallischen Umzügen; doch meistenteils dürfte das Volk keinen größeren obszönen Antrieb aus den *linga*- und *yoni*-Bildern erhalten als ein Christ aus der Betrachtung der ihr Kind stillenden Mutter Gottes; die Sitte macht alles schicklich, und die Zeit gibt allem die Weihe. Der sexuelle Symbolismus der Gegenstände scheint längst vom Volke vergessen worden zu sein; die Bilder sind nur noch eine traditionelle und heilige Art und Weise, Schiwas Macht darzustellen. Vielleicht kommt der Unterschied zwischen der europäischen und indischen Auffassung in dieser Sache von der Divergenz im Ehealter; frühes Heiraten befreit die Impulse, die, wenn sie lange unbefriedigt bleiben, ebenso Lüsternheit wie romantische Liebe hervorrufen. Geschlechtsleben und sexuelles Betragen stehen in Indien im allgemeinen höher als in Europa und Amerika und sind viel anstandsvoller und zurückhaltender. Der Schiwakult ist einer der strengsten und asketischsten Hindukulte; und die ehrfurchtsvollsten Anbeter des *linga* sind die *Lingayaten* – die puritanischste Sekte Indiens. «Es blieb unseren westlichen Besuchern überlassen», sagte Gandhi, «uns mit der Unzüchtigkeit vieler Religionsübungen, die wir bislang auf unschuldige Weise beobachtet hatten, bekanntzumachen. Aus einem Missionsbuche erfuhr ich zum ersten Male, daß das *Schiwalingam* überhaupt eine obszöne Bedeutung hat.»[13]

Der *linga*- und *yoni*-Kult war nur eines der unendlich vielen Rituale, die dem oberflächlichen Auge des Fremden nicht allein die Form, sondern die halbe Substanz der indischen Religion auszumachen schienen. Nahezu jede Handlung, ja selbst das Waschen und Ankleiden, hatte ihren religiösen Ritus. In jedem frommen Hause wurden alltäglich private und besondere Götter und Ahnen verehrt; in der Tat war die Religion

für den Hindu eher eine Angelegenheit der häuslichen Beobachtung als der Tempel-
zeremonien, die für die Feiertage reserviert waren. Doch das Volk freute sich an den
vielen Festen, die das Kirchenjahr vorsah, und strömte in großen Prozessionen und
Wallfahrten zu seinen alten Heiligtümern. Niemand konnte dabei dem Religionsdienst
folgen, denn er wurde in Sanskrit abgehalten, aber jeder konnte das Idol verstehen.
Man bemalte es, schmückte es, bedeckte es mit Juwelen; zuweilen behandelte man es
wie ein menschliches Wesen – weckte es, wusch es, zog es an, gab ihm Nahrung,
schimpfte es aus und brachte es, wenn der Tag zu Ende ging, zu Bett.

Der große öffentliche Ritus war das Opfer oder die Darbringung; der große private
Ritus war die Reinigung. Das Opfer war für den Hindu keine reine Formsache; er
glaubte, die Götter würden an Hunger sterben, wenn man ihnen die Nahrung vorent-
hielte. Als die Menschen Kannibalen waren, wurden in Indien, wie überall, Menschenopfer dargebracht; Kali liebte diese Opfer besonders, doch die Brahmanen erklärten,
daß sie nur Männer aus den niederen Kasten haben wolle*. Als die Moral Fortschritte machte, mußten die Götter mit Tieropfern vorlieb nehmen; in besonderer
Gunst für diese Zeremonien stand die Ziege. Der Buddhismus, Jainismus und das *ahimsa*
setzten den Tieropfern in Hindustan ein Ende, doch mit der Verdrängung des Buddhismus durch den Hinduismus kam der Brauch, der noch heute in geringerem Maße fort-
lebt, wieder auf. Es spricht für die Brahmanen, daß sie die Teilnahme an Opfern, die
irgend etwas mit Blutvergießen zu tun haben, verweigerten.

Die Reinigungsriten nahmen täglich mehrere Stunden in Anspruch, denn die Angst
vor Befleckung war in der indischen Religion ebenso verbreitet wie in der modernen
Hygiene. Jederzeit konnte der Hindu unrein werden – durch unpassende Nahrung,
durch Abfall, durch Berührung eines Schudra, eines Verstoßenen, einer Leiche, einer
menstruierenden Frau oder auf hundert andere Arten. Die Frau selbst wurde natürlich
durch die Menstruation und die Niederkunft unrein; das brahmanische Recht sah in
solchen Fällen Isolierung und komplizierte hygienische Vorsichtsmaßregeln vor. Nach
allen solchen Befleckungen – oder, wie wir sagen würden, Ansteckungsmöglichkeiten –
mußte der Hindu die rituelle Reinigung vornehmen: In geringeren Fällen genügte das
Besprenkeln mit heiligem Wasser, bei wichtigeren Angelegenheiten waren die Methoden komplizierter und gipfelten im schrecklichen *Panchagavia*. Diese Reinigung war als
Strafe für die Verletzung bedeutender Kastenvorschriften (wie z. B. das Verlassen Indiens) vorgesehen und bestand aus einem Trank, der das Ergebnis einer Mischung von
«fünf Substanzen» der heiligen Kuh war: Milch, Quark, Ghee, Urin und Dung**.

---

* Solche Menschenopfer wurden noch 1854 verzeichnet. Es wurde zuerst angenommen, Gläubige hätten
sich selbst zum Opfer gebracht, wie im Falle der Fanatiker, die sich anscheinend freiwillig unter die Räder
der Götzenwagen (indisch *Jagannat*) warfen; doch neigt man heute zur Ansicht, daß diese seltenen Fälle blinder Selbstaufopferung Unfälle gewesen sein dürften.

** Ghee ist geklärte Butter. Urin, sagt Abbé Dubois (1820), gilt als sehr wirksames Reinigungsmittel für
jede Art Unsauberkeit. Ich habe oft abergläubische Hindus beobachtet, die den Kühen auf die Weideplätze
folgten und auf den Augenblick warteten, wo sie die kostbare Flüssigkeit in Messinggefäßen auffangen und
noch warm nach Hause schaffen konnten. Ich habe sie auch beobachtet, wie sie den Urin in hohlen Händen
auffingen, ein wenig davon tranken und mit dem Rest Gesicht und Kopf einrieben. *De gustibus non est disputandum.*

DAS PARADIES DER GÖTTER 455

Ein wenig mehr unserem Geschmack entsprechend war die religiöse Vorschrift des täglichen Bades; hier ist wiederum eine hygienische, in einem halbtropischen Klima überaus wünschenswerte Maßnahme in religiöse Form gekleidet, um sie mit größerem Erfolg durchzusetzen. «Heilige» Teiche wurden angelegt, viele Flüsse heilig genannt, und den Menschen wurde gesagt, sie würden an Körper und Seele rein, wenn sie in diesen Wassern badeten. Bereits in den Tagen Yuan Chwangs badeten Millionen Hindus jeden Morgen im Ganges; von jenem Jahrhundert bis zu unserem hat dieser Fluß niemals die Sonne aufgehen sehen, ohne die Gebete der Badenden zu vernehmen, die, Reinheit und Erlösung suchend, ihre Arme zum heiligen Feuerball erhoben und geduldig «Om, Om, Om» ausriefen. Benares wurde die heilige Stadt Indiens, das Reiseziel von Millionen Pilgern, die Zuflucht der alten Männer und Frauen, die aus allen Teilen des Landes kamen, um im Flusse zu baden und dem Tod rein und sündenlos in das Antlitz zu schauen. Der Gedanke, daß solche Menschen nun schon seit zweitausend Jahren nach Benares kommen und im Dämmern der Wintermorgen zitternd in den Fluß steigen, voll böser Ahnungen das Fleisch der Toten auf den brennenden *ghats* riechen und die gleichen vertrauensvollen Gebete zu den gleichen schweigsamen Gottheiten sprechen, Jahrhundert um Jahrhundert, hat etwas Beängstigendes, ja Erschreckendes. Der Mangel an Entgegenkommen eines Gottes ist kein Hindernis für seine Popularität; Indien glaubt heute genauso fest wie immer an die Götter, die schon so lange gleichmütig auf sein Elend herabblicken.

V. HEILIGE UND SKEPTIKER

Wege zur Heiligkeit · Ketzer · Duldsamkeit · Allgemeiner Überblick über den Hinduismus

Heilige scheint es in Indien mehr als sonstwo zu geben, so daß der Besucher schließlich das Gefühl hat, daß sie ein Naturprodukt des Landes sind wie der Mohn oder die Schlange. Für die indische Frömmigkeit gab es drei Wege zur Heiligkeit; *Iñana-yoga*, den Weg der Meditation, *Karma-yoga*, den Weg des Handelns, und *Bhakti-yoga*, den Weg der Liebe. Die Brahmanen zogen mit ihrer Regel von den vier *Aschramas*, den Stadien der Heiligkeit, alle drei in Betracht. Der junge Brahmane mußte als *Brahmacarin* beginnen und sich durch Gelübde zu vorehelicher Keuschheit, zu Ehrfurcht, Fleiß, Wahrhaftigkeit und ergebenem Dienst an seinem *Guru*, seinem Lehrer, verpflichten. Nach der Eheschließung, die er nicht über sein achtzehntes Jahr hinausschieben sollte, trat er als *Grihastha* oder Hausvater in das zweite Stadium des brahmanischen Lebens ein, um Söhne zu zeugen, die um ihn und seine Ahnen Sorge tragen könnten. Im dritten Stadium (das heute nur selten in die Praxis umgesetzt wird) zog sich der zukünftige Heilige als *Vanaprastha* zurück, um zusammen mit seiner Ehefrau als Waldbewohner ein hartes Leben zu führen und seine Geschlechtsbeziehungen auf die Zeugung von Kindern zu beschränken. Schließlich konnte der Brahmane, der das höchste Stadium zu erreichen wünschte, in hohem Alter sogar seine Frau verlassen und ein *Sannyasi* oder «Preisgeber» der Welt werden; er gab dann sein Eigentum, sein Geld und alle Verbindung mit der Welt auf, behielt nur ein Antilopenfell zur Bekleidung, einen Stab für die Hand und eine Flasche Wasser für den Durst. Er mußte jeden Tag seinen Körper mit Asche beschmieren, häufig die «fünf Substanzen» trinken und durfte nur von Almosen leben. «Er muß», sagt die brahmanische Regel, «alle Menschen als Gleichstehende ansehen. Er muß sein Leben unbeeinflußt von allem, was geschieht, verbringen und muß imstande sein, auch Umwälzungen, die ganze Reiche vernichten, vollkommen gleichmütig zu betrachten. Sein einzi-

456 INDIEN UND SEINE NACHBARN

ges Ziel muß es sein, jenes Maß an Weisheit und Geistigkeit zu erreichen, das ihn am Ende der höchsten Göttlichkeit, von der uns unsere Leidenschaften und unsere materielle Umgebung trennen, verbinden wird*.»[14]

Inmitten so vieler Frömmigkeit stößt man gelegentlich auf eine skeptische Stimme, die einen schrillen Mißton in die Feierlichkeit der gewöhnlichen indischen Melodie hineinträgt. Zweifellos waren die Skeptiker zahlreich, als Indien reich war, denn die Menschheit zweifelt an ihren Göttern am meisten, wenn es ihr gut geht, und verehrt sie am tiefsten, wenn sie im Elend ist. Wir haben über die Charvakas und andere Ketzer zu Buddhas Zeit gesprochen. Beinahe ebenso alt ist ein Werk, das nach der silbenreichen Art der Hindus *Svasamveda Upanischad* genannt wird und das die Theologie in vier Grundsätzen zusammenfaßt: 1. Es gibt keine Wiedergeburt, keinen Gott, keinen Himmel, keine Hölle und keine Welt; 2. die gesamte traditionelle religiöse Literatur ist die Arbeit eingebildeter Toren; 3. die Natur ist der Erschaffer und die Zeit ist der Vernichter; diese beiden sind die Gebieter aller Dinge und ziehen weder Tugend noch Laster in Betracht, wenn sie den Menschen Glück oder Elend zukommen lassen; und 4. das von den blumigen Reden verführte Volk klammert sich an Götter, Tempel und Priester, in Wirklichkeit aber gibt es zwischen Wischnu und einem Hund keinen Unterschied. Gleich inkonsequent wie die Bibel, in der auch der Prediger Salomonis Aufnahme fand, bietet uns der Pali-Kanon des Buddhismus eine bemerkenswerte Abhandlung, die wahrscheinlich so alt wie das Christentum ist und den Titel «Die Fragen des Königs Milinda» trägt. In dieser Abhandlung gibt der Lehrer Nagasena sehr beunruhigende Antworten auf die religiösen Fragen, die der griechisch-baktrische König Menander, der im ersten Jahrhundert Christi über Nordindien herrschte, an ihn stellte. Man darf die Religion, sagt Nagasena, nicht als einen Ausweg für leidende Menschen ansehen; sie sollte ein asketisches Streben nach Heiligkeit und Weisheit sein, die keinesfalls mit einem Himmel oder Herrgott rechnet; denn in Wahrheit, versichert uns dieser Heilige, existieren sie nicht. Das *Mahabharata* zieht gegen die Zweifler und Atheisten los, die, so sagt es, die Wirklichkeit der Seele abstreiten und die Unsterblichkeit verachten; solche Männer «wandern über die ganze Erde»; das Buch spricht von ihrer zukünftigen Strafe und bringt das schreckliche Beispiel eines Schakals, der seine Gattung mit dem Geständnis erklärt, daß er in einer vorhergehenden Verkörperung «ein Rationalist, ein Kritiker der *Veden*... ein Schmäher und Gegner der Priester, ... ein Ungläubiger, ein Zweifler an allem» gewesen sei. Die *Bhagavad-Gita* spricht von Ketzern, die die Existenz Gottes verneinen und die Welt als «nichts anderes denn ein Haus der Lust» beschreiben. Die Brahmanen selbst waren oft Skeptiker, doch waren sie es so restlos, daß sie schon deswegen gar nicht daran dachten, die Religion des Volkes anzugreifen. Und obgleich die Dichter Indiens in der Regel sehr ehrfürchtig sind, verfechten manche, wie Kabir und Vemana, einen vollkommen emanzipierten Theismus. Vemana, ein südindischer Dichter des siebzehnten Jahrhunderts, schreibt voller Verachtung über Asketen, Einsiedler, Wallfahrten und Kasten:

---

* Dubois, der nur seinem eigenen Mythos nicht skeptisch gegenübersteht, fügt hinzu: «Die meisten dieser *sannyasin* werden als ausgemachte Betrüger angesehen und das von den aufgeklärtesten ihrer Landsleute.»

DAS PARADIES DER GÖTTER

«Die Einsamkeit eines Hundes! Die Betrachtungen eines Kranichs! Das Singen eines Esels!
Das Baden eines Frosches! ... Wie seid ihr denn die Besseren, weil ihr euren Körper mit Asche
beschmiert? Euere Gedanken sollten nur Gott zugewandt sein; im übrigen kann ein Esel sich ge-
nausogut im Schmutze wälzen wie ihr ... Die Bücher, die man *Veden* nennt, täuschen die Männer wie Kurtisanen und sind ganz und gar unerklärlich; aber das verborgene Wissen Gottes ist
wie ein ehrsames Eheweib ... Wird weiße Asche den Geruch eines Weinkruges beseitigen?
Wird ein um euren Hals geworfener Strick euch zweimal geboren machen? ... Warum schmä-
hen wir beständig den Paria? Sind nicht sein Fleisch und Blut das gleiche wie unseres? Und welcher Kaste gehört Er an, der den Paria durchdringt? ... Wer da sagt, ,Ich weiß nichts', ist der
Klügste von allen.»[15]

Es ist beachtenswert, daß solche Aussprüche in einer in geistigen Belangen von der
Priesterkaste beherrschten Gesellschaft straflos gemacht werden konnten. Abgesehen
von der Unterdrückung durch Fremde (und vielleicht weil fremden Gebietern die bodenständigen Religionen gleichgültig waren), hatte Indien eine bedeutend größere Gedankenfreiheit als das mittelalterliche Europa, dem seine Kulturstufe entspricht; und
die Brahmanen übten ihre Autorität mit Milde und Geschick aus. Sie verließen sich
auf den Konservativismus, mit dem die Armen die orthodoxe Religion erhalten, und
sie rechneten richtig. Wenn das Ketzertum oder fremde Götter eine gefährliche Popularität erreichten, verhielten sie sich nachsichtig und ließen sie dann in den geräumigen Höhlen des Hinduglaubens verschwinden; ein Gott mehr oder weniger konnte Indien nicht viel anhaben. Daher gab es auch verhältnismäßig wenig Glaubenshaß innerhalb der Gemeinschaft der Hindus, doch recht viel zwischen Hindus und Mohammedanern; kein Blut ist in Indien für die Religion vergossen worden, mit Ausnahme des
Blutes, das seine Eroberer vergossen. Die Intoleranz kam mit dem Islam und dem Christentum nach Indien; die Mohammedaner beabsichtigten, sich das Paradies mit dem
Blute der «Ungläubigen» zu erkaufen, und die Portugiesen führten, als sie Goa besetzten, die Inquisition in Indien ein.

Wenn wir in diesem Labyrinth von Glaubensbekenntnissen nach gemeinsamen Elementen suchen, werden wir entdecken, daß die Hindus so gut wie einmütig sind in der
Wischnu- und Schiwaverehrung, in der Ehrfurcht vor den *Veden*, den Brahmanen und
der Kuh und in der Hinnahme des *Mahabharata* und des *Ramayana* nicht nur als rein
literarischer Epen, sondern als sekundärer heiliger Schriften des Volkes. Es ist bezeichnend, daß die Gottheiten und Dogmen des heutigen Indien nicht die der *Veden*
sind; in einem gewissen Sinne stellt der Hinduismus den Triumph des ursprünglichen
dravidischen Volkes über die Arier des vedischen Zeitalters dar. Als Ergebnis der Eroberung, Ausbeutung und Armut ist Indien an Körper und Seele verwundet und hat
von den harten irdischen Niederlagen zu den leichten Siegen des Mythos und der Phantasie Zuflucht genommen. Trotz seiner adligen Elemente war der Buddhismus wie der
Stoizismus eine Weltanschauung von Sklaven, selbst wenn ein Prinz ihm Stimme verlieh; er bedeutete, daß alles Begehren und aller Kampf, sogar für die persönliche oder
nationale Freiheit, aufgegeben werden mußte, und daß das Ideal in einer wunschlosen
Passivität bestand, bei deren vernunftmäßiger Begründung offensichtlich die erschöpfende Hitze Indiens ein Wort mitsprach. Der Hinduismus setzte die Schwächung In-

diens weiter fort, indem er sich durch das Kastensystem einer Priesterschaft in dauernde Sklaverei auslieferte; er faßte seine Götter in amoralischem Sinne auf und hielt jahrhundertelang brutale Bräuche, wie das Menschenopfer und die Witwenverbrennung, aufrecht, die viele Nationen schon längst aufgegeben hatten; er stellte das Leben als unvermeidlich böse hin und brach den Mut, verdüsterte den Geist seiner Anhänger; er bezeichnete alle irdischen Phänomene als Illusionen und zerstörte dadurch den Unterschied zwischen Freiheit und Sklaverei, Gut und Böse, Entartung und Veredelung. Nach den Worten eines mutigen Hindus ist «die Hindureligion... nun zu einem Götzendienst und zu einem konventionellen Ritualismus entartet, bei dem die Form alles und der Inhalt nichts ist». Indien, eine von Priestern beherrschte und von Heiligen geplagte Nation, erwartet noch mit unausgesprochener Sehnsucht seine Renaissance, seine Reformation und seine Aufklärung.

Wir müssen jedoch unsere historische Perspektive bewahren, wenn wir an Indien denken; wir waren auch einst im Mittelalter und zogen den Mystizismus der Wissenschaft, die Priesterherrschaft der Plutokratie vor – und können es wieder tun. Wir vermögen diese Mystik nicht zu beurteilen, denn unsere westlichen Urteilsschlüsse beruhen gewöhnlich auf materiellen Kenntnissen und Denkergebnissen, die dem Hinduheiligen unwichtig und oberflächlich erscheinen. Was, wenn Reichtum und Macht, Krieg und Eroberung nur Oberflächenillusionen wären, eines reifen Geistes unwürdig? Was, wenn diese Wissenschaft von hypothetischen Atomen und Genen, von launischen Protonen und Zellen, von Gasen und Chemikalien nur ein *Glaube* mehr wäre, und noch dazu einer der seltsamsten, unglaublichsten und vergänglichsten? Der ob seiner Unterwerfung und Armut grollende Osten könnte sich der Wissenschaft und Industrie in einem Augenblick anzunehmen beginnen, da die Kinder des Abendlandes der Maschinen, die sie verelenden, und der Wissenschaften, die ihnen alle Illusionen nehmen, überdrüssig werden und ihre Städte und Maschinen in einer chaotischen Revolution oder im Kriege zerstören, und geschlagen, müde und hungrig zum Ackerbau zurückkehren und sich einen anderen mystischen Glauben schmieden, der ihnen angesichts des Hungers, der Grausamkeit, der Ungerechtigkeit und des Todes wieder Mut gibt. Die Geschichte ist ein unübertrefflicher Humorist.

SECHSTES KAPITEL

Das Geistesleben

I. DIE INDISCHE WISSENSCHAFT

Ihr religiöser Ursprung · Die Astronomie · Die Mathematik · Die «arabischen» Zahlen
Das Dezimalsystem · Die Algebra · Die Geometrie · Die Physik · Die Chemie · Die Physiologie
Vedische Medizin · Ärzte · Chirurgen · Betäubungsmittel · Impfung · Hypnotismus

INDIENS Wissenschaft ist sehr alt und sehr jung zugleich; sie ist jung als unabhängige und weltliche Forschung und alt als Nebenbeschäftigung der Priester. Da die Religion das Herz des indischen Lebens bildet, wurden zuerst diejenigen Wissenschaften gepflegt, die einen Beitrag zur Religion darstellten: Die Astronomie wuchs aus der Anbetung der Himmelskörper, und die Beobachtung ihrer Bewegungen galt der Errichtung eines Kalenders der Fest- und Opfertage; Grammatik und Philologie verdankten ihre Entfaltung dem Wunsche, jedes Gebet und jede Formel, wenngleich in einer toten Sprache, so doch textlich und phonetisch korrekt abzufassen. Wie in unserem Mittelalter waren auch in Indien, zum Guten wie zum Schlechten, die Priester zugleich die Wissenschaftler.

Die Astronomie war ein Zufallserzeugnis der Astrologie und emanzipierte sich langsam unter griechischem Einfluß. Die frühesten astronomischen Abhandlungen, die *Siddhantas* (ca. 425 v. Chr.), beruhten auf der griechischen Wissenschaft; und Varahamihira, dessen Kompendium den verheißungsvollen Titel eines *Vollkommenen Systems der natürlichen Astrologie* trug, gab seine Abhängigkeit von den Griechen offen zu. Der größte indische Astronom und Mathematiker, Aryabhata, behandelte in Versen so poetische Stoffe wie Gleichungen zweiten Grades, Sinusberechnungen und den Wert von π; er erklärte die Finsternisse, Sonnenwenden und Äquinoktien, verkündete die Kugelgestalt der Erde und deren tägliche Drehung um die eigene Achse und schrieb mit verwegener Vorempfindung der Renaissancewissenschaft: «Die Sphäre der Sterne steht still und die Erde ruft durch ihre Umdrehung das tägliche Aufgehen und Untergehen der Planeten und Sterne hervor». Sein berühmtester Nachfolger, Brahmagupta, brachte das astronomische Wissen Indiens in ein System, verhinderte aber dessen Entwicklung, indem er die Theorie Aryabhatas über die Erdumdrehung verwarf. Diese Männer und ihre Schüler übernahmen die babylonische Einteilung des Himmels in Tierkreiskonstellationen für den indischen Gebrauch; sie schufen einen Kalender mit zwölf Monaten zu dreißig Tagen von je dreißig Stunden und schoben alle fünf Jahre einen Schaltmonat ein; sie berechneten den Monddurchmesser, die Mond- und Sonnenfinsternisse, die Lage der Pole und die Stellung und Bewegung der bedeutenderen Sterne mit bemerkenswerter Genauigkeit. Sie brachten die Theorie, wenn auch nicht das Gesetz, der Schwerkraft vor, als sie in den *Siddhantas* niederschrieben: «Die Erde zieht infolge ihrer Schwerkraft alle Dinge an.»

Für diese komplizierten Berechnungen entwickelten die Inder ein den Griechen mit Ausnahme der Geometrie überlegenes mathematisches System. Zu den wichtigsten Bestandteilen unseres östlichen Erbes gehören die «arabischen» Ziffern und das Dezi-

INDIEN UND SEINE NACHBARN

malsystem, die wir durch die Vermittlung der Araber von Indien erhielten. Die fälschlich als «arabisch» bezeichneten Zahlen sind bereits auf den Felsenedikten Aschokas (256 v. Chr.), also tausend Jahre vor ihrem Vorkommen in der arabischen Literatur, zu finden. Der große und weitherzige Laplace sagt:

«Indien gab uns die geistvolle Methode, alle Zahlen durch zehn Zeichen, deren jedes einen Stellungswert wie einen absoluten Wert erhält, auszudrücken; es ist eine tiefe und bedeutende Idee, die uns nun so einfach erscheint, daß wir ihr wahres Verdienst nicht erkennen. Aber eben diese Einfachheit, die große Leichtigkeit, die sie allen Berechnungen verleiht, reiht unsere Arithmetik in den ersten Rang der nützlichen Erfindungen ein; und wir werden die Großartigkeit dieser Errungenschaft noch mehr zu würdigen wissen, wenn wir daran denken, daß sie dem Genius des Archimedes und des Apollonios, zweier der größten Männer des Altertums, entging.»

Das Dezimalsystem war Wissenschaftlern wie Aryabhata und Brahmagupta lange vor seinem Auftreten in den Schriften der Araber und Syrer bekannt; buddhistische Missionare brachten es nach China; und Muhammad ibn Musa al-Khwarazmi, der größte Mathematiker seiner Zeit (ca. 850 n. Chr.), scheint es in Bagdad eingeführt zu haben. Die Null tritt in Asien und Europa* erstmalig in einem arabischen Dokument aus dem Jahre 870 n. Chr. auf, drei Jahre, bevor sie in Indien zum erstenmal zu finden ist. Man ist aber allgemein der Ansicht, daß die Araber auch die Null von Indien übernahmen; die bescheidenste und wertvollste aller Zahlen ist eines der subtilsten Geschenke Indiens an die Menschheit.

Die Algebra haben Inder und Griechen anscheinend unabhängig voneinander entwickelt**; die Tatsache, daß wir uns der arabischen Bezeichnung (al-jabr, Anordnen) bedienen, weist darauf hin, daß sie eher von den Arabern – das heißt von Indien – als aus Griechenland nach Westeuropa kam. Die führenden Inder waren auf diesem Gebiet wie auch in der Astronomie Aryabhata, Brahmagupta und Bhaskara. Der letztere (geb. 1114 n. Chr.) scheint das Wurzelzeichen und viele algebraische Zeichen erfunden zu haben. Diese Männer schufen den Begriff des negativen Quantums, ohne den keine Algebra möglich gewesen wäre; sie stellten Regeln auf, wie Permutationen und Kombinationen zu finden sind; sie fanden die Quadratwurzel von 2 und lösten im achten Jahrhundert n. Chr. unbestimmte Gleichungen zweiten Grades auf, die in Europa bis zu den Tagen Eulers, also noch tausend Jahre, unbekannt waren. Sie gaben ihrer Wissenschaft dichterische Form und drückten die mathematischen Probleme in einer dem Goldenen Zeitalter Indiens charakteristischen Anmut aus. Hier sind zwei Beispiele der einfacheren indischen Algebra:

«Von einem Bienenschwarm ließ sich ein Fünftel auf eine Kadambablüte nieder; ein Drittel auf eine Silindhrablume; die dreifache Differenz dieser Zahlen flog zu einer Kutajablüte. Eine Biene, die übrig blieb, verweilte in der Luft. Sage mir, schöne Frau, die Zahl der Bienen ... Acht Rubine, zehn Smaragde und hundert Perlen, die in deinem Ohrring sind, meine Geliebte, habe ich dir zum gleichen Preise gekauft; und der Gesamtpreis der drei Edelsteinsorten war ein halbes Hundert weniger drei; sage mir den Preis eines jeden, glückverkündende Frau.» [1]

In der Geometrie waren die Inder nicht so erfolgreich. Bei der Messung und Konstruktion der Altäre formulierten die Priester den pythagoreischen Lehrsatz (nach dem das Quadrat der Hypotenuse eines rechtwinkligen Dreiecks gleich der Summe der Quadrate der Katheten ist)

---

* Sie wurde von den Maya in Amerika im ersten Jahrhundert n. Chr. gebraucht. Breasted spricht den alten Babyloniern die Kenntnis des Stellenwertes der Zahlen zu.

** Der erste uns bekannte Algebraiker, der Grieche Diophantos (360 n. Chr.), geht dem Aryabhata um ein Jahrhundert voraus; aber Cajori glaubt, Indien habe ihm den Weg gewiesen.

DAS GEISTESLEBEN 461

mehrere hundert Jahre vor der Geburt Christi. Der wahrscheinlich von den Griechen beeinflußte Aryabhata bestimmte die Fläche eines Dreiecks, eines Trapezes und eines Kreises und berechnete den Wert von π (des Verhältnisses des Durchmessers zum Umfang eines Kreises) mit 3,1416 – einer Zahl, deren Genauigkeit in Europa erst in den Tagen Purbachs (1423–1461) erreicht wurde. Bhaskara nahm in großen Linien die Differentialrechnung vorweg, Aryabhata entwarf eine Sinustafel, und das *Surya Siddhanta* enthielt ein System der Trigonometrie, das vorgeschrittener war als alles, was die Griechen kannten.

Zwei indische Denksysteme tragen physikalische Theorien vor, die denen Griechenlands sehr ähnlich sehen. Kanada, der Gründer der Vaischeschika-Philosophie, nahm an, die Welt bestehe aus Atomen, und zwar aus so vielen, wie es verschiedene Elemente gibt. Die Jainas näherten sich mit ihrer Lehre, alle Atome seien von derselben Art und riefen durch verschiedene Verbindungen verschiedene Wirkungen hervor, Demokrit. Kanada glaubte, Licht und Hitze seien verschiedene Erscheinungsformen der gleichen Substanz; Udayana lehrte, alle Hitze komme von der Sonne; und Vacaspati deutete wie Newton das Licht als aus winzigen, von Substanzen ausgestrahlten Partikeln, die auf das Auge auftreffen, zusammengesetzt. Die Töne und Intervalle der Musik wurden in den indischen Abhandlungen über Musik analysiert und mathematisch berechnet*; und das «Pythagoreische Gesetz» wurde formuliert, nach dem die Schwingungszahl und deshalb die Tonhöhe im umgekehrten Verhältnis zur Länge der Saite zwischen dem Befestigungs- und dem Berührungspunkt steht. Es gibt auch Beweise, daß indische Seeleute der ersten Jahrhunderte n. Chr. einen Kompaß herstellten, der aus einem mit Öl gefüllten Gefäß bestand, in dem ein eiserner Fisch schwamm und nach Norden wies.

Die Chemie entwickelte sich aus zwei Quellen, aus der Medizin und dem Gewerbe. Wir haben bereits von der ausgezeichneten chemischen Beschaffenheit des Gußeisens im alten Indien und von der großartigen industriellen Entwicklung zur Zeit der Guptas gehört – einer Zeit, da selbst Rom die Inder als die kunstfertigste aller Nationen in den chemischen Industrien des Färbens, Gerbens, Seifensiedens, Glasblasens und der Zementproduktion ansah. Schon im zweiten Jahrhundert v. Chr. widmete Nagarjuna dem Quecksilber ein ganzes Buch. Im sechsten Jahrhundert waren die Inder in der chemischen Industrie Europa weit voraus; sie waren Meister im Kalzinieren, Destillieren, Sublimieren, in der Erzeugung von wärmelosem Licht, der Herstellung von Betäubungs- und Schlafmitteln und von Metallsalzen, -verbindungen und -legierungen. Die Stahlhärtung erreichte im alten Indien eine in Europa erst in unseren Zeiten erzielte Vollkommenheit; von König Poros wird berichtet, er habe als ein besonders wertvolles Geschenk für Alexander nicht Gold oder Silber, sondern dreißig Pfund Stahl gewählt. Die Mohammedaner brachten viel von dieser chemischen Wissenschaft und Industrie der Inder nach dem Vorderen Orient und nach Europa; das Herstellungsgeheimnis der «Damaszener» Klingen haben zum Beispiel die Araber aus Persien und die Perser aus Indien übernommen.

Anatomie und Physiologie waren, wie auch gewisse Zweige der Chemie, Seitentriebe der indischen Medizin. Bereits im sechsten Jahrhundert v. Chr. beschrieben indische Ärzte die Sehnen, Nähte und Lymphgefäße, das Nervengeflecht, die Muskelbinden, die Fett- und Gefäßgewebe, Schleim- und Gelenkschleimhäute und mehr Muskeln, als an einem neuzeitlichen Kadaver zu finden sind. Die Ärzte des vorchristlichen Indien teilten des Aristoteles irrige Meinung, das Herz sei der Sitz und das Organ des Bewußtseins, und nahmen an, die Nerven führten zum Herzen hin und gingen vom Herzen aus. Den Vorgang der Verdauung verstanden sie aber sehr gut – so die verschiedenen Funktionen der Magensäfte, die Umwandlung des Chymus zu Chylus und des Chylus zu Blut. 2400 Jahre vor Weismann stellte Atreya (ca. 500 v. Chr.) fest, daß der Same von dem Körper des Elternteils unabhängig ist und im kleinen den ganzen elterlichen Organismus in sich enthält. Die Prüfung der Manneskraft wurde als Vorbedingung der Ehe empfunden; und das Gesetzbuch des Manu warnte vor Eheschließungen mit Männern, die an Tuberkulose, Epilepsie, Aussatz, chronischer Dyspepsie, Hämorrhoiden oder Schwatzhaftigkeit litten. Die medizini-

---

* Zum Beispiel in *Der Ozean der Musik* (Samgita-ratnakara) von Scharamgadeva.

462 INDIEN UND SEINE NACHBARN

schen Schulen der Inder rieten 500 v. Chr. zur Geburtenkontrolle nach dem neuesten Rezept
der Theologen, das heißt auf Grund der Theorie, wonach während zwölf Tagen des menstruellen
Zyklus eine Empfängnis unmöglich sei. Die Entwicklung des Fetus wurde mit bemerkenswerter
Genauigkeit beschrieben; man bemerkte, daß das Geschlecht des Fetus eine Zeitlang unbe-
stimmt bleibt, und behauptete, in manchen Fällen könne das Geschlecht des Embryos durch
Nahrungsmittel und Drogen beeinflußt werden.

Die Geschichte der indischen Medizin beginnt mit dem *Atharvaveda*; dort finden wir, in Magie und Beschwörungen gebettet, eine Aufzählung der Krankheiten und ihrer Symptome. Die
Medizin kam als ein Bestandteil der Magie auf: Der Heiler studierte und benutzte irdische Mittel,
um seinen geistigen Formeln nachzuhelfen; später faßte er immer mehr Vertrauen zu solchen
weltlichen Methoden und verwendete Zaubersprüche nur noch als psychologische Hilfe am
Krankenbett. An den *Atharvaveda* ist der *Yajurveda* («Die Wissenschaft von der Langlebigkeit»)
angeschlossen. In diesem ältesten System der indischen Medizin wird die Krankheit einer Störung eines der vier Körpersäfte (Luft, Wasser, Schleim und Blut) zugeschrieben und eine Behandlung auf der Grundlage von Heilkräutern und Zaubersprüchen empfohlen. Viele dieser Diagnosen und Kuren werden noch heute in Indien angewandt, und ihr Erfolg erweckt zuweilen
den Neid der abendländischen Ärzte. Der *Rigveda* nennt über tausend solcher Kräuter und bezeichnet Wasser als die beste Medizin für die meisten Krankheiten. Schon zur vedischen Zeit
unterschied man die Ärzte und Chirurgen von den Zauberdoktoren. Die Ärzte umgaben ihre
Häuser mit Gärten, in denen sie Heilkräuter zogen.

Die großen Namen der indischen Medizin sind Suschutra (500 v. Chr.) und Charaka
(120 n. Chr.). Suschutra, Professor der Medizin an der Universität Benares, verfaßte
in Sanskrit ein Lehrbuch der Diagnose und Therapie, dessen Elemente er von seinem
Lehrer Dhanvantari übernommen hatte. Sein Buch besprach ausführlich Probleme der
Chirurgie, der Geburtshilfe, der Diät, der Ernährung und Hygiene der Kinder und der
ärztlichen Ausbildung. Charaka schrieb eine *Samhita* (d. h. Enzyklopädie) der Medizin,
die noch heute in Indien gelesen wird, und pflanzte seinen Jüngern eine nahezu hippo-
kratische Auffassung von ihrer Berufung ein: «Nicht für euch, noch für die Erfüllung
irdischer Gewinnsucht, sondern allein zum Heile der leidenden Menschheit sollt ihr
eure Patienten behandeln und auf diese Weise euch alle auszeichnen.»[2] Vagbhata (625
n. Chr.) verfaßte ein medizinisches Kompendium in Vers und Prosa, und Bhava Misra
(1550 n. Chr.) erwähnte in einem voluminösen Werke über Anatomie, Physiologie und
Medizin bereits hundert Jahre vor Harvey den Blutkreislauf und verschrieb Quecksilber für die neue Krankheit, die Syphilis, die kurz vorher von den Portugiesen als Teil
des europäischen Erbes nach Indien gebracht worden war.

Suschutra beschrieb viele chirurgische Operationen – Star, Bruch, Steinschnitt,
Kaiserschnitt usw. – und 121 chirurgische Instrumente, darunter Lanzetten, Sonden,
Zangen, Katheter und Rektal- und Vaginalspiegel. Trotz brahmanischer Verbote empfahl er das Sezieren von Leichen, da es zur chirurgischen Ausbildung unentbehrlich
sei. Er war der erste, der auf ein beschädigtes Ohr Haut von anderen Körperstellen übertrug; und von ihm und seinen indischen Nachfolgern kam die Nasenplastik in die moderne Medizin. «Die alten Inder führten mit Ausnahme des Abbindens der Arterien
fast jede bedeutendere Operation durch», sagt Garrison. Man amputierte, machte Un-
terleibsoperationen, heilte Knochenbrüche und entfernte Hämorrhoiden und Fisteln.
Suschutra gab genaue Vorschriften für die Vorbereitung einer Operation, und sein

DAS GEISTESLEBEN 463

Vorschlag, die Wunde auszuräuchern, gehört zu den frühesten Bemühungen um eine antiseptische Chirurgie. Suschutra und Charaka erwähnen beide die Anwendung medizinischer Flüssigkeiten zur Schmerzbetäubung. Im Jahre 927 n. Chr. trepanierten zwei Chirurgen den Schädel eines indischen Königs und machten ihn während der Operation mittels einer *Samohini* genannten Droge schmerzunempfindlich. Spitäler wurden in Ceylon bereits 427 v. Chr. eingerichtet und in Nordindien 226 v. Chr.

Die Diagnose der 1120 Krankheiten, die er aufzählte, empfahl Suschutra mittels Untersuchen, Abtasten und Auskultieren zu stellen. Das Abnehmen des Pulses wird in einem medizinischen Traktat aus dem Jahre 1300 n. Chr. beschrieben. Zur Diagnose bediente man sich gerne der Urinanalyse; den tibetanischen Ärzten schrieb man die Fähigkeit zu, jeden Patienten, dessen Wasser sie gesehen hatten, heilen zu können. Zur Zeit Yuan Chwangs begann die ärztliche Behandlung mit einer siebentägigen Fastenperiode; in diesem Zeitabschnitt wurde der Patient oft gesund; wenn die Krankheit anhielt, wurden schließlich Drogen angewandt. Aber auch dann nur sehr sparsam; meistenteils verließ man sich auf Diätvorschriften, Bäder, Klistiere, Inhalationen, Vaginaleinspritzungen und Aderlässe mit Blutegeln oder Schröpfköpfen.

Die indischen Ärzte hatten ein besonderes Geschick, Gegengifte herzustellen; sie übertreffen noch heute die europäischen Ärzte in der Heilung von Schlangenbissen. Die in Europa vor dem achtzehnten Jahrhundert unbekannte Impfung war in Indien bereits 550 n. Chr. bekannt, wie wir aus einem dem Arzte Dhanvantari zugeschriebenen Werke schließen dürfen: «Nimm die Flüssigkeit einer Pocke auf dem Euter einer Kuh ... auf die Spitze einer Lanzette und stich diese in die Arme zwischen Schultern und Ellbogen ein, bis Blut austritt; wenn sich die Flüssigkeit mit dem Blut vermengt, werden die Pocken entstehen.»[3] Moderne europäische Ärzte meinen, daß die Brahmanen die Trennung in Kasten vorschrieben, weil sie an die Existenz unsichtbarer Krankheitsträger glaubten; viele von Suschutra und dem Gesetzbuch des Manu vorgeschriebenen sanitären Maßregeln scheinen als selbstverständlich anzusehen, was wir Modernen mit unserer Vorliebe, alten Dingen neue Namen zu geben, die Theorie von den Krankheitserregern nennen. Die Hypnose scheint zuerst von den Indern in den Dienst der Therapie gestellt worden zu sein. Oft führten sie ihre Kranken in die Tempel, damit sie dort durch hypnotische Suggestion oder, wie in Ägypten und Griechenland, durch den «Tempelschlaf» geheilt würden. Die Engländer, die die Hypnotherapie in England bekannt machten – Braid, Esdaile und Elliotson – «verdankten zweifelsohne ihre Ideen und einen Teil ihrer Erfahrung der Berührung mit Indien»[4].

Das allgemeine Bild der indischen Medizin zeigt uns eine rapide Entwicklung in der vedischen und der buddhistischen Zeit, der Jahrhunderte einer langsamen und vorsichtigen Entfaltung folgten. Wir wissen nicht, wieviel Atreya, Dhanvantari und Suschutra Griechenland verdankten und wieviel Griechenland ihnen verdankte. Zur Zeit Alexanders, sagt Garrison, «genossen die indischen Ärzte und Chirurgen einen wohlverdienten Ruf des höheren Wissens und der Kunstfertigkeit», und manche Gelehrte glauben, selbst Aristoteles sei ihnen zu Dank verpflichtet. Dasselbe gilt für die Perser und die Araber: Es ist schwer zu sagen, wieviel die indische Medizin den Ärzten von Bagdad

und durch diese dem Erbe der babylonischen Medizin im Vorderen Orient verdankte;
einerseits scheinen gewisse Heilmittel wie Opium und Quecksilber und manche Arten
der Diagnose, wie das Fühlen des Pulses, aus Persien nach Indien gekommen zu sein;
andererseits übersetzten die Perser und Araber im achten Jahrhundert n. Chr. die tausend Jahre alten Kompendien Suschutras und Charakas. Der große Kalif Harun ar-Raschid erkannte die Vorzugsstellung der indischen Medizin und Gelehrsamkeit und ließ
indische Ärzte kommen, um in Bagdad Spitäler und medizinische Schulen einzurichten.
Lord Ampthill ist der Ansicht, das mittelalterliche und moderne Europa verdanke seine
Heilkunde unmittelbar den Arabern und mittelbar dem Volk am Ganges. Wahrscheinlich entwickelte sich diese edelste und unsicherste aller Wissenschaften unter gegen-
seitiger Einflußnahme nahezu gleichzeitig in Sumer, Ägypten und Indien.

II. DIE SECHS SYSTEME DER BRAHMANISCHEN PHILOSOPHIE

Das Alter der indischen Philosophie · Ihre hervorragende Rolle
Ihre Gelehrten · Ihre Formen · Der Begriff der Orthodoxie · Die Postulate der indischen Philosophie

Die Priorität Indiens tritt bei der Philosophie klarer zutage als bei der Medizin, obgleich auch hier die Anfänge in Dunkel gehüllt sind und jede Schlußfolgerung hypothe-
tisch ist. Manche *Upanischaden* sind älter als jedwede *vorhandene* Form der griechischen
Philosophie, und es scheint, daß Pythagoras, Parmenides und Platon von der indischen
Metaphysik beeinflußt worden sind; aber die Spekulationen der Thales, Anaximander,
Anaximenes, Heraklit, Anaxagoras und Empedokles gehen nicht nur zeitlich der weltlichen Philosophie der Inder voraus, sondern tragen auch einen skeptischen und mate-
rialistischen Stempel, der einen indischen Ursprung ausschließt. Victor Cousin glaubt,
wir seien «gezwungen, in dieser Wiege der Menschheit das Geburtsland der höchsten
Philosophie zu erblicken»[5]. Wahrscheinlicher ist, daß keine der uns bekannten Kulturen der alleinige Begründer eines Bestandteils der Kultur ist.

Aber nirgendwo war die Freude am Philosophieren so groß wie in Indien. Für die
Inder ist sie nicht nur ein Ornament oder eine erbauliche Unterhaltung, sondern ein
tieferes und wahreres Dasein; und die Weisen empfangen in Indien all die Ehren, die
man im Westen den Reichen und den Männern der Tat zukommen läßt. Welches andere Volk hat je daran gedacht, Feste zu feiern, auf denen sich die Führer rivalisieren-
der Philosophenschulen geistige Gladiatorenkämpfe lieferten? Wir lesen in den *Upanischaden*, wie der König der Videhas einen Tag für philosophische Disputation zwischen
Vajñavalkya, Aschvala, Artabhaga und Gargi (der Aspasia Indiens) als Teil eines religiösen Festes freihielt; dem Sieger versprach – und gab – er eine Belohnung von tausend Kühen und vielen Goldstücken. Ein philosophischer Lehrer in Indien pflegte sich
eher des gesprochenen als des geschriebenen Wortes zu bedienen; statt seine Gegner
aus dem sicheren Hinterhalt der Bücher anzugreifen, trat er ihnen in freier Diskussion
entgegen und besuchte andere Schulen, um sich zu Frage und Antwort zu stellen;
maßgebende Philosophen wie Schankara unternahmen sehr oft solche intellektuelle

DAS GEISTESLEBEN

Reisen. Zuweilen griffen Könige mit einer Bescheidenheit, die einem Monarchen in
Gegenwart eines Philosophen wohl ansteht – wenn wir den Berichten der Philosophen
Glauben schenken dürfen – in diese Diskussion ein. Der ˇieger in einer gewichtigen
Diskussion war in den Augen seines Volkes ein ebenso großer Held wie ein von den
blutigen Triumphen des Krieges heimkehrender General.

Auf einer Radschputenmalerei des achtzehnten Jahrhunderts sehen wir eine typische
«Schule der Philosophie». Der Lehrer sitzt auf einer Matte unter einem Baume, und
seine Schüler kauern im Grase vor ihm. Solchen Szenen konnte man überall begegnen;
denn die Lehrer der Philosophie waren in Indien so zahlreich wie die Kaufherren in
Babylon. Kein anderes Land hat je so viele Schulen des Denkens besessen. Aus einem
der Dialoge Buddhas erfahren wir, daß die Philosophen seiner Zeit zweiundsechzig
verschiedene Theorien der Seele aufstellten. «Nicht umsonst gibt es im Sanskrit vielleicht mehr Worte für philosophisch-religiöse Gedankeninhalte als im Griechischen,
Lateinischen und Deutschen zusammengenommen», sagt Graf Keyserling[6].

Da das indische Denken eher mündlich als schriftlich überliefert wurde, ist die älteste Form,
die wir von den Theorien der verschiedenen Schulen besitzen, die der *sutras* – aphoristischer
«Leitfäden», die Lehrer oder Schüler flüchtig aufzeichneten, nicht, um ihre Gedanken einem
anderen darzulegen, sondern als Hilfsmittel für das eigene Gedächtnis. Diese vorhandenen *sutras*
sind verschiedenen Alters, manche sind um 200, andere erst um 1400 n. Chr. niedergeschrieben;
auf alle Fälle sind sie viel jünger als das überlieferte Denken, welches sie kurz zusammenfassen;
denn diese Philosophenschulen gehen auf Buddhas Zeit zurück, und einige von ihnen, wie die
Sankhya, waren bereits etabliert, als Buddha geboren wurde.

Alle Systeme der indischen Philosophie werden von den Indern in zwei Kategorien
eingegliedert: in *Astika*-Systeme, die bejahen, und *Nastika*-Systeme, die verneinen (*asti*,
es ist; *nâsti*, es ist nicht). Wir haben uns bereits mit den *Nastika*-Systemen befaßt; es
waren hauptsächlich diejenigen der Charvakas, der Buddhisten und der Jainas. Aber
seltsamerweise nannte man diese Systeme *Nastika*, das heißt heterodox und nihilistisch,
nicht weil sie die Existenz Gottes bezweifelten oder verneinten (was sie ja taten), sondern weil sie die Autorität der *Veden* anzweifelten, verneinten oder ignorierten. Viele
Astika-Systeme verneinten die Existenz Gottes ebenfalls; trotzdem galten sie als orthodox, weil sie die Unfehlbarkeit der heiligen Schriften und der Kasteninstitution anerkannten; und wie atheistisch es auch sein mochte, so behinderte doch niemand das
Freidenkertum derjenigen Schulen, welche diese Grundlagen der orthodoxen Hindugesellschaft anerkannten. Da der Auslegung der heiligen Bücher ein weiter Spielraum
gegeben wurde und kluge Dialektiker in den *Veden* jede Doktrin, die sie darin suchten,
auch finden konnten, blieb als einziges Erfordernis für die geistige Anerkennung das
Bekenntnis zum Kastensystem; und weil die Kaste die einzige wirkliche Regierung Indiens war, bedeutete ihre Ablehnung Verrat und deckte ihre Bekräftigung eine Menge
Sünden zu. Tatsächlich erfreuten sich die Philosophen Indiens einer bedeutend größeren
Freiheit als ihre scholastischen Kollegen in Europa, wenn auch vielleicht einer geringeren als die Denker des Christentums unter den aufgeklärten Päpsten der Renaissance.

Von den «rechtgläubigen» Systemen, den *darschanas* («Darlegungen»), erlangten
sechs eine solche Bedeutung, daß schließlich jeder indische Denker, der die Autorität

der Brahmanen anerkannte, sich der einen oder der anderen dieser Schulen anschloß. Alle sechs stellten Postulate auf, die die Grundlagen des indischen Denkens bilden. So lehrten sie, daß die *Veden* inspiriert sind; daß die Vernunft als Führer zu Wirklichkeit und Wahrheit weniger verläßlich ist als die unmittelbare Wahrnehmung und das Empfinden eines Individuums, welches durch asketischen Lebenswandel und Jahre gehorsamer Bevormundung wirksam auf die geistige Empfänglichkeit und Empfindsamkeit vorbereitet worden ist; daß der Zweck des Wissens und der Philosophie nicht die Herrschaft über, sondern die Erlösung von der Welt ist; und daß das Ziel des Denkens darin besteht, sich von dem Leid freizumachen, das durch unerfüllte Wünsche entsteht, indem man sich selbst von allem Begehren freimacht. Das sind die Philosophien, zu denen die Menschen gelangen, wenn sie des Ehrgeizes, des Kampfes, des Reichtums, des «Fortschritts» und des «Erfolgs» müde sind.

1. DAS NYAYA-SYSTEM

Ein indischer Logiker

Das erste der «brahmanischen» Systeme nach der logischen Ordnung des indischen Denkens (die chronologische Ordnung ist ungewiß, und in allem Wesentlichen treten die Denksysteme gleichzeitig auf) ist ein Gebäude logischer Theorien, das sich über zwei Jahrtausende erstreckt. *Nyaya* bedeutet «Beweis, Mittel, den Geist zu einer Schlußfolgerung zu führen». Der berühmteste Text ist das *Nyaya Sutra*, das einem zwischen dem dritten Jahrhundert v. Chr. und dem ersten Jahrhundert n. Chr. datierten Gautama zugeschrieben wird. Wie alle indischen Denker verkündet dieser Philosoph als Ziel seiner Arbeit das *Nirwana*, die Erlösung von der Tyrannei des Begehrens, die durch folgerichtiges Denken erreicht werde; aber wir hegen den Verdacht, daß er nur die Absicht hatte, verwirrten Ringkämpfern der philosophischen Debatten Indiens eine Handhabe zu bieten. Er formuliert für sie die Prinzipien der Beweisführung, lehrt die Listen der Diskussion und verzeichnet die gewöhnlich vorkommenden Trugschlüsse. Wie Aristoteles sucht er die Gliederung eines Beweises im Syllogismus und findet den Schwerpunkt eines Arguments im mittleren Satze*; wie ein James oder Dewey betrachtet er Wissen und Denken als pragmatische Werkzeuge und Organe des menschlichen Müssens und Wollens, deren Brauchbarkeit sich im erfolgreichen Handeln erweisen muß. Er ist Realist und will nichts mit der erhabenen Idee zu tun haben, wonach die Welt zu existieren aufhört, wenn niemand die Vorsichtsmaßregel trifft, sie wahrzunehmen. Gautamas Vorgänger in der *Nyaya*-Philosophie waren offenbar Atheisten; seine Nachfolger wurden Erkenntnistheoretiker. Seine Leistung bestand darin, daß er in Indien ein Organ zum Forschen und Denken und einen reichen Wortschatz philosophischer Fachausdrücke schuf.

2. DAS VAISCHESCHIKA-SYSTEM

Demokrit in Indien

Wie Gautama der Aristoteles, so ist Kanada der Demokrit Indiens. Sein Name, der «Atom-Esser» bedeutet, läßt vermuten, daß er ein legendäres Produkt historischer Einbildungskraft ist. Das Datum der Formulierung des Vaischeschika-Systems hat man nicht gerade mit übertriebener Genauigkeit festgesetzt: Sie soll nicht vor 300 v. Chr. und nicht nach 800 n. Chr. erfolgt sein.

---

* Der *Nyaya*-Syllogismus hat jedoch fünf Sätze: Theorem, Ursache, Obersatz, Untersatz und Schluß. Zum · Beispiel: (1) Sokrates ist sterblich (2) denn er ist ein Mensch; (3) alle Menschen sind sterblich; (4) Sokrates ist ein Mensch; (5) darum ist Sokrates sterblich.

DAS GEISTESLEBEN 467

Der Name kommt von *vischescha*, was «Eigenheit» bedeutet: Die Welt ist nach der Theorie Kanadas von einer Anzahl Dinge erfüllt; sie sind aber alle in irgendeiner Form Atomkombinationen; die Formen ändern sich, aber die Atome sind unzerstörbar. Ganz wie Demokrit verkündet er, daß außer «Atomen und leerem Raum» nichts existiere und daß die Atome sich nicht nach dem Willen einer vernunftbegabten Gottheit, sondern durch eine unpersönliche Kraft, ein Gesetz – adrischta, «das Unsichtbare» – bewegten. Da es keinen größeren Konservativen gibt als das Kind eines Radikalen, waren die späteren Exponenten des *Vaischeschika*-Systems nicht imstande, sich mit dem Gedanken einer blinden, dem Kosmos Einheit und Ordnung verleihenden Kraft abzufinden, sondern stellten in die Welt der Atome auch eine Welt winziger Seelen und ließen beide von einem vernunftbegabten Gott überwacht sein. So alt ist die Leibnizsche «prästabilierte Harmonie».

3. DAS SANKHYA-SYSTEM

Sein hoher Ruf · Metaphysik · Evolution · Atheismus · Idealismus · Geist · Körper, Geist und Seele
Das Ziel der Philosophie · Der Einfluß der Sankhya-Philosophie

Ein indischer Historiker sagt: «Das ist das bedeutungsvollste philosophische System, welches Indien hervorgebracht hat.»[7] Professor Garbe, der sein Leben großenteils dem Studium des *Sankhya* widmete, tröstete sich mit dem Gedanken, daß «Kapila in seiner Lehre zum ersten Male in der Geschichte der Welt die vollkommene Unabhängigkeit und Freiheit des menschlichen Geistes, sein volles Vertrauen in die eigene Kraft, darstellt»[8]. Es ist das älteste der sechs Systeme und vielleicht das älteste philosophische System überhaupt*. Von Kapila selbst weiß man nichts, außer daß die indische Überlieferung, die eine Schuljungenverachtung für Daten besitzt, ihm die Urheberschaft der Sankhya-Philosophie im sechsten Jahrhundert v. Chr. zuschreibt.

Kapila ist gleichzeitig Realist und Scholastiker. Er beginnt fast medizinisch, indem er in seinem ersten Aphorismus erklärt, «das vollständige Aufhören des Leides» sei «das vollständige Ziel des Menschen». Er verwirft den Versuch, dem Leid mit materiellen Behelfen aus dem Wege zu gehen, als untauglich. Er widerlegt, mit viel logischer Taschenspielerei, alle anderen Ansichten über das Problem des Leides und schreitet dann dazu, sein eigenes metaphysisches System in einer Reihe von bis zur Unverständlichkeit zusammengedrängten *sutras* aufzubauen. Das System leitet seinen Namen von der Aufzählung (denn das ist die Bedeutung von sankhya) der fünfundzwanzig Wirklichkeiten (Tattvas) ab, aus denen nach Kapila die Welt besteht. Er ordnet diese Wirklichkeiten nach einem komplizierten Verwandtschaftsverhältnis, das vielleicht in dem folgenden Schema einigermaßen klar wird:

(1) A. Die Substanz (*Prakriti*, «Schöpfer»), ein universelles stoffliches Prinzip, erzeugt durch seine Entwicklungskräfte (Gunas)

(2) den Verstand (*Buddhi*), das Wahrnehmungsvermögen. Dieses erzeugt durch seine Entwicklungskräfte

---

* Die älteste vorhandene Literatur des Systems, das *Sankhya-karika* des Kommentators Ischvara Krischna, stammt aus dem fünften Jahrhundert n. Chr., und die *Sankhya-sutras*, die einst Kapila zugeschrieben wurden, sind aus dem fünfzehnten Jahrhundert; aber die Ursprünge des Systems sind offenbar älter als der Buddhismus. Die buddhistischen Schriften und das *Mahabharata* erwähnen es wiederholte Male, und Winternitz findet seinen Einfluß bei Pythagoras.

468   INDIEN UND SEINE NACHBARN

        I. Die fünf subtilen Elemente oder Sinneskräfte der inneren Welt, nämlich:

(4)   1. Das Sehen,

(5)   2. Das Hören,

(6)   3. Das Riechen,

(7)   4. Das Schmecken und

(8)   5. Das Fühlen [die Wirklichkeiten (1) bis (8) bringen zusammen die Wirklichkeiten (10) bis (24) hervor];

(9)   II. Den Geist *(Manas)*, das Begriffsvermögen;

        III. Die fünf Sinnesorgane [den Wirklichkeiten (4) bis (8) entsprechend]:

(10)   1. Das Auge,

(11)   2. Das Ohr,

(12)   3. Die Nase,

(13)   4. Die Zunge,

(14)   5. Die Haut;

        IV. Die fünf Organe des Handelns:

(15)   1. Den Kehlkopf,

(16)   2. Die Hände,

(17)   3. Die Füße,

(18)   4. Die Ausscheidungsorgane und

(19)   5. Die Zeugungsorgane;

        V. Die fünf Elemente der äußeren Welt:

(20)   1. Den Äther,

(21)   2. Die Luft,

(22)   3. Feuer und Licht,

(23)   4. Das Wasser und

(24)   5. Die Erde.

(25) B. DIE SEELE (*Puruscha*, «Person»), ein universelles geistiges Prinzip; sie ist zwar unfähig, etwas aus sich selbst zu tun, beseelt und belebt jedoch die «Prakriti» und regt deren Entwicklungskräfte zu ihren Tätigkeiten an.

Zunächst scheint das ein rein materialistisches System zu sein: Die Welt des Geistes und des Selbstes erscheint ebenso wie die des Körpers und des Stofflichen ganz als eine natürliche Evolution, als eine Einheit und Kontinuität von Elementen, die in ewiger Entwicklung und ewigem Verfall sind, vom niedrigsten zum höchsten und umgekehrt. In Kapilas Gedankengang findet sich eine Vorahnung von Lamarck: Das Bedürfnis des Organismus (des «Selbstes») erzeugt die Funktion (Sehen, Hören, Riechen, Schmekken und Fühlen), und die Funktion bringt das Organ hervor (Auge, Ohr, Nase, Zunge und Haut). Das System ist lückenlos; in keinem indischen philosophischen System gibt es einen wesenhaften Unterschied zwischen dem Anorganischen und dem Organischen, zwischen dem Vegetativen und dem Animalischen oder zwischen dem Animalischen

DAS GEISTESLEBEN 469

und dem Menschlichen; das sind alles Glieder einer einzigen Lebenskette, Speichen am Rade des Werdens und Vergehens, der Geburt, des Todes und der Wiedergeburt. Der Verlauf der Evolution wird schicksalshaft von den drei aktiven Eigenschaften oder Kräften *(Gunas)* der Substanz bestimmt: Reinheit, Tätigkeit und blinde Unkenntnis. Diese Kräfte begünstigen keinesfalls das Werden gegenüber dem Vergehen; sie bringen in einem endlosen Zyklus eines nach dem anderen hervor, wie ein blöder Zauberer, der unendlich viele Dinge aus einem Hute hervorzieht, sie wieder zurücksteckt und den Vorgang ewiglich wiederholt. Jeder Evolutionszustand hat, wie Herbert Spencer später sagen sollte, bereits eine Tendenz zur Auflösung als schicksalshafte Ergänzung und Ende in sich.

Kapila sah wie Laplace keine Notwendigkeit, eine Gottheit zu bemühen, um die Schöpfung oder das Werden zu erklären; bei dieser religiösesten und philosophischsten aller Nationen ist es nichts Ungewöhnliches, Religionen und Philosophien ohne einen Gott zu finden. Viele der *Sankhya*-Texte verneinen ausdrücklich die Existenz eines persönlichen Schöpfers; die Schöpfung ist unbegreiflich, denn «ein Ding wird nicht aus nichts gemacht»; Schöpfer und Geschaffenes sind eines. Kapila gibt sich mit dem Ausspruch zufrieden (gerade wie später Immanuel Kant), daß ein persönlicher Schöpfer nie von der menschlichen Vernunft bewiesen werden könne. Denn was immer auch existiert, sagt dieser scharfsinnige Skeptiker, muß entweder gebunden oder frei sein, und Gott kann keines davon sein. Ist Gott vollkommen, so braucht er nicht die Welt zu erschaffen; ist er nicht vollkommen, so ist er nicht Gott. Wenn Gott gut wäre und göttliche Macht besäße, könnte er unmöglich eine so unvollkommene Welt geschaffen haben, eine Welt, die so reich ist an Leid und in der der Tod so gewiß ist. Es ist lehrreich, zu sehen, mit welcher Ruhe die indischen Denker diese Probleme diskutieren, wie selten sie zur Verfolgung oder Lästerung Zuflucht nehmen und wie sie die Debatte auf einem Niveau führen, das zu unserer Zeit nur die reifsten Wissenschaftler erreichen. Kapila schützt sich, indem er die Autorität der *Veden* anerkennt: «Die *Veden*», sagt er einfach, «sind eine Autorität, da ja ihr Verfasser die festgesetzte Wahrheit kannte.»[9] Worauf er seine Ausführungen fortsetzt, ohne die Veden überhaupt zu erwähnen.

Er ist aber kein Materialist; im Gegenteil, er ist Idealist und Spiritualist auf seine bezeichnende unkonventionelle Art. Er leitet die Wirklichkeit ganz von der Wahrnehmung ab; unsere Sinnesorgane und unser Denken geben der Welt jede Wirklichkeit, Form und Bedeutung, die sie für uns überhaupt haben kann; was die Welt außerhalb dessen und unabhängig davon sein könnte, ist eine müßige Frage ohne Bedeutung, auf die es keine Antwort geben kann. Nachdem er vierundzwanzig Wirklichkeiten, *Tattvas,* aufgezählt hat, die in seinem System zur physischen Evolution gehören, stößt er seinen gesamten anfänglichen Materialismus um, indem er als letzte Wirklichkeit die seltsamste und vielleicht die wichtigste von allen hinzufügt – *Puruscha,* «Person» oder Seele. Sie ist nicht, wie die anderen dreiundzwanzig *Tattvas,* von der *Prakriti,* dem stofflichen Prinzip, erzeugt; sie ist ein unabhängiges geistiges Prinzip, allgegenwärtig und unvergänglich, unfähig, aus sich heraus zu wirken, aber jeder Handlung unentbehrlich. Denn die *Prakriti* entwickelt sich nie, die *Gunas* handeln nie, es sei denn durch die Inspiration des *Puruscha;* das Physische wird beseelt, belebt und dazu angetrieben, sich mittels des physischen Prinzipes überall zu entfalten. Hier spricht Kapila wie Aristoteles: «Es gibt einen herrschenden Einfluß der Seele (über die *Prakriti*, die werdende und vergehende Welt), der von ihrer Nähe zueinander bedingt ist, genau wie der Magnet das Eisen an sich zieht. Das heißt also, die Nähe des *Puruscha* zur *Prakriti* zwingt die letztere, die Schöpfungsstadien zu durchlaufen. Diese Anziehung zwischen den beiden führt zur Schöpfung; in keinem anderen Sinne ist der Geist eine Wirkkraft oder überhaupt irgendwie an der Schöpfung beteiligt.»*[10]

Die Seele ist vielheitlich in dem Sinne, daß sie in jedem Organismus vorhanden ist; sie ist aber in allen gleich und nimmt an der Individualität nicht teil. Die Individualität ist stofflich; wir sind, was wir sind; nicht unserer Seele wegen, sondern wegen der Herkunft, des Entwicklungsganges und der Erfahrungen unseres Körpers und unseres Geistes. In der *Sankhya*-Philosophie ist der Geist im selben Maße ein Teil des Körpers wie jedes andere Organ. Die abgeschiedene und unberührte Seele in uns ist frei, während Geist und Körper den Gesetzen der *Gunas* oder Eigenschaften der stofflichen Welt unterworfen sind; nicht die Seele handelt und ist determiniert, sondern der Körper-Geist. Ebensowenig ist die Seele in den Verfall und das Vergehen des Körpers und der Persönlichkeit einbezogen; sie wird vom Strome der Geburt und des Todes nicht berührt. «Der Geist ist vergänglich», sagt Kapila, «nicht aber die Seele»[12]; nur das individuelle Selbst, das stoff- und körpergebunden ist, wird geboren, stirbt und wird wieder geboren in dem unermüdlichen Hin und Her der stofflichen Gestalt, das die Geschichte der äußeren Welt ausmacht. Kapila, der alles andere zu bezweifeln vermag, zweifelt nie an der Seelenwanderung.

Wie die meisten indischen Denker betrachtet er das Leben, wenn überhaupt als ein Gut, so als ein zweifelhaftes. «Wenige nur sind diese Tage der Freude, wenige nur sind diese Tage des Leides; Reichtum ist wie ein angeschwollener Strom, Jugend ist wie das versinkende Ufer eines angeschwollenen Stromes, Leben ist wie ein Baum auf dem versinkenden Ufer.»[13] Das Leid ist das Ergebnis der Tatsache, daß das individuelle Selbst und der Geist stoffgebunden, den blinden Kräften des Werdens und Vergehens ausgeliefert sind. Welches Entrinnen gibt es aus diesem Leide? Nur die Philosophie verhilft dazu, sagt unser Philosoph; nur die Erkenntnis, daß all diese Qualen und Schmerzen, all diese Uneinigkeit und der ganze Aufruhr strebender Egos *Maya* sind, Täuschung, unwesentliches Gepränge des Lebens und der Zeit. «Gebundenheit entsteht aus dem Irrtum des Nichtunterscheidens»[14] – zwischen dem Selbst, das leidet, und der Seele, die gefeit ist, zwischen der aufgestörten Außenfläche und dem unberührbaren, unveränderlichen Grunde. Wollen wir uns über diese Leiden erheben, so müssen wir nur erkennen, daß unsere Wesenheit, die Seele, jenseits von Gut und Böse, von Freude und Leid, von Geburt und Tod steht. Unsere Handlungen und Kämpfe,

---

* «Die Evolution der Prakriti», sagt ein indischer Kapila-Kommentator, «hat nur den Zweck, der Seele ein Schauspiel zu verschaffen.»[11] Vielleicht ist es, wie Nietzsche riet, am weisesten, die Welt als ein ästhetisches und dramatisches Schauspiel aufzufassen.

DAS GEISTESLEBEN 471

unsere Erfolge und Niederlagen plagen uns nur, solange wir nicht zu sehen vermögen, daß sie die Seele gar nicht berühren und auch nicht von ihr kommen; der erleuchtete Mensch wird wie von außerhalb auf sie schauen, wie ein unparteiischer Zuschauer, der einem Schauspiel beiwohnt. Wenn die Seele ihre Unabhängigkeit von den Dingen erkennt, wird sie sogleich frei sein; gerade durch diesen Erkenntnisakt wird sie dem Gefängnis des Raumes und der Zeit, des Leides und der Wiedergeburt entrinnen. «Die durch das Wissen der fünfundzwanzig Wirklichkeiten erreichte Befreiung», sagt Kapila, «lehrt die allereinzigste Erkenntnis – daß ich nicht bin, daß nichts mein ist und daß ich nicht existiere» [15]; das heißt, daß die Einzelexistenz eine Illusion ist; auf der einen Seite existiert nur der unermeßliche, ewig werdende und vergehende Schaum des Stoffes und Geistes, des Körpers und des Selbstes, und auf der anderen die stille Ewigkeit der unveränderlichen und unerschütterlichen Seele.

Eine solche Philosophie wird dem keine Befriedigung bringen, dem es einigermaßen schwer fällt, sich von seinem gepeinigten Fleische und seinem quälenden Erinnern zu trennen; aber sie scheint die Stimmung des grüblerischen Indien sehr gut ausgedrückt zu haben. Mit Ausnahme des *Vedanta* hat keine andere Philosophie den indischen Geist so tief beeindruckt. Im Atheismus und im erkenntnistheoretischen Idealismus Buddhas und seinem Begriff des *Nirwana* sehen wir den Einfluß Kapilas; wir finden ihn im *Mahabharata* und im Gesetzbuch des Manu, in den *Puranas** und in den *Tantras*, die den *Puruscha* und die *Prakriti* in das männliche und weibliche Schöpfungsprinzip umwandeln, und vor allen Dingen im *Yoga*-System, das lediglich eine praktische Entwicklung der *Sankhya*-Philosophie ist, auf ihren Theorien aufbaut und sich ihrer Redewendungen bedient. Kapila hat heute nur wenige rückhaltlose Anhänger, da *Sankara* und das *Vedanta* den indischen Geist erobert haben; aber ein altes Sprichwort erhebt noch gelegentlich seine Stimme in Indien: «Es gibt kein Wissen, das der *Sankhya* gleichkommt, und keine Kraft, die dem *Yoga* gleichkommt.» [16]

4. DAS YOGA-SYSTEM

Die heiligen Männer · Das Alter des Yoga · Seine Bedeutung · Die acht Stadien der Disziplin
Das Ziel des Yoga · Die Wunder der Yogi · Die Aufrichtigkeit des Yoga

An einem reinen Orte bereite er sich seinen bleibenden Sitz, der nicht zu hoch und nicht zu niedrig, mit einem Tuch, einem Fell oder Kuscha-Gras bedeckt sei.

Auf einem solchen Sitze sich niederlassend, richte er seinen inneren Sinn auf *einen* Punkt; die Tätigkeit des Denkorgans und der Sinne im Zaum haltend, übe er Versenkung zur Läuterung des Selbstes.

Rumpf, Haupt und Hals gerade und unbeweglich haltend, blicke er, ohne sich zu rühren, auf seine Nasenspitze und schaue nach keiner Richtung hin.

Mit ruhigem Gemüt, frei von Furcht, dem Gelübde der Keuschheit treu, seinen Sinn bezwingend und seine Gedanken auf mich richtend, sitze er in Versenkung da, ganz mit mir beschäftigt**

---

* Vgl. das Gedicht auf Seite 447 f.

** *Bhagavadgita* VI, 11–14; Übersetzung von Richard Garbe, *Die Bhagavadgîtâ aus dem Sanskrit übersetzt*, Leipzig 1921, S. 109. *Brahmacaria* ist das von den Asketenschülern abgelegte Gelübde. «Mich» ist Krischna

An den Badeplätzen, den Ghats, sitzen zwischen ehrfurchtsvollen Hindus, gleichgültigen Mohammedanern und neugierigen Touristen die heiligen Männer oder *Yogis*, in denen die Religion und Philosophie Indiens ihren höchstgesteigerten Ausdruck findet. Seltener trifft man sie in Wäldern oder am Wegrand an, unbeweglich und in sich versunken. Manche sind alt, manche sind jung; manche tragen einen Fetzen um ihre Schultern, manche einen Schurz um die Lenden, und wieder andere haben den ganzen Körper und das Haar mit Asche bedeckt. Sie kauern bewegungslos mit überkreuzten Beinen und starren auf die Nase oder den Nabel. Manche sehen in die Sonne, Stunde um Stunde, Tag um Tag, bis sie erblinden; manche umgeben sich um die Mittagsstunde, wenn die Hitze versengend ist, mit prasselnden Feuern; manche gehen barfuß auf glühenden Kohlen oder schütten sich die Kohlen auf das Haupt; manche liegen fünfunddreißig Jahre lang nackt auf Betten aus Eisenspitzen; manche rollen ihren Körper Tausende Meilen weit zu einem Wallfahrtsort; manche legen sich selbst in Ketten oder setzen sich bis zu ihrem Tode in Käfige gefangen; manche graben sich bis zum Hals in die Erde ein und bleiben in dieser Stellung jahrelang oder Zeit ihres Lebens; manche ziehen einen Draht durch beide Wangen, machen es sich unmöglich, die Kinnbacken zu öffnen und müssen fortan nur von Flüssigkeiten leben; manche halten ihre Fäuste so lange geballt, bis ihre Fingernägel durch den Handrücken wachsen; und manche halten einen Arm oder einen Fuß ausgestreckt, bis er verdorrt und abstirbt. Viele verharren jahrelang still in der gleichen Haltung, essen Blätter und Nüsse, die ihnen das Volk bringt, stumpfen absichtlich jeden Sinn ab und konzentrieren all ihre Gedanken, entschlossen, zur Erkenntnis zu gelangen. Die meisten vermeiden auffallende Methoden und suchen die Wahrheit in der stillen Zurückgezogenheit ihres Heims.

Wir hatten solche Männer in unserem Mittelalter. Indien hat sie seit 2500 Jahren – möglicherweise auch seit der prähistorischen Zeit, wo sie vielleicht die *Schamane* der wilden Stämme waren. Das System der unter dem Namen *Yoga* bekannten asketischen Betrachtung existierte zur Zeit der *Veden*; die *Upanischaden* und das *Mahabharata* akzeptierten es; es blühte im Zeitalter Buddhas; und sogar Alexander, den die Fähigkeit dieser «Gymnosophisten», schweigend Schmerz zu ertragen, anzog, betrachtete sie eingehend und lud einen von ihnen ein, mit ihm zu kommen und an seinem Hofe zu leben. Der *Yogi* lehnte ebenso fest ab wie Diogenes und sagte, er wolle nichts von Alexander, da er mit dem Nichts, das er habe, zufrieden sei. Die Asketen lachten über den knabenhaften Wunsch des Makedonen, die Erde zu erobern, da ja, wie sie ihm sagten, für jeden Menschen, sei er lebendig oder tot, schon wenige Fußbreit ausreichten. Ein anderer Weiser, Kalanos (326 v. Chr.), begleitete Alexander nach Persien; als er dort erkrankte, bat er um die Erlaubnis, sterben zu dürfen, und erklärte, er ziehe den Tod der Krankheit vor; und ruhig bestieg er einen Scheiterhaufen, kein Laut kam über seine Lippen, als die Flammen ihn verzehrten – zur Verwunderung der Griechen, die noch nie diese Art von Mut gesehen hatten. Zwei Jahrhunderte später (ca. 150 v. Chr.) faßte Patañjali die Praxis und die Traditionen des Systems in seinen berühmten *Yoga-sutras*, die noch immer in den *Yoga*-Zentren von Benares bis Los Angeles als Text benutzt werden, zusammen. Nach Yuan Chwang hatte das System im siebenten Jahrhundert

DAS GEISTESLEBEN   473

nach Christus Tausende von Anhängern; Marco Polo (um 1296) gibt eine lebendige
Schilderung; heute, nach all diesen Jahrhunderten, mühen sich noch immer seine ex-
tremistischen Anhänger, ein bis drei Millionen an der Zahl, um Frieden und Erkenntnis. Es ist eine der eindrucksvollsten und erschütterndsten Erscheinungen in der Geschichte des Menschen.

Was ist *Yoga*? Wörtlich ein Joch: nicht so sehr ein Zusammenspannen oder Vereinen der Seele mit dem höchsten Wesen, als das Joch der asketischen Disziplin und
Abstinenz, das der Emporstrebende sich auferlegt, um seinen Geist von allen materiellen Einschränkungen zu reinigen und übernatürliche Intelligenz und Kraft zu erlangen. Der Stoff ist die Wurzel der Ignoranz und des Leids; darum strebt das *Yoga* nach
der Befreiung der Seele von allen Sinneserscheinungen und von aller stofflichen Gebundenheit; es ist ein Versuch, in einem einzigen Leben zur höchsten Erleuchtung und
Erlösung zu kommen, indem man in einer Existenz für alle Sünden der vergangenen
Verkörperungen der Seele Buße tut.

Eine solche Erleuchtung läßt sich nicht mit einem Schlage erwerben; der Anwärter
muß Stufe um Stufe emporsteigen; er kann keine Stufe des Vorgangs verstehen, wenn
er die vorhergehenden Stufen nicht durchlebt hat; man gelangt zum *Yoga* nur durch
lange und geduldige Selbstzucht. Das *Yoga* kennt acht Stufen:

I. *Yama* oder der Tod des Begehrens; hier nimmt die Seele die Einschränkungen des *ahimsa*
und des Keuschheitsgelübdes auf sich, gibt jede Selbstsucht auf, befreit sich von allen materiellen Interessen und Beschäftigungen und nimmt allen Dingen gegenüber eine wohlmeinende Haltung ein.

II. *Niyama*, die genaue Einhaltung gewisser zum *Yoga* überleitender Regeln: Sauberkeit, Ge-
nügsamkeit, Reinheit, sinnende Betrachtung und Ehrfurcht.

III. *Asana*, Haltung; hier ist das Ziel, jede Bewegung und jede Empfindung auszuschalten; das
beste *Asana* zu diesem Zweck ist, den rechten Fuß auf den linken Schenkel und den linken Fuß
auf den rechten Schenkel zu legen, die Hände zu kreuzen und die großen Zehen festzuhalten, das
Kinn auf die Brust zu neigen und die Augen auf die Nasenspitze zu richten.

IV. *Pranayama*, die Regulierung des Atems: Durch diese Übungen kann man alles, außer dem
Atmen, vergessen und so seinen Geist auf die passive Leere, die der Konzentration vorangehen
muß, vorbereiten; gleichzeitig kann man lernen, mit einem Mindestmaß an Luft auszukommen
und kann sich tagelang in der Erde begraben lassen, ohne Schaden zu nehmen.

V. *Pratyahara*, «Wegnahme»; nun beherrscht der Geist alle Sinne und entzieht sich allen Sin-
nesobjekten.

VI. *Dharana* oder Konzentration – die Identifizierung oder das Erfüllen des Geistes und der
Sinne mit einer Idee oder einem Objekt unter Ausschluß aller anderen*. Die ausschließliche Betrachtung eines einzigen Objektes wird die Seele von jeder Empfindung, von allen spezifischen
Denken und allem selbstischen Begehren befreien; dann wird der aus den Dingen fortgenomme-
ne Geist die immaterielle Substanz der Wirklichkeit frei erfühlen können**.

---
* Vgl. Hobbes: Semper idem sentire idem est ac nihil sentire: «Immer dasselbe empfinden heißt nichts
empfinden.»
** Eliot vergleicht zur Erläuterung dieses Stadiums eine offensichtlich vom Studium der indischen Philo-
sophie inspirierte Stelle bei Schopenhauer: «Wann aber äußerer Anlaß oder innere Stimmung uns plötzlich
aus dem endlosen Strome des Wollens heraushebt, die Erkenntnis dem Sklavendienste des Willens entreißt,
die Aufmerksamkeit nun nicht mehr auf die Motive des Wollens gerichtet wird, sondern die Dinge frei von

474 INDIEN UND SEINE NACHBARN

VII. *Dhyana* oder Nachsinnen: Das ist ein nahezu hypnotischer Zustand, der das Ergebnis des *Dharana* ist; er läßt sich nach Patañjali durch das dauernde Wiederholen der heiligen Silbe *Om* herbeiführen. Schließlich gelangt der Asket zum höchsten Punkt des *Yoga*, dem

VIII. *Samadhi*, der verzückten Betrachtung: Nun verschwindet auch der letzte Gedanke aus dem Geiste; der vollständig leere Geist verliert das Bewußtsein seiner selbst als gesondertes Wesen; er geht in der Gesamtheit auf und erreicht eine selige und gottähnliche Einsicht in das Alles in Einem. Es gibt keine Worte, die diesen Zustand dem Uneingeweihten beschreiben könnten; kein Denken und kein Urteilen kann ihn finden oder formulieren, «durch *Yoga* muß man das *Yoga* erfahren».

Dessenungeachtet ist es nicht Gott oder die Vereinigung mit Gott, die der *Yogi* sucht; in der *Yoga*-Philosophie ist Gott (Ischvara) nicht der Schöpfer oder Erhalter des Universums oder der Belohner und Bestrafer der Menschen, sondern eines von mehreren Objekten, über welche die Seele nachsinnen kann, um zur Konzentration und Erleuchtung zu gelangen. Das Ziel ist die Dissoziation des Geistes vom Körper, die Beseitigung aller materiellen Hindernisse aus der Seele, die, nach der *Yoga*-Theorie, zu übernatürlichem Begreifen und Können führen. Wenn die Seele von aller körperlichen Bindung und Einschachtelung gereinigt sein wird, wird sie sich nicht mit *Brahman* vereinen, sie wird *Brahman* sein; denn *Brahman* ist eben jene verborgene geistige Grundlage, jene selbstlose und unstoffliche Seele, die bleibt, wenn alle Sinnesbindungen durch Übung ausgeschaltet worden sind. In dem Maße, in dem sich die Seele von ihrer stofflichen Hülle, ihrem Gefängnis, befreien kann, *wird* sie zu *Brahman* und übt die Verstandeskraft und die Macht des *Brahman* aus. Hier taucht wiederum die magische Grundlage der Religion auf und bedroht beinahe die Substanz der Religion selbst – die Verehrung höherer Mächte.

Zur Zeit der *Upanischaden* war das *Yoga* reiner Mystizismus – ein Versuch, die Wesenseinheit der Seele mit Gott zu verwirklichen. Die Hindulegende berichtet, daß in alten Tagen sieben Weise oder *Rischis* mittels Bußübungen und Meditation zum vollständigen Wissen aller Dinge gelangten. In der späteren Geschichte Indiens wurde das *Yoga* mit Zauberpraktiken durchsetzt und verderbt und dachte mehr an die Macht der Wundertaten als an den Frieden der Erkenntnis. Der *Yogi* ist überzeugt, daß er durch das *Yoga* fähig wird, jeden Körperteil unempfindlich zu machen und zu beherrschen, indem er sich auf ihn konzentriert; er wird sich nach Gutdünken unsichtbar machen oder verhindern können, daß sein Körper von einer Stelle fortgeschafft wird; er wird in einem Augenblick von einem Orte der Erde zu einem anderen eilen können, er wird so lange leben, wie er will, und Vergangenheit und Zukunft und die entferntesten Sterne kennen.

Der Skeptiker muß zugeben, daß an all dem nichts Unmögliches ist; Toren können mehr Hypothesen erfinden, als Philosophen je widerlegen können, und oft machen die Philosophen bei dem Spiel mit. Ekstase und Halluzinationen lassen sich durch Fasten

---

ihrer Beziehung auf den Willen auffaßt, also ohne Interesse, ohne Subjektivität, rein objektiv sie betrachtet, ihnen ganz hingegeben, sofern sie bloß Vorstellungen, nicht sofern sie Motive sind: dann ist die auf jenem ersten Wege des Wollens immer gesuchte, aber immer entfliehende Ruhe mit einem Male von selbst eingetreten, und uns ist völlig wohl.» [17]

DAS GEISTESLEBEN   475

und Selbstkasteiung hervorbringen, und Konzentration vermag örtliche oder allgemeine
Empfindungslosigkeit gegen Schmerz hervorzurufen; man kann gar nicht sagen, welche
versteckten Kräfte und Fähigkeiten in den Tiefen der Seele noch lauern. Viele *Yogi* sind
jedoch nur Bettler, die ihre Bußübungen aus dem angeblich westlichen Goldhunger
oder aus einer sehr menschlichen Sucht nach Ruhm und Anerkennung verrichten*.
Die Askese ist das Gegenstück zur Sinnlichkeit oder bestenfalls ein Versuch, sie zu beherrschen; aber der Versuch selbst grenzt an eine masochistische Sinnlichkeit, bei der
der Asket eine geradezu erotische Lust aus seinem Schmerze zieht. Die Brahmanen
hielten sich klugerweise von solchen Praktiken fern und rieten ihren Anhängern, in der
gewissenhaften Erfüllung der normalen Lebenspflichten das Heil zu suchen.

5. DAS PURVA MIMANSA

Das *Purva-Mimansa* ist das am wenigsten bekannte und am wenigsten bedeutende der sechs Systeme der brahmanischen Philosophie. Und wie das *Yoga* eher Magie und Mystizismus ist als Philosophie, so ist dieses System weniger Philosophie als Religion; es ist eine orthodoxe Reaktion
gegen die gottlosen Lehren der Philosophen. Sein Urheber, Jaimini, erhob Einspruch gegen das
Verhalten Kapilas und Kanadas, die zwar die *Veden* anerkannten, sie aber ignorierten. Der menschliche Geist, sagt Jaimini, ist ein zu zerbrechliches Instrument, als daß er die metaphysischen und
theologischen Probleme zu lösen vermöchte; die Vernunft ist ein liederliches Frauenzimmer, das
sich jedem Begehren zur Verfügung stellt; sie führt uns nicht zu «Wissenschaft» und «Wahrheit»,
sondern nur zu unserer eigenen rationalisierten Triebhaftigkeit und zum Hochmut. Der Weg
zu Weisheit und Frieden führt nicht durch die eitlen Labyrinthe der Logik, sondern nur über
die bescheidene Hingabe an die Überlieferung und die demütige Erfüllung der in den Schriften
angegebenen Rituale. Auch hierzu läßt sich etwa sagen: *cela vous abêtira.*

6. DAS VEDANTA-SYSTEM

Ursprung · Schankara · Logik · Erkenntnistheorie · «Maya» · Psychologie · Theologie
Gott · Ethik · Schwierigkeiten des Systems · Tod Schankaras

Das Wort *Vedanta* bedeutete ursprünglich «Ende der *Veden*» – das heißt die *Upani-*
schaden. Heute wendet man es auf jenes philosophische System an, das der Hauptlehre
der *Upanischaden* – daß Gott (*Brahman*) und die Seele (*Atman*) eines sind – logische Un-
termauerung und logischen Aufbau zu geben suchte. Der früheste bekannte Niederschlag dieser weitverbreiteten Philosophie der Hindus ist das *Brahma-sutra* von Badarayana (ca. 200 v. Chr.) – 555 Aphorismen, von denen der erste den Zweck aller folgenden verkündet: «Nun denn, ein Wunsch, *Brahman* zu erkennen.» Nahezu tausend
Jahre später schrieb Gaudapada einen Kommentar zu diesen *sutras* und brachte die esoterische Doktrin des Systems Govinda bei, der sie Schankara lehrte, der den berühmtesten aller *Vedanta*-Kommentare verfaßte und der größte Philosoph Indiens wurde.

---

* Dubois beschreibt sie als «einen Stamm von Vagabunden». Das zuweilen auf die *Yogi* angewendete
Wort *Fakir* ist eine arabische Bezeichnung und bedeutet ursprünglich «arm». Das Wort wird richtig nur auf
die Mitglieder der religiösen mohammedanischen Orden, die ein Gelübde der Armut abgelegt haben, angewendet.

In seinem kurzen Leben von zweiunddreißig Jahren errang Schankara jene Verschmelzung vom Heiligen und Weisen, von Weisheit und Herzlichkeit, die den erhabensten Menschentypus, den Indien hervorbrachte, kennzeichnet. Unter den wissensdurstigen Nambudri-Brahmanen von Malabar geboren, kehrte er früh den weltlichen Genüssen den Rücken und wurde schon als Jüngling ein *Sannyasi*, verehrte in aller Bescheidenheit die Götter des hinduistischen Pantheons und war doch mystisch in die Vision eines allumfassenden *Brahman* versunken. Er war der Meinung, die tiefste Religion und die tiefste Philosophie sei diejenige der *Upanischaden*. Der Polytheismus des Volkes schien ihm verzeihlich, nicht aber der Atheismus des Sankhya oder der Agnostizismus Buddhas. Er kam als Vertreter des Südens nach dem Norden und gewann an der Universität von Benares eine solche Popularität, daß sie ihn mit den höchsten Ehren krönte und ihn mit einem Gefolge von Jüngern als Verfechter des Brahmanismus nach allen Teilen Indiens sandte. Wahrscheinlich in Benares schrieb er seine berühmten Kommentare zu den *Upanischaden* und der *Bhagavad-Gita*, in denen er mit theologischer Inbrunst und scholastischem Scharfsinn alle Ketzer Indiens angriff und dem Brahmanismus jene Position der geistigen Führerschaft zurückgab, die Buddha und Kapila ihm entzogen hatten.

In diesen Abhandlungen stößt man auf viel metaphysischen Wind und auf manche trockene Wüstenei textlicher Erläuterungen; doch sind sie bei einem Manne, der als Zweiunddreißigjähriger gleichzeitig der Aquinate und Kant Indiens war, entschuldbar. Gleich Thomas von Aquino anerkennt nämlich Schankara die Autorität der Heiligen Schriften seines Landes als göttliche Offenbarung und versucht, in Erfahrung und Vernunft Beweise für alle Lehren dieser Schriften zu finden. Im Gegensatz zu Thomas glaubt er jedoch nicht, daß die Vernunft für eine solche Aufgabe ausreiche; vielmehr fragt er sich, ob wir nicht die Macht und die Bedeutung, die Klarheit und die Verläßlichkeit der Vernunft übertreiben. Jaimini hatte recht: Die Vernunft ist ein Winkeladvokat und wird alles beweisen, was wir wünschen; zu jedem Argument wird sie ein gleichwertiges und ein entgegengesetztes Argument finden, und ihr Ergebnis ist ein Skeptizismus, der die Charakterstärke schwächt und alle Werte des Lebens untergräbt. Was wir brauchen, sagt Schankara, ist nicht Logik, sondern Einsicht, die (der Kunst verwandte) Fähigkeit, sogleich das Wesentliche im Unwesentlichen, das Ewige im Zeitlichen, das Ganze im Teile zu erfassen; das ist die erste Vorbedingung zur Philosophie. Die zweite ist eine Bereitwilligkeit zu beobachten, zu forschen und nachzudenken, und zwar um des Erkennens und nicht um der Erfindung, des Reichtums oder der Macht willen; es ist die Befreiung der Seele von jeder Erregung, jedem Vorurteil und allen Früchten des Handelns. Drittens muß der Philosoph selbstbeherrscht, geduldig und ruhig werden; er muß über körperliche Versuchungen und materielle Interessen erhaben sein. Schließlich muß in seiner Seele der Wunsch nach *mokscha*, nach der Befreiung von der Unwissenheit, nach dem Ende allen Bewußtseins eines individuellen Selbstes, nach einer seligen Versunkenheit im *Brahman* der vollkommenen Erkenntnis und der unendlichen Einheit brennen. Kurz, der Wahrheitssuchende braucht nicht so sehr die Logik der Vernunft als eine reinigende und vertiefende Seelenzucht. Das ist vielleicht das Geheimnis jeder tiefgreifenden Erziehung.

DAS GEISTESLEBEN 477

Schankara läßt seine Philosophie von einem entfernten und subtilen Punkte ausgehen, der erst tausend Jahre später in Kants *Kritik der reinen Vernunft* wieder klar erfaßt wurde. Wie, fragt er, ist Wissen möglich? Allem Anscheine nach kommt all unser Wissen von den Sinnen und offenbart nicht die äußere Wirklichkeit selbst, sondern die Verarbeitung – vielleicht Umwandlung – jener Wirklichkeit durch unsere Sinnesorgane. Wir können also das «Wirkliche» niemals als solches erkennen; wir können es nur im Gewande des Raumes, der Zeit und der Ursache erfahren, das vielleicht ein von unseren Sinnes- und Verstandesorganen geschaffenes Netz ist, in dem wir jene fließende und flüchtige Wirklichkeit, deren Existenz wir vermuten, deren Charakter wir aber nie objektiv beschreiben können, fangen und festhalten. Unsere Wahrnehmung wird immerdar mit dem Wahrgenommenen unentwirrbar vermengt sein.

Das ist nicht der luftige Subjektivismus des Menschen, der da meint, er könne die Welt in Nichts auflösen, indem er schlafen geht. Die Welt existiert, doch ist sie *Maya* – nicht Blendwerk, sondern Phänomen, eine teils von unserem Willen geschaffene Erscheinung. Unsere Unfähigkeit, die Dinge anders als nur durch den Schleier des Raumes und der Zeit wahrzunehmen oder anders als in Ursächlichkeit und Veränderung zu denken, ist eine angeborene Beschränkung, ein *Avidya*, eine Ignoranz, die mit unserer Art der unmittelbaren Wahrnehmung verbunden ist und der somit alles Fleisch unterworfen ist. *Maya* und *Avidya* sind die subjektive und die objektive Seite der großen Illusion, die den Intellekt zu der Annahme verleitet, er kenne das Wirkliche; auf Grund der *Maya* und des *Avidya*, unseres Geburtsrechts der Ignoranz, nehmen wir eine Vielfalt von Objekten und eine Flut von Veränderungen wahr; in Wahrheit gibt es nur ein einziges Wesen, und Veränderung ist «ein bloßer Name» für die oberflächlichen Schwankungen der Formen. Hinter der *Maya*, dem Schleier der Veränderung und der dinglichen Vielfalt, ist die eine universelle Wirklichkeit, *Brahman*, die weder der Sinnesempfindung noch dem Verstand, sondern allein der Einsicht und der Intuition der ausgebildeten Seele zugänglich ist.

Diese natürliche Verdunkelung der Sinnesempfindung und des Verstandes durch die Organe und Formen des Empfindens und Verstehens hindert uns auch an der Erkenntnis der einen unveränderlichen Seele, die jeder individuellen Seele und jedem Geist zugrunde liegt. Unser individuelles, der Perzeption und dem Denken wahrnehmbares Ich ist ebenso unwirklich wie die Phantasmagorie des Raumes und der Zeit; individuelle Unterschiede sind der Körperlichkeit und dem Stoffe verhaftet und gehören der kaleidoskopischen Welt der Veränderung an; und dieses rein erscheinungshafte Ich wird mit der stofflichen Umgebung, deren Teil es ist, vergehen. Jedoch das zugrundeliegende Leben, das wir in uns empfinden, wenn wir Raum und Zeit, Ursächlichkeit und Veränderlichkeit vergessen, ist unsere wahre Substanz und Wirklichkeit, jenes *Atman*, das wir mit allen Wesen und Dingen teilen, und das, ungeteilt und allgegenwärtig, mit *Brahman*, Gott, identisch ist.

Aber was ist Gott? Genauso, wie es zwei Selbste gibt – das Ich und das *Atman* – und zwei Welten – die Welt der Erscheinungen und die Welt der Ideen – so gibt es auch zwei Gottheiten: einen *Ischvara* oder Schöpfer, den das Volk in der Sphäre des Raumes, der Ursächlichkeit, der Zeit und der Veränderlichkeit verehrt; und ein Brahman, ein reines Wesen, das mit jener philosophischen Ehrfurcht verehrt wird, die hinter allen individuellen Dingen und Wesen eine universelle Wirklichkeit sucht und findet, die unveränderlich inmitten aller Veränderungen, unteilbar inmitten aller Teilungen, ewig trotz aller Wechselfälle der Gestalthaftigkeit, der Geburt und des Todes ist. Der Polytheismus, ja sogar der Theismus gehört zur Welt der *Maya* und des *Avidya*; es sind Formen der Verehrung, die den Wahrnehmungs- und Denkformen entsprechen; sie sind für unser sittliches Leben ebenso wichtig, wie Raum, Zeit und Ursächlichkeit für unser geistiges Leben notwendig sind, sie sind aber nicht absolut gültig und nicht objektiv wahr.

Für Schankara ist die Existenz Gottes kein Problem, denn er definiert Gott als Existenz und identifiziert alles wirkliche Sein mit Gott. Aber über die Existenz eines persönlichen Gottes, sei er Schöpfer oder Erlöser, könnte es nach seiner Auffassung Zweifel geben; ein solcher Gott, so sagt dieser Vorgänger Kants, läßt sich nicht mittels der Vernunft beweisen, er läßt sich nur als eine praktische Notwendigkeit postulieren, die unserem beschränkten Verstand Frieden und unserer zerbrechlichen Moral eine Stütze bietet. Der Philosoph darf zwar in jedem Tempel beten und sich vor jedem Gotte neigen, er wird aber über diese verzeihlichen Formen des volkstümlichen Glaubens hinweggehen; er wird die Trüglichkeit der Vielheit und die monistische Einheit aller Dinge* empfinden und als allerhöchstes Wesen das Sein an sich – das unbeschreibliche, grenzen-, raum-, zeit-, grundlose, unveränderliche Sein, die Quelle und Substanz aller Wirklichkeit, verehren**. Wir dürfen die Attribute «bewußt», «intelligent», selbst «glücklich» auf *Brahman* anwenden, da ja *Brahman* alle Wesen umfaßt und diese solche Eigenschaften besitzen mögen; aber auch alle anderen Attribute wären auf Brahman anwendbar, da es ja sämtliche Eigenschaften aller Dinge in sich schließt. In seiner Substanz ist *Brahman* geschlechtslos und steht jenseits Persönlichkeit und Geschlecht, jenseits von Gut und Böse, jenseits aller sittlichen Unterschiede, aller Eigentümlichkeiten und Attribute, jenseits aller Begehren und Zwecke. *Brahman* ist Ursache und Wirkung, die zeitlose und geheime Substanz der Welt.

Es ist das Ziel der Philosophie, dieses Geheimnis zu ergründen und den Sucher im gefundenen Geheimnis sich verlieren zu lassen. Einssein mit Gott bedeutet für Schankara, sich über die Individualität und Kürze des Selbst mit seinen engen Interessen und Zwecken zu erheben oder darunter zu sinken; es bedeutet ihm, das Bewußtsein aller Teile, Trennungen und Einzeldinge zu verlieren, es bedeutet ihm, in einem wunschlosen *Nirwana* friedlich in jenem großen Ozean des Seins aufzugehen, in dem es keine sich befehdenden Ziele, keine wetteifernden Selbste, keine Teile, keine Veränderung, keinen Raum und keine Zeit gibt. Um diesen seligen Frieden *(Ananda)* zu finden, muß

---

* Daher der Name *Advaita* – Nichtdualismus –, der oft der *Vedanta*-Philosophie gegeben wird.

** Schankara und das Vedanta sind nicht rein pantheistisch: Die als untereinander verschieden betrachteten Dinge sind nicht *Brahman;* sie sind *Brahman* nur in ihrer substantiellen, unteilbaren und unveränderlichen Wesenheit und Wirklichkeit. «*Brahman*», sagt Schankara, «sieht nicht der Welt ähnlich, und (doch) gibt es nichts neben *Brahman;* alles, was außerhalb *Brahman* zu existieren scheint, kann nicht sein, außer auf eine trügerische Weise, gleich einer Fata Morgana.» [18]

DAS GEISTESLEBEN 479

ein Mensch nicht nur auf die Welt, sondern auch auf sich selbst verzichten; er darf sich nicht um Besitz oder Reichtum, ja nicht einmal um Gut oder Böse kümmern; er muß Leid und Tod als *Maya* auffassen, als äußerliche Vorfälle des Körpers und des Stoffes, der Zeit und der Veränderung; und er darf nicht an sein persönliches Wesen oder an sein Schicksal denken; ein einziger Augenblick des Eigennutzes oder Stolzes kann seine ganze Erlösung zunichte machen. Gute Werke können einem Menschen nicht die Erlösung bringen, denn gute Werke haben keine Gültigkeit oder Bedeutung außerhalb der *Maya*-Welt des Raumes und der Zeit. Nur das Wissen des heiligen Sehers kann jene Erlösung bringen, die die Erkenntnis der Wesenseinheit des Selbstes mit dem All, *Atmans* und *Brahmans*, der Seele und Gottes, und das Aufgehen des Teiles im Ganzen mit sich bringt. Nur wenn dieses Aufgehen vollständig ist, steht das Rad der Wiedergeburten still; denn dann sieht man, daß das individuelle Selbst, die Persönlichkeit, der die Wiedergeburt widerfährt, eine Täuschung ist. Es ist *Ischvara*, der *Maya*-Gott, der dem Selbst als Strafe oder Belohnung die Wiedergeburt auferlegt; «wenn aber die Wesenseinheit *(Atmans* und *Brahmans)* offenbar geworden ist, dann», so sagt Schankara, «entschwinden das Wanderdasein der Seele und das Schöpferdasein *Brahmans* (als Ischvara)»[19]. *Ischvara* und *Karma* gehören wie die Dinge und Egos zur exoterischen Lehre des *Vedanta* und sind den Bedürfnissen des gewöhnlichen Mannes angepaßt; in der esoterischen, der Geheimlehre, aber sind Seele und *Brahman* eines, unbeweglich, unsterblich, unveränderlich.

Es war rücksichtsvoll von Schankara, daß er seine Geheimlehre auf Philosophen beschränkte; denn wie Voltaire glaubte, daß nur eine Gesellschaft von Philosophen ohne Gesetze Bestand haben könnte, so könnte auch nur eine Gesellschaft von Übermenschen jenseits von Gut und Böse leben. Kritiker haben sich darüber beklagt, daß, wenn Gut und Böse *Maya* sind, Bestandteil einer irrealen Welt, alle sittlichen Unterschiede wegfallen und die Teufel ebenso gut sind wie die Heiligen. Aber diese sittlichen Unterschiede, antwortet Schankara geschickt, sind nur *innerhalb* der Welt des Raumes und der Zeit wirklich und einzig für die, die in der Welt leben, bindend. Sie sind nicht verpflichtend für die Seele, die sich mit *Brahman* vereint hat; eine solche Seele kann kein Unrecht tun, da das Unrecht Begehren und Handeln voraussetzt und die befreite Seele, gemäß Definition, sich nicht in dieser Sphäre bewegt. Wer bewußt einem anderen schadet, lebt auf der *Maya*-Stufe und ist ihren Unterscheidungen, ihrer Moral und ihren Gesetzen unterworfen. Nur der Philosoph ist frei, nur Weisheit ist Freiheit*.

Es war eine für einen noch nicht dreißigjährigen Jüngling scharfsinnige und tiefe Philosophie. Schankara arbeitete sie nicht nur schriftlich aus, er verteidigte sie auch erfolgreich in Debatten; Bruchstücke von ihr sind in poetischer Form abgefaßt und gehören zur zartfühlendsten religiösen Dichtung Indiens. Nachdem er allen Herausforderungen Folge geleistet hatte, zog er sich als Einsiedler in das Himalayagebirge zurück

---

* Wir wissen nicht, wieviel die beharrlich vorgetragene Behauptung des Parmenides, daß die Vielheit unwirklich sei und nur das Eins existiere, den *Upanischaden* verdankte oder zu Schankaras Lehre beitrug; ebensowenig können wir eine Beziehung zwischen Schankara und der erstaunlich ähnlichen Philosophie Immanuel Kants feststellen.

480   INDIEN UND SEINE NACHBARN

und starb (nach der indischen Überlieferung) im Alter von zweiunddreißig Jahren. Zehn religiöse Orden wurden in seinem Namen gegründet, und viele Jünger entwikkelten seine Philosophie weiter. Einer von ihnen – manche behaupten, es sei Schankara selbst gewesen – schrieb eine volkstümliche Darstellung des *Vedanta* – das *Mohamudgara*, das heißt «Hammer der Torheit» --, in der die Grundlinien des Systems klar und kraftvoll zusammengefaßt wurden:

«Tor! Gib auf deinen Durst nach Reichtum, verbanne alles Begehren aus deinem Herzen! Dein Geist sei befriedigt mit dem, was dein *Karma* verdient ... Sei nicht auf deinen Reichtum, deine Freunde, deine Jugend stolz, die Zeit nimmt alles fort in einem Augenblick. Verlasse all das, es ist voller Täuschung, und gehe ein ins *Brahman* ... Das Leben zittert wie ein Wassertropfen auf einem Lotosblatt ... Die Zeit spielt, das Leben verwelkt – doch der Atem der Hoffnung hört nie auf. Der Körper ist voll Runzeln, das Haar ist grau, der Mund ist zahnlos geworden, der Stock in der Hand bebt, doch der Mensch verläßt nicht den Anker der Hoffnung ... Bewahre immer den Gleichmut ... In dir, in mir und in anderen wohnt Vischnu allein; es ist nutzlos, zornig oder ungeduldig mit mir zu sein. Sieh jedes Selbst in dem einen Selbst und gib auf alles Denken an Unterschiedlichkeit.»[20]

III. DIE SCHLUSSFOLGERUNGEN DER INDISCHEN PHILOSOPHIE

Der Verfall · Zusammenfassung · Kritik · Einflüsse

Die mohammedanischen Invasionen setzten dem großen Zeitalter der indischen Philosophie ein Ende. Die Angriffe der Mohammedaner und später der Christen gegen die einheimische Religion drängten diese in die Selbstverteidigung und damit in eine furchtsame Einheit, die jeder Debatte aus dem Wege ging und das schöpferische Ketzertum zu stagnierender Einförmigkeit des Denkens erstarren ließ. Im elften Jahrhundert wurde das *Vedanta*-System, das bei Schankara versucht hatte, eine Religion für Philosophen abzugeben, von Heiligen wie Ramanuja (ca. 1050) in eine orthodoxe Verehrung von Vischnu, Rama und Krischna umgedeutet. Das Verbot, neue Gedanken zu denken, machte die Philosophie nicht nur scholastisch, sondern auch unfruchtbar; sie nahm ihre Dogmen von der Priesterschaft und suchte sie mühevoll zu beweisen, indem sie Einteilungen ohne Unterschiede traf und eine Logik ohne Vernunft pflegte.

Dessenungeachtet bewahrten die Brahmanen in der Zurückgezogenheit ihrer Behausungen und unter dem Schutze ihrer Unverständlichkeit die alten Systeme sorgfältig in esoterischen *sutras* und Kommentaren weiter und überlieferten die Schlußfolgerungen der indischen Philosophie. In all diesen brahmanischen oder anderen Systemen werden die Kategorien des Verstandes angesichts einer unmittelbar empfundenen oder geschauten Wirklichkeit als hilflos oder trügerisch hingestellt*; und der Rationalismus unseres achtzehnten Jahrhunderts erscheint dem indischen Metaphysiker als ein oberflächlicher Versuch, das unberechenbare Universum den Begriffen eines schön-

---

* «Kein indischer Heiliger hatte je etwas anderes als Verachtung übrig für das durch die Sinne und den Verstand erworbene Wissen.»[21] «Dieser Irrtum aller Irrtümer ist dem Hinduismus fremd. Die Inder sind darüber hinaus, irgendeine Gestaltung metaphysisch ernst zu nehmen.»[22]

DAS GEISTESLEBEN 481

geistigen Kreises zu unterwerfen. «In blindes Dunkel ziehen jene, die die Ignoranz verehren; in noch größeres Dunkel jene, die sich mit Wissen zufrieden geben.»[23] Die indische Philosophie beginnt da, wo die europäische Philosophie endet – mit einer Untersuchung über die Natur des Wissens und über die Grenzen der Vernunft; sie beginnt nicht mit der Physik des Thales oder des Demokrit, sondern mit der Erkenntnistheorie Lockes oder Kants. Sie nimmt eine äußere Welt an, glaubt aber nicht, daß unsere Sinne sie jemals, so wie sie ist, erkennen können. Alle Wissenschaft ist auf Karten verzeichnete Ignoranz und gehört zur *Maya*; sie formuliert in ewig wechselnden Begriffen und Redewendungen den Daseinsgrund einer Welt, in der die Vernunft nur ein Teil – eine wechselnde Strömung in einem uferlosen Meer – ist. Sogar der vernünftig denkende Mensch ist Maya, Illusion, ist er doch nur eine zeitweilige Verbindung von Ereignissen, ein flüchtiger Knoten in den Krümmungen des Stoffes und des Geistes in Raum und Zeit – und sind seine Handlungen und Gedanken nur die Erfüllung von Kräften, die seiner Geburt vorausgehen. Nichts ist wirklich außer *Brahman*, jenem unermeßlichen Ozean des Seins, in dem jede Erscheinungsform nur die Welle eines Augenblicks oder ein Schaumfleck auf dieser Welle ist. Tugend ist nicht das stille Heldentum guter Werke und auch nicht fromme Ekstase; sie ist einfach das Erkennen der Wesenseinheit des Selbstes mit jedem anderen Selbst in Brahman; Moral ist das Leben, das aus einem Gefühl der Verbundenheit mit allen Dingen erwächst*. «Wer alle Geschöpfe im eigenen Selbst erkennt und das eigene Selbst in allen Geschöpfen, der hat keine Unrast. Welcher Wahn, welcher Schmerz kann mit ihm sein?»[24]

Gewisse charakteristische Eigenschaften, die vom indischen Standpunkt aus gesehen keine Mängel darstellen würden, haben dieser Philosophie einen tieferen Einfluß auf andere Zivilisationen versagt. Ihre Methode, ihre scholastische Terminologie und ihre vedischen Voraussetzungen sind der verständnisvollen Aufnahme bei Nationen, die von anderen Voraussetzungen ausgehen oder deren Kulturen eine größere Verweltlichung erfahren haben, hinderlich. Ihre Lehre von der *Maya* verleiht der Moral oder der tätigen Tugend wenig Auftrieb; ihr Pessimismus ist das Geständnis, daß sie trotz der *Karma*-Theorie das Böse nicht erklärt; und diese Systeme haben teilweise die Wirkung, daß sie angesichts abstellbarer Übel und dringend notwendiger Arbeiten einen trägen Quietismus hochkommen lassen. Trotzdem sind diese Betrachtungen von einer Tiefe, die den in belebenderen Zonen entstandenen aktivistischen Philosophien den Anschein der Oberflächlichkeit gibt. Vielleicht sind unsere westlichen Systeme, die so vertrauensvoll verkünden, daß «Wissen Macht ist», die Stimmen einer frischfrohen, die menschliche Fähigkeit übertreibenden Jugend. Wenn unsere Energien im täglichen Kampf gegen die gleichmachende Natur und die feindselige Zeit ermüden, blicken wir mit mehr Toleranz auf die östlichen Philosophien der Ergebenheit und des Friedens. Darum war der Einfluß der indischen Gedankenwelt auf andere Kulturen stets in Zeiten des Niederganges oder Verfalls am stärksten. Als Griechenland überall Siege errang, kümmerte es sich wenig um Pythagoras und Parmenides; als Griechenland ver-

---

* Vgl. Spinoza: «Das größte Gut ist die Erkenntnis der Verbundenheit der Seele mit der gesamten Natur.»[25] «Die geistige Liebe Gottes» ist eine Zusammenfassung der indischen Philosophie.

INDIEN UND SEINE NACHBARN

fiel, übernahmen Platon und die orphischen Priester die Lehre der Wiedergeburt, während der Orientale Zenon Entsagung und einen nahezu hinduistischen Fatalismus predigte; und als Griechenland im Sterben lag, tranken die Neuplatoniker und die Gnostiker tief an indischen Quellen. Die durch den Fall Roms erzeugte Verarmung Europas und die Eroberung der Handelsstraßen zwischen Europa und Indien durch die Mohammedaner scheinen ein Jahrtausend lang den direkten Gedankenaustausch zwischen Osten und Westen gehemmt zu haben. Doch kaum hatten sich die Briten in Indien festgesetzt, erschienen auch schon Ausgaben und Übersetzungen der *Upanischaden* und regten das westliche Denken an. Fichtes Idealismus sieht dem Schankaras sonderbar ähnlich; Schopenhauer hat den Buddhismus, die *Upanischaden* und das *Vedanta* seiner Philosophie fast einverleibt; und Schelling hielt in seinem hohen Alter die *Upanischaden* für die reifste Weisheit der Menschheit. Nietzsche hatte zu lange mit Bismarck und den Griechen zusammengelebt, um sich aus Indien etwas zu machen, schließlich aber schätzte er von allen seinen Ideen doch den Begriff der ewigen Wiederkehr – einer Variante der Wiedergeburt – am höchsten ein.

SIEBENTES KAPITEL

Die Literatur Indiens

I. DIE SPRACHEN INDIENS

Sanskrit · Die Dialekte · Grammatik

GERADESO wie die philosophischen und viele literarische Werke des mittelalterlichen Europa in einer toten, dem Volke unverständlichen Sprache verfaßt wurden, wurden auch die Philosophie und die klassische Literatur Indiens in einem Sanskrit niedergeschrieben, das schon längst aus dem Sprachgebrauch verschwunden war, sich aber als das Esperanto der Gelehrten erhalten hatte, die über keine andere gemeinsame Sprache verfügten. Bar jeder Berührung mit dem Leben des Volkes, wurde diese literarische Sprache ein Modell der Scholastik und der Verfeinerung; neue Wörter wurden nicht durch spontane Schöpfung des Volkes, sondern durch die Bedürfnisse der technischen Lehrrede in den Schulen ins Leben gerufen; bis schließlich das Sanskrit der Philosophie die männliche Einfachheit der vedischen Hymnen einbüßte und ein künstliches Ungeheuer wurde, dessen überlange Wörter gleich monströsen Bandwürmern über die Seite krochen*.

Indessen hatte das Volk Nordindiens um das fünfte Jahrhundert v. Chr. Sanskrit in Prakrit umgewandelt, genau wie Italien Latein in Italienisch umgestalten sollte. Das Prakrit wurde eine Zeitlang die Sprache der Buddhisten und Jainas, bis es sich seinerseits zum Pali – der Sprache der ältesten vorhandenen buddhistischen Literatur – weiterentwickelte. Gegen das Ende des zehnten Jahrhunderts unserer Zeitrechnung hatten diese «mittelindischen» Sprachen verschiedene Dialekte hervorgebracht, von denen der wichtigste Hindi war. Im zwölften Jahrhundert wurde aus diesem Hindi-Dialekt das Hindustani als Sprache der nördlichen Hälfte Indiens. Schließlich füllten die einfallenden Mohammedaner das Hindustani mit persischen Wörtern und schufen dadurch einen weiteren Dialekt, Urdu. All das waren «indogermanische», auf Hindustan beschränkte Sprachen; der Dekhan behielt seine alten dravidischen Sprachen – Tamil, Telugu, Kanaresisch und Malayalam –, und das Tamil wurde die bedeutendste Literatursprache des Südens. Im neunzehnten Jahrhundert trat Bengali an Stelle des Sanskrit als literarische Sprache Bengalens; der Schriftsteller Chatterjee war ihr Boccaccio, der Dichter Tagore ihr Petrarca. Auch heute noch hat Indien hundert Sprachen.

Indien begann sehr früh, die Wörter nach ihrer Herkunft, Geschichte, Beziehung und Zusammensetzung zu erforschen. Im vierten Jahrhundert v. Chr. schuf es sich** die grammatische Wissenschaft und brachte wohl den größten aller Grammatiker, Panini hervor. Die Studien Paninis, Patañjalis und Bhartriharis (ca. 650) schufen die Grundlage zur Philologie; und die

---

* Einige Beispiele der Zusammenballung im Sanskrit: *citerapratisamkramayastadakarapattau, upadanavisvamasattakakaruapattih.*

** Zugleich mit den Babyloniern.

484 INDIEN UND SEINE NACHBARN

höchst interessante Wissenschaft der Ableitung der Wörter verdankt ihr Leben in unserer Zeit geradezu der Wiederentdeckung des Sanskrit.

Schreiben war, wie wir gesehen haben, im vedischen Indien nicht populär. Gegen das fünfte Jahrhundert v. Chr. wurde nach semitischen Vorlagen die Kharoschthi-Schrift geschaffen, und in den Epen und der buddhistischen Literatur hören wir bereits von Schreibern. Als Schreibmaterial dienten Palmblätter und Rinden und als Feder ein Eisengriffel. Man unterwarf die Rinde einem Verfahren, das sie widerstandsfähiger machte, ritzte die Buchstaben mit der Feder ein und beschmierte die Rinde mit einem Farbstoff, der in den Ritzen verblieb, wenn man den Rest wegwischte. Die Mohammedaner brachten das Papier nach Indien (ca. 1000 n. Chr.), doch verdrängte es die Rinde erst im siebzehnten Jahrhundert. Die Rindenseiten brachte man in eine Ordnung, indem man sie auf eine Schnur reihte; Bücher aus solchen Blättern wurden in Bibliotheken gesammelt, die die Inder «Schatzhäuser der Göttin der Sprache» nannten. Riesige Sammlungen dieser hölzernen Literatur haben die Verwüstungen der Zeit und der Kriege überdauert*.

II. UNTERRICHTSWESEN

Schulen · Methoden · Universitäten · Mohammedanischer Unterricht
Ein Kaiser über den Unterricht

Das Schreiben spielte noch bis ins neunzehnte Jahrhundert eine sehr geringe Rolle im indischen Unterricht. Vielleicht lag es nicht im Interesse der Priester, daß die heiligen und scholastischen Texte für alle ein offenes Geheimnis werden sollten. Soweit wir die indische Geschichte zurückverfolgen können, finden wir ein Unterrichtssystem, das immer in den Händen der Priesterschaft lag, zuerst nur den Söhnen der Brahmanen zugänglich war, nachher seine Privilegien von Kaste zu Kaste ausdehnte, bis in unsere Zeit, wo es nur die Unberührbaren ausschließt. Jedes indische Dorf hatte seinen vom Gemeinwesen bezahlten Schulmeister; allein in Bengalen gab es vor dem Eintreffen der Briten etwa achtzigtausend Eingeborenenschulen – eine Schule auf vierhundert Einwohner. Der Prozentsatz der Personen, die lesen und schreiben konnten, war unter Aschoka offenbar höher als im heutigen Indien.

Die Kinder besuchten die Dorfschule von September bis Februar. Der Schulbesuch dauerte vom fünften bis zum achten Lebensjahr. Der Unterricht war im wesentlichen religiösen Charakters; das Auswendiglernen war die übliche Methode, und die *Veden* waren der unumgängliche Text. Lesen, Schreiben und Rechnen wurden auch gelehrt, waren aber nicht das Wesentliche am Unterricht. Die Charakterbildung wurde höher gewertet als die Verstandesschulung, und der wesentliche Teil des Unterrichts war die Disziplin. Wir hören nicht von Prügelstrafen oder anderen strengen Maßnahmen. Man legte Gewicht auf die Ausbildung gesunder und passender Lebensgewohnheiten. Im Alter von acht Jahren übernahm ein *Guru* oder persönlicher Lehrer und Führer die Erziehung des Schülers, der wenn möglich bis zum zwanzigsten Lebensjahre mit diesem zusammenleben sollte. Zuweilen wurden vom Schüler niedrige Dienste verlangt, und er war zu Mäßigkeit, Bescheidenheit, Reinlichkeit und einer fleischlosen Diät verpflichtet. Nun

---

* Bis 1935 (in diesem Jahr gab es in Indien 1517 Zeitungen, 3627 Zeitschriften und mehr als 17 000 neue Bücher).

DIE LITERATUR INDIENS

wurde er in den «*fünf schastras*» oder Wissenschaften (Grammatik, Kunst und Gewerbe, Medizin, Logik und Philosophie) unterwiesen. Schließlich wurde er mit der weisen Ermahnung in die Welt hinausgeschickt, nur ein Viertel der Erziehung komme vom Lehrer, ein Viertel von eigenem Studium, ein Viertel von den Mitmenschen und ein Viertel vom Leben selbst.

Wenn er den Unterricht bei seinem *Guru* abgeschlossen hatte, konnte der Zögling, im Alter von sechzehn Jahren, eine der großen Universitäten, die der Stolz des alten und des mittelalterlichen Indien waren, beziehen: Benares, Taxila, Vidarbha, Ajanta, Ujjain oder Nalanda. Benares war zu Buddhas Zeit wie heute das Bollwerk der strenggläubigen brahmanischen Gelehrsamkeit; Taxila war zur Zeit der Invasion Alexanders in ganz Asien als der führende Sitz der indischen Wissenschaft bekannt und besonders wegen seiner medizinischen Fakultät berühmt, Ujjain wegen seiner Astronomie, Ajanta wegen seines Kunstunterrichts. Die Fassade eines der zerstörten Gebäude in Ajanta läßt-die Pracht dieser alten Universitäten erahnen. In Nalanda befand sich die berühmteste der buddhistischen Institutionen für die höheren Studien. Sie war kurz nach dem Tode des Meisters gegründet worden, und der Staat hatte ihr die Einkünfte aus hundert Dörfern bestimmt. Sie hatte zehntausend Studenten und verfügte über hundert Lesesäle, große Bibliotheken und sechs riesige vierstöckige Bauten mit Schlafsälen; ihre Sternwarten, sagt Yuan Chwang, «verloren sich in den Morgennebeln, und die oberen Räume türmten sich über die Wolken empor». Der alte chinesische Pilger liebte die gelehrten Mönche und die schattigen Haine von Nalanda so sehr, daß er fünf Jahre dort blieb. «Die meisten Studenten von auswärts, die um Aufnahme in die Schulen der Diskussion von Nalanda nachsuchten», berichtet er, «zogen sich, den Schwierigkeiten der Probleme nicht gewachsen, wieder zurück; diejenigen, welche in der alten und modernen Gelehrsamkeit tief bewandert waren, wurden zugelassen, aber nur zwei oder drei von zehn hatten Erfolg.»[1] Die Glücklichen, die die Aufnahmeprüfung bestanden hatten, erhielten freien Unterricht, Kost und Quartier, sie waren aber einer nahezu klösterlichen Disziplin unterworfen. Die Studenten durften mit keiner Frau sprechen, auch keine sehen; allein schon das Begehren, eine Frau anzuschauen, galt als große Sünde. Der Student, der sich Geschlechtsbeziehungen hatte zuschulden kommen lassen, mußte für ein ganzes Jahr ein Eselsfell, dessen Schwanz nach oben gekehrt war, tragen, mußte um Almosen betteln und seine Sünde verkünden. Jeden Morgen mußten alle Studenten in den zur Universität gehörenden zehn Schwimmbassins baden. Das Studium dauerte zwölf Jahre, aber manche Studenten blieben dreißig Jahre und manche bis zu ihrem Tode.

Die Mohammedaner zerstörten beinahe alle Klöster in Nordindien, die buddhistischen wie die brahmanischen. Nalanda wurde 1197 in Brand gesteckt und alle Mönche niedergemetzelt. Aus dem, was diese Fanatiker verschonten, können wir das reiche Leben Indiens niemals abschätzen. Dessenungeachtet waren die Zerstörer nicht Barbaren; sie hatten einen Sinn für Schönheit und eine geradezu moderne Fertigkeit, die Frömmigkeit zu Plünderungszwecken zu gebrauchen. Als die Mogule den Thron bestiegen, brachten sie einen hohen, aber engstirnigen Kulturstandard mit; sie liebten die Wissenschaften ebensosehr wie das Schwert und verstanden es, eine erfolgreiche

486 INDIEN UND SEINE NACHBARN

Belagerung mit Poesie zu verbinden. Bei den Mohammedanern wurde der Unterricht meistens individuell erteilt, da die wohlhabenden Väter für ihre Söhne Privatlehrer anstellten. Ein Mann von Macht und Bedeutung empfand diese aristokratische Auffassung von der Erziehung als eine Zierde – gelegentlich eine Hilfe –, aber auf einen, der zu Armut oder zu einer bescheidenen Lebensstellung verurteilt war, wirkte sie aufreizend und war darum eine öffentliche Gefahr. Über die Methoden der Privatlehrer erfahren wir einiges aus einem der großen Briefe der Geschichte – der Antwort Aurangsebs an seinen früheren Lehrer, der vom König eine Sinekure und einige Nebeneinkünfte haben wollte:

«Was ist es, was du von mir haben möchtest, Doktor? Kannst du denn verlangen, daß ich dich zu einem der ersten *Omrahs* an meinem Hofe mache? Hättest du mich belehrt, wie es sich geschickt hätte, so wäre nichts gerechter; denn ich bin der Meinung, daß ein wohlerzogenes und wohlbelehrtes Kind seinem Lehrer zumindest so verpflichtet ist wie seinem Vater. Wo sind aber die guten Urkunden*, die du mir vermittelt hast? Erstens hast du mich gelehrt, daß ganz Frangistan (so nennen sie Europa) nichts anderes als eine kleine Insel sei, deren größter König der von Portugal sei, nach diesem der von Holland und nach diesem der von England: Und was die anderen Könige betrifft, wie die von Frankreich und Andalusien, hast du sie mir wie unsere unbedeutenden Rajas dargestellt und mir gesagt, daß die Könige von Indostan allesamt hoch über ihnen stünden, daß sie (die Könige von Indostan) ... die Großen, die Eroberer und Könige der Welt seien; und daß die Könige von Persien und Usbekistan, von Kaschgar, von der Tatarei, von Kathay, Pegu, China und Matschina beim Namen der Könige von Indostan bebten. Herrliche Geographie! Du hättest mich vielmehr lehren sollen, alle diese Staaten der Welt zu unterscheiden, ihre Kraft, ihre Kampfesweise, ihre Bräuche, Religionen, Regierungsformen und Interessen wohl zu verstehen; und du hättest mich durch zuverlässigen Geschichtsunterricht ihren Aufstieg, Fortschritt und Verfall zu beobachten lehren und mir zeigen sollen, wieso und infolge welcher Unglücksfälle und Irrtümer die großen Veränderungen und Revolutionen bei den Kaiser- und Königreichen eintraten. Ich habe von dir kaum die Namen meiner Vorfahren, der berühmten Gründer dieses Reiches gelernt; so fern lag es dir, mich die Geschichte ihres Lebens zu lehren und mir zu zeigen, wie sie zu dieser großen Eroberung kamen. Du hattest die Absicht, mich im Lesen und Schreiben des Arabischen zu unterweisen. Ich bin dir in der Tat sehr dankbar dafür, daß du mich so viel Zeit mit einer Sprache hast verlieren lassen, zu deren vollkommener Beherrschung zehn oder zwölf Jahre notwendig sind; als ob es für den Sohn eines Königs eine Ehre wäre, ein Grammatiker oder ein Doktor der Rechte zu werden und andere Sprachen als die seiner Nachbarn zu lernen, wenn er auch ohne sie sehr wohl auskäme; der die Zeit so dringend für so viele gewichtige Dinge gebraucht hätte, die er rechtzeitig hätte lernen sollen. Als ob es einen Geist gäbe, der sich nicht mit Widerstreben, ja mit einem Gefühl der Erniedrigung an so eine unleidige und trockene, so weitschweifige und langweilige Übung verschwendete, wie sie das Lernen von Vokabeln ist.» [2]

«So sehr», sagt der zeitgenössische Bernier, «nahm Aurangseb seinen Lehrern die pedantischen Unterweisungen übel; er soll, so wird an jenem Hofe behauptet ... noch den folgenden Vorwurf hinzugefügt haben**:

«Weißt du nicht, daß eine wohlgeleitete Kindheit, da sie ja ein Zustand ist, der gewöhnlich von einem glücklichen Gedächtnis begleitet wird, für tausend gute Unterweisungen und Beleh-

---

* Das heißt Unterweisungen.

** Wir können nicht sagen, wieviel von den folgenden (und vielleicht von den vorhergehenden) Ausführungen von Bernier und wieviel von Aurangseb stammt; wir wissen nur, daß sie den Abdruck verdienen.

DIE LITERATUR INDIENS

rungen empfänglich ist, die einem Manne Zeit seines Lebens tief eingeprägt bleiben und den Geist immer zu großen Taten ansporne? Lassen sich Gesetze, Gebete und Wissenschaften nicht ebensogut in unserer Muttersprache wie im Arabischen erlernen? Du sagtest meinem Vater Schah Jahan, daß du mich Philosophie lehrtest. Es ist wahr, ich erinnere mich sehr gut, daß du mich viele Jahre lang mit windigen Fragen ergötzt hast, die den Geist nicht befriedigten und in der menschlichen Gesellschaft keineswegs von Nutzen sind, leere Begriffe und reine Phantasien, die nur das an sich haben, daß sie sehr schwer zu verstehen und sehr leicht zu vergessen sind ... Auch an das erinnere ich mich: Als du mich so, ich weiß nicht wie lange, mit deiner feinen Philosophie belustigt hattest, war das einzige, was ich behielt, eine Fülle barbarischer und dunkler Worte, wohl geeignet, die besten Geister irrezuführen, zu verwirren und zu ermüden, und nur dazu erfunden, die Eitelkeit und die Ignoranz von Männern wie du besser zu verdecken, die uns glauben machen möchten, daß sie alles wissen und daß unter diesen dunklen und doppelsinnigen Worten große Geheimnisse verborgen seien, die nur sie verstehen könnten. Wenn du mich mit einer Philosophie, die den Geist zu vernünftigen Urteilen ausbildet und unmerklich daran gewöhnt, sich nur mit zuverlässigen Beweisgründen zufrieden zu geben, reifer gemacht hättest, wenn du mir die ausgezeichneten Unterweisungen und Lehren erteilt hättest, die die Seele über die Tücken des Schicksals erhaben machen und ihr einen unerschütterlichen Gleichmut verleihen, so daß sie nicht im Glück hochmütig und in der Not niedergeschlagen werde; wenn du dir die Mühe gemacht hättest, mir das Wissen über uns selbst und über den Urgrund der Dinge zu geben, und mir beigestanden wärest, auf daß ich mir in meinem Geiste eine richtige Idee von der Größe des Weltalls und der wunderbaren Ordnung und Bewegung seiner Teile formte; wenn, sage ich, du mir diese Philosophie beigebracht hättest, dann würde ich für dich unvergleichlich mehr Dankbarkeit empfinden, als Alexander für seinen Aristoteles, und ich würde es für meine Pflicht halten, dich anders zu belohnen, als er ihn belohnte. Hättest du mich nicht, statt mir zu schmeicheln, etwas über den für einen König so wichtigen Punkt lehren sollen, was für Pflichten ein Herrscher gegenüber seinen Untertanen und was für Pflichten die Untertanen gegenüber ihren Herrschern haben? Und hättest du nicht in Betracht ziehen sollen, daß ich eines Tages gezwungen sein könnte, mit meinen Brüdern um mein Leben und um meine Krone mit dem Schwerte zu kämpfen? ... Hast du mich je gelehrt, wie man eine Stadt belagert oder eine Armee in Schlachtordnung aufstellt? Für diese Dinge bin ich anderen zu Dank verpflichtet, keinesfalls dir. Geh und kehre in das Dorf zurück, aus dem du gekommen bist, und lasse niemanden wissen, wer du bist und was aus dir geworden ist.»[3]

III. DIE EPEN

Das Mahabharata · Sein Inhalt · Seine Form · Die Bhagavad-Gita
Die Metaphysik des Krieges · Der Preis der Freiheit · Das Ramayana · Ein Waldidyll
Die Entführung Sitas · Indische und griechische Epik

Die Schulen und Universitäten machten nur einen Teil des indischen Erziehungssystems aus. Da die Schrift nicht so hoch eingeschätzt wurde wie bei anderen Kulturen und die mündliche Unterweisung die Geschichte und die Dichtung der Nation überlieferte und verbreitete, machte der Brauch des öffentlichen Vortrages das Volk mit den kostbarsten Anteilen seines Kulturerbes vertraut. Wie bei den Griechen namenlose Spielleute die *Ilias* und die *Odyssee* überlieferten und verbreiteten, so überlieferten die Vortragskünstler Indiens die ständig wachsenden Epen, in die die Brahmanen ihre legendäre Kunde hineindrängten, von Generation zu Generation und vom Hofe zum Volk.

488 INDIEN UND SEINE NACHBARN

Ein indischer Gelehrter bezeichnet das *Mahabharata* als «das größte Werk der Phantasie, das Asien hervorgebracht hat»[4]; und Sir Charles Eliot nennt es «eine größere Dichtung als die *Ilias*»[5]. In einem gewissen Sinne kann über dieses zweite Urteil kein Zweifel bestehen. Das *Mahabharata* begann (ca. 500 v. Chr.) als eine kurze Dichtung und wuchs in jedem Jahrhundert weiter an, nahm die *Bhagavad-Gita* wie auch Teile der Geschichte Ramas in sich auf, bis es schließlich 107 000 Verse zu je zwei achtsilbigen Verszeilen enthielt – es ist also siebenmal so lang wie die *Ilias* und die *Odyssee* zusammen. Die Zahl der Verfasser war Legion! «Vyasa», dem die Tradition die Urheberschaft zuschreibt, bedeutet «der Ordner». Hundert Dichter schrieben es, tausend Sänger formten es um, bis unter den Guptakönigen (ca. 400 n. Chr.) die Brahmanen ihre religiösen und sittlichen Ideen in ein ursprünglich der Kschatriyakaste gehöriges Werk ergossen und der Dichtung die gigantische Form gaben, die sie heute hat.

Das Hauptthema ist für eine religiöse Unterweisung nicht gerade passend, denn es dreht sich um Gewalt, Spiel und Krieg. Das erste Buch handelt von der schönen Schakuntala (die später die Heldin des berühmtesten indischen Dramas wurde) und ihrem mächtigen Sohne Bharata; er ist der Ahnherr der «großen Bharata»- *(Maha-Bharata-)* Stämme, der Kuru und der Pandava, deren blutiger Hader den oft unterbrochenen Faden der Erzählung bildet. Yudhischthira, König der Pandava, verspielt seinen Reichtum, sein Heer, sein Königreich, seine Brüder, zuletzt seine Frau Draupadi in einem Spiel, in dem sein Kuru-Feind Würfel benutzt, die auf einer Seite mit Blei beschwert sind. Vereinbarungsgemäß sollen die Pandava ihr Königreich nach einer zwölfjährigen Verbannung vom heimatlichen Boden zurückerhalten. Die zwölf Jahre vergehen; die Pandava wenden sich an die Kuru um die Rückerstattung ihres Landes; sie erhalten keine Antwort und erklären den Krieg. Beide Teile sammeln Verbündete, bis nahezu ganz Nordindien in das blutige Ringen verwickelt ist*. Die Schlacht dauert achtzehn Tage und durch fünf Bücher hindurch an; alle Kuru fallen und fast alle Pandava; der heldenmütige Bhischma tötet allein 100 000 Mann in zehn Tagen; insgesamt, so berichtet der Dichter-Statistiker, belief sich die Zahl der Gefallenen auf mehrere hundert Millionen. Inmitten dieser blutigen Szene des Todes wehklagt Gandhari, die Gemahlin des blinden Kurukönigs Dhirtaraschtra, beim Anblick der über die Leiche ihres Sohnes, des Prinzen Duryodhana, gierig kreisenden Geier, von Entsetzen ergriffen:

> Makellos als Frau und Fürstin, stets dem Rechten zugewandt,
> hochgemut trotz ihrem Schmerze stand Gandhari auf dem Feld:
> Schwarz vom Strom geronn'nen Blutes liegen Schädel, liegen Glieder
> ungezählter tapfrer Krieger auf der Walstatt rings verstreut ...
> Und das langgezog'ne Heulen der Schakale füllt die Luft,
> und die Geier und die Raben schwingen ihre eklen Flügel.
> Gierig schlürfen von dem Blute schwirrende Pischacageister,
> unsichtbare Rakschas reißen hungrig an der Toten Glieder.

---

* Hinweise auf gewisse Gestalten des *Mahabharata* in den *Veden* zeigen an, daß die Geschichte eines großen Stämmekrieges im zweiten Jahrtausend v. Chr. im Grunde historisch ist.

DIE LITERATUR INDIENS

Über dieses Feld des Todes, über des Gemetzels Schauplatz
schritt der hochbetagte König, wankten zitternd Kurus Frauen,
und ein Wehruf, ohrbetäubend, hallte auf dem Schlachtfeld wider,
wie sie Söhne, Väter, Brüder, Gatten da erschlagen fanden,
als die Wölfe sie erblickten schmausend an der grausen Beute,
finstre mitternächt'ge Wandrer streifend in des Tages Helle.
Schmerzensrufe, Jammerlaute, hallen auf dem Feld des Grauens,
und die Frauen zittern, wanken, sinken leblos dann zu Boden,
alles Leben weicht von ihnen, wie der Gram sie überwältigt,
todesähnlich lindert Ohnmacht ihren Schmerz für kurze Weile.

Voller Macht brach da die Klage aus Gandharis wehem Busen.
Auf die schmerzerfüllten Töchter blickend, sprach sie drauf zu Krischna:
«Sieh da meine armen Töchter, sieh die Fürstinnen als Witwen,
wie sie gleich Adlern jammern um den hingeschied'nen Gatten,
wie die kalten starren Züge ihre Liebe neu entflammen,
wie sie zwischen den Gefall'nen unstet auf der Suche irren;
Mütter wiegen ihre Söhne, die so still im Todesschlafe,
Witwen weinen voller Jammer über ihres Gatten Leichnam ...»

Also strebte Königin Gandhari Krischna ihren Schmerz zu sagen,
als sie, mit den Augen suchend, ihren Sohn Duryodhan fand.
Jäher Schmerz preßt' ihr den Busen, ihre Sinne schwanden plötzlich,
wie ein Baum, vom Sturm gebrochen, sank sie jäh zu Boden nieder.
Nochmals wacht sie auf in Schmerzen, nochmals eilt ihr Blick dahin,
wo der Sohn, von Blut gerötet, unter off'nem Himmel schläft.
Um den Leib schlingt sie die Arme, preßt ihn eng an ihre Brust.
Schmerz durchzittert ihre Glieder, wie sie so den Leichnam hält,
wie der heft'ge Sommerregen fallen Tränen ihm aufs Antlitz,
das noch von dem frischen Kranze, von dem roten Schmuck gezieret.

«‚Mutter‘, sagte mir Duryodhan, als er zu dem Kampfe auf brach,
‚wünsch mir Glück und wünsch den Sieg mir, denn ich zieh nun in die Schlacht.‘
‚Sohn‘, sagt' ich dem lieben Kinde, ‚widrig sei dir nie das Schicksal:
yato dharmas tato jayah – rechtes Tun führt stets zum Siege.‘
Auf den Kampf setzt' er sein Sinnen, und sein Mut tilgt' seine Schuld.
Nun weilt er im Himmel droben, in der treuen Krieger Stätte.
Um Duryodhan wein' ich nimmer, wie ein Fürst kämpf' er und fiel,
um des Gatten willen wein' ich, dessen Unglück unermeßlich ...

Horch! Der ekle Ruf des Schakals, wie die Wölfe Wache halten –
ehdem pflegten schöne Mädchen singend seinen Schlaf zu hüten.
Horch! Der blutbefleckte Geier fächelt grausig mit den Schwingen –
Mädchen schwangen Federfächer um Duryodhan's Ruhelager ...
Schau Duryodhan's edle Witwe, stolze Mutter Lakschmanas,
königlich in Jugendschönheit, wie ein goldener Altar.
Entrissen ist sie ihres Gatten, ihres Sohns geliebten Armen,
verdammt zu jammervollem Leben in der Jugend Blütenpracht.
Zerreiße, harter stein'ger Busen unter dieser Schmerzenslast –
Soll Gandhari weiterleben, wenn der Sohn, der Enkel tot?

Betrachte nur Duryodhan's Witwe, wie sein blutig Haupt sie streichelt,
wie mit zarten Händen pfleglich sie ihn hält auf seinem Lager,

wie vom vielgeliebten Gatten sie sich wendet zu dem Sohne,
wie die heißen Muttertränen mit der Witwenklage wechseln!
Wie die gold'ne Lotusfaser voller Zartheit steht sie da.
Oh mein Lotus, meine Tochter! Bharat's Stolz und Kurus Ruhm!
Wenn die Veden Wahrheit sprechen, haust Duryodhana dort droben;
Warum weilen wir in Trauer, wenn uns seine Lieb' versagt?
Wenn die Schastras Wahrheit sprechen, ist der Held im Himmel droben;
warum weilen wir in Schmerzen, wenn er seine Pflicht vollbracht?»[6]

In dieses Thema der Liebe und des Kampfes sind tausend Interpolationen eingeschaltet. Der Gott Krischna unterbricht das Blutbad für die Länge eines Gesanges, um über den Adel des Krieges und seinen eigenen zu sprechen; der sterbende Bhischma schiebt seinen Tod auf, um die Kasten-, Erbschafts-, Ehe- und Schenkungsgesetze und die Vorschriften über die Begräbnisriten vorzutragen, die Philosophie der Sankhya und der Upanischaden zu erklären, eine Menge Legenden, Sagen und Mythen zu erzählen und dem Yudischthira einen langen Vortrag über die Pflichten eines Königs zu halten; staubige Strecken der Genealogie und Geographie, der Theologie und Metaphysik trennen Oasen der Handlung und der Tat; Fabeln, Märchen, Liebesgeschichten und Heiligenleben tragen dazu bei, dem *Mahabharata* eine Formlosigkeit und einen Gedankenreichtum zu geben, wie sie weder in der *Ilias* noch in der *Odyssee* zu finden sind. Was offenbar eine Kschatriya-Verherrlichung der Tat, des Heldentums und des Krieges war, wird in den Händen der Brahmanen ein Mittel, das Volk über die Gesetze Manus, die Grundsätze des *Yoga*, die Vorschriften der Moral und die Schönheit des *Nirwana* zu belehren. Die Goldene Regel wird in vielfacher Weise ausgedrückt*; moralische Aphorismen voller Schönheit und Weisheit sind überreich vorhanden**; und reizende Geschichten ehelicher Treue (Nala und Damayanti, Savitri) geben den weiblichen Hörern den Begriff des brahmanischen Ideals der treuen und geduldigen Gattin.

Eingebettet in die Erzählung von der großen Schlacht finden wir die erhabenste philosophische Dichtung der Weltliteratur – die *Bhagavad-Gita*, des Erhabenen Sang. Sie ist das Neue Testament Indiens, in der Wertschätzung kommt sie gleich nach den *Veden*, und in den Gerichten wird sie wie unsere Bibel oder der *Koran* zur Eidesabnahme benutzt. Wilhelm von Humboldt sagte von dem Epos, «daß dasselbe mehr als irgendein anderes, von irgendeiner Nation auf uns gekommenes Werk dieser Art dem wahren und eigentlichen Begriff einer philosophischen Dichtung entspricht»[11]. Die Gita teilt die Anonymität, in die das um das Individuelle und Besondere unbekümmerte Indien seine Schöpfungen hüllt, und ist uns ohne Verfassernamen und ohne Datum überliefert. Sie könnte ebensogut um 400 v. Chr. wie um 200 n. Chr. entstanden sein.

Der Schauplatz der Dichtung ist die Schlacht zwischen den Kuru und den Pandava; den Anlaß gibt das Widerstreben des Pandavakriegers Arjuna, seine zu den feindlichen

---

* Zum Beispiel: «Tue anderen nichts, was, wenn dir getan, dir Schmerz verursachen würde.»[7] «Selbst wenn der Feind Hilfe sucht, wird der gute Mensch bereit sein, ihm Hilfe zu gewähren.»[8] «Erobere Grimm durch Sanftheit und Böses durch Erbarmen; Geizhälse besiege durch Geben und Lügen durch die Wahrheit.»[9]

** Zum Beispiel: «Wie im großen Ozean ein Holzstück auf ein anderes stößt und dann wieder scheidet, solcher Art ist das Zusammentreffen der Geschöpfe.»[10]

DIE LITERATUR INDIENS

Streitkräften gehörenden nahen Verwandten in einem Kampf auf Leben und Tod anzugreifen. Gegenüber Krischna, der wie ein homerischer Gott an seiner Stelle kämpft, vertritt Arjuna die Lebensanschauung Gandhis und Christi:

Wie ich diese meine Anverwandten, o Krischna, kampfbereit mir gegenüberstehen sehe, Erschlaffen meine Glieder, und mein Mund wird ganz trocken, ein Zittern überfällt meinen Leib, und meine Haare sträuben sich, ...

Auch widrige Vorzeichen nehme ich wahr, o Schönhaariger; und kein Glück sehe ich erwachsen, wenn ich meine Anverwandten im Kampf töte.

Ich verlange nicht nach dem Sieg, o Krischna, nicht nach der Herrschaft und deren Freuden. Was ist uns Herrschaft, o Herdenerbeuter, was Genüsse oder selbst das Leben!

Wehe! Wir waren willens, eine große Sünde zu begehen, als wir im Begriffe standen, aus Begierde nach den Freuden der Herrschaft unsere Anverwandten zu töten.

Wenn die Angehörigen Dhritarâstras mit den Waffen in der Hand mich als Widerstands- und Waffenlosen im Kampfe töteten, das würde mir lieber sein. [12]

Worauf Krischna, dessen Göttlichkeit seine Kampfesfreude nicht schmälert, mit der ganzen Autorität eines Sohnes Wischnus erklärt, daß es gemäß den Schriften und der besten orthodoxen Anschauung passend und richtig sei, die eigenen Verwandten im Kriege zu töten; daß es Arjunas Pflicht sei, die Gesetze seiner Kschatriya-Kaste zu befolgen, mit gutem Gewissen und gutem Willen zu kämpfen und zu töten; daß ja schließlich nur der Körper getötet werde, während die Seele weiterlebe. Und er bringt den unvergänglichen *Puruscha* der *Sankhya*, das unveränderliche *Atman* der *Upanischaden* vor:

Unvergänglich aber, wisse, ist dasjenige, von dem dieses All durchdrungen ist; den Untergang dieses Unveränderlichen kann niemand bewirken.

Es vergehen bekanntlich diese Leiber des ewigen, unvergänglichen und unermeßlichen (zugleich) unerkennbaren Geistes. Darum kämpfe, o Nachkomme des Bharata!

Wer diesen (den Geist) für einen Töter hält und wer meint, daß er getötet werde, die beide erkennen ihn nicht. Er tötet nicht und wird nicht getötet.

Er wird nicht geboren, noch stirbt er jemals, er ist nicht geworden, noch wird er in Zukunft nicht mehr sein. Ungeboren, beständig, ewig, uranfänglich wird er nicht getötet, wenn der Körper getötet wird. [13]

Krischna fährt damit fort, daß er Arjuna in der Metaphysik unterweist und Sankhya und Vedanta zu der eigentümlichen Synthese vereint, der die Vaischnavitensekte anhängt. Indem er sich mit dem höchsten Wesen identifiziert, sagt er:

Auf mich ist dieses All aufgereiht wie Perlenreihen auf eine Schnur.

Ich bin der Geschmack im Wasser, o Sohn der Kunti, das Licht in Mond und Sonne, das heilige Wort Om in allen Veden, der Ton im Äther, die Manneskraft in den Männern,

Der Wohlgeruch in der Erde und die Glut bin ich im Feuer, das Leben in allen Wesen und die Buße bin ich den Büßern,

Als den ewigen Keim aller Wesen erkenne mich, o Sohn der Prthâ. Der Verstand der Verständigen bin ich, die Würde der Würdigen,

Und die Stärke der Starken bin ich, die frei ist von Begier und Leidenschaft ...

In einem durch Wissen und Anstand ausgezeichneten Brahmanen, in einem Rinde, Elefanten, Hunde und Hundefleischkocher sehen die Weisen das gleiche. [14]

492 INDIEN UND SEINE NACHBARN

Es ist eine farbenreiche Dichtung voller metaphysischer und ethischer Widersprüche, die die Gegensätzlichkeit und Verflochtenheit des Lebens widerspiegeln. Wir sind etwas betroffen, den Menschen sozusagen den höheren sittlichen Standpunkt einnehmen zu sehen, während der Gott sich für Krieg und Totschlag einsetzt, und zwar auf der schwankenden Grundlage, das Leben sei unzerstörbar und die Individualität unwirklich. Der Verfasser beabsichtigte offenbar, die indische Seele aus dem entkräfteten Quietismus der buddhistischen Religion aufzurütteln und in ihr die Kampfbereitschaft für Indien zu wecken – es war die Rebellion eines Kschatriya, der fühlte, daß die Religion sein Land schwächte, und der stolz verkündet, manche Dinge seien kostbarer als der Frieden. Alles in allem war es eine gute Lehre; wenn Indien sie befolgt hätte, hätte es seine Freiheit bewahren können.

Das zweite der indischen Epen ist das berühmteste und beliebteste aller indischen Bücher und liegt dem westlichen Verständnis näher als das *Mahabharata*. Es ist das *Ramayana*. Es zählt nur tausend Seiten zu je achtundvierzig Zeilen; und obwohl auch es zwischen dem dritten Jahrhundert v. Chr. und dem zweiten n. Chr. Erweiterungen erfuhr, sind die Einschiebungen doch nicht so zahlreich und stören das Hauptthema nicht sehr. Die Überlieferung schreibt die Dichtung einem Valmiki zu, der wie der mutmaßliche Autor des größeren Epos als eine Gestalt in der Erzählung auftritt; es ist aber wahrscheinlicher, daß es sich um das Werk vieler fahrender Sänger handelt, gleich jenen, die noch heute diese Epen, zuweilen an neunzig aufeinanderfolgenden Abenden, vor einer begeisterten Zuhörerschaft rezitieren.

Wie das *Mahabharata* der *Ilias* ähnlich sieht, insofern es sich um die Geschichte eines großen, von Göttern und Menschen geführten Krieges handelt, der teilweise durch den Verlust einer schönen Frau veranlaßt ist, so sieht das *Ramayana* der *Odyssee* ähnlich: Es erzählt von den Mühen und Wanderungen eines Helden und dem geduldigen Warten seiner Ehefrau auf die Wiedervereinigung. Zu Beginn wird uns ein Goldenes Zeitalter vorgeführt, da Dascha-ratha von seiner Hauptstadt Ayodhya aus das Königreich Koschala (jetzt Oudh) regierte.

> Dascha-ratha, Heldenkönig, reich an heil'gem Vedenwissen,
> war ein Vater seinem Reiche in der gold'nen Zeit von ehedem ...
> Frieden, Reichtum und Gedeihen war des Volkes glücklich Los;
> edel war es, pflichttreu, friedlich, neidlos, wahrhaft und gerecht.
> Reich versorgt war Haus für Haus mit Feldesfrucht, mit Geld und Vieh:
> Not war nicht Ayodhyas Schicksal, Hunger war ihm gänzlich fremd. [15]

In der Nähe lag ein anderes glückliches Königreich, Videha, wo König Janaka herrschte. Er «hielt den Pflug und bestellte den Acker selbst» gleich einem tapferen Cincinnatus; und eines Tages sprang bei der Berührung seines Pfluges eine schöne Tochter, Sita, aus einer Furche des Erdreichs. Bald war für Sita die Zeit gekommen, in den Ehestand zu treten, und Janaka lud die Bewerber zu einem Wettstreit ein: Wer Janakas Kriegsbogen spannen konnte, sollte die Braut gewinnen. Zum Wettstreit kam auch der älteste Sohn Dascha-rathas, Rama, «löwenbrüstig, starkbewaffnet, lotusäugig, stattlich wie das Stoßzahntier der Dschungel, die Locken als Krone hochgebunden» [16]. Nur Rama spannte den Bogen; und Janaka gab ihm seine Tochter mit dem charakteristischen Hochzeitsspruch:

DIE LITERATUR INDIENS 493

Dies ist Sita, Janaks Tochter, lieb ihm wie das eig'ne Sein;
nunmehr teile sie dein Leben, sei sie dein getreues Weib,
In Freud und Leid sei sie Genossin, dein sei sie in jedem Land.
In Lust und Schmerzen pfleg' sie sorglich, reich die Hand zum Bunde ihr.
Wie der Schatten folgt dem Körper, folgt dem Gatten treu die Frau,
meine Sita, Frauenperle, folgt in Tod und Leben dir. [17]

So kehrt Rama mit seiner Braut – «und das Antlitz elfenbeinern und die Lippen
wie Korallen, Zähne funkelnd wie im Perlenglanze» – nach Ayodhya zurück und gewinnt sich mit seiner Frömmigkeit, seiner Sanftheit und seiner Freigebigkeit die Liebe
der Koschalas. Plötzlich kommt das Böse in dieses Paradies in der Gestalt der zweiten
Ehefrau Dascha-rathas, Kaikeyi. Dascha-ratha hat ihr die Erfüllung jedes Wunsches, den
ihr Herz begehrt, versprochen, und nun ersucht sie ihn in ihrer Eifersucht auf seine
erste Ehefrau, deren Sohn Rama, den Thronerben, für die Dauer von vierzehn Jahren
aus seinem Königreich zu verbannen. Dascha-ratha, erfüllt mit einem Ehrgefühl, das
nur ein der Politik fernstehender Dichter für möglich halten konnte, hält sein Versprechen, und mit gebrochenem Herzen verbannt er seinen Lieblingssohn. Rama vergibt ihm voller Edelmut und schickt sich an, in den Wald zu gehen und dort allein zu
leben; aber Sita will mit ihm ziehen. Fast jede Hindubraut kann ihre Rede auswendig:

«Wagen, Pferde, Prunkgemächer – eitel Tand für Frauenherzen!
Liebend und geliebt, dem Weibe ist des Gatten Schatten lieber ...
Glücklicher als im Palaste wird im Walde Sita leben,
nur dem Gatten gilt ihr Sinnen, nur dem Gatten noch ihr Trachten ...
Und die Wildfrucht wird sie brechen in dem duftenden Gehölze,
Ramas Speise wird die ihre – glücklich wird da Sita sein!» [18]

Sogar sein Bruder Lakschmana bittet um die Erlaubnis, Rama begleiten zu dürfen:

«Ganz allein mit deinem Weibe gehst du deinen finst'ren Weg;
will'ge ein: dein treuer Lakschman wird ihr beistehn Tag und Nacht;
will'ge ein: mit seinem Bogen wird die Wälder er durchstreifen,
seine Axt fällt Wald und Dschungel, seine Hände bau'n das Heim.» [19]

Das Epos wird nun zu einem Waldidyll und schildert, wie Rama, Sita und Lakschmana in die Wälder ziehen; wie die Bevölkerung von Ayodhya voller Trauer sie begleitet
und den ganzen ersten Tag mit ihnen bleibt; wie die Verbannten sich zur Nachtzeit
von ihren Begleitern fortstehlen, ihre Wertsachen und fürstlichen Gewänder zurück-
lassen, sich Kleider aus Baumrinde und Grasgeflecht machen, sich mit dem Schwerte
einen Weg durch den Wald bahnen und von Früchten und Nüssen leben:

Öfters fragt sie ihren Rama wissensdurstig und vergnügt
nach dem Namen eines Baumes, einer unbekannten Frucht ...
Pfauen lustig sie umgaukeln, Affen hüpfen im Geäst ...
Rama badet in dem Flusse bei dem roten Morgenstrahl,
sanft sucht Sita frisches Wasser wie die Lilie den Bach. [20]

Sie bauen eine Hütte am Strome und lernen ihr Waldleben lieben. Aber eine Prinzessin aus dem Süden, Surpa-nakha, trifft auf ihrer Wanderung durch den Wald Rama,
verliebt sich in ihn, nimmt ihm seine Tugend übel und verleitet ihren Bruder Ravana

494 INDIEN UND SEINE NACHBARN

dazu, in den Wald zu kommen und Sita zu rauben. Es gelingt ihm, er bringt sie auf sein fernes Schloß und versucht vergebens, sie zu verführen. Da Göttern und Autoren nichts unmöglich ist, hebt Rama eine große Armee aus, fällt in Ravanas Königreich ein, besiegt ihn in der Schlacht, befreit Sita und fliegt (da die Jahre seines Exils zu Ende sind) mit ihr nach Ayodhya zurück, wo ein anderer pflichtgetreuer Bruder ihm vergnügt den Thron von Koschala übergibt.

In einem wahrscheinlich später verfaßten Epilog bekennt sich Rama zu der Ansicht der Skeptiker, die nicht glauben wollen, daß Sita so lange in Ravanas Schloß verweilen konnte, ohne dessen Werben nachzugeben. Obwohl sie, um ihre Unschuld zu beweisen, die Feuerprobe besteht, schickt er sie in eine Waldklause gemäß jener bitteren Eigenheit der Vererbung, daß eine Generation an der nächsten die Sünden und Fehler wiederholt, die sie in ihrer Jugend selbst erlitt. Im Walde trifft Sita Valmiki und gebiert dem Rama zwei Söhne. Viele Jahre später singen diese Söhne als fahrende Sänger vor dem unglücklichen Rama das Epos, das Valmiki über ihn, nach den Erinnerungen Sitas, verfaßt hat. Er erkennt die Knaben als seine eigenen und sendet eine Botschaft an Sita, um sie zur Rückkehr zu bewegen. Aber Sita, der der Verdacht der Untreue das Herz gebrochen, verschwindet in der Erde, die einst ihre Mutter war. Rama regiert viele Jahre einsam und traurig, und unter seiner gütigen Herrschaft erlebt Ayodhya das Utopien aus den Tagen Dascha-rathas wieder:

> Wie die alten Weisen sagen, gab es während Ramas Herrschaft
> frühen Tod nicht, keine Krankheit, segensreich war diese Zeit.
> Witwen weinten nicht verzweifelt um den frühverlor'nen Gatten
> Mütter klagten nicht ihr Elend um ein Kind, das Yama holt',
> Keine Räuber, keine Diebe, niemand täuscht mit Lügenmund,
> jeder liebte seinen Nächsten, alle liebten ihren Herrn.
> Und die Bäume trugen Früchte nach dem Wechsel der Gezeiten,
> und die Erde voller Freuden brachte ihren Segen dar.
> Regen fiel, wenn man ihn brauchte, Wirbelstürme gab es nicht,
> reiche Äcker, reiche Weiden füllten die vertraute Flur.
> Und der Ambos und der Webstuhl waren nimmermüd' am Werke
> und das Volk folgt seiner Arbeit freudig nach Urväter Art. [21]

Es ist eine köstliche Geschichte, die sogar ein moderner Zyniker genießen kann, wenn er weise genug ist, sich dann und wann der Romantik und der Beschwingtheit des Liedes hinzugeben. Diese Dichtungen reichen zwar in literarischer Hinsicht an die Epen Homers nicht heran, sind aber in der Logik des Aufbaus und der Pracht der Sprache, in der Lebendigkeit der Gestalten und der Treue zum Wesentlichen von edlem Gefühl, hehrer Idealisierung der Frau und des Mannes und einer kraftvollen – zuweilen realistischen – Darstellung des Lebens gekennzeichnet. Rama und Sita sind zu gut, um wahr zu sein, aber Draupadi und Yudhischthira, Dhrita-raschtra und Gandhari sind beinahe ebenso lebendig wie Achilleus und Helena, Odysseus und Penelope. Der Hindu wird mit Recht einwenden, kein Fremder könne diese Epen beurteilen oder auch nur verstehen. Für ihn sind sie nicht nur Dichtungen, sie sind eine Galerie idealer Figuren, die ihm Vorbild sein können: Sie enthalten die Traditionen, die Philosophie und Theologie seines Volkes; in einem gewissen Sinne sind sie heilige Schriften, die man lesen muß, wie ein Christ *Die Nachfolge Christi* oder *Die Heiligenleben* liest. Der fromme Hindu glaubt, daß Krischna und Rama Verkörperungen der Gottheit waren, und betet noch immer zu ihnen; und wenn er ihre Geschichten in diesen Epen liest, fühlt er, daß ihm daraus ebenso religiöse Erbauung wie literarischer Genuß und sittliche Erhebung kommt. Er ist voller Zuversicht, daß er, wenn er das *Ramayama* liest, von aller Sünde gereinigt sein und einen Sohn zeugen wird; und er glaubt an den stolzen Schlußsatz des *Mahabharata*:

«So einer das *Mahabharata* liest und an seine Lehren glaubt, der wird frei von aller Sünde, und nach dem Tode steigt er in den Himmel auf ... Was die Butter gegenüber den andern Speisen, was die Brahmanen gegenüber den andern Menschen ..., was der Ozean gegenüber einem Tümpel, was die Kuh gegenüber den andern Vierfüßlern – das ist das *Mahabharata* gegenüber den andern Geschichtswerken ... Wer aufmerksam den Schlokas* des *Mahabharata* lauscht und an sie glaubt, der erlangt ein langes Leben und einen guten Ruf in dieser Welt, und in der nächsten ist ihm der Himmel sicher.»[22]

IV. DAS DRAMA

Ursprünge · «Das Tonwägelchen» · Eigentümlichkeiten des indischen Dramas · Kalidasa Inhaltsangabe der Schakuntala · Beurteilung des indischen Dramas

In gewisser Hinsicht ist das Drama in Indien so alt wie die *Veden*, denn zumindest der Keim zum Drama liegt in den *Upanischaden*. Zweifellos noch älter als diese Schriften ist eine lebendigere Quelle des Dramas – die Opfer- und Festzeremonien und Prozessionen der Religion. Ein dritter Ursprung liegt im Tanz – und zwar nicht im Tanz als bloßer Energiebefreiung, noch viel weniger im Tanz als Beischlafsurrogat, sondern im Tanz als feierlichem Ritual, das Handlungen und Ereignisse nachahmte und andeutete, welche das Leben des Stammes eng berührten. Vielleicht lag eine vierte Quelle in der öffentlichen und bewegten Rezitation epischer Dichtungen. Das Zusammenwirken dieser Faktoren brachte das indische Theater hervor und gab ihm einen religiösen Charakter, der während des ganzen klassischen Zeitalters** in der ernsten Natur des Dramas, der vedischen oder epischen Quelle seiner Stoffe und im Segensspruche, der dem Stücke immer vorausging, fortdauerte.

Vielleicht kam der endgültige Ansporn zum Drama aus den Beziehungen zwischen Indien und Griechenland, welche die Invasion Alexanders geschaffen hatte. Wir haben keine Belege indischer Schauspiele vor Aschoka und nur sehr unsichere aus der Zeit seiner Herrschaft. Die ältesten vorhandenen indischen Schauspiele sind die vor kurzem im chinesischen Turkestan entdeckten Palmblattmanuskripte. Unter ihnen sind drei Dramen, deren eines Aschvaghoscha, eine theologische Leuchte am Hofe Kanischkas, als Verfasser nennt. Die technische Form dieses Stückes, die Ähnlichkeit seines Narren mit der traditionellen charakteristischen Figur des indischen Theaters legen den Gedanken nahe, daß das Drama in Indien bereits alt war, als Aschvaghoscha geboren wurde. Im Jahre 1910 wurden in Travancore dreizehn alte Sanskritstücke aufgefunden,

---

* Doppelverse.
** Das Zeitalter der in Sanskrit geschriebenen Literatur.

die man zweifelnd Bhasa (ca. 350 n. Chr.) zuschreibt, einem Vorgänger Kalidasas, den dieser sehr schätzte. Im Prolog zu seinem *Malavika* veranschaulicht Kalidasa unbewußt, aber treffend die Relativität der Zeit und der Attribute: «Sollen wir», fragt er, «die Werke so berühmter Autoren wie Bhasa, Saumilla und Kaviputra vernachlässigen? Können die Zuhörer für das Werk eines *modernen* Dichters, eines Kalidasa, Achtung empfinden?»[23]

Bis vor kurzem galt *Das Tonwägelchen* als das älteste indische Schauspiel. Der Text, dem man aber nicht Glauben schenken muß, nennt als Verfasser des Stückes einen obskuren König Schudraka, der als Sachverständiger der Vedenkunde, der Mathematik, der Behandlung von Elefanten und der Liebeskunst dargestellt wird. Jedenfalls war er ein Sachverständiger des Theaters. Sein Schauspiel ist ganz gewiß das interessanteste, das uns von Indien überliefert ist – eine kluge Kombination von Melodrama und Humor mit ausgezeichneten Stellen poetischer Inbrunst und Schilderung.

Eine Übersicht seiner Handlung wird den Charakter des indischen Dramas besser illustrieren als ein Kommentarband. Im ersten Akt begegnen wir Carudatta, der einst reich war und den Unglück und Freigebigkeit arm gemacht haben. Sein Freund Maitreya, ein alberner Brahmane, spielt den Narren im Stücke. Caru verlangt von Maitreya, er solle den Göttern ein Opfer darbringen, aber der Brahmane lehnt mit der Begründung ab: «Wozu denn, wenn die Götter, die du verehrst, nichts für dich tun?» Plötzlich stürzt eine junge Hindufrau aus edler Familie und von großem Reichtum in den Hof Carus, Zuflucht suchend vor einem Verfolger, Samsthanaka, des Königs Bruder. Samsthanaka ist ebenso restlos und unglaublich schlecht, wie Caru restlos und unumstößlich gut ist. Caru beschützt das Mädchen, schickt Samsthanaka fort und lacht über dessen Racheandrohung. Das Mädchen, Vasantasena, bittet Caru, ein Schmuckkästchen für sie in Verwahrung zu nehmen, damit es ihr die Feinde nicht rauben und damit sie einen Grund habe, ihren Befreier wieder zu besuchen. Er willigt ein, nimmt das Kästchen und begleitet sie zu ihrem palastartigen Wohnsitz.

Der zweite Akt ist ein komisches Intermezzo. Ein Spieler, der von zwei anderen Spielern fortrennt, flüchtet sich in einen Tempel. Sie folgen ihm, um ihn zu stellen, und er täuscht sie, indem er die Haltung des Altargötzen einnimmt. Sie zwicken ihn, um zu sehen, ob er wirklich ein Steingott ist, aber er rührt sich nicht. Sie geben die Suche auf und trösten sich mit einem Würfelspiel am Fuße des Altars. Das Spiel wird so aufregend, daß die «Statue» nicht länger an sich halten kann, vom Postament hinabspringt und bittet, mitspielen zu dürfen. Die anderen verprügeln ihn; er gibt wieder Fersengeld und wird von Vasantasena, die in ihm einen früheren Diener Carudattas erkennt, gerettet.

Der dritte Akt zeigt Caru und Maitreya von einem Konzert zurückkehrend. Ein Dieb bricht ein und stiehlt das Kästchen. Caru entdeckt den Diebstahl, fühlt sich sehr unglücklich und sendet Vasantasena seine letzte Perlenschnur als Ersatz.

Im vierten Akt sieht man Scharvilaka das gestohlene Kästchen der Kammerzofe Vasantasenas anbieten. Er will damit ihre Liebe gewinnen. Wie sie das Schmuckkästchen ihrer Herrin sieht, schilt sie Scharvilaka einen Dieb. Er antwortet ihr mit schopenhauerischer Härte:

«Der Charakter eines Weibes ist beweglich wie eine Meereswoge, ihre Zuneigung währt wie die eines Wolkenstreifens in der Abenddämmerung nur einen Augenblick; haben sie einem Manne das Geld abgenommen, so lassen sie ihn, da er ihnen nicht mehr von Nutzen ist, fahren wie ein Bällchen Baumwolle, aus dem man den Lack auspreßte.»[24]

Das Mädchen widerlegt ihn, indem sie ihm vergibt, und Vasantasena, indem sie ihnen zu heiraten erlaubt.

Zu Beginn des fünften Aktes kommt Vasantasena zu Caru, um ihm seine Perlen und ihr Kästchen wiederzugeben. Während sie dort ißt, bricht ein Sturm los, den sie in ausgezeichnetem

DIE LITERATUR INDIENS   497

Sanskrit beschreibt*. Der Sturm ist zuvorkommend genug, immer stärker zu toben, und zwingt sie, sehr zu ihrem Willen, die Nacht unter Carus Dach zu verbringen.

Der sechste Akt zeigt uns, wie Vasanta am nächsten Morgen Carus Palast verläßt. Irrtümlicherweise besteigt sie nicht den für sie bestellten Wagen, sondern einen, der dem Bösewicht Samsthanaka gehört. Der siebente Akt findet Vasanta nicht in ihrem Palaste, wie sie es erwartet hatte, sondern im Hause, ja beinahe in den Armen ihres Feindes. Wie sie wiederum seine Liebe verschmäht, erwürgt und begräbt er sie. Dann geht er aufs Gericht und beschuldigt Caru, Vasanta ihrer Juwelen wegen ermordet zu haben.

Der neunte Akt beschreibt den Prozeß. Maitreya verrät unbeabsichtigterweise seinen Herrn, indem er Vasantas Schmuck aus seiner Tasche fallen läßt. Caru wird zum Tode verurteilt. Im zehnten Akt sehen wir Caru auf dem Wege zur Hinrichtung. Sein Sohn bittet die Henker, an seiner Statt sterben zu dürfen, aber sie lehnen ab. Im letzten Augenblick erscheint Vasanta selbst. Scharvilaka hatte Samsthanaka beobachtet, wie er sie begrub; er hatte sie rechtzeitig ausgegraben und wieder ins Leben zurückgerufen. Nun, während Vasanta Caru befreit, klagt Scharvilaka den Bruder des Königs des Mordes an. Aber Caru weigert sich, die Anschuldigung zu unterstützen, Samsthanaka wird freigelassen, und alle sind glücklich.

Da Zeit im Osten, wo nahezu alle Arbeit von Menschenhänden getan wird, reichlicher vorhanden ist als im Westen, wo es so viele arbeitsparende Vorrichtungen gibt, sind die indischen Theaterstücke zweimal so lang wie die heutigen europäischen Dramen. Die Zahl der Akte variiert von fünf bis zehn; jeder Akt ist durch den Abgang einer Gestalt und den Auftritt einer anderen unaufdringlich in Szenen gegliedert. Es gibt keine Einheit von Zeit und Raum, und der Phantasie sind keine Grenzen gesetzt. Die Szenerie ist dürftig, aber die Kostüme sind farbenprächtig. Zuweilen werden lebende Tiere auf die Bühne gebracht und lassen für einen Augenblick die künstliche Handlung natürlich erscheinen. Die Vorstellung beginnt mit einem Prolog, in dem ein Schauspieler oder der Direktor das Stück bespricht; Goethe scheint die Idee eines Prologs für den *Faust* von Kalidasa übernommen zu haben. Der Prolog schließt mit dem Auftreten der Hauptgestalt, die zum Kern der Sache überleitet. Es gibt zahllose Zufälle, und oft bestimmen übernatürliche Einflüsse den Lauf der Ereignisse. Eine Liebesgeschichte ist unentbehrlich; ebenso ein Narr. Es gibt keine Tragödie im indischen Theater; ein glücklicher Ausgang ist unvermeidlich; treue Liebe muß immer siegen, Tugend muß immer belohnt werden, und wäre es nur, um der Wirklichkeit die Waage zu halten. Philosophische Lehrreden, die so oft die indische Dichtung füllen, kommen im indischen Drama nicht vor; das Drama muß wie das Leben nur durch Handlung, nie durch Worte lehren**. Lyrische Dichtung und Prosa lösen einander ab, je nach der Bedeutsamkeit des Themas, der Gestalt und der Handlung. Sanskrit wird von der oberen Kaste gesprochen, Prakrit von den Frauen und von den niedereren Kasten. Die beschreibenden Stellen sind ausgezeichnet, aber die Charakterzeichnung ist dürftig. Die Schauspieler und Schauspielerinnen verstehen ihr Handwerk und kennen weder westli-

---

* Ein außergewöhnlicher Fall. Im allgemeinen sprechen die Frauen im indischen Schauspiel Prakrit, da es für eine Dame unschicklich wäre, mit einer toten Sprache vertraut zu sein.

** Der große indische Theoretiker des Dramas, Dhanamjaya (ca. 1000 n. Chr.), schreibt: «Was den einfachen Mann von bescheidener Intelligenz betrifft, der da sagt, daß bei den Dramen, die Freude geben, der Gewinn nur Wissen sei – Ehre sei ihm, denn er hat sein Antlitz vom Ergötzlichen abgewandt.»[25]

498 INDIEN UND SEINE NACHBARN

che Hast noch fernöstlichen Schwulst. Das Stück endet mit einem Epilog, der sich an den Lieblingsgott des Verfassers oder des Ortes mit der Bitte richtet, Indien Gedeihen zu bringen.

Das berühmteste indische Drama ist *Schakuntala* von Kalidasa, das Goethes Lob erntete. Wir kennen Kalidasa nur aus drei Dramen und aus Legenden, die frommes Gedenken um seinen Namen gesponnen haben. Anscheinend war er einer der «Neun Edelsteine» – Dichter, Künstler und Philosophen –, die von König Vikramaditya (380–413 n. Chr.) in der Guptahauptstadt Ujjain liebevoll gehegt wurden.

Schakuntala hat sieben Akte und ist teils in Prosa, teils in lebendigen Versen geschrieben. Nach einem Prolog, in dem der Direktor die Zuhörer einlädt, die Schönheiten der Natur zu beobachten, beginnt das Stück auf einer Waldlichtung, wo ein Einsiedler mit seiner Pflegetochter Schakuntala lebt. Der Friede der Szene wird von dem Lärm eines Wagens gestört; dessen Insasse, König Duschyanta, erscheint und verliebt sich mit literarischer Schnelligkeit in Schakuntala. Er heiratet sie im ersten Akt, wird aber plötzlich in seine Hauptstadt zurückgerufen; er verläßt sie mit dem üblichen Versprechen, er werde wiederkommen, sobald er nur könne. Ein Asket sagt dem trauernden Mädchen, daß der König ihrer gedenken werde, solange sie den Ring, den Duschyanta ihr gegeben, behalten werde; sie verliert aber den Ring beim Baden. Da sie Mutterfreuden entgegensieht, reist sie an den Hof, muß aber entdecken, daß der König sie, nach der Art der Männer, zu denen die Frauen großzügig gewesen sind, vergessen hat. Sie versucht sein Gedächtnis aufzufrischen.

> *Schakuntala:* Sag, hieltest du nicht eines Tags in der
> Lianenlaube Wasser in der Hand
> In einem Lotosblatt-Gefäß?
>
> *König:*   Nur weiter!
>
> *Schakuntala:* In jenem Augenblicke trat mein Pflegling,
> Das junge Reh, das ich erzog, herzu.
> Da sprachst du mitleidsvoll: «Es trinke erst!»
> Und botest ihm das Wasser; doch es ging,
> Weil's dich nicht kannte, nicht an dich heran.
> Als ich darauf das Wasser nahm, bekam es
> Sogleich Vertrauen. Da lachtest du und sagtest:
> «Ein jeder traut nur seinesgleichen; beide
> Seid ihr ja Waldbewohner.»
>
> *König:*   Mit solch süßen
> Erlognen Reden suchen Frauen wohl,
> Ihr Tun beschön'gend, Lüstlinge zu locken ...
> Die Frauenlist, die angeborene,
> Gewahrt man schon beim Weibchen eines Tiers:
> Um wieviel mehr bei geistbegabten Frauen!
> Des Kuckucks Weibchen läßt, wie allbekannt,
> Von andern Vögeln seine Jungen füttern,
> Bis daß sie aus dem Neste fliegen können. [26]

Die abgewiesene und mutlose Schakuntala wird auf wunderbare Weise in die Luft gehoben und in einem anderen Walde abgesetzt, in dem sie ihr Kind – jenen großen Bharata, dessen Nachkommen alle Schlachten des *Mahabharata* schlagen – zur Welt bringt. Indessen hat ein Fischer den Ring gefunden, darauf des Königs Siegel erkannt und ihn Duschyanta gebracht. Sogleich

DIE LITERATUR INDIENS 499

kommt diesem die Erinnerung an Schakuntala zurück, und er sucht sie überall. Er reist in seinem Luftschiff über den Himalaya, und die dramatische Vorsehung will es, daß er gerade bei der Klause, in der Schakuntala vor Gram vergeht, landet. Er sieht den Knaben Bharata vor dem Hause spielen und beneidet die Eltern:

> *König*: Sein Kind, wenn es ihm hold entgegenlächelt,
> Die zarten Knospenreihn der Zähne zeigend,
> Wenn's lieblich an zu reden fängt und stammelnd
> Schwerzuverstehende kindische Worte lallt,
> Wenn es zum Schoße seine Zuflucht nimmt –
> Es dann zu heben, auf dem Arm zu tragen,
> Ob auch beschmutzt von seiner Füße Staub:
> O das, o das ist eines Vaters Glück! [27]

Schakuntala tritt auf, der König bittet sie um Vergebung, sie vergibt ihm, und er macht sie zur Königin. Das Stück endet mit einer seltsamen, aber typischen Anrufung:

> Aufs Heil des Volkes sei der Fürst bedacht!
> Und hochgeachtet sei Sarasvati
> Von allen Ersten in der Wissenschaft!
> Mich aber möge der blaurote Gott,
> Der selbsterschaffne, alldurchdringende,
> Bewahren vor der Seelenwanderung! [28]

Das Drama verfiel nach Kalidasa nicht, aber es brachte keine Werke wie *Schakuntala* oder *Das Tonwägelchen* mehr hervor. Nach einer möglicherweise inspirierten Überlieferung schrieb König Harscha drei Stücke, die während mehrerer Jahrhunderte aufgeführt wurden. Hundert Jahre nach ihm schrieb Bhavabhuti, ein Brahmane von Berar, drei romantische Stücke, die in der Geschichte des indischen Theaters nur von den Werken Kalidasas übertroffen werden. Sein Stil war jedoch so gekünstelt und dunkel, daß er sich mit einem kleinen Zuhörerkreis zufriedengeben mußte. Natürlich behauptete er auch, daß er sich damit zufriedengebe. «Wie wenig wissen doch die Leute», schrieb er, «die uns kritisieren. Das Schauspiel ist nicht für sie. Es mag sein, daß jemand existiert oder existieren wird, der den gleichen Geschmack hat wie ich; denn die Zeit ist grenzenlos und die Welt ist groß.» [29]

Wir können die dramatische Literatur Indiens nicht auf die gleiche Stufe mit derjenigen Griechenlands oder des elisabethanischen England stellen; aber der Vergleich mit dem chinesischen und japanischen Theater fällt zu ihren Gunsten aus. Wir dürfen in Indien auch nicht die Sophisterei suchen, die das moderne Theater kennzeichnet; das liegt im Laufe der Zeit und ist nicht eine ewige Wahrheit und kann vergehen – sogar sich in das Gegenteil kehren. Die übernatürlichen Faktoren des indischen Dramas sind unserem Geschmack so fremd wie der *deus ex machina* des aufgeklärten Euripides; aber auch das ist ein geschichtlicher Stil. Die Schwächen des indischen Dramas (wenn sie ein Fremder schüchtern aufzählen darf) sind die folgenden: künstliche, von Stabreimen und Wortspielereien entstellte Ausdrucksweise, einfarbige Darstellung von Charakteren, denn jede Gestalt ist entweder vollkommen schlecht oder vollkommen gut, unwahrscheinliche Handlungsweisen, die sich auf unglaubliche Zufälle gründen, und ein Übermaß der Beschreibung und der Rede, die die für ein Drama so wichtige

Gedrungenheit des Geschehens beeinträchtigt. Seine Vorzüge sind die schöpferische Phantasie, das Zartgefühl, die empfindungsreiche Poesie und die Beschwörung der Schönheit und Schrecklichkeit der Natur. Über den nationalen Kunstgeschmack kann es keinen Streit geben; wir können ihn nur von dem beschränkten Standpunkt unseres eigenen Geschmackes aus und nach Übersetzungen beurteilen. Es ist genug, daß Goethe, der von allen Europäern der befähigteste war, örtliche und nationale Schranken zu übersteigen, die Lektüre der *Schakuntala* zu den tiefsten Eindrücken seines Lebens zählte und dankbar darüber schrieb:

> Will ich die Blume des frühen, die Früchte des späteren Jahres,
> Will ich, was reizt und entzückt, will ich, was sättigt und nährt,
> Will ich den Himmel, die Erde mit *einem* Namen begreifen,
> Nenn' ich, Sakontala, dich, und so ist alles gesagt. [30]

V. PROSA UND POESIE

Ihre Einheit in Indien · Fabeln · Geschichte · Erzählungen · Kleinere Dichter
Hochkommen der Dialektliteratur · Chandi Das · Tulsi Das · Dichter des Südens · Kabir

Die Prosa ist in der indischen Literatur erst in letzter Zeit zu finden und könnte als eine fremde, durch den Kontakt mit Europäern erzeugte Entartung bezeichnet werden. Der von Natur aus poetischen Seele des Inders war alles, was des Schreibens wert war, Dichtung und mußte in poetische Form gegossen werden. Da er empfand, daß man Dichtwerke laut lesen sollte, und da er überdies wußte, daß sein Werk, wenn überhaupt, eher mündliche als schriftliche Verbreitung erfahren würde, zog er es vor, seinen geistigen Erzeugnissen eine metrische oder aphoristische Form zu geben, die für die Rezitation besonders geeignet war und auch leichter im Gedächtnis haften blieb. Demzufolge ist fast die gesamte Literatur Indiens in Versen abgefaßt: wissenschaftliche, medizinische, juristische und Abhandlungen über Kunst sind meistenteils in metrischer Form oder in Reimen abgefaßt; selbst Grammatiken und Wörterbücher sind in Dichtwerke umgewandelt. Fabeln und Geschichtsschreibung, die sich im Westen mit Prosa begnügen, fanden in Indien eine melodische poetische Form.

Die indische Literatur ist besonders an Fabeln reich; in der Tat sind die meisten Fabeln, die sich wie eine internationale Währung über die Grenzen der Welt ergossen haben, wahrscheinlich indischer Herkunft*. Der Buddhismus erfuhr seine höchste Blüte zu der Zeit, da die Jatakalegenden über Buddhas Geburt und Jugendzeit volkstümlich waren. Das bestbekannte Buch in Indien ist das *Pañcatantra*, die «Fünf Themen» (ca. 500 n. Chr.); es ist die Quelle vieler Fabeln, die ebenso in Europa wie in Asien Anklang gefunden haben. Das *Hitopadescha*, die «Gute Unterweisung», ist eine Auswahl und Bearbeitung von Geschichten aus dem *Pañcatantra*. Beide werden sonderbarerweise von den Hindus zu den *Nitischastras*, das heißt den politischen oder moralischen Belehrungen, gezählt; jede Geschichte verfolgt den Zweck, auf eine Moral oder eine Verhaltens- oder Regierungsweise hinzuweisen; gewöhnlich geben diese Geschichten vor, von ei-

---

* Sir William Jones berichtete, daß die Inder sich drei Erfindungen zuschreiben: das Schachspiel, das Dezimalsystem und die Belehrung durch Fabeln.

DIE LITERATUR INDIENS   501

nem weisen Brahmanen zur Belehrung eines Königssohnes erfunden worden zu sein. Oft verwenden sie die niedersten Tiere zur Darlegung der subtilsten Philosophie. Die Fabel des Affen, der sich am Lichte eines Glühwurms zu wärmen sucht und den Vogel erschlägt, der ihn auf seinen Irrtum aufmerksam macht, ist eine bemerkenswert treffende Veranschaulichung des Schicksals, das den Gelehrten erwartet, der einen volkstümlichen Wahn zerstört*.

Die historische Literatur kam nie über das Niveau der trockenen Chronik oder reich ausgeschmückter Märchenerzählungen hinaus. Vielleicht aus Verachtung für die *maya*haften Ereignisse des Raumes und der Zeit, vielleicht, weil sie die mündliche Überlieferung der schriftlichen vorzogen, vernachlässigten die Inder eine Geschichtsschreibung, die sich mit derjenigen Herodots oder Thukydides', Plutarchs oder Tacitus', Gibbons oder Voltaires vergleichen ließe. Zeit- und Ortsangaben wurden selbst im Falle berühmter Männer so spärlich verzeichnet, daß indische Gelehrte die Lebenszeit ihres größten Dichters, Kalidasas, fast um ein Jahrtausend zu früh ansetzten. Da der Hindu bis in unsere Zeit in einer Welt lebte, in der sich Sitten, Gebräuche und Religionen fast unverändert erhielten, dachte er kaum an Fortschritt und kümmerte sich nie um Altertümer. Er nahm die Epen als authentische Geschichte hin und räumte der Legende den Platz der Biographie ein. Als Aschvaghoscha sein Leben Buddhas *(Buddha-carita)* schrieb, war es mehr Legende als Geschichte; und als fünfhundert Jahre später Bana sein *Harscha-carita* schrieb, war es wiederum eher eine Idealisierung als ein verläßliches Bildnis des großen Königs. Die Chroniken von Radschputana scheinen patriotische Übungen zu sein. Nur ein einziger indischer Schriftsteller scheint die Aufgabe des Geschichtsschreibers erfaßt zu haben: Kalhana, der Verfasser der *Radschatarangini*, des «Stromes der Könige», drückt sich folgendermaßen aus: «Nur der edelgesinnte Dichter verdient Lob, dessen Wort, gleich dem Urteil eines Richters, bei der Aufzeichnung der Vergangenheit von Liebe oder Haß frei bleibt.» Winternitz nennt ihn «den einzigen großen Historiker, den Indien hervorgebracht hat»[31].

Die Mohammedaner hatten mehr Sinn für Geschichte und hinterließen einige wunderbare Prosaschriften über ihre Taten in Indien. Wir haben Alberunis ethnographische Abhandlung und Babars *Erinnerungen* bereits erwähnt. Zeitgenosse Akbars war ein ausgezeichneter Historiker, Muhammad Qazim Firischta, dessen *Geschichte Indiens* unser verläßlichster Wegweiser für die Ereignisse der mohammedanischen Periode ist. Weniger unparteiisch war Akbars Ministerpräsident oder allgemeines politisches Faktotum, Abu-l Fazl, der die Verwaltungsmethoden seines Herrn im *Aini-i Akbari*, «Einrichtungen Akbars», für die Nachwelt schriftlich niederlegte und im *Akbar Nama* das Leben seines Herrschers mit verzeihlicher Anhänglichkeit erzählte. Der Kaiser erwiderte seine Zuneigung; und als die Nachricht kam, daß Jahangir den Wesir getötet hatte, brach Akbar in eine leidenschaftliche Klage aus und schrie: «Wenn Salim (Jahangir) Kaiser werden will, hätte er mich töten und Abu-l Fazl verschonen können.»[32]

Auf halbem Wege zwischen Fabel und Geschichte stehen die riesigen Sammlungen poetischer Erzählungen, die fleißige Verseschmiede zur Erbauung der romantischen indischen Seele verfaßten. Schon im ersten Jahrhundert n. Chr. schrieb Gunadhya in hunderttausend Verspaaren die *Brihatkatha*, die «Große Erzählung»; und tausend Jahre später verfaßte Somadeva das *Kathasaritsagara*, den «Ozean der Märchenströme» in 21 500 Verspaaren. Im gleichen elften Jahrhundert gibt ein kluger Märchenschreiber unbekannter Herkunft seinem *Vetalapañcavimschatika* («Die fünfundzwanzig Geschichten des Vampirs») einen literarischen Rahmen, indem er den König Vikramaditya darstellt, wie er alljährlich von einem Asketen eine Frucht erhält, die einen kostbaren Stein in sich birgt. Der König fragt ihn, wie er ihm danken könne. Der Yogi verlangt von ihm, daß er ihm die Leiche eines am Galgen hängenden Mannes bringe, warnt ihn aber davor zu sprechen, wenn die Leiche ihn anreden sollte. In der Leiche haust ein Vampir, der dem

---

* Ein lebhafter Kampf wütet auf den Feldern der orientalischen Gelehrsamkeit über die Frage, ob diese Fabeln von Indien nach Europa gekommen sind oder umgekehrt; wir überlassen diesen Streit denen, die mehr Zeit und Muße haben. Vielleicht kamen die Fabeln nach Europa und Indien über Mesopotamien und Kreta aus Ägypten. Der Einfluß des *Pañcatantra* auf *1001 Nacht* steht jedoch außer Zweifel.

König unterwegs eine fesselnde Geschichte erzählt; am Ende der Geschichte stellt der Vampir eine Frage, die der König, die Anweisung vergessend, beantwortet. Fünfundzwanzigmal unternimmt es der König, die Leiche zum Asketen zu bringen und dabei den Mund zu halten; vierundzwanzigmal ist er von der Geschichte, die ihm der Vampir erzählt, dermaßen gefesselt, daß er die ihm am Ende vorgelegte Frage beantwortet. Es war ein ausgezeichnetes Gerüst für zwei Dutzend Geschichten.

Indessen war auch an Dichtern kein Mangel, und Abu-l Fazl berichtet von «Tausenden von Dichtern» an Akbars Hof; Hunderte waren in den kleineren Hauptstädten und zweifellos Dutzende in jedem Hause*. Einer der frühesten und größten war Bhartrihari, Mönch, Grammatiker und Liebhaber, der, bevor er sich der Religion in die Arme warf, seine Seele in der Liebe unterwies. Er hat seinen Schönen zum Gedenken das «Liebeshundert» – hundert Gedichte im Stile Heines – geschrieben. «Zuerst», schreibt er an eine seiner Liebsten, «glaubten wir zwei, du wärest ich und ich wär' du; wie kommt es nun, daß du du bist und ich ich?» Er kümmerte sich nicht um Rezensenten und sagte ihnen: «Es ist leicht, einen, der unwissend ist, zufriedenzustellen, und noch leichter einen Kenner; doch der Schöpfer selbst kann nicht dem Manne gefallen, der nur ein bißchen Wissen besitzt.» In Jayadevas *Gita-Govinda*, dem «Lied des göttlichen Kuhhirten», wandelt sich die Verliebtheit des Inders in Religion und tönt die sinnliche Liebe Radhas und Krischnas an. Es ist eine Dichtung der vollkörperlichen Leidenschaft, aber Indien sieht darin ehrfurchtsvoll ein mystisches und symbolisches Bild der Sehnsucht der Seele nach Gott – eine Auslegung, die den unerschütterlichen Theologen, die dem *Hohen Lied* eine ähnliche fromme Bedeutung gaben, verständlich sein müßte.

Im elften Jahrhundert traten die Dialekte zum erstenmal als Mittel des literarischen Ausdrucks an Stelle der klassischen toten Sprache auf, wie es ein Jahrhundert später in Europa der Fall war. Der erste bedeutendere Dichter, der die lebendige Sprache des Volkes benutzte, war Chand Bardai, der eine ungeheure historische Dichtung in sechzig Gesängen verfaßte und sich nur vom Tode dazu verleiten ließ, seine Arbeit zu unterbrechen. Sur Das, der blinde Poet von Agra, schrieb sechzigtausend Verse über das Leben und die Abenteuer Krischnas; der Gott soll selbst als sein Gehilfe mitgewirkt und schneller geschrieben haben, als der Dichter diktieren konnte. Indessen erregte ein armer Priester, Chandi Das, Anstoß in Bengalen, indem er zum größeren Ruhme einer bäuerlichen Beatrice Dantegesänge verfaßte, sie mit romantischer Leidenschaft idealisierte, zu einem Symbol der Göttlichkeit erhob und aus seiner Liebe eine Allegorie seines Verlangens nach Versunkenheit in Gott machte; gleichzeitig weihte er den Gebrauch des Bengalischen als literarische Sprache ein. «Ich habe mich zu deinen Füßen geflüchtet, meine Geliebte. Wenn ich dich nicht sehe, hat mein Geist keine Ruhe ... ich kann deine Anmut und deinen Zauber nicht vergessen – und doch ist kein Begehren in meinem Herzen.» Seine brahmanischen Kollegen exkommunizierten ihn mit der Begründung, er errege öffentliches Ärgernis, und er erklärte sich bereit, in einer öffentlichen Zeremonie des Widerrufes auf seine Liebe, Rami, zu verzichten;

---

* Die Poesie hatte nun die Tendenz, weniger objektiv zu sein als in den Tagen der Epen, und ihr Hauptstoff war die Verwebung von Religion und Liebe. Das Versmaß, das in den Epen lose und frei gewesen war, mit veränderlicher Zeilenlänge und einer nur für die letzten vier oder fünf Silben vorgeschriebenen Regelmäßigkeit, wurde auf einmal genauer und mannigfaltiger; tausend Komplikationen der Prosodie, die in der Übersetzung verschwinden, wurden eingeführt, und der Reim trat manchmal nicht nur am Ende, sondern oft auch inmitten der Zeile auf. Strenge Regeln wurden für die poetische Kunst verfaßt, und je magerer der Inhalt wurde, desto starrer wurde die Form.

DIE LITERATUR INDIENS 503

als er aber im Verlaufe des Rituals Rami in der Menge sah, zog er seinen Widerruf zurück, ging zu ihr hin, einte seine Hände wie zum Gebet und verneigte sich tief vor ihr. Der größte Dichter der Hindiliteratur ist Tulsi Das, beinahe ein Zeitgenosse Shakespeares. Seine Eltern setzten ihn aus, weil er unter einem unglücklichen Stern geboren worden war. Ein Waldmystiker adoptierte ihn und unterwies ihn in der legendären Lehre Ramas. Er heiratete; aber als sein Sohn starb, zog sich Tulsi Das in die Wälder zurück, um ein Leben der Buße und Meditation zu führen. Dort und in Benares schrieb er sein religiöses Epos, das *Ramacarita-manasa*, den «See der Taten Ramas», worin er wieder das Leben Ramas schilderte und ihn Indien als den höchsten und einzigen Gott darbrachte. «Es gibt *einen* Gott», sagt Tulsi Das, «Rama, Schöpfer von Himmel und Erde und Erlöser der Menschheit ... Seinem treuen Volk zuliebe wurde Rama der Herr, ein wahrer Gott, ein indischer König, und lebte, zu unserm Heile, das Leben eines gewöhnlichen Menschen.»[33] Wenige Europäer sind imstande, das Werk in dem nun veralteten Hindioriginal zu lesen; einer meint, es mache Tulsi Das zur «bedeutendsten Gestalt der gesamten indischen Literatur». Für die Eingeborenen des Hindustan bildet die Dichtung eine volkstümliche Bibel der Theologie und Ethik. «Ich betrachte das Ramayana von Tulsi Das», sagt Gandhi, «als das größte Buch der ganzen geistlichen Literatur.»[34]

Indessen betätigte sich auch der Dekhan dichterisch. Tukaram verfaßte in der Mahrathisprache 4600 religiöse Lieder, die in Indien heute so geläufig sind wie die Psalmen «Davids» im Judentum oder Christentum. Nach dem Tode seiner Frau heiratete er ein zänkisches Weib und wurde ein Philosoph. «Es ist nicht schwer, zur Erlösung zu kommen», schrieb er, «denn man kann sie leicht in dem Bündel auf unserem Rücken finden.» Bereits im zweiten Jahrhundert n. Chr. wurde Madura die Hauptstadt des tamulischen Schrifttums; ein *Sangam*, ein Kollegium von Dichtern und Kritikern, wurde unter der Gönnerschaft der Pandyakönige gegründet und überwachte wie die französische Akademie die Entwicklung der Sprache, verlieh Titel und teilte Preise aus. Tiruvallavar, ein Paria und Weber, schrieb im schwersten tamulischen Versmaß ein religiöses und philosophisches Werk – das *Kurral*, in dem er moralische und politische Ideale vortrug. Die Überlieferung versichert uns, daß die Mitglieder des *Sangam*, sämtlich Brahmanen, sich allesamt ins Wasser warfen, als sie den Erfolg der Dichtung dieses Ausgestoßenen sahen; das ist aber von keiner Akademie zu glauben.

Zum Schluß, wenn auch unter Mißachtung der chronologischen Reihenfolge, wollen wir noch vom größten lyrischen Dichter des mittelalterlichen Indien sprechen: Kabir. Er war ein einfacher Weber aus Benares und soll sich, da er einen Mohammedaner zum Vater und eine brahmanische Jungfrau zur Mutter hatte, darauf vorbereitet haben, den Islam und Hinduismus zu vereinen. Vom Prediger Ramananda fasziniert, wurde er ein Jünger Ramas, erweiterte ihn (wie auch Tulsi Das es tat) zu einer universellen Gottheit und begann Hindigedichte von seiner Schönheit zu schreiben und einen Glauben vorzutragen, in dem es keine Tempel, keine Moscheen, keine Götzen, keine Kasten, keine Beschneidung und nur einen einzigen Gott geben sollte. «Kabir», sagt er, «ist ein Kind Ramas und Allahs und läßt alle Gurus und Pirs gleichermaßen zu ... O Gott, seiest du Allah oder Rama, ich lebe durch deinen Namen .. Tot sind die Bilder der Götter; sie können nicht reden; ich weiß es, denn laut habe ich sie angerufen ... Was nützt es, wenn ihr euren Mund spület, euere Kügelchen zählet, in heiligen Strömen badet und euch in Tempeln verneiget, wenn Arglist in eueren Herzen ist, während ihr euere Gebete murmelt oder Wallfahrten machet?»[35]

Die Brahmanen waren entsetzt. Um ihn zu widerlegen (so heißt es), schickten sie eine Kurtisane, die ihn in Versuchung führen sollte; er bekehrte sie aber auch zu seinem Glauben. Das war leicht, denn er hatte keine Dogmen, sondern nur ein tiefes religiöses Gefühl.

Eine Welt ohn' Ende gibt es, o mein Bruder,
Ein namenloses Wesen, unbeschreiblich, unaussprechbar;
Keiner weiß darum, der diese Welt nicht selbst erreicht'.
Anders ist's als alles, was der Mensch je sagt und hört,
Gestaltlos, körperlos, ohn' Breit noch Länge;
Wie kann ich dir beschreiben, was es ist?
Und Kabir spricht: Du kannst es mit dem Mund nicht sagen, aufzeichnen auf Papier kannst du es nicht;
Ein Stummer, der da Süßes schmeckt – wie soll er es beschreiben?

Er bekannte sich zu der Lehre von der Wiedergeburt und betete wie ein Hindu um Befreiung von der Kette des unendlichen Geborenwerdens und Sterbens. Aber seine Ethik war die einfachste der Welt: Lebe gerecht und suche das Glück in Dir:

Ich lache, wenn ich höre, daß der Fisch im Wasser durstig sei;
Du siehst nicht, daß das Wirkliche in deinem eig'nen Hause weilt, und wanderst ruhelos von Wald zu Wald.
Hier ist die Wahrheit! Gleich was dein Ziel, Benares oder Mathura, so deine Seele du nicht findest, ist unwirklich dir die Welt.
An welche Küste treibest du, mein Herz? Kein Wanderer ist vor dir und kein Pfad ...
Dort gibt es Körper nicht und keinen Geist; wo wär' der Ort, der deiner Seele Dürsten stillt? Nichts wirst du in der Leere finden.
Sei stark und geh in deinen eig'nen Körper ein; da hast du sich'ren Halt. Bedenke gut, mein Herz! Kein ander Ziel gibt es für dich.
Und Kabir spricht: Die Einbildung gib auf und habe festen Stand in deinem eig'nen Sein. [36]

Nach seinem Tode, so berichtet die Sage, stritten Hindus und Mohammedaner um seinen Körper und disputierten, ob er begraben oder verbrannt werden sollte. Während sie aber noch stritten, hob einer das Tuch, das die Leiche bedeckte, auf – nichts war zu sehen als eine Menge Blumen. Die Hindus verbrannten einen Teil der Blumen in Benares, und die Mohammedaner begruben den Rest. Nach seinem Tode gingen seine Lieder unter dem Volke von Mund zu Mund; Nanak, der Sikh, ließ sich von ihnen zur Gründung seiner starken Sekte inspirieren; andere machten aus dem armen Weber eine Gottheit. Heute beobachten zwei kleine Sekten die Lehre des Dichters und verehren, eifersüchtig voneinander geschieden, den Namen des Mannes, der Mohammedaner und Hindus zu einigen versuchte. Eine Sekte besteht aus Hindus, die andere aus Mohammedanern.

ACHTES KAPITEL

Die indische Kunst

I. DAS KUNSTHANDWERK

Das große Zeitalter der indischen Kunst · Ihre Einzigartigkeit · Ihre Verbindung mit dem Gewerbe Ton-, Metall-, Holz-, Elfenbeinarbeiten · Schmuck · Textilien

BEI der indischen Kunst geht es uns wie bei jeder Stufe der indischen Kultur: Wir stehen in demütigem Staunen vor ihrem Alter und ihrer Kontinuität. Die Ruinen von Mohenjo-Daro enthalten nicht nur Nutzgegenstände; es finden sich dort auch Kalksteinskulpturen bärtiger Männer (die den Sumerern erstaunlich ähnlich sehen), Terrakottafiguren von Frauen und Tieren, Perlarbeiten und anderer Zierat aus Karneol und fein polierter Goldschmuck. Ein Siegel weist im Flachrelief einen so kraftvoll und scharf gezeichneten Stier auf, daß dem Beobachter unwillkürlich der Gedanke kommt, die Kunst mache keine Fortschritte, sondern ändere nur ihre Form.

Von damals bis heute, über die Wechselfälle von fünftausend Jahren hinweg, hat Indien daran gearbeitet, sich in hundert Künsten seinen eigentümlichen Stil zu schaffen. Die künstlerische Tradition ist unterbrochen und unvollständig, nicht weil Indien je ruhte, sondern weil der Krieg und die bilderstürmenden Ekstasen der Mohammedaner unzählige Meisterwerke der Baukunst und Bildhauerarbeit vernichteten und die Armut die Erhaltung anderer vernachlässigte. Wir werden diese Kunst kaum auf den ersten Blick genießen können; die Musik wird uns seltsam erscheinen, dunkel die Malerei, verworren die Architektur, die Skulptur grotesk. Bei jedem Schritt werden wir uns sagen müssen, daß unser Geschmack das fehlbare Produkt unserer örtlichen und begrenzten Tradition und Umwelt ist; und daß wir uns und fremden Völkern unrecht tun, wenn wir sie oder ihre Kunst nach Maßstäben beurteilen, die auf unser Leben zugeschnitten, dem ihren aber fremd sind.

In Indien war die Trennung von Kunst und Kunsthandwerk, die die Kunst künstlich und die Arbeit zur Plackerei macht, noch nicht vollzogen; wie in unserem Mittelalter war auch in Indien vor Ankunft der Europäer jeder selbständige Arbeiter ein Handwerker, der dem Erzeugnis seiner Fertigkeit und seines Geschmacks Form und Persönlichkeit verlieh. Selbst heute, da die Industrie das Gewerbe verdrängt hat und Handwerker nur noch «Arbeitskräfte» sind, sieht man in den Geschäften jeder indischen Stadt die Kunsthandwerker an der Arbeit, wie sie Metalle schmieden, Schmuckstücke formen, feine Schals und Stickereien weben oder Elfenbein und Holz schnitzen. Wahrscheinlich hat keine andere Nation jemals eine so üppige Mannigfaltigkeit der Künste entwickelt.

Merkwürdigerweise stieg die Töpferei in Indien nie von einem Gewerbe zu einer Kunst auf; die Kastenvorschriften belegten den wiederholten Gebrauch desselben

Tellers mit so vielen Einschränkungen, daß der Antrieb, die zerbrechlichen und vergänglichen Tonwaren, die so schnell aus des Töpfers Hand kamen, auszuschmücken, sehr gering war. Wenn das Gefäß aus einem Edelmetall gemacht werden sollte, dann konnte der Künstler sich ausleben; Beweis sei die Tanjore-Silbervase im Victoria-Institut in Madras oder der goldene Betelteller von Kandy. Die verschiedensten Lampen, Schalen und Behälter wurden aus Messing hergestellt; für Büchsen, Becken und Platten verwendete man oft eine schwarze Zinklegierung (bidri). Man fertigte Metall-Ein- und Auflagen und vergoldete oder versilberte Metalle. Holzarbeiten überzog man ausgiebig mit Pflanzen- und Tierornamenten. Aus Elfenbein schnitzte man alles Erdenkliche, Gottheiten wie Würfel; Türen und andere Gegenstände aus Holz wurden mit Elfenbein ausgelegt und zierliche Behälter für Schönheitsmittel und Parfüms daraus gefertigt. Arm wie reich trug gern viel Schmuck; Jaipurs Emailfarben auf goldenem Hintergrund waren berühmt; Spangen, Perlen, Gehänge, Messer und Kämme wurden in köstlichen Formen mit Blumen-, Tier- oder mythologischen Mustern hergestellt; das Gehänge eines Brahmanen beherbergt in seinem winzigen Raume fünfzig Götter. Die Textilien sind in der Feinheit des Gewebes immer noch unübertroffen; seit der Zeit Caesars sind die indischen Fabrikate in der ganzen Welt berühmt[**]. Zuweilen färbte man jeden Faden des Gewebes aufs sorgfältigste, bevor die Arbeit am Webstuhl begann; das Muster wuchs unter den Händen des Webers, und zwar auf beiden Seiten gleich. Vom grobgewebten Khaddar bis zu komplizierten golddurchwirkten Brokatstoffen, von malerischen Pyjamas[**] bis zu den Schals von Kaschmir, deren Näharbeit unsichtbar ist[***], hat jedes in Indien gewebte Gewand eine Schönheit, wie sie nur von einer sehr alten und nun beinahe instinktiven Kunstfertigkeit kommt.

II. DIE MUSIK

Ein Konzert in Indien · Musik und Tanz · Musiker · Tonleiter und innere Form
Themen · Musik und Philosophie

Ein amerikanischer Reisender erhielt die Erlaubnis, einem Konzert in Madras beizuwohnen, und fand etwa zweihundert Zuhörer vor, anscheinend alles Brahmanen. Manche saßen auf Bänken, andere auf dem teppichbelegten Boden. Sie lauschten aufmerksam einem kleinen Ensemble, dem gegenüber unsere Orchesterhaufen dazu bestimmt scheinen würden, sich auf dem Monde vernehmlich zu machen. Die Instrumente waren dem Besucher unbekannt. Seinen Augen schienen sie seltsamen und mißgestalteten Produkten eines vernachlässigten Gartens ähnlich. Da waren Trommeln in vielen Formen und Größen, zierliche Flöten und schlangenartige Hörner und verschiedene Sai-

---

[*] Vielleicht war Indien das erste Land, das den Klischeedruck für Textilien kannte, obgleich es nie die verwandte Kunst der mit Holztafeln gedruckten Bücher daraus entwickelte.

[**] Von dem Hinduwort *paijamas*, was Beinkleider bedeutet.

[***] Diese feinen Wollschals werden aus mehreren Streifen gefertigt, die geschickt wie zu einem einzigen Gewebe aneinandergefügt werden.

DIE INDISCHE KUNST

teninstrumente. Die meisten dieser Musikgeräte waren sehr sorgfältig ausgearbeitet, einige mit Edelsteinen besetzt. Eine Trommel, *mridanga*, hatte die Form eines kleinen Fasses; die beiden Faßböden waren mit einem Pergament bedeckt, dessen Tonhöhe sich durch kleine Lederriemen, mit denen man das Pergament straffte oder lockerte, verändern ließ; ein Pergamentboden war mit Manganstaub, gekochtem Reis und Tamarindensaft behandelt worden, um einen eigentümlichen Ton zu geben. Der Trommler gebrauchte nur seine Hände – zuweilen die Handfläche, zuweilen die Finger, manchmal nur die Fingerspitzen. Ein anderer Musiker hatte eine *tambura*, eine Art Laute, deren vier lange Saiten unausgesetzt erklangen wie ein tiefer und ruhiger Hintergrund für das Thema. Ein Instrument, die *vina*, war besonders empfindungsfähig und reich an Tönen; seine Saiten waren über eine dünne Metallplatte gespannt, von einer pergamentbedeckten Holztrommel an einem Ende zu einer widerhallenden hohlen Kürbisflasche am anderen; sie wurden mit einem Spielblättchen in dauernder Vibration gehalten, während die Finger der linken Hand sich geschickt von Saite zu Saite bewegten und die Melodie erzeugten. Der Besucher hörte bescheiden zu – und verstand nichts.

Die Musik hat in Indien eine Geschichte von mindestens dreitausend Jahren. Die vedischen Hymnen wurden, wie jedes indische Dichterwerk, geschrieben, um gesungen zu werden; im alten Ritual waren Poesie und Gesang, Musik und Tanz eine einzige Kunst. Der indische Tanz, der dem abendländischen Empfinden so wollüstig und obszön erscheint wie der westliche Tanz den Indern, war zumeist eine Kulthandlung, eine Schaustellung der Schönheit in Bewegung und Rhythmus zur Ehrung und Erbauung der Götter; erst in moderner Zeit kamen die *devadasis* in großer Zahl aus den Tempeln hervor, um die Laien und das Volk zu ergötzen. Dem Hindu waren diese Tänze nicht nur eine Zurschaustellung des Fleisches; sie stellten in gewisser Hinsicht die Rhythmen und Vorgänge des Weltalls dar. Schiwa selbst war der Gott des Tanzes, und der Schiwatanz versinnbildlichte die Bewegung der Welt*.

Musiker, Sänger und Tänzer gehörten wie alle Künstler in Indien zu den niedersten Kasten. Der Brahmane konnte wohl am Singen auf privaten Festlichkeiten Gefallen finden und sich selbst auf einer *vina* oder einem anderen Saiteninstrument begleiten; er konnte andere spielen, tanzen oder singen lehren; aber es würde ihm nie in den Sinn kommen, um Geld zu spielen oder ein Musikinstrument an den Mund zu setzen. Öffentliche Konzerte waren bis vor kurzem in Indien eine Seltenheit; die weltliche Musik beschränkte sich auf das spontane Singen oder Klimpern des Volkes oder war, wie die Kammermusik in Europa, nur für kleine Kreise in aristokratischen Häusern bestimmt. Akbar, der selbst ein gewandter Musiker war, beschäftigte viele Musiker an seinem Hofe; einer seiner Sänger, Tansen, gelangte zu Popularität und Reichtum und starb im Alter von vierunddreißig Jahren am Trunk. Es gab keine Amateure, es gab nur Berufskünstler; Musik wurde nicht als Bestandteil der gesellschaftlichen Bildung un-

---

* Den weltlichen Hindutanz hat die nicht ganz orthodoxe Kunst Schankars, bei der jede Bewegung des Körpers, der Hände, der Finger und der Augen dem eingeweihten Zuschauer einen feinen und genauen Sinn offenbart, nach Europa und Amerika vermittelt. Die wellengleiche Anmut und Körperpoesie dieses Tanzes ist dem westlichen Tanz, seit unserer demokratischen Rückkehr zum Afrikanischen in der Kunst, unbekannt.

terrichtet, und die Jungen wurden nicht mit Zwang zum Spielen angehalten. Es war nicht Aufgabe des Publikums, schlecht zu spielen, sondern gut zuzuhören.

Denn Musikhören ist in Indien eine Kunst und macht lange Übung des Ohres und der Seele erforderlich. Die Wörter sind dem Abendländer nicht verständlicher als die Wörter der Opern, von denen er fühlt, daß es seine gesellschaftliche Pflicht ist, sie wundervoll zu finden; sie handeln wie überall von den zwei Themen der Religion und der Liebe; aber die Wörter sind in der indischen Musik nur von geringer Bedeutung, und der Sänger ersetzt sie oft wie in unserer vorgeschrittensten Literatur durch sinnlose Silben. Die Musik wird in feineren und genaueren Tonleitern geschrieben als die unsere. Zu unserer Tonleiter aus zwölf Tönen kommen noch zehn «Mikrotöne» hinzu und bilden somit eine Tonleiter von zweiundzwanzig Vierteltönen. Die indische Musik kann in einer aus Sanskritbuchstaben zusammengesetzten Notenschrift niedergeschrieben werden; gewöhnlich wird sie weder geschrieben noch gelesen, nur das «Ohr» überliefert sie von Generation zu Generation. Sie ist nicht in Takte aufgeteilt, sondern gleitet in einem ununterbrochenen Legato fort. Akkorde und Harmonie sind ihr fremd; sie beschränkt sich auf die Melodie und hat zuweilen gedämpfte Töne als Hintergrund; in diesem Sinne ist sie viel einfacher und primitiver als die europäische Musik, während sie in der Tonleiter und im Rhythmus schwieriger ist. Die Melodien sind zugleich begrenzt und unendlich; sie müssen alle von der einen oder anderen der sechsunddreißig traditionellen Tonarten oder Arien abgeleitet werden, können aber diese Themen in ein endloses Netz von Variationen verweben. Jedes dieser Themen oder *ragas** besteht aus fünf, sechs oder sieben Tönen, zu deren einem der Musiker beständig zurückkehrt. Jede *raga* wird nach der Stimmung, die sie andeuten will, «Morgenröte», «Frühling», «Abendschönheit», «Rausch» usw. benannt und mit einer bestimmten Tages- oder Jahreszeit in Verbindung gebracht. Die Hindulegende schreibt diesen *ragas* eine geheime Macht zu; so wird erzählt, daß ein bengalisches Tanzmädchen einer Dürreperiode ein Ende setzte, indem sie das *Megh maller raga* oder «regenbringende Thema» als eine Art «Regentropfen-Präludium» sang. Ihr Alter hat den *ragas* einen geheiligten Charakter verliehen; wer sie spielt, muß sie gewissenhaft beachten, gelten sie doch als von Schiwa selbst verfügte Formen. Ein Musiker, Narada, der sie nachlässig ausführte, wurde von Wischnu in die Hölle geführt, wo ihm Männer und Frauen gezeigt wurden, die über ihre gebrochenen Glieder weinten; das, sagte der Gott, sind die von Naradas achtlosem Spiel verzerrten und zerrissenen *ragas* und *raginis*. Als Narada das sah, soll er voller Zerknirschung nach einer größeren Vollkommenheit in seiner Kunst gestrebt haben.

Die Verpflichtung, das für sein Programm gewählte *raga*-Thema getreu wiederzugeben, war für den indischen Musiker keinesfalls schwieriger als das Festhalten am Thema für den abendländischen Komponisten von Sonaten oder Symphonien; in beiden Fällen wird, was an Freiheit verlorengeht, an Straffheit des Aufbaues und Ebenmaß der Form gewonnen. Der indische Musiker ist wie der indische Philosoph; er beginnt mit dem Endlichen und «sendet seine Seele in das Unendliche»; er schmückt sein Thema aus, bis er durch einen wellenförmigen Strom von Rhythmus und Wiederkehr, ja selbst durch eine einschläfernde Monotonie der Tonfolgen eine Art musikalischen Yoga, eine Vergessenheit des Willens und der Persönlichkeit, des Stoffes, Raumes und der Zeit geschaffen hat; die Seele wird in eine nahezu mystische Vereinigung mit etwas «tief Vermengtem», einem tiefen, unermeßlichen und ruhevollen Wesen, gedrängt, einer uranfänglichen und durchdringenden Wirklichkeit, die über jedes ringende Wollen, jeden Wechsel und den Tod lächelt.

---

* Genau gesagt gibt es sechs *ragas* oder Grundthemen, wovon jedes fünf *ragini* genannte Modifikationen hat. *Raga* bedeutet Farbe, Leidenschaft, Stimmung; *ragini* ist die weibliche Form von *raga*.

DIE INDISCHE KUNST 509

Wahrscheinlich werden wir an der indischen Musik nie Interesse haben und sie nie verstehen, solange wir das Werden über das Sein, den Fortschritt über die Ständigkeit, das Streben über die Hinnahme und die Bewegung über die Ruhe stellen. Das kann sich ändern, wenn Europa wieder Untertan und Asien wieder Gebieter ist. Aber dann wird Asien des Seins, der Beständigkeit, der Hinnahme und der Ruhe müde geworden sein.

III. DIE MALEREI

Prähistorische Malerei · Die Fresken von Ajanta · Radschputen-Miniaturen
Die Mogulschule · Die Maler · Die Theoretiker

Ein Kleinstädter ist ein Mann, der die Welt vom Standpunkt seiner Gemeinde aus beurteilt und alle unbekannten Dinge als barbarisch ansieht. Von Kaiser Jahangir – einem Manne von Geschmack und Bildung in Kunstdingen – wird erzählt, daß er ein europäisches Bild, das ihm gezeigt wurde, ohne Umstände zurückwies; da es «in Öl war, gefiel es ihm nicht». Es ist angenehm zu wissen, daß selbst ein Kaiser kleinstädtisch sein kann und daß es für Jahangir ebenso schwer war, an einem Ölbild Europas Gefallen zu finden wie für uns an den Miniaturen Indiens.

Aus den Zeichnungen in den prähistorischen Höhlen von Singapur und Mirzapur, die in roter Pigmentfarbe Tiere und eine Rhinozerosjagd darstellen, wird klar, daß die indische Malerei auf eine vieltausendjährige Geschichte zurückblickt. Paletten mit nutzbereiten Grundfarben sind unter den Fundmassen des neolithischen Indien reichlich vorhanden. Die Geschichte der Kunst weist große Lücken auf, weil das Klima die meisten älteren Arbeiten zugrunde gerichtet hat und viele Kunstwerke von den mohammedanischen «Bilderstürmern» von Mahmud bis Aurangseb zerstört wurden. Das *Vinaya Pitaka* (ca. 300 v. Chr.) spricht von Bildergalerien in König Pasenadas Palast, und Fa-Hien und Yuan Chwang beschreiben viele Gebäude, deren vortreffliche Konstruktion berühmt war; aber von diesen Bauten ist nichts erhalten. Eine der ältesten tibetanischen Fresken zeigt einen Künstler beim Malen eines Porträts Buddhas; der spätere Künstler nahm es als selbstverständlich an, daß die Malerei bereits zu Buddhas Zeit eine feststehende Kunst war.

Die früheste indische Malerei, deren Zeitpunkt (ca. 100 v. Chr.) wir feststellen können, ist eine Gruppe buddhistischer Fresken, die auf den Wänden einer Höhle in Sirguya in den Zentralprovinzen gefunden wurde. Von jener Zeit an machte die Freskomalerei – das heißt die Malerei auf frisch aufgetragenem noch nicht trockenem Mörtelbewurf – dauernd Fortschritte, bis sie auf den Wänden der Höhlen von Ajanta (bei dem Dorfe Fardapur im Eingeborenenstaate Haidarabad) eine selbst von Giotto oder Leonardo nicht übertroffene Vollkommenheit erreichte. Diese Tempel wurden zu verschiedenen Zeiten vom ersten bis zum siebten Jahrhundert n. Chr. in den Felsen gehauen. Jahrhundertelang nach dem Verfall des Buddhismus wußte niemand etwas von ihnen; der Dschungel überwucherte sie und begrub sie fast ganz; Fledermäuse, Schlangen und anderes Getier hausten darin, und tausenderlei Vögel und Insekten beschmutzten die Bilder mit ihrem Unrat. Im Jahre 1819 gerieten Europäer zufällig in die Ruinen und waren erstaunt, auf den Wänden Fresken vorzufinden, die heute zu den Meisterwerken der Kunst zählen.

Die Tempel wurden Höhlen genannt, weil sie größtenteils in die Felsen gehauen sind. Die Höhle Nr. XVI ist zum Beispiel ein zwanzig Meter breiter, von zwanzig Säulen gestützter Raum; der Mittelhalle entlang liegen sechzehn Mönchszellen; ein Säulenvorbau schmückt die Vorderseite, und hinten ist ein Heiligtum. Jede Wand ist mit Fresken bedeckt. Im Jahre 1879 enthielten sechzehn von den neunundzwanzig Tempeln Malereien; 1910 waren die Fresken in zehn von diesen sechzehn durch ungeschützte Ausstellung zerstört und in den restlichen sechs durch abgeschmackte Restaurierungsversuche verstümmelt. Einst leuchteten diese Fres-

510 INDIEN UND SEINE NACHBARN

ken in roten, grünen, blauen und purpurnen Pigmentfarben; nichts ist nun von den Farben erhalten außer dunkeltönigen und geschwärzten Oberflächen. Manche dieser Malereien, die Zeit und Ignoranz auf solche Weise verfinsterten, scheinen uns, die wir die buddhistischen Legenden nicht mit buddhistischen Herzen lesen können, plump und grotesk; andere sind zugleich mächtig und anmutig und offenbaren die Fertigkeit von Künstlern, deren Namen lange vor ihren Werken vergingen.

Trotz dieser Verwüstungen ist Höhle I noch reich an Meisterwerken. Hier finden wir eine Malerei, die wahrscheinlich einen *Bodhisattwa* darstellt – einen zum Eingang in das *Nirwana* berechtigten buddhistischen Heiligen, der es vorzieht, wiedergeboren zu werden, um den Menschen hilfreich zur Seite zu stehen. Nie ist die Wehmut der Erkenntnis tiefer erfaßt worden; man fragt sich, welches Bild schöner oder eindringlicher ist, dieses oder Leonardos verwandte Studie des Christuskopfes*. Auf einer anderen Wand des gleichen Tempels ist eine Studie Schiwas und seiner juwelengeschmückten Ehefrau Parvati. Daneben sind vier Hirsche mit der Sorgsamkeit der buddhistischen Tierliebe gemalt; und an der Decke findet sich eine lebensvolle Malerei mit zart gezeichneten Blumen und Federvieh. Auf einer Wand der Höhle XVII ist eine anmutige, nun halb vernichtete Darstellung des Gottes Wischnu mit seinem Gefolge, wie er vom Himmel steigt, um bei einem Ereignis im Leben Buddhas zugegen zu sein; auf einer anderen Wand finden wir das schematische, aber farbenfrohe Porträt einer Prinzessin und ihrer Mägde. Mit diesen Meisterwerken vermengt sind noch andere Fresken offensichtlich minderwertiger Arbeit, die die Jugend, Flucht und Versuchung Buddhas darstellen.

Aber wir können aus dem, was uns heute noch erhalten ist, die ursprüngliche Form dieser Werke nicht beurteilen; und zweifellos gibt es Anhaltspunkte zu ihrer Würdigung, die die fremde Seele nicht findet. Aber auch der Abendländer vermag den Adel des Themas, die majestätische Größe des Planes, die Einheit der Komposition, die Klarheit, Schlichtheit und Entschiedenheit der Linienführung und – neben vielen anderen Einzelheiten – die erstaunliche Vollkommenheit der Hände, die doch allen Künstlern unendliche Schwierigkeiten bereiten, zu bewundern. Die Phantasie kann sich die Priester-Künstler** vorstellen, die in diesen Zellen beteten und vielleicht diese Wände und Decken mit den Malereien einer liebevollen und frommen Kunst schmückten, während Europa im Dunkel des frühen Mittelalters begraben lag. Hier in Ajanta gelang es der religiösen Hingabe, Architektur, Skulptur und Malerei zu einer harmonischen Einheit zu verschmelzen und eines der erhabensten Denkmäler der indischen Kunst hervorzubringen.

Als ihre Tempel von den Hunnen und Mohammedanern geschlossen oder zerstört wurden, wandten die Hindus ihr Maltalent kleineren Formen zu. Bei den Radschputen entstand eine Malerschule, die die Episoden des *Mahabharata* und des *Ramayana* verewigte; oft war die Darstellung nur skizzenhaft, immer aber lebensvoll und zeichnerisch vollkommen. Im *Museum of Fine Arts* in Boston befindet sich ein reizvolles Exemplar dieses Stils, das eine der *ragas* der Musik vermittels anmutiger Frauen, eines stattlichen Turmes und tiefliegenden Himmels veranschaulicht. Ein anderes Bild, im Kunstinstitut von Detroit, stellt mit einzigartiger Zartheit eine Szene aus der *Gita-Govinda* dar. Die menschlichen Figuren auf diesen und anderen indischen Bildern wurden selten nach der Natur gezeichnet; der Künstler reproduzierte sie aus der Phantasie und dem Gedächtnis. Gewöhnlich malte er in leuchtenden Temperafarben auf Papier; er benutzte feine Pinsel, die aus den feinsten Haaren des Eichhörnchens, des Kamels, der Ziege oder des Mungos angefertigt wurden; und er erreichte eine Reinheit der Linie, die selbst das Auge des Fremden und Unkundigen entzückt.

Ähnliche Werke wurden in anderen Teilen Indiens, besonders im Staate Kangra, vollbracht. Eine andere Abart desselben Genres kam unter den Moguln in Delhi zur Entfaltung. Dieser Stil erstand aus der persischen Kalligraphie und der Kunst der Bilderhandschrift und wurde eine

---

* Unter seinen vorbereitenden Skizzen für das *Abendmahl*.
** Eine Annahme. Wir wissen nicht, wer diese Fresken malte.

DIE INDISCHE KUNST

Form aristokratischer Porträtmalerei, die in ihrem Raffinement und ihrer Exklusivität der am kaiserlichen Hofe in Blüte stehenden Kammermusik entsprach. Wie die Maler der Radschputenschule strebten auch die Mogulmaler nach Zartheit der Linie und benutzten zuweilen einen Pinsel, an dem nur ein einziges Haar war; auch sie wetteiferten untereinander in der gewandten Darstellung der Hand. Aber sie legten mehr Farbe und weniger Mystizismus in ihre Zeichnungen; sie berührten nur selten religiöse oder mythologische Themen; sie beschränkten sich auf die Erde und waren so realistisch, wie die Vorsicht es erlaubte. Sie malten lebendige Männer und Frauen von königlichem Stand und Wesen, die nichts von Demut an sich hatten; einer nach dem anderen saßen diese Würdenträger den Künstlern, die ihre Porträts malten, bis die Bildergalerien Jahangirs die farbenprächtigen Gestalten jedes bedeutenden Herrschers und Höflings seit der Thronbesteigung Akbars enthielten. Akbar war der erste seiner Dynastie, der die Malerei förderte; am Ende seiner Herrschaft waren nach der Behauptung Abu-l Fazls hundert Meister und tausend Dilettanten in Delhi tätig. Jahangir förderte verständnisvoll die Entwicklung der Kunst und erweiterte ihren Bereich von der Porträtmalerei zur Darstellung von Jagdszenen und anderen natürlichen Hintergründen für die menschliche Gestalt – die noch immer das Bild beherrschte; eine Miniatur zeigt den Kaiser fast in den Klauen eines Löwen, der sich an den kaiserlichen Elefanten angekrallt hat und seine Pranken nach dem erlauchten Fleische ausstreckt, während ein Diener realistisch auskneift. Unter Schah Jahan erreichte die Kunst ihren Höhepunkt und begann zu verfallen; wie im Falle der japanischen Drucke gab ihr die erweiterte Popularität der Form zwar einen größeren Interessentenkreis, der jedoch nicht so hohe Anforderungen stellte. Aurangseb, der auf die strikte Beobachtung des Bildverbots der mohammedanischen Religion besonderen Nachdruck legte, vervollständigte den Verfall.

Dank der verständnisvollen Wohltätigkeit der Mogulkaiser erfreuten sich die indischen Maler in Delhi eines Wohlstandes, wie sie ihn viele Jahrhunderte lang nicht gekannt hatten. Die Zunft der Maler, die seit der buddhistischen Zeit ihr Leben gefristet hatte, erfuhr eine zweite Jugend, und einige ihrer Mitglieder entrannen der Anonymität, mit der die Vergeßlichkeit der Zeit und die indische Auffassung von der Bedeutungslosigkeit des Individuums den Großteil der indischen Kunst bedecken. Von siebzehn zur Regierungszeit Akbars besonders berühmten Malern waren dreizehn Hindus. Von allen Malern am Hofe des Großmoguls stand Dasvanth in größter Gunst; seine niedere Herkunft als Sohn eines Sänftenträgers tat ihm in den Augen des Kaisers keinen Abbruch. Als Jüngling war er exzentrisch und zeichnete Bilder überall und auf jedes Material. Akbar erkannte seine geniale Begabung und ließ ihm von seinem Zeichenlehrer Unterricht erteilen. Dasvanth wurde nach einiger Zeit der größte Meister seiner Zeit; aber auf der Höhe seines Ruhmes beging er Selbstmord durch Erdolchen.

Wo immer Menschen etwas vollbringen, da stehen andere auf und erklären ihnen, wie die Dinge besser getan würden. Die Inder, deren Philosophie die Logik nicht pries, liebten die Logik trotzdem und fanden an der Formulierung genauester und vernünftigster Vorschriften für jedes Kunstverfahren Gefallen. So stellte das *Schandanga*, «Die sechs Glieder der indischen Malerei», schon früh nach Beginn unserer Zeitrechnung, gleich einem späteren und vielleicht nachahmenden Chinesen*, sechs kanonische Regeln für die Vortrefflichkeit in der Malkunst auf: 1. die Kenntnis der Erscheinungsformen; 2. Genauigkeit in der Wahrnehmung, in den Maßen und im Aufbau; 3. die Einwirkung von Gefühlen auf Formen; 4. das Einhauchen von Anmut oder die künstlerische Darstellung; 5. Ähnlichkeit; und 6. ein künstlerischer Gebrauch von Pinsel und Farbe. Später erschien ein ausführliches Lehrbuch der Ästhetik, das *Schilpaschastra*, in dem die Regeln und Überlieferungen jeder Kunst für alle Zeiten festgelegt wurden. Der Künstler, so wird uns gesagt, sollte in den *Veden* bewandert sein, «Freude an der Verehrung Gottes finden, seinem angetrauten Eheweibe die Treue halten, fremden Frauen aus dem Wege gehen und fromm nach Wissen streben».

---

* Hsieh Ho; vgl. Band 2 «Der Ferne Osten und der Aufstieg Griechenlands». Das *Schandanga* ist unsicheren Datums, da es uns nur durch einen Kommentar aus dem dreizehnten Jahrhundert bekannt ist.

512 INDIEN UND SEINE NACHBARN

Wir werden die östliche Malerei besser verstehen, wenn wir uns vor Augen halten, daß sie
nicht Dinge, sondern Gefühle darzustellen sucht, und daß sie nicht darstellt, sondern nur andeutet; daß sie nicht von der Farbe, sondern von der Linie ausgeht; daß es ihr Ziel ist, eher ästheti-
sche oder religiöse Gemütsbewegungen zu erzeugen, als die Wirklichkeit wiederzugeben; daß
ihr die «Seele» oder der «Geist» von Menschen und Dingen wichtiger ist als die äußere Gestalt.
Auf alle Fälle werden wir jedoch in der indischen Malerei kaum die technische Entwicklung, die
Weite und Tiefe der Bedeutung finden, die die Malkunst Chinas und Japans kennzeichnen. Gewisse Inder erklären das auf sehr phantasievolle Weise: Die Malerei verfiel bei ihnen, so sagen
sie, weil sie zu leicht war, nicht genügend mühevoll, um den Göttern als Gabe dargebracht zu
werden. Vielleicht befriedigten die so schwachen und vergänglichen Bilder nicht ganz die Sehnsucht der Inder nach einer bleibenden Verkörperung ihrer auserwählten Gottheit. Allmählich trat
mit der immer versöhnlicheren Haltung des Buddhismus gegenüber Bildwerken und mit der
Vermehrung und Vervielfachung der brahmanischen Heiligtümer die Bildhauerei an die Stelle
der Malerei und der dauerhafte Stein an die Stelle von Farbe und Linie.

IV. DIE SKULPTUR

Primitive, buddhistische, Gandhara-, Gupta-, «Kolonial»-Skulptur · Würdigung

Wir können die Geschichte der indischen Skulptur von den Statuetten in Mohenjo-Daro bis zum
Zeitalter Aschokas nicht verfolgen, wir dürfen aber annehmen, daß die Lücke eher in unserem
Wissen als in der Kunst liegt. Vielleicht ging das durch die arischen Invasionen zeitweilig ver-
armte Indien in seiner Bildhauerei vom Stein wieder zum Holz über; oder vielleicht waren die
Arier zu sehr mit Krieg beschäftigt, um sich um Kunst zu kümmern. Die ältesten Steinfiguren in
Indien stammen aus der Zeit Aschokas; sie verraten jedoch eine so hochentwickelte Fertigkeit,
daß ihnen zweifellos viele Jahrhunderte künstlerischen Werdens vorausgingen. Der Buddhismus
wandte sich in seinem Abscheu gegen Abgötterei und weltliches Bildwerk nachdrücklich gegen
Malerei und Bildhauerei: Buddha verbot «Phantasiezeichnungen von Männer- und Frauengestalten»; und unter diesem nahezu mosaischen Verbot litten die Malerei und die plastische Kunst,
wie sie in Judäa gelitten hatten und im Islam leiden sollten. Allmählich scheint dieser Puritanismus nachgelassen zu haben, der Buddhismus verlor seine Strenge und übernahm immer mehr die
dravistische Leidenschaft für Symbole und Mythen. Als die Kunst des Steinhauens in den steinernen Flachreliefs auf den «Gittern», die die buddhistischen «Stupas» (Grabhügel) in Bodh-gaya
und Bharhut umschließen, wieder in Erscheinung trat (ca. 200 v. Chr.), war sie mehr Bestandteil
eines architektonischen Planes als eine unabhängige Kunst; und bis an das Ende ihrer Geschichte
blieb die indische Skulptur ein Beiwerk der Architektur und zog das Relief der Vollplastik vor*.
In den Jainatempeln in Mathura und den buddhistischen Heiligtümern in Amaravati und Ajanta
erreichte diese Kunst des Reliefs einen hohen Grad der Vollendung. Das Gitter in Amaravati ist
nach dem Urteil eines großen Gelehrten «die wollüstigste und zarteste Blume der indischen
Skulptur».
Indessen entwickelte sich eine andere Skulptur in der Provinz Gandhara in Nordwestindien
unter dem Schutze der Kuschanakönige. Diese geheimnisvolle Dynastie, die plötzlich aus dem
Norden – wahrscheinlich aus dem hellenisierten Baktrien – einbrach, brachte die Neigung zur
Nachahmung der griechischen Formen mit sich. Der *Mahayana*-Buddhismus, der im Konzil Kanischkas den Sieg davontrug, ebnete mit der Aufhebung des Bildwerkverbotes den Weg. Unter
der Vormundschaft griechischer Meister nahm die indische Skulptur für eine Weile ein glattes

---

* Eine gewichtige Ausnahme bildete der fünfundzwanzig Meter hohe Kupferkoloß Buddhas, den Yuan
Chwang in Pataliputra sah; dieses Standbild dürfte durch Yuan und andere fernöstliche Indienpilger ein Vorbild für die großen Buddhas von Nara und Kamakura in Japan geworden sein.

DIE INDISCHE KUNST

hellenistisches Aussehen an; Buddha wandelte sich, bis er Apollon ähnlich sah, und wurde ein Anwärter auf den Olymp; fließende Faltenwürfe schmückten die Hindugottheiten und Heiligen im Stile der Pheidiasschen Eiergiebel, und fromme *Bodhisattwas* standen dicht neben trunkenen Silenen. Idealisierte und geradezu weibische Darstellungen des Meisters und seiner Jünger wurden mit entsetzlichen Gestaltungen eines dekadenten griechischen Realismus durchsetzt, wie dem ausgehungerten Buddha von Lahore, an dem unter einem weibischen Gesicht mit damenhafter Haartracht und männlichem Bart jede Rippe und Sehne gezeigt wird. Diese griechisch-buddhistische Kunst machte auf Yuan Chwang großen Eindruck und fand durch ihn und spätere Pilger ihren Weg nach China, Korea und Japan; aber sie hatte nur geringen Einfluß auf die Bildhauerei des eigentlichen Indien. Als nach einigen Jahrhunderten fruchtbarer Tätigkeit die Gandharaschule erlosch, erstand die indische Kunst unter eingeborenen Herrschern zu neuem Leben, nahm die von den bodenständigen Künstlern in Bharhut, Amaravati und Mathura verlassenen Traditionen wieder auf und kümmerte sich nicht weiter um das griechische Intermezzo von Gandhara.

Wie nahezu alles andere, blühte auch die Skulptur in Indien unter den Gupta-Königen. Der Buddhismus hatte nun seine Feindseligkeit gegen die bildenden Künste vergessen. Der Brahmanismus hatte seine Kräfte wiedergefunden und förderte den Symbolismus und die künstlerische Betätigung in der Religion. Im Museum von Mathura ist ein steinerner Buddha mit nachdenklichen Augen, sinnlichen Lippen, einer anmutigen Gestalt und plumpen kubistischen Füßen aufgestellt. Im Museum von Sarnath finden wir einen anderen, in der sitzenden Haltung, die in der buddhistischen Skulptur vorherrschen sollte; dieser Buddha drückt auf vollendete Weise die Kraft des friedlichen Nachsinnens und eine fromme Freundlichkeit aus. In Karachi ist ein kleiner Brahma in Bronze, dessen Ähnlichkeit mit Voltaire einen unangenehm berührt.

Überall in Indien brachte die Kunst des Bildhauers im Jahrtausend vor dem Einbruch der Mohammedaner Meisterwerke hervor, obschon ihre der Architektur und Religion untergeordnete Stellung sie im gleichen Maße einschränkte wie inspirierte. Die schöne Statue Wischnus aus Sultanpur, die fein ziselierte Statue Padmapanis, der gigantische dreiköpfige Schiwa (gewöhnlich «Trimurti» genannt) in den Höhlen von Elephanta, die als Göttin Rukmini in Nokkas verehrte Steinstatue, die an die Arbeiten des Praxiteles erinnert, die anmutsvolle Tanzfigur Schiwas oder Natarajas, eine Bronzearbeit der Kunsthandwerker von Tanjore, der prachtvolle steinerne Hirsch von Mamallapuram und der stattliche Schiwa von Perur – das sind die Beweise für die Verbreitung der Bildhauerkunst in jeder Provinz Indiens.

Die gleichen Motive und Methoden überschritten die Grenzen des eigentlichen Indien und brachten von Turkestan und Kambodscha bis Java und Ceylon Meisterwerke hervor. Der Forscher wird ein Beispiel in dem Kopfe aus Stein, offenbar von einer Knabenfigur, den die Expedition Sir Aurel Steins in Khotan ausgrub, finden; weiterhin haben wir den Buddhakopf aus Siam; den ägyptisch feinen «Harihara» von Kambodscha; die wunderbaren Bronzen von Java; den Schiwakopf in Gandharastil aus Prambanam; die erhaben schöne Frauengestalt («Prajñaparamita»), die nun im Museum in Leiden steht; den vollendet schönen *Bodhisattwa* in der Glyptothek in Kopenhagen; den ruhigen und machtvollen Buddha und den fein ziselierten Avalokiteschvara («den Herrn, der auf alle Menschen mit Erbarmen herabblickt»), beide aus dem großen javanischen Tempel von Borobudur; oder den massig-primitiven Buddha und die wunderschöne «Mondstein»-Türstufe von Anuradhapura auf Ceylon. Diese trockene Aufzählung von Arbeiten, die sicherlich das Blut vieler Menschen in vielen Jahrhunderten gekostet haben, deutet den Einfluß des indischen Geistes auf die kulturellen Kolonien des Landes an.

Es fällt uns schwer, an dieser Skulptur auf den ersten Blick Gefallen zu finden. Nur tiefe und bescheidene Geister können ihre gewohnte Umwelt hinter sich lassen, wenn sie auf Reisen gehen. Wir müßten Hindus sein oder Bürger der Länder, die die kulturelle Führerschaft Indiens annahmen, um den Symbolismus dieser Statuen, die komplexen Funktionen und übermenschlichen Kräfte, die diese vielen Arme und Beine darstellen, den fürchterlichen Realismus dieser phantasievollen Figuren zu verstehen, die den Begriff ausdrücken, den sich die Inder von den irrational schöpferischen, irrational fruchtbaren und irrational zerstörenden übernatürlichen Kräften machen. Wir stellen voller Erstaunen fest, daß in den Hindudörfern jeder mager, in der Hinduskulptur jeder fett ist; wir vergessen, daß die Statuen meistenteils Götter darstellen, die ja die ersten Früchte des Bodens empfingen. Die Entdeckung, daß die Inder ihre Bildhauerarbeiten mit Farben schmückten, berührt uns merkwürdig, aber wir übersehen, daß die Griechen dasselbe taten und daß die klassische Hoheit der Gottheiten des Pheidias teilweise dem zufälligen Verschwinden ihres Farbanstrichs zu verdanken ist. Wir sind über die verhältnismäßig geringe Anzahl von Frauengestalten in der indischen Plastik ungehalten; wir betrauern die Unterwerfung der Frau, die dieser Umstand anzuzeigen scheint, und ziehen nie in Betracht, daß der Kult der nackten Frau nicht die unentbehrliche Grundlage der plastischen Kunst ist, daß die tiefste Schönheit der Frau mehr in der Mutterschaft als in der Jugend, mehr in Demeter als in Aphrodite liegen mag. Oder es entgeht uns, daß der Bildhauer nicht so sehr das erschuf, was er träumte, als das, was die Priester festlegten; daß jede Kunst in Indien der Religion und nicht sich selbst gehörte und die Magd der Theologie war. Oder wir nehmen gewisse Figuren zu ernst, die vom Bildhauer als Karikaturen, Scherze oder Ungeheuer, die die bösen Geister verjagen sollen, gedacht sind. Wenn wir uns entsetzt wegwenden, bestätigen wir lediglich die Erfüllung ihres Zweckes.

Dessenungeachtet erreichte die Skulptur Indiens niemals die Anmut seiner Literatur oder die Erhabenheit seiner Architektur oder die Tiefe seiner Philosophie; sie spiegelte hauptsächlich das verworrene und unstete Wesen seiner Religionen wider. Sie übertraf die Skulptur Chinas und Japans, kam aber nie der kalten Vollkommenheit der ägyptischen Statuen oder der lebendigen und verlockenden Schönheit der griechischen Marmorgestalten gleich. Um ihre Voraussetzungen zu verstehen, müßten wir in unseren Herzen die eifrige und tiefvertrauende Gottesfurcht des Mittelalters erneuern. In der Tat, wir stellen zu hohe Ansprüche an die indische Skulptur wie auch an die Malerei; wir beurteilen sie, als ob sie in Indien wie bei uns unabhängige Künste gewesen wären, während wir sie in Wahrheit nur künstlich losgelöst haben, um sie nach den bei uns gültigen Einteilungen und Normen zu besprechen. Wenn wir sie so sehen könnten, wie der Inder sie kennt, als ergänzende Bestandteile der unübertroffenen Architektur seines Landes, würden wir den ersten Schritt auf dem Wege zum Verständnis der indischen Kunst getan haben.

V. DIE ARCHITEKTUR

1. DIE ARCHITEKTUR DER HINDUS

*Vor Aschoka · Zur Zeit Aschokas · Buddhistische Architektur · Jaina-Architektur
Die Meisterwerke des Nordens · Ihre Zerstörung · Der südliche Stil
Monolithische Tempel · Tempelbauten*

Von der indischen Architektur vor Aschoka ist nichts erhalten. Wir haben die Ziegelruinen von Mohenjo-Daro, aber die Bauten des vedischen und buddhistischen Indien waren anscheinend aus Holz, und Aschoka scheint der erste gewesen zu sein, der Stein für architektonische Zwecke verwendete. Die Literatur berichtet von siebenstöckigen Gebäuden und großartigen Palästen, doch heute ist nichts mehr davon vorhanden. Nach Megasthenes waren die kaiserlichen Residenzen Tschandraguptas allen Bauten Persiens (mit Ausnahme der Paläste von Persepolis, die als Vorbild gedient haben dürften) überlegen. Dieser persische Einfluß dauerte bis zu Aschokas Zeit an; er wird im Grundriß seines Palastes, der der «Halle der hundert Säulen» in Persepolis entsprach, sichtbar und tritt auch in dem von einem Löwenkapitell gekrönten Pfeiler Aschokas in Lauriya zutage.

Mit der Bekehrung Aschokas zum Buddhismus begann die indische Architektur, sich diesem fremden Einfluß zu entziehen und ihre Inspiration und Symbolik aus der neuen Religion zu schöp-

DIE INDISCHE KUNST

fen. Der Übergang wird in dem großen Kapitell, dem einzigen erhaltenen Bestandteil eines an deren Aschoka-Pfeilers in Sarrath, augenfällig; hier haben wir in einer Komposition von erstaunlicher Vollkommenheit, die Sir John Marshall «jeder anderen Schöpfung ihrer Art in der Alten Welt» gleichstellt, vier machtvolle Löwen, die Rücken an Rücken Wache stehen und in Form und Ausdruck durchaus persisch sind; aber darunter läuft ein Fries sorgfältig gemeißelter Figuren, auf dem wir den Elefanten, das Lieblingstier der Inder, und das indische Symbol des buddhistischen Rades des Gesetzes sehen können; und unter dem Fries ist eine große steinerne Lotosblume, die man anfänglich fälschlich für ein persisches Glockenkapitell hielt, aber jetzt als das älteste, verbreitetste und charakteristischste aller Symbole der indischen Kunst erkennt. Die Blume ist aufrecht dargestellt, ihre Blätter sind nach abwärts gekehrt, so daß das Pistill, die Samenkapsel, sichtbar wird. Sie stellt so den Schoß der Welt dar, oder, als eine der schönsten Offenbarungen der Natur, den Thron eines Gottes. Das Symbol der Lotosblume wanderte mit dem Buddhismus von Land zu Land und durchdrang die Kunst Chinas und Japans. Aus einer ähnlichen, für Fenster und Türen benutzten Form entstand der «Hufeisenbogen» der Kuppeln und Gewölbe der Baukunst Aschokas, den man ursprünglich von der Krümmung der von gebogenen Bambusstäben gestützten Strohdächer Bengalens ableitete.

Die religiöse Architektur der buddhistischen Zeit hat uns einige zerstörte Tempel und eine bedeutende Anzahl «Stupas» und «Gitter» hinterlassen. Der «Stupa» war in früherer Zeit ein Grabhügel; in der buddhistischen Zeit wurde daraus ein Heiligtum, in dem gewöhnlich die Reliquien eines buddhistischen Heiligen aufbewahrt wurden. Sehr oft nahm er die Form einer von einer Turmspitze gekrönten Ziegelsteinkuppel an, die von einem mit Flachreliefs bedeckten Steingitter umgeben war. Einer der ältesten steht in Bharhut; aber die Reliefs sind dort von primitiver Plumpheit. Das figurenreichste der vorhandenen Gitter steht in Amaravati; hier wurden fünftausend Quadratmeter mit peinlich genau ausgearbeiteten Reliefs bedeckt; die Handwerkerkunst, die sie schuf, war so vortrefflich, daß Fergusson dieses Gitter das «wahrscheinlich bemerkenswerteste Denkmal Indiens» nennt. Der bestbekannte «Stupa» ist der Sanchi aus einer Gruppe von Heiligtümern in Bhilsa (Bhopal). Die Steintore sind offenbar Nachahmungen alter Holzformen und nehmen die *pailus* oder *torus* vorweg, die gewöhnlich den Zugang zu den Tempeln des Fernen Ostens kennzeichnen. Die Pfeiler, Kapitelle, Querbalken und Träger sind überreich mit Pflanzen- und Tierformen, mit menschlichen und göttlichen Gestalten geschmückt. Auf einem Pfeiler des östlichen Torwegs finden wir das zarte Schnitzwerk eines ewigen buddhistischen Symbols – den Bodhibaum, Schauplatz der Erleuchtung des Meisters; auf dem gleichen Torweg, anmutig einen Kragstein umspannend, ist eine sinnliche Göttin (eine Yakschi) mit schweren Gliedern, vollen Hüften, schlanker Taille und großen Brüsten eingemeißelt.

Während die toten Heiligen in den Heiligtümern schliefen, schnitten die lebendigen Mönche Tempel in die Felsen, wo sie in Abgeschiedenheit, Trägheit und Frieden und in Sicherheit vor den Naturkräften und der versengenden Sonnenglut leben konnten. Die Tiefe des religiösen Empfindens in Indien geht aus dem Umstand hervor, daß noch heute von den vielen Tausenden dieser Höhlentempel, die in den früheren Jahrhunderten unserer Zeitrechnung gebaut wurden, mehr als zwölfhundert erhalten sind. Oft war der Eingang dieser *viharas* (Klöster) ein einfaches Portal in der Form eines «Hufeisen»- oder Lotosbogens; zuweilen, wie in Nasik, bestand er aus einer verzierten Fassade aus starken Säulen, Tierkapitellen und einem sorgfältig gemeißelten Architrav; oft zierten ihn Pfeiler, Steinkanzeln oder Säulenhallen von wunderbarem Entwurf. Das Innere enthielt eine *caitya*, eine Versammlungshalle mit Säulengängen, die das Hauptschiff von den Seitenschiffen trennten, Zellen für die Mönche auf beiden Seiten und einen Altar, in dem Reliquien lagen[*]. Einer der ältesten dieser Höhlentempel und vielleicht der schönste der erhaltenen ist in Karle, zwischen Poona und Bombay; hier schuf der Hinayana-Buddhismus sein Meisterwerk.

---

[*] Die Übereinstimmung des Innern mit jenem der Kirchen des Christentums läßt einen möglichen Einfluß indischer Stilarten auf die frühe christliche Architektur vermuten.

516 INDIEN UND SEINE NACHBARN

Die Höhlen von Ajanta, die auch die größte buddhistische Malerei bergen, sind mit Karle beispielhaft für die Mischkunst, halb Architektur und halb Skulptur, die die Tempel Indiens kennzeichnet. Höhle I und II haben geräumige Versammlungshallen, deren nüchtern, aber geschmackvoll geschnitzte und bemalte Decken von mächtigen gerieften, unten quadratischen und oben runden Pfeilern getragen werden, die mit Blumenleisten geschmückt und von majestätischen Kapitellen gekrönt sind; die Höhle XIX zeichnet sich durch eine mit dickbäuchigen Plastiken und komplexen Flachreliefs reich gezierte Fassade aus; in Höhle XXVI steigen gigantische Säulen zu einem mit Figuren überladenen Fries auf, den nur der größte religiöse und künstlerische Eifer mit solcher Detailbehandlung meißeln konnte. Man kann Ajanta schwerlich den Titel eines der größten Kunstwerke der Geschichte absprechen.

Von den anderen noch bestehenden buddhistischen Tempeln ist der eindrucksvollste der große Turm in Bodh-gaya mit seinen durchaus gotischen Bögen, der aber offenbar auf das erste Jahrhundert n. Chr. zurückgeht. Alles in allem sind die Überreste der buddhistischen Architektur fragmentarisch, und ihre Pracht liegt mehr im Bildhauerischen als im Architektonischen; vielleicht bestimmte ein noch nachklingender Puritanismus ihr abstoßendes und nacktes Äußeres. Die Jainas brachten der Architektur eine konzentriertere Ehrfurcht entgegen; während des elften und zwölften Jahrhunderts waren ihre Tempel die schönsten in Indien. Sie schufen nicht ihren eigenen Stil und begnügten sich zunächst (wie in Elura) damit, nach buddhistischem Vorbild Tempel in Felsen zu hauen, und nachher damit, die gewöhnlich gruppenweise auf einem Hügel errichteten Wischnu- oder Schiwatempel nachzuahmen. Auch diese waren im Äußeren einfach, aber im Innern vielgestaltig und reich verziert – ein glücklich gewähltes Symbol des bescheidenen Lebens. Die Frömmigkeit stellte immer mehr Statuen von Jainahelden in diesen Schreinen auf, und Fergusson zählte in der Tempelgruppe von Schatrunjaya 6449 Figuren.

Der Jainatempel in Aihole ist fast in griechischem Stil erbaut, rechteckig im Grundriß, außen mit Säulengängen, innen mit einem Portikus und einer Zelle oder einem zentralen Raum versehen. In Khajuraho erbauten Jainas, Waischnaviten und Schiwaiten, wie um die Toleranz der Inder zu veranschaulichen, unmittelbar nebeneinander achtundzwanzig Tempel; darunter den fast vollendet schönen Tempel von Parschvanat, der Kegel über Kegel zu majestätischer Höhe aufsteigt und auf seinen gemeißelten Außenflächen eine wahre Stadt von Jainaheiligen beherbergt. Auf dem Berge Abu, zwölfhundert Meter über der Wüste, bauten die Jainas viele Tempel; unter den erhaltenen stellen die Tempel von Vimala und Tejahpala die Meisterleistung dieser Sekte auf dem Gebiete der Kunst dar. Die Kuppel des Heiligtums von Tejahpala ist eines jener überwältigenden Erlebnisse, die alles Schreiben über Kunst kraftlos und unzulänglich machen. Der ganz aus weißem Marmor gebaute Tempel von Vimala ist ein Irrgarten ungleichmäßiger Pfeiler, die sich mittels phantasievoller Kragsteine zu einem einfachen gemeißelten Säulengebälk vereinen; darüber wölbt sich eine mit Bildhauerarbeiten gar zu verschwenderisch ausgestattete Marmorkuppel, die jedoch zu einer steinernen Spitzenarbeit von solcher Pracht ausgehauen ist, daß, wie Fergusson sagt, «die Feinheit jeder Einzelheit und die Angemessenheit jeder Verzierung unübertroffen und beispiellos dastehen. Die von den gotischen Architekten in der Kapelle Heinrichs des Siebenten in Westminster oder in Oxford angebrachten Verzierungen sind im Vergleich dazu roh und plump.»[1]

In diesen Jainatempeln und in ihren Zeitgenossen können wir den Übergang von der Kreisform des buddhistischen Heiligtums zum Turmstil des mittelalterlichen Indien verfolgen. Das Mittelschiff oder das von Pfeilern umschlossene Innere der Versammlungshalle wird sozusagen ins Freie gestellt und in einen *mandapam* (Vorbau) verwandelt; dahinter liegt die Zelle; und über der Zelle steigt in stufenweise zurückweichenden Stockwerken der ausgemeißelte und komplizient angelegte Turm empor. Nach diesem Plan wurden die Hindutempel des Nordens gebaut. Am eindrucksvollsten ist die Tempelgruppe in Bhuvaneschvara in der Provinz Orissa; der schönste der Gruppe ist der zu Ehren Wischnus im elften Jahrhundert n. Chr. errichtete Radscharani-Tempel. Es ist ein gigantischer Turm, der aus nebeneinandergestellten, halbkreisförmigen Pfei-

DIE INDISCHE KUNST

lern gebildet ist, die mit Bildhauerarbeiten bedeckt und von zurücktretenden Steinschichten überhöht sind; der ganze inwendig gewölbte Turm endet in einer großen kreisförmigen Krone und einer Turmspitze. Nebenan steht der Lingaraja-Tempel; er ist größer als der Radscharani-tempel, aber nicht so schön wie dieser; dessenungeachtet hat jeder Zollbreit Oberfläche den Meißel des Bildhauers zu spüren bekommen, so daß der Preis des Schnitzwerks auf das Dreifache des Baupreises berechnet wird. Der Inder verlieh seiner Ehrfurcht nicht nur durch die imposante Größe seiner Tempel, sondern auch durch die geduldige Detailarbeit Ausdruck. Nichts war zu gut für die Götter.

Es wäre langweilig, ohne spezifische Beschreibung und photographische Darstellung die anderen Meisterwerke der indischen Baukunst im Norden aufzuzählen. Und doch kann eine Auf zeichnung der indischen Kultur die Tempel von Surya in Kanarak und Mudhera, den Turm von Jagannath Puri, den wunderschönen Torweg von Vadnagat, die massigen Tempel von Sas-Bahu und Teḷika-Mandir in Gwalior, den Palast des Radscha Man Sing (ebenfalls in Gwalior) und den Siegesturm in Chitor nicht unerwähnt lassen. Aus der Masse ragen die schiwaistischen Tempel in Khajuraho hervor, und in der gleichen Stadt finden wir den Khanwar-Math-Tempel; die Kuppel seines Vorbaus zeigt uns wieder die männliche Kraft der indischen Architektur und den Reich-tum und die Geduld der indischen Schnitzarbeit. Selbst in Ruinen läßt der Schiwatempel in Ele-phanta mit seinen massiven gerieften Säulen, seinen «Pilz»-Kapitellen, seinen unübertroffenen Reliefs und seinen machtvollen Statuen ein Zeitalter nationaler Lebenskraft und künstlerischer Gewandtheit erahnen, von dem heute kaum mehr die Erinnerung lebt.

Wir werden nie imstande sein, die indische Kunst richtig zu beurteilen, denn Igno-ranz und Fanatismus haben ihre größten Meisterwerke vernichtet und den Rest halb zerstört. In Elephanta bezeugten die Portugiesen ihre Frömmigkeit, indem sie Statuen und Flachreliefs in zügelloser Barbarei zerschlugen; und beinahe überall im Norden vernichteten die Mohammedaner die Meisterleistungen der indischen Architektur des fünften und sechsten Jahrhunderts, die, der Überlieferung zufolge, den späteren Arbei-ten, die doch heute unser Erstaunen und unsere Bewunderung erregen, weitaus über-legen waren. Die Mohammedaner enthaupteten die Statuen und brachen ihnen Glied um Glied ab. Sie schleppten die anmutigen Pfeiler der Jaina-Tempel in ihre Moscheen und ahmten sie auch in großem Maße nach. Zeit und Fanatismus schlossen ein Bündnis der Zerstörung; denn die strenggläubigen Hindus verließen und vernachlässigten die durch die Berührung fremder Hände entweihten Tempel.

Wir können die verlorene Größe der nordindischen Architektur an den machtvollen Gebäuden ermessen, die im Süden erhalten sind, wo die mohammedanische Herrschaft in geringerem Maße durchdrang und der Haß der Mohammedaner gegen die Hindus sich infolge der Gewöhnung an das Land gemäßigt hatte. Überdies entwickelte sich das Zeitalter der Tempelarchitektur im Süden erst im sechzehnten und siebzehnten Jahr-hundert, als Akbar die Mohammedaner schon gezähmt und ihnen etwas Verständnis für die indische Kunst beigebracht hatte. Demzufolge finden wir im Süden viele Tem-pel, die den im Norden erhaltenen gewöhnlich überlegen sind; Fergusson zählte drei-ßig «dravidische», das heißt südliche Tempel, von denen jeder einzelne, nach seiner Schätzung, ebensoviel wie eine englische Kathedrale gekostet haben muß. Der Süden paßte den Stil des Nordens seinem eigenen an, indem er vor das *mandapam*, den Vorbau, ein *gopuram*, ein Tor, stellte und den Vorbau mit einer verschwenderischen Vielfalt von Pfeilern stützte. Er verwendete auch zahlreiche Symbole, von der

518   INDIEN UND SEINE NACHBARN

swastika *, dem Wahrzeichen der Sonne und dem Rade des Lebens, bis zu einer wahren
Menagerie heiliger Tiere. Die sich häutende Schlange versinnbildlichte die Wieder-
geburt; der Stier die Zeugungskraft; das *linga*, der Phallus, stellte die vortreffliche
Schöpferkraft Schiwas dar und bestimmte oft sogar die Form des Tempels.

Drei Elemente lagen dem Bauplan dieser südlichen Tempel zugrunde: der Torweg,
der von Pfeilern gestützte Vorbau und der Turm *(vimana)*, der die Hauptversamm-
lungshalle oder Zelle enthielt. Mit gelegentlichen Ausnahmen, wie dem Palast von Tirumala Nayyak in Madura, hatte diese ganze südindische Architektur geistlichen Charakter. Man gab sich nicht die Mühe, für sich selbst prächtig zu bauen, sondern brachte
die Kunst den Priestern und Göttern dar; kein Umstand könnte besser aufzeigen, wie
spontan theokratisch die wirkliche Verfassung Indiens war. Von den vielen von den
Chalukya-Königen und ihrem Volke errichteten Bauten sind nur Tempel erhalten. Nur
ein redegewandter Hindupietist könnte das reizvolle Ebenmaß des Heiligtums von
Ittagi in Haidarabad beschreiben ** oder den Tempel in Somnathpur in Mysore, in dem
gigantische Steinmassen mit der Zartheit von Spitzen gemeißelt sind; oder den Hoy-
schaleschvara-Tempel in Halebid, ebenfalls in Mysore, von dem Fergusson sagt, er sei
«eines der Gebäude, auf denen der Verfechter der indischen Architektur sich aufstellen möchte». «Hier», fügt er hinzu, «übertrifft die künstlerische Verbindung hori-
zontaler und vertikaler Linien und das Spiel von Umriß, Licht und Schatten bei weitem alles in der gotischen Kunst Geschaffene. Die Wirkungen sind gerade die, auf
welche die mittelalterlichen Architekten oft hinzielten, die sie aber nie so vollkommen erreichten, wie es in Halebid geschah.» [3]

Wenn wir über die mühe- und ehrfurchtsvolle Leistung im Halebid-Tempel staunen,
die ein Fries von fünfhundertfünfzig Metern Länge meißeln und darauf zweitausend Elefanten abbilden konnte, von denen jeder einzelne von den anderen verschieden war, was
werden wir dann über die Geduld und den Mut sagen, die es unternehmen konnten, einen
vollständigen Tempel aus dem Felsen zu hauen? Das war aber für die indischen Kunsthandwerker eine gewöhnliche Leistung. In Mamallapuram, an der Ostküste bei Madras,
meißelten sie mehrere *rathas* oder Pagoden aus dem Felsen, von denen die schönste
Dharma-raja-ratha, das «Kloster für die höchste Zucht», ist. In Elura, einem religiösen
Wallfahrtsorte in Haidarabad, wetteiferten Buddhisten, Jainas und strenggläubige Hindus darin, große monolithische Tempel aus dem Bergfelsen herauszuhauen; das erhabenste Beispiel ist das Hindu-Heiligtum von Kailasa – das nach dem mythologischen
Paradies Schiwas im Himalaya benannt ist. Hier gruben die unermüdlichen Baumeister
einen dreißig Meter tiefen Spalt in den Felsen ein, um den 76 auf 49 Meter großen
Block, der den Tempel bilden sollte, abzusondern; dann meißelten sie die Wände zu

---

* *Swastika* ist ein Sanskritwort, von *su*, gut, und *asti*, Wesen. Dieses ewig wiederkehrende Symbol tritt bei
den verschiedensten primitiven und modernen Völkern gewöhnlich als ein Zeichen des Wohlergehens oder
des Glückes auf.

** «Hier», sagt Meadows Taylor, «ist das Schnitzwerk auf manchen Pfeilern und auf den Fensterstützen
und Türbalken einfach unbeschreiblich. Keine in Silber oder Gold getriebene Arbeit könnte feiner sein. Es
ist bis auf den heutigen Tag unverständlich, mit was für Werkzeugen dieser sehr harte und zähe Stein bearbeitet und poliert werden konnte.» [2]

DIE INDISCHE KUNST

mächtigen Pfeilern, Statuen und Flachreliefs; hierauf ziselierten sie das Innere aus und verschwendeten die erstaunlichste Kunst darauf: Das kühne Fresko «Die Liebenden» mag als Probestück dienen. Schließlich meißelten sie noch mit unermüdlichem architektonischen Gestaltungswillen auf drei Seiten des Steinbruchs eine Anzahl Kapellen und Klöster tief in den Felsen ein. Manche Inder stellen den Kailasa-Tempel jedwedem Meisterwerk der Kunstgeschichte gleich.

Ein solcher Bau war jedoch ein Gewaltstreich wie die Pyramiden, und der Schweiß und das Blut vieler Menschen müssen sein Preis gewesen sein. Entweder waren die Zünfte oder die Meister unermüdlich, denn sie schufen in jeder Provinz Südindiens eine solche Unmenge gigantischer Heiligtümer, daß der verwirrte Forscher oder Reisende über ihre Quantität und Kraft den Begriff ihrer individuellen Beschaffenheit verliert. In Pattadakal weihte die Königin Lokamahadevi, eine der Ehefrauen des Chalukya-Königs Vikramaditya, Schiwa den Virupakscha-Tempel, der zu den schönsten Indiens zählt. In Tanjore, südlich von Madras, teilte der Chola-König Radscharaja der Große nach der Eroberung Südindiens und Ceylons seine Beute mit Schiwa, indem er ihm einen stattlichen Tempel, der die Zeugungskraft des Gottes symbolisieren sollte, erbaute*. Bei Trichinopoly, westlich von Tanjore, erbauten die Verehrer Wischnus auf einem stolzen Hügel den Schri Rangam-Tempel, dessen Merkmal ein von vielen Pfeilern gestützter *mandapam* in der Form einer «tausendsäuligen Halle» war; jeder Pfeiler war aus einem einzigen, sorgfältig gemeißelten Granitblock gehauen; die indischen Handwerker waren noch mit ihren Arbeiten für die Fertigstellung des Tempels beschäftigt, als sie von den Kugeln der Franzosen und Engländer, die um den Besitz Indiens kämpften, in alle Winde verstreut wurden und ihre Arbeit aufgeben mußten. Nicht weit davon, in Madura, erbauten die Brüder Muttu und Tirumala Nayyak dem Gotte Schiwa ein geräumiges Heiligtum mit einer weiteren tausendsäuligen Halle, einer heiligen Zisterne und zehn *gopurams*, Torwegen, darunter vier sehr hohen, deren reiches Bildwerk zahllose Plastiken aufweist. Diese Bauten bilden zusammen eine der eindrucksvollsten Sehenswürdigkeiten Indiens; wir können aus solchen fragmentarischen Überresten die bedeutende Architektur der Vijayanagar-Könige beurteilen. Schließlich bauten die Brahmanen in Rameschvaram, inmitten der Inselgruppe, die den Weg von Indien nach Ceylon bahnt, während fünf Jahrhunderten (1200–1769 n. Chr.) einen Tempel, den der imposanteste aller Säulengänge umgab – zwölfhundert Meter lange, wunderbar gemeißelte doppelte Kolonnaden, die den Millionen Pilgern, die bis auf den heutigen Tag ihren Weg aus fernen Städten hierher finden, um ihre Hoffnungen und Schmerzen auf die Knie der unbekümmerten Götter zu legen, Schatten spenden und herrliche Ausblicke auf das Meer gewähren.

---

* Die Tempelkuppel ist ein einziger Steinblock, acht Meter breit und etwa achtzig Tonnen schwer. Nach der indischen Überlieferung würde der Block an seine Stelle gebracht, indem man ihn auf einer sechs Kilometer langen schiefen Ebene emporzog. Wahrscheinlich verwendete man für solche Arbeiten statt der «menschenversklavenden» Maschinen Zwangsarbeiter.

2. DIE «KOLONIALARCHITEKTUR»

Ceylon · Java · Kambodscha · Die Khmers · Ihre Religion · Angkor · Der Untergang der Khmers
Siam · Burma

Indessen war die indische Kunst der indischen Religion über Meerengen und Landesgrenzen nach Ceylon, Java, Kambodscha, Siam, Burma, Tibet, Khotan, Turkestan, der
Mongolei, China, Korea und Japan gefolgt; «in Asien gehen alle Wege von Indien
aus». Inder aus dem Gangestal siedelten sich im fünften Jahrhundert v. Chr auf Ceylon
an; Aschoka sandte zweihundert Jahre später einen Sohn und eine Tochter, um die
Bevölkerung zum Buddhismus zu bekehren; und obwohl die Insel fünfzehn Jahrhunderte lang gegen tamulische Invasionen kämpfen mußte, bewahrte sie eine reiche Kultur,
bis sie 1815 von den Briten besetzt wurde.

Die singhalesische Kunst begann mit *dagobas* – mit Kuppeln versehenen Reliquienhei-
ligtümern, die den *stupas* des buddhistischen Nordens entsprechen; sie ging zu großen
Tempeln über, wie demjenigen, dessen Ruinen die alte Hauptstadt Anuradhapura
kennzeichnen; sie brachte einige der schönsten Buddhastatuen und eine große Mannigfaltigkeit von Kunstwerken hervor und ging zugrunde, als der letzte große König von
Ceylon, Kirti Schri Radscha Singha, den «Tempel des Zahnes» in Kandy erbaute. Der
Verlust der Unabhängigkeit leitete die Dekadenz der oberen Stände ein und ließ die
Förderung und den Geschmack, die dem Künstler Ansporn und Maß geben, aus Ceylon
verschwinden.

Merkwürdigerweise steht der größte buddhistische Tempel – manche Forscher
möchten ihn als den größten aller Tempel überhaupt bezeichnen – nicht in Indien,
sondern auf Java. Im achten Jahrhundert eroberte die Schailendra-Dynastie Java, erklärte den Buddhismus zur Staatsreligion und stellte die Mittel zum Bau des Tempels
von Borobudur (d. h. «Viele Buddhas») zur Verfügung. Der eigentliche Tempel ist von
bescheidener Größe und eigentümlichem Entwurf – ein kleiner kuppelförmiger *stupa*,
der von zweiundsiebzig kleineren Heiligtümern, die in konzentrischen Kreisen rings um
ihn angeordnet sind, umgeben ist. Wenn das alles wäre, wäre Borobudur nicht von Bedeutung; was den Bau so erhaben macht, ist der hundertzwanzig Meter breite quadra-
tische Unterbau, ein riesiger *mastaba* in sieben zurückweichenden Stufen. Bei jeder Bie-
gung stehen Nischen für Standbilder. Die Bildhauer von Borobudur hielten es für angebracht, die Figur Buddhas 436mal zu bilden. Noch immer unzufrieden, schnitten sie in
die Stufenwände Flachreliefs von fünf Kilometern Länge ein, die die legendäre Geburt,
die Jugendzeit und die Erleuchtung des Meisters schildern, und zwar mit solchem Geschick, daß diese Reliefs zu den schönsten Asiens zählen. Mit diesem mächtigen buddhistischen Tempel und den brahmanischen Heiligtümern von Prambanam erreichte die
javanische Architektur ihren Höhepunkt und verfiel dann schnell. Die Insel wurde eine
Zeitlang eine Seemacht, kam zu Reichtum und Üppigkeit und unterhielt viele Dichter.
Aber 1479 begannen die Mohammedaner dieses Tropenparadieses zu bevölkern; seither
brachte es keine Kunst von Bedeutung mehr hervor. Die Holländer fielen 1595 dar-

DIE INDISCHE KUNST 521

über her und verschlangen es während des folgenden Jahrhunderts, Provinz um Provinz, bis ihre Herrschaft vollständig war.

Nur ein Hindutempel übertrifft den von Borobudur, und auch dieser steht fern von Indien – tief im Dschungel, der ihn für Jahrhunderte bedeckte, verloren. Im Jahre 1858 erblickte ein französischer Forschungsreisender, der sich seinen Weg durch das obere Tal des Mekongflusses bahnte, durch Bäume und Gestrüpp hindurch etwas, was ihn wie ein Märchen anmutete: Ein riesiger Tempel von unglaublicher Majestät, den Gewächs und Laubwerk nahezu verbargen, stand inmitten des Urwaldes. An diesem Tage sah er viele Tempel, viele von ihnen bereits von Bäumen überwachsen oder in Stücke geborsten; es schien, daß er gerade rechtzeitig gekommen war, um den Triumph der Wildnis über dieses Werk von Menschenhand zu verhindern. Andere Europäer mußten nachfolgen und seinen Bericht bestätigen, bevor man Henri Mouhot Glauben schenkte; dann brachen wissenschaftliche Expeditionen in den einst stillen Zufluchtsort ein, und eine ganze Pariser Schule (L'Ecole de l'Extrême-Orient) widmete sich der Katalogisierung und der Erforschung des Fundes. Heute ist Angkor Wat eines der Weltwunder*.

Zu Beginn der christlichen Zeitrechnung war Indochina oder Kambodscha von einem wesentlich chinesischen, teilweise tibetanischen Volke, Khambuja oder Khmer genannt, bewohnt. Als Kublai Khans Botschafter Tscheou-ta-Kouan die Khmer-Hauptstadt Angkor Thom besuchte, fand er eine starke Regierung vor, die über eine durch harte Arbeit auf den Reisfeldern reichgewordene Nation gebot. Der König, berichtete Tscheou, hatte fünf Ehefrauen: «eine besondere und vier andere für die Himmelsrichtungen des Kompasses», nebst etwa viertausend Konkubinen zur genaueren Orientierung. Gold und Schmuck war im Überfluß vorhanden; Vergnügungsboote schaukelten auf dem See, und die Straßen der Hauptstadt waren von Wagen, Sänften, reichgeschmückten Elefanten und einer Bevölkerung von einer Million Seelen erfüllt. Den Tempeln waren Spitäler angeschlossen, von denen jedes seine eigenen Ärzte und Pflegerinnen hatte.

Obgleich das Volk chinesisch war, besaß es eine indische Kultur. Seine Religion beruhte auf einem primitiven Kult der Schlange Naga, deren fächerähnlicher Kopf überall in der Kunst Kambodschas auftritt; dazu kamen weiter die Götter der Hindutriade – Brahma, Wischnu und Schiwa – die man aus Burma übernahm; beinahe zu gleicher Zeit kam Buddha und wurde mit Wischnu und Schiwa zu einer Lieblingsgottheit der Khmer verbunden. Inschriften erzählen uns von den riesigen Mengen an Reis, Butter und seltenen Ölen, die das Volk täglich den Dienern der Götter zukommen ließ.

Gegen das Ende des neunten Jahrhunderts weihten die Khmer Schiwa den ältesten ihrer noch bestehenden Tempel – den Bayon; heute ist er eine abstoßende Ruine, halb von hartnäckiger Vegetation überwuchert. Die ohne Zement gefügten Steine sind im Laufe von tausend Jahren voneinander abgerückt und haben die großen, gleichsam die

---

* Im Jahre 1604 erzählte ein portugiesischer Missionar von Jägern, die von Ruinen im Dschungel berichtet hatten, und ein anderer Priester machte 1672 ähnliche Mitteilungen; aber diesen Aussagen wurde keine Aufmerksamkeit geschenkt.

Türme bildenden Gesichter Brahmas und Schiwas zu groteskem Grinsen verzerrt. Drei Jahrhunderte später bauten die Sklaven und Kriegsgefangenen der Könige Angkor Wat ein den edelsten architektonischen Großtaten der Ägypter, der Griechen oder der Kathedralenbauer Europas würdiges Meisterwerk. Ein zwanzig Kilometer langer Burggraben umgibt den Tempel; über den Graben ist eine gepflasterte Brücke geschlagen, auf der steinerne Nagaschlangen Wache halten; dann folgt eine reichverzierte Einfriedungsmauer; hierauf geräumige Galerien, deren Reliefs wieder die Geschichten des *Mahabharata* und *Ramayana* erzählen; dann der stattliche Bau selbst, sechzig Meter hoch, der von einem breiten Fundament aus, Stufe um Stufe einer Terrassenpyramide, zum Heiligtum des Gottes emporsteigt. Hier schmälert Größe die Schönheit nicht, sondern verhilft ihr zu einer imposanten Pracht, die dem abendländischen Geist eine schwache Vorstellung von der Herrlichkeit, die einst die östliche Kultur besaß, vermittelt. Die Phantasie erlebt die dichtbevölkerte Hauptstadt: die in Regimenter eingeteilten Sklaven, die die schweren Steine klopften, heranschleppten und emporhoben; die Kunsthandwerker, die Reliefs und Bildsäulen meißelten, als ob sie ewig Zeit hätten; die Priester, die das Volk betrogen und trösteten; die (auf dem Granitstein noch abgebildeten) *devadasis*, die das Volk betrogen und die Priester trösteten; die stolze Aristokratie, die Paläste wie den Phinean-Akas mit seiner geräumigen Ehrenterrasse baute; und, durch die Arbeit aller über alle emporgehoben, die mächtigen und erbarmungslosen Könige.

Die Könige brauchten viele Sklaven und führten deshalb viele Kriege. Oft gewannen sie; aber am Ende des dreizehnten Jahrhunderts besiegten die Armeen Siams die Khmer, plünderten deren Städte und ließen die glänzenden Tempel und Paläste in Ruinen zurück. Tscheou-ta-Kouan spricht von den vielen Büchern, die von dem Volke von Angkor geschrieben wurden, aber nicht eine Seite ist von dieser Literatur erhalten; wie wir, so schrieben auch sie vergängliche Gedanken auf vergängliches Gewebe, und all ihre Unsterblichen sind tot. Die wunderbaren Reliefs stellen Männer und Frauen dar, die Schleier und Netze tragen, um sich gegen Moskitos und schleimige, kriechende Dinger zu schützen. Die Männer und Frauen sind nicht mehr, nur die Steine leben noch weiter. Auch die Moskitos und Eidechsen sind geblieben.

Ganz in der Nähe, in Siam, hatte ein halb tibetanisches, halb chinesisches Volk allmählich die es beherrschenden Khmer vertrieben und eine auf indischer Religion und Kunst beruhende Kultur entfaltet. Nachdem sie Kambodscha niedergezwungen hatten, bauten die Siamesen eine neue Hauptstadt, Ayuthia, an der Stätte einer ehemaligen Stadt der Khmer. Von hier dehnten sie ihre Herrschaft immer weiter aus, bis ihr Reich gegen 1600 Südburma, Kambodscha und die Malaiische Halbinsel einschloß. Ihr Handel reichte bis China im Osten und Europa im Westen. Ihre Künstler verfertigten Bilderhandschriften, malten mit Lack auf Holz, brannten Porzellan im chinesischen Stil, schmückten herrliche Seidenstoffe mit Stickereien aus und meißelten gelegentlich Statuen von einzigartiger Schönheit*. Dann eroberten nach dem ewigen Auf und Nieder der Geschichte die Burmanen Ayuthia und zerstörten es mit all seiner Kunst. In ihrer neuen Hauptstadt bauten die Siamesen eine große Pagode, deren übertriebene Ornamentik die Schönheit des Grundrisses nicht ganz verbergen kann.

---

* Zum Beispiel der lackierte Steinbuddha im *Museum of Fine Arts* in Boston.

DIE INDISCHE KUNST 523

Die Burmanen gehörten zu den größten Baumeistern Asiens. Als sie aus der Mongolei und Tibet in diese fruchtbaren Gefilde kamen, gerieten sie unter indischen Einfluß und schufen seit dem fünfzehnten Jahrhundert überaus viele buddhistische, wischnavitische und schiwaitische Bildhauerarbeiten und mächtige *stupas*. Ihr bedeutendster *stupa* ist der majestätische Ananda-Tempel – eine der fünftausend Pagoden ihrer alten Hauptstadt Pagan. Pagan wurde von Kublai Khan geplündert, und fünfhundert Jahre lang wechselte die burmanische Regierung mehrmals die Hauptstadt. Eine Zeitlang blühte Mandalay als Mittelpunkt des burmanischen Lebens und Heimstätte der Künstler, die auf vielen Gebieten, von der Stickerei und dem Schmuck bis zum königlichen Palast (der zeigte, was sie aus Holz zu schaffen imstande waren), Schönheit schufen. Die über die Behandlung ihrer Missionare und Kaufleute ungehaltenen Engländer eigneten sich 1886 Burma an und errichteten die neue Hauptstadt in Rangoon, einer dem disziplinarischen Einfluß der imperialen Seestreitkräfte zugänglichen Stadt. Dort hatten die Burmanen eines ihrer schönsten Heiligtümer, den berühmten Schwe Dagon, die Goldene Pagode, zu der alljährlich Millionen burmanischer Buddhisten hinpilgern; denn dieser Tempel bewahrt das Haupthaar Schakyamunis.

3. DIE MOHAMMEDANISCHE ARCHITEKTUR IN INDIEN

Der afghanische Stil · Der Mogulstil · Delhi · Agra · Der Tadsch Mahal

Den endgültigen Triumph feierte die indische Architektur unter den Moguln. Die Anhänger Mohammeds hatten sich überall, wohin auch immer sie ihre Waffen getragen hatten – in Granada, Kairo, Jerusalem, Bagdad –, als Meisterbauer erwiesen; es war zu erwarten, daß diese kraftvolle Bewegung, sobald sie in Indien festen Fuß faßte, auf dem eroberten Boden Moscheen, so prächtig wie die Omars in Jerusalem, so massiv wie die Hassans in Kairo und so zart wie die Alhambra hervorbringen würde. Man weiß, daß die «afghanische» Dynastie indische Kunsthandwerker beschäftigte, indische Themen kopierte, sich sogar Pfeiler für ihre architektonischen Zwecke aus den Hindutempeln aneignete und viele dieser Tempel für den mohammedanischen Gottesdienst in Moscheen umbaute. Aber diese natürliche Nachahmung ging schnell in einem so typisch maurischen Stil auf, daß man überrascht ist, den Tadsch Mahal in Indien und nicht in Persien, Nordafrika oder Spanien zu finden.

Das schöne Kutb-Minar* ist für diesen Übergang beispielhaft. Es war ein Teil einer von Kutbu-d Din Aibak in Alt-Delhi begonnenen Moschee; es verherrlichte das Andenken an die von jenem blutigen Sultan über die Hindus erfochtenen Siege; siebenundzwanzig Hindutempel wurden abgerissen, um Material für diese Moschee und den Turm zu liefern. Sieben Jahrhunderte hat das große Minarett – es ist fünfundsiebzig Meter hoch, aus feinkörnigem roten Sandstein erbaut und von vollkommenem Ebenmaß; seine obersten Stockwerke sind mit weißem Marmor gekrönt – den Elementen getrotzt und ist noch immer eines der Meisterwerke der indischen Technik und Kunst. Im allgemeinen waren die Sultane von Delhi zu sehr mit Töten beschäftigt, um viel Zeit für die Architektur übrig zu haben, und die von ihnen hinterlassenen Gebäude sind meist

---

* Das heißt Minarett, vom arabischen manarat, «Lampe» oder «Leuchtturm».

INDIEN UND SEINE NACHBARN

Grabstätten, die sie zur Sicherung des Nachruhms, vielleicht auch als ein Memento mori erbauten. Das beste unter diesen Mausoleen ist das des Scher Schah in Sasseram (Bihari); gigantisch und massiv, stellte es das letzte Stadium der mannhafteren maurischen Bauart dar, bevor sie die Weichheit der architektonischen Meisterstücke der Mogulkönige annahm.

Die Tendenz, den mohammedanischen und den Hindustil zu verbinden, wurde von der eklektischen Unparteilichkeit Akbars begünstigt; und die Meisterwerke, die ihm seine Handwerker bauten, verwoben die indischen und die persischen Verfahrensweisen und Motive zu einer erlesenen Harmonie, die die vergängliche Verschmelzung der einheimischen und der mohammedanischen·Glaubensbekenntnisse in Akbars synthetischer Religion versinnbildlichte. Das erste Denkmal seiner Herrschaft, das Grabmal, das er seinem Vater Humayun bei Delhi errichtete, weist bereits einen unabhängigen Stil auf – einfache Linienführung, bescheidene Verzierung, in der Anmut Vorbote der schöneren Bauten Schah Jahans. In Fathpur-Sikri bauten seine Künstler eine Stadt, die alle Kraft der frühen Moguln mit der Verfeinerung der späteren Kaiser verschmolz. Eine Treppenflucht führt zu einem imposanten Portal aus rotem Sandstein, durch dessen edlen Bogen man in eine mit Meisterwerken gefüllte Einfriedung gelangt. Das größte Gebäude ist eine Moschee, aber die reizvollsten Bauten sind die drei Pavillons für die Lieblingsfrauen des Kaisers und das Marmorgrab seines Freundes, Salim Chisti des Weisen;'hier begannen die Künstler Indiens ihre Fertigkeit in der Ausschmückung des Steines zu zeigen, die im Gitterwerk des Tadsch Mahal ihren Höhepunkt erreichen sollte.

Der Beitrag Jahangirs zur architektonischen Geschichte seines Volkes war gering, aber sein Sohn Schah Jahan erlangte durch seine Leidenschaft für schönes Bauen beinahe die Berühmtheit Akbars. Er gab für seine Künstler ebenso verschwenderisch Geld aus wie Jahangir für seine Frauen. Wie die Könige Nordeuropas lud er italienische Künstler an seinen Hof und ließ sie seine Bildhauer in der Kunst der *pietra dura* (d. h. des Auslegens von Marmor mit einem Mosaik von Edelsteinen), die eines der charakteristischsten Elemente des indischen Zierats während seiner Herrschaft wurde, unterweisen. Jahan war keine sehr gläubige Seele, doch zwei der schönsten Moscheen Indiens entstanden unter seiner Förderung: die Juma Masjid – «Freitag-Moschee» – in Delhi und die Moti Masjid – «Perlenmoschee» – in Agra.

In Delhi wie in Agra baute Jahan «Festungswerke» – das heißt Gruppen königlicher Gebäude, die von einem Schutzwall umgeben waren. In Delhi ließ er mit überlegener Geringschätzung die rosafarbenen Paläste Akbars niederreißen und setzte an ihre Stelle Bauten, die den einen als eine Art marmornen Zuckerwerks, den anderen als die reinste architektonische Schönheit auf dem Erdball erschienen. In diesen Bauten befindet sich die luxuriöse Halle der Staatsaudienzen mit Feldern florentinischen Mosaiks auf schwarzem Marmorgrund und mit Decken, Säulen und Bögen, die zu einer steinernen Filigranarbeit von zerbrechlicher, aber unglaublicher Schönheit gemeißelt sind. Hier ist auch der private Audienzsaal, dessen Decke aus Silber und Gold und dessen Säulen aus Filigranmarmor errichtet wurden, während die Bögen einen spitzen Halbkreis bilden, der sich aus kleineren, blumengleichen Halbkreisen zusammensetzt.

DIE INDISCHE KUNST

Der Pfauenthron im Saale wurde legendär, und die Wand trägt in einer Inschrift aus eingelegten Edelsteinen noch die stolzen Worte des mohammedanischen Dichters: «Wenn es irgendwo auf der Welt ein Paradies gibt, ist es hier, ist es hier, ist es hier.» Wiederum bekommen wir einen Begriff von den «Reichtümern Indiens» zur Zeit der Mogulkaiser, wenn wir die Beschreibung des größten Historikers der Architektur über die königliche Residenz in Delhi lesen: Sie hatte den doppelten Umfang des riesigen Escorial bei Madrid und war zu jener Zeit und in ihrer Gesamtheit «der großartigste Palast des Ostens – vielleicht der Welt»[4]*.

Das Fort in Agra liegt in Trümmern**, und wir können seine ursprüngliche Pracht nur erraten. Hier standen inmitten vieler Gärten die Perlenmoschee, die Edelsteinmoschee, die öffentlichen und privaten Audienzsäle, der Thronpalast, die Bäder des Königs, der Spiegelsaal, die Paläste Jahangirs und Schah Jahans, der Jasminpalast Nur Jahans und der Jasminturm, von dem aus der gefangene Kaiser, Schah Jahan, über den Jumna auf die Grabstätte schaute, die er für seine geliebte Frau Mumtaz Mahal gebaut hatte.

Die ganze Welt kennt dieses Grabmal unter dem abgekürzten Namen Tadsch Mahal. Gar mancher Architekt bezeichnet es als das vollkommenste aller Gebäude, die heute die Erde schmücken. Drei Künstler entwarfen es: ein Perser, Ustad Isa, ein Italiener, Gieronimo Veroneo, und ein Franzose, Austin de Bordeaux. An seinem Entwurf scheint kein Hindu beteiligt gewesen zu sein; das Grab ist durchaus unindisch und vollkommen mohammedanisch; selbst die Handwerker wurden zum Teil aus Bagdad, Konstantinopel und anderen Zentren des mohammedanischen Glaubens berufen. Zweiundzwanzig Jahre lang mußten zweiundzwanzigtausend Arbeiter am Tadsch Zwangsarbeit leisten; und obwohl der Maharadscha von Jaipur Schah Jahan den Marmor zum Geschenk machte, verschlang der Bau mit seiner Umgebung ungeheure Summen***.

Nur noch die Peterskirche hat einen so harmonischen Zugang. Tritt man durch einen hohen Schutzwall, steht man plötzlich vor dem Tadsch, der sich auf marmornem Untergrund erhebt und zu beiden Seiten von schönen Moscheen und stattlichen Minaretten umgeben ist. Im Vordergrund umschließen prächtige Gärten einen Teich, in dessen Wasser das Spiegelbild des Palastes wie in traumhafter Verzauberung erzittert. Der ganze Bau besteht aus weißem Marmor und ist mit kostbaren Metallen und Edelsteinen

---

* Das Festungswerk in Delhi enthielt ursprünglich 52 Paläste, aber nur 27 sind erhalten. Während des Sepoy-Aufstandes nahm eine britische Garnison darin Zuflucht und trug mehrere Paläste ab, um für ihre Kriegsvorräte Platz zu schaffen. Auch wurde viel geplündert.

** Es war ein arger Fehler Schah Jahans, aus diesen wunderschönen Palästen eine Festung zu machen. Als die Briten Agra belagerten (1803), richteten sie ihre Geschütze notwendigerweise auf das Fort. Doch wie die Hindus die Geschosse in den Khass Mahal, den privaten Audienzsaal, einschlagen sahen, ergaben sie sich, weil sie Schönheit für kostbarer als den Sieg hielten. Kurz darauf trug Warren Hastings das Bad des Palastes ab, um es Georg IV. zum Geschenk zu machen; und andere Teile des Gebäudes wurden von Lord William Bentinck verkauft, um den Finanzen Indiens auf die Beine zu helfen.

*** Lord William Bentinck, einer der freundlichsten der britischen Gouverneure in Indien, beabsichtigte einst, den Tadsch einem indischen Interessenten, der glaubte, daß man das Material besser benutzen könnte, zu verkaufen. Seit Lord Curzons Verwaltung hat die britische Regierung in Indien diesen Mogul-Denkmälern ausgezeichneten Schutz angedeihen lassen.

geschmückt. Der Tadsch bildet eine komplexe zwölfseitige Figur mit vier Portalen; an jeder Ecke steigt ein schlankes Minarett empor. Das Dach ist eine massige, spitz zulaufende Kuppel. Der einst mit massiven Silbertoren versehene Haupteingang ist ein Irrgarten marmornen Zierwerks. Die in die Wand eingelegte edelsteingeschmückte Inschrift lehrt Zitate aus dem *Koran*; eines von ihnen lädt den, der «reinen Herzens» ist, ein, in die «Paradiesgärten» einzutreten. Das Innere ist einfach; und vielleicht ist es ganz gut, daß die einheimischen und die europäischen Diebe das Grabmal seines überladenen Juwelenschmuckes und seines goldenen, mit Edelsteinen inkrustierten Geländers, das einst die Sarkophage Schah Jahans und seiner Königin umschloß, beraubten. Denn Aurangseb ersetzte das Geländer durch ein achteckiges Gitter aus fast durchsichtigem Marmor, das zu einem Wunder der Alabasterspitzenarbeit geschnitzt ist; und manche Besucher gewinnen den Eindruck, daß kein Erzeugnis der Kleinkunst dieses Gitter an Schönheit übertrifft.

Es ist nicht das erhabenste aller Gebäude, aber dafür das schönste. Aus einer Entfernung, die die Feinheit des Details verbirgt, wirkt es mehr durch die liebliche Form als durch die Größe; allein der nähere Anblick enthüllt uns eine Vollkommenheit, die in keinem Verhältnis zum Umfang steht. Wenn wir in unserer schnellebigen Zeit ungeheure Bauten von hundert Stockwerken in ein, zwei Jahren aus dem Boden wachsen sehen und dann bedenken, wie sehr sich zweiundzwanzigtausend Menschen zweiundzwanzig Jahre lang um dieses kleine, kaum dreißig Meter hohe Grabmal mühten, beginnen wir den Unterschied zwischen Industrie und Kunst zu begreifen. Vielleicht war die im Erdenken eines solchen Baus wie des Tadsch Mahal enthaltene Willenshandlung größer und tiefer als die des größten Eroberers. Wenn die Zeit vernunftbegabt wäre, würde sie alles andere als den Tadsch vernichten und diesen Beweis menschlichen Adels dem letzten Menschen zum Troste erhalten.

4. INDISCHE ARCHITEKTUR UND KULTUR

Der Verfall der indischen Kunst · Vergleich zwischen der Architektur der Hindus und der Moslemin
Allgemeine Betrachtung der indischen Kultur

Trotz seines Gitters war Aurangseb für die indische und die Mogulkunst ein Unglück. Seine fanatische und ausschließliche Ergebenheit an die Religion ließ ihn in der Kunst nur Abgötterei und Eitelkeit sehen. Bereits Schah Jahan hatte den Bau von Hindutempeln untersagt; Aurangseb hielt nicht nur das Verbot aufrecht, sondern er gewährte auch der mohammedanischen Baukunst nur eine so spärliche Unterstützung, daß auch sie während seiner Herrschaft darniederlag. Die indische Kunst folgte ihm ins Grab.

Eine Zusammenfassung und ein Rückblick auf die indische Architektur läßt uns in ihr zwei Themen erkennen, ein männliches und ein weibliches, ein Hinduthema und ein mohammedanisches Thema, um die die Symphonie der Bauten kreist. Genau wie in der berühmtesten der Symphonien auf die erregenden Hammerschläge der Eingangsakte eine Melodie von unendlicher Zartheit folgt, so folgen in der indischen Architektur

DIE INDISCHE KUNST 527

die Grazie und der Wohlklang des Mogulstils in Fathpur-Sikri, Delhi und Agra auf die überwältigenden Denkmäler des indischen Genius in Bodh-Gaya, Bhuvaneschvara, Madura und Tanjore; und am Ende fließen die zwei Themen kunstvoll verschlungen ineinander. Von den Moguln hat man gesagt, daß sie wie Riesen bauten und den letzten Schliff wie Juweliere gaben; aber dieses Epigramm ließe sich besser auf die indische Architektur im allgemeinen anwenden: Die Hindus bauten wie Riesen und die Moguln vollendeten wie Juweliere. Die Hinduarchitektur beeindruckt uns durch ihre Masse, die maurische Architektur durch ihre Kleinarbeit; die erste hatte die Erhabenheit der Kraft, die andere hatte die Vollkommenheit der Schönheit; die Hindus besaßen Leidenschaft und Fruchtbarkeit, die Mauren Geschmack und Selbstbeherrschung. Die Hindus bedeckten ihre Bauten so reich mit Bildhauerarbeiten, daß man nicht weiß, ob man sie in die Baukunst oder in die Skulptur einordnen soll; die Mohammedaner verabscheuten Bilder und beschränkten sich auf florale oder geometrische Dekoration. Die Hindus waren die gotischen Bildhauerarchitekten des indischen Mittelalters; die Mohammedaner waren die ausgewanderten Künstler der exotischen Renaissance. Alles in allem erklomm der Hindustil größere Höhen, insofern das Erhabene das Liebliche überragt; nach reiflicher Überlegung werden wir gewahr, daß das Fort Delhi und der Tadsch Mahal sich neben Angkor und Borobudur wie prächtige lyrische Gedichte neben inhaltsschweren Dramen ausnehmen, wie Petrarca neben Dante, Keats neben Shakespeare, Sappho neben Sophokles. Die eine Kunst ist der anmutige und unvollständige Ausdruck glücklicher Individuen, die andere ist der vollständige und machtvolle Ausdruck einer Rasse.

Daher muß dieser kleine Überblick so schließen, wie er begann: mit dem Geständnis, daß nur ein Inder die Kunst Indiens ganz würdigen oder darüber verzeihliche Dinge schreiben kann. Einen Europäer, der zu den griechischen und aristokratischen Regeln des Maßes und der Einfachheit erzogen wurde, wird diese volkstümliche Kunst der verschwenderischen Ausschmückung und wilden Verflochtenheit zuweilen fast primitiv und barbarisch anmuten. «Barbarisch» ist aber gerade das Wort, mit dem der von klassischem Geiste durchdrungene Goethe das Straßburger Münster und den gotischen Stil verwarf; es ist die Reaktion der Vernunft auf das Gefühl, des Rationalismus auf die Religion. Nur der gläubige Eingeborene kann die Majestät der Hindutempel erleben; denn diese wurden nicht gebaut, um lediglich der Schönheit Form zu verleihen, sondern auch, um der Frömmigkeit einen Ansporn und dem Glauben eine Grundlage zu schaffen. Nur unser Mittelalter, nur unsere Giotto und Dante könnten Indien verstehen.

Unter diesem Gesichtspunkt müssen wir die gesamte indische Kultur betrachten; als den Ausdruck eines «mittelalterlichen» Volkes, dem die Religion mehr bedeutet als die Wissenschaft, und sei es nur, weil die Religion die Ewigkeit des menschlichen Unwissens und die Eitelkeit der menschlichen Macht von vornherein als gegeben hinnimmt. In dieser Frömmigkeit liegt die Schwäche und die Kraft des Hindu: sein Aberglaube und seine Sanftheit, sein Nachinnengekehrtsein und seine Einsicht, seine Rückständigkeit und seine Tiefe, seine Schwäche im Krieg und seine Stärke in der Kunst. Zweifellos hat das Klima seine Religion beeinflußt und zu seiner Entkräftung beige-

INDIEN UND SEINE NACHBARN

tragen. Deshalb wich er mit fatalistischer Resignation vor den Ariern, Hunnen, Mohammedanern und Europäern zurück. Die Geschichte strafte ihn, weil er die Wissenschaft vernachlässigt hatte; und als die besseren Geschütze Clives die Eingeborenenarmee bei Plassey (1757) niedermähten, verkündete ihr Donner die industrielle Revolution. In unserer Zeit ist diese Revolution auch in Indien ihren Weg gegangen, genau wie sie ihren Willen und ihren Charakter England, Amerika, Deutschland, der UdSSR und Japan aufgedrückt hat; auch Indien hat heute seinen Kapitalismus und Sozialismus, seine Millionäre und Elendsquartiere. Die alte Kultur Indiens ist zu Ende. Ihr Untergang begann mit der Ankunft der Briten.

NEUNTES KAPITEL

Ein christlicher Epilog

I. DIE FRISCHFRÖHLICHEN SEERÄUBER

Die Ankunft der Europäer · Die britische Eroberung · Der Sepoy-Aufstand
Vorzüge und Nachteile der britischen Herrschaft

IN mehrfacher Hinsicht war jene Kultur bereits tot, als Clive und Hastings die Reichtümer Indiens entdeckten. Die lange und zersetzende Herrschaft Aurangsebs und das Chaos und die inneren Kriege, die ihr folgten, machten Indien dazu reif, wieder erobert zu werden; es war nur die Frage, welche der modernisierten europäischen Mächte das Werkzeug der Eroberung werden sollte. Der Versuch der Franzosen schlug fehl: Sie verloren Indien wie auch Kanada bei Roßbach und Waterloo. Der Versuch der Engländer führte zum Erfolg.

Im Jahre 1498 warf Vasco da Gama, aus Lissabon kommend, nach einer Reise von elf Monaten Anker vor Calicut. Er wurde vom Radscha von Malabar gut aufgenommen, der ihm einen höflichen Brief an den König von Portugal mitgab: «Vasco da Gama, ein Edelmann Eures Hofes, hat mein Königreich besucht und mir viel Freude bereitet. In meinem Königreich sind Zimt, Gewürznelken, Pfeffer und Edelsteine im Überfluß vorhanden. Was ich aus Eurem Lande wünsche, ist Gold, Silber, Koralle und Scharlachrot.» Seine Christliche Majestät antwortete, indem sie Indien als portugiesische Kolonie beanspruchte, aber der Radscha war zu rückständig, um die angeführten Gründe zu verstehen. Zur Klärung der Angelegenheit sandte Portugal eine Flotte nach Indien mit dem Befehl, das Christentum zu verbreiten und Krieg zu führen. Im siebzehnten Jahrhundert trafen die Holländer ein und verjagten die Portugiesen; im achtzehnten kamen die Franzosen und Engländer und verjagten die Holländer. Grausame Schlachten entschieden, wer von ihnen die Inder zivilisieren und besteuern sollte.

Die Ostindische Kompanie war 1600 in London gegründet worden, um in Indien billig zu kaufen und in Europa die Ezeugnisse Indiens und Ostindiens teuer zu verkaufen. Bereits 1686 teilte sie ihre Absicht mit, «in Indien ein großes, gutfundiertes sicheres englisches Dominion für alle zukünftige Zeit zu errichten». Sie gründete Handelsagenturen in Madras, Kalkutta und Bombay, baute Festungen, brachte Truppen ins Land, schlug Schlachten, bestach und wurde bestochen und übte noch weitere Regierungsfunktionen aus. Clive nahm fröhlich «Geschenke» von indischen Herrschern an, die von seinen Geschützen abhingen; außerdem kassierte er von ihnen einen jährlichen Tribut und ernannte Mir Jafar zum Herrscher von Bengalen, spielte einen Eingeborenenfürsten gegen den anderen aus und annektierte nach und nach ihre Gebiete als Eigentum der Ostindischen Kompanie; er verfiel dem Laster des Opiumrauchens, wurde vom Parlament unter Anklage gestellt, seines Amtes enthoben und beging Selbstmord (1774).

Warren Hastings, ein Mann von Mut, Bildung und Gewandtheit, trieb von den einheimischen Fürsten Steuern für die Geldschränke der Kompanie ein; er nahm Bestechungen an, die gezahlt wurden, damit er nicht mehr erpresse, erpreßte doch mehr und annektierte die Staaten, die nicht zahlen konnten; er besetzte mit seinem Heer Oudh und verkaufte es schließlich. Eroberer und Eroberte suchten einander in Käuflichkeit zu übertreffen. Die von der Kompanie beherrschten Landesteile waren einer Bodensteuer, die 50% des Ertrages ausmachte, und anderen Requisitionen unterworfen. Diese waren so zahlreich und so hart, daß zwei Drittel der Bevölkerung flohen, während die anderen ihre Kinder verkauften, um die steigenden Abgaben leisten zu können. «Ungeheure Vermögen», sagt Macaulay, «wurden in Kalkutta schnell zusammengerafft, während dreißig Millionen Menschen an den Bettelstab gebracht wurden. Sie waren es gewohnt, unter Tyrannei zu leben, aber nie unter einer solchen Tyrannei.»[1]

Gegen 1857 hatten die Verbrechen der Kompanie Nordostindien dermaßen ausgesogen, daß die Eingeborenen eine verzweifelte Revolte unternahmen. Die britische Regierung griff ein, erstickte den «Aufstand», übernahm die eroberten Gebiete als Kronkolonie, zahlte die Kompanie sehr großzügig aus und bürdete den Kaufpreis der indischen Staatsschuld auf. Es war ungeschminkte, plumpe Eroberung, die nicht durch die westlich vom Suez deklamierten Gebote zu beurteilen, sondern im Sinne Darwins und Nietzsches zu verstehen war: Ein Volk, das die Fähigkeit verloren hat, sich selbst zu verwalten oder seine natürlichen Reichtümer zu entwickeln, wird die Beute starker und gieriger Nationen.

Die Eroberung brachte Indien gewisse Vorteile. Männer wie Bentinck, Canning, Munroe, Elphinstone und Macaulay verliehen der Verwaltung der britischen Provinzen etwas von dem großzügigen Liberalismus, der England 1832 leitete. Lord William Bentinck setzte mit Hilfe einheimischer Reformatoren, wie Ram Mohun Roy, der Witwenverbrennung und den Thugs ein Ende. Nachdem die Engländer in Indien 111 Kriege mit indischem Geld und indischen Truppen geführt hatten, schenkten sie der ganzen Halbinsel den Frieden, bauten Eisenbahnen, Fabriken und Schulen, eröffneten Universitäten in Kalkutta, Madras, Bombay, Lahore und Allahabad, brachten die englische Wissenschaft und Technik nach Indien, begeisterten den Osten für die demokratischen Ideale des Westens und spielten eine bedeutende Rolle bei der Aufdeckung des kulturellen Reichtums der indischen Vergangenheit. Der Preis dieser Wohltaten war ein Finanzdespotismus, mittels dessen eine Rasse vorübergehender Herrscher Jahr um Jahr den Reichtum Indiens mit sich nahm, wenn sie nach dem neue Kraft spendenden Norden zurückkehrte; ein Wirtschaftsdespotismus, der das Gewerbe Indiens zugrunde richtete und seine Millionen Handwerker auf einen unzulänglichen Boden zurückwarf; und ein politischer Despotismus, der, weil er so bald nach der engherzigen Tyrannei Aurangsebs kam, für ein Jahrhundert den Geist des indischen Volkes brach.

EIN CHRISTLICHER EPILOG 531

II. DIE HEILIGEN
DES AUSGEHENDEN NEUNZEHNTEN JAHRHUNDERTS

Das Christentum in Indien · Das Brahma-Samaj · Der Mohammedanismus
Ramakrischna · Vivekananda

Es war für Indien unter diesen Umständen natürlich nur charakteristisch, Trost in der Religion zu suchen. Eine Zeitlang fand das Christentum eine herzliche Aufnahme; Indien sah in ihm viele ethische Ideale, die es seit Jahrtausenden verehrt hatte; und «bevor die Wesensart und das Betragen der Europäer», sagt Abbé Dubois, «diesem Volke ganz klar wurde, schien es möglich, daß das Christentum bei ihm Wurzel fassen könnte»[2]. Während des ganzen neunzehnten Jahrhunderts versuchten die Missionare, den Donner der erobernden Geschütze mit dem Worte Christi zu übertönen; sie errichteten Schulen und Spitäler, spendeten wohltätige Hilfe und brachten den Unberührbaren die erste Anerkennung ihrer Menschlichkeit. Aber der Kontrast zwischen der christlichen Lehre und christlicher Handlungsweise ließ die Inder skeptisch und satirisch werden. Sie wiesen darauf hin, daß die Erweckung des Lazarus vom Tode nicht der Rede wert war; ihre eigene Religion kannte viel interessantere und verblüffendere Wunder als dieses; jeder wahre Yogi konnte noch jetzt Wunder bewerkstelligen, während diejenigen des Christentums offenbar vorbei waren. Die Brahmanen bewahrten stolz ihre Stellung und setzten den Orthodoxien des Westens ein gerade so scharfsinniges, tiefes und unglaubhaftes Gedankensystem entgegen. «Der Fortschritt des Christentums in Indien», sagt Sir Charles Eliot, «ist unbedeutend.»[3]

Nichtsdestoweniger übte die faszinierende Gestalt Christi einen größeren Einfluß in Indien aus, als man aus dem Umstand, daß das Christentum in drei Jahrhunderten nur sechs Prozent der Bevölkerung bekehrt hat, schließen könnte. Die ersten Zeichen dieses Einflusses zeigten sich in der *Bhagavad-Gita*; die letzten werden in den Schriften Gandhis und Tagores offenbar. Das deutlichste Beispiel liefert uns die als *Brahma-Samaj* * bekannte Reformgesellschaft, die 1828 von Ram Mohun Roy gegründet wurde. Keiner hätte sich auf das Studium der Religion gewissenhafter vorbereiten können. Roy lernte Sanskrit, um die *Veden* zu lesen, Pali, um das *Tripitaka* des Buddhismus zu lesen, Persisch und Arabisch, um den Islam und den *Koran* zu studieren, Hebräisch, um das Alte Testament zu meistern, und Griechisch, um das Neue Testament zu verstehen. Dann lernte er Englisch und schrieb es mit solcher Leichtigkeit und Anmut, daß Jeremia Bentham wünschte, James Mill möchte aus dem Beispiel Nutzen ziehen. Roy gab 1820 seine *Gebote Jesu: ein Führer zu Frieden und Glückseligkeit*, heraus und verkündete: «Ich habe die Lehren Christi für die moralischen Grundsätze dienlicher und für den Gebrauch vernunftbegabter Wesen passender gefunden als alle anderen, die ich kenne.»[4] Er schlug seinen empörten Landsleuten eine neue Religion vor, die Polytheismus, Polygamie, Kasten, Kinderehe, Witwenverbrennung und Götzendienst abschaffen und ei-

---

* Wörtlich die «Brahmagesellschaft»; genauer bekannt als «Die Gesellschaft der Gläubigen Brahmans, des höchsten Geistes».

INDIEN UND SEINE NACHBARN

nen einzigen Gott – Brahman – verehren sollte. Wie Akbar träumte auch er, daß sich Indien in einem so einfachen Glauben einigen ließe; und wie Akbar unterschätzte er die Volkstümlichkeit des Aberglaubens. Die Brahma-Samaj ist heute nach einem hundertjährigen nutzvollen Kampfe im indischen Leben eine erloschene Kraft*.

Die Moslemin sind die mächtigste und interessanteste der religiösen Minoritäten Indiens; aber das Studium ihrer Religion gehört in einen späteren Band. Es ist nicht erstaunlich, daß der Mohammedanismus, trotz der eifrigen Hilfe Aurangsebs, Indien dem Islam nicht gewann; das Wunder ist vielmehr, daß der Mohammedanismus in Indien nicht dem Hinduismus erlag. Das Weiterbestehen dieses schlichten und männlichen Monotheismus inmitten eines vielfältigen Polytheismus beweist die Kraft des mohammedanischen Geistes; es genügt schon, an die Aufsaugung des Buddhismus durch den Brahmanismus zu erinnern, um die Energie dieses Widerstandes und die Größe dieser Leistung vollauf zu erfassen. Allah zählt heute etwa 70 Millionen Gläubige in Indien.

Der Hindu hat in keinem fremden Glauben recht Trost gefunden; und die Gestalten, die im neunzehnten Jahrhundert sein religiöses Bewußtsein am tiefsten begeisterten, waren diejenigen, die ihre Lehre und Handlungsweise aus den alten Glaubenslehren des Volkes zogen. Ramakrischna, ein armer Brahmane aus Bengalen, wurde eine Zeitlang Christ und fühlte die Lockung des Heilands **, sodann wurde er Mohammedaner und erfüllte das strenge Ritual der mohammedanischen Gebete; aber bald brachte ihn sein frommes Herz zum Hinduismus zurück, ja sogar zur Göttin Kali, deren Priester er wurde und die er in eine zärtliche und liebende Mutter-Göttin verwandelte. Er verwarf den Weg des Intellekts und predigte *Bhakti-Yoga* – die Zucht und Eintracht der Liebe. «Das Wissen um Gott», sagt er, «läßt sich mit einem Manne vergleichen, während die Liebe zu Gott wie eine Frau ist. Das Wissen hat nur zu den äußeren Räumen Gottes Zutritt, und keiner kann die inneren Mysterien Gottes betreten außer einem Liebenden.»⁵

Anders als Ram Mohun Roy kümmerte sich Ramakrischna nicht um die Bildung; er lernte weder Sanskrit noch Englisch; er schrieb keine Bücher und wich intellektuellen Gesprächen aus. Als ein hochtrabender Logiker ihn fragte: «Was sind Erkenntnis, Erkenner und der erkannte Gegenstand?» antwortete er: «Guter Mann, ich kenne all diese Spitzfindigkeiten der Scholastik nicht. Ich weiß nur um meine göttliche Mutter und daß ich ihr Sohn bin.»⁶ Alle Religionen sind gut, lehrte er seine Anhänger; jede ist ein Weg zu Gott oder eine Etappe am Wege, dem Geiste und dem Herzen des Suchers gemäß. Es ist Torheit, sich von einer Religion zu einer anderen zu bekehren; man muß nur den eigenen Weg fortsetzen und die Substanz des eigenen Glaubens er-

---

* Heute zählt sie etwa 5500 Mitglieder. Eine andere Reformgesellschaft, die *Arya-Samaj* (Arische Gesellschaft), wurde von Sarasvati Dayananda gegründet und auf ausgezeichnete Weise von dem verstorbenen Lala Lajpat Rai weitergeführt. Sie wandte sich gegen das Kastensystem, den Polytheismus, den Aberglauben, den Götzendienst und das Christentum und forderte die Rückkehr zur einfacheren Religion der *Veden*. Die Gesellschaft zählt nun eine halbe Million Anhänger. Ein entgegengesetzter Einfluß, das heißt des Hinduismus auf das Christentum, tritt in der Theosophie hervor – einem Gemisch von Hindumystik und christlicher Moral, das in Indien von zwei exotischen Frauen, Helena Blavatsky (1878) und Annie Besant (1893), entwickelt wurde.

** Bis an das Ende seines Lebens glaubte er an die Göttlichkeit Christi, bestand aber darauf, daß Buddha, Krischna und andere ebenfalls Verkörperung des einen Gottes gewesen seien. Er selbst, versicherte er Vivekananda, sei eine Wiederverkörperung Ramas und Krischnas.

EIN CHRISTLICHER EPILOG 533

reichen. «Alle Ströme fließen ins Meer. Fließe und lasse auch andere fließen.»[7] Er duldete teilnahmsvoll den Polytheismus des Volkes und nahm demütig den Monismus der Philosophen an; aber in seinem eigenen lebendigen Glauben war Gott ein in allen Menschen verkörperter Geist und die einzig wahre Anbetung Gottes der liebevolle Dienst an der Menschheit.

Viele schöne Seelen, Arme und Reiche, Brahmanen und Parias, erwählten ihn zu ihrem Guru und bildeten in seinem Namen einen Orden und eine Missionsgesellschaft. Der lebhafteste dieser Anhänger war ein stolzer junger Kschatriya, Narendranath Dutt, der, ganz in der Geisteswelt Spencers und Darwins befangen, als Atheist zu Ramakrischna kam, als Atheist, den sein Atheismus unglücklich machte, der aber für die Sagen und den Aberglauben, mit denen er die Religion identifizierte, nur Verachtung empfand. Die geduldige Freundlichkeit Ramakrischnas gewann ihn, und «Naren» wurde der glühendste Jünger des Meisters; Gott wurde ihm wieder die «Gesamtheit aller Seelen», und er forderte seine Mitmenschen auf, die Religion nicht durch eitle Askese und Betrachtung, sondern durch restlose Hingabe im Dienste an der Menschheit auszuüben.

«Überlasse das Lesen des *Vedanta* und die Praxis der Meditation dem nächsten Leben. Stelle diesen Körper, der hier ist, in den Dienst der anderen! ... Die höchste Wahrheit ist diese: Gott ist in allen Wesen gegenwärtig. Sie sind seine mannigfaltigen Formen. Man kann keinen anderen Gott suchen. Nur wer allen anderen Wesen dient, dient Gott.»[8]

Er nahm den Namen Vivekananda an und verließ Indien, um im Ausland Gelder für die Ramakrischna-Mission zu sammeln. Im Jahre 1893 befand er sich allein und ohne Geld in Chicago. Am nächsten Tage erschien er im Parlament der Religionen in der Weltausstellung und hielt als Vertreter des Hinduismus eine Rede. Seine glänzende Persönlichkeit, sein Evangelium von der Einheit aller Religionen und seine schlichte Ethik vom Dienste am Menschen als die edelste Liebe Gottes eroberte die Versammlung; der Atheismus wurde in der Inspiration seiner Beredsamkeit eine große Religion, und strengläubige Geistliche ehrten einen «Heiden», der da sagte, daß es keinen anderen Gott gebe als die Seele lebendiger Dinge. Nach Indien zurückgekehrt, predigte er seinen Mitbürgern einen männlicheren Glauben, als ein Hindu seit der vedischen Zeit je getan hatte.

«Wir brauchen eine männermachende Religion ... Gebet auf diese verweichlichenden Mystizismen und seid stark ... Für die nächsten fünfzig Jahre ... verbannt alle anderen, eitlen Götter aus eurem Geiste. Das ist der einzige Gott, der wach ist: das Menschengeschlecht, überall seine Hände, überall seine Füße, überall seine Ohren; er umfaßt alles ... Das erste an jeder Verehrung ist die Verehrung all derer, die um uns sind ... All das sind unsere Götter – Menschen und Tiere; und die ersten Götter, die wir verehren müssen, sind unsere eigenen Mitbürger.»[9]

Von hier bis Gandhi war nur ein Schritt.

III. TAGORE

Wissenschaft und Kunst · Eine geniale Familie · Rabindranaths Jugend
Seine Dichtung · Seine Politik · Seine Schule

Indessen wirkte Indien trotz Unterdrückung, Bitterkeit und Elend weiter an Wissenschaft, Literatur und Kunst. Professor Jagadins Tschandra Bose ist durch seine Forschungen auf dem Gebiete der Elektrizität und der Pflanzenphysiologie weltberühmt geworden, und die Arbeiten von Professor Tschandrasekhara Raman in der Lichtphysik sind mit dem Nobelpreis gekrönt worden. In unserem Jahrhundert entstand in Bengalen eine neue Schule der Malerei, die die Farbenpracht der Ajanta-Fresken mit der Zartheit der Linienführung der Radschputenminiaturen verschmilzt. Die Bilder Abanindranath Tagores sind, wenn auch nur in bescheidenem Maße, von dem gleichen wollüstigen Mystizismus und der delikaten künstlerischen Ausführung gekennzeichnet, die der Dichtung seines Onkels Weltruf verschafft haben.

Die Tagore sind eine der großen Familien der Geschichte. Davendranath Tagore (Bengali *Thakur*) war einer der Organisatoren und später das Haupt der *Brahma-Samaj*; ein Mann von Reichtum, Kultur und Heiligkeit, wurde er im hohen Alter ein ketzerischer Patriarch von Bengalen. Seine Nachkommen sind die Künstler Abanindranath und Gogonendranath, der Philosoph Dwijendranath und der Dichter Rabindranath Tagore – die zwei letztgenannten sind seine Söhne.

Rabindranath wuchs in einer behaglichen und verfeinerten Atmosphäre auf, in der Musik, Dichtung und schöngeistiges Gespräch zur Atemluft gehörten. Er war ein vornehmer Geist von Geburt, ein Shelley, der sich weigerte, jung zu sterben oder alt zu werden; so liebevoll, daß Eichhörnchen auf seinen Knien spielten und Vögel sich auf seinen Händen niederließen. Sein Beobachtungs- und Aufnahmevermögen ließ ihn die wirbelnden Obertöne der Erfahrung mit einer mystischen Sensibilität erleben. Zuweilen konnte er stundenlang auf einem Balkon stehen und mit literarischem Instinkt Gestalt und Züge, Manier und Gangart jedes Straßenpassanten registrieren; zuweilen halbe Tage auf einem Sofa im Zimmer mit seinen Erinnerungen und Träumen verbringen. Er begann auf einer Schiefertafel Verse zu schreiben, und der Gedanke, daß man die Fehler so leicht wegwischen konnte, machte ihn glücklich. Bald verfaßte er Lieder voller Zärtlichkeit für Indien – für die Schönheit seiner Landschaft, den Reiz seiner Frauen und das Leid seines Volkes; und er schrieb die Musik zu diesen Liedern selbst. Ganz Indien sang sie, und der junge Dichter war voller Schauer der Begeisterung, wenn er sie als Unbekannter auf der Reise von den Lippen rauhen Landvolks vernahm. Hier ist eines dieser Lieder; wer sonst hat jemals mit so gefühlsreichem Skeptizismus der romantischen Liebe Ausdruck verliehen?

Sag mir, ob das alles wahr ist, Liebster, sag mir, ob das alles wahr ist.
Wenn diese Augen ihre Blitze sprühen, geben die dunklen Wolken in Deiner Brust stürmische
   Antwort?
Ist es wahr, daß meine Lippen süß sind wie die aufspringende Knospe der ersten, eingestandenen
   Liebe?

EIN CHRISTLICHER EPILOG 535

Säumen die Erinnerungen entschwundener Maienmonde in meinen Gliedern?
Erschauert die Erde wie eine Harfe in Liedern, wenn meine Füße sie berühren?
Ist es denn wahr, daß die Tautropfen von den Augen der Nacht fallen, wenn ich mich zeige, und
daß das Morgenlicht froh ist, wenn es meinen Körper rings einhüllt?
Ist es wahr, ist es wahr, daß Deine Liebe einsam durch Zeitalter und Welten wanderte, auf der
Suche nach mir?
Daß, da Du mich endlich fandest, Dein langes Sehnen letzten Frieden fand in meiner sanften
Rede, in meinen Augen und Lippen und flutenden Haaren?
Ist es denn wahr, daß das Geheimnis des Unendlichen auf dieser meiner kleinen Stirn geschrieben
steht?
Sag mir, Geliebter, ist es denn wahr? [10]

Seine Dichtungen weisen viele Vorzüge auf*: Eine tiefempfundene und doch beson-
nene Vaterlandsliebe, ein weiblich einfühlendes Verständnis für die Liebe und die
Frau, die Natur und den Menschen, ein leidenschaftliches Eindringen in die Erkenntnisse der indischen Philosophie sprechen aus ihnen; die Zartheit des Gefühls und Ausdrucks erinnern an Tennyson. Vielleicht sind sie zu konsequent schön, zu eintönig
idealistisch und zärtlich. Jede Frau in diesen Dichtungen ist bezaubernd und jeder Mann
in eine Frau oder in den Tod oder in Gott verliebt; die Natur ist zuweilen schrecklich,
aber immer erhaben, nie ungastlich oder öde oder widerwärtig**. Vielleicht ist die
Geschichte Citras Tagores eigene Geschichte: Ihr Liebhaber Arjuna wird ihrer nach
einem Jahre müde, weil sie vollkommen und ununterbrochen schön ist; erst als sie
ihre Schönheit verliert und, Kraft schöpfend, die natürlichen Mühen des Lebens auf
sich nimmt, liebt sie der Gott wieder – ein tiefes Sinnbild der guten Ehe. Tagore
beichtet die Grenzen seiner Kunst mit gewinnender Anmut:

Liebste, vor langem einmal ersann sich Dein Dichter ein großes Gedicht.
Weh, ich war nicht achtsam, und es stieß an Deine klingenden Fußspangen und kam zu Schaden.
Es zerbrach in kleine Lieder und lag verstreut zu Deinen Füßen.
Meine ganze Schiffsladung von Geschichten aus alten Kriegen ward durcheinandergerüttelt von
den lachenden Wellen und in Tränen getränkt und sank.
Diesen Verlust mußt Du mir gutmachen, Liebste.
Wenn meine Ansprüche auf unsterblichen Ruhm nach dem Tode vernichtet sind, mach mich un-
sterblich, solang ich lebe.
Und ich will nicht trauern um meinen Verlust, noch Dich tadeln. [12]

Deshalb hat er stets Gedichte geschrieben, und die ganze Welt – mit Ausnahme der
Kritiker – hat sie gerne gelesen. Indien war ein wenig überrascht, als sein Dichter den
Nobelpreis (1913) erhielt; die bengalischen Rezensenten hatten nur seine Fehler gesehen, und die Professoren in Kalkutta hatten seine Gedichte als Beispiele für schlech-
tes Bengalisch verwendet. Die jungen Nationalisten brachten ihm keine Sympathie entgegen, weil sein vernichtendes Urteil über die Mißbräuche im moralischen Leben Indiens stärker war als sein Schrei nach politischer Freiheit; und als er zum Ritter ge-

---

* Die bedeutenderen Werke sind *Gitañjali* (1913), *Citra* (1914), *Das Postamt* (1914), *Der Gärtner* (1914),
Fruchtlese (1916) und *Rote Oleander* (1925). Die Erinnerungen des Dichters sind für das Verstehen seines Werkes ein besserer Wegweiser als Thompsons *R. Tagore, Poet and Dramatist* (Oxford, 1926).

** Vgl. seine herrliche Zeile: «Wenn ich von hier geh, mag dies mein Abschiedswort sein, daß unüber-
trefflich ist, was ich gesehn.» [11]

536 INDIEN UND SEINE NACHBARN

schlagen wurde, schien ihnen das Verrat an Indien. Er behielt die Ehrung nicht lange; als infolge eines tragischen Mißverständnisses britische Soldaten eine religiöse Versammlung in Amritsar beschossen (1919), sandte Tagore an den Vizekönig seine Auszeichnungen mit einem in scharfen Worten abgefaßten Verzichtschreiben zurück. Einsam verbrachte er seine letzten Jahre, vielleicht als einer der eindrucksvollsten Menschen unserer Zeit, als ein Reformator, der den Mut gefunden hat, die grundlegendste Institution Indiens – das Kastensystem – und seinen teuersten Glauben – die Seelenwanderung – anzugreifen. Er war ein Nationalist, der sich nach Indiens Freiheit sehnte, es aber wagte, sich gegen den Chauvinismus und die Selbstsucht, die in der nationalistischen Bewegung eine große Rolle spielen, aufzulehnen; ein Erzieher, der, der Rhetorik und Politik müde, sich in sein *aschrama*, seine Klause in Schantiniketan, zurückzog, um einigen wenigen sein Evangelium der sittlichen Selbstbefreiung zu lehren; ein Dichter, dem der frühzeitige Tod seiner Frau und die Demütigung seines Landes das Herz gebrochen; ein Philosoph des *Vedanta*, ein Mystiker, der, wie Chandi Das, voller Zaudern zwischen dem Ewig-Weiblichen und dem Ewig-Göttlichen stand und doch durch die Weite und Tiefe seiner Bildung des angestammten Glaubens beraubt war; ein Freund der Natur, der ihren Todesboten nur mit der Tröstung der nie alternden Gabe des Liedes entgegensah.

«Dichter, der Abend zieht herauf; Dein Haar wird grau.
Vernimmst Du in Deinem einsamen Sinnen Botschaft vom Jenseits?»

«Es ist Abend», sagte der Dichter, «und ich lausche, weil einer rufen kann vom Dorfe, mag es auch spät sein.
Ich wache: ob junge, irrende Herzen sich finden und zwei Paare sehnsüchtiger Augen um Musik betteln, die ihr Schweigen bräche und für sie redete.
Wer soll ihre Leidenschaft zu Liedern weben, wenn ich am Gestade des Lebens sitze und den Tod und das Drüben betrachte?

Der frühe Abendstern verschwindet.
Das Glosen eines Totenfeuers stirbt mählich am schweigenden Fluß.
Schakale heulen im Chor vom Hof des verödeten Hauses, im Licht des erschöpfenden Monds.
Wenn da ein Wanderer, sein Heim verlassend, herkäme, die Nacht zu wachen und gebeugten Hauptes dem Murmeln der Dunkelheit zu lauschen, wer sollte ihm die Geheimnisse des Lebens in sein Ohr flüstern, wenn ich, meine Tore schließend, mich frei machen wollte von irdischen Banden?

Es will nicht viel bedeuten, daß mein Haar grau wird.
Ich bin immer so jung oder so alt wie der Jüngste oder der Älteste in diesem Dorfe.
Manche haben Lächeln, süß und einfach, und manche ein schlaues Blinzeln in ihren Augen.
Manche haben Tränen, die aufsteigen im Taglicht, und andere Tränen, die im Dunkeln verborgen sind.
Sie alle bedürfen meiner, und ich habe keine Zeit, über das Hernach zu brüten.
Ich bin mit allen gleichaltrig, was macht es, wenn mein Haar grau wird?» [13]

IV. OSTEN IST WESTEN

Indien im Wandel · Wirtschaftliche Veränderungen · Soziale Veränderungen
Der Verfall des Kastensystems · Kasten und Gilden · Die Unberührbaren
Das Emporkommen der Frau

Daß ein Mann, der bis zum Alter von fast fünfzig Jahren kein Englisch konnte, diese Sprache hernach so gut schreiben sollte, beweist, mit welcher Leichtigkeit sich so manche Kluft zwischen Osten und Westen überbrücken läßt. Denn seit der Geburt Tagores kommt der Westen auf hundert Wegen nach dem Osten und verändert jeden Aspekt des östlichen Lebens. Fünfzigtausend Kilometer Eisenbahnnetz haben die Wüsten und Ghats Indiens ihrer Unerreichbarkeit entrissen und den Abendländer in jedes Dorf gebracht; der Telegraphendraht und die Druckerpresse tragen die Neuigkeiten einer sich vielfältig verändernden Welt jedem eifrigen Zeitungsleser zu; englische Schulen lehrten die Geschichte Großbritanniens, um britische Bürger heranzuziehen, und prägten unbeabsichtigt englische Ideen der Demokratie und Freiheit ein. Sogar der Osten bestätigt heute den Satz Heraklits.

Indien, das im neunzehnten Jahrhundert durch die besseren britischen Webstühle und Geschütze ins Elend gestürzt wurde, wendet sich nun widerstrebend der Industrialisierung zu. Die Handwerke sind im Aussterben, die Fabriken im Wachsen begriffen. In Jamsetpur beschäftigt die Tata-Eisen- und Stahlgesellschaft 45 000 Arbeiter und bedroht die führende Stellung der amerikanischen Stahlproduzenten. Die Kohleproduktion Indiens ist in schnellem Steigen begriffen; innerhalb einer Generation werden China und Indien vielleicht mehr Treib- und Rohstoffe für die Industrie aus dem Boden holen als Europa und Amerika. Diese autochthonen Hilfsquellen werden nicht nur den einheimischen Bedürfnissen gerecht werden, sie können auch dem Westen auf den Weltmärkten Konkurrenz machen, so daß die Eroberer Asiens vielleicht auf einmal ohne Märkte dastehen und sich gezwungen sehen, den Lebensstandard ihres Volkes infolge der Konkurrenz einer auf niedrigen Löhnen aufgebauten Produktion in einst fügsamen und rückständigen (d. h. Ackerbau-) Ländern gewaltig herabzusetzen.

Die wirtschaftliche Grundlage der indischen Gesellschaft hat sich nicht verändert, ohne die sozialen Einrichtungen und die Sitten und Gebräuche des Volkes zu beeinflussen. Das Kastensystem beruhte auf dem Begriffe einer statischen und agrarischen Gesellschaft; es schuf Ordnung, gewährte aber den Begabungen ohne Stammbaum keine Möglichkeiten, regte den Ehrgeiz nicht an, erweckte keine Hoffnung und ließ so den Erfinder- und Unternehmergeist ohne Antrieb; es war dem Untergange geweiht, als die industrielle Revolution die Küsten Indiens erreichte. Die Maschine nimmt keine Rücksicht auf die Person. In den meisten Fabriken verrichten die Arbeiter ihre Arbeit Seite an Seite, ohne Kastenunterschiede. Die Eisenbahnzüge und Straßenbahnen geben ihre Fahrkarten allen aus, die sie bezahlen können, kooperative Ge-

INDIEN UND SEINE NACHBARN

sellschaften und politische Parteien bringen alle Klassen zusammen, und in überfüllten Theatern oder Straßen der Stadt kommen der Brahmane und der Paria in enge Berührung.

Bereits um 1930 haben die Kastenbezeichnungen ihre Bedeutung verloren. Das Wort Vaischya wird heute in Büchern benutzt, findet aber im praktischen Leben keine Anwendung mehr. Sogar die Bezeichnung *Schudra* ist aus dem Norden verschwunden, während sie im Süden ungenau für alle Nicht-Brahmanen angewandt wird. In Wirklichkeit sind an die Stelle der niedereren Kasten von einst dreitausend «Kasten, die in Wirklichkeit Zünfte sind, getreten: Bankiers, Kaufleute, Fabrikanten, Landwirte, Professoren, Ingenieure, Bahnwächter, Lehrerinnen, Metzger, Barbiere, Fischer, Schauspieler, Kohlenarbeiter, Wäscher, Kutscher, Verkäuferinnen, Schuhputzer – sie alle sind in Berufskasten gegliedert, die sich von unseren Gewerkschaften hauptsächlich durch die Erwartung unterscheiden, daß die Söhne die Gewerbe ihrer Väter weiterführen werden.

Die große Tragödie des Kastensystems ist, daß es von Generation zu Generation immer mehr Unberührbare geschaffen hat, deren wachsende Zahl und Widerspenstigkeit die Institution, die sie schuf, unterminierte. Die Ausgestoßenen haben in ihre Reihen alle jene aufgenommen, die durch Krieg oder Schulden versklavt waren, alle aus Ehen zwischen Brahmanen und Schudras stammenden Kinder und all die Unglücklichen, deren Arbeit als Straßenkehrer, Metzger, Akrobaten, Zauberer und Scharfrichter nach dem brahmanischen Recht als entehrend galt; und noch mehr haben sie ihre Zahl durch die achtlose Fruchtbarkeit jener, die nichts zu verlieren haben, gesteigert. Ihr bitteres Elend hat für sie körperliche Sauberkeit, Kleidung und Nahrung zu einem unerschwinglichen Luxus gemacht; und ihre Mitbürger meiden sie mit jedem ihrer fünf Sinne*. Deshalb verbieten die Kastenvorschriften einem Unberührbaren, sich einem Schudra auf mehr als sieben Meter oder einem Brahmanen auf mehr als zweiundzwanzig Meter zu nähern; wenn der Schatten eines Paria auf ein Kastenmitglied fällt, muß dieses die Besudelung durch eine reinigende Waschung beseitigen. Was auch immer der Ausgestoßene berührt, ist verunreinigt**. In vielen Teilen Indiens darf er nicht Wasser aus den öffentlichen Brunnen schöpfen oder die von den Brahmanen aufgesuchten Tempel betreten oder seine Kinder in Hinduschulen schicken. Die Briten, deren Politik in einem gewissen Maße zur Verelendung der Ausgestoßenen beigetragen hat, haben ihnen schließlich Gleichheit vor dem Gesetze und freien Zugang zu den von den Engländern kontrollierten Lehranstalten und Schulen zuerkannt. Die nationalistische Bewegung hat unter dem Einfluß Gandhis viel getan, um die Rechtsunfähigkeit der Unberührbaren zu vermindern.

---

* «Die vollständige Fleischenthaltsamkeit gibt den Menschen, die sie üben, einen so scharfen Geruchsinn, daß der Atem oder Hautschweiß einer Person ihnen verrät, ob diese Person Fleischspeisen genossen hat oder nicht; und das noch nach vierundzwanzig Stunden.»[14]

** Im Jahre 1913 fiel das Kind eines reichen Hindu in Kohat in einen Brunnen und ging unter. Niemand war in der Nähe als seine Mutter und ein vorübergehender Ausgestoßener. Dieser machte sich erbötig, in den Brunnen zu steigen und das Kind zu retten, aber die Mutter lehnte ab; sie zog den Tod ihres Kindes der Verunreinigung ihres Brunnens vor.

EIN CHRISTLICHER EPILOG 539

Die Verbreitung der Industrie und der westlichen Ideen brachte auch eine Schwächung der alten Vorherrschaft des männlichen Inders mit sich. Die Industrialisierung
schob das Heiratsalter hinaus und forderte die «Emanzipation» der Frau; das heißt,
daß die Frau sich zur Fabrikarbeit erst dann gewinnen läßt, wenn man sie überzeugt hat,
daß das Heim ein Gefängnis ist, und wenn sie weiß, daß sie ihren Lohn von Gesetzes
wegen für sich behalten darf. Viele wirkliche Reformen sind als Folge dieser Emanzipation verwirklicht worden. Die Kinderehe ist formell abgeschafft (seit 1929), indem
das heiratsfähige Alter auf vierzehn Jahre für Mädchen und auf achtzehn Jahre für Jünglinge festgesetzt wurde; die Witwenverbrennung ist verschwunden, und die Wiederverehelichung der Witwen wird praktiziert; die Polygamie ist erlaubt, aber nur wenige
Männer haben mehrere Ehefrauen; und die Touristen sind über die Entdeckung enttäuscht, daß es fast keine Tempeltänzerinnen mehr gibt. In keinem anderen Lande
machte die sittliche Umwälzung so schnelle Fortschritte. Das industrielle Stadtleben
entriß die Frau immer mehr dem *purdah*.

«Fort mit dem alten *purdah*! Kommet geschwind aus den Küchen! Schleudert die Töpfe und
Pfannen in die Ecken! Reißet das Tuch von eueren Augen und schauet die neue Welt! Sollen
euere Gatten und Brüder für sich selber kochen. Es gibt viel Arbeit, um aus Indien eine Nation
zu machen!»[15]

V. DIE NATIONALISTISCHE BEWEGUNG

Die verwestlichten Studenten · Die Verweltlichung des Himmels · Der Indische Nationalkongreß

Im Jahre 1923 studierten mehr als tausend Inder in England, wahrscheinlich die gleiche
Zahl in Amerika und vielleicht die gleiche Zahl anderswo. Sie waren voller Erstaunen
über die Privilegien, die auch die bescheidensten Bürger Westeuropas und Amerikas
besaßen; sie studierten die Französische und die amerikanische Revolution und vertieften sich in die bedeutendsten Werke der Weltliteratur. Sie weideten sich an der Bill of
Rights, an der Erklärung der Menschenrechte, der Unabhängigkeitserklärung und der
amerikanischen Verfassung; sie kehrten in ihr Land als Kämpfer für demokratische
Ideen und das Evangelium der Freiheit zurück. Die industriellen und wissenschaftlichen
Fortschritte des Westens verliehen diesen Ideen ein unwiderstehliches Prestige; bald war
der Schlachtruf der Freiheit auf den Lippen jedes Studenten. In den Schulen Englands
und Amerikas lernten die Inder, frei zu sein.

Diese westlich erzogenen Orientalen hatten im Laufe ihrer Studien im Ausland nicht
nur politische Ideale angenommen, sie hatten auch religiöse Ideale abgelegt; die zwei
Vorgänge sind gewöhnlich verbunden, im Einzelleben wie in der Geschichte. Die Inder kamen als fromme Jünglinge, die an Krischna, Schiwa, Wischnu, Kali, Rama usw.
gebunden waren, nach Europa; sie berührten die Wissenschaft, und ihr alter Glaube
wurde wie von einem plötzlichen elektrischen Schlag zertrümmert. Die verwestlichten
Studenten kehrten enttäuscht und traurig in ihr Land zurück, des religiösen Haltes be-

540 INDIEN UND SEINE NACHBARN

raubt, der der eigentliche Geist Indiens ist; tausend Götter waren tot vom Himmel gefallen. Dann traten notwendigerweise Utopien an Stelle des Himmels, die Demokratie wurde ein Ersatz für das Nirwana, die Freiheit ersetzte Gott. Was sich in Europa in der zweiten Hälfte des achtzehnten Jahrhunderts ereignet hatte, ereignete sich nun im Osten. Nichtsdestoweniger entfalteten sich die neuen Ideen langsam. Im Jahre 1885 versammelten sich einige Hinduführer in Bombay und gründeten den «Indischen Nationalkongreß»; es scheint aber, daß sie nicht an Selbstverwaltung dachten. Die Bemühungen Lord Curzons, Bengalen (d. h. die Einheit und Kraft der mächtigsten und politisch bewußtesten Gemeinschaft in Indien) aufzuteilen, machten die Nationalisten noch rebellischer; und beim Kongreß des Jahres 1905 verlangte der unnachgiebige Tilak die *Swaraj*, die «Selbstverwaltung». Im gleichen ereignisreichen Jahre besiegte Japan Rußland; und der Osten, der ein Jahrhundert lang den Westen gefürchtet hatte, begann Pläne für die Befreiung Asiens zu schmieden. China folgte Sun Yat-sen, griff zum Schwerte und fiel Japan in die Arme. Das waffenlose Indien erwählte sich eine der seltsamsten Gestalten der Geschichte zum Führer und bot der Welt das beispiellose Schauspiel einer Revolution, die von einem Heiligen geführt und ohne ein Geschütz ausgefochten wurde.

VI. MAHATMA GANDHI

Das Bildnis eines Heiligen · Der Asket · Der Christ · Gandhis Erziehung · In Afrika
Der Aufstand des Jahres 1921 · «Ich bin der Mann» · Gefängnisjahre · «Jungindien»
Die Revolution des Spinnrads · Was Gandhi erreichte

Man stelle sich den häßlichsten, zartesten, schwächsten Mann Asiens vor, Haut und Gesicht bronzefarben, kurzgeschorenes graues Haar, hervorstechende Backenknochen, freundliche kleine braune Augen, einen großen, beinahe zahnlosen Mund, noch größere Ohren, eine riesige Nase, dünne Arme und Beine und einen Lendenschurz als einzige Kleidung, wie er unter der Anklage, seinen Mitbürgern den «passiven Widerstand» zu predigen, vor einem englischen Richter in Indien steht. Oder man stelle ihn sich vor, wie er auf einem kleinen Teppich in einem leeren Zimmer in seinem *Satyagrahaschrama*, der «Schule der Wahrheitssuche», in Ahmedabad sitzt: Seine knochigen Beine sind nach Yogi-Art gekreuzt und die Fußsohlen nach aufwärts gerichtet; seine Hände sind emsig am Spinnrad tätig, die Verantwortung hat scharfe Linien in sein Antlitz gegraben, und sein tätiger Geist ist bereit, jedem, der nach Freiheit fragt, Antwort zu geben. Von 1920 an ist dieser nackte Weber der geistige und politische Führer von 320 Millionen Indern. Wenn er in der Öffentlichkeit erschien, sammelten sich Menschenmengen um ihn, um sein Gewand zu berühren oder seine Füße zu küssen.

Vier Stunden täglich spann er den groben *khaddar*, in der Hoffnung, sein Beispiel bringe seine Landsleute dazu, diesen hausgesponnenen Wollstoff zu benutzen, statt das Produkt jener britischen Webstühle zu kaufen, die die Textilindustrie Indiens zugrun-

EIN CHRISTLICHER EPILOG 541

de gerichtet hatten. Seine einzige Habe waren drei rauhe Tücher – zwei zur Kleidung, eines als Bett. Einst ein reicher Anwalt, hatte er sein gesamtes Vermögen unter die Armen verteilt; seine Frau war nach einigem matronenhaften Zögern seinem Beispiel gefolgt. Er schlief auf dem bloßen Fußboden oder auf der Erde. Er lebte von Nüssen, Orangen, Zitronen, Datteln, Reis und Ziegenmilch; oft nahm er monatelang nichts als Milch und Obst zu sich; einmal in seinem Leben hat er Fleisch gegessen; manchmal aß er wochenlang gar nichts. «Ich könnte ebensogut ohne Augen leben wie ohne Fasten. Was die Augen für die äußere Welt sind, sind die Fasttage für die innere.»[16] Wenn das Blut dünner wird, fühlte er, wird der Geist klarer, das Belanglose versinkt, und der Urgrund – zuweilen die Weltseele selbst – steigt aus der *Maya* empor wie der Everest durch die Wolken.

Wenn er fastete, um die Gottheit zu sehen, beließ er trotzdem eine Zehe auf der Erde und riet seinen Anhängern, wenn sie fasteten, täglich die Klistierspritze zu benutzen, da sie sonst von den durch den Stoffwechsel erzeugten Säuren gerade im Moment der Gottschau vergiftet werden könnten. Als Mohammedaner und Hindus einander in religiöser Begeisterung umbrachten und sich um seine Friedensreden nicht kümmerten, nahm er drei Wochen lang keine Nahrung zu sich, um sie umzustimmen. Er wurde durch Fasten und Entbehrungen so schwach und hinfällig, daß er, wenn er in den großen Versammlungen sprach, sein Wort von einem erhöht stehenden Stuhl aus an die Menschenmenge richtete. Er dehnte seine Askese auf das sexuelle Gebiet aus und wünschte wie Tolstoj, daß der Geschlechtsverkehr sich auf den vorsätzlichen Zeugungsakt beschränke. Auch er hatte in der Jugend der Fleischeslust zu sehr gefrönt, und die Nachricht vom Tode seines Vaters hatte ihn in den Armen der Liebe überrascht. Nun kehrte er voll leidenschaftlicher Gewissensbisse zum *Brahmacaria* – der vollkommenen Enthaltung von allem sinnlichen Begehren –, die ihm als Knabe gepredigt worden war, zurück. Er überredete seine Frau, nur noch wie Schwester und Bruder mit ihm zu leben; und «von jener Zeit an», berichtet er, «hatte alle Uneinigkeit ein Ende»[17]. Als es ihm klar wurde, daß die fundamentale Notwendigkeit Indiens die Geburtenkontrolle ist, übernahm er nicht die Methoden des Westens, sondern die Theorien Malthus' und Tolstojs:

«Ist es recht von uns, mit offenen Augen die Lage zu erkennen und doch weiter Kinder zu zeugen? Vermehren wir dadurch nicht nur die Zahl der Sklaven und Schwächlinge, während wir selbst hilflos und krank sind und es bleiben? Nicht eher haben wir das Recht, Nachkommenschaft hervorzubringen, als bis Indien ein freies Volk und fähig geworden ist, sich in Zeiten der Hungersnot selbst zu helfen und die Epidemien aus eigener Kraft zu überwinden ... Meiner Meinung nach ist es gegenwärtig unsere Pflicht, auf das Hervorbringen von Erben unserer Sklaverei zu verzichten ... Ich zweifle nicht im mindesten, daß alle Ehegatten Indiens, die dem Lande wohlwollen und es dereinst von schönen und glücklichen Menschen bevölkert wissen wollen, vollständige Enthaltung üben und aufhören werden, in unserer Zeit und unter den bestehenden Verhältnissen Nachkommen zu zeugen.»[18]

INDIEN UND SEINE NACHBARN

Zu diesen Elementen seines Charakters kamen noch Eigenschaften, die denen seltsam ähnlich sehen, die den Gründer des Christentums ausgezeichnet haben sollen. Er sprach den Namen Christi nie aus, handelte aber, als ob er jedes Wort der Bergpredigt annähme. Seit dem heiligen Franziskus von Assisi gab es kein der Geschichte bekanntes Leben, das so vollständig die Sanftheit, Uneigennützigkeit, Schlichtheit und Nachsicht gegenüber den Feinden zu seinem Gesetze erhob. Es gereichte seinen Gegnern, aber noch mehr ihm selbst, zur Ehre, daß seine nie zu entmutigende Höflichkeit ihnen gegenüber auch ihrerseits eine feine Höflichkeit zur Folge hatte; die Regierung steckte ihn mit wortreichen Entschuldigungen ins Gefängnis. Dreimal wurde er von Pöbelhaufen überfallen und halbtot geschlagen; nie wollte er Vergeltung; und als einer seiner Angreifer verhaftet wurde, lehnte er es ab, gegen ihn als Kläger aufzutreten. Kurz nach der schwersten aller Ausschreitungen zwischen Mohammedanern und Hindus, als die mohammedanischen Mappilas Hunderte unbewaffneter Hindus niedermetzelten und die Vorhaut ihrer Opfer Allah darbrachten, brach unter diesen Mohammedanern eine Hungersnot aus; Gandhi sammelte in ganz Indien Gelder für sie und sandte jeden *anna*, ohne Abzug für «allgemeine Unkosten», dem hungernden Feinde.

Mohandas Karamchand Gandhi wurde im Jahre 1869 geboren. Seine Familie gehörte der Vaischa-Kaste und der Jainasekte an und befolgte den *ahimsa*-Grundsatz der Verschonung allen Lebens. Sein Vater war ein fähiger Verwalter, aber ein schlechter Finanzmann; er verlor eine Stelle nach der anderen durch seine Ehrlichkeit, gab nahezu sein ganzes Vermögen den Armen und ließ den Rest seiner Familie. Als Knabe noch wurde Mohandas ein Atheist, weil ihm die ehebrecherische Galanterie gewisser Hindugötter nicht zusagte; und um seine unerschütterliche Verachtung für die Religion klarzumachen, aß er Fleisch. Das Fleisch bekam ihm nicht, und er kehrte zur Religion zurück.

Im Alter von acht Jahren war er verlobt und mit zwölf verheiratet. Kasturbai hielt ihm durch all seine Abenteuer, durch die Jahre des Reichtums, der Armut, der Gefängnisstrafen und des *Brahmacaria* hindurch die Treue. Mit Achtzehn bestand er die Aufnahmeprüfungen für die Universität und ging nach London, um Jurisprudenz zu studieren. Im ersten Jahre seines Aufenthaltes las er achtzig Bücher über das Christentum. Die Bergpredigt «ging beim ersten Lesen in mein Herz»[19]. Er hielt den Rat, Böses mit Gutem zu vergelten und selbst die eigenen Feinde zu lieben, für den höchsten Ausdruck des menschlichen Idealismus; und er beschloß, eher mit ihm zugrunde zu gehen als ohne ihn erfolgreich zu sein.

1891 kehrte er nach Indien zurück und widmete sich eine Zeitlang der Anwaltslaufbahn in Bombay; er weigerte sich, Prozesse um Schulden zu führen, und behielt sich immer das Recht vor, einen Auftrag niederzulegen, wenn er zur Überzeugung gelangen sollte, der Fall sei unbillig. Ein Rechtsfall führte ihn nach Südafrika; dort entdeckte er, daß die Inder so schlecht behandelt wurden, daß er darüber die Rückkehr nach Indien vergaß und sich restlos und unentgeltlich der Sache der Angehörigen seines Volkes in Afrika widmete. Zwanzig Jahre lang kämpfte er um die Anerkennung ihrer Rechte, bis die Regierung sie zugestand. Erst dann kehrte er nach Hause zurück.

EIN CHRISTLICHER EPILOG 543

Auf seinen Reisen durch Indien wurde er zum erstenmal des grausamen Elends seiner Landsleute gewahr. Er war entsetzt, diese menschlichen Skelette bei der Bestellung der Felder und die demütigen Ausgestoßenen, die die gemeine häusliche Arbeit in den Städten besorgten, zu beobachten. Es schien ihm, die Behandlung seiner Volksgenossen im Auslande sei lediglich eine Folge ihrer Armut und Unterwerfung im eigenen Lande. Dessenungeachtet unterstützte er England loyal im Kriege; er unterstützte sogar die Anwerbung der Inder, die den Grundsatz der Nichtgewalt nicht akzeptierten. Damals teilte er die Ansicht derer, die nach Unabhängigkeit strebten, noch nicht. Er war der Auffassung, eine schlechte britische Verwaltung in Indien sei eine Ausnahme, im allgemeinen sei sie gut; schlecht sei sie nur, wenn sie allen Prinzipien der britischen Verwaltung im Heimatlande zuwiderhandle; und wenn die Sache der Inder dem englischen Volke klargemacht werden könnte, würde dieses Volk sie in vollkommener Bruderschaft in ein Commonwealth freier Dominions aufnehmen. Er war zuversichtlich, daß England, wenn es nach dem Kriege Indiens Opfer für sein Weltreich zählte, nicht länger zögern würde, Indien die Freiheit zu geben.

Aber am Ende des Ersten Weltkrieges begegnete man der Agitation für die Selbstverwaltung mit den *Rowland Acts*, die der Rede- und Pressefreiheit ein Ende machten, mit der Einführung der *Montagu-Chelmsford-Reformen* und schließlich mit dem Gemetzel von Amritsar. Gandhi sah sich zum Handeln gezwungen. Er sandte Auszeichnungen, die er zu wiederholten Malen von britischen Regierungen empfangen hatte, an den Vizekönig zurück und erließ einen Aufruf an Indien, worin er das Land zum aktiven zivilen Ungehorsam gegen die Regierungsbehörden aufforderte. Die Nation antwortete nicht mit friedlichem Widerstand, wie er es verlangt hatte, sondern mit Blutvergießen und Gewalttätigkeiten; so wurden zum Beispiel in Bombay dreiundfünfzig Parsen getötet.

Gandhi, der das *ahimsa* beobachtete, sandte eine zweite Botschaft, in der er an das Volk appellierte, die Kampagne des zivilen Ungehorsams aufzuschieben, weil sie zu einer Pöbeldiktatur ausgeartet war. Selten in der Geschichte bewies ein Mann mehr Mut und Prinzipientreue und verachtete die Berechnung und die Popularität mehr. Die Nation war über seinen Entschluß verblüfft; sie hatte sich nahe am Erfolg geglaubt und teilte die Ansicht Gandhis nicht, die Mittel könnten ebenso wichtig wie der Zweck sein. Das Ansehen des *Mahatma* sank gewaltig.

Gerade an diesem Punkt (März 1922) beschloß die Regierung, ihn zu verhaften. Er setzte keinen Widerstand entgegen, weigerte sich, einen Anwalt zu nehmen, und verteidigte sich nicht. Als der Staatsanwalt ihn für die Vorfälle und Gewalttätigkeiten, die den Aufruhr von 1921 gekennzeichnet hatten, verantwortlich machte und ihm seine Schriften zur Last legte, antwortete Gandhi auf eine Weise, die sogleich seinen Seelenadel offenbarte:

«Ich wünsche festzustellen, daß ich die ganze Schuld, die mir der gelehrte Herr Staatsanwalt im Zusammenhang mit den Vorfällen in Bombay, Madras und Chauri Chaura vorhält, auf mich nehme. Wenn ich diese Vorfälle genau überdenke und Nacht um Nacht über sie brüte, dann ist es mir unmöglich, mich von diesen schauerlichen Verbrechen loszusagen ... Der gelehrte Herr Staatsanwalt hat recht, daß ich als verantwortungsbewußter, gebildeter Mann die Folgen meiner

544 INDIEN UND SEINE NACHBARN

Handlungen hätte vorhersehen müssen ... Ich wußte, daß ich mit dem Feuer spielte. Ich setzte mich der Gefahr aus, und wenn ich in Freiheit gesetzt würde, so würde ich dasselbe tun. Ich spürte heute morgen, daß ich meine Pflicht versäumen würde, wenn ich nicht sagte, was ich soeben sage.

Ich wollte Gewalt vermeiden. Ich will Gewalt vermeiden. Keine Gewalt anwenden – das ist mein erster Glaubenssatz. Das ist auch mein letzter Glaubenssatz. Ich mußte aber meine Wahl treffen. Ich mußte mich entweder einem System unterwerfen, das meines Erachtens meinem Lande einen nicht wiedergutzumachenden Schaden zugefügt hat, oder aber die Gefahr laufen, daß die blinde Wut meines Volkes losschlagen würde, sobald es die Wahrheit von meinen Lippen erfährt. Ich weiß, daß mein Volk manchmal von Sinnen ist. Ich bedaure es auf das tiefste, und darum bin ich hier bereit, nicht eine leichte, sondern die schwerste Strafe auf mich zu nehmen. Ich verlange keine Gnade. Ich bitte nicht um Strafmilderung. Darum stehe ich hier, bereit, die höchste Strafe auf mich zu nehmen, die mir auferlegt werden kann für etwas, was nach dem Gesetz ein vorsätzlich begangenes Verbrechen und in meinen Augen die höchste Bürgerpflicht ist.» [20]

Der Richter drückte sein tiefes Bedauern aus, daß er einen Mann ins Gefängnis sperren mußte, den Millionen seiner Mitbürger als «einen großen Patrioten und einen großen Führer» verehrten; er gestand, daß auch diejenigen, die mit Gandhi nicht übereinstimmten, ihn als «einen Mann von hohen Idealen und von edlem, ja selbst heiligem Lebenswandel» betrachteten. Er verurteilte ihn zu sechs Jahren Gefängnis.

Gandhi wurde in Einzelhaft gesetzt, beklagte sich aber nicht. Er sehe keinen der anderen Gefangenen, schrieb er, obwohl er wirklich nicht verstehe, wie seine Gesellschaft ihnen schaden könne. Aber: «Ich fühle mich glücklich. Mein Wesen neigt zur Einsamkeit. Ich liebe die Stille. Und nun habe ich Gelegenheit, mich Studien hinzugeben, die ich draußen vernachlässigen mußte.» [21] Er studierte fleißig die Werke von Bacon, Carlyle, Ruskin, Emerson, Thoreau und Tolstoj und las zur Erholung die Schriften von Ben Jonson und Walter Scott. Er las wieder und wieder die Bhagavad-Gita. Er lernte Sanskrit, Tamil und Urdu, damit er nicht nur für Gelehrte schreiben, sondern auch zur Menschenmenge sprechen könne. Er legte einen detaillierten Studienplan für die sechs Jahre seiner Gefangenschaft an und hielt ihn genau ein, bis ein Unglücksfall dazwischenkam. «Ich setzte mich mit dem Behagen eines jungen Mannes von vierundzwanzig Jahren hinter die Bücher, vergaß meine vierundfünfzig Jahre und meine schwache Gesundheit.» [22]

Eine Blinddarmentzündung brachte ihm die Freilassung, und die westliche Medizin, die er so oft geschmäht hatte, brachte ihm die Genesung. Eine riesige Menschenmenge versammelte sich an den Toren des Gefängnisses, um ihn zu begrüßen, und viele küßten seine groben Gewänder. Aber er mied Politik und Öffentlichkeit, führte seinen Schwächezustand und seine Krankheit als Grund an und zog sich in seine Schule in Ahmedabad zurück, wo er lange Jahre in Abgeschiedenheit mit seinen Schülern lebte. Von jenem Zufluchtsort aus sandte er jedoch allwöchentlich durch sein Sprachrohr Jungindien Leitartikel in die Welt, die seine Lebens- und Revolutionsphilosophie erläuterten. Er bat seine Anhänger, der Gewalt zu entsagen, nicht nur, weil Gewaltanwendung Selbstmord bedeuten würde, da Indien keine Kanonen hatte, sondern auch weil sie nur einen Despotismus durch einen anderen ersetzen würde. «Die Geschichte»,

EIN CHRISTLICHER EPILOG 545

sagte er ihnen, «lehrt, daß diejenigen, die aus zweifellos ehrlichen Motiven die Habgierigen durch Anwendung roher Gewalt vertreiben, ihrerseits der Krankheit der Besiegten zum Opfer fallen ... Mein Interesse an der Freiheit Indiens wird aufhören, wenn es zu Gewaltmitteln greift. Denn deren Frucht würde nicht Freiheit, sondern Sklaverei sein.»[23]

Das zweite Element seines Glaubens war die entschiedene Ablehnung der modernen Industrie und ein Rousseauscher Ruf zur Rückkehr zum einfachen Leben des Ackerbaus und des häuslichen Gewerbes in den Dörfern. Die Einsperrung von Männern und Frauen in Fabriken, wo sie mit Maschinen, die anderen gehörten, Bruchteile von Gütern herstellten, ohne je das Endprodukt zu sehen, erschien Gandhi als ein Mittel, die Menschheit unter einer Pyramide von Schundwaren zu begraben. Die meisten Maschinenerzeugnisse sind nach seiner Meinung überflüssig. Die durch ihren Gebrauch eingesparte Arbeit wird für ihre Fabrikation und Instandhaltung aufgewendet. Oder wenn wirklich Arbeit gespart wird, kommt das nicht der Arbeit, sondern nur dem Kapital zugute; die Arbeit gerät durch ihre eigene Produktivität in eine Panik der «technischen Arbeitslosigkeit». Deshalb erneuerte er die von Tilak 1905 verkündete *Swadedeschi*-Bewegung; die Eigenerzeugung mußte zur *Swaraj*, der Selbstverwaltung, dazukommen. Gandhi machte aus dem Gebrauch des *carka*, des Spinnrades, eine Probe der treuen Gefolgschaft in der Nationalistischen Bewegung; er verlangte, daß jeder Inder, auch der reichste, selbstgewobene Wollstoffe trage und die fremden, maschinellen Textilien Großbritanniens boykottiere, so daß die Heime Indiens in den eintönigen Wintermonaten wieder das einst so vertraute Summen des Spinnrades vernehmen könnten.

Der Widerhall war nicht allgemein; es ist schwer, die Geschichte in ihrem Lauf aufzuhalten. Aber Indien versuchte es. Die indischen Studenten waren überall in *khaddar* gekleidet; die Damen der Aristokratie vertauschten ihre *saris* aus japanischer Seide mit groben, selbstgewebten Tüchern; die Dirnen in den Bordellen und die Sträflinge in den Gefängnissen begannen zu weben; und in vielen Städten wurden wie in den Tagen Savonarolas große Feste der Eitelkeit abgehalten, zu denen reiche Inder und Kaufleute alle importierten Stoffe aus ihren Häusern und Warenlagern brachten und sie ins Feuer schleuderten. An einem Tage wurden in Bombay allein 150 000 Stück von den Flammen verzehrt.

Die Bewegung «weg von der Industrie» mißlang, aber sie gab Indien auf ein Jahrzehnt ein Symbol des Aufstandes und half, seine stummen Millionen zu einer neuen Einheit politischer Bewußtheit zusammenzuschweißen. Indien hegte Zweifel über das Mittel, doch es ehrte die Absicht; und wenngleich der Staatsmann Gandhi ihm fragwürdig schien, schloß es den Heiligen Gandhi in sein Herz, und einen Augenblick lang war Indien in der Verehrung dieses Mannes einig. Es war, wie Tagore von ihm sagte:

«Er trat über die Schwelle der Hütten, wo die Tausende Enterbter wohnen, gekleidet wie sie. Er redete zu ihnen in ihrer eigenen Sprache; was er sagte, war nun endlich lebendige Wahrheit und nicht ein Zitat aus einem Buch. Darum ist auch der Name ‚Mahatma‘, der ihm verliehen worden ist, sein eigentlicher und wahrer Name. Wer außer ihm hätte in solchem Maße empfun-

546 INDIEN UND SEINE NACHBARN

den, daß alle Inder seines Fleisches und Blutes seien? ... Da die Liebe an Indiens Tür trat, tat sich diese Tür weit auf ... Von neuem ist Indien durch die Erscheinung Gandhis zur Blüte seiner Männlichkeit erwacht, ganz so, wie schon einmal, in früheren Zeiten, da Buddha die Wahrheit von dem Mitleiden mit aller lebendigen Kreatur verkündete.»[24]

VII. JAWAHARLAL NEHRU*

Indien zur Freiheit und staatlichen Selbständigkeit zu führen war dem zwanzig Jahre jüngeren Nehru beschieden. Jawaharlal Nehru wurde 1889 geboren als Angehöriger einer alten aus Kaschmir stammenden Brahmanenfamilie. Sein Vater Motilal war ein wohlhabender Rechtsanwalt. Mit fünfzehn Jahren kam Nehru nach England, studierte in Cambridge und London. 1912 kehrte er nach Indien zurück, heiratete ein Mädchen von siebzehn Jahren, Kamala, die seine treue Gefährtin blieb in all den Jahren des Kampfes bis zu ihrem Tode 1936. Gandhi verkehrte im Hause Nehru; von da an waren Vater und Sohn seine treuen Anhänger. Auf weiten Reisen lernte Jawaharlal die Lage der Bauern kennen, begann als politischer Redner zu wirken. 1921 wanderte er, mit seinem Vater, zum ersten Male ins Gefängnis. Während zwanzig Jahren lebte er mehr in Haft als in Freiheit. Im Gefängnis schrieb er auch seine Autobiographie *Indiens Weg zur Freiheit*. 1930 ist er Präsident des Indischen Nationalkongresses und Führer der indischen Nation, die nun das feierliche Gelübde ablegt: «Wir glauben, daß Indien sich von Großbritannien trennen und seine vollständige Unabhängigkeit erlangen muß.» Mit gewaltloser Gehorsamsverweigerung sollte das Ziel erreicht werden. Als daher England 1935 Indien eine Verfassung gab, die eine langsame Entwicklung zum Dominion-Status einleiten sollte, sagte der Kongreß der neuen Verfassung den schärfsten Kampf an. Der Zweite Weltkrieg bricht aus. Gandhi und Nehru verurteilen Nationalsozialismus und Faschismus. Kongreß und Moslem-Liga aber verweigern jede aktive Kriegshilfe ohne Einsetzung einer unabhängigen provisorischen Regierung. Wiederum wandern Gandhi und Nehru für zwei Jahre ins Gefängnis. Doch nach dem Kriege schlägt die Stunde der Freiheit für Indien. 1946 ist England bereit, seine Machtbefugnisse in die Hände einer indischen Nationalregierung zu legen, Indien volle Freiheit zu geben. Doch nun erhebt sich in Indien selbst ein letztes Hemmnis. Die Moslem-Liga unter ihrem Führer Mohammed Ali Dschinnah glaubt, in einem freien Indien unter hinduistischer Herrschaft könnten die Mohammedaner nie die ihnen zukommenden Rechte erhalten. Schweren Herzens müssen Gandhi und Nehru der Trennung in zwei Staaten zustimmen. Am 15. August 1947 treten Indien, das Land der Hindu, und Pakistan, das Land der Mohammedaner, als freie Dominions ins Leben. Gandhi verbringt den Tag in Schweigen und Gebet. Am 30. Januar 1948 ermordet ihn ein fanatischer Hindu. Massenauswanderungen und furchtbare Gemetzel begleiten die Abgrenzungen der neuen

---

* Dieser Abschnitt ist von Dr. Eduard Sieber im Jahre 1955 verfaßt worden; die jüngste Entwicklung Indiens bis zur Gegenwart wird mit den wichtigsten Daten in der bis heute weitergeführten Chronologie auf Seite 342 ff. am Anfang dieses Abschnittes über Indien angezeigt.

EIN CHRISTLICHER EPILOG 547

Staaten. Als Problem bleibt die Zugehörigkeit Kaschmirs, das der UNO zur Entscheidung übergeben wird. Der Abschluß eines Militärpaktes zwischen den Vereinigten Staaten und Pakistan verschärft den Gegensatz zwischen den beiden Staaten. 1950 erklärt sich Indien, 1955 Pakistan zur selbständigen Republik, aber beide verbleiben als Glieder in der britischen Völkerfamilie. Nehru ist als Ministerpräsident der hochangesehene Führer Indiens. Schwere Probleme im Innern sind ihm zur Lösung aufgegeben: die Beseitigung der Not des Bauernstandes, die soziale Eingliederung der Parias, die nur verfassungsmäßig gleichberechtigt sind. In der Weltpolitik geht Indien geachtet einen selbständigen Weg zwischen den großen Machtgruppen, Freundschaft suchend mit allen Völkern Asiens, unentwegt für den Frieden wirkend.

VIII. INDIRA GANDHI*

Als im Jahre 1964 die Asche Nehrus mit Booten auf die heiligen Flüsse Indiens und mit Flugzeugen über das Land gestreut wurde, befürchteten viele Kenner des Landes, daß nun die alten Gegensätze – unterschiedliche Sprache, Brauchtum, Kastenwesen – das von Gandhi und Nehru vereinte Indien wieder ins Chaos zurückwerfen würden. Diese Befürchtung wurde nicht Wirklichkeit, aber das Indien nach Nehru hat nach mehreren außenpolitischen Auseinandersetzungen und ständig sich mehrenden innenpolitischen Krisen heute gänzlich den Nimbus eines unentwegt für den Frieden wirkenden Sendungsbewußtseins verloren, den es als führende Macht der Dritten Welt unter Nehru so eindrucksvoll dokumentiert hatte.

Indiens Schwierigkeiten begannen, als die Chinesen 1962 seine Nordgrenze überschritten und das Land zu einem Waffenstillstand zwangen, der Indiens militärische Schwäche eklatant offenbarte. Danach erhöhte man in Neu-Delhi den Verteidigungsetat auf ein Drittel des Gesamthaushaltes und vergrößerte das Heer innerhalb weniger Jahre zum viertgrößten der Welt. Solche Rüstungsanstrengungen mußten sich verheerend auf Indiens ökonomisches Entwicklungsprogramm auswirken. Die Zerrüttung der Wirtschaft war fast vollends perfekt, als unter Nehrus direktem Nachfolger, seinem langjährigen Stellvertreter Lalbahadur Shastri, im Jahre 1965 ein weiterer Krieg um Kaschmir zwischen Indien und Pakistan ausbrach. Nach mehreren Panzerschlachten und Luftgefechten kam es durch Vermittlung des Ministerpräsidenten der UdSSR Kossygin, der damit eine Eindämmung des Einflusses der Volksrepublik China im südasiatischen Raum anstrebte, auf der Konferenz von Taschkent im Januar 1966 zu einem Gewaltverzichtsabkommen zwischen Pakistan und Indien, für das die UdSSR die Garantie übernahm. Einen Tag nach Unterzeichnung des Abkommens starb Shastri in Taschkent an Herzversagen. Die Russen geleiteten seinen Leichnam zurück nach Neu-Delhi, wo dann die Kongreßpartei Nehrus Tochter, Indira Gandhi, die mit

---

* Mit diesem Absatz faßt der Redakteur vorliegender Ausgabe, Hans Dollinger, die Entwicklung in Indien nach Nehru, unter Shastri und Indira Gandhi, von 1964 bis zur Gegenwart in aller Kürze zusammen.

548 INDIEN UND SEINE NACHBARN

Mahatma Gandhi nicht verwandt ist, zur Parteiführerin wählte. Dadurch wurde sie dann zur mächtigsten Frau der Welt als Führerin des Staates mit der zweitgrößten Bevölkerungszahl der Erde. Von Anfang an war Frau Gandhis politisches Auftreten sehr unstet, einmal kühn und aggressiv, dann wieder unentschlossen, dem Druck der eigenen und Oppositionsparteien nachgebend. Außenpolitisch wurde Indiens Abhängigkeit von regionalen und weltpolitischen Faktoren immer deutlicher, weshalb sich Indira Gandhis Regierung auch in weltpolitischen Fragen deutlich zurückhielt und in den letzten Jahren zunehmend nach Moskau orientiert. Seit 1974 ist Indien auch Atommacht, 1975 startete es den ersten eigenen Forschungssatelliten.

Im Innern jedoch hat Indien keines seiner großen Entwicklungsprobleme lösen können: weder seine Übervölkerung, eine gigantische Slumbildung, noch seine krasseste Ungleichheit bzw. rücksichtslose Korruptheit bei Produktion und Verteilung des lebensnotwendigen Getreides. Indien produziert heute pro Kopf seiner Bevölkerung jährlich 165 kg Getreide. Das ist etwa genausoviel wie die Volksrepublik China jährlich erntet. Aber in Indien hungern und verhungern heute 10 000, während aus China solche Meldungen nicht bekannt sind. Der Leidensweg von Bangladesch, die Probleme mit Westbengalen, wie überhaupt der Umgang der Regierung Indira Gandhis mit den politischen Kräften im eigenen Land, ließen ihr Regime immer mehr als janusköpfig offenkundig werden. Heute entladen sich soziale und religiöse Spannungen immer häufiger, Studenten fordern «totale Revolution» und eine «parteienlose Demokratie». Die Regierung schlägt zurück mit Polizeistaatmethoden und einer Repressionspolitik mit Notstandsgesetzen, Vorbeugehaft und dem Terror einer allmächtigen politischen Polizei. So steht Indien heute im Zeichen eines immer stärker werdenden Drucks von seiten des Regimes Indira Gandhis gegen den Widerstand einer bis jetzt noch zerstrittenen, aber immer nachhaltiger sich präsentierenden Opposition. Wohin diese Entwicklung eskaliert, ob zu einer Diktatur nach faschistischem Muster oder zu einer sozialistischen Revolution, sie wird auf jeden Fall getragen von einer Generation, für die der Name Mahatma Gandhis lediglich noch verehrungswürdig ist, die sich an Nehru noch blaß erinnert und für die der Kampf um die Unabhängigkeit nur noch Historie ist. Die Regierung Indira Gandhis und jede, die nach ihr an die Macht kommt, muß den Bedürfnissen dieser und der heute nachwachsenden Generation Rechnung tragen, wenn sie Indien aus seiner lebensbedrohenden Krise wieder herausführen will. Vorläufig aber regiert Indira Gandhi noch ihr Land im Ausnahmezustand.

Anhang

BIBLIOGRAPHIE

DER IM TEXT UND IN DEN ANMERKUNGEN ZITIERTEN WERKE

Altägyptische Lebensweisheit. Übers. von Fr. W. Freiherr von Bissing (Bibliothek der Alten Welt). Zürich, 1955.

Altägyptische Liebeslieder. Übers. von Siegfried Schott (Bibliothek der Alten Welt). Zürich, 1950.

ARNOLD, SIR EDWIN, The Song Celestial, or Bhagavad-Gita. London, 1925.

ARRIAN, Alexanders des Großen Siegeszug durch Asien. Übers. von Wilhelm Capelle (Bibliothek der Alten Welt). Zürich, 1950.

Babur: The Babur-nama in English. Übers. von Annette Beveridge. London, 1922.

BARNETT, L. D., The Heart of India. London, 1924.

BEBEL, AUGUST, Die Frau und der Sozialismus. Berlin, 1883.

Die Bhagavadgita. Übers. von Richard Garbe. 2. Aufl. Leipzig, 1921.

Die Bibel (zitiert nach der Luther-Übersetzung).

BREASTED, JAMES HENRY, Die Geburt des Gewissens. Übers. von B. O. Stempell. Zürich, 1950.

– The Dawn of Conscience. New York, 1933

– Ancient Records of Egypt. Chicago, 1906. 5 Bde.

– Ancient Times. Boston, 1916.

– The Development of Religion and Thought in Ancient Egypt. New York, 1912.

BRIFFAULT, ROBERT, The Mothers. New York, 1927. 3 Bde.

BROWN, BRIAN, Wisdom of the Hindus. New York, 1921.

Cambridge Ancient History. Bde. I und III. New York, 1924.

CAPART, JEAN, Thebes. London, 1926.

CHILDE, V. GORDON, The Most Ancient East. London, 1928.

COOMARASWAMY, ANANDA K., The Dance of Siya. New York, 1924.

DAVIDS, T. W. RHYS, Buddhist India. New York, 1903.

– Dialogues of the Buddha. Bde. II–IV der Sacred Books of the Buddhists. Oxford, 1923.

DAWSON, MILES, The Ethical Religion of Zoroaster. New York, 1931.

DELAPORTE, I., Mesopotamia. London, 1925.

DEUSSEN, PAUL, 60 Upanischads der Veda. Leipzig 1897.

– System of the Vedanta. Chicago, 1912.

DHALLA, M. N., Zoroastrian Civilization. New York, 1922.

DICKINSON, G. LOWES, An Essay on the Civilization of India, China and Japan. New York, 1926.

DIODOROS SICULUS, Historische Bibliothek. Übers. von J. F. Wurm. Stuttgart, 1827–1840. 19 Bde.

DUBOIS, ABBÉ J. A., Hindu Manners, Customs and Ceremonies. Oxford, 1928.

DUTT, R. C., The Civilization of India. London, o. J.

– The Ramayana and Mahabharata. Everyman Library.

ELIOT, SIR CHARLES, Hinduism and Buddhism. London, 1921. 3 Bde.

ELPHINSTONE, MOUNTSTUART, History of India. London, 1916.

Encyclopaedia Britannica. 14. Aufl.

ERMAN, ADOLF, Die Literatur der Ägypter. Leipzig, 1923.

– Life in Ancient Egypt. London, 1894.

FAURE, ELIE, History of Art. New York, 1921. 4 Bde.

FERGUSSON, JAS., History of Indian and Eastern Architecture. London, 1910. 2 Bde.

552   BIBLIOGRAPHIE

FIRISHTAH, MUHAMMAD QASIM, History of Hindustan. Übers. von Alex. Dow. London, 1803.
   3 Bde.
FRAZER, R. W., A Literary History of India. London, 1920.
FÜLOP-MILLER, RENÉ, Lenin und Gandhi. Wien, 1927.

GANDHI, M. K., His Own Story. Hrsg. von C. F. Andrews. New York, 1930.
– Young India, 1924–1926. New York, 1927.
GARRISON, F. H., History of Medicine. Philadelphia, 1929.
GIBBON, EDWARD, Decline and Fall of the Roman Empire. London, 1903.
Gilgamesch. Eine Erzählung aus dem alten Orient. Übers. von Georg E. Burckhardt (Insel-
   bücherei). Leipzig, o. J.
GOETHE, J. W. VON, Werke (Jubiläumsausgabe). Stuttgart, 1902 ff.
GOUR, SIR HARI SINGH, The Spirit of Buddhism. Calcutta, 1929.
GOWEN, H. H., History of Indian Literature. New York, 1931.
GUÉNON, RENÉ, Man and His Becoming according to the Vedanta. London, 1928.

HALL, JOSEF W., Eminent Asians. New York, 1929.
HARDIE, J. KEIR, India: Impressions and Suggestions. London, 1909.
HARPER, R. F., Assyrian and Babylonian Literature. New York, 1904.
– The Code of Hammurabi. Chicago, 1904.
HAVELL, E. B., The Ancient and Medieval Architecture of India. London, 1915.
– History of Aryan Rule in India. London, o. J.
– Ideals of Indian Art. New York, 1920.
HEINE, HEINRICH, Sämtliche Werke. Hrsg. von Fritz Strich, München, 1925.
HERODOT, Geschichten. Übers. von Friedrich Lange. Leipzig, o. J. 2 Bde.
HESIOD, Sämtliche Werke. Übers. von Thassilo von Scheffer. Leipzig, 1938.
HIPPOKRATES, Fünf auserlesene Schriften. Übers. von Wilhelm Capelle (Bibliothek der Alten
   Welt). Zürich, 1955.
HUME, R. E., The Thirteen Principal Upanishads. London, 1921.

JASTROW, MORRIS, JR., The Civilization of Babylonia and Assyria. Philadelphia, 1915.
JOSEPHUS, FLAVIUS, Jüdische Altertümer. Berlin, 1923. 2 Bde.

KABIR, Songs. Übers. von Rabindranath Tagore. New York,. 1915.
KALIDASA, Schakuntala. Übers. von E. Meier. Leipzig, 1868.
KANT, IMMANUEL, Werke. Hrsg. von E. Cassirer. Berlin, o. J,
KAPILA, Aphorisms of the Sankhya Philosophy. Allahabad, 1852.
KERN, FRITZ, Asóka. Kaiser und Missionar. Bern, 1956.
KEYSERLING, GRAF HERMANN, Das Reisetagebuch eines Philosophen. 5. Aufl. Darmstadt, 1921.
   2 Bde.
– Schöpferische Erkenntnis. Darmstadt, 1922.
KOHN, HANS, History of Nationalism in the East. New York, 1929.

LAJPAT RAI, LALA, England's Debt to India. New York, 1917.
– Unhappy India. Calcutta, 1928.
LANGDON, S., Babylonian Wisdom. London, 1923.
LOWIE, R. H., Are We Civilized? New York, 1929.

MACAULAY, T. B., Critical and Historical Essays. Everyman Library. 2 Bde.
MACDONELL, A. A., History of Sanskrit Literature. New York, 1900.
MASON, W. A., History of the Art of Writing. New York, 1920.

BIBLIOGRAPHIE

MASPERO, G., The Passing of the Empires. London, 1900.
McCRINDLE, J. W., Ancient India as described by Megasthenes and Arrian, Calcutta, 1877.
MONIER-WILLIAMS, SIR M., Indian Wisdom. London, 1893.
Mrkkhakatika, d. i. Das irdische Wägelchen, ein dem König Çudraka zugeschriebenes Schauspiel. Übers. von O. Böthlingk. St. Petersburg, 1877.
MUKERJI, D. G., A Son of Mother India Answers. New York, 1928.
MÜLLER, MAX, India: What Can It Teach Us? London, 1919.
– Six Systems of Indian Philosophy.London, 1919.
MUTHU, D. C., The Antiquity of Hindu Medicine and Civilization. London, 1930.

NAG, KALIDAS, Greater India. Calcutta, 1926.

OLDENBERG, HERMANN, Buddha. Berlin, 1890.
OLMSTEAD, A. T., History of Assyria. New York, 1923.
OTTO, RUDOLF, West-östliche Mystik. Gotha, 1926.

PARMELEE, M., Oriental and Occidental Culture. New York, 1928.
POLO, MARCO, Travels. Hrsg. von Manuel Komroff. New York, 1926.
POWYS, JOHN COWPER, The Meaning of Culture. New York, 1929.

RADHAKRISHNAN, S., Indian Philosophy. New York, o.J. 2 Bde.
Rgveda: Lieder der Rgveda. Übers. von A. Hildebrandt. Göttingen, 1913.
ROBIE, W. F., The Art of Love. Boston, 1921.
ROLLAND, ROMAIN, Mahatma Gandhi. New York, 1924.
– Prophets of the New India. New York, 1930.

SCHOPENHAUER, ARTHUR, Die Welt als Wille und Vorstellung. Hrsg. von M. Frischeisen-Köhler. Berlin, o.J.
SIDHANTA, N. K., The Heroic Age of India. New York, 1930.
SMITH, V.A., Akbar. Oxford, 1919.
– Oxford History of India. Oxford, 1923.
SPINOZA, BARUCH, Die Ethik. Übers. von C. Vogl. Leipzig, o.J.
STRABON, Erdbeschreibung. Übers. von A. Forbiger. Stuttgart, 1856–1858. 2 Bde.
Sumerische und akkadische Hymnen und Gebete. Übers. von A. Falkenstein und W. von Soden (Bibliothek der Alten Welt). Zürich, 1953.

TABOUIS, G. R., Nebuchadnezzar. New York, 1931.
TAGORE, RABINDRANATH, Der Gärtner. Übers. von H. Effenberger. Leipzig, 1914.
– Gitanjali. Übers. v. M. L. Gothein. Leipzig, 1914.
– Chitra. London, 1924.
THOMAS, E. J., Life of Buddha as a Legend and History. New York, 1927.
TODT, LT.-COL. JAS., Annals and Antiquities of Rajasthan. Calcutta, 1894. 2 Bde.

VAN DOREN, MARK, Anthology of World Poetry. New York, 1928.

WATTERS, T., On Yuan Chwang's Travels in India. London, 1904. 2 Bde.
WESTERMARCK, F., Origin and Development of the Moral Ideas. London, 1917–1924. 2 Bde.
WINTERNITZ, M., History of Indian Literature. Bd. I. Calcutta, 1927.
WOOD, ERNEST, An Englishman Defends Mother India. Madras, 1929.

The Zend-Avesta. Hrsg. von Jas. Darmesteter. Oxford, 1895. 2 Bde.

ANMERKUNGEN

EINLEITUNG, 4. KAPITEL

[1] Strabon, *Erdbeschreibung*, Bd. II, S. 8. – [2] Powys, J. C., *The Meaning of Culture*, S. 180. – [3] Briffault, R., *The Mothers*, Bd. III, S. 199.

EINLEITUNG, 5. KAPITEL

[1] Mason, W. A., *History of the Art of Writing*, S. 149; weitere Beispiele in Lowie, R. H., *Are We Civilized?* S. 202. – [2] Garrison, F. H., *History of Medicine*, S. 45.

I. BUCH, 1. KAPITEL

[1] *Cambridge Ancient History* (CAH), Bd. I, S. 388. – [2] *Sumerische und akkadische Hymnen und Gebete*, S. 183f. – [3] Jastrow, M., *The Civilization of Babylonia and Assyria*, S. 466.

I. BUCH, 2. KAPITEL

[1] Diodorus Siculus, *Historische Bibliothek*, I. Buch, Absatz 64. – [2] Capart, J., *Thebes*, S. 40. – [3] ebd., S. 27; Breasted, J. H., *Ancient Records of Egypt*, Bd. II, S. 131. – [4] Herodot, *Geschichten*, II. Buch, Abs. 124. – [5] ebd., Absatz 86. – [6] Erman, A., *Die Literatur der Ägypter*, S. 106. – [7] Herodot, II. Buch, Absatz 14. – [8] *Altägyptische Lebensweisheit*, S. 63. – [9] Diodor, III. Buch, Absätze 12, 13. – [10] ebd., Absatz 74. – [11] Breasted, *Die Geburt des Gewissens*, S. 206ff. – [12] Erman, *Literatur*, S. 27. – [13] ebd., S. 296. – [14] *Lebensweisheit*, S. 48. – [15] Erman, *Literatur*, S. 299. – [16] Erman, *Life in Ancient Egypt*, S. 387. – [17] *Lebensweisheit*, S. 82f. – [18] *Altägyptische Liebeslieder*, S. 170f. – [19] Erman, *Literatur*, S. 55. – [20] *Liebeslieder*, S. 169. – [21] ebd., S. 65f. – [22] Erman, *Literatur*, S. 311. – [23] ebd., S. 149. – [24] Erman, *Life*, S. 353. – [25] Diodor, I. Buch, Absatz 82. – [26] Erman, *Literatur*, S. 87ff. – [27] ebd., S. 145. – [28] ebd., S. 127, 129. – [29] ebd., S. 178. – [30] Herodot, II. Buch, Absatz 37. – [31] nach der englischen Übersetzung von Robert Hillyer in Van Doren, M., *Anthology of World Poetry*, S. 237. – [32] *Lebensweisheit*, S. 153f. – [33] Breasted, *The Development of Religion and Thought in Ancient Egypt*, S. 291. – [34] ebd., S. 296, 308. – [35] Erman, *Literatur*, S. 358.

I. BUCH, 3. KAPITEL

[1] Harper, R. F., *The Code of Hammurabi*, S. 3ff. – [2] ebd., S. 99f. – [3] CAH, Bd. I, S. 489. – [4] Harper, *Assyrian and Babylonian Literature*, S. 220. – [5] Jastrow, *The Civilization of Babylonia and Assyria*, S. 466. – [6] Briffault, Bd. III, S. 88. – [7] CAH, Bd. III, S. 216f. – [8] Harper, *Literature*, S. 433ff. – [9] Herodot, I. Buch, S. 199. – [10] ebd., S. 196. – [11] *Gilgamesch*, S. 3 – [12] ebd., S. 7. – [13] Jastrow, S. 475ff.; Langdon, S., *Babylonian Wisdom*, S. 35f. – [14] *Gilgamesch*, S. 42. – [15] Tabouis, G. R., *Nebuchadnezzar*, S. 254, 382.

I. BUCH, 4. KAPITEL

[1] Harper, *Literature*, S. 16f. – [2] Delaporte, L., *Mesopotamia*, S. 343f. – [3] Maspero, G., *The Passing of the Empires*, S. 422f. – [4] Olmstead, A. T., *History of Assyria*, S. 87. – [5] CAH, Bd. III, S. 13. – [6] Delaporte, *Mesopotamia*. – [7] Faure, E., *History of Art*, Bd. I, S. 90. – [8] Breasted, *Ancient Times*, S. 161; Jastrow, S. 21. – [9] *Encyclopaedia Britannica*, Bd. II, S. 851. – [10] Harper, *Literature*, S. 125f. – [11] CAH, Bd. III, S. 127 – [12] Diodor, II. Buch, S. 23.

I. BUCH, 5. KAPITEL

[1] Hippokrates, *Fünf auserlesene Schriften*, S. 111. – [2] Gibbon, E., *Decline and Fall of the Roman Empire*, Bd. I., S. 296. – [3] Strabon, *Erdbeschreibung*, Bd. II, S. 3.

I. BUCH, 6. KAPITEL

[1] Breasted, *The Dawn of Conscience*, S. 349. – [2] Hesiod, *Sämtliche Werke*, S. 77. – [3] Diodor, I. Buch, Absatz 94.

ANMERKUNGEN 555

I. BUCH, 7. KAPITEL

[1] Daniel, (Buch d. A. T.), Kap. 6, Vers 6, 9. – [2] Strabon, XV. Buch, Absatz 3, 20. – [3] Herodot, V. Buch, Absatz 52. – [4] Plutarch, *Artaxerxes*. – [5] *Zend-Avesta*, Yasna, X. Buch, Absatz 4. – [6] Dawson, M., *The Ethical Religion of Zoroaster*, S. 125. – [7] ebd., S. 131. – [8] Herodot, I. Buch, Absatz 134. – [9] Dawson, S. 36f. – [10] *Zend-Avesta*, Nask, VIII. Buch, Absatz 58–73. – [11] Dawson, S. 250ff. – [12] Harper, *Literature*, S. 181. – [13] Dhalla, M. N., *Zoroastrian Civilization*, S. 155; Dawson, S. 36f. – [14] *Zend-Avesta*, Vend., VIII. Buch, Absatz 61–65. – [15] ebd., I. Buch, Absatz 4. – [16] ebd., I. Buch, Absatz 135. – [17] ebd., VIII. Buch, Absatz 5, 32; 6, 27. – [18] ebd., IV. Buch, Absatz 3, 47. – [19] ebd., IV. Buch, Absatz 3, 1. – [20] ebd., XX. Buch, Absatz 1, 4; XV. Buch, Absatz 4, 50–51. – [21] Dhalla, S. 70f. – [22] Dawson, S. 156. – [23] *Zend-Avesta*, Vend., VII. Absatz 7, 36–40. – [24] Josephus, Flavius, *Jüdische Altertümer*, XI. Buch, Absatz 8, 3.

II. BUCH, 1. KAPITEL

[1] Muthu, D. C., *The Antiquity of Hindu Medicine and Civilization*, S. 2. – [2] Childe, V. G., *The Most Encient East*, S. 211, 220. – [3] Westermarck, E., *Origin and Development of the Moral Ideas*, Bd. I, S. 216, 222; Havell, E. B., *History of Aryan Rule in India*, S. 35; Davids, T. W. R., *Buddhist India*, S. 51; *Dialogues of the Buddha*, Bd. III, S. 79. – [4] Strabon, XV. Buch, Absätze 1 und 53. – [5] *Lieder der Rgveda*, S. 122. – [6] ebd., S. 133f. – [7] Deussen, P., *60 Upanischads der Veda*, S. 481. – [8] ebd., S. 316. – [9] *Katha Upanischad*, II. Buch, Absatz 23; *Brihadaranyaka Upan.*, III. Buch, Absatz 5; IV. Buch, Absatz 4; Radhakrishnan, S., *Indian Philosophy*, Bd. I, S. 177. – [10] *Katha Upan.* IV. Buch, Absatz 1; Radhakrishnan, Bd. I, S. 145. – [11] *Brihadaranyaka Upan.*, II. Buch, Absatz 2; IV. Buch, Absatz 4. – [12] ebd., III. Buch, Absatz 9. – [13] *Chandogya Upan.*, VI. Buch, Absatz 12. – [14] *Brihadaranyaka Upan.*, IV. Buch, Absatz 4. – [15] *Mundaka Upan.*, III. Buch, Absatz 2; Radhakrishnan, Bd. I, S. 236.

II. BUCH, 2. KAPITEL

[1] *Chandogya Upan.*, I. Buch, Absatz 12; Radhakrishnan, Bd. I, S. 149. – [2] Hume, R. E., *The Thirteen Principal Upanishads*, S. 65. – [3] Davids, *Dialogues*, Bd. II, S. 73ff., Radhakrishnan, Bd. I, S. 174. – [4] Dutt, R. C., *The Ramayana and Mahabharata*, S. 60f. – [5] Monier-Williams, Sir M., *Indian Wisdom*, S. 120ff. – [6] Thomas, E. J., *Life of Buddha as a Legend and History*, S. 31ff. – [7] Oldenberg, H., *Buddha*, S. 112. – [8] ebd., S. 54. – [9] ebd., S. 65. – [10] Eliot, Sir Ch., *Hinduism and Buddhism*, Bd. I, S. 129. – [11] Davids, *Dialogues*, Bd. II, S. 5. – [12] Gour, Sir H. S., *The Spirit of Buddhism*, S. 405. – [13] Oldenberg, S. 227. – [14] Eliot, Bd. I, S. 250. – [15] Dutt, *The Civilization of India*, S. 44. – [16] Radhakrishnan, Bd. I, S. 475. – [17] Davids, *Dialogues*, Bd. III, S. 154. – [18] Radhakrishnan, Bd. I, S. 421. – [19] Davids, *Dialogues*, Bd. II. S. 186. – [20] ebd., S. 280ff. – [21] ebd., S. 37. – [22] Radhakrishnan, Bd. I, S. 438, 475; Davids, *Dialogues*, Bd. II, S. 123; Eliot, Bd. I, XXII. Buch. – [23] ebd., XCV. Buch. – [24] Gour, S. 392ff.; Radhakrishnan, Bd. I, S. 355. – [25] ebd., S. 446. – [26] Davids, *Dialogues*, Bd. II, S. 55; Bd. III, S. 94; Watters, T., *On Yuan Chwang's Travels in India*, Bd. I, S. 374. – [27] Eliot, Bd. I, S. 160. – [28] Davids, *Dialogues*, Bd. III, S. 87. – [29] ebd., S. 108.

II. BUCH, 3. KAPITEL

[1] Arrian, *Alexanders des Großen Siegeszug durch Asien*, S. 417. – [2] Dutt, *Civilization*, S. 50. – [3] Strabon, XV. Buch, Absatz 1, 28. – [4] Smith, V. A., *Oxford History of India*, S. 62. – [5] ebd., S. 114. – [6] ebd., S. 84. – [7] ebd., S. 76, 87. – [8] Havell, *History*, S. 78. – [9] Smith, *Oxford History*, S. 87. – [10] *Candide*. – [11] Kern, *Asoka*, S. 79f. – [12] ebd., S. 61f. – [13] Gowen, H. H., *History of Indian Literature*, S. 336. – [14] Nag, K., *Greater India*, S. 25. – [15] Havell, *The Ancient and Medieval Architecture of India*, XXV. Buch. – [16] Watters, Bd. I, S. 344. – [17] Arrian, S. 274. – [18] Tod, Jas., *Annals and Antiquities of Rajasthan*, Bd. II, S. 115. – [19] Keyserling, Graf H., *Reisetagebuch eines Philosophen*, Bd. I, S. 212. – [20] Smith, *Oxford History*, S. 304. – [21] ebd., S. 308; Havell, *History*,

556 ANMERKUNGEN

S. 402. – ²² Smith, *Oxford History*, S. 312. – ²³ ebd., S. 306. – ²⁴ ebd., S. 192. – ²⁵ ebd., S. 222 f.
– ²⁶ ebd., S. 226, 232, 245. – ²⁷ ebd., S. 234. – ²⁸ Havell, *History*, S. 368. – ²⁹ *Babur-nama*, Bd. I. –
³⁰ Firishtah, M. Q., *History of Hindustan*, S. 399. – ³¹ Frazer, R. W., *A Literary History of India*,
S. 358. – ³² Smith, *Akbar*, S. 350; Havell, *History*, S. 493 f. – ³³ ebd., S. 494. – ³⁴ ebd., S. 493. –
³⁵ Smith, *Akbar*, S. 212. – ³⁶ ebd., S. 301, 323, 325. – ³⁷ Smith, *Oxford History*, S. 387. –
³⁸ Elphinstone, M., *History of India*, S. 586. – ³⁹ Smith, *Oxford History*, S. 448.

II. BUCH, 4. KAPITEL

¹ Herodot, III. Buch, Absatz 102. – ² ebd., Absatz 106. – ³ Lajpat Rai, L., *England's Debt to India*,
S. 123. – ⁴ Polo, M., *Travels*, S. 307. – ⁵ McCrindle, J. W., *Ancient India as described by Megastenes
and Arrian*, S. 73. – ⁶ Watters, Bd. I, S. 340. – ⁷ Elphinstone, S. 329; vgl. Smith, *Oxford History*,
S. 257. – ⁸ Smith, *Akbar*, S. 395. – ⁹ Lajpat Rai, *Unhappy India*, S. 315. – ¹⁰ Smith, *Oxford History*,
S. 229. – ¹¹ ebd., S. 266. – ¹² Dubois, Abbé J. A., *Hindu Manners, Customs and Ceremonies*, S. 722;
vgl. auch S. 661 und S. 717. – ¹³ Gesetze Manus, IV. Buch, Absatz 27–28, in Monier-Williams. –
¹⁴ Arnold, Sir E., *The Song Celestial, or Bhagavad-Gita*, S. 107. – ¹⁵ Smith, *Oxford History*, S. 42. –
¹⁶ Manu, IX. Buch, Absatz 45. – ¹⁷ Fülop-Miller, R., *Lenin und Gandhi*, S. 187. – ¹⁸ Robie, W.
F., *The Art of Love*, S. 18 f.; Macdonell, A. A., *History of Sanskrit Literature*, S. 174. – ¹⁹ Dubois,
S. 585. – ²⁰ Strabon, XV. Buch, Absatz 1, 62. – ²¹ Havell, *Ideals of Indian Art*, S. 91. – ²² Bebel, A.,
Die Frau und der Sozialismus, S. 61. – ²³ Tod, Bd. I, S. 604. – ²⁴ Manu, V. Buch, S. 154 ff. –
²⁵ Tagore, R., *Chitra*, S. 45. – ²⁶ Mahabharata, III. Buch, Absatz 33, 82; Sidhanta, N. K., *The
Heroic Age of India*, S. 160. – ²⁷ Frazer, S. 179. – ²⁸ Manu, III. Buch, Absatz 57, 60–63. – ²⁹ Tod,
Bd. I, S. 604. – ³⁰ Manu, II. Buch, Absatz 145; Wood, E., *An Englishman Defends Mother India*,
S. 27. – ³¹ Tod, Bd. I, S. 575. – ³² Dubois, S. 331. – ³³ Lajpat Rai, *Unhappy India*, S. 284. –
³⁴ ebd., S. 280. ³⁵ Watters, Bd. I, S. 152. – ³⁶ Dubois, S. 662. – ³⁷ Westermarck, *Moral Ideas*,
Bd. I, S. 89. – ³⁸ Macaulay, T. B., *Critical and Historical Essays*, Bd. I, S. 562. – ³⁹ Watters, Bd. I,
S. 171. – ⁴⁰ Müller, M., *India*, S. 57. – ⁴¹ Hardie, J. K., *India*, S. 60. – ⁴² Mukerji, D. G., *A Son of
Mother India Answers*, S. 43.

II. BUCH, 5. KAPITEL

¹ Davids, *Dialogues*, Bd. III, S. 184. – ² Fergusson, Jas., *History of Indian and Eastern Architecture*,
Bd. I, S. 174. – ³ Havell, *History*, S. 101; Eliot, Bd. I, S. 147. – ⁴ Otto, R., *West-östliche Mystik*,
S. 72 ff. – ⁵ Dubois, S. 565. – ⁶ Eliot, Bd. I. – ⁷ Heine, H., «Morphine», *Sämtliche Werke*. –
⁸ Kant, I., *Werke*, Bd. VI. – ⁹ Aus dem *Mahabharata*. – ¹⁰ Brown, B., *Wisdom of the Hindus*, S. 32. –
¹¹ Dutt, *Ramayana*, S. 152. – ¹² Brown, *Hindus*, S. 222 f. – ¹³ Wood, S. 154. – ¹⁴ Dubois,
S. 500 ff., 523 f. – ¹⁵ Brown, *Hindus*, S. 218 ff.; Barnett, L. D., *The Heart of India*, S. 112.

II. BUCH, 6. KAPITEL

¹ Monier-Williams, S. 183 f. – ² Muthu, S. 50. – ³ Garrison, S. 71; Lajpat Rai, *Unhappy India*,
S. 286. – ⁴ Garrison, S. 73. – ⁵ Radhakrishnan, Bd. I, S. 55. – ⁶ Keyserling, *Reisetagebuch*, Bd. I,
S. 113. – ⁷ Radhakrishnan, Bd. II, S. 249. – ⁸ ebd. – ⁹ Kapila, *Aphorisms of the Sankhya Philosophy*,
S. 98. – ¹⁰ ebd., S. 100; Monier-Williams, S. 88. – ¹¹ Kapila, S. 75, Aph. 67. – ¹² Brown,
Hindus, S. 212. – ¹³ ebd., S. 213. – ¹⁴ Kapila, S. 56. – ¹⁵ Brown, *Hindus*, S. 211. – ¹⁶ Monier-
Williams, S. 92. – ¹⁷ Schopenhauer, A., *Die Welt als Wille und Vorstellung*, Bd. II, S. 231. –
¹⁸ Guénon, R., *Man and His Becoming According to the Vedanta*, S. 259. – ¹⁹ Deussen, P., *System of
the Vedanta*, S. 106. – ²⁰ Müller, *Six Systems of Indian Philosophy*, S. 181. – ²¹ Dickinson, G. L., *An
Essay on the Civilizations of India, China and Japan*, S. 33. – ²² Keyserling, *Reisetagebuch*, Bd. I, S.
S. 276. – ²³ Brown, *Hindus*, S. 159. – ²⁴ ebd. – ²⁵ *De Intellectus Emendatione*.

II. BUCH, 7. KAPITEL

¹ Watters, Bd. II, S. 164 f. – ² Tod, Bd. I, S. 348. – ³ ebd. – ⁴ Dutt, *Ramayana*, S. 324. – ⁵ Eliot,
Bd. I. – ⁶ *Ramayana*, S. 303 ff. (deutsche Übersetzung von E. Schneider). – ⁷ Manu, V. Buch,

ANMERKUNGEN 557

Absatz 1517; Monier-Williams, S. 448. – [8] Brown, *Hindus*, S. 41. – [9] Winternitz, M., *History of Indian Literature*, S. 441. – [10] Brown, *Hindus*, S. 27. – [11] Radhakrishnan, Bd. I, S. 519; Winternitz, S. 17. – [12] Die *Bhagavadgita*, I. Buch, Absätze 28b, 29, 31, 32, 45, 46. – [13] ebd., II. Buch, Absatz 17–20. – [14] ebd., VII. Buch, Absatz 7–11; X. Buch, Absatz 18. – [15] *Ramayana*, 1–2 (deutsche Übersetzung von E. Schneider). – [16] ebd., 77. – [17] ebd., 10. – [18] ebd., 34. – [19] ebd., 36. – [20] ebd., 47, 75. – [21] ebd., 145. – [22] Gowen, *Indian Literature*, S. 219. – [23] ebd., S. 361. – [24] *Mrkkhakatika*, S. 64. – [25] Coomaraswamy, A. K., *The Dance of Siva*, S. 33. – [26] Kalidasa, *Schakuntala*, S. 94f. – [27] ebd., S. 135. – [28] ebd., S. 148. – [29] Frazer, S. 288. – [30] Goethe, J. W. von, *Werke* (Jubiläumsausgabe), Bd. I, S. 258. – [31] Gowen, *Indian Literature*, S. 407f. [32] ebd., S. 504. – [33] Barnett, S. 54. – [34] Macdonell, S. 226; Winternitz, S. 476; Gandhi, M. K., *His Own Story*, S. 71. – [35] Eliot, Bd. II, S. 263; Gowen, *Indian Literature*, S. 491; Dutt, *Ramayana*, S. 101. – [36] Kabir, *Songs*, S. 91, 69 (deutsche Übersetzung von E. Schneider).

II. BUCH, 8. KAPITEL

[1] Fergusson, Bd. II, S. 41. – [2] ebd., Bd. I, S. 424. – [3] ebd., Bd. I, S. 448. – [4] ebd., Bd. II, S. 309.

II. BUCH, 9. KAPITEL

[1] Macauley, Bd. I, S. 528. – [2] Dubois, S. 300. – [3] Eliot, Bd. III, S. 409. – [4] Frazer, S. 395. – [5] Rolland, R., *Prophets of the New India*; Eliot, Bd. II, S. 162. – [6] Brown, *Hindus*, S. 269: – [7] Rolland, *Prophets*, S. 160, 243; Brown, *Hindus*, S. 264f. – [8] Rolland, *Prophets*, S. 251, 293, 449f. – [9] ebd., S. 395. – [10] Tagore, *Der Gärtner*, S. 48f. – [11] Tagore, *Gitanjali*, S. 96. – [12] Tagore, *Der Gärtner*, S. 56. – [13] ebd., S. 41. – [14] Dubois, S. 190. – [15] *New York Times*, 16. Juni 1930. – [16] Gandhi, *Young India*, S. 123. – [17] Hall, J. W. *Eminent Asians*, S. 408. – [18] Fülop-Miller, S. 189. – [19] Rolland, *Mahatma Gandhi*, S. 40; Hall, S. 400. – [20] Rolland, *Gandhi*, S. 220; Kohn, H., *History of Nationalism in the East*, S. 410ff. – [21] Fülop-Miller, S. 284. – [22] ebd., S. 175. – [23] Gandhi, *Young India*, S. 869, 2. – [24] Fülop-Miller, S. 192f.

ERKLÄRUNG DER FREMDWÖRTER

a = arabisch; *a-b* = assyrisch-babylonisch; *h* = hebräisch; *i* = eine der indischen Sprachen;
s = sumerisch

Ahamkara *i*: Wissen um das Selbst

Anna *i*: indische Münze im Werte von $^1/_{16}$ Rupie

Arhat *i*: einer, der das Nirwana errungen hat

Asana *i*: die dritte Stufe des Yoga

Aschram(a) *i*: Einsiedelei

Aschvamedha *i*: das Pferdeopfer

Bodhi *i*: Wissen, Erleuchtung

Brahmacari(n) *i*: Junger Gelehrter, der ein Keuschheitsgelübde abgelegt hat

Buddhi *i*: Verstand

Candala *i*: eine Verstoßenenkaste

Carka *i*: Spinnrad

Devadasi *i*: wörtlich Dienerin der Götter; gewöhnlich eine Tempeldirne in Indien

Dharana *i*: die sechste Stufe des Yoga

Dharma *i*: sittliche Pflicht

Dhyana *i*: die siebente Stufe des Yoga

Dschinn *a*: Geist

Fellachen *a*: Bauern in Ägypten

Ghat *i*: Gebirgspaß; Anlegeplatz; Stufen, die zum Wasser führen

Gopuram *i*: Torweg

Gotra *i*: Sippe, Gruppe

Guna *i*: Tugend

Guru *i*: Lehrer

Kadamba *i*: eine indische Blume

Karma *i*: Tat; das Gesetz, daß jede Tat in diesem Leben oder in einer Wiederverkörperung belohnt oder bestraft wird

Khaddar *i*: indischer handgewebter Stoff

Kuscha *i*: ein indisches Gras

Kutaja *i*: eine indische Blume

Mahatma *i*: große Seele

Manas *i*: Geist, Sinn

Mandapam *i*: Vorhalle

Mastaba *a*: freistehender Grabbau mit abgeschrägten Wänden

Mine *vom h*: Münze des alten Vorderen Orients, in Babylon sechzig Schekel wert

Mokscha *i*: Befreiung

Mullah *a*: mohammedanischer Gelehrter

Muni *i*: Heiliger

Naga *i*: Schlange

Nandi *i*: Segensspruch, der ein indisches Drama einleitet

Nautsch *i*: Tempeltänzerin

Nischka *i*: Münze, oft als Schmuckstück gebraucht

Nyama *i*: die zweite Stufe des Yoga

Pankha *i*: Fächer

Patesi *s*: sumerische, auch babylonische Stadtkönige, Unterkönige; mit priesterlicher Gewalt

Pischaca *i*: Geist, Kobold

Prakriti *i*: Schöpfer, Schöpferkraft, Natur

Pranayama *i*: die vierte Stufe des Yoga

Pratyahara *i*: die fünfte Stufe des Yoga

Purdah *a*: Wandschirm oder Vorhang; Abgeschlossenheit der Frau, Einrichtung mancher Völker des Vorderen Orients

Puruscha *i*: Person, Geist

Radscha *i*: König; Maharadscha: Großkönig

Raga *i*: musikalisches Motiv oder Melodie

Rakscha *i*: nächtlicher Dämon

Ramadan *a*: der neunte Monat des islamitischen Kalenders, während dessen von Sonnenaufgang bis Sonnenuntergang keine Speise genossen werden darf

Rig *i*: Hymne

Rischi *i*: Weiser

Rupie *i*: indische Münze

Samadhi *i*: die achte Stufe des Yoga

Samaj *i*: Vereinigung; Gesellschaft

Samhita *i*: Sammlung

Samohini *i*: Rauschmittel

Sannyasi *i*: heiliger Einsiedler

Sari *i*: Seidengewand

Sati (engl. Suttee) *i*: Hinduwitwe, die sich mit der Leiche ihres Mannes verbrennen läßt; Witwenverbrennung

Schaduf *a*: Schöpfeimer an einer Stange zum Wasserschöpfen

Schakti *i*: die weibliche Kraft eines Gottes

Schamane *i*: Magier, wundertätiger Priester

Schastra *i*: Lehrbuch; Abhandlung

Schekel *h*: Münze des Vorderen Orients von wechselndem Wert

Schloka *i*: Doppelvers

Silindhra *i*: eine indische Blume

Swadeschi *i*: Wirtschaftsnationalismus; ausschließliche Verwendung einheimischer Waren

Swaraj *i*: Selbstregierung

Tantra *i*: Regel oder Ritual

Tattva *i*: Wirklichkeit; So-Sein

Zikkurat *a-b*: Turm aus übereinandergefügten, sich verkleinernden Stockwerken, mit außen hinaufführender Treppe

PERSONENVERZEICHNIS

Seitenzahlen in *Kursiv* verweisen auf Abbildungslegenden und stehen jeweils als letzte Information beim Stichwort.

A

Aaron, 29, 270, 277

Abdu-r Razzak, persischer Forschungsreisender (1413 bis 1475?), 400

Abraham, 74, 164, 170, 266, 269, 271, 279

Absalom, Sohn Salomos (um 950 v. Chr.), 273

Abu, 125

Abu-l Fazl, indischer Staatsmann und Historiker (um 1550 bis 1600), 412, 435, 501f., 511

Achaimeniden, Dynastie, 313, 340

Achilleus, 236, 494

Adad, 253

Adam, 278

Adapa, Weiser aus Eridu, 126, 250

Adonis, 118, 193, 218, 264, 266

Agamemnon, 266

Agni, 355f.

Ahab, König von Israel (876–855 v. Chr.), 277, 281, 283

Ahas, König von Juda (735–720 v. Chr.), 284

Ahasver, 310

Ahmad Schah, Sultan von Delhi (1422–1435), 403

Ahmasi, sagenhafte ägyptische Königin (um 1500 v. Chr.), 148

Ahriman, 312, 325f., 327, 329

Ahura Mazda, 68, 295, 312, 317, 320, 323ff., 333, 335

Aischylos, 99

Ajita Kasakambalin, indischer Skeptiker, 366

Akbar, Mogulkaiser (1560–1605), 193, 204, 345, 388, 394, 397, 406ff., 416f., 419, 421, 432, 436f., 439, 501f., 507, 511, 517, 524, 532

Akerblad, Johan David, Baron, 141

Alasani-Peddana, indischer Dichter (um 1520), 400

Alau-d-din, Sultan von Delhi (1296–1315), 398, 403f.

Alberuni, 501

Alexander der Große, König von Makedonien (336–323 v. Chr.), 107, 118, 134, 138, 199, 208, 239, 244f., 258, 264, 304, 310, 313f., 321f., 324, 334, 338ff., 385, 393, 405, 432, 461, 463, 472, 485, 495

Allat, 220

Allenby, Edmund Henry, Viscount, 148

Alyattes, König von Lydien (610 bis 561 v. Chr.), 259

Amarpal, Vater Hammurabis, 269

Amenemhet I., König von Ägypten (2212–2192), 146, 166

Amenemhet III., König von Ägypten (2061–2013 v. Chr.), 147, 177

Amenhotep II., König von Ägypten (1447–1420 v. Chr.), 149, 156

Amenhotep III., König von Ägypten (1412–1376 v. Chr.), 137f., 149, 156f., 174, 177, 180f., 192f., 205

Amenhotep IV., König von Ägypten, s. Echnaton

Amenhotep, ägyptischer Bildhauer (um 1400 v. Chr.), 181

Amenis, 179

Amos, hebräischer Prophet (um 800 v. Chr.), 270, 282ff., 324

Ampthill, Odo William Leopold Russel, Baron 464

Amraphel, 269

Amun, 139, 147f., 149, 186, 188, 192f., 198

Anacharsis, 57

Anaita, 323, 329

Ananda, 351, 383f.

Anaxagoras, 68, 464

Anaximander, 464

Anaximenes, 464

Andrews, Roy Chapman, 98, 555

Anquetil-Duperron, Abraham Hyacinthe, 324, 346, 420

Antigone, 44

Antiochos I. Soter, König von Syrien und Babylonien (280–261 v. Chr.), 389f.

Antoninus Pius, römischer Kaiser, 21, 322

Anu, 202f., 215, 229f.

Anubis, 188

Anunit, 202

Aphrodite, 69, 125, 216, 223, 264, 329

Apis, 314

Apollon, 513

Apollonios von Perge, 460

Apsu, 217

Archimedes, 460

Argistis II., König von Armenien (um 708 v. Chr.), 257

Aristobulos, 429

Aristoteles, 35, 109, 461, 463, 466, 470

Arjuna, 443, 490f.

Arnold, Matthew, 326

Arrian, 386, 389, 397

Arsakiden, Dynastie, 324

Arses, König von Persien (339 bis 336 v. Chr.), 338

Artabanos, 337

Artabhaga, 464

Artaxerxes I., König von Persien (464–423 v. Chr.), 329, 336f.

Artaxerxes II., König von Persien (404–359 v. Chr.), 321, 330, 332ff., 336ff.

Aruru, 229

Aryabhata, indischer Mathematiker (um 499), 395, 459, 460f.

Asarhaddon, König von Assyrien (681–669 v. Chr.), 205, 242, 251, 253

Aschera, 287

Aschoka, indischer Herrscher und Philosoph (273–232 v. Chr.), 345, 358, 390ff., 399, 423, 439, 441, 460, 484, 495, 512, 514f., 520

PERSONENVERZEICHNIS

Aschtoret, s. Ischtar
Aschvaghoscha, indischer Theologe (um 120), 393, 495, 501
Aschvala, 464
Assur, 242, 245, 249f., 253, 255, 278
Assurbanipal, König von Assyrien (669–626 v. Chr.), 116, 217, 222, 227f., 236, 240, 242ff., 246, 249ff., 278
Assurnasirpal II., König von Assyrien (884–859 v. Chr.), 241, 245, 249, 251ff.
Assurnirari, König von Assyrien (753–746 v. Chr.), 241
Astarte, 216, 264, 266, 281, 287
Astivihad, 328
Astruc, Jean, 293
Astyages, König von Medien (um 560 v. Chr.), 312
Atar, 327
Athene, 70
Aton, 192ff., 197
Atossa, Gemahlin Dareios' I. (um 500 v. Chr.), 315
Atossa, Tochter und Gemahlin Artaxerxes' II. (um 375 v. Chr.), 332
Atreya, indischer Physiologe (um 500 v. Chr.), 461, 463
Attila, König der Hunnen (um 400–454), 395
Attis, 259
Augustin, hl., 415
Aurangseb, Mogulkaiser (1658–1707), 385, 407, 414ff., 421, 486f., 511, 526, 529f., 532
Auta, ägyptischer Künstler (um 1370 v. Chr.), 195

B

Baal, 264, 266, 277, 279, 281, 287
Baalsebub, 279
Babar, Mogulkaiser (1483–1530), 405f., 413, 501
Bacon, Francis, 109, 544f.
Badaoni, indischer Historiker (um 1600), 409
Badarayana, Vedanta-Philosoph (um 200 v. Chr.), 475
Bagaos, persischer Eunuch und Feldherr († 336 v. Chr.), 338
Bakchos, 73
Balban-Gheias-ed-din, Sultan von Delhi (1265–1286), 402

Balta-atrua, 236
Bana, indischer Historiker (um 650), 501
Banerji, R. D., 348
Bartoli, Daniele, 411
Baruch, hebräischer Prophet (um 600 v. Chr.), 288
Bathseba, 271, 273
Bau, 126f.
Beaumarchais, Pierre-Auguste Caron de, 55
Begouën, Louis, 100
Bek, ägyptischer Bildhauer (um 1370 v. Chr.), 181, 195
Bel, 202, 214f., 253
Belit, 250
Benjamin, Sohn Jakobs, 286, 303
Bentham, Jeremy, 531
Bentinck, Lord William Charles Cavendish, Generalgouverneur von Indien (1774–1839), 525, 530
Bergson, Henri, 362, 380, 482
Bernier, François, 418, 486
Berosus, babylonischer Historiker (4. Jh. v. Chr.), 117, 228, 323
Besant, Annie, 532
Bhartrihari, indischer Weiser (um 650), 451, 483, 502
Bhasa, indischer Dramatiker (um 350), 496
Bhaskara, indischer Mathematiker (*um 1114), 460f.
Bhavabhuti, indischer Dramatiker (um 500), 499
Bhava Misra, indischer medizinischer Enzyklopädist (um 1550), 462
Bindusara, indischer Herrscher (um 298–273 v. Chr.), 389f.
Birbal, indischer Dichter (um 1600), 409
Bismarck-Schönhausen, Otto Eduard Leopold, Fürst von, 482
Blavatsky, Helena Petrovna, 532
Boas, 299
Boccaccio, Giovanni, 483
Boethius, 303
Bonwick, I., 88
Bose, Sir Jagadis Tschandra, indischer Physiker und Biologe (*1858), 534
Bossuet, Jacques-Bénigne, 186, . 303
Boucher de Perthes, Jacques, 93

Brahma, 355, 359, 362, 366, 379f., 443f., 446, 448, 513, 521f., 532
Brahmagupta, indischer Astronom (598–660), 395, 459f.
Braid, James, 463
Breasted, James H., 116, 133, 140, 165, 183, 194, 334, 460
Breuil, Abbé Henri Edouard Prosper, 94
Briffault, Robert, 52, 87, 295
Brihadratha, König von Magadha († 185 v. Chr.), 393
Brihaspati, indischer Skeptiker, 367f.
Brinton, Daniel Garrison, 40
Bruno, Giordano, 410
Buckle, Henri Thomas, 268
Buddha, indischer Religionsstifter (563–483 v. Chr.), 182, 290, 351f., 358, 366ff., 391ff., 419, 425, 436f., 439ff., 450, 465, 481, 485, 509f., 512f., 521, 532
Burnouf, Eugène, 346
Burraburiasch II., König von Babylonien (um 1400 v. Chr.), 205
Burton, 87
Byron, George Gordon Noel, Baron, 244, 254

C

Caesar, Gaius Iulius, 50, 134, 136, 171, 199, 225, 245, 273, 351, 408
Cajori, Florian, 460
Canning, Charles John, Viscount, Generalgouverneur von Indien (1812–1862), 530
Capart, Jean, 140
Carlyle, Thomas, 305, 545
Carter, Howard, 140
Cartier, Jacques, 85
Carver, T. N., 33
Casanova de Seingalt, Giovanni Giacomo, 70
Censorinus, 171
Ceres, 69, 188
Chacheperre-Sonbu, ägyptischer Gelehrter (um 2150 v. Chr.), 168
Chafre (Chephren), König von Ägypten (3067–3011 v. Chr.), 143, 145, 175f.
Chalukya, Dynastie, 398f., 518f.

PERSONENVERZEICHNIS

Champollion, Jean-François, 94, 139 ff., 227
Chand Bardai, indischer Dichter, 502
Chandi Das, indischer Dichter (um 1400), 429, 502, 536
Charaka, indischer Arzt (um 120), 393, 462 ff.
Chatterjee, Bankim Chandra, indischer Schriftsteller (1838–1894), 483
Chaucer, Geoffrey, 169
Chauna, Buddhas Wagenlenker, 374
Cheops, s. Chufu
Chephren, s. Chafre
Childe, V. Gordon, 349
Chnemhotep, 176
Chnum, 174
Chnumhotep, König von Ägypten (um 2180 v. Chr.), 174, 179
Chosru II. Parvez, König von Persien (591–628), 398
Christus, 273, 278, 283, 286, 289, 296, 310, 376, 392, 410, 491, 531 f., 542
Chrysostomos, 33
Chufu (Cheops), König von Ägypten (3098–3075 v. Chr.), 143 ff., 348
Cicero, Marcus Tullius, 41
Cincinnatus, Lucius Quinctius, 492
Cintrankakhara, 330
Clive, Robert, Baron, 420, 527, 529 f.
Colebrooke, Henry Thomas, 346
Conti, Niccolò, 399, 420, 432
Cook, Captain James, 88, 106 f.
Coomaraswamy, Ananda K., 540
Cousin, Victor, 464
Crespigny, C. de, 49
Curtius Rufus, Quintus, 226, 339 f.
Curzon, George Nathaniel, Marquess Curzon of Kedleston, Vizekönig von Indien (1859–1925), 525, 540

D

Dananu, elamitischer Feldherr (um 650 v. Chr.), 243
Daniel, 205, 303, 307, 312
Daniyal, Sohn Akbars (um 1600), 432

Dante Alighieri, 169, 449, 527
Dareios I., König von Persien (521–485 v. Chr.), 44, 227, 261, 292, 314 ff., 321 ff., 329 f., 334, 337
Dareios II., König von Persien (423–404 v. Chr.), 337
Dareios III. Kodomannos, König von Persien (338–330 v. Chr.), 322, 338 ff.
Dareios, Sohn Artaxerxes' II., 338
Darmesteter, James 325
Darwin, Charles Robert, 33, 48, 87, 89, 99, 530, 533
Dasvanth, indischer Maler (16. Jh.), 511
David, König von Israel (1010–974 v. Chr.), 236, 273 f., 278 f., 283, 296, 302 f., 414
Davids, T. W. Rhys, 346, 376
Dawson, Christopher, 204
Dayananda, Sarasvati, indischer Reformer (1824–1883), 532
Debora, hebräische Prophetin (13. Jh. v. Chr.), 297, 303
Deiokes, König von Medien (um 709 v. Chr.), 311
Delila, 303
Demeter, 69, 125, 188, 216, 218
Demokrit, 461, 467, 481
Desmoulins, Camille, 39
Devadatta, 382
Dewey, John, 466
Dhanamjaya, indischer Theoretiker des Dramas (um 1000), 497
Dhanvantari, indischer Arzt (um 525 v. Chr.), 462 f.
Dingiraddamu, sumerischer Dichter (um 2800 v. Chr.), 119
Diodoros Siculus, 76, 136, 151 f., 157 f., 173, 206, 241, 243, 254, 295, 340
Diogenes, 472
Diomedes, 31
Dionysos, 295, 355
Diophantos, 460
Dryden, John, 345
Dschingis Khan, mongolischer Fürst (1155–1227), 405 f.
Dubois, Jean-Antoine, 419, 422, 424, 428 f., 433, 435, 449, 454, 456, 475, 531
Dungi, König von Ur (um 2400 v. Chr.), 121, 124, 131
Dupont, 78

Durga, 444
Durkheim, Emile, 70
Dutt, Narendranath, s. Vivekananda, Swami
Dyaus pitar, 68, 355

E

Ea, 126, 218
Eannatum, König von Lagasch (um 2800 v. Chr.), 130
Echnaton (Amenhotep IV.), König von Ägypten (1380–1362 v. Chr.), 126, 156, 169, 177 f., 181, 192 ff., 205, 216, 280, 303, 327, 392
Edmunds, I. A., 440
El (Ilu), 263, 266
Elia, hebräischer Prophet (um 895 v. Chr.), 279 ff.
Eliot, Sir Charles, 376, 380, 473, 488, 531
Elisa, hebräischer Prophet (um 890–840 v. Chr.), 279, 281
Elisabeth I., englische Königin, 410
Ellil, 125, 203
Elliotson, John, 463
Elohim, 266, 293
Elphinstone, Mountstuart, 414, 420, 530
Emerson, Ralph Waldo, 313, 365, 545
Empedokles, 464
Entemena, 130
Epikur, 65, 236
Ereschkigal, 218 f.
Esdaile, James, 463
Esra, hebräischer Schriftgelehrter und Reformator (um 444 v. Chr.), 292 ff.
Esther, 271, 297, 303
Euler, Leonhard, 460
Euripides, 499
Eva, 294

F

Fa-Hien, chinesischer Forschungsreisender (um 399–414), 394 f., 509
Faure, Elie, 200
Fergusson, James, 335, 440, 515 ff.
Fichte, Johann Gottlieb, 482
Firischta, Muhammad Qazim, mohammedanischer Chronist, 408, 501

PERSONENVERZEICHNIS

Firoz Schah Tughlak, Sultan von
Delhi (1351–1388), 400, 403,
422
Fitch, 418
France, Anatole, 57, 434
Frankfort, Henri, 348
Franklin, Benjamin, 29
Franziskus von Assisi, 542
Fravartisch, 330
Frazer, Sir James George, 75,
100, 294
Freud, Sigmund, 70, 91
Freya, 69
Friedrich II. der Große, König
von Preußen, 243

G

Gaia, 67
Galton, Sir Francis, 49 f.
Gama, Vasco da, 263, 345, 529
Gandhi, Mohandas Karamchand,
genannt Mahatma, indischer
Reformer (1869–1948), 371,
427, 451, 453, 491, 503, 531,
533, 539, 541 ff.
Ganescha, 444, 446
Garbe, Richard, 467
Gargi, indische Philosophin, 354,
361, 464
Garner, 79
Garrison, F. H., 462 f.
Garstang, John, 269 f.
Gaudapada, indischer Theologe
(um 780), 475
Gautama, indischer Philosoph,
466
Gautama, s. Buddha
Gautier, Théophile, 88, 99, 181
Georg IV., König von Groß-
britannien, 525
Georg, Eugen, 89
Ghiyasu-d-din, Sultan von Delhi
(† 1501), 421 f.
Gibbon, Edward, 262, 501
Gideon, Richter von Israel († um
1236 v. Chr.), 271
Gilgamesch, 118, 129, 216,
228 ff., 237
Giotto di Bondone, 509, 527
Goethe, Johann Wolfgang von,
138, 345, 497 f., 500, 527
Goliath, 273
Gordios, König v. Phrygien, 258
Gorki, Maxim, 278
Govinda, indischer Theologe (um
800), 475

Gracchen, 34
Greco, El (Domenico Theotoco-
puli), 100
Gregor XIII., Papst, 171
Grimm, Jacob, 357
Grotefend, Georg Friedrich, 227
Gubarru, babylonischer Held,
238
Gudea, König von Lagasch (um
2600 v. Chr.), 120, 125 f.,
129 f.
Gumplowicz, Ludwik, 38
Gunadhya, indischer Dichter
(1. Jh.), 501
Gunavarman, indischer Gelehr-
ter, 395
Gupta, Dynastie, 394 f., 397,
420, 425, 461, 488, 513
Gyges, König von Lydien (um 652
v. Chr.), 259

H

Hadrian, römischer Kaiser, 322
Hall, 349
Hammurabi, König von Babylo-
nien (2123–2081 v. Chr.),
41 f., 107, 118, 121, 124, 131,
202 ff., 208 ff., 212 ff., 225,
234, 239, 244, 246, 257, 261,
269, 295, 301, 333
Hanania, hebräischer Prophet (um
600 v. Chr.), 289
Hanuman, 354
Haoma, 323
Hapuseneb, ägyptischer Architekt
(um 1500 v. Chr.), 181
Hardedef, 184
Hardie, James Keir, 435
Haremhab, König von Ägypten
(1346–1322 v. Chr.), 197
Harpagos, medischer Feldherr
(um 555 v. Chr.), 312
Harscha-Vardhana, nordindischer
Herrscher (606–648), 395 ff.
Harun-ar-Raschid, 408, 464
Harvey, William, 171, 462
Hastings, Warren, Generalgou-
verneur von Indien (1732–
1818), 525, 529 f.
Hathor, 156, 174 f., 185 f.
Hatschepsut, Königin von Ägyp-
ten (1501–1479 v. Chr.), 137,
139, 147 f., 157, 174, 177 f.,
181, 269 f.
Havell, E. B., 389, 395
Hedin, Sven, 442

Hegel, Georg Wilhelm Friedrich,
361, 364
Heine, Heinrich, 302
Heinrich VII., König von Eng-
land, 516
Heinrich VIII., König von Eng-
land, 399
Helena, 494
Henoch, 280, 307
Hepat, 257
Hera, 70
Heraklit, 380, 464, 537
Herder, Johann Gottfried von,
345
Herkules, 264
Hermes, 250
Hermes Trismegistos, 169
Herodot, 117, 135 f., 143, 150,
153, 173, 189, 191, 206, 223,
225 f., 259 f., 262 f., 311, 313,
315, 317, 327, 331, 417 f.,
432, 501
Hesekiel, hebräischer Prophet
(um 580 v. Chr.), 279, 289
Hesiod, 293
Hesire, ägyptischer Beamter (um
2750 v. Chr.), 176
Hilkia, hebräischer Religionsleh-
rer (um 620 v. Chr.), 286
Hillel, jüdischer Rabbiner und
Talmudist (um 110 v. Chr.),
278, 579
Hincks, Edward, 117
Hiob, 236 f., 254, 289, 305 ff.
Hippokrates, 172, 258, 462
Hiram, König von Tyrus (um 950
v. Chr.), 264 f., 274
Hiskia, König von Juda (um 720–
692 v. Chr.), 277, 284
Hobbes, Thomas, 473
Holmes, Oliver Wendell, 85
Homer, 31, 65, 70, 108, 353
Hor, ägyptischer Architekt (um
1400 v. Chr.), 193
Horus, 186 ff.
Hosea, hebräischer Prophet (um
785–725 v. Chr.), 283 f.
Hrozny, Frederic, 257
Hsieh, Ho, Kunsttheoretiker
(6. Jh.), 511
Huber, Sir William, 434
Hulda, hebräische Prophetin (um
625 v. Chr.), 297
Humayun, Mogulkaiser (1530–
1542, 1555–1556), 406, 409,
413, 524

PERSONENVERZEICHNIS

Humboldt, Friedrich Heinrich
Alexander von, 403
Humboldt, Karl Wilhelm von,
490
Hume, David, 368, 380
Hypatia, 200
Hystaspes, Vater Dareios' I. (um
550 v. Chr.), 227, 314
Hystaspes (Wischtaspa), Förderer
Zarathustras, 323

I

Iamblichos, 169
Ibnischar, 130
Ibrahim Lodi, Sultan von Delhi
(1517–1526), 405
Ibsen, Henrik, 67
Iktinos, 137
Imhotep, ägyptischer Arzt, Archi-
tekt und Staatsmann (um 3150
v. Chr.), 142, 181, 184
Indra, 256, 350, 355f., 443
Ineni, ägyptischer Architekt (um
1530 v. Chr.), 181
Innini, 125
Intaphernes, 44
Iphigenie, 74, 266
Ipuwer, 183f.
Isaak, hebräischer Patriarch, 266,
300, 303
Ischtar, 69, 121, 125, 188, 207,
215ff., 226, 229f., 233, 253,
257, 264
Ischvara, 474, 477, 479
Ischvara Krischna, indischer Re-
ligionslehrer (5. Jh.), 467
Isebel, Gattin König Ahabs (um
875–850 v. Chr.), 283
Isis, 174, 187f., 216

J

Jabali, 367
Jacobi, H., 369
Jahanara, Tochter des Schah
Jahan, 414
Jahangir, Mogulkaiser (1605–
1627), 412f., 416, 419, 421f.,
501, 509, 511, 524f.
Jahve (Jehova), 195f., 206, 273,
275ff., 284, 286ff., 293,
295ff., 303, 306f., 309, 328
Jaimini, indischer Religionslehrer
(4. Jh. v. Chr.?), 475f.
Jakob, hebräischer Patriarch, 52,
278, 281, 297, 299, 303

James, William, 466
Jayadeva, indischer Dichter, 429,
502
Jeremia, hebräischer Prophet (um
600 v. Chr.), 279, 282, 287ff.,
371
Jesaja, hebräischer Prophet (um
720 v. Chr.), 194, 216, 270,
279, 282, 284ff., 289f., 298,
324, 371
Jesaja (Deuterojesaja), hebrä-
ischer Prophet, 290f.
Jinnah, Mohammed Ali, 547
Jojachin, König von Juda (598/97
v. Chr.), 287
Jonathan, Sohn des Königs Saul
(um 1010 v. Chr.), 273
Jones, Sir William, 345f., 358,
500
Jonson, Ben, 545
Joseph, hebräischer Patriarch (um
1900 v. Chr.), 303
Josephus, Flavius, jüdischer Historiker (37–96?), 170, 268,
270, 275, 339
Josia, König von Juda (641–610 v.
Chr.), 190, 286f., 293f., 297
Josua, hebräischer Führer († um
1425 v. Chr.), 271
Jupiter, 355

K

Kabir, indischer Dichter (1440–
1518), 410, 456, 503f.
Kalanos, indischer Weiser (um
326 v. Chr.), 472
Kalhana, indischer Historiker,
501
Kali, 188, 436f., 444, 446, 453f.,
532, 540
Kalidasa, indischer Dichter (um
400), 345, 394f., 496ff., 501
Kamala, Gattin Nehrus, 546
Kambinana, 63
Kambyses, König von Persien
(529–522 v. Chr.), 199, 314,
320
Kamos, 279, 287
Kanada, indischer Philosoph, 461,
466f., 475
Kanischka, König der Kuschanas
(um 120), 393f., 439, 442,
495, 502
Kant, Immanuel, 307, 445, 451,
469, 477, 479, 481

Kapila, indischer Sankhya-Philo-
soph (um 500 v. Chr.), 467,
469ff., 475f.
Karl der Große, 146
Kartikeya, 443
Kasturbai, Gattin Gandhis, 541ff.
Katyayani, 361
Kautilya Chanakya, indischer
Staatsmann (um 322–298 v.
Chr.), 385ff.
Kaviputra, indischer Autor, 496
Keats, John, 527
Keith, Sir Arthur, 102
Kepler, Johann, 68
Ket, 188
Kevaddha, 378f.
Keyserling, Graf Hermann, 398,
465, 482
Khosrau, Sohn Jahangirs (um
1620), 413
Kipling, Rudyard, 537
Kirti Schri Raja Singha, König von
Ceylon (18. Jh.), 520
Kleopatra, 137, 140, 157, 200
Kolben, Peter, 61
Kolumbus, Christoph, 107, 345,
419, 696
Konfuzius (K'ung Ch'iu), chinesi-
scher Philosoph (551–479 v.
Chr.), 65, 182, 290, 371
Konstantin der Große, römischer
Kaiser, 224
Korwouwa, 66
Krischna, 355, 443, 446, 471,
480, 490f., 495, 502, 532, 540
Krischnadevaraya, König von
Vijayanagar (1509–1529),
399f.
Kroisos, König von Lydien (560–
546 v. Chr.), 259f., 313f.
Ktesias, 254
Kublai Khan, chinesischer Kaiser
(1269–1295), 521, 523
Kumara, König von Assam (um
630), 396
K'ung Ch'iu (K'ung-fu-tse), s.
Konfuzius
Kutbu-d Din Aibak, Sultan von
Delhi (1206–1210), 402, 523
Kyaxares, König von Medien (640
–584 v. Chr.), 207, 255, 312
Kybele, 69, 188, 258f., 266
Kyrillos, 200
Kyros der Große, König von Me-
dien und Persien (555–529 v.
Chr.), 118, 172, 209, 239,

258, 260, 290 ff., 312 f., 317, 319, 334, 336 f.
Kyros der Jüngere, persischer Fürst (424?–401 v. Chr.), 321, 338

L

Laban, Jakobs Schwiegervater, 52, 278
Lajpat Rai, Lala, indischer Reformer, 434, 532
Lakschmi, 444
Lamarck, Jean-Baptiste de Monet, Chevalier de, 468
Lander, Richard, 53
Lao-tse (Li), chinesischer Weiser (604–517 v. Chr.), 81, 371
Laplace, Pierre-Simon, 460, 469
Lea, eine von Jakobs Frauen, 52, 299
Leibniz, Gottfried Wilhelm, Baron von, 451, 467
Lenin (Vladimir Uljanow), 281
Leonardo da Vinci, 90, 171, 509 f.
Lepsius, Karl Richard, 190
Letourneau, C., 50
Levi, hebräischer Patriarch (um 1700 v. Chr.), 281
Lippert, Julius, 52
Livingstone, David, 56
Locke, John, 481
Lokamahadevi, Gattin des Vikramaditya Chalukya (um 1100), 519
Longfellow, Henry Wadsworth, 429
Loskiel, 33
Loti, Pierre (Julien Viaud), 27, 435
Lucretius, 66, 126, 219
Lucullus, 208
Ludwig XIV., König von Frankreich, 156
Lugalzaggisi, sumerischer König (um 2897 v. Chr.), 119
Luther, Martin, 125, 440

M

Macaulay, Thomas Babington, Lord, 435, 530
Macdonell, A. A., 349
Machiavelli, Niccolo, 387
Mahavira, Begründer des Jainismus (599–527 v. Chr.), 369, 371

Mahmud, Sultan von Ghazny (997–1030), 401 ff.
Mahmud Tughlak, Sultan von Delhi (um 1398), 405
Maitreyi, 361
Makkhali Gosala, indischer Skeptiker, 366
Malinowski, B., 44
Malthus, Robert Thomas, 308, 542
Manetho, ägyptischer Chronist und Priester (um 300–250 v. Chr.), 169, 270
Manischtusu, König von Akkad, 124
Manu, 41, 421 ff., 427, 429 ff., 434 f., 463, 471, 490
Marcus Aurelius Antoninus, römischer Kaiser, 21, 322, 392
Marduk, 202 f., 205 f., 214, 216 f., 220 f., 224, 233, 237, 242, 250 f.
Maria, Mutter Jesu, 226
Marshall, Sir John, 348 f., 386, 443, 515
Marston, Sir Charles, 164, 270
Mason, William A., 81
Maspero, Gaston, 140 f., 176 f.
Maurya, Dynastie, 386 f., 395, 397
Maya, Buddhas Mutter († 563 v. Chr.), 372 f.
Medici, Familie, 149
Medici, Lorenzo de', 200
Megasthenes, 345, 386, 388 f., 417, 419, 514
Melkart, 264
Melville, Hermann, 40
Menander, König von Baktrien (um 100 v. Chr.), 456
Menes, wahrscheinlich Ägyptens erster König (um 3500 v. Chr.), 137, 142
Menkaure (Mykerinos), König von Ägypten (3011–2988 v. Chr.), 145, 175
Mephiboseth, jüdischer Prätendent (um 900 v. Chr.), 273
Merkur, 250
Merneptah, König von Ägypten (1233–1223 v. Chr.), 269 f.
Mescha, König von Moab (um 840 v. Chr.), 265 f.
Midas, König von Phrygien, 258
Mihiragula, Führer der Weißen Hunnen (502–542), 395

Milkom, 279, 287
Ming Huang (Hsüan-tsung), chines. Kaiser (713–756), 204
Minos, 93, 295
Mir Jafar, Nawab von Bengalen (1757–1760), 529 f.
Mirjam, Schwester Mose, 297
Mithra, 256, 323, 327, 329, 350, 355
Mithridates, persischer Feldherr (um 400 v. Chr.), 321
Mohammed, 51, 261
Moloch, 74, 264, 279, 287
Monier-Williams, Sir Monier, 350
Montaigne, Michel Eyquem de, 28
Montesquieu, Charles de Secondat, Baron de, 268
Montumihait, 178
Morgan, Jacques de, 98, 116, 120, 141
Morgan, Lewis Henry, 79
Moses, 29, 41 f., 47, 203, 269 ff., 277 ff., 286, 291 ff., 301 ff., 309, 331
Muhammad ibn Musa al-Khwarazmi, 460
Muhammad ibn Tughlak, Sultan von Delhi (1325–1351), 403
Müller, Friedrich Max, 157, 279, 346
Mumtaz Mahal, Gemahlin des Schah Jahan († 1631), 413 f., 525
Munroe, Sir Thomas, 530
Muttu Virappa Nayyak, Fürst von Madura (Anfang 17. Jh.), 519
Mykerinos, s. Menkaure
Mylitta, 49, 224, 264

N

Nabonid, König von Babylonien (556–539 v. Chr.), 239
Nabopolassar, König von Babylonien (um 625–605 v. Chr.), 205 f.
Nabu, 233, 250, 253
Nadir Schah, persischer Eroberer und Herrscher (1734–1747), 414
Naemi, 279
Nagarjuna, indischer Gelehrter (2. Jh. v. Chr.), 393, 461
Nagasena, indischer Weiser (um 100 v. Chr.), 456
Nakht, 180

PERSONENVERZEICHNIS

Namtar, 219
Nana, 259
Nanak, Gründer der Sikh (um
1469–1538), 504
Nanda, Familie, 385
Nanda, Fürst von Magadha (um
523 v. Chr.), 383
Nandi, 354
Nannar, 130, 215
Napoleon I., Kaiser der Franzo-
sen, 76, 94, 136, 138, 140,
148f., 156, 242, 244, 313, 408
Narada, indischer Musiker, 508
Naram-sin, König von Sumer und
Akkad (2795–2739 v. Chr.),
120, 130, 232
Nasiru-d-din, Sultan von Delhi
(um 1501), 421f.
Nataraja, 513
Nathan, 273
Nebo, 216
Neb-sent, ägyptische Edelfrau
(um 3100 v. Chr.), 157
Nebukadnezar II., König von Ba-
bylonien (605–562 v. Chr.),
205ff., 214, 221, 233f., 238f.,
256, 267, 287ff., 291
Necho II., König von Ägypten
(609–593 v. Chr.), 287
Nefer-chepru-re, s. Echnaton
Nefer-nefru-re Nefret-itj, s. No-
fretete
Nehru, Jawaharlal, indischer Mi-
nisterpräsident (*1889), 546f.
Nehru, Motilal, 546
Nephtys, 188
Nergal, 220, 233, 250, 253
Nero, Lucius Domitius, römi-
scher Kaiser, 243
Newton, Sir Isaac, 461
Nietzsche, Friedrich, 38, 168,
333, 399, 470, 482, 530
Nina, 240
Nincharsag, 125
Ningirsu, 125
Ninlil, 125
Ninsei, japanischer Töpfer (um
1655), 781
Ninurta, 233, 250, 253
Noah, 260
Nofretete, Gattin Amenhoteps IV.
(um 1380–1362 v. Chr.), 177,
194, 196
Nofrit, Gattin Rahoteps, 176
Nur Jahan (Mehirunisa), Gattin
Jahangirs (um 1625), 413, 525

Nusku, 253
Nut, 185, 188
Nutmose, ägyptischer Künstler
(um 1370 v. Chr.), 195

O

Oannes, 117, 218
Ochos (Artaxerxes III.), König
von Persien (359–338 v. Chr.),
338
Odysseus, 494
Ojeda, Alonso de, 102
Onan, 50
Oppenheim, Baron von, 257
Oppenheimer, Franz, 38
Oppert, Julius, 117
Osiris, 168, 186ff.
Ovid, 70

P

Padmapani, 513
Paes, Domingo, 399f.
Pan, 67
Pandora, 294
Panini, indischer Grammatiker
(7. Jh. v. Chr.), 483
Parjanya, 355
Park, Mungo, 87
Parmenides, 464, 479, 481
Parmenion, makedonischer Feld-
herr (400–330 v. Chr.), 339f.
Parvati, 444, 510
Parysatis, Mutter Artaxerxes' II.
(um 400 v. Chr.), 332
Pasenada, indischer König, 509
Patañjali, indischer Yoga-Lehrer
(um 150 v. Chr.), 440, 443,
472, 474, 483
Paulus, Apostel, 35, 305
Peary, Robert Edwin, 23
Pelliot, P., 442
Penelope, 494
Pepi II., König von Ägypten
(2738–2644 v. Chr.), 146
Perikles, 45, 120, 136f.
Persephone, 218
Peschel, Oskar Ferdinand, 152
Peter der Große, Zar von Ruß-
land, 281
Petrarca, Francesco, 527
Petrie, Sir William Flinders,
107f., 140f., 158, 195f., 265,
270
Petronius, 149
Pheidias, 513f.

Philon von Alexandrien, 325
Phiops, König von Ägypten, 176
Platon, 99, 159, 293, 376, 464,
482
Plinius der Ältere, 173, 403, 418
Plutarch, 187, 321, 330, 340,
501
Polo, Marco, 50, 345, 418, 473
Polybios, 335
Pompeius, Gnaeus, 134
Poo See, 294
Poros, indischer König (um 325
v. Chr.), 385, 461
Poseidon, 67
Prajapati, 355f., 366, 448
Praxiteles, 175, 252, 513
Prexaspes, Sohn des Kambyses
(um 525 v. Chr.), 314
Priamos, 93
Prithivi, 355
Prometheus, 99
Psammetich I., König von Ägyp-
ten, Fürst von Sais (663–609 v.
Chr.), 199
Ptah, 139, 188
Ptahhotep, ägyptischer Beamter
(um 2880 v. Chr.), 158, 182f.,
361
Ptolemäer, Dynastie, 52, 134,
139f., 153, 158, 179, 199
Ptolemaios XIII., König von
Ägypten, 140
Pudmini Raj, Radschput-Fürstin
(um 1303), 398
Pulakeschin II., Chalukya-König
(608–642), 398
Pumpelly, Raphael, 110, 116
Purana Kaschyapa, indischer
Skeptiker, 366
Purbach, Georg, 461
Puymre, ägyptischer Architekt
(um 1500 v. Chr.), 181
Pythagoras, 464, 467, 481

R

Ra (Re), 186, 188, 193
Rabindranath, s. Tagore, Rabin-
dranath
Rahel, eine von Jakobs Frauen,
52, 297, 299, 303
Rahotep, ägyptischer Prinz (um
3100 v. Chr.), 144, 176
Rahula, Buddhas Sohn (um 523 v.
Chr.), 373, 383
Rajaraja, Chola-König (985–
1014), 428, 519

566 PERSONENVERZEICHNIS

Raj Sing, Rana von Mewar (um 1661), 417
Rama, 367, 394, 446, 480, 488, 492 ff., 503, 532, 540
Ramakrischna, indischer religiöser Führer (1836-1886), 532 f.
Raman, Chandrasekhara, indischer Physiker (*1888), 534
Ramananda, indischer Prediger (um 1460), 503
Ramanuja, indischer Heiliger und Weiser (um 1050), 480
Rami, 502 f.
Ram Mohun Roy, indischer Reformer und Gelehrter (1772-1833), 530 ff.
Rampsinit, 143
Ramses II., König von Ägypten (1300-1233 v. Chr.), 107, 138, 168, 173 f., 177 f., 197 f., 257, 274
Ramses III., König von Ägypten (1204-1172 v. Chr.), 152, 198
Ramses IV., König von Ägypten (1172-1166 v. Chr.), 168
Ranofer, vornehmer Ägypter zur Zeit der 5. Dynastie, 161, 176
Rassam, 253
Ratzenhofer, 38
Rawlinson, Sir Henry Creswicke, 117, 227
Re, s. Ra
Rebekka, Frau von Isaak, 271, 300, 303
Reichard, 87
Reinach, Salomon, 100, 294
Rekh-mara, ägyptischer Beamter (um 1500 v. Chr.), 105
Re'mery-Ptah, ägyptischer Sänger, 181
Renan, Joaw
Renan, Joseph Ernest, 79, 272, 294, 306
Rita, 356
Rivers, W. H. R., 32
Roger, Abraham, 345
Rousseau, Jean-Jacques, 545
Rowley, H., 73
Roxana, Gattin und Schwester von Kambyses (um 525 v. Chr.), 314
Rudra, 355
Rukmini, 513
Ruskin, John, 177
Ruth, 279, 297, 299, 303

S

Sabitu, 237
Sacharja, hebräischer Prophet (um 520 v. Chr.), 264
Sadaschivaraya, König von Vijayanagar († 1565), 401
Sahu, 185
Salim Chisti, indischer Staatsmann und Weiser (um 1590), 409, 524
Salmanassar I., König von Assyrien (um 1276 v. Chr.), 241
Salmanassar III., König von Assyrien (859-824 v. Chr.), 241, 311
Salomo, König von Israel (974-937 v. Chr.), 159, 253, 264, 273 ff., 283 ff., 287, 295 f., 299 f., 302, 304, 307, 309, 418
Sammuramat, Königin von Assyrien (811-808 v. Chr.), 241
Samudragupta, König von Magadha (330-380), 394
Samuel, hebräischer Richter (um 1025 v. Chr.), 272 f.
San Bartolomeo, Fra Paolino da, 345
Sangaya, indischer Agnostiker, 366
Sanherib (Sinacherib), König von Assyrien (705-681 v. Chr.), 205, 242, 246, 248, 251 ff., 259, 284
Sappho, 527
Sara, Abrahams Eheweib, 297, 299
Sargon I., König von Akkad und Sumer (2872-2817 v. Chr.), 118 ff., 228, 233
Sargon II., König von Assyrien (722-705 v. Chr.), 241 f., 246, 251 f., 267
Sarton, George, 294, 307
Sarzac, Ernest de, 129
Sassaniden, Dynastie 330
Saul, König von Israel (1025-1010 v. Chr.), 273, 278, 302
Saumilla, indischer Autor, 496
Sautuola, Marcelino de, 99
Savage, T. S., 49
Savitar, 355
Savonarola, Girolamo, 546
Schah Jahan, Mogulkaiser (1628-1658), 409, 413 ff., 420, 487, 511, 524 ff.

Schailendra, Dynastie, Eroberer von Java (8. Jh.), 520
Schakyamuni, s. Buddha
Schamasch, 120, 125, 202, 215, 224, 233, 246, 253, 295
Schamasch-schum-ukin, Bruder des Assurbanipal (um 650 v. Chr.), 246
Schamsi-Adad VII., König von Assyrien (824-811 v. Chr.), 251
Schankar, indischer Tänzer, 507
Schankara, indischer Philosoph (788-820), 345, 441, 464, 475 ff., 482
Scharamgadeva, indischer Musiktheoretiker (1210-1247), 461
Scharff, 171
Schelling, Friedrich Wilhelm von, 346, 482
Scher Schah, Mogulkaiser (1542-1545), 406, 419, 524
Scheschonk I., König von Ägypten (947-925 v. Chr.), 282
Schiwa, 363, 396, 443 f., 446, 453, 457, 507, 510, 513, 516 ff., 521 f., 540
Schlegel, August Wilhelm von, 345
Schlegel, Friedrich von, 345
Schliemann, Heinrich, 93, 109
Schneider, Hermann, 104
Schoolcraft, Henry Rowe, 58
Schopenhauer, Arthur, 346, 361 f., 365, 375, 473, 482
Schu, 188
Schub-ad, sumerische Königin (um 3500 v. Chr.), 127, 130
Schuddhodhana, Buddhas Vater (6. Jh. v. Chr.), 371 f., 382 f.
Schudraka, indischer Dramatiker, 496
Schweinfurth, Georg August, 131, 133
Scott, Sir Walter, 545
Sebek, 186
Selene, 67
Seleukos I. Nikator, König von Syrien (312-280 v. Chr.), 386
Sem, 260
Semiramis, 241
Senart, 382
Senmut, ägyptischer Architekt (um 1500 v. Chr.), 181
Senusret I., König von Ägypten (2192-2157 v. Chr.), 146, 177

PERSONENVERZEICHNIS

Senusret II., König von Ägypten
(2115–2099 v. Chr.), 168
Senusret III., König von Ägypten
(2099–2061 v. Chr.), 147,
153, 177
Serubbabel, 292
Set (Sit), 168, 187
Seti I., König von Ägypten (1321–
1300 v. Chr.), 174, 178, 197
Seti II., König von Ägypten
(1214–1210 v. Chr.), 138, 174
Seton-Karr, W. H., 88
Shakespeare, William, 174, 303,
503, 527
Shelley, Percy Bysshe, 196, 404,
534
Sibu, 185
Siddharta, s. Buddha
Simei, 273
Simson, hebräischer Prophet und
Richter (um 1130 v. Chr.),
273, 303
Sin, 125, 216, 233, 253
Sinacherib, s. Sanherib
Sinuhe, ägyptischer Beamter (um
2180 v. Chr.), 156, 166
Sissa, Brahmane, legendärer Erfin-
der des Schachspiels (um 500),
436f.
Sita, 355
Skeat, Walter Wiliam, 79
Smerdis, Bruder des Kambyses
(um 525 v. Chr.), 314f.
«Smerdis» (Gaumata), persischer
Prätendent (521 v. Chr.), 314,
319
Smith, Sir Andrew, 87
Smith, Edwin, 172
Smith, Sir G. Elliot, 132
Smith, Vincent, 386, 389, 420,
436
Smith, William Robertson, 294
Snefrunofr, ägyptischer Sänger,
181
Sogdianos, 337
Sokrates, 182, 313, 376
Solon, 260
Soma, 355f.
Somadeva, indischer Dichter
(11. Jh.), 501
Sopdit, 185
Sophokles, 527
Sostratos, 134
Spencer, Herbert, 39, 83, 91,
469, 533
Spinoza, Baruch, 279, 362, 481

Srong-tsan Gampo, König von
Tibet (629–650), 442
Statira, Gemahlin Artaxerxes' II.
(um 380 v. Chr.), 332
Stein, Sir M. Aurel, 442, 513
Strabon, 65, 134, 208, 264,
316f., 353, 386, 388, 429, 432
Subhadda, buddhistischer Radika-
ler (um 480 v. Chr.), 439
Sumner, William Graham, 33,
38
Sur Das, indischer Dichter (1483–
1573), 502
Surya, 355
Suschutra, indischer Arzt (um 500
v. Chr.), 462ff.
Suti, ägyptischer Architekt (um
1400 v. Chr.), 193
Swift, Jonathan, 28

T

Tacitus, 501
Tagore, Abanindranath, indischer
Künstler, 534
Tagore, Davendranath, indischer
Reformer, 534
Tagore, Dwijendranath, indi-
scher Philosoph, 534
Tagore, Gogonendranath, indi-
scher Künstler, 534
Tagore, Rabindranath, indischer
Dichter (*1861), 431, 483,
531, 534ff., 546
Tagtug, 126
Taine, Hippolyte-Adolphe, 186
Tamerlan, s. Timur-i-lang
Tammuz, 118, 125, 218ff., 230,
264, 279
Tansen, indischer Sänger (16. Jh.),
507
Tathagata, s. Buddha
Taylor, Meadows, 518
Tefnut, 188
Teje, Mutter Amenhoteps IV.
(um 1400 v. Chr.), 160
Tekoschet, 178
Tengri, 68
Tennyson, Alfred, Baron, 429, 535
Terituchmes, 337
Thais, 86, 340
Thales, 464, 481
Thamos, sagenhafter König von
Ägypten, 81
Théodut, Pater, 29
Thomas von Aquin, hl., 476
Thoreau, Henry David, 83, 545

Thoth, 81, 142, 169f., 186,
190f., 250, 295
Thukydides, 501
Thutmosis I., König von Ägypten
(1545–1514 v. Chr.), 147,
174, 181
Thutmosis II., König von Ägypten
(1514–1501 v. Chr.), 147
Thutmosis III., König von Ägypten
(1479–1447 v. Chr.), 138f.,
147ff., 154, 168, 170, 173f.,
177f., 192, 194, 205, 244,
269f.
Thutmosis IV., König von Ägypten (1420–1412 v. Chr.), 149
Thutmosis, ägyptischer Künstler
(um 1370 v. Chr.), 177, 181
Ti, 68
Tiamat, 217, 251
Tiberius, römischer Kaiser, 337
Tiglatpileser I., König von Assy-
rien (1115–1102 v. Chr.), 241,
253
Tiglatpileser III., König von Assy-
rien (745–727 v. Chr.), 241,
244
Tilak, Bal Gangadhar, indischer
Nationalistenführer (1856–
1920), 540
Timut-i-lang, türkischer Eroberer
(1336–1405), 405f.
Tirumala Nayyak, Fürst von Ma-
dura (1623–1659), 518f.
Tiruvallavar, indischer Dichter
(um 950), 503
Tod, James, 397f., 423, 430, 433
Tolstoj, Graf Lew Nikolajewitsch,
542, 545
Toramana, Führer der Weißen
Hunnen (500–502), 395
Trajan, römischer Kaiser, 322
Tschandragupta I. Gupta, König
von Magadha (um 320–330),
394
Tschandragupta II., s. Vikrama-
ditya Gupta
Tschandragupta I. Maurya, König
von Magadha (322–298 v.
Chr.), 156, 385ff., 390, 393,
417f., 428, 514
Tscheou-ta-Kouan, chinesischer
Diplomat (um 1275), 521f.
Tukaram, indischer Dichter
(1608–1649), 503
Tulsi Das, indischer Dichter
(1532–1624), 503

PERSONENVERZEICHNIS

Tutanchamun (Tutenchaton), König von Ägypten (1360–1350 v. Chr.), 138, 149, 183, 197

Twaschtri, 430

U

Udayana, indischer Gelehrter (um 975), 461
Uranos, 67
Urasch, 202
Ur-engur, König von Ur (um 2450 v. Chr.), 120, 124f., 131
Uria, hethitischer Feldherr (um 900 v. Chr.), 273
Urnansche, 130
Urukagina, König von Lagasch (um 2900 v. Chr.), 118f., 125f.
Usa, 76, 280
Uscha, 355
Ustad Isa, 525
Ut-napischtim, 218, 228, 230

V

Vacaspati, indischer Gelehrter (um 850), 461
Vagbhata, indischer medizinischer Autor (um 625), 462
Vajñavalkya, 464
Valmiki, indischer Dichter (um 100 v. Chr.), 492, 494
Vandamme, Dominique-René, 408
Varahamihira, indischer Astronom (505–587), 395, 459
Varuna, 256, 350, 355
Vasanti, 437
Vasubandhu, buddhistischer Kommentator (um 320–380), 395
Vatsyayana, 428
Vayu, 355

Vemana, indischer Dichter (17. Jh.), 456
Venus, 69, 216, 218f.
Vidagda Schakayal, 363f.
Vikramaditya Chalukya, König von Magadha (1076–1126), 399, 501, 519
Vikramaditya Gupta, König von Magadha (380–413), 394, 418, 498
Virocana, 366
Vivasvat, 355
Vivekananda, Swami (Narendranath Dutt), indischer Philosoph (1863–1902), 532f.
Vologeses V., König der Parther (209–222), 324
Voltaire, Francois-Marie Arouet de, 309, 389, 446, 479, 501, 513
Vyasa, der indische Homer, 446, 488

W

Wagner, Richard, 67
Wallace, Alfred Russel, 39
Ward, C. O., 270
Ward, Lester Frank, 38
Weigall, Arthur, 140
Weismann, August, 461
Wenephes, 178
Westermarck, Edward, 435
Whitman, Walt, 78, 450
Wilson, Thomas Woodrow, 408
Winckler, Hugo, 257
Winternitz, M., 467, 501
Wischnu, 355, 363, 366, 400, 441, 443, 446, 456f., 480, 491, 508, 510, 513, 516, 519, 521, 540

Wischtaspa, s. Hystaspes
Woolley, C. Leonard, 117f., 127, 349

X

Xavier, St. François, 410
Xenophon, 255, 313
Xerxes I., König von Persien (485–464 v. Chr.), 204, 227, 263, 318ff., 334f., 337ff.
Xerxes II., König von Persien (um 425 v. Chr.), 337

Y

Yah (Yahu), s. Jahve
Yajnavalkya, 361, 363f.
Yama, 360
Yami, 360
Young, Thomas, 141
Yuan Chwang, chinesischer Entdeckungsreisender (7. Jh), 370, 390, 392, 396f., 398, 420, 434f., 437, 455, 463, 473, 485, 509, 512f.

Z

Zahiru-d-din Muhammad, s. Babar
Zarathustra, medischer Weiser (660–583 v. Chr.), 295, 312, 314, 323ff., 329ff., 371, 410
Zedekia, König von Juda (597–586 v. Chr.), 287, 289
Zenon von Kition, 482
Zephanja, hebräischer Prophet (um 630 v. Chr.), 306
Zeus, 68, 258, 355
Zoroaster, s. Zarathustra
Zoser, König von Ägypten (um 3150 v. Chr.), 142f., 175, 178, 181

QUELLENVERZEICHNIS DER ABBILDUNGEN

Bavaria-Verlag, Gauting: Bildseite 5 (Fotos: Lee Boltin); Hirmer Fotoarchiv – Hirmer Verlag, München: Bildseiten 1, 3, 4, 6; Holle Bildarchiv, Baden-Baden: Bildseiten 7, 8; Bernhard Klawunn: Bildseite 2

Farbtafeln:
Hirmer Fotoarchiv – Hirmer Verlag, München: Bildseiten 2, 3, 4; Holle Bildarchiv, Baden-Baden: Bildseiten 1, 5, 7, 8; Bildarchiv Preußischer Kulturbesitz, Berlin: Bildseite 6 (Foto: Isolde Luckers)